"十五"国家重点图书出版规划项目

社会工作经典译丛 Social Work Classic Series

主编 隋玉杰　副主编 范燕宁

社会工作治疗理论

第四版

Social Work Treatment
Interlocking Theoretical Approaches （Fourth Edition）

[加拿大]弗朗西斯·J.特纳（Francis J.Turner）主编

刘梦 等 译

中国人民大学出版社
·北京·

主编简介

隋玉杰，中国人民大学社会工作系副教授，博士生导师。首届全国社会工作者职业水平评价专家委员会委员、中国社会工作教育协会副秘书长暨老年社会工作专业委员会主任委员、北京市社会工作者协会常务理事、国家开放大学特聘教授。担任全国多地十余家实务机构的顾问。作为专家组成员参与了民政部和前国家人口和计划生育委员会推动社会工作职业化、专业化的多项工作，包括民政部《老年社会工作服务指南》（MZ/T 064-2016）行业标准的制定工作。主要研究领域为老年人服务需求综合评估与社会支持、心理健康、临终关怀与丧亲服务、社会工作职业化与专业化。主持了多项国家社会科学基金项目、北京市社会科学基金项目，以及民政部、国务院发展研究中心、联合国教科文组织、亚洲开发银行等组织机构的十余项招标和委托课题。

副主编简介

范燕宁，北京大学哲学硕士（1988），香港理工大学社会工作专业硕士（MSW，2007），首都师范大学社会学与社会工作系主任、教授、博士生导师。中国社会工作联合会专家委员会委员、中国社会工作教育协会常务理事。北京市海淀睿搏社会工作事务所所长、2016年度中国十大社会工作人物之一。主要教学、研究、社会服务方向为：当代社会发展理论与社会问题、社区矫正、青少年社会问题等。代表性作品有：《矫正社会工作研究》（范燕宁、席小华主编，中国人民公安大学出版社，2009）、《社会问题：事件与解决方案》（第五版）（扎斯特罗著，范燕宁等译，中国人民大学出版社，2010）、《社区矫正社会工作》（范燕宁、谢谦宇、罗玲等编著，中国人民公安大学出版社，2015）。

总　序

社会工作正面临着前所未有的发展契机。

所谓契机，一是大的社会背景为社会工作的发展提供了舞台。随着改革的深入，中国在取得举世瞩目的成就的同时，如一些社会学家所言，也出现了"发展困境"的苗头或"类发展困境"的现象。新千年，政府在工作报告和政策文件中明确提出要关心困难群体、加强就业和社会保障工作。与社会工作传统的工作对象，如贫困者、残疾人、妇女、儿童、老年人相关的一系列政策法规纷纷出台。这些都为开展社会工作提供了良好的政策环境。

二是社会工作专业本身已经步入组织化、规范化的轨道。中国社会工作联合会、中国社会工作教育协会等组织开始发挥行业指导和自律的作用。此外，经过多年的酝酿，2004年劳动和社会保障部办公厅制定的《社会工作者国家职业标准》在上海出台，明确了社会工作者的专业人员地位，一改多年来社会工作人员师出无名的状况，同时也为社会工作者在专业上的不断发展提供了方向和路径。社会工作职业化、专业化有了突破性进展，在政府认可上迈出了坚实的一步。

进入新千年后，许多迹象表明，社会工作正在朝着进入新的发展时期的方向迈进。

然而，社会的需要和认可也给社会工作带来了挑战。社会工作是否已经拥有了完备的知识储备，成了一个羽翼丰满的专业，能发挥社会所期待的作用呢？

在今天，对中国的许多社会工作者来说，社会工作发展伊始弗莱克希纳提出的"社会工作是一个专业吗？"仍是个具有挑战性的问题。弗莱克希纳之所以断言社会工作不具备一个专业的资格，是因为他认为社会工作不是建立在科学知识的基础上的。按照格林伍德提出的著名观点，一个专业应该具备五个特性：拥有自己的理论体系、具有权威性、得到社会的认可、有专门的伦理守则以及专业文化。其中排在第一位的就是专业知识的建构。

应当说，自1986年国家教育委员会同意北京大学、中国人民大学、吉林大学等高校设置社会工作与管理专业以来，中国社会工作理论与实务知识的建构已经有了可喜的收获。然而，在总体上，社会工作的专门知识仍然十分匮乏，对国外的社会工作仍缺乏系统的介绍，而本土的理论仍未形成。拿知识建构的领军团体社会工作教育界来说，情况也不容乐观。中国社会工作教育协会开展的中国社会工作教育发展状况调查的结果表明，以在学术期刊上公开发表论文的数量、出版专著数、编写教材数、承担课题数等数据来衡量，社会工作教育院校教师的科研情况总体上水平不高。在这一形势下，社会工作教育却在经过十几年的缓慢发展后，在世纪之交进入了高速扩张期。据中国社会工作教育协会统计的数据，截至 2000 年，协会的团体会员只有 32 个，到 2003 年 12 月已经达到 148 个。近 80% 的会员是在 2000 年之后的三年新加入的。于是有了这样的景象，一方面是知识提供和传输上的不足，另一方面是跨入社会工作之门的莘莘学子嗷嗷待哺。这便有了策划和出版社会工作经典译著的最初动因。我们希望通过这一系列书籍较为全面地介绍在西方已有上百年历史的社会工作专业的核心知识，为建立中国自己的社会工作知识体系做参考。

在整体结构上，"社会工作经典译丛"由三类书籍构成，即社会工作的基础理论、社会工作的基本方法和社会工作的价值观。这也是基于对社会工作知识体系构成的基本共识。具体来讲，策划这套书主要有以下几点考量。

其一，完整性。整个译丛力图完整地呈现社会工作作为一个学科的全貌。译丛精选了社会工作理论、人类行为与社会环境、社会政策、个案工作、小组工作、社区工作、社会工作督导、社会工作研究和社会工作伦理等方面的书籍，全面涵盖了社会工作专业知识的三大组成部分，即基础理论、工作方法和价值观。考虑到价值观方面的教学一直是专业教育中非常重要的一部分，也是专业教育中的难点，所以本套丛书特别精选了再版 7 次的专门用来帮助学生认识伦理问题和困境，并适当加以处理的有关社会工作伦理的专著。其中涉及的保密原则和隐私权问题、当事人的知情权和自决权问题、临终关怀问题、艾滋病问题等在中国的社会工作实践中已经出现，由于处理不当而引发的争端和法律诉讼也曾见诸报端。这方面的论述不仅对于社会工作专业的学生十分有益，对于社会工作从业人员也不无借鉴作用。

其二，经典性。所选书籍都是广受好评的教材或论著，对社会工作的知识有精到的描述和评说。作者都是各自领域的专家和知名学者，有着丰厚的积累，在书中详细展现了与所述主题相关的专业知识。特别是融合了许多最新研究成果和实务动态，对读者来说极具参考价值。这些书在许多国家都被社会工作教育者采用，几乎每本书都再版过多次。经过了使用者的检验和编写者的不断完善，这些书非常适合作者社会工作专业教学的配套教材使用。

其三，适切性。为了能更好地配合教育部高等教育司组织制定的对社会工作专业主干课程教学的基本要求，译丛所选择的书籍基本都是社会工作专业主干课程的教材或论著。各书的框架也多与国内教学所要求的主体结构相契合，更能配合教学用途。

其四，实用性。一方面，所选书籍在内容的编排上注重方便读者使用。受以实证为本的工作方法的影响，大部分书籍穿插了与所涉及内容相关的研究结果和案例讲解，将理论与实践相结合。在语言上也大多深入浅出，贴近读者，减少了他们在消化吸收知识上的障碍。另一方面，书籍所涉及的内容也多是国内社会工作界涉足和关心的领域，如通才社会工作实务模式，操作层面的社会工作方法，社会政策的研究、分析与应用，身为社会工作教育和高层次管理人员开展督导的方法，等等。书中推荐的一些专业网站更可以帮助读者找寻更多的资源，丰富对书中相关内容的理解和把握。

其五，时代性。丛书中的每本书都是近两年来的最新版本，书中的内容涉及社会工作实务领域的一些最新发展，整套书如同一个多棱镜，折射出社会工作学科的发展现状。大到社会福利体制管理上的变革，小至一些新的工作方法的使用，都有鲜明的时代特点。比如其中谈到的管理型卫生保健制度，个案管理，基因技术对社会工作的影响，网络技术对社会工作的影响，以实证为本的实践，私人执业，充实生活性质的社会工作，等等。一些实验性的工作方案在书中也有所介绍。这些无疑会拓展读者的视野。

2003 年的一场"非典"像是对整个社会运行机制的一次检测，留下了许多宏观层面的问题，等待社会工作者去思考和解决。比如，社会危机处理机制、弱势群体保障机制、社会捐赠机制、基层社区的疾病预防和康复机制、志愿者的动员与使用机制等。而 2004 年的马加爵杀人案则给微观层面社会工作的开展提出了许多问题。比如，如何更有效地建立个人的社会支持系统、如何筛查处于危机边缘的人、如何提供更有效的危机防范与干预方法等。

德国著名哲学家恩斯特·卡西尔在《人论》中说："当领悟了一门外语的'神韵'时，我们总会有这样的感觉：似乎进入了一个新的世界，一个有着它自己的理智结构的世界。这就像在异国进行一次有重大发现的远航，其中最大的收获就是学会了以一种新的眼光来看待我们自己的母语。"歌德也说过："谁不懂得外国语，谁也就不了解本国语。"我们希望"社会工作经典译丛"的面世能起到这样的作用，让读者能有一次异国社会工作之旅，看到社会工作在专业发展比较成熟的国度里的情况。虽然译丛中谈到的都是国外社会工作的状况以及他们的问题与处理方法，但对我们反观自身、处理中国的问题应当说不无启示。

译丛的策划得到了中国人民大学出版社潘宇博士，首都师范大学教授、博士生导师范燕宁和中华女子学院教授刘梦的鼎力相助。在甄选书籍的过程中，笔者同她们进行了反复的讨论，最后确定的书目是笔者与她们共同斟酌的结果。丛书的译者队伍也都是各高校的教师，有较丰富的社会工作专业积累，为翻译质量提供了保证。在此对上述参与本丛书策划和翻译等工作的人员一并表示衷心感谢。

虽然参与本丛书的人都倾尽了心力，但仍难免挂一漏万，希望广大读者对不当之处能给予指正。

隋玉杰

2004 年 10 月 14 日

第一版序言

对于许多社会工作的教育者和实务工作者来说，发展社会工作实务中实用的、不断扩展的、内在一致的理论，既是一项紧迫的任务，显然实际上又是长期滞后的。而在另一些人看来，这是一件令人捶胸顿足和痛苦的事，它需要人们天天坐在冷板凳上爬格子，却与日常的实践需求风马牛不相及。那么，发展实务需要的理论岂不是成了一种主要由学者们为努力赶上其他学术邻居而开展的游戏？或者，它对于实务的提高是至关重要的，因此，我们理所当然地要承担起把假设提升为理论的任务，或者把注意力集中在实务上，而不分析在实务中可以发现的共同因素，也不去检验理论在实务中富有成效的应用？

也许解决这场争论唯一有效的方法就是扪心自问理论到底有什么用处。所谓有用的理论，应该具备以下特点。关键的是，它必须是一个好理论，不仅建立在观察之上，而且要排除其他可能的解释的假设。例如，19世纪早期的一位观察家注意到，戴高帽的人不会死于饥饿，因此，据说在进一步观察排除这一假设之前，社会将会启动一个提供免费高帽的活动，以此来减少饥饿带来的死亡。同样地，在社会工作职业中，社会工作者所从事的"巨大的、嘈杂混乱的"[引用威廉·詹姆斯（William James）的话]工作充满了复杂性，这很可能与我们未能发展出适当规模的理论有关，即现有的理论既不全面，对日常生活用处不大，又很单一，它们忽略了现实世界的大部分内容。建立一个规模合适的、可运用的理论，涵盖很多人在自己主要生活经验中经常遇到的情况，就成了一项艰巨的任务。但是再一次，人们不禁会问："这有什么意义？"首先要说的是，理论本身不是目的，而是达到目的的手段。这就是社会工作的目标。然而，在某些特定阶段，这些目标表达出来的意义就是，它们本质上关心的是使人们更好地与自己和他人相处，并在他们的社会环境中实现更大的发展，或为他们提供更大的发展空间。一个好的理论的标志当然是它有能力预测任何特定的行为结果。它还可以明确指出，在相似情况下，什么是相同的、什么是不同的，因此它应该成为进一步发展理论的跳板，从而阐明新的相互联系。一个好的理论的要点在于它能够在实务中起作用，并且在实际工作中产生更全面、更有力的理论。在实践中应用和检验理论的另一个压倒性的优势是，它可以传递给其他实务工作者并得到他们的检验，这种检验方式与实践中获得的智慧或假设是完全不同的。

本书中收录的研究非常重要，可以说是一座里程碑，因为它有助于开辟社会工作理论在实务中的应用，同时也从中获得新的活力，没有这些推动和活力，社会工作职业就得不到发展，或者，更重要的是，社会工作提供服务的能力就得不到有效提高。这两方面的努力，即阐明理论和严格研究实务状况，如今正在几个国家取得进展，即使是断断续续的进展。这很重要，因为我们不仅需要发现在特定的文化和情境下理论到底可以准确预测什么样的可信赖的结果，而且需要了解这些结果在多大程度上揭示了人类本性的普遍性，因而可以推而广之，进入不同的干预模式、不同的文化背景中，或者是同一文化里类似的情境中。本书所有的作者都从实务角度阐述了各自讨论的理论。从国际角度看，这大大增加了本书的研究价值。在过去的四分之一世纪里，社会工作的实践和教育在其他各国和各大洲迅速传播，这些国家非常需要像特纳博士和他的合作者们在这里进行的研究那样的研究。希望读者能够全面阅读本书，但不要盲目地学习和机械照搬，而要把本书作为一种进步的动力，推动大家进行深入细致的研究，并且能够走在社会工作实务的前面。对于那些广为人知、被反复检测的理论，则需要进行交叉渗透，这一点非常重要。简而言之，我们必须培养这样的一种心态，来让本书激发灵感，这不仅是为了改进实务水平，而且是为了更好地培育全世界都迫切需要的社会工作专业的学生。

国际社会工作学院联盟前名誉主席

艾琳·L. 扬哈斯本女爵士

前　言

　　让我特别满意的是，我们终于迎来了《社会工作治疗理论》（第四版）的问世。而令人惊讶的是，从第三版到现在已经过去将近十年了。这听起来一定很老套，但我还是觉得似乎就在不久前，当时我还在亨特学院休学术假，其间编写了第三版。我很高兴的是，广大读者对本书的兴趣依然浓厚，且读者面也越来越广泛。扬哈斯本（Younghusband）女爵士在1974年为第一版撰写序言时，曾暗示理论多样性与以多元文化为导向的职业之间存在重要关联。随着时间的推移，我有更多的机会与来自世界各地的同事磋商交流，我越来越相信她的想法是明智的。

　　在准备写这篇前言时，我先重读了前三个版本。有几件事使我吃惊。首先，这本书最初的意图或目标从第一版到第四版一直保持不变。它主要的读者群是社会工作的实务工作者和学生。因此，它的主要目标是以一部高度实用主义专著，集中那些在当代社会工作实务领域发挥了重要实用价值的、内容丰富的理论流派。这不仅是为了确保我们的前线同事能够随时接触到作为当代社会工作标志的丰富的理论，更重要的是提供一本能够丰富实践的参考书。因此，它的目的是确保案主得到理论上最合理和最多样化的治疗。

　　然而，当我继续研究这令人着迷的理论多样性及其与实践的相关性的时候，我发现我自己的思维已经在几个方面发生了变化。很明显，理论多样化的趋势仍在继续。正如我早先预测的那样，我们没有转向任何形式的单一理论或一般性理论。恰恰相反，多样性在继续扩大。与此同时，人们对社会工作职业的一般理论的兴趣却大大降低了。但这种日益扩大的多样性的一个重要组成部分，是人们对多样性更加习以为常。

　　同时，在不同理论基础之上来发展一个互相交织的实务视角的观点也在迅速发展。因此，尽管我曾认为新理论的出现会放缓，但实际上，理论发展的步伐丝毫没有放慢。事实上，六个新的理论已经被添加到这个版本中。

　　我还观察到，一些我认为很可能会融合在一起的理论体系，如自我心理学、社会心理学和精神分析学，尽管紧密相连（环环相扣，联系在一起），但实际上仍是截然不同的。这些理论体系在过去几十年里对这一行业产生了巨大影响，但它们仍然清晰地作为不同的观点独立存在，每一个观点都为我们提供了不同的实践视角或为实务指明了方向。

　　我们希望在这个版本中会新增一些内容。例如，在第三版的介绍中，我建议我们应该有一章讨论赋权理论，我们有了这样一章；我还建议应该增加一个关于越轨理论的章节，但我们没有增加。广义上讲，决定增加哪些新理论是基于对拟新增的理论的基本评估的，要了解该理论是否包含了一些能够对社会工作实务做出贡献的要素。

　　正是后一点使我省略了关于家庭的那一章。我一直认为，如果有一章是关于家庭理论的，而不是关于个人、二人组、小组和社区的，那是不合逻辑的。毫无疑问，当我们在准备第一版的时候，家庭理论和家庭实践已经有了很高的地位。当然，这种重要性丝毫没有减弱；实际上，家庭是每种理论都必须考虑的一种实务形式。

　　在这方面，我很清楚所有的社会工作实务理论都必须涉及所有的干预模式。的确，每个理论都会以不同的方式涉及。当然，也有丰富的专业文献涉及我们的每一种干预模式。在本书中，我们将超越个人方法论，着眼于讨论适用于所有方法的理论系统。当然，不同的作者和不同的理论系统都会发展出自己擅长的运用领域，有些在这些领域比较强，有些则在那些领域比较强。然而，随着社会工作专业的不断发展，最终会在实务中出现多元方法并举的局面，实务所信奉的每一个理论也必须具备这样的特征。因此，在邀请每个作者参与时，我强调需要讨论他们特定的理论系统对所有方法的应用。

　　我很高兴许多早期版本的作者再次同意撰写。这为我们理论基础的持续发展提供了必要的连续性力量。遗憾的是，有些人已经不在人世了，或者不再写作，或者不再做实务了。我们也邀请了一些新的同事参与撰写。对他们我表示热烈欢迎。

　　我所担心的是，这本书的作者基本上都来自北美。随着我们这个行业越来越多地在国际上获得认同，同时意识到理论多样性与质量一致性之间的悖论，我们需要更自如地吸收世界其他地区同事的智慧。在这方面，我们还有很长的路要走。我衷心地希望，这本书的下一版将确实代表许多不同的文化和国家，有更多的来自这些文化和国家的同事参与撰写，当然也离不开原来参与的作者的贡献。我已经开始寻找了。

　　尽管我们对这本书的受欢迎程度感到满意，但也有人对这本书提出了批评。具体有三种。第一种批评涉及将冥想作为一种社会工作的治疗方法的适合性。有人认为社会工作本质上是起源于犹太教和基督教的，而这些起源与冥想的起源是相冲突的。第二种批评与精神分析理论那一章有关，在那一章中，我们讨论了与研究相关的问题。第三种批评涉及认知思维一章中的一个案例，认为其中包含了对一个同性恋青年的不恰当的病态化描述。

　　此外，正如第三版前言中提到的，有些人建议在关注女性主义治疗的同时，也给予"男性治疗"同等的关注。在我看来，这一思想体系还没有发展到可以被视为社会工作实践理论的地步，尽管这很可能在未来几年发生。

　　我一直认真地对待每一个问题，并感谢同事们提出的问题。显然，我不同意其中的一些观点，这反映在我决定使这一版的某些内容继续维持不变；但我也同时明确地接受了一些建议，并采取了行动。

　　特别有用的是，这些问题显然使人们认识到理论的一个不同之处在于它们的价值基础。这是理论的一个重要力量，但也可能是不同理论的追随者之间的差异和压力的来源。

　　和之前一样，我强烈地希望，并且野心勃勃地期望，《社会工作治疗理论》的第四版将协助我们专业在全球范围内解决各种社会中出现的系统性问题，更有效地向个人、二人组、家庭、组织和社区提供服务，因为是这些人和组织向我们寻求符合伦理的、负责任的、价值敏感的、有效的治疗的。

　　如我以前所说过的那样，很难准确地说出到底有哪些人在本书撰写过程中提供过直接和间接的帮助。当然，安妮·玛丽（Anne Marie）、萨拉（Sarah）和弗朗西斯（Francis）虽然住在外地，追求自己的事业和生活，但仍然一直在鼓励着我们的写作。随着本书的撰写接近尾声，我还在运用萨拉提供的大量的专业知识，这让我受益匪浅，我对此深表感激。

　　乔安妮（Joanne）一如既往、坚定不移地为我们提供支持和理解。即使在半夜收到从世界其他地方的同事那里发来的传真信息时也是如此。

　　很明显，许多国家的学生和同事对早期版本的持续关注，鼓励着我出版新的版本。我们中间少了许多教条主义，多了许多科学家孜孜不倦的探索，这一点一直激励着我。

　　长期以来，我与许多学校的同事和学生一起，对一些概念和想法进行提问、讨论和反思，这一点非常有价值。特别是凯斯西储大学曼德尔应用社会科学学院的博士生们，他们似乎一直在实实在在地给予我支持，并不断提出新的挑战。

　　当然，参与撰写的同事是灵感的主要来源。通过反复修改手稿，我从他们身上学到了很多。苏珊·阿雷拉诺（Susan Arellano）和自由出版社以一种非常务实的方式继续支持本书的撰写，并通过美国邮政、《女王邮报》和高科技手段，让我坚持完成本书的撰写任务。

　　我真诚地感谢所有人的付出和支持！

弗朗西斯·J. 特纳

安大略科林伍德

1996 年 2 月

献给乔安妮
（祝贺获得博士学位）

丹·安德里亚（Dan Andreae），社会工作专业硕士，临床社会工作者，安大略省社会工作联盟主席。曾就任的职位包括多伦多都市老年痴呆症协会的第一位执行董事。丹目前正在安大略教育研究所攻读博士学位，并撰写了若干关于社会和卫生保健政策问题的著作。1994 年，丹因其对社会服务的贡献被授予总督纪念章。

G. 布伦特·安杰尔（G. Brent Angell），博士，东卡罗来纳大学社会工作学院助理教授，也是该学院心理健康专业硕士项目的首席教授。他也私人开业，并进行神经语言编程的培训。他的兴趣包括多元文化实务方法，尤其是与北美原住民、公立学校体系、跨地区移民、职业价值观和职业伦理等相关的研究。

史蒂夫·伯格哈特（Steve Burghardt），社会工作专业硕士、博士，亨特学院社会工作学院城市政策与实务副教授。自 20 世纪 60 年代以来，他长期从事各种形式的政治组织活动，著有《组织的另一面：解决个人困境和日常实践的政治要求》《组织社区行动》和许多关于政策和实务的文章。

唐纳德·E. 卡彭特（Donald E. Carpenter），博士，安大略省雷湾湖首大学社会工作荣誉教授。他目前在明尼苏达大学德卢斯分校心理学系任教。

伊莱恩·P. 康格莱斯（Elaine P. Congress），社会工作博士，纽约福德汉姆大学社会服务研究生院副教授和博士项目主任。她出版了《家庭工作的多元文化视角》一书，同时参编了多部著作，发表了很多论文。

马琳·库珀（Marlene Cooper），博士，美国临床社会工作者，纽约福德汉姆大学社会服务研究生院助理教授。《社会工作百科全书》（第 19 版）曾刊登了她与别人合著的有关交互分析的章节。她与桑德拉·特纳（Sandra Turner）合著了多篇论著，其中《强迫症与酗酒》发表在《酗酒治疗季刊》上。

奥迪恩·S. 考利（Au-Deane S. Cowley），博士，犹他大学社会工作研究生院的教授兼课程与研究事务副院长。她发表过很多文章，出版过两本书，并从事小型临床实践长达 25 年。

利安娜·维达·戴维斯（Liana Vida Davis），社会工作专业硕士、博士，纽约州立大学奥尔巴尼分校纳尔逊·A. 洛克菲勒公共事务与政策学院、社会福利学院的助理教授。

xii   凯瑟琳·M. 邓拉普（Katherine M. Dunlap），博士，美国临床社会工作者，北卡罗来纳大学夏洛特分校社会工作专业硕士项目教授。她在药物滥用、家庭咨询、学校社会工作和医疗社会服务方面有着丰富的经验。她的研究兴趣包括成人和儿童早期教育、无家可归者、社区组织和利用优势赋权家庭等。

凯瑟琳·埃尔（Kathleen Ell），社会工作博士，南加州大学社会工作学院教授。她最近担任华盛顿特区社会工作促进研究所的执行主任，并在卫生领域发表了大量文章。

亚历克斯·吉特曼（Alex Gitterman），社会工作博士，哥伦比亚大学社会工作学院教授和前副院长。目前，他是哥伦比亚大学出版社系列"助力赋权过程"的主编。他还指导了一个由联邦政府资助的项目，旨在培养社会工作者在医学和儿童卫生领域发挥领导作用。

吉尔伯特·J. 格林（Gilbert J. Greene），博士，美国临床社会工作者，俄亥俄州立大学社会工作学院副教授。他曾在密歇根州立大学和艾奥瓦大学的社会工作学院担任教职，教授临床社会工作课程，内容包括个人、夫妻、家庭和危机干预。

艾达·戈德茨坦（Eda Goldstein），社会工作博士，纽约大学社会工作学院教授，社会工作实践课程负责人。她是几家社会工作杂志的咨询编辑，也私人开业从事服务。她著有 30 多部著作，其中包括两版《自我心理学与社会工作实践与边缘性疾病：临床模型与技术》。

罗丝·玛丽·哈科（Rose Marie Jaco），博士，西安大略大学国王学院社会工作学院学士项目荣誉教授，并长期在此教学。她一直是几家社区社会机构的活跃董事，推动和提供咨询服务，特别是在哀伤辅导领域。

托马斯·基夫（Thomas Keefe），社会工作博士，北艾奥瓦大学社会工作系教授和系主任。他的研究和理论文章涉及同理心、冥想和实务。他最近的一本书是与罗恩·E. 罗伯茨（Ron E. Roberts）合著的《实现和平：和平研究导论》。

帕特里夏·凯利（Patricia Kelley），博士，艾奥瓦大学社会工作学院教授和主任。除了关于临床社会工作和家庭理论和治疗的许多文章之外，她还发表了很多有关心理治疗的论文，出版的专著包括《心理治疗中写作的运用》以及《建立健康的再婚家庭：20 个家庭讲述自己的故事》。

xiii   唐纳德·克里尔（Donald Krill），社会工作专业硕士，自 1967 年以来一直担任丹佛大学社会工作研究生院的教授。他在丹佛成立了科罗拉多家庭治疗训练中心，是研究存在主义社会工作的领军人物。他的著作包括《存在主义社会工作》《疲惫不堪的工人》和《实践智慧》。

吉姆·兰茨（Jim Lantz），博士，俄亥俄州立大学社会工作学院副教授，也是兰兹与兰兹咨询公司（Lantz and Lantz Counselling Associates）的联合主任。

朱迪丝·A. B. 李（Judith A. B. Lee），社会工作博士，康涅狄格大学社会工作学院社会工作教授。她曾担任纽约大学小组工作序列的主席，也曾在哥伦比亚大学任教。她撰写了《社会工作实务中的赋权方法》一书，主编了《与穷人和受压迫者小组工作》。

安妮–玛丽·默威尼（Anne-Marie Mawhiney），博士，劳伦森大学社会工作系教授，北安大略研究与发展学院主任。她撰写了《走向原住民自治》，主编了《重生：原住民的政治、经济和社会发展》。

赫布·纳比贡（Herb Nabigon），社会工作硕士，劳伦森大学助理教授和原住民社会服务项目协调员。他是一名北美原住民文化传承人，也教授传统文化，从加拿大西部的几位老人那里学到了克里族（Gree）的治疗方法。他为《重生：原住民的政治、经济和社会发展》《加拿大的教育和就业》等书撰写了部分章节。

威廉·钮金特（William Nugent），博士，田纳西州诺克斯维尔大学社会工作学院副教授。他感兴趣的领域包括攻击性和反社会的儿童和青少年。他接受过广泛的催眠训练，并被美国专业催眠治疗师协会公认为催眠治疗专家。

威廉·J. 里德（William J. Reid），社会工作博士，纽约州立大学奥尔巴尼分校洛克菲勒公共政策与实务学院、社会福利学院教授。他最近的著作有《社会工作的定性研究》［与埃德蒙·谢尔曼（Edmund Sherman）合著］和《通才实务：以任务为中心的视角》［与埃莉诺·托尔森（Eleanor Tolson）和查尔斯·加文（harles Garvin）合著］。

霍华德·罗宾森（Howard Robinson），文学硕士、社会工作硕士，儿童和青少年社会工作硕士后证书课程的助理主任，也是纽约福德汉姆大学社会服务研究生院社会工作讲师。他主要与个人和家庭一起从事私人开业的临床实践。

威廉·罗（William Rowe），社会工作博士，麦吉尔大学社会工作学院教授和主任。他就艾滋病病毒和残疾人性行为等主题发表了很多社会工作和医学方面的论文。

赫伯特·S. 斯特林（Herbert S. Strean），社会工作博士，现为罗格斯大学杰出名誉教授、纽约精神分析培训中心名誉主任。他撰写了30多本专著和100多篇专业论文。

芭芭拉·托姆利森（Barbara Thomlison），博士，卡尔加里大学社会工作系副教授，在那里她指导了一个试点实践评估项目，以检验长期照顾儿童的家庭团聚。作为基拉姆杰出研究奖的获得者，她正在撰写《家庭评估实务与社会工作者服务计划》一书。她积极参与儿童福利和寄养服务的治疗、儿童福利和寄养服务中的社区为本服务模式研究，并在多个儿童福利委员会和研究咨询委员会任职。

雷·托姆利森（Ray Thomlison），博士，卡尔加里大学社会工作系主任和教授。作为一名教育工作者，他对国际社会工作教育与实践非常感兴趣。他在许多地方、国家和国际社会工作委员会任职。他在行为矫正、社会工作实践、儿童性虐待、员工援助和社会福利方面撰写、参编了很多专著和文章。

弗朗西斯·J. 特纳，社会工作博士，劳里埃大学社会工作学院名誉教授和前任院长。目前他是《国际社会工作杂志》的编辑。他著有多本关于实务的书籍，包括《社会工作中的鉴别诊断与治疗》。

乔安妮·C. 特纳（Joanne C. Turner），博士，现为西安大略大学国王学院社会工作学院副教授。她是一名顾问和私人开业的社会工作者，专门从事个人和家庭的临床实践。她目前的研究关注的是发展障碍人士的生活质量和个案管理之间的关系。她是安大略省认证社会工作者学院的前任主席和《加拿大社会福利》杂志的联合编辑。

桑德拉·特纳（Sandra Turner），博士，现为纽约福德汉姆大学社会服务研究生院副教授。在《社会工作百科全书》（第 19 版）中，与他人合作撰写了一章关于交互分析的内容。她与马琳·库珀（Marlene Cooper）合著了几篇文章，其中包括《强迫症与酗酒》。最近，《酗酒治疗季刊》发表了这篇文章。

玛丽·瓦伦提斯（Mary Valentich），博士，卡尔加里大学社会工作系教授。她曾任卡尔加里大学妇女问题咨询委员会顾问，自 20 世纪 70 年代初以来广泛参与社区和大学活动。她与人合编了两本关于性问题社会工作实践的书，此外还发表了许多文章；同时，她还和伴侣吉姆·格里普顿（Jim Gripton）博士一起写了一本自助手册，名为《在工作中果断行事》。

玛丽·E. 伍兹（Mary E. Woods），社会工作硕士，最近从亨特学院社会工作学院兼职副教授岗位退休，也结束了个人和家庭临床实践。她与弗洛伦斯·霍利斯（Florence Hollis）合著了《个案工作：社会心理治疗》的第三版和第四版。

目　录

第一章

理论和社会工作治疗

弗朗西斯·J. 特纳

"每人都赢了，而且个个都应该有奖品。"很多年以前，刘易斯·B. 卡罗尔（Lewis B. Carroll）在牛津创作《爱丽丝漫游仙境》时，写下了这句话，我相信作者当时根本没有把这句话与社会工作及社会工作理论联系在一起。但是，当我不断反思社会工作专业丰富的理论基础时，这句话真正反映了我的心声。在我看来，任何一个理论，只要能够给我们指出一条更好的道路来解决案主的问题，这个理论就对社会工作专业做出了重要的贡献。不管这些理论是否与我们个人的世界观一致，不管我们自己认为应该怎样开展实务，每个理论都应该得到应有的重视，都应该成为我们实务宝库的重要组成部分。

目 标

本书有三个主要目标。在前几版中，我们提到，第一个目标就是要给同仁们，包括求知若渴的学生、尽心尽责的实务工作者、不断探索的教授和疲于奔命的管理者，系统地介绍世界上现有的对社会工作实务产生重要影响的主要理论的状况。第二个目标是希望读者能够深入理解理论。上述目标的实现是基于这样的假设，即要真正理解和充分运用这些理论，需要从个人概念建构的角度出发，同时，还要看到这些理论彼此之间的互相影响、关联和交错的关系，从而共同形成思想体系。第三个目标是指出理论的多元性给教学、实务和研究带来的诸多挑战。这样才能确保我们能够选择最合适的理论，来为我们的案主提供有效的帮助，他们可能是个体、二人组、小组或社区，这是我们的职责所在。

上述三个目标背后有一个假设，即我们坚信理论和实务是密不可分的。至少在公开讨论社会工作专业时，没人会质疑这个假设，当然，在同事间的私下交流中，可能会有不同的声音。尽管我们一再强调理论是实务的关键，但是，要证明这两者之间的错综复杂的关系绝非易事。长期以来，我们一直呼吁实务要建立在理论基础之上，然而，我们面临的挑战是，如何将实务建立在理论基础之上。

要回应这个挑战，我们绝对不能再抱怨说缺乏理论，因为到目前为止，社会工作已经具备了一个丰富的新旧理论结合的体系，还有很多理论正在形成之中。同时，我们还发现，面对理论的多元性，越来越多的人开始接受、关注理论多元性带来的启发和挑战，并倍受鼓舞。与此相适应的是，越来越多的人开始认识到有必要保证负责任的实务一定要建立在坚固的知识基础之上，并努力做到这一点（Carew, 1979；Reid & Hanrahan, 1982；Thomlison, 1984）。当然，朝着问责制的迈进，是否受到了丰富理论的推动，或者丰富的理论是否会导致醒悟和困扰，依然是一个值得讨论的问题。

本书的立场就是，理论的多元性是鼓舞人心的前进标志。它会加深我们对已被检验的理论的重要性的理解。另外，它还会展现出缺乏理论指导的实务的陷阱，或者过分依赖某个理论的不足。此外，它还给我们提供了理解理论的深度和广度的工具，从而帮助我们提高日益复杂的实务的精准度。

当然，为了深入了解如何运用某些具体理论，我们都需要熟悉这些理论。很多理论出现在当代社会工作中，有些理论还在不断建构之中。尽管这样，它们还是会对实务要素产生重要的影响。我们深信，我们的所作所为一定要与我们的所知所觉密切联系起来。要怎样做到知行统一，我们到目前为止还无法清楚地说明。

但是，尽管这样，也并不意味着实务工作者的工作是不负责任的，或者是无效的。日常实务的证据都表明实务工作者是负责任的，是非常有效的（Rubin, 1985；Thomlison, 1984）。我们面临的挑战是要吸收丰富的知识，来建立一个严格的概念性基础，从而确保我们的实务更加有效、更加负责任。

要推动实务朝着这个方向努力，我们就有必要了解影响当代实务的每个理论的状况。在具体展现每个理论之前，我们将深入讨论这样六个问题：什么是理论？理论在社会工作历史上占据了什么样的位置？在当代实务中，理论的位置是什么样的？理论在实务中的运用有哪些？理论的潜在危害是什么？我们如何将当前的理论进行分类？

什么是理论

在社会工作实务导向的教科书中，定义"理论"一词是非常困难的，因为在我们的日常实务中，人们会从不同的角度使用这个词。大家可能都还记得，在学习研究方法的课程时，对这个词的界定是适应某个特定学科的现实模式。这样的模式能够帮助我们理解是什么、什么是可能的、如何实现可能性（Hearn, 1958；Siporin, 1989）。在讨论理论时，会有四个相关的术语：概念、事实、假设和原理。

概念是某个学科用来描述学科现象的抽象化表述，是对现实的逻辑描述。概念是我们在某个学科内与他人沟通时的标牌，在当今的实务中，有时也会是进行跨学科间的沟通时使用的标牌。它们都是公认的、用来描述现实世界的术语。在某个学科内部，都会有一股巨大的推力，试图让概念不断精确，以确保同行间的沟通能够明了、高效。一个概念不等同于一个现象。相反，它是围绕一个现象而形成的，是基于我们的经验而抽象产生的。我们都还记得在研究方法的课程上，研究者和实务工作者常犯的一个错误就是将这些抽象物当成了具体的社会现实。社会工作实务中常见的概念例子有关系、个性优势、危机、系统内平衡、自我认知和防御机制等。

事实也是概念，是可以通过实证来验证的概念，也就是说，事实是指可以被检验的、与概念相关的观察。有什么样的准确的、实证的证据可以使得概念成为事实，是一个深入的、难以回答的问题。很多世纪以来，人们追求知识的历史充满了这样的例子——很多已知的事实都被后来其他的事实所取代。

将事实以有意义的方式进行排列，就产生了理论。也就是说，通过观察、演绎、归纳、思考、启发或者感受，可以发现事实之间的某种关系，并加以检验。

描述事实间的各种关系就是假设，这些假设可以通过研究过程中采用的各种规范的观察方法，得到准确的检验。一旦假设得到了验证，理论的发展就前进了一步。

根据已被验证的假设提出的一套基本法则或规则就是原理。这些原理成为理论行动的基础。在社会工作实务中，系统理论的原理，即系统中一个部分的改变会带来整个系统的改变，作为很好的例子，说明了建立在理论之上的原理是怎样的。

这里我们只是简单总结了很多学科长期以来是怎样发展自己的理论的，当然也包括我们的学科，这些学科发掘出了很多已经得到验证的事实，以帮助我们理解并预测我们所面对的社会现实，并为有效行动提供指导。因此，任何理论的发展，特别在助人专业中，都是一个不断持续的过程。我们从不敢说一个理论已经发展成熟了。

这里就引出了一个复杂的但又引起人们热议的问题，即概念系统到底到什么时候才能被冠以理论之名。我们讨论一些非常有趣的新观点时，何时才知道它们是否能发展成一个理论？我们何时才能涉及理论发展？我们在讨论某个思想体系时，何时才能称之为理论？当然，本书不是要回答这些问题。这些争论会持续下去，也应该持续下去，这都是那些研究思想体系的人的任务。但是，既然我要决定本书包含哪些理论，我就需要回答这样一个问题，即我用什么标准来选择本书应该涉及的理论。的确，我常常被这个问题所困扰（Goldstein，1990）。

对我而言，这个问题的答案现在是，将来也还会是一个非常实用的、实务工作者所关心的问题。按照我的判断，某个理论如果能够符合下面8个标准，我们就认定这是一个新的社会工作实务理论。

（1）观点新颖，不是运用新的方法对过去知识进行的重述。

（2）思维系统发展的新观点给我们认识人类社会、新的案主群体，或者相关的社会系统和环境系统，提供了新的视角。

（3）很多专业人士发现这个理论系统对专业发展非常有价值。

（4）开始有实证检验的知识来支持这些新观点。

（5）源于该理论的干预是符合职业伦理的。

（6）很多专业人士都可以学习、理解和运用这些干预方法和概念。

（7）这个理论系统涉及广阔的实务领域和方法论的内容。

（8）专业人士开始接受这个理论。

很显然，在这个范式中还有更多的判断标准。另外，鉴于理论是一个不断演进的动态过程，人们对此的认识永远不会（也不能）达成共识。例如，本书第二版中有一章是关于冥想的，这一章内容受到了一些专业人士的严厉批评。但是，现在越来越多的人开始接受和理解冥想与社会工作的相关性，并把冥想当成了社会工作中的一个重要方法。

我们这里所说的一切都与"理论"术语的正式意义是不矛盾的。但是，我们并不一定总是与术语保持一字不差。我们也没有必要一定给意义相同的词找出几个不同的表达方式。有的词为大家所接受，但是与已被验证的假设稍有出入。于是，我们常常会听到"理论"一词被用来表达预感或者作为个人观点的同义词。我们常常会听到这样的表达："你对这个情况有什么理论（解释）？"或者"我对目前状况有一个理论（解释）"。这里所表达的意义，与我们前面谈到的概念、事实或研究结果是完全不同的，相反，它表达的意思可能是一种本能的反应。

我们愿意按照学院派的方式来运用理论这个概念，有些时候可能是带有贬义的。因此，另一个不太准确但很流行的运用理论的方式，就是表示比较遥远、不现实或者不实际的意思，例如"他太过理论化了"，或者"不要让理论主导实务"。不幸的是，对"理论"这个词的不同理解，会导致人们弱化甚至轻视理论一词的治疗作用，从而导致人们远离了知识宝库。

社会工作历史中理论的位置

作为一个负责任的职业，寻求坚实的理论基础一直是社会工作实务历史中持续不断的主题。长期以来我们一直孜孜不倦、持之以恒地追求理论基础，同时，我们也从不同的角度经历了各种挑战。至今为止，文献中记录了至少 13 种追求理论的方式，它们都出现在本书中，但是它们的排序前后并不意味着它们诞生的时间先后。实际上，我们会同时使用多种方式，有时也会分开使用。

（1）第一步就是我们常说的理论发展中的前理论时期，当时我们的前辈们正努力地对我们的实务进行概念化，形成定义，明确干预程序和方法。其中典型的代表就是玛丽·里士满（Mary Richmond）出版的《社会诊断》（*Social Diagnosis*）和戈登·汉密尔顿（Gordon Hamilton）的经典之作《社会个案工作的理论和实务》（*Theory and Practice of Social Casework*），后者成为临床工作者的基本教材（Hamilton，1951；Richmond，1917）。尽管题目叫《社会个案工作的理论和实务》，但汉密尔顿几乎没有用理论这个词，在书中也很少谈到理论建构和研究之类的内容。她没有讨论概念和假设检验，而是采用了"无法证明的假设"，运用了诸如通则、价值观、态度和劝诫。根据自己的知识和实务能力，她权威性地、自如地谈论了这些问题。她的著作比较注重规范性，而非建立在理论基础之上。这样早期的作品应该受到重视，因为它们是用学术的方式将专业智慧归拢起来的第一步，为未来的理论发展奠定了基础。

（2）理论建构的第二步早于汉密尔顿，但是晚于玛丽·里士满，始于弗兰克·J. 布鲁诺（Frank J. Bruno）写的出版于 1936 年的一本书《社会工作理论》（*The Theory of Social Work*）（Bruno，1936）。尽管题目是这样的，但这本书并不是讨论社会工作理论的。它讨论的是当时积累的社会工作实务和思潮的理论主体。该书的作者强烈反对建立单一理论，宣称要质疑从单一角度来解释社会事件的答案（p. 585）。在批评单一理论的同时，他特别关注当时弗洛伊德的思潮对当时实务的影响。社会工作任务的复杂性给他带来了挑战，他回顾了社会工作需要借鉴的知识体系。非常有趣的是，除了强调理解我们面临的问题的物理基础，他还讨论了精神分析、功能主义、格式塔、阿德勒思潮、荣格思潮和马克思著作的重要性。引用坦尼森（Tennyson）的话，"我们的小系统有自己辉煌的一天，别人的也有它们辉煌的一天，但是，总有一天这种辉煌会结束的"——他警示了追逐流行的危险。

（3）理论建构的第三步，出现在新的著作中，具体来讲就是心理动力理论。这些学者把自己的著作建立在心理动力学的这个或那个流派之上，同时还提出相关概念对社会工作实务的指导意义。这些著作的两个典型代表是霍华德·帕拉德（Howard Parad）的两本书《自我心理学和动力个案工作》（*Ego Psychology and Dynamic Casework*）以及《自我导向的个案工作》（*Ego-Oriented Casework*）［与罗杰·米勒（Roger Miller）合著］（Parad，1958b；Parad & Miller，1963）。这些著作并没有要发展一个新的或不同的理论，而是将现存的理论运用到实务中。

（4）理论建构的第四步，从专业的临床角度来讲，出现在了一些学者的著作中，他们根据自己和他人的实务经验，试图开始建立一个独特的理论基础。在很多情况下，理论的演变并不独特，但却建立在其他思潮系统之上，理论的演变就是为这些思想系统添加一个概念框架，这就反映了对实务的新的理解。弗罗伦斯·霍利斯（Florence Hollis）的社会心理系统和海伦·哈里斯·珀尔曼（Helen Harris Perlman）的"问题解决模式"就是最著名的例子（Hollis，1964；Perlman，1957；Woods & Hollis，1990）。从小组实务的角度来看，吉塞拉·克那普卡（Gisela Konopka）的《社会小组工作：助人过程》（*Social Group Work：A Helping Process*）也反映了这个模式（Konopka，1963）。霍利斯和克那普卡都陈述了自己模式的概念基础，珀尔曼提出一系列公理或原则，作为每个模式的基础，使其成为实务理论。这些系统都建立在深思熟虑的概念系统之上，每个模式都为理论发展奠定了扎实的基础。然而，在这些模式建构之初，这些系统并不具备理论的标准，尽管后来形成的公式一开始以独立的实务理论形式出现了。这些模式的发展过程曾经、现在依然为我们专业的发展做出了卓越的贡献，而这一点在当代却被人们低估了。社会工作中出现的不同的理论带来的一个后果就是，人们会采取这样或那样的立场：如果你推崇某个理论，那么，就会排斥另一个理论。这当然是在社会工作发展早期流行的诊断-功能学派所面临的情况，而诊断与功能之间的区别也与珀尔曼与霍利斯之间观点的区别比较类似。

（5）理论建构的第五步，最初的做法是根据不同的工作方法来划分实务和实务理论。这种划分最早是从个案工作和小组工作开始的，但是，后来的家庭治疗也是这样划分的。之所以会有这样的划分，是有其深刻的历史原因的，同时也与不同的方法论产生的背景有关。这种趋势有助于我们认识到，我们的职业需要多元化的理论基础，每种实务方法都需要自己的理论基础。在过去三十年中，人们开始关注不同方法之间到底具备了什么样的理论共同点，并且探讨是否有可能出现运用多元方法的实务。

（6）在 1950 年代之前，大部分临床理论著作都建立在心理动力学或小组工作理论的基础之上。在 1960 年代早期，我们开始目睹越来越多的人接受了理论多元性，其结果就是出现了一系列重要的、建立在其他理论系统之上的著作。因此，我们发现，珀尔曼从角色理论视角撰写了一本书，帕拉德主编了一本关于危机理论的书，哈罗德·沃纳（Harold Werner）出版了一本关于认知理论的书，德里克·杰休（Derick Jehu）和埃德温·托马斯（Edwin Thomas）分别从学习理论和行为理论的角度撰写了著作（Jehu，1967；Parad，1958a；Perlman，1968；Thomas，1967；Werner，1965）。同样，还有沃纳·卢茨（Werner Lutz）和戈登·赫恩（Gordon Hearn）等人，也发表了与系统理论有关的著作（Hearn，1958；Lutz，1956）。最近，我们还发现了很多女性主义和结构主义理论的著作。这种快速发展表明人们开始意识到并接受这种观点，即我们还有很多东西需要学习，也有很多学习渠道。

（7）理论建构的下一步是寻求不同理论系统之间、旧理论系统和新理论系统之间的相互关系。随着实务逐步建立起多元的理论基础，一个相关的问题出现了，即这些不同的方式之间是否能够兼容。独立的方法论的概念依然在发挥作用，于是，人们开始按照不同的方法论来比较不同的理论。这样，琼·斯坦（Joan Stein）及其同事对家庭治疗中出现的不同理论进行了比较（Stein，1969）。罗伯茨和尼（Nee），以及后来的斯特林也撰文讨论了个案工作中的各种力量（Roberts & Nee，1970；Strean，1971）。后来的霍利斯和伍兹（Woods）也著书反映了如何将不同的理论整合到社会心理方法中（Hollis & Woods，1981；Strean，1971；Woods & Hollis，1990）。在小组治疗领域，我们发现施瓦茨（Schwartz）和扎尔巴（Zalba）对小组实务不同的理论基础也做了类似的一个研究（Schwartz & Zalba，1971）。尽管人们一直希望通过比较不同的理论系统，产生出一个统一的理论，但是，这个统一的理论至今没有出现。

（8）理论发展的下一个明显的要素源于越来越多的人开始接受多元理论的潜能，并为之陶醉。因此，一旦社会工作专业中的某些要素偏离了坚持一个或两个理论的专业传统，人们一定会有兴趣来寻求新的思想，而不太关心新思想之间的互相联系。正是通过这样的方式，我们将罗伯茨和尼的书中描述的 6 个理论系统，迅速发展成为本书第一版中的 14 个理论、第二版中的 19 个理论、第三版中的 22 个理论，以及目前这个版本中的 29 个理论（Roberts & Nee, 1970; Turner, 1976; Turner, 1979; Turner, 1986b）。于是，研究者们开始分析诸如交互分析和格式塔（亦称"完形"）分析之类的东西，对冥想和存在主义深表怀疑，并发展出了我们自己的系统，例如任务为本和生命模式。有人把这种发展趋势说成是赶时髦的、混淆的后果，也有人说这是人们为了更好地服务案主而做出的成熟的、值得赞美的探索。

（9）随着各种理论的不断出现，人们开始认识到社会科学的不同学科的兴趣点，于是，越来越多的人开始关注理论建构的过程，及理论成熟的标志和特点是什么（Merton, 1957）。典型的例子就是卢茨和赫恩的著作，以及最近出版的佩利（Paley）的著作（Hearn, 1958; Lutz, 1956; Paley, 1987）。这些早期著作中的大部分都受到了系统理论的影响，同时还希望理解理论系统和实务系统是怎样互相影响的（Nugent, 1987）。尽管这个过程不会促进实务的丰富，但是，它却能促使我们重新反思理论的概念，迫使我们在使用理论术语时更加准确无误。

（10）理论建构的下一个活动与理论的核心有关，也就是说，通过研究来检验理论。在很多同事看来，理论就等同于信条，他们会毫无疑问地坚信这些理论，与此同时，人们也发现，把理论当成了信条，会面临很多风险，于是，大家就开始热衷于对实务理论的不同要素进行检验。在这个领域中，仍然还有很多工作需要做。这样，人们把不同理论的大量概念进行操作化，通过建立假设来进行检验，并出版了大量的研究结果。莉莲·里普尔（Lillian Ripple）的研究运用了这些概念，诸如动机、能力和机会，都是很好的例子，此外还有威廉·里德和安妮·夏恩（Anne Shyne）关于短期治疗的著作，这些著作为任务中心理论的发展奠定了基础（Reid & Shyne, 1969; Ripple, et al., 1964）。霍利斯的著作运用了自己的治疗方法范式，费希尔（Fischer）的著作探讨了认知和行为原则，以及最近的关于危机理论的著作，等等，都是一些很好的例子（Fischer, 1978; Hollis, 1972; Ripple et al., 1964）。但是，这类研究这些年不像前几年那样流行了，尽管现在还是有很多领域需要进一步深入研究。无论如何，实务为本的研究还是得到了飞速发展。这一点可以从将重要的杂志《社会工作研究和摘要》（*Social Work Research and Abstracts*）一分为二的决定中略见一斑，这本杂志变成了两本独立的杂志，其中一本成为专门的研究杂志。

（11）要处理好实务理论的多元性，一个当代常用的方法就是折中主义，它具有很大的潜能可以推动实务理论的发展（Koglevzon & Maykrznz, 1982）。从这个角度出发，便要从不同的理论中摘取概念，形成一种混合物，这种混合物就成了实务基础。

至少有以下两种形式的折中主义。

第一，我们做出选择的依据是实务工作者的喜好，或者是实务背景的性质。这个策略似乎深受个人价值基础的影响，以及个人对实务的感受的影响，而不是采用某个概念性框架，来精心地进行理论分析（Latting，1990）。

第二，费希尔对折中主义进行了精确的描述，他认为我们可以采用那些被证明是有效的理论成分（Fischer，1978）。我们的知识基础应该建立在研究结果之上，而非个人喜好。这个方法倡导理论发展的过程应该是一个不断持续的、选择性的、不断增量的过程。

9

（12）理论建构最近的一个发展阶段的成果，出现在数量不断增加的论文中，这些论文清楚地描述了某些理论的具体内容。这些作者并不是要试图建立一个完整的系统，或者关注它的实务运用，相反，他们更加有针对性。在某些情况下，他们研究了对具体理论的运用，例如在某个特定的情境中，如暴力攻击案例，该如何运用危机理论。此外，他们可能还关注对某个概念的具体运用，例如在与夫妻工作时如何运用"内恒"（Turner，1986a）。上述两个策略都反映了人们越来越关注要准确地运用理论概念，要按部就班地进行。

（13）理论建构的另一个方法反映在当代出版的著作中。在这些著作中，我们发现，任何一本著作都涉及了当代实务中理论的重要性这个话题。每位作者都被要求按照一个共同的框架进行写作，这个框架重视的是将理论运用到直接实务的不同形式中。我们希望的是，这些著作不仅能够提供足够的信息来说明如何运用每个理论，而且可以帮助我们反思这些不同的理论之间是怎样互动、相互影响和互相交织在一起的。

总之，上面介绍的这些不同的情况说明我们长期以来一直致力于寻求强有力的理论基础。鉴于我们的理论基础是多元化的，在发展理论基础时，也需要我们采取多元的策略。我们的责任在于，要相信每个理论的价值都是相同的，而每个理论在被具体运用或滥用时，都会表现出不同的价值。同样，我们认为，过去六十年中，为了强化理论基础而采取的不同方法，就其自身而言，都是非常有价值的。不同的理论之间是不分伯仲的。在我们看来，每个理论都非常重要，因为它们推动了专业的发展。因此，我们要避免反责和竞争。关键的一点是在不断学习如何差异性地运用这些理论时，我们还要继续发展不同的理论。

面对不断发展的、复杂的实务要求，我们需要理解并不断积极发展强有力的、选择性有效的理论，与此同时，长期以来存在的学术-临床、理论-实务之间的两极分化状态会逐步模糊，直至某天会消失。我们开始意识到实务与理论建构之间的密切关系。我们也越来越清楚地认识到，需求评估和诊断过程与研究假设的形成和检验过程是非常相似的，而后面这个过程则是理论建构的核心内容。哈罗德·刘易斯（Harold Lewis，1982）是这样描述的：

> 每个实务工作者都必须明白，自己的观察并不是任意的扫描，而是一个通过概念性排序寻求证据的过程。实务工作者的眼睛和耳朵是训练有素的，是用来帮助自己选择与自己的框架相关的证据的，而这个框架指导我们做出推论、揭示秩序、推测意义，为制订干预计划提供探索性指导。若干个排列有序的框架就构成了理论（p. 6）。

到目前为止，我们的讨论都坚持了这样的假设，即有效的、问责的实务需要建立在扎实的理论基础之上。这就是本书的基本前提。在很多人看来，这个说法是个公理。但是，我们常常也会看见有些同仁对此不以为然。在过去几年中，我碰到过一些资深的实务工作者，我对他们充满了敬佩，但他们认为理论与有效实务是相对立的。在他们看来，有效的治疗包括温暖地、善解人意地、尊敬地、回应性地、感同身受地与案主交往，要尊重他们，平等地对待他们。他们对量化、分类、质化、分析、检验和实验（学术中理论建构的常见要素）深表质疑（Timms, 1970），他们认为，这些活动会使临床实务工作者去个性化。一开始，我很难接受这个观点，认为这是违背职业伦理、不负责任的。但是，当我碰到这么多经验丰富的、很有建树的、成功的实务工作者时，我能说他们违背了职业伦理吗？我必须承认，他们一定有很多知识可以教给我们。

对我们的理论发展的历史进行点评，是轻而易举的事情，但是，我们没有资格这样做。相反，我们应该感谢我们的前辈，他们引领我们从薄弱的理论基础走到了今天这个状态，现在我们面临的一个挑战是如何处理如此丰富、铺天盖地的知识体系。

实务中理论的用途是什么

本书的主要论点是：负责任的、符合伦理的实务需要建立在扎实的理论基础之上。但是，对于实务工作者来讲，理论的用途是什么？为什么理论如此重要？

很显然，理论最核心的功能在于有能力解释并预测社会现象。在实务中，需要回答这样两个问题：如果我们在这个情境中不作为，会出现什么情况？如果我们以某种方式来回应，会出现什么情况？理论会帮助我们发现模式、关系和重要的变量，帮助我们将当代复杂的实务分类、排序。理论帮助我们"比较数据、评估数据，并在数据之间建立关系"（Siporin, 1975）。

实务工作者在有意识地根据需求评估和诊断来制定干预计划时，实际上就是参与到了理论建构和理论检验活动中。干预计划需要对情境有深刻的理解，这样，采取的行动就会有可预测的结果。如果缺乏理解，实务就会停留在猜测层面，进行的只是印象式的回应。这并不是说，我们在实务的方方面面达到了一个高层次的确定性，相反，我们需要根据我们所掌握的知识来不断提高我们的确定性（Siporin, 1979）。

理论还可以帮助实务工作者来预测结果，预测不同变量之间的意外关系。也就是说，理论应该帮助我们发现、理解和解释新情境。如果我们对需要出现的现象及包含其中的各种关系有充分的理解，就能够找到概念性工具来处理意外的或非期望的行为。只要理论基础扎实，我们在实务中就不会出现意外，就能够更好地解决问题。

理论还可以通过帮助我们在实务中发现异同之处，协助我们把知识从一个情境迁移到另一个情境。这绝不会湮灭我们的个性，或影响我们的自决，事实上，理论可以提升我们的个性和自决，因为理论不仅可以帮助我们发现案主或情境与其他案主或情境之间的异同之处，还可以帮助我们发现个体的独特性。当我们发现某些与我们的过去的知识和经验不匹配的观察或事实时，理论可以帮助我们拓宽视野。这时，理论就会引导我们推测、探索其他看待现实的方式。这样，就能带领我们获得丰富的视角，来重新认识案主及其处境。

扎实的、有逻辑的、一致性的理论结构和思维定式可以帮助我们向他人解释自己的行动，以可检测的、明确的方式实现知识和技术的迁移，反思我们的行动，并使其经得起他人的评估。我们一旦拥有了扎实的理论，并用这些理论在特定情境中指导我们的行动，便会有很多人从中受益。

此外，理论还帮助我们在新的情境中发现我们知识的空白点。例如，当我们运用某个理论概念，却没有产生预期的结果时，可能的情况是，要么我们误解了理论的概念，要么我们的知识不足以解决面临的问题。面对一个艰难的或新的实务情境时，实务工作者常常会自责，认为如果自己能早点明白情境，可能就可以进行有效应对。而事实上，上述困难可能是因为我们缺乏足够的理论来解释新现象。求不知与求知同样重要。

理论还能提高实务工作者的信心。我们都知道在实务中，实务工作者既要承担责任，同时还要耐得住寂寞。理论不可能完全帮助我们消除负面情绪，但是，坚实的理论导向为我们提供了一个基础，来发现我们真正了解什么。当我们面对案主束手无策时，一系列支柱性概念可以避免我们毫无目标地围绕案主乱转（Pilalls, 1986）。

理论可以帮助我们有序开展实务，帮助我们正确看待治疗过程中与个人、夫妻、家庭、小组或社区的接触所产生的大量的事实、印象和假设。犬儒学派门徒可能会说，无论对理论的掌握是否扎实，甚至即使理论与治疗方法毫不相干，理论也都能给治疗师提供安全感，从而提升治疗的有效性。

此外，依靠某一个理论，我们可以去评估其他理论。如果我们明白哪些概念具有实证可检验性，并具有相关性，我们就有能力根据现有知识来评估新思想和力量。在实务领域，对某个现象，可能会有若干个理论解释。要从若干个解释中选择一个最有效的，则需要不断进行检验。理论解释与我们的解释出现差异时，就能帮助我们更好地理解并修正自己的理论立场。

最后，一个扎实的、探索性的理论思维定式可以帮助我们客观看待某些新观点和新的理论发展，同时，在听过这一切的愤世嫉俗者的不屑一顾和那些随大流的人的过分热心之间找到一条中间道路。

理论的其他作用

理解理论在动力关系、社会学、我们专业中的权力关系，以及与其他专业的互动中所扮演的角色，也是非常重要的。人们对理论日益增长的兴趣，强化了我们对研究的热情，同时也提高了我们对其他学科知名学者的认知度。理论的本质特点就在于特别关注检验、实验，关注概念发展和实证发展。在经历了理论被当成教条的年代之后，研究的重要作用得到了人们的接受，在专业中也得到了特别的重视。因此，除了研究活动不断增加之外，近年来我们还发现，很多研究中心和专业研究杂志雨后春笋般地出现，它们的主要职能就是研究，同时，课程中研究的内容也得到了加强，研究、实务和理论之间的互动也明显增强。所有这些在很多方面极大提升了社会工作的专业地位，使其赢得了更多的尊重。

于是，在社会工作专业内部，有很多人热衷于关注理论的重要地位。然而，并非所有人都有这种关注。还有相当一部分人认为，发展理论是学者和研究者的任务，是研究中心的专业研究人员的责任和义务。这说明我们还是没有在实务-理论之间建立一个强有力的联系，从而导致所有专业的两大支撑要素（即理论与实务）之间存在令人遗憾的分歧。

与理论多元化发展相关的另一个有趣的现象是，每个理论都是在不同时期发展起来的，在社会工作专业发展的不同阶段，甚至在实务工作者的不同生命历程中，我们对每个理论褒贬不一。在专业人士之间，理论有时会成为家庭战争的导火线。由于理论是受价值驱使的，因此，是尊重还是排斥，或者否定某个理论，取决于实务工作者自身的价值喜好。在机构中，我们可以看到这些不同的价值喜好，甚至在同一个机构内部、同一个部门中，都能看到这些喜好的不同（Specht，1990）。

随着理论获得了深受追捧的地位，它还会获得相应的权力基础，成为获得地位或认可的标杆。由于政治正确性决定了理论的兴衰起落，案主被剥夺了了解相关知识的权力和机会，因此产生了一个严重的问题，一个严重的伦理问题。

改变对某些特殊理论的喜好也会给各级社会工作学院的课程设计和实施带来严峻挑战。在大学中，所有的课程体系中都包含了一到两个理论或一般性实务的理论基础的内容。面对不断增多的理论，教授理论的方法就变得五花八门了。鉴于不同理论的重要性在不断改变，教学法的挑战也日益复杂化。我们并非主张用同样的方式来传授所有的理论，给每个理论同样的重视。但是，我们要教育学生尊重每个理论，通过掌握相关工具来了解 *13*
每个理论，并能够将之整合到自己的理论基础之中。

理论有什么危害

理论可能会从以下几个方面对实务造成危害。最主要的危害是根据知识而不是实际情况来界定案主的需要。也就是说，负面地看待理论，会使理论成为伤害案主的罪魁祸首。理论一旦变成了纯大脑的、机械的东西，仅用来强调、贴标签和作为分类工具，而不是对案主及其处境进行个别化分析时，理论就走到了终点①。理论的预测、解释甚至控制社会现实的能力都变成了目标，而不是最大化地发挥人类潜能，推动人类发展。在这样的风气下，实务工作者对共情的投入就被弱化和贬值了。这样，寻找有关人类行为的理论，可能会引导人们远离追求人类自由、自主的价值观。

当我们坚信某个特定的理论体系时，理论就会发挥自我满足的功能。我们会通过选择的某个特定的理论视角来看待世界，会从符合这个理论框架的视角来分析各种社会现象，这种做法当然会有很多局限，会让我们看不到其他可供选择的解释。

同样，理论作为一种教条是没有生命力的，它不会自省，也不是动态变化的。特别是当某个理论由一个魅力超凡的创始人或群体创造，或者在一场运动中产生时，就更容易出现这种情况。当这种情况出现时，一个理论就会排除其他解释，将那些跟自己观点不同的都当成异教徒。这样的思维定式会产生"寒蝉效应"，阻碍新的思想或更有价值和意义的观点的产生和发展。

如上所述，另一个对理论的误用就是政治化。当某个理论进入专业的权力圈子之后，人们就会根据机构和专业人士是否信仰这个"官方真理"，来赋予或者剥夺其地位。这还会产生一系列的影响：如何满足案主的目标、提供什么服务、处理什么问题、在治疗中大家都要扮演什么角色，等等。

最后，有人建议，仅追求某个理论是远远不够的，我们应该做的是避免使用单一理论。他们提出，我们专业实务的对象非常复杂，高度个别化，且充满了变化，运用某个单一理论无法理解或影响他们，因此，单一理论只会消除个体案主的独特性。很显然，我们永远无法彻底了解我们专业的每一个服务领域。但是，人类社会的历史清楚地表明，努力了解更多的理论，无疑可以帮助我们更加有效地开展专业服务。

理论的分类

本书每次再版都面临的一个共同的挑战就是如何对本书中罗列的理论进行分类和排序。本书的主要论点是，这些理论需要单独论述，但同时，它们彼此之间又是互相交织、互相影响的，因此，考虑不同的组织方法和不同的应用是非常重要的。

例如，可以根据不同的连续体来给理论分类，从最抽象到最具体，从最特殊到最一般，从最外向到最内向，或者从最个体到最社会的导向。需要指出的是，这些分类方法没有孰好孰坏。每个方法都有好处，都会帮助我们更好地理解不同的理论，理解不同理论彼此之间的贡献，以及它们对我们知识宝库的贡献。

---

① 意为理论就变成自己的目标了。——译者注

　　我们可以按照集群来对理论进行分类，例如基础理论提供了一般性指导，实务理论就更加注重具体行动；也可以将它们分成三组：非常一般、中度具体和非常具体。史坡林的建议是，将这些理论根据特点进行分类，可分成评估类和干预类两种理论。按照他的观点，有些理论是帮助我们理解现象的，但是不提供处理知识的方法，而有些理论是提供行动导向的，而非概念性的知识（Siporin，1975）。戈兰称某些理论是过渡性的，他提出，根据这个标准，我们可以把某些理论称为关联性理论和独立性理论（Turner，1986b）。还有一种分类方法是根据其价值基础进行分类。这样，某些理论就是个人导向的，某些是群体导向的，还有些是家庭导向的以及社区导向的。另外还有很多分类方法也是可以考虑的（Fischer，1971）。

　　这本书里，我们采用的是另一个集群分类法，即按照某个理论所关注的人类社会的某个方面来进行分类。由于本书的基本假定是每个治疗系统针对不同的情况，会产生不同的效果，因此，我们认为，关注每个理论的重点，就是一个非常有效的分类方法。按照这个方法，我们画出了下面的表格，这个表格首次出现在第三版中（见表1-1）。我们使用了两个变量，个人以及个人与自己、重要他人及整个社会之间的关系。本次再版时增加了几个系统，这个范式还是非常有意义的。

　　但是，在本次再版时，我没有用这个表格来进行章节排列。因为我对这个分类方法不是十分满意，它还不那么令人信服。本书的章节安排是按照标题首字母顺序进行的，这样就不会过分强调某些内容，而下面这个表格只是给读者提供一个理论分类的方法。

　　理论分类表的一个内在挑战就是图标可能会被当成确定的，从而导致差异性被夸大，而相似性被缩小。纵观我们收集的理论，有必要强调的一点是，我们只关注每个系统中相同的变量。这个表强调的就是一致性的基础，在这个基础上，发展出了所有的理论，同样在这个基础上，所有理论彼此交织、互相影响。

表1-1　从基本人类活动角度将社会工作实务理论进行分类[1]

确定的重点领域	相关理论[2]
人及其属性特征	
人作为生物性存在	神经语言程序理论
人作为心理性存在	功能性精神分析
人作为学习者	行为理论
人作为思考者	认知理论
	结构主义
	叙事理论

[1]　参见 Social Work Treatment，3d ed.　p.15.

[2]　作为社会工作理论，每个理论系统都需要处理个人的生理-心理和社会现实生活的方方面面的问题。不同理论系统之间的区别就在于它们的关注点不同，它们从各自的角度关注了人类生活的不同领域和方面。

续表

确定的重点领域	相关理论
人对属性特征的运用	
人作为静观者	冥想
	存在主义
人作为体验性存在	格式塔理论
	催眠
人作为沟通者	沟通理论
	赋权理论
人作为行动者	问题解决
	任务中心
人与社会	
人作为个体	自我心理学
	案主中心
	危机理论
人作为集体性存在	女性主义理论
	交互分析理论
人作为社会性存在	角色理论
	原住民理论
人与宇宙的关系	生活模式
	系统理论

注：本表是在 1985 年 2 月 25 日被首次提出的，供哥伦比亚大学社会工作学院的教师研讨之用。

16 小结

早些年前，我们只了解理论本质和理论批评的重要性。我们不太关注是否准确地运用了理论这个术语，现在也还这样。但是，我们现在开始接受理论的多元性了。

在后面的章节中，我们呈现的每个理论系统都是我们目前理论的一个组成部分，我们会从其在我们专业中的地位、实务运用和未来挑战等角度，来深入讨论每一个理论系统。

在最后一章，我们将讨论不同理论方法之间的交叉成分，分析一些研究挑战，思考在未来的十年中理论建设的某些发展趋势。

参考文献

Bruno, F. J. (1936). *The Theory of Social Work.* New York: D. C. Heath and Co.

Carew, R. (1979). The Place of Knowledge in Social Work Activity. *British Journal of Social Work* 9, 349–364.

Fischer, J. (1971). A Framework for the Analysis and Comparison of Clinical Theories of Induced Change. *Social Service Review* 45(4), 440–454.

Fischer, J. (1978). *Effective Casework Practice: An Eclectic Approach.* New York: McGraw-Hill.

Goldstein, H. (1990). The Knowledge Base of Social Work Practice: Theory, Wisdom, Analogue, Craft? *Families in Society* 71(1), 32–43.

Hamilton, G. (1951). *Theory and Practice of Social Casework* (2nd ed.). New York: Columbia University Press.

Hearn, G. (1958). *Theory Building in Social Work.* Toronto: University of Toronto Press.

Hollis, F. (1964). *Casework: A Psychosocial Therapy.* New York: Random House.

Hollis, F. (1972). *Casework: A Psychosocial Therapy* (2nd ed.). New York: Random House.

Hollis, F., & Woods, Mary E. (1981). *Casework: A Psychosocial Therapy* (3rd ed.). New York: Random House.

Jehu, D. (1967). *Learning Theory and Social Work.* London: Routledge.

Koglevzon, M., & Maykrznz, J. (1982). Theoretical Orientation and Clinical Practice: Uniformity versus Eclecticism. *Social Service Review* 56(1), 120–129.

Konopka, G. (1963). *Social Group Work: A Helping Process.* Englewood Cliffs, NJ: Prentice-Hall.

Latting, J. K. (1990). Identifying the "Isms": Enabling Social Work Students to Confront Their Biases. *Journal of Social Work Education* 26(1), 36–44.

Lewis, H. (1982). *The Intellectual Base of Social Work Practice.* New York: Haworth Press.

Lutz, W. (1956). *Concepts and Principles Underlying Casework Practice.* Washington, DC: National Association of Social Workers.

Merton, R. K. (1957). *Social Theory and Social Structure.* Glencoe, IL: Free Press.

Nugent, W. R. (1987). Use and Evaluation of Theories. *Social Work Research and Abstracts* 23(1), 14–19.

Paley, J. (1987). Social Work and the Sociology of Knowledge. *The British Journal of Social Work* 17(2), 169–186.

Parad, H. J. (ed.). (1958a). *Crisis Intervention: Selected Readings.* New York: Family Service Association of America.

Parad, H. J. (1958b). *Ego Psychology and Dynamic Casework.* New York: Family Service Association of America.

Parad, H. J., & Miller, R. (eds.). (1963). *Ego-Oriented Casework: Problems and Perspectives.* New York: Family Service Association of America.

Perlman, H. H. (1957). *Social Casework: A Problem Solving Process.* Chicago: University of Chicago Press.

Perlman, H. H. (1968). *Persona: Social Role and Responsibility.* Chicago: University of Chicago Press.

Pllalls, J. (1986). The Integration of Theory and Function: A Reexamination of a Paradoxical Expectation. *The British Journal of Social Work* 16(1), 79–96.

Reid, W. J., & Hanrahan, P. (1982). Recent Evaluations of Social Work: Grounds for Optimism. *Social Work* 27(4), 328–340.

Reid, W. J., & Shyne, A. W. (1969). *Brief and Extended Casework.* New York: Columbia University Press.

Richmond, M. (1917). *Social Diagnosis.* New York: Russell Sage Foundation.

Ripple, L., Alexander, E., & Polemis, B. (1964). *Motivation, Capacity and Opportunity: Social Service Monographs.* Chicago: University of Chicago Press.

Roberts, R. W., & Nee, R. H. (1970). *Theories of Social Casework.* Chicago: University of Chicago Press.

Rubin, A. (1985). Practice Effectiveness: More Grounds for Optimism. *Social Work* 30, 469–476.

Schwartz, W., & Zalba, S. R. (1971). *The Practice of Group Work.* New York: Columbia University Press.

Siporin, M. (1975). *Introduction to Social Work Practice.* New York: Macmillan.

Siporin, M. (1979). Practice Theory for Clinical Social Work. *Clinical Social Work Journal* 7(1), 75–89.

Siporin, M. (1989). Metamodels, Models and Basics: An Essay Review. *Social Service Review* 63(3), 474–480.

Specht, H. (1990). Social Work and the Popular Psychotherapies. *Social Service Review* 64(3), 345–357.

Stein, J. W. (1969). *The Family as a Unit of Study and Treatment.* Seattle: Regional Rehabilitation Research Institute, University of Washington, School of Social Work.

Strean, H. F. (ed.). (1971). *Social Casework: Theories in Action.* Metuchen, NJ: Scarecrow Press.

Thomas, E. J. (1967). *Behavioral Science for Social Workers.* New York: Free Press.

Thomlison, R. J. (1984). Something Works: Evidence from Practice Effectiveness Studies. *Social Work* 29 (Jan.–Feb.), 51–56.

Timms, N. (1970). *Social Work.* London: Routledge.

Turner, F. J. (1976). Interlocking Theoretical Approaches to Clinical Practice: Some Pedagogical Perspectives. *Canadian Journal of Social Work Education* 2(2), 6–14.

Turner, F. J. (ed.). (1979). *Social Work Treatment: Interlocking Theoretical Approaches* (3rd ed.). New York: Free Press.

Turner, F. J. (ed.). (1986a). *Differential Diagnosis and Treatment* (3rd ed.). New York: Free Press.

Turner, F. J. (ed.). (1986b). *Social Work Treatment: Interlocking Theoretical Perspectives* (3rd ed.). New York: Free Press.

Werner, H. (1965). *A Rational Approach to Social Casework.* New York: Association Press.

Woods, M. E., & Hollis, F. (1990). *Casework: A Psychosocial Therapy* (4th ed.). New York: McGraw Hill.

第二章

原住民理论

治疗第一民族的克里族医疗之轮指南

赫布·纳比贡，安妮-玛丽·默威尼

前言

本章中，作者将介绍一种原住民治疗个人、小组和社区的方法。这个方法是一个全方位的治疗方法，是根据北美克里族传统学说①发展起来的，有着几百年的历史。近年来，北美第一民族②的助人方法越来越得到持西方世界观的专业人士的重视。众所周知，长期以来，在没与西方世界接触之前，世界各地的原住民都在运用自己的传统方法来帮助人们疗伤。本章只讨论众多的原住民治疗方法中的一种，即古老的克里族口头流传的医疗之轮的学说：四个方法和一个毂。这些学说能通过诠释符号象征意义，帮助我们揭示灵性治疗和灵性成长的方式。克里族的学说提供了灵性地图来治愈人们和帮助人们保持平衡。

对于很多第一民族和其他原住民社会工作者来讲，本章是对他们自己原本熟悉的原住民传统方法和概念的总结。而对其他运用传统治疗方法开展服务的专业人士而言，本章的内容提供了一个有趣的视角，即与他们自己的传统方法进行比较。对非原住民社会工作者来讲，本章提供了一个基本的介绍，说明了全方位的第一民族助人方法是如何成功地帮助了原住民个人、家庭和社区。当然，这样的介绍不能详细说明在运用本方法的过程中如何使用不同的技术，对其感兴趣且想学习本方法的社会工作者可以选择参与一个长期的学习过程，

①　作者要感谢艾迪·贝尔罗斯（Eddy Bellrose）、迈克尔·思拉舍（Michael Thrasher）、卢贝卡·马特（Rebecca Martel）等著的《黎明的守望者》中提出的学说观点，以及已故的亚伯·伯恩斯迪克（Abe Burnstick）和另一位至今不知姓名的长者提出的观点，他们的学说主张成为本章的主导思想和原则。

②　北美原住民，包括克里族等，但不包括因纽特人和米特人。——译者注

19 接受有经验的长者的指导。对一般的社会工作者来讲，本章提供了一个视角，让他们来学习理解、尊重和支持他人使用这个方法，特别是第一民族同事和案主。对其他读者而言，本章提供的基本概念和实务方法，例如彀的概念，可以被整合到自己的日常实务工作中。我们希望本章能够在第一民族的世界观和其他世界观之间建立一座桥梁，尽管治疗的方式千变万化，但是宗旨却只有一个，那就是要在我们内心与周围环境之间重建和谐与统一性。

方法概览

北美的原住民学说是界定我们这个治疗方法的主要框架。[①] 它通过简单的类比和自然界的符号，将所有生物联系起来。生活本身是神圣的，是伟大的奥秘，这些学说能够帮助我们理解宇宙万物之间的关联性。按照传统，第一民族认为自然是我们人类生活的一部分，是我们生命的延伸。由于自然界与我们的情感和精神生活密不可分，因此，人们不能主宰或控制自然界（Colorado & Collins, 1987）。自然是我们的一部分，而我们也是自然界的一部分。第一民族把我们与自然界的关系当成是平等的关系，我们要谦卑地把人类当成世界的一个神圣的组成部分，与其他部分相辅相成，不分伯仲。

这些学说认为，人类要生存，就必须与自身、家庭、社区和环境保持平衡。一旦出现酗酒、暴力、虐待或任何形式的技能障碍，就出现了失衡，也就是黑暗面占主导了。当黑暗面占主导时，人们就会内心不和谐，出现一种精神病态，具体表现就是狂怒、生气或者出现强烈的破坏性情绪。这些人需要找到一种方法来重返平衡。换言之，当人们关注黑暗面或表现出愤怒状态时，问题就出现了。一个功能正常的人若感觉非常平衡，能够与自我、他人及自然相处融洽，这个人就是与现实和谐相处。黑暗面与阳光面保持平衡状态。

克里学说中包含了医疗之轮、彀和四个方向等内容，给我们提供了一个恢复个人灵性平衡的地图。某些症状，例如贪婪、物质主义、低自尊和其他问题等，都可以通过将克里学说与我们日常的生活、思维方式进行整合来得到处理和解决。

进入社会工作的路径

灵性导师说，我们应该与世界分享我们的学说，因为当今世界存在着太多的痛苦和环

---

① 本章中作者们使用了第一人称复数来指称原住民，以此来强调本章所关注的视角与主流视角是不同的。我们当中的资深作者是来自加拿大北安大略省的阿尼什纳比人。

境破坏。有关五色和黑暗面的学说给我们提供了一个治疗痛苦和环境的方法。老祖母伊丽
莎白（现已过世）总是说："阳光普照大地，并不只照印第安人；我们要生存，就离不开
阳光。"这个简单的道理适用于全世界。

世界上只有一个人种，但是有四种肤色：红、黄、白和黑。人类只有四种主要血型。
因此，我们可以繁育后代，我们都是人类大家庭的一员。灵性知识帮助我们消除种族歧
视，共同建设一个更加美好的社区。我们很久以前就学会用这些学说来解决我们面临的各
种问题。老人们常说，我们要反复复习这些学说，我们需要这些学说来指导我们不断改善
社会环境和自然环境。

同时，长者们不断赋权年轻的第一民族来分享传统学说，有些社会工作教育者也开始
超越西方世界观，寻找其他的助人方法。在加拿大，里贾纳大学、劳伦森大学、维多利亚
大学、达尔豪斯大学在 20 世纪 80 年代中期，就开展了原住民学生的社会工作教育。尽管
上述大学的培养计划中教学方法各异，但其指导思想都遵循第一民族的本土思想。随着
些大学开始招聘第一民族的教授，教学、研究和培养方案的结构也开始反映这些教授的世
界观和信念，他们的思维方法也影响了很多学生和教师。

社会工作文献

第一民族传统学说以各种不同的形式保留下来了，有的是口头的，有的是书面的，
还有的为了向外人保密则是藏而不宣的。最早以书面式记录原住民传统和生活方式的是
早期的北美探险者，包括探险家、传道士和早期的人类学家（例如，参见 Spence，
1914；Jamieson，1990）。近年来很多学者对这些人的文章进行了重新解读（Anderson，
1985；Milloy，1983；Nazar，1987；Tobias，1983），其目的在于重拾在殖民化和欧洲
中心论泛滥后丢失的原住民传统知识。大多数与社会工作相关的文献集中在社会政策上
（Weaver，1981；McKenzie & Hudson，1985；Mawhiney，1994），包括第一民族与加拿
大政府之间关系的历史，自我管理和自我决定等（Boldt & Long，1985；Penner，
1983）。很多文献的作者都不是原住民，但是，作为第一民族和社会工作教学中的第一
批资料，这些文章还是非常有价值的。1985 年以来，社会工作文献中出现了大量原住
民学者撰写的或与其他人合作撰写的以社会工作助人等为主题的文章（Antone et al.，
1986；Brown et al.，1995；Mussell et al.，1993；Nabigon，1993；McKenzie & Morri-
sette，1993）。

克里地图的基本假设

21   第一民族的传统学说认为，所有人都需要治疗康复，而灵性成长的方法融合在我们日常生活的方方面面中。治愈术是一个终身历程，每个人都需要不断建构和重建平衡，以达到和谐。灵性生活与日常生活是密不可分的，日常生活的每一个方面都包含灵性，其重点在于状态而不在于行为。我们的传统学说告诉我们，世间万物都是相互联系、密不可分的。万物不存在主体与客体之分，皆存于一体。思维、身体、情感与精神是密切相关的，人类离不开大地，万物生于此、融于此。

    第一民族的生活哲学能够帮助人们理解万物之间的关系。理解了这些哲学，才能接纳它们，然后才能践行一种有利于康复的生活方式。治愈术将我们与内在的自我和外在的环境重新连接起来，这反过来又能重塑我们的环境。当我们由于机能失调、改变，或者希望更好地理解生活和自我而寻求外界帮助时，社会的方方面面都会得到改善。

    克里族的助人方法给我们提供了很多平衡内在的自我的方法，例如，要倾听自己、倾听环境和倾听他人。我们在倾听内在的自我时，会接触到内在的灵性之火。正视痛苦、理解痛苦，就会获得勇气。当拒绝成长的痛苦大于成长的痛苦时，人们才会有意识地开始自我成长之旅。当然，一旦走上成长之旅，实际上就无法回到过去的老路上了，这个旅程是持续的、不断改变的过程。

人性本质

    在人的一生中，有两个部分的生活是需要特别关注或者要避免失衡的：外在自我和内在自我。外在自我是我们在日常与外部世界的互动中投射的形象。我们陶冶我们的外在自我以适应文化和时代的要求。外在自我有很多表现形式，例如我们的衣着、语言、教育、喜好和厌恶等。我们通过个人反思来关注内在生活。个人反思可以运用到毂、医疗之轮、甜草和神烟袋之上。通过不断反思，我们获得了灵性的改变和成长。

    要呈现克里族对人性的理解，可以使用一个概念性工具，这就是毂（见图 2-1）。毂由三个环环相套的圈组成。最外面这个圈代表的是生活中消极的方面，或者是黑暗面。第二个圈是生活的积极面，或者是阳光面。最里面的圈代表的是人内在的灵性之火，这个圈也有阳光和黑暗的一面。使三个圈之间保持平衡是人生所追求的理想状态。这三个圈分别还有四个方向：东、南、西、北。人的心理和情感生活都可以放在这个毂中。毂提供了一个理解人们的问题的分析工具。在克里族的治愈术中，毂和医疗之轮是核心。

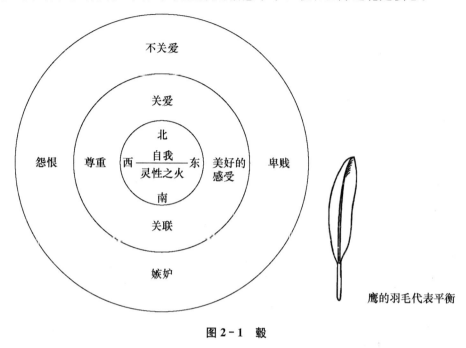

鹰的羽毛代表平衡

图 2-1 毂

内圈代表了积极价值观，外圈代表了消极价值观。原住民试图在积极和消极的生命周期中平衡自己的生活。 *22*

东外圈

东外圈代表的是卑贱和耻辱的感受。一个自觉卑贱的人是无法感到与他人之间的平等的。这种感受常始于儿童时代，因为自己比较幼小，所以常常觉得大人高高在上，拥有权威。在儿童的成长过程中，如果他们无法对自己的生活拥有一定的选择权，那么便可能会感到自己是牺牲品，或者会感到他人对自己施加了至高无上的权威。这种感知会陪伴他们进入成年，从而导致他们产生无权感，觉得被他人操纵，抑郁，以及出现一些心理问题。不要忘记，我们是在与我们的灵魂（精神）一起建构生活，因此，我们必须学会给自己赋权，这样才能过上我们想过的生活。

卑贱感和耻辱感常常会导致我们炫耀自己做的比想象中的更好。西方的家庭、学校和宗教也常常会向孩子们灌输这种思想。当今社会的竞争性使得人们往往要与别人进行比较，这就进一步导致人们去炫耀自己。另一方面，只有当我们面对无条件的接纳和爱，我们内在的痛苦得以倾诉时，我们的卑贱感和耻辱感才会被打破。当我们可以从他人眼中正确认识自我时，自我否认就不可能出现了。 *23*

南外圈

老人们常说，当人们感到卑贱时，他或她就会开始嫉妒他人。嫉妒位于南外圈。嫉妒就是想得到别人拥有的东西，但又不愿意付出艰辛。嫉妒可以是物质层面的，也可以是精神层面的。

嫉妒会强化卑贱感，因为它证明了与他人相比，自己没有得到应得的东西。嫉妒还会衍生不满、苦恼和贪婪。嫉妒之心会让人感到无助，从而不愿行动。当然，还有很多嫉妒的人不知该如何改变。即使人们掌握了改变技巧，但在因为懒惰而不愿行动时，也是毫无意义的。嫉妒有时可能也会刺激我们寻求改变之路。

在当今社会上，我们经常持竞争价值观来与他人进行比较。当然，成功的定义取决于个人如何界定自己的个人目标和人生探索之旅的目标。克里学说提倡个人赋权，个人要对自己和行为负责。

西外圈

嫉妒之人往往会滋生怨恨之心。怨恨意味着不断重复过去消极的或黑暗的感受。换言之，过去的消极感受在当时没能得到释放，还保存在体内，这些感受不断积累，就形成了一种叫作怨恨的疾病，它左右了人的态度。压制正面感受也会导致怨恨。这在不易动感情的人身上很常见。他们常常面无表情，但却带上了一个无法看透的面具。一个充满怨恨的人只关注黑暗面，却无法对自己所处的两难境地进行审视。

北外圈

北方代表的是不关爱的态度。冷漠和对我们福祉的忽视表明了这种态度。很多人对这个概念有误解。很多人说他们在意，他们用自己的方法来帮助家庭、朋友和邻居，但从来不审视自己和自己的需要。他们这样做，是因为相信自己是无私的、善良的和仁慈的。他们忘记了，真正的关爱始于对自己的关爱，一个人如果没有学会关爱自己，就根本无法真正去关爱他人。同样，我们如果不能关爱自己，也无法接受别人的关爱。

24

中心圈

毫无疑问，当人们感到卑贱、嫉妒、怨恨和不关心时，便会产生戒备之心。戒备是中心圈中的消极方面。一个高度戒备的人无法倾听自己的心声，更加无法分享自己。这样就会产生占有欲和不满足感。

无法倾听自己的心声、无法安静地感受自我、让内心引导自己的行动，在某些极端的情况下，这些行为会导致自杀。老人们常说，自杀的人是不懂得倾听的。至少不倾听自我，会让人们远离自己的感受，因此也会失去关注点。倾听我们的身体是非常重要的。在疾病症状恶化之前，如果病人倾听自己的身体，很多疾病是可以很快治愈的。

东中圈

中圈代表的是积极的方面。东方代表了几个不同的积极方面，如美好的感受、食物以及美好事物在大脑中的印象等。为了形成对幸福的美好印象和感受，人们需要美食。这里包括了物质食物和精神食物，这两类食物都是必不可少的。恰当地分享自己的感受，无论感受如何都不要故意缩小或夸大，也是非常重要的；因为如果我们不分享自己的感受，那些陈旧的卑贱感就会卷土重来，控制我们的情绪。有时，我们只要跟值得信赖的、能保持冷静的朋友唠叨几句，问题就解决了。

分享积极的感受对于精神健康而言至关重要。与家人和朋友们一起开怀大笑有很大治疗作用。认识情感语言是灵性成长的基础，因为如果没有情感表达，我们怎么能知道什么人是没有情感的呢？恰当地表达情感，能够给我们提供能量，减少压力。

南中圈

来自内心的美好的感受常常会帮助我们与自己和他人建立良好的关联。这种建立关联的能力体现在毂的南方。在这里，它指的是与内心的自我建立关联，也就是要密切地倾听自我。如果我们听不到自己的心声，就会与内心的自我疏远。当出现这种情况时，我们会感到失落，或者对未来的发展感到迷茫。与自我和他人建立关联，需要我们内心的宁静和平和；要做到这些，则需要学会倾听。

与自我建立关联，是我们一生的旅程。时间是我们生活的一个维度，我们总是希望自己的速度更快一些，以实现我们的生活目标。但是，花时间做好充分准备、经历各种细微差别、尽情享受当下，都需要耐心。毂和医疗之轮为我们指出了该怎样做。我们是不可能超越当下的，那么，着什么急呢？为什么我们要急着过明天呢？到了明天又会怎样呢？

西中圈

中圈的西方代表的是尊重。尊重的字面意思是多看一次。与自我建立良好的关系，最终便可以发展出自尊。在建立自尊和尊重他人的过程中，非判断的态度是非常重要的。理性力量位于西门。拥有了理性力量，我们才能在出现非理性思想或者说出了伤害自己或他人的言语之前，做到三思而后行。尊重意味着尊敬自己，允许自己表达感受。尊敬自己才能做到正直。

北中圈

中圈北门代表的是关爱。关爱不仅是一种情感，更是一种行为，永远不要忘记关爱的原因。为自己承担风险、愿意改变、关注自己而非他人的行为，所有这些都是行动的关键，同时也都是关爱的重要表现。所有这些都需要毅力。

有些文化认为，先想到自己是自私的行为。这是对关注自我内在机制的误解。提供空间让人们关注自己，实际上就是提供空间让人们不再依赖他人、独立成长的开始。

中心圈（光明面）

克里族的长者们教导我们，灵性之火在中心圈，与黑暗面的不倾听相对。生命的奥秘是赋予生命的能量火花，它是人类存在的核心。要过上幸福、美满和富足的生活，就必须掌握这些核心。也正是人类存在的核心，促使人类不断创造新知识和获取新的认识。如果万物平衡，灵性之火就会激发人类的慈悲之心，因为爱是人类全部生活的本质所在。

改变的过程

我们这里介绍的指导治愈过程的工具或概念性框架与西方的方法是截然不同的。在治疗周期和汗蒸屋①仪式中，会运用毂和医疗之轮。在克里族传统中，毂在长者的指导下，通过口头的方式，被运用到个人的内在生活中，或者用于自我反省。毂还被用于指导我们的反思，以及回顾如何看待我们经历的世界。治疗过程始于内省，同时还要注意处理内在冲突。当然，谁都不是一座孤岛。亲朋好友和社区环境都会影响个人成长，大环境——地球也会影响我们的成长。我们作为个体和集体，也会对环境产生影响。事实上，我们与环境是密不可分的，与祖先也是密不可分的，在我们看来，时间就是一条纽带，把我们的过去、现在和将来有机联系在一起，个人是这样，不同的民族也是这样。

成长的方法有千万种，虽然每个人的经历各不相同，但是，在人类的灵性发展中还是有很多共同之处的，正是这些共同之处让我们可以找到一些可供他人借鉴和运用的方法。

---

① 汗蒸屋是一种小屋，用天然材料制成，一般为圆顶。美国原住民用它来进行仪式性的蒸汽浴和祈祷。汗蒸屋仪式也叫净化仪式，在很大程度上受欧洲文化的影响，是其对美洲原住民的负面影响的反映。

早在高加索人登上北美陆地之前，我们的祖先就发明了很多我们至今还在沿用的方法。克里族的方法中，助人者和求助者之间的关系，与西方方法中的关系没有区别。某人（或一群人）无法处理或应对自己面对的困惑和痛苦时，会向那些有知识和智慧的人求助，希望这些人能够帮助自己解决问题。在克里族的治疗过程中，向导或者助人者通常会是一位长者或者一位年长的老师。接近这位长者或老师之后，我们就开始了求助过程，通过传统仪式和治疗过程，将我们的心、身、灵整合起来。

谷被用来清理我们的困惑，破解人类的思想、感受和行为的不同方面。谷会显示这些不同方面是如何以某种格式组合起来的，这样会更容易理解。这种方法简单、明了，帮助人们准确理解自己生活的不同方面，并指明了治愈身、心、灵的途径。这样，就能帮助人们过上一个更加完整、平衡的生活。

这个过程中，首先要审视个人的内心，并努力改变自我，然后再审视和改变周围的环境。事实上，我们的内心开始会有一个连锁反应，内心改变了，就会对我们生活的方方面面产生影响，带来改变。医疗之轮就是用来指导这个治疗过程的。

香草、鼠尾草、雪松和烟草都是传统的神圣的植物。每一种植物都有其灵性的特质，在治疗中会发挥独特的作用。香草、鼠尾草、雪松跟其他东西混在一起，用来作为香薰，烟草则是祷告时的祭品。长者们会将香草编织起来，点燃其根部让其慢慢阴燃。香草燃烧的气味让人感到愉悦、芳香。点燃香草之后，会让人置身其中，用其香味来清洁身、心、灵。香薰的仪式代表了简单的诚信和善良，这种诚信和善良只有孩童才具备。当我们点燃香草来熏染我们的身、心、灵时，就是在提醒我们要重视诚信和善良，要洗净黑暗，净化我们的内心。

外部世界的重要性

克里方法适用于与个人、小组（包括家庭）和社区一起工作。但是，我们无法将个人与家庭和社区区分开，我们不能将个人与其成长的环境分离，也不能将社区与生活于其中的人群分离。谷能够帮助我们揭示人与外部世界之间的关系，这里面包括祖先、家庭、朋友、社区和自然环境。传统的治愈术也指出，那些伤害过他人、社区或者自然环境的人，也会成为受害者治愈过程的组成部分。

除了我们上面提及的生活的不同方面之外，我们还注意到了我们的灵性世界，包括我们的始祖，他们也是外部世界的延伸。在我们看来，始祖就是我们的宇宙精神向导，他们掌握了一切宇宙知识，会随时帮助大家。有时，他们会给我们提供新思路，来指明方向。这些新思路最主要的宗旨就是帮助我们获得灵性的成长。始祖这个词是很久以前人们生造的一个词，当时传统刚开始建立，我们往往会把这个词与智慧联系在一起。

克里方法的价值基础

我们认为时间是螺旋式的，过去的历史都在我们身后，会引导我们走过今天，走向未来（Dumont，1989）。过去的时光包括我们祖先的历史以及他们的作为，所有这些引导我们每个人走上了今天的旅程。我们生活在今天，不仅需要牢记自己行为的直接后果，而且还要牢记这些行为给后代留下的深远影响，我们的信条认为，我们今天做的每一件事都会对后七代人产生重要影响。

我们利用香草让自己与过去、现在和未来接触，借此，我们也把传统的克里概念介绍给那些致力于反思传统价值，并将其运用到问题解决过程中的专业人士。奥吉布瓦（Ojibwa）和克里文化中包含了受到全世界人民重视的普世价值观。世界上各种文化和宗教所关注的中心就是诚实和善良。但是，传统原住民文化是用其他方式来表达这些价值观的。我们的价值观是通过自然来表现的，因为自然教会了我们如何举止得体，如何过好自己的日子。因此，关键点是要学会如何解读和理解自然。与自然亲近绝非易事，需要长时间的积累。七始祖的学说清楚地描述了传统价值观的全貌，而传统价值观则贯穿了治疗的全过程。七始祖指的是智慧、爱、尊重、勇敢、正直、谦逊和真理（Benton-Benai，1988）。

在我们的传统中，树是正直的标志。走进森林，我们会看到很多树。有白树、黄树、黑树、红树等五颜六色的树。树象征着世界上的四个人种。五颜六色则象征了不同种族之间通婚的结果。同样，如果走在灌木丛中，你会看见不同形状和高度的树。有的高，有的弯曲，有的交织在一起。它们代表了世界上各色各样的人群。在香草路上走，能够帮助我们像一棵挺拔的大树一样，长得又高又直。高大挺拔的树象征着正直。

克里人相信，石头和树木都是有灵魂的，草木和动物也有灵魂，造物主所造的一切生物都是有灵魂的，这些都是长者教导我们的。

动物教会我们如何喜爱别人。家里养的小狗就是一个惹人喜爱的小东西。你一叫它，它定会摇着尾巴跑到你跟前。它会用身体蹭你的腿。如果你对它发脾气了，几秒钟之后它就忘记了。动物教会我们不要滥用性行为。例如，潜鸟配对后会厮守终身，它们彼此忠诚。如果我们勇于承认自己还有很多缺点的话，动物定会教给我们很多东西。老人们常说，动物跟我们是平等的，如果我们懂得观察和理解它们的行为，一定可以从它们身上学到很多东西。动物还能教会我们如何建立友谊。它们的群居交谊给我们示范了如何与同伴和朋友相处。最后，动物还能教会我们什么是奉献。我们与动物之间的整体关系在于它们的死是为了我们的生。动物为我们的生存做出了最大的奉献，同时也教导我们，人类也应该做出奉献。这样，动物是我们生存的关键。我们保护动物的福祉，实际上就是保护我们自己的福祉，这是长者教给我们的基本观点。

几代克里人都一直在使用克里地图。它对克里人和其他第一民族的人产生了最直接、最深远的影响。

治疗

主要的治疗目标

治疗目标是促进个人、群体，包括社区的平衡与和谐，协助我们采取行动，来消除社区和世界各民族的痛苦。

实务模式

在我们的本土文化中，我们是通过对自然的长期观察来学习，并与自然建立关系的。第一民族的世界观可以分为四个神圣的方向。这些方向可以帮助人们寻找和建立内在的和谐和平静。克里人和北美的原住民文化，都会采用医疗之轮（见图2-2）来治疗个人、社区和民族。医疗之轮运用了四个方向的方位点，来帮助人们重新发现并找到回归自我的方法。在克里人的教条中，治疗者是从东方启动治疗过程的。

东方

人们相信，造物主是从东方开始造就生命的，因此用红色作为标志。春天到来时，当和煦的东风吹来，我们的大地母亲开始回春。万物复苏，大地披上了红棕色的外衣。春天的象征性颜色是红色，因为植物根系开始随着大地回春而复苏。每年春天大地会像女人子宫每月一次清洁一样来清洁自己。因此，春天是治愈的季节。春季，万物都在治疗，所有生命都获得了新生。春季赋予生物以新生命和新感受。

东方也代表了原住民，造物主赋予了人们食物、感情和视角。春天时，动物繁衍了下一代，我们取之为食。在奥吉布瓦文化中，食物的象征就是驼鹿和白鲑。长期以来，驼鹿给我们提供了肉、衣服和工具。驼鹿和鱼是我们主要的生存来源。没有食物，我们不能生存。食物就是药物，它给我们养生、治病。食物与情感之间的关系也非常密切。美味佳肴带给我们美妙的情感。当我们对自己的生活感到满意时，我们就能欣赏美景。因此，美景就是我们生活的目标和方向。今天，很多人的卑贱感和狂怒来自东方。来自东方的愤怒可以解释为很多不恰当地表达愤怒的家庭问题。关于东方的传统教条将宁静与和谐的信息传递给了后人。龟类和鱼类也在东方。根据传统，这些族类是诗人和演说家。

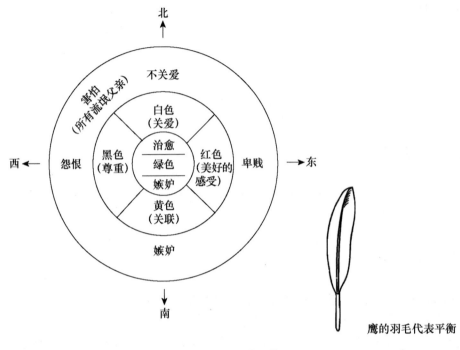

鹰的羽毛代表平衡

图 2-2 医疗之轮

在东门附近，长者和传统教师帮助人们审视自己的期望，人们可以反思自己的目标和成就。

南方

黄色象征着夏季、时间、关系和太阳。中午的太阳是朝南的。夏季的炎热传递的是耐心，因为天气太热，人们无法迅速活动。耐心帮助我们与自己和他人建立关系。我们静静地坐着，才能意识到自己的感受、思维，体会灵性，我们才能意识到自己的身、心、灵，这就是沉默的力量。

借助与家庭、大家庭、朋友和社区之间的关系，我们开始学习理解自我。当然，要理解我们作为人的身份，需要一定的时间。我们通过与朋辈互动来学习和理解自我，通过父母和学校、教堂等机构，我们的价值观得以代代相传。

青春期是青年人改变最大的阶段。青春期常常充满了危机。对年轻的原住民而言，青春期是他们界定自己原住民身份的时期。界定文化传承的过程比任何活动，包括教育，都要重要。正是在这个自我探索阶段，青年人的学业成绩开始下降。当孩子的学业出现危机时，教育者和某些父母往往忽视了这个因素。长者和传统教师可以帮助我们理解和处理这样的危机。

健康关系的反面就是嫉妒。嫉妒可以被定义为想得到别人拥有的东西，但又不愿意付出努力。对嫉妒的处理需要贯穿在神圣的治疗过程中。到了夏末，树叶开始变黄。黄色提醒我们要有耐心，而耐心是建立各种关系的关键。南方所代表的东方人重视时间和耐心，关注关系，因为这些内容在东方文化中得到了高度重视。

南方还代表了金鹰。在传统中，鹰是神鸟。因为鹰飞得很高，所以，人们认为它可以向神灵传递信息。鹰的羽毛特别受尊重。

在南门，人们会反思自己与家庭和社区的关系，不断探寻自己的优势，克服障碍，解决问题。

西方

黑色象征着尊重、理性、水和秋天。当西风初起，秋天就要来临了。进入秋天时，万物变成黑色了。树叶和其他生物，特别是绿色植物都变成黑色。当我们真正理解并践行"尊重"时，我们内在生活的质量就得到了提高。如果我们能够做到三思而后行，那么，我们的理性就是正常的。

很多青少年在面对改变和危机时，很难去反思自己的内在世界。原住民的精神领袖特别能够理解青少年的感受，因此给他们设计了很多治疗性仪式。我们常常发现，有些功能紊乱的家庭会让大孩子承担很多照顾自己的弟弟妹妹的责任。这样的做法会给大孩子带来很多敌对和愤怒的情绪。长者和传统教师会通过主持很多仪式来化解这些会摧毁自尊的愤怒。

秋天的黑色也让我们想起了黑人，他们最懂得谦逊。谦逊就是准确定位我们在自然中的位置。因此，关于尊重，我们需要学习的内容实在太多。

31

春天的黑色云彩会带来阵雨和雷鸟。雷鸟的使命是要照亮我们的内在生活。阵雨带来的水是一切生物重要的能量来源。水的用途很多，但是，与其他事物一样，我们可能会拥有太多的水，水能载舟，亦能覆舟。

在西门，人们可以反思自己的亲密关系以及自己的行为。尊重他人、尊重自我是平衡与他人关系的关键。

北方

白色象征着冬天、关爱、运动和空气。关爱可以根据我们与家庭、学校、社区和民族互动的程度来进行界定。孤立通常意味着问题的存在，因此，我们需要解决问题。很久以前，有位老奶奶是这样说的："人们都懂得如何运用常识来指导生活。"在她看来，关爱是要靠常识来进行的。关爱与我们每天呼吸的空气一样，是必不可少的。婴儿如果得不到应有的关爱，就会夭折。如果我们没有学会关爱自己，我们就永远无法独立，总是需要他人来养育我们。我们相信，关爱的能力来自北方。

当强劲的北风吹起，万物都变成了白色，我们就迎来了冬季。北风的鼓动力很大，它能吹动一切。它会把挡道的大树、房屋等吹走。因此，大风能吹动我们地球母亲上的一切。这也提醒我们，每个行动都会产生一个结果，或是关怀性的结果，或是令人忧虑的结果。此外，个人行为产生的结果可能是关爱性的，也可能是漠不关心的。有些自然治疗的方法是大喊大叫、开怀大笑、大汗淋漓、大哭大号、张着大嘴、摇头晃脑等。这些方法能够帮助人们消除忧虑。

白色还象征着白种人。关爱是可以迁移的。你是否注意到，白种人迁移、分散到了世界各地？如果在迁移过程中缺乏关爱，那么，很多其他种族的人就会变成无家可归者。

在北门，人们开始建立自己的行为会影响家庭和社区的信念。

中部

绿色是治愈的颜色，是大地母亲的象征，它成为万物的中心。大地养育了人类的四个人种，也养育了一切生物。因此，绿色和大地母亲处在医疗之轮的中心位置。我们能与内心的灵性之火保持联系，便获得了平衡。绿色象征着平衡和倾听。灵性领袖强调，我们应该倾听和关注生活的黑暗面，这样才能学习并得到治疗。黑暗面可以被五个小捣蛋鬼否认：卑贱、嫉妒、愤怒、不关爱和猜忌。绿色的黑暗面意味着我们不再倾听。那么，走向治疗的第一步就是要学会如何倾听黑暗面。倾听帮助我们把消极行为改变为积极行为。医疗之轮中心隐藏的假设是，在治愈过程中，人们需要有倾听的能力。

上面四个神圣的方位能够帮助人们自我平衡，并了解自己在世界上的定位。在这里，我们需要特别强调平衡饮食的重要性。食物是上天赐给我们的重要礼物之一。很久以前，有位老祖母说过，地球是我们的花园，造物主为我们建造了这个花园，让我们和谐地生活在花园之中。当我们从大地母亲身上获取食物、养育自己时，应该时刻记得感谢大地母亲，感谢所有的动物，并且要学会报恩。我们要遵循的原则是，在获取时也要记得付出，这就是我们祖先的教导。

白种人改进了从自然界收获食物的技术，使得这个过程更加简便。但是，我们一定要记住，没有大自然，人类就不能生存。我们永远不要忘记我们离开了自然就活不下去。大自然的多元性，即大自然不同的颜色和味道、各种动物的声音等，都是非常美妙的。它们时时刻刻都在提醒我们对自然界的依赖。它们还提醒我们，不忘记造物主赐予我们的很多礼物，我们才能得以在地球上生存。

另外还有一个可以帮助人们重获内在平衡的方法，即在自然界中进行斋戒。斋戒是一个涤罪仪式，或者说是追寻灵境的过程，它可以促进人的灵性的成长。在奥吉布瓦人的社会中，斋戒是特别神圣的。我们会四天四夜不吃不喝住在森林中。食物是动物的象征，处在东门。我们把动物当成了食物。奥吉布瓦人尤为称赞这种关系，我们也对动物给人类生活的支持深表谢意。红色象征着原住民的重生。斋戒就是一种重生。鉴于生命始于东方，在斋戒期间，我们经历了重生。我们会用这样的方式来敬奉幽灵，幽灵们则通过赋予我们理解力来让我们感到无上荣耀。

基本的评估问题

下面的问题可以用来指导我们运用医疗之轮来帮助人们初步理解自己的行为、环境，以及自己如何受到环境的影响，自己又是如何影响环境的。

东门——愿望
（1）你认为你为什么要到这里来？
（2）你认为自己的问题是什么？
（3）你认为一年之后的你是怎样的？
（4）你在未来几年的青春期中希望做什么？
（5）你成年之后想做什么？

南门——关系和时间
（1）请说说你跟家人或者照顾者之间的关系。
（2）出生以来是否一直跟家人在一起？
（3）你家人是否有开心的时刻？
（4）说说家人身上你最喜欢的地方。
（5）说说家人身上你最讨厌的地方。
（6）你是否有男/女朋友？（需要跟进一些问题，例如，你们是否发生了性关系？）

西门——尊重和理性
（1）你如何描述你们社区好的方面？
（2）你家人中是否有人酗酒、滥用药物或吸毒？
（3）说说你家的好事。
（4）说说看如果你家有人酗酒、滥用药物或者开派对，家人会做何反应。
（5）你本人是否酗酒、滥用药物或者吸毒？

33

（6）是否有人用你讨厌的方式触碰你？

北门——行为

（1）你会怎样描述你在家中的表现？

（2）你对自己的哪一点最满意？

（3）你对自己的哪一点不满意？

（4）你认为你在家中的哪些表现是文雅的，哪些是粗鲁的？

（5）说说看你如果要寻求帮助消除痛苦或伤害，你会如何与家庭互动（需要跟进一些问题，例如，关于退缩性行为）。

中心治疗策略

（1）倾听你的心声有多重要？

（2）为什么倾听非常重要？

（3）你相信倾听能教会我们如何行善吗？请举例说明。

（4）为了疗伤，你会做点什么？

（5）你会把自己的痛说给别人听吗？

原始教义

根据原始教义，造物主让一个小男孩把神圣的汗蒸屋带给了我们。造物主把男孩领进自己的房间，并将汗蒸屋的意义传递给他。

34   汗蒸是一个涤罪仪式，汗蒸屋有四个门，我们可以用这些门来治愈自己。真正的仪式会给我们提供一种内在的身体体验，帮助我们理解灵性世界。汗蒸屋建为我们母亲的子宫的模样，里面一片漆黑。我们回到母亲的子宫，就是在提醒我们不要忘记自己是从何而来的——我们都来自母亲的子宫。在造物主眼中，贫富是平等的。

心灵大师认为，生命始于东方。太阳升起的时候，天空变成了红色。黎明意味着一个新的开始。来自东方的礼物就是视野、动物和情感。造物主一开始就赋予了我们烟草。当我们祈求力量和指引时，就会点燃烟草。包括熊、狼、驼鹿、鱼和水禽等在内的动物，都是在春天生于东方的。我们把动物当成了食物，适当地取食动物，情感和视野便会不断发展。在我们的社会中，我们取食不当，因此，我们的视野受限，情感也随之痛苦不堪。于是，我们就产生了自卑感，视野也日益狭窄。

我们的孩子和家庭

造物主以某种方式指导动物进行交配。例如，潜鸟会与伴侣厮守终身，在它们之间根本不存在身体虐待或性虐待。也许我们需要向潜鸟学习如何对待伴侣、如何照顾家庭。

太阳从天空的左边移向右边，中午时分，太阳会面朝南方。南门代表的是夏季、黄色、时间、关系和耐心。做事一定需要时间。例如，我们需要时间来理解生命的奥妙。黄种人提醒我们，在我们的日常关系中，耐心是非常重要的。耐心是维持和发展关系的关键所在。时间是造物主无条件地赐予我们的礼物，而如何在一生中使用时间，则是我们自己的选择。在奥吉布瓦人文化中，金鹰会将我们的想法和祈祷带给造物主。这种鹰具有锐利的眼光，它们身后无形的助力者会造访我们的汗蒸屋：它们进入的方式是浅蓝色的光的以及扇动翅膀的声音。汗蒸屋是造物主和祖先的家。

西方是反思之门。在这里我们可以治疗昨天的伤痛。心灵大师说，想要前进就必须回首往事。在这扇门口，否定扮演着重要角色。因此，很多人拒绝回首往事，因为它们会阻隔自己的感受。按照第一民族的认识，西方的主要颜色是黑色或者蓝色。有些人会用西门的毅来进行内省，并治疗内心生活。坐在西门的祖先是雷鸟。雷鸟带给我们早春的水，纯洁的水是一种强有力的疗伤药。

北风代表北方。冬天寒冷时节，龟岛（地球）被白色覆盖。在冬季，很多人在树丛中散步，以获得内心的平静。对我们的族人而言，白色代表了和平。空气赋予生命活力。没有空气，就没有一切，空气还是移动大使。白种人通过自己的技术来移动万物。例如，去世界各地旅行，都能看见易拉罐。红种人、黑种人和黄种人都无法将易拉罐带往远处，但是，白种人通过贸易和技术却能将易拉罐送往世界的各个角落。有害的技术正在蚕食我们的大地母亲和人类自身。白种人应该通过发明技术来维护生命，而不是摧毁生命。

坐在北门的祖先是熊。我们把熊当成了治疗师。与其他动物不同的是，熊既是肉食动物，又是素食动物，她①掌握了所有的药物，因此，其他动物都会找她疗伤。她也代表和平。我们祈求祖先给我们带来和平的信息。特雷莎修女就是这样一个完美的信使。她深知生命的神圣，因此，她关爱印度的穷人。她用自己的亲身经历诠释了白人兄弟姐妹的善良和美好。

根据传统的教义，有四个层面的知识可以帮助我们理解自己的平衡法则。第一个层面的知识是理解自我，缺乏它便不可能获得平衡。第二个层面的知识是通过理解自己来理解他人。第三个层面的知识是理解和欣赏造物主。第四个层面的知识则帮助我们深入理解平衡。如果我们可以整合四个层面的知识，那就不仅可以保持内在的自我平衡，还可以与周围的人和环境保持平衡。一旦我们缺乏某个层面的知识，就失去了与周围的人和环境的平衡。在那些来自东门的人看来，很多来自北门的人似乎就失去了这种平衡，因为他们没能整合上述四

35

---

① 作者可能出于自己的学术观点，在指代动物、案主、社工、治疗师等时，有时用"她"，原文如此。——译者注

个层面的知识。我们环顾四周，便会发现这种失衡普遍存在，这是因为少数人为了个人私欲，任意开发利用大地母亲。要重获万物的平衡和理解，首先就要从改善自然环境入手。

这四个方向构成了一个神圣的圈，邀请四色人种的男男女女进入其中，从而形成了一个强大的生命循环。灵性大师说，要真正邀请各色人种的人们进入，我们必须清空心灵，排除一切名利之物，给灵魂腾出空间。我们必须在心中留出位置，这样才能进入神圣世界。汗蒸屋中的北门代表了无数促进和平、创造技术的责任，它们让生活更加美好，而不是毁灭生活。

小片段

潜鸟

很久以前，有只潜鸟得了重病。它跟它的同伴都住在一个火酒湖边，喝这个火酒湖的水，因此都得病了。因为喝了太多的火酒，潜鸟意志消沉，头脑和身体也混浊不清。湖被污染了，湖的周围环境也越来越差，因为所有生活在湖边的鸟都喝了太多的火酒。

有一天，这只潜鸟遇见了两只住在其他湖边的潜鸟。这只意志消沉的潜鸟开始与外来的这两只鸟交谈。两只鸟一只叫埃迪（Eddy），一只叫迈克尔（Michael），也花时间跟它交谈。它们边谈边走过了香草路。它们告诉意志消沉的鸟，只有拥有真诚和善意，才能重振意志，如果没有意志，最终会死去。想想看，死在这样一个湖边，孤独、绝望，从不知道爱为何物，是多么可悲。两只鸟说，爱意味着一切，无论何人与何物。如果我们无法接受爱自己，那么，我们就永远不知道如何爱别人。

意志消沉的潜鸟说："但面对残酷和不公平的现实，你让我如何去爱？"它孤芳自赏，这一点很不好，由于眼光短浅，它无法做到自愈。这只潜鸟觉得自己没有足够的力量走完香草路。它尝试了好几个月，跌跌撞撞，最后还是摔倒了。

后来，有一年冬天，它遇见了另一只名叫约翰（John）的潜鸟，约翰告诉这只意志消沉的鸟另外两只鸟对自己讲的话。这只聪明的老鸟带领着意志消沉的鸟，教它如何用当地的方式来进行祈祷。这样，这三只强大的鸟（埃迪、迈克尔和约翰）教会了这只意志消沉的鸟用当地的方式来进行祈祷。

随着时间的推移，这只意志消沉的鸟感到意志开始坚定了，于是它离开了这个充满了暴力、痛苦和困惑的湖。它不再喝这个充满了毒药的湖里的水。三只鸟将意志消沉的鸟背在背上，飞上天空，来到了一个宁静的地方，并教给它很多古老的方法。意志消沉的鸟开始改变对自己的看法。它不再想喝毒药了。冲动也离开了它。它再也不想饮火酒了，再也不想碰这些东西了。

苏·怀特（Sue White）

苏是一个奥吉布瓦妇女，住在北安大略省的曼尼托巴原住民保留地。她有三个孩子，分别为4岁、7岁和16岁。她的丈夫在三年前的一次交通事故中去世。曼尼托巴保留地是一个孤立的小岛，通往外界的交通工具是飞机，或者在夏季的几个月中使用一条古老的伐木道。冬季时，她需要外出查看自己的陷阱里是否有猎物，并且靠打鱼来养家糊口，她需要养活自己一家、母亲、妹妹和妹妹的孩子。她 7 岁的儿子亚当（Adam）在社区上学，16 岁的女儿布兰达（Brenda）与表姐一起住在 300 英里①之外的一个城市社区，在那里上中学。表姐打电话表示非常担心布兰达的学业表现，她与朋友喝酒，夜不归宿。布兰达在学校的表现一直不差，但最近学习成绩下降很快。苏对此非常担心，但是自己没钱去城里看布兰达，同时也不能离开猎兽的陷阱。布兰达可能跟一起学生酗酒驾车事件有牵连。布兰达的辅导员告诉表姐，布兰达很可能会因为这件事被休学。

小结

我们介绍了克里的医疗之轮，它为我们呈现了第一民族治疗的基本情况。培养一位长者需要一个非常漫长的过程，需要艰难的努力，也不是每个老人都能获得长者的名号。我们希望这里提供的知识能够指导读者开始初期的探索，通过这种探索，学会尊重不同的治疗方法，这种方法与本书中呈现的其他方法是完全不同的视角。

参考文献

Anderson, K. (1985). "Commodity, exchange and subordination: Montagnais and Huron women 1600 to 1650." *Signs: Journal of Women in Culture and Society.* Chicago: University of Chicago Press, 48–62.

Antone, R., Miller, D., & Meyers, B. (1986). *The Power within People.* Deseronto, Ont.: Peace Trees Technologies Inc.

Benton-Banai, E. O. (1988) *The Mishomis Book.* Hayword, WI: Indian Country Comm and Company.

Boldt, M., & Long, J. A. (1985). *The Quest for Justice: Aboriginal Peoples and Aboriginal Rights.* Toronto: University of Toronto Press.

Brown, L., Jamieson, C., & Kovach, M. (1995). "Feminism and First Nations: Conflict or Concert?" *Canadian Review of Social Policy,* 35, 68–78.

Colorado, P., & Collins, D. (1987). "Western scientific colonialism and the reemergence of native science," *Practice: The Journal of Politics, Economics, Psychology, Sociology and Culture,* Vol. V, no. 3 (Winter), 50–65.

Dumont, J. (1989). *Culture, Behaviour and the Identity of the Native Person.* Course manual for NATI 2105 EZ. Sudbury: Centre for Continuing Education, Laurentian University.

---

① 1 英里约合 1.6 千米。——译者注

Jameson, Anna, 1990, Winter studies and summer rambles in Canada (1838) Toronto: McLellan Stewart.

Mawhiney, A. (1994). *Towards Aboriginal Self-Government*. New York: Garland Publishing.

McKenzie, B., & Hudson, P. (1985). "Native children, child welfare and the colonization of Native people." In K. L. Levitt and B. Wharf (eds.), *The Challenge of Child Welfare*. Vancouver: University of British Columbia Press.

McKenzie, B., & Morrisette, L. (1993). "Cultural empowerment and healing for aboriginal youth in Winnipeg." In A. Mawhiney (ed.), *Rebirth*. Toronto: Dundurn Press.

Milloy, J. (1983). "The early Indian acts: Developmental strategy and constitutional change." In I. A. L. Getty and A. S. Lussier (eds.), *As Long as the Sun Shines and Water Flows*. Toronto: University of Toronto Press.

Mussel, W., Nicholls, W., & Adler, M. (1993). *Making Meaning of Mental Health: Challenges in First Nations*. Chiliwack, British Columbia: Salt'shan Institute.

Nabigon, H. (1993). "Reclaiming the spirit for First Nations self-government." In A. Mawhiney (ed.), *Rebirth*. Toronto: Dundurn Press.

Nabigon, H. and Waterfall, B. (1995). "As assessment tool for First Nations individuals and families." Used with the permission of Weech-it-te-win Family Services, Training and Learning Centre, Fort Francis, Ontario. Unpublished.

Nazar, D. (1987). *The Jesuits and Wikwemikong, 1840–1880*. Unpublished manuscript.

Penner, K. (1983). *Report of the Special Committee on Indian Self-Government*. Ottawa: Ministry of Supply and Services.

Spence, L. (1914). *Myths and Legends of the North American Indians*. London: George G. Harrap.

Tobias, J. L. (1983). "Protection, civilization, and assimilation: an outline history of Canada's Indian policy." In I. A. L. Getty and A. S. Lussier (eds.), *As Long as the Sun Shines and Water Flows*. Toronto: University of Toronto Press.

Weaver, S. (1981). *Making Canadian Indian Policy: The Hidden Agenda*. Toronto: University of Toronto Press.

第三章

行为理论和社会工作治疗

芭芭拉·托姆利森，雷·托姆利森

行为理论的社会工作者活跃在几乎所有的社会服务机构中，面对各种人群，处理各种问题，帮助有需要的人改变。大量的行为理论文献表明，行为理论与社会工作价值观和治疗是高度契合的。尤为重要的是，结果评估研究表明，行为治疗在处理当代社会工作问题和实务中是卓有成效的。社会工作实证研究以及相关服务领域的研究都显示，行为理论的某些要素在社会工作干预和处理个人、二人组、家庭、小组和社区问题时是非常有效的（Thomlison，1984a）。同样，采用单一系统设计来评估社会工作实务，也越来越受实务界的欢迎（Thyer & Boynton Thyer，1992）。这些发展都说明，行为治疗对社会工作实务产生了重要影响，在过去二十年中越来越得到大家的青睐。相关的文献也涉及了社会工作实务中如何运用行为治疗的理论、监测和具体方法的运用。本章将关注两个重点：（1）帮助社会工作实务工作者了解行为社会工作的起源和发展，及其基本假设、概念性框架、程序和技术；（2）如何将行为理论运用到社会工作实务中。同时，作者还希望能够激励社会工作者将社会学习理论与行为治疗有机整合起来，并将其运用到社会工作治疗模式中。

行为社会工作的发展

行为治疗指的是系统运用那些建立在条件学习理论基础之上的、能够协助个体行为改变的系列技术。也有人认为，谈论若干行为治疗方法比谈论单一的行为治疗更加合适。因为行为治疗是由若干个理论和技术构成的，与心理治疗、婚姻治疗和家庭治疗等治疗方法类似。

行为治疗实践可以追溯到 20 世纪初叶伊万·巴甫洛夫（Ivan Pavlov）的经典条件反射研究，后来由桑代克（Thorndike）、赫尔（Hull）、华生（Watson）和 B. F. 斯金纳（B. F. Skinner）等人的操作性条件理论，以及班杜拉（Bandura）的社会学习理论做了发展（Franks et al., 1990）。行为理论文献和社会工作文献完整地记载了巴甫洛夫和斯金纳的主要贡献，因此，我们将主要引用他们的研究。有必要指出的是，这两位现代行为理论的前辈确定并发展了两个不同的行为过程模式。

学习人类行为的学生可能会对巴甫洛夫对狗唾液分泌反射的研究耳熟能详。这个有关学习过程的基本实验程序是这样的：将食物放在狗的视线范围之内，这样狗开始分泌唾液，于是便出现了无条件刺激（食物）与无条件反射（唾液分泌）之间的关系。当食物出现时，再加上一个任意事件，例如铃铛。经过一系列配对试验后，铃声（条件刺激）会开始控制刺激唾液分泌反射（条件反射）。这种行为学习过程被称为反应性条件，成为当代行为治疗中解释多种焦虑症和恐惧症的基础（Thomlison, 1984b）。①

斯金纳对行为治疗的贡献受到了与巴甫洛夫不同的思路的启发。斯金纳关注的是对人类行为进行的科学研究。他不否认其他理论家提出的各种内在机制，但是，他坚持认为，人类行为可以通过测量观察来进行实证研究。他是这样表达自己理论背后的信念的："如果我们将科学方法引入人类研究，我们必须坚信这些行为是合法的、果断的。我们必须期望发现个人的行为是某些特点条件的结果，一旦发现这些条件，我们就有可能预测人的行为，在某种程度上可能还能决定人的行为。"（Skinner, 1953, p. 6）这里需要理解的是，这种对科学的投入向行为学科领域对知识的追求提出了更加严格的要求，最重要的是，在探索人类行为的过程中，需要发展出一些测量技术。

为了表达自己对科学的忠诚，斯金纳发展出了人类行为中最能体现实证原则的理论，为当代行为治疗奠定了基础。斯金纳理论的核心是强化这个概念。个体的一个操作性（或自发）行为一旦受到正强化或者负强化，出现频率便会发生改变。或者，如果受到惩罚或者抵制强化时，某个行为出现的频率会降低，这种情况便是撤销。换言之，斯金纳流派或者人类行为操作性模式的精华在于理解先于或者后于环境性（行为性）行为的事件。这种对人类行为的理论解释在后来的临床经验和研究中得到了不断深化和发展。重要的一点在于，行为与发生在行为之前和之后的事件之间的互动关系，仍然是当代行为治疗的基础。

人们还把认知行为方法当作行为范式的重要组成部分，提出认知行为方法的主要学者包括贝克（Beck, 1976）、埃里斯（Ellis, 1989）和梅肯鲍姆（Meichenbaum, 1977）。认知方法是直接从行为理论发展而来的，但是，由于它们包含了不同的理念，因此我们将在本书的不同章节进行详细讨论（参见第五章）。

直到 1960 年代，心理动力学派受到了抨击，行为学派开始进入社会工作领域。推动

---

① 有人认为，行为治疗和行为修正这些概念在运用中是有区别的（Wilson, 1990），本章中我们倾向于使用行为治疗这个概念，但是，有时这两个概念可能会作为同义词出现。

行为治疗进入社会工作的动力来源主要是布鲁斯·泰尔（Bruce Thyer，1987a，1988，1989，1990，1991，1992）的研究和实务。其他的重要学者还包括雷·托姆利森（Ray Thomlison，1972，1981，1982，1984a，1984b），他将行为理论运用到婚姻问题和恐惧症中，还有临床社会工作实务的有效性的研究；理查德·斯图尔特（Richard Stuart，1971，1977）主要运用行为理论来处理青少年犯罪、婚姻问题和体重管理；谢尔登·罗斯（Sheldon Rose，1981）主持了很多行为治疗小组；艾琳·甘布里尔（Eileen Gambrill，1977，1983，1994）运用行为理论来解决临床问题。当代运用单一系统设计并开展研究的杰出的学者及者著作都收录在博因顿·泰尔（Boynton Thyer，1992）编撰的参考书目中了。

基本假设和主要概念

行为治疗的核心包括几个对行为的基本假设。所有的行为都是后天习得的，因此都可以被重新界定，并加以改变。问题行为被界定为不良行为，可以通过系统研究来理解，同时还可以通过行为技术来修正。因此，个人和社会问题都可以转换为可观察、测量和改变的行为。重新安排"各种强化"，可能会带来行为的改变，也就是说，通过改变某个具体行为之前和之后的事件，就能改变行为。行为主义者坚信，改变环境性事件和强化环境中的重要他人，是可以改变行为的，同时，个体在采取新行为后，可以强化自我感知。行为治疗认为，要改变某个具体行为，可以通过采取很多强化事件和厌恶性事件的方式。辨识眼下和可供选择的刺激物是关键。改变各种强化物，需要改变的行为就可以被消除，或者其他行为就可以取代不良行为。行为的学习和改变可以运用社会学习理论来加以理解。

社会学习理论要素

社会学习理论包含了三大要素：目标行为、前情事件和后果（Bandura，1976）。最重要的是，这些行为是行为分析的焦点，要在评估过程中被确定为不良行为、问题行为或者需要改变的行为。当行为成为改变的焦点时，也就成了"目标行为"。其他几个因素则成为先于问题行为或目标行为的行为或环境事件。这些就是"前情行为"或"前情事件"。行为之后出现的事件就是"后果"。它们也常常被当成问题行为的控制性或维持性条件。这些行为都成为行为评估的焦点。这三大要素之间的互动被描述为 ABC 行为治疗范式（见图 3-1）。

图 3 - 1   ABC 行为治疗范式

需要指出的是，这个范式是用来标识人际交换序列中的一次交换的。为了让社会工作者确定什么是前情事件，什么是后果，首先要确定什么是问题行为，或者说什么是目标行为。记住了目标行为，社会工作者还要明白先于和后于目标行为的事件和行为是什么。这个甄别的过程需要通过社会工作者的直接观察或案主的自我报告来完成。这个过程就是"行为分析"，它是有效开展行为治疗的关键所在。

我们可以采用一个常见的亲子行为交换来说明如何运用社会学习范式进行行为治疗评估，制订行为改变计划。S 先生（Mr. S）抱怨自己的孩子乔西（Josh）从来"不听自己的指挥"。他担心的是，每次他叫乔西坐到餐桌边，乔西都不听话。表 3-1 中呈现了 S 先生所说的情况。

为了进一步评估这些行为，一般来讲需要了解乔西可能会面临的后果的性质。行为的后果在性质和目的上都会有很大差异。有些行为的后果是非常正面的（愉悦的），有些是非常负面的（生气的）。前一个类别指的是"积极后果"，可以用来提高某个行为出现的概率。后一个类别常常是"惩罚"，它出现在当父母因不希望不良行为出现而揍孩子屁股时，也就是体罚时。把体罚作为结果，常常被当作一种降低某个行为出现频率的手段，当然，这样的方式在社会工作者看来也是不可接受的，它无法改变行为。除了人道主义的原因，体罚通常都是不可接受的方式，因为在很多情况下，它是对一种行为的压制，而不是提供一种可供选择的、更具期待感的行为。

43

表 3 - 1   ABC 范式的呈现

分析	前情事件（A）	行为（B）	后果（C）
目前情景分析	S 先生几次叫乔西来餐桌边吃饭，但是，乔西没有立即回应父亲的呼唤，于是，父亲在声音中增加了威胁，并开始大喊大叫。	乔西开始对父亲的呼唤置之不理，但最后还是磨磨蹭蹭地来到餐桌边吃饭。	父亲沉默不语，非常生气。
行为改变协议	S 先生用愉快的声音叫乔西来餐桌边吃饭，只叫一次。	乔西一听到父亲呼唤就立即来到餐桌边吃饭。	当乔西一被叫就来到餐桌边吃饭，S 先生要口头表扬乔西一次，并在乔西的计分表上画一个对勾。 如果乔西选择不听父亲的呼唤，不来吃饭，那么，S 先生就不要管乔西了，自己吃饭，乔西就放弃了一次得到父亲表扬的机会，并失去了因为吃饭表现好而得到奖励分数的机会。

行为治疗理论认为，任何商定好的行为改变都必须由参与各方共同商量，并确定期望增进的频率。这就是说，所有参与行为改变的各方都要确定什么行为是大家共同期望的，而不能仅仅提出什么是不良行为。要做到这一点是不容易的，因为让别人不要做一些不良行为往往比较容易，而让他们做出一些大家期望的行为是比较困难的。运用积极的后果来提升期望的行为，正是社会学习理论相比行为治疗的优势所在。临床中的研究表明，要运用积极后果来鼓励期望的行为。大量的研究都说明，这是一个公理。非常有趣的是，要把这个原则运用到实务中绝非易事。例如，S 先生觉得乔西听从自己的呼唤，那么，一切平安无事；但是如果乔西不肯让步，那么，S 先生就会觉得很难给乔西正面评价或表扬。不幸的是，乔西和他父亲之间的关系已经陷入僵局，尽管他们都认为这种改变是大家所期望的，但是要做到这一点非常艰难，因为他们处在一种"胁迫性交换状态"（Patterson & Reid，1970）。

试图通过命令或威胁的方式来控制别人的行为，是我们每个人都熟悉的。但是，在很多情况下，会出现乔西和他父亲之间的僵局。命令和威胁不断升级，最后，为了结束这种威胁和大喊大叫，孩子不得不低头妥协。在孩子听从父亲的命令之前，父亲已经焦躁不安，失去了表扬孩子服从行为的动力。这种高压过程可以用斯金纳的观点来进行概念化，即这是一个"负面强化过程"，也就是说，用一种期望的行为（服从）来结束另一种行为（威胁）；这也是一个"消除过程"，也就是说，用一种期望行为（服从）来消除另一种正面强化；还有一个"正面强化过程"，也就是说，S 先生达到了自己预期的目标（服从）。

换言之，当乔西按照父亲的要求做了，如坐在餐桌边吃饭，父亲却选择忽视他的服从行为。另一方面，S 先生达到了自己的目的，从某种程度上来讲，除了有点挫败感之外，他还是得到了正面强化。这里的问题就在于，一个人（乔西）得到了负面强化，另一个人（S 先生）却得到了正面强化。除非出现一种替代性行为交换并得到双方的练习，否则这种行为交换会不断得到强化，且我们可以预测其出现的频率。

为了帮助乔西和父亲改变他们之间的这种不良行为，社会工作者需要制订一个计划，要求父亲向乔西提出明确的暗示或指示，如果乔西立即听从父亲的指示，来到餐桌边吃饭，父亲便应该做出积极回应。干预过程中要明确界定目标行为需要改变到什么程度。在本案例中，目标行为可以被定义为"乔西在被父亲呼唤时要立即来到餐桌边"。此外，还要明确界定新的前情事件或指示，以及新的目标行为带来的新的后果。各方之间要正式达成协议，并清楚说明新的行为目标、新目标的前情行为和后果（见表 3-1）。

这个简单的案例可以用来说明运用 ABC 范式进行评估和干预的基本程序。如果需要建立一个全面的行为治疗计划，还需要做更加详细的需求评估，制定一个全面的干预策略，明确目标行为及其控制性的前情事件和后果等，这些都是行为治疗的焦点内容。

认知理论的要素

　　简单回顾一下行为理论的发展历史，无论是否支持这个学派，人们都就会发现，这个学派最受质疑的地方就是忽视了"内在心理"或认知过程。究其原因，是因为人们越来越重视认知对行为塑造的影响。例如，在治疗交流反应和恐惧症中开始采用的影响力极大的系统脱敏技术，就建立在经典的学习理论之上。当然，真正的脱敏技术是由约瑟夫·沃尔普（Joseph Wolpe）发明的，它需要忧心忡忡的案主学习松弛反应，从而唤起与引发案主焦虑的情境之间的关联。简而言之，这个技术就是指导案主在松弛状态中去想象焦虑程度不断增进的状态。这种依靠视觉想象的方式来协助治疗的过程，给行为改变提供了探索认知作用的空间。通过对1979年以来的文献进行回顾梳理，我们发现在行为治疗领域，人们越来越关注认知的作用了（Dobson et al.，1992）。对某些学者而言，这将是认知治疗发展的下一个逻辑阶段，而对另一些学者而言，这种做法无疑是违背了实证为本的行为治疗背后的基本原则的。

　　有关认知在行为治疗中地位的争论的核心在于传统行为主义者提出的一些基本假设。某些理论家，例如斯金纳（Skinner，1988）和沃尔普（Wolpe，1989）认为，由于引入了认知为本的技术和原则，认知疗法已经退居二线了。他们提出，行为治疗对认知的依赖导致人们开始放弃个别化的行为分析，而转向治疗不同类型的问题了。很多人也表示，随着那些难以直接从外部进行观察的感受和思维等概念的引入，行为治疗的实证特征已经被逐步腐蚀了。最后，通过对行为治疗和认知治疗以及认知行为治疗结构的研究结果进行比较分析，我们发现，一般来讲，在行为治疗中加入认知要素后，结果并没有明显改进（Sweet & Loizeaux，1991；Wolpe，1989）。例如，斯威特和罗索（Sweet and Loizeaux，1991）报告说，他们分析的40个临床结果研究中，有83%的研究显示"在治疗模块中加入了认知-语义变量后，并没有出现积极的结果"（p.176）。然而，治疗方法的功效与问题的类型密切相关。如果把跟进结构和治疗结束时收集的结果进行比较，认知行为干预似乎会表现出更具持久性的结果。

　　无论这次辩论的结果如何，毫无疑问的是，认知为本的行为治疗已经发展起来了，而且与社会工作实务实现了无缝对接。从广义的定义来看，认知融合了很多人类的思维过程要素，而这个过程正是社会工作实务关注的领域。这些过程指的是，来自环境的信息（输入）经过加工、思考、整合、储存、恢复，最终成为个人活动（产出）。在行为改变过程中，认知-行为实务工作者选择并尝试了某些认知要素。在对认知-行为修正过程中，罗伯特·施瓦茨（Robert Schwarts，1982）发现，在行为修正中有下列认知理论的成分：

（1）信息处理：获取、储存和使用信息，包括关注、感知、语言和记忆。

（2）信念和信仰系统：意念、态度，对自己、他人和经验的期望等。

（3）自我表述：个人独白，表达行为和感受。

（4）问题解决和应对：概念性和象征性过程，包括能够有效应对问题处境等（Schw-artz，1982，p. 269）。

认知–行为治疗是不同学派齐心合力整合两个重要的人类功能性理论——行为理论和认知理论的结果。它必将给那些关注行为的社会工作者提供一个重要的选择，因为只关注行为治疗并不能圆满地应对个人的内在过程，解决内在问题。

行为社会工作实务

行为治疗中的需求评估、干预、实施和评估与基本的社会工作问题解决过程有异曲同工之妙。行为社会工作治疗的目标在于提高期望行为，降低不良行为，这样才能协助案主改善他们的日常功能和瞬间功能。与社会工作其他实务领域一样，关系性技术构成了与案主工作的基础。基本的行为治疗的需求评估方法是用来分析案主的问题、协助他们制订改变计划、发展合适的行为改变目标的。行为干预要得到实施，还需要进行评估，以提升熟练和成功运用这个方法的能力，同时还可以提供最有效的测量来处理常见的案主的问题。选择什么样的干预计划取决于需求评估的过程，在这个过程中，需要将案主表现出来的问题转化为可以观察的行为。然后，在治疗协议中，要详细说明采用什么行为技术和策略来处理案主的问题和处境。

开展行为需求评估，需要关注问题发生的时间和地点，以及与问题行为相关的环境因素。此外，要清楚说明干预过程，以及测量干预进展的具体方法。行为干预的另一个特点是根据案主的优势，学习新的技术，提高他们的知识基础。一般来讲，不要关注行为的病理学因素，也不要随便为其贴上诊断性标签。关注病理和贴上诊断性标签都会产生污名化效果，而且是毫无内涵的（Gambrill，1994）。很多行为研究文献在描述研究的问题行为时，都运用了诊断性标签（例如，广场恐惧症、注意缺陷多动障碍、创伤后应激障碍等）。这种情况的出现源于行为需求评估方法与传统的精神疾病诊断分类法的结合。这种实务行为受到了很多批评，认为它忽视了个体差异性（Gambrill，1994；Wolpe，1989），同时也掩盖了不同干预方法之间的结果差异性（Eifert et al.，1990）。

行为治疗的主要技术包括：（1）认知–行为程序，例如认知重建、自我指导训练、思维阻断和应激预防训练；（2）果断训练；（3）系统脱敏和这个方法的变体如眼动脱敏，包括剧烈焦虑唤醒（例如，满灌和矛盾意向），以及操作性条件方法（例如，撤销、正强化和负强化）；（4）厌恶治疗；等等。每个方法都值得被深度了解，由于篇幅限制，此处不再赘述。当然，有关行为治疗的教材和实务指导会提供对如何有效地运用这些方法的过程的详细说明（Franks et al.，1990；Granvold，1994；Sundel & Sundel，1993；Thomlison，1984b，1986；Thyer，1992；Wolpe，1990）。这些方法可以用来帮助个体、夫妻、家庭、小组和社区。干预方法的选择，需要根据对案主的需求评估而定，还要考虑某些程序在何种情况下会最大限度地发挥作用。

行为治疗的需求评估和干预的一般性方法

行为治疗为社会工作干预提供了一套系统性的、有计划性的方法。的确，行为治疗也有自己特定的阶段和程序。不同的行为治疗方法，也会有自己一套独特的活动和程序，当然，还会遵循一般性的程序，也就是常说的框架。需要记住的是，这个框架是对行为治疗的一个总结，是建立在社会学习范式之上的。下面提出的程序性的概览就是根据作者长期以来对夫妻、儿童和家庭开展的实务和研究总结出来的。由于很多临床社会工作是在家庭背景中进行的，因此，这个概览就成为在家庭系统中开展服务的一个指引。

处理下面提出的这些程序性步骤时，需要强调的一点是，行为社会工作者要特别重视与案主系统建立一个积极的治疗关系，在需求评估和干预的每个步骤中，要积极带动案主参与。建立关系是非常重要的，它不仅关系到建立信任和合作，而且还关系到给问题行为的分析和管理提供极大的帮助。案主系统参与到治疗关系中，行为改变的程序才会产生并发挥作用。下一步是行为需求评估，用来确定案主的问题行为到底是什么。

需求评估程序

这一部分将描述行为的需求评估程序，其目的在于尽可能清楚地界定需要改变的问题或事件到底是什么，以及期望的结果是什么。

（1）编辑问题行为清单。

（a）首先，向一名家庭成员提问，以了解让家庭成员坐在一起见社会工作者的问题到底是什么。

（b）澄清那些大家感知得到的问题，可以让家人说说具体的例子。大部分可感知的问题可以转化为这样的表述：谁在什么情况下对谁做了什么。

（c）每个家庭成员对问题发表自己的看法后，就可以让大家进行讨论，以了解家庭成员之间的分歧所在。非常重要的是，此时需要观察谁跟谁之间就什么行为表述存在分歧。允许他们就不同观点进行交流，当然，这样的交流可能会与需求评估的目标是背道而驰的。一旦出现这种情况，社会工作者就要站出来进行干预了，提醒家庭成员结束这样的争论，当然也要说清楚是允许表达不同观点的。要向家庭成员说明，他们的看法都是有价值的，每个人都有机会表达自己的观点。

（2）发现主要问题行为，以及维持这些行为的条件。

（a）要努力发现那些最能够引发家庭成员极端情绪的行为的前情事件。前情事件指的是那些诱发问题行为出现的前置事件（例如，一个不良行为出现前，家庭成员都干了什么，或者没干什么）。

（b）要找出这些问题行为的后果，这些后果会激发家庭成员的强烈情绪。找出某个目标行为出现后发生了什么事件（看看目标行为出现后，家庭成员都做了什么）。

（3）找出后果出现后的意外事件，也就是说，后果出现后，到底有哪些规则约束了后果出现的处境（例如，孩子何时受到训斥或没受到训斥，何时会受到优待或没受到优待）。

（4）找出家庭成员互动中反复出现的行为模式。观察并记录这些行为互动（例如，强制性沟通、大喊大叫、逃避反应、过度要求等）。

（5）要确保家庭系统中的每个人都非常投入，让他们明白，大家都希望共同努力来改变现状。需要清楚地将这种投入表述出来：（a）他们要团结一心，共同应对家庭面临的问题；（b）作为个体，他们都要劲往一处使，推动行为的改变。在需求评估的环节，社会工作者要能够帮助家庭明白，成员之间的个体行为是互相影响、互相关联的，当个体成员做出了一个行为，整个家庭成员都会以某种方式进行回应。也就是说，问题行为的出现不是孤立的。例如，一个青少年反复破坏晚上回家的时间规定，父母与这个孩子之间的冲突是会影响到所有家庭成员的。

（6）接下来要找出可能改变的行为。目标行为应该是大家期望的行为，找出它的目的是提高这个行为出现的频率。要找出这些行为，需要每个家庭成员的协助，这时可以问他们这样两个问题：要让自己的家庭幸福，你应该怎样做？你希望其他人做点什么？可以把这两个问题作为家庭作业留给他们去思考，要求他们尽可能多地提供不同的答案。社会工作者要告诉家庭成员，这个家庭作业是非常具有挑战性的，因为通过回答这些问题，可以找到大家期望的行为。人们往往比较习惯于发现自己讨厌的行为，找出自己期望的行为的难度会比较大。

（7）在家庭作业的基础上，进一步讨论出需要改变的目标行为。

（a）选择那些可以提高频率的行为，这样能够最大限度地带来积极后果。

（b）选择那些与家庭成员定义的自己家庭幸福最相关的行为。

（c）选择那些与不良行为（问题行为）最不相容的行为。

（d）对每个孩子而言，可以选择改变他们的一个危险系数最小的行为。"危险系数最小的行为目标"指的是孩子容易达到的一个行为目标，如果这个行为做出之后，不需要正强化（这违背了改变协议），那么，就不会破坏孩子的信任度。例如，孩子危险系数最小的行为目标的改变可能是早上要梳头，或者晚餐后洗碗。

（e）要选择那些家庭成员共同选择的行为（例如，就餐时的行为、家庭聚会、一起收拾房间、与兄弟姐妹一起玩耍等）。

（f）要记住，这个行为一定是大家都可以观察到的。因此，有必要明确某些行为的具体指标，这样，大家都不会就是否做到了这个行为而产生分歧。对很多父母而言，"打扫自己的房间"这个行为就是一个被期望改变的行为。非常有趣的是，每个人对一个非常清楚的行为的解释是非常不同的。所以，有必要清楚地说明这个行为的各项要素，例如，打扫自己的房间包括收起衣服、将它们放进衣橱、铺床叠被、将垃圾扔进垃圾桶等。

（8）要给家庭成员足够的时间来表达他们的担心，以及他们对目标行为的支持。对某些家庭成员来讲，某些行为可能会诱发强烈的情绪。因此，在选定目标行为之前，是允许讨价还价的，但是必须本着大家都同意并希望改变的精神。在选择改变目标的过程中，如果有成员提出要重新评估大家的投入程度，这个请求应得到满足。重新评估要在改变行为未开始前进行，即所有家庭成员都有权不参与改变。当然，不参与改变也会有很多后果。对个体和整个家庭来讲，到底会出现什么样的后果？

（9）一旦确定了目标行为，就要进行基线测量。

（a）在指导家庭改变之前，需要跟父母协商，让他们监测目标行为发生的频率。这些都是对基线行为频率的测量。这些测量都应保留下来，作为评估家庭成员行为改变的重要数据。

（b）让父母监测目标行为。给他们一个计分表，告诉他们如何记录每个目标行为发生的频率。

50　　（10）在需求评估阶段，社会工作者可以首先与特别担忧的夫妻或者家庭中某个成员确定一些问题。有时，经过需求评估后，我们会发现改变的重点是夫妻，而不是孩子。行为干预要与需求评估保持一致。在得到夫妻的同意之后，干预可以暂停一段时间，而把工作焦点放在处理夫妻问题上。

实施程序

行为治疗的实施阶段，是从找到目标行为与其后果之间的新的意外事件开始的。对此，工作的焦点在于找到合适的目标行为。在执行一个改变计划时，要与家庭建立一个"后效协议"，这样才能促进家庭出现系统的、合作性的改变。

（1）厘清全家人对需要改变的目标行为的共识。

（2）针对每个目标行为，建立新的前情事件。

（3）针对目标行为的出现或不出现，建立新的后果。

（4）在拟定书面协议时，需要明确下列问题：

（a）需要改变的目标行为及其组成要素。

（b）新的前情事件：要提供必要的指导，明确这些事件是针对谁的。

（c）新的积极后果：包括当行为出现后，要打对勾、给代币，以及进行社会性强化，例如表达爱意和夸奖等。

（d）说明一旦犯规该如何处理：也就是说，如果期望行为没有出现，或者不良行为出现了，该受到何种处理；还要说清楚，在这种情况下，其他家庭成员该做什么。例如，如果一个目标行为关注的是在餐桌上守规矩，而孩子触犯了这个约定，所有家庭成员都要明白自己该做什么。

（e）清楚说明出现了积极后果后要有奖励性强化，特别当某些行为达标后。例如，当出现一些期望行为，并能保持一周以上时，可以安排一些特别的优待活动，如家庭郊游，作为奖励性强化。

（f）明确在家庭中谁负责记录行为出现的频次。通常会安排父母来做这件事。要设计一些可以让家庭成员都看到改变的程度和密度的计分表。

（g）协议的写作方法可以是多种多样的，但它们必须都要能够说清楚在什么情况下，谁该做什么。在文献中可以找到很多协议的范本。

（5）在计划实施阶段，需要不断打电话跟进、了解进展。此外，这些电话也会给家庭成员，特别是父母，提供向社会工作者就计划执行过程中出现的问题进行提问和讨论的机会。

打电话的时间不需要太久，但要聚焦于计划执行的过程。这时如果接到了有关家庭成员之间冲突的报告，社会工作者需要进入家庭着手处理。如果冲突不需要马上得到处理，负责记录行为频次的人要把这些冲突的特点和冲突发生的背景都记录下来，等到下一次社会工作者进入家庭面谈时再做处理。

（6）在实施计划时出现困难是在所难免的。这些问题常常与计分表记录、对目标行为的定义分歧、某些家庭成员缺乏"合作精神"等问题相关。为了处理这些问题，社会工作者需要谨记，协议是重要的参照点。一旦达成了协议，所有的问题都要依据最初的文件来解决。要改变协议内容，必须得到全体家庭成员的同意。请记住，所有和执行计划和遵守家庭互动修正的协议相关的问题，都需要与全体家庭成员在需求评估阶段同意的承诺联系起来解决。

（7）执行计划之后与家庭每次面谈的第一步是检查家庭成员提供的计分表。计分表清楚地记录了行为改变的状况，社会工作者要提供正强化，承认这些改变，赞扬全体家庭成员对此的付出。

（8）接下来就可以将讨论的焦点转向上次面谈之后出现的问题。这样的讨论可以解决家庭功能性方面的问题，并且可以通过采用一些特定的技术，例如角色扮演、示范和行为演练等，来协助家庭处理这些问题。

（9）鉴于家庭的主要精力都放在问题解决和冲突处理上，社会工作者需要花点时间来关注家庭生命方面的内容。可以要求家庭成员就协议进行协商，这样做的一个好处是让他们经历成功地解决问题和协商的过程。这个过程中取得成功的案例可以被用于问题解决和冲突处理的培训中。

（10）我们可能会发现对行为改变的监测结果没有出现改变，此时有必要回顾和反思一下计划设计的每个环节。如果一个计划失败了，问题很可能出在目标行为、后果或违背规定等方面。还需要评估一下家庭成员是否真正在遵循协议的约定。例如，父母同意孩子白天成功完成期望行为目标后，在睡觉前给孩子讲故事，但是他们自己没有做到。

（11）当目标行为达到了期望的频次水平，便可以确定新的行为改变目标，或者让行为治疗进入结案阶段。

结案程序

（1）与家庭成员一起，评估是否完成了协议中约定的目标。

（2）如果决定结案，要设定让新行为保持下来的条件。

（3）需要社会工作者与家庭一起回顾行为的保持，在修正目标行为的过程中确定基本的学习原则（例如，积极后果而不是惩罚）。

（4）指导家庭继续使用计分表，在未来的几个星期中继续记录新行为，而不需要定期与社会工作者见面。

（5）约定四周后与家庭进行最后一次面谈，安排结案和跟进服务。

跟进程序

跟进面谈的目的是评估行为改变是否能够得到维持。如果这些行为没能像社会工作者或家庭成员预期的那样得到维持，便有必要重新制订新的服务计划。如果社会工作者和家庭成员都觉得行为保持在自己的预期水平上，就可以结案了。当然，结案后依旧允许家庭在需要的时候随时再与社会工作者联系。

从临床评估的角度来说，特别重要的一点是，社会工作者要分析行为改变计划的结果。此外，社会工作者有必要在间隔三个月和六个月时，与家庭成员联系，以了解行为保持的状态。

行为治疗在社会工作治疗中的主要应用

行为理论在社会工作实务中的应用领域非常宽泛，本章将做简要描述。鉴于社会工作学术杂志和教材中涉及大量的行为治疗的文献，行为社会工作被当成了"社会工作实务的主要学派"（Thyer，1991，p.1）。在一个对临床社会工作者的研究中，三分之一的实务工作者都表示他们喜欢在实务中应用行为的方法（Thyer，1987a）。社会工作者发现，行为干预应用到某些问题领域，如焦虑症、抑郁症、恐惧症、上瘾、性功能紊乱和关系紊乱等时，特别有效。尽管这样，还是存在一些对行为治疗的误解，这也解释了为什么有些社会工作者在实务中从来不采用行为方法。社会工作者和其他专业人士中最常见的一个迷思是行为疗法忽视了案主的感受，它只适合用于处理简单问题，不适合处理复杂问题，因为它过度依赖厌恶技术，只能用于治标，而不能治本（Aciemo et al.，1994b；Franks et al.，1990；Thyer，1991）。

行为治疗长期以来一直被用来处理案主的疑难杂症。在行为治疗中，对伦理的考量也是一个非常重要的问题。很多服务计划都建立了保护性机制，例如：治疗反思程序用于应对在运用厌恶技术中出现的问题；确定合适的个性化的评估和干预方法；以及保留完整的书面记录、评估清单和问卷；等等（Sundel & Sundel，1993）。

在过去二十年中，行为实务的最重要的领域是处理亲职问题，亲职培训以及儿童管理和技巧学习。运用基本的 ABC 范式，很多童年问题被重新概念化为行为问题，而这些问题源于儿童与父母之间的互动。运用行为治疗，可以系统地改变这种互动，大量研究表明，这种方法能够改变儿童和父母的行为，帮助他们实现预期的改变（Dangel et al.，1994；Graziano & Diament，1992；Sundel & Sundel，1993）。运用行为技术可以处理的儿童问题通常包括：不听话、不做家务、尿床、饮食紊乱、插嘴、放火、睡眠问题、睡前焦虑和多动症（Butterfield & Cobb，1994）。在过去十年中，临床和研究人员也开始关注儿童的行为失常和反社会行为。研究表明，行为技术能够有效地改变这些行为（Christophersen & Finney，1993；Doren，1993；Jensen & Howard，1990；Kazdin，1990）。据估计，有 3%～5% 的学龄儿童有注意缺陷多动障碍（ADHD），而它成为行为失常和反社会行为的危险因素之一（DuPaul et al.，1991）。社会工作者会在儿童福利机构、寄养照顾机构、监狱、日间治疗中心以及住宿和学校服务计划中，遇到有这些问题的儿童和青少年（Meadowcroft et al.，1994）。

处理多面向的儿童和父母相关的问题，给家庭和儿童提供住宅为本的干预，已经成为深受欢迎的治疗方法。这种干预的焦点在于运用社会学习模式关注家庭互动。初级照顾者对儿童的虐待或存在的虐待风险，已经成为上门服务的重点。向家长提供的问题解决技巧培训通常包括管理的儿童技巧、愤怒控制和家长问题的处理，例如药物滥用、沟通障碍和社会性孤立等（Gambrill，1994；Hodges，1994）。

自 1950 年代末期以来，很多专业人士在处理焦虑和恐惧症案主时，大多会选择采用约瑟夫·沃尔普的系统脱敏技术（Wolpe，1990）。那些饱受恐惧症抑制性后果之痛的案主，在接受了行为社会工作者的治疗后，情况得到明显改善。结合了基本的系统脱敏技术，新的认知-行为方法的治疗效果就会更加明显。事实上，是时候让社会工作者站出来表示行为治疗是处理各种恐惧症的一个替代性方法了。

夫妻辅导是社会工作者运用行为方法的另一个重要的领域。雅各布森（Jacobson，

1992）宣称，行为干预是处理夫妻问题的最有影响力的方法。沟通、冲突管理和问题解决等都是行为干预中最常用的方法。行为方法在处理多重问题、处境和多元人群时是非常有效的。的确，行为社会工作治疗在社交技巧培训、恐惧症、多动症以及儿童和成人发展性问题上，与其他方法相比，是有很多优势的。

教育和培训方面

行为治疗的培训可以在很多教育机构中开展，其内容、形式和目标也各不相同（Alberts & Edelstein, 1990）。社会工作课程大纲通常会提供一个行为改变的基本原则和技术，但不会提供深入的培训（Thyer & Maddox, 1988）。有些社会工作教育项目会提供行为社会工作实务的选修课。泰尔（Thyer, 1991）报告说，大约有60多本关于行为社会工作的教科书得到了出版，大部分社会工作教科书可以提供行为社会工作治疗的实务信息。很多组织、治疗机构和教育项目会给社会工作者、寄养服务和上门服务的家庭支持工作者提供行为培训。随着行为方法的有效性得到了认可，在社会工作实务中的运用也越来越广泛，我们呼吁将行为社会工作实务纳入社会工作教育的课程大纲中。

文化敏感的行为实务

近年来，行为主义治疗师们开始关注不同的文化群体的需求。行为理论与很多其他当代实务理论一样，是建立在西方白人价值观、假设和哲学基础之上的。在现实中，案主和实务工作者都来自不同的种族和民族。受到不同群体的政治、社会和经济实力和权力的影响，大家都希望能够提供针对文化敏感的治疗。此外，不同的种族和民族群体，在获取治疗服务时存在不同的障碍。这些障碍包括：哲学和价值观的差异、语言的差异，以及与西方助人系统有关的个体和组织结构的差异等（Corcoran & Vandiver, 1996）。

与来自不同文化群体的个人开展工作时，需要尊重他们不同的视角和个体行为。不同的文化群体也发展出各自不同的应对策略。很多接受西方训练的行为社会工作者运用的技术和策略，可能与某个特定的文化群体的价值观、信仰和家庭传统是冲突的。例如，对时间的理解，是理解塑造、强化计划和撤销等概念的核心。这个概念在不同的群体中有不同的理解方式。同样，问题行为、求助行为和不良行为的构成要素，也与西方视角下的个人、个人行为、思维和感受互相交织在一起。很多行为社会工作者认为，行为理论背后的原则是超越了文化界限。但是，我们的主要担心在于学习理论原则背后的假设是否具有普世性。这一点是需要深入探究的。例如，把正强化定义为一个能够提升行为频次的事件，可能不会出现文化差异，但是，一个特定的正强化事件，如看电视，可能在某些文化中是合适的，但在某些文化中是不合适的。

因此，对于行为社会工作者而言，在需求评估开始阶段，就要理解在某个特定文化中，家庭和家庭成员是如何被定义的，同时还要明白，个体会根据自己的文化特点做出合适的选择。如果社会工作者错误地界定了行为互动，他们的干预就可能会加深父母的困境，而非解决问题，或者他们的干预会将问题行为复杂化。因此，干预工作需要我们慎重考虑案主的文化取向和喜好。这就需要我们对现有的干预计划和行为理解进行修正，这样干预才会接地气（Landrine & Klonoff，1995）。

很多社会工作者会问，到底什么才是行为治疗的文化决定因素和参照物。我们认为，处在文化多元性社区的服务机构，要确保自己的员工来自不同的文化群体，保持高度的自觉和开放性。同时，还需要有一种文化敏感的自我评估能力。行为社会工作者必须记住，每个人都会有符合自己的文化和价值观的问题解决模式，因此，要解决他们的问题，必须找到一种符合其文化特征的方式。行为治疗师对文化多元性知识已有的了解是远远不够的，因此，建立文化多元性的干预仅仅是个开始。简言之，有关文化能力、行为理论和结果之间的关系的研究还非常不足，不能适用于所有的文化背景中。

行为实务中的相关考虑

社会工作文献中有很多内容涉及对行为治疗在社会工作实务中运用的担心。很多担心现在看来已经没有必要了。为了说明这个问题，我们罗列了一些近年来实务文献反映的问题。

（1）对于那些希望得到"顿悟"或"讨论"心理治疗的人而言，行为治疗的方法是非常不适宜的。这是一个行动导向的方法，主要依靠教育来改变案主。

（2）这个方法聚焦于行为/认知改变，一般来讲，需要采用一个结构化的方法，由案主和治疗师一起来推动改变。某些社会工作者认为，这个方法不合适，或者限制性很大。

（3）一些非专业人士和专业人士误解或者歪曲了这个方法，认为这个方法过于简单，对于处理复杂问题而言只是一个权宜之计。之所以出现这种误解，是因为在设计儿童管理服务计划时，人们不恰当地针对不良行为采用了"惩罚"方法，同时，人们还会对服从行为采取非系统化的"奖励"。这样的干预忽视了行为分析的要素，没能系统地运用行为技术，带来成功的行为改变。

（4）人们常以为行为治疗师们的理论来源非常单一，但是，实际上他们的理论基础来自很多不同的行为理论，此外还有一整套完整的、可供选择的干预策略和技术。很多社会工作者没有认识到，在行为需求评估中，面对不同的问题，还是有很多不同的方法的。针对不同的问题选择不同的方法，也被某些治疗师批评为随意、指标不治本。针对不同的问题选择不同的方法，其背后的理论指导是要在问题出现的情境中做出行为分析。

（5）某些行为技术从表面上看是与案主不相干的。例如，针对制造恐惧事件运用想象技术或者对质技术，会被当成给案主带来过度的焦虑和不安。

实证基础

一般来讲，不同策略的有效性一直是社会工作实务人士十分关注的问题。很多文献指出某些治疗方法是非常成功的，它们的依据是社会工作者的个案报告。这样的记录是线性的，大多缺乏前后测量的实证结果支持，这些实证结果会改变治疗干预和案主之间的关联度。

相反，行为治疗师们有很多机会让案主和社会工作者做大量的数据收集。行为治疗程序包括系统地运用技术来协助可观察的行为做出改变。测量改变也成为行为治疗的重要组成部分。重视问题的需求评估及制定明确的进程指标，推动了行为治疗的迅速发展，也促进了人们对标准化的测量工具的运用。一个广泛运用行为测量工具的例子是"阿肯巴克儿童行为清单"（Achenbach，1991）。实证文献表明，有很多研究数据显示，行为方法在很多问题的处理上是非常有效的。的确，行为治疗是最先使用单一系统研究设计的（Gambrill，1994；Hersen，1990；Thyer & Boynton Thyer，1992），也是最早开始进行小组结果研究的（Barrios，1990；Kazdin，1989）。

很多行为治疗已经发展到高级阶段，它们在规范性基础上，被用来处理儿童和成人问题。这是一个改进社会工作临床实务的极好的机会。规范性干预就是一种标准化的治疗，是经过实证检验，可以运用到某些有着明确界定的人群中，可以处理某些明确定义的问题的。在文献中，我们可以看到这种成熟性和丰富性。当然，这也是几十年来的临床实务和某些领域的缜密研究的结果，例如焦虑症、恐惧症和婚姻问题等。对用行为干预处理其他行为问题的探索还处在开始阶段，没有足够的实证支持。需要指出的是，对于某些问题，行为治疗需要与药物疗法共同发挥作用（例如，某些抑郁症、注意缺陷多动障碍、强迫症）。《行为治疗处理儿童和成人手册》（*Handbook of Behavior Therapy with Children and Adults*）（Ammerman & Hersen，1993）收录了很多联合使用药物治疗与行为治疗的方法。表3-2提供了一些选择性的研究案例，以及文献回顾，以此高度赞扬行为治疗在很多问题的处理上的有效性。

在小组工作中采用行为方法是社会工作实务中一个比较受认可的领域，这要归功于以下学者：罗斯（Rose，1981）、甘布里尔（Gambrill，1983）、托尔曼和莫里德

（Tolman & Molidor，1994），以及其他学者。甘布里尔（Gambrill，1983）也成功地将认知方法运用到不同的成人小组和儿童小组中（Gamble et al.，1989；Tallant et al.，1989；Thyer，1987b；Van Der Ploeg-Stapert & Van Der Ploeg，1986）。小组工作常常关注教导自信的行为和其他人际交往技巧，还被运用到抑郁、饮食紊乱、亲子关系训练和依赖的治疗中。托尔曼和莫里德（Tolman & Molidor，1994）回顾了1980年代社会工作实务中的小组工作服务，他们发现，69％的论文都是认知-行为导向的。儿童的社交技巧培训和儿童、青少年的其他行为问题，都是社会工作实务研究中运用行为小组工作的主要领域（Jenson & Howard，1990；Zimpfer，1992）。

表 3-2　行为治疗有效性的总结

58

问题领域	有效性研究[①]
成瘾	Aciemo，Donohue，& Kogan，1994；Goldapple & Montgomery，1993；Hall，Hall，& Ginsberg，1990；Lipsey，& Wilson，1993；Peyrot，Yen，& Baldassano，1994；Polansky & Horan，1993；Sobell，Sobell，& Nirenberg，1988
焦虑症	Acierno，Hersen，& Van Hasselt，1993；Beck & Zebb，1994；Emmelkamp & Gerlsma，1994；Lipsey & Wilson，1993；Rachmann，1993；Van Oppen，Dt Haan，Van Balkom，Spinhoven，Hoogdin，& Van Dyck，1995
自闭症	Celiberti & Harris，1993；Ducharme，Lucas，& Pontes，1994；McEachin，Smith，& Lovaas，1993；Scheibman，Koegel，Charlop，& Egel，1990
儿童虐待	Gambrill 1983；Finkelhor & Berliner，1995；Gaudin，1993；Meadowcroft，Thomlison，& Chamberlain，1994；Wekerle & Wolfe，1993；Wolfe，1990；Wolfe & Wekerle，1993
行为失调	Bramlett，Wodarski，& Thyer，1991；Christophersen & Finney，1993；Dumas，1989；Kazdin，1990；Lochman & Lenhart，1993；Maag & Kotlash，1994；Magen & Rose，1994；Raines & Foy，1994
夫妻问题	Granvold，1994；Epstein，Baucom & Rankin，1993；Halford，Sanders，& Behrens，1994；Hahlweg & Markman，1988；Lipsey & Wilson，1993；Montang & Wilson，1992；OTarrell，1994；Thomlison，1984a
抑郁症	Bech，Whisman，& O'Leary，1994；Frame & Cooper，1993；Hoberman & Clarke，1993；Norman & Lowry，1995；Rohde，Lewinsohn，& Seeley，1994
发展性困难	Feldman，1994；Hile & Derochers，1993；Kirkham，1993；Nixon & Singer，1993；Thomlison，1981；Underwood & Thyer，1990
饮食紊乱	Gamer & Rosen，1990；Isreal，1990；Kennedy，Katz，Neitzert，Ralevski，& Mendlowitz，1995；Lipsey & Wilson，1993；Morin，Winter，Besalel，& Azrin，1987；Saunders & Saunders，1993；Smith，Marcus，& Eldridge，1994；Wilson，1994

---

① 如果可能的话，还可以增加适用于社会工作实务的回顾和研究文章。

续表

问题领域	有效性研究
家庭暴力	Edleson & Syers，1990；1991；Faulkner, Stoltenberg, Cogen, Nolder, & Shooter，1992；Peled & Edleson，1992；Tolman & Bennett，1990
老年问题	Fisher & Carstensen，1990；Hersen & Van Hasselt，1992；Nicholson & Blanchard，1993；Widner & Zeichner，1993
青少年犯罪	Bank, Marlowe, Reid, Patterson, & Weinrott，1991；Hagan & King，1992；Hawkins, Jensen, Catalano, & Wells，199i；Lipsey & Wilson，1993；Meadowcroft, Thomlison, & Chamberlain，1994；Zimpfer，1992
疼痛管理	Biedennan & Schefft，1994；Gamsa，1994；Holroyd & Penzien，1994；Lipsey & Wilson，1993；Subramanian，1991；1994
恐惧症	Donohue, Van Hasselt, & Hersen，1994；King，1993；Mersch，1995；Newman, Hofman, Trabert, Roth, & Taylor，1994；Turner, Beidel, & Cooley-Quille，1995
创伤后应激障碍	Caddell & Drabman，1993；Corrigan，1991；Foy, Resnick, & Lipovosky，1993；Richards, Lovell, & Marks，1994；Saigh，1992
思觉失调	Liberman, Kopelowicz, & Young，1994；Lipsey & Wilson，1993；Morrison & Sayers，1993；Scotti, McMorrow, & Trawitzki，1993；Tamer, Beckett, Harwood, Baker, Yusupoff, & Ugarteburu，1993
性异常	Camp & Thyer，1993；Hanson, Steffy, & Gauthier，1993；Marshall, Jones, Ward, Johnston, & Barbaree，1991；Kaplan, Morales, & Becker，1993；Marques, Day, Nelson, & West，1994
睡眠紊乱	Lichstein & Riedel，1994；Minde, Popiel, Leos, & Falkner，1993
压力管理	Dubbert，1995；Lipsey & Wilson，1993

最后，行为治疗的原则在社区实务中的运用是非常有限的，但也时常出现。重要的是，文献中的很多例子表明社区项目就是建立在行为原则基础之上的（Mattaini，1993；O'Donnell & Tharpe，1990；Rothman & Thyer，1984）。在社区中对行为干预的运用与在个人改变方面的运用的情况非常相似（例如，示范、反馈、突发事件管理等）。在社区实务中，运用行为治疗方法的主要目的是提升社区参与的水平和质量，减少不良的社区现状（Mattaini，1993）。

总之，与其他方法相比，行为治疗在很多人类问题的处理上是非常成功的。尽管这样，文献表明，对行为治疗的研究和知识建构之间还存在差距。这些差距包括：如何维持行为改变并使其得到普遍运用，如何确定在何种情境下、针对何种问题、采取何种方法等问题。这些问题都需要进一步的研究。行为维持指的是行为改变可以持续的时间长度，普遍运用指的是能够举一反三，在不同情境中使用新行为。要提高行为维持度和运用普遍性，需要在服务计划中纳入策略，并通过实证研究加以证实（Gambrill，1994；Kendall，1989；Whisman，1990）。我们应找到一些关键变量来预测什么样的案主会从什么样的干预程序中受益，而要做到这一点，不仅需要研究对于某个特定的服务人群什么样的干预程序是有效的，而且还要研究那些失败的案例（Goldfried & Castonguay，1993；Steketee & Chambless，1992）。一些常见的方法论的问题能够得到解决的话，预测的质量才能得到有效提高。

使用说明

　　行为治疗包含了一些协助行为改变和认知改变的不同的方法。它源于一种严格的、有计划的、系统性的需求评估，有着优于其他治疗方法的明显的优势。干预策略建立在一套规范的、有实证研究支撑的需求评估程序的基础之上，主要运用定类测量和定比测量的方法，来确定问题的频次和持续时间。它对社会工作实务的影响主要表现在直接的临床实务和间接的实务中，例如任务中心方法，以及单一系统研究设计。行为治疗在社会工作的大部分实务领域都表现出明显的有效性。对于某些重大的、复杂的问题，如吸毒和自闭症儿童问题，这个方法似乎不太奏效（Jordan & Franklin，1995，p. 21）。无论如何，实证数据表明，对于社会工作者碰到的大部分的问题而言，行为治疗都是有效的、成熟的治疗方法，很多人都认为它是最应推崇的选择。毫无疑问，它在社会工作实务中的地位得到了充分肯定。我们真诚地希望，社会工作者能够理解行为理论会对社会工作实务的质量保证做出新的贡献。

附录

60

基本的假设和原则

强化事件	厌恶技术
目标行为	前情行为
后果	行为分析
强制性沟通	负强化
正强化	撤销
ABC 行为治疗范式	信息处理
信念和信仰系统	自我表述
问题解决和应对	

行为评估和干预

行为清单	行为交换
突发事件	危险系数最小的行为目标
家庭作业	协商（讨价还价）
可观察	基线测量
改变	代币
后效协议	奖励性强化
社会性强化	计分表
记录	示范
角色扮演	问题解决
行为演练	监测
冲突处理	行为维持
行为需求评估	
维持性条件	

参考文献

Achenbach, T. M. (1991). Manual for the child behavior checklist/4-18 and 1991 profile. Burlington, VT: Department of Psychiatry, University of Vermont.

Acierno, R., Donohue, B., & Kogan, E. (1994a). Psychological interventions for drug abuse: A critique and summation of controlled studies. *Clinical Psychology Review 14,* 417–440.

Acierno, R., Hersen, M., & Van Hasselt, V. (1993). Interventions for panic disorder: A critical review of the literature. *Clinical Psychology Review 13,* 561–578.

Acierno, R., Hersen, M., Van Hasselt, V., & Ammerman, R. (1994b). Remedying the Achilles heel of behavior research and therapy: Prescriptive matching of intervention and psychopathology. *Journal of Behavior Therapy and Experimental Psychiatry 25,* 179–188.

Alberts, G. M., & Edelstein, B. A. (1990). Training in behavior therapy. In A. Bellack, M. Hersen, and A. Kazdin (Eds.), *International Handbook of Behavior Modification and Therapy* (pp. 213–226). New York: Plenum Press.

Ammerman, R. T., & Hersen, M. (Eds.) (1993). *Handbook of Behavior Therapy with Children and Adults: A Developmental and Longitudinal Perspective.* Boston: Allyn and Bacon.

Bandura, A. (1976). *Social Learning Theory.* Englewood Cliffs, NJ: Prentice-Hall.

Bank, L., Marlowe, J. H., Reid, J. B., Patterson, G. R., & Weinrott, M. R. (1991). A comparative evaluation of parent-training interventions for families of chronic delinquents. *Journal of Abnormal Child Psychology 19,* 15–33.

Barrios, B. (1990). Experimental design in group outcome research. In A. Bellack, M. Hersen, and A. Kazdin (Eds.), *International Handbook of Behavior Modification and Therapy* (pp.

151–174). New York: Plenum Press.

Beach, S. R., Whisman, M. A., O'Leary, K. D. (1994). Marital therapy for depression: Theoretical foundation, current status, and future directions. *Behavior Therapy 25*, 345–372.

Beck, A. (1976). *Cognitive Therapy and the Emotional Disorders*. New York: International Universities Press.

Beck, J. G., & Zebb, B. J. (1994). Behavioral assessment and treatment of panic disorder: Current status, future directions. *Behavior Therapy 25*, 581–612.

Biederman, J. J., & Schefft, B. K. (1994). Behavioral, physiological, and self-evaluative effects of anxiety on the self-control of pain. *Behavior Modification 18*, 89–105.

Bramlett R., Wodarski, J. S., & Thyer, B. A. (1991). Social work practice with antisocial children: A review of current issues. *Journal of Applied Social sciences 15*, 169–182.

Butterfield, W. H., & Cobb, N. H. (1994). Cognitive-behavioral treatment of children and adolescents. In D. K. Granvold (Ed.), *Cognitive and Behavioral Treatment: Methods and Applications* (pp. 63–89). Pacific Grove, CA: Brooks/Cole Publishing Company.

Caddell, J. M., & Drabman, R. S. (1993). Post-traumatic stress disorder in children. In R. Ammerman and M. Hersen (Eds.), *Handbook of Behavior Therapy with Children and Adults: A Developmental and Longitudinal Perspective* (pp. 219–235). Boston: Allyn and Bacon.

Camp, B. H., & Thyer, B. A. (1993). Treatment of adolescent sex offenders: A review of empirical research. *Journal of Applied Social Sciences 17*, 191–206.

Celiberti, D. A., & Harris, S. L. (1993). Behavioral interventions for siblings of children with autism: A focus on skills to enhance play. *Behavior Therapy 24*, 573–599.

Christophersen, E. R., & Finney, J. W. (1993). Conduct disorder. In R. Ammerman and M. Hersen (Eds.), *Handbook of Behavior Therapy with Children and Adults: A Developmental and Longitudinal Perspective* (pp. 251–262). Boston: Allyn and Bacon.

Corcoran, K., & Vandiver, V. (1996). *Maneuvering the Maze of Managed Care*. New York: Free Press.

Corrigan, P. W. (1991). Social skills training in adult psychiatric populations: A meta-analysis. *Journal of Behavior Therapy and Experimental Psychiatry 22*, 203–210.

Dangel, R. F., Yu, M., Slot, N. W., & Fashimpar, G. (1994). Behavioral parent training. In D. K. Granvold (Ed.), *Cognitive and behavioral treatment: Methods and applications* (pp. 108–122). Pacific Grove, CA: Brooks/Cole Publishing Company.

Dobson, K. S., Beamish, M., & Taylor, J. (1992). Advances in behavior therapy: The changing face of AABT conventions. *Behavior Therapy 23*, 483–491.

Donohue, B. C., Van Hasselt, V. B., & Hersen, M. (1994). Behavioral assessment and treatment of social phobia: An evaluative review. *Behavior Modification 18*, 262–288.

Doren, D. M. (1993). Antisocial personality disorder. In R. Ammerman and M. Hersen (Eds.), *Handbook of Behavior Therapy with Children and Adults: A Developmental and Longitudinal Perspective* (pp. 263–276). Boston: Allyn and Bacon.

Dubbert, P. M. (1995). Behavioral (lifestyle) modification in the prevention of hypertension. *Clinical Psychology Review 15*, 187–216.

Dumas, J. E. (1989). Treating antisocial behavior in children: Child and family approaches. *Clinical Psychology Review 9*, 197–222.

Ducharme, J. M., Lucas, H., & Pontes, E. (1994). Errorless embedding in the reduction of severe maladaptive behavior during interactive and learning tasks. *Behavior Therapy 25*, 489–502.

DuPaul, G. J., Guevremont, D. C., & Barkley, R. A. (1991). Attention deficit-hyperactivity disorder in adolescence: Critical assessment parameters. *Clinical Psychology Review 11*, 231–245.

Edleson, J. L., & Syers, M. (1990). Relative effectiveness of group treatments for men who batter. *Social Work Research and Abstracts 26*, 10–17.

Edleson, J. L., & Syers, M. (1991). The effects of group treatment for men who batter: An 18-

month follow-up study. *Research on Social Work Practice 1,* 227–243.

Eifert, G. H., Evans, I. M., & McKendrick, V. G. (1990). Matching treatments to client problems not diagnostic labels: A case for paradigmatic behavior therapy. *Journal of Behavior Therapy and Experimental Psychiatry 21,* 163–172.

Ellis, A. (1989). Overview of the clinical theory of rational-emotive therapy. In R. Grieger & J. Boyd (Eds.), *Rational-Emotive therapy: A Skills Based Approach.* New York: Van Nostrand Reinhold.

Emmelkamp, P. M., & Gerlsma, C. (1994). Marital functioning and the anxiety disorders. *Behavior Therapy 25,* 407–430.

Epstein, N., Baucom, D. H., & Rankin, L. A. (1993). Treatment of marital conflict: A cognitive-behavioral approach. *Clinical Psychology Review 13,* 45–57.

Faulkner, K., Stoltenberg, C. D., Cogen, R., Nolder, M., & Shooter, E. (1992). Cognitive-behavioral group treatment for male spouse abusers. *Journal of Family Violence, 7,* 37–55.

Feldman, M. A. (1994). Parenting education for parents with intellectual disabilities: A review of outcome studies. *Research in Developmental Disabilities 15,* 299–302.

Finkelhor, D., & Berliner, L. (1995). Research on the treatment of sexually abused children: A review and recommendations. *Journal of the American Academy of Child and Adolescent Psychiatry 34,* 1–16.

Fisher, J. E., & Carstensen, L. L. (1990). Behavior management of the dementias. *Clinical Psychology Review 10,* 611–629.

Foy, D. W., Resnick, H. S., & Lipovsky, J. A. (1993). Post-traumatic stress disorder in adults. In R. Ammerman and M. Hersen (Eds.), *Handbook of Behavior Therapy with Children and Adults: A Developmental and Longitudinal Perspective* (pp. 236–248). Boston: Allyn and Bacon.

Frame, C. L., & Cooper, D. K. (1993). Major depression in children. In R. Ammerman and M. Hersen (Eds.), *Handbook of Behavior Therapy with Children and Adults: A Developmental and Longitudinal Perspective* (pp. 57–72). Boston: Allyn and Bacon.

Franks, C. M., Wilson, G. T., Kendall, P. C., & Foreyt, J. P. (1990). *Review of Behavior Therapy: Theory and Practice.* Vol. 12. New York: Guilford Press.

Gamble, E. H., Elder, S. T., & Lashley, J. K. (1989). Group behavior therapy: a selective review of the literature. *Medical Psychotherapy An International Journal 2,* 193–204.

Gambrill, E. D. (1977). *Behavior Modification: A Handbook of Assessment, Intervention, and Evaluation.* San Francisco: Jossey-Bass.

Gambrill, E. D. (1983). Behavioral intervention with child abuse and neglect. In M. Hersen, R. Eisler, and P. Miller (Eds.), *Progress in Behavior Modification* (pp. 1–56). New York: Academic Press.

Gambrill, E. D. (1994). Concepts and methods of behavioral treatment. In D. K. Granvold (Ed.), *Cognitive and Behavioral Treatment: Methods and Applications* (pp. 32–62). Pacific Grove, CA: Brooks/Cole Publishing Company.

Gamsa, A. (1994). The role of psychological factors in chronic pain. Part I: A half century of study. *Pain 57,* 5–15.

Garner, D. M., & Rosen, L. W. (1990). Anorexia nervosa and bulimia nervosa. In A. Bellack, M. Hersen, and A. Kazdin (Eds.), *International Handbook of Behavior Modification and Therapy* (pp. 805–817). New York: Plenum Press.

Gaudin, J. M., Jr. (1993). Effective interventions with neglectful families. *Criminal Justice and Behavior 20,* 66–89.

Goldapple, G. C., & Montgomery, D. (1993). Evaluating a behaviorally based intervention to improve client retention in therapeutic community treatment for drug dependency. *Research on Social Work Practice 3,* 21–39.

Goldfried, M. R., & Castonguay, L. G. (1993). Behavior therapy: Redefining strengths and limitations. *Behavior Therapy 24,* 505–526.

Granvold, D. K. (Ed.). (1994). *Cognitive and Behavioral Treatment: Methods and Applications.* Pacific Grove, CA: Brooks/Cole Publishing Company.

Graziano, A. M., & Diament, D. M. (1992). Parent behavioral training: An examination of the paradigm. *Behavior Modification 16,* 3–38.

Hagan, M., & King, R. P. (1992). Recidivism rates of youth completing an intensive treatment program in a juvenile correctional facility. *International Journal of Offender Therapy and Comparative Criminology 36,* 349–358.

Hahlweg, K., & Markman, H. J. (1988). Effectiveness of behavioral marital therapy: Empirical status of behavioral techniques in preventing and alleviating marital distress. *Journal of Consulting and Clinical Psychology 56,* 440–447.

Halford, K. K., Sanders, M. R., & Behrens, B. C. (1994). Self-regulation in behavioral couples' therapy. *Behavior Therapy 25,* 431–452.

Hall, S. M., Hall, R. G., & Ginsberg, D. (1990). Cigarette dependence. In A. Bellack, M. Hersen, and A. Kazdin (Eds.), *International Handbook of Behavior Modification and Therapy* (pp. 437–448). New York: Plenum Press.

Hanson, R. K., Steffy, R. A., & Gauthier, R. (1993). Long-term recidivism of child molesters. *Journal of Consulting and Clinical Psychology 61,* 646–652.

Hawkins, J. D., Jenson, J. M., Catalano, R. F., & Wells, E. A. (1991). Effects of a skill training intervention with juvenile delinquents. *Research on Social Work Practice 1,* 107–121.

Hersen, M. (1990). Single-case experimental designs. In A. Bellack, M. Hersen, and A. Kazdin (Eds.), *International Handbook of Behavior Modification and Therapy* (pp. 175–212). New York: Plenum Press.

Hersen, M., & Van Hasselt, V. B. (1992). Behavioral assessment and treatment of anxiety in the elderly. *Clinical Psychology Review 12,* 619–640.

Hile, M. G., & Derochers, M. N. (1993). The relationship between functional assessment and treatment selection for aggressive behavior. *Research in Developmental Disabilities 14,* 265–274.

Hoberman, H. M., & Clarke, G. N. (1993). Major depression in adults. In R. Ammerman and M. Hersen (Eds.), *Handbook of Behavior Therapy with Children and Adults: A Developmental and Longitudinal perspective* (pp. 73–90). Boston: Allyn and Bacon.

Hodges, V. G. (1994). Home-based behavioral interventions with children and families. In D. K. Granvold (Ed.), *Cognitive and Behavioral Treatment: Methods and Applications* (pp. 90–107). Pacific Grove, CA: Brooks/Cole Publishing Company.

Holroyd, K. A., & Penzien, D. B. (1994). Psychosocial interventions in the management of recurrent headache disorders. Part I: Overview and effectiveness. *Behavioral Medicine 20,* 53–63.

Isreal, A. C. (1990). Childhood obesity. In A. Bellack, M. Hersen, and A. Kazdin (Eds.), *International Handbook of Behavior Modification and Therapy* (pp. 819–830). New York: Plenum Press.

Jacobson, N. S. (1992). Behavioral couple therapy: A new beginning. *Behavior Therapy 23,* 493–506.

Jenson, J. M., & Howard, M. O. (1990). Skills deficits, skills training, and delinquency. *Children and Youth Services Review 12,* 213–228.

Jordan, C., and Franklin, C. (1995). *Clinical Assessment for Social Workers: Quantitative and Qualitative Methods.* Chicago: Lyceum.

Kaplan, M. S., Morales, M., & Becker, J. V. (1993). The impact of verbal satiation of adolescent sex offenders: A preliminary report. *Journal of Child Sexual Abuse 2,* 81–88.

Kazdin, A. E. (1989). *Behavior Modification in Applied Settings* (4th ed.). Homewood, IL: Dorsey.

Kazdin, A. E. (1990). Conduct disorders. In A. Bellack, M. Hersen, and A. Kazdin (Eds.), *International Handbook of Behavior Modification and Therapy* (pp. 669–706). New York:

Plenum Press.

Kendall, P. C. (1989). The generalization and maintenance of behavior change: Comments, considerations, and the "no-cure" criticism. Behavior Therapy 20, 357–364.

Kennedy, S. H., Katz, R., Neitzert, C. S., Ralevski, E., & Mendlowitz, S. (1995). Exposure with response treatment of anorexia nervosa-bulimic subtype and bulimia nervosa. *Behaviour Research and Therapy 33,* 685–689.

King, N. J. (1993). Simple and social phobias. *Advances in Clinical Child Psychology 15,* 305–341.

Kirkham, M. A. (1993). Two-year follow-up of skills training with mothers of children with disabilities. *American Journal on Mental Retardation 97,* 509–520.

Landrine, H., & Klonoff, E. (1995). Cultural diversity and the silence of behavior therapy. *The Behavior Therapist 18*(10), 187–189.

Liberman, R. P., Kopelowicz, A., & Young, A. S. (1994). Biobehavioral treatment and rehabilitation of schizophrenia. *Behavior Therapy 25,* 89–107.

Lichstein, K. L., & Riedel, B. W. (1994). Behavioral assessment and treatment of insomnia: A review with an emphasis on clinical applications. *Behavior Therapy 25,* 659–588.

Lipsey, M. W., & Wilson, D. B. (1993). The efficacy of psychological, educational, and behavioral treatment. *American Psychologist 48,* 1181–1209.

Lochman, J. E., & Lenhart, L. A. (1993). Anger coping intervention for aggressive children: Conceptual models and outcome effects. *Clinical Psychology Review 13,* 785–805.

Maag, J. W., & Kotlash, J. (1994). Review of stress inoculation training with children and adolescents. *Behavior Modification 18,* 443–469.

Magen, R. H., & Rose, S. D. (1994). Parents in groups: Problem solving versus behavioral skills training. *Research on Social Work Practice 4,* 172–191.

Marques, J. K., Day, D. M., Nelson, C., & West, M. A. (1994). Effects of cognitive-behavioral treatment on sex offender recidivism: Preliminary results of a longitudinal study. Special Issue: The assessment and treatment of sex offenders. *Criminal Justice and Behavior 21,* 28–54.

Marshall, W. L., Jones, R., Ward, T., Johnston, P., & Barbaree, H. E. (1991). Treatment outcome with sex offenders. *Clinical Psychology Review 11,* 465–485.

Mattaini, M. A. (1993). Behavior analysis and community practice: A review. *Research on Social Work Practice 3,* 420–447.

McEachin, J. J., Smith, T., & Lovaas, O. I. (1993). Long-term outcome for children with autism who receive early intensive behavioral treatment. *American Journal on Mental Retardation 97,* 359–372.

Meadowcroft, P., Thomlison, B., & Chamberlain, P. (1994). A research agenda for treatment foster family care. *Child Welfare* (special issue) *(73)5,* 565–581.

Meichenbaum, D. (1977). *Cognitive Behavior Modification.* New York: Plenum Press.

Mersh, P. P. A. (1995). The treatment of social phobia: The differential effectiveness of exposure *in vivo* and the integration of exposure *in vivo,* rational emotive therapy and social skills training. *Behavioural Research and Therapy 33,* 259–269.

Minde, K., Popiel, K., Leos, N., & Falkner, S. (1993). The evaluation and treatment of sleep disturbances in young children. *Journal of Child Psychology and Psychiatry and Allied Disciplines 34,* 521–533.

Montang, K. R., & Wilson, G. L. (1992). An empirical evaluation of behavioral and cognitive-behavioral group marital treatments with discordant couples. *Journal of Sex and Marital Therapy 18,* 255–272.

Morin, C. M., Winter, B., Besalel, V. A., & Azrin, N. H. (1987). Bulimia: A case illustration of the superiority of behavioral over cognitive treatment. *Journal of Behavior Therapy and Experimental Psychiatry 18,* 165–169.

Morrison, R. L., & Sayers, S. (1993). Schizophrenia in adults. In R. Ammerman and M.

Hersen (Eds.), *Handbook of Behavior Therapy with Children and Adults: A Developmental and Longitudinal Perspective* (pp. 295–310). Boston: Allyn and Bacon.

Newman, M. G., Hofman, S. G., Trabert, W., Roth, W. T., & Taylor, C. B. (1994). Does behavioral treatment of social phobia lead to cognitive changes? *Behavior Therapy 25,* 503–517.

Nicholson, N. L., & Blanchard, E. B. (1993). A controlled evaluation of behavioral treatment of chronic headache in the elderly. *Behavioral Therapy 24,* 395–408.

Nixon, C. D., & Singer, G. H. (1993). Group cognitive-behavioral treatment for excessive parental self-blame and guilt. *American Journal on Mental Retardation 97,* 665–672.

Norman, J., & Lowry, C. E. (1995). Evaluating inpatient treatment for women with clinical depression. *Research on Social Work Practice 5,* 10–19.

O'Donnell, C., & Tharpe, R. (1990). Community intervention guided by theoretical development. In A. Bellack, M. Hersen, and A. Kazdin (Eds.), *International Handbook of Behavior Modification and Therapy* (pp. 251–266). New York: Plenum Press.

O'Farrell, T. J. (1994). Marital therapy and spouse-involved treatment with alcoholic patient. *Behavior Therapy 25,* 391–406.

Patterson, G., & Reid, J. (1970). Reciprocity and coercion: Two facets of social systems. In C. Neuringer and T. Michael (Eds.), *Behavior Modification in Clinical Psychology* (pp. 133–177). New York: Appleton-Century-Crofts.

Peled, E., & Edleson, J. L. (1992). Multiple perspectives on group work with children of battered women. *Violence and Victims 7,* 327–346.

Peyrot, M., Yen, S., & Baldassano, C. A. (1994). Short-term substance abuse prevention in jail: A cognitive behavioral approach. *Journal of Drug Education 24,* 33–47.

Polansky, J., & Horan, J. J. (1993). Psychoactive substance abuse in adolescents. In R. Ammerman and M. Hersen (Eds.), *Handbook of Behavior Therapy with Children and Adults: A Developmental and Longitudinal Perspective* (pp. 351–360). Boston: Allyn and Bacon.

Rachmann, S. (1993). A critique of cognitive therapy for anxiety disorders. *Journal of Behavior Therapy and Experimental Psychiatry 24,* 279–288.

Raines, J. C., & Foy, C. W. (1994). Extinguishing the fires within: Treating juvenile firesetters. *Families in Society 75,* 595–607.

Richards, D. A., Lovell, K., & Marks, I. M. (1994). Evaluation of a behavioral treatment program. *Journal of Traumatic Stress 7,* 669–680.

Rohde, P., Lewinsohn, P. M., & Seeley, J. R. (1994). Response of depressed adolescents to cognitive-behavioral treatment: Do differences in initial severity clarify the comparison of treatments? *Journal of Consulting and Clinical Psychology 62,* 851–854.

Rose, S. (1981). Cognitive behavioural modification in groups. *International Journal of Behavioural Social Work and Abstracts 1*(1), 27–38.

Rothman, J., & Thyer, B. A. (1984). Behavioral social work in community and organizational settings. *Journal of Sociology and Social Welfare 11,* 294–326.

Saigh, P. A. (1992). The behavioral treatment of child and adolescent posttraumatic stress disorder. *Advances in Behaviour Research and Therapy 14,* 247–275.

Saunders, R. I., & Saunders, D. N. (1993). Social work practice with a bulimic population: A comparative evaluation of purgers and nonpurgers. *Research on Social Work Practice 3,* 123–136.

Scheibman, L., Koegel, R. L., Charlop, M. H., & Egel, A. L. (1990). Infantile autism. In A. Bellack, M. Hersen, and A. Kazdin (Eds.), *International Handbook of Behavior Modification and Therapy* (pp. 763–789). New York: Plenum Press.

Schwartz, R. (1982). Cognitive-behavior modification: A conceptual review. *Clinical Psychology Review 2,* 267–293.

Scotti, J. R., McMorrow, M. J., & Trawitzki, A. L. (1993). Behavioral treatment of chronic psychiatric disorders: Publication trends and future directions. *Behavior Therapy 24,*

527–550.

Skinner, B. F. (1953). *Science and Human Behavior.* New York: Macmillan.

Skinner, B. F. (1988). The operant side of behavior therapy. *Journal of Behavior Therapy and Experimental Psychiatry 19,* 171–179.

Smith, D. E., Marcus, M. D., & Eldredge, K. L. (1994). Binge eating syndromes: A review of assessment and treatment with an emphasis on clinical application. *Behavior Therapy 25,* 635–658.

Sobell, L. C., Sobell, M. B., & Nirenberg, T. D. (1988). Behavioral assessment and treatment planning with alcohol and drug abusers: A review with an emphasis on clinical application. *Clinical Psychology Review 8,* 19–54.

Steketee, G., & Chambless, D. L. (1992). Methodological issues in prediction of treatment outcome. *Clinical Psychology Review 12,* 387–400.

Stuart, R. B. (1971). Behavioral contracting with families of delinquents. *Journal of Behavior Therapy and Experimental Psychiatry 2,* 1–11.

Stuart, R. B. (Ed.). (1977). *Behavioral Self Management: Strategies, Techniques, and Outcomes.* New York: Brunner/Mazel.

Subramanian, K. (1991). Structured group work for the management of chronic pain: An experimental investigation. *Research on Social Work Practice 1,* 32–45.

Subramanian, K. (1994). Long-term follow-up of a structured group treatment for the management of chronic pain. *Research on Social Work Practice 4,* 208–223.

Sundel, S., & Sundel, M. (1993). *Behavior Modification in the Human Services* (3rd ed.). Newbury Park, CA: Sage.

Sweet, A. A., & Loizeaux, A. L. (1991). Behavioral and cognitive treatment methods: A critical comparative review. *Journal of Behavior Therapy and Experimental Psychiatry 22,* 159–185.

Tallant, S., Rose, S. D., & Tolman, R. M. (1989). New evidence for the effectiveness of stress management training in groups. Special Issue: Empirical research in behavioural social work. *Behavior Modification 13,* 431–446.

Tarrier, N., Beckett, R., Harwood, S., Baker, A., Yusupoff, L., & Ugarteburu, I. (1993). A trial of two cognitive-behavioral methods of treating drug-resistant residual psychotic symptoms in schizophrenic patients. Part I: Outcome. *British Journal of Psychiatry 162,* 524–532.

Thomlison, R. J. (1972). *A Behavioral Model for Social Work Intervention with the Marital Dyad.* Unpublished doctoral dissertation. Toronto: University of Toronto.

Thomlison, R. J. (1981). Behavioral family intervention with the family of a mentally handicapped child. In D. Freeman and B. Trute (Eds.), *Treating Families with Special Needs* (pp. 15–42). Ottawa: Canadian Association of Social Workers.

Thomlison, R. J. (1982). Ethical issues in the use of behavior modification in social work practice. In Shankar Yelaja (Ed.), *Ethical Issues in Social Work.* Springfield, IL: Charles B. Thomas.

Thomlison, R. J. (1984a). Something works: Evidence from practice effectiveness studies. *Social Work 29,* 51–56.

Thomlison, R. J. (1984b). Phobic disorders. In Francis Turner (Ed.), *Adult Psychopathology: A Social Work Perspective* (pp. 280–315). New York: Free Press.

Thomlison, R. J. (1986). Behavior therapy in social work practice. In Francis Turner (Ed.), *Social Work Treatment: Interlocking Theoretical Approaches* (pp. 131–155). New York: Free Press.

Thyer, B. A. (1987a). Behavioral social work: An overview. *Behavior Therapist 10,* 131–134.

Thyer, B. A. (1987b). Community-based self-help groups for the treatment of agoraphobia. *Journal of Sociology and Social Welfare 14,* 135–141.

Thyer, B. A. (1988). Radical behaviorism and clinical social work. In R. Dorfman (Ed.), *Par-

adigms of Clinical Social Work (pp. 123–148). New York: Guilford Press.

Thyer, B. A. (1989). Introduction to the special issue. *Behavior Modification 13*(4), 411–414.

Thyer, B. A. (1990). Single-system research designs and social work practice. In L. Sherman and W. J. Reid (Eds.), *Advances in Clinical Social Work Research* (pp. 33–37). Silver Spring, MD: National Association of Social Workers Press.

Thyer, B. A. (1991). Behavioral social work: It is not what you think. *Arete 16,* 1–9.

Thyer, B. A. (1992). Behavior therapies for persons with phobias. In K. Corcoran (Ed.), *Structuring Change. Effective Practice for Common Client Problems* (pp. 31–71). Chicago: Lyceum.

Thyer, B. A., and Boynton Thyer, K. (1992). Single-system research designs in social work practice: A bibliography from 1965 to 1990. *Research on Social Work Practice, 2,* 99–116.

Thyer, B. A., & Maddox, M. K. (1988). Behavioral social work: Results of a national survey on graduate curricula. *Psychological Reports 63,* 239–242.

Tolman, R. M., & Bennett, L. W. (1990). A review of quantitative research on men who batter. *Journal of Interpersonal Violence 5,* 87–118.

Tolman, R. M., & Molidor, C. E. (1994). A decade of social work group work research: Trends in methodology, theory, and program development. *Research on Social Work Practice 4,* 142–159.

Turner, S. M., Beidel, D. C., & Cooley-Quille, M. R. (1995). Two-year follow-up of social phobics with social effectiveness therapy. *Behaviour Research and Therapy 33,* 553–555.

Underwood, L., & Thyer, B. A. (1990). Social work practice with the mentally retarded: Reducing self-injurious behaviors using non-aversive methods. *Arete 15,* 14–23.

Van Der Ploeg-Stapert, J. D., & Van Der Ploeg, H. M. (1986). Behavioral group treatment of test anxiety: An evaluation study. *Journal of Behavior Therapy and Experimental Psychiatry 17,* 255–259.

Van Oppen, P., De Haan, E., Van Balkom, A., Spinhoven, P., Hoogduin, K., & Van Dyck, R. (1995). Cognitive therapy and expose *in vivo* in the treatment of obsessive compulsive disorder. *Behaviour Research and Therapy 33,* 379–390.

Wekerle, C., & Wolfe, D. A. (1993). Prevention of child physical abuse and neglect: Promising new directions. *Clinical Psychology Review 13,* 501–540.

Whisman, M. A. (1990). The efficacy of booster maintenance sessions in behavior therapy: Review and methodological critique. *Clinical Psychology Review 10,* 155–170.

Widner, S., & Zeichner, A. (1993). Psychologic interventions for elderly chronic patients. *Clinical Gerontologist 13,* 3–18.

Wilson, G. T. (1994). Behavioral treatment of obesity: Thirty years and counting. *Advances in Behavior Research and Therapy 16,* 31–75.

Wolf, M., Philips, E., Fixsen, D., Braukmann, C., Kirigin, K., Willner, A., & Schumaker, J. (1976). Achievement Place: The teaching family model. *Child Care Quarterly 5,* 92–103.

Wolfe, D. A., & Wekerle, C. (1993). Treatment strategies for child physical abuse and neglect: A critical progress report. *Clinical Psychology Review 13,* 473–500.

Wolfe, V. V. (1990). Sexual abuse of children. In A. Bellack, M. Hersen, and A. Kazdin (Eds.), *International Handbook of Behavior Modification and Therapy* (pp. 707–730). New York: Plenum Press.

Wolpe, J. (1989). The derailment of behavior therapy: A tale of conceptual misdirection. *Journal of Behavior Therapy and Experimental Psychiatry 20,* 3–15.

Wolpe, J. (1990). *The Practice of Behavior Therapy* (4th ed.). New York: Pergamon Press.

Zimpfer, D. G. (1992). Group work with juvenile delinquents. *Journal for Specialists in Group Work 17,* 116–126.

第四章

案主中心理论：人本的方法

威廉·罗

引言

自从为《社会工作治疗理论》第三版完成了本章的撰写之后，发生了很多重要事件。"案主中心"一词被"人本"一词所取代，但是在很多历史性和研究性的文章中，出于很多考虑，这两个词还是被互换着使用。卡尔·罗杰斯（Carl Rogers）在经历了一个丰富多彩的人生后，于1987年逝世，他见证了自己理论的发展、传播和全球化的过程。罗杰斯本人在去世前还在将自己的理论运用到一些更加复杂的社会情境中，以探索与心理学和人类行为领域其他重要的思想家的理论的趋同性，借此来不断地检验和发展自己的理论（Rogers，1986）。1986年以来一直不变的是，大量的人本理论的文献在社会工作之外的领域得到极大发展，当然，这样的发展趋势在社会工作实务领域也同样保持不变。

自以案主为中心的理论问世以来，它的很多原理就一直是社会工作专业的基石。早在心理学尚未开始运用案主中心理论之前的很多年，社会工作者们就开始使用"案主"一词，摒弃了"病人"一词。此外，案主中心理论家们信奉的价值观一直受到早期社会工作者的青睐和接纳，包括奥克塔维娅·希尔和玛丽·里士满（Octavia Hill & Mary Richmond，1917）。

事实上，这个理论的很多内容，包括理论研究，都是在社会工作专业之外发展起来的，从这个意义上说，其发展是有点违背历史规律的。卡尔·罗杰斯在社会工作实务工作者的影响下，通过对他们进行观察，提出了案主中心理论的很多原始的原则（Rogers，1980）。接下来，我们要简单介绍这个理论的历史渊源、基本原则，讨论它与社会工作实务的结合以及分歧点，从而进一步展望其未来发展，以及如何运用人本理论。

历史渊源

在过去四十年中，案主中心理论与卡尔·罗杰斯的名字常常是并列使用的。当个体与 70 某个思想系统如此紧密地联系在一起时，传记资料既阐释了这个理论，同时也介绍了理论的创造者（Seeman, 1990）。对于罗杰斯来讲，他对案主中心理论产生的影响的独特之处在于，他既是理论之父，又是领军人物，他的威力源于他在不断地整合和重组现存的概念，而不是发展新的思想。这一点恰恰反映了案主中心理论的特点，即它没有权威的僵化和教条主义。因此，影响罗杰斯早期发展的人物和思想也对案主中心理论的形成产生了重要影响。罗杰斯的思想既表达了郊区的、中上阶层新教徒家庭的诉求，也回应了他们的要求。罗杰斯于 1902 年出生于这样的一个家庭。在他 14 岁那年，全家搬到了郊区，开了一个家庭农场，因此，他对农业、科学方法和实证主义非常感兴趣，这些都成为案主中心理论的重要特点（Rogers, 1961b）。但是，在进入威斯康星大学学习农业之后，罗杰斯决定要成为一名牧师，后来他又进入纽约协和神学院学习。

后来，罗杰斯将自己在协和神学院接受的自由宗教观运用到了案主中心理论中，强调个体的重要性，相信感受和直觉，建立非权威性关系等（Sollod, 1978）。尽管罗杰斯在协和神学院学习的时间不长，但他还协助成立了一个学习小组，这个小组成为后来的会心小组的雏形。

在发现牧师职业对自己的专业发展限制过大时，罗杰斯选择去哥伦比亚大学攻读教育和心理学硕士。在这里，罗杰斯深受约翰·杜威（John Dewey）的实用哲学思想以及威廉·基尔帕特里克（William Kilpatrick）的教育学学说的影响。作为进步教育运用方面的领袖，基尔帕特里克强调以学习者为本的教育方法，重新将教育定义为一个持续成长的过程（Kilpatrick, 1926）。基尔帕特里克的思想与后来形成的案主中心理论之间的关联性，绝非巧合。

罗杰斯的职业生涯始于纽约州罗切斯特儿童指导诊所，他是那里的一名心理学家，同时还在哥伦比亚大学攻读博士学位。在罗切斯特期间，他经历了学术和职业上的孤立，这也使他有机会专心致志地与案主开展工作，发展自己的理论。在这样一个富有创造性的环境中，罗杰斯开始对有效的治疗方法感兴趣，而他不喜欢枯燥的心理学概念。在参加了一个由奥托·兰克（Otto Rank）主持的为期两天的研讨会后，他发现自己的实务与兰克的实务非常接近。罗杰斯开始从自己的一个社会工作同事那里了解兰克的理论，这个同事毕业于费城社会工作学院（Rogers, 1980）。

1939 年，罗杰斯出版了《问题儿童的临床治疗》（*The Chinical Treatment of the Problem Child*）一书，书中引用了很多杰西·塔夫脱（Jessie Taft）的观点，兰克的关系疗疗理论的很多内容在这本书中也得到了体现，这些观点成为后来案主中心理论的基础。其中包括强调 71 眼下的经历和处境、积极评价感受的表达、关注个人成长和愿望、降低治疗中的权威关系等。关系治疗在兰克、塔夫脱和 C. H. 帕特森（C. H. Patterson）等人的推动下，不断在心理学界得到发展；而在社会工作领域，则是由塔夫脱、弗吉尼亚·罗宾森（Virginia Robinson）和露丝·斯莫利（Ruth Smalley）等人推动的。在"关系治疗"中，罗杰斯发现了一些他早年就很欣赏的进步教育学概念。案主中心理论和下面列出的塔夫脱对治疗师态度的说明之间的相似性是准确无误的：

> 学会忽视内容、直接切入基本态度和背后的感情绝非易事，但是，如果我们不需要病人去做，或者去感知这件事而不是那件事的话，那么这是可能的，那时他们便能够自由地去感知并接受周遭发生的事件，即使这也许会与治疗目标背道而驰。因此，分析师不要对病人抱有任何目的，也没有权力这样做。从这个意义上说，分析师比较被动，因为他要努力坚持自己的目标，摆脱这种状态，即某种程度上要满足病人的需要，让其被所谓"治愈"（Rogers，1951）。

1940 年，罗杰斯受聘于俄亥俄州立大学，在这里，他开始对自己十年实务的心理治疗和咨询的核心要素进行定义和综合。同一年，他参加了哥伦比亚大学教育学院的一场研讨会，研讨会由古德温·华生（Goodwin Watson）主持，华生当时研究的是有效治疗的核心要素问题。华生建构的治疗模式有点类似非指导性模式，这成了罗杰斯在《咨询与心理治疗》（*Counseling and Psychotherapy*）一书中提出的观点的基础。罗杰斯觉得这是一个新的观点，他发现两者之间存在"相当大的核心共识"（1942）。

在俄亥俄州立大学任终身教授期间，罗杰斯坚持了自己对实证主义的热爱。在他自己的以及他的研究生的研究中，他都努力运用操作化的方式来研究心理治疗过程。在那个时代，记录和分析访谈过程和研究结果是非常具有创新性的。这些方法将罗杰斯的思想带入了心理学的主流领域。

1945 年，罗杰斯接受邀请，来到芝加哥大学组建了一个新的咨询中心。过去 12 年的经历使他成为一个杰出的咨询师、理论家、教师和研究者，学术声望如日中天。这个时期，所谓的非指导性的理论阶段转向了反思性或案主中心的阶段。正是在这个阶段，罗杰斯的思想观点进入了一个更加广阔的领域。正如后来罗杰斯所述："在我看来，我竭尽全力来理解这些现象，我似乎进入了这样一个状态，即在无意识的情况下表达了一个观点。就好像是向一个平静的池塘丢入一个鹅卵石后，水中的涟漪不断出现，彼此影响，越来越多，如果不去了解鹅卵石，就不知道何故。"（Rogers，1980，p. 49）来自不同领域的理论家和实务工作者都被罗杰斯提出的理论深深吸引，他们开始自发地将案主中心理论运用到自己所在的学科领域中。罗杰斯的灵活性和非权威的立场使其在很多领域都被描述为一个和蔼的案主中心理论之父，在后文中还要介绍这一点。

1957 年，罗杰斯被调到了威斯康星大学，在这里，他开始致力于填补心理学和精神病学之间的空白。他完成了对精神分裂症的研究，打破了精神病学在心理治疗领域的垄断地位。

　　1964 年，罗杰斯又调到了加利福尼亚，在这里他全身心投入他在芝加哥时期就开始创办的同心心理治疗小组的研究中。1968 年，罗杰斯与几位同事一起，离职在加利福尼亚的拉荷亚创办了人类研究中心。通过这个中心，罗杰斯开始将人本中心方法运用到北爱尔兰、南非、华沙、委内瑞拉等许多地区，来处理复杂的问题。随着《卡尔·罗杰斯论个人权力》（*Carl Rogers on Personal Power*，1977）和《论人的成长》（*A Way of Being*，1980）的出版，罗杰斯成功地将人本理论带入了政治学和哲学领域。

　　直到 1987 年逝世前，罗杰斯一直都是一位杰出的哲学家和科学家。1986 年，他参加了在菲尼克斯召开的心理治疗演变大会，他发表了一篇论文，将自己的人本理论与科胡特和埃里克森的理论进行了比较（Rogers，1986）。本章的作者也有幸与罗杰斯一起开会，见证了他们之间的"对话"，目睹了罗杰斯如何将自己发展的理论进行了拟人化的展示。在 80 高龄时，罗杰斯依然保持了头脑清晰，为人谦虚、和蔼等有效的治疗要素，这为整个心理学领域树立了榜样。即使在他去世后，人本理论还继续在文献中以基础理论的形式（Moreira，1993；Purton，1989）和实务应用的形式（Quinn，1993；Lambert，1986），为人们广为争论和推广。

案主中心理论的核心要素

咨询和临床心理学

　　到目前为止，案主中心理论对咨询和临床心理学的影响是最为深远的。从一开始，很显然这个方法就代表了美国心理学的第三种势力。很多治疗师是把它当成对正统分析或严格行为主义的方法的一个比较合意的替代选择。"案主"一词相对于"病人"或"被试"，更多意味着有个人的主动性、自愿性和负责任的参与的含义。心理治疗的过程，或者"如何做"第一次被描述，使学生也可以学习，并熟练掌握可观察的咨询技巧。对于咨询师来说，这个方法另一个吸引人的特质是它关注治疗时实际方法运用中体现的积极的人道主义价值。最后，案主中心方法持续关注有效性和结果，会增加社工的可信度。

　　很多深受罗杰斯和案主中心理论影响的个体也发展出了自己的方法和模式。尤金·简德林发展了"聚焦"这个概念，将其当成了个人改变的工具（Eugene Gendlin，1978）。罗伯特·卡可夫（Robert Carkhuff，1969）与伯纳德·贝伦森（Carkhuff & Berenson，1977），以及 C.B. 杜亚士（Truax，1967）一起更深入、更精准地推进了案主中心原则。还有很多学者吸收了案主中心理论的核心要素，他们相信，这个理论将成为咨询和临床心理学重要的理论基础。

73

精神病学

罗杰斯曾经致力于推动精神病学领域认可案主中心理论对心理治疗的价值。在那个时代，精神病学一直是限制和排斥心理治疗方法的。直到罗杰斯对精神分裂症的研究著作出版后，精神病学才开始认识到案主中心理论的价值所在（Gendlin，1962；Rogers，1961a）。近年来，案主中心理论也许在实务中的运用还没有那么广泛，但是已然成为精神病学领域一个被广泛认可的观点。尽管近年的研究不断证明罗杰斯的咨询方法对那些诊断出偏执型精神分裂症的病人非常有效（Gerwood，1993），但是，这个方法似乎还没有在精神病领域得到广泛应用和传播。在罗杰斯转向关注在非传统的或者非结构性的背景中给"非病理性"案主提供咨询治疗后，精神病学基本上就对这种形式的咨询失去了兴趣。

在小组心理治疗或治疗性社区工作中，会心小组的一些原则依然受到重视并被运用。但是，随着精神病学不断关注心理残疾的器质性病因学，他们对案主中心理论的兴趣基本丧失殆尽，而更加关注精神病药理学。

巧合的是，在大量家庭医学和家庭全科治疗的文献中也提到了病人为本的概念（Stewart，Weston，Brown，McWhinney，Mc William，& Freeman，1995）。这种情况非常普遍，内科医生们似乎接受了这些概念，因为他们一直面对着一个多元化的病人群体，这个群体需要被告知、赋权，需要一种更加平等的医患关系。

管理和领导力

很显然，管理和领导力培训领域深受案主中心理论的影响。案主中心原则很显然非常适用于解决冲突、组织行为管理和雇主-雇员关系处理。很多运用这些方法的人都参加过缅因州贝塞尔的全国培训实验室的各种培训，以及很多会心小组和敏感性培训的小组，这些培训都采用小组工作的方式，更加有效、有针对性地协助培训进行（Lewin，1951；Maslow，1971）。管理学中海伦·麦格雷戈（Helen Mac Gregor）的"Y 理论"和亚伯拉罕·马斯洛（Abrahan Maslow）的"Z 理论"集中反映了这个领域对案主中心原则的运用情况（Maslow，1971）。

然而，在今天，这些观点在很多重要的工作场所已经失去了往日的辉煌。现在的人们很少将个体当成一个全人来进行分析，他们更加关注使用一套技术来服务企业宗旨，必要时，他们甚至会抛弃一切方法。人们为了适应现代工作场所需要，可能会通过不同的方式来表达他们自我实现的需要、与他人建立关系的需要以及共同体建设的需要。因此，在未来的工作场所中，人本理论可能会发挥更重要的作用。

社会工作

从一开始，案主中心理论就被社会工作者广泛接受，部分原因是在形成初期，案主中心理论或多或少地对关系理论的实务进行了概念化，而关系理论是社会个案工作功能学派的核心部分。案主中心理论反映的很多价值观也是社会工作实务中的核心价值观。在职业生涯早期，罗杰斯发现自己与社会工作专业高度一致，事实上，他在罗彻斯特工作时，就担任了全国性和地区性社会工作机构的领导（Rogers，1961b）。在 1940 年代，罗杰斯及其案主中心理论在心理学界得到了认可。由于社会工作一直纠结于个案工作到底是建立在诊断性模式还是功能性模式之上时，案主中心理论作为一个独立的实体，受到的关注很少。很多案主中心理论的原则继续被社会工作者使用，但是，有文字记录和研究的倒是不多见。

到了 1950 年代和 1960 年代，社会工作专业开始关注建立在人-环境连续体上的社会工作统一理论的发展。因此，案主中心理论由于过度关注人本，而被认为在建立统一理论方面没有价值。巴雷特-列奥纳德描述了案主中心理论及其在社会工作实务中的运用，这成为社会工作文献中最早的对罗杰斯贡献的记录（Barrett - Leonard，1979）。

到了 1979 年，随着人们越来越关注有效性和问责性，理论家和研究者开始寻找那些能够证明和评估有效性的方法。由于被证明是非常有效的治疗方法，人们一窝蜂地开始关注案主中心理论及其在社会工作中的运用。随后，人们又开始研究案主中心原则在培训社会工作者中的价值（Keefe，1976；Larsen，1975；Rowe，1981；Wallman，1980）。今天，很多本科的教学大纲中包含了人际沟通技巧训练的内容，从基本的面谈技巧中，能够抽离出案主中心原则。因此，实务技巧的教科书都会运用案主中心理论和实务，作为社会工作语境下的通用类或选修类技巧的一部分。社会工作教育者非常智慧地吸收了人本思想中与复杂的社会政治问题相关的内容，并将其内化到了宏观和国际实务培训的教学大纲中。

理论视角和基本概念

理论建构

如上所述，罗杰斯更像是与人本理论相关的原则的协调者和创造者。因为他在早期研究中遵循了演绎逻辑思路，后来他还创造了人格理论。从认识论的角度来看，对于他的研究，最贴切的描述就是"人本主义现象学"（Nye，1975）。罗杰斯的人本主义与他的信念有关，即人类是成长导向的，需要向前发展，关注的是实现自己的基本潜能。他提出，人们的基本特点是积极的，如果不强迫个体适应社会结构的模式，而接受他们原本的样子，那么，他们就会向"向善发展"，会按照有利于自己和社会的方式发展。

现象学关注的是个体在确定现实过程中的个人感知。罗杰斯相信，对显性感知的了解可以帮助我们解释人类行为。客观现实远不如我们对现实感知来得重要，因为对现实的感知确定了人们的日常行为。现象学的方法指导了罗杰斯的研究和治疗，因为他一直纠结于如何通过他人的眼睛来感知现实。

作为科学家，罗杰斯把决定论当成了"科学的基石"（Rogers，1969），因此，他一直致力于客观研究和理论改进。他认为决定论在鼓励人们理解"人类内在体验"方面是不完整的，于是，他把自由当成了有效管理个人和人际关系运作的重要因素。

核心概念

在三卷本的《心理学：一种对科学的研究》（*Psychology：A Study of a Science*，1959）中，罗杰斯对自己的治疗理论、人格和人际关系做了详细的描述。下面 9 个假设概览了案主中心方法背后的人格理论。

（1）"个体都存在于一个持续改变的经验世界中，个体是这个世界的中心。"而这个经验世界，有时被称为"现象领域"，包括个体的所有经验，只有个人才能全面地、真实地感知自己的经验世界。

（2）"个体在体验和感知自己的现象领域时，会做出反应。"这个感知领域对个体而言就是现实。个体会依据自己对现实的感知来做出回应，而不是按照他人的感知来回应。

（3）"有机体有一个基本的趋势，即努力将体验性有机体真实化，并保持下来。"罗杰斯指出，所有的器官性和心理性需求都可以被描述为人的基本需求的组成部分。

（4）"行为基本上是目标导向的，个体在体验和感知现象领域时，希望满足自己的需求。"对某些特定的人而言，现实就是个体对现实的感知，不管这种感知是否能够得到印证，世界上不存在绝对的、超越了个体感知的现实。

（5）"理解行为的最佳位置是个体的内在参照坐标。"这包括所有的感觉、视觉、意义，以及有意识的记忆等。要想真正理解行为，需要具备准确的同理心。

（6）"个体采取的大部分行为方式都与个体的自我概念保持一致。"自我概念是案主中心理论的基本概念。自我概念是一个排列有序的内在视图，包括对自己的感知、自己与他人的关系，自己与外部环境的关系，以及这些感知背后的价值观。自我概念是一个不断发展着的实体。

（7）"个体的意识愿望与行为之间常常会出现不一致，这说明个体的自我概念与其经验之间存在着空白。"个体获得了自我意识后，就会产生一个正向关爱的需求和积极的自尊感。当个体感到被重要他人关爱或不爱时，他会相应发展出积极的或者消极的自尊感。

（8）"当个体的自我概念和与他人交往的经验之间存在不一致时，会呈现焦虑状态。"

这种焦虑常常是理想自我与现实自我之间的差距所导致的结果，为了降低个体的焦虑，自我概念必须与个体的真实经验保持高度一致。

（9）"正常发挥功能的个体对所有体验是保持开放态度的，表现出非防御性。"这样的个体完全接纳自己，会对他人表现出无条件的关爱。自我概念与经验保持一致，个体有能力实现自己的基本意愿。

至于动机，罗杰斯认为有机体是积极的、能够表达直接意愿的启发者（Rogers，1977），他同意怀特把动机描述为一个简单的静态："即使人的初级需求得到了满足，实现了自我平衡状态，有机体还是会充满活力，处在活跃状态，希望有所作为"（White，1959）。罗杰斯宣称，有机体拥有某种核心能量，具有增强并保持的功能（Rogers，1977）。

下面是罗杰斯从治疗的角度提出的人格理论的重要假设：

> 我们依据对现实的感知采取行动。因此，要理解案主的行为，首先需要全面理解案主是如何感知现实的。
>
> 我们受到自我实现的内在驱动力的激发。在条件合适的时候，个体会激发自己的潜能。这些条件可以通过治疗来创造，因此，治疗师的立场应该是非指导性的。
>
> 个体都有基本的爱和接纳的需求。这种需求可以被转化为治疗师关注关系、同理式的沟通、尊重和真诚。
>
> 个体的自我概念取决于他们从他人那里得到过的接纳和尊重的性质。案主的自我概念可以通过体验治疗中的无条件关爱而得到改变。

价值观

案主中心理论中多次提及价值导向过程。罗杰斯假设"生物间存在不同的价值导向的共性"，以及"这些共性的价值导向，在某种程度上是能促进个体和他人在社区中的发展的，从而推动人种的生存和演变"（Rogers，1964）。这种积极的、充满希望的人类观，总的来说，是受到诸如社会工作这样的专业接纳的，有助于改善社会关系和社会功能性。

除了关注有机体的价值导向过程，案主中心理论还提出了一般性和特殊性的态度价值。在早期，案主中心理论在涉及价值问题时是保持中立的。随着时间的推移，它逐渐发展出了人本或人本主义价值观（Carkhuff & Berenson，1967）。总的来说，这些价值观主要包括下列内容（Boy & Pine，1982；Rogers，1964，1977）：

（1）致力于服务案主的治疗师必须尊重案主作为人的内在价值。

（2）只有尊重他人的尊严和价值，有责任感的行动才能出现。

（3）尊重案主的治疗师要尊重案主的自由权利，案主以此来感知、塑造和决定自己的态度和行为。

（4）案主要表达自己的自由意愿，他们应该决定自己的命运。

（5）人的自由功能性不仅体现为能够发展自我，而且还要体现为对他人负责。

（6）做到对自己和他人负责，案主才能实现自我提升。

（7）案主的改变始于与他人交往时具有高度的个人责任感和道德行为。

（8）爱与和平是基本的奋斗目标，在人的一生中值得不断追求。

这些价值观在社会工作专业中得到了普世性的表达和实践。社会工作对尊重人的尊严和价值的坚持与上述第一和第二条内容是相似的。社会工作致力于案主自决，与第三和第四条也是吻合的。社会工作中广为接纳的价值就是社会责任感和互惠性（Compton & Gallaway, 1979；Siporin, 1975），这在第五、第六和第七条中得到了体现。第八条（要推进爱与和平）也是广大社会工作者拥护的价值，尽管这一条尚未得到社会工作专业的主流认可。

人本方法的主要价值观看起来是与社会工作专业价值观高度契合的。这是因为它们拥有相同的历史渊源，还因为这些价值观体现了跨文化特点，并且经历了时间考验，被证明是行之有效的。换言之，这些价值观是充分发挥功能，同时又富有哲理的。

社会文化敏感性

人本理论特别是以罗杰斯早期著作为代表的人本理论已经受到了很多批评，人们认为它过度关注个人主义和独立性，而在很多文化群体中，依赖家庭、朋友和权威是必要的（Usher, 1989）。罗杰斯在后来的著作中，强调了案主自然支持系统和传统的治疗方法的重要性，后人也在跨文化背景下发现了这些观点的趋同性（Hayashi et al., 1992）。值得注意的是，在过去十年中，人本理论特别关注其在北美之外的多元文化背景中的应用，而很少关注在其在历史大本营中的应用。

治疗

案主中心治疗的基本目标是释放个体已有的能力，协助具有潜能的个体自我实现。其隐藏的假设主要有：

（1）只要条件合适，个体就有能力指导、规范、管理和控制自我。

（2）个体有能力理解自己生命中的什么导致了自己的痛苦和焦虑。

（3）个体有能力改变自己，不仅有办法消除自己的痛苦和焦虑，而且还可以完成自我实现和得到幸福。

1957年，罗杰斯提出了下列要素，作为衡量治疗效果是否积极有效的标准：

（1）在治疗关系中，治疗师真诚、表里如一。

（2）治疗师对案主表现出无条件的关爱。

（3）治疗师同理性地理解案主内在的参照系统。

（4）案主至少能够最低限度地感知这些条件。

这些核心条件不断得到大家的认可，研究表明，它们在很多不同的环境中，面对不同的案主群体，在治疗中都产生了积极的结果（Carkhuff，1971；Carkhuff & Berenson，1967；Truax & Mitchell，1971）。此外，治疗师的其他特点，例如具体性、对质、自我坦露和即时性等，也是非常重要的（Carkhuff，1969）。

奎因（Quinn，1993）提出要发展真诚性这个概念，要将发展性-互动性的成分纳入其中；纳迪罗（Natiello，1987）也提出，治疗师的个人权威性也非常重要，应该被列为第四个条件。

案主中心方法的治疗过程和咨询基本上遵循下列程序：

（1）治疗师和案主共同建构一个共同认可的咨询协议。

（2）治疗师在治疗关系中要表现出上面提及的三个核心条件。

（3）一旦案主从阻碍其发挥潜能的焦虑和怀疑中解放出来，他就获得了解决问题的能力。

要对人本治疗方法做出一个综合性描述是非常不容易的，因为从其哲学理论的角度来看，这个治疗方法自诞生开始，就一直处在一个不断变化、演变和不断实现的过程中。表4-1摘引自大卫·科尔（David Cole，1982）和 J. T. 哈特（Hart，1970），呈现了过去50年中这个方法经历的主要变化。

表中提及的人本方法的发展基本上反映了1970年代以来罗杰斯理论发展的状况。人本理论的某些内容不断发展，微观咨询方面的内容不断得到提炼和升华。卡可夫（Cakhuff）及其同事发展了一些具体的培训计划，其中要求新入行的咨询师首先学习分辨高水平的回应（理解和指导）与低水平的回应（缺乏理解或指导）之间的差别。然后，他们才能学习表达高水平的准确同理心、真诚和无条件的关爱。下面的对话说明了这个过程：

案主：我不知道我的感觉是对还是错，但是我发现自己不爱与人接触，我似乎不喜欢参与社交活动，我不愿意与他人周旋。

咨询师的回应：

（低水平）：这样的友谊至少是不稳定的。

（中等水平）：你肯定不开心，因为他们不会让你做回你自己。

（高水平）：你感觉不舒服，因为你不能按照自己的方法做回你自己。你首先需要做的是要花点时间来探讨不跟他们在一起时你到底是怎样的。

表4-1 案主中心理论的发展

治疗方法	治疗师目标	治疗师角色
非指导性认知导向（顿悟） 1945—1950	（1）提供许可和接纳 （2）协助案主澄清思路和感受，而不需提供解释 （3）协助案主提高自我认知	（1）被动、判断性地倾听 （2）同理心 （3）非对质 （4）非自我分享 （5）反馈客观性改述、重复和澄清

续表

治疗方法	治疗师目标	治疗师角色
案主中心或反思性情感导向（自我概念）1950—1957	（1）创造必要和充分条件促使人格改变 （2）向案主表达同理、无条件的关爱和真诚	（1）积极倾听 （2）准确同理心 （3）非对质 （4）分享自我 （5）非解释性 （6）反馈，主观性地说明治疗师相信案主的感受
体验式存在主义导向（人本主义）1957—1970	（1）建立治疗关系 （2）反思案主体验 （3）表达治疗师体验 （4）案主是独特个体，同时也是小组成员	（1）积极倾听 （2）准确同理心 （3）对质 （4）分享真实的友谊 （5）需要时进行解释 （6）反馈主观性表扬、爱意和关爱
人本 ● 社区 ● 机构 ● 政治导向（激进人本主义）1970年至今	赋予社区、机构和政治系统以人性化，协助其实行人性化管理	（1）在这些机构中运用人本方法中的有效元素 （2）维护人本主义价值 （3）和平革命

案主：我常常质疑自己是否有能力抚养这三个儿子，特别是这个小宝宝。嗯，我说他是小宝宝，因为他最小。我不会再生孩子了，所以，我把他当成小宝宝的时间最长。他不让别人给他做任何事情，一天到晚就缠着我。

咨询师回应：

（低水平）：能不能告诉我，你是否跟你丈夫说过这些事情？

（中等水平）：你因为这个孩子是高需求宝宝而担心。

（高水平）：你对自己比较失望，因为你没能把他教育好，而你又特别希望能教育好他。现在，我们需要做的第一步是给你和他制订一个计划（Carkhuff，1976）。

81　　　描述或评估人本理论，仅用一个方法是远远不够的。有很多个人和小组都拥护这个方法，因为这个方法背后隐藏的哲学基础和原则也适用于那些没有明确标榜以案主为中心的方法。对于初学者来讲，人本理论依然能提供一个全方位的视角。安吉洛·博伊（Angelo Boy）和杰拉尔德·佩恩（Gerald Pine）对这个方法进行了改进，并提出在咨询中运用人本理论是基于以下这些原因的（Boy & Pine，1982）：

　　　拥有积极哲学观

　　　清楚表达了人的人格和行为

为案主制定了可实现的人生目标

在咨询关系中，咨询师角色定义明确

有大量的研究证明其有效性

内容全面，可以运用到超出一对一的咨询关系中

明了、准确，易于运用

有丰富的知识性和态度性内容

关注案主个人，而非关注案主的问题

重视治疗师的态度，而非技巧

给咨询师提供了系统回应模式

给咨询师灵活空间，可以引导超越情感表达的回应

可以个别化地满足案主的需要

按照自然事件顺序，协助案主改变行为

可以吸收其他咨询理论和人类发展理论中的过程性要素

毫不奇怪的是，在人-环境连续体中，人本理论最常出现在人这一端。在罗杰斯的人格理论中，自我的概念是最重要的，它常常与自我心理学和自我理论联系在一起。罗杰斯认为人类的本质是成长导向的，是积极的，他相信，适应不良与其说是人的问题，还不如说是环境的问题。在很多情况下，案主中心治疗是建立在这样一个信念之上的，即如果条件合适，案主内在的自我实现倾向就能发扬光大。这个观点重视环境的作用，将改变的场域置于环境之中。应该改变环境，或让环境适应人类需要，而非人类适应环境需要。

这个观点在社会工作领域得到的认可度不高。很多社会工作方法会同样强调人-环境连续体中的两端，至少在理论上是这样的。在实务中，大量的社会工作活动都被运用于协助人适应社会。人本理论在这一点上与社会工作是不一致的。*82*

服务个人的社会工作

在服务个人的社会工作或社会个案工作中，人本理论得到了普遍接受和运用。人本理论与社会个案工作的功能性方法是最为契合的，尽管它与社会个案工作中其他方法之间还存在分歧，在某些领域还需要进一步融合。这一观点源于1930年代，那时罗杰斯参与了社会工作，对功能学派产生了影响。

社会心理历史

社会心理在个案工作中的历史地位是由玛丽·里士满（Mary Richmond, 1917）建立的，在很大程度上，这一点已经被社会工作专业广泛接受。历史上的人本理论很少关注助人过程的细节。在运用狭义的人本方法时，社工需要在案主同意的情况下进行历史数据收

集。对人本理论的广义解释可能会有助于历史数据的收集，因为如果社工既关注案主目前的状况，又关注案主过去的状况，那么，就需要完全欣赏案主并接纳案主。历史数据收集近年来作为一种折中的选择方法，得到了人本治疗师的接受。

诊断

另一个存在争议的传统领域是诊断在个案工作中的位置。人本理论基本上是反对诊断性分类的。这个理论坚信每个人都是独特的，因此，绝对不允许对个人进行分门别类，或者非人性化地贴标签。而诊断曾经是，现在也还是个案工作的重要概念之一（Hollis，1972；Turner，1968，1976），人们一般认为这是一个动态的、功能的过程。按照斯莫利的方法，社工和案主的需求都要在诊断过程中受到充分关注，这一点可能最能体现人本方法的特质了。

罗杰斯和其他学者指出，人本方法运用到某些诊断性问题中是非常有效的，例如精神分裂症和精神病（Gerwood，1993；Rogers，1980；Rogers et al.，1967）。这类研究包含了人本哲学，为拒绝使用诊断这个概念提供了依据。在社会工作实务中运用人本的方法，不一定要完全拒绝这个概念，我们可能会发现，在诊断性框架中使用人本理论，可能会提高其有效性。这样的方法无疑会得到很多社会个案工作者的青睐。

83

助人性访谈

到目前为止，人本理论对社会个案工作做出的最杰出的贡献就是助人性访谈。大部分个案工作都采用了"核心助人条件"。这些条件在助人性访谈中准确地表达了同理心、真诚和无条件的关爱，杜亚士、卡可夫和米切尔（Truax, Carkhuff, & Mitchell）认为这些是非常有效的。到了1970年代，社会工作教育者在社会工作课程大纲中引入了关于培训这些核心条件的内容（Fischer，1978；Hammond et al.，1978；Wells，1975）。

这些核心条件为助人性访谈中所运用的技巧的发展打下了良好的基础。为了让社会个案工作者能够更加广泛地运用并接受这些方法，这些条件还需要进行改进和调整，以适应个案工作不同的情境和状况。

家庭社会工作

在儿童和家庭工作领域，人本原则发挥了重要的作用。罗杰斯（Rogers，1939）在他的博士论文和第一部著作中，特别提出将这个方法用于治疗儿童，并发现有必要将整个家庭带入治疗过程中。几年后，罗杰斯出版了《咨询与心理治疗》（*Counseling and Psychotherapy*，1942）。弗吉尼亚·亚瑟兰（Virginia Axline）发表自己的一篇论文时采用了罗杰斯的非指导性原则，同时也采用了塔夫脱（Taft，1951）和艾伦（Allen，1942）的关系治疗原则。亚瑟兰将非指导性运用到游戏治疗中，包括基本的接纳、关系、自由表达和自由行为等。其他学者，例如克拉克·莫斯塔卡斯（Clark Moustakas，1953），进一步发展了这些原则，成功地将人本方法变成了儿童治疗中的重要方法之一。

直到 1950 年代末期，治疗师们不断地将父母和家庭成员带入咨询过程，运用人本原则与家庭开展工作。盖尔尼描述了子女治疗的过程，向家长教授人本的方法，这样他们才能够处理好孩子们的问题（Guerney，1964；Guerney & Andronico，1970）。有学者描述了家庭中自我概念的发展过程（Van der Veen et al.，1964），还有学者将人本方法运用到夫妻咨询中（Rogers，1972a）。

尽管把人本方法运用到家庭工作中是非常有效的，已经得到社会工作者的广泛认可，但是，与将系统理论运用到家庭工作和社会工作中的发展路径相比，人本方法的运用还是逊色很多。这两个理论从基本假设上来看是南辕北辙的，但是，还是有学者试图在这两个学派之间搭建对话平台。例如，欧力尔（O'Leary）曾经说过："我们应该将家庭成员当成主体，要鼓励他们去把自己的现实当成自己无法意识或者无法控制的系统的一部分，然后去面对。我们需要把他们当成奇迹，同时，他们还要正视自己的限制，同时也要意识到生活中自己拥有尚未被发现的潜能。"（1989）

社会小组工作

人本传统的社会小组工作在社会工作圈子中得到的认可比较零散。小组工作历史非常悠久，远远先于人本原则被引入社会工作的历史。将人本原则引入小组工作的主要形式是罗杰斯发展的会心小组。这样的小组始于 1940 年代，当时罗杰斯就职于芝加哥大学，库尔特·勒温（Kurt Lewin）在缅因州贝塞尔工作。罗杰斯认为，这种密集的小组经验是治疗性成长和态度改变的重要载体，而勒温更关注的是人类关系的改善和人际互动的改进。

罗杰斯（Rogers，1970）指出，在密集的小组经验中，有下列促进改变的关键过程：

　　氛围安全
　　直接表达感受和回应
　　互相信任
　　态度和行为改变
　　理解和开放
　　反馈
　　创新、改变和危险
　　将学习到的知识迁移到其他情境

上述很多内容都被当成了社会小组工作的互助性核心要素（Shulman，1979）。此外，下列治疗领导者的目标（Beck，1974）与很多社会小组工作者的导向也是不谋而合的：

（1）协助小组成员以现实的方式对自己负责。

（2）通过理解自己的过程来澄清问题和冲突，并加以解决，同时建立对他人的同理性理解。

（3）接纳案主现状，尊重他们对现实的看法。

（4）保持非判断的态度，以协助案主学习探索性和自我反思行为。

（5）在治疗关系中，清楚意识到治疗师自己的看法、感受和反应，并对此保持高度重视。

研究表明，小组领导者运用这些核心条件，会对提升案主的自我探索能力产生积极影响（O'Hare，1979）。

85   会心小组的治疗目标以及他们对小组中个体组员的关注，使它们的治疗模式在很大程度上与小组工作非常一致。当然，心理治疗小组使用的原则和一些技巧带有明显的小组工作的互惠性模式的特点。在某些方面，例如遵守民主原则等，又与小组工作的一般性原则是吻合的。近年来，研究者发现，结构性小组流程与非指令性之间还是存在某种程度的相容性的（Coughlan & McIlduff，1990）。这就为更加广泛地在小组工作中运用人本原则服务某些人群提供了极大的空间和可能性，例如低功能性或者非自愿组员（Foreman，1988；Patterson，1990）。

社区工作

人本理论的最新进展还包括人们开始关注和介入社区。罗杰斯曾将人本理论的基本原则运用到社区问题的处理和社区发展中。这样的实务大多发生在人类研究中心举办的各种工作坊和学习实验室中。到了芝加哥大学后，他还在继续开展社区实践，他与简德林及其同事合作建立了一个治疗性社团，取名为"变革"（Changes），这个社团就建立在人本原则之上（Rogers，1980）。社区领域的实验还包括与不同的邻里、文化群体、宗教组织开展工作，应对不同的政治局势。

除了发挥传统的人本导向，很多学者还致力于著书立说，对自己关心的社区提出基本的假设。巴雷特-列奥纳德（Barrett‑Leonard，1979）提出"一个功能完备的社区应该是一个能与外界互动的开放性系统……应该是持续性的……以作为平等的有机体为特征"。

86   威廉·罗杰斯（William Rogers，1974）提出，从人本的角度出发，"个体需要建立归属感，理解和互相支持，以促成生活目标的实现"，"社区中的个人与社区外的人相比，能够更好地理解和形成社区认同和社区希望"。威廉·罗杰斯比别人迈得更远，他提出了社会变革中的必要步骤和阶段。他提出的方法中包含了这样的人本原则：

在选民社区中，要重视倾听社区中个人和小组的需求和关注点

协助社区建立自我感知

发现并鼓励本地领导

协助不同群体之间的沟通

确定社区目标

社区工作中，人本理论与地区发展模式的原则是最为契合的。威廉·罗杰斯将人本原则运用到社区发展的做法充满了智慧，同时又非常实用。因此，这个模式得到了社会工作者的热捧，它是生僻的、非结构性的，根本不像由人类研究中心和"变革"这样的高大上的机构发展出来的产物。社会工作领域很多社区工作者发现，将人本方法中发展出来的社区建设技术跟自己的社区理论结合，效果非常好。为此，人本方法为探索社区建设的不同方面提供了一个极好的实验室。令人好奇的是，在社会工作的社区组织者看来，人本方法发展到今天，已经积累了太多的价值取向，可能也过于规范。

社会工作管理

多年来，罗杰斯一直认为人本理论的原理可以被运用到人类互动的方方面面。在《卡尔·罗杰斯论个人权力》（1977）一书中，他详细描述了如何将这些特质成功运用到机构和组织中。罗杰斯还提供了案例，用以说明人本方法是如何带来更高的生产率、促进个人职业发展、提高个人满意度的。按照这样的方法，领导力被定义为影响和影响力，而不是权力和控制。人本的行政管理者在可能的情况下，要给个体和小组以自主权，激励其独立性，协助其学习，下放责任，鼓励其自我评价，使其在发展和自我实现中得到回报（Rogers，1977）。

管理的人本理论并非源自罗杰斯，而是在20世纪上半叶由管理学界创立并发展起来的（Schaiz，1970）。罗杰斯的主要贡献在于在一个有序的框架内将这些概念进行了操作化和运用。

社会工作者发现人本的管理理论中的很多内容与社会工作价值观是高度一致的。有很多学者对此很关注，并且尝试运用参与式管理方法（McMahon，1981；Schatz，1970），以及平等的督导实践（Mandell，1973）。罗杰斯的方法被运用到管理中时，会带有明显的反权威特色，在广义的社会工作实务中会受到一定的限制。当然，随着这些方法不断被运用和修改，这些原则也会不断成熟，成为大众接受的、具有合作性和功能性的管理方法。

实证基础

对案主中心理论的不断研究，激发了更多学者的后续研究。罗杰斯本人对实证主义有浓厚的兴趣，他发展的结果-评估研究，为过去未曾被关注的研究提供了新平台和新的可能性。罗杰斯通过假设和检验对咨询师和案主的主观体验进行客观观察，显然是非常有创新意义的。虽然他的初衷是对心理治疗过程进行系统描述，但是，他的兴趣最终还是转向了对有效性和结果的测量，最后，他的目的还是要证实他的理论假设。

约翰·史林（John Shlien）和弗莱德·齐姆林（Fred Zimring）提出，案主中心理论的研究方法和指导性原则的发展过程分为四个阶段（Shlien & Zimring，1970）。第一阶段的重点是治疗环境中的案主；第二阶段强调的是要将感知和人格的现象学内容包含进来；第三阶段的重点转向了研究治疗师；在第四阶段，上述三个要素融合成心理治疗的过程。针对上述领域，出现了大量的研究。尽管很多研究都支持原来的观点，但是，也有一些研究向原来的假设提出了挑战，同时对某些研究的外部效度提出了质疑。研究者们，例如查尔斯·B.杜亚士和罗伯特·卡可夫，后来进一步修正、扩大并证实了案主中心理论的基本假设。

关于治疗的核心条件的研究成果尤为突出。在不同的领域，包括心理学、精神病学、社会工作和护理等，学者们都一致认为，这些核心条件无可争议地与有效的咨询实务密切相关。因此，这些核心条件成为有效咨询的实质性要素，这一点得到了无数研究的反复证实。

除行为治疗略有特殊之外，没有一个方法能像案主中心理论那样具有如此强烈的研究导向。可能的原因包括，与大部分治疗学派不同的是，案主中心治疗基本上是在大学的象牙塔中发展出来的。正如罗杰斯所述，"案主中心治疗至少会因为它愿意完整地研究事实而被人记住"（Rogers，1960），这一点也受到了那些青睐案主中心导向的人们的认可。案主中心研究采用的方法似乎特别适用于社会工作研究。案主中心研究的发展步骤也与社会工作所关注的问题紧密联系在一起。

案主中心研究第一层次的发展是记录个案，定义相关概念，发展出测量概念的工具，运用概念，在不同概念间建立关系。这与社会工作实务研究中的量化和评估实务基本相似，例如拉里·舒尔曼（Larry Shulman）对个案技巧的研究就是这样的（1978）。人们普遍认为，如果在社会工作研究中也能够运用这种严格的研究程序，那么，充分理解和广泛运用社会工作中的实务智慧就很容易实现了（Siporin，1975）。

案主中心理论的另一个研究阶段就是结果研究，这对社会工作也是极为有用的。很多有效性研究和结果研究采用了创新性的调查技术，例如 Q 排序法（Q-sort）。社会工作研究者特别关注的一个问题是社会越来越重视问责制。随着社会工作者定义和操作化自己研究目标的能力越来越强，这些研究技术也发挥着越来越重要的作用。

88

在过去的十年中，社会工作研究的重要性日益凸显，社会工作者也开始不断丰富自己的研究方法。启发式模式和质性研究方法在社会工作中的运用越来越广泛，它们与人本理论中的实证基础之间的一致性也日益清晰（Barrineau & Bozarth，1989）。随着直接实务越来越具有折中性特点，我们所面临的挑战是要确定人本方法在什么情况下、处理何种问题或需求时，如何或多或少具有有效性（Lambert，1986）。

使用说明

人本理论和社会工作实务之间存在着诸多的交集和契合。尽管它们的相似性存在于哲学基础和实务中，但是非常有趣的是，在社会工作专业中，接受人本理论的人并不多见。例如，不久前霍华德·戈尔茨坦（Howard Goldstein，1983）发表了一篇论文《从案主处境开始工作》（Starting Where the Client Is），在论文中深刻解析了这句社会工作经典名言背后的价值观。非常奇怪的是，他只在参考文献中捎带提及了罗杰斯和人本理论，把大量的人本理论研究资料拿来支持自己的观点。

罗杰斯呈现了人类本质的特点，这在很多人看来是非常天真、片面的。很多社会工作者在理论上认可应对人性持积极态度，但是，因为在过去几十年的实务中总是要面对社会上的很多棘手问题（贫穷、儿童虐待和忽视、家庭暴力），所以往往丧失了对这种信念的热情。人本理论诞生于大学环境中，而社会工作者的实务环境往往是千变万化、难以预测的。过去十年中，有很多人致力于推广用人本方法来处理复杂的案主问题（Gerwood，1993；Patterson，1990），相信他们的努力会缩小理论与实务之间的差距。

很多证明概念有效性的研究都采用了案主表面的说法，而很少关注其无意识过程。也有很多社会工作者坚信理解无意识动机是极为重要的，他们会通过需求评估和干预来加深对无意识动机的理解。罗杰斯（1986）也意识到这一点，开始为缩小两者之间的差距做出努力；后来的学者（Purton，1989；Quinn，1993）更加聚焦这个领域，也做出了成绩。

社会工作与人本理论之间的另一个分歧是对"权威"这个概念的理解。罗杰斯旗帜鲜明地反对权威，他认为权威是治疗关系中极具破坏性的因素。尽管很多社会工作者也蔑视权威，但他们关注如何积极运用权威，而不是简单地否定其存在。不是所有的人本治疗师都像罗杰斯那样执着地反对权威，近年来一些学者也在自己的著作中使用了权威关系概念（Boy & Pine，1982；Coughlan & McIlduff，1990；O'Leary，1989）。

人本理论的发展在很多方面也反映了社会工作专业微观层面的发展状况。这两种发展都始于社工-案主的互动关系，然后逐步将小组、家庭、组织、社区和政治系统吸纳进来。人本理论与社会工作理论同步发展，共同走向成熟，对此，奥尔洛夫（Orlov，1990）提出了"人本政治学"，这个概念在不久前甚至是难以想象的。所罗门（Soloman，1990）在《卡尔·罗杰斯为世界和平做出的努力》一文中提出，人本理论的广泛运用，为国际社会、世界和平做出了重要贡献。

很多社会工作专业的学生在首次接触到人本概念时，会简单地认为这一概念过于简单、不够成熟，因而对其置之不理。等到他们积累了丰富的实务经验时，才会重新认识人本理论，理解其深刻性和意义。米里亚姆·波尔斯特（Miriam Polster，1987）在评论罗杰斯的理论时，做出了这样深邃的评价："简单，明了，内涵丰富"，就像毕加索的油画一样，回味无穷（Zeig，1987，p. 198）。

"人本"一词用在社会工作这样一个集理论和实务为一体的专业中是非常合适的，因为这个专业将科学和同情结合了起来。实际上，关注人以及关注人本理论的实务研究，对社会工作而言都是非常有价值的，尤为重要的是，随着专业界限越来越不明晰，多学科实务越来越规范，我们应该重新回归人本理论。我们相信，无论是以旧状态还是新状态，人本理论都将发挥更大的作用。

参考文献

Allen, F.H. (1942). *Psychotherapy with Children*. New York: Norton.

Axline, V.M. (1947). *Play Therapy*. Boston: Houghton Mifflin.

Barrett-Leonard, G.T. (1979). The person-centered system unfolding. In Francis J. Turner (Ed.), *Social Work Treatment* (2nd ed.). New York: Free Press.

Barrineau, P., & Bozarth, J. (1989). A person-centered research model. *Person-Centered Review 4* (4), 465–474.

Beck, A.M. (1974). Phases in the development of structure in therapy and encounter groups. In D.A. Wexler & L.M. Rice (Eds.), *Innovations in Person-centered Therapy*. New York: Wiley.

Boy, A.V., & Pine, G.J. (1982). *Person-centered Counseling: A Renewal*. Boston: Allyn and Bacon.

Carkhuff, R.R. (1969). *Helping and Human Relations*. Vols. 1 and 2. New York: Holt, Rinehart and Winston.

———. (1971). *The Development of Human Resources*. New York: Holt, Rinehart and Winston.

———. (1976). *Counselor-Counselee and Audio-tape Handbook*. Amherst, MA: Human Resource Development Press.

Carkhuff, R.R., & Berenson, B.G. (1967). *Beyond Counseling and Therapy*. New York: Holt, Rinehart and Winston.

———. (1976). *Teaching as Treatment*. Amherst, MA: Human Resource Development Press.

———. (1977). *Beyond Counseling and Therapy* (2nd ed.). New York: Holt, Rinehart and Winston.

Cole, D.R. (1982). *Helping*. Toronto: Butterworths.

Compton, B., & Gallaway, B. (1979). *Social Work Processes* (rev. ed.). Homewood, IL: Dorsey Press.

Coughlan D., & McIlduff, E. (1990). Structuring and nondirectiveness in group facilitation. *Person-Centered Review 5* (1), 13–29.

Fischer, J. (1974). Training for effective therapeutic practice. *Psychotherapy: Theory, Research, and Practice 12*, 118–123.

———. (1978). *Effective Casework Practice*. New York: McGraw-Hill.

Foreman, J. (1988). Use of person-centered theory with parents of handicapped children *Texas Association for Counseling and Development Journal 16* (2), 115–118.

Gendlin, E.T. (1962). Person-centered developments and work with schizophrenics. *Journal oj Counseling Psychology 9* (3), 205–211.

———. (1978). *Focusing*. New York: Everest House.

Gerwood, J. (1993). Nondirective counseling interventions with schizophrenics. *Psychological Reports 73*, 1147–1151.

Goldstein, H. (1983). Starting where the client is. *Social Casework 64* (May), 267–275.

Gordon, T. (1970). *Parent Effectiveness Training*. New York: Wyden.

——— & Burch, N. (1974). *T.E.T. Teacher Effectiveness Training*. New York: Wyden.

Guerney, B.G. (1964). Filial therapy: description and rationale. *Journal of Consulting Psychology 28*, 304–310.

————, Guerney, L.F., & Andronico, M.P. (1970). Filial therapy. In J.T. Hart and T.M. Tomlinson (Eds.), *New Directions in Person-centered Therapy.* Boston: Houghton Mifflin, 372–386.

Hammond, D.C., Hepworth, D.H., & Smith, V.G. (1978). *Improving Therapeutic Communication.* San Francisco: Jossey-Bass.

Hart, J.T. (1970). The development of person-centered therapy. In J.T. Hart and T.M. Tomlinson (Eds.), *New Directions in Person-centered Therapy.* Boston: Houghton Mifflin.

Hayashi, S., Kuno, T., Osawa, M., Shimizu, M., & Suetake, Y. (1992). The client-centered therapy and person-centered approach in Japan. *Journal of Humanistic Psychology 32* (2), 115–136.

Hollis, (1972). *Casework: A Psychosocial Therapy* (2nd ed.). New York: Random House.

Keefe, T. (1976). Empathy: the critical skill. *Social Work 21,* 10–14.

Kilpatrick, W.H. (1926). *Foundation of Method.* New York: Macmillan.

Lambert, M. (1986). Future directions for research in client-centered psychotherapy. *Person-Centered Review 1* (2), 185–200.

Larsen, J.A. (1975). *A Comparative Study of Traditional and Competency-based Methods of Teaching Interpersonal Skills in Social Work Education.* Doctoral dissertation. University of Utah.

Lewin, K. (1951). *Field Theory in Social Science.* New York: Harper.

Mandell, B. (1973). The equality revolution and supervision. *Journal of Education for Social Work* (Winter).

Maslow, A. (1971). *The Farther Reaches of Human Nature.* New York: Viking.

McMahon, P.C. (1981). *Management by Objectives in the Social Services.* Ottawa: Canadian Association of Social Workers.

Moreira, V. (1993). Beyond the person: Marleau-Penty's concept of "flesh" as (re)defining Carl Rogers' person-centered theory. *The Humanistic Psychologist 21* (2), 138–157.

Moustakas, C.E. (1953). *Children in Play Therapy.* New York: McGraw-Hill.

Natiello, P. (1987). The person-centered approach. *Person-Centered Review 2* (2), 203–216.

Nye, R.D. (1975). *Three Views of Man.* Monterey, CA: Brooks/Cole Publishing.

O'Hare, C. (1979). Counseling group process: Relationship between counselor and client behaviours in the helping process. *The Journal for Specialists in Group Work.*

O'Leary, C. (1989). The person-centered approach and family therapy. *Person-Centered Review 4* (3), 308–323.

Orlov, A. (1990). Carl Rogers and contemporary humanism. (Karl Rodzhers i sovremennyi gumanizm). *Vestn. Mosk, un-ta.,* Ser. 14, *Psikhologiia,* (2), 55–58.

Patterson, C. (1990). Involuntary clients. *Person-Centered Review 5* (3), 316–320.

Pfeiffer, J., & Jones, J.A. (1971). *Handbook of Structured Experiences for Human Relations Training.* Iowa City, IA: University Assoc.

Purton, C. (1989). The person-centered Jungian. *Person-Centered Review 4* (4), 403–419.

Quinn, R. (1993). Confronting Carl Rogers: A developmental-interactional approach to person-centered therapy. *Journal of Humanistic Psychology 33* (1), 6–23.

Richmond, M.E. (1917). *Social Diagnosis.* New York: Russell Sage Foundation.

Rogers, C.R. (1939). *The Clinical Treatment of the Problem Child.* Boston: Houghton Mifflin.

————. (1942). *Counseling and Psychotherapy.* Boston: Houghton Mifflin.

———— (1957). The necessary and sufficient conditions of therapeutic personality change. *Journal of Counseling Psychology 21,* 95–103.

————. (1959). A theory of therapy, personality and interpersonal relationships, as developed in the person-centered framework. In S. Koch (Ed.), *Psychology: A Study of Science.* Vol. 3. New York: McGraw-Hill, 184–256.

————. (1960). Significant trends in the person-centered orientation. *Progress in Clinical Psy-*

chology 4, 85–99.

————. (1961a). A theory of psychotherapy with schizophrenics and a proposal for its empirical investigation. In J.G. Dawson, H.K. Stone, and N.P. Dellis (Eds.), *Psychotherapy with Schizophrenics.* Baton Rouge: Louisiana State University Press, 3–19.

————. (1961b). *On Becoming a Person.* Boston: Houghton Mifflin.

————. (1964). Toward a modern approach to values: the valuing process in the mature person. *Journal of Abnormal and Social Psychology 68* (2), 160–167.

———— (Ed.). (1967). *The Therapeutic Relationship and Its Impact: A Study of Psychotherapy with Schizophrenics.* Madison: University of Wisconsin Press.

————. (1969). *Freedom to Learn.* Columbus, OH: Merrill.

————. (1970). *Carl Rogers on Encounter Groups.* New York: Harper and Row.

————. (1972a). *Becoming Partners: Marriage and Its Alternatives.* New York: Delacorte.

————. (1972b). My personal growth. In Arthur Burton et al. (Eds.), *Twelve Therapists.* San Francisco: Jossey-Bass, 28–77.

————. (1974). Person-centered and symbolic perspectives on social change: A schematic model. In D.A. Wexler and L.M. Rice (Eds.), *Innovations in Person-centered Therapy.* New York: Wiley.

———— (1977). *Carl Rogers on Personal Power.* New York: Dell.

————. (1980). *A Way of Being.* Boston: Houghton Mifflin.

————. (1986). Rogers, Kohut and Erikson. *Person-Centered Review 1* (2), 125–140.

Rogers, C.R., Gendlin, E.J., Kiesler, D.J., & Truax, C.B. (Eds.). (1967). *The Therapeutic Relationship and Its Impact: A Study of Psychotherapy with Schizophrenics.* Madison: University of Wisconsin Press.

Rogers, C.R., & Stevens, D. (1975). *Person to Person.* New York: Pocket Books.

Rogers, W.R. (1974). Person-centered and symbolic perspectives on social change: A schematic model. In D.A. Wexler and L.N. Rice (Eds.), *Innovations in Person-centered Therapy.* New York: Wiley.

Rowe, W. (1981). Laboratory training in the baccalaureate curriculum. *Canadian Journal of Social Work Education 7* (3), 93–104.

————. (1983). An integrated skills laboratory. *Review '83,* 161–169.

Schatz, H.A. (1970). Staff involvement in agency administration. In Harry A. Schatz (Ed.), *Social Work Administration.* New York: Council on Social Work Education.

Seeman, J. (1990). Theory as autobiography. *Person-Centered Review 5* (4), 373–386.

Shlien, J.M., & Zimring, F.M. (1970). Research directives and methods in person-centered therapy. In J.T. Hart and T.M. Tomlinson (Eds.), *New Directions in Person-centered Therapy.* Boston: Houghton Mifflin.

Schulman, L. (1978). A study of practice skills. *Social Work 23* (4), 274–281.

————. (1979). *The Skills of Helping.* Itasca, IL: Peacock.

Siporin, M. (1975). *Introduction to Social Work Practice.* New York: Macmillan.

Smalley, R.E. (1967). *Theory for Social Work Practice.* New York: Columbia University Press.

Sollod, R.N. (1978). Carl Rogers and the origins of person-centered therapy. *Professional Psychology 4* (1), 93–104.

Solomon, L. (1990). Carl Rogers's efforts for world peace. *Person-Centered Review 5* (1), 39–56.

Stewart, M.A., Weston, W.W., Brown, J.B., McWhinney, I.E., McWilliam, C., & Freeman, T.R. (1995). *Patient-Centered Medicine.* Thousand Oaks, CA: Sage Publications.

Taft, J. (1951). *The Dynamics of Therapy in a Controlled Relationship.* New York: Harper.

Truax, C.B., & Carkhuff, R.R. (1967). *Toward Effective Counseling and Psychotherapy: Training and Practice.* Chicago: Aldine.

Truax, C.B., & Mitchell, K.J. (1971). Research on certain therapist interpersonal skills in relation to process and outcome. In A.E. Bergin and S.L. Garfield (Eds.), *Handbook of Psychotherapy and Behavior Change: An Empirical Analysis.* New York: Wiley, 299–344.

Turner, F.J. (1968). *Differential Diagnosis and Treatment in Social Work.* New York: Free Press.

———— (Ed.), (1974). *Social Work Treatment.* New York: Free Press.

———— (Ed.). (1979). *Social Work Treatment* (2nd ed.). New York: Free Press.

Usher, C. (1989). Recognizing cultural bias in counseling theory and practice: The case of Rogers. *Journal of Multicultural Counseling and Development 17* (2), 62–71.

Van der Veen, F., et al. (1964). Relationships between the parents' concept of the family and family adjustment. *American Journal of Orthopsychiatry 34* (January), 45–55.

Wallman, G. (1980). *The Impact of the First Year of Social Work Education on Student Skill in Communication of Empathy and Discrimination of Effective Responses.* Doctoral dissertation. Adelphi University, New York.

Wells, R.A. (1975). Training in facilitative skills. *Social Work 20,* 242–243.

Wexler, D.A., & Rice, L.M. (Eds.). (1974). *Innovations in Person-centered Therapy.* New York: Wiley.

White, R.W. (1959). Motivation reconsidered: The concept of competence. *Psychological Review 66,* 315.

Zeig, J.K. (Ed.). (1987). *The Evolution of Psychology.* New York: Brunner/Mazel.

带注解的主要参考文献

Boy，Angelo V. ，& Pine，Gerald J. (1982). Person-centered Counselling：A Renewal. Boston；Allyn and Bacon. (《人本咨询：一种复兴》) 作者重点介绍了将人为本理论运用到个人和小组心理咨询中的现状。博伊和佩恩发现很多人本主义学者开始将人本主义理论运用到了教学、管理、社区建设、种族歧视和冲突解决等方面。他们对原来的人本咨询进行了完善，提出了更加全面的咨询原则，认为人本主义咨询再次复兴，探讨了其进入个人和小组咨询中的诸多可能性。此外，Boy 和 Pine 还批判性地讨论了人格理论、价值观、问责、评估和咨询员培育等方面的咨询问题。

Carkhuff，Robert R. ，& Berenson，Bernard G. （1977）. Beyond Counselingand Therapy (2nd ed.). New York；Holt，Rinehart and Winston. ［《超越咨询和治疗（第 2 版)》］ 卡可夫和贝伦森（Carkhuff & Berenson）通过临床和理论研究工作，极大地推动了人本理论的发展。这本书全面阐述了他们的研究和临床观察，从而有力地支持他们关于人本模式具有很强的助人性的观点。作者将以人为本的方法与其他主要的帮助理论进行了比较，并展示了这些理论的基本原理。此外，本书还概述了咨询师培训方法的理念、价值和内容。

Fischer，J. (1978). Effective Casework Practice. New York；McGraw-Hill. (《有效的个案工作实务》) 费希尔（Fischer）提出了一种个案工作方法，这种方法缩短了研究和实践之间的差距。他描述了一种由已得到经验验证的助人模式构成的折中方法。费希尔的

"整合性模式"包括行为矫正、认知过程和助人的核心条件等组成部分，提出了训练和学习核心条件的模式。费雪的书是社会工作文献中为数不多的提及人本理论的重要文献之一。

Rogers，Carl R. (1961). On Becoming a Person. Boston：Houghton Mifflin. （《个人形成论》）这是一部经典之作，本书帮助罗杰斯的人本理论成为美国心理学的主要理论流派。罗杰斯将 30 年的理论发展、临床实践和临床研究的成果阐述为一种有助于个人成长的内聚性方法。因此，对于那些对人本方法感兴趣的人来说，这是一本极好的入门读物。

Rogers，Carl R. (1977). Carl Rogerson Personal Power. New York：Dell. （《卡尔·罗杰斯论个人权力》）罗杰斯描述了人本方法对人际关系、教育、管理和政治制度的影响，重申了这种方法的理论基础，并展示了它如何转化为政治活动的基础，以及"无声革命"。罗杰斯详细阐述了人本的原则，并讲述了这些原则在实践、工作场所和政治舞台上的一些例子。总之，罗杰斯为两极分化的冲突和日益强化的政治结构提供了一些人性化的替代方案。

第五章

认知理论和社会工作治疗

吉姆·兰茨

理论概要

社会工作中的认知方法建立在这样的观点之上，即思想是情感和行为的主要决定因素。
因此，认知理论家和认知社会工作实务工作者都相信，有效的社会工作治疗应该包括努力帮
助案主发现、挑战并改变自己的思维模式，因为这些思维模式导致了紊乱的情感和行为，影
响了解决问题的能力。正如沃纳所述，认知理论不是只有一两个人创造的思想，认知理论一
直以来指导人们理解人类功能性和人类的改变，它是由很多人的思想贡献组成的。

历史渊源

第一位认知治疗师和实务工作者是阿尔弗莱德·阿德勒（Alfred Adler），阿德勒追随
西格蒙德·弗洛伊德（Sigmund Freud），两人一起工作，阿德勒成为维也纳精神分析运动
中的一员大将。出于很多原因，阿德勒后来与弗洛伊德分道扬镳了。阿德勒认为，人格是
一个统一的整体，如果像弗洛伊德那样将其分成了本我、自我和超我，就没有意义了。阿
德勒还不同意弗洛伊德对人类动机的理解。阿德勒坚信，人们主要是被社会驱动力激励，
而非性驱动力。阿德勒还认为，人类认知的重要性远远超出了弗洛伊德的理解。在阿德勒
看来，人的行为受到了阿德勒口中的"生活方式"的塑造。阿德勒认为，生活方式是由人

95　的思想、对自己的信念、自我期望以及"世界的影像"组成的。阿德勒认为，生活方式还包括对如何"正确"解决问题、如何在世界上生存的认知。阿德勒提出，心理治疗和人类服务应该包括精准地研究案主的生活方法的假设，借此可以激发案主的改变。阿尔弗莱德·阿德勒还被很多人当成了精神健康领域的第一位认知理论家。

重要的实务工作者和支持者

　　阿尔弗莱德·阿德勒是第一位重要的认知理论家和实务工作者，当然还有其他的认知理论家和精神健康实务工作者。1954 年，约瑟夫·福斯特（Joseph Furst）指出，神经衰弱症是一种意识的扭曲或者限制，应该采用"理性心理治疗"的方法来治疗，这样可以帮助案主改变扭曲的认知，提高他们的意识知觉。

　　1950 年代末 1960 年代初，艾伯特·埃里斯（Albert Ellis）指出，功能障碍性情感是对强烈的评价性思维的反应。在埃里斯看来，功能障碍性情感源自非理性的自我对话认知。埃里斯认为，有效的心理治疗和咨询应该可以帮助服务提供者关注案主，发现、挑战和改变他们的功能障碍性思维和扭曲的认知。1962 年，埃里斯出版了经典之作《心理治疗中的理性和情感》（*Ration and Emotion in Psychotherapy*），此后，这本书一直是很多认知咨询师和心理治疗师的"圣经"。

　　威廉·格拉瑟（Willam Glasser）发展的心理治疗方法被他称为"现实治疗"，是认知心理治疗和精神健康干预中非常流行的方法。格拉瑟认为，人类有两个基本需要：付出爱和接受爱，能以让自己感到对自己和他人有价值的方法做人做事。在格拉瑟看来，有效的心理治疗能够帮助案主找到改变的勇气，运用思维来定位负责任的目标，采取负责任的行为，运用认知评价过程来寻找负责任的机会，并对现实建立责任意识。

　　马克西·莫尔茨比（Maxie Maultsby）也是一位精神健康专业人士，他对认知理论和精神健康实务做出了重要贡献。莫尔茨比的主要著作《幸福宝典》（*Help Yourself to Happiness*）简单介绍了他的"理性行为治疗"。莫尔茨比的主要贡献包括将认知理论运用到小组心理治疗中，他积极推广认知自助小组，将理性行为治疗方法运用到青少年群体中，他还将催眠方法作为认知治疗策略。

　　阿诺德·拉扎鲁斯（Arnold Lazarus）出版了一本极具影响力的著作《多模式治疗实务》（*Practice of Multimodal Therapy*），这本书以最系统、全面、有效的方式，描述了认知理论如何协助人类改变。在拉扎鲁斯的模式中，助人的专业人士首先要评估案主功能性的七个模式：行为、喜好、感觉、意象、认知、人际生活和药物与生物。拉扎鲁斯称此为"基本本我"的评估和干预。拉扎鲁斯认为，重要的是让助人者运用基本本我来制订全
96　面的干预计划，在案主各方面的社会功能的正常发挥方面起到协助作用。在拉扎鲁斯眼

中，基本本我是一种按照案主需要量身打造干预方案、满足案主具体需要的方法。

与其他认知心理治疗师不同，阿诺德·拉扎鲁斯提出了一套关于思维、情感和人类行为"序列"的观点。在埃里斯、贝克、莫尔茨比以及其他认知理论家眼中，思维总是可以激发或创造情感和行为。但是拉扎鲁斯认为，思维常常是对情感和行为的反应。在拉扎鲁斯看来，评估的一项重要内容就是针对每一个前来求助的案主，确定其认知、喜好和行为的序列。拉扎鲁斯认为，每个案主都有自己独特的思维、情感和行为序列，这些都是评估的主要内容。

唐·托西（Don Tosi）是一名认知心理治疗师，他的杰出贡献在于将催眠术与认知治疗有机整合起来。托西发展的这个方法被称为"理性阶段定向催眠治疗"，它通过意识、探索、投入、技巧发展、技巧提升和重新定位等步骤调整催眠意象，帮助案主朝着健康的方向改变认知、"描绘"思维。

维克多·雷米（Victor Raimy）是一位将认知理论用于理解自我概念和改变自我概念的心理治疗师。在代表作《自我误解》（*Misunderstandings of the Self*）中，雷米揭示了如何运用案主与治疗师之间的关系来协助案主挑战和改变对自己的认知理解。

在很多认知理论的研究文章和专著中，罗洛·梅（Rollo May）长期以来一直没被列入认知理论家或认知心理治疗师之列，但是，尽管这样，在他有关存在主义的著作中还是包含了很多认知理论的要素。梅将无意识定义为"未实现的存在感"。在梅看来，心理治疗的一个重要任务，就是协助案主运用自由和责任感来回顾和反思自己的生活，找到未实现的存在感，"思考"并找到运用自由和责任来实现存在感的方法。

与罗洛·梅一样，维克多·弗兰克尔（Viktor Frankl）也是一位存在主义心理治疗师，他既没被当成认知理论家，也不是认知心理治疗师。尽管有这样的疏漏，笔者还是认为他应该被当作一位存在主义和认知实务工作者。按照弗兰克尔的观点，治疗过程中最重要的是运用问答法来协助案主思考自己生命的意义和潜在意义。在弗兰克尔看来，治疗过程的核心是通过认知反思，协助案主发现这些意义和潜在意义。弗兰克尔称这种对意义和潜在意义的认知反思为"存在主义分析"或者"存在分析"。

最后一个非社会工作实务工作者但对认知治疗做出了杰出贡献的人是阿伦·贝克（Aron Beck）。贝克是一位精神病学家，他运用认知理论来治疗抑郁症、焦虑症以及人格问题，取得了杰出成就。按照笔者的观点，贝克的主要贡献在于采用系统、精准的方法"提炼"认知治疗过程，处理精神病和精神健康问题，并通过自己的研究和评估研究证明认知治疗可以有效地处理人类的很多问题。近年来，贝克的女儿朱迪·贝克（Judith Beck）根据父亲的研究不断丰富和完善父亲的理论，并推动认知心理治疗师的理论和实务的发展。

进入社会工作的路径

在过去三十年中，很多社会工作实务工作者在丰富认知理论实务、推动其进入社会工作领域方面，做出了杰出贡献。这些杰出人物包括柏林（Berlin）、查泰吉（Chatterjee）、库姆斯（Combs）、爱泼斯坦（Epstein）、戈尔茨坦、克里尔、兰茨、里德、斯奈德（Snyder）、维纳和福克斯（Weiner & Fox）、沃纳、维特金（Witkin），以及扎斯特罗（Zastrow）。尽管这些社会工作者都对认知理论进入社会工作做出了突出贡献，笔者还是想特别提及沃纳、戈尔茨坦和兰茨的努力和付出。

我们要特别赞扬哈罗德·沃纳，他是社会工作实务领域使用认知理论的先驱者。沃纳出版了两本杰出的有关社会工作实务中认知理论运用的著作。1965 年，他出版了《社会个案工作的理性方法》（*A Rational Approach to Social Casework*），1983 年出版了另一本名著《认知治疗：人本主义视角》（*Cognitive Therapy：A Humanistic Approach*）。

尽管现在人们已认定沃纳是一位社会工作理论先驱者，但是，他还是没能在社会工作专业中得到足够的尊重。在他的早期著作中，沃纳受到了精神分析取向的社会工作者的猛烈抨击，当时，这些人根本不理解他的著作，也无法从职业的角度来与他进行讨论。虽然经历了这样的批评，但沃纳依然笔耕不辍，继续出版著作、宣传自己的思想。正是由于他的不断努力，认知理论才在今天的社会工作职业领域得到了广泛认可和运用。

第二个在社会工作领域运用认知理论的先驱人物是霍华德·戈尔茨坦，他也著作等身。他先后出版了《认知方法在人类服务中的运用》（*A Cognitive Approach to Human Services*）和《创造性改变：社会工作实务中的认知-人本方法》（*Creative Change：A Cognitive-Humanistic Approach to Social Work Practice*）。这两本书都成了这个领域的经典之作。此外，戈尔茨坦还发表了很多论文，概述了如何将认知理论以人本主义的方法创造性地运用到社会工作实务中。

本章的作者也曾撰写了关于社会工作实务中的认知-存在方法的历史发展过程的文章。作为一名接受了认知训练的实务工作者，笔者深受维也纳精神病学家维克多·弗兰克尔和法国哲学家加布里埃尔·马塞尔的存在主义概念的影响，发展了一个治疗系统，融合了认知理论和存在主义哲学。笔者在自己的专著《存在主义家庭治疗：运用维克多·弗兰克尔的概念》（*Existential Family Therapy：Using the Concepts of Viktor Frankl*）中介绍了这个认知-存在治疗方法，此外还发表了很多杂志论文，负责撰写了很多著作的部分章节。

主要理念和假设

98　　　社会工作实务的认知方法中，核心的理念是大部分人类情感都是人们思考和告诉自己，假设或相信自己以及自己的社会处境的直接结果。根据这个基本理念，艾伯特·埃里斯创造了一个认知的 ABC 理论。在埃里斯的框架中，A 代表的是诱发事件，B 代表了人们对自己或诱发事件的信念、行为和看法，C 代表了这些信念、行为认知和自我对话的情

绪性后果。埃里斯认为，如果人们的信念、想法和自我对话是理性的，他们感受到的情绪就是正常的。如果他们的信念、想法和自我对话是歪曲的或者是非理性的，那么，人们就会产生不正常的情绪、喜好和行为。在认知社会工作实务中，社会工作者的责任就是协助案主改变扭曲的或非理性的认知、想法和自我对话，正是这些扭曲的认知导致案主出现了不正常的情绪和行为。

雷米从不同的角度阐述了认知理论的基本假设。在雷米看来，人类大部分不正常的情绪和行为源于人们对自己或周围的环境持有"误解"。雷米还相信，大部分不正常的情绪是可以被改变的，一旦人们能够感受到这些情绪，他们就有能力纠正那些导致情绪不正常的误解。

认知社会工作实务中的第二个理念是，很多误解、非理性思维、不正确信念以及分散认知都是独立于人的意识之外的存在。因此，在很多情况下，社会工作案主并不知道到底是什么想法、信念和误解导致自己产生了不开心和不正常的情绪。莫尔茨比用学习开车的例子说明了这个现象。当人们第一次学习开车时，他们的思维会非常活跃，会就开车行为进行很多自我对话（即自己向自己传递信息）。人们会在停车或转弯时主动告诉自己要踩刹车，或者转方向盘。经过一段时间后，这种自我对话和思维就变成了一种习得行为，成为独立于人的意识之外的一种自动行为。类似的过程也会出现在人产生现了不良情绪的时候。人们往往就是这样不断练习、学习误解和非理性自我对话，久而久之，他们的认知信念就变得"自动化"，在自己没有意识到出现误解、非理性信念和非理性自我对话的情况下，不良情绪就会出现。因此，社会工作者要想协助案主学习改变不良情绪的方法，最重要的一点就是协助他们进入主动意识阶段，意识到是自己的思维、信念和误解产生并维持了不良情绪。

虽然认知社会工作实务工作者认为大多数不良情绪都是个人误解、非理性信念的直接结果，但认知观念还有第三个理念，即这个规则也有一些例外情况。有些不良情绪可能是出于器官性问题、生理问题、神经系统问题或者化学问题。例如，这些问题包括甲状腺失衡、血糖过高、脑组织损伤、营养不良、吸毒、衰老、长期暴露在化学元素中、某种形式的抑郁和精神分裂，以及任何会导致大脑中化学成分失衡的生理问题。

认知社会工作实务中的第四个理念是，并非所有的不开心情绪都是不良情绪，也不是所有的开心情绪都是正常情绪。莫尔茨比用这样的例子说明了这一点：某人在接近响尾蛇时表现得非常高兴。人在看见一条准备咬人的响尾蛇时，都会告诉自己响尾蛇不危险，这就是一种非理性的自我对话。这种误解源于一种开心的情绪状态，而这种状态属于不良状态，因为它不能给人们提供一种让自己逃离危险处境的恐惧体验。在这种情况下，兴奋的感受是一种不良情绪，因为它源于一种认知错误，即认为响尾蛇不危险。

由于很多认知社会工作实务工作者认为，情感状态的功能性是建立在认知自我对话的合理性之上的，这样，实务工作者和案主都能从对理性思维的基本定义中获益，而不是误解。莫尔茨比提出了理性思维的定义，事实证明，这个定义能够给认知治疗的实务工作者和案主提供极大的帮助。莫尔茨比是这样定义理性认知的，即任何有关自己的思维、想法、信念、态度或者陈述，都应该建立在客观现实基础之上，这样的认知具有保护生命的功

99

能，能帮助人们实现生活目标，从而减少自己的内在冲突和与他人之间的冲突。尽管这个定义没能"完美地"解决指导人们如何定义的问题，但是，对很多案主来讲还是非常有益的。

人格特征

在认知社会工作实务中，人们相信，人格是具有灵活性的，会受到生理和社会因素的影响。尽管认知实务工作者发现，生理和环境因素会影响人格的表现形式，但是他们中的大部分人还是认为，人是可以决定如何塑造和改变自己的外在环境和内在环境的。阿德勒、埃里斯以及沃纳都指出，尽管不能完全掌握自己的生活或命运，人们还是能够选择自己对待生活和命运的态度。维克多·弗兰克尔把阿德勒提出的个人具有塑造自己生活能力的认知观，描绘成了存在主义精神病学和存在主义心理治疗的"先驱"。

人类观

弗洛伊德理论强调人类的竞争性特质，与此不同的是，认知理论家和实务工作者一直认为人是合作性的、平等的，同为生活中的伙伴和合作者。社会工作实务的认知模式认为人既不好也不坏，但是作为有创造性的生物，人类可以决定如何过好自己的生活。认知理论家和社会工作实务工作者特别惊讶于人类有能力运用思维来确定个人目标和行动，并运用这些能力来改变自我、改变社会环境。

改变过程

在社会工作实务中运用认知理论方法，当社会工作者能协助案主发展认知反思过程，让他们发现、挑战并改变那些导致自己出现不良情绪和行为的误解、不正确的信念、扭曲的认知和非理性的自我对话时，人类的改变就开始了。在社会工作治疗中运用认知理论方法时，最为重要的一点就是，助人者要向案主提供情感支持，当然这并不是治疗的核心内容。此外，政策倡导和环境改变也是非常重要的环节，当然，改变过程中的核心内容是协助案主发现、挑战和改变自己的认知错误。在实务中，帮助案主的过程基本上是教育性的。治疗的目的就是要帮助案主学习成为自己的咨询师，学会运用认知理论概念来持续地理解自我，控制不良情绪和行为。因此，认知实务工作者不断为案主提供各种认知理论工具，希望他们能够掌握、控制和自助，他们希望这样能够"赋权"案主。埃里斯、贝克和莫尔茨比都曾详细描述了小组教育计划如何补充个案工作、咨询和心理治疗，他们特别提出了要想满足案主的需要，就要帮助他们学习认知感觉技术，以实现自我掌控、赋权和控制。

重要他人和重要环境

从理解案主家庭、重要他人和社会环境的重要性的角度，认知理论家和实务工作者都有不同的记载和发现。对于某些早期的认知理论家来讲，他们特别重视关注案主是否有能力运用理性思维来克服家庭或社会环境中的问题。因此，很多认知理论实务工作者不重视社会行动、环境改变、家庭治疗以及社会网络干预的工作。当然，这个趋势在阿德勒认知理论实务中并没有出现。

按照阿德勒认知理论，人类的"生活方式"是一套人们对世界、对自我、对在世界中解决问题的方法的认知信念、概念或者误解。生活方式的认知指的是对个人自我概念、自我理想期望、世界的影像和伦理概念的认知信念。按照阿德勒的理论，人们的信念、概念和误解都是通过个体的社会经验，在与家庭互动，特别是与原生家庭的互动过程中习得的。因此，家庭和社会环境常常是阿德勒治疗过程中的干预目标。

101

认知理论实务的时间观

对于认知理论家和实务工作者而言，过去并不重要。对于埃里斯、贝克、莫尔茨比和托西而言，当下才是最重要的，因为它是变化能够发生并且确实发生的时刻。埃里斯、托西和莫尔茨比都认为，花大量时间让案主反思过去是一个技术性错误。而对于实务工作者而言，最重要的是使案主当下产生了不良情绪和行为的自我对话、误解和认知扭曲，因此，需要将更加健康的思想、信念和自我对话运用到此时此地，来改进案主的情绪和行为。

阿德勒认知理论实务工作者对时间的看法，以及对时间在治疗过程中的重要性的看法完全不同。阿德勒以及很多阿德勒流派的实务工作者认为，与案主讨论过去是必要的，因为这能够为实务工作者提供一个视角，来理解案主眼下所运用的认知、思维、信念和误解，而这些认知、思维、信念和误解导致案主产生了不良情绪和行为。阿德勒的时间观推动了精神健康领域中最早的投射测验（早期的记忆测验）的出现。

对时间的第三种观点来自认知-存在主义实务工作者。按照认知-存在主义观点，未来、现在和过去都非常重要。将认知-存在主义方法运用到助人过程中时，实务工作者的角色就是协助案主运用认知和反思来发现并运用生活中的意义和潜在意义。认知-存在主义实务工作者会以这样的方式来协助案主思考和反思，即他们帮助案主"留意"未来的潜在意义，将眼下的潜在意义"真实化"，回忆、记住并"尊重"过去出现的潜在意义，并将其储存在过去。

社会文化和种族敏感性

认知理论实务工作者不断发现，非理性信念、自我对话和误解是个体在社会文化经验中习得的，也是对其社会文化经验的反应。因此，认知理论实务工作者认为，种族、阶级和性别经验都会影响案主的信念和认知。此外，埃里斯、莫尔茨比和托西等人都指出，目前尚未发现种族、阶级、性别与非理性思维之间存在明确的相关性。但是，大部分认知实务工作者都相信，所有的阶级、种族和性别都会产生非理性思维，只是程度和范式不同。要在认知理论治疗过程中开展对种族、阶级和性别的研究，这样才能不断完善认知治疗传统。

认知理论治疗

如上所述，认知理论社会工作实务中重要的治疗目标是协助案主发现、挑战和改变误解、错误信念、扭曲的思维和非理性的自我对话，所有这些都是导致其产生不良情绪和做出不良行为的根源。在最近发表的论文中，朱迪·贝克总结了自己将认知方法应用在社会工作实务中的十大治疗原则：

(1) 认知治疗的基础是用认知术语帮助案主逐步明确表达自己和自己的问题。
(2) 认知治疗需要可靠的治疗关系。
(3) 认知治疗需要案主与治疗者建立合作关系，同时需要案主的积极参与。
(4) 认知治疗是问题导向的，同时也是目标导向的。
(5) 认知治疗关注当下。
(6) 认知治疗是教育性的，希望培养案主成为自己的助人者。
(7) 认知治疗在必要时是有时间限制的。
(8) 认知治疗的访谈是结构化的。

（9）认知治疗要告诉案主如何发现、评估和回应自己的不良思维和信念。

（10）认知治疗会运用很多治疗技术来帮助案主改变思维、情绪和行为。

认知社会工作实务中的治疗关系

在认知理论的实务中，案主与助人者之间的关系是治疗过程中格外重要的组成部分。治疗关系帮助案主学习，让他们有机会从不同的角度来审视自己和世界。

我们可以从两个不同的方面来运用治疗关系，协助案主改善认知误解，从而改变其不良情绪和行为。第一，治疗关系中的支持性元素会向案主提供有关信息，帮助其了解社会工作者如何看待自己的成长、自己是否有工作能力、是否尊重自己等。当社会工作者与案主相处时，他们要表现出对案主作为独立个体的兴趣，要关心他们，并运用同理心来回应他们的需求；社会工作者要不断向案主提供信息，向他们表明自己是尊重和关心他们的，而案主从别人那里是得不到这些信息的。雷米认为，低自尊是案主对自己的负面误解的一种情感性反应。在治疗过程中，社会工作者不断向案主提供尊重、支持和鼓励，这就是在向案主传递信息，即他们是非常重要的。这是一个挑战和改变低自尊的认知过程。雷米把这种行为定义为"无条件的关爱"，他认为专业助人者所拥有的这种情感、行为和信念，是人类行为改变过程中基本且有疗效的因素。

运用治疗关系改变案主误解的第二个方面是聚焦和反思案主和社会工作者之间的关系中出现的扭曲。雷米及其同事们发现，在治疗过程中，案主可能会把很多因素归因于社会工作者，例如自己的态度、想法、感受和动机，但事实上这些因素并非源于社会工作者。这些扭曲之所以出现，是因为案主总是对重要他人"应该"如何看待自己、如何感受自己、如何对待自己存在误解。如果案主能够对自己产生积极的感受，他们也会期望他人积极看待自己。如果案主的自我看法很负面，他们也会将自己的这种负面看法投射到他人身上。反思工作者与案主之间的关系，能够帮助案主意识到自己的自我看法存在着很多误解，以及自己到底期望别人如何对待自己。通过认知反思，是有可能改变这些误解的。要做到这一点，需要教会案主当这些误解出现时如何与重要他人例如与个案工作者一起检验自己的假设，或者通过与案主一起讨论他们的成长经历，帮助案主明白这种扭曲和误解的出现模式。认知理论实务工作者一般不使用"移情"或"反移情"这样的术语。认知理论实务工作者把这些现象当成认知扭曲，它们会中断治疗，破坏治疗关系。大部分认知实务工作者是不接受弗洛伊德的移情和反移情说法的。

下面我们将介绍一些认知社会工作实务中的常用技巧。下面的这些方法都建立在良好的治疗关系之上，因为这是确保治疗效果的基本条件。

澄清内在沟通

澄清内在沟通是认知社会工作实务中最常用的一个方法，在笔者看来，这个方法也是非常有效的，因为这个方法给案主提供了反馈，帮助他们了解自己如何看待自己、如何进行自我对话。通过这种方法，社会工作者可以帮助案主更好地理解案主在描述自己和他人时所使用的语言背后的误解和非理性信念。此外，当这些误解被提到案主的意识层面时，就有机会通过认知反思来改变这些误解。

104   在下面的案例中，社会工作者运用澄清内在沟通的方法来帮助一个 10 岁男孩的母亲认识到，有个隐藏的假设一直在阻碍她有效地指导儿子。

> 母亲：他很糟糕。
>
> 个案工作者：他在哪些方面很糟糕？
>
> 母亲：他从来不听我的话。我叫他把玩具捡起来，他就开始尖叫。
>
> 个案工作者：然后你说了什么？
>
> 母亲：有时我什么也不说，但是非常生气。
>
> 个案工作者：在那种情况下，不说话意味着什么？表明了什么？
>
> 母亲：不知道，我想可能是我觉得内疚。
>
> 个案工作者：内疚？
>
> 母亲：是的，我不知道……我不知道……我做不到惩罚他。我做错了很多事情，他也非常不容易。所以，你知道，我会觉得揍他会让我非常内疚。
>
> 个案工作者：什么样的人会犯错误？
>
> 母亲（沉默）：一事无成的人。
>
> 个案工作者：你认为自己一事无成？
>
> 母亲（沉默）：是的，我常常这么想。

解释

解释是另一种可以用来帮助案主改变误解的治疗程序。在认知社会工作治疗中，"解释"一词可出现在向案主传授埃里斯的 ABC 情绪模式的一套治疗技术中，帮助案主发现自己用来制造不良情绪的误解到底是什么，帮助案主挑战和改变这些误解和非理性观念。

下面的例子清晰地说明了认知社会工作实务工作者如何运用解释来帮助案主改变。

史密斯太太是由儿童福利机构的个案工作者转介过来接受精神健康服务的。史密斯太太无精打采，整天昏昏欲睡，有些抑郁，常常会大发雷霆，对离开自己的家感到极度恐惧。转介的个案工作者一直在考虑是否要把史密斯太太唯一的孩子从家中带走。

在第一次面谈时，临床社会工作者和史密斯太太已经建立了初步的信任关系。案主自述她来接受治疗的目的是要改变自己的抑郁状态。社工向史密斯太太解释道，她无法改变自己目前的抑郁状态的一个原因，可能是她还不了解自己的情绪究竟是怎样的，所以不知道该从何入手。社工与史密斯太太达成了协议，社工向史密斯太太传授了有关情绪的知识，以及降低抑郁程度的技术。史密斯太太同意定期接受治疗，并保证按时完成社工布置的家庭作业。

临床工作者开始向她解释 ABC 情绪分析模式。下面是他们之间的对话：

> 社工：如果我告诉你，你的椅子下面有一枚炸弹，你会什么样的感受？
>
> 史密斯太太：我会大笑。
>
> 社工：你不害怕？
>
> 史密斯太太：不怕，因为我不信。
>
> 社工：很好。你看，你相信什么，就会直接导致你感受到什么。A 是我所说的炸弹，B 是你对炸弹的看法以及你是怎样告诉自己的，C 是你的感受，这取决于你的信念。

一旦史密斯太太意识到"在理论上"情绪是由信念和想法促成的，社会工作者就会开始解释如何通过一项家庭作业来帮助她发现并挑战不断激发自己产生抑郁的误解。

书 面 家 庭 作 业

书面家庭作业是用来让有读写能力的案主学习使用埃里斯 ABC 情绪理论的有效方法，可以帮助案主发现、挑战并改变误解和非理性的自我对话。下面的书面家庭作业是由莫尔茨比设计的，是认知理论实务过程的重要组成部分。

A：什么是诱发事件？	D1：我对诱发事件的描述准确吗？
B：我对事件的误解是什么样的？或者我认	D2：我的行为合理吗？
为到底是什么使我产生了这样的情绪？	
C：我的感觉怎样？	E：D1 和 D2 能够带来什么样的新情绪？

这个表格可以作为解释性治疗程序的一个组成部分，也可以作为一个用于情绪分类的规范格式，也就是说，它可以帮助案主将复杂的情绪序列分解成为一个更易于理解的问题。

105

体验式学习

　　体验式学习是可以用来挑战和改变认知误解的重要手段，其理论基础是认知失调原则。认知失调指的是人类倾向于改变那些与自己行为、行动或生活方式不一致的态度和信念。通过把认知失调原则作为改变误解的方法，认知实务工作者试图建立一个治疗环境，在这个环境中帮助案主学习某些特定的、与自己的误解不一致的行为。随着案主一步步学习那些与自己的误解不一致的新行为时，他们似乎就能够改变这些误解。在运用体验学习方法和认知失调原则时，也可以运用一些常见的治疗方法，包括自信心训练、小组治疗社会化经历、角色说明、心理剧、示范、角色扮演和任务分派等。

矛盾疗法

　　矛盾疗法是由维克多·弗兰克尔发明的一个认知重启技术。这个技术的常用场景是案主产生了一项不愉快的行为，而这个行为通常是由担心同样行为的出现而产生的焦虑情绪激发的。例如，笔者曾经的一个案主是一名需要用药物来维持稳定的癫痫病人，他常常担心开会时自己会在同事面前突然发病。案主对自己可能发病的担心和焦虑实际上会导致他发病。笔者运用了矛盾疗法指导案主在开会之前发病，以避免在会议期间发病。事实上案主做不到这一点，但是，这样做能够帮助他不再去想象如果发病了会出现怎样的糟糕局面。最后的结果是一直没有发病。针对症状提出了处理方式，极大地挑战了案主关于自己无法控制发病的认识误区，反而降低了激发发病的焦虑水平。
　　在笔者看来，矛盾疗法最好运用在预期焦虑情境中。这个方法绝对不能用在有自杀念头的人身上，也不能用在那些出现了躯体症状的人身上。笔者还认为，矛盾疗法应该与案主"一起"使用，而不是简单地"用"在案主身上，在使用前，还必须告知案主这个治疗方法的全部信息。

动态和存在主义反思治疗行动

　　动态和存在主义反思治疗行动是一种认知重建行动，它建立在兰茨对加布里埃尔·马塞尔（Gabriel Marcel）哲学概念的理解之上。将这个方法运用在认知-存在主义社会工作实务中，可以帮助案主关注、实施并尊重自己生活中的意义和潜在意义。

　　加布里埃尔·马塞尔[33,34,35]将人类思维分成了两种："动态的"和"存在主义的"反思。马塞尔认为，只要能够适当地加以运用，这两种思维方式都是非常必要和有价值的。动态反思（在科学和技术中占据主导地位）在运用过程中，要特别聚焦于问题和问题解决，而存在主义反思（更多体现在哲学、宗教、艺术、冥想和祷告中）更是一种手段，能够协助人们探索和发现人类生活中的意义和潜在意义。 *107*

　　动态反思是问题导向的，它关注的是那些可检验的、客观的、有根据的和抽象的知识。动态反思的一个重要特点就是将反思主体与反思客体区分开了。在动态反思中，思维主要针对对质、减少和分解问题。

　　由于动态反思主要指向建立客观的、可检验的知识，因此，它是抽象的，极少体现思考者和被思考客体之间的关系。动态反思将物质世界置于人们关注的中心，并"迫使"这个世界来回答问题。动态反思与存在主义反思的区别在于，它直面问题，分解和解决问题，而存在主义反思主要是寻找联系、整体性、一致性、意义和潜在意义。在认知-存在主义社会工作实务中，动态反思最适宜用来帮助案主发展解决问题的策略，这样，就可以通过存在主义反思帮助他们充分发掘意义和潜在意义。

　　加布里埃尔·马塞尔从来没有批评过动态反思，但是坚决反对滥用动态反思。马塞尔指出，动态反思鼓励我们通过运用技术和抽象化来掌控我们的世界，获取知识，解决诸多问题。马塞尔对滥用动态反思的敏锐发现，提醒人们要关注其中包含的伦理困惑，特别是动态反思具有"帝国主义倾向"，它"评价"所有的知识和真理的标准是客观性和抽象性。

　　在马塞尔看来，动态反思可以通过证实和客观化帮助我们澄清对问题的认识，而存在主义反思可以用来帮助我们对人类存在的意义和潜在意义建立更加深刻、丰富、广泛、包容的认识。存在主义反思是通向生命意义和潜在意义的必经之路。

　　存在主义反思的具体机制是很难用一个具体、系统的方式来呈现的。存在主义反思的一个方面就是"怀疑"动态反思中的妥善性，其结果是试图"发现"意义、经验的一致性，而这些意义和经验被抽象和动态思维扭曲了。对此，马塞尔指出，抽象思维和动态反思的操作性和检验性的内容是"还原论的"，会让人类存在的意义变得模糊不清。马塞尔相信，无论动态反思是否会减少爱意、生活、友谊、信仰、祈祷、承诺、忠心、遭遇、勇气、欢乐等其他经验意义的表达，所有这些都可以"清楚地""系统地"，或者以"实验式"的方式被理解，存在主义反思必须也将会纠正动态反思的"盲目性"。 *108*

　　存在主义反思的第二个方面是它有能力协助我们以认真、敏感和"严格"的方式发现和参与到"无法测量"的意义和潜在意义的过程中。存在主义反思包括参与而不是远距离的观察，以遭遇的方式而非主体-客体分离的方式来发现，以及具体参与到日常生活中而不是置身事外的、脱节的抽象化。存在主义反思需要被运用在潜在意义存在的条件下，需要参与对生活的预期，同时参与者个体要与回忆和经验密切相关。存在主义反思让我们发现意义和潜在意义存在于友谊、爱情、艺术、文学、戏剧、冥想、回忆、庆典、诗歌、音乐、证词以及"我-你"对话中。笔者认为，存在主义反思是对过去存在的潜在意义的再发现和回忆，也是对未来潜在意义的探索并将其在此时此地实现的过程。存在主义反思回忆的是储存在过去的意义，关注的是未来会出现的潜在意义，而动态反思将帮助我们将潜在意义落实在当下。

案例片段

　　下面两个案例的作用是向读者展示如何将认知理论运用到社会工作实务中。第一个案例呈现的是经典的对埃里斯-贝克认知理论的运用，案主是一个担忧自己母亲的成年男子；第二个案例呈现的是如何运用阿德勒的认知理论方法在社会工作实务中帮助一位在读研究生。

A 先生

　　A 先生是由福利部的个案工作者转介到精神健康中心的，他在为母亲向福利部申请护理院床位。在福利部的个案工作者对其进行访谈时，案主谈到了自己的抑郁症、睡眠困难，以及自己一想到要申请援助，内心就充满了不安。个案工作者准确地评估出 A 先生有急性反应性抑郁，于是，便转介他去精神健康中心接受认知社会工作治疗。

　　访谈一：

　　A 先生今年 52 岁，在职，已婚，有 5 个孩子。在这次的访谈中，他表示，自己的家庭医生告诉自己母亲需要住进养老院，因为她需要 24 小时的照顾。A 先生便向福利部提出了申请。他感到情况非常糟糕，认为接受社会福利照顾是"很丢人的"，作为儿子，他不能"将母亲推出家门置之不理"。他觉得非常内疚，每走一步都觉得非常抑郁，因为他是"家族中第一个做出这种事情的人"。A 先生说自己非常闷闷不乐，已经开始旷工，并天天借酒浇愁。

　　精神健康中心的社工帮助 A 先生意识到，他的母亲真的需要养老院的照顾，他也应该申请援助，但是不确定的是这样做是否会带来什么改变。社工问 A 先生，如果当前一切照旧，他是否会感觉舒服一点。A 先生表示自己需要挺过这段时间，因为他还有"妻子和几个孩子需要照顾"，他会尽力做好一切。社工告诉 A 先生自己需要与他面谈十次，才能处理好他的抑郁，当然，A 先生也需要"特别努力配合"才行。社工问是否可以将面谈过程录音，A先生同意了。接下来，社工运用埃里斯的ABC情绪分析格式向A先生解释情绪的运作机制，还介绍了与A先生情况不同的其他案例。当社工确定A先生已经理解了这个理论时，向A先生解释A先生的抑郁源于他对自己说过的很多话（他很"丢人"，是个"糟糕的人"，"家族中第一个令人讨厌的人"，以及他认为自己做人很失败，不能承担家中的经济负担等）。社工逐一挑战了A先生的非理性信念。在面谈结束时，A先生说自己感觉好多了，而此前他对自己讲了太多的"疯话"。社工告诉A先生，他可能还会陷入非理性的自我对话中，因此，建议他一天中要在社工协助下完成十次复习理性自我分析（RSA）的作业。社工还要求A先生把面谈录音带在身边，每天反复听几次。社工让A先生三天后再来。这次的面谈持续了两个小时。

访谈二：

第二次面谈时，A先生说他感觉"好多了"。感到情绪非常低落时，他就拿出家庭作业复习，不断让自己重复理性思维。他还听了很多次第一次面谈的录音，并觉得这些方法都非常奏效。本次面谈的大部分时间都是用来复习和重复讨论第一次面谈的内容，复习家庭作业等。

访谈三：

A先生第三次来的时候情绪有点低落。他计划第二天将母亲送往养老院，因此特别担心母亲未来该怎么办。他希望母亲不会哭泣或者"当众大吵大闹"。社工与A先生一起，把母亲是否会哭泣当成一个事件，完成了一次RSA作业。访谈结束时，A先生认为他应该能够应对将母亲送去养老院的所有事宜了。接下来，他们约定了下周再次面谈。

访谈四：

A先生说母亲去养老院的过程非常顺利，他意识到如果想哭的话，母亲是有权力哭泣的。他相信，送她去养老院是一个正确的决定，在送母亲去养老院时，他有点悲伤，但并不抑郁。他现在每天都在上班，不再借酒浇愁了，也不再认为自己一无是处了。社工建议A先生把自己已经学习到的新的视角和想法运用到生活的其他方面，要求他就母亲之外的问题继续做家庭作业，并在下次面谈时带上家庭作业。

访谈五、六和七：

接下来的三次面谈集中讨论了理性原则，以帮助A先生应对生活中的其他问题。他说，他经常一看到账单就"讨厌自己"，常常希望自己一个人能够扛起家庭的全部责任，解决家中的问题。由于他学习了新的视角，他开始要求妻子和孩子们一起帮忙。孩子们开始打工，挣点自己的零花钱，A先生也开始要求孩子在家时要做家务。他再也不害怕面对家人的"情绪反应"了。

结案访谈：

A先生说，他觉得一切都在朝着好的方向发展，他不再需要与社会工作者见面了。社工表示因为A先生长期以来形成了不断贬低自己的习惯，所以建议他继续完成书面的家庭作业。

结案后六个月，社工给 A 先生打电话，A 先生说"一切正常"，自己还在继续做家庭作业。

 ### 弗雷德

弗雷德是一名 32 岁的商业管理专业的研究生，他在与开始谈婚论嫁的前女友结束了恋爱关系之后，开始接受社会工作治疗。他的主诉是抑郁症、睡眠困难、没有胃口、学习困难，还有强迫性洗手行为。弗雷德说，他很害怕自己会"发疯"，担心目前的"状态"会让自己"辍学"。弗雷德与社工达成了协议，最初的治疗目标是帮助弗雷德战胜抑郁，继续留在研究生院，并像正常学生那样生活、学习。

社会心理历史：

弗雷德是家里三个孩子中的老大，也是唯一的男孩，父亲是个医生。他 8 岁那年，大妹妹才出生。弗雷德从高中和大学毕业后，工作了一段时间，然后又进入大学攻读硕士。他结婚两年，但没有孩子。与妻子离婚后他觉得"自己是彻头彻尾的失败者"，然后患上了抑郁症。

弗雷德认为自己的父亲"极度完美和卓越"。他在中学和大学的学业表现很出色，但是总觉得父亲从来都没有以自己为荣。当大妹妹出生时，他觉得自己"被骗了"。弗雷德早期的记忆片段里有帮助父亲油漆栅栏的场景，做了一会儿父亲就不让自己干了，因为"自己漆得不对"。

生活方式评估：

理解弗雷德的一个方法，是要看作为一个年轻人，他到底经历了哪些让他觉得低人一等的体验。这些感受似乎源于他的生活方式中的三大主题：

第一个主题是所谓的"为了一个主宰他人活着"。在这种生活方式中，个人要接受重要他人对自己的评价，并将此作为自我评价的基础，而这常常会导致严重的抑郁症。弗雷德似乎就是为他的父亲、老师和生活中的女人们活着。

弗雷德的第二个生活方式主题是低自尊和对理想自我的高期望。弗雷德似乎接受了父亲对自己的评价，认为自己无能，不能达到父亲提出的"标准"。弗雷德的父亲是否传递过这样的信息已经不重要了，重要的是弗雷德认为父亲传递了这些信息，并将这些信息内在化了。

弗雷德的第三个生活方式主题是建立了一个强迫性补偿机制来遮蔽自己的低人一等的感受。在过去的很多年中，弗雷德形成了一套强迫性的工作和学习方式，以规避可能会遇到的失败。不幸的是，这样并不能让他享受工作或学习的过程。在与女朋友分手之后，弗雷德又产生了强迫性洗手行为。这个行为给弗雷德找到了远离人群的借口，不去上学。这个习惯可以被理解为一种"穿插表演"，它给了弗雷德一个不用像过去那样做人做事的理由。它提供了一个失败的借口（因为我有这些症状，所以我可以不工作；如果我没有这些症状，我一定能做好的），使其不再感到低人一等。

治疗方法：

在十周的治疗中，弗雷德一周要见两次社会工作者。弗雷德最初沉浸在失去女友的痛苦中，这样的安排会最大限度地给弗雷德提供支持和鼓励，帮助他在抑郁状态下继续完成研究生学业。社工还鼓励弗雷德每晚睡觉前要做半个小时的高强度体育锻炼。运动加上社工的支持，能够帮助弗雷德入睡。

在与社会工作者的第四次面谈中，社工认为洗手习惯对弗雷德来讲是一个非常聪明的方式，能够保护自尊使其不再受损，因为它给弗雷德提供了一个学习成绩不好的理由（弗雷德因为上课期间不能洗手，所以不去上课）。社工用这个解释作为证据，来证明弗雷德的创造性、智慧和应对能力，然后，他大声质疑弗雷德是否真的还想运用这个策略。这个解释对弗雷德来讲是"言之有理的"，对这些症状的"无意识的运用"一旦结束，弗雷德就要重返课堂上课。

在最初的几次面谈中，社工帮助弗雷德将自己与女友分手后自己对自己的态度、信念和假设用文字表述了出来。将这些假设变成文字，就形成了另一个反馈链，帮助案主发现误解，重组自己的思维。

当弗雷德把自己的态度写下来时，他便开始重组自己的思维。于是，焦虑和抑郁都开始减轻了。到第十次面谈时，弗雷德的学业表现良好，不再感到抑郁，可以与社工讨论结案了。

在结案讨论中，社会工作者说结案是可以的，因为弗雷德已经实现了第一次面谈时确定的目标。社工还说，弗雷德可以继续接受治疗，以改变其依赖他人来确定自尊的习惯以及给自己的日常生活提出的不现实的期望。社工要求弗雷德三周后再告诉自己决定结束还是继续接受治疗。弗雷德选择了长期接受社会工作治疗的提议，这种治疗关注的是协助案主改变其基本的生活模式。社工运用家庭评估、早期回忆和释梦等方法帮助弗雷德了解并重组自己对生活方式的假设，帮助他培育社交兴趣。在两年后的跟进评估中，弗雷德报告说自己的抑郁症彻底痊愈了。他能够愉快地接纳自己，并开始学习凡事看开一点，并能从"微不足道的事情"中找到乐趣。他再婚了，并有了一个孩子，工作也很理想，还担任了一家社会服务机构的理事。

治疗形式

上面两个临床案例说明了在社会工作个人治疗中运用认知理论的过程。除了个人治疗，认知理论还可以被运用在小组治疗、婚姻治疗和家庭治疗中。朱迪·贝克认为，认知理论在任何形式的治疗中都会产生积极效果。在那些支持性的、主题突出的小组中，认知理论格外有效，因为治疗理论中的教育性因素能够通过小组得到极大的发挥。兰茨还总结了很多评估数据，证明认知-存在主义治疗在婚姻和家庭治疗中可以发挥巨大的作用。

适应症和禁忌症

113　　认知治疗实务在很多治疗机构中的适应性得到了大量研究的支持，它适用于很多人群和问题。朱迪·贝克认为，在处理抑郁、焦虑、药品依赖和人格障碍时，认知理论特别奏效。认知理论在面对那些有习得性认知误解和非理性思维的案主时也特别适用。认知理论还可以用来治疗患有精神分裂、生化抑郁和器质性精神疾病的案主，效果非常明显。但认知理论不能用来治疗暴力受害者，在这样的案例中，认知理论只能用在当受害者远离施暴者之后的治疗中。

实务应用

　　认知理论可以用于社会工作的很多实务领域。人们发现，认知社会工作实务在精神健康、危机干预、儿童福利、公共援助、家庭服务、医疗、药物滥用、安置服务和私人开业中也十分有效。认知理论与社会工作的价值观高度契合，可以用来满足案主的多元化需要。

使用说明

　　未来很难预料。但是，笔者预计，认知理论在未来几十年中，将会得到越来越多的社会工作实务工作者的喜爱，并得到广泛推广和运用。认知理论具有一定的灵活性，能够适用于诸多的社会工作实务领域。它既可以用在短期干预中，也可以用在长期治疗中。因此，认知理论实务工作者应在一个管理型的护理环境中不断调整自己。认知理论与存在主义社会工作、女性主义社会工作、结构主义社会工作、叙事社会工作以及社会工作实务中的沟通理论都是一脉相承的。认知理论应该继续为社会工作专业提供卓越的实务原则和治疗技术，这样，对于新一代追求具有灵活性和有效性的服务取向的社会工作者而言，认知理论更能得到他们的欣赏、高度评价和运用。

参考文献

Adler, A. (1959). *Understanding Human Nature.* New York: Premier Books.

Adler, A. (1963). *The Practice and Theory of Individual Psychology.* Patterson, NJ: Littlefield.

Beck, A. (1976). *Cognitive Theory and the Emotional Disorders.* New York: International Universities Press.

Beck, A. (1988). *Love is Never Enough.* New York: Harper and Row.

Beck, A., & Greenberg, R. (1974). *Coping with Depression.* Bala Cynwyd, PA: Beck Institute for Cognitive Therapy and Research.

Beck, J. (1995). *Cognitive Therapy: Basics and Beyond.* New York: Guilford Press.

Berlin, S. (1980). "A Cognitive-Learning Perspective for Social Work." *Social Service Review* 54, 537–555.

Chatterjee, P. (1984). "Cognitive Theories and Social Work Practice." *Social Service Review* 58, 63–80.

Combs, T. (1980). "A Cognitive Therapy for Depression: Theory, Techniques and Issues." *Social Casework* 61, 361–366.

Ellis, A. (1962). *Reason and Emotion in Psychotherapy.* New York: Stuart.

Epstein, L. (1980). *Helping People: The Task-Centered Approach.* St. Louis: Mosby.

Furst, J. (1954). *The Neurotic—His Inner and Outer Worlds.* New York: Citadel Press.

Frankl, V. (1955). *The Doctor and the Soul.* New York: Vintage.

Frankl, V. (1959). *Man's Search for Meaning.* New York: Simon and Schuster.

Frankl, V. (1969). *The Will to Meaning.* New York: New American Library.

Glasser, W. (1965). *Reality Therapy.* New York: Harper and Row.

Goldstein, H. (1981). *Social Learning and Change: A Cognitive Approach to Human Services.* Columbia: University of South Carolina Press.

Goldstein, H. (1984). *Creative Change: A Cognitive-Humanistic Approach to Social Work Practice.* New York: Methuen.

Krill, D. (1978). *Existential Social Work.* New York: Free Press.

Lantz, J. (1975). "The Rational Treatment of Parental Adjustment Reaction to Adolescence." *Clinical Social Work Journal* 3, 100–108.

Lantz, J. (1978). "Cognitive Theory and Social Casework." *Social Work* 23, 361–366.

Lantz, J. (1980). "Adlerian Concepts, A Caseworker's Review." *Clinical Social Work Journal* 8, 188–197.

Lantz, J. (1981). "Depression and Social Interest Tasks." *Journal of Individual Psychology* 31, 113–116.

Lantz, J. (1989). "Meaning in Profanity and Pain." *Voices* 25, 34–37.

Lantz, J. (1990). "Existential Reflection in Marital Therapy with Vietnam Veterans." *Journal of Couples Therapy* 1, 81–88.

Lantz, J. (1993). "Existential Reflection and the Unconscious Ought." *Voices* 29, 50–55.

Lantz, J. (1993). *Existential Family Therapy: Using the Concepts of Viktor Frankl.* Northvale, NJ: Jason Aronson, Inc.

Lantz, J. (1994). "Primary and Secondary Reflection in Existential Family Therapy." *Contemporary Family Therapy* 16, 315–327.

Lantz, J. (1994). "Marcel's Availability in Existential Psychotherapy with Couples and Families." *Contemporary Family Therapy* 16, 489–501.

Lantz, J. (1995). "Frankl's Concept of Time: Existential Psychotherapy with Couples and Families." *Journal of Contemporary Psychotherapy* 25, 135–144.

Lantz, J., and Werk, K. (1976). "Short Term Casework: A Rational-Emotive Approach." *Child Welfare* 55, 29–38.

Lazarus, A. (1981). *The Practice of Multimodal Therapy.* Baltimore: John Hopkins University Press.

Marcel, G. (1951). *Homo Viator.* Chicago: Henry Regnery Press.

Marcel, G. (1956). *The Philosophy of Existence.* New York: Citadel Press.

Marcel, G. (1963). *The Existential Background of Human Dignity.* Cambridge: Harvard University Press.

May, R. (1979). *Psychology and the Human Dilemma.* New York: W. W. Norton.

May, R. (1983). *The Discovery of Being.* New York: W. W. Norton.

Maultsby, M. (1975). *Help Yourself to Happiness.* New York: Institute for Rational Living.

Raimy, V. (1975). *Misunderstandings of the Self.* San Francisco: Jossey-Bass.

Reid, W. (1978). *The Task Centered System.* New York: Columbia University Press.

Snyder, V. (1975). "Cognitive Approaches in the Treatment of Alcoholism." *Social Casework* 56, 480–498.

Tosi, D. (1974). *Youth Towards Personal Growth: A Rational-Emotive Approach.* Columbus, OH: Charles C. Merrel.

Weiner, H., and Fox, S. (1982). "Cognitive-Behavioral Therapy with Substance Abusers." *Social Casework* 63, 564–567.

Werner, H. (1965). *A Rational Approach to Social Casework.* New York: Association Press.

Werner, H. (1982). *Cognitive Therapy: A Humanistic Approach.* New York: Free Press.

Werner, H. (1986). "Cognitive Therapy." In Turner, F. (ed.), *Social Work Treatment.* New Yokr: Free Press.

Witkin, S. (1982). "Cognitive Clinical Practice." *Social Work* 27, 389–395.

Yalom, I. (1980). *Existential Psychotherapy.* New York: Basic Books.

Yalom, I. (1989). *Love's Executioner.* New York: Basic Books.

Zastrow, C. (1981). "Self-Talk: A Rational Approach to Understanding and Treating Child Abuse." *Social Casework* 62, 182–185.

第六章

沟通理论和社会工作干预

吉尔伯特·J.格林

沟通理论对社会工作者的指导性非常强，因为实务的成功有赖于我们与案主的有效沟通。社会工作实务的基本信条是让案主与工作者都感到轻松和舒适，这样才能开放地进行相互沟通。社会工作者必须清楚知道如何与案主进行沟通才能建立相互信任关系，使得案主能够与自己自由开放地沟通。此外，要想帮助案主在自己的生活中建立一种动力关系，就需要处理好其与重要他人的沟通。社会工作实务中常见的一项任务就是改善案主的日常沟通技巧。当然，人际沟通是一个复杂、多面向的过程，因此，社会工作者不能只关注培养"助人关系"，而是要协助提高案主与重要他人之间的沟通能力。

本章要讨论的沟通理论，主要关注如何从案主面临的问题中找出他们表现出来的有缺陷的沟通模式。这些不足的沟通模式是他们与人互动的规则。由于这些问题模式已经深深融入了案主的沟通之中，社会工作者必须知道如何有效地与之沟通，以打破这些模式，促进案主在与他人的交往中发展或寻找新的有效的感受、思考和行为方式。

本章讨论的内容基本上以加利福尼亚州帕洛阿尔托的精神研究所（以下简称精神研究所）提出的沟通理论为基础（Watzlawick, Beavin, & Jackson, 1967；Watzlawick & Weakland, 1977；Jackson, 1968a, b）。精神研究所提出的沟通理论源于人类学家格雷戈里·贝特森（Gregory Bateson）及其团队自 1952 年以来基于帕洛阿尔托的弗吉尼亚退伍军人管理局医院的研究成果。这个团队建于 1957 年，最初的成员包括化学工程师和人类学家约翰·维克兰德（John Weakland）、沟通专家杰伊·哈利（Jay Haley）、精神病学家威廉·弗莱（William Fry）和唐·D.杰克森（Don D. Jackson）等人。

贝特森在加利福尼亚州帕洛阿尔托的研究源于洛克菲勒基金会的一个名为"沟通中抽象化悖论的意义"的研究课题。起初，这个项目只是从人类学家的角度来研究与非临床被试沟通中抽象化的悖论，研究的范围涉及动物之间的沟通、动物与人的沟通等（Weakland, Watzlawick, & Riskin, 1995）。这项研究进行了几年之后，贝特森及其研究团队在帕洛阿尔托退伍军人管理局医院中开始观察、拍摄和研究精神分裂患者与家人之间的互动，逐步聚焦于人类的沟通，特别是问题行为及其治疗。贝特森及其研究团队（Bateson et al.，1956）发表的论文《关于精神分裂症理论》是他们最有影响力的一篇论文，因为这篇论文首次提出了"双盲理论"这个概念，并将其界定为人类关系中的重要因素（本章后面会详细讨论这一点）。此后直到 1962 年项目结束，他们还陆续发表了若干论文。

1959 年，唐·D. 杰克森离开了这个团队，与朱尔斯·里斯金（Jules Riskin）和社会工作者弗吉尼亚·萨提尔（Virginia Satir）一起组建了心理研究所，研究所成员与贝特森的项目成员继续合作了几年，共同开展研究。随着贝特森项目活动的减少，1960 年，保罗·瓦特拉威克（Paul Watzlawick）加入了心理研究所，1961 年杰伊·哈利和约翰·维克兰德也加入了研究所（Weakland et al.，1995）。在心理研究所工作了几年之后，哈利和萨提尔先后离开，最后，他们建立了自己的临床培训项目。瓦特拉威克和维克兰德继续与心理研究所合作，此外，社会工作者林恩·西格尔也与心理研究所密切合作很多年。

一开始，心理研究所的成员是运用沟通理论来支撑自己的研究的（Watzlawick et al.，1967；Weakland，1976；Segal & Bavelas，1983），所以，他们也称自己的研究为"交互视角"（Watzlawick & Weakland，1977）。发展到现在，沟通理论已经成为不同形式的"策略治疗"的主要理论基础。策略治疗的主要内容包括所谓的精神研究所视角（Segal，1991a）、杰伊·哈利视角（Jay Haley，1984，1987）以及克洛·麦德尼斯视角（Cloe Madanes，1981，1984），还有意大利的米兰小组视角（米兰学派）（Selvini Palazzoli, Boscolo, Cecchin, & Prata，1978）。本章的重点是介绍基于沟通理论的策略治疗，特别是精神研究所视角。

尽管出版了很多有关沟通的社会工作文献，但是，将沟通理论作为社会工作实务具体方法论述的文献尚不多见。朱迪斯·内尔森（Judith Nelson）是将沟通理论作为社会工作实务方法的最著名的学者（Nelsen，1978，1980，1986）。当然，还有一些社会工作者为推动策略治疗进入社会工作实务领域做出了杰出的贡献，他们发表的论文主要集中在在家庭治疗领域，而非社会工作领域。他们包括：阿隆·布罗斯（Allon Bross，1982），布莱恩·凯德（Brian Cade，1980），大卫·格罗夫（David Crove，1993），林恩·霍夫曼（Lynn Hoffman，1981），佩吉·帕普（Peggy Papp，1983），林恩·西格尔（Lynn Segal，1980），奥尔加·西尔弗斯坦（Olga Silverstein，1986），以及安德鲁·索洛维（Andrew Solovey，1989）。事实上，布雷弗曼（Braverman，1986）很早就指出，社会个案工作的先驱们早期所运用的技术和视角，与当今的策略治疗是一脉相承的。

基本假设

人类沟通的语用学

精神研究所早期的研究（Watzlawick，Beavin，& Jackson，1967）基本集中在人类沟通的语用学上，也就是认为沟通会影响行为。瓦特拉威克及其同事指出"……所有的行为，不仅仅是言语，都是沟通；所有的沟通——即使在非正式的情境中的沟通——都会影响行为"（1967，p. 22）。这些学者们关心的是，沟通中的双方既是信息的发出者，又是信息的接受者，他们是怎样影响彼此的。

信息

谈到沟通，就不能不谈信息。贝特森（Bateson，1979）认为，信息是"与众不同的"（p. 99）。信息是对现象进行比较并明确现象间区别的结果。这个观点将信息与新事实区分开了。一个新事实如果与我们对自己或社会的假设一致，可能就不算是信息。当沟通中出现了与我们目前的假设类别不同的内容时，便产生了信息。这样的沟通是真正意义上的"差异新闻"，是"与众不同的"，信息的新颖性是相对于人们目前的假设类别而言的。

信息会影响社会系统运作的方式。社会系统及其环境会通过反馈来彼此产生影响。反馈就是将系统输出的一部分信息重新引入系统（Watzlawick，et al.，1967，p. 31），瓦特拉威克及其同事（Watzlawick，et al.，1967）认为，沟通的单位是信息，而互动则是两个人之间的对若干信息的交换。久而久之，沟通的反馈过程会变得冗长、模式化，这些互动模式成了系统的规则（假设）。贝特森（Bateson，1979）指出，没有信息，系统就无法改变，也就是说，新鲜的或新奇的输入会成为系统超越自身目前规则或假设的催化剂。

人类沟通的公理

精神研究所交互观的核心是他们提出的沟通的五大公理。

第一个公理：人们不可能不沟通（Watzlawick et al.，1967，p. 51）。在他人面前，我们不可能不做出一些行为，也不可能不沟通。即使在他人面前我们保持沉默，我们也是在向他人表明自己在此时此刻没有兴趣进行谈话。对方则会对这个状态做出意义判断，从而确定对方的沉默可能是傲慢的表现，可能是不善于社交，也可能是患上了精神疾病。一旦人们无法让对方理解自己，就会出现人际关系问题。人们可以排斥、接纳或终止与他人的沟通。无论如何，沟通都应该是清晰明了的，这样才会让参与沟通的双方彼此确定是该排斥还是该接纳。终止沟通会使现状变得模棱两可。终止沟通会中断自己或他人的沟通，且有着各种不同的终止方式，例如"自相矛盾、断断续续、变换话题、离题、句子不完整、误解、模糊不清、矫揉造作、用字面意思解释隐喻、用隐喻解释字面意思等"（Watzlawick et al.，1967，p.76）。还有一种规避清晰沟通的方式是通过症状性行为使人相信导致沟通不清晰的是某些症状，而非个人所为。

第二个公理："每次沟通都是有内容的且涉及关系层面，关系会对前者即内容进行分类，从而构成了所谓的元信息沟通。"（Watzlawick et al.，1967，p.54）人际交流中，人们不仅在传递实质性的信息，同时还在对彼此之间的关系进行定义（Haley，1963），这就是所谓的围绕沟通而沟通（Watzlawick et al.，1967）。哈利指出，人们彼此间不仅在传递信息，他们还在就自己的沟通进行沟通。对自己的沟通进行的沟通，就是元信息沟通（Haley，1963）。元信息沟通指的是对信息的审核。沟通需要被其他的语言信息、身体动作的非语言行为、副语言模式或者沟通情境审核（Haley，1963）。如果人们在关系层面不能达成共识，他们就会试图在内容层面达成一致，但是，这只能给他们的关系带来暂时和平，因为他们之间的差异仍然没有被消除，于是，他们的关系还是会出现问题。

第三个公理："某种关系的本质取决于沟通双方沟通序列中的标点符号等细节。"（Watzlawick et al.，1967，p.59）这个公理涉及关系中的因果关系，或者归因关系。众所周知，标点符号的作用是给文章断句，并赋予它们意思，例如，标点符号可以帮助我们找到句子的开始和结束，人们运用标点符号将沟通链截断，以便更好地表达自己的意思。例如，当一对夫妻发生争执时，他们常常会拼命指责对方挑起了事端。每个人都坚信自己对问题的看法是正确的。这个情况之所以出现，是因为每个人都会从自己的角度来给事件序列打上标点符号。他们采用了不同的、但同样有事实依据的方式来切断沟通链，并赋予它们意义，找到事件的开始（谁挑起事端）和结束。

第四个公理：人们会以数字和类比推理的方式来进行沟通。数字沟通指的是运用文字，文字是"任意的符号，可以被语言的句法逻辑操控"（Watzlawick et al.，1967，p.61）。类比推理沟通则包含了所有的广义的非语言沟通，诸如"姿势、手势、面部表情、声调变化、顺序、节奏、吐字的抑扬顿挫等"（Watzlawick et al.，1967，p.62），还包括沟通所处的情境。这个公理与第二个公理有一定的关联，因为信息的情境常常会通过数字来传递，而信息的关系层面的内容则会通过类别推理来传递。

第五个公理："所有的沟通交换要么是对称的，要么是互补的，这取决于它们建立在平等还是差异基础之上。"（Watzlawick et al.，1967，p.70）在对称沟通中，双方的互动方式会让他们认定彼此的关系是平等的；在互补性沟通中，双方的互动方式会让他们认定彼此的关系是一方高高在上，而另一方低人一等。如果双方在互动中表现出了对彼此关系界定的分歧，但又缺乏应有的规则来成功进行元信息沟通、有效协商定义彼此的关系时，就会出现沟通困难和关系矛盾（Watzlawick et al.，1967）。

从上述五个公理中我们可以看出，人际沟通有不同的层面。正因有着不同层面的沟通，人际沟通和人际关系中很容易存在混乱和模棱两可。当这些混乱和模棱两可不可避免地出现时，处在某种关系中的人们，一般都愿意并且能够做到进行开放、直接的沟通（或者元信息沟通）。如果缺乏这种愿望和能力，便可能会给互动带来困难，导致彼此之间关系出现问题。

双重约束

关系中的问题一般出现在双重约束情境中。按照阿贝勒（Abeles，1976）的说法，"双重约束理论关注的是各种关系，关注的是当重要的关系经历了悖论性的互动慢慢走向恶劣之后，可能会发生什么"（pp. 115-116）。瓦特拉威克及其同事（Watzlawick et al.，1967）将悖论定义为"根据连贯性前提做出正确的推论之后出现的矛盾状况"（p. 188）。经典案例是说谎者的悖论处境：在回应社会工作者针对自己的问题做出的提问时，一个男人回答说："我撒谎了。"在这种情况下，如果这个男人的确撒谎了，他就是在说实话；如果他说的是实话，他就是在撒谎。对于社会工作者来讲，此时如果试图搞明白事实真相，显然就会面临一个"两难处境"。

如果我们用双重约束情境来分析一个孩子与父母的关系时，会发现它特别能说明问题。儿童发展会经历学习阶段，这时，孩子们往往容易问这样的问题，即"我是谁?""什么是大人期望的、可以接受的行为?"甚或是"什么是真实?"。在一个双重约束的学习环境中，孩子永远不可能从父母那里得到上述问题的直接答案。贝特森及其同事（Bateson et al.，1956）提出了双重约束的"基本要素"，后来还有学者进一步细化了这些要素（Sluzki，Beavin，Tarnopolsky，& Veron，1967；Sluzki & Veron，1971）。人们认定了以下双重约束的基本要素。

（1）彼此之间关系紧张，涉及两个或者更多的人，其中一个人占上风，其他人居下风，由于关系紧张，居下风的人需要准确解读占上风的人向自己传递的信息。最好的学习双重约束世界观的情境是原生家庭，一个孩子居下风，父母中至少一人占上风。双重约束情境可能也会将父母中的另一个、兄弟姐妹或者祖父母等人包括进来。如果双重约束只涉及父母中的一个和一个孩子，那么，要想这种影响能深远持久，就需要禁止其他人加入，来抵销双重约束的影响。

（2）双重约束的机制是这样的：占上风的人（父母）通过语言向居下风的孩子发出信息（指令或者警告），告诉他如何感受、思考或者如何做（该做什么，不该做什么）。为了"激励"孩子，父母总是使用惩罚或者是威胁要惩罚的方式，却从来不用奖励，长此以往，就建构了这样一个情境——孩子要不断学习以避免惩罚，而不是争取奖励。对此，贝特森及其同事（Bateson et al.，1956）指出，"因此，这种惩罚可能会是不再喜欢孩子，或者

向孩子表达愤怒或憎恨，或者更加令人不爽的是，由于对父母所表达内容的极端无助，孩子会产生遗弃感。"（p. 253）

（3）同时，父母会向孩子发出语言信息，但他们还会发出其他非语言信息，这些信息与语言信息是自相矛盾的。这些非语言信息可能会通过"体态、手势、声调、故意的行动来表明隐藏在语言信息背后的真实意义"（Bateson et al.，1956，p. 254）。

（4）父母们有时会发出一些互相矛盾的信息，但是不会总是这样。之所以成为双重约束，是因为孩子无法逃离这个情境，或者无法通过元沟通来澄清这些互相矛盾的信息。年龄较小的孩子因为对父母的依赖而无法逃离，但是，年长一点的孩子如果也无法逃离的话，就是因为"父母会采取某些积极的手段，例如，反复无常地承诺爱孩子等"（Bateson et al.，1956，p. 254）。在双重约束情境中，如果孩子对互相矛盾的信息进行评论，或者试图让父母澄清他们的意图（父母的元沟通）时，父母会否认自己的信息是自相矛盾的，或者会批评孩子跟自己顶嘴。由于孩子永远得不到一个直接的答案，他们就会永远处在一个无法摆脱的、似是而非的、不能取胜的情境中，孩子"做了也会挨骂，不做也会挨骂"。

（5）对于孩子而言，要永远学习透过双重约束看待世界，这样，双重约束的经验会不断重复出现，并得以持久化。

双重约束情境对当事人而言是非常令人困惑不解、不知所措的，结果就是会使他产生焦虑、紧张和情绪激动（Bateson et al.，1956，p. 254）。当人们学会了用双重约束的沟通模式与外界交往，他在面对他人的双重约束沟通模式时，即使没有遇到类似的矛盾信息，也会变得高度敏感。久而久之，这个人就会完全不信任他人的沟通，即使对方的信息是直接的、清晰的、一致性的。结果就是，居下风的人在建立起这种双重约束世界观之后，即使他处在上风位置，也会从居下风的人那里获得双重约束的信息。最后，两人或多人之间的这种相互的双重约束信息模式就会被固定下来，不再存在一个人占上风，一个人居下风，两个人就这样一起陷入了这种模式中不能自拔（Elkaim，1990）。

为了进一步说明双重约束情境，贝特森及其同事（Bateson et al.，1956，pp. 256-258）举了一个例子。有位母亲对自己的孩子有极端情绪，例如敌意或溺爱，同时又想远离这个孩子。但是，母亲不是直接说"走开，我想自己待会儿"，而是说"去睡觉吧，你累了，我想让你去睡觉"。这种充满爱意的表达掩盖了母亲真实的想法："在我面前消失吧，我讨厌你。"如果孩子能够准确地意识到母亲的真实想法，那么就会接受这样的事实，即母亲不想自己待在她身边，但却用了一个充满爱意的表达来说明这件事。但是，如果孩子把母亲充满爱意的表达当真了，那么可能就会向母亲表达进一步的亲近，这反过来使得母亲更加讨厌这个孩子。如果孩子不跟母亲亲近，那么，母亲会认为孩子觉得自己不爱他。母亲会难以接受这一现实，于是会生孩子的气。如果孩子想了解到底发生了什么事情，或者想进一步澄清母亲的想法，母亲可能会骂孩子不听话、不乖、敢顶嘴。于是，孩子会觉得最简单的方式就是母亲怎么说就怎么做。因此，孩子会因为准确地理解母亲的想法而受到惩罚，同时，也会因为错误地理解了母亲的想法而受到惩罚，这个情境就是双重约束（Bateson et al., 1956, pp. 256-258）。

问题和症状

在双重约束情境中长人的孩子，常常会表现出很多行为问题。尽管人们最初是从理论上提出这种情境是精神分裂症的直接病因，但斯卢茨基和韦龙（Sluzki & Veron, 1971）认为，双重约束是导致各种临床失调症的主要根源。哈利（Haley, 1963）认为，问题症状的出现跟某人的行为对他人产生重要影响有关，症状表现者都表示，自己是无法控制行为的出现的，也就是说，他们表现出的症状行为是"非自愿的"。从沟通理论的角度来看，症状行为涉及了不同层次信息之间的不协调性。在这种状态下，症状表现者"做或者不做一些极端行为，都表明他这么做是因为自己难以控制自己"（Haley, 1963, p. 5）。因此，症状行为的出现与个体无法通过直接沟通来界定自己与他人的关系有关（Haley, 1963）。症状的出现成为人们控制对关系的定义的方式，而与此同时，他们还会否认自己出现了症状行为（Haley, 1963）。

症状行为的一个副作用是它会使得症状表现者的社会世界以及他们的重要他人的社会世界变得更加可预测（Haley, 1963）。另一个副作用是它"保护了"症状表现者的重要他人不用面对自己的问题，例如抑郁症、焦虑、不安全感、无能、低自尊等（Haley, 1963）。这些副作用的出现，并不是症状表现者有意识造成的，或者是与重要他人公开讨论后的结果，相反，副作用是通过一种非语言表达的交换产生的（Haley, 1963; Jackson, 1965）。同时，出现症状对当事人来讲是非常痛苦的，对其现实生活中的重要他人来讲也是令人不快的。

初级和次级改变

由于出现了问题会令人不愉快，当事人会竭尽全力来摆脱这些症状，重要他人出于关心和担忧，或者是想要一劳永逸地解决这些问题，也会不断做出努力。但是，有问题的当事人的努力以及重要他人的努力并不会使期望中的改变发生。有问题的当事人常常会不断加强努力，以推动改变，而这些努力并不会产生期望的结果。当出现这种局面时，很多人会更加努力地采取无效的手段，当然，其结果还是无效的。不久，这些人就陷入了一个"恶性循环"中，他们不了解的是，解决问题的努力却使问题继续存在，这就是所谓的"解决办法本身也成了问题"。精神研究所方法将他们重复使用"完全一样的"无效方法来解决问题的行为称为"初级改变"（Watzlawick & Fisch, 1974）。

初级改变指的是根据案主系统对变化的假设和规则而做出的改变。改变的努力对案主系统而言是符合逻辑和基本常识的，因为它们与案主对改变的假设是一致的。结果，有问题的当事人以及重要他人都会做出如下假设：如果他们采取的解决措施没有带来预期的结果，那么，他们就需要采取更多的措施来解决问题；如果这些措施还不奏效，他们会更加努力地采取同样的方式来解决问题。初级改变常常会走向问题的反面。例如，患失眠症的人常常会有意识地、固执地试图让自己入睡，当父母认为自己青春期的孩子的想法不理性或者行为不当时，他们会向孩子提出理性诉求。初级改变中常见的做法是提出建议、唠叨、惩罚、提供有逻辑且理性的诉求、说教等，其结果是"情况改变了，但是问题依然如故"（Watzlawick et al.，1974，p.1）。

初级改变中所有的努力对于案主系统来说没有任何新意，因此，各种努力都是出于案主对世界的假设，且常常不会带来任何改变（Dowd & Pace，1989）。案主系统会陷入初级改变的怪圈中，是因为他们缺乏灵活性，无法让自己换个角度、跳出自己的情境看问题。他们缺乏一个能够改变自己原先规则的新规则（即元规则）来解决自己的问题。为了改变原先的规则，这些出现了行为问题的人需要能够就自己的沟通进行沟通（即元沟通），这样，才能建立新的规则。如果缺乏这种元规则（也就是进行元沟通的能力），那些在系统中依然按照自己对世界的假设来行事的人，便无法发生改变。要打破这个僵局，案主系统需要经历"次级改变"（Dowd & Pace，1989；Watzlawick etal.，1974）。

次级改变指的是位于案主系统现有规则（假设）之外的改变，它是现有规则的延伸，会造成规则的复杂化。这种改变的催化剂是向案主系统引入新生事物（具有意义的不同的东西），使其从自己的环境角度来不断适应这些新生事物（Dowd & Pace，1989）。由于次级改变超越了案主现有的假设世界，他们常常会把这些新生事物当成不合逻辑的、反常理的事物，甚至是奇怪的、激进的事物，这可能会导致系统的失衡。一旦案主成功地适应了这个新生事物，他们就会经历成才、发展和改变（Dowd & Pace，1989）。

治疗

策略治疗的很多方法都聚焦于解决案主眼前的问题。干预的一个更加重要的焦点是关注那些无效但又维持问题存在的解决问题的模式。因此，临床工作者在发展和实施干预时，需要打破这种维持模式，为案主打开一扇门，让他们尝试一些新的、不同的方式。精神研究所方法的实用性导向提倡的是，如果我们做的事情不能有任何结果，那么，我们就不要继续下去，而是要尝试新的方法（Fisch et al.，1982）。这种实用的态度对社会工作者是非常有启发性的，我们需要采取策略式的方式来进行实践，这些方法与大多数理论方法是大相径庭的（Fisch et al.，1982）。

125　　多德和佩斯（Dowd & Pace，1989）指出，治疗中采取的很多方法都运用了初级改变的干预，试图改变案主系统。这些方法之所以被称为初级干预，是因为它们是符合逻辑和常理的，旨在促使问题走向自己的反面，关注点在于改变问题本身，当案主不回应或者不配合治疗时，也会采用过去无效的方法。多德和佩斯（Dowd & Pace，1989）认为，我们需要采取干预措施，以促使次级改变的出现。次级干预聚焦于改变案主使用过的方法，而不是问题本身。当然，如果案主、他们的重要他人，或社会工作者使用了完全不同的解决问题的方式，那么，问题就一定会得到解决。

治疗的不同阶段

为了与自己的实用导向保持一致，精神研究所策略治疗将整个治疗过程分成了阶梯形步骤。下面就是精神研究所的治疗阶段的改编（Nardone & Watzlawick，1993）：进入案主系统，界定问题，界定预期结果目标，明确试过的解决方法，发展和实施变化策略，结案。

（1）进入案主系统。这实际上类似于建立治疗关系，社会工作者必须知道如何沟通，这样案主与社会工作者在一起时才会感到舒适，并产生信任感。进入的过程中，社会工作者需要运用同感、接纳、支持和真诚等方法，要保持关注。如果社会工作者能够与案主通过非语言达到默契，并"能够运用案主的语言"（Nardone & Watzlawick，1993），那么，进入案主系统就会非常容易。这需要一开始就适应案主的语言和非语言沟通方式。在运用案主的语言时，社会工作者必须仔细认真地观察和倾听案主使用的比喻、修辞方法，以及对现实的看法。这一点是非常独特的，与其他的工作方法有很大的差异，其他方法只强调让案主学习运用治疗师所使用的理论性语言。拿度和瓦特拉威克（Nardone & Watzlawick，1993）指出，很多研究发现，人们在听到自己熟悉的事件时会感到放心和舒适。一开始就使用案主的语言和非语言沟通方式，有助于建立熟悉感和舒适感。

（2）界定问题。这需要根据案主的描述来准确、具体地界定问题。所有的问题可能会涉及三个领域：个体与自己的关系，个体与他人的关系，个体与世界的关系。这里会"涉及个体所处的社会环境、价值观和社会规范"（Nardone & Watzlawick，1993）。要准确具体地描述问题，社会工作者需要从案主那里收集以下信息：案主如何界定这个问题？问题的表现形式是怎样的？当问题出现时，会有人出现吗？问题恶化时，谁会在场或谁不在场？问题常常会出现在哪里？问题在什么背景下出现？问题出现的方式和频率是怎样的？谁会从问题中受益？如果问题消失了，会产生怎样的负面后果？（Nardone & Watzlawick，1993，p.50）。换言之，要从谁、什么、哪里、怎样以及多久的角度，从案主那里了解清楚问题的准确和具体信息。

（3）界定预期结果目标。界定预期结果目标也需要尽量具体和准确，要了解案主的想法。在界定服务目标时，社会工作者要让案主描述问题解决的前景，或者问题如何解决才能让案主感到满意。此外，预期结果目标应该用积极的方式来呈现，而不是使什么东西消失。这个目标能够给治疗提供一个具体的焦点，并为实务评估打下基础（Greene，1989；Nardone & Watzlawick，1993）。设定一个具体的预期目标实际上是对现实的一个间接的预见，案主在描述问题解决后的未来时，会想象自己和重要他人的未来是怎样的。同时，社工与案主共同讨论并对治疗目标达成共识，这会增强案主在治疗中的配合和投入度，以便成功地实现预期目标（Nardone & Watzlawick，1993）。

要做到尽可能准确和具体地界定预期目标，精神研究所方法强调要询问案主他/她希望的改变的最低指标是怎样的。要了解这一点，社工可以这样询问案主："如果真有改变，你认为什么是第一个重要的改变标志？"（Fisch，Weakland，& Segal，1982，p.79），或者"你认为什么样的改变可以是你走向有意义的改变的最低标志？"这样的提问可以分解问题和预期目标，提升案主在治疗早期实现和经历成功的可能性。

（4）明确试过的解决方法。明确试过的解决办法指的是要让案主和重要他人明白他们是怎样陷入了初级改变的怪圈之中。这时，社会工作者希望了解的是案主及重要他人过去都采取了哪些措施来解决眼前的问题，实现预期目标。通过明确初级改变中尝试过的解决办法，社工一开始就能够了解需要避免使用哪些干预方法。费什等人（Fisch et al.，1982）把这个称为"雷区"。精神研究所方法认为，怪圈中维持问题的模式可能跟早期尝试过的方法无关，因此，没有必要一定要研究案主的内心世界或过往的历史（Nardone & Watzlawick，1993，p.52）。

（5）发展实施变化策略。经过问题评估、目标制定和了解尝试过的方法之后，就要开始发展和实施改变策略了。对于一个陷入怪圈的案主系统而言，改变策略同时应是次级改变，才能带来持久的积极改变。次级改变策略需要与维持问题存在的、尝试过的解决方法完全不同，干预的焦点在于中断已尝试过的方法（Fisch et al.，1982）。策略治疗认为，一旦打破这个怪圈，案主就会拥有用于实现期望的改变的资源。作为一般性原则，实务工作者最初的干预应该是寻求小的改变（Fisch et al.，1982）。案主可能更加容易配合一些小的改变，以此启动改变的程序，从而推动改变，一步步朝着大的改变迈进（Fisch et al.，1982）。

治疗的策略性方法要比其他治疗方法更加简略，因为它是一种以问题和目标为本的治疗，最初的干预是要完成那些案主日常生活中需要完成的任务。治疗关系之所以重要，是因为它能够协助案主完成这些任务，而不是成为案主改变的载体。

（6）结案。最后，与其他治疗方法一样，结束治疗并不是一个重要的问题（Fisch et al.，1982）。鉴于实务工作者与案主在治疗过程中，都关注的是解决眼前的问题和实现预期的目标，这个任务一旦完成，就可以安排结案了（Fisch et al.，1982）。当案主能够准确且具体地界定眼前的问题和预期结果，那么，实务工作者和案主都会意识到，当问题得到解决、目标得以实现时，也就不再需要治疗了。

技术和策略

治疗的策略性方法实际上是一种思维方式，而不仅仅是提供了一个干预清单。在本部分中，我们将回顾一些人们常用的策略干预方法。在过去几十年中，治疗的策略性方法催生出了很多具体的干预技术。总体上看，可以分成以下四种类型：（1）意义重组；（2）限制改变；（3）定位；（4）行为处方分析（Dowd & Pace，1989）。

意义重组

意义重组指的是实务工作者为案主目前所处的问题情境中的某些"事实"提供貌似合理的、选择性的意义。这样，情境中的"事实"虽然不能改变，但是案主及重要他人赋予它们的意义却在改变（Watzlawick et al.，1974）。大部分的意义重组技术需要实务工作者将案主及重要他人赋予情境"事实"的负面意义剔除，转而赋予其一个正面的意义，这也被称为正向解读（Selvini Palazzoli et al.，1978）。值得注意的是，实务工作者在提供貌似合理的、选择性的意义时，要采用试探性的方式，以避免与案主就对错而产生不必要的争执。一旦意义重组成功，案主就不会再回到过去那种狭隘的、导致自己陷入怪圈的世界观中了（Selvini Palazzoli et al.，1978）。这种正面的意义重组会给案主认定的世界带来新生事物，能够使他们习惯性的问题维持模式出现裂缝（Nardone & Watzlawick，1993）。

128

这里有一个在家庭治疗中使用意义重组的例子。一个 6 岁的孩子有脱轨行为，可能是关心和保护其患抑郁症的父母导致的。当孩子行为失范时，父母会对他/她非常生气，这样，孩子的失范行为就成功将父母从其抑郁状态中调动出来了。父母生气对孩子而言反而会让孩子放心，因为孩子们宁愿父母对自己发火，也不愿看到他们陷入抑郁。

限制改变

在干预早期和后期积极改变开始出现时限制案主的改变，是非常有用的。限制改变的干预可以采取不同的形式，也可以与其他一些常用的方法并用，比如，实务工作者可以建议案主"从现在开始应放慢脚步，以做出改变"，或"太快做出太多的改变未必是件好事"。限制改变的干预计划对那些喜欢抱怨的案主而言很有帮助，他们的问题出现的原因常常是人们希望消除他们的强迫性思维、焦虑和失眠等症状（Teenen，Eron，& Rohrbaugh，1991，p.197），从而采取了一些限制改变的策略，而这些举措会促使他们的问题维持模式短路。

限制性干预还对那些具有对抗性或抵制性的案主非常有帮助，因为他们可能会以各种方式来抵抗实务工作者，常见的做法是采取与实务工作者的要求完全相反的举动。对于那些没有完成家庭作业，或者对改变目标不太明确的案主，实务工作者可以先与他们讨论"改进之后可能出现的危险性"，或者"不改变可能出现的益处"之类的问题。这样的干预是与案主的重要他人的目标相违背的，他们一直希望案主做出改变，因此，这里的关注点一定要放在讨论改变的益处上。

当案主对自己或他人的改变抱有很高的期望时，这项技术也是非常有效的。一般来讲，实务工作者开始使用限制改变的干预时，案主都会有如释重负的感觉。案主能够感受到实务工作者的接纳和非判断，因为实务工作者不会像自己或重要他人那样，对自己的瞬间改变寄予过高的期望，这样反而有助于案主尽快走进干预过程，在治疗中给予配合。案主一旦开始了积极改变，实务工作者常常会期望他们有更多的改变。有些改变即使很小，也是需要时间来稳定和维持的，限制改变就是在帮助他们稳定和维持这些改变。此外，如果案主比较抗拒，他们甚至可能做出更多的积极改变，而这正是治疗的初衷所追求的。

定位

一般来讲，问题维持模式会涉及案主的朋友、家人和其他人，这些人会不断表达自己的乐观态度，相信案主能够并且一定会改变。案主对这种乐观态度通常是比较悲观的。尽管这样，重要他人越是乐观，案主越会以悲观的态度来回应，结果就是陷入一个不断发展的、螺旋式的恶性循环之中。要想打破这个恶性循环，实务工作者就要持有一个比案主更加悲观的态度。实务工作者在倾听了案主讲述的自己与重要他人之间对自己的问题的讨论之后，可以以这样的方法进行回应："琼斯先生，我对你的情况并不乐观，实际上，我很惊讶，事情并没有你所说的那样糟糕。"如果案主面临着一系列的"治疗失败"，实务工作者还可以这样说："也许我们都要面对现实，共同合作完成我们的一个任务，那就是你要学会应对目前的处境。"实务工作者表达出比案主更严重的悲观态度，会促使案主用乐观来挑战实务工作者的悲观。重新定位对那些对抗性的案主尤为有帮助，这些人通常都是"拒绝帮助的抱怨者"（他们常常会跟专业人士玩"是的，但是"的游戏）。

行为处方分析

很多实务方法认为，案主如果理解了自己目前行为的产生原因，就会发生预期的改变。但策略治疗认为，顿悟不是改变的必要条件，如果案主的确需要顿悟，他们在做出预期的行为改变之后，也会出现顿悟（Nardone & Watzlawick，1993）。为了推动改变，策略治疗提倡使用行为处方分析（Nardone & Watzlawick，1993），这个方法有时也被称为指导性方法（Haley，1987）。

实务工作者可以直接使用处方分析，向案主提供好的建议和信息，以促进预期的改变。向案主提供如何改变的建议，通常是无效的，因为他们在接受治疗之前，一定已经有很多人向他们提供了无数好的建议，但是案主都没有采纳（Haley，1987）。提建议通常包括告诉案主他们怎样做才能消除问题和症状。这样的建议和信息都属于初级改变干预，对此，大部分的理论强调的都是要采用这样或那样的方法（Dowd & Pace，1989）。尽管这些建议和信息都是正确的，但是很多案主仍然不会采纳这些干预方法，因为他们认为这些建议都是批评性的，是对他们的一种评判。案主不采纳这些建议，是因为他们希望保持尊严和自尊（Green，1996）。此外，案主不采纳这些建议，还因为在他们的原生家庭中，他们一直接受的是双重约束的沟通模式。他们学会了通过双重约束的视角来看待世界，不信任直接沟通，对"隐藏的信息"保持高度戒备。

行为处方分析也属于次级改变，同时是一个悖论。治疗性悖论（双重约束）是病理学悖论的镜中影像（Hoffman，1981）。在病理学悖论中，案主成年之后，可以对他们在原生家庭中的情况进行处方分析，以了解他们的感受、思维和行为。即使案主行为恰当时，他们也会被忽视，会被指责为行为不当或动机不纯，甚至会受到惩罚。因此，在原生家庭，孩子接受的口头指令是"要改变"，而非语言语境却说"不要改变"。在治疗悖论中，案主会在一个改变的情境中接收到"不要改变"的信息（Hoffman，1981）。

治疗性悖论指的是习惯模式的改变，或者目前问题在频率或密度上的改变。实务工作者不要特别明确地试图改善眼前的问题，而要关注改变问题情况的完形的某些具体方面。要做到这一点，实务工作者要请案主带着问题或症状努力，但要在某些细节方面做出一些修改。因此，实务工作者不要直接让案主停止所有的症状，而要"面对抵抗"，运用问题（症状）来推动案主朝着期望的方向改变。一个设计合理的治疗悖论（双重约束）是这样运作的：如果案主按照处方行事，问题维持模式就会被打断，改变开始出现；但是，如果案主不遵守实务工作者的处方，那么，他们抵抗的唯一方法就是按照期望做出改变。在治疗悖论中（双重约束），案主的处境是"如果他们按照处方行事，他们就在改变，或者他们不按照处方行事，也在发生改变"，这一点与病理学悖论是完全相反的，在病理学悖论中，案主是"做了要挨骂，不做也要挨骂"。这样的处方会逐步带来改变，因为它要求案主自愿地表现出眼前问题的某个方面，而之前这些问题都会被描述成"非自愿的"（Haley，1987；Nardone & Watzlawick，1993）。

凯德和奥汉隆（Cade & O'Hanlon，1993）在讨论如何设计悖论性处方时，列出了下面的方法（引自O'Hanlon，1987，pp. 36-37）：

- 改变症状/症状模式的频率/速度
- 改变症状/症状模式的持续性
- 改变症状/症状模式的时间（多少天、星期、月、年）
- 改变症状/症状模式出现的地点（地域）
- 改变症状/症状模式的密度
- 改变症状的其他特点或环境
- 改变与症状相关的事件的序列（顺序）
- 在序列中找到一条短路（也就是说，从序列开始直接跳到结束）
- 中断，或者制止序列所有部分的出现（让其脱轨）
- 增加或减少序列中的元素
- 将完整元素分解成细小元素
- 在症状模式之外表现症状

- 在症状减少的情况下表现症状模式
131
- 修正模式
- 将症状模式的出现与其他模式联系起来——通常是一个不被期待的经验，一个应回避的行动，或者一个期望但难以实现的目标（症状-可能出现的任务）

大部分治疗悖论都会涉及描述问题相关的模式和序列的改变。这样的次级改变处方一般来说都是间接的，目前问题出现了改变，是因为主要的关注点在于改变问题维持模式（Nardone & Watzlawick，1993）。间接处方的类型有很多种。间接处方的选择，取决于案主目前问题的本质、问题维持模式，以及实务工作者的创造力。下面我们来看看其他间接处方的基本情况。

张扬而非掩盖：有时候会因为个人的遮掩而使得问题日益严重。例如，一个人患有焦虑症或者恐惧症，当别人在场时，他通常会试图控制并隐藏这些症状。但是，因为担心焦虑症表现出来，人们会变得更加焦虑。换言之，会因为焦虑而更加焦虑（预期焦虑）。结果，这个人会非常焦虑，而担心的事件往往会发生。解决这个问题的一个办法是敢于表达自己存在焦虑的问题，把自己的担心告诉他人，并且故意做一些自己担心的事情。瓦特拉威克等人（Watzlawick et al.，1974）举的一个例子有关对公开演讲的焦虑。人们越是故作轻松，掩盖自己对公开演讲的焦虑，就越会紧张和焦虑，演讲效果也就越差。相反的做法是试着这样说（平静和严肃）："在我正式发言之前，我先告诉大家一件事。我演讲时会非常紧张。我想提前告诉大家，我可能会非常紧张，可能会脸色苍白晕过去。但是不用担心，过后我会很快恢复正常，演讲会非常顺利。"听众常常会大笑，演讲者也会大笑，这样双方都会感到非常放松。按照这个方法，案主能够将过去非自愿的事情变成自愿的事情，这样，案主就会对"难以操控的事情"获得控制感。即使案主不能完全按照这个方法来行事，我们还是可以向他们提出这样的具有治疗性的建议，因为他们可能会在准备演讲时认真思考一下这个建议，暗自发笑，从而放松下来。

小原因大后果：使人们的焦虑不断升级的另一个原因就是"完美主义"。在工作中，人们可能会不断地担心自己犯错，生怕别人认为自己无能，甚至会被炒鱿鱼，这样问题就会出现。案主越是担心，就越会焦虑和不安，工作表现也就越不佳。最后，担心工作表现和焦虑会占据案主的大部分非工作时间。帮助案主处理这种输定的局面，应建议他们每天
132
故意在工作中犯一个小小的、不严重的错误。这样，案主就可通过故意做过去不愿意做的事情，慢慢地获得对"难以操控的事情"的控制感（Watzlawick et al.，1974）。

这种干预方法还可以用在一些学业表现不佳的案主身上。一个具有完美主义倾向的案主在学习和做家庭作业时往往会比较拖延。这样的学生常对自己提出极高的标准，强迫自己各门功课都要拿 A。由于这样的压力，学生就会将作业拖延到最后一分钟，结果就是作业质量平平。因此，实务工作者要指导学生在下一次做作业时，故意得一个 C。得 C 显然会让学生没有压力，同时他们可以很轻松地完成作业。这样的做法通常会减少学生的拖延，提升他们的学习成绩。

魔鬼约定：案主深陷怪圈的一个深层次原因是他们不愿意冒险做出改变。可以说，最安全的办法就是不断重复会维持问题存在的解决办法。这个动态关系常常出现在"拒绝帮助的抱怨者"案主身上。实务工作者提出的所有建议在他们身上都不奏效。有时，他们会同意做家庭作业，但是不会好好完成。尽管他们在抵抗，他们还是会说自己对目前的状况不满意，强烈希望能够得到解脱。按照魔鬼约定，我们可以要求案主同意做一件一定会带来改变的事情，但是，在实务工作者告诉他们做什么之前，他们要答应一定会去做。如果案主答应了，那么，改变就已经出现了，因为他们现在愿意在不了解到底要做什么之前冒险同意做出改变。这时他们是不安全的，因为他们同意做出承诺后，实务工作者让他们完成的任务可能会存在各种可能性。最好在一次会谈的结束时运用魔鬼约定方法，先不告诉他们这个一定可以完成的任务到底是什么，仅告诉他们可以先回去认真想一想，以确定自己的决定是正确的。这样可以提高他们的期望，并激发出愿意改变的动机。

单数日/双数日仪式：按照这种方法，要求案主第一天先做出一个行为，第二天做出另一个不同的行为。针对具体的个体，实务工作者可以要求案主在单日做出问题行为，在双数日做出期望的结果行为。这个方法可以帮助降低案主的抗拒程度，通过要求他们以半拍的方式而非全拍的方式来做出改变，逐步提高冒险程度（Bergman，1983）。此外，案主会比较容易接受这种方法，因为改变仅仅持续一天而已（Bergman，1983）。

这个方法可以被运用在家庭治疗中，例如孩子接受了父母自相矛盾的信息（双重约束），父母从来没想过改变自己的矛盾做法（Selvini Palazzoli，Boscolo，Cecchin，& Prata，1978）。在这种情况下，可以指导父母在每周的双数日中（周二、四和六）由父亲负责所有的育儿工作，母亲要当作自己不在家；在每周的单数日，母亲负责所有的育儿工作，而父亲则要当成自己不在家；每个周日，家中的每个人一起做平时该做的事情。

这个方法也适用于单亲家庭中祖父母向孩子发出了与单亲父母不同的信息的个案。此外，还适用于单亲父母向孩子发出了前后不一致的信息的个案。例如，可以要求单亲父母在双数日向孩子发出直接而严格的指令，在单数日向孩子发出仁慈的指令。

实务工作者还可以运用以下两项技术对案主开展工作，一是"采取下风位置"，二是"使用字斟句酌的语言"（Fisch et al.，1982）。在治疗过程中，实务工作者天然地处在上风位置，具有权威性，而案主会觉得自己处在下风位置，因为自己出现了问题，需要专业人士的帮助。这样的安排会增加案主的抵抗，减少他们在治疗中的配合，因为一般来讲，当自己居下风时，人们是憎恨专业和权威人士的（Fisch et al.，1982）。

为了消除这个障碍，实务工作者需要使自己处于下风的位置。下风位置可以通过不同的方法来进行表达，例如"很抱歉，我是一个比较关注细节的人，所以，当我提出一些可能有点吹毛求疵的问题时，请你原谅我"。在治疗早期，当案主就某个具体情境询问实务工作者自己该如何做的时候，实务工作者也可以采取这种方法。实务工

133

作者可以这样回应："我现在说不清楚，我还处在了解你的阶段，你才是自己的专家，你对自己的了解比其他任何人都要全面，因此，要进一步了解你，我还需要得到你的帮助。"

在使用字斟句酌的语言时，实务工作者要避免树立明确的立场，防止与案主之间产生不必要的权利争斗（Fisch et al.，1982）。在提出字斟句酌的建议和发表评论时，实务工作者要运用"也许""看情况""如果"等词汇。通过运用这些字斟句酌的词汇，实务工作者可以引入一些新的想法和行为，这样案主便不会因为这些建议出自实务工作者之口而拒绝采纳。只有当案主感到自己有权拒绝某些观点或建议时，他们才会认真考虑这些观点和建议。下面我们来看一个运用字斟句酌语言的例子："针对你的情境，我有几个想法，当然它们可能是正确的，对你有帮助，也可能是错误的，对你没有帮助。我发现，我准备提出的建议用在我过去合作过的人身上时还是蛮管用的，他们的问题跟你的问题比较接近，但不知道你的结果会怎样。当然，这只是供你参考。"另一个例子："我想提个建议，但是我不知道是否可以实施此建议。这取决于你是否有能力运用你的想象力，或者取决于你是否准备好了采取行动继续前进。"（Fisch et al.，1982，p. 31）

在社会工作实务中的运用

134   策略治疗提供了一个看待问题和解决问题的方法，适用于临床和非临床环境。为了适用于不同的案主，精神研究所策略治疗在临床背景中广泛运用于不同的个体治疗（Fisch, Weakland, & Segal, 1982）、夫妻治疗（Coyne, 1986；Green & Bobele, 1988）、一般家庭治疗（Hansen & L'Abate, 1928；Segal, 1980, 1991；Segal & Bavelas, 1983），特别是单亲家庭治疗中（Bray & Anderson, 1984；Morawitz & Walker, 1984）。至于策略治疗是否能够用于机构和社区，目前还没有出现专门的研究。在前两本专著中，精神研究所的成员用了若干个机构和社区的例子来阐释不同的概念（Watzlawick, Beavin, & Jackson, 1967；Watzlawick, Weakland, & Fisch, 1974）。

策略治疗中的几个特别的概念和干预方法曾被用来对机构和社区进行需求评估和干预。意义重组曾被系统地用于机构的领导和管理中（Bolman & Deal, 1991；Fairhurst & Sarr, 1996）。双重约束的概念也被用来研究跨机构和机构内部动态关系（Markowitz & Nitzberg, 1982），以及社区改变的动态关系（Andelson, 1981）。巴图内克和莫克（Bartunek & Moch, 1987）在初级改变和次级改变的基础上，提出了第三级改变的概念，以推动组织发展。此外，策略治疗还可以用来在机构内部推动个体的改变，以及机构自身的改变（Brandon, 1985；Morrissette, 1989；Schindler-Zimmerman, Washle, & Protin sky，1990；Woodruff & Engle，1985)。

　　将策略治疗运用到大的系统或社区中的相关研究不多。初级改变和次级改变的概念常用来讨论第一级、第二级和第三级现实问题（Greene，1996；Keeney，1987；Keeney & Silverstein，1986)。第一级现实指的是个体零散的行为，第二级现实指的是包含了个体零散行为的互动模式，第三级现实指的是包含了互动模式的社会生态系统。这些都反映了不同层次的社会现实，而沟通模式处在最高层面，覆盖了低一级的内容。这给社会工作治疗带来的启发是，如果低一层次的干预无效，就需要启动高一层次的干预。于是，第一级现实包含了对个体的干预，第二级现实包含了对夫妻和核心家庭的干预，第三级现实涉及对扩大家庭的干预，以及冲击了案主系统的大的社区的干预。基尼的模式以及精神研究所策略治疗都对社会工作宏观实务提供了很多的使用空间。例如，艾伦（Allen，1987）曾指出如何将策略视角用来分析和推动大规范的改变。

　　社会工作者曾成功地将策略治疗用于不同领域，来处理不同的问题，对待不同的案主：抑郁者（Chubb，1982）、中风后抑郁症（Watzlawick & Coyne，1980）、自杀行为（Aldridge & Rossiter，1983）、与焦虑有关的胃病（Greene & Sattin，1985）、慢性痛症（Shutty & Sheras，1991）、慢性病（Norfleet，1983）、酗酒（Fisch，1986；Potter-Efron & Potter-Efron，1986）、化学依赖（McGarty，1986）、青少年吸毒（Heath & Ayers，1991）、不明病因疾病（Weakland & Fisch，1984）、儿童保护服务（Weakland & Jordan，1992）、严重精神残疾（Bergman，1982；Haley，1980；Soo-Hoo，1995）、儿童问题（Chubb，1983；Efron，1981；Zimmerman & Protinsky，1990）、老人问题（Herr & Weakland，1979）、危机干预（Fraser，1986）、饮食紊乱（Moley，1983）、婚姻问题（Madanes，1980）、学业行为问题（Amatea，1989）、精神疾病等（Haley & Schiff，1993）。因为策略治疗关注中断问题维持模式，而不是治疗和诊断，所以它的适用性非常广泛。如果运用得当，策略治疗可以适用于所有类型的案主，可以处理他们所有的问题。但是在处理某些问题，例如自杀念头和药物依赖时，我们需要特别小心的是，千万不要针对症状提出解决方案，而是要促成问题维持模式或环境中的某个方面的改变。改变酗酒模式或环境中的某些方面，就能够为案主带来足够的新奇性，以促使其做出细小、积极的改变。

135

管理和培训因素

　　为了更好地掌握策略治疗方法，我们需要更强的能力来运用这些技术和方法。培育这样的能力，我们需要接受专门的培训，接受督导。精神研究所小组（Fisch，1988）、哈利和麦德尼斯（Mazza，1988），以及米兰小组（Pirrotta & Cecchin，1988）多年来就策略治疗方法提供了系统的培训和督导。很多人从这些培训计划中毕业，并继续提供培训和督导。尽管这三种培训项目的侧重点有所不同，但它们都有以下共同特点：（1）需要阅读大量书籍；（2）角色扮演；（3）观看别人的临床实务录像；（4）通过单面镜观察他人的临床实务；（5）请别人通过单面镜观察自己的临床实务；（6）中断咨询过程，让受训者提供建议和纠正性反馈；（7）观看自己的临床实务录像，并接受批评。

如果大家没有足够的时间或金钱来参加策略治疗计划，接受培训和督导，也可以通过其他方式来学习。在工作中，如果同事中有督导精通策略治疗，也可以接受督导的培训和督导。还可以寻找一些其他的社会工作者，他们也希望学习策略治疗方法，而且水平相当，大家可以一起开展联合治疗，或组成一个同伴督导小组（Rabi, Lehr, & Hayner, 1984）。这种同伴督导小组可以每月开展一次或两次学习活动，互相观看各自的临床实务录像，进行互相评论和评价，或者通过单面镜观察实务过程。此外，大家还可以参加策略治疗的工作坊，或租借和购买专家的录像带。最后，大家还是要大量阅读相关的文献资料，以增长知识。

如上所述，策略治疗可以用于很多领域，处理很多案主的问题。但是，如果在一个机构中，只有一名社会工作者采用策略治疗的方法来开展工作，这名社会工作者则应该听取其他同事、督导和管理者对自己工作的反馈和建议（Held, 1982）。策略视角采取了一个比较特别的范式，它与很多理论方法是不同的，在机构中，很多专业人士未必知道你到底在干什么，他们可能会对你的工作有很多的批评和指责。如果你是机构中唯一使用这个方法开展工作的人，你可能会感到孤独和沮丧。因此，我们建议你去参加策略治疗的培训，或者成立一个同伴督导小组。机构中有些人可能会对你置之不理，甚至会质疑你的工作，请记住，精神研究所方法的基本信条"采用管用的方法"是非常有益的，因为它可以帮助最难对付的案主做出积极改变。

实证基础

有很多公开发表的个案和奇闻逸事都体现出了策略治疗的有效性。然而，用完整的设计来证明策略治疗的有效性的研究还是不多见。精神研究所小组在案主接受治疗后的三个月内不断进行电话回访，以了解他们对治疗成功程度的自我评估。在一份包含 148 个个案的报告中，西格尔（Segal, 1991b）指出，38% 的人认为没有改进，26% 的人认为有明显改进，36% 的人认为特别成功，因为他们实现了所有的治疗目标。当然，这份报告中没有控制组或对比组的数据来进行比对。

丘博和埃文斯（Chubb & Evans, 1990）将使用了精神研究所的健康维持机构（Health Maintenance Organization，HMO）与运用了传统的折中心理动力分析方法的健康维持机构的有效性进行了对比研究。精神研究所的健康维持机构不需要等待，而对照组的健康维持机构平均需要等待 22 周。此外，精神研究所的健康维持机构中案主比对照组的健康维持机构少接受了许多次咨询，因此在两年的时间中，精神研究所治疗师可以为更多的案主提供服务，而对照组中的治疗师可以治疗的案主要少得多。此外，精神研究所的健康维持机构的住院率比对照组低得多，住院的时间也短很多。90％以上的精神研究所的健康维持机构的案主报告自己对服务非常满意，丘博（Chubb，1990）指出，这与其他研究中发现的案主的满意率是比较接近的。该研究结果证明了在健康维持机构中运用精神研究所方法是非常有效的，但研究结果缺乏进一步的分析，同时也没有报告治疗有效性的情况。

纵观策略治疗的历史和发展，人们一直强调将这个方法运用在婚姻和家庭治疗中。对婚姻和家庭治疗研究的分析发现，各种不同的理论方法，包括策略治疗在内，都是非常有效的，难以分出伯仲（Hazelrigg，Cooper，& Borduin，1987；Shadish，Montgomery，Wilson，Wilson，Bright，& Okwumabua，1993）。研究发现，将精神研究所的技术和哈利·麦德尼斯（Haley Madanes）的策略治疗进行理论整合，对面临精神病危机的家庭尤为有效（Langsley，Machotka，& Flomenhaft，1971）。此外，将策略治疗与其他的方法整合，用来处理某些具体问题，例如用结构家庭治疗处理吸毒问题（Stanton，Todd，et al.，1982），以及用行为家庭治疗处理犯罪问题（Alexander，Barton，Schiavo，& Parsons，1976），都特别有效。在讨论米兰家庭系统方法的有效性时，凯尔（Carr，1991）通过对 10 项研究的综述，发现在差不多三分之二到四分之三的案例中，这一方法都能够非常有效地改进症状。

人们也对策略治疗主要干预方法的有效性进行了研究。在一个回顾运用悖论来处理症状和解决问题的研究中，金、波林和阿舍尔（Kim，Poling，& Ascher，1991）发现，这一方法对失眠、广场恐惧症、强迫症、排泄障碍症（尿频、闭尿和大便失禁）等特别有效。金等人回顾的研究运用了单一个案设计或小组设计。在小组设计中，研究发现，悖论干预比非治疗控制组更加有效，与对照组的治疗同样有效，有时甚至更有效。这些研究发现与通过悖论干预处理失眠、抑郁、广场恐惧症、拖延和压力等问题的有效性研究的结果是一致的（Hill，1987；Shoham-Salomon & Rosenthal，1987）。此外，霄汉姆-所罗门和罗森塔尔（Shohan-Solomon & Rosenthal）总结道，与非悖论干预相比，悖论干预会带来更加持久的积极结果，对那些表现出严重问题的案主及抗拒治疗的案主会更加有效。

有研究表明，在治疗抑郁时，使用积极的意义重组和限制改变的干预方法中的"改进的危险"也是非常有效的，而意义重组比限制改变更加有效（Swoboda，Dowd & Wise，1990）。还有研究表明，积极的意义重组对治疗抑郁非常有效（Shoham-Salomon & Rosenthal，1987）。在治疗社交恐惧症的研究中，阿基拉斯和艾弗兰（Akillas & Efran，1995）发现，采用症状处方分析非常有效，如果将症状处方分析与意义重组结合起来，则效果更加显著。

针对策略婚姻治疗和家庭治疗有效性的研究日渐增加。此外，越来越多的研究发现，具体的策略研究治疗干预方法，例如意义重组和悖论处方分析，是非常有效的。尽管这样，还是需要更多设计完备的、有控制组的研究，来进一步说明策略治疗的有效性以及这个治疗方法中的很多具体技术，而不仅仅关注意义重组和治疗悖论。

结论和未来的使用说明

如上所述，社会工作文献中对沟通理论和策略治疗的讨论不太多见。尽管这样，社会工作者还是研究了沟通理论和策略治疗在临床中的运用，特别是家庭治疗。之所以出现这种情况，一个原因是大家认为社会工作价值观与策略治疗实务之间存在着某种冲突。例如，社会工作治疗非常重视治疗关系的重要性，处理案主的感受是社会工作者的工作重点之一。策略治疗受到的批评是它比较关注行为和认知，但忽视了感受。这个批评在策略治疗发展早期是非常中肯的，但是近年来，策略治疗也开始强调要想有效地运用策略治疗，实务工作者必须对案主表示同感，关注他们的感受（Cade & O'Hanlon，1993；Kleckner，Frank，Bland，Amendt，& Bryant，1992）。

策略治疗受到的另一批评是它强调操纵性，这是因为它的间接性和对悖论的运用（Hoffman，1985）。治疗师的操纵和上风位置都被批评者认为是对案主的不尊重和去权。的确，在策略治疗发展早期，策略治疗的支持者们特别强调治疗师须能够控制整个治疗过程，"欺骗"案主摆脱问题症状。使用悖论的一个基本信条是，不让案主知道实情，效果是最好的。但是有学者指出（Haley，1987；Strupp，1977），不管理论导向是什么，治疗师都必须或多或少地采用隐瞒的方式，他们不可能完全把自己的想法和盘托出给案主，所有的治疗都包含了操纵的成分。

近年来，策略治疗在某些方法也做出了某些修改，以减少其操纵的成分（Greene，Jones，Frappier，Klein，& Culton，in press；Solovey & Duncan，1992）。这些修改包括：（1）设计间接和悖论技术，这样能够合理解释案主的处境，例如，要想限制改变，可以这样提出建议："案主应该放慢脚步，不能改变太快。"从案主短期最大利益的角度来表达这个观点可能会更好，因为是否要做出改变的决定权在案主手中（Greene et al.，in press；Solovey & Duncan，1992）。（2）实务工作者向案主提出的是建议，而不是处方分析，最好是直接的或间接的干预（有时是三个或者更多的干预方法），但处方中不应提及干预方法（Greene et al.，in press）。这会为案主带来新的想法，但是否采纳，决定权在于案主。（3）与案主公开讨论和设计悖论（Hill，1992）。这样，案主就会积极参与并落实悖论干预。这一点与很多研究建议的与案主讨论悖论不会影响其有效性是非常一致的（Kim，Poling，& Ascher，1991）。此外，研究证据还表明，治疗性悖论即使对案主有所隐瞒，也不会破坏实务工作者与案主之间的关系（Kim et al.，1991）。

策略治疗的一个基本假设是案主已经具有的优势和自己需要的资源，为未来的改变提供了基础。实务工作者的这种假设有助于建立一个枳极的治疗关系，也有助于后来对案主的赋权（Coyne，1987；Jacobson，1983）。科因（Coyne，1987）和雅各布森（Jacobson，1983）认真讨论了策略治疗如何帮助案主发现自己的问题的解决办法，让案主将未来的改变归功于自己（Stanton，1980）。这样的赋权使得这个方法可以适用于很多人群，例如妇女（Terry，1992）和少数族裔（Boyd-Franklin，1987；Ho，1989；Kim，1985；Lemon，Newfield，& Dobbins，1993），他们一直是美国的受歧视群体，长期以来一直被剥夺权利。此外，策略治疗也并不仅仅适用于美国。例如，很多研究表明，策略治疗在很多国家都非常有效，例如印度（Appasamy，1995）、阿根廷（Weyland，1995）、瑞典（Pothoff 1995），当然还有意大利（Selvini Palazzoli et al.，1978）。

近年来，沟通理论和策略治疗也发展出了一些新的实务方法，它们更加重视实务工作者-案主之间的关系，提倡建立一个非等级性的、合作性的关系。这些新的方法包括解决方案为本的治疗（de Shazer，1985；Berg，1994）、叙述治疗（White & Epston，1990）和结构主义治疗（Hoffman，1988）。这些新的方法不再强调运用间接、隐瞒和悖论等方法。这些方法的发起人都是社会工作者。

另一个发展趋势是将策略治疗和不同的技术与其他方法整合起来（Case & Robinson，1990；Duncan & Solovey，1989；Held，1984；Seaburn，Landau-Stanton，& Horwitz，1995）。在本章开头，我们就提到过将策略治疗与结构家庭治疗、行为治疗整合等。此外，意义重组现在也被运用到了认知治疗中（Schuyler，1991），悖论也被运用到了认知治疗（Dattilio & Freeman，1992）和任务中心治疗中（Reid，1990）。也有很多文献讨论了将策略治疗、解决为本治疗、叙事治疗和结构主义治疗等整合起来（Durrant，1995；Quick，1996；Selekman，1993）。这样的整合是非常自然的，因为这些方法都源于沟通理论的传统，都强调"采用管用的方法"以尽量促使案主发生改变。正因为强调这一点，策略治疗和后来出现的解决为本治疗、叙事治疗和结构主义治疗都标榜自己是短期治疗。

还有一个对社会工作实务产生深刻影响的趋势就是管理型保健。由于管理型保健的重点是限制每个人法定的治疗次数，社会服务机构和精神健康机构开始都只实施短期治疗，为了实现这个目标，他们竭尽全力寻找最有效的治疗方法。这种采用短期治疗的趋势是非常有意义的，因为越来越多的研究表明，与长期治疗相比，短期治疗的效果一点都不差（Koss & Shiang，1993）。管理型保健意味着社会服务和精神健康机构将会聘用并提拔更多采用策略治疗及后来出现的几个新的治疗方法开展服务的社会工作者。因此，社会工作研究生院也需要修改自己的教学大纲，以培养学生的实务能力。因此，在未来很多年，沟

139

通理论为基础的策略治疗及后来派生的新的治疗方法很可能会成为占主导地位的治疗模式。

参考文献

Abeles, G. (1976). Researching the unresearchable: Experimentation on the double bind. In C.E. Sluzki & D.C. Ransom (Eds.), *Double bind: The foundation of the communicational approach to the family* (pp. 113–149). New York: Grune & Stratton.

Akillas, E., & Efran, J.S. (1995). Symptom prescription and reframing: Should they be combined? *Cognitive Therapy and Research, 19,* 263–279.

Aldridge, D., & Rossiter, J. (1983). A strategic approach to suicidal behavior. *Journal of Strategic and Systemic Therapies, 2,* 49–62.

Alexander, J.F., Barton, C., Schiavo, R.S., & Parsons, B.V. (1976). Systems-behavioral intervention with families of delinquents: Therapists characteristics, family behavior, and outcome. *Journal of Consulting and Clinical Psychology, 44,* 656–664.

Allen, J.R. (1987). The use of strategic techniques in large systems: Mohandas K. Gandhi and the Indian independence movement. *Journal of Strategic and Systemic Therapies, 6,* 57–64.

Amatea, E.S. (1989). *Brief strategic intervention for school behavior problems.* San Francisco: Jossey-Bass.

Andelson, J.G. (1981). The double bind and social change in communal Amana. *Human Relations, 34,* 111–125.

Appasamy, P. (1995). Doing brief therapy in India. In J.H. Weakland & W.A. Ray (Eds.), *Propagations: Thirty years of influence from the Mental Research Institute* (pp. 157–173). New York: Haworth Press.

Bartunek, J.M., & Moch, M.K. (1987). First-order, second-order, and third-order change and organization development interventions: A cognitive approach. *Journal of Applied Behavioral Science, 23,* 483–500.

Bateson, G. (1979). *Mind and nature: A necessary unity.* New York: E.P. Dutton.

Bateson, G., Jackson, D.D., Haley, J., & Weakland, J. (1956). Toward a theory of schizophrenia. *Behavioral Science, 1,* 251–264.

Berg, I.K. (1994). *Family-based services: A solution-focused approach.* New York: W.W. Norton.

Bergman, J.S. (1982). Paradoxical interventions with people who insist on acting crazy. *American Journal of Psychotherapy, XXXVI,* 214–222.

Bergman, J.S. (1983). On odd days and even days: Rituals used in strategic therapy. In L. Wolberg & M. Aronson (Eds.), *Group and family therapy 1983* (pp. 273–281). New York: Brunner/Mazel.

Blotcky, A.D., Tittler, B.I., & Friedman, S. (1982). The double-bind situation in families of disturbed children. *Journal of Genetic Psychology, 141,* 129–142.

Bolman, L.G., & Deal, T.E. (1991). *Reframing organizations: Artistry, choice, and leadership.* San Francisco: Jossey-Bass.

Boyd-Franklin, N. (1987). The contribution of family therapy models to the treatment of black families. *Psychotherapy, 24,* 621–629.

Brandon, J. (1985). Some applications of a strategic family therapy perspective in the practice of OD. *Journal of Strategic and Systemic Therapies, 4,* 15–24.

Braverman, L. (1986). Social casework and strategic therapy. *Social Casework,* April, 234–239.

Bray, J.H., & Anderson, H. (1984). Strategic interventions with single-parent families. *Psychotherapy, 21,* 101–109.

Bross, A. (Ed.) (1982). *Family therapy: Principles of strategic practice.* New York: Guilford Press.

Cade, B. (1980). Strategic therapy. *Journal of Family Therapy, 2,* 89–99.

Cade, B., & O'Hanlon, W.H. (1993). *A brief guide to brief therapy.* New York: W.W. Norton.

Carr, A. (1991). Milan systemic family therapy: A review of ten empirical investigations. *Journal of Family Therapy, 13,* 237–263.

Case, E.M., & Robinson, N.S. (1990). Toward integration: The changing world of family therapy. *American Journal of Family Therapy, 18,* 153–160.

Chubb, H., & Evans, E.L. (1990). Therapist efficiency and clinic accessibility with the Mental Health Research Institute brief therapy model. *Community Mental Health Journal, 26,* 139–149.

Chubb, H. (1982). Strategic brief therapy in a clinic setting. *Psychotherapy: Theory, Research and Practice, 19,* 160–165.

Chubb, H. (1983). Interactional brief therapy: Child problems in an HMO clinic. *Journal of Strategic and Systemic Therapies, 2,* 70–76.

Coyne, J.C. (1986). Strategic marital therapy for depression. In N.S. Jacobson & A.S. Gurman (Eds.), *Clinical handbook of marital therapy* (pp. 495–512). New York: Guilford Press.

Coyne, J.C. (1987). The concept of empowerment in strategic therapy. *Psychotherapy, 24,* 539–545.

Dattilio, F.M., & Freeman, A. (1992). Introduction to cognitive therapy. In A. Freeman & F.M. Dattilio (Eds.), *Comprehensive casebook of cognitive therapy* (pp. 3–11). New York: Plenum Press.

de Shazer, S. (1985). *Keys to solution in brief therapy.* New York: W.W. Norton.

Dowd, E.T., & Pace, T.M. (1989). The relativity of reality: Second-order change in psychotherapy. In A. Freeman et al. (Eds.), *Comprehensive handbook of cognitive therapy* (pp. 213–226). New York: Plenum Press.

Duncan, B.L., & Solovey, A.D. (1989). Strategic-brief therapy: An insight-oriented approach. *Journal of Marital and Family Therapy, 15,* 1–9.

Durrant, M. (1995). *Creative strategies for school problems.* New York: W.W. Norton.

Efron, D.E. (1981). Strategic therapy interventions with latency-age children. *Social Casework,* November, 543–550.

Elkaim, M. (1990). *If you love me, don't love me: Constructions of reality and change in family therapy.* New York: Basic Books.

Fairhurst, G.T., & Sarr, R.A. (1996). *The art of framing: Managing the language of leadership.* San Francisco: Jossey-Bass.

Ferreira, A. (1960). The double bind and delinquent behavior. *Archives of General Psychiatry, 3,* 359–367.

Fisch, R. (1986). The brief treatment of alcoholism. *Journal of Strategic and Systemic Therapies, 5,* 40–49.

Fisch, R. (1988). Training in the brief therapy model. In H.A. Liddle, D.C. Breulin, & R.C. Schwartz (Eds.), *Handbook of family therapy training and supervision* (pp. 79–92). New York: Guilford Press.

Fisch, R., Weakland, J.H., & Segal, L. (1982). *The tactics of change: Doing therapy briefly.* San Francisco: Jossey-Bass.

Fraser, J.S. (1986). The crisis interview: Strategic rapid intervention. *Journal of Strategic and Systemic Therapies, 5,* 71–87.

Green, S., & Bobele, M. (1988). An interactional approach to marital infidelity: Including the "other woman" in therapy. *Journal of Strategic and Systemic Therapies, 7,* 35–47.

Greene, G.J. (1989). Using the written contract for evaluating and enhancing practice effectiveness. *Journal of Independent Social Work, 4,* 135–155.

Greene, G.J. (1996). An integrative dialectical-pragmatic approach to time-limited treatment: Working with unemployed clients as a case in point. In A.R. Roberts (Ed.), *Managing crisis and brief treatment* (pp. 160–194). Chicago: Nelson-Hall.

Greene, G.J., Jones, D.H., Frappier, C., Klein, M., & Culton, B. (in press). School social workers as family therapists: A dialectical-systemic-constructivist model. *Social Work in Education.*

Greene, G.J., & Sattin, D.B. (1985). A paradoxical treatment format for anxiety-related somatic complaints: Four case studies. *Family Systems Medicine, 3,* 197–204.

Grove, D., & Haley, J. (1993). *Conversations on therapy: Popular problems and uncommon solutions.* New York: W.W. Norton.

Haley, J. (1963). *Strategies of psychotherapy.* New York: Grune & Stratton.

Haley, J. (1980). *Leaving home: The therapy of disturbed young people.* New York: McGraw-Hill.

Haley, J. (1984). *Ordeal therapy.* San Francisco: Jossey-Bass.

Haley, J. (1987). *Problem-solving therapy* (2nd ed.). San Francisco: Jossey-Bass.

Haley, J., & Schiff, N.P. (1993). A model therapy for psychotic young people. *Journal of Systemic Therapies, 12,* 74–87.

Hansen, J.C., & L'Abate, L. (1982). The communications theory of Paul Watzlawick. In J.C. Hansen & L. L'Abarte, *Approaches to family therapy* (pp. 85–100). New York: Macmillan.

Hazelrigg, M.D., Cooper, H.M., & Borduin, C.M. (1987). Evaluating the effectiveness of family therapies: An integrative review and analysis. *Psychological Bulletin, 101,* 428–442.

Heath, A.W., & Ayers, T.C. (1991). MRI brief therapy with adolescent substance abusers. In T.C. Todd & M.D. Selekman (Eds.), *Family therapy approaches with adolescent substance abusers* (pp. 49–69). Boston: Allyn & Bacon.

Held, B.S. (1982). Entering a mental health system: A strategic-systemic approach. *Journal of Strategic and Systemic Therapies, 1,* 40–50.

Held. B.S. (1984). Toward a strategic eclecticism: A proposal. *Psychotherapy, 21,* 232–240.

Herr, J.J., & Weakland, J.H. (1979). *Counseling elders and their families: Practical techniques for applied gerontology.* New York: Springer.

Hill, K.A. (1987). Meta-analysis of paradoxical interventions. *Psychotherapy, 24,* 266–270.

Hill, M. (1992). A feminist model for the use of paradoxical techniques in psychotherapy. *Professional Psychology, 23,* 287–292.

Ho, M.K. (1989). Applying family therapy theories to Asian/Pacific Americans. *Contemporary Family Therapy, 11,* 61–70.

Hoffman, L. (1981). *Foundations of family therapy.* New York: Basic Books.

Hoffman, L. (1985). Beyond power and control: Toward a second-order family systems therapy. *Family Systems Medicine, 3,* 381–396.

Hoffman, L. (1988). A constructivist position for family therapy. *Irish Journal of Psychology, 9,* 110–129.

Jackson, D.D. (1965). Family rules: Marital *quid pro quo. Archives of General Psychiatry, 12,* 589–594.

Jackson, D.D. (1968a). *Communication, family, and marriage: Human communication (Vol. 1).* Palo Alto, CA: Science and Behavior Books.

Jackson, D.D. (1968b). *Therapy, communication, and change: Human communication (Vol. 2).* Palo Alto, CA: Science and Behavior Books.

Keeney, B.P., & Silverstein, O. (1986). *The therapeutic voice of Olga Silverstein.* New York

Guilford Press.

Kim, R.S., Poling, J., & Ascher, L.M. (1991). An introduction to research on the clinical efficacy of paradoxical intention. In G.R. Weeks (Ed.), *Promoting change through paradoxical therapy* (Rev. ed.) (pp. 216–250). New York: Brunner/Mazel.

Kim, S.C. (1985). Family therapy for Asian Americans: A strategic-structural framework. *Psychotherapy, 22,* 342–348.

Kleckner, T., Amendt, J.H., Frank, L., Bland, C., & Bryant, R. (1992). The myth of the unfeeling strategic therapist. *Journal of Marital and Family Therapy, 18,* 41–51.

Koss, M.P., & Shiang, J. (1993). Research on brief psychotherapy. In A.E. Bergin & S.L. Garfield (Eds.), *Handbook of psychotherapy and behavior change* (pp. 664–700). New York: Wiley.

Jacobson, A. (1983). Empowering the client in strategic therapy. *Journal of Strategic and Systemic Therapies, 2,* 77–87.

Keeney, B.P. (1983). *Aesthetics of change.* New York: Guilford Press.

Keeney, B.P. (1987). The construction of therapeutic realities. *Psychotherapy, 24,* 469–476.

Langsley, D.G., Machotka, P., & Flomenhaft, K. (1971). Avoiding mental hospital admissions: A follow-up study. *American Journal of Psychiatry, 127,* 1391–1394.

Lemon, S.D., Newfield, N.A., & Dobbins, J.E. (1993). Culturally sensitive family therapy in Appalachia. *Journal of Systemic Therapies, 12,* 8–26.

Madanes, C. (1980). Marital therapy when a symptom is presented by a spouse. *International Journal of Family Therapy, 2,* 120–136.

Madanes, C. (1981). *Strategic family therapy.* San Francisco: Jossey-Bass.

Madanes, C. (1984). *Behind the one-way mirror: Advances in the practice of strategic therapy.* San Francisco: Jossey-Bass.

Markowitz, M.A., & Nitzberg, M.L. (1982). Communication in the psychiatric halfway house and the double bind. *Clinical Social Work Journal, 10,* 176–189.

Mazza, J. (1988). Training strategic therapists: The use of indirect techniques. In H.A. Liddle, D.C. Breunlin, & R.C. Schwartz (Eds.), *Handbook of family therapy training and supervision* (pp. 93–109) New York: Guilford Press.

McGarty, R. (1986). Use of strategic and brief techniques in the treatment of chemical dependency. *Journal of Strategic and Systemic Therapies, 5,* 13–19.

Moley, V. (1983). Interactional treatment of eating disorders. *Journal of Strategic and Systemic Therapies, 2,* 10–28.

Morawitz, A., & Walker, G. (1984). *Brief therapy with single-parent families.* New York: Brunner/Mazel.

Morrissette, P.J. (1989) Benevolent restraining: A strategy for interrupting various cycles in residential care. *Journal of Strategic and Systemic Therapies, 8,* 31–35.

Nardone, G., & Watzlawick, P. (1993). *The art of change: Strategic therapy and hypnotherapy without trance.* San Francisco: Jossey-Bass.

Nelsen, J. (1978). Use of communications theory in single-subject research. *Social Work Research and Abstracts, 4,* 12–19.

Nelsen, J. (1980). *Communications theory and social work practice.* Chicago: University of Chicago Press.

Nelsen, J. (1986). Communication theory and social work treatment. In F.J. Turner (Ed.), *Social work treatment: Interlocking theoretical approaches* (3rd ed.) (pp. 219–243). New York: Free Press.

Norfleet, M.A. (1983). Paradoxical interventions in the treatment of chronic physical illness. *Journal of Strategic and Systemic Therapies, 2,* 63–69.

Pothoff, K. (1995). A Swedish experience. In J.H. Weakland & W.A. Ray (Eds.), *Propagations: Thirty years of influence from the Mental Research Institute* (pp. 197–198). New

York: Haworth Press.

Potter-Efron, P.S., & Potter-Efron, R.T. (1986). Promoting second order change in alcoholic systems. *Journal of Strategic and Systemic Therapies, 5,* 20–29.

Quick, E.K. (1996). *Doing what works in brief therapy: A strategic solution focused approach.* New York: Academic Press.

Rabi, J.S., Lehr, M.L., & Hayner, M.L. (1984). The peer consultation team: An alternative. *Journal of Strategic and Systemic Therapies, 3,* 66–71.

Reid, W.J. (1990). An integrative model for short-term treatment. In R.A. Wells & V.J. Giannetti (Eds.), *Handbook of the brief psychotherapies* (pp. 55–77). New York: Plenum Press.

Schindler-Zimmerman, T., Washle, W., & Protinsky, H. (1990). Strategic intervention in an athletic system. *Journal of Strategic and Systemic Therapies, 9,* 1–7.

Schuyler, D. (1991). *A practical guide to cognitive therapy.* New York: W.W. Norton.

O'Hanlon, W.H. (1987). *Taproots: Underlying principles of Milton H. Erickson's therapy and hypnosis.* New York: W.W. Norton.

Papp, P. (1983). *The process of change.* New York: Guilford Press.

Pirrotta, S., & Cecchin, G. (1988). The Milan training program. In H.A. Liddle, D.C. Breulin, & R.C. Schwartz (Eds.), *Handbook of family therapy training and supervision* (pp. 38–61). New York: Guilford Press.

Seaburn, D., Landau-Stanton, J., & Horwitz, S. (1995). Core techniques in family therapy. In R.H. Mikesell, D.D. Lusterman, & S.H. McDaniel (Eds.), *Integrating family therapy: Handbook of family psychology and systems theory* (pp. 5–26). Washington, DC: American Psychological Association.

Segal, L. (1980). Focused problem resolution. In E.R. Tolson & W.J. Reid (Eds.), *Models of family therapy* (pp. 199–223). New York: Columbia University Press.

Segal, L. (1991a). Brief therapy: The MRI approach. In A.S. Gurman and D.P. Kniskern (Eds.), *Handbook of family therapy, Vol. II.* New York: Brunner/Mazel.

Segal, L. (1991b). Brief family therapy. In A.M. Horne & L. Passmore (Eds.), *Family counseling and therapy* (2nd ed.) (pp. 179–206). Itasca, IL: F.E. Peacock Publishers.

Segal, L., & Bavelas, J.B. (1983). Human systems and communication theory. In B.B. Wolman & G. Stricker (Eds.), *Handbook of family and marital therapy* (pp. 61–76). New York: Plenum Press.

Selekman, M.D. 1993). *Pathways to change: Brief therapy solutions with difficult adolescents.* New York: Guilford Press.

Selvini Palazzoli, M., Boscolo, L., Cecchin, G., & Prata, G. (1978a). A ritualized prescription in family therapy: Odd days and even days. *Journal of Marriage and Family Counseling, 4,* 3–9.

Selvini Palazzoli, M., Boscolo, L., Cecchin, G.F., & Prata, G. (1978b). *Paradox and counterparadox: A new model in the therapy of the family in schizophrenic transaction.* New York: Jason Aronson.

Shadish, W.R., Montgomery, L.M., Wilson P., Wilson, M.R., Bright, I., & Okwumabua, T. (1993). The effects of family and marital psychotherapies: A meta-analysis. *Journal of Consulting and Clinical Psychology, 61,* 992–1002.

Shoham-Salomon, V., & Rosenthal, R. (1987). Paradoxical interventions: A meta-analysis. *Journal of Consulting and Clinical Psychology, 55,* 22–28.

Shutty, M.S., & Sheras, P. (1991). Brief strategic psychotherapy with chronic pain patients: Reframing and problem resolution. *Psychotherapy, 28,* 636–642.

Sluzki, C.E., Beavin, J., Tarnopolsky, A., & Veron, E. (1967). Transactional disqualification: Research on the double bind. *Archives of General Psychiatry, 16,* 494–504.

Sluzki, C.E., & Veron, E. (1971). The double bind as a universal pathogenic situation. *Family Process, 10,* 397–410.

Solovey, A., & Duncan, B.L. (1992). Ethics and strategic therapy: A proposed ethical direction. *Journal of Marital and Family Therapy, 18,* 53–61.

Soo-Hoo, T. (1995). Implementing brief strategic therapy within a psychiatric residential/daytreatment center. In J.H. Weakland & W.A. Ray (Eds.), *Propagations: Thirty years of influence from the Mental Research Institute* (pp. 107–128). New York: Haworth Press.

Stanton, M.D. (1980). Who should get credit for change which occurs in therapy? In A.S. Gurman (Ed.), *Questions and answers in the practice of family therapy.* New York: Brunner/Mazel.

Stanton, M.D., Todd, T.C., et al. (1982). *The family therapy of drug abuse and addiction.* New York: Guilford Press.

Strupp, H.H. (1977). A reformulation of the dynamics of the therapist's contribution. In A.S. Gurman & A.M. Razin (Eds.), *Effective psychotherapy: A handbook of research* (pp. 3–22). New York: Pergamon Press.

Swoboda, J.S., Dowd, E.T., & Wise, S.L. (1990). Reframing and restraining directives in the treatment of clinical depression. *Journal of Counseling Psychology, 37,* 254–260.

Tennen, H., Eron, J.B., & Rohrbaugh, M. (1991). Paradox in context. In G.R. Weeks (Ed.), *Promoting change through paradoxical therapy* (Rev. Ed.) (pp. 187–215). New York: Brunner/Mazel.

Terry, I.J. (1992). I want my old wife back: A case illustration of a four-stage approach to a feminist-informed strategic/systemic therapy. *Journal of Strategic and Systemic Therapies, 11,* 27–41.

Watzlawick, P., Beavin, J.H., & Jackson, D.D. (1967). *Pragmatics of human communication: A study of interactional patterns, pathologies, and paradoxes.* New York: W.W. Norton.

Watzlawick, P., & Coyne, J.C. (1980). Depression following stroke: Brief, problem-focused family treatment. *Family Process, 19,* 13–18.

Watzlawick, P., & Weakland, J.H. (1977). *The interactional view: Studies at the Mental Research Institute Palo Alto 1965–1974.* New York: W.W. Norton.

Watzlawick, P., Weakland, J.H., & Fisch, R. (1974). *Change: Principles of problem formation and problem resolution.* New York: W.W. Norton.

Weakland, J.H. (1976). Communication theory and clinical change. In P.J. Guerin (Ed.), *Family therapy: Theory and practice* (pp. 111–128). New York: Gardner Press.

Weakland, J.H., & Fisch, R. (1984). Cases that "Don't make sense": Brief strategic treatment in medical practice. *Family Systems Medicine, 2,* 125–136.

Weakland, J.H., & Jordan, L. (1992). Working briefly with reluctant clients: Child protective services as an example. *Journal of Family Therapy, 14,* 231–254.

Weakland, J.H., Watzlawick, P., & Riskin, J. (1995). Introduction: MRI—A little background music. In J.H. Weakland & W.A. Ray (Eds.), *Propagations: Thirty years of influence from the Mental Research Institute.* New York: Haworth Press.

Weyland, D. (1995). From the dictatorship of Lacan to the democracy of short-term therapies. In J.H. Weakland & W.A. Ray (Eds.), *Propagations: Thirty years of influence from the Mental Research Institute* (pp. 189–195). New York: Haworth Press.

White, M., & Epston, D. (1990). *Narrative means to therapeutic ends.* New York: W.W. Norton.

Woodruff, A.F., & Engle, T. (1985). Strategic therapy and agency development: Using circular thinking to turn the corner. *Journal of Strategic and Systemic Therapies, 4,* 25–29.

Zimmerman, T., & Protinsky, H. (1990). Strategic parenting: The tactics of changing children's behavior. *Journal of Strategic and Systemic Therapies, 9,* 6–13.

第七章

结构主义和社会工作治疗

唐纳德·卡彭特

引 言

结构主义作为一个社会工作治疗的概念性框架被引入社会工作实务中的时间不长。但是，结构主义的思想体系历史悠久，对很多领域例如艺术、数学、文学评论、哲学等都产生了深远的影响，近年来，其对社会和行为科学以及相关的助人性职业也产生了不可估量的影响。深入研究结构主义对人类行为的影响，我们不难发现，很多哲学家对形而上学、认识论和本体论的讨论，以及心理学家对感知、认知、学习和行为的研究，都深受结构主义的影响。当然，对这些问题的深入探讨不是本章的主旨，但是，这些探讨将为我们建构一个社会工作理论和治疗的结构主义框架奠定基础。

在对社会工作所采用的各种理论发展路径进行分类时，特纳（Turner, 1986）提出了一种所谓的"新思维系统"，例如，角色理论、自我心理学和系统理论（p. 8）。据此，结构主义也可被视为一种社会工作理论的新思维系统。尽管从历史的角度来看，社会工作实务中的不同实践视角和治疗方法都不同程度地体现了结构主义的思想和概念，但是，从结构主义的角度来进行总结和正名，却是近期的事情。

我们可以将结构主义定义为社会工作实务中的一种"哲学-行为-方法论的思维系统"，这样的表述突出了准确性，却丧失了语言的精炼性。从哲学的角度来讲，结构主义关注的是现实和存在（形而上学和本体论）的本质，关注人类知识的本质以及获取人类知识的方法（认识论）。从行为的角度来讲，结构主义重视理解人类的感知和认知、个人和人际的动力关系，以及变化的本质和变化的实施。鉴于这些哲学和行为的核心要素，结构主义从

方法论的角度（实务）为社会工作理论和治疗提供了诸多的指导，颇具借鉴意义。　*147*

　　需要澄清的是，结构主义不是一个实务理论，而是一个概念性框架，它可以为某个特定的实务方法提供理论指导，例如，生态系统理论可以给生活模型实务提供指导。从结构主义的基本主张中，人们可以推导出一般性的实务原则；而从结构主义的原则中，人们可以推导出具体的策略和技术层面的实务指导，这就是人们常说的实务模式。要进一步了解相关内容，我们建议读者阅读关于叙述治疗的章节的内容，这个实务模式就是建立在结构主义原则基础之上的。在人类服务领域中，还有几个现代心理学和社会心理治疗方法也都在不同程度上是以结构主义框架为基础发展起来的。例如，"焦点为本""对话""话语"以及"叙事"等，都标志着这些治疗方法中（或者在对话和其他方法中，"家庭治疗方法"）或多或少地运用了结构主义的思想。

历史基础

早期发展

　　结构主义具有深厚的历史渊源。希腊诡辩学派哲学家普罗泰戈拉（Protagoras，公元前490—前420）认为"人是万物的尺度，是存在的事物存在的尺度，也是不存在的事物不存在的尺度"。在普罗泰戈拉看来，不存在什么"客观"世界，也不存在哪种感知更加真实，只不过有些感知是有价值的，因此是可以遵循的（Ide，1995，p. 752）。意大利哲学家维柯（Giambattista Vico，1668—1744）首次提出了一个完整展现人类感知和认识中的结构主义过程的案例。他提出，人类是以将自己的大脑类型投射在不熟悉物体上的方式来排列自己的经验的。德国哲学家康德（Immanuel Kant，1724—1804）在《纯粹理性批判》中提出，人类的大脑有一个内在的结构，对思维和经验共同产生作用，因此，一个前知识（独立于经验之外的知识，或者是先于经验的知识）是有可能存在的，事实上也是存在的。康德认为，人的人脑不是一块被动的白板，任由人们来书写经验，相反，大脑是一个积极塑造经验的器官。康德的认识论传统关注知识的本质和获取知识的路径，常常被后人当成结构主义的主要基础，他认为，人类知识最终发挥的作用是让经验世界（实证的）和人类大脑的基本特性（前状态）之间产生互动。另一位主要的结构主义家汉斯·费英格（Hans Vaihinger，1852—1933）强调了认知过程在决定行为中的重要性。费英格提出了"仿佛"哲学，其基本主张是，我们坚持某些概念和信念，因为有实用性，所以它们"仿佛"是有价值的。

　　上述这些哲学家们的认识论观点与洛克派的实证主义思想家的观点是完全相左的。约　*148*

翰·洛克（John Locke，1632—1704）认为，知识是由外部客观世界通过感知输入人脑中的，这一点与维柯和康德的观点完全对立，因此洛克认为前知识完全不存在（Wolter-storff，1995，pp. 437-440）。

现代发展

近些年来，发展心理学家皮亚杰（Jean Piaget，1896—1980）根据自己对儿童发展的研究，提出了发展认识论理论。皮亚杰认为，婴儿一出生就具备了一个大脑控制机制（人类起源后进化的结果），这个机制与儿童成长环境互相作用，形成了智力发展（Piaget，1929，1950，1970）。认知心理学家乔治·凯利（George Kelly）发展了个人认知结构理论，从而极大地推动了结构主义的发展。个人的认知结构是个体建构、感知、解释、理解、预测和控制自己世界的途径（Kelly，1955）。凯利认为，人的大脑建构建立在世界之上，而非世界建立在人的大脑建构之上。我们还要提到另一位杰出的心理学家保罗·瓦特拉威克（Paul Watzlawick，1976，1984），他对"客观"世界的假定的"真实性"问题以及建立一个更加令人满意的个人世界的可能性进行了深入研究，对当代结构主义理论，特别是对结构主义认识论做出了重要贡献。著名理论家恩斯特·冯·格拉斯菲尔德（Ernst von Glaserfeld，1984）和海因茨·冯·福斯特（Heinz von Foerster，1984），也对结构主义做出了重要贡献。他们均认为现实的本质是依赖于观察者的，并从不同侧面丰富了结构主义认识论的内容。

智利的神经生物学家温贝托·马图拉纳（Humberto Maturana）和弗朗西斯科·万利拉（Francisco Varela）对结构主义思想产生了最为重要的影响，特别是在生物学、社会和行为科学方面，而这种影响最终使结构主义进入了行为助人性职业。他们根据动物实验得出了一些令人震惊的结果，详细说明了生物系统基本组织以及感知对行为的影响的本质（Maturana，1980；Maturana & Varela，1987）。在他们看来，生物系统具有自我组织的特点，有机体的行为并不直接受制于其所处的环境，而是受其内在结构（神经生理构造）的影响。按照马图拉纳和万利拉的观点，有机体是由其结构决定的（Maturana & Varela，1987，pp. 95-97）。他们从生物学的角度丰富了结构主义理论，从而对社会工作实务理论产生了深远的影响，也给我们建构一个结构主义的社会工作实务框架提供了指导。

进入社会工作的路径

长期以来，结构主义一直在以一种静悄悄的方式进入社会工作，只是近些年才被人们认可。所有强调个体内在过程（特别是感知和认知）在理解人类行为中的重要性的理论框架，都与结构主义有着血缘关系。对此，我们将在后面的内容中将结构主义为本的治疗方法与其他带有结构主义元素的治疗方法进行对比。

从社会工作文献中我们发现，费舍尔（Fisher，1991）的《社会工作者结构主义导论》（*An Introduction to Constructivism for Social Workers*），莱尔德（Laird，1993）的《反思社会工作教育：社会结构主义的视角》（*Revisioning Social Work Education：A Social Constructionist Approach*），对把结构主义融入社会工作实务理论和专业教育产生了重要作用。此外，我们也发现，一些社会工作学术杂志上也刊登了很多有关结构主义的文章（参见，例如 Dean & Fenby，1989；Dean & Fleck-Henderson，1992；Hartman，1991）。

结构主义的假设

哲学相对主义

结构主义的哲学要素反映了西方哲学中第一个被称为"认识论相对主义"流派的基本概念。这个流派认为不存在普适性的真理，世界并不具备所谓的本质特点，解释世界的方法是多种多样的（Pojman，1995，p. 690）。"认知（认识论）相对主义持这样的观点，即真理和逻辑总是在某个特定的思维世界中，用其独特的语言来建构，并具有相对性。"（Elkana，1978，p. 312）这种相对性的立场否定了确定性、绝对性和永恒性。因此，相对论的支持者哲学家尼尔森·戈德曼（Nelson Goodman，1972）这样写道：

真实地描述世界的方式是多种多样的，它们之所以有价值，是因为它们是自己真实性的唯一标准。当我们说各种描述都很习俗化时，我们其实是想说，所有这些描述都不是唯一正确的，因为其他的描述也都是正确的。谁也不能告诉我们世界到底是怎样的，但是，每一种描述都呈现了世界构成的一个侧面（pp. 30-31）。

与相对主义对立的是哲学现实主义，它们对世界存在的"真实性"和"客观性"持有完全不同的态度：

现实是一种独立于人的大脑和心理过程的事件，是物体的单一的、稳定的秩序……人们的感觉以及其他用来观察世界的技术性手段，尽管不完整，但却都是用来揭示现实的规律和原则的（Mahoney，1991，p. 36）。

现实主义认为本体论上存在的世界不是依赖于观察者的，而相对主义则坚持认为，由于与人类的感知和认知器官的关联，看似存在的世界实际上依赖于观察者正如戈德曼所言，人类的器官所揭示的不是一个单一的世界，而是世界不同的方方面面（Goodman，1984，pp. 29-34）。相对主义是结构主义坚实的哲学基础。

结构主义认识论

哲学家面临着这样一个老掉牙的问题：人类到底可以了解哪些知识及通过怎样的方式来获取知识？在结构主义认识论看来，知识并非是由对客观世界的印象或者独立于认识者之外的"现实"印象构成的，而是由个体认识者通过对世界多面性或者"多种现实"的观察创造出来的。如果这个观点成立的话，那么，众多的个体是怎样感受一个共同的世界的？冯·格拉斯菲尔德（Von Glaserfeld，1984）曾说："要理解这一点，首先必须记住结构主义认识论最基本的线索，即世界是被建构的，这个被建构的世界是一个经验世界，由无数经验组成。因此，并不存在从本体论现实的角度来提出所谓的'真实性'问题"（p.29）。换言之，我们的共同经验并不依赖于单一客观"真实"世界存在。结构主义者认为，我们所指的人类共同经验是建立在共识性的世界语言、思维和经验之上的。

要理解结构主义有关人类知识本质和获取知识途径的观点，首先需要将我们过去认定的有关知识的基本信念搁置一边。此外，还需要质疑确定性、现实性、客观性、外在性等概念，质疑那些认为这些概念是人类经验的集合点的观点。在结构主义看来，"我们不能把认识现象本身当成我们只是获取现存的'事实'或客观存在并将其储存到大脑中这样一个简单的过程。对于任何客观存在的事物，只有通过人类的结构、以特定的方式才能确认其存在，这样，才会使得文字描述中出现的事物变成现实，让每一个认识行为创造一个世界"（Maturana & Varela，1987，pp.25—26）。

知识还可以是一个过程和结果。为了准确地将知识是什么这一问题从获取知识的渠道是什么的问题中区别出来，瓦特拉威克（Watzlawick，1984）这样写道：

> 我们掌握知识的方法是一个非常错综复杂的问题。要解决这个问题，我们要跳出大脑来看问题，也就是说，要研究大脑是如何工作的，这样，我们就不会因常常面对那些显然独立于我们大脑之外的外部世界的事实而感到困扰了，我们需要关注的是我们的心理过程，而心理过程的特点却一点都不明了……因为如果我们的知识取决于我们获取知识的方法，那么，我们对现实的看法就不再是对独立于我们思维之外的世界的真实反映了，它显然由我们获得这种看法的过程决定（p.9）。

认识论理论的主要组成部分基本上来自哲学和心理学。结构主义认识论在发展过程中吸取了生物学家马图拉纳和万利拉等人的实验研究成果和理论发现。他们的很多成果都与传统的现实主义认识论相左。下面我们来看一个关于人脑与环境之间的功能性关系的例子：

151

神经系统不会像我们日常感觉的那样直接从环境中"提取信息"，相反，它建构了一个世界，其中标明了什么样的环境模式是干扰性的（刺激），什么样的变化会在有机体中产生干扰。人们将大脑比作"信息处理器"，这个比喻不仅充满了歧义，而且是彻头彻尾错误的（Maturana & Varela，1987，p.169）。

换言之，大脑由于其独特的结构"决定"了它在何种程度上会受到环境的刺激，从神经生物学的角度来看，大脑是完全不受环境摆布的。

概念性框架

结构主义的各种表现形式

鉴于结构主义植根于哲学的相对主义之中，我们至少可以发现结构主义的两种不同的表现形式。马奥尼（Mahoney，1991）提出了区分这两种形式的标准，并罗列了每个流派的主要代表人物：

> 激进结构主义是处在理想主义一端的，其主要代表人物有恩斯特·冯·格拉斯菲尔德、海因茨·冯·福斯特、温贝托·马图拉纳、弗朗西斯科·万利拉，以及保罗·瓦特拉威克。这个派别杰出的理论和研究主要集中在自生系统（自我管理系统）。在其最极端的表达中，激进结构主义接近于本体论理想主义的经典立场，认为"世界上根本不存在什么超越了我们个体经验的现实（哪怕是假设的）"。
>
> 处在另一端的批判结构主义者并不否认存在一个未知的但不可逃避的真实世界，同时也不否认这个真实世界会对我们产生影响。他们是批判的或假定的现实主义者，承认宇宙是由我们称为物体的实体构成的，但是否认我们可以"直接地"认识这些实体。现代批判结构主义者的代表人物包括圭达诺（Guidano）、海耶克（Hayek）、凯利、马奥尼、皮亚杰和韦默（Weimer）。在批判结构主义者看来，个体不是自给自足的、自我经验的唯一创造者。个体是个人现实的"协同创造者"（co-creator）或者说"协同建构者"（co-constructor），这里的前缀"co-"（协同）强调的是个体与其社会、物质环境之间的互动性和互相依存性（p. 111）。

结构主义不同的表现形式之所以有不同的表达，是因为它们对现实本质的假定是不同的。结构主义质疑某些基本信念，对过去认可的很多信念的有效性提出了质疑。例如，它质疑了"常识"的概念，即认为现实是所有有能力的观察者所认识到的一个"真实的"世界，或者"准确"反映了我们所生活的世界。它认为，世界不存在唯一的现实，有多少观察世界的人存在，就有多少种世界现实（Goodman，1984，pp. 31 – 32；Watzlawick，1990，pp. 131 – 151）。例如，常识会让我们同意格特鲁德·斯泰因（Gertrude Stein）的观点，"玫瑰本身就是玫瑰"，因为所有的观察者都认为这种花就是玫瑰，而不是大象。但是，激进结构主义者会坚持说，只有我们认为有多少个体感受了玫瑰就存在多少种"玫瑰现实"，才能使表达具有更高的准确性。每个人都会用不同的方式来感受玫瑰，因此每个人对玫瑰意义的获取也是完全不同的，但是，每个人都还是会称之为玫瑰。出于同样的原因，治疗师在面对母亲、父亲和三个孩子时，看到的不是一个完整的家庭，而是家庭观察者（家庭成员以及治疗师）从不同角度所观察到的家庭的方方面面。对于激进结构主义者而言，我们刚刚谈到的玫瑰和家庭都是神经系统的产物。激进结构主义者大幅度远离了牛顿-卡迪尔学派关于现实确定性的观点，以及世界是可知、客观的说法。

与激进结构主义不同的是，批判结构主义并不否认客观外部世界的存在，我们每天都在与之发生互动、彼此影响。但是，它坚信，我们不能直接"认识"这个世界，只能通过我们的感知、认知、情感和信仰系统的过滤机制来间接认识这个世界。

我们下面要建构的实务的概念性框架主要吸取了激进结构主义和批判结构主义的观点，以及马图拉纳和万利拉发展的神经生物学中有关感知、认知和行为的理论。

主要概念

结构决定论

结构决定论这个概念代表了结构主义的核心和基础。为了清楚地描述有机体是一个封闭系统的概念，马图拉纳及其同事们开展了若干次生物实验，从中提出了"结构决定论"这一概念。贝尔（Bell，1985）曾转引了其中一个实验，这一实验集中代表了其他所有实验的结果和特点：

> 马图拉纳指出，两个颜色之间是没有相关性的（这两种颜色被界定为光谱能量和鸽子或者人类的视网膜神经节细胞之间的活动关系）（Maturana，Uribe，& Frenk，1968）。他发现，神经系统表现出了其自身内在的相关性：视网膜神经节细胞的活动关系与有机体的色彩命名行为密切相关（但是与按照光谱能量界定的真正的色彩不相关）。这个研究结果意味着神经系统是一个封闭的、具有内在一致性的系统，并不包含反映环境的内容或环境变化的编码内容。

153　　艾弗兰、路肯斯和路肯斯（Efran，Lukens，& Lukens，1990）后来从一个完全不同的角度，进一步阐述了这种个人的神经生物社会性构成与环境之间的关系：

> 人们生来就相信他们感知到了外部世界。例如，我们的视觉系统似乎给我们提供了直接和及时进入环境的通道。人们一直说眼睛是我们看世界的窗口……但是，尽管我们的眼皮睁开了，视网膜的神经元却没有打开。能量波不断冲击视网膜……但是外部的光还是无法进入。很显然，我们对光的感受，与其他感受的经验一样，都是完全在我们自身系统内部建构的……这一点在梦境中也同样突出，为了应对激烈的打击（我们这时可能"看见"了星星），当神经元直接碰到电导探针时，当我们咽下化学物质时，我们在梦境中会遇到同样的情况。当焰火升起的时候，可能还有更多的色彩在不断形

成，但是，我们所看到的色彩斑斓的火花都是内在的创造物。

根据这个定义，在所谓的"视觉经验"中，我们实际"看见"的东西并不是"外在"世界，而是我们自己的内在的神经系统，或者说是对视觉经验的违反直觉的概念化过程。

生物体的结构决定论可能会导致的一个重要后果是对"信息"接收的阻抗。与沟通和信息理论目前流行的论点完全不同的是，马图拉纳和万利拉坚称结构决定论的系统是一个信息封闭的系统。马图拉纳和万利拉所说的指导性互动，即一个人对他人有直接影响力，被认为是不可能的。马奥尼（Mahoney，1991）解释说：

> 生物系统经历的持续不断的结构性改变（和交换）就是这些"干扰"的结果，这些干扰可能源于与环境的互动，也可能是与自己递归式互动的结果。这些干扰"诱发"了生物体的结构改变，但是不会自动传递有关干扰实体的本质或特征的信息。换言之，这些干扰并不具有传统意义上的启发性。干扰不会通过向有机体输入某些东西（例如信息）来"催发"改变，它们只能简单地激发由有机体结构决定的状态的改变。因此，"信息"并不能被传递或处理。相反，"信息"一词是从拉丁语翻译过来的，"in formare"意即从内部形成（p.392）。

结构主义认识论另一个重要的方面与神经生物学的主张有关，即将反馈（信息处理模式）与结构主义的前馈概念很好地区分开了。按照这个概念，构成人类"经验"的要素的主要特征是其有一个"内-内"过程（信息封闭系统），而不是"外-内"过程，而"外-内"过程是典型的信息处理模式中的反馈。马奥尼（Mahoney，1991）举了一个前馈的例子：

> 根据视觉经验与视觉皮质中的神经化学活动高度相关的假设，只有20％的神经化学活动与视网膜的脉冲有关，视网膜脉冲会影响视觉皮质活动，但不会规定其活动范围。平均而言，大约80％的我们"看见"的东西是来自上丘脑、下丘脑、网状结构和视觉皮质的前馈的产物（p.101）。

闵斯（Mince，1992）充分认识到了马图拉纳和万利拉在帮助人们理解人类经验和行为中的神经生物学基础中的突出贡献，把他们看作新生物学的杰出人物，而所谓新生物学指的是从传统的关注物种的演变和分类转向关注生物内部组织特质的研究（p.327），闵斯中肯地描述了马图拉纳和万利拉对新生物学的贡献，特别是他们提出的结构决定论及其对推动人类从哲学的角度来理解人类行为转向从神经生物学的角度来理解人类行为的指导意义：

> 新生物学家马图拉纳和万利拉终于（从自己的实验中）意识到，生命系统的神经系统作为一个封闭系统，是根据自己与生物体感受器和效应器的关联性而发挥作用的。也就是说，神经系统的结构决定了它不能以任何直接的方式来了解外在的现实。它就是一个封闭系统，通过一系列电化结构变化来提醒自己有关外部世界的信息。**这**

个神经系统的封闭性对于最终发展出来的结构主义理论是特别重要的，因为它提供了一个科学且严谨的、已在哲学界被讨论很久的概念（p. 372）。

自生系统

由于生物体是一个由结构决定的、组织封闭的系统，因此，人们相信生命系统是一个自生系统，或者是一个自我组织的实体。自生系统实体是一个自治系统，因为它们都是根据自身与生来具有的自我法则生存、发展和消亡的（Mahoney，1991，p. 393）。与自生系统相对的是异质成形术，它是系统理论的核心原则，即不同的部分互相作用、互相影响，产生一个特定的结果。例如汽车的不同零件组合在一起，可以驱使汽车上路运行，但是，汽车本身没有能力像自生系统那样制造零件并维持运行。

155 由于自生系统实体是按照结构组建的，因此，它们更多地参与了自身的建构过程。这个过程存在于组织的每个层面，从细胞到群体都有所表现。细胞不断生长、分裂，形成了额外的结构式的细胞；父母养儿育女，延续家族……生命体从消化食物到排泄废物，都在经历着自我生产的循环。对于生命体而言，在产品和过程之间存在着一个统一体。换言之，生命系统的主要工作是创造更多的自我（Efran et al.，1990，p. 47）。

结构性耦合

结构性耦合是结构主义的原则，它指的是由结构决定自生系统的个体能与自己之外的实体以及自己的神经系统进行互动。结构性耦合的原则还使得结构主义免于陷入唯我论的认识论陷阱或进入一种完全自我参照的状态。结构性耦合基本上与传统的正在进行的关系中的"人际互动"概念吻合，两者的区别在于前者的互动是在封闭系统之间而非开放系统之间进行的。

个体与环境之间的互动是通过相互干扰或诱发性刺激来实现的。这些干扰形成了各自（人和环境）变化的基础，却不能决定这些变化，变化的决定因素来自各自的结构特质。一个人不能"导致"他人做任何事情，这就是"指导性互动"，或者称为直接影响。根据马图拉纳和万利拉的观点，这之所以不可能发生，是因为每个人的系统都是封闭性的。

在结构性耦合中，真正发生作用的是参与各方之间的互相干扰。这个机制在两个方面与我们日常的人际互动机制有所区别。第一，真正互动的不是人与环境的结构，而是人与环境之间的互相刺激的质量和配置。互动是外在的，不是内在的。第二，是人的内在结构或者机制决定了什么样的环境性刺激配置可以为双方带来变化（Maturana & Varela，1987，pp. 135-136）。

琼斯夫妇（Tom and Mary Jones）可以通过开始一段对话（听觉的互相干扰）来保持一种结构性耦合，只要这种语言干扰没有超出一方或双方的语言结构本身（双方都有能力运用语言并理解其意义），不会使对话变得难以忍受或毫无意义，这种结构性耦合就会一直持续下去。一旦对话变得难以忍受或没有意义时，他们之间就出现了"结构性非耦合"，互动就会终止。

很显然，结构主义对人类本质、人类的功能性以及"世界"的看法是完全打破了传统的。这样的认识论模糊了主观-客观的界限，质疑客观性和现实性，结构主义将我们引入了一个"多世界"的参考框架中，远离了标准的真理与误谬、是与非、功能正常与功能紊乱的观点。结构主义对人类行为的看法，特别是"多世界"的观点，为社会工作实务带来了很多深远的启发。下面我们就来深入讨论一下这些启发，特别是实务原则给实务工作者带来的启发。

156

对需求评估、诊断和治疗的启发

对需求评估的启发

个案的需求评估阶段涉及理解人类行为问题的各个节点，即寻找各种因果关系。实证主义的因果解释假定个人和集体行为都是可确认的"外在"影响的直接后果。结构主义的因果解释是以人类神经系统及其与环境的关系的观点为基础的，这种观点认为神经系统只能受到"干扰"或"碰撞"，而不能受到外部刺激的"入侵"，因为它是一个封闭的系统。那么，如果把个人当成一个由结构决定的封闭的系统，结构主义的理论到底对需求评估具有哪些指导意义？

也许最基本的指导意义就在于，实务工作者只能评估个体案主的功能性。根据结构主义理论，"集体"单位例如家庭、小组和社区都是具体化的东西，它们不具备本体论存在意义，只存在于语言和思维中。结构主义实务工作者可能会从与"系统"一起工作的角度来思考问题，他们要记住的是，系统的数量与在某个特定时间中自己面对的观察系统的人数是相对的。这一点对需求评估的重要启发是实务工作者必须把一种"多世界的思维定式"带入案主的个案中，这就意味着实务工作者需要学习并了解每个案主对眼前问题的看法、理解和信念（针对案主"世界"的信念）。案主常常觉得实务工作者最主要的工作是了解自己作为个体的情况，并有权成为当时的自己，这样才能找到那种深受实务工作者尊重和重视的感觉。这种方法能把案主从自卫的状态下解放出来，从而开始重建自己的问题处境，并尝试用新的方法来解决问题。结构主义理论非常认可久负盛名的需求评估原则，即社会工作要以案主的处境为出发点。

本质上来讲，结构主义为本的方法中需求评估的内容是以案主作为参照的，关注需要解决的问题，关注案主与其情境之间的互相干扰。这个过程反映了实务工作者与案主之间的密切合作关系，案主会感到自己是老师，而实务工作者是学生。

对诊断的启发

诊断这个词常在由行为主义助人专业提出的医学模式中使用，结构主义理论不主张使用这个词。其错误之处在于不能用医生看待断腿或阑尾炎的方式（即具有本体论存在意义的方式）来看待一个实体。结构决定论的原则否定了来自外部的强加的类别和标签的有效性。例如，根据《精神障碍诊断与统计手册》（DSM-IV）中提出的方法，个案的诊断权威性取决于实务工作者以及他们对这个分类系统的运用能力。案主则成了实务工作者专业服务的被动接受者。而结构主义为本的视角在解释问题本质时特别强调实务工作者与案主之间的紧密配合，"专家"的称号应该被赋予案主，而非实务工作者。这一点后面将做详细说明。

对治疗的启发

治疗焦点

在结构主义为本的实务模式中，治疗的关键是案主问题的现实，也就是他们对问题的感知、理解和定义，因为这个现实与其周围的环境不断互动。在传统的实务方法中，特别是心理动力模式中，揭示案例中"真正的问题"成为实务工作者的头等要务。"真正的问题"指的是案主身上的一种客观的病理性的或者功能紊乱性的状态，而实务工作者可以通过临床技术发现这一点，正如医生发现恶性细胞和诊断癌症一样，这些都是隐藏在病人的痛苦和其他症状背后的真正的问题。

在结构主义为本的需求评估和治疗中，不存在什么真正的问题（当然并非意味着不存在任何问题）。结构主义者认为，"心理社会问题"并非以本体论的意义存在，而是存在于语言和思维中。案主对问题的表述和思维特点及这些特点与相关的社会文化价值、规范和定义之间的互动建构了问题现实，也形成了干预的焦点。与行为主义助人专业实务工作者中非常流行的实务不同的是，结构主义实务工作者不会鼓励案主"承认自己的问题"，而是建议其从认知的角度放弃自己的问题。例如，叙事治疗在处理某些案例时，会把使问题与个人分离作为治疗的关键。人们常常会采用一种叫作"外在化问题"的技术来激发积极的、激动人心的结果（例如，参见 White，1989；O'Hanlon，1994，p.24）。人们相信，外在化问题（特别是给问题命名，并将其与案主分离）能够有效地帮助案主跳出来看问题，甚至从对手的立场来看问题，这样他们才有机会找出不同的看待问题的角度，以及解决问题的途径。这个方法在用来处理案主将问题与身份认同混淆起来的案例时特别有效，例如神经性厌食症。

案主自决

自社会工作专业发展之初，案主自觉的原则就是社会工作价值观中的重要内容之一。在结构主义看来，这不仅是一个价值观，而且从结构决定论的角度来看，更是一个人的"自然"状态的实现，无论是否受到重视，这个原则都是普遍存在的。如果个体的反应是由其自身结构决定的，那么只从定义上来讲，这也属于一种自决状态。实务工作者对此是没有选择的，他们不能选择尊重或者不尊重这个原则。在面对个别化的案主时，只能选择有意识地尊重这个原则，或者不知不觉地执行这个原则。实务工作者可能会相信自己在运用某种意义上的控制性技术，例如给案主一些模棱两可的指示，但是，案主的回应不会受到这些模棱两可的指示的影响，他们的回应更多的是出于自己的选择，也就是说这些指示会"诱发"一些回应，但是不能决定回应的内容，回应的内容完全受制于个体的神经生物结构和心理结构。

实务工作者应明白这种状态解决了这样一个问题：案主在某个特定的情境中是否应该"获许"实现自决。实际上，他们在所有情境中都实现了自决。需要指出的是，承认案主有权实现自决，并不意味着实务工作者要接受案主提出的所有要求和所有决定。"鉴于我们相信现实有不同的版本，我们可以选择不接受那些支持种族歧视、家庭暴力、辍学、青少年离家出走和其他破坏性互动的版本。我们还是需要改变那些丑恶的版本。"（Colapinto，1985，p. 30）

实务工作者的需要

有必要指出的是，由于结构主义理论具有内在的反直觉性特点，因此，对实务工作者而言，就会需要某种程度上对不确定性持容忍态度，这也使得人们可以接受结构主义的"多世界"观点。同时，在与案主互动时，还可以与他们分享这样的观点。正如费英格所说，实务工作者必须接受"有一个客观世界"的观点，因为"这样做是非常有效的"。有些人对这种模棱两可的专业思维定式深感不安，但很多人却不以为然，觉得这样做是很有必要的。

案 例

结构主义最难理解的地方就是它的认识论，它不再强调传统规范对客观世界的感知和理解，反而强调个体的主观性、特质性世界的重要性，并以此作为行为的首要基础。下面的案例片段由贺琳·安德森（Harlene Anderson）撰写，被 M. 赛克斯·威利（M. Sykes Wylie，1992）转引，描述了一个用结构主义认识论指导实务的过程。

在一个家庭中，由于父亲对妻子和子女们严重施暴，孩子们被带离了家庭，妻子也住进了庇护所。之后，这个家庭开始接受治疗。母亲进门时看上去衣衫不整，穿着拖鞋，还掉了几颗牙。父亲身材魁梧，光着脚，体重差不多有 300 磅①，穿着牛仔工装裤，里面没穿内裤。他一走进门就开始大喊大叫，说自己是个贫穷的白人。他一辈子一事无成，但听不得别人对自己指手画脚发号施令，想要按照自己的方法来管理这个家。他之所以过来接受治疗，是因为"笨蛋市中心"（法律机关）强迫他过来，他还故弄玄虚地说自己"讨厌黑人"。

这时安德森表示"每个在镜子后面的人都下意识地把椅子往后移动了一下"，除了诊所的咨询师哈里特•罗伯茨（Harriet Roberts），她是一名黑人妇女。她站起身走进了治疗室，平静地介绍自己，并真诚地说自己很愿意进一步了解他刚才说过的话，想知道他为什么讨厌黑人。

罗伯茨继续进行治疗，了解了丈夫与妻子之间的分分合合（妻子又回去跟丈夫一起生活，过去她经常这样），然后，她请来了丈夫的母亲，还有妻子目前居住的庇护所的工作人员，同时还与儿童保护机构进行了磋商。慢慢地，随着丈夫一步步接受治疗，他的外在行为也在改善。第一次面谈之后，他不再动手殴打妻子了，等孩子们都回家之后，他也不再对他们动手了。

这次治疗采用的实务原则来源于结构主义的认识论，突出体现在治疗师把自己的角色定位于向案主学习上，这名案主当时对她而言是具有潜在威胁的，实践证明，他对家人也构成了威胁。

安德森认为，治疗师（指的是后来参与的治疗师们）进入治疗时的态度是他们什么都不知道。客观来讲，他们与这个男人、他的妻子和孩子们相比，的确对什么是好的家庭、什么是不好的家庭、什么是精神病态和健康状态等问题知之甚少。他们不认为自己的专业特长能够让自己为这个家庭"写故事"，相反，他们相信，通过对话让所有的参与者聚在一起，就能够撰写出一个更美好的、更人性化的故事，所有人都被吸纳其中，共同参与这个过程。

此时的情况似乎是，一个男人感到自己的一生中总是被忽视、被排斥、被厌恶，他碰到了一名治疗师，这名治疗师似乎并不害怕他的敌意，没有被他的偏执侮辱也没有被他令人厌恶的性格冒犯……他说，这是他一生中第一次感到有人在倾听自己、理解自己（pp. 28—29）。

这里咨询师的所作所为看上去像是在重新设界，这是一个实务工作者常用的技术，用来重新定义问题情境，将其从负面转向正面，以此来改变案主的世界观。

但是，咨询师行动背后的意义实际上远不止这些。咨询师稳步走到案主面前，说自己

---

① 约合 136 千克。

想深入了解他讨厌黑人的原因,这表明了在面对案主的愤怒和隐含的威胁时,她对案主的尊重和无条件的积极关爱使得案主重新建构了自己原先建构的世界。

咨询师用自己的行动说明自己发现了案主具有结构决定论的特点,因为他坚持认为可以用自己的方法管好家,且有权憎恨黑人。鉴于自己在当时作为一个人受到了咨询师的认可,于是案主放松了下来,重新建构自己与环境之间的关系。这并非是一个简单地从案主的角度协助其进行调整的过程,而是一个案主适应和改变的过程,因为咨询师作为他外部环境的一部分直接走近他,同时,他也走近了咨询师,这就是一个双向的过程,其间出现了结构性耦合。

管理和培训因素

机构接纳度

作为社会工作的后起之秀,结构主义为本的治疗方法并没有得到广泛的接受和推广。心理动力学派、认知理论、行为理论和系统理论还是处在主导地位,成为社会工作实务的基础理论,也是很多实务工作者折中主义实践的重要组成部分。对结构主义感兴趣的社会工作者会成功地激发同事、督导和管理者对结构主义的兴趣。很多社会工作者在接受专业训练时很少接触结构主义的思想,他们发现结构主义的概念与自己的工作思路有很明显的差别。但是,现在的实务工作者有很多机会来学习结构主义概念性框架,与此相关的出版物、工作坊层出不穷,某些社会工作学院中的相关课程也越来越多了。随着实务工作者不断成功运用这个方法与案主开展工作,"官方"机构对结构主义为本的治疗方法的认可和接纳度也在不断提升。

正式培训

在某些社会工作学院中,结构主义思潮刚开始进入人类行为与社会环境的课程大纲、实务理论课程、实习指导和研究课程中,但是更加明显的是,课程内容中出现了很多涉及结构主义对社会政策的指导意义的内容,主要讨论在运用结构主义概念例如自生系统和结构性耦合的概念时,如何在满足案主的自决需求和不同的社会经济和政治环境因素之间取得平衡。

为了确保打好结构主义原则基础,学生们需要学习涉及结构主义思想体系的三个方面的内容:哲学、理论和方法论。从哲学的角度来讲,学生应对认识论的基础有基本的了解，这样才能对现实主义和结构主义的认识论进行比较。对于结构主义理论方面的学习，应该让学生接触心理学中的主题，例如知觉、感知和认知，以及基础的生理心理学。从方法论的角度来看，结构主义的基本概念和假设需要被转化成需求评估和治疗的原则、技术和策略，学生还应该找机会将这些理论运用到实习当中去。想要全面、系统了解结构主义思想如何融入社会工作课程，我们建议大家去阅读《反思社会工作教育：社会结构主义的视角》（Laird，1993）。

实证基础

实证主义立场的态度

结构主义者无法像那些热衷于实证研究的人那样，运用同样的手段来检验自己的治疗方法的有效性。"结构主义者并不相信实证经验在评估中扮演了重要角色，因此，他们认为质疑自己的观点能够得到实证支持本身就是一个天真的证据。"（Cole，1992，p. 252）

对于结构主义者而言，否认实证主义有关单一客观实体的概念，也是在否认实证研究中所采用的客观实体的"测量手段"的有效性。结构主义认识论的立场推动了很多人倡导行为科学和相关的助人职业要从自然科学的调查模式转向另一种。史密斯、哈雷和凡·郎根豪夫（Smith，Harre，& Van Langenhove，1995）在评述实证主义为本的研究模式时，提出要用诠释（解释）性模式取代自然科学的调查模式：

> 这个视角所面临的问题在于它没有考虑到人类行为是具有意义的，它们反映了积极的意图和期望，还可以与他人进行平等的沟通……自然科学模式的目的在于揭示因果关系，在所谓的"密集性"设计中，更加青睐定量形式的分析，从而创造普遍性知识，因此与实证主义的科学哲学密切相关。诠释性模式旨在寻求意义，更加青睐质性分析，创造细节知识，因此与非实证主义哲学科学密切相关（p. 15）。

内梅耶（Neimeyer，1993）在分析结构主义为本的心理治疗和现有的研究方法时，指出要想对心理治疗方法进行研究，合适的做法是从根本上对研究进行重新评价（p. 229）：

> 产生结果的研究可能与大部分心理治疗研究中的客观、常规的导向没有什么相似之处。毋庸置疑，心理治疗的研究目的在于将深藏的个人意义联结起来，并通过与案主的对话，富有想象地将可能的词语建构在一起。最终，这样一个学科可能会使基础研究和临床应用之间的界限越来越不明晰，在治疗师和案主之间形成一种碰撞，这种碰撞具有质疑性和治疗性（p. 230）。

　　由于结构主义为本的治疗方法出现在社会工作实务中的历史很短，因此，对这种方法的研究也处在初级阶段。随着研究的不断发展，定量研究和质性研究的结果也会越来越丰富。卡麦茨（Charmaz，1995）指出，扎根理论有希望处理好解释性（结构主义）和现实主义（实证主义）阵营主要的担忧（pp. 30-32）。"通过提供一系列的系统程序，扎根理论可以使质性研究者产生新的思想，而这些新的思想可以通过传统的逻辑演绎方法来进行验证。"（p. 48）

有效性

　　结构主义为本的治疗方法的有效性证据现在看来还是属于道听途说，因为这个方法本身历史比较短，还需要寻找有效的方法来研究其实务效果。尽管从其自身很难找出有效性证据，但是，实务工作者对结构主义方法的热情和案主对此的接纳度还是非常高的。接下来还需要在发展出更加合适的研究方法上下功夫，包括形成评价积极治疗效果的标准，这个标准要得到实务工作者和研究者的共同认可，并发展出相关的程序来运用这些标准。

与其他理论的联系

　　很难将结构主义和结构主义为本的治疗方法与其他方法进行比较，原因在于任何给定的理论或实务方法都既有相似之处又有差异。例如，很多其他实务方法都认为实务工作者在助人过程中是专家。但是，结构主义方法认为案主是专家，实务工作者的角色只是一个学习者。在这一点上，结构主义方法就与其他方法产生了差别。在这一点上，结构主义方法可能与现象学／人本主义为本的方法例如案主中心和存在主义方法是相同的。同时，结构主义为本的方法与那些将实务工作者当成专家的方法也有血缘关系，最突出的是心理动态学方法，它强调了感知、意义建构和异质性主观经验等概念的重要性，例如社会心理模式和精神分析导向的方法等。当然，结构主义方法与认知理论为本的方法之间的联系非常紧密，它们都强调"认识"过程和心理状态，都认为实务工作者是专家，案主不是专家。女性主义方法和结构主义方法之间也存在明确的共识，它们都认为现实是由社会建构的，每个人都有自己的现实，与他人的现实具有同等的价值。它们都强调，某些社会文化规范会对个体、家庭、群体和组织产生压迫性影响，这些毒害性规范会在不同层面导致社会心理问题的产生。

　　鉴于篇幅有限，我们在这里不一一罗列结构主义方法与其他方法之间的比较。总而言之，它与那些强调内在动力关系、案主自决、尊重案主独特性、重视语言和沟通的各种实务方法之间的关系比较密切。那些强调"客观"定义调整、提出诊断的概念和认为实务工作者是改变的推动者（专家）的实务方法与结构主义之间几乎没有共同之处。

尽管与其他方法之间存在异同，仔细分析起来非常复杂，但是，认真进行比较分析是非常有价值的。结构主义的框架似乎为链接差异、加强社会工作理论建构带来了希望。一个很好的例子是精神分析的移情概念和结构主义结构决定论的原则之间存在着异同。艾弗兰等（Efran et al.，1990）做了这样的比较：

> 弗洛伊德……把移情当成了自己的治疗理论的核心。移情对后人产生了重要影响。它不仅仅是神经官能症病人的痛苦，或者心理治疗背景中的一系列反应；它也不仅仅是精神病理学或者防御系统的一个产物。它实际上是我们人类神经系统结构的不可避免的一个副产品。**我们的一切反应**都与内在运作方式密切相关。当人们对我们做出反应时，实际上也是对自己的某些方面做出反应。因为弗洛伊德采用了一个客观主义的框架，因此，他将移情反应概念化为对现实的背离。我们更愿意将移情当成个人判断与流行的社会标准之间的**相对拟合**。**现实不是锚点，共识才是锚点**（p.72）。

不足和问题

与其他新的理论（以及一些旧理论）一样，对于结构主义理论及其在解释和改变人类行为中的意义，争议和各种担忧也一直存在。从概念的角度来看，我们很难知道那些看上去相似的非结构主义概念之间是否也存在实质性的差异。例如，贝尔（Bell，1995）是这样评论马图拉纳有关人际因果关系的观点的：

> 当马图拉纳说因果关系不可能存在的时候，他指的是教授的讲座并不能决定听课学生的反应（这就是指导性互动）。教授的讲座**选择**了学生的反应，但是，学生的结**构决定**了他们的反应……马图拉纳强调的是，我们日常所使用的"原因"一词常常暗指或者威胁性地暗指一种指导性互动的决定性，而"因果关系"一词只是表示一种选择过程，因此，他说因果关系是不存在的（p.8）。

也许马图拉纳所说的"选择"和"决定"基本上与线性因果关系模式中的"必要"和"充分"原因相近。那么，结构主义中"选择/决定"的概念与现实主义的"必要/充分"概念之间的区别就是一种差异性区别吗？在结构主义者看来，答案是"是"；而对现实主义者而言，答案是"否"。一方面，结构主义者一直肩负着说服现实主义者世界是非现实的的责任——现实主义者坚信现实世界中的一切都是因果现象。另一方面，现实主义者必须努力说服结构主义者，人们生活在这个世界上，而非生活在一个结构主义认识论妄想出来的世界中。于是，争论继续了下去，争论的核心在于人们喜欢或讨厌的结构主义理论的基础到底是什么，也就是说，人们到底是信仰哲学相对主义还是哲学现实主义。

马奥尼（Mahoney，1991）这样表达了对结构主义概念和实务方面的担忧：

> 抛开"结构决定论""组织性封闭"和"结构性耦合"等启发式抽象概念，到底是什么决定了有机体对环境的适应？在生命系统结构和环境之间，到底什么才是一致性的参数？为什么有些系统比其他系统具有更强的"自我重构"能力？所有这些对亲职、教育和心理服务到底有着怎样的启发？

> 另一种表达方式认为……目前的自我再生理论忽视了生命体生活的世界，更不用说生命体学习、改变和发展的心理状态和过程了……在过去二十年中，很多认知治疗师发现可以鼓励心理治疗的案主"重构"自己对自我和世界的感知和信念，但是，个人的自我循环和世界给日常生活带来的限制对个体的改变和成长是非常不利的（p. 396）。

结 论

随着社会工作实务的不断复杂化，选择性地运用一个不断发展的社会工作知识体系和理论已变得非常必要。结构主义作为实务的一个概念性框架，和结构主义为本的治疗方法一起，已经进入社会工作实务技术之列。毫无疑问，根据"自然法则"，在社会工作专业中运用结构主义的前途将会非常光明，也就是说，人们会逐步发现结构主义与社会工作价值观高度一致，其对实务工作者的实用性和对案主的有效性将不断彰显，对学术界未来发展充满了吸引力，与社会福利官僚机构优先事项的一致性也不断为人们所接受。佩恩（Payne，1991）写道：

> 社会工作理论中的新思想以各种形式出现，并且经历了一个**归化**的过程，在这个过程中，它们越来越适应社会工作的常规框架。有些理论还没有完全归化，因为它们在自己发展的全盛时期尚未很好地满足社会工作的某些要求。那些归化了的理论则会对社会工作的普遍性特征产生影响（p. 37）。

科尔（Cole，1992）对学科的"核心"知识和"前沿"知识进行了界定。核心知识包括一个相对集中的理论群，是这个学科的"必要"知识或者"起点"知识。前沿知识则是那些早期发展起来的知识，以及那些仍然缺乏共识的知识（p. 15）。结构主义作为社会工作治疗的框架，应该属于前沿知识范畴。结构主义未来还需要由实务工作者和研究者通过应用和检验来达到新的高度，进入社会工作核心知识范畴。

本章中我们认为，结构主义的某些基本假设不仅与社会工作实务原则高度契合，还为实务原则提供了支持。结构主义为本的实务明确地回应了社会工作专业的某些难题，例如需要赋权案主，不同种族、文化、民族、性别和年龄的人的权利需要自决，以及需要提高所有人的尊严并确保尊重所有人等。

　　这里提出的结构主义框架是社会工作治疗中的一个概念性框架，其中吸纳了很多马图拉纳和万利拉的思想。这些思想具有深厚的神经生物学的基础，而非社会行为科学基础，而社会行为科学是社会工作理论基础的传统来源。在判断结构主义对社会工作理论发展的有用性时，需要指出的是，结构主义支持社会工作价值观和专业伦理定位，同时也会为社会工作专业价值观和专业伦理带来附加意义。

　　　　如果我们知道我们的世界必定由我们与他人共建，那么，每次我们与他人发生冲突而又**必须和平共处**时，我们就不能断言我们认为确定的东西（即一个绝对真理），因为这会否定他人的存在。如果想与他人和平共处，我们必须看到他眼中的**确定性——无论我们是否同意——都与我们自己眼中的确定性一样具有合理性**，因为，跟我们一样，他眼中的确定性表达了他在自己存在的领域中保持的一种结构性耦合——这样，我们彼此配合，共同建构了同一个世界。冲突往往是一种互相否定，如果争论双方都坚持自己的观点，那么这种冲突就永远无法得到解决。我们只有进入一种和平共处的状态，冲突才会消失。对这一点的认识构成了以人为本的道德标准的社会驱动力（Maturana & Varela，1987，pp. 245-246）。

　　作为一个咨询师，想要成功地让勃然大怒的案主进入治疗过程，当她发现案主充满敌意时，仍然想要走近案主，了解他，并在这个过程中发现案主的愤怒及其对家庭的暴力行为逐渐消失，难道她不需要掌握这些知识吗？如果这位案主具备必要的语言表达能力，他在与这位咨询师见面后可能会说出一些类似于马图拉纳的话，这是否会让人感到难以置信？

　　　　每个人都是一个自我再生系统，是独立存在着的。尽管这样，我们还是不要悲叹我们必须生活在一个依赖于主体的现实中。这样的生活充满了乐趣，因为我们经历个体孤独后出现的超然会伴随着我们用爱与他人共建的共识性现实出现（Maturana，1978，p. 63）。

参考文献

Bell, P. (1985). Understanding Batten and Maturana: towards a biological foundation for the social sciences. *Journal of Marital and Family Therapy 11* (1), p. 6.

Charmaz, K. (1995). Grounded theory. Jn J. Smith, R. Harre, and L. Van Langenhove (Eds.), *Rethinking Methods in Psychology*. London: Sage Publications.

Colapinto, J. (1985). Maturana and the ideology of conformity. *The Family Therapy Networker*, May-June.

Cole, S. (1992). *Making Science: Between Nature and Society*. Cambridge. MA: Harvard University Press, p. 11.

Dean, R., & Fenby, D. (1989). Exploring epistemologies: Social work action as a reflection of philosophical assumptions. *Journals of Social Work Education 25* (1), pp. 46–54.

Dean, R., & Fleck-Henderson, A. (1992). Teaching clinical theory and practice through a constructivist lens. *Journal of Teaching in Social Work 6* (1), pp. 3–20.

Efran, J. & Lukens, M., (1985). The world according to Humberto Maturana. *The Family Therapy Networker*, May-June.

———, Lukens, M. & Lukens, R. (1990). *Language, Structure and Change: Frameworks of Meaning in Psychotherapy*. New York: W.W. Norton.

Elkana, Y. (1978). Two-tier thinking: philosophical realism and historical relativism. *Social Studies of Science 8.* pp. 309–326.

Fisher, D.D.V. (1991). *An Introduction to Constructivism for Social Workers*. New York: Praeger.

Goodman, N. (1972). in The Way the World Is. In *Problems and Projects*. New York: Bobbs-Merrill, pp. 30–31.

———. (1984). *Of Mind and Other Matters*. Cambridge, MA: Harvard University Press.

Grossman, Dean R. (1993). Teaching a constructivist approach to clinical practice. *Journal of Teaching in Social Work 8*, (1/2), pp. 55–75.

Hartman, A. (1991). Words create worlds. *Social Work 36* (1), pp. 275–276.

Ide, H. (1995) Sophists. In R. Audi (Ed.), *The Cambridge Dictionary of Philosophy*. New York: Cambridge University Press.

Kant, I. (1938) [1781]. *The Critique of Pure Reason*. Trans., N.K. Smith. New York: Macmillan.

Kelly, G. (1955). *The Psychology of Personal Constructs* (2 vols). New York: W.W. Norton.

Laird, J. (Ed.). (1993). *Revisioning Social Work Education: A Social Constructionist Approach*. New York: Haworth Press.

Mahoney, M. (1991). *Human Change Processes: The Scientific Foundations of Psychotherapy*. New York: Basic Books.

Maturana, H. (1975). The organization of the living: A theory of the living organization. *The International Journal of Man-Machine Studies 7*, pp. 313–332.

———. (1978). Biology of language: the epistemology of reality. In G.A. Miller and E. Lenneberg (Eds.), *Psychology and Biology of Language and Thought*. New York: Academic Press.

———. (1980). Biology of cognition. In H. Maturana and F. Varela (Eds.), *Autopoiesis and Cognition: The Realization of the Living*. Boston: Reidel.

———, Uribe, G., & Frenk, S. (1968) A biological theory of relativistic color coding in the primate retina. *Arch. Biologica y Med. Exp.*, Sjupplemonto No. 1, pp. 1–30.

——— & Varela, F.J. (1987). *The Tree of Knowledge: The Biological Roots of Human Understanding*. Boston: Shambhala Publications.

Neimeyer, R. (1993). An appraisal of constructivist psychotherapies. *Journal of Consulting and Clinical Psychology 61* (2), p. 230.

O'Hanlon, B. (1994). The third wave. *The Family Therapy Networker 18* (6).

Payne, M. (1991). *Modern Social Work Theory: A Critical Introduction*. Chicago: Lyceum Books.

Piaget, J. (1929). *The Child's Conception of the World*. New York: Harcourt, Brace.

———. (1950). *The Psychology of Intelligence*. New York: Harcourt, Brace.

———. (1970). *Towards a Theory of Knowledge*. New York: Viking.

Pojman, L. (1995). Relativism. In R. Audi (Ed.), *The Cambridge Dictionary of Philosophy*. New York: Cambridge University Press.

Smith, J., Harre, R., & Van Langenhove, L. (1995). (Eds.). *Rethinking Psychology*. London: Sage Publications.

Sykes Wylie, M. (1992). The evolution of a revolution. *The Family Therapy Networker 18* (6), p. 48.

Turner, F.J. (1986). Theory in social work practice. In F.J. Turner (Ed.), *Social Work Treatment: Interlocking Theoretical Approaches* (3rd ed.). New York: Free Press

Van Langenhove, L. (1995). The theoretical foundations of experimental psychology and its alternatives. In J. Smith, R. Harre, and L. Van Langenhove (Eds.), *Rethinking Psychology.* London: Sage Publications.

von Foerster, H. (1984). On constructing a reality. In P. Watzlawick (Ed.), *The Invented Reality.* New York: W.W. Norton.

von Glaserfeld, E. (1984). An introduction to radical constructivism. In P. Watzlawick (Ed.), *The Invented Reality.* New York: W.W. Norton.

Watzlawick, P. (1976). *How Real is Real?* New York: Random House.

———— (Ed.). (1984). *The Invented Reality.* New York: W.W. Norton.

————. (1990). *Munchhausen's Pigtail or Psychotherapy and Reality.* New York: W.W. Norton.

White, M. (1989). The externalizing of the problem and the re-authoring of lives and relationships. *Dulwhich Centre Newsletter,* Summer, pp. 5–12.

Wolterstorff, N. (1995). Locke, John. In R. Audi (Ed.), *The Cambridge Dictionary of Philosophy.* New York: Cambridge University Press.

第八章

危机理论和社会工作实务

凯瑟琳·埃尔

概述

危机理论

"压力性生活事件"可能会触发"危机"状态，其间，人们会经历短暂的极度痛苦，感到不堪重负，或者无法做到减轻自己的痛苦或从危险处境中解脱出来。对某些人而言，这种事件具有创伤性或灾难性，超出了自己预期的生活经历范围，随之而来的危机可能会成为后续的功能失调行为、身体或社会功能受损以及急性或慢性精神障碍的主要危险因素。在经历了危险事件之后，防止负面结果出现的最佳方法是及时为人们提供情感性、信息性和环境性帮助。

这些核心命题成为各种人类危机经验理论的基础，并为社会工作者、心理学家、医生、护士、教师、神父、律师、警察以及急救和应急人员的危机干预提供了理论基础。

在人的一生中，常常会碰到压力性生活事件，但是回应压力性事件的方式却五花八门。没人能说自己从不会碰到压力事件，但是，也不是所有人在经历了痛苦和失调之后都一定需要专业干预。人们在经历了正常的压力事件之后是否一定会面临危机（以及痛苦的严重程度和持续的时间长短），会因下列各种不同的因素而表现出差异性：事件的性质、事件被感知的意义、个人和环境资源对事件提出的需求被认知的充分程度等。

创伤性和灾难性事件（超出预期的正常生活经历范围之外的事件）可能会给大部分人

169 带来严重的痛苦，这会极大提升其导致后续负面结果的可能性。不幸的是，人们经历创伤性事件的概率远远超出人们的想象，特别是家庭暴力和虐待，社区、学校和工作场所的犯罪等。在一些人口密度高的社区中，即使是自然灾害也会将人们置于危险之中，例如在洪泛区、海滩、地震活跃地区，灾害发生的概率是非常高的。

还有一些危机是社会结构改变所致，例如经济衰退、贫困带来的不幸等。此外，当一些离散事件或系列事件长期堆积形成了慢性的压力时，也会产生个体或家庭危机。

向那些深受"正常"生活事件困扰的人们提供危机干预时常常从个人或家庭入手。相比之下，经历了创伤性事件的高风险，以及经历了创伤性事件时，往往可以识别出风险个体的事实（家庭暴力除外），所有这些都有力地推动了危机干预的发展，因此，危机干预会主动接触目标人群，而不是坐等他们上门求助（Brom & Kleber，1989）。例如，通过外展服务，社会工作者会提供一些危机事件事后干预服务（Bell，1995；Wollman，1993）。人们经历了慢性压力事件危机时，常常需要危机干预服务，包括环境干预、物质援助、获得长期治疗或康复服务、维持服务。

危机理论

有必要指出的是，尽管本章中我们采用了"理论"一词，这个词也常常出现在危机研究的文献中，但是，危机理论的很多构成要素是近年才开始形成的，尚未得到严格检验（Parad & Parad，1990）。由于危机的定义及对它的明显特征的描述都还比较宽泛，因此，这个词被广泛运用在了不同的情境中。

本章中，危机"理论"指的是一套假设和命题，而不是一个系统验证的、正式的、能清楚说明预测和因果关系的理论体系。从这个角度来看，危机理论指的是"一个正在形成中的理论"而非一个已正式确立的理论（Hobfoll & Shlomo，1986）。

危机理论为预防性行动提供了论据，因此，这里出现了一些重要的问题：什么是危机？当我们遇到危机时该如何判断这就是危机？危机与其他类型的心理问题有什么区别？哪些危险因素和保护性因素能够预测危机，更为重要的是，如何预测危机对人的功能产生的负面后果？危机会导致什么样的负面后果？在一般性人群和临床人群中危机的发生率是怎样的？应在什么情况下，针对哪些人，采取什么样的预防性干预，以及要付出什么代价，能获得什么益处？在整个 20 世纪中，这些相关的问题一直困扰着压力研究者、健康专业人士和社会服务实务工作者。尽管存在很多问题，我们还是从中学到了很多东西。

危机是什么？

危机是指人的稳定状态中出现的一种紧急的情绪不安状态，伴随着个人日常应对能力的明显削弱。这种紧急不安会给人的生理、心理、认知和各种人际关系带来痛苦，并有很多不同的症状表现。危机可能是个人的单独经历，也可能是家庭、组织和社区的群体共同经历。危机出现之前会遭遇一些明显的压力性生活事件，导致出现失落感、受到威胁或面临挑战。危机状态是有时间限制的，会持续几个星期或几个月，直到出现适应或适应不良的状态。

早期的危机理论家和实务工作者都强调过，危机的一般性要素都是由"正常"生活事件诱发的（Parad，1971；Parad & Parad，1990）。危机可以是对重要生活压力源的一种正常的时效性反应。因此，人们的关注点基本上都在危机经验中所隐含的成熟机遇上，成功地控制危机可以提升自尊水平，提高个体应对压力的能力。按照林德曼（Lindemann，1994）的开拓性研究，比较典型的危机是丧亲。随着时间的推移，人们也开始关注在一般性生活转型中出现的失落感或者失落的危险所催发的危机，例如早产、生病、青春期、离婚和退休等。

相反，目前有关危机和危机干预的文献都强调关注那些具有严重危机症候的人群，关注由创伤事件诱发的危机的"伤亡人数"。例如 1970 年代越战老兵的经历引发了很多的研究，催生了所谓"创伤后应激障碍"（PTSD）一词。有关创伤性和灾难性生活事件的临床和研究文献从早年关注战争压力、大屠杀幸存者和战俘等群体，延伸到了关注自然和技术性灾害，家庭、学校、工作场所和社区暴力事件等领域。现在，病理学危机状态及其后果都被收录在了《精神障碍诊断与统计手册》一书中，并被当成了急性压力失调和创伤后应激障碍。

负面后果的普遍性

在美国，经历过创伤性事件的个体的数量非常多，据估计约占总人口的 69%（Green，1984）。研究表明，经历创伤性事件后出现严重心理障碍的人的比例为美国人口的三分之一到四分之一（Green，1994；Green & Lindy，1994）。有相当比例的精神病人报告自己曾经经历过严重的压力事件（Green，1994）。PTSD 常常与其他失调同时出现，*171* 例如抑郁和滥用药物（Davis & Breslau，1994；Green，1994）。对很多人来讲，PTSD 是一种慢性精神障碍（Green，1994）。犯罪受害和家庭暴力导致了很多负面的后果（Foa & Riggs，1995），但是，最近的研究证明，在流浪汉、心脏病病人、意外受伤的伤者和癌症病人中也会出现急性 PTSD（Blanchard et al.，1995；Green，1994；Kelly et al.，1995；Vrana & Lauterbach，1994）。

危险因素和保护性因素

研究揭示了有些因素会将个体置于严重危机中，也有些因素会使人们在经历危机之后不会受到严重伤害。这些数据可以帮助我们甄别高危人群，设计干预计划以提升保护性因素。PTSD 的主要危险因素是面对的危机的严重程度（Grccn，1994），其他因素包括社会经济地位、过去的精神症状、儿童虐待、青少年问题以及过去的多重事件（Breslau et al.，1995；Green，1994）。关于儿童面对严重压力源后产生的后果的研究非常罕见，但是，越来越多的文献表明儿童非常容易受到危机事件的伤害（Pitcher & Poland，1992）。尽管对 PTSD 的研究通过追溯的方式来发现危险因素，但是，随着时间的推移，我们还是不太了解到底有哪些因素会影响 PTSD 的发展过程。

还有很多研究揭示了回应压力的过程中个人和环境的保护性资源。很多研究表明社会支持网络在减缓压力、减轻负面后果中发挥了强大的作用（Coyne et al.，1990）。人们还发现，具有抗逆力的家庭能帮助研究者解释为什么有些家庭能够成功应对生活压力和悲剧，而有的家庭则会崩溃（McCubbin et al.，1988）。

在过去的十多年中，研究人员发现了具有抗逆力的儿童的典型特征。对经历了长期贫困、父母患心理或病理疾病、家庭解体、忽视和战争的儿童进行的研究发现，在这些儿童中，有三分之一可以成长为健康的成年人（Werner，1995）。保护性因素可以用于解释这些积极后果，这些因素包括个人的、家庭的、社区的某些特点，例如有效的应对模式、与至少一名有能力的照顾者建立亲密关系，以及关爱性教育和社区服务计划等（Werner，1995）。

危机干预

长期以来，人们一直渴望理解并最终能够避免人类遭受压力生活事件的痛苦，这激励着早期危机理论家在这个领域努力工作（Caplan，1964；Parad，1971）。最早一批研究者和实务工作者们团结起来，共同开展了一系列行动研究项目。在这个过程中，他们发现了人类在面对创伤性和常规性社会压力源时付出的代价，因此开创了很多干预计划，并实施和评估这些计划，以预防、降低和改善危机事件的危害（Golan，1978；Parad & Parad，1990）。

时至今日，实务工作者在很多实务原则的指导下提供干预服务，为身陷危机中的人们提供及时的服务，以减轻他们的痛苦和无助，激活社会资源，提供有效的应对策略。类似的实务原则可以被运用在不同形式的社会服务系统中，包括个人服务、小组和家庭短暂治疗、24 小时危机回应项目和救灾小组。

鉴于危机伴随着危险，社会工作者和其他助人性专业人士自然而然地认为，应该为所有受到影响的个体提供危机干预。但是由于有时经历重大创伤事件的人群规模过大，加上很多人可以依靠自己成功应对这些危机，因此，为所有人提供支持是不现实的。而极为重要的一点是，应采用评估和筛选的方法，尽早确定哪些人需要专业干预服务。最近人们一直致力于发展和界定病态危机状态的标准，就是出于这个目的。

非常不幸的是，对干预和治疗的有效性进行的严格检验还是相对罕见的。这个严峻的 *172* 任务对于研究者和实务工作者而言都是一项重要的挑战。

理论起源

进入 20 世纪后，实务工作者、研究者和理论家们携手创建了危机和危机干预理论。有关人类危机经历的知识深受人类压力和因应理论的影响，同时还受到了流行病学和临床对病态危机和功能失调结果的研究的影响。健康和社会服务实务工作者已经回应并为这个正在形成的知识库做出了贡献，他们提供了很多干预服务以预防危机发生、"治疗"危机，以预防个体的急性或慢性的心理失调或家庭解体。

早期临床研究

危机干预理论最早始于椰林夜总会大火后林德曼（Lindemann，1944）开展的创新性的急性悲痛反应研究，此后，精神病学家杰拉尔德·卡普兰（Gerald Caplan，1965）和社会工作者霍华德·帕拉德（Parad，1971；Parad & Parad，1990）开展的预防性精神病研究计划也推动了这个理论的发展。在 1960 年代和 1970 年代，危机干预理论和实务迅速发展了起来，尤其是在社会工作专业中。

作为研究创伤事件的理论先驱，泰赫斯特（Tyhurst，1958）描述了过去健康人群面对严重压力时所做出的反应，倡导要在经历创伤之后立即接受干预，这样才会将危机的负面影响降到最低。卡普兰把危机定义为由危险事件引发的个人情感内恒系统的暂时性混乱，他强调道，危机是个体获得更差或者更好的情感平衡的难得机遇。因此，他率先提出要提供以社区为本的预防性危机干预服务（Caplan，1964）。

社会学对家庭压力的建构是建立在鲁宾·希尔（Reubin Hill，1949）开创性研究的基础之上的。希尔的家庭压力理论模式源于他对因战争而分居和重聚的家庭的研究。概括而言，希尔的模式是这样的：

> A（事件）与 B（家庭处理危机的资源）互动，与 C（家庭对事件的定义）互动，产生了 X（危机）。第二和第三个元素——家庭资源和对事件的定义——是家庭的一部分，因此，应该从家庭结构和价值观的角度来进行考察。事件带来的困难，即第一个决定因素，则处在家庭外部，也成为事件的一个属性（Hill，1958）。

希尔深受一般系统范式的影响，建立了家庭压力理论，为当代家庭压力研究以及家庭压力干预理论奠定了基础（Boss，1988；McCubbin & Patterson，1982）。希尔的研究激 *173*

发了此后几十年来人们对家庭压力回应的研究，包括解释和预测功能失调家庭的行为和家庭的解体（McCubbin & McCubbin，1992）。

压力与疾病

危机理论深受生理学回应压力研究的影响（Parad，1971；Golan，1987）。在其一生的研究生涯中，谢耶（Selye，1956）发现了有机体与其所处的环境之间形成的平衡的自然状态。有机体中任何一个部分的改变都将导致整体的失衡。谢耶提出，重建平衡需要一个警报阶段，这个阶段有机体会调动一切能量来抗争或逃避；还需要一个抵抗阶段，这个阶段有机体需要应对改变。如果随着时间的推移，有机体还是不能克服惊恐，那么接下来就会进入枯竭阶段，最终生病。

压力与应对

拉扎鲁斯（Lazarus，1966）不再关注生理学的压力回应因素后，提出了以心理学为中心的模式，包括压力回应的潜在中介因素，例如个人对事件意义、由事件带来的危险或挑战的意义的认知评估，以及对处理事件所需要的资源的评估等。应对理论假定人们在生活事件面前很少处于被动之中，一般都会积极努力地改变压力源、控制个人对事件意义的理解，或者调整自己对事件情绪上的反应。

生态系统学派对压力和应对概念的界定（Pearlin，1989；Aneshensel，1992；Mirowsky & Ross，1989）则将长期的角色紧张作为一个非常重要的因素，认为长此以往，它会导致压力的出现。尽管很少有人关注根据人们的社会地位、性别、种族/民族、年龄和婚姻状态的不同，危机的表现形式也不同（Pearlin，1989；Aneshensel，1992），但是，还是有很多证据表明疾病发生率（包括心理失常）在低社会经济地位人群中是非常高的，这一点是非常可怕的（Anderson & Armstead，1995）。

危机理论和社会工作

社会工作实务的特点是不断与那些经历了具有潜在危险的生活事件的人们或者处在危机之中的人们打交道。的确，提供危机干预服务对大部分社会工作者而言属于日常经历，处在危机中的人们构成了他们的案主的主体甚至是他们全部的案主。因此，在社会工作文献中很容易发现，研究与危机、危机理论和危机干预密切相关。广泛运用这些术语的一个后果是危机干预的独特的理论、实证和实务要素与社会工作者提供的干预和服务之间的界限越来越不清晰了。

　　社会工作文献中清楚地记载了危机理论及其具体内容进入社会工作实务方法的历史发展路径（Golan，1978；1987；Parad，1971；Parad & Parad，1990），由于受到了压力和应对理论的影响，社会工作者在形成和改善危机干预理论要素中发挥了重要作用，同时，也推动了社区危机干预服务的发展（Parad，1971；Golan，1987）。社区精神健康服务计划、自杀预防中心、家庭服务机构和医疗系统中的社会工作者们对早期危机干预的发展和推广做出了突出的贡献。目前，儿童福利系统、学校、强奸治疗中心、危机应对团体和员工援助计划中的社会工作者正在不断扩大危机干预的运用范围。

　　社会工作专业早期的危机干预文献的特点是针对下列几个方面开展了大量概念性的、定义性的和实务性的争论：（1）构成危机的要素是什么（与生活压力的区别）；（2）时限性的危机到底指的是什么；（3）危机干预的独特之处是什么；（4）危机干预与其他短期治疗之间的区别是什么；（5）危机干预到底是一个合法的实务方法，还是一个对更加有效的长期治疗模式的勉强替代；（6）谁有资格开展危机干预服务（Parad & Parad，1990）。

　　在过去的十年中，社会工作文献中很少有像早期研究那样能够不断激发新的思想氛围的新研究出现。也许人们已经接受了危机干预理论早期的假设，也接受了它们在逻辑和实务中的实用性，所有这些禁锢了人们的思维。特别令人不安的是，当前极度缺乏严格的对危机干预有效性和结果的研究，以不断发展帕拉德等人的早期基础性研究成果（Parad & Parad，1990）。

　　现在的社会工作文献反映了三种常见趋势：（1）社会工作者普遍采用相似的一般实践原则，向遭受严重情境性痛苦的人提供情感帮助；（2）出现了附属专业，向遭受特殊类型的创伤或灾难性生活事件的人提供特殊的干预；（3）发展出整合性服务模式，将情感性危机干预和环境性危机干预合二为一，以满足应对严重危机和长期压力性生活的弱势群体的多元需要。

基本假设

　　社会工作者的工作旨在减少人类痛苦，在可能的情况下，还要负责预防苦难的发生。危机理论给实务工作者提供了一套假设，来指导他们判断是否需要干预、为谁提供干预，以及以何种方式进行干预。

危机理论的假设

　　危机理论重视人类危机中的情感、认知、心理和功能性因素，提出了以下基本假设：

175 （1）个人在面对急性情境性压力或危险的生活事件时，会出现急性的情感失衡、社会解组、认知障碍、身体症状等，这都是非常正常的。（2）急性情境性苦难通常是一种正常的生活经历，在稳定的情绪、认知和身体状态下出现的混乱并不是病态的，在人的一生中，很多人都有可能遇到。（3）某些特殊的生活事件可能是具有破坏性的。（4）在失衡状态下，人们会努力恢复稳定状态或平衡，这个过程涉及在自己的生活范围内对事件的意义进行评估，同时还要评估应对这个事件所需的个人和社会资源。（5）当挣扎着恢复情感平衡时，个体会处在一个紧张的、时限性的心理（有时也是生理）脆弱期。（6）处于脆弱期时，个体会非常愿意接受心理干预。（7）危机回应的特点是由一般性的阶段朝着适应或适应不良的危机解决状态发展。（8）危机为人们提供了一个成长和发展的机遇，同时也提供了出现负面后果的机遇（Golan，1987；Slaikeu，1990）。

近年来，有关创伤性生活事件的研究得到了快速发展，研究文献继承了上述一般性假设，同时在病理学连续体的末端强调了典型的症状模式。人们发现，神经生物学对压力的回应构成了 PTSD 病人的长期性症状（Southwick et al.，1994）。有研究发现，有些PTSD病人也从自己的经历中获得了成长（Tomb，1994），但是，大多 PTSD 病人会遭受更长久的痛苦和功能失调。

危机理论中针对危机生态维度的命题还是非常不明确的（Ell，1995）。然而，危机产生的环境背景一直被当成影响痛苦程度和获取解决危机的资源的重要因素。因此，弱势人群由于社会经济地位、长期的压力生活或社会支持系统的不足等，可能更加容易成为高危人群，遭受危机的负面影响。

当一群人同时遭受危机时，危机的"传染"、积极和消极的环境资源的影响等都是影响人们具有不同的回应危机能力的因素（Kaniasty & Norris，1995）。例如，一名学生或者老师遭到枪击，可能会使整个学生和老师团体感受到危机（Pitcher & Poland，1992）。同样，飓风会阻碍社会支持的交换，但同时也会提升社会支持的交换，激发社区利他主义和团结。但是，当出现死亡、受伤和重新安置的需求时，人们的社会支持网络就会中断（Kaniasty & Norris，1993）。

主要概念

在争论急性心理混乱是否由外部事件所致时，早期的危机理论家们超越了精神分析的传统，该传统认为人类危机只是内心深处的一种体验（Hobfoll，1988）。危机理论认为个体的特征非常重要，它们会影响个体应对危机的资源。个体历史也非常重要，因为它与过去或反复出现的事件有关。危机理论的两个要素是突发事件的特征以及对紧急或长期性危机的症状模式的识别。

压力事件

如上所述，决定人们回应压力事件的关键因素是事件的性质。为了证实人类压力经历的普遍性（Lukton，1982），人们发现，以卜两种范畴的生活事件容易诱发危机状态的出现：一般性生活经历和特殊性生活经历（Baldwin，1978；Slaikeu，1990）。前者包括正常的成熟型经历，例如出生—青春期—结婚—更年期—退休。对大多数人来讲，正常的成长性压力生活事件会伴随着短暂的混乱感，需要使用常规性应对资源和开展测量。而对少数人而言，这些由时间激发的危机，会带来严重的、急性的心理和功能障碍，或者需要专业人士的干预。

相反，创伤性生活事件（特别是那些被当作正常人类经历之外的事件）非常容易造成严重的痛苦，在某些情况下，还会导致长期的心理、社会和身体状态障碍。创伤性生活事件包括威胁生命的疾病或创伤、深爱之人的离世、自然或人为的灾难（例如大火、洪水或战争），以及暴力犯罪（强奸或抢劫）。

在某些情况下，压力事件指的是慢性压力源（Scott & Stradling，1994）。例如反复遭遇同一事件（如儿童虐待），或在很长一段时间中反复遭遇一系列事件，这样也会导致危机的出现。同样，长期性的生活压力会让人们易于受到会导致危机的事件的影响，这会耗竭他们应对危机的资源，提高他们感到不堪重负和无力感的可能性。社会工作者对每一条可能导致危机的路径都了如指掌，对每条路径可能带来的负面后果也一清二楚。例如，长期遭受创伤，例如反复的性虐待（McLeer et al.，1994）和家庭暴力（特别是缺乏危机干预时），都是功能性失调（Pelcovitz et al.，1994）和精神障碍的主要诱因。

危机状态

如上所述，危机是一种严重的情境混乱状态，常常伴随着困惑、焦虑、抑郁、愤怒，以及社会功能障碍和躯体症状（Halpem，1973；Parad & Parad，1990）。在危机期间，个体会经历不断加重的心理脆弱、防御性下降，以及处理问题能力的严重衰退（Slaikeu，1990）。紧急的危机状态一般来讲是有时限的，尽管近年的研究指出其持续时间可能为6～8周，但也可能会更长久，具体的时长会根据下列因素而有所不同：事件的性质、对个人的意义、个人和家庭的应对资源，以及生活环境等（Slaikeu，1990）。

危机状态不一定是病态的（Hobbs，1984）。从危机出现到危机最终解决经历的阶段或过程包括控制与事件有关的发展性任务和应对性任务（Lukton，1982）、心理混乱强度的减弱、一段时间之后出现的情绪平衡状态的恢复。成功适应危机能够有效提升人们应对未来危机的能力。

一般来讲，对创伤性事件的反应可能有极度害怕、无助或恐惧，在儿童身上则会出现失调性或焦虑性行为（DSM-IV，1994）。创伤性事件会打破人们对个人的脆弱性和社会结构的基本假设和信念。很多人在经历了创伤性事件后会出现很多症状，可以以此断定此人处于严重危机中。例如，个人频繁报告再次体验、逃避和亢奋症状等（Ulman，1995）。

病理性后果

危机的后果包括恢复之前功能、功能更好和功能退化三类。人们早就发现了对创伤事件做出回应会产生病理性后果，但是，这种病理性后果与正常回应之间的界限还是比较任意的。如上所述，很多人都会出现症状，《精神障碍诊断与统计手册》（DSM-IV，1994）中收录了评估急性压力失调和PTSD的具体标准。虽然涉及正常症状与失调之间的发展过程的研究尚不多见，实务工作者还是发现了个人和社会资源的保护性影响以及如何通过干预强化这些影响。

根据DSM-IV（1994）的标准，急性应激障碍和创伤后应激障碍指的是暴露于"特别严重的创伤性压力源，这种压力源即个人直接经历的事件，包括直接死亡或者死亡威胁、严重受伤、躯体完整性受到威胁；或者得知家庭成员或亲近者的意外死亡或暴力致死、严重受伤、死亡威胁、受伤威胁"（p.424）。创伤性事件包括诊断出威胁生命的疾病、严重交通事故、个人受到攻击（性攻击、身体攻击、打劫或盗窃）、被俘或被关在集中营中、自然或人为灾害、军事战争、被拐卖、成为人质、遭受恐怖主义威胁或酷刑。

如果人们经历了上述创伤性事件，之后的一个月内可能会会出现两天以上、至少三种典型性焦虑、分裂，以及其他症状（包括主观性麻木感、解离症、情感回应缺乏、对周围环境敏感性下降、现实感丧失、人格解体、游离性健忘症、持续的事件再体验、明显逃避引起回忆的刺激物、明显的焦虑和警觉）（DSM-IV，1994；Koopman et al.，1995；Lundin，1994）。

創伤后应激障碍共有17个症状（DSM-IV，1994），可以分为三个类别：（1）创伤事件再体验（例如噩梦、创伤事件重现）；（2）回避和麻木（例如回避与创伤事件有关的事情和情境，拒绝与他人交往）；（3）警觉性增高（例如高度警觉、惊跳反应增强等）。个人至少出现一种再体验症状、三种回避和麻木症状、两种警觉性增高症状，持续至少一个月，才能被确定为符合PTSD症状标准。如果症状持续不到三个月，是"急性"；超过3个月，是"慢性"；如果症状在创伤事件后六个月以后才出现，就是"延迟性"。

前面提到过，丧亲对很多人来讲一般属于正常危机。但根据DSM-IV（1994），如果出现下列症状，就不属于"正常"的哀伤反应："（1）幸存者在逝者离开时因为没有采取某些措施或者采取了某些措施而感到负疚；（2）幸存者有死亡的念头，认为自己最好也死掉，与逝者同行；（3）近乎病态地认为自己毫无价值；（4）显著性的心理运动迟缓；（5）长期、明显的功能受损；（6）出现幻觉，认为自己听到了死者的声音，在一些瞬间看到了死者的身影。"（pp.684-685）出现这些反应时，实务工作者要考虑进行具体干预，包括运用药物治疗。

由创伤事件引发的危机，除了会导致 PTSD 外，还与一系列负面后果有关，包括抑郁症、药物滥用、反社会型人格障碍、性功能失调、恐惧症、强迫症、身体疾病和躯体化症状、大量使用健康服务资源、关系问题、社交功能障碍、无家可归、犯罪行为和自杀等（Burton et al.，1994；Kramer et al.，1994；North et al.，1994）。

在早期危机文献中，危机事件对儿童的影响一直受到忽视，而现在有越来越多的人开始关注这个问题（Fink et al.，1995；Giaconia et al.，1994；Shannon et al.，1994）。事实上，很多研究发现学校学生的行为问题与危机事件（例如离婚、严重身体疾病和重要他人的逝世）之间存在紧密的相关性（Kovacs et al.，1995；Pitcher & Poland，1992）。受到性侵犯的儿童还会出现更高比率的精神失调（Merry & Andrews，1994）。幸运的是，也有证据表明，随着时间的推移，儿童可以从创伤经验中康复（Green et al.，1994）。

危机干预

社会工作者最为关注的是通过危机干预为人们提供能够降低遭受危机事件的风险的机会（Armstrong et al.，1995；Bell，1995；Danish & D'Augelli，1980；Golan，1987；Parad & Parad，1990）。危机干预指的是一系列干预方法，这些不同的方法在主要目标、方法、服务人群、服务提供系统和提供的服务计划等方面，都存在很大的差异。因此，想要清楚地对危机干预进行分类是非常不容易的，要区分不同的危机干预的目标、方法、人群和服务提供系统之间的界限，也绝非易事。

主要的治疗目标

179

危机干预的首要目标是预防。预防指的是要制止某件事的发生，但是在危机干预中，需要预防的内容会比较多。公共健康预防术语中有三种类型的预防：一级预防、二级预防和三级预防。运用到危机干预中，一级预防指的是减少遭遇危机的人的数量。二级预防指的是提供干预，将危机状态的严重性降至最低，同时减少因危机而出现的长期功能受损和心理失调的人的数量。三级预防指的是减轻受损程度或危机带来的伤残的程度，或者预防功能受损的进一步恶化，例如针对严重的持续性精神疾病的危机干预旨在避免案主住院或进一步的家庭解体。总之，危机干预的任务包括预防、恢复、改善或维持。

最近，美国医学研究所在一项标志性研究中采用了另外一种预防分类系统，此研究是一项关于降低精神障碍风险的预防干预研究（Mrazek & Haggerty，1994）。这个系统最早是由戈登（Gordon，1983）开发出来的，包含了三大范畴：一般性、选择性和指令性。

一般性范畴指的是预防性干预对某些特定人群中的所有人都适用。例如，这个范畴中的预防性危机干预包括军人的压力预防免疫服务计划（Armfield，1994）、学校青少年问题解决训练（Pitcher & Poland，1992）、新父母支持小组等。这些危机干预旨在减少遭受不可避免的危机影响的人数。

选择性预防干预针对的是那些刚刚接触了潜在危机事件的人群或个体。例如，给那些刚刚诊断出危及生命的疾病的人们提供危机事故压力缓解干预的开放式支持小组。指令性预防干预指的是给那些表现出症状，正处在急性应激障碍、PTSD 或家庭解体中的人提供的服务。

危机干预的原则

尽管回应的事件、采用的方法、服务人群和服务提供系统不同，但是危机干预实务原则与社会工作实务原则基本上还是大同小异的（Golan，1978；1987；Parad & Parad，1990；Smith，1978，1979；VandenBos & Bryant，1987）。有趣的是，类似的实务原则是为非传统的精神健康服务提供者们设计的，包括神父、律师、警察、教师、急救人员和救灾人员（Hendricks，1991；Slaikeu，1990）。

危机干预的重点原则包括：（1）要尽可能早地提供援助，这些援助通常是通过外展服务进行的；（2）干预是有时间限制的，并且是短期的；（3）实务工作者的角色是非常活跃的；（4）减轻症状是主要目标；（5）需要提供实用信息和具体帮助；（6）需要动员社会支持；（7）要鼓励案主表达情感，说明症状和其所担心的问题；（8）要提供有效应对方法的支持，以帮助案主尽早恢复能力；（9）需要处理有关现实检验和正视危机经历的认知问题。

患急性应激障碍的个人需要接受支持性和行为治疗，以减轻症状。对于那些诊断出患 PTSD 的人，需要运用认知治疗方法，同时还要针对抑郁症和焦虑症进行药物治疗。在与一级和二级受害者开展工作时，还有一套类似的用于指导危机事件压力缓解的实务指南（Armstrong et al.，1995；Bell，1995）。二级受害者包括那些目睹了创伤事件的人，如家庭成员、同事或同学以及急救人员。

危机干预的重点

危机干预可能是心理层面的、教育层面的、环境层面的或者药理学层面的。心理层面的危机干预是由社会工作者提供的，针对个体或家庭，特别是那些愿意接近社会服务或社区服务资源的人。

当社会工作者遇到处在危机中的人，而他们生活在慢性压力环境中时，社会工作者应根据具体社会环境为他们提供干预服务。例如，社会环境中出现的崩溃给个人或家庭带来危机（包括重复性的家庭暴力和邻里暴力、无家可归、长期失业等），或者那些生活贫困、遭受歧视、生理和精神健康出现问题或者所处的社区服务系统不健全的人碰到了一个"正常"危机，都需要接受危机干预服务。

评估工具

学者们开发了很多临床评估工具，以帮助人们甄别童年创伤（Fink et al.，1995）和 PTSD（Hendrix et al.，1994；Neal et al.，1994）。社会工作者也会采用一些计算机辅助评估方法（Franklin et al. 1993）。

有效性研究和结果研究

早期的危机理论和实务都深深扎根于基础研究和应用研究中（Lindemann，1944；Parad & Parad，1990）。在 1960 年代，危机干预计划评估很好地证明了危机干预方法的实用性，同时，也证明了其他短期治疗方法的实用性（Parad & Parad，1999）。然而，近年来，已经很少有人开展严格的方法论意义上的危机干预研究了（Slaikeu，1990）。

现在的人们越来越关心的是，除了社会服务之外，管理型照顾是否应提供精神健康服务？如果是，应提供什么类型的服务？这样一来，对危机干预的成本效益开展研究的呼声就越来越高了。因此，有必要对不同的危机干预方法进行比较研究（Eggert et al.，1990；Nelson et al.，1990）。研究需要回答一些批评性的问题，例如什么类型的危机干预（例如，个人为本的、家庭为本的、环境为本的）对经历了什么类型的危机的案主是最有效的。此外，还需要对长期和短期危机干预的有效性开展研究（Viney et al.，1985）。

我们发现，开展结果研究也变得十分必要，因为这样的研究能够推动危机干预科学知识的发展，以便更好地服务于不同的社会文化群体（Bromley，1987；Weiss & Parish，1989）。迄今为止，我们还没有看到过针对不同社会文化群体开展的危机干预服务的基本假设和实务原则有效性的研究结论。因此，人们依然质疑不同的危机、实务原则和指南是否会因为性别、年龄、社会经济地位和种族不同而有所不同。的确，有研究表明，危机干预并非在所有个案中都有效。例如有研究表明，在危机干预设计中，如果不考虑性别差异，会得出截然不同的结果（Viney et al.，1985）。此外，尽管大家同处于类似的严重危机中，例如面对致命的疾病，但少数族裔和来自低社会阶层的人不太会参加危机支持小组，这就引出了干预方案如何设计和人们如何获取服务资源的问题（Taylor et al.，1988）。

为了提高为社会上最弱势的群体提供干预服务的有效性，有必要对危机理论的生态维度进行概念化（Ell，1995）。危机理论为社会工作者较常用的环境干预策略提供了基础。当然，在现存的知识体系中，对急性危机的慢性应激效果的认识还存在很多空白点（Ell，1995）。例如，关于家庭维护计划中的危机干预，我们还需要进一步研究其针对长期处在环境压力中的功能失调家庭时的有效性究竟是怎样的（Rossi，1992）。将有关互动性、社会结构、压力的生态维度、社会支持和应对等方面的知识有机整合，有助于推动危机干预在帮助处于弱势地位的个人和家庭中的有效性的研究，特别是那些面临多重问题的个人和家庭（Coyne et al.，1990；Hobfoll，1988；Moos，1976；Eckenrode，1991）。

生态视角也会就初级和一般性的预防性干预的有效性和操作性提出质疑。我们是否可以向人们传授应对技巧，以提高他们的应对能力并丰富其社会资源，以预防一些压力事件的发生，例如离婚、人际暴力和家庭解体？社会政策是否会导致绝大多数弱势人群占有的经济和社会资源减少，进而增加因缺乏充足且可获取的社区服务资源而导致或加剧危机的人数？有研究发现，社区组织例如教堂、互助小组和老人中心，都能有效地缓解社区中众人的生活压力（Maton，1989），而长期压力环境则会破坏这些支持性资源（Lepore et al.，1991）。因此，设计、实施和评估初级预防性干预一直是社会工作者及其他社会服务专业人士的职责所在（Anderson & Armstead，1995）。

PTSD 研究

迄今为止，我们还没有见过评估对 PTSD 患者的干预的研究（Richards et al.，1994），不太清楚性别和文化因素是否会对 PTSD 的评估产生影响（Allen，1994）。有证据表明，很多病人仍然有症状，在有效的干预中，最为关键的部分应是应对技巧以及再造PTSD记忆（McFarlane，1994）。

在社会工作实务中的主要应用

社会工作者受到了关注服务成本、减少精神健康和社会服务资源的呼声的影响，开始越来越多地提供短期的治疗和服务，例如危机干预（Parad & Parad，1990）。由于人类危机普遍存在，而危机的表现形式层出不穷，因此，干预的设计应满足不同人群的需求。社会工作文献中也出现了很多关于不同干预的研究，包括急救治疗、危机压力缓解、危机支持、危机干预、精要治疗和环境危机干预等。

卡普兰（Caplan，1964；1974）的开创性研究强调了在危机解决以及后期的适应中环境资源（特别是社区服务系统）所发挥的重要作用。但是，早期的干预实务重视的是人和家庭为本的临床方法（Parad，1971）。在过去的十年中，社区为本的危机干预出现了复兴的趋势，很多紧急时间压力管理团队、家庭维护项目中的危机模式，以及不断增加的学校为本的服务计划、流动危机小组、危机干预中心、热线电话、社区急救人员和救灾人员的危机干预培训项目都在采用社区为本的危机干预方法。

个人中心治疗

社会工作者在为个体提供危机干预时，会采用各种形式的心理教育、短程心理治疗、应激接种、情绪缓解和药物治疗（Sutherland & Davidson，1994）等方法。认知-行为治疗，包括实况和想象再现技术，也被用来治疗 PTSD（Mancoske et al.，1994；Richards et al.，1994）。

危机干预小组

针对经历了同样危机的成年人和儿童开设的危机干预小组也在很多不同的领域得到了广泛运用（Gambe & Getzel，1989；Gilbar，1991；Haran，1988；Northen，1989；Schopler & Galinsky，1993），为经历了危机的家庭开设的小组也日益增多（Gutstein，1987；Halpern，1986；Holmes-Garrett，1989；Kilpatrick & Pippin，1987；McPeak，1989；Silverman，1986；Taylor，1986；Van Hook，1987）。危机干预小组也是一个很好的选择，可以有效疏解危机事件中的压力（Wollman，1993）。

家庭危机干预

社会工作者也大量使用家庭危机干预的方法（Allen & Bloom，1994；Pardeck & Nolden，1985；Sugarman & Masheter，1985）。不同类型的危机干预都有具体的例子，例如夫妻分居（Counts & Sacks，1985）、家庭照顾（Walker et al.，1994）、青少年自杀倾向（Rotherman-Borus et al.，1994），以及严重的身体创伤等（Silverman，1986）。

多模式策略

随着贫困状况的不断恶化，越来越多的儿童和成年人生活在恶劣的生理和精神健康状态下，遭受社区和家庭暴力，不断受到阶级和种族歧视，面临着社会服务资源的日渐缺乏（Mirowsky & Ross，1989；National Research Council，1993）。

要想应对恶劣的社会自然环境所带来的各种问题，社会工作者需要不断提供危机干预服务，以帮助动员环境资源，减少导致危机的事件的发生率，或者降低它们的严重程度。这样，在多模式和多目标的服务计划中，心理为本的危机干预就与其他干预方法结合起来，为个人、家庭、小组和社区提供服务（Hunner，1986；Paschal & Schwahn，1986）。

用这样的方法开展危机干预服务的例子数不胜数。居住式治疗计划采用了结构性环境干预方法，并结合了深度的心理为本的危机治疗方法（Weisman，1985）。针对严重的精神病患者的长期社区服务计划提供 24 小时危机干预，配合环境资源支持（Kerson，1989；Newhill，1989）。为了帮助黑帮和青少年犯罪，危机干预会与街头监督（Spergel，1986）及其他服务结合起来（Stewart et al.，1986）。面对即将出现的家庭危机，人们会采用多种干预方法，以激活或建构社会系统资源，降低眼前的危机的发生率，恢复和改进危机发生前的家庭的功能性（Michael et al.，1985；Nelson et al.，1990；Wells & Biegel，1992）。

人群为本的预防性干预

184　　社会工作者会采取以下策略来提升人们应对压力生活事件的能力，降低遭受危机或患上 PTSD 的可能性：危机事件压力缓解、开放式支持小组、压力预防免疫、心理教育和应对技巧培训干预等。这些干预还包括为学校、工作场所、医院和社区灾害现场的目标人群开展外展服务。

人群为本的干预认为，在危机面前，尽管不是人人都需要治疗，但是，大部分人还是需要及时的信息和支持的。在危机事件压力缓解中，干预常常是由社会工作者以团队形式提供的。社区干预计划常常运用在自然灾害中（Kaniasty & Norris，1993；Wright et al.，1990）。压力缓解的干预常被提供给受害者和旁观者，例如目睹了战友的死亡或严重受伤的军队中的战士、消防队员、警察或其他急救人员（Bell，1995；Brom & Kleber，1989；Smith & de Chesney，1994）。

服务提供系统

危机干预服务是由健康和社会服务系统提供的，他们会在广泛的行政和组织的支持下开展工作，包括危机处理小组（West et al.，1993），流动干预小组（Geller et al.，1995），热线、个人及家庭咨询与治疗小组（Berger，1984），强奸危机治疗中心（Edlis，1994）等。提供服务的地点一般在急救室（Lambert，1995）、住院部（Anthony，1992）、工作场所（Mor-Barak，1988；Sussal & Ojakian，1988）、学校（Steele & Raider，1991），以及少年司法机关（Hendricks，1991）。一般来讲，按人群开展的预防性干预可以由非精神健康专业人士提供，而其他形式的干预最好由那些经过专业训练的精神健康专业人士提供。社会工作者是最好的危机干预服务提供者。

使用说明

危机干预将继续成为社会工作干预的基本方法。它能有效地提高人们应对生活压力的能力，为那些遭受严重痛苦的人提供及时的帮助，这一点是毋庸置疑的。当然，应加强对其他形式的危机干预方法的有效性和成本的研究，以及对为不同形式的危机提供什么样的危机干预服务的研究，这一点应该受到社会工作专业人士的高度重视，也是对社会工作实务工作者和研究者提出的最大的挑战。事实上，在未来，只有采用那些被证实有效的危机干预方法，才有可能得到私人或公共资金的支持。也许，最令人望而生畏的任务就是有效帮助那些因为社会环境恶化而身处严重的、长期的环境压力之中，无法享受足够的社区资源的人们。

参考文献

Allen, S.N. (1994). Psychological assessment of post-traumatic stress disorder. Psychometrics, current trends, and future directions. *Psychiatric Clinics of North America* 17(2) 327–349.

Allen, S.N., & Bloom, S.L. (1994). Group and family treatment of post-traumatic stress disorder. *Psychiatric Clinics of North America* 17(2) 425–427.

Anderson, N.B., & Armstead, C.A. (1995). Toward understanding the association of socioeconomic status and health: A new challenge for the biopsychosocial approach. *Psychosomatic Medicine* 57, 213–225.

Aneshensel, C.S. (1992). Social stress: Theory and research. *Annual Review of Sociology* 18, 15–38.

Anthony, D.J. (1992). A retrospective analysis of factors influencing successful outcomes on an inpatient psychiatric crisis unit. *Research on Social Work Practice* 2(1), 56–64.

Armfield, F. (1994). Preventing post-traumatic stress disorder resulting from military operations. *Military Medicine* 159(12), 739–746.

Armstrong, K.R., Lund, P.E., McWright, L.T., & Tichener, V. (1995). Multiple stressor debriefing and the American Red Cross: The East Bay Hills fire experience. *Social Work* 40(1), 83–90.

Baldwin, B.A. (1978). A paradigm for the classification of emotional crises: Implications for crisis intervention. *American Journal of Orthopsychiatry* 48(3), 538–551.

Bell, J.L. (1995). Traumatic event debriefing: Service delivery designs and the role of social work. *Social Work* 40(1), 36–43.

Berger, J.M. (1984). Crisis intervention. *Social Work in Health Care* 10(2), 81–92.

Bertalanffy, L. von. (1968). *General System Theory: Foundations, Development, Applications.* New York: George Braziller.

Blanchard, E.B., Hickling, E.J., Taylor, A.E., Forneris, C.A., Loos, W., & Jaccard, J. (1995). Short-term follow-up of post-traumatic stress symptoms in motor vehicle accident victims. *Behavior Research Theory* 33(4), 369–377.

Boss, P. (1988). *Family Stress Management*. Newbury Park, CA: Sage Publications.

Breslau, N., Davis, G.C., & Andreski, P. (1995). Risk factors for PTSD-related traumatic events: A prospective analysis. *American Journal of Psychiatry* 152(4), 529–535.

Brom, D., & Kleber, J.R. (1989). Prevention of post-traumatic stress disorders. *Journal of Traumatic Stress* 2(3), 335–351.

Bromley, M.A. (1987). New beginnings for Cambodian refugees—or further disruptions? *Social Work* 32(3), 236–239.

Burton, D., Foy, D., Bwanausi, C., Johnson, J., & Moore L. (1994). The relationship between traumatic exposure, family dysfunction, and post-traumatic stress symptoms in male juvenile offenders. *Journal of Traumatic Stress* 7(1), 83–93.

Caplan, G. (1964). *Principles of Preventive Psychiatry*, New York: Basic Books.

Caplan, G. (1974). *Support Systems and Community Mental Health*. New York: Basic Books.

Counts, R.M., & Sacks, A. (1985). The need for crisis intervention during marital separation. *Social Work* 30(2), 146–150.

Coyne, J.C., Ellard, J.H., & Smith, D. (1990). Social support, interdependence, and the dilemmas of helping. In B.R. Sarason, E.N. Shearin, G. Pierce, & I.G. Sarason (eds.), *Social Support: An Interactional View*. New York: John Wiley.

Danish, S.J., & D'Augelli, A.R. (1980). Promoting competence and enhancing development through development intervention. In L.A. Bond, & J.C. Rosen (eds.), *Competence and Coping During Adulthood*. Hanover, NH: University Press of New England.

Davis, G.C., & Breslau, N. (1994). Post-traumatic stress disorder in victims of civilian trauma and criminal violence. *Psychiatric Clinics of North America* 17(2), 289–299

Diagnostic and Statistical Manual of Mental Disorders, 4th ed., (1994). Washington, DC: American Psychiatric Association.

Eckenrode, J. (ed.) . (1991). *The Social Context of Coping*. New York: Plenum Press.

Edlis, N. (1994). Rape crisis: development of a center in an Israeli hospital. *Social Work in Health Care* 18(3/4), 169–178.

Eggert, G.M., Friedman, B., & Zimmer, J.G. (1990). Models of intensive case management. *Journal of Gerontological Social Work* 15(3/4), 75–101.

Ell, K. (1995) Crisis intervention: Research needs. In R. Edwards (ed.), *Encyclopedia of Social Work* (19th ed.), Vol. 1. Washington, DC: National Association of Social Workers, 660–666.

Fink, L.A., Bernstein, D., Handelsman, L., Foote, J., & Lovejoy, M. (1995). Initial reliability and validity of the childhood trauma interview: A new multidimensional measure of childhood interpersonal trauma. *American Journal of Psychiatry* 152(9), 1329–1335.

Foa, E.B., & Riggs, D.S. (1995). Posttraumatic stress disorder following assault: Theoretical considerations and empirical findings. *New Directions in Psychological Science* 4(2), 61–65.

Franklin, C., Nowicki, J., Trapp, J., Schwab, A.J., & Petersen, J. (1993). A computerized assessment system for brief, crisis-oriented youth services. *Families in Society: The Journal of Contemporary Human Services* 74(10), 602–616.

Gambe, R., & Getzel, G.S. (1989). Group work with gay men with AIDS. *Social Casework* 70(3), 172–179.

Geller, J.L., Fisher, W.H., & McDermeit, M. (1995). A national survey of mobile crisis services and their evaluation. *Psychiatric Services* 46(9), 893–284.

Gordon, R. (1983). An operational classification of disease prevention. In J.A. Steinberg & M.M. Silverman (eds.), *Preventing Mental Disorders*. Rockville, MD: DHHS, 20–26.

Green, B.L. (1994). Psychosocial research in traumatic stress: An update. *Journal of Traumatic Stress* 7(3), 341–362.

Green, B.L., Grace, M.C., Vary, M.G., Kramer, T.L., Gleser, G.C., & Leonard, A.C. (1994). Children of disaster in the second decade. *Journal of the American Academy Child Adolescent Psychiatry* 33(1), 71–79.

Green, B.L., & Lindy, J.D. (1994). Post-traumatic stress disorder in victims of disasters. *Psychiatric Clinics of North America* 17(2), 301–309.

Gutstein, S. (1987). Family reconciliation as a response to adolescent crises. *Family Process* 26, 475–491.

Halpern, H.A. (1973). Crisis theory: A definitional study. *Community Mental Health Journal* 9, 342–349.

Halpern, R. (1986). Home-based early intervention: Dimensions of current practice. *Child Welfare* 115(4), 387–398.

Haran, J. (1988). Use of group work to help children cope with the violent death of a classmate. *Social Work with Groups* 11(3), 79–92.

Hendricks, J.E. (ed.). (1991). *Crisis Intervention in Criminal Justice/Social Service.* Springfield, IL: Charles C. Thomas.

Hendrix, C.C., Anelli, L.M., Gibbs, J.P., & Fournier, D.G. (1994). Validation of the Purdue Post-Traumatic Stress Scale on a sample of Vietnam veterans. *Journal of Traumatic Stress* 7(2), 311–318.

Hill, R. (1949). *Families Under Stress.* New York: Harper and Brothers.

Hill, R. (1958). Social stresses on the family: Generic features of families under stress. *Social Casework* 39, 139–150.

Hobbs, M. (1984). Crisis intervention in theory and practice: A selective review. *British Journal of Medical Psychology* 57, 23–34.

Hobfoll, S.E. (1988). *The Ecology of Stress.* New York: Hemisphere Publishing.

Giaconia, R.M., Reinherz, H.Z., Silverman, A.B., Pakiz, B., Frost, A.K., & Cohan, E. (1994). Ages of onset of psychiatric disorders in a community of older adolescents. *Journal of the American Academy of Child Adolescent Psychiatry* 33(5), 706–717.

Gilbar, O. (1991). Model for crisis intervention through group therapy for women with breast cancer. *Clinical Social Work Journal* 19(3), 293–304.

Golan, N. (1978). *Treatment in Crisis Situations.* New York: Free Press.

Golan, N. (1987). Crisis intervention. In A. Minahan (ed.), *Encyclopedia of Social Work* (18th ed.), Vol 1. Washington, DC: National Association of Social Workers, 360–372.

Hobfoll, S. E., & Shlomo, W. (1986). Stressful events, mastery, and depression: An evaluation of crisis theory. *Journal of Community Psychology* 14, 183–195.

Holmes-Garret, C. (1989). The crisis of the forgotten family: A single session group in the ICU waiting room. *Social Work with Groups* 12, 141–157.

Hunner, R.J. (1986). Reasonable efforts to prevent placement and preserve families: Defining active and reasonable efforts to preserve families. *Children Today* 15(6), 27–30.

Kaniasty, K., & Norris, F.H. (1993). A test of the social support deterioration model in the context of natural disaster. *Journal of Personality and Social Psychology* 64(3), 395–408.

Kaniasty, K., & Norris, F.H. (1995). Mobilization and deterioration of social support following natural disasters. *Current Directions in Psychological Science* 4(3), 94–98.

Kelly, B.B., Raphael, B., Smithers, M., Swanson, C., Reid, C., McLeod, R., Thomson, D., & Walpole, E. (1995). Psychological responses to malignant melanoma: An investigation of traumatic stress reactions to life-threatening illness. *General Hospital Psychiatry* 17, 126–134.

Kerson, T.S. (1989). Community housing for chronically mentally ill people. *Health and Social Work* 14, 293–294.

Kilpatrick, A.C., & Pippin, J.A. (1987). Families in crisis: A structured meditation method for peaceful solutions. *International Social Work* 30(2), 159–169.

Koopman, C., Classen, C., Cardena, E., & Spiegel, D. (1995). When disaster strikes, acute stress disorder may follow. *Journal of Traumatic Stress* 8(1), 29–46.

Kovacs, M., Ho, V., & Pollock, M.H. (1995). Criterion and predictive validity of the diagnosis of adjustment disorder: A prospective study of youths with new-onset insulin-dependent diabetes mellitus. *American Journal of Psychiatry* 152(4), 523–528.

Kramer, T.L., Lindy, J.D., Green, B.L., Grace, M.C., & Leonard, A.C. (1994). The comorbidity of post-traumatic stress disorder and suicidality in Vietnam veterans. *Suicide & Life Threatening Behavior* 24(1), 58–67.

Lambert, M. (1995). Psychiatric crisis intervention in the general emergency service of a veterans affairs hospital. *Psychiatric Services* 46(3), 283–284.

Lazarus, R.S. (1966). *Psychological Stress and the Coping Process.* New York: McGraw-Hill.

Lepore, S.J., Evans, G.W., & Schneider, M.L. (1991). Dynamic role of social support in the link between chronic stress and psychological distress. *Journal of Personality and Social Psychology* 61(6), 899–909.

Lindemann, E. (1944). Symptomatology and management of acute grief. *American Journal of Psychiatry* 101, 141–148.

Lukton, R.C. (1982). Myths and realities of crisis intervention. *Social Casework: The Journal of Contemporary Social Work* 63(May), 276–284.

Lundin, T. (1994). The treatment of acute trauma: Post-traumatic stress disorder prevention. *Psychiatric Clinics of North America* 17(2), 385–391.

Mancoske, R.J., Standifer, D., & Cauley, C. (1994). The effectiveness of brief counseling services for battered women. *Research on Social Work Practice* 4(1), 53–63.

Maton, K.I. (1989). Community settings as buffers of life stress? Highly supportive churches, mutual help groups, and senior centers. *American Journal of Community Psychology* 17(2), 203–232.

McCubbin, H., & Patterson, J.M. (1982). Family adaptation to crisis. In H.I. McCubbin, A. E. Cauble, & J. M. Patterson (eds.), *Family Stress, Coping and Social Support.* Springfield, IL: Charles C. Thomas, 26–47.

McCubbin, H., Thompson, A., Priner, P., & McCubbin, M. (1988). *Family Types and Family Strengths: A Life-span and Ecological Perspective.* Edina, MN: Burgess International.

McCubbin, H., & McCubbin, M. (1992). Research utilization in social work practice of family treatment. In A.J. Grasso & I. Epstein (eds.), *Research Utilization in the Social Services: Innovations for Practice and Administration.* New York: Haworth Press, 149–192.

McFarlane, A.C. (1994). Individual psychotherapy for post-traumatic stress disorder. *Psychiatric Clinics of North America* 17(2), 393–408.

McLeer, S.L., Callaghan, M., Henry, D., & Wallen, J. (1994). Psychiatric disorders in sexually-abused children. *Journal of the American Academy for Child Adolescent Psychiatry* 33(3), 313–319.

McPeak, W.R. (1989). Family intervention models and chronic mental illness: New implications from family systems theory. *Community Alternatives: International Journal of Family Care* 1(2), 53–63.

Merry, S.N., & Andrews, L.K. (1994). Psychiatric status of sexually abused children 12 months after disclosure of abuse. *Journal of the American Academy of Child Adolescent Psychiatry* 33(7), 939–944.

Michael, S., Lurie, E., Russell, N., & Unger, L. (1985). Rapid response mutual aid groups: A new response to social crises and natural disasters. *Social Work* 30, 245–252.

Mor-Barak. M.E. (1988). Support systems intervention in crisis situations: Theory, strategies and a case illustration. *International Social Work* 31(4), 285–304.

Mrazek, P.J., & Haggerty, R.J. (1994). *Reducing Risks for Mental Disorders*. Washington, DC: National Academy Press.

National Research Council. (1993). *Losing Generations: Adolescents in High-risk Settings*. Washington, DC: National Academy Press.

Neal, L.A., Busuttil, W., Herapath, R., & Strike. P.W. (1994). Development and validation of the computerized clinician administered post-traumatic stress disorder scale-1-revised. *Psychological Medicine* 24(3), 701–706.

Nelson, K.E., Landsman, M.J., & Deutelbaum, W. (1990). Three models of family-centered placement prevention services. *Child Welfare* 69(1), 3–21.

Newhill, C.E. (1989). Psychiatric emergencies: overview of clinical principles and clinical practice. *Clinical Social Work Journal* 17(3), 245–258.

North, C.S., Smith, E.M., & Spitznagel, E.L. (1994). Violence and the homeless: An epidemiologic study of victimization and aggression. *Journal of Traumatic Stress* 7(1) 95–110.

Northen, H. (1989). Social work practice with groups in health care. *Social Work with Groups* 12(4), 7–26.

Parad, H.J. (1971). Crisis intervention. In R. Morris (ed.), *Encyclopedia of Social Work*, (16th cd). Vol. 1. New York: National Association of Social Workers.

Parad, H.J., & Parad, L.G. (1990). *Crisis Intervention*. Milwaukee: Families International.

Pardeck, J.T., & Nolden, W.L. (1985). An evaluation of a crisis intervention center for parents at risk. *Family Therapy* 12(1), 25–33.

Paschal, J.H., & Schwahn, L. (1986). Intensive crisis counseling in Florida. *Children Today* 15(6), 12–16.

Pearlin, L.I. (1989). The sociological study of stress. *Journal of Health and Social Behavior* 30(September), 241–256.

Pelcovitz, D., Kaplan, S., Goldenberg, B., Mandel, F., Lehane, J., & Guarrera, J. (1994). Post-traumatic stress disorder in physically abused adolescents. *Journal of the American Academy for Child Adolescent Psychiatry* 33(3), 305–312.

Pitcher, G.D., & Poland, S. (1992). *Crisis Intervention in the Schools*. New York: Guilford Press.

Richards, D.A., Lovell, K., & Marks, I.M. (1994). Post-traumatic stress disorder: Evaluation of a behavioral treatment program. *Journal of Traumatic Stress* 7(4), 669–680.

Rossi, P.H. (1992). Assessing family preservation programs. *Children and Youth Services Review* 14, 77–92.

Mirowsky, J., & Ross, C.E. (1989). *Social Causes of Psychological Distress*. New York: Aldine de Gruyter.

Moos, R.H. (ed.). (1976). *Human Adaptation: Coping with Life Crises*. Lexington, MA: D.C. Heath.

Rotherman-Borus, M. J. Piacentini. J., Miller, S., & Graae, F. (1994). Brief, cognitive behavioral treatment for adolescent suicide attempters and their families. *Journal of the American Academy of Child and Adolescent Psychiatry* 33(4), 508–517.

Schopler, J.H., & Galinsky M.J. (1993). Support groups as open systems: A model for practice and research. *Health & Social Work* 18(3), 195–207.

Scott, M.J., & Stradling, S.G. (1994). Post-traumatic stress disorder without the trauma. *British Journal of Clinical Psychology* 33(1), 71–71.

Selye, H. (1956). *The Stress of Life*. New York: McGraw-Hill.

Shannon, M.P., Lonigan, C.J., Finch, A.J., & Taylor, C.M. (1994). Children exposed to disaster. *Journal of the American Academy of Child Adolescent Psychiatry* 33(1), 80–93.

Silverman, E. (1986). The social worker's role in shock-trauma units. *Social Work* 31(4), 311–313.

Steele, W., & Raider, M. (1991). *Working with Families in Crisis: School Based Intervention*. New York: Guilford Press.

Stewart, M.J., Vickell, E.L., & Ray, R.E. (1986). Decreasing court appearances of juvenile status offenders. *Social Casework* 67, 74–79.

Sugarman, S., & Masheter, C. (1985). The family crisis intervention literature: What is meant by "family"? *Journal of Marital & Family Therapy* 11(2), 167–177.

Sussal, M., & Ojakian, E. (1988). Crisis intervention in the workplace. *Employee Assistance Quarterly* 4(1), 71–85.

Sutherland, S.M., & Davidson, J.R. (1994). Pharmacotherapy for post-traumatic stress disorder. *Psychiatric Clinics of North America* 17(2), 409–423.

Taylor, S.E. (1986). Social casework and the multimodal treatment of incest. *Social Casework* 67, 451–459.

Taylor, S.E., Folkes, R.L., Mazel, R.M., & Hilsberg, B.L. (1988). Sources of satisfaction and dissatisfaction among members of cancer groups. In B. Gottlieb (ed.), *Creating Support Groups: Formats, Processes, and Effects*. Beverly Hills, CA: Sage Publications, 187–208.

Tomb, D.A. (1994). The phenomenology of post-traumatic stress disorder. *Psychiatric Clinics of North America* 17(2), 237–250.

Tyhurst, J.S. (1958). The role of transitional states—including disaster—in mental illness. In Walter Reed Army Institute of Research, *Symposium on Preventive and Social Psychiatry*. Washington, DC: U.S. Government Printing Office.

Ulman, S.E. (1995). Adult trauma survivors and post-traumatic stress sequelae: An analysis of reexperiencing, avoidance and arousal criteria. *Journal of Traumatic Stress* 8(1), 151–159.

VandenBos, G.R., & Bryant, B.K. (eds.). (1987). *Cataclysms, Crises and Catastrophes: Psychology in Action*. Washington, DC: American Psychological Association.

Van Hook, M.P. (1987). Harvest of despair: Using the ABCX model for farm families in crisis. *Social Casework* 68, 273–278.

Viney, L.L., Benjamin, Y.N., Clarke, A.M., & Bunn, T.A. (1985). Sex differences in the psychological reaction of medical and surgical patients to crisis intervention and counseling: Sauce for the goose may not be sauce for the gander. *Social Science and Medicine* 20, 1199–1205.

Slaikeu, K.A. (1990). *Crisis Intervention: A Handbook for Practice and Research* (2nd ed.). Boston: Allyn and Bacon.

Smith, C.L., & deChesney, M. (1994). Critical incident stress debriefings for crisis management in post-traumatic stress disorders. *Medicine Law* 13(1-2), 185–191.

Smith, L.L. (1978). A review of crisis intervention theory. *Social Casework* 59, 396–405.

Smith, L.L. (1979). Crisis intervention in practice. *Social Casework: The Journal of Contemporary Social Work* 60, 81–88.

Southwick, S.M., Bremmer, D., Krystal, J.H., & Charney, D.S. (1994). Psychobiologic research in post-traumatic stress disorder. *Psychiatric Clinics of North America* 17(2), 251–264.

Vrana, S., & Lauterbach, D. (1994) Prevalence of traumatic events and post-traumatic psychological symptoms in a nonclinical sample of college students. *Journal of Traumatic Stress* 7(2), 289–302.

Walker, B.A., & Mehr, M. (1983). Adolescent suicide—a family crisis: A model for effective intervention by family therapists. *Adolescence* 18(70), 285–292.

Walker, R.J., Pomeroy, E.C., McNeil, J.S., & Franklin, C. (1994). A psychoeducational model for caregivers of patients with Alzheimer's. *Journal of Gerontological Social Work* 22(1/2), 75–91.

Weisman, G.K. (1985). Crisis-oriented residential treatment as an alternative to hospitalization. *Hospital and Community Psychiatry* 36(12), 1302–1305.

Weiss, B.S., & Parish, B. (1989). Culturally appropriate crisis counseling: Adapting an American method for use with Indochinese refugees. *Social Work* 34(3), 252–254.

Wells, K., & Biegel, D. (1992). Intensive family preservation services research: Current status and future agenda. *Social Work Research & Abstracts* 8(1), 21–27.

Werner, E. E. (1995). Resilience in development. *Current Directions in Psychological Science* 4(3), 81–85.

West, L., Mercer, S.O., & Altzheimer, E. (1993). Operation Desert Storm: The response of a social work outreach team. *Social Work in Health Care* 19(2), 81–98.

Wollman, D. (1993). Critical incident stress debriefing and crisis groups—a review of the literature. *Groups* 17(2), 70–83.

Wright, K.M., Ursano, R.J., Bartone, P.T., & Ingraham, L.H. (1990). The shared experience of catastrophe: An expanded classification of the disaster community. *American Journal of Orthopsychiatry* 60, 35–42.

第九章

自我心理学

艾达·戈尔茨坦

概述

自我心理学是解释人类行为的生物心理社会学理论，是自我导向的心理治疗的理论基础，还对其他干预模式产生了重要影响。自我心理学理论包含了一整套关于人类发展的概念，其重点在于人格的执行机关（自我）与人格的其他方面之间的关系，以及与外部环境之间的关系。

历史渊源及主要支持者

在 1923 年出版的《自我与本我》（*The Ego and the Id*）一书中，弗洛伊德提出了人格结构理论，并首次提出了自我心理学。人格结构理论能帮助我们更好地理解个体如何与外部世界协商，从而促使人们关注环境和人际关系对个人行为的影响。

人格结构理论认为，自我是人格精神结构的三个组成部分之一，其他两个是本我（本能之源），以及超我（意识和自我-理想）。弗洛伊德是这样界定自我功能的：协调动机（本我）与外部世界的关系；减轻动机（本我）与对本我表达的内在压制（超我）之间的冲突；通过建立机制（防御）来保护自我，摆脱焦虑；在识别与外部的区别上扮演重要的角色。

1936 年安娜·弗洛伊德（Anna Freud）出版了《自我与防御机制》（*Ego and the Mechanisms of Defense*），进一步发展了人格结构理论。她发现了防御行为的适应性，更加全面地描述了防御机制的内容，将防御来源与具体的人格发展联系了起来。

自我心理学发展的第二个重要阶段是海因茨·哈特曼出版的《自我心理学与适应问题》（*Ego Psychology and the Problem of Adaptation*，1939）。他提出了自我自主性概念，认为从出生开始，自我和本我都有自己的能量源，是从"未分化的基质"中分化出来的。个体生来就对人类"正常可期待的环境"具有"预设的适应能力"。自我自然成熟，很多自我的功能都是"没有冲突的"，从本能的角度来讲，自我具有"初级自主性"。

自我心理学的第三个重要发展阶段反映在埃里克·埃里克森（Erik Erikson）的著作中。在《儿童与社会》（*Childhood and Society*，1950）和《同一性与生命周期》（*Identity and the Life Cycle*，1959）中，埃里克森将自我发展描述为一种社会心理发展，涉及逐步掌握人类生命周期的八个发展阶段中每个阶段的发展任务。埃里克森提出，在发展过程中，不仅要关注生物和心理动力因素，而且要关注人际的、环境的、社会的和文化的因素。他是把成年当成是成长和改变的阶段的为数不多的早期理论家之一。

与埃里克森不同的是，罗伯特·怀特（Robert White，1959，1963）远离了弗洛伊德精神分析的传统。他提出的假设是，个体出生时不仅具有与生俱来的自主的自我功能，能依靠自己获取快乐，而且具有获得征服力和胜任力的动机。按照怀特的观点，自我会在环境中积极寻找机会，让个体自身"发挥作用"。借此，自我会因为与环境的积极互动而不断得到强化。

深受经典精神分析理论和自我心理学的影响，雷内·史必兹（Rene Spitz，1945，1965），玛格丽特·马勒（Margaret Mahler，1968；Mahler et al.，1975），M. D. S. 安斯沃思（M. D. S. Ainsworth，1973）和约翰·鲍尔比（John Bowlby，1958）根据自己对儿童的长期观察和研究，收集了很多数据，进一步发展了自我心理学理论。每位学者都从儿童与其照顾性环境之间的互动的角度，详细描述了儿童独特的发展。最近，丹尼尔·史丹（Daniel Stern，1985）的研究也对儿童早期发展提出了新的观点，从而向过去的说法提出了挑战。

对儿童的研究还有助于我们进一步认识到，儿童早期天生的人格特征与环境条件之间的互动，一方面促进了其应对能力的发展，另一方面也导致了脆弱性（Escalona，1968；Murphy & Moriarity，1976）。

认知理论的发展建立在一系列有关人格发展、人类问题及其治疗的假设之上，与自我心理学的关系并不密切。但是，认知理论的某些概念性内容被融入了自我导向的视角中。例如，皮亚杰的智力理论（Piaget，1951，1952）和科尔伯格的道德发展理论（Kohlberg，1966），很好地对自我心理学进行了补充。还有研究者对认知理论的发展做出了重要贡献，并将其运用到各种类型的功能失调的治疗中（Beck et al.，1979，1990）。

压力和危机理论也弥补了自我功能的知识。很多研究揭示了自我是如何应对不同类型的生物、心理和环境压力的（Grinker & Spiegel，1945；Hill，1958；Lazarus，1966；

Lindemann，1944；Selye，1956）。危机理论说明，在经历了重大破坏后，自我是有能力恢复平衡的。家庭系统理论、初级群体行为理论和组织理论也帮助我们认识到了社会环境对个体发展的重要影响。这些理论丰富了自我心理学的概念。

最新的研究领域和理论联系

为了矫正传统理论中的男性偏见，很多女性主义学者，例如杰西卡·本杰明（Jessica Benjamin，1988），南希·乔多萝（Nancy Chodorow，1978），多萝西·迪内斯坦（Dorothy Dinnerstein，1977），卡罗·吉利根（Carol Gilligan，1982），珍·贝克·米勒（Jean Baker Miller，1977）及其马萨诸塞州韦尔斯利学院的斯通发展服务中心的同事们（Jordan，1991），提出了社会中的女性是牺牲品的新观点（Abarbanel & Richman，1990；Berlin，1981；Faria & Belohlavek，1984；Simon，1988；Star et al.，1981），她们指出，应该把性别敏感的治疗模式融入自我导向的干预中（Bricker-Jenkins et al. 1991；Collins，1986；Greenspan，1983；Howell & Bayes，1981；Norman & Mancuso，1980）。

同样，还有很多其他的观点和呼声：支持同性恋，希望更好地理解不同肤色和多元文化及受压迫群体，关注儿童时代遭受的创伤在成年后产生的影响等。所有观点都不断改进和丰富了自我心理学，催生了更加具有敏感性的干预方法（Abarbanel & Richman，1990；Bowker，1983；Coleman，1982；Colgan，1988；Comas-Diaz & Greene，1994；Cornett，1995；Courtois，1988；Davies & Frawley，1994；de la Cancela，1986；Espin，1987；Falco，1991；Gutierrez，1990；Hetrick & Martin，1988；Hirayama & Cetingok，1988；Lee & Rosenthal，1983；Lewis，1984；Montijo，1985；Pinderhughes，1983；Robinson，1989；Ryan，1985；Schlossberg & Kagan，1988；Tully，1992；Weille，1993）。

人格理论与咨询心理学有着千丝万缕的联系，但也存在一些差异。例如，梅勒妮·克莱因（Melanie Klein，1948）、W. R. D. 费尔贝恩（W. R. D Fairbairn，1952）、D. W. 温尼科特（D. W. Winnicott，1965）、哈利·冈特里普（Harry Guntrip，1969，1973）等人的著作，英国客体关系理论家奥托·肯伯格（Otto Kernberg，1984）的著作和海因茨·科胡特（Heinz Kohut，1984）的著作，补充并在某些地方完善了我们对发展过程、人类问题及其治疗的认识。

进入社会工作的路径及主要的社会工作学者

从 1930 年代末开始，主要是第二次世界大战后期，很多学者努力将自我心理学的概念融入社会个案工作中。典型的代表人物有露西尔·奥斯丁（Lucille Austin，1948）、露易丝·班德勒（Louise Bandler，1963）、埃莉诺·科克里尔及其同事们（Eleanor Cockerill & Colleagues，1953）、安妮特·加勒特（Annette Garrett，1958），戈登·汉密尔顿（Gorden Hamilton，1940，1958）、弗洛伦斯·霍利斯（Florence Hollis，1949，1964）、伊莎贝尔·施塔姆（Isabell Stamm，1959），以及夏洛特·托尔（Charlotte Towle，1949）等。

与之前在个案工作中占首要地位的经典精神分析理论相比，自我心理学对人类功能性和潜能持一种更加乐观和人本的态度。它把环境和社会文化因素作为影响人类行为的重要因素，同时环境和社会文化因素也为自我功能提供了发展、提高和持续发展的良机。

自我心理学概念常常被用来在下列领域中确定研究焦点和需求评估过程：（1）此时此地案主的个人-环境互动，特别是个体有效承担主要生命角色和任务的程度；（2）案主适应性、自主性和没有冲突的自我功能，以及他们对自我缺陷和适应不良的防御；（3）主要的发展性问题对案主目前反应的影响；（4）外在环境制造出的障碍阻挠个人成功应对的程度。

自我心理学通过与个人和环境开展工作，改进和维持着适应性自我功能。与自我开展工作的系列技术都是系统化的技术。自我心理学概念意识到了案主-工作者关系的现实意义，因此不再特别强调关系移情或曲解，但却特别强调顿悟的作用，并把顿悟当成了个体改变的机制。

自我心理学概念有助于把个案工作程序从永不停息、没有重点地解释个性困难，转向了更加深思熟虑、具体运用个案工作程序的各个阶段。自我心理学概念强调案主在确定治疗方向中的责任，以及他们对自己的生活应承担的责任。

将自我心理学与相关的行为和社会科学理论整合起来，也促成了由海伦·珀尔曼（Helen Perlman，1957）发展的问题解决个案工作模式。她试图平息诊断性（精神分析）和功能性（兰克学派）个案工作者之间旷日持久的争论，同时矫正那些她认为会导致案主功能失调的实务。珀尔曼发展了个案工作模式，这个模式最基本的前提假设是所有的人都能有效地解决问题。

尽管自我心理学具有在理论和实务中链接个人与环境的潜能，个案工作实务还是常常受到批评，批评者认为它只关注个人的内心生活，忽视了具有干预作用的环境因素，特别是当案主似乎"难以接近"和"问题多多"时。

随着人们从有色人种、妇女、同性恋的角度提出了追求平等、弘扬社会正义、反对压迫的要求，这些要求也对心理动力理论和个人治疗构成了挑战。医学模式认为遇到需要应对的困难的人们一般都得病了，需要接受诊断和治疗，因此，人们对医学模式一直有着明显的不信任。自我心理学的追随者也因为在没有考虑到压迫、贫困和创伤的后果的情况下一味指责受害者而受到批评，同时，他们还因为将妇女、同性恋以及文化多元性群体的行为"病态化"、缺乏对他们的独特性和优势的尊重而遭受指责。

1960 年代开始，联邦政府重视并资助了一些大规模社会服务项目，旨在改善（如果不能根除的话）日益增长的社会问题。社会工作专业也开始更多地强调社会变革或"宏观系统"干预，而非直接实务或"微观系统"干预。面对日益增长的服务需求和经费预算削减，对昂贵、冗长的治疗方法的不满情绪也不断增长。

由于自我心理学的概念及相关的实务不具有操作性，也没有得到深入研究，关于它们的有效性的证据目前尚未出现。这一点越来越受到人们的重视，因为无论开展了什么样的研究，都是在不断证明个案工作的有效性是负面的，或者是模棱两可的，人们对个案工作颇有微词。此外，随着行为科学和社会工作知识的不断增加，新的实务模式产生了。尽管自我心理学为这些新的模式提供了很多知识支持，但是其重要地位还是在日益衰退，因此人们开始远离心理动力理论和实务，转而关注那些具竞争性的理论和模式。

出于很多原因，在 1970、1980 和 1990 年代，直接实务的重要性又得到了彰显。一系列政治暗杀、对越战的迷茫、"伟大社会"计划的失败、不断增长的政治保守主义、对经济弱势群体更加严厉的态度，以及严重的经济衰退，所有这一切导致了人们对政府的希望的破灭，对自己在社会政策的影响力上的无力感开始占上风。结果，越来越多的人需要个别化的服务，这促使专业人员开始重新关注微观系统干预服务，在与特殊人群开展服务的过程中出现了一些创新方法。对新出现的干预模式的实验研究也越来越多（Turner，1986）。作为一个专业，社会工作开始通过执照制度和审查制度来获得更高的地位，私人开业、至少是兼职私人开业的实务工作者的人数也在不断增加。

随着直接服务的复苏，自我心理学也进入了复兴时期。由于重视自我功能性和防御机制、正常的应对策略、征服和胜任力需求、认知过程、个人环境互动、个人成长中的生物社会心理因素，以及成人的成长、压力和危机等，自我心理学能够满足很多案主的需要。通过对内化的客体关系和自我发展的改进和扩充，它给人们提供了一个"深度"的维度来理解人类行为、适应不良和严重的个人问题。自我心理学还整合了有关文化多元性、女性发展、创伤和压迫对某些群体的影响等方面的知识，这使得自我心理学的适用范围越来越广。自我导向的干预被运用在很多不同的人群中，给很多实务模式提供了概念性基础，包括社会心理、问题解决、危机干预和生命模式。它还与家庭和小组理论及方法联系在一起，对大量服务设计、大规模的社会服务计划和社会政策都产生了一定的影响。

基本假设

下面七个假设，突出表现了自我心理学对人类功能性的主要看法（Goldstein，1995）：

（1）自我心理学认为人具有与生俱来的适应性功能。个体一生会经历生理-心理-社会发展的过程，其中自我是一支积极、动态的力量，用于应对、适应和影响外部环境。

（2）自我是一种个性的精神结构，主要负责个人需要与外部世界之间的协调。当自我有能力自主发挥功能时，它只是个性的一个组成部分，应该从"内部"与外部因素之间的关系的角度来进行理解。

（3）自我具有使个人成功适应外部环境的基本功能。自我功能是与生俱来的，会通过不同生理-心理-社会因素之间的互动不断发展。

（4）在经历结构性因素发展、满足基本需要、将自己与他人区分开、人际关系、学习、掌握发展任务、有效地解决问题和成功应对之后，自我发展才会出现。

（5）自我不仅能够调节个人与环境之间的冲突，还可以调节个人内在个性的不同方面之间的冲突。它会激发防御机制，从而保护个人远离焦虑和冲突，帮助个人更好地适应环境，或者解决适应不良的问题。

（6）社会坏境塑造了个性，给促进应对或阻碍应对都提供了条件。文化、种族、民族和宗教多儿性、性别、年龄、性取向以及有形和无形的物理挑战都会对自我发展产生影响。

（7）社会功能性的问题应该从可能出现的自我缺陷，以及个人需求、能力、环境条件和资源之间的匹配度这两个角度来进行考察。

主要概念

自我心理学包含了四个主要的概念：自我功能、防御、自我控制与适应、客体关系。

自我功能

自我功能是个人适应世界的手段。对自我功能研究的最重要的发现可以参见贝拉克及其同事（Bellak et al.，1973）的研究，他们发现了以下 12 个主要的自我功能。

现实检验

包括对外部环境、个人内在世界，以及两者之间差异性的准确感知。无法做到现实检验的最明显的表现就是错觉和幻觉（即那些无法验证的错误信念和感知）。

判断

指的是有能力甄别行动的某些过程，并了解和考虑到行为的后果，从而采取行动，实现既定目标，将负面后果最小化。

对世界和自我的现实感

我们经常发现，人们可以准确地感知内在和外在世界，但却以扭曲的方式来体验世界。对现实的真实感受指的是有能力体会或意识到世界的存在，并将自己与世界有机联系起来，感受到自己的身体是属于自己的，感受到自我的存在，并能准确地将自己和他人清晰地区分开。个体可能会觉得自己与世界是分离的（即现实感丧失），自己与他人之间似乎存在着一块屏幕。现实感丧失时，人们会感到自己与身体是分离的，这样，自己便可以脱离肉体，把自己的肉体当成一个独立的客体来观察。而身体的各个部分似乎也是彼此分离的。对身体形象的扭曲也会造成现实感的失调。

调控和对动机、喜好和刺激的控制

这里指的是为了与现实保持一致，调节、延迟、抑制或控制刺激和喜好（感情）的表达的能力。还包括忍受焦虑、挫折和不悦的情绪，例如愤怒和抑郁，而不会感到不堪重负、冲动或出现某些不良症状的能力。

客体（或人际）关系

指的是一个人的人际关系的质量和模式，以及一个人内在化自我意识和他人意识的发展水平。对于这一点，我们将在后文中做深入讨论。

思维过程

思维的初级过程遵循快乐原则，其特点是不管是否合适，都遵循一厢情愿的幻想，以满足即时的释放本能的需要。据此，愿望、想法与行动同等重要。相反，二级思维过程遵循的是现实性原则，其特点是有能力延迟本能性的满足，或抑制本能性的满足，直至条件合适，它能够将与行动匹配的愿望还原到外部世界。愿望和想法本身并非获得满足的主要条件。二级思维过程是一个目标导向的、有组织的、指向现实的过程。

服务自我中的适应性退化

这里指的是当陷入与现实的矛盾之中时，个体是否有能力放弃执着，缓解与现实的关系，从而体验到自我平常难以触及的生命内容。经过这种创造性整合，个体的适应性能力会不断提高。

防御性功能

个体会发展无意识的、内在的、被称为防御的机制，以保护自己不受痛苦的焦虑情绪的伤害，或者远离恐惧情境。适应性防御机制能够保护个体远离焦虑，同时还会激发个体进行有效的应对。适应不良状态的防御机制也会使得个体远离焦虑，但是，常常会以牺牲至善功能为代价。关于防御机制的类型，在本章后文会有更详细的讨论。

刺激障碍

每个人都有不同的刺激阈值，刺激障碍的重点在于个体在面对刺激时，能够维持正常的功能水平，在所受的刺激增加或减少时依然感到舒适。

自主功能

某些自我功能，例如注意力、专心、记忆、学习、感知、关注、运动机能和意图，都有着基本的自主性，可以摆脱驱动力的控制。因此，这些功能是无冲突的，也就是说，它们不是为了回应挫折或者冲突而产生的。在儿童早期发展过程中，这些功能可能会与冲突联系在一起，从而丧失自主性。而个体早期发展中的一些与挫折和冲突相关的能力在后期会经历"功能改变"，还会因为经历冲突而获得自主性。因此，某些兴趣是因为应对压力而发展起来的，但是后来却成为自己追求的目标。

掌控能力

掌控能力指的是个体有能力与环境成功互动，这是个体所具备的实实在在的能力，个体对自己能力的主观感受被称为"能力感"。

综合/整合功能

综合功能指的是按照外部世界的要求，将个性的所有不同方面整合成一个统一的结构。这个功能既有助于个体进行个性整合，也可以用于解决个体内在的分裂、分化和冲突。

自我力量

"自我力量"这个术语指的是个体拥有的内在的心理素质或能力，可以用在与他人和社会环境的互动中。在同一个人身上，某些自我功能会比另一些功能发育得更加完善，稳定性也会更好。也就是说，这些功能随着环境的改变或者时间的变化而变化的可能性比较低，在压力条件下，也不易发生退化或者解体。此外，即使在自我力量明显的个体身上，在某些情境下，自我功能的某些方面出现退化也是正常的，例如疾病、社会动乱、危机和角色转换等，这种退化并不意味着自我功能出现了缺陷。有必要指出的是，同一个人的自我功能可能具有多变性，尽管在极端情况下呈现精神病理状态，但自我功能也只是一般性受损而已。

199

防御的概念

防御是人的自我机制中的指令系统的组成部分，它可以保护个体免受焦虑之苦，将无法忍受的，或者不可接受的刺激和威胁排除在意识层面之外。防御是在无意识层面运作的。人们都会使用防御机制，但防御机制的具体形态和内容因人而异。所有的防御在某种程度上都会粉饰或扭曲现实，尽管在那些个体功能正常的人身上也会发生极小的、短暂的扭曲，但这丝毫没有损害到那些人检验现实的能力。当防御能够帮助个体摆脱焦虑，更好地发挥功能时，这样的防御机制就是有效的。

改变防御机制会带来焦虑，也会受到个体无意识的抵制。人们不会有意识地去努力维持自己的防御机制。然而，这种抵制会给个体寻求改变带来障碍。可能某些特定的人群会试着弱化或修改某些适应不良的防御机制，因为这些适应不良的防御会影响个体应对焦虑的能力，这时，这些防御机制会表现出非常重要的保护性功能。在很多情况下，防御机制应该被重视和谨慎处理，甚至应进行强化。

在某些严重的、不间断的压力下，例如面对疾病或疲劳，自我功能和其他自我功能可能会出现衰退。一旦出现了大规模的防御功能衰退，个体就会因为焦虑而失控。这可能会导致自我功能发生严重、迅速的退化。在某些情况下，个体的个性会呈现出分裂、混乱的状态，就像处在精神疾病中一样。当防御机制处于僵硬状态时，个体可能会表现出极端脆弱、紧张和被动，他们的行为可能会出现严重的呆板、退缩或扭曲。

常见的防御机制有以下几种表现（Laughlin，1979）。

压抑：压抑是一个非常重要的机制，包括将多余的想法和感受排除在意识之外，或处于无意识状态。被压抑的可能是意识层面的事件（次级压抑），也可能是从来没有到达意识层面的事件（初级压抑）。压抑可能包括对特定事件的记忆丧失，特别是创伤性事件或与痛苦情绪相关的事件。

反向形成：像压抑一样，反向形成是指通过用事件的反面代替不必要的冲动，使某些冲动不被意识到。

投射：当个体无意识地将自己不被接受的想法和感受归因于他人时，就是在使用投射。

隔离：隔离机制有时被称为情感隔离，因为这里存在着与特定事物相关的情感或与特定情感相关的思想的压抑，常常伴随着不同情境下的感受体验。

抵消：象征性地将个体无法接受或容易引起内疚的行为、想法、感觉当作没有发生过。

退化：退化是指个体为了逃避当前的焦虑而使自己退回到早期的发展阶段、功能水平或行为类型。

内摄：从心理学角度讲，"内摄"指的是将另一个人代入自我，以避免直接表达爱或恨等强烈情感。当强烈爱恨的对象（人）被摄入时，这种感觉是对自我的体验，而自我则已经成为该对象的伴生物或替代物。

逆转：逆转是把一种感觉或态度转变成它的反面的过程。

升华：升华被认为是最高级别的或最成熟的防御手段。它涉及将一个冲动从一个令人反感的目标转化为一个可以被接受的目标，同时仍然保持冲动的原始目标。

理智化：通过思考而不是直接体验来避开难以接受的影响和冲动，这是一种理智行为，类似于隔离。

合理化：指的是使用令人信服的理由为某些思想、感情或行动辩护，以避免承认其真正的、不可接受的、隐藏的动机。

转移：把对一个人或情境的感觉和冲突转移到另一个人或情境上。

否认：这种机制包括对现实或自身经历的否定或不接受，尽管这些现实或经历实际上可以被感知。

躯体化：在躯体化中，无法抑制的冲动或冲突会转化为身体症状。

理想化：对人、地方、家庭或活动的过高评价超出了现实，就是理想化。在某种程度上，理想化的人物作为激励或充当榜样。理想化并不一定是防御性的。但当理想化被用于防御时，能够保护个人免于因对所爱或害怕之人产生攻击性或竞争性的感觉而产生焦虑。

补偿：使用补偿法的个体通常是在试图弥补自己心中的缺陷或不足。

禁欲：这种防御方法常出现在青春期，它涉及对某些快乐原则的道德再认知，以消除与满足冲动有关的焦虑和冲突。

利他：在利他主义中，一个人会通过自我牺牲或参与公益事业来获得满足。当利他成为处理不可接受的感觉和冲突的一种方式时，它是具有防御性的。

分离：这种防御具有临界状态的特点，将爱与恨这两种相互矛盾的自我状态进行了区分。那些利用分离的人无法在意识中整合他们自己的感情或身份的矛盾，也难以分辨他人的矛盾。在他们看来，人非白即黑。

自我控制与适应

理论家假定人有着控制的冲动或本能（Hendrick，1942；White，1959，1963），他们相信人人都有一种天生的、积极的努力精神，与环境不断发生着相互作用，这种努力会让个体体验到一种力量性和有效性。怀特（White，1959）认为自我拥有独立的能量，这些能量促使个体通过操纵、探索和对环境采取行动来获得快乐。怀特称这些能量为"效能"，并认为效能感来自与环境的每一次互动所带来的愉悦。

在怀特看来，自我认同感是由一个人的效能和效能感的培养程度决定的。它影响着人们现在和未来的行为，因为它反映了人的基本态度，如自尊、自信、相信自己的判断、相信自己的决策能力，所有这些都塑造了一个人处理环境的方式。

埃里克·埃里克森认为最理想的自我发展来自对特定阶段发展任务和危机的掌握。他认为，从出生到死亡，每一次危机的成功解决都能为个体带来自我认同感，可以说这构成了自我意识的核心。

202　　　"危机"一词是指在每个新阶段开始时人们所处的紧张或不平衡状态。每一个危机都能以极端积极和消极的解决办法来描述，尽管在任何个人身上，核心发展危机的解决办法都可能存在于从最好结果到最坏结果的连续体中的任何地方。这一发展路径意味着，某一个阶段的理想解决办法取决于较早阶段的解决办法。

　　　根据埃里克森的观点，解决每一个接踵而来的危机既取决于与个体互动的人，也取决于他或她自己与生俱来的能力。同样，危机的解决取决于文化和环境的影响，而文化和环境塑造了育儿方式，并为人的理想性适应提供了机会或障碍。

　　　埃里克森是第一批提出成年期是动态的而非静态的的理论家之一，而且他还认为自我发展将贯穿整个成年期。有越来越多的兴趣和证据表明，人格变化发生在成人阶段。成年期既包含了过去的历史，也包含了其自身发展过程，所有这些都是导致其发展变化的要素。纽加顿（Newgarten，1964；1968）、巴特勒（Butler，1963）、瓦里恩特（Vaillant，1977）、古尔德（Gould，1978）、列文森（Levinson，1978）、贝内德克（Benedek，1970）、克拉鲁索和内米罗夫（Colarusso & Nemiroff，1981）等人的大量专著和论文，都能帮助人们理解成人的发展过程。

　　　女性主义者批评埃里克森过分强调人格发展中的生理差异而忽视了文化因素和社会化。他们还指出，他的生命周期理论是以男性经验和男性案例为基础的。

　　　通过对女性与男性的比较研究，人们得出了关于女性特质的新结论。例如，罗伯特·斯托勒（Robert Stoller，1977）的研究支持了这样的观点：父母在孩子生命的前5年的态度和行为，在决定孩子的自我性别认同（即孩子认为自己是男性还是女性）方面比孩子出生时的实际生理性别更重要。卡罗·吉利根（Carol Gilligan，1982）表明，女性建立关系、表达情感和育儿的能力对她们的身份发展至关重要。根据照顾自己和照顾他人之间的关系，她提出了一种评价女性道德发展的标准。在她看来，女性有一种不同的思维方式，这种思维方式中，在各种关系中出现的相互冲突的责任是影响她们做出判断的最重要的因素。女性的道德判断开始于高度自我中心或前道德水平；在下一阶段，这种判断主要基于对他人的关心；而在最高级的阶段，则基于平衡对自己和他人的关心的目的。吉利根进一步指出，对于很多女性来说，想要在世界上获得成功非常不易，因为她们的道德不允许她们表现出自我关注。

客体关系

　　　"客体关系"这个术语的一种含义是指外部人际关系的质量，另一种含义则是指特定的内在心理结构，是自我组织的一个方面（Horner，1979）。有些学者没有把客体关系看203　作单一的自我功能，而是把它看作所有自我功能发展的环境。人们认为，婴儿从出生起就具有天生的寻找客体的倾向，并通过与他人相处的经历而形成自我意识和他人意识。自我和他人的内在表象一旦发展起来，就会影响到之后所有的人际关系。

马勒所描述的分离-个性化过程包括一系列按时间顺序排列的阶段，每一个阶段都在分离、个性化和内在化的客体关系方面取得了重大成就（Mahler et al.，1975）。

婴儿自闭阶段

婴儿一般在出生后数周内对外界刺激毫无反应，主要受生理需要和生理过程支配。此时，婴儿的初级自主自我装置仍然是未被区隔的，还无法被唤醒从而对环境起作用。婴儿确实存在于自己的世界或所谓的自闭状态中，尽管他或她会逐渐对外界刺激做出反应，即使只是短暂的反应。在客体关系方面，这一阶段的婴儿处于先依恋阶段。

共生阶段

渐渐地，婴儿周围的保护层逐渐消失，开始成为"需要得到满足的客体"。然而，这个客体是处于内在的自我边界内的，缺乏独立的身份。在共生状态下，母亲的自我为婴儿服务，是母亲在婴儿与外部世界之间发挥着中介作用。这段时期标志着母婴之间彼此关注和依赖的开始。

分离-个体化过程：分离子阶段

分离出现在婴儿出生大约 4 到 5 个月的时候。婴儿的注意力开始从内指向或集中在共生关系内转向向外分散。婴儿开始将自我表征与看护者（客体）的表征分开。

分离-个体化过程：实践子阶段

实践阶段延续了自我与客体再现的分离过程，加速了个性化过程，婴儿自身的自主自我功能越来越重要了。当婴儿约 8 到 10 个月或 12 个月大时，练习期的第一部分的特征是身体上试图离开母亲，例如爬远。婴儿扩展了自己的世界以及在其中自主行动的能力，理想的状态是始终在母亲附近，她可以提供支持和鼓励。

在早期的实践阶段，孩子会同时受到外部世界和母亲的牵引，分离焦虑会增加，直到孩子在离开母亲时也会确信母亲会留在自己身边。我们可以观察到孩子最初如何努力与母亲保持联系。渐渐地，孩子变得能够独立生活更长的时间。

在第二阶段的实践中，孩子独立行动的能力似乎导致了其"对世界的热爱"。有时，孩子似乎不会注意到母亲暂时不在身边。在此期间，儿童巩固了自己的独立性，并获得了一种与客体表征不同的更稳定的内在自我表征。然而，孩子的"所有好的"自我和客体体验与"所有坏的"自我和客体体验是分开的。因此，当母亲体验到孩子坏的体验时，她会沮丧；当她体验到孩子好的体验时，她会充满了爱意。

分离-个体化过程：和解子阶段

在"和解"阶段，孩子摆脱了对母亲的绝对权威的信任，开始想要独立行动。然而，孩子也会变得害怕独处，并积极找寻母亲的存在，希望她分享一切，不断地向自己提供安慰。孩子会在自主和依赖之间来回摇摆动。

分离-个体化过程：通往客体稳定性之路

在这个阶段，孩子似乎能够再次独立，而不必担心母亲所处的位置。孩子对母亲的内化在一段时间内是不固定的，它开始允许孩子更充分地独立生活，在经历或害怕分离、遗弃、失去爱的过程中独立地发挥作用。客体稳定性的最终实现意味着在客体缺席或面对挫折时，也能够保持对客体的积极心理表征。在和解后期，当善与恶的自我与善与恶的客体开始融合时，正常的分离就完成了。

布洛斯（Blos，1975）认为有第二个分离-个体化阶段，发生在青春期。健康的青少年具有内在化的自我感和他人感，但为了获得更现实的自我感和他人感，他们必须从这些内在表象中更幼稚的方面脱离出来。这种脱离需要个体在家庭轨道之外发现新的爱的客体。

即使是自我功能良好的成年人，也可能在整个生命周期中，特别是在生命过渡点或承受更严重的压力期间，重新体验到分离-个体化的问题。那些没有成功完成这一关键发展过程的人，就会表现出严重的人际交往困难（Blanck & Blanck，1974）。

丹尼尔·斯特恩（Daniel Stern，1985）在其著作中对马勒的发育过程观点进行了批判，系统地研究了儿童与母亲之间的互动。与马勒相反，他提供的证据表明，婴儿天生就有一种与他人分离的意识，随着时间的推移，孩子的自我发展是复杂的人际交往的结果。斯特恩不认同用不同的、有时间限制的阶段来界定发展，他也不相信个人是在特定阶段成长起来的。相反，每个阶段都是一种独特的体验形式，随着时间的推移，当个体开始处理越来越高级的发展任务时，这种体验形式会进一步细化。

斯特恩描述了自我发展的四个阶段，或称"关联域"：涌现自我感、核心自我感、主观自我感和言语自我感。斯特姆认为，每个领域都是由人的先天成熟能力、看护者的特点和关爱程度共同决定的。

包括珍·贝克·米勒、朱迪思·乔丹（Jodith Jordan）、亚历山德拉·卡普兰（Alexandra Kaplan）、艾琳·斯蒂弗（Irene Stiver）和珍妮特·萨里（Janet Surrey）在内的斯通中心小组（Stone Center group）（Jordan，1991）也对马勒的理论提出了批评。他们认为女性的自我发展是在亲缘关系的背景下不断演进的，并认为女性的主要目标是增强联系，而不是增强自我客体的分化和分离。

社会文化因素对自我认同感的发展有很大的影响。我们已经认识到，个体从孩童时代开始就不知道自己属于哪个文化，或者说当个体在生命早期就得知自己属于被社会污名化、被排斥的群体时，想要获得一个稳定的、整合性的认同感是非常困难的。这样的经历会导致自卑、自我憎恨、消极的自我概念、无力感和疏离感。协调的养育方式以及家庭和环境的支持，会缓解负面情绪，但是无法完全消除歧视、种族主义和恐同症带来的负面影响。从这个角度来看，非裔美国人、拉丁美洲人、亚洲人、印第安人、同性恋者都是社会弱势群体。

更多地了解妇女的发展，以及文化多样性和受压迫人群的个体化，有助于更多地认识和尊重这两个群体的力量和特点，并丰富我们对他们应对能力的了解。例如，在讨论男性的男子气概时，德·拉·坎瑟拉（de la Cancela，1986）指出了其在波多黎各人的社会经济现实背景下的适应性意义，并告诫人们不要"责怪受害者"。相反，他提倡在与波多黎各男性及其家庭打交道时，要采取更尊重、更协调的方式。威尔逊（Wilson，1989）描述了非裔美国人社区中的哪些社会经济因素导致了积极扩大家庭这一观点的普遍存在，并强调了大家庭的价值和积极影响。同样，赖安（Ryan，1985）揭示了孔子、老子和佛陀的学说如何继续影响着华裔美国人的生活、思考和交流方式。

越来越多的人对同性恋生活持肯定态度。在总结过去几十年的研究结果时，许多学者指出，在个性特征、家庭背景、性别认同、自我防御或客体关系发展等方面，同性恋与异性恋是没有区别的（Falco，1991；Friedman，1986；Gonsiorek，1982）。

儿童早期受到的创伤是一个影响自我发展的重要因素，它会破坏安全感和人际关系。创伤性事件包括暴力、危险、对身体或生命的威胁，它们会给孩子带来恐慌、惊惧、无助和失控感。在创伤性事件发生很久之后，幸存者的性格上可能还是会有一些症状，妨碍他们最佳功能的发展，使他们非常容易受到伤害。

206

治疗

目标

干预大致有以下几个目标：（1）培养、维持、增强或改变内在能力；（2）动员、改善或改变环境条件；（3）促进内部能力与外部环境的适应。制定干预目标时，应该与案主共同协商，达成一致。

需求评估的本质和重要性

需求评估在本质上是从生物心理社会的角度开展的，其焦点在于关注案主当前和过去的功能水平和生活环境。它会考虑案主的需求、问题、性别、民族、种族、生活阶段、社会角色、典型自我功能及应对方式、人际关系、环境压力和社会支持。临床或医学诊断可以得出重要信息，但还应通过更广泛和个性化的需求评估加以补充。因此，关于病人有学习障碍、生理疾病、情绪障碍或药物滥用问题的结论是非常重要的，但不足以作为需求评估和制订干预计划的依据。

以下问题对实务工作者开展需求评估具有重要的指导意义（Goldstein，1995）。

（1）案主的问题在多大程度上是当前生活角色或发展性任务带来的压力所致？

（2）案主的问题在多大程度上是情境压力或创伤性事件的结果？

（3）案主的问题在多大程度上是自我能力缺陷、发展障碍或动力关系的结果？

（4）案主的问题在多大程度上是由缺乏环境资源或支持，抑或内部能力与外部环境不协调造成的？

（5）案主有哪些内在能力和环境资源可以用于改善应对能力？

干预的焦点

207   干预的焦点和性质取决于需求评估，案主应参与制订治疗计划。一般来讲，以自我为导向的方法可以根据其目标分为自我支持和自我修正（Hollis，1972）。自我支持干预旨在恢复、维持或增强个体的适应功能，并在有缺陷的地方建立或加强自我。相反，自我修正干预旨在改变基本的人格模式。

改变的本质

在自我支持干预中，个人之所以改变，是因为：（1）掌握了控制发展性、生活过渡危机或其他压力的新方法，并不断练习自主的自我功能；（2）更深刻地理解了自己的处境对他人的影响；（3）学习了新的行为、技能、态度，积极强化解决问题的能力和应对策略；（4）可以利用自我功能中的无冲突区域来中和充满冲突的区域；（5）利用关系和经验弥补了过去的困难和不足；（6）利用环境，为个人能力的发挥提供了更多的机会和条件。

助人性关系的本质和重要性

无论案主的态度和价值观是怎样的，社工都要传达某些关键的态度和价值观。这些须传达的内容包括接受案主的价值、对案主采取非评价的态度、欣赏案主的个性或独特性、尊重案主的自决权、遵守保密规则。与过去强调中立和客观的重要性的观点相反，目前我们更加强调社工应具备对案主表示共情、有节制地投入、表达真诚、鼓励互惠的能力。

一方面，自我支持干预强调助人关系中那些更现实和易于移情的部分。因此，采用自我支持方式的社工可能会鼓励案主将社工准确地理解为一个助人性推动者，而不是一个移情对象。在助人关系中，社工提供了人性化和真实的体验。然而，在许多情况下，社工会利用积极的移情，成为一个温和的权威或家长，培养案主的阶段性需求，促进其发展。在某些情况下，社工对案主来说是一个"矫正性"的角色。在采用自我支持干预时，案主可能会对不现实的社工做出强烈的反应。这种反应确实需要好好处理，但在大多数情况下，这些反应的目的是想恢复积极的关系（Garrett，1958；Hollis，1972；and Perlman，1957）。

在自我支持干预中，运用助人关系的另一个重要方面是社工愿意在案主与社工关系之外，代表案主扮演各种角色。对于社工来说，成为案主利益的倡导者或系统谈判者与案主的家庭成员会面，是很重要的（Grinnell et al.，1981）。

具体技术

自我支持干预中使用的心理技巧主要是那些持续的、指导的、教育的和结构化的，与那些非指导的、反思的、对抗的和解释的技术完全不同。霍利斯（Hollis，1972）描述了在自我心理干预中起重要作用的六组主要心理技巧：维持，直接影响，探索、描述和宣泄，个体-情境反思，模式-动态反思以及发展性反思。另外，教育和结构技巧也是重要的技巧。

环境干预是自我心理干预的关键。例如必须调动资源和机会，使个人能够利用他或她的内在能力；或调整环境，使之能够更好地满足个人的需要，培育个人的能力。

合适的案主群体

自我支持治疗方法可用于大部分的案主，这些案主的自我功能已被当前的压力破坏，或在应对方面表现出严重且慢性的问题，包括中度到重度情绪障碍。建立在门诊基础上的自我修正方法通常要求案主拥有足够的自我力量，以忍受与自我修正过程相关的焦虑。否则，案主可能还需要接受住院治疗或其他类型的环境性改变。

干预的时长

自我心理学经常与长期心理治疗联系在一起，但它也被用来指导危机和短期干预。较简单的干预形式需要的技术与较复杂的治疗形式所采用的技术是很不同的，因为复杂治疗需要更快的评估速度和更积极、更有重点的干预。

M 的案例

M 女士是一位 30 岁的单身失业商业艺术家，领取失业保险。她没有亲密的朋友，很少与父母见面，因为全职工作有诸多要求，她不愿意找全职工作。几个月前，她患上了严重的精神疾病，并短暂住院。之后她很快就康复出院，并开始在一家门诊寻求社会工作者的帮助。

M女士的主要问题是她极度多疑，而且在亲密关系中倾向于很快与他人融为一体。在她的上一份工作中，她一开始觉得她的女雇主想和她发生性关系，仅仅因为女雇主对她很友好，也很支持她的工作。之后M女士变得害怕和退缩，无法工作。有时她认为别人能读懂她的心思，常常把自己的想法归因于别人。有时她会告诉自己这些事情是她想象出来的，但她从来没有完全相信过自己。她花了大量的精力来隐藏自己的焦虑和不安。她从来都不会以直接询问对方的方式来消除顾虑，也不会询问别人的意图，或者别人所说的她听不懂的话。

在第一次面谈中，当被问及与社工会面的感受时，M女士回答她觉得社工很同情她，但她怀疑对方把自己所说的话录了下来。当被问及她为什么有这样的想法时，M女士指了指社工桌子上的录音机。社工让M女士检查录音机是否在运行，M女士似乎对机器没有开机感到满意。然后她说她认为这是一个荒谬的想法，但她觉得，她只是一瞬间产生了这样的想法，觉得社工在给他们的面谈录音。社工说M女士询问了机器的情况，这样她就能消除她的困惑，这是件好事。M女士承认，她大部分时间都生活在这种困惑中，这对她来说是个问题。他们一致认为这是他们可以共同努力解决的问题。

这位社工每周都与M女士会面，他们利用这些会谈来确定M女士的感受，帮助她从社工的感受中整理出自己的感受。这样做是为了帮助她进一步理解社工所做出的与M女士无关的言行，帮助她在自己的认知可能被扭曲时找到识别的方法，并在她变得焦虑不安之前找到纠正错误认知的方法。与此同时，这位社工还帮助M女士思考如何在不让自己同时承受太多压力的情况下，逐渐找到合适的工作，建立合适的人际关系。他们一致认为自由职业对M女士来说是一个不错的选择，因为这将允许她独自工作。这位社工还建议M女士参加当地教堂的每周讨论小组。每天晚上，这个小组都会讨论一个特定的话题，讨论后还有一个咖啡时间，人们可以在这段时间里进行社交。由于小组结构化的本质，M女士似乎开始以一种不那么具有威胁性的方式来参与活动和与他人见面。这位社工与M女士讨论了这些活动中发生的事情，以帮助她找到应对压力的新方法，并强化她对已出现的情况所采取的良好的处理方法。一年后，M女士感到不再害怕和没有安全感了。她能够做到尽可能外出见人，能够像一个自由职业者那样工作，她的自尊水平得到了增强。

讨论

在这个例子中，社工与M女士一起致力于自我建设，M女士严重的自我缺陷导致她无法运用自己的能力。社工将案主-社工关系作为一个试验场，M女士可以在这里找到并克服她在感知他人和与他人交流方面的困难。在这个过程中，社工运用了M女士善于观察自我的能力，并激发了她的动力去提高自己。社工帮助M女士了解自己的需求和能力，并学会如何安排自己的外部生活。社工还提供了一个论坛，M女士可以在这里讨论她的日常问题，并学习如何更有效地应对困难。

在家庭和小组干预中的运用

虽然家庭和小组模式一般采用自我心理学以外的理论体系，遵循不同于个体干预的干预原则，但很多自我心理学概念也可以被应用于家庭和小组干预。

家庭有其自身的生命周期，也发展出了各种家庭系统理论，这些理论通常被用来描述家庭内部过程和家庭与环境的关系，而自我心理学并未进入家庭领域（Carter & McGold-rick，1980；Nichols，1984）。然而，家庭在个性发展方面是一支强大的力量，它会创造并强化适应性特征和模式，也会创造并强化非适应性特征和模式。它还受到个别家庭成员所遇到的问题的深刻影响，在他们面临压力时可以成为他们的重要资源。因此，对家庭的系统过程及其需要和问题的评估可以对自我为中心的评估形成补充。同样，有时家庭干预可以与个人治疗一起使用。在自我心理框架内，家庭干预可以侧重于教导家庭了解其成员的发展和持续需要，以及家庭生活如何促进或阻碍其功能；在面临压力时支持家庭，提高家庭的应对技巧；促进家庭积极参与家庭成员的治疗，或将家庭建设成家庭成员的重要资源；使家庭能够应对其成员因疾病或残疾所受的影响（Anderson et al.，1980；Gold-stein，1979，1981）。

小组是一支为案主提供接受、安慰和鼓励的强大力量，它可以促进问题解决、发展自我能力、传授技能和培养能力感、提供信息、改变态度和行为、动员人们采取集体行动、促进与他人的合作、帮助案主改变不愿求助的状况（Lee，1981；Middleman，1981）。

在社区干预、服务提供和社会政策中的运用

尽管自我心理学最大的贡献是对人类生存的新的理解和对直接实务模式的形成的影响，但它对服务提供和社会政策也有重要的影响。自我心理学强调发展阶段、角色和生活转变以及人类功能中的压力和危机的重要性，提醒我们在生命周期中何时、何种情况下需要这些帮助。

自我心理学在引导服务提供初级预防而非仅仅补救等方面格外有效（Roskin，1980）。了解了哪些因素会促进案主健康发展或有效应对，对于提供相关服务以防止问题出现或恶

211

化是十分宝贵的。可以在问题升级之前确定并接触到高危人群或个人。

同时，自我心理学认为，有些人会在自己生命的转折点出现自我能力的急性或慢性损伤，因此，他们需要持续性地获得一系列的补救、康复或维持性服务。

自我为导向的实务认为，如果社会和环境阻碍了干预的发展和功能的发挥，那么对社会和环境的干预就是一个合适的干预点。显然，要使社会环境和社会政策更能回应案主的需要，社会工作者就需要积极采取一些社会和政治行动了。

实证基础

多年来，自我心理学作为一个理论体系，通过研究不断得到丰富，在研究方法和设计方面越来越成熟，更多的理论家愿意将自己的想法付诸调查研究。所有这一切都促使人们更多地对儿童和成人发展过程，以及他们如何应对压力、危机、各种类型的生活要求和事件进行系统研究。人们还发展了很多工具，用来评估常态的和病态的自我功能、适应和适应不良的应对方式。

与这些发展形成对比的是，基于自我心理学原理的实务性质及其有效行动的研究还是非常不足且缺乏系统性的，研究结果往往无法被应用到实务工作者的工作中。

1960 年代，自我心理学导向的社会个案工作受到了抨击，相关的社会工作干预的研究令人沮丧（Mullen et al.，1972）。然而，经过更仔细的分析，我们会发现，很明显，研究的目标、过程和结果中都出现了选择不当的问题（Perlman，1972）。自从 1960 年代这些研究问世之后，对自我心理学导向个案工作结果的研究已经产生了很多积极的研究成果（Rubin，1985；Thomlison，1984）。然而，从操作化角度定义心理社会变量、干预和结果的任务仍然艰巨。

自我心理学为社会工作实践提供了丰富的知识基础，因此，社会工作实务工作者也越来越重视对它的研究，这一点非常重要。超越了大型实验或单一案例设计的更多样化的研究策略也很重要。实务工作者必须成为研究的盟友，而不是敌人，研究人员需要对实务持更加友好的态度。

现状和未来趋势

影响社工自我心理学训练的重要因素包括以下几点：社会工作专业硕士课程大纲中留给人类行为与实践教学的课程空间越来越少，缺乏高级实务或博士课程，以及教师团队中缺乏有经验的实务工作者。社会工作迫切需要建立新的教育项目，通过将临床内容放在更高的优先位置，并招募那些在生物、心理、社会方面有经验且具备自我心理学背景的实务工作者进入大学任教，以满足实务工作者的需求。

在与其他理论和实务模式的竞争中，自我心理学继续对社会工作实务产生着重大影响。在1982年美国社会工作者协会临床社会工作者登记的一项调查中（Mackey et al.，1987），51%的人认为自我心理学对自己的实务最有帮助（p. 368）。虽然这项研究是十多年前进行的，但自我心理学方法的受欢迎程度似乎并没有下降。有关自我心理学及其应用的文献很多，而且还在不断增加。尽管自我心理学关注的是情境中的人，它具有广泛适用性，它在不断发展，但一些人仍然会批评自我心理学过于狭隘或过于临床化，与当今的实务无关。

社会的不断变化要求我们更多地关注自我导向干预在不同案主问题和人群中的应用（Goldstein，1995）：艾滋病（Dane & Miller，1992；Lopez & Getzel，1984）、强奸和其他形式的暴力攻击（Abarbanel & Richman，1990；Lee & Rosenthal，1983）、虐待儿童（Brekke，1990）、家庭暴力（Bowker，1983）、药物滥用（Chemus，1985；Straussner，1993）、边缘型和其他类型的性格病理学（Goldstein，1990）、无家可归与慢性精神疾病（Belcher & Ephross，1989；Harris & Bergman，1987），以及儿童时期性虐待对成人的影响（Courtois，1988；Faria & Belohlavek，1984）。同样，自我心理学解决了文化多样性和受压迫者的特殊需求。在未来的实践中，我们必须不断努力，应用自我心理学原理来解决当今社会中各种各样受压迫的、处于经济弱势地位的群体和特殊人群的问题。此外，在目前管理式护理和服务提供被削减，以及由此导致的对非常简短且往往是机械性的服务的强调这种背景下，我们需要比以前更进一步发展、利用、宣传和研究自我为导向的短期干预模式。作为一种生物-心理-社会理论，自我心理学可以帮助我们设计更全面、更有意义的治疗方案，并指导我们更好、更有效地服务那些需要更深入、更具差异化的服务的案主。

参考文献

Abarbanel, G., & Richman, G. (1990). The rape victim. In H.J. Parad & L.G. Parad (eds.), *Crisis Intervention: The Practitioner's Sourcebook for Brief Therapy*. Vol. 2. Milwaukee, WI: Family Service Association of America, 93–118.

Ainsworth, M.D.S. (1973). The development of mother-infant attachment. In B. Caldwell & H. Ricciuti (eds.), *Review of Child Development Research*. Vol. 3. Chicago: University of Chicago Press, 1–94.

Anderson, C., Hogarty, G. E., & Reiss, D. J. (1980). Family treatment of adult schizophrenic patients: A psychoeducational approach. *Schizophrenia Bulletin* 6, 490–505.

Austin, L. (1948). Trends in differential treamtent in social casework. *Social Casework* 29, 203–11.

Bandler, L. (1963). Some aspects of ego growth through sublimation. In H.J. Parad & R. Miller (eds.), *Ego-oriented Casework*. New York: Family Service Association of America, 27–44.

Beck, A.T., Freeman, A., & Associates (1990). *Cognitive Therapy of Personality Disorders*. New York: Guilford Press.

Beck, A.T., Rush, A.J., Shaw, B.F., & Emery, G. (1979). *Cognitive Therapy of Depression*. New York: Guilford Press.

Belcher, J.R., & Ephross, P.H. (1989). Toward an effective practice model for the homeless mentally ill. *Social Casework: Journal of Contemporary Social Work* 70, 421–27.

Bellak, L., Hurvich, M., & Gediman, H. (1973). *Ego Functions in Schizophrenics, Neurotics, and Normals*. New York: John Wiley & Sons.

Benedek, T. (1970). Parenthood during the life cycle. In J. Anthony & T. Benedek (eds.), *Parenthood—Its Psychology and Psychopathology*. Boston: Little, Brown, 185–208.

Benjamin, J. (1988). *The Bonds of Love: Psychoanalysis, Feminism, and the Problem of Domination*. New York: Pantheon.

Berlin, S., & Kravetz, D. (1981). Women as victims: A feminist social work perspective. *Social Work* 26, 447–49.

Blanck, G., & Blanck, R. (1974). *Ego Psychology in Theory and Practice*. New York: Columbia University Press.

Blos, P. (1975). The second individuation process of adolescence. In A. Esman (ed.) *The Psychology of Adolescence; Essential Readings*. New York: International Universities Press, 156–77.

Bowlby, J. (1958). The nature of the child's tie to the mother. *International Journal of Psychoanalysis* 39, 350–73.

Bowker, L. H. (1983). Marital rape: A distinct syndrome. *Social Casework: The Journal of Contemporary Social Work* 64, 347–52.

Brekke, J. (1990). Crisis intervention with victims and perpetrators of spouse abuse. In H.J. Parad & L.G. Parad (eds.), *Crisis Intervention: The Practitioner's Sourcebook for Brief Therapy*. Vol. 2. Milwaukee, WI: Family Service Association of America, 161–78.

Bricker-Jenkins, M., Hooyman, N.R., & Gottlieb, N. (eds.). (1991). *Feminist Social Work Practice in Clinical Settings*. Sage Sourcebook for the Human Services Series, 19. Newbury Park, CA: Sage Publications.

Butler, R.N. (1963). The life review: An intrepretation of reminiscence in the aged. *Psychiatry* 26, 65–76.

Carter, E. A., & McGoldrick, M. (eds.). (1980). *The Family Life Cycle: A Framework for Family Therapy*. New York: Gardner Press.

Chernus, L.A. (1985). Clinical issues in alcoholism treatment. *Social Casework* 66, 67–75.

Chodorow, N. (1978). *The Reproduction of Mothering*. Berkeley: University of California Press.

Cockerill, E., & Colleagues. (1953). *A Conceptual Framework of Social Casework*. Pittsburgh: University of Pittsburgh Press.

Colarusso, C., & Nemiroff, R.A. (1981). *Adult Development*. New York: Plenum Press.

Coleman, E. (1982). Developmental stages of the coming out process. In J.C. Gonsiorek (ed.), *Homosexuality and Psychotherapy: A Practitioner's Handbook of Affirmative Models*. New York: Haworth Press, 31–44.

Colgan, P. (1988). Treatment of identity and intimacy issues in gay males. In E. Coleman (ed.), *Integrated Identity: Gay Men and Lesbians*. New York: Harrington Park Press, 101–23.

Collins, B.G. (1986). Defining feminist social work. *Social Work* 31, 214–20.

Comas-Diaz, L., & Greene, B. (1994). *Women of Color*. New York: Guilford Press.

Cornett, C. (1995). *Reclaiming the Authentic Self*. New York: Jason Aronson.

Courtois, C.A. (1988). *Healing the Incest Wound: Adult Survivors in Therapy*. New York: W.W. Norton.

Dane, B.O., & Miller, S.O. (1992). *AIDS: Intervening with Hidden Grievers*. Westport, CT: Auburn House.

Davies, J.M., & Frawley, M.G. (1994). *Treating the Adult Survivors of Childhood Sexual Abuse: A Psychoanalytic Perspective*. New York: Basic Books.

de la Cancela, V. (1986). A critical analysis of Puerto Rican machismo: Implications for clinical practice. *Psychotherapy* 23, 291–96.

Dinnerstein, D. (1977). *The Mermaid and the Minotaur*. New York: Harper Colophon.

Erikson, E. (1959). Identity and the life cycle. *Psychological Issues* 1, 50–100.

Erikson, E. (1950). *Childhood and Society*. New York: W.W. Norton.

Escalona, S.K. (1968). *The Roots of Individuality: Normal Patterns of Development in Infancy*. Chicago: Aldine

Espin: O.M. (1987). Psychological impact of migration on Latinas. *Psychology of Women Quarterly* II, 489–503.

Fairbairn, W.R.D. (1952). *Psychoanalytic Studies of the Personality*. London: Routledge & Kegan Paul.

Falco, K. L. (1991). *Psychotherapy with Lesbian Clients: Theory into Practice*. New York: Brunner/Mazel.

Faria, G., & Belohlavek, N. (1984). Treating female adult survivors of childhood incest. *Social Casework: The Journal of Contemporary Social Work* 65, 465–71.

Freud, A. (1936). *The Ego and the Mechanisms of Defense*. New York: International Universities Press.

Freud, S. (1923). The Ego and the Id. In J. Strachey (ed.), *The Standard Edition of the Complete Psychological Works of Sigmund Freud*. Vol. 19. London: Hogarth, 1961.

Friedman, R.M. (1986). The psychoanalytic model of male homosexuality: A historical and theoretical critique. *Psychoanalytic Review* 73, 483–519.

Garrett, A. (1958). Modern casework: The contributions of ego psychology. In H.J. Parad (ed.), *Ego Psychology and Dynamic Casework*. New York: Family Service Association of America, 38–52.

Gilligan, C. (1982). *In a Different Voice: Psychological Theory and Women's Development*. Cambridge, MA: Harvard University Press.

Goldstein, E.G. (1995). *Ego Psychology and Social Work Practice* (2nd ed.). New York: Free Press.

Goldstein, E.G. (1981). Promoting competence in families of psychiatric patients. In A. N. Maluccio (ed.), *Promoting Competence in Clients: A New/Old Approach to Social Work Practice*. New York: Free Press, 317–42.

Goldstein, E.G. (1979). Mothers of psychiatric patients revisited. In C.B. Germain (ed.), Social Work Practice: People and Environments. New York: Columbia University Press, 150–73.

Gonsiorek, J.C. (ed.). (1982). *Homosexuality and Psychotherapy: A Practitioner's Handbook of Affirmative Models*. New York: Haworth Press.

Gould, R.L. (1978). *Transformations: Growth and Change in Adult Life*. New York: Simon & Schuster.

Greenspan, M. (1983). *A New Approach to Women in Therapy*. New York: McGraw-Hill.

Grinker, R.R., & Spiegel, J.D. (1945). *Men Under Stress*. Philadelphia: Blakiston.

Grinnell, R.M., Kyte, N.S., & Bostwick, G.J. (1981). Environmental modification. In A.N. Maluccio (ed.), *Promoting Competence in Clients: A New/Old Approach to Social Work Practice*. New York: Free Press, 152–84.

Guntrip, H. (1973). *Psychoanalytic Theory, Therapy, and the Self*. New York: Basic Books.

Guntrip, H. (1969). *Schizoid Phenomena, Object Relations, and the Self*. New York: International Universities Press.

Gutierrez, L.M. (1990). Working with women of color: An empowerment perspective. *Social Work* 35, 149–54.

Hamilton, G. (1958). A theory of personality: Freud's contribution to social casework. In H.J. Parad (ed.), *Ego Psychology and Dynamic Casework*. New York: Family Service Association of America, 11–37.

Hamilton, G. (1940). *Theory and Practice of Social Casework*. New York: Columbia University Press.

Harris, M., & Bergman, H.C. (1987). Case management with the chronically mentally ill: A clinical perspective. *American Journal of Orthopsychiatry* 56, 296–302.

Henrick, I. (1942). Instinct and the ego during infancy. *Psychoanalytic Quarterly* II, 33–58.

Hetrick, E.S., & Martin, D.A. (1988). Developmental issues and their resolution for gay and lesbian adolescents. In E. Coleman, (ed.), *Integrated Identity: Gay Men and Lesbians*. New York: Harrington Park Press, 25–43.

Hill, R. (1958). Generic features of families under stress. *Social Casework* 39, 139–50.

Hirayama, H., & Cetingok, M. (1988). Empowerment: A social work approach for Asian immigrants. *Social Casework: The Journal of Contemporary Social Work* 69, 41–47.

Hollis, F. (1972). *Casework: A Psychosocial Therapy*. (2nd ed.). New York: Random House.

Hollis, F. (1964). *Casework: A Psychosocial Therapy*. New York: Random House.

Hollis, F. (1949). The techniques of casework. *Journal of Social Casework* 30, 235–44.

Horner, A. (1979). *Object Relations and the Developing Ego in Therapy*. New York: Jason Aronson.

Howell, E., & Bayes, M. (eds.). (1981). *Women and Mental Health*. New York: Basic Books.

Jordan, J.V., et al., (1991). *Women's Growth in Connection*. New York: Guilford Press.

Kernberg, O.F. (1984). *Severe Personality Disorders*. New Haven, CT: Yale University Press.

Klein, M. (1948). *Contributions to Psychoanalysis: 1921–1945*. London: Hogarth Press.

Kohlberg, L. (1966). A cognitive-developmental analysis of childrens' sex-role concepts and attitudes. In E.E. Macoby (ed.), *The Development of Sex-Differences*. Stanford, CA: Stanford University Press, 83–173.

Kohut, H. (1984). *How Does Analysis Cure?* Chicago: University of Chicago Press.

Laughlin, H.P. (1979). *The Ego and Its Defenses* (2nd ed.) New York: Jason Aronson.

Lazarus, R.S. (1966). *Psychological Stress and the Coping Process*. New York: McGraw-Hill.

Lee, J.A.B. (1981). Promoting competence in children and youth. In A.N. Maluccio (ed.), *Promoting Competence in Clients: A New/Old Approach to Social Work Practice*. New York: Free Press, 236–63.

Lee, J.A.B., & Rosenthal, S.J. (1983). Working with victims of violent assault. *Social Casework: The Journal of Contemporary Social Work* 64, 593–601.

Levinson, D.J. (1978). *The Seasons of a Man's Life*. New York: Alfred A. Knopf.

Lewis, L.A. (1984). The coming-out process of lesbians: Integrating a stable identity. *Social Work* 29, 464–69.

Lindemann, E. (1944). Symptomatology and management of acute grief. *American Journal of Psychiatry* 101, 7–21.

Lopez, D., & Getzel, G.S. (1984). Helping gay AIDS patients in crisis. *Social Casework: The Journal of Contemporary Social Work* 65, 387–94.

Mackey, R.A., Urek, M.B., & Charkoudian, S. (1987). The relationship of theory to clinical practice. *Clinical Social Work Journal* 15, 368–83.

Mahler, M.S. (1968). *On Human Symbiosis and the Vicissitudes of Individuation*. New York: International Universities Press.

Mahler, M.S., Pine, F., & Bergman, A. (1975). *The Psychological Birth of the Human Infant*. New York: Basic Books.

Middleman, R.R. (1981). The pursuit of competence through involvement in structured groups. In A.N. Maluccio (ed.), *Promoting Competence in Clients: A New/Old Approach to Social Work Practice*. New York: Free Press, 185–212.

Miller, J.B. (1977). *Toward a New Psychology of Women.* Boston: Beacon Paperback.

Montijo, J.A. (1985). Therapeutic relationships with the poor: A Puerto Rican perspective. *Psychotherapy* 22, 436–40.

Mullen, E.J., Dumpson, J.R., & Associates (eds.). (1972). *Evaluation of Social Intervention.* San Francisco: Jossey-Bass.

Murphy, L.B., & Moriarity, A.E. (1976). *Vulnerability, Coping and Growth from Infancy to Adolesence.* New Haven: Yale University Press.

Neugarten, B.L. (1968). Adult personality: Toward a psychology of the life cycle. In W.E. Vinacke (ed.), *Readings in General Psychology.* New York: American Book, 332–43.

Neugarten, B.L., & Associates (eds.). (1964). *Personality in Middle and Late Life.* New York: Atherton Press.

Nichols, M. (1984). *Family Therapy: Concepts and Methods.* New York: Gardner Press.

Norman, E., & Mancuso, A. (eds.). (1980). *Women's Issues and Social Work Practice.* Itasca, IL: Peacock.

Perlman, H.H. (1972). Once more with feeling. In E.J. Mullen, J.R. Dumpson, & Associates (eds.), *Evaluation of Social Intervention.* San Francisco: Jossey-Bass, 191–209.

Perlman, H.H. (1957). *Social Casework: A Problem-Solving Process.* Chicago: University of Chicago Press.

Piaget, J. (1952). *The Origins of Intelligence in Children.* New York: International Universities Press.

Piaget, J. (1951). *The Child's Conception of the World.* London: Routledge & Kegan Paul.

Pinderhughes, E.G. (1983). Empowerment for our clients and for ourselves. *Social Casework: The Journal of Contemporary Social Work* 64, 331–38.

Robinson, J.B. (1989). Clinical treatment of black families: Issues and strategies. *Social Work* 34, 232–29.

Roskin, M. (1980). Integration of primary prevention in social work. *Social Work* 25, 192–97.

Rubin, A. (1985). Practice effectiveness: More grounds for optimism. *Social Work* 30, 469–76.

Ryan, A.S. (1985). Cultural factors in casework with Chinese Americans. *Social Casework: The Journal of Contemporary Social Work* 66, 333–40.

Schlossberg, S.B., & Kagan, R.M. (1988). Practice strategies for engaging chronic multi-problem families. *Social Casework: The Journal of Contemporary Social Work* 69, 3–9.

Selye, H. (1956). *The Stress of Life.* New York: McGraw-Hill.

Simon, B.L. (1988). The feminization of poverty: A call for primary prevention. *Journal of Primary Prevention* 9, 6–17.

Spitz, R. (1965). *The First Year of Life: A Psychoanalytic Study of Normal and Deviant Development of Object Relations.* New York: International Universities Press.

Spitz, R. (1945). Hospitalism: An inquiry into the genesis of psychiatric conditions in early childhood. *Psychoanalytic Study of the Child* 2, 313–42.

Stamm, R. (1959). Ego psychology in the emerging theoretical base of social work. In A.J. Kahn (ed.), *Issues in American Social Work.* New York: Columbia University Press, 80–109.

Star, B., et al. (1981). Psychosocial aspects of wife-battering. In E. Howell & M. Bayes (eds.), *Women and Mental Health.* New York: Basic Books, 426–39.

Stern, D. (1985). *The Interpersonal World of the Infant: A View from Psychoanalysis and Developmental Psychology.* New York: Basic Books.

Stoller, R. (1977). Primary femininity. In H. Blum (ed.), *Female Psychology: Contemporary Psychoanalytic Views.* New York: International Universities Press, 59–78.

Straussner, S.L.A. (1993). Assessment and treatment of clients with alcohol and other drug abuse problems: An overview. In S.L.A. Straussner (ed.), *Clinical Work with Substance-Abusing Clients.* New York: Guilford Press, 3–32.

Thomlison, R.J. (1984). Something works: Evidence from practice effectiveness studies. *Social Work* 29, 51–56.

Towle, C. (1949). Helping the client to use his capacities and resources. *Proceedings of the National Conference of Social Work, 1948.* New York: Columbia University Press, 259–79.

Tully, C. (1992). Research on older lesbian women: What is known, what is not known, and how to learn more. In N.J. Woodman (ed.), *Gay and Lesbian Lifestyles: A Guide for Counseling and Education.* New York: Irvington Publishers, 235–64.

Turner, F. J. (1986). *Social Work Treatment.* New York: Free Press.

Vaillant, G. E. (1977). *Adaptation in Life.* Boston: Little, Brown.

Weille, K.L.H. (1993). Reworking developmental theory: The case of lesbian identity formation. *Clinical Social Work Journal* 21, 151–60.

White, R.F. (1963). Ego and reality in psychoanalytic theory. *Psychological Issues.* Vol. 2, New York: International Universities Press.

White, R.J. (1959). Motivation reconsidered: The concept of competence. *Psychological Review* 66, 297–33.

Wilson, M.N. (1989). Child development in the context of the black extended family. *American Psychologist* 44, 380–85.

Winnicott, D.W. (1965). *Maturational Processes and the Facilitating Environment.* New York: International Universities Press.

第十章

社会工作实务中的赋权方法[*]

朱迪丝·A. B. 李

我们站在

贫民区

看见了什么？

不幸

如倾盆大雨

——萨德卡·琳达·哈里森（Thomas，1978）

概述

上面的几句话出于一个 15 岁的美国黑人姑娘之口，她生活在旧城贫民区，十分坚强， 218 但最终悲剧性地自杀了（Lee，1994；Thomas，1978）。她的故事是无数贫穷的有色人种的生活写照。我在三十多年的社会工作实务和教学中体验了多元性和差异性，见证了边缘化，所有这些都要求我们创立一种新的社会工作实务，帮助受压迫群体实现个人和政治赋权。

随着 21 世纪的到来，除了穷人越来越多之外，世界没有发生任何改变。1991 年，差不多有 3 600 万美国人生活在贫困线以下，至少五分之一的美国儿童生活在贫困中。黑人和拉美裔儿童的贫困率接近 50%。44% 的父母双全的贫困家庭中至少有一个人从事的是全职工作（*New York Times*，Sept. 4，1992；Brazelton，1990）。老人和儿童互相竞争，争夺生存资源（Ozawa，1989）。当代的暗语如"福利改革"成为向贫穷开战的新的呼唤

---

[*] 本章中的一些转述和节选来源于朱迪丝·李博士撰写的《社会工作实务中的赋权方法》（*The Empowerment Approach to Social Work Practice*，1994）一书，版权属于哥伦比亚大学出版社。

（Katz，1989）。对于贫穷的工人阶级和中产阶级美国人而言，现在①是过去三十年中最艰难的阶段。

219　　　社会工作实务中的赋权方法让实务工作者能够与穷人、工人阶级、有色人种、妇女以及那些因为性取向、生理或精神疾病、青少年、年龄等因素而被边缘化的人群一起探究现实，帮助他们应对因为阶级、种族和差异性而产生的障碍。要服务那些处在美国社会边缘的群体，首先必须接近这些群体，确认他们的生活经验，关注他们的潜能，推动政治结构改变。因此，要想有效开展赋权性实务，就需要将很多理论和技巧整合起来。赋权的方法提供了一种包罗万象的概念性框架，将个人和政治赋权有机结合起来。

　　理论家威廉·舒瓦茨（William Schwartz）是这样阐释 C. 赖特·米尔斯（C. Wright Mills）的有关论述的："个人问题的环境和公共问题的结构都需要从彼此的角度，特别是这两个领域之间的互动来进行陈述……在满足个人需要和解决社会问题之间是没有选择或者分工的……"（Schwartz，1974b：75）将这些内容的理论和实务方面进行整合，成为赋权方法的双重焦点。尽管在历史上，社会工作专业出现了两极分化，近年来出现的关注人和环境的趋势主导了社会工作专业的发展，将个人成长与社会变革截然分开了（Bartlett，1958；Germain，1979；Germain & Gitterman，1980；Gordon，1968，1996；Middleman & Goldberg，1974；Schwartz，1974a，b），但是，这种对功能的双重看法还需要新的要素：也就是说，人/案主自己要积极采取行动，改变压迫性环境，减轻内在化压迫的负面结果。这就需要社工与案主肩并肩。美国黑人女性主义作家贝尔·胡克斯（Bell Hooks）说："激进后现代主义呼吁关注那些共同的敏感性，它超越了阶级、性别、种族等因素，将成为大家培育同理心的沃土，所有这些将推动我们建立共同认同和责任，成为团结和结盟的基础。"（Hooks，1990：26-27）这种同理心就是赋权方法的必要条件。它填补了社工和案主之间的空白，使他们可以并肩处理个人赋权路上的障碍，反对不公平。

赋权：几个概念

　　赋权方法在社会和经济公正与个人苦难之间建立了关联。赋权理论是一个统一的框架，它反映了一个综合性的、整体性的方法，用以满足受压迫群体成员的需要。

　　这个方法采用了**卡雷尔·热尔曼**（Carel Germain）②③ 发展出来的生态视角，这一视角能够帮助我们理解所有生命和非生命系统之间的互相依存，以及这些关系中的交互性（Germain，1979，1991；Germain & Gitterman，1980）。当然，它并不否认在释放人与环境的潜能的过程中会出现冲突（Germain，1979，1980；Germain & Gitterman，1980，

---

① 本书原著出版于 1996 年。——译者著
② 在本章中，为了突出那些为社会工作实务领域中的赋权方法做出杰出贡献的人，我们将他们的名字用黑体字呈现。
③ 本章用来纪念我们尊敬的朋友、勇于面临挑战的导师、杰出的妇女卡雷尔·热尔曼。

1996)。潜能是权力的基础，每个人身上都有各种潜能，当然，在人与自然之间也存在着
某种"适合度"。很显然，穷人和受压迫群体的确有这样的"适合度"，因为不平等的现实
扼杀了人类的潜能。要改变这个不良的平衡，人们必须分析压迫势力，为其命名并正视它
们，团结起来向它们发出挑战，因为压迫势力已经内化于外部权力结构并得到了充分体
现。可以发掘的最大的潜能是集体的力量，人们要团结起来，共同行动、反思并反对这种
压迫运作过程。这个过程尤其需要人们彼此之间的关爱和支持。

五重焦点观

赋权实务模式是建立在五种视角之上的，这种多视角模式也被称为"五重焦点观"，
它决定了案主的视野。主要内容如下：

历史视角：了解一个群体受压迫的历史，包括对相关社会政策进行历史批评分析。

生态视角：包括压力应对范式和其他与应对有关的概念（从交互角度来看待自我功能
性，要考虑压迫因素，关注问题解决，对因压迫内在化而产生的错误信念进行认知重建）。

种族阶级和女性主义视角：强调因为阶段、种族和性别而出现的天花板和下楼层现
象，要建立权力的概念，以及个人与政治的一致性概念。

另外还有一个批判的视角，可用来分析现状。

想象一下，我们有一双带了五种镜头的眼睛（不是两个焦点而是五个焦点）。它们彼
此之间会有重合，因此，很快人们就能适应这种五焦点并用的状态。我们的视野将会聚焦
于某些特定的领域，眼光会变得特别锐利。除了这五个焦点之外，赋权方法还有一套自己
的价值观、原则、过程和技术，所有这些整合起来便形成了赋权方法的概念性框架。助人
过程包括支持优势和自我功能性、挑战错误信念、挑战外部障碍和不公平制度、建立民族
意识和自豪感、解决问题并提出问题、意识提升和对话、建立集体意识等。这些方法可以
被运用在一对一的家庭、小组和社区中，甚至包括政治领域。在小组领域，那些"赋权小
组"是赋权实务的核心。这个方法的独特之处在于关注穷人和受压迫者，将个人/临床需
求与政治内容有机整合在了一个直接服务过程中。

赋权模式进入社会工作路径：历史发展和当代趋势

在社会工作历史上，赋权实务最为重要的历史就是睦邻运动，特别是简·亚当斯
（Jane Addams）及其同事们开展的工作、未得到大众承认的黑人妇女俱乐部和 19 世纪针
对美国黑人和少数族裔群体的社会改革运动、早期小组工作理论家特别是格雷斯·科伊尔
（Grace Coyle）的工作，以及激进心理治疗的个案工作者贝莎·卡彭·雷诺兹（Bertha

Capen Reynolds）的工作等。

简·亚当斯——睦邻运动

早期的社会工作方法论基本上分为两个分支：原因（社会目标或行动主义运动）和功能（直接服务方法）。但是，简·亚当斯终身为之奋斗的事业有力证明了社会工作目标的一致性。

亚当斯极有才华，善于解决"疑难杂症"，她惯于从全局角度看待问题。1889 年，她与自己的终身搭档玛丽·罗泽特·史密斯（Mary Rozet Smith）在芝加哥建立了赫尔馆（Hull House）。她领导了国内的改革运动，1990 年开始举国闻名（Pottick，1989）。她还在国际上积极倡导妇女权利，推进和平运动，这使她在 1931 年获得了诺贝尔和平奖，她还撰写了九本著作，很多都是关于睦邻方法和工作的。

在很多女性的著作中，都可以看到赋权方法的萌芽。在当时，这些妇女没有选举权；她们不能独立生活，如果单身的话，一定会招来很多绯闻；她们不能上自己喜欢的大学，甚至不能自由进入职场就业，就连社会工作这样一个由女性创建的职业也不行。从简·亚当斯及其同伴开始，社会工作的赋权传统就继承了关注社会平等、社会公正和社会变革的热情，尊重差异性和多元文化的丰富性，以及世界意识和责任感（Addams，1922，1930；Simon，1994）。在赫尔馆，杰出而普通的女性与男性一起肩并肩，共同工作和生活，致力于服务受压迫群体，旨在推动"不同阶层之间互利互惠，公平占有资源"（Addams，1910）。小组工作方法论、讨论、对话、地方性和全球性行动成为赋权方法的基石。

美国黑人妇女俱乐部

亚当斯一直致力于推动种族公平公正，她创立了黑人社区中的对话方法。由于当时美国严格的种族隔离制度，黑人被迫建立了自己的助人机构（Solomon，1976）。罗宾尼亚和劳伦斯·加里（Robenia & Lawrence Gary，1975）记载了 56 名黑人妇女领导的社会福利机构的情况。他们注意到"黑人教堂、互助会和兄弟会成为黑人社区的主要社会福利机构"，他们强调，黑人妇女在这些机构中扮演了重要的领导角色。还有一些黑人妇女俱乐部会与白人妇女紧密合作，这之中包括简·亚当斯。

222 　到了 20 世纪之交，美国黑人开始进入了一个独立的、不平等的社会服务制度中。例如，慈善总会基本上只为白人家庭提供服务（Solomon，1976）。大部分的睦邻机构与其服务的社区一样，是种族隔离的。进入了白人社区的黑人常常会遭到暴力攻击，甚至会丧命（Berman-Rossi & Miller，1992；Katz，1986）。赫尔馆的案主基本上都是墨西哥裔美国人，这招来了很多邻里的憎恨和不满（Addams，1930）。

很多黑人妇女活动家在推动社会变革中非常勇猛。例如艾达·B. 威尔斯-巴内特

（Ida B. Wells‐Barnett）积极参加集会演讲，在重要政治事件中发言，甚至还在报纸上撰文。黑人妇女还成立了地方性组织，例如邻里改善俱乐部、妇女俱乐部、老人院和儿童院等。妇女俱乐部提供的服务与睦邻中心提供的服务比较接近（Gary & Gary，1975）。黑人社会改革家领导者们除了身兼数职之外，还在美国进步时代成立了妇女俱乐部和睦邻中心，代表人物有詹妮·波特‐巴莱特（Janie Porter‐Barrent），萨拉·A. 柯林斯‐弗朗迪斯（Sarch A. Collins‐Fernandis），玛丽·伊莉莎·丘奇‐特雷尔（Mary Eliza Church‐Terrell），以及艾达·B. 威尔斯‐巴内特（Lee，1994）。

睦邻运动和黑人妇女俱乐部的遗产就是社会行动（Addams，1910，1930；Lee，1994）。正如本‐锡安·夏皮罗（Ben‐Zion Shapiro）所述：

> 美国和全世界的社会小组工作的先驱们共同关注民主社会发展。他们的工作可以追溯到1890年代简·亚当斯和约翰·杜威在芝加哥的工作，后来更加有组织的联系可以追溯到1920年代和1930年代早期杜威、玛丽·帕克·福莱特（Mary Parker Follet）、爱德华·林德曼、格蕾丝·科伊尔等人创建的所谓探索小组（Shapiro，1991：8，9）。

探索小组将政治、社会和经济分析作为分析工具来建构理论，强调要利用小组过程实现社会变革的目的。格蕾丝·科伊尔把这种思维传递给了小组工作者。她把小组当成了宣泄"目前状况下社会不满和社会不公平的溶化溪流"的出口，此外，小组还就社会问题和社会行动提供直接宣传教育（Shapiro，1991：11）。

到了1940年代，追求民主的热情逐步转变成了一种"社会责任"，小组工作越来越关注发展一种新的方法来取代社会行动（Shapiro，1991）。1960年代见证了社会行动小组的昙花一现般的复活（Weiner，1964）以及短暂的草根社区组织的兴旺期（Brager & Specht，1973；Lewis，1991）。这种发展在面对约翰逊执政期间提出的向贫穷宣战和保守主义政治复苏时，走到了尽头。

贝莎·卡彭·雷诺兹：一位激进的精神病学个案工作者，站立在案主和社区之间

美国社会福利制度的转折点是大萧条时期和新政时期，这一时期政府为工薪阶层出台了很多小的社会保障措施。当时，社会工作者很少会将重要的社会经济事件与社会工作联系起来。贝莎·卡彭·雷诺兹（1885—1978）是一个例外。深受 W. E. B. 杜波依斯（W. E. B. DuBois）在1910年在亚特兰大大学教学经验的影响，雷诺兹于1918年毕业于史密斯学院的社会工作学院（1925—1938年间她在此任副院长）。她将当时流行的精神分析导向的个案工作与激进的、民主‐社会主义和社会行动世界观（这为她提供了无与伦比的理论深度和整合性的视角）有机结合了起来。

雷诺兹宣称，社会工作的使命就是要与"朴实无华的人"一起工作，要成为一个"永远穿针引线的职业"（Reynolds，1964：17）。她认为，社会工作具有"谋划功能"。从政

治的角度来看，她的观点包含了民主的最高理想、全面的公民参与、公平的资源分派，这些观点更多地出现在社会主义思想中。这种视野将社会工作置于这样的一个场域——从人们的工作和生活场所着手提供服务。它为了解人们如何"应对现实或改变现实"提供了"深刻的社会评价"（Reynolds，1951：131）。

雷诺兹是这样批评社会工作的：

> 社会工作……试图否认不可治疗的贫困、疾病和社会适应不良，首先提出的假设是，解决上述问题的关键是治疗个人的无意识冲突，而不是解决社会冲突。其次，出于自我保护，社会机构已经不再接受贫困、疾病和摩擦等都明显无法改变案主个人感受的个案……（Reynolds，1951：130）

她强调，"我们的实务在社会生活领域中，不管我们是否喜欢，不管我们的理论是否能够解释这一切"（Reynolds，1951：Ⅸ）。她提出，社会工作要与现存的进步力量合作，"不是我们一小撮社会工作者在独自迎战泛滥的人类苦难之水，而是人类自身已构筑了大坝，我们只不过是在以独特的方法加入其中"（Reynolds，1964：184）。得到赋权的人们才是大坝的建设者，我们只不过是一些在应对社会生活和社会公正方面有些专长的工友和邻居。

目前影响

目前，政治科学、心理学、社会学、经济学、宗教学，特别是解放神学，对社会工作实务中出现的赋权理论做出了重要贡献（Lee，1994；Simon；1994）。某些人认为，"解放"一词更能准确地反映出赋权过程和目标。尽管从定义上来看，解放是一场社会运动，因此不能成为一个专业的领域（Germain，1980），但是，社会工作可以帮助人们经历赋权，走向解放。

社会工作实务的赋权理论中有两个重要的分支。第一个分支是作为去殖民化的社会/政治/经济运动，如非洲解放运动、妇女运动、同性恋权利运动、黑人权利运动、穷人权利运动（Simon，1994）。第二个分支是由助人性职业发展出的有关释放人类潜能的人类发展和临床理论。赋权方法致力于将这两股势力融合成一支强有力的潮流。

个人权力和政治权力是互相交织在一起的。**芭芭拉·布莱恩特·所罗门**（Barbara Bryant Solomon，1976）是第一位将赋权概念引入社会工作专业的思想家。所罗门提出了权力的直接障碍和间接障碍。间接障碍指的是内化的（来自压迫者）负面评价，这种负面评价"在重要他人的协助下融入个体的发展经验中"。直接障碍则"是由社会主要的组织代言人直接运作的"（Solomon，1976）。无权感建立在这样几个因素的基础之上，包括经济不安全、在政治领域中的缺位、无法获取信息、缺乏批判和抽象性思维的训练、生理和情感压力、习得性无助，以及个人的情感性和知识性特质，这些因素使个体无法充分利用自己已有的潜能（Cox，1989）。个体所拥有的真实、感知性地运用资源的能力，是权力感的重要影响因素，而这种能力又与自尊水平密切相关（Parsons，1989）。社会会因其权力不足而"指责受害者",哪怕权力往往掌握在优势群体手中且被滥用(Ryan,1971)。优势群体在指责受害者时可能会花言巧语,也可能会含蓄隐晦,正如人们表述"互相依赖"一词时一样(Pence,1987)。**杰夫瑞·加尔普**(Jeffry Galper)提出了一个激进的个案方法,希望将个人内容与政治性内容结合起来,这一思想成为赋权思想的重要先驱(Galper,1980),而**海伦·诺森**(Helen Northen)所著的一本临床社会工作教材对压迫问题表现出了极大的敏感性(Northen,1994)。赋权方法成功地将临床和政治思维巧妙地结合在了一起。

赋权的定义

赋权"关注的是问题解决中的某种障碍,这些障碍是由外部世界以将集体认同污名化的方式强加的"(Solomon,1976:21),韦氏词典对赋权的定义是"把权力或权威给予某人;提供能力,使能、允许",这意味着权力可以被给予他人。但实际上这种情况很少见。斯特普尔斯(Staples)把赋权当成了一个获得权力、开发权力、夺取权力,或者协调权力、实现权力的过程(Parsons,1991)。**芭芭拉·西蒙**(Barbara Simon,1994),在记录社会工作实务中的赋权传统时强调道:

> 赋权是一个反思性行动,这个过程始于追求权力或者追求自决,并只能由那些追求权力或者追求自决的人们来维持。他人只能为这个赋权过程提供支持和帮助(1990:32)。

赋权过程属于案主,而非助人者。

赋权过程中有三个互相交织的维度:(1)发展更加正面、强大的自我意识;(2)建构知识与能力,对自己所处的环境中的社会和政治现实进行批判性理解;(3)培育资源和提出策略,或者强化功能性能力,以实现个人和集体的社会目标,最终实现解放。如果我们将赋权概念分解和操作化,这些就成为社会工作的基本原则(Beck,1983)。

罗恩·曼考思科(Ron Mancaske)和**珍妮·汉泽凯**(Jeanne Hunzeker)都是赋权理论很有特色的先驱者,他们把赋权定义为"运用干预方法来提高能力,推动人们以更具控制性的方式进行互动……同时,通过培养能力来影响那些曾经主导自己生活空间的力量,使其朝着有利于自己的方向发展"(Mancaske & Hunzeker,1989:14,15)。他们认为,卡雷尔·热尔曼和**亚历克斯·吉特曼**提出的社会工作实务中的生命模式(Germain & Gitterman,1980)与赋权方法高度契合,因为这个方法也要求多层次的分析和干预,且要涉及临床或政治领域。笔者对此也表示同意。这个方法从定义上看也是一种实务模式,赋权视角为生命模式实务指明了方向(Mancoske & Hunzeker,1989)。赋权方法中采用的专业化评估和干预方法融合了生命模式的各种类型,是建立在生命模式的精神之上的。

拥有批判意识和对压迫的了解就是一种权力。权力还来源于在面对压迫时能够发展健康的人格,这样能弱化压迫的影响。健康的人格包括自尊/认同,自我指导、能力和相互关系(Germain,1991)。临床和政治性干预必须挑战那些内在的、外在的阻碍发展上述特

225

质的障碍。当个人通过提升意识发现了各种选择时，赋权就实现了，改变压迫，或者摆脱个人和社区生活中的压迫就成为可能（Harris，1993）。在这个过程中，需要对不公平、非人性的贫困、负面评价和个人贪婪的文化习惯表示出愤怒和不满（Mancoske & Hunzeker，1989）。**丹尼斯·萨利贝**（Dennis Saleebey，1992）提出的优势视角以及**盖尔·伍德-戈德伯格**（Gale Wood-Goldberg）和**罗斯·米德尔曼**（Ruth Middleman，1989）发展的结构性方法都与赋权方法有异曲同工之妙。

社会工作实务中，实务人员必须明确自己是否要选择与受压迫群体一起开展工作，是否需要依赖社区，而不能仅靠个人兴趣将想象任意运用到不同人群身上，因为这个方法早已不是简单的问题解决方法，它被注入了希望（Mancoske & Hunzeker，1989）。赋权模式的使用有两个必要条件：第一，需要一个觉悟较高的社会工作者；第二，需要一个希望得到赋权的案主。

赋权实务关注的是权力的直接和间接障碍；个人、家庭、组织资源问题（贫困的多面性）；不均衡的关系交换中出现的问题；无权感问题，限制、阻碍或约束权力结构问题；以及与任意社会标准和价值观相关的问题（Staub-Bemasconi，1991）。无权感是源于资源（物质性和情感性资源以及知识）缺乏的一种社会吸引力的表现。要协助赋权的实现，我们首先需要学会与案主讨论权力问题，然后与他们一起分析权力基础，了解个人资源、权力链接、象征性权力、价值权力、地位权力或权威和机构性权力的构成。全世界所面临的社会的不公平分层、物质的不公平分配等问题，都是非常棘手的问题。教育和有保障的收入是非常重要的。国际社会工作可以帮助我们将不同的群体和文化团结起来，共同要求公平分配权力资源，反对控制和支配（Staub-Bemasconi，1992）。

保罗·弗莱雷

在社会工作领域，有位杰出的赋权理论贡献者，这就是巴西的教育家**保罗·弗莱雷**（Paulo Freire，1973，1990，1994）。人们将弗莱雷的批判性思维引入社会工作理论中，造就了赋权理论的独特性。

弗莱雷（Freire，1973）提出的"激进教学法"和"对话式过程"很显然已成为社会工作赋权理论的重要方法（Breton，1989；Freire，1990；Gutiérrez，1990；Lee，1989，1991；Mancoske & Hunzeker，1989；Parsons，1989；Pence，1987）。弗莱雷提出的小组和社区导向的对话方法，极大地推动了批判性思维和行动：

> 每个人都有能力在与他人对话互动中批判性地看待自己的世界……在这个过程中……每个人都有权用自己的语言来命名这个世界（Freire，1973：11-13）。

解放神学概念的基础是将社区作为社会和政治变革的基本单位，同时运用意识提升的方法。这一点与社会工作思维非常接近（Breton，1992；Evans，1992；Germain，1991；Lee，1994；Lewis，1991；Mancoske & Hunzeker，1989）。弗莱雷将意识提升定义为

"学会感知社会、政治和经济的矛盾性，并采取行动来反对现实中的压迫性元素"（Freire，1973：20）。提升批判性意识和开展对话都是帮助人们思考、观察、谈论自己并为自己采取行动的关键方法（Freire，1973）。

罗琳·古铁雷斯（Lorraine Gutiérrez）认为赋权方法中的意识提升是目标、过程和结果（Gutiérrez，1989，1990）。她指出：

> 仅仅关注建立个人权力意识，或者发展技巧、推动社会变革，是远远不够的。这三大要素的综合，才是赋权社会工作实务的最终目标（Gutiérrez，1989）。

古铁雷斯认为培育批评性意识、减少自我指责、承担个人在变革中的责任，以及提升自我效能感，都是赋权的核心内容（Gutiérrez，1989）。她认为小组工作是赋权实务的关键，这个观点建立在她对在拉美裔大学生中有效运用种族认同和意识提升小组进行研究的基础之上（Gutiérrez & Ortega，1989）。古铁雷斯还撰写了有关有色人种妇女赋权的著作（Gutiérrez，1990）。**罗斯·帕森斯**（Ruth Parsons）、**詹姆斯·约根森**（James Jorgensen）和**桑托斯·赫尔南德斯**（Santos Hernandes）还提出了与被压迫群体开展工作时的具体工作目标和变革原则（Parsons，Jorgensen，& Hernandes，1994）。

赋权理论和小组

将赋权理论运用到小组工作中，最初是由**露比·普内尔**（Ruby Pernell）在 1983 年社会小组工作推广协会第五次年会上提出的。她指出，小组工作是赋权的自然载体，因为小组工作的历史性目标就是"朝着社会目标发展"（Pernell，1986）。

鉴于黑人经历了大部分的权力不足和不平等，普内尔强调，赋权实务不可能保持政治中立：

> 从目标上来讲，赋权是一种政治立场，因为它挑战了现状，并希望改变现存的权力关系……它超越了"使能"。它要求社工有能力从有权和无权角度来分析社会过程和人际行为……并且，……让受压迫群体成员能够……学习技巧，有效地运用自己的影响力（Pernell，1986：111）。

与原住民领导合作的技巧、了解资源、发现权力基础并指导如何获取权力、协助受压迫群体成员学会为自己争取权力等，都是获得赋权的重要手段。夏皮罗指出：

> 平山霞和平山久志（Hirayama & Hirayama，1986）、普内尔（Pernell，1986）、李（Lee，1986）、伍德和米德尔曼（Wood & Middleman，1989）、刘易斯（Lewis，1989），以及布列顿（Breton，1989a，b）等人最近出版的著作中都使用了能力、意识提升和赋权等词汇，这些表现出了从理论上对"社会目标模式"的概念化的超越，也是对其构成要素的范畴的超越（Shapiro，1991：16）。

后来出现的很多有关种族敏感的社会工作实务的著作，特别是**德沃和施莱辛格**（Devore & Schlesinger，1991）、**卢姆**（Lum，1986）、**戴维斯**（1984），以及**周**（Chau，1990）等人的著作，使得有关文化和种族的知识成为赋权实务的重要内容。德克莱森泽（DeCrescenzo，1979）讨论了与青少年同性恋开展的小组工作，客观上讲，在大部分社会工作杂志中，涉及男女同性恋的赋权工作的论文非常罕见。**希尔达·伊达尔格、特拉维斯·彼得森和娜塔莉·伍德曼**（Hilda Hidalgo，Travis Peterson & Nathalie Woodman，1985）的著作，应该是弥补了社会工作文献中的这个空白的。

玛戈特·布列顿（Margot Breton）和**伊丽莎白·刘易斯**在把人本主义、解放神学、社区小组工作与赋权实务整合起来的过程中，做出了杰出的贡献。小组工作的目标是改变环境，从某种程度上讲，这就是赋权，因为小组成员（不是组织者）会真正带来改变，并对这些改变进行反思。刘易斯认为（Lewis，1983），社区和邻里等面对面的草根（或者成人社区）组织，填补了小组工作和社区组织实践之间的空白。政治赋权是目标，而个人满足感、成长、社区或种族荣誉感，以及不断提高的自尊，可能都是赋权的副产品。布列顿（Breton，1992）强调了社区行动和联盟的建立在人类解放中发挥的重要作用。

交互方法和互助小组

228

威廉·舒瓦茨（William，Schwartz，1974a）的交互方法是赋权方法的垫脚石。小组是社会互动的微观世界。社工的职责是协调小组过程，协助个体与其系统建立联系，特别是"当他们之间的联系发生断裂的时候"，这就显得尤为重要了。这个方法重视互惠性，还重视小组作为互助系统和自我赋权系统的优势（Berman-Rossi，1994）。**凯瑟琳·帕佩利和比乌拉·罗斯曼**（Catherine Papell & Beulah Rothman，1980）采用交互分析方法对社会小组工作的主流模式进行了概念化。形成性小组或者自然小组都可以用于实现赋权目标。赋权小组的基础是将批判性教育、意识提升小组方法与交互方法、主流小组工作方法进行调和（Lee，1994）。

罗斯·帕森斯（Ruth Parsons，1989）特别强调了小组的重要性。赋权是一个结果，也是一个过程，在这个过程中，人们可以获得同辈的认同，获得共同性感知：

> 建立集体性的想法是助人过程的核心。集体性包括将个体的能力融入集体中……这就超越了小组中的治疗过程，包含了舒瓦茨提出的提供调停或第三方势力的功能的概念。

小组可以通过提升意识、帮助个体、社会行动、社会支持以及发展技能和竞争力，并将这些作为重叠的焦点，来协助组员面对压迫，争取平等和公正（Garvin，1985）。**贝丝·里德和查尔斯·加文**还开展了借助小组为妇女赋权的实务，并在这个领域做出了重要贡献（Reed & Garvin，1983）。杰出的英国理论家**奥德丽·麦兰德和戴夫·沃德**（Audrey Mullender & Dave Ward，1991）重申，赋权小组工作必须是自我主导性的（绝非社工主导性的）过程。帕森斯（Parsons，1989，1991）发现，赋权作为一个发展性过程，始于个人成长，终于推动社会变革，作为一个心理状态，其特征是高度的自尊、效能感和控制感，以及解放感。我们将要呈现的概念性框架中包含了这三种赋权观，并将其整合成为一种统一的方法。

基本假设

赋权方法的基本假设是，压迫是结构性的现象，会对个人和社区产生深远影响。这些影响可能是生理性死亡（婴儿和儿童死亡，帮派暴力活动、毒品或其他形式的谋杀和自杀导致的青少年死亡和青年人死亡等），也可能是入狱或绝望。绝望会导致自我和他人的毁灭、失望、冷漠、内化的愤怒、对个人价值的错误信念等（Harris，1993）。当压迫被内化之后，对压迫的维持就成为一种交互现象。有两种社会性组织在个体屈从于压迫，或将压迫者对自我的看法内在化的过程中发挥了重要作用：一是强大的家庭单位，二是强大的社区（Chestang，1976）。因此，强有力的社会支持网络和良好的人际关系，成为建立积极的自我认同和自我导向的重要因素。我们假设，只有与他人进行交流中，我们才会发现自我（Swenson，1992）。培育民族意识和社区归属感既是预防性手段，也是补救性手段。当然，压迫带来的问题常常需要通过双重变革来解决，即既要改变环境，又要提升自我。

这个方法对于人的假设是这样的：人是有能力解决眼前问题的，可以克服困难，分析制度性压迫，看透维持压迫的结构，了解压迫对自己的影响。人还可以增强自己的内在资源，与家庭、小组和社区团结合作，共同推动变革，自我赋权，从而挑战受压迫的处境。这个方法的基本原则是通过个人赋权、赋权导向的小组工作、社区行动、政治知识和技巧使人们自我赋权。这个方法把人当成了有实践能力的主体：可以做到行动—反思—再行动，在反思中行动和开展对话。

单一的人-环境观念使我们不能一方面责怪受害者，另一方面又天真地把环境改变当成灵丹妙药。于是，人们便开始发展助人性"技术"（策略、方法、知识和技巧），它们具有临床性和政治性。这使得技术发展和实务概念化兼容并蓄（Bricker - Jenkins & Hooyman，1986；Bricker - Jenkins et al.，1991；Van Den Bergh & Cooper，1986）。要想实现赋权，人们就必须也能够掌握好自身和环境。可以设想一下，没有受压迫群众参加的社会变革，只能是马基雅维利的乌托邦。再设想一下，如果受压迫者参与了社会变革，但是没能改变自己（即他们没能做到拒绝压迫、发掘潜能、积极争取资源），这就否定了压迫对受压迫者的生活产生的影响。大家所追求的变革的本质是既要完成社会变革，又要有一群推动社会变革的、发生了改变的人群出现。赋权工作的终极目标应超越满足个体成长的需求，转为通过获得权力来赋权社区，培育更加强大的人民。这些目标更加具有集体性，而非个体性，当然，这两者之间是不可分割、缺一不可的。这里的假设是，压迫者和受压迫者，还有双方的旁观者，他们都需要得到解放，也都在压迫中受到了伤害。这个观点强调的是使受压迫群体内部具有统一性和和谐性。当然，这并不回避非暴力对质和冲突，因为它们可能都是解放的必要组成部分。

赋权方法的价值基础

很多服务"所有人群"的实务模式和方法都不关注穷人、有色人种、妇女以及其他受压迫群体（Lum，1986）。美国社会工作协会的伦理守则以及伦理公平原则都要求我们不断提高知识水平和助人技巧，以服务那些遭受偏见和歧视的案主，（与他们一起）反对压迫。穷人、妇女、有色人种、男女同性恋者来到机构求助时，可能会遭遇社工或者机构的偏见，社工也有可能缺乏应有的知识，无法理解他们的处境，无法帮助他们解决问题。缺乏这些能力和知识，便会忽视人们生活中的核心内容，从而看不到人们特殊的应对能力。对肤色、阶级、性别、污名化或差异性的无知，对案主毫无帮助（Lum，1986）。赋权意味着社工与案主可以通过了解这些不同的身份地位的意义来吸取力量，使案主能够做回自己，相信自己是有丰富内涵的个体。表10-1罗列了赋权方法背后的价值基础等概念性框架。

表10-1 社会工作实务中赋权方法的概念性框架

专业目标 鉴于对人和环境的关注，要协助那些经历了贫困和压迫的人，提升他们的适应性潜能，共同努力改变环境和压迫性的制度结构。

价值基础 优先选择与穷人、受压迫者和被污名化的人群工作，通过个人和集体行动，提高他们的个体适应性潜能，推动环境/结构性改变；优先关注那些努力营造公平社会、平等机会和获取社会资源的社会政策和服务计划。

知识基础和理论基础 有关人的理论和概念：压迫情境中的环境交互作用。其中包括五重焦点观：压迫历史；生态、种族阶级、女性主义和批判视角；有关个人的适应性潜能、独特的人格，以及人们应对自我功能的方法，面对压迫时，人们的社会和认知行为学习和问题解决；赋权个人、家庭、小组和社区的助人过程；大社会系统和结构性改变过程。基于这些，我们才能协助人们实现个体层面、人际层面和政治层面的赋权。

方法、原则、过程和技巧 赋权方法建立在赋权价值和目标的基础之上，还包括支持此方法的八大原则。这一方法可以被运用在一对一、小组和社区性关系系统中。方法的选择取决于合作性关系，包括互惠性、共享权力、人类共同的斗争等；运用赋权小组，可以发现个人权力、人际权力和政治权力面临的直接和间接的权力障碍；集体行动能够促进针对压迫的意识的提升。这一方法运用了很多技巧来操作化这些实务原则，以处理生活中不同层面的问题，并采取相应的行动。

赋权方法的角色、过程和技巧

促进应对/适应/社会变革的过程和技巧

在赋权方法中，社工要促进个人反思、思考和问题解决；与环境互动，包括案主在这个过程中的角色和遭受的压迫。除了关注案主的自我定义之外，还要关注压迫性处境及其解决方案，这些都是反思性程序的主要内容。运用一些可持续性技巧，特别是源于五重焦点观的同理心和倾听，可以推动赋权方法的有效实施（Germain & Gitteman，1980；Northen，1994；Shulman，1994；Woods & Hollis，1990，1996）。社工还要评估自己的功能性，通过提供自我支持性干预来激发案主的优势（Goldstein，1984，1994；Lee，1994）。案主和社工要同心同德，运用各种技巧来共同寻找和改变压迫性处境。

卡雷尔·热尔曼（Carel Germain，1984）指出，为了应对和适应环境，人们必须具备某些特质。这些可以通过合适的人-环境的交互获得的特质主要包括：动机，可以对来自环境的奖惩做出回应；问题解决技巧，可以对社会中的社会化组织机构（包括家庭和学校）的优势和效能做出反应；保持自尊和心灵平静（包括情绪控制），可以在合适的时间和地点获取信息，做出选择（Germain，1984，1991；Mechanic，1974；White，1974）。

激发动机的赋权技巧

人只有在基本衣食住行、经济和情感需求得到满足后，才能有足够的动机。如果案主和社工共同努力，寻找资源和机会，解决眼前的困难，案主的上述基本需求就能得到基本满足。接下来，社工便开始协助案主让希望永驻。要鼓励案主用自己的语言来表述自己的问题和生活，接纳案主对自己的问题的定义，这些方法都有助于增强案主的动机。社工还可以尝试表达自己对差异性、孤立、异化、误解，以及深受制度歧视之苦的感受的理解，这也能帮助案主持续成长。社工还可以与案主一起将压力性要求分解成可以处理的细节，鼓励案主分享自己过去处理类似问题的方法。鼓励案主自己说出自己的优势，并建立拥有感，运用这样的方法为案主提供继续改变的动机。社工要运用技巧，为案主提供一种新的视角，支持案主学会新的思考方法，这样才能帮助案主建立改变压迫性制度的意识。社工还可以围绕对压迫性处境的处理，恰当地运用自我坦露的技术，帮助案主将自己的经历与压迫性处境联系起来，这会为后续的改变带来新的希望。社工还可以运用系统谈判技巧培育案主的谈判技巧。

保持心灵平静和自尊

要帮助案主保持心灵平静，管理好情绪，使自己的自尊达到最优水平。社工要做很多工作，将压迫外在化，降低案主的自责感，以及培养其建立起民族意识。在这个过程中，社工的角色是协同老师、批判性教育者以及社工，他需要协助案主发现自己所在小组的成就感，并为此感到自豪。社工要不断提高对案主文化的敏感性，欣赏他们的文化。

社工要利用家庭和小组技巧，来帮助组员分享各自受压迫的经历，并将其真实化（Hartman & Laird，1983；Wood & Middleman，1989）。随着组员发现他们拥有共同的经历，自我贬低感就会消失。这时，社工要帮助组员了解一些关于受压迫群体如何迎难而上取得成功的事例，培育他们的群体意识，提高自尊水平。提供这些信息也能帮助案主了解制度是如何运作的，这有助于消除他们的恐惧，提升他们的胜任感。社工还要动员组员身边的自然助人网络和组织机构，聚焦于改变那些造成案主不安和焦虑的制度性不平等。

提高问题解决能力，推动自我导向

在赋权方法中，问题解决技巧尤为重要。根本上讲，其目的在于帮助人们用不同的方式来思考和行动，不仅限于解决个人问题，还包括处理与压迫相关的问题。**莎伦·柏林**（Sharon Berlin，1983）提出了九步认知行为问题解决过程，涉及从发现问题到采取行动的方方面面。热尔曼（Germain，1984）进行了补充，即传授用来寻找解决问题的方案的技巧，为小组提供学习的机会，与环境开展工作等，所有这些都为服务提供带来了新的选择。

赋权方法中解决问题需要的特别技巧

这些技巧包括：意识提升、实践和批判性教育。在问题解决过程中保持平等是一项格外重要的技术，包括在沟通交流中遵守对称性和同等性原则。社工如果不断发号施令、滔滔不绝，或者在沟通过程中不断阻挠议事、不停地解释说明，都无法为赋权创造必要的条件。

意识提升是增强意识、了解压迫处境的一个过程，这会带来重新审视社会秩序的新的思维方式。这里提到的所有的技巧，都可以被运用在一对一的服务中，或者家庭层面，或者小组层面，或者社区层面。要很好地做到这一点，绝非易事。

233　　四个特质（动机、心灵平静、问题解决和自我导向）是互相依存的，要贯穿在整个助人过程中。意识得到了提升，便会增强动机，动机和心灵平静又是意识提升的必要条件，因为意识提升意味着思维和行为方式的改变。从不同的角度来看世界，在一开始可能是一个既让人恐慌，又让人感到释放的过程。社工在处理情感时需要采用的技巧包括倾听、说明、陪伴、真实化，当案主开始意识到自己长期以来一直在社会上和经济上受到压迫和伤害时，社工要帮助案主表达痛苦、愤怒和悲伤。要善于利用案主为表达自己的经历而发明的"密码"，例如，使用书籍、艺术、音乐、诗歌或其他的方法进入案主的意识层面。这些方法都是行之有效的。一位曾经协助受虐妇女小组的社工是这样反思 18 世纪初中国废除妇女缠足的：

> 这个过程非常痛苦，她们每次只能解开几层裹脚布……现在，当我协助妇女小组时，我开始意识到，要想解开裹住我们思想的布，每个步骤都需要非常温和地推进（Pence，1987：20）。

在担任协同教师的角色时，社工需要温和地分享信息，此时，采取什么样的技巧来做到这一点是非常重要的。知识就是力量，被排除在知识之外就是被压迫。提升对受压迫的意识，需要认知重建技术（Berlin，1983）。社工要协助案主发现自己的思维模式，纠正错误信念，运用更具适应性的方法来处理内化和外化的压迫，用更加积极的方式来谈论和思考自己、自己的小组和自己的处境。社工还要鼓励案主用自己的语言来重新命名、建构自己的现实生活。

在实践过程中，运用指导性技巧也是非常重要的。如上所述，实践（行动—反思—再行动）过程中有时需要痛苦地剥开意识和情感的外壳，而这都需要很长时间来恢复。这时，社工需要提高敏感性，具备行动力。当然，这也是一个让社工分享自己痛苦挣扎、克服各种障碍的经历的绝好机会。

在协助案主解决问题的过程中，不要忘记做一个敢于提问的人。批判性教育的技巧是赋权过程的重要组成部分，其中包括提出批判性问题，协助人们用新的方式来思考压迫处境。这个技巧要与上面提到的信息提供技巧一并使用。例如，在一个机构的工作人员小组中，我把一篇报纸文章《在受到良好教育的白人和黑人之间存在极大的工资差别》（*Hartford Courant*，Sept. 20，1991）作为一个代码来进行分析。这篇文章中包含了这样两句话：在高中毕业生中，白人和黑人男性比白人和黑人女性的工资高出一万美元，而双方的工资标准是非常接近的。提出为什么会出现这样的数据的问题后，便出现了激烈的对话，有关种族和性别问题的意识就在对话中得到了提升。

如上所述，弗莱雷发展的批判教育学（Freire，1973）在曼考斯科和汉泽凯（Mancoske & Hunzeker，1989）以及彭斯（Pence，1987）等人那里发展，成为社会工作者需要学习和运用的系统的过程和技巧。这个方法有五个步骤，需要由一组来自文化圈子的代表参与实施。第一，要进行调查。这个小组要听取人们不同的想法，评估人们谈论的主要内容，以及人们传递了什么样的情绪。这就需要社工聚精会神地、全面地关注案主。第二，要选择一个主题，将问题转化成提问格式。选择主题会扩大需要关注的问题的基础。例如，彭斯主持的受虐妇女小组的主题是施暴行为会对妇女产生什么样的影响（Pence，1987）。第三，要从三个方面来分析问题：个人层面、机构层面和文化层面。要在每个层面都提出相应的问题。第四，要建立一个代码。当从三个角度都发展出了主题时，这个代码可用来聚焦工作重点。第五，要从上文中的三个层面来寻找行动计划。一旦开始采取行动，就要运用实践来巩固和强化推动批判性理解和社会变革意识的工作。

在增强动机、问题解决和心灵平静方面的努力，最终都会推动案主的自我导向和赋权。

推动社会变革的技巧

除了在个人层面有所收获之外，赋权模式还可以赋权整个社区。小组和社区为本的方法是非常重要的。上述很多工作都能在小组环境中发挥最大功效，通过小组工作与其他小组结盟，团结社区中所有的力量来推动社会变革（Breton，1991）。赋权小组技巧包括建立一个互助的协议，将个人目标与政治目标结合起来，以及确定一个明确的社会变革焦点（Lee，1991），在组员之间找到共同基础和共性原因，挑战小组工作面临的困难，学习新的视野，鼓励每个组员全面参与整个治疗过程。这些技巧实际上是舒瓦茨技术的变体，也是小组工作者的主要任务（Schwartz，1974a）。社工还要熟练地提出问题，建立代码，聚焦小组工作重点（Freire，1973b）。将上述方法综合起来，就是"赋权小组"方法了。社区技巧整合了这些小组技巧，还包括结盟技巧以及任务中心的技巧等。人们需要协助组员选择那些能够成功完成的任务。更加宽泛的政治性技巧包括游说、在立法听证会上提供证言，以及组织集会、抗议和一些非暴力抵抗活动。这些技巧都需要社工与案主共同协商（Lee，1994；Richan，1991；Staples，1984）。

社工的角色和立场

尤为重要的是，赋权模式中的社工必须是一个真实的个体，必须意识到自己在经历压迫或者是受压迫群体的一分子。这种意识始于自我意识，包括反移情问题。但是，他们还要超越这些，需要具备有关压迫本身的意识提升能力，在助人过程中，要有能力以合适的方式进行自我坦露，与他人分享自己的意识提升过程。助人者和助人过程一点都不神秘。这里社工需要采取的立场是"肩并肩"，真实地呈现自我。从一开始，社工就要与案主分享助人过程，并随着助人过程的不断深入持续与案主进行分享。

这个方法中还有一个重要环节——评估。社工必须深刻理解案主是谁，到底经历了哪些对他们过去和现状的福祉产生了重要影响的压迫。在个体、家庭和赋权小组工作中，要根据案主的故事做好需求评估工作。"案主故事"一词指的是案主最初如何呈现问题，当然，还要进一步了解到底有哪些历史性因素影响了眼下的问题。这既是叙事方法，也是口述历史的方法，可以帮助我们发现很久以来个体及其同伴的优势（Martin，1995）。要运用高质量临床评估原则，这样的评估过程至少在两个方面区别于"简单的"临床需求评估：第一，过程相关性水平很高，社工要开放地与案主分享自己的思想，以了解案主是如何理解自己的处境的。第二，要明确地将种族阶级、民族、性别和其他领域纳入评估中，以了解案主在何种情况下经历了压迫、权力缺失或者权力不足。因此，这个评估要把案主放在与环境的交互中，而不能把他们当成生活在真空中的个体。

协议或者双方认可的工作议定书需要包括这一内容：把受压迫经验当成工作的重点。当然，与所有的方法一样，要把紧急问题和物质性问题作为优先关注的问题。案主在意识到自己的各种选择之后，往往会选择先解决眼前的紧急问题。这个方法假设穷人和受压迫群体已经对自己受到的压迫有所认识，有能力进行反思、挑战并采取行动，来摆脱自己和同伴遭受的压迫。很多案主的意识已经得到提升，因此，当社工分享自己的意识提升过程时，他们会感到惊讶。当然，有些人已经习惯于生活在受压迫情境中，他们对自己受到伤害和歧视的愤怒、绝望的情绪被无意识地压抑了。这也说明了另外一种意识的提升。

干预的深度可能因人而异，但是，极度简单的、只关注案主眼前紧急问题的治疗，绝不是赋权实务的目标。当然，既要解决眼前问题，又要提升意识以挑战固化的压迫，是需要很长时间的，也要选择最佳的时间框架。最常见的情况是，当案主或家庭的问题得到解决之后，就要鼓励案主与他人一起参与赋权小组。有时，干预可以始于赋权小组经验，然后再由社工提供个案服务，或者个体自行开展政治性工作。这样的小组会成为赋权性社区的奠基石。他们会参与到其他社区小组中，为推动大的社会变革而共同努力。需要注意的是，这样的工作不是无限制、永久性的。在这个过程中的某个时间点上，案主可能会觉得自己实现了赋权，可以离开社工独自开展工作了。实际上，当案主获得赋权，可以通过所拥有的意识、资源和知识来独立追求自己的目标时，社工就失业了。表 10 - 2 呈现了赋权评估中的各个步骤。

表 10 - 2　概要：赋权评估

1. 基本信息。 简单的年龄、种族（民族）、阶级、婚姻状况、工作和生活情况等。 2. 生活变化。 重点在于发展状况、身份/角色、危机问题，以及相关的发展性历史（如果是孩子，要了解其在校学习情况、智力水平等）。 3. 身体和精神健康。 关注身体和精神方面面临的问题，包括精神病和药物滥用历史以及自我功能性（要评估 10～13 项功能）。 4. 人际关系。 了解家庭成员、各种重要关系、社会网络、在小组中的沟通模式和角色，确定各种关系的性质和质量。 5. 地理和社会经济环境。 描述和评估环境因素对案主的影响。 6. 压迫的表现形式。 表现在基本生活领域中；表现在面对歧视或获取资源和机会的直接障碍时；表现为内化压迫；表现为压迫造成的权力、地位或价值上的不平等。 7. 无权领域或权力不足的领域。 案主到底在哪些领域感到自己缺乏知识、技巧、态度、意识或资源？ 8. 个体和环境拥有哪些具体的优势？ 9. 权衡并做出评估说明。 10. 制定最初的工作协议，以及下一步的干预步骤。

赋权方法的社工培训

要想运用赋权方法，社工需要具备临床知识以及政治学知识和专长。他们需要成为阿曼多·莫拉莱斯（Armando Morals）所谓的"通才－专才"，既要有广度，又要有深度（Morals, 1977）。他们既要能够担任个体和家庭的临床工作者、小组工作者和社会工作者，还要掌握相关知识，清楚如何运用政治过程来影响社会变革。某些本科生和研究生培养计划旨在培养这样的工作者。还有一些本科生和研究生计划过分关注这些角色连续体中的某一端。这就需要对教学大纲做出调整，提供研究生培训和支持性的督导，以培育这种特殊类型的社会工作者。团队合作的方法可能有助于实务工作者提供赋权导向的服务。尝试这样的工作可以从某些受到管理化照顾指南约束的机构内部开始，这种方法会随着社工在服务提供过程中拥有越来越大的灵活性而日益成熟。赋权工作适用于任何深受压迫之苦的人群，但如果案主是吸毒者或者酗酒者，是不能运用这个方法的，因为运用这个模式时需要充分发挥案主的认知能力和情感能力。有吸毒和酗酒问题的人需要专业帮助和康复，尽管过去有很多讨论涉及奴隶身份的人也存在强迫上瘾的问题，但两者之间还是存在区别的（Lee，1994）。

237

患有精神疾病或者其他心理或生理疾病的人也会从赋权工作中受益。从临床上认识到精神的本质，可以帮助社工更加有效地与小组开展工作。

赋权工作的词汇还包括一些新词，我们已经在本章明确定义过了。这些词汇包括：意识提升、实践、对话和代码。精明的实务工作者会从临床和政治的角度来使用这些词汇，在本章中我们也介绍了这些词汇的定义。在赋权过程中，每当我们采用不同的词汇来描述我们的思想时，都表明我们已经开始从不同的角度来进行思考了。这些可靠的个人/临床工作方法、小组工作和社区工作方法、政治工作方法和赋权的最新策略，融合成一个新的方法，同时具有新旧两种特征。因此，实务工作者具有了新的、虽然不太熟悉的知识，他们会运用这些知识与受压迫群体工作，并向他们分享，这个过程对社工来讲，就是一个赋权过程。

下面我们将呈现一个案例片段，详细说明赋权实务过程，同时讨论其在专业方法词汇中的状态。

案例片段

为了呈现如何运用赋权方法，我将介绍一个关于赋权小组工作、政治活动和家庭取向的服务实务的片段，这些实务是在我的姐妹会（MSP）进行的，我的姐妹会是康涅狄格州哈特福德的一个专为无家可归的妇女、曾经无家可归的妇女和儿童提供服务的机构。很多带着孩子的无家可归的妇女年纪很轻，大多为有色人种，年龄在 18 岁至 30 岁之间（Johnson & Lee，1994）。她们为什么会有这些特征？这是一个非常重要的批判性问题。很显然，答案涉及了对种族、性别、阶级、年龄和差异性的多重压迫。我曾在纽约获得了关于无家可归妇女的服务经验（Lee，1986，1990，1994），因此，到了哈特福德后，我便开始运用赋权方法来帮助这些妇女（Lee，1991）。所有妇女，特别是朱迪丝·博蒙特（Judith Beaumot，1987）——当时的执行主任、活动家、我的终身伴侣，兼赋权小组工作中的合作者——以及我的姐妹会的工作人员"共同实践"了赋权模式。

成功的妇女小组

构成

获得赋权小组的成员资格是一个基于经验知识的个人选择。"试试看"的哲学帮助组员们分享共同的经历，理解参加这样的小组到底是怎样的体验。参加这个赋权小组的组员，都是那些刚刚在我的姐妹会中接受了服务的妇女，我们这些协同社工最初还邀请了过去的组员参加了六次夜间聚会。这大概就是弗莱雷提到的文化圈子吧。赋权工作的代码和主题就来源于这样的六次聚会，因为聚会中产生了一些核心组员，她们愿意参加这样的小组，一起争取赋权。夜间聚会安排在一个环境温馨的庇护所中，包括一顿晚餐、自我介绍，还有非正式的分享共同关注的问题的环节，当社工介绍了赋权概念后，还有一个较为正式的讨论。当时还有一个有关全国性和地方性经济适用房的抗议活动，也碰巧与这些聚会同时进行。参与活动的七位黑人妇女的年龄在 22 岁至 34 岁之间，她们决定成为赋权小组的成员。

　　同事们开始建立一个架构，鼓励大家聚焦与赋权问题，并把这当成助人过程的核心，但是很快他们就开始扮演顾问的角色了。在接下来的四个月中，这个小组发展出一个俱乐部一样的结构，由一名主席负责召集会议并保证小组不偏离重点。整个小组共同决定聚会的时间、日期、频率（两周一次）、拓展新组员，以及每次聚会的内容等。社工的任务是支持领导结构，持续提供信息，协助指导实践活动，反思情绪，提供数据，来推动小组不断深化。这个小组存在了两年时间，之后组员们依然会继续参加小组活动。下面就是小组进行到第九个月时的一次聚会的片段，这时组员开始命名自己了。

　　　　主席特雷西（Tracy）认为，"组员"一词不够准确。沃萨利（Vesalie）问道："那么，我们到底是谁？"特雷西说："我们是成功女性。"拉托亚（Latoya）说："没错，我们就是成功女性。"沃萨利说："不对，我们不能自己说自己是成功女性。"珊德拉问道："为什么不可以？"沃萨利坚定地答道："这意味着太大的权力，也就是说我们非常强大。"社工问道："大家是否感到自己很强大？"沃萨利说："是的，我们现在强大多了。我们找到了好工作，我们是好妈妈，我们帮助那些无家可归的人，我们正朝着自己的目标前进，但是我们还没有完全实现这些目标。"社工问道："如果你实现了这些目标，那么，你就拥有权力了吗？"特雷西回应道："可事情就是这样！我们需要权力来实现我们的目标，我们还在路上。让我们告诉自己，我们就是强大的女性，我们就是成功女性。我们要使用这个名称，这就是我们的名称。我们值得拥有这个称号！"其他组员表示坚决同意。沃萨利经过深思熟虑后，也表示接受。成功女性这个称号得到了组员们的踊跃支持。

　　命名意义深远。社工在这里要处理的问题就属于意识提升类的问题。这种在聚会开始九个月后的重新命名，反映了组员在自尊、小组自豪感和意识提升方面 180 度的转变。运用代码能帮助组员建立新形象。

规范化

　　在成功女性小组中，有两个被反复讨论的主题："成功的障碍"和"美国黑人妇女身份"。在处理第一个主题时，社工要求组员为成功下定义。组员们将其定义为个人成就和"以他人为中心"的成绩（回馈社会）。此时，代码变成了"障碍墙"。

社工要求组员想象自己在爬墙，把砖头从墙上抠下来，并要求大家进行表演。这些墙就代表了障碍。社工问道："年轻的美国黑人妇女要想获得成功，会面临怎样的障碍？"阿米卡（Amika）首先站出来表演这个过程。她说："墙就在对面，现在我冲过来啦。""哎哟！"她叫道，她滑倒了，"嘭"一声摔在地上。她说："他们在地上涂了油脂，我无法接近这堵墙。""算了吧！"每个人都对阿米卡这样说。卡米拉，这个身材魁梧的妇女重重地摔倒在地上。特雷西说："这一点都不好笑，阿米卡没错，我们甚至都无法接近这堵墙。这些油脂就是偏见和种族歧视。"沃萨利补充："还有性别歧视。"珊德拉（Sandra）说："别忘记这个。是的，下定决心，你就会不断尝试，最后走近这堵墙。就好像中学毕业时，你想干点别的，但是你没能好好学习，或者没去上大学，所以现在你要从头开始。"特雷西说："当我发现自己的学历这么低时，也非常恼怒。"

珊德拉站起身，开始用手比画拿着铁锤和凿子的动作，说道："我们就要反对这些，这就是工作中的偏见。你争取到了这份工作，但是他们认为你很笨，因为你是黑人。"她讲述了自己与一位护士之间发生的事情。她用凿子楔入砖头中，往下用力。大家都为她鼓掌加油。沃萨利说："很好！小心，我要用一辆推土机直接推倒这堵墙。"后来，大家一块一块把砖抠了下来，"砰"一声，整面墙倒下了。大家都为她喝彩。拉托亚说："等一等，有块砖头砸中了我，好疼呀。"她假装从额头上摸了一手的血，"这是一块憎恨我自己的砖头，因为我相信，如果你是黑人你就要往后站，我往后站了，我根本不敢争取我想要的东西。但是，我坚强地活下来了，我站在这里，想要告诉大家，我要争取自己想要的东西。"大家都给了她很多的鼓励。

美国黑人或其他受压迫群体运用的幽默是一种适应性机制。但是，大家千万不要误解这个戏剧性活动背后意义的严肃性，它具有很好的治疗性和政治含义，会激发一系列的行动。

接下来，她们一起阅读了诺扎科·桑格（Ntozake Shange）的配舞诗歌《献给那些在彩虹出现时想要自杀的有色人种女孩》（1977），对黑人妇女的身份进行了解读。在经过反复阅读和讨论后，曾经有过几次自杀念头的特雷西这样总结道：

> 这就是我们生活的写照，我们的生活面临两种选择，要么早就死掉了，要么选择另一条会导致我们精神和身体死亡的道路。然而，我们并没有死，因为我们发现其他妇女跟我们的想法一样，也和我们一样坚强地活着。我常常从珊德拉身上看到我自己，所以，我一定要支持她。我们找到了真正的庇护，我们为彼此提供庇护。我们在自己身上找到了上帝，就像诗歌中说的一样。沃萨利也同意，我们找到了为自己抗争的意义，我们释然了，不会再回头。

珊德拉·洛亚尔

黑人妇女珊德拉是成功女性小组的组员，今年 25 岁，她的赋权故事在《社会工作实务中的赋权方法》（*The Empowerment Approach to Social Work Practice*）（Lee, 1994）

一书中有详细的描述。这里，我仅做简单呈现，并更新一些对她在那本书出版后的个人变化的评估和总结，以及她个人在赋权道路上的成长和成就。

珊德拉身材娇小，肤色很黑，聪明，有点胖。五年前，她在 MSP 开始了自己的赋权之旅，当时她身怀六甲，进入了庇护所。尽管她从职业学校毕业后就开始工作，但一直睡在奶奶家的地板上。她的妈妈一直患有抑郁症，还要不断戒毒。珊德拉明智地决定不跟自己孩子的父亲托马斯（Thomas）及其家人一起生活，因为这个男人吸毒，还对她施暴，这些事情她当初从没跟别人提过。在她女儿满一个月时，珊德拉住进了公共房屋中，有了一个自己的家，也开始工作了。

几个月后，她成为成功女性小组的发起人之一。她负责的工作在上面的片段中已经有所涉及。她与其他组员建立了很好的关系，与社工的关系也非常好。组员在讨论暴力性关系时，都是回忆性的，当时我就在想，要吸引她参加这样的讨论。我们都意识到她有些抑郁，自尊水平较低，但是都以为我们都很了解她的经历。那些总是发言的组员也吸引了我们的关注。

当时，她话不多，但是非常用心地参与小组活动。珊德拉会积极参加那些涉及生活方方面面的讨论，对她来讲似乎需要不断成长的地方是，她要平衡自己的文化对她作为一个黑人女儿、姐妹、孙女、妻子、母亲的过分要求与自己的个人需求之间的关系。非常难得的是，珊德拉从来不碰毒品和酒精，同时认为自己在家中要扮演一个负责任的角色。她在有关家庭的重要问题的讨论中学到了很多知识，也非常投入。去她家里让她接受咨询是不被接受的，她自己既要工作，又要照顾孩子，非常疲惫。她当时 22 岁，精力很旺盛，但背负的压力也非常沉重。

大约一年后，她从一家当地的精神病院住院部再次联系我，当时她似乎正在因为工作中无法控制的哭泣和自杀企图而接受治疗。那时她才说出托马斯对她施暴的经历，托马斯曾两次因此入狱，当然还有持有毒品的原因。在这段时间，她说她"忘记了自己是怎样的人了"。这次入院治疗是在托马斯刑满释放的前夜。当时还有着其他压力源：偏头痛越来越严重，两岁的托米卡（Tomika）越来越难管教，家庭责任负担过重，工作时间的减少使她入不敷出，工作中还存在种族歧视的压力，等等。一周后，珊德拉从精神病院出院了，但还要接受一个月的药物治疗。

我们不太清楚这到底是抑郁症复发，还是压力过大加上托马斯的出狱所引发的急性情境性抑郁症。由于她母亲有抑郁症病史，所以，只有时间才能说明一切。无论如何，当时最重要的任务是降低其压力水平，确保药物治疗的跟进，跟她一起讨论针对托马斯出狱的安全保护措施，同时还要教给她一些问题解决技巧。所有这一切都是在 MSP 的一位社工协助下完成的。接下来就开始了意识提升的工作。在珊德拉的生活中，压迫的表现形式非常明显：遭到托马斯的虐待，工作中的种族和性别歧视，收入减少和经济困难，健康系统中的二等服务。压迫和抑郁都被定义为问题的关键，也成为她与社工之间的协议的重要内容。作为社会工作者，我们必须做到的是，一旦安全计划制订好（EWAR，1992），对于如何处理与托马斯的关系，就必须按照珊德拉的时间表来执行，而不是按照我们的时间表。

负责珊德拉的社工是盖尔·布尔东（Gail Bourdon），她是 MSP 三期服务计划的主任，这个计划是专门为涉及严重精神问题的女性设计的。服务计划花了好几个月才完成，托马斯一开始让珊德拉相信自己在监狱里已经"重新做人了"，很显然，她离不开他，而使用暴力则是他们终身的互动模式。当托马斯拒绝接受辅导，并开始参与社区的暴力事件时，珊德拉感到十分恐惧，拿走了他的家门钥匙离开了他。社工为珊德拉的行动提供了很多支持，珊德拉还答应与警方合作。于是社工建议自己可以与珊德拉一起来学习一下"权力和控制之轮"。这是一个饼状图，呈现了八个层次和类型的生理和性暴力（Pence，1987）。珊德拉带着极大兴趣做完了这个饼状图分析，她发现继父采用了很多同样的策略来对付自己的母亲和自己。针对这八个策略，珊德拉写下了自己的回应，她写的这些东西成为后来工作的核心内容。

在"强制"策略下面，她写道："他威胁要杀了我，我怀孕的时候，他不断操控我。他入狱后我才感到安全一些。"在"恐吓"策略下面，她写道："他通过眼神让我感到害怕，威胁要把我的房间弄成垃圾堆，让我被人撵出去——他要在墙上砸个洞。他的朋友都怕他。"在"情感性虐待"下面，她写道："他说我是个长不大的孩子……他说我胖，在别人面前羞辱我。"在"孤立"下面，她写道："他常常用嫉妒来解释自己的行为，他不让我跟别人交往。"在"经济虐待"下面，她写道："我需要支付所有的账单，他总是坐享其成。"在"利用孩子"下面，她写道："他利用托米卡来找我。"

社工这样记录道：

242　　　分析完这个图表后，我挑出了她说托马斯入狱后她感到安全的那部分（聚焦她的安全）。她告诉我，托马斯有一次想要杀两个人，结果子弹没击中他们，反而击中了其他两个人，一个人伤在头部，一个人伤在颈部。我意识到这样的事件有多么可怕，他可能会杀人（确认她的感知是真实的，并用语言表达出来）。她还说怀孕四个月的时候，他经常把她推倒在地，并威胁要杀了她……他经常这样，但是，她说自己一直没能看清楚他的本质，直到现在才明白。我肯定了她的能力，因为她现在终于看清楚了（要强化她的检验能力，鼓励她降低自己的防御机制）。她说每次当他检查她，告诉她应该跟谁说话、做什么、如何做时，她都非常愤怒。她表示他发怒时他的朋友都很害怕，她也很怕自己会遭受更加严厉的虐待。我深表同意，接着说她是一个好人，我不愿意看到恶性伤害事件发生在她或者托米卡身上（传递同理心，强化她的判断）。她停了停，也表示同意，她说这就是她想要改变自己的生活的主要原因……我说，托马斯代表了一种生理危险的威胁，他还拥有一种她不具备的生理权威。她表示同意。我接着说，她应向警察求助，这是一种改变这种权力平衡的方式。我说，她在自己的家中时，不应该生活在恐惧里（对她的感受表达同理，并说出来）。她同意了，并指出租约上没有托马斯的名字。

当珊德拉准备好的时候，社工将运用代码来协助她站起来，让她用自己的语言来描述、反思自己受到的压迫、自己的安全和需要采取的行动。随着时间的推移，珊德拉结束了与托马斯的关系，搬到了另一个镇上，完成了美容课程，外出工作，并开始上大学。在 MSP 一名新社工的帮助下，她还接受了最先进的偏头痛治疗，在新的小镇上，她与支持系统建立了联系，包括一个有色人种妇女小组，在这里她继续进行自己的赋权过程。在这期间，她亲爱的奶奶去世了，她非常悲伤，但是抑郁症并没有发作，现在她再也不需要接受抗抑郁治疗了。当她的母亲在经历奶奶去世这样的不幸事件时，珊德拉还帮助母亲联系 MSP 寻求服务，在这里，她母亲也开始了自己的赋权之旅。

布伦达：一位精神病妇女实现了个人/政治赋权

布伦达·格雷（Brenda Gray）是一位 39 岁的黑人妇女，她患有很多生理疾病和慢性偏执型精神分裂症，差不多有五年时间处于无家可归状态。她把孩子交给了亲属，常年往返于街头、医院和庇护所之间。然后，她来到了 MSP，参与了一个住宿的支持服务计划，在这里，她拥有了自己的公寓，接受日常支持和赋权服务。自得病以来，布伦达第一次经历了内心的平静。布伦达的面部布满了皮疹，但她还是流露出非常快乐的表情。她不太活跃，但是如果被人点名要求说话时，她能表现出较好的理解力。最近，布伦达主动要求参加一个有关削减精神健康服务的听证会。下面是关于这件事的片段：

> 我们需要这样的服务计划，它让我们意识到生命中的各种可能性。无论你想做什么，一切皆有可能。这些服务计划帮我回到了生活轨道，并对未来充满了期待。如果州政府削减了这些服务计划，政府就是在毁灭美好的东西……我们成立了一个妇女小组，每周都聚会。我们会在聚会中讨论我们生命中的一切，例如我们遇到的困难，我们通过彼此的反馈找到了解决困难的办法。

为了让布伦达及其同伴能够说到问题的关键，社工盖尔·布尔东在邀请她参加听证会之前，就为她们准备了赋权小组，帮助她们理解这些问题，了解听证会的程序。首先，她向组员介绍了这次预期削减的服务计划的详细内容，以激发组员的回应。她提出，她们可能还想了解在听证会上该如何作证，如何为自己代言。其次，随着组员兴趣的日益高涨，她选择了两名志愿者（布伦达和维姬）以及机构的工作人员，参加了一个有关立法过程的工作坊。两个星期后，在一次赋权会议上，社工和工作坊成员为小组提供了一份有关立法程序的总结。布伦达主动提出要发言，并当晚写好了自己的证词。

> 第二天晚上，我们很早就出发去参加听证会。布伦达非常耐心地排队等了两个小时，接着又等了两个半小时才有机会发言。这个听证会是在下议院大厅举行的。布伦达和我发表了我们的证词。当时布伦达的外表非常引人注目，她戴着羊毛帽子，站在少数族裔领袖的位置上，娓娓道来。有位参议员对布伦达的发言深表感谢。当晚布伦达显然成了小组的领袖。

在下一次的聚会中，小组反思了这次听证会的行动。社工采用了实践范式，邀请组员反思整个发言和参与立法的过程。

244

　　组员们都认真阅读了《哈特福德新闻报》上刊登的文章。我问大家如何看待和感受自己参加听证会的经历。布伦达微笑着，自豪地说她觉得能发言简直太棒了。我问维姬是如何感受的，维姬说："我感到非常高兴，这是我生命中最开心的时刻。我看见了、听到了过去从来没有经历过的事情。"整个小组欢呼雀跃……我问布伦达是否觉得自己的意见会被采纳。她说她觉得会的，因为他们没有用让人为难的问题习难她。他们接受了她的观点，还感谢了她。我问组员是否有一样的感受，大家异口同声地说是的。维姬补充道："我觉得我也能做到……我感到了自己的力量。"整个小组都表示同意，她们说，她们敢于发声，并被人听到了。艾达说："那些坐在那里的人，也带来了支持和力量，所以，我们不仅发声了，我们还到场了……"布伦达说："太棒了，像我这样有精神疾病的人都可以做到这些。很多时候人们都会说你不行的，因为你有精神疾病。我会与精神疾病共生，但是这并不意味着我不能做其他事情。"其他组员纷纷表示赞同。

　　社工精心的准备终于在小组中取得了成效。指导实践的技巧帮助组员为自己的成就感到自豪，同时，还深化了组员对政治技巧、自尊和自我导向的理解。

　　在上述所有的案例中，我们都可以发现，个人和政治赋权都会出自同样的程序和得出同样的结果。

在专业中的地位

　　在保守的政治氛围下，随着对很多群体，特别是对穷人群体压迫的不断升级，赋权实务越来越得到人们的关注。如上所述，很多当代思想家们都在研究和概念化赋权导向的实务。因此，在社会工作实务方法的词典中，有越来越多的实证基础支持赋权方法。当然，要研究和测量一个建立在临床和政治性交互基础之上的概念绝非易事。也许，在某种程度上讲，这还是一个问题悬而未决的领域，因为人们发展出的个人、人际和政治层面的权力，最终还是会形成一个整体，这是无法量化和过度简单化地衡量的。这个方法的各个独立的方面最多可以进行实证记录。赋权模式扎根于实践，是根据质性资料来进行概念化的，因此我相信，有必要先将这些复杂的思想进行量化（Lee，1991，1994），再扎根于质性数据，这样做是非常有益的。

　　赋权方法为赋权导向的社会工作者提供了另一个很好的概念性框架。它将社会工作带入了社会学、政治学、宗教之间的对话，还与教育学、神学、社区工作和很多其他的助人性职业建立了关联。它既是一个古老的方法，又是一个新兴的方法，既是临床方法，又是政治方法。它还是国际社会工作的一个实务范式，因为它为社会工作者提供了一个与全世界人民一起挑战压迫的方法。

参考文献

Addams, Jane (1910). *Twenty Years at Hull House*. New York: Macmillan, 1961.
Addams, Jane (1922). *Peace and Bread In Time of War*. New York: Macmillan.
Addams, Jane C. (1930). *The Second Twenty Years at Hull House*. New York: Macmillan.
Bartlett, Harriet M. (1958). "Toward Clarification and Improvement of Social Work Practice." *Social Work* 3 (April):5–9.
Beaumont, Judith A. (1987). "Prison Witness: Exposing the Injustice." In Arthur J. Laffin and Anne Montgomery (eds.), *Swords Into Plowshares: Nonviolent Direct Action for Disarmament*. New York: Harper & Row, 80–85.
Beck, Bertram M. (1983). "Empowerment: A Future Goal for Social Work." Paper presented at the National Association of Social Workers Annual Conference.
Berlin, Sharon (1983). "Cognitive Behavioral Approaches." In Allan Rosenblatt and Diana Waldfogel (eds.), *The Handbook of Clinical Social Work*. San Francisco: Jossey-Bass, 1095–1119.
Berman-Rossi, Toby, & Miller, Irving (1992). "Racism and The Settlement Movement." Paper presented at the 14th Annual Symposium for the Advancement of Social Work with Groups, Atlanta, Georgia.
Berman-Rossi, Toby, ed. 1994. *Social Work: The Collected Writings of William Schwartz*. Ithasca, IFE Peace Publishers.
Brager, George, & Specht, Harry (1973). *Community Organizing*. New York: Columbia University Press.
Brazleton, T. Berry (1990). "Is America Failing Its Children?" *New York Times Magazine* (September 9): 40–43, 50–51, 90.
Breton, Margot (1989). "The Need for Mutual Aid Groups in a Drop-in For Homeless Women: The Sistering Case." In Judith A.B. Lee (ed.), *Group Work with the Poor and Oppressed*. New York: Haworth Press, 47–59.
Breton, Margot (1991). "Toward a Model of Work Groupwork Practice with Marginalized Populations." *Groupwork* 4(1): 31–47.
Breton, Margot (1992). "Liberation Theology, Group Work, and the Right of the Poor and Oppressed to Participate in the Life of the Community." In James A. Garland (ed.), *Group Work Reaching Out: People Places, and Power*. New York: Haworth Press, 257–270.
Bricker-Jenkins, Mary, & Hooyman, Nancy (1986). *Not for Women Only: Social Work Practice For a Feminist Future*. Silver Spring, MD: NASW.
Bricker-Jenkins, Mary, Hooyman, Nancy, & Gottleib, Naomi (eds.). (1991). *Feminist Social Work Practice in Clinical Settings*. Newbury Park, CA: Sage.
Chau, Kenneth (ed.) (1900). *Ethnicity and Biculturalism: Emerging Perspective of Social Group Work*. New York: Haworth Press.
Chestang, Leon (1976). "Environmental Influences on Social Functioning: The Black Experience." In P. San Juan Cafferty and Leon Chestang (eds.), *The Diverse Society: Implications for Social Policy*. Washington, DC: NASW, 59–74.
Cox, Enid O. (1989). "Empowerment of the Low Income Elderly Through Group Work." In Judith A.B. Lee (ed.), *Group Work With the Poor and Oppressed*. New York: Haworth Press, 111–125.
Coyle, Grace L. (1930). *Social Process in Organized Groups*. Hebron, CT: Practitioner's Press, 1979.

Davis, Larry E. (1984). *Ethnicity in Social Group Work Practice.* New York: Haworth Press.

De Crescenzo, Theresa (1979). "Group Work with Gay Adolescents." *Social Work with Groups* 2(1): 35–44.

Devore, Wynetta, & Schlesinger, Elfriede (1991). *Ethnic Sensitive Social Work Practice* (3rd ed.). Columbus, OH: Merrill.

Estes, Richard (1991). "Social Development and Social Work With Groups." Plenary speech presented at the Thirteenth Annual Symposium of AASWG, Akron, Ohio. *Proceeding.* New York: Haworth Press, 1995.

Evans, Estella N. (1992). "Liberation Theology, Empowerment Theory and Social Work Practice with the Oppressed." *International Social Work,* 35: 3–15.

EWAR Project (1992). "A Handbook for Empowering Women in Abusive and Controlling Relationships: Facilitating Critical Thinking in Groups." Arcata, CA: Humboldt University.

Freeman, Edith M. (1990). "The Black Family's Life Cycle: Operationalizing a Strengths Perspective." In Sadye Logan, Edith Freeman, and Ruth McRoy (eds.), *Social Work Practice with Black Families.* New York: Longman Publishing, 55–72.

Freire, Paulo (1973). *Pedagogy of the Oppressed.* New York: Seabury.

Freire, Paulo (1990). "A Critical Understanding of Social Work." *Journal of Progress Human Services.* 1(1): 3–9.

Freire, Paulo (1994). *Pedagogy of Hope: Reliving Pedagogy of the Oppressed.* New York: Continuum Publishing.

Galper, Jeffry H. (1980). *Social Work Practice: A Radical Perspective.* Englewood Cliffs, NJ: Prentice-Hall.

Garvin, Charles (1987). *Contemporary Group Work* (2nd ed.). Englewood Cliffs, NJ: Prentice-Hall.

Gary, Robenia B., & Gary, Lawrence E. (1975). "Profile of Black Female Social Welfare Leaders During the 1920s." National Institute of Mental Health. Grant #MH-25551-02, 9–13.

Germain, Carel B. (1979). *Social Work Practice: People and Environments.* New York: Columbia University Press, 1–22.

Germain, Carel B. (1984). *Social Work Practice in Health Care.* New York: Free Press.

Germain, Carel B. (1987). "Ecological Perspective." In *The Encyclopedia of Social Work* (18th ed.). Silver Spring, MD: NASW, 488–499.

Germain, Carel B. (1990). "Life Forces and the Anatomy of Practice." Smith College Studies in Social Work 60 (March 2).

Germain, Carel B. (1991). *Human Behavior in the Social Environment: An Ecological View.* New York: Columbia University Press.

Germain, Carel B., and Gitterman, Alex (1980). *The Life Model of Social Work Practice.* New York: Columbia University Press.

Germain, Carel B., and Gitterman, Alex (1996). *The Life Model of Social Work Practice: Advanced Theory and Practice.* New York: Columbia University Press.

Goldstein, Eda (1994). *Ego Psychology and Social Work Practice* (2nd ed.). New York: Free Press.

Gutiérrez, Lorraine M. (1989). "Empowerment in Social Work Practice: Considerations for Practice and Education." Paper presented at the annual meeting of the Council on Social Work Education, Chicago, IL.

Gutiérrez, Lorraine (1990). "Working with Women of Color: An Empowerment Perspective." *Social Work* 35:149–155.

Gutiérrez, Lorraine, & Ortega, Robert (1989). "Using Group Work to Empower Latinos: A Preliminary Analysis." Proceedings of the Eleventh Annual Symposium of the Association for the Advancement of Social Work with Groups.

Harris, Forrest E., Sr. (1993). *Ministry for Social Crisis: Theology and Praxis in the Black Church Tradition.* Macon, GA: Mercer University Press.

Hartman, Ann, and Laird, Joan (1983). *Family Centered Social Work Practice.* New York: Free Press.

Hidalgo, Hilda, Peterson, Travis L., & Woodman, Natalie Jane (eds.). (1985). *Lesbian and Gay Issues: A Resource Manual For Social Workers.* Silver Spring, MD: National Association of Social Workers.

hooks, bell (1990). *Yearning: Race, Gender and Cultural Politics.* Boston, MA: South End Press.

Hopps, June G. (1982). "Oppression Based on Color." *Social Casework* (Jan.) 27:3–6.

Hopps, June G. (1987). "Minorities of Color." In *The Encyclopedia of Social Work* (18th ed). Silver Spring, MD: National Association of Social Workers, 161–170.

Johnson, Alice K., & Lee, Judith A.B. (1994). "Empowerment Work with Homeless Women." In Marsha M. Pravder (ed.), *Women In Context: Toward A Feminist Reconstruction of Psychotherapy.* New York: Guilford Press.

Katz, Michael B. (1986). *In the Shadow of the Poorhouse: A Social History of Welfare in America.* New York: Basic Books.

Katz, Michael B. (1989). *The Undeserving Poor: From the War on Poverty to the War on Welfare.* New York: Pantheon.

Konopka, Gisela (1988). *Courage and Love.* Edina, MN: Burgess Printing Co.

Konopka, Gisela (1991). "All Lives Are Connected to Other Lives: The Meaning of Social Group Work." In Marie Weil, Kenneth Chau, and Dannia Southerland (eds.), *Theory and Practice in Social Group Work: Creative Connections.* New York: Haworth Press, 29–38.

Lang, Norma (1986). "Social Work Practice in Small Social Forms: Identifying Collectivity." In Norma Lang and Joanne Sulman (eds.), *Collectivity in Social Group Work: Concept and Practice.* New York: Haworth Press.

Lee, Judith A.B. (1986). "No Place To Go: Homeless Women." In Alex Gitterman and Lawrence Shulman (eds.), *Mutual Aid Groups and the Life Cycle.* Itasca, IL: F.E. Peacock, 245–262.

Lee, Judith A.B. (ed.). (1989). *Group Work with the Poor and Oppressed.* New York: Haworth Press.

Lee, Judith A.B. (1990). "When I Was Well, I Was a Sister: Social Work with Homeless Women." *The Jewish Social Work Forum* 26, Spring 1990: 22–30.

Lee, Judith A.B. (1991). "Empowerment Through Mutual Aid Groups: A Practice Grounded Conceptual Framework." *Groupwork* 4(1):5–21.

Lee, Judith A.B. (1992). "Teaching Content Related to Lesbian and Gay Identity Formation." In Natalie J. Woodman (ed.), *Lesbian and Gay Lifestyles: A Guide for Counseling and Education.* New York: Irvington Press.

Lee, Judith A.B. (1994). *The Empowerment Approach to Social Work Practice.* New York: Columbia University Press.

Lewis, Elizabeth (1983). "Social Group Work in Community Life: Group Characteristics and Worker Role." *Social Work With Groups* 6(2) Summer: 3–18.

Lewis, Elizabeth (1991). "Social Change and Citizen Action: A Philosophical Explanation for Modern Social Group Work." In Abe Vinik and Morris Levin (eds.), *Social Action in Group Work.* New York: Haworth Press, 23–34.

Logan, Sadye M.L., Freeman, Edith M., & McRoy, G. Ruth (1990). *Social Work Practice with Black Families: A Culturally Specific Perspective.* New York: Longman Publishing.

Lum, Doman (1986). *Social Work Practice and People of Color.* Monterey, CA: Brooks/Cole.

Mack, John E., & Hickler, Holly (1981). *Vivienne.* Boston: Mentor.

Mancoske, Ronald J., & Hunzeker, Jeanne M. (1989) *Empowerment Based Generalist Practice: Direct Services With Individuals.* New York: Cummings and Hathaway.

Mann, Bonnie (1987). "Working with Battered Women: Radical Education or Therapy." In

Ellen Pence, *In Our Best Interest—A Process for Personal and Social Change.* Duluth, MN: Program Development, Inc.

Martin, Ruth. R (1995). Oral History In Social Work: Research, Assessment and Intervention. Thousand Oaks, CA: Sage.

Mechanic, David (1974). "Social Structure and Personal Adaptation." In George V. Coelho, David A. Hamburg, and John E. Adams (eds.) *Coping and Adaptation.* New York: Basic Books, 32–46.

Middleman, Ruth R., & Goldberg, Gale (1974). *Social Service Delivery: A Structural Approach to Social Work Practice.* New York: Columbia University Press.

Morales, Armando (1977). "Beyond Traditional Conceptual Frameworks." *Social Work: A Profession of Many Faces* (3rd ed.). Boston: Allyn & Bacon.

Mullender, Audrey, & Ward, Dave (1991). *Self-Directed Groupwork: Users Take Action for Empowerment.* London: Whiting and Birch.

New York Times (1992). "Poverty In America." Sept. 4, 1992: A1, 14.

Northen, Helen (1994). *Clinical Social Work* (2nd ed.). New York: Columbia University Press.

Ozawa, Martha N. (1989). "Nonwhite and the Demographic Imperative in Social Welfare Spending." In Ira C. Colby (ed.), *Social Welfare Policy.* Chicago: Dorsey Press, 437–454.

Papell, Catherine P., & Rothman, Beulah (1980). "Relating the Mainstream Mode of Social Work With Groups to Group Psychotherapy and the Structural Group Approach." *Social Work With Groups* (Summer) 3:5–22.

Parsons, Ruth J. (1989). "Empowerment for Role Alternatives for Low-Income Minority Girls: A Group Work Approach." In Judith A.B. Lee (ed.), *Group Work with the Poor and Oppressed.* New York: Haworth Press, 27–46.

Parsons, Ruth J. (1991). "Empowerment: Purpose and Practice Principles in Social Work." *Social Work With Groups* 14(2):7–21.

Parsons, Ruth J., Jorgensen, James D., & Hernandez, Santos H. (1994). *The Integration of Social Work Practice.* Pacific Grove, CA: Brooks/Cole Publishing.

Pence, Ellen (1987). *In Our Best Interests: A Process for Personal and Social Change.* Duluth, MN: Minnesota Program Development, Inc.

Pernell, Ruby B. (1986). "Empowerment and Social Group Work." In Marvin Parnes (ed.), *Innovations in Social Group Work.* New York: Haworth Press, 107–118.

Pottick, Kathleen (1989). "Jane Addams Revisited: Practice Theory and Social Economics." In Judith A.B. Lee (ed.), *Group Work With the Poor and Oppressed.* New York: Haworth Press, 11–26.

Reed, Beth G., & Garvin, Charles D. (eds.). (1983). *Groupwork with Women/Groupwork with Men: An Overview of Gender Issues in Social Groupwork Practice. Social Work with Groups,* Special Issue, 6 (3/4).

Reynolds, Bertha C. (1934). *Between Client and Community: A Study in Responsibility in Social Casework.* New York: Oriole Editions, 1973.

Reynolds, Bertha C. (1951). *Social Work and Social Living Explorations in Philosophy and Practice.* Silver Spring, MD: First National Association of Social Workers Classic Edition, 1975.

Reynolds, Betha C. (1964). *An Uncharted Journey: Fifty Years of Growth in Social Work.* Hebron, CT: Practitioner's Press.

Richan, Willard C. (1991). *Lobbying for Social Change.* New York: Haworth Press.

Ryan, William (1971). *Blaming the Victims.* New York: Vintage.

Saleebey, Dennis (1992). *The Strengths Perspective in Social Work Practice.* New York: Longman Publishing.

Schwartz, William (1974a). "The Social Worker in the Group." In Robert W. Klenk and Robert W. Ryan (eds.), *The Practice of Social Work* (2nd ed.). Belmont, CA: Wadsworth Publishing, 208–228.

Schwartz, William (1974b). "Private Troubles and Public Issues: One Social Work Job or Two?" In Robert W. Klenk and Robert W. Ryan (eds.), *The Practice of Social Work* (2nd ed.). Belmont, CA: Wadsworth Publishing, 62–81.

Shange, Ntozake (1977). *For Colored Girls Who Have considered suicide When the Rainbow is Enuf*. New York: Macmillan.

Shapiro, Ben-Zion (1991). "Social Action, the Group and Society." *Social Work With Groups* 14(3/4): 7 22.

Shulman, Lawrence (1992). *The Skills of Helping Individuals, Families and Groups* (3rd ed.). Itasca, IL: F.E. Peacock.

Simon, Barbara Levy (1990). "Rethinking Empowerment." *Journal of Progressive Human Services* 1(1):29

Simon, Barbara (1994). *The Empowerment Tradition in American Social Work*. New York: Columbia University Press.

Solomon, Barbara B. (1976). *Black Empowerment: Social Work in Oppressed Communities*. New York: Columbia University Press.

Staples, Lee (1984). *Roots to Power*. New York: Praeger.

Staub-Bernasconi, Silvia (1991). "Social Action, Empowerment, and Social Work: An Integrating Theoretical Framework." *Social Work with Groups* 14(3/4):35–52.

Swenson, Carol (1992). "Clinical Practice and the Decline of Community." Paper Presented at the Council on Social Work Education Conference, March 1992, Kansas City, Missouri.

Thomas, Ianthe (1978). "Death of a Young Poet." *Village Voice* (March 20): 2, 26–27.

Van Den Bergh, Nan, & Cooper, Lynne B. (eds.). (1986). *Feminist Visions For Social Work*. Silver Spring, MD: National Association of Social Workers.

Weiner, Hyman J. (1964). "Social Change and Group Work Practice." *Social Work*, 9(3): 106–112.

White, Robert (1974). "Strategies of Adaptation: An Attempt at Systematic Description." In George Coelho, David A. Hamburg, and John E. Adams. (eds.), *Coping and Adaptation*. New York: Basic Books, 47–68.

Wood, Gale, and Middleman, Ruth R. (1989). *The Structural Approach to Direct Practice in Social Work*. New York: Columbia University Press.

Woodman, Natalie J. (ed.). (1992). *Lesbian and Gay Lifestyles: A Guide for Counseling and Education*. New York: Irvington Press.

第十一章

存在主义社会工作

唐纳德·F. 克里尔

至今，人们仍不确定存在主义哲学对社会工作专业的影响到底有多大。对这个问题开展研究的论文最早出现在 1962 年，尽管在 1969 年、1970 年和 1978 年分别有三本由社会工作者撰写的专著先后问世，但是，存在主义社会工作这个话题还是没能出现在美国社会工作者全国研讨会上。

这些精通存在主义哲学观点的社会工作者强调，存在主义观点能够满足社会工作专业最为迫切的需求：可以为穷人和少数族裔提供更加有效的治疗方法，为体验式的、任务导向的家庭和个人服务提供更加有效的治疗方法，帮助我们从众多的治疗技术中选择更加灵活的、折中的方法和技术。存在主义视角给当前社会工作者所开展的实验性的社会变革带来了重要的人性化的影响力。

在社会工作专业中，存在主义者没有引起大家关注的主要原因有两个方面。第一，哲学家、心理学家、神学家和社会工作者在撰写相关论文时，倾向于使用那些会使实务工作者感到非常陌生的术语（存在、虚无、荒诞、恐惧、我-你等）。社会工作者希望更多地做一名行动者，而非理论家，即使社会工作理论家也都是实用主义取向而非哲学取向的。第二，存在主义社会工作学者们倾向于探讨更加具有哲学意味的事件，很少涉及具体的工作技巧。这主要因为实际上根本没有一个所谓的存在主义心理治疗方法的存在。准确地说，人们认为存在一种存在主义哲学观，它主要关注人们如何看待自己、看待案主系统，以及自己与案主系统之间会发生什么。要与这种哲学思想保持一致，其实是有很多不同的理论方法和技巧的。

存在主义立场

现代存在主义是在二战期间和战后欧洲的废墟、混乱和觉醒气氛中产生的。早期的存在主义学者，例如克尔凯郭尔和陀思妥耶夫斯基（Kierkegaard & Dostoevsky）通过当代哲学和理性主义政治学，反对对人类和世界的拯救，他们认为这些都是幻想。在美国，人们一直坚信要通过经济和科学发展过上美好生活，因此，对存在主义的兴趣一直不高。

1960年代发生的很多幻灭性事件（暗杀、代沟、抗议运动和越南战争）持续到了1970年代（水门事件、经济不稳定、持续上升的离婚率和犯罪率、心理治疗方法的失败等）。这样的麻烦层出不穷，为美国人接受存在主义打开了方便之门，而在此之前，只有垮掉的一代、艺术家和一知半解的知识分子关注存在主义。

存在主义被标榜为"绝望的哲学"，因为它似乎源自幻灭。但是，我们可能要把这种起源当成存在主义的基础，它使存在主义逐步转向对那些正经崩塌的偶像和价值观的背离。到底改变了什么，取决于作家、神学家、哲学家或电影导演自己的信仰和所属流派。

在大部分存在主义哲学文献中，我们发现了四大主题：强调个人自由和与之相关的人的独特性的基本价值；认识到苦难是生命持续过程的必要组成部分，有助于人类的成长和意义的实现；"当下"是发现自我身份和生命意义的最真实的方式（不是最终的方式，而是持续的、开放的方式）；以及致力于维持一种生活的责任感，这种生活既有自律性，也有自发性，既有沉思，也有行动，既有无我，也有对他人的关爱。上述四个主题非常明显地强调了关注内在自我，这与1950年代主张的"组织化"或者"符合社会价值观"完全不同。

存在主义反对认为人是冲动驱动的动物或者是习得性调节的社会性动物的看法。在存在主义看来，这两种人类观否认了人的尊严的源泉，即个体独特性的绝对价值。人只有通过与自己的生活客观经验进行互动，才能发现自己的独特性。让-保罗·萨特（Jean-Paul Sartre）指出，这种主体性就是人的自由，是一种存在，人们始终无法逃离或者忽视，人们只能否定自己在自由范围内做出选择的责任。根据存在主义的这个观点，精神分析理论被人们误用了，因为它鼓励个体否认建立在冲动力量之上的责任；同样，社会学理论和学习理论也被误用了，因为它们根据社会力量决定论为人类行为找到很多借口。

很多小说、戏剧、神话和哲学传统中的人物都带有浓厚的存在主义色彩。恬淡寡欲、勇气和个人主义是他们共同的特质。存在主义英雄们的特点是生活在传统价值观和社会诱惑的边缘，推崇保留自己的独特性和真实性。他们意志坚强，坚定地依照自己的标准行事，并极力维护其完整性。他们拒绝通过遵循规范来"屈服"于非人性的社会力量，或者为了获得非人性社会力量的奖励而出卖自己。他们竭力反对制度对社会中他人个性的镇压。他们的价值观是具体的，与其处境密不可分，他们关注某些社会和政治问题、对朋友的忠诚、对创造性潜能的激发、对关系的坦诚和严肃。他们与生活的互动决定了自己是何种人，从不接受外部权威（例如家庭、教堂或经济制度等）给自己强加的定义。他们唯一的准则就是对变化的生活节奏做出反应。

很多人认为存在主义是一种孤芳自赏式的对生活中的不如意的逃避。乍一看，这个观点是对的，因为存在主义宣称自己的意识、主体性和独特性是唯一的绝对，克尔凯郭尔说过，"真实存在就是主体性"。存在主义者从来都不排斥世界，他们致力于关注自己最深刻的内心自我。他们排斥的不是生活，不是生活状态，不是现状、欢乐和各种可能性，而是他们对生活错误的希望和期望，因为他们经过仔细研究之后发现，这些希望和期望与自己的现实生活完全不匹配。

主体性

让人们为之付出和表示忠诚的主体性和自由到底是什么？萨特认为，自由就是"虚无"。在克尔凯郭尔看来，这是人类在上帝面前与超然的自己相遇的时刻。它就是人类在上帝面前与自己时代的卓越人士的交往。布伯（Buber）认为，这是"我"遇见了生命的"你"。卡赞扎基斯（Kazantzakis）谈到了来自人类内心深处的呐喊。回应这种呐喊成为我们获得自由的唯一可能。

这种主体性被界定为与超然者的认识的交往，而不能被简单地误解为一种直接的对神圣人物的表达。我们迟早都会意识到主体性的有限性。可能人们不一定了解主体性在每个人身上的表现都是不同的，即使在同一个人身上也会不断地变化。主体性以独特的回应世界的方式存在着。其基本活动是通过思维、感受、直觉和意识来传递意义，并通过创造性行为来主张这种独特的视角。有人会把这种行为定义为精神活动，视为人类拥有的神圣的或然性。神圣性和人性就这样交织在一起。

这种个人的主体性与外部世界之间的关系，成为个体拥有负责任的自由的基础，而不是孤芳自赏的任性。人的内在的客体性不断与现实反复遭遇，其表现形式是受到生活的限制，也对个体自己的信念和意义不断形成挑战。人们会经历失败、误判、伤害他人、忽视自我、冲突和负疚感，还有不可避免的死亡、不确定性和痛苦。这些来自生活的限制性情境、这些痛苦，都成为人们生活中具有启迪作用和指导性的力量。同样，人们也会因此发现自己的潜能。人们会感受到世界就是这样希望并需要得到人们的回应。人们受到召唤而行动、付出，并给世界留下烙印。这种对限制和潜能的意识，成为人们判断自己独特性的基础，同时也为在必要时进行重新适应奠定了基础。主体性和外部世界的不断交汇，可以被看作一个持续性的对话、舞蹈过程，是对内在和外在现实的回应性过程，也是持续受到影响和施加影响的过程。

存在主义者可能会这样说：最终我们可能无法实现我们的梦想，但是，我们相信四海之内皆兄弟，不仅包括他人，还包括自然界的一切生物。处处都有努力和抗争，最后，剩下的只有我们抗争的痕迹。随着时光流逝，这些痕迹也会消失。我们忠诚于所有抗争背后的推进力。这种推进力是什么？这是个谜！这是意味深长的沉默！我们能确定这真的意味深长吗？谁能看透这一切？救赎的问题或者来生的说法都是悬而未决的问题。确定性根本不存在。对很多人来讲，这些不确定性成为宗教信仰的出发点。

存在主义信仰者和存在主义怀疑者都认为生活具有神秘的情趣。他们都认为生活意义丰富，不是因为这一点在科学和圣经中得到了充分体现，而是因为人们在生命的某个时段感受到了对现实更加深刻和丰富的体验。这样的体验包括爱情、美貌、创造性工作、节奏、敬畏和超自然现象等，表明我们"通过黑暗中的镜子"看清了这一切。那些宗教信仰的追随者可能会在宗教著作的心灵启示中发现"重生"，即成人对这些启示信息重新定向。当然，终极意义的揭示也都要来自个人层面，是非常个性化的。

与他人的关联

如果说主体性、独特性及其发展和表达受到了个体的尊重和重视，这些内容同样也应该受到他人的尊重和重视。由于世界上并不存在所谓绝对的主观视角，每个人的独特观点和贡献都隐含着一种内在的价值。存在主义者感到了与他人之间的关联性，因此会对他人的需要、友谊做出回应，因为她认为他人的主体性与自己的主体性是同样有价值的。她还知道，如果得不到他人的肯定，要获得勇气是非常困难的，也是不可能的。所谓人类之爱，实际上就是理解、分享他人的独特性，并参与到他人的独特性之中。每个人都具有内在价值，这一点也要得到他人的认可。爱有时是一种助人行为，有时是一种被动的同情心，有时还会出现一种融合，这让我们超越了孤立意识。

存在主义者还意识到，人类关系中存在危险。人们要警惕自我欺骗，因为这会使我们走向自恋式的自我崇拜，于是人们会警惕与社会组织之间的关系。标榜个人的独特性常常会对他人构成威胁，也会对功能正常的社会团体构成威胁。这是因为这样的标榜会公开对抗规则、模式和价值观，而这些都是他人或团体定义安全的基础。因此，社会会反复地试着压制不断抬头的独特性，可能是出于害怕，也可能是出于不理解。这时就需要遵从的参与。遵从会出现在家庭中、朋友间、邻居间、教堂里、专业和政治性群体中。存在主义者常常会发现自己因为创造力和真实性而与他人疏远。尽管在某些时候，因为爱的存在，会出现一种互相尊重的关系，但是，由于个体的主体性有时不能得到他人的理解，因此会出现威胁和误解。

尽管关系中会出现冲突和威胁，但这并不能导致存在主义者表现出精神分裂式的退缩。当她听到别人认同某些社会组织时，或者他们宣称的人类希望是与自己的男人进行爱的沟通时，她可能会表现出玩世不恭。但是，她明白，她自己的成长建立在他人的认同和他人与自己的分歧之上。同样的交流也对他人的成长具有同样的作用。她相信美貌和爱情的温暖，尽管美貌和爱情有时犹如昙花一现。她知道，人们必须站在一起，共同尊重、认可彼此的独特性，抵制那些认为自己获得了某种绝对真理的人，因为这些绝对真理证明他们把别人当成了物品，而不是有价值的、独特的个体，不尊重他们独特的个性的合法存在。

254

这里描述的哲学立场强调的是相信并坚持一种视角，并把它当成生活中自己直接且有意识的参与的结果。这与那种接受外部权威（可能是父母、宗教人士、科学家或政治家）提出的某些理论解释的生命视角是完全不同的。

人们在总结自己的现实时最终会采用生命视角，而这其中最为重要的内容就是全人的主观参与。这个视角不同于那些把碎片化的生活经验当成了完整的生命视角的人（有时可以看到这些人对参加敏感性周末小组经验的肤浅的评价，这就是把碎片化的生活经验当成了完整的生命视角）。人类生活非常复杂，如果要将生活合理化，就必须对生活经验保持开放的态度。在这个过程中不要忘记，不仅要对自己开放，更要对他人描述的经验意义保持开放心态。

人的认识在改变，从自我本位的努力走向了自我理解，然后走向与周边环境的我-你关系，最后将融入人类与宇宙和谐相处的基本原则。在意识提升的道路上，纪律和自发性都是重要的社会元素。在这条路上，幻灭、自由、苦难、欢乐和对话都是必不可少的。直到死亡，我们才走到了尽头。在这个过程中，我们需要反复地证实所谓"真理"的个人视角。对存在主义自由的超越性的说法是，它是人们追求理解、热情，对周围世界采取保护性行动过程中的一盏明灯。它的光辉让人们发现，追求自由的意识存在于每一个人心中，无论他们是否了解或者发现了这种意识。

专业贡献

正如我们现在所看到的，存在主义哲学最早是由克尔凯郭尔（1813—1855）提出的，他的著作是对黑格尔哲学包罗万象的系统的热情回应。后来，存在主义哲学得到了弗里德里希·尼采（Friedrich Nietzsche）和亨利·柏格森（Henri Bergson）的进一步发展。现代存在主义哲学家包括马丁·海德格尔（Martin Heidegger）、让-保罗·萨特、阿尔贝·加缪（Albert Camus）、西蒙·德·波伏娃（Simone de Beauvoir）、米盖尔·德·乌纳穆诺（Miguel de Vnamuno）、奥特加·加塞特（Ortega y Gasset）、尼古拉斯·别尔嘉耶夫（Nicholas Berdyaev）、马丁·布伯、加布里埃尔·马塞尔和保罗·蒂利克（Paul Tillich）。

存在主义哲学的主要来源是现象学，现象学最著名的代表人物是埃德蒙德·胡塞尔（Edmund Husserl）。在弗洛伊德时代，欧洲分析家路德维希·宾斯万格（Ludwig Binswanger）和迈达德·博斯（Medard Boss）创建了存在主义心理学。

维也纳精神病学家维克多·弗兰克尔根据自己在第二次世界大战中在德国集中营被囚的经历，发展了"意义疗法"。意义疗法建立在存在主义哲学基础之上，弗兰克尔也因此成为将存在主义思想引入助人职业的最杰出的代表。

罗洛·梅（Rollo May）经典之作《论存在》（*Existence*）发表于1958年，这本书首次揭示了存在主义心理学对美国精神病学界和心理学界的重要影响。现在市面上出现了很多欧洲存在主义心理学家和精神病学家著作的译本，这表明这种思想开始流行，并逐步取代了精神分析理论。人们开始接受存在主义思想的主要表现是 1960 年代早期美国出现了两份刊物，专门刊登存在主义心理学和心理治疗方面的论文，一年出四期。这种思想很快就变成了第三种力量，或者人本主义心理学运动。这个小组的成员包括卡伦·霍妮（Karen Horney）、卡尔·荣格（Carl Jung）、克拉克·莫斯塔卡斯、卡尔·罗杰斯、亚伯拉罕·马斯洛、戈登·奥尔波特（Gordon Allport）、安德拉斯·安格亚尔（Andras Angyal）和普雷斯科特·莱基（Prescott Lecky）等人。

存在主义思想与格式塔治疗［弗雷德里克·珀里斯（Frederick Perls）］、心理治疗小组运动［卡尔·罗杰斯和阿瑟·伯顿（Arthur Burton）］、理性情绪治疗（艾伯特·埃里斯），以及 R. D. 莱恩（R. D. Laing）提出的被贴上"反精神病学"标签的挑衅性的著作等有着密不可分的关系。托马斯·斯扎斯（Thomas Szasz）也以自己的方法对精神病学提出了挑战，他批判了"治疗状态"、精神障碍防御，以及非人性化地运用临床诊断分类等。欧内斯特·贝克尔（Ernest Becker）和欧文·亚隆（Irvin Yalom）从存在主义的角度，对精神分析思想的重新评价提出了质疑和挑战。在托马斯·霍拉（Thomas Hora）和威廉·奥夫曼（William Offman）的著作中，我们可以看到大量篇幅说明存在主义治疗师是如何运用自我的。

也许在社会工作文献中，最早表现出存在主义特色的当属功能学派的代表人物杰西·塔夫脱，他的思想植根于奥托·兰克提出的心理学理论。在他获得普利策奖的著作《否定死亡》（*The Denial of Death*）中，贝克创造性地将兰克和弗洛伊德的思想整合起来。社会工作者们曾经狂热地就社会工作理论中的动力学派与功能学派进行了争论，现在看来，他们已经完全放弃了贝克提出的这两个学派完全可以和平共处、完美结合的论调。当然，一个例外的情况是在罗伯特·克雷默（Robert Kramer）的著作中，他把兰克与卡尔·罗杰斯和罗洛·梅相提并论了。

1962 年，大卫·卫斯（David Weiss）在《社会工作者》（*The Social Worker*）杂志上发表了论文，杰拉尔德·鲁宾（Gerald Rubin）的论文也发表在《社会工作》（*Social Work*）上。安德鲁·克里（Andrew Curry）也在存在主义精神病学诸多杂志上发表了很多论文。到了 1960 年代末期，约翰·斯特雷奇（John Stretch）、罗伯特·森舍默（Robert Sinsheimer）、大卫·卫斯、玛吉里·弗洛伯格（Margery Frohberg）和克里尔等人也开始在不同的社会工作杂志上发表系列文章。这些文章都涉及将存在主义哲学运用到社会工作实务中。

这段时间也有一些其他的社会工作论文发表，尽管它们并不特别强调存在主义理论，但也提到了存在主义社会工作小组的内容。这些作者包括伊丽莎白·所罗门（Elizabeth Salomon）、玛丽·加法斯（Mary Gyarfas）和罗伯塔·威尔斯·伊姆雷（Roberta Wells Imre）。

第一部涉及存在主义社会工作的著作出版于 1969 年，由博览会出版公司出版，作者是柯克·布拉德福特（Kirk Bradford），书名为《存在主义与个案工作》（*Existentialism and Casework*），副标题是"社会个案工作与存在主义哲学和心理治疗之间的关系"。这本书基本上是一部介绍性和综合性著作，而不是一部全面的或有预见性的著作。1970 年，阿兰·克莱因（Alan Klein）在自己的《社会工作的小组过程》（*Social Work Through Group Progress*）一书中，将存在主义思想引入了小组工作中。第二部将存在主义思想运用于社会工作实务的专著出版于 1975 年，由蒙特利尔的道森学院出版社出版，作者是大卫·卫斯，书名为《存在主义人类关系》（*Existential Human Relations*）。1974 年，詹姆斯·惠特克（James Whittaker）出版的《社会治疗》（*Social Treatment*）一书，使存在主义思想正式成为社会工作实务的四个主要理论之一。能够清晰地从灵性和系统角度为社会工作者梳理这些思想观点的著作当选克里尔的《存在主义社会工作》（*Existetial Social Work*）。此外还有两本实务专著：《疲惫的工作者》（*The Beat Worker*）和《实务智慧》（*Practice Wisdom*）。前一本书聚焦于心理治疗，后一本书侧重于帮助研究生学会将自我意识、哲学思想与治疗关系有机整合起来。还有很多其他社会工作学者将存在主义思想运用到了儿童虐待、社会工作教育以及跨文化咨询中。

尽管人们对社会工作文献中的存在主义哲学的兴趣有所上升（虽然程度有限），但这种兴趣似乎在社会工作专业学生和更年轻的专业人士中更为广泛。很多新出现的治疗方法与存在主义的治疗过程非常接近。某些重点领域，包括选择和行动、此地此时的问题导向、反对运用诊断性分类法、强调社工是重要且有人性的人、认识到将个人认同与重要他人之间的关系质量联系起来，所有这些概念都与存在主义有联系。

治疗性概念

前面讨论过的哲学视角基本上形成了存在主义思想的五个概念：幻灭、选择自由、苦难的意义、对话的必要性和责任感。这些概念可以指导整个治疗过程。

幻灭

从存在主义思想出发，人们可以将"错误信念"下的生活转化为真实的生活。要想做到这一点，就必须经历幻灭的折磨。同样，在心理治疗中，人的改变就是放弃具有防御性的信念、判断、症状，或者处理与自然成长过程相抵触的东西。这种成长过程就是通过与自己周围环境之间的互动，呈现出某种特定的个性。现实的需求和潜能，而非神经质的、自欺欺人的所谓安全需要，成了个人选择和行动的源泉。

因此，治疗的一项重要任务就是帮助案主处理那些所谓的安全的幻灭，这些幻灭一直在阻挠其个人成长。如果我们能够理性地探索过去，正确认识造成当下防御性行为的原因，就不会出现幻灭。当然，如果人们认为过去追求安全的模式是非理性、不成熟的，或者不再适用于当下，从而放弃这些模式，那是最好不过了。幻灭源于孤独和虚弱的痛苦。

257

在绝望之中，可能会产生新的价值观和信念。治疗师此刻的关注点是，这些价值观和信念应该是更人性化的，而不应该是寡廉鲜耻的。治疗师此时的角色是助产士，要帮助案主释放自然成长的能量，使那些完整的、具有个性特征的能量得到激发。任何与这种自然能力背道而驰的努力，都是有害无益的。

选择自由

萨特认为意识的特点是"虚无"，因为它是对自己的认识，超越了个体对自身的固有认同。个性总是处在不断变化中。认为个性是静态的、一成不变的，是我们的一种自欺欺人的行为（蒙骗）。把意识当作一种自由，显然这与那种认为个性受"无意识"控制，或者受早年习得行为控制的观点是南辕北辙的。

尽管每个人都有过去，尽管人们身上会带有诊断性标签，但是，每个人都有能力来改变自己，可以选择接受新的价值观或新的生活方式。这种变化不一定需要积累多年的"洪荒之力"才能实现，或许几天或几周内就可以做到。

我们需要对行动做选择，而这种选择与理性漫谈或者良好意愿是完全不同的。选择性行动会出现在今时今日。因此，治疗要聚焦眼下，以任务或者行动为导向。尽管理解人们当下的信念和价值系统运作机制（及其后果）也会带来新的选择，但人们还是会从经验中学习，当然，不会仅学习理性推理。

改变的重要因素就是案主要有改变的愿望。因此，治疗的设计要能尽快澄清案主需要改变的特征是什么，治疗师要在这个治疗框架内开展工作，而不是说服或者怂恿案主重新界定自己的问题，设定某种改变目标以取悦治疗师，而案主自己对此只是一知半解。

治疗师相信案主有能力改变的想法本身，在整个治疗过程中就能传递一种积极的信息。毫无疑问，治疗师要聚焦于解开案主过去的各种错综复杂的关系，这就是在告知案主确定性的信息，即他们已找准了案主的无助和弱点。

苦难的意义

正如存在主义哲学家们把苦难当成建立在自由和责任之上的真实生活的必不可少的组成部分一样，存在主义治疗师从来都不会怀疑或忽视案主的焦虑和内疚感。他们会把这些苦难当成个人成长的必要和必经的过程。他们会帮助案主揭示隐藏在神经症的（非现实性的）焦虑和内疚感背后的真正的焦虑和内疚感到底是怎样的。但是，他们从来都不会轻视或铲除现实焦虑和内疚感。通过鼓励案主持轻视态度来消除这些焦虑和内疚感，是不人性化的表现，当然，只有当需要预防代偿机能障碍时，他们才会这样做。在很多案例中，把苦难或问题正常化为个体在适应生活过程中的一种自然结果，会有效提高个人的责任感，激发个人改变的潜能。

对话的必要性

个人的成长不能仅靠内因单独发挥作用，还需要与外部环境互动，内外部共同发挥作用。人们是在与环境互动的过程中建构自己生活的意义的，而这些意义成为个人行动和选择的基础。当然，个体的意义不是绝对的。个人的成长与自己不断评估个人意义密不可分，同时，还与来自环境的反馈（特别是周围人的反馈）联系在一起。为了获取真诚的反馈，人们需要对他人坦诚相待，自由表达思想。因此，在治疗中特别重要的一点是，如果希望他人能够提供自由开放的反馈，就要协助案主在与他人交往中充分开放自己，放弃操纵或"博弈"心态。要做到这一点，案主不仅要自己体验亲密关系，而且还需要明白，如果想建立自我意识，就必须与他人坦诚互动。

责任感

案主意识到并且愿意关注自己内在的独特的生活方法，对存在主义治疗而言是一种希望。在治疗师不断证实自己的世界观之后，案主便能够意识到自己的这种责任感。要想证实案主的世界观，在治疗之初治疗师就要接纳案主对自己症状、问题和冲突的感受，了解案主如何感知改变、希望出现何种改变等。在治疗过程中，治疗师还要不断证实案主的独特性，每次会谈时，治疗师都要把治疗与"案主的处境"有机结合起来。每次会谈的主题都需要由案主来决定，绝不能由治疗师预先进行理性的预测。无论是目标设定过程中，还是进入并开始会主题的过程中，都需要以案主为中心，而非以治疗师为中心。这种做法不会制约治疗师熟练发挥自己的专长，反之，他一定会超常发挥自己的专长，而不会仅仅为了炫耀自己的专长而阻碍治疗过程。这里告诉大家一句至理名言：人们关注的是作为人的治疗师，而不是他拥有了多少知识。从理论上来讲，这一点对从事助人职业的人而言至关重要。

当案主认识到自己的独特的生活方式，并学会尊重这种方式，便意味着他已经从自我怜悯和虚弱感中走出来了。他不再抱怨自己的命运不济，相反，他开始发现自己已经不可避免地加入了自己的生活历程。他开始尝试倾听生活教给他的经验和教训，并学会用独特的方式来发现生命的意义。这就是存在主义治疗师所说的对话和责任。

相关的治疗方法

对于那些声称自己是存在主义追随者的治疗师来讲，他们之间也存在着极大的差异性。如果我们认真审视过上述治疗原则，就会发现他们是以不同的方法来开展工作的，这样，这种差异性就很容易理解了。此外，与这些原则相关的技术也是非常多样的，技术的丰富性说明其他的治疗理论在某种程度上与存在主义视角有一定的匹配度。

存在主义宣称，自己没有技术系统，也不需要这样一个系统。它一直主张案主的独特性，因此，选择治疗方法时也应遵循独特性的原则。选择何种治疗技术，采取何种治疗理论，都必须根据独特的治疗目标来确定。因此，存在主义是彻头彻尾的折中主义。相对于案主的独特性，以及他向治疗师所呈现的问题的独特性而言，技术从来都是处在次要地位的。

有一些治疗系统与存在主义思想高度契合，也有些治疗系统与之水火不容，这一点我们稍后再讨论。现实导向的治疗师（Glasser，Ellis，O. Hobart Mowrer & Frankl）都强调了选择的重要性，以及具体行为的改变。威廉·里德、劳拉·爱泼斯坦（Laura Epstein）和哈罗德·沃纳都先后在社会工作文献中论述过认知取向的方法。他们都关注当下，都给案主提出了具体的任务，都期望案主能够就当下的问题做出具体的改变。他们还希望运用理性来协助案主做出改变的决定，同时他们也强调需要采取具体行动。他们希望具体的行动是在治疗访谈之外做出的（常常是以家庭作业的形式进行），具体行动的结果需要带回来与治疗师一同讨论。现实导向的治疗师关注的是幻灭过程，会帮助案主清楚地界定造成问题行为的"错误的或者非理性的信念"。她充分肯定案主有选择的自由，会鼓励案主通过行动来改变价值取向。

格式塔治疗、心理剧、案主中心治疗和现实治疗的技术都强调通过此时此地的行动来提升案主的意识。他们寻求的是让当下的经验成为改变的推力，而非通过理性过程来分析因果关系。他们与现实导向的治疗师的区别在于，他们关注的是更加迫切和即时的选择和行动，选择和行动需要出现在治疗会议的"此时和此地"。至于案主是否会将这段经历运用到自己的日常生活中，就是案主自己的事情了。因此，他们不关心信念的幻灭过程，以及如何处理幻象。当然，在小组中，如果有组员对他人的态度和行为做出治疗性和开放性反馈时，治疗师也会根据自己的经验来处理幻灭过程。他们更加强调对话的作用。

家庭系统的方法，例如弗吉尼亚·萨提尔、萨尔瓦多·米纽钦（Salvador Minuchin）和默里·博文（Murray Bowen）等人的方法，会把意识提升与选择和行动结合起来，此外，在助人过程中，他们还会加上激活重要他人系统的元素。对话和亲密关系会在日常生活情境中得到体现。博文和萨提尔强调个性化，而米纽钦更关注行动任务。

还有一些治疗师，将他们称为存在主义治疗师是最为准确的，他们是卡尔·惠特克（Carl Whittaker）、法兰克·法雷利（Frank Farrelly）、莱斯特·黑文思（Lester Havens）、威廉·奥夫曼、瓦尔特·坎普拉（Walter Kempler）、欧文·亚隆、悉尼·朱拉德（Sydaey Jourard）和托马斯·霍拉。他们的共同特质是能充满激情地、出人意料地运用个人的自我表达，他们极其厌恶运用理论对案主进行概念化。在他们身上，充分体现着存在主义重视主体性这一特点。当这些治疗师在行动中遇到似是而非的情形时，往往都不是事先计划的结果。似是而非的治疗效果基本上是他们对案主的直觉性回应的结果，这也是治疗师自己似是而非的生活态度的反映。

从以上对各种与存在主义思想有关的治疗方法的比较中，我们可以清楚地发现存在主义理论涉及的几个领域。我们将详细讨论这样几个方面：治疗关系、人格特质、改变的概念、运用历史资料和诊断，以及治疗方法。

治疗关系

人们可能会认为所有的心理治疗都重视理论、技术和治疗关系，但是各种治疗方法对上述领域的重要性的排序是非常不同的。自我心理学清楚地阐述了理论的复杂性。行为主义重视的是丰富的技术，用以处理各种各样具体的症状。人本主义心理学特别是存在主义心理学工作者强调关系本身、关系的透明度、自发性和强度。治疗师如何运用自我，以及他希望与案主建立何种关系，可以从两个有利角度来进行考察：第一，治疗师对待案主本人及其问题的态度；第二，治疗师在与案主互动中的行为——自我的运用，就是把自己当成了一个独特的个体。

当然，做一个将案主当作功能不良的综合体的治疗师，还是做一个将案主当作独特的、不可替代的，处在一个成长、发展和拓展过程中的个体的治疗师，两者之间是有天壤之别的。后者采取了存在主义的立场。它认为，案主的问题和症状，实际上是案主应对自身成长压力的表现，同时也是应对自己与自我形象、与生命中的重要他人的关系，以及应对自己在社会中的角色风险的表现。

₂₆₁ R. D. 莱恩的著作澄清了上述两类治疗师之间的差别。他指出，认为案主是防御性的、功能不良的综合体的治疗师实际上把自己当成了权威。他的任务是诊断这些"动态关系"的性质，然后，他会通过语言表述或者给案主布置具体行为任务，来传递自己对案主的看法。在这个过程中，他发挥了另一种社会力量的作用，试图按照他人对功能性个性的定义来调整案主的行为。这样的治疗师支持这样一种观点，即案主的症状和问题表明他们生病了（实际上"功能不良"意味着案主与环境之间发生了脱节）。治疗师往往会成为案主生活中的另一股非人性的力量，迫使"病人"调整自己，以适应他们的家庭、自己的本能、自己的需求和社会需求等。与此完全不同的是，存在主义治疗师对案主应该如何生活完全没有预设。他把自己当成了助产士，当成了一个有知识和技术的中介，主要任务是协助案主进入一个分解的过程，促使案主重新实现自己的独特发展和改变，无论这个过程是否会让案主与家庭、朋友和社会产生新的冲突。当然，治疗师会指出新的生活方式中可能蕴含的潜在危机和结果，但他不会否定其中潜在的价值观。

　　存在主义治疗师的态度表明，他们坚信案主作为独特个体的内在价值，案主会有自己的具体的世界观或生活方式，这些都是他们个人所拥有的东西。案主也要明白，治疗师认为他们是拥有自由选择的权利的。案主不能被自己意识之外的力量摆布而陷入无助，相反，案主应看到自己生活中的各种重要选择，他们自己有能力决定自己希望以何种方式来重新塑造自己的生活。

　　从某种意义上讲，存在主义治疗师代表了某种特定的生活方式，这种生活方式建立在他们自己对人性本质的信念之上，而非建立在文化对人该如何追求自己在家庭和社会中的角色的观点之上。存在主义治疗师传递的价值观包括：人类有能力做出自由选择；他们拥有的独特的生活观是非常有价值的；为了获得成长，他们需要与环境进行互动——改变是一个回应性的、互动性的过程；苦难是成长过程中不可或缺的组成部分，因为改变涉及危机和不可知因素；自欺欺人是一种强大的力量。

　　上述价值观与主流社会的价值观是格格不入的，主流社会价值观认为，在所谓的社会这样一个复杂的机制中，个人是一个无助的生物，既受未知的无意识的摆布，又在被称为社会的复杂机制中完全无足轻重；人们能够，并且必须通过逃避苦难和痛苦，借助消遣和欢乐来寻找幸福；每人头上一片天，因此，他必须尽力扮演好自己在家庭或社会中的角色，满足自己的自我认同；有很多人在政治、大学、商业管理、军队、教堂和医疗机构中表现出超人的智慧，因此，公民应该相信，这些智者们的预言是以公民的利益最大化为目标的。

　　存在主义治疗师的价值观与那些常常由"专家型治疗师"传递的"生活模式价值观"也是截然不同的。笔者将这些模式描述为三种形式：启蒙理性的希望、全面开花式地实现的希望、满足平庸之才的希望。

262

　　专家型治疗师特别享受不断告诉人们如何获得幸福、启蒙或成熟。而存在主义治疗师有时会涉及价值问题，因为与眼下的问题有关，她不愿意为案主再现重要的生活模式，或者一种理想的生活模式。她更愿意看到案主通过自己的重要他人或者支持小组来追寻终极定义和责任。咨询既不是一个追求真理的过程（专家模式），也不是消除症状的练习（技术模式）。处理问题的方式应该是，邀请案主考虑自己当前的价值框架和生活方式之间的关系是怎样的，这种关系是否与自己目前遭遇的问题有关。不要把问题当成烦恼丢在一边，要把问题当成自我反思的指示牌。在某些例外情况下，也可以讨论重要的生命模式。当治疗师与案主拥有共同的宗教或哲学信念系统时，她可以像个同伴（而非专家）一样自由地与案主讨论信仰问题。

　　存在主义治疗师的行为反映了自己对案主的哲学-心理学态度。一个涉及治疗关系的、有价值的观点就是，能够协助人们改变的最强大的力量是社工的价值观，这些价值观不是通过语言，而是以社工回应案主问题的方式来传递。如果治疗师不是无所不能的权威，那么，她到底是谁？治疗师从来都不认为自己是专家，但是，她拥有丰富的技巧和突出的才华，包括以下内容：对人类的热情，以及对他们的痛苦挣扎表现出的同理心、理解、欣赏；体验过自欺欺人，与自己的成长防御进行过艰难的抗争；主张尊重心灵的独特，自己也曾对那些社会造就的权威提供的解决方法和幸福感等产生过幻觉；坦诚，当案主愿意时，就有机会进行真诚的对话。于是，治疗师会追求将案主问题正常化，将他们的问题与人类的抗争联系起来。她避免对案主做出家长式总结，把问题和个人探索当成一个共同的过程。另一个避免家长作风的方法是使用策略时要坦诚、明了，而不是隐瞒和欺骗。

她还可以表现出某种超脱，这种超脱不是指一个客观的专业人员在剖析和治疗病人时表现出冷漠的态度。存在主义治疗师的超脱是自己深信案主有自由选择权利的一种表达。案主有权利选择自己的生活方式，如果他选择不遵循自我成长的方向，而是保持目前这种防御性安全姿态，或出于别的原因，那就随他去吧。治疗师的价值观不是由案主控制的，而是由她自己决定。虽然在助人过程中，她的行动一直都是开放的、积极参与的，但她的超脱只能体现在结果上。

超脱不能破坏治疗师和案主的活力，因此，超脱的形式不能是冷漠，不能以置之度外的态度来分析案主。自发性的积极参与、惊喜和令人不安的回应，是存在主义治疗师常用的方法。真诚的对话需要即时的反馈，也需要他人的回应。需要经常打断案主的习惯性思维定式、冲撞其沟通模式，这样才能建立新的、创造性的思维定式和沟通模式，并且逐步帮助案主建立新的意识。对活力、轻松、自发性和幽默的运用常常会让案主的防御性姿态失衡，慢慢地从一个固定的角色或者价值立场中释放出来。到了这个阶段，他就能够敞开胸怀尝试各种新的可能性。

很多存在主义治疗师认为，治疗师和案主之间的关系是改变的核心因素。在马丁·布伯的思想中，个人成长和与他人真诚互动的概念是互相依赖的。大卫·卫斯在讨论治疗和再现时也强调了同样的相互依赖性。这种我-你关系并不神秘，卡尔·罗杰斯在谈及这种关系时，指出治疗师要通过非威胁的、确认性的、礼节性的回应，给案主提供一个成长的氛围。但这并不是说治疗师要保持被动的姿态。相反，罗杰斯强调了治疗师的重要性，即在表达产生的情感时，要做回自己，要进行对话，至少需要以开放的、坦诚的方式提出这一点。治疗师常常会以其他方式来揭示自我，比如，他会分享自己经历过的挣扎、幻灭，以及自己在面对痛苦时追求成长的经历等。在这两个关于治疗师的开放性的例子中，我们发现治疗师把自己独特的世界观当成重要经验与案主分享，不是本着"跟我学"的精神，而是把自己当成了"在人类生存的坎坷崎岖的道路上的同行者"。

人类个性

弗洛伊德的理论认为，在面对超我的要求、外部世界的压力和本我的欲望时，自我是一个平衡的、组织性的、控制性的、和谐的中介。行为理论指出，被动的心智常常会受到外部力量的塑造。我们从别人那里得到的信息，正是今时今日的我们的写照。我们自己和他人共同阻碍了个体抵制各种对我们产生影响的力量。

以下两个重要的观念可以将存在主义视角与上述其他视角有效区分开。第一个观念是认为存在一支整合性的、创造性的促进人格成长的力量。第二个观念是相信每个个体都有能力随时改变自己的生活方式。

从精力的角度来看，存在主义者同意弗洛伊德关于本我的观点，即本我是爱神和死神的合成体，或生与死的本能。但是，他们还增加了一个力量的概念，认为力量能使人们建构某种意义，并根据自己界定的意义关注自己与周围环境之间的关系。每个人内在都有一种整合性、一体性的、创造性的力量，能将自己的经历、潜能和机会整合起来，并为自己的成长方向提供指引。一个病人无论看上去情绪多么不安，内心都一定有这样的力量，指引他去体验并表达自己的独特性（现实需求和潜能）。他可能会对这种指引视而不见听而不闻，他可能会拒绝倾听这样的信息，或简单地将这些信息错误地标识为危险信息。无论如何，这些指引都一直存在于他的内心之中。

存在主义这种具有整合性和创造性的观点表明，人格中具有冲突的一面，会帮助人应对一切困难，克服任何控制着自己的功能性障碍。这种朝着整合和意义方向发展的力量与本我是密不可分的。它是本我行动的一种表现。德日进（Pierre Teilhard de Chardin）将这种力量定位于所有形式的存在中：动物、植物甚至无机物。查丁在人类身上发现了这种朝着复杂性发展的成果，它存在于人对意义和爱的需求中。

马丁·布伯也指出人类身上有一种力量，它使得人类能够进入人与自然、思想、他人和上帝之间的关系王国。这种力量超越了人类的极限，超越了有限的个体自我。这种思想帮助我们区分存在主义提出的人具有创造性力量的观点，和自我心理学家试图添加到弗洛伊德理论中的通过自我的力量来解释人的创造性功能的观点。

个体拥有自由选择权，即使遭遇了极大的困扰，个体也不会完全受到混乱的、非理性的、破坏性力量的支配——本我不会发疯，也不会受到极力识别、强制、非人性化、胁迫或毁灭人类的环境力量的控制。这种个性化的人格一直处在变化和发展过程中。萨特把人类的意识定义为"虚无"。它一直处在形成过程中，从不固定，无法完成。这种虚无状态对新生事物和未知事物总是保持开放的态度，它总是处在一个不断超越个体对自己的认同的过程中。萨特认为这个过程是人类的基本构造。人们可能会否定自己的自由，逃避改变和成长的责任，但是这个改变和成长的过程依然不断进行着。病理学并非对成长的阻挠，而是自我选择的对成长的扭曲。

人类意识本身就是一种自由，因为它有着不断超越个体和勇往直前的力量。因此，它就是一种内在的、推动改变的力量，它可以改变个体的生活方式、方向感和自我认同感。它是一种始终存在的、能带来转换体验的潜能。"要想发现自我，必须先丧失自我。"

如果每个个体都有能力做出自由选择，并且意识到自己有巨大的动力朝着自己心灵深处不断成长，谁还会故意表现出功能紊乱、防御性的症状或者发疯呢？

存在主义者会从全人角度来看待弗洛伊德提出的超我概念，以及他提出的自我防御机制和病理症状学。存在主义认为为了获得安全感和认同感而否定自由和成长是一种错误信念。人通过一整套信念来欺骗自己，他按照这套信念来具体界定自己是谁，自己要对他人有何种期望。这套新信念系统包含了对自己的正面评价和负面评价，同时也预示了自己与他人的关系。这就成为他的防御性控制的核心所在，是他的各种症状的根源，是他试图操纵自己与他人关系的表现，也是他不断建构有关自己的各种迷思的体现。在他年幼时，在与父母、老师、同伴的社会化交往过程中，他会选择性地相信某些与自己有关的概念。

265 他所拥有的信念是用来维护自己已经确定的认同感的。当受到威胁时，他会倾向于重新确定自己的自我认同感。为了做到这一点，他需要操纵别人，表现出生理和心理症状，以及不断重新确定对自己的认识。这种信念模式可能会随着时间的推移而发生改变，久而久之，父母灌输的思想就会成为个性化的信念系统，但是，刻板印象以及立即对威胁做出回应会成为他的个人安全感的特点，而不是他信念系统的本质内容。

这种防御性信念系统，或者个人的安全形象结构也有着自己的价值。它能够帮助青年人根据有限的经验和判断来发展自我，在家庭系统中形成自己的生存方式。这种信念会总结出对自我和他人的看法、提供行为模式、培育安全感，这样，人们就可以运用自己的能量来实现成就。即使是成年人，也会遇到自我意识枯竭的情况，他们也需要依赖安全形象模式来重新获得满足感。人们常常需要选择安全形象行为，尽管我们知道这些行为是非理性、防御性的，我们还是会把它当成一种忍受和处理压力的重要手段。

安全形象模式是以外在认同和内心激情的形式表现的。外在认同指的是个人利用他人来确定自己获得一个固定身份认同，包括利用自己的父母、配偶、孩子、朋友、雇主、职业、政治、教会、种族、社会规范等。内心激情指的是对个人生活状态的情感回应，从中逐步实现个人的认同感，这样，某些情感经过发展就会成为激情。对于那些把自我界定为"大人物"的人而言，一点点的刺激都会转化成狂怒。对于那些把自我界定为唐璜式人物的人来讲，肉欲刺激会激发性欲。在外在认同中，人们会认同自己的信念和角色；在内心激情中，人们会认同某些具体的情感。在这两个层面，自我感都会逐步演变成为固定的、稳定的、明确的，而非流动的、自由的、变化的。

防御性信念系统或者安全形象构成有时指的是人的世界设计，包含了自我推断的价值立场。它们不是理想化的价值观，或者人们常说的"自我理想"，相反，它们体现了日常的实用性价值观，与建立在安全之上的希望和恐惧密切相关。

改变过程

如果你想了解自己是谁，不要对自己进行概念化，而要分析一下自己的行动、行为和选择。存在主义是一个植根于个人经验之中的哲学。克尔凯郭尔提出"真理就是主体性"，萨特主张"存在先于本质"，他们都强调把认同植根于个人经验之中，也就是说在情境中的个人主动的、独特的回应。海德格尔的"在世"的概念也反映了同样的想法。

改变过程中有两个必不可少的要素，一个是理性的，一个是经验性的。几乎所有的心理治疗方法都包含了这两个要素，尽管有些方法有时会出现一些对这两个要素的不同声音。

经验性要素指的是案主要以新的、不同的方式来体验自我。她可能会意识到自己受到了生命中重要他人的区别对待。她因此会发现自己产生了新的情感或症状。理性要素指的是通过反思和概念化自我（对自己生活中的因果关系的反思，评价自己如何处理最近的状况等）能够实现自我理解。

存在主义者认为这两类要素都非常重要，当两者同时出现时，它们会互相强化，共同发挥作用。当然，存在主义者对自我推理过程中常常出现的自欺欺人现象格外谨慎，在进行自我评估和内省时，会否定任何关注此地此刻的行为和选择。自我理解的重要性在于理解自己的世界设计，了解自己的指导性价值观和与此相关的负面后果。威廉·奥夫曼指出，强调改变，实际上就是在鼓励案主进行自我批评（以摆脱自己的问题），而把问题正常化为对案主世界设计的表达，则是在让案主明白的同时，强调她要对自己的问题负责任。世界上不存在什么无涉问题的价值立场，因此，案主可能会简单地把问题当成不可避免的后果，或者考虑一些替代性的价值立场。

下面是一些可以推动自我理解和培育情感经验的治疗活动：

（1）针对案主的态度，治疗师会为案主提供一种新的、重要他人的认同，而这种认同是案主过去从未体验过的。

（2）治疗师的同理技巧可以为案主提供一种能够得到他人深度理解的体验，而这又是案主生命中从未经历过的。

（3）治疗师开放自我，把自己当成一个真情流露的、全情投入的人，这就给案主提供了体验对话的机会。这还给案主提供了一种体验，让他们体验到权威人士也是非常人性化的，与自己平等。治疗师的开放态度可以建设性地通过就案主的外表、态度、情绪和行为向其提供刺激性的负面反馈来实现。这样，案主就会体验到真正的坦诚，而这样的坦诚在其日常互动世界中，是难以体验到的。

（4）用来提升此地此刻意识的技巧，例如完形技术、心理剧、心理治疗小组或者处理治疗师与案主之间的移情等，很显然都是以增强改变的经验性要素为目的的。同样，为了激发组员之间或者家庭成员之间的新的互动，就需要不断开发新的个人意识内涵。

（5）为案主安排治疗之外的行动任务，能够为案主提供新的行为经验。

存在主义治疗师一方面重视经验改变，另一方面对历史资料不感兴趣。在早期访谈中，有些历史资料有助于帮助治疗师从人性的、全方位的角度来了解案主，以避免治疗师在面对案主呈现出的各种刻板印象时，对案主做出肤浅的判断。但是，治疗师常常不需要用历史资料来协助自己做出全面判断。极为重要的是，治疗师要理解案主目前的挣扎的产生机制，她的症状或抱怨说明了她是如何成长的，又是如何满足自己的需要的（她目前的信念以及她的防御性信念系统的运作）。

如果案主自己主动提供了历史性资料，存在主义治疗师常常会把案主目前的状况与历史联系起来。他可能会把过去的经验与现在的选择结合起来进行分析，或者（运用完形技术）请案主将其父母的角色带入访谈中，让案主通过角色扮演，把案主描述的他们之间的互动表演出来。

历史有时能够帮助我们很好地理解案主的世界设计。当案主可以回忆起不断出现的思维、情感和行为模式时，他就有能力明确自己的主导价值立场或结论了。

世界设计和诊断

临床诊断的价值在于，这是一个简单的向同伴传递有关案主的冲突领域和防御类型的信息的方式。更为重要的是，在存在主义治疗师看来，临床诊断的价值是值得商榷的，它带来的弊大于利。诊断的一个危险在于它将案主进行了分类，从而给治疗师提供了某种"客观"的方式来确定预后、干预目标、与案主互动时治疗师的角色，以及治疗师做出的结案决定等。这种根据对类似历史-症状-精神状态集进行概括的做法，实际上忽视了每个案主身上的独特性。另一个危险就是 R. D. 莱恩提到的情况：诊断常用来与家庭成员达成共识，认为案主的确"得病了"，从而需要不断重新调整自己以满足家庭的需要和期望。

对临床诊断价值的微词并不意味着我们不需要理解案主眼下的挣扎、冲突、抗争和担忧的本质。对案主世界设计的理解是极为重要的。存在主义者与行为修正主义者之间的差别就在于此，行为修正者更关注具体的症状，而不关注意义和案主当下的生活方式。

理解案主独特的世界观是至关重要的。需要理解的要素包括与重要他人之间的关系模式，以及对他们的期望，还包括对自己的信念、积极的和消极的判断、对自己的假设，以及这些观念如何影响人们满足自己的需要，如何处理自己在满足需要过程中的挫败。还有一点也非常重要：要看看案主是如何处理自己的个人成长的，包括他认为自己是何种人，以及自己应该如何与生命中的重要他人互动。可能还包括他如何评价对自己产生影响的社会力量，自己又如何遵循社会刻板印象来做人做事以满足社会需要（雇主、教会、种族态度等）。需求评估阶段的正常化传递了这样的信息：鉴于你现有的世界观以及你影响世界观并回应世界观的模式，你遇到眼前的问题是完全可以理解的，这就是你真实的表达。这并不意味着是案主一手造就了问题，也不意味着他是问题的牺牲品。

这种把主导性价值观联系起来的自我理解，强调的是案主此地此刻的生活方式和案主目前的存在状态。理解他如何进入目前的状态是非常重要的。身份形成的价值是双重的。首先，它们给治疗师提供了一个理解案主独特性的机会，理解案主目前症状是如何帮助他处理某个特定的压力或冲突的。其次，世界设计给治疗师提供了指引，以此评估自己与案主的工作，特别是当她发现自己的治疗努力没有收获任何进展时。

存在主义社会工作对案主世界设计的理解，经常关注的是家庭动力关系（互动、替罪羊、结盟等）。这些往往构成了案主生活方式的功能发挥的重要内容。出于同样的原因，干预过程需要其他家庭成员的参与。存在主义对人的"在世"的理解，与社会工作双重焦点模式是高度契合的。要理解个人的个别性和独特性，最好是通过他与别人的关系、与凌驾于他的自我的力量之间的关系（往往是社会力量，但有时也会是自然力量）。

尽管有时有些问题并非家庭问题或者婚姻问题，治疗师还是倾向于把案主出现的症状作为了解其生命中重要他人的手段。对症状做出人际关系角度的评价，可能会发现他的生命中重要的人际关系的缺失、丧失、破裂或者是功能紊乱。因此，治疗工作的重点是进行这些关系的建设、恢复和改进。从人际关系角度关注症状，并不需要忽视个人对态度、价值观和情感的主观体验。这两者是相辅相成的。存在主义治疗师把宣泄和自我理解当成改变个人人际关系（这是一个基本目标）的重要载体。重视人际关系成为存在主义社会工作者与存在主义精神病学家和心理学家之间主要的分水岭。

治疗方法

如果没有了解案主的类型以及要处理什么问题，是很难讨论治疗方法的。从某种意义上说，存在主义视角不偏好于某个单一的治疗方法。它很具有折中性，会运用最能满足某个特定案主需要的技术。从另一个意义上讲，人们认为，存在主义治疗师特别适合处理那些案主面临着方式丧失、价值困惑、在混乱的世界中自我认同摇摆不定问题的个案。对这些案主而言，某些技术特别适合用来处理他们的问题。然而，大家需要明白的是，存在主义者是根据自己独特的哲学视角来对所有案主开展工作的，不能仅仅把他当成专家，只对各种经历了个人疏离的案主开展工作。

下列三个治疗原则清晰地说明了存在主义的治疗方法：案主中心取向，以经验性改变为重点，关注价值观和哲学或宗教视角。

案主中心取向

我们在介绍存在主义对权威立场的反对时，已经涉及了案主中心的特点。案主中心要体现在目标形成中，也要体现为每次访谈时对每个出现的主题进行处理。

目标形成指的是在早期访谈时，治疗师与案主合作，就未来的治疗达成一致协议。这里需要关注的是要防止治疗师陷入教条主义，不断试图说服案主了解自己的症状或问题的"真实意义"，然后按照治疗师预期的方式来配合治疗。按照由来已久的社会工作原则，治疗的第一步是"从案主的处境开始"。这句话指的是要聚焦于案主是如何经历自己面对的问题的，她希望做出什么改变，以及她希望寻求何种帮助等。

运用什么样的治疗模式（个人的、夫妻的、小组的、家庭的），采用何种技术（现实、行为修正、心理治疗、精神分析自我、完形等）需要根据具体情况来确定，确定时要充分考虑案主的兴趣、治疗师的技巧和治疗背景的特征等因素。当然，很显然，某些技术针对某些目标是特别奏效的。将行为修正运用于某些刺激性关系和具体行为（症状）改变时，会特别有效。卡尔·罗杰斯提出的核心条件特别适用于帮助案主维持各种关系。社会工作文献中记载的很多方法都可以用来实现环境改变的目标。可以运用沟通理论和其他家庭及婚姻治疗模式来实现关系改变的目标（Satir, Haley, & Jackson），要想促进方向性改变，还可以采用一些罗杰斯和法雷利发展的技术，以及格式塔治疗、现实治疗、认知治疗、任务中心个案工作和精神分析的心理治疗等技术。这里最重要的一点是治疗方法必须针对独特的目标，满足案主的需要，而不能仅仅让案主符合心理治疗系统的要求，不能将案主与治疗系统的不匹配说成是案主"动机不强"。

要理解这种目标框架，最重要的一点是为治疗提供一个起点，确认案主独特的体验是真实且有意义的。随着案主开始从不同的角度来体验自己的问题，治疗目标也会发生改变。在早期的访谈中，可以对目标进行检验，以确定双方达成共识的目标仅仅是案主口头表达的目标，还是案主感受到的、需要向治疗师求助和需要改变的目标。按照这个框架，治疗师要邀请案主积极参与，这样他们才能"使用同样的语言"，对下一步工作抱有相同的期望。

当然，在上述目标与存在主义关注的幻灭、自由选择、寻找意义和苦难、发现对话的成长价值，以及履行个人对自己未来的责任之间，还是存在着矛盾的。存在主义的关注点看起来似乎更适合需要进行方向性改变的目标。当然，除这些关注领域之外，存在主义治疗师也会关注其他问题。存在主义治疗师重视案主中心治疗，关注经验性改变，所有这些都使得他们能够将自己的哲学视角运用到上述各种类型的目标实现过程中。

其他的案主中心的活动涉及每次面谈中出现的各种主题。案主本身不是一个需要被解决的问题，也不是一张需要完成的拼图。她是一个日复一日、周复一周经历着改变的活生生的人。除了在治疗过程中出现的改变之外，她生活中的改变也是令人喜忧参半。治疗师预先计划访谈时，是继续上一次的治疗，还是进入下一个新的重要领域，往往具有很强的随意性。

访谈开始时，治疗师要倾听案主的语言和非语言的表达。他必须特别关注案主的表达、情绪状态和行为中前后不一致的内容。治疗师可以运用的最重要的倾听工具是他的同理能力。在访谈的最初阶段，治疗师必须将自己从对案主和自我的预设中解放出来，让自己作为一个完整的人，彻底开放在案主面前。

如何确定主题，如何处理主题，这些都与治疗目标密切相关（要从上文中描述的目标框架的角度进行思考），也与治疗师为实现该目标而采取的特定的治疗方法密切相关。治疗师与案主从确定明确的主题开始就要密切配合。

以经验性改变为重点

经验性改变的重点在上文中已经讨论过了。能够推动经验性改变的要素主要包括：治疗师的态度、同理、治疗师的开放性或者透明性、强调此地此刻的意识、选择任务，以及行动。早期，在讨论不同的治疗理论究竟如何反映存在主义的重点时，我们发现我们可以从各种理论视角中抽取不同的技术。

现在很清楚，存在主义者从根本上关注的显然是个体与其世界之间的此地此刻的互动，因为正是在此刻对在世的回应中，个体体验着选择和意义建构的自由。她是谁取决于她做了什么（即她如何实施自己的选择），而不取决于她对自己的概念性抽象，也不取决于为了得到某种被赋予的身份而坚信的教条或者她效忠的团体。

关注价值观和哲学或宗教视角

不同的存在主义学者们以不同的方式关注着如何准确定位、挑战和澄清价值观，也关注着哲学或宗教视角等问题。艾伯特·埃里斯的理性情绪心理治疗与日本的森田疗法之间有很高的相似度。二者都关注"非理性"或"非现实"的信念，因此都提出要用现实和人文的信念来取代功能失调的信念。霍巴特·莫勒（Hobart Mowrer）的诚实治疗遵循了类似的历程，强调帮助案主把自己的内疚当作自己拥有的、与重要他人一致的价值观与其行为或日常生活方式之间的矛盾。弗兰克尔发展的去反省法和矛盾意向法两项技术，就是用来帮助案主重新审视并改变自己的哲学视角，这样才能找到看待自我与症状、选择和生活方向感之间的关系的新的方法。

这些"现实导向"的方法包括下列四个共同元素：

（1）强调案主生活方式中透露出的具体价值观（态度、信念、对自己和他人的判断）。

（2）澄清这些价值观如何与自己的个人成长、亲密关系需求、努力产生冲突。

（3）帮助他更加现实地考虑人性化的价值观和信念，而非功能失调的价值观，这样，他的个人成长和亲密关系需求才能够得到更加直接的满足。

（4）鼓励做出决定、选择和行动（以家庭作业的方式），这样才能让新的价值观得以落实。

托马斯·霍拉分析了两种不同的现实，借此来讨论价值观："看似的"价值观和"实际的"价值观。第一种价值观指的是案主对自己的生活方式的扭曲和有局限的看法，以及相关的价值视角。第二种现实观指的是治疗师发现的价值观，它强调了案主生活方式中那些被忽视的、最小化的价值观。与奥夫曼一样，霍拉也清晰地说明了与案主价值立场密切相关的负面后果，为案主提出了选择性思考的各种可能性。霍拉强调，治疗师的个人立场是一种"仁慈的存在"，借此可以传递平静、自信、感激和关爱等人类重要的现实特征。

这种重视价值观和哲学视角的治疗，是专门针对某些特定类型的案主的，例如目标是实现方向性改变的案主。现在人们越来越意识到现代文化失范的后果，即这种失范会导致人们异化人类的基本需求和奋斗。早在多年前荣格就指出了这种现象，存在主义小说家、哲学家和心理学家也都不断在强调这种泛异化的具体表现。

在谈到宗教和灵性时，持存在主义观点的教师都会认可美国各地的社会工作研究生计划中出现的新的发展。在强调关注多元性的同时，各地的社会学学院为了让学生学会处理自己的偏见、欣赏案主们不同的宗教文化，都开办了有关宗教和灵性的课程。

美国文化终于也感受到了上述异化带来的冲击，而欧洲早在第二次世界大战期间和之后就经历过了。在美国，这种意识的产生得益于青年、少数族裔和穷人的反抗运动。此时此刻还很难说异化到底是某个特殊案主群体的问题，还是根本上就存在于所有人的情感痛苦之中。R. D. 莱恩、贝克以及近年来欧文·亚隆等人的著作都倾向于后一种观点。

就刚刚讨论的三个治疗原则（案主中心取向、以经验性改变为重点、关注价值观和哲学或宗教视角）而言，很显然，存在主义个案工作者寻求为各种类型的案主服务，处理人类的各种问题，也希望自己可以得到不同的管理层的认可，在不同的社会服务机构和治疗机构中用自己喜欢的方式开展工作。另外，存在主义立场与某些治疗实践是水火不容的，这些治疗实践只希望让案主调整自己，以适应家庭和社会规范，或者符合刻板运用诊断分类得出的预后标准。存在主义社会工作者很担心人们会权威性地滥用行为修正和精神分析理论。

存在主义社会工作者还担心只关注金钱的保险公司和资助机构会干涉服务机构采取何种治疗方法。一般来讲，人们都喜欢短期的、消除症状式的治疗方法，但是这些方法忽视了存在主义的观点，即案主面临的显性问题实际上只是案主的生活方式中令人不安的价值问题的一个警示。这种创可贴式的、拼凑性的方法只能简单地强化案主以非常肤浅的方法看待自我的倾向。

鉴于存在主义视角建议人们折中地运用各种治疗方法，显然，与精神病学家、心理学家、牧师或护士相比，社会工作者可以更加具有创造性地、多元地运用存在主义视角。这是因为社会工作者在处理案主问题时，会采取很多行动，因此也会涉及很多不同的技巧。当然，目前还是缺乏足够的研究来证明其合理性和可行性，但是有研究表明，在与中产阶级案主开展工作时，社工常常可以运用那些提升此地此刻意识的技巧，同时还可以处理价值观和哲学层面的问题。来自较低阶层的案主常常对传统的治疗方法毫无反应，他们会比较欢迎任务导向的技巧，在理解当前问题的背景下强调选择和行动。

不同类型的治疗（个体、夫妻、家庭和小组等）都是开展存在主义导向的治疗的有效渠道。罗杰斯、法雷利、梅、弗兰克尔和珀里斯等人都详细介绍了如何将存在主义治疗运用到个人服务中。海伦·德金（Helen Durkin）、卡尔·罗杰斯、阿瑟·伯顿和欧文·亚隆等人也详细介绍了存在主义视角在小组工作中的运用。社会工作学者阿兰·克莱因提出小组工作与存在主义思想之间存在着千丝万缕的联系。家庭治疗师杰伊·哈利、弗吉尼亚·萨提尔、约翰·贝尔（John Bell）和卡尔·惠特克等人的方法都与存在主义视角有着异曲同工之妙。

存在主义方法满足了当代社会工作实务的两个主要需求。第一，只有社会工作的方法才会强调把价值问题与案主的问题结合起来考虑，特别是目前不断加剧的异化问题、失范问题等，社会工作需要运用一些方法来回应这些价值问题。第二，关注治疗关系中的人性化的因素，以及强调要从"非理论"的角度来理解案主个人，所有这些都推动了人本主义助人思想的复兴。具有自我意识的社工更容易把案主理解成与自己一样的人，而不是一个需要进行诊断分类的、可操控的客体。

案例

下面的案例展现了存在主义社会工作方法的具体过程。案例描述了一个短期的个案工作，从具体行为改变的目标框架出发与个体开展工作。从前文中关于不同目标和折中使用治疗技巧的讨论中我们应该可以清楚地看出，其他案例可能会采用与下面描述的案例中截然不同的形式。在本案例中，我们会呈现存在主义社会工作的三个基本原则，即案主中心取向、关注经验性改变和关注价值观。

一位漂亮的 34 岁的西班牙裔妇女向我诉说她深受抑制性抑郁症之苦。在评估过程中，她看上去似乎一点也不知道自己目前的症状与过去或现在的生活处境有关。她对几年前的离婚略表不安。她与母亲之间的关系也不太好，母亲就住在她家对面，总是试图控制她，不断让她感到内疚，但同时又帮忙照顾她的两个青春期的女儿。大女儿身上明显表现出了叛逆。她还相信自己被婆婆"施了魔法"。这些都是她抱怨的内容，因此，她看不到出路在哪里，如何改变这一切，前途何在。她对未来改变的担心十分具体：她不会做家务，也不会做饭，更不懂得如何管教孩子，她一下班回到家就躺在床上。在床上她要么睡觉，要么在想自己的生活多么悲惨，把家里一切事务都交给孩子们打理，特别是叛逆的大女儿。她担心自己会丢掉在本地医院做护士助理的工作，由于感到非常疲劳，已经好几天都没去上班了。她已经拒绝了男朋友的追求，觉得自己非常没用，非常孤独。

经过十次面谈后，她的抑郁情况得到了改善。她可以很好地做家务、管教孩子了，老大的叛逆也在缓解，可以在现实基础上面对自己的母亲。她又开始与男朋友约会，此外，她还参加了一个培训课程，准备去做实习护士。治疗的目标是具体的行为改变，当然，要成功实现这些目标，需要在她的生活的不同领域中开拓新的建设性活动。我采用的技术主要用于处理她的抑郁症状和无助感。在第二次面谈时，我特别强调了我感受到的她的潜能所在，我说无论她多么疲劳，她都可以通过做家务、每天去医院上班的方式，让自己从床上爬起来（或者不要躺在床上）。我发现，她的抑郁感来自她的内心深处，我指出，这些抑郁情绪反映了她内心的一种状态，这种状态让她相信自己的处境不好。她可以继续这样下去，也可以选择挑战这个信念。在第三次面谈时，我主动提出了另一个信念，挑战了这个不良信念对她的影响，并询问她是否应该受到这种信念的控制。她认为抑郁是因为自己被魔法缠上了。我告诉她，我不相信魔法缠身的说法，如果真有魔法缠身一说，一定与她自己对这种魔法缠身说法的回应方式有关。接着，我将这个信念与她不断说服自己无助、无用和一贫如洗的想法联系了起来。随着面谈次数的增加，她逐步透露了有关她母亲、丈夫、孩子、工作和亲属们的信息，但这些信息都是在与她讨论她认为自己的生活中有哪些积极的、确定的关系时被发掘出来的。真正的治疗针对的是她提到的抑郁症状，但是都涉及她处理这些问题的方法。我采用的技巧包括回应她的担心和看待改变。我们可以通过具体的行为改变来进行沟通。她能够认识到抑郁是一种自暴自弃的表现，这就将她从那种认为抑郁症状应该被谴责、代表着人生失败的信念中解放出来了，正是这种信念让她觉得自己被施了魔法。当然，这只是这个妇女信念系统中的一个有限的改变，但这个改变意义重大。此外，她重新承担起了家庭责任，得到了孩子们的高度赞许，也得到了母亲的认可——过去，她的母亲为这个家庭实在是付出了太多。

请注意案例里对三个原则的使用：在目标选择和面谈中体现了案主中心；通过家庭作业以及治疗师对案主潜在优势的态度，强调了经验性改变；在这个妇女的价值系统上进行了努力，特别指出她有能力做出自由选择，不必将自己与身体症状等同起来（宿命的无助感）。

这个案例涉及案主如何看待改变过程和如何看待变化出现的方式，这就引出了一个非常有趣的文化问题。一个可选择的方法是把这个妇女转介给可以处理"魔法"的巫医。如果她不能回应我提出的处理她被施魔法这一信念，那么，我就会考虑进行转介了。鉴于她向我求助，我选择以更加个性化、富有挑战的方式来处理这个信念问题。

存在主义和社区

存在主义有时被批评为个人主义的哲学，缺乏社会伦理。这显然有些用词不当。加缪、别尔嘉耶夫（Berdyaev）、蒂利克和布伯等哲学家都写过很多讨论如何将存在主义思想运用于解决社会问题的著作。助人性职业的实务工作者也都会把存在主义哲学运用到社会热点关注中。社会学家爱德华·蒂里阿基安（Edward Tiryakian）将存在主义思想与涂尔干（Durkheim）思想进行过比较。莱昂内尔·鲁宾诺夫（Lionel Rubinoff）对现代哲学、心理学和社会学思想的批评都涉及个人及其与社会的关系问题。鲁宾诺夫的基本命题都是存在主义的。R. D. 莱恩也用存在主义框架评论社会，批评助人性职业使社会价值观失去了人性。

存在主义认为不可能通过客观的方式从某个信条或某个人群中发现真理，我们发现，这一观点对人们如何看待世界、如何看待社会变革具有一定的启发意义。存在主义反对任何形式的暴政，包括政治保守主义和主张维持现状的领导者，以及那些激进的社会工程师，他们追求乌托邦社会，采用一切手段来控制大众，并要求个人适应所谓"正常运行"的社会。存在主义者坚决反对斯金纳提出的社会要通过限制自由和不一致性来满足人类的需求。

存在主义知道，权力会带来腐败，很多邪恶和犯罪从一开始就是难以预测的。同时，如果存在一些能够消除邪恶行为的措施，那么，这些措施一旦起了作用，就会导致更加严重的邪恶，这就是通过剥夺个人自由来造成人性的泯灭，而自由是人类感受自己尊严和意义的唯一渠道。

人们还呼吁建立一个彻底的自由、开放的社会，正如查尔斯·莱希（Charles Reich）在《让美国恢复青春》一书中所述，这种观点建立在对人们的自我毁灭、攻击性和邪恶行为的忽视上，是一种天真的立场。与此同时，"各人自扫门前雪"也成为一个过于简单的承诺。我们很快就会被我们的本能和自我欺骗打倒，同样，我们努力组织和建设幸福国家的努力也会付诸东流。

276　　社会发展的方向源于社会中的人们所经历的苦难和潜能，而非源于社会组织者或反叛者中的精英分子。埃里克·霍弗（Eric Hoffer）敏锐地指出，社会上最具有创造性和创新性的变革源于被驱逐者、不墨守成规者以及那些目前经历了挫折和失败的人。存在主义的社会变革模式就是这样的，每个遭受非人性化社会力量之苦的人，都将成为社会变革的风向标。社区组织社会工作者应该在此扮演协调者、澄清者和使能者的角色，也许，一旦方向明确了，她便可以运用自己所拥有的关于权力结构和改变策略的知识来动员和推动社会变革。

　　例如，反对存在主义的社区组织者通常是这样工作的：他会自己决定人们到底需要什么样的改变，然后，运用他的知识和技巧来对一个弱势群体开展"教育"、引导和施压，以确定问题是什么，要进行怎样的改变。社会工作者提到的改变，往往是根据他的个人需求确定的，或者是根据他对这个群体或社区所缺乏之物的了解进行理性分析，并与自己持有的人们应该怎样生活的理想进行比对后得出的。改变的动力由社工主导，而非由社区主导。

　　另一个极端的例子也是反存在主义的：在某些社区健康诊所中，尽管这些诊所的宗旨（以及联邦资助）是致力于提供社区外展服务，但是，它们还是非常不关注与社区中有需要但从来没有机会进入诊所大门得到帮助的人进行对话。相反，那些真正关注社区精神健康的诊所会通过警察、社会福利机构和学校，与社区相关群体建立联系，关注遇到了问题但是得不到有效服务的人。家庭或邻里危机期间的初级预防成为一种主要的帮助途径，它常常会以与警察、福利工作者、教师、护士、牧师和医生谘商的方式进行。

　　如前所述，存在主义者认为很多社会力量是反对个人争取自己的生活方式，建立独特生活方向，明确认识到自己的自由、责任以及个人苦难的意义的。当代社会通过引导和压迫刺激了失范和个人异化，经济政治制度为了保持自己高效运作而把人们客体化了，这也可以说是去人性化的。不同的社会机构为了实现这个目标而团结一致。社会系统中的某些角色通过地位、经济酬劳和声望而得到奖励，另一些角色则被忽视。这种定义幸福的方式旨在让大众成为经济产品的积极消费者。认识和理解个人痛苦不被重视，取而代之的是使用毒品、酒精、单调的工作以及所谓的工作伦理，鼓励大家通过购买汽车、房子或制订休假计划来解决所有问题。某些学者例如埃里希·弗洛姆（Erich Fromm）和亨利·温思罗普（Henry Winthrop）都曾经详细描述过各种形式的社会性人性丧失的情况，这里就不再赘述了。

277　　在应对社会性人性丧失时，助人性专业人士面临着若干选择。一方面，他可以通过扮演助人角色而成为失范的代表，与这个毫无人性的系统同流合污。或者，另一方面，他成为一名先锋，主动接触社会的牺牲品，帮助这些个人和群体意识到，尽管面对着社会强加给自己的负面压力，自己仍然是一个自由的、负责任的个体。通过这种意识，他协助他们朝着个人方向前进，在面对专制的、非人性化的社会力量时，有能力采取行动。

社会机构可以通过教育、就业、保护、健康和福利照顾等方法，以及值得尊重的传统、一种历史感、一种广为人们接受并具有价值基础的民族精神，为个人和群体提供建设性和支持性的影响，这种民族精神与存在主义提倡的自由、责任和个人尊严不谋而合。存在主义助人性专业人士明白，社会的建设性力量本身不能给个体带来安全感，个人选择和承担对世界观和生活方式的责任才是其中的核心内容。因此，存在主义对社会乌托邦分子是持嘲讽态度的，因为后者追求的是建设一个人人幸福、个个满足的社会。

研究和知识空白点

存在主义方法是回避研究的。它缺乏有关个性的具体理论，它特别关注主体性和独特性，折中性地运用多种技术，重视价值观的内容等，所有这些都使得结构性地开展研究变得非常困难。另外，存在主义视角向很多研究成果表示感谢，特别是那些经过久经考验的、不同的人格理论的检验废除掉教条性的、权威的假设的研究。在实务层面，存在主义社会工作者与行为主义者保持高度一致，都认为我们需要通过实务证明方法的有效性，以避免逼迫案主屈从于我们喜欢的方法（有时可能是无效的方法）。研究表明，有效治疗的出现可能有下列条件：案主-社工彼此紧密团结；在结构性治疗中利用安慰剂效应；核心条件（温暖、真诚和同理）与态度改变结合；态度改变与情绪改变结合，再辅以家庭作业；必要时在需求评估和治疗过程中加入重要他人。

实务研究还得出一个重要结论：没有一个治疗理论可以证明自己比其他治疗方法更加优越。存在主义者认为，这是对理论在实务中的地位的重要表述。在助人过程中，理论并非重要的构成要素，因此，其地位应该是次要的（信息性的）。现在还不清楚的是，到底是什么样的奇妙要素在助人过程中发挥了作用，存在主义工作者认为人类的敏感性才是影响人发生改变的核心要素，因为人的敏感性会随着时间的变化，通过自我意识和向其他案主学习经验而不断发展和提高。人们对自己越了解，越能够从案主的经验中看懂自己。这将是未来研究中一个需要特别关注的领域。

总之，存在主义立场提供了一个哲学视角，它与社会工作实务领域的很多路径联系在一起。要深入了解这个视角，人们其实不需要特别深入了解存在主义哲学思想体系。相反，人们只需要把存在主义当成一种强调感受、方向感和工作方法的视角：它基本上关注的是如何推动社会工作专业更加人性化。它强调个体的独特价值，重视案主中心，意识到在机械化社会中存在着社会反常的危险性。它强调人可以通过选择和行动来获得成长，这就是基本的对案主经验改变的重视。它认为人是意义的创造者，因此，它认可价值观、哲学和宗教的重要性，认为这些是个案工作过程的构成要素。它强调对话，重视治疗师的透明性和真诚，重视参与性民主的价值。在与人工作的过程中，它重视自我欺骗的威力，重视个人在苦难和不确定性面前的个人责任，以及对那些自以为自己无所不知的权威的质疑。

参考文献

Allport, G. (1965). *Letters from Jenny.* New York: Harcourt, Brace and World.

Angyal, A. (1965). *Neurosis and Treatment.* New York: Wiley.

Barnes, H. (1959). *The Literature of Possibility: A Study of Humanistic Existentialism.* Lincoln: University of Nebraska Press.

Barrett, W. (1958). *Irrational Man.* New York: Doubleday.

Becker, E. (1958). *The Denial of Death.* New York: Free Press.

Berdyaev, N. (1944). *Slavery and Freedom.* New York: Scribner.

Binswanger, L. (1963). *Begin in the World.* New York: Basic Books.

Borowitz, E. (1966). *A Layman's Guide to Religious Existentialism.* New York: Delta.

Boss, M. (1963). *Psychoanalysis and Daseinsanalysis.* New York: Basic Books.

Bradford, K.A. (1969). *Existentialism and Casework.* Jericho, NY: Exposition Press.

Brown, J.A. (1980). Child abuse: An existential process. *Clinical Social Work Journal 8* (2), pp. 108–111.

Buber, M. (1955). *Between Man and Man.* Boston: Beacon Press.

———. 1965. *The Knowledge of Man.* New York: Harper & Row.

Burton, A. (Ed.), (1969). *Encounter.* San Francisco: Jossey-Bass.

Camus, A. (1969). *The Rebel.* New York: Knopf.

Curry, A. (1967). Toward a phenomenological study of the family. *Existential Psychiatry 6* (27), Spring, pp. 35–44.

Dorfman, R.A. (1988). *Paradigms of Clinical Social Work.* New York: Brunner/Mazel.

Durkin, H. (1964). *The Group in Depth.* New York: International Universities Press.

Edwards, D. (1982). *Existential Psychotherapy.* New York: Gardner Press.

Ellis, A. (1962). *Reason and Emotion in Psychotherapy.* New York: Stuart.

Farber, L. (1966). *The Ways of the Will.* New York: Harper Colophon Books.

Farrelly, F. (1974). *Provocative Therapy.* Madison, WI: Family, Social & Psychotherapy Services.

Ford, D., & Urban, H. (1964). *Systems of Psychotherapy* (Chapter 12). New York: Wiley.

Frankl, V.E. (1962). *Man's Search for Meaning: An Introduction to Logo Therapy.* Boston: Beacon Press.

———.(1965). *The Doctor and the Soul: From Psychotherapy to Logo Therapy.* New York: Knopf.

———. (1967). *Psychotherapy and Existentialism: Selected Papers on Logo Therapy.* New York: Simon & Schuster.

Frohberg, M. (1967). Existentialism: An introduction to the contemporary conscience. *Perceptions 1*(1), Spring, School of Social Work, San Diego State College, pp. 24–32.

Fromm, E. (1955). *The Sane Society*. New York: Rinehart.

Glasser, W. (1965). *Reality Therapy*. New York: Harper & Row.

Gyarfas, M. (1960). Social science, technology and social work: A caseworker's view. *Social Sevice Review 43*(3), September, pp. 259–273.

Halcy, J. (1963). *Strategies of Psychotherapy*. New York: Grune and Stratton.

———. (1976). *Problem-Solving Therapy*. San Francisco: Jossey-Bass.

Heinecken, M.J. (1956). *The Moment before God*. Philadelphia: Muhlenberg Press.

Hoffer, E. (1951). *The True Believer*. New York: Harper.

Hora, T. (1977). *Existential Metapsychiatry*, New York: Seabury Press.

Imre, R.W. (1971). A theological view of social casework. *Social Casework 52*(9), November, pp. 578–585.

James, M., & Jongeward, D. (1971). *Born to Win: Transactional Analysis with Gestalt Experiments*. Reading, MA: Addison-Wesley.

Jourard, S. (1964). *The Transparent Self.* Princeton, NJ: Van Nostrand.

Jung, C.G. (1933). *Modern Man in Search of a Soul*. New York: Harcourt, Brace.

Katz, R. (1963). *Empathy*, New York: Free Press.

Kazantzakis, N. (1960). *The Saviors of God*. New York: Simon & Schuster.

Klein, A.F. (1970). *Social Work Through Group Process*. Albany, NY: School of Social Welfare, State University of New York.

Kramer, R. (1995). Carl Rogers meets Otto Rank: The discover of relationship. In T. Pauchant (Ed.), *In Search of Meaning: Managing the Health of Our Organizations, Our Communities and the Natural World* (pp. 197–223). San Francisco: Jossey-Bass.

Krill, D.F. (1965). Psychoanalysis, Mowrer and the existentialists. *Pastoral Psychology 16*, October, pp. 27–36.

———. (1966). Existentialism: A philosophy for our current revolutions. *Social Service Review 40* (3), September, pp. 289–301.

———. (1968). A framework for determining client modifiability. *Social Casework, 49*(10) December, pp. 602–611.

———. (1969). Existential psychotherapy and the problem of anomie. *Social Work 14* (2), April, pp. 33–49.

———. (1978). Existential Social Work. New York: Free Press.

———. (1986). *The Beat Worker*. Lanham, MD: University Press of America.

———. (1990). *Practice Wisdom*. Newbury Park, CA: Sage.

Kuckelmans, J.J. (1967). *Phenomenology: The Philosophy of Edmund Husserl and its Interpretation*. New York: Doubleday.

Laing, R.D. (1964). *The Divided Self.* Baltimore: Penguin.

———. (1967). *The Politics of Experience*. Baltimore: Penguin.

Maslow, A.H. (1962). *Toward a Psychology of Being*. Princeton, NJ: Van Nostrand.

May, R. (Ed.). (1961). *Existential Psychology*. New York: Random House.

———. (1967). *Psychology and the Human Dilemma*. Princeton, NJ: Van Nostrand.

May, R., Angel, E., & Ellenberger, H.F. (Eds.). (1958). *Existence: A New Dimension in Psychiatry and Psychology*. New York: Basic Books.

Moustakas, C. (Ed.). (1956). *The Self: Explorations in Personal Growth*. New York: Harper & Row.

Mowrer, O.H. (1961). *The Crisis in Psychiatry and Religion*. Princeton, NJ: Van Nostrand.

Nuttin, J. (1962). *Psychoanalysis and Personality*. New York: Mentor-Omega.

Offman, W.V. (1976). *Affirmation and Reality*. CA: Western Psychological Services.

Perls, F.S. (1969). *Gestalt Therapy Verbatim.* Lafayette, CA: Real People Press.

Picardie, M. (1980), Dreadful moments: Existential thoughts on doing social work. *British Journal of Social Work 10,* pp. 483–490.

Reich, C. (1970). *The Greening of America.* New York: Random House.

Reid, W. (1979). *The Task-centered System.* New York: Columbia University Press.

Reinhardt, K.F. (1952). *The Existentialist Revolt.* New York: Unger.

Reynolds, D. (1984). *Playing Ball on Running Water.* New York: Quill.

Rogers, C. (1961). *On Becoming a Person.* Boston: Houghton Mifflin.

———. (1969). The group comes of age. *Psychology Today 3*(7), December, p.29.

Rubin, G.K. (1962). Helping a clinic patient modify self-destructive thinking. *Social Work 7*(1), January, pp. 76–80.

Rubinoff, L. (1969). *The Pornography of Power.* New York: Ballantine.

Ruesch, J., & Bateson, G. (1968). *Communication: The Social Matrix of Psychiatry.* New York: Norton.

Salomon, E. (1967). Humanistic values and social casework. *Social Casework 48* (1), January, pp. 26–32.

Satir, V. (1964). *Conjoint Family Therapy.* Palo Alto, CA: Science and Behavior Books.

Sinsheimer, R. (1969). The existential casework relationship. *Social Casework 50*(2), February, pp. 67–73.

Skinner, B.F. (1971). *Beyond Freedom and Dignity.* New York: Knopf.

Stretch, J. (1967). Existentialism: A proposed philosophical orientation for social work. *Social Work 12*(4), October, pp. 97–102.

Sutherland, R. (1962). Choosing as therapeutic aim, method, and philosophy. *Journal of Existential Psychiatry 2*(8). Spring, pp. 371–392.

Swaine, R.L., & Baird, V. (1977). An existentially based approach to teaching social work practice. *Journal of Education for Social Work 13*(3), Fall, pp. 99–106.

Szasz, T. (1984). *The Therapeutic State.* New York: Prometheus Books.

Taft, J. (1950). A conception of the growth underlying social casework practice. *Social Casework 21*(5), pp. 311–316.

Teilhard de Chardin, P. (1959). *The Phenomenon of Man.* New York: Harper & Row.

Tillich, P. (1952). *The Courage to Be.* New Haven: Yale University Press.

———. (1960). *Love, Power, and Justice.* New York: Oxford.

Tiryakian, E.A. (1962). *Sociologism and Existentialism.* Englewood Cliffs, NJ: Prentice-Hall.

Vontess, C.E. (1979). Cross-cultural counselling: An existential approach. *Personnel and Guidance Journal 58* (2), pp. 117–122.

Watzlawick, P., Weakland, J., & Fisch, R. (1974). *Change: Principles of Problem Formation and Problem Resolution.* New York: W.W. Norton.

Weiss, D. (1962). Ontological dimension—Social casework. *Social Worker,* June, C.A.S.W.

———. The existential approach to social work. *Viewpoints,* Spring 1967, Montreal.

———. (1968). Social work as authentication. *Social Worker,* February, C.A.S.W.

———. (1969). Self-determination in social work—An existential dialogue. *Social Worker,* November, C.A.S.W.

———. (1970). Social work as encountering. *Journal of Jewish Communal Service,* Spring.

———. (1970). Social work as healing and revealing. *Intervention 50,* Summer.

———. (1971). The existential approach to fields of practice. *Intervention 55,* Fall.

———. (1972). The living language of encountering: Homage to Martin Buber, 1878–1965. *Intervention 57,* Spring.

Wheelis. A. (1958). *The Quest for Identity.* New York: W.W. Norton.

Winthrop, H. (1967). Culture, mass society, and the American metropolis; high culture and middlebrow culture: An existential view. *Journal of Existentialism 8* (27), Spring, p. 371.

Whittaker, J.K. & Tracey, E.M. (1989). *Social Treatment: An Introduction to Social Work Practice.* New York: Aldine de Gruyte.

Yalom, I. (1980). *Existential Psychotherapy.* New York: Basic Books.

第十二章

女性主义理论和社会工作实务

玛丽·瓦伦提斯

引言

　　本书的第三版出版以后的十年中，女性主义社会工作实务得到了极大的发展（Valentich，1986）。当时，人们在是否存在成熟的女性主义社会工作实务这一问题上有着很大的争议，当然，这种争议在现在不复存在了。在吸收了其他学科相关理论的基础上，女性主义社会工作实务工作者把女性主义辅导和女性主义治疗当成由妇女提供妇女服务的主导方法（Russell，1984）。很多教材中还把这种实务当成了一个独具特色的社会工作视角，这些教材包括《并不只为妇女：争取女性主义未来的社会工作实务》（Bricker-Jenkins & Hooyman，1986）、《社会工作的女性主义愿景》（Van Den Bergh & Cooper，1986）、《女性主义社会工作》（Dominelli & McLeod，1989）、《妇女与社会工作：朝着妇女中心的实务发展》（Hanmer & Statham，1989）、《治疗和咨询中的妇女》（Walker，1990）、《临床背景中的女性主义社会工作实务》（Bricker-Jenkins，Hooyman，& Gottlieb，1991），以及《21 世纪的女性主义实务》（Van Den Bergh，1995）。这并不是意味着女性主义先驱们隐藏了自己的观点。相反，这意味着妇女运动为我们提供了理解妇女处境、推动变革的新的方法，它吸引了很多草根组织中的妇女的参与，同时也吸引了一些从事助人职业的专业人士的参与（Gilbert & Osipow，1991；Marecek & Hare-Mustin，1991）。作为女性主义咨询师和女性主义治疗师，我们的共同点是非常明显的：我们都在寻求一种挑战传统的妇女服务实务的方法。

　　我们没有切断与妇女运动的很多表象之间的联系（Simon，1988），也没有脱离与其他学科之间的联系，而是不断从迅速发展的女性主义文献中吸取养分。当然，社会工作价值观与女性主义实践之间的高度契合更让我们信心百倍（Collins，1986），这些都为我们的努力奋斗奠定了扎实的基础。正如吉梅内斯和赖斯（Jimenez & Rice，1990）所述：

> 女性主义和社会工作拥有共同的对所有人的独特本质和尊严的尊重和关怀。此外，社会工作强调的"人在情境中"与女性主义的方法论核心主题是一致的：个人的就是政治的。而女性主义提出的个人赋权的价值观成为社会工作干预的首要主题。（Collins，1986，pp. 8-9）

本章将对女性主义理论和女性主义社会工作实务的发展内容进行更新。由于篇幅所限，我们无法系统介绍理论的全部内容，可能仅会介绍那些运用女性主义视角来解决具体问题或服务具体人群的重要的学者和实务工作者的贡献，这难免出现挂一漏万的情况。女性主义实务近年来出现了飞速发展，内容非常丰富，难以在一个章节中得到清楚描述。此外，简单地总结 1970 年代和 1980 年代女性主义社会工作发展状况，可能就会忽视那些推动革命性历程的人物的贡献，泰勒和惠蒂尔（Taylor & Whittier，1983）把这个时期定义为当代女性主义浪潮的前两个阶段，复活阶段（1966—1971）和女性主义全盛阶段（1972—1982）。在上一版中，我们介绍了女性主义社会工作实务前十年的发展状况（1970—1980），以及 1980—1985 年的情况，在这个时期，女性主义社会工作实务开始走向成熟。在本章中，我们延续这个成熟的过程，将女性主义视角用于不断发展变化的问题和群体。

发展概要

尽管女性主义视角在社会工作中的出现频率很高，但女性主义理论在社会工作学科中还是没能打下扎实的基础。桑西亚（Sancier，1987，p. 6）指出："现在，女性主义工作的体量如此之大，影响如此深远，实务领域再也不能忽视其存在了。"此外，有很多指标显示，社会工作专业越来越关注妇女问题，已成为一个不争的事实。自 1980 年代以来，美国和加拿大的评估机构都希望社会工作教育的课程大纲中能够包含关于妇女的内容。创刊于 1986 年的社会工作杂志《妇女与社会工作杂志》（Affilia）为女性主义作者们提供了很好的论文发表平台。尽管尼克尔斯-卡斯博尔特、克里斯克和汉密尔顿（Nichols - Casebolt，Krysik & Hamilton，1994）发现，在 1982 年至 1991 年间的一些社会工作杂志上发表的论文中，涉及女性问题的文章只占 10%，但是，一些杂志还是出版了一些女性问题专刊。目前，大部分社会工作年会都会收到涉及女性主义视角实务的文章，或者举办女性主义相关专题研讨。

1973 年，社会工作教育协会成立了社会工作教育中妇女角色和地位委员会。在加拿大，自 1975 年以来，在专业学术团体年会上，都有一个妇女主题的分会场，以推动女性主义者在社会工作教育中发声。"社会工作女性从业者协会"1984 年在美国成立，成为推动女性主义进入社会工作的重要力量（FYT，1986）。1995 年，在全国妇女问题委员会的领导下，全国社会工作者协会建议成立一个部门，让对女性主义感兴趣的会员来改善妇女实务，加强对妇女问题的教育，推动和倡导全国有关妇女服务的创新计划，探索女性主义实务模式（NASW forming，January 1995，p. 5）。最后，到了 1988 年，玛丽·布里克-詹金斯（Mary Bricker–Jenkins）召集了 15 名妇女，召开了第一次女性主义社会工作妇女委员会会议，成立了女性主义学堂。1994 年的女性主义学堂在肯塔基州召开，1995 年的女性主义学堂在印第安纳波利斯召开。女性主义学堂的愿景是开发和传授扎根于推动女性主义世界观和理想的实务方法，当然这个愿景还在不断完善之中（Sohng et al.，1996）。

女性主义社会工作实务蓬勃发展的源泉在于妇女运动（Adamson，Briskin，& McPhail，1988；Backhouse & Flaherty，1992；Katzenstein & Mueller，1987）。1989 年12 月 6 日，当 14 名妇女在蒙特利尔大学的工程学院被枪杀后（Malette & Chalouh，1991），全加拿大的女性主义者立即做出了回应，她们奋起抗争，要求解决针对妇女的暴力问题。全国上下，女性主义意识在不断提升，人们目睹了加拿大反对针对妇女暴力专家组旗帜鲜明地提出了女性主义视角（Canadian Panel on Violence Against Wonman，1993）：

> 我们将论证女性主义视角如何帮助我们看清楚性别、种族和阶级是如何压迫妇女的，这些形式的压迫又是如何互相支持、互相关联在一起的。针对妇女的暴力，无论在现在还是过去，都是社会、经济、政治和文化不平等的结果（p. 13）。

当然，我们不能仅仅关注我们自己国家发生的事件。全球性女性主义思潮已经形成（Bunch，1993），全球范围内发生的重要事件，从屠杀妇女（Caputi & Russell，1993）到强奸（Valentich，1994）和割礼（Berg，1995），都引起了女性主义实务工作者的关注，她们会在各自关注的实务领域投入精力，来应对这些问题。女性主义社会工作实务文献最初来自澳大利亚、加拿大、英国和美国，但是，女性主义实务工作者不断意识到对妇女的压迫是全球性的，全球妇女都在不遗余力地为改变自己的处境努力奋斗着（Taylor & Daly，1995）。

世界性大会，例如联合国 1995 年 9 月在北京召开的世界妇女大会，极大地推动了这种全球视野的发展和传播，它对全球实务发展产生了涓滴效应。同时，战争和瘟疫给男性和女性生活带来的破坏，造成越来越多的难民涌入加拿大和美国。这些难民与日益增多的移民人口一起，极大地刺激了这个助人性专业的发展，同时也推动了女性主义实务工作者从多元角度来考虑妇女问题（Jagger & Rothenberg，1993）。1990 年代见证了女性主义实务工作者越来越敏感地意识到社会文化、民族和种族的多元性问题。

下一节我们将讨论女性主义视角，探讨女性主义作为理论以及与女性主义社会工作实务相关的具体理论的发展。

实务的概念性基础

与实证研究不同的是，质性研究是很多新兴理论的基础。女性主义理论的发展有几种不同的形式：对现存的意识形态框架进行修改以反映女性经验的多样性；对相关思想体系的融合；形成有关女性的新理论；对传统的有关女性的概念和传统理论的批判。尽管女性主义理论存在极大的多样性，但它们当中还是包含了一些基本的核心概念。

女性主义的众多框架

在本书上一版的本章中，用了大量篇幅讨论女性主义理论的本质。正如贾格尔和罗滕伯格（Jagger & Rothenberg，1993）所述，在1970和1980年代，有很多人在关注女性主义的框架到底是什么：

> 女性主义框架是一套整合性的理论体系，它解释了女性在当今社会中的地位，同时也解释了女性主义者希望建构的新社会中的女性地位。我们认为女性主义框架包含了描述性、解释性和构建性要素，能够全面分析女性从属地位的本质和原因，以及如何结束从属地位的相关性建议。(p. xv)

这些框架也被当作意识形态性视角，至今还在被学者们使用（Adamson，Briskin，& McPhail，1988；Freeman，1990；Sancier，1990）。

贾格尔和罗滕伯格借助镜头这样的比喻来描述女性主义框架，他们把通过性别镜头分析女性从属性的框架描述为保守主义，把通过社会性别镜头分析女性从属性描述为自由主义，把通过阶级镜头描述为经典马克思主义，把通过生理性别/社会性别和性的镜头描述为激进女性主义，把通过生理性别/社会性别、性和阶级的镜头描述为社会主义女性主义。为了反映女性主义理论变化的路径，特别是当代女性主义对种族和少数族裔境遇的担忧，他们还提出两个新的框架：一个是多元文化女性主义，它通过生理性别/社会性别、性、阶级和种族的镜头来分析女性的从属性；另一个是全球女性主义，它融合了将女性分类的各种社会力量，例如种族、阶级、性、殖民主义、贫穷、宗教和国籍。所有这些力量成为反对男性主宰性的不可或缺的成分。

当然，在1970年代，人们老生常谈地将妇女运动归纳为自由主义女性主义、社会主义女性主义和激进女性主义（Ryan，1989；Buechler，1990），泰勒和惠蒂尔（Taylor & Whittier，1993）是这样总结当前的各种女性主义思潮的：

> 当今的女性主义意识形态仍然是各种思潮的结合体，这些不同思潮之间的区别在

285

于各自寻求的改变范围的不同，以及在分析性别不平等时与其他社会主导系统的关联程度不同，特别是涉及阶级、种族/民族以及性方面的关联度，以及如何看待这些因素对性别差异的影响度等（p.534）。

作为一种分析方法，女性主义关乎"某些思维方法和行动方式，旨在通过终结女性在社会中遭受的压迫来实现妇女解放"（Freeman，1990，p.74）。然而，当代女性主义者很少关注和探讨女性从属性的根源，也不关心基于生理性别、社会性别或其他变量的从属性是否真的是女性所面临的最迫切的问题。众多带有"女性"的标签的理论化，更多是在关注对生理性别、社会性别、种族和阶级进行复杂的概念化，对此，人们深表不屑。在社会工作实务领域，这种理论发展在《种族、性别和阶级》（*Race*，*Gender & Class*）一书中得到了充分体现，在该书中，戴维斯和普罗克特（Davis & Proctor，1989）根据自己对种族、性别和阶级的研究结果，提出了如何为个人、家庭和小组开展实务的基本准则和指南。

各种新范式

女性主义理论的当代发展挑战了那些看似属于新类别的东西，特别是后结构主义和后现代主义在社会工作中的日益突出，非常值得肯定。安·哈特曼（Ann Hartman，1992）撰写的社论《追寻被征服的知识》中，引用了福柯的论著来提醒我们知识和权威的结合就是被征服的知识，因此，作为实务工作者和研究者，"我们必须摒弃自己的专家角色，同时还要摒弃这种观念：我们是客观的观察者，我们的案主是被动的、需要接受我们描述和定义的对象"（p.484）。帕德克、墨菲和崔（Pardeck，Murphy，& Choi，1994）进一步阐述了后现代主义对社会工作实务的启发，简言之，个体和制度都不是干预目标，相反，社区应该成为干预目标，因为正是在各种不同的社区中，人们对有关现实的各种假设加以认可，并将其合理化。尚帮和欧文（Chambon & Irving，1994）以及博扎泰克（Pozatek，1994）也提到了后现代主义与社会工作之间的关联性。桑兹和努西奥（Sands & Nuccio，1992），布朗（Brown，1994）以及范登伯格（Van Den Bergh，1995）都系统阐述了后现代女性主义理论与社会工作之间的紧密联系。

范登伯格（Van Den Bergh，1995）认为女性主义是一个认识论的框架，可以成为我们认识论的立场（Swigonski，1994），也就是说，女性多元性经验能够产生真相或知识。她对女性主义和女性主义后现代文献进行回顾后，提出了认知、关爱、联结和多元性四种立场，可以使得实务工作者更好地回应案主的需要。她是这样总结的：

> 某种实务经由倾听不同的认知方式而不断获取信息，关注并立足于多元的案主的生活经历，并通过反思性和互为主体间性的关系而得到共建，这样的实务才能真正为创建一种关怀、联结、伙伴合作性和社区建设提供良好的环境（pp. XXXIV–XXXV）。

预测后现代主义对女性主义理论的影响到底有多大是非常困难的。即使是理解这些复杂的思想体系的本质，都是一个挑战，因为后现代女性主义植根于后结构主义、后现代主义、后现代哲学和法国女性主义理论，所有这些理论差不多是同时期产生的（Sands & Nuccio，1992，p. 490）。此外，也很难对这些理论家进行分类，因为哲学的不同学说之间的界限是悬而未决的，它们关注的主题互相交织在一起，即使在同一学说内部，也存在很多自相矛盾的地方。

尽管桑兹和努西奥（Sands & Nuccio，1992）非常清楚地呈现了一些现有文献中较为罕见的资料，但其结论是，想要了解案主的想法绝非易事，要深入了解陷入苦恼中的案主的意识也是很困难的。贾格尔和罗滕伯格（Jagger & Rothenberg，1993，p. 77）指出："认识论的相对主义对社会行动主义毫无益处，因此，某些女性主义者认为后现代主义会让女性主义政治计划陷入困境。"他们认为，女性主义者是从一个复杂的角度来接受后现代主义的，他们承认后现代主义的某些特征与女性主义一致，例如关注多元性，同时也非常担忧后现代主义的另一些特征，例如所使用的语言等。

鉴于这些争论的存在，女性主义学者在过去十年中，发展出了女性主义实务的理论基础。当然，由于女性的生活经历处在变化之中，"女性主义理论和价值观当然也是尝试性的，不是绝对的，一定处在形成过程之中"（Bricker-Jenkins & Hooyman，1986，p. 8）。

如前所述，社会心理学理论和社会学理论与女性主义是一脉相承的。由于缺乏对社会因素对案主的影响的关注，以及对案主问题出现的场所的关注，传统的精神分析模式遭到了人们的摒弃（Lerman，1986），尽管还有一些女性主义实务工作者认为某些精神分析思想是非常有价值的（James，1992；Marecek & Hare-Mustin，1991，pp. 529-530）。沃雷尔和雷默（Worell & Remer，1992，pp. 115-121）指出，心理学理论可能具有性别偏见的特点，因为心理学的内容和建构是男性主导的、性别优越的、种族优越的、异性恋主义的、心灵内部的或者命运注定论的，而女性主义理论应该是性别中立的、灵活的、交互的，从范围上来看是具有生命历程性的。他们还提出了一个理论转换的过程，将两个选择理论（认知行为和心理剧）转换成为适合女性主义实务的格式。

新理论

关系中的自我理论（Miller，1986；Surrey，1985）源于对女性的研究，关注女性与他人联结的能力，以及用不同声音表达的能力，这个理论在社会工作领域得到了很多人的追捧（Berzoff，1989；Rubenstein & Lawler，1990）。因此，吉莱斯皮（Gillespie，1992，p. 113）在她对《女性在联结中成长》（*Women's Growth in Connection*，Jordan，Kaplan，Miller，Stiver，& Survey，1991）一书的评论中这样写道：

> 这个中心（斯通中心）提出的关系性心理学，对任何一名与妇女一起开展工作的精神健康的专业人士而言，都是必不可少的支柱。无论是否同意这些心理学家，是否

同意精神分析框架，人们都不能简单地忽视他们对妇女心理学做出的贡献。(p. 113)

同样，贝伦基、克林奇、戈德伯格和塔鲁勒（Belenky, Clinchy, Goldberger & Tarule，1986）有关妇女的不同的认知方式的研究，也获得了学界的高度认可，因为这些研究一定程度上给妇女提供了一系列合理的学习方式。当然，这些研究也让妇女以一种理性的、逻辑的方式认为自己在能力上远远弱于男性，这一点让这些学者没有得到学界的高度认同。

288 认为妇女具有关怀、责任感和联通性等特点的观点，在社会工作领域也引起了强烈反响（Baines, Evans, & Neysmith，1992；Grimwood & Popplestone，1993）。尽管这些新的有关妇女心理学和道德发展的理论一直被看成是"为社会工作实务提供了一个规范性模式，从而可以敏锐地回应女性的道德发展本质"（Freedberg，1993，p. 538），这些理论还是受到了很多的批判。古尔德（Gould，1988）认为，吉利根（Gilligan，1982）提出的重组社会和道德发展的观点就充分体现了一种白人、西方中产阶级对成人概念的主导，只是通过心理学的声音来表达而已。吉利根在评价道德成熟性时表现出了极度的个人导向，完全没有考虑到妇女生活的压迫性环境因素。古尔德担心的是，全心全意地接受吉利根的观点，可能会"再次导致人们接受一种有缺陷的模式，这可能会阻碍弱势群体的发展，而不是助力他们的发展"（p. 414）。

在女性主义社会工作实务中，心理学导向和社会学导向视角之间永远存在着张力。对于女性主义实务工作者而言，女性主义原则（个人的就是政治的）依然是真实可靠的，尽管很多保守主义和生物学导向视角越来越占据主导地位。

对概念和理论的批判

女性主义理论的一个主要贡献在于对那些没能将社会结构因素作为女性问题产生原因的理论和视角提出了批判。因此，古尔德（Gould，1987b）提出，生命模式中存在一个瑕疵，即它过分依赖交互框架，低估了社会因素的影响力。古尔德认为，冲突模式的可利用性更强，因为它提出了倡导性行动，以消除那些阻碍妇女参与社会的结构性障碍。至于系统视角，它的确提出了影响案主处境的相关社会因素，但是它只关注现状。一般来讲，女性主义实务工作者追求的是那些体现了结构性改变的理论。

有一种观点认为妇女应该获得权力，以挑战自己生命中的受压迫处境，与此截然不同的观点认为妇女具有互赖性的特征，也就是说，妇女要对自己遭受的苦难负有一定的责任（Frank & Golden，1992）。互赖的概念在自助性研究文献中极为流行，它指的是"一种源于'功能紊乱'家庭的疾病，孩子过度补偿父母的不足，从而发展出一种对他们需求的过度敏感性"（Haaken，1993，p. 322）。尽管互赖性常常被描述为女性弊端，似乎也支持了女性主义对父权制家庭的破坏性的关注，但是，它还是受到了女性主义社会工作者的严厉批判（Anderson，1994；Collins，1993；Frank & Golden，1992），这些女性主义社会工作者认为，这个概念是在将妇女面临的困难病态化。柯林斯坚信，斯通中心提出的关系中的自我理论为人们提供了一个替代性的视角，用于观察妇女在寻求联结的同时如何表达自己的需求。这里提出了一个关键性问题：如何建构一个能够培育促进成长性关系的社会环境。

关键概念

社会性别和相关概念（Richmond – Abbott，1992），以及明确生理性别和社会性别之间存在着重要区别，依然是女性主义社会工作实务的核心概念。社会性别分析（Ferree，1993）指的是妇女运用自己作为女性的经历、需求、关注和现实，来理解和解释问题：

> 通过咨商、回忆、阅读和讨论，我们试图融入女同性恋、原住民妇女、残障妇女、年轻妇女、贫穷妇女、移民妇女的经历，简言之，要融入那些与我们的生活经历完全不同的所有妇女的经历。社会性别分析还在生理性别差异和社会性别差异之间做出了明确区分。生理性别差异指的是那些能够从生物学上将我们划定为女性的因素，而社会性别差异则指的是社会发展出并强加给作为妇女的我们的一切因素和内容（Muzychkia，1995，p. 2）。

回顾一下戴维斯和普罗克特（Proctor，1989）曾做过的与社会性别有关的个人、家庭和小组治疗的相关研究，我们就会发现，社会性别分析的复杂性是显而易见的。沃雷尔和雷默（Worell & Remer，1992）在讨论妇女心理学和社会性别时，也揭示了很多有关生理性别比较、情境性环境和妇女生活状况的研究。他们将社会性别界定为"文化决定的有关女性和男性的认知、态度和信念系统"（p. 8），他们认为，社会性别是由社会建构的，因此，在不同的文化、不同的历史时期中都会发生变化，当然，也取决于是谁在进行观察和评价。

我们不仅受制于社会性别刻板印象，而且还会受到偏见的影响，例如，"本质主义"立场会强调男女两性之间的差异，而对立的观点则会否认或贬低这些差异。按照沃雷尔和雷默的观点，在服务过程中，上述两种观点都是有问题的。因此，他们提出了一个更加有用的模式，认为社会性别角色的功能性发挥，会受到了一系列生命发展事件、心理过程和社会力量的影响（p. 13），这种模式的概念化与人在情境中的视角是完全一致的。

最强调寻求改变的概念是赋权（Hartman，1993），其目的在于自我实现（Bricker-Jenkins，1991，p. 273）。拉扎里（Lazzari，1991，p. 72）指出，赋权无论作为一个目标、一种状态、一个过程、一个具体的服务计划、一种方法或者一种世界观，对社会工作和女性主义而言，都是根本性的概念。在布里克-詹金斯和霍伊曼（Bricker – Jenkins & Hooy-man，1986）看来，赋权是一个主要的女性主义意识形态主题，同时也是女性主义社会工作实务的核心。

麦克沃特（McWhirter，1991）指出，在社会工作和其他文献中，赋权一词的使用频率不断攀升，但是，人们对其含义尚未达成共识。她的分析集中在作为一个过程的赋权影响的不仅仅是个人，而且是个人与他人的关系、与社区和社会的关系。她的定义紧紧抓住了改变过程这个核心。

> 赋权是一个过程，借助赋权，无权的人、组织或群体能够做到：（1）逐步意识到权力机制如何在自己的生活中发挥作用；（2）提升技巧和能力，来获得对自己生活的合理控制；（3）在不侵害他人权力的前提下运用这种控制力；（4）支持自己社区内的其他人的赋权（p. 224）。

在谈到有色妇女的赋权时，古铁雷斯（Gutiérrez，1991）提出，从漠不关心到采取行动涉及四个心理阶段：从提升自己的效能感，到发展出小组意识，到降低自责，再到承担个人责任。

理论的价值基础

女性主义社会工作实务受人类行为理论指导，这些理论对过去的关注度各不相同。女性主义分析常常聚焦于当前或当代的社会力量如何影响案主的生活，时间导向是当前和未来；人类的本性本质上是善良或中立的，而非邪恶的（McWhister，1991，p. 224），人类以互相依赖的方式与环境互动，而不是以"控制"或主导的方式来与环境互动（Collins，1986，p. 216）。生态女性主义（Adams，1991；Mies & Shiva，1993）涉及女性主义对自己与动物的关系、与环境的关系的反思，同时还涉及剥削问题。

女性主义实务工作者在审视自己与案主之间的关系时，十分关注可能出现的剥削和压迫，哪怕是无心的。她们小心地审查这种助人关系，生怕权力差异导致可能的权力滥用。对某些人而言，这意味着实务工作者拒绝扮演专家的角色，而是采取某些措施来缩小与案主之间的距离感；而对另一些人而言，她们并不否认自己拥有知识和技巧，但同时也承认案主也是自己生活的专家。另外，她们也会采取一些措施，例如准确的自我坦露和避免使用诊断性标签等，来鼓励案主进入合作性和相互理解的助人关系中。

实务本质

女性主义社会工作实务是一项包罗万象的事业，这样说的一部分原因是女性主义内部的理论视角非常多元，在实务工作中会遇到各种各样的群体和问题，实务的领域也非常丰富。因此，私人执业的社会工作者基本上是不使用精神疾病标签的，他们认为这些标签会极大伤害案主的福祉水平（Marecek & Hare-Mustin，1991，pp. 524-525）；而在精神健康机构工作的社会工作者不可避免地要使用精神疾病的分类标准。这两类女性主义实务工作者都认为自己秉承了女性主义的立场，虽然他们的方式有所不同。女性主义实务工作者的共同之处包括以下意识形态主题："终结父权制，关注赋权和过程，个人的就是政治的，团结－多元性，非理性验证，意识提升/实践"（Bricker-Jenkins & Hooyman，1986，p. 8）。并非所有的女性主义者都深入理解了这些主题或原则，不同流派的女性主义者也没能就其中所有要素达成共识，尽管这样，这些主题或原则仍是大部分女性主义实务工作者的支撑点。

291

这项事业的目标是赋权案主，这可能意味着个人改变或社会变革，也就是说，干预可能发生在个体层面、夫妻层面、家庭层面、组织层面、社区或者机构层面。在任何一个其他的助人职业中，这些焦点都没有得到应有的关注和重视，只有女性主义社会工作实践在致力于改变受压迫系统。

实务模式

由于女性主义实务是一个不断发展变化的系统，因此，女性主义实务不存在一个单一的实务模式，主要工作方法是由不同的学者提出的。

布里克－詹金斯和霍伊曼模式

在1983年的一项研究中，实务工作者把自己的方法描述为通才模式，将意识提升和教育技术整合起来，培育对案主的赋权，同时，鼓励案主与实务工作者一起投身于社会行动，运用合作性工作关系，依靠小组和支持性网络建立联盟和参与政治行动（Bricker-Jenkins & Hooyman，1986，p. 29）。布里克－詹金斯和霍伊曼宣称，意识形态是女性主义社会工作实务的核心所在，女性主义实务工作者努力使自己工作的方方面面与女性主义意识形态保持一致。

布里克－詹金斯、霍伊曼和戈特里布（Bricker Jenkins，Hooyman & Gottlieb，1991）指出，女性主义实务是一个"不断进行中的工作"，女性主义实务理论的创造者就是女性主义实务工作者，"目前最常用的实务模式是建立在个案研究和个人反思基础之上的"（p. 6）。他们的个案和讨论都来自医院、精神健康机构、日间照顾和农村服务机构中的实务工作者，借此呈现了一个核心的女性主义分析的概念：个人的就是政治的，赋权女性，欣赏女性作为幸存者所呈现出的各种优势。

在最后一章中，布里克－詹金斯（Bricker-Jenkins，1991）讨论了女性主义实务工作者是如何使案主走向自我实现的。这个需求评估过程包括"共同反思个人、人际和政治权力动态关系中的限制因素和机遇"（p. 290），主要关注基本的、具体的需求，以及身体和心理安全。在促进个人和政治转变中可使用的方法和技术包括验证案主的现实生活、通过提问式对话来提升意识等。实务的其他要素还包括动员资源、建立养育性关系，以及对环境的验证等。由此带来的后果是非常具有变革性的：案主深度了解自己在社区中的位置，有能力参与改变，并承担相应的责任。

范登伯格和库珀模式

布里克-詹金斯和霍伊曼提出的女性主义原则与范登伯格和库珀模式（1986）提出的女性主义原则之间的相似性很强。范登伯格和库珀提出的女性主义原则包括"消除虚假的两分法和人为的分离，重新概念化权力，同样重视过程与结果，验证、重新命名和坚信个人的就是政治的信念"（p.4）。

在她们所著的《女性主义的社会工作观》（*Feminist Visions for Social Work*）一书的结论中，范登伯格和库珀（Van Den Bergh & Cooper，1986）提出，通过消除虚假的两分法，例如直接和间接服务，社会工作可以朝着一个通才模式的方向发展。个人还是应该有自己的专长领域，但是"总体的训练和实务模式应该是综融性的、是通才模式，社会工作实务应该是更加全人性的、生态系统性的和预防性的"（p.13）。她们的这本专著的其他内容主要展示了女性主义视角的全面性和全人性，以及如何将这些视角运用到研究、精神健康领域、社会发展和社区组织中。

在《21世纪的女性主义实务》一书中，范登伯格（Van Den Bergh，1995）运用后现代视角评论了那些采用两分法的性别相关的思维模式对社会工作实务的影响，指出不要将某些特点简单地归因于男性或者女性，从而得出男性优于女性的结论。她认为，社会工作者应该在一个尊重人类尊严和价值、推崇合作精神的社会中开展自己的实务，这样的实务是非常有价值的。专业关系就是合作伙伴关系，这种描述更能体现女性主义社会工作实务的特征，不要假设案主-社工之间的关系是"平等的"。范登伯格追求的是地方性真理，而非普世真理；重视叙事式知识，根据个体对现实和意义的感知关注某个特定情境；希望实务场域是社区为本的，社区居民以相似的方式来看待现实；她还提出要解构知识基础，"通过包容去权群体的声音来实现真理重建，借此来改变知识基础"（p. XIX）。

范登伯格钟爱社会工作的人在情景中（PIE）模式以及生态系统视角，因为它们与后现代的格言具有异曲同工之处："真理是个人本体经验的一种功能表现。"因此，案主的问题最终建基于案主的历史和生活空间，可以被重新定义为"麻痹的叙述"或故事，从而限制了她们的各种可能性（p. XX）。范登伯格提出了这样的疑问：如果知识是被社会性地建构的，而知识又与权力密切相关，那么我们在干预中采用的实务模式和理论，有哪些来源于对案主声音的倾听？她提出，那些学者（Davis，1993；Stanley & Wise，1983，1990；Swigonski，1994）主张的所有人都从自己的社会文化环境来看待世界的观点，将对形成和发展女性主义社会工作研究和实务具有重要价值。

范登伯格把这些立场和主张描述为"行动和价值观把社会工作再现为行动主义和关爱

的操作化，并代表案主实施倡导和赋权"（p. XXX）。她认为，女性主义超越了之前她和库珀（Van Den Bergh & Cooper，1986）提出的五大原则，并坚持下列能清楚表达妇女经验的多元性，以及妇女认识世界的多元性的四个立场：认知、联结、关怀、多元性。她总结道："通过聆听不同的认知方法，聚焦并立足于案主的多元生活经历，共同建立一个反思性、互为主体性的关系，就能营造一种关怀的、联结的、合作伙伴性的社区建设环境"（pp. XXXIV- XXXV）。

在《21 世纪的女性主义实务》一书的其他章节中，不同的作者反思了不同的方法，包括临床的、家庭为本的实务和小组工作，不同实务领域（第五章），特殊人群（第八章）等。因此，兰德（Land，1995，pp. 3-19）把临床女性主义社会工作描述为赋权实务，这是一种心理治疗干预哲学，而非一套简单的技术。她指出，女性主义社会工作者在实务中运用了很多不同的理论方法，包括认知-行为、心理动力、心理社会、问题解决、家庭系统、结构主义或人际方法，他们还采用了个体、夫妻、家庭或小组治疗模式，来实现各自的目标，包括内心的、人际的、行为的和社会的改变。

兰德对 1970 年代以来学者提出的不同观点进行了总结，发现女性主义实务的基本要素包括：验证社会情境、重新评价妇女的地位、承认男性与女性经验的差异性、重新平衡常态与异常、包容性立场、关注治疗关系中的权力动态关系、认识到个人的如何变成政治的、解构立场和合作伙伴立场。包容性学识重视学术传统的多元性，同时也挑战限制男性和女性行为的还原论模式，所有这些都是女性主义实务对知识发展的贡献。

沃雷尔和雷默模式

沃雷尔和雷默（Worell & Remer，1992）面向所有开展女性主义治疗的实务工作者，对女性主义赋权治疗模式进行了详细展现。这个模式建立在激进女性主义意识形态的基础之上，关注男性和女性社会环境中的差异性，把女性低下的社会权力作为她们问题的根本，主张推动社会和个人变革。沃雷尔和雷默展现了当下人们比较熟悉的几项原则：个人的就是政治的、平等关系（在可能的情况下），以及重视女性视角。针对每项原则，他们又提出了很多合适的治疗目标，并将重点放在个人目标而不是社会变革目标上，尽管个人目标的实现也是上述两个社会目标实现的必要条件："获取技术推动环境改变，重建机构使其摆脱歧视性实务。"（p.94）

针对每项原则，沃雷尔和雷默提出了几项技术，其中有两项技术是女性主义治疗所独有的：生理性别角色分析和权力分析。尽管这两位学者认为生理性别角色是由社会建构的，而社会性别角色则是不断指派的结果，他们还是采用了"生理性别角色"这个概念（p.12）。此外，他们讨论了果断性、意识提升小组、阅读疗法、重新设界和重新标记，以及治疗-去神秘化策略等。

在沃雷尔和雷默（Worell & Remer，1992）看来，女性主义治疗方法有三种：激进治疗、社会性别角色治疗和妇女为本的治疗，这三种方法都被整合进了赋权女性主义治疗中。尽管第一种激进的方法在加拿大和美国深受追捧，但其他几种方法的追随者还是随处可见的。第二种方法关注的是社会化过程中性别角色的差异性，其工作目标是推动个人改变。沃雷尔和雷默认为，第三种方法"包含了文化女性主义和心理动态治疗师，他们相信男性与女性在心理构成上是有本质区别的"（p.88），这种方法的治疗目标就是要协助案主欣赏自己作为女性的特质，例如合作、同理和利他等。

拉塞尔模式

沃雷尔和雷默的模式与拉塞尔（Russell，1984）在前几章中提出的女性主义咨询方法是非常一致的，这个方法至今还是很实用：

> 最为独特的一点是，这是一个技术的荟萃，他们在咨询过程中公开宣传自己的女性主义宗旨以及技术与女性主义立场在咨询过程中的相互作用，这使得女性主义咨询独具特色。技术相互作用的最终结果是形成一个主动的、直接的、外部主导的、关注当下的、行为取向的和平等的咨询方式（p.53）。

拉塞尔呈现的技术既有直接的技术，也有复杂的技术，包括行为反馈、自我坦露、对女性的积极评价、社会分析、鼓励全面发展等。她对技术的讨论集中在与个体服务对象的合作上，她认为，在咨询的终止阶段，集体行动是可能的。

汉默和斯坦森模式

在《妇女与社会工作》（*Women and Social Work*）一书中，汉默和斯坦森（Hanmer & Statham，1989）提出了一个妇女为本的实务方法，这个方法采用了性别视角。本书作者根据英国工作者和案主的经验，揭示了他们的异同点。他们研究了妇女与贫困、劳动力市场、妇女作为照顾者的职业发展、妇女与男性的关系、自我认同和自尊，以及应对职场的策略等问题。

在实务一章中，汉默和斯坦森指出，实务的焦点在于提升妇女的控制权和应对策略，因此，所有的社会工作方法都应能够被工作者掌握。当然，很多方法需要进行适当调整，以有利于妇女（pp.128-129）。他们建议采用只有妇女参与的小组方法，将妇女与机构联系起来，一起讨论对女性需求的满足，为妇女增加资源，让妇女参与到机构的决策过程和政策制定中，为女性主义实务提供规范。这个规范能够为在机构工作的社会工作者提供有用的指南，从而改变机构的实务状况，同时也改变案主的行为，但是这个规范无法直接回答如何满足社会变革的需求及如何推进社会变革的问题。妇女为本的实务在这一方面是比较模糊的，但的确认为妇女的问题是多面向的，需要采用各种各样的社会工作方法（个人的、小组的和社区的方法）来处理。

怀特（White，1995）对英国的十名社会工作者的探索性研究表明，他们不愿将自己的实务分成不同的女性主义视角。与案主之间的共性超越了临时性的同理性情感，被当作不可能出现的情况或有问题的行为，把社会性别当作案主与社会工作者之间的共同经验和兴趣的观点也受到了质疑。最后，社会工作者作为女性主义者的身份认同也没有成为必要条件，女性主义者的身份认同变成了需要根据他们法定角色的临时状态来决定的事项。这项研究指出，有必要开展系统性的、大样本的研究，以揭示不同情境下女性主义实务的特征和本质。

莱德劳和马尔摩模式

这个实务模式与上述模式的不同之处在于它是建立在治愈过程之上的。两位心理学家莱德劳和马尔摩（Laidlaw & Malmo，1990）揭示了女性主义治疗师的研究结果，他们中间的某些人是社会工作者，采用了关注直觉、非语言和想象力等技术（Richardson，Donald & O'Malley，1985/86）。他们详细描述了下列技术：指导性意向、角色扮演、讲故事、音乐、催眠、按摩、意识提升和视觉化等。书中的各章涉及案主的声音，包括她是如何体验治疗的。莱德劳和马尔摩以及其他治疗师都认为治疗过程是一个变化的过程，因为它不仅仅是一个量的积蓄或认知改变，研究者还可以感受到过去的经历如何影响当前的情绪、思想和行为。治疗师要协助自己的案主"重新找回并且治愈自己失落的、受损的童年自我，并且，这里的治愈指的是内心的改变，是由两个部分组成的：确认和表达情感，重新界定破坏性和不健康的信念"（p. XIV）。

关系

上述实务模式都是建立在工作者-案主的合作伙伴关系或者姐妹关系之上的，尽管我们从不使用姐妹关系一词。实务工作者们采用的特定的理论导向很大程度上影响了人们对移情的认识和运用。因此，《治愈的声音》（*Healing Voices*，Laidlaw et al.，1990）一书的好几位作者根据心理动力学传统，承认妇女的治愈过程涉及对经历了创伤的童年的探索，在恢复内在童年时要重现父母关爱，此时，移情就变得非常重要。更为典型的是，人们会担心，工作者在使用移情以及其他影响力较大的方法时，例如矛盾疗法或神秘方法（宗教仪式），社工的权力会不断膨胀，这样可能会出现权力滥用的情况（Valentich & Anderson，1989）。哈特曼（Hartman，1993，p. 504）提出了这种担心，他建议设法"将移情控制在较低的水平上，要培育独立、能力、优势和自信心"。

考虑到助人过程的其他方法，选择什么样的理论导向就变得非常重要。在心理动力导向的理论中，镶嵌在历史中的过去非常重要，而另一些理论模式却很少关注过去。

需求评估

296

为了发展一个共同的、对久远的过去或者不久之前的过去的理解，实务工作者和案主都要关注妇女日常生活的社会状况。因此，人们开始担心，需求评估过程或工具似乎都是基于传统男性看待世界的方式来制定的（Handy，Valentich，Cammaert，& Gripton，1985）。心理学界的女性主义批评是非常激烈的（Lewin & Wild，1991），因为很多测量工具是用来检测一成不变条件下的男性的。一些女性主义社会工作实务工作者的确设计了一些测量工具，例如哈德森量表（1982），偶尔也有社会工作学者运用这些工具来进行需求评估和效果评估（Lundy，1993；Rathbone-McCuan，Tebb，& Harbert，1991）。

语言

女性主义实务中采用的语言是政治性的语言，常用的术语包括"倡导""赋权""解放"和"变革"（Bricker-Jenkins，1991，p.284）。诸如"疗法"和"治疗"的术语被认为是病理性的术语，要谨慎使用。将专业活动分成不同的独立领域，例如微观和宏观，也被当成是对女性主义实务方法的贬低，因为女性主义实务方法要为案主提供个人和社会变革，而不是将二者对立起来。

干预的时限

女性主义助人方法都不受预设的时间长度的限制，相反，理论导向和与当时情境相关的因素会发挥重要作用。一般来讲，除了心理动力导向的模式，大部分实务模式都不喜欢制定冗长的协议，因为人们担心冗长的协议可能会带来案主对社工的不断依赖。此外，人们相信个人和社会变革不会瞬间发生。因此，采用循序渐进的个案策略，鼓励案主在合适的时候回归，是完全符合自我成长原则的（Valentich & Grijyton，1985）。

具体方法的应用

个人和小组的应用

从某种意义上讲，个人和小组工作是女性主义实务方法中必不可少的方法。因为女性主义实务认为，必须将女性当成独立的个体来看待，在可能的情况下，她们也是一个群体。如上所述，意识提升小组这种小组形式成为父权制社会体系中唤醒妇女作为主体行动者的主要载体。经过修改之后，可以被运用在不同的实务背景中。

《社会小组工作》杂志的特刊《女性小组工作/男性小组工作》（*Groupwork with Women/Groupwork with Men*）（Garvin & Reed，1983）就充分展示了社会工作对社会性别在各类小组中的影响的关注。后来还有一期名为《暴力：小组中的预防和治疗》（*Violence：Prevention and Treatment in Groups*）（Getzel，1988），刊登的文章涉及家庭暴力、与男性施暴者开展工作、儿童虐待的受害者、儿童应对自己的同学因暴力死亡、强奸幸存者和受虐妇女。然而，刘易斯（Lewis，1992）认为，社会小组工作的实务"已经屈服于对症状的控制和管理的压力了，屈服于案主的定义，不能以平等的参与者和伙伴的身份参与到一个共同努力的事业中，而是变成了一个破碎的、有缺陷的存在"（p. 273）。她主张在社会小组中运用女性主义视角，重拾小组工作提出的承诺，即"全面激发人类潜能，不能放弃灵性、养育或情感，而是要增加果断性、冲突解决的能力、决策力、合作和实现重要的社会公共目标的能力"（p. 277）。

《女性主义小组工作》（*Feminist Groupwork*）是由巴特勒和温特拉姆（Butler & Wintram，1991）撰写的一本社会工作小组工作教科书，根据他们在英国与工人阶级农村和城市妇女小组开展工作时的经历写成。霍姆（Home，1993）对该书的评价很高，但她指出，书中提出的赋权只是在个人层面得到了实现，该书对如何实现妇女的集体赋权的关注还是不够的。古铁雷斯（Gutiérrez，1991，pp. 205-206）在评论中也提出，小组工作是赋权妇女或帮助她们改变现状的最理想的模式，因为其他所有的技术都能被整合在其中进行运用。加文和里德（Garvin & Reed，1995）对小组工作模式进行了深入分析，并对女性主义模式提出了启发性建议，这使得社会工作者可以在运用小组方法与个体、组织和社区开展工作时，实现社会公正和赋权的目标。

夫妻

在女性主义文献中，与夫妻开展工作是一个需要加入少量治疗的工作方法，当然，这里不包括家庭社会工作（Nelson-Gardell，1995）、婚姻和家庭治疗（Enns，1988），或女性主义家庭治疗（Goodrich，Rampage，Ellman，& Halstead，1988；Ellman，Rampage & Goodrich，1989）。我们偶尔也会发现一篇整合了女性主义视角的文章，例如巴沙姆（Basham，1992）对与夫妻工作中的抵抗的研究。当然，还是有很多文献批判了现存的家庭治疗模式，并提出要运用女性主义的原则（Avis，1989b）。

家庭

尽管夫妻和家庭社会工作是先于不同学派的家庭治疗发展起来的，但是，在1970年代，家庭治疗中的社会工作还是居于次要地位的。家庭治疗常常将父亲当成一家之主，对家庭治疗单位和理论的父权制结构的批评声还是非常微弱的。直到黑尔-默斯丁（Hare-Mustin，1978）的文章发表之后，才真正出现了批评的思潮，现在这股批评思潮已汹涌澎湃。

本章的主题不是追溯女性主义家庭治疗的历史（Carter，1992）、趋势（Goldner，1992；Piercy & Sprenkle，1990），或者其他学科做出的突出贡献（Avis，1989b；Leslie & Clossick，1992），因此，对上述内容不做赘述。探讨这些内容的主要学者包括洛伊斯·布雷弗曼（Lois Braverman，1988a，b）以及创刊于1986年的《女性主义家庭治疗》（*Feminist Family Thera-*

py）的编委会的很多成员。这里也不多谈及北美女性主义家庭治疗的发展历程，但是，依然有很多撰稿人记载了女性主义家庭治疗的重要发展历程，包括来自加拿大的社会工作者劳里·麦金农（Laurie MacKinnon，1985，1987，1993），以及她的澳大利亚同事克里·詹姆斯（Kerrie James，1983，1984，1989，1990，1992），她曾与杜史迪·米勒（Dusty Miller）和黛博拉·麦金泰尔（Debora McIntyre）一起以不同的方式组合，共同撰写了很多论文。另外，还有一些经典教科书（Ault-Riché，1986；Walter，Carter，Papp，& Silverstein，1988）、杂志专刊以及评论文章等，都对不同领域进行了批评，对下列概念提出了质疑，例如循环性和中立性、反对指责妇女、将系统与个体对立起来、忽视家庭环境或社会环境中的权力动态关系等（Nelson-Gardell，1995；Paterson & Trathen，1994）。这足以说明女性主义家庭治疗是充满活力、健康发展的。

莱尔德（Laird，1995）指出，以下三种视角在某种程度上有着相互交叉：后现代、社会建构主义和文化比喻。它们都对家庭治疗的发展演变产生了影响。女性主义实务工作者在服务中开始关注那些长期以来被忽视的案主：单亲母亲、女同性恋夫妻及其子女。人们列出了一系列性别问题（Sheinberg & Penn，1991）以及女性主义家庭治疗师行为清单（Chaney & Piercy，1988），大家都在采用话语共建的技术（Gorman，1993）。当然，也出现了一些警告性的声音（Laird，1995）："案主的故事因为性别、年龄、种族、性取向、肤色和社会阶层等因素受到了重视或者限制，这取决于这些因素是如何在大背景中被'讲述的'。"（p.29）女性主义家庭治疗正朝着回应与种族、阶级、性别文化和性取向相关问题的方向发展（Almeida，1994）。

社区

尽管女性主义实务清楚地表明，它们也包含了社区工作层面的内容，但是，现有文献中更多的内容还是针对机构变革开展的个案研究，开展妇女小组工作推动政策和服务改革，以及在某些具体的社区如农村社区内的实践。但是，无论如何，赋权还是成了小组和社区工作的核心主题（Breton，1994；Zippay，1995）。在分析社区组织的女性主义视角时，韦伊（Veil，1986）详细介绍了如何将女性主义的议题和角色融入社会政策、社区联盟、社区发展、规划、参与和政治赋权中。

在社会工作实务中的运用

运用范围

女性主义视角已经在社会工作实务领域得到了广泛运用。因此，在《21世纪的女性主义实务》（Van Den Bergh，1995）一书中，作者提出可以运用女性主义视角的领域包括：职业领域、农村妇女工作、政界、和平运动、世界各国妇女福祉，以及特殊群体，特殊群体例如有色人种妇女、贫穷妇女、无家可归妇女、药物滥用妇女、男女同性恋、艾滋病病毒/艾滋病妇女、施暴和受害妇女、老年妇女等。《临床背景中的女性主义社会工作实务》（Bricker-Jenkins et al.，1991）一书中收录的文章涉及在医院、精神健康、日间照顾、农村和机构背景中如何将女性主义视角运用到社会工作实务中，运用范围实际上取决于实务工作者的工作热情和创造力。

多元性问题

在1970年代，以及1980年代的部分时期，女性主义实务的关注焦点是美国和加拿大妇女运动中主导群体的生活，也就是白人中产阶级妇女的生活。随着妇女运动的多元化，女性主义实务开始代表有色人种妇女的利益。至此，女性主义实务关注的不仅是"妇女"这个类别，而是妇女的多元性，开始尊重肤色、种族、性取向、年龄和阶级。

《妇女与治疗》（*Women and Therapy*）杂志出版了《治疗中的种族和性别政治》（*The Politics of Race and Gender in Therapy*，Fulani，1987）以及《治疗中的犹太妇女：有图像没声音》（*Jewish Women in Therapy：Seen but Not Heard*，Cole & Rothblum，1991）两期特刊，提出了多元性问题，以及女性主义实务工作者要具备文化能力的问题。总之，心理学家（Comas-Diaz，1987；Ho，1990；Sieber & Cairns，1991；Skodra，1992）和社会工作者（Bernard，Lucas-White，& Moore，1993；Gold，1993；Gould，1987a）开始关注过去一直被忽视的种族和民族群体问题了，女性主义社会工作实务也越来越具有民族敏感性，不断为各类妇女提供服务。

与男性案主开展服务

很多实务工作者运用女性主义视角为男性案主提供服务（Collins，1992；Tolman，Mowry，Jones，& Brekke，1986），也讨论了针对男性的性别歧视（Thompson，1995）。作为少有的例外（Sancier，1987；Walter et al.，1988），女性主义文献对女性主义未来发展中男性的角色或女性主义社会工作实务工作者如何、是否应该涉及男性这样的议题只字未提。莱德劳和马尔摩（Laidlaw & Malmo，1990）指出，自己的治疗方法是适用于男性的，而其他的实务模式则从不考虑在男性身上的适用性。鉴于很多社会工作实务工作者并不局限于为妇女提供服务，这样的忽视是存在问题的。性别敏感的实务（Valentich，1992）建立在女性主义和男权主义的视角之上，其目的是发展出一个统一的实务框架，同时为男性和女性案主服务，推动机构改变，以实现男女平等。主流的女性主义社会工作实务文献则将"男性问题"搁置一边。

300

案主类型

由于女性主义实务模式不采用诊断类型或其他的分类方式，因此人们难以甄别出什么类型的实务更适合采用女性主义实务模式。但是，女性主义案主会选择女性主义实务工作者为自己服务，这些案主显然更适合采用女性主义实务模式。同样，那些对家庭和性别角色方面持有保守主义意识形态的案主，可能会不喜欢女性主义实务模式的某些要素。这并不意味着女性主义实务工作者会把自己的价值观强加给案主。女性主义实务工作者忌讳谈论案主的投入度，这成为案主不喜欢将女性主义理解为一种哲学或者运动的主要原因。

问题领域

女性主义社会工作实务在几个主要问题领域的发展已经颇为成熟，并且积累了丰富的文献。此外，很多领域的文献也记载了对女性主义视角实务的运用。下列内容来自社会工作和其他学科的文献，反映了女性主义实务的主要使用领域。

性侵犯

自 1970 年代以来，妇女运动唤起了社会公众对无所不在的强奸或者对女性的性侵犯问题的关注，性侵犯在加拿大成为一个法律术语。针对性侵犯的性质、后果以及服务有效性的研究层出不穷（Burgess，1991）。围绕机构到底应该提供什么样的服务的争论不断出现，从长期的咨询，到教育和社会行动，这样的服务到底应该由谁来提供，由谁来资助（Ignagni，Parent，Perreault，& Willatar，1988；Valentich & Gripton，1984）。研究表明，女性主义助人视角能够帮助妇女从最初的受害者转变为幸存者（Hutchinson & McDaniel，1986）。

人们也发现，成年男性和男孩也会成为性侵犯的受害者，他们也需要服务（Isely，1991）。婚内和熟人的性侵或约会强奸也是一个严重的社会问题（Bergman，1992；Yegidis，1988）。同样，工作场所的性骚扰（Kaplan，1991）以及助人性专业人士对案主的性剥削等都成为严重的社会问题（Gripton & Valentich，1991）。人们开始关注为施暴者提供服务（Warren，Gripton，Francis，& Green，1994），有些施暴者也是妇女。如何为遭受了性侵犯的人，以及那些面临艾滋病病毒（HIV）感染高风险的人或感染其他性病的人提供服务，也成为女性主义实务的焦点之一（Laszlo，Burgess，& Grant，1991；Ledray，1991）。最后，人们开始意识到战争中的性侵犯也成为种族清洗政策的重要组成部分（Valentich，1994）。

性虐待

1980 年代见证了助人专业人士、研究者和公众意识到儿童性虐待问题的严重性，首 *301*

先是对女孩，接着是对男孩的性虐待，施暴者是亲属和陌生人（Avis，1992；Bagley & King，1990；Gelles & Conte，1990；Kelly & Lusk，1992）。这期间出现了很多的实务、女性主义和其他学科的研究文献（Everstine & Everstine，1989；Gavey，Florence，Pezaro，& Tan，1990；Maddock & Larson，1995；Trepper & Barrett，1989）。

　　学者们研究了性虐待对女孩的长期影响（Anderson，Yasenik，& Ross，1993；Bagley & Ramsay，1986；Kilpatrick，1992），以及为成年女性提供的服务的有效性（Alexander，Neimeyer，Follette，Moore，& Harter，1989；Gold & Anderson，1994；Jehu，Klassen，& Gazan，1986；1988；Lundy，1993；Mennen，1990；Westerland，1992）。人们揭示了邪恶性虐待和宗教习俗性虐待（McShane，1993），并围绕其性质展开了热烈的讨论（Ross，1995）。学者们注意到心理、身体和性虐待互相交织在一起后，会给妇女带来严重的精神问题（Bagley，in press；Moeller，Bachmann，& Moeller，1993）。

　　1990年代，学者们就是否需要关注儿童性虐待幸存者的压抑性记忆问题，产生了尖锐的分歧。长期以来，女性主义者一直认为，当儿童报告自己受到性虐待时，我们要信任他们，与此相关的是，女性主义者还相信成年妇女所陈述的自己童年时代遭受的性虐待的真实性。不幸的是，一些专业人士会不知不觉地把受虐历史当成故事。要想解决这种矛盾，就需要让专业人士和外行都明白这一点，而这在短期内是难以做到的。

殴打女性

　　妇女运动不仅会唤起社会对性侵犯和性虐待问题的关注，还会让社会大众意识到家庭内部存在的危险，特别是男性针对自己的女性配偶实施的身体、情感和其他形式的暴力（Dobash & Dobash，1979；Dutton，1988；Kurz，1993；Valentine，1986）。这个领域的研究和实务基本上依据两个针锋相对的框架：一个是女性主义框架；另一个是家庭暴力框架，这个框架在斯特劳斯、吉勒斯和斯坦梅茨（Straus，Gelles，& Steinmetz，1980）的著作中有着详细描述。《美国家庭中的身体暴力》（*Physical Violence in American Family*，1990）一书全面介绍了斯特劳斯和吉勒斯及其同事们的研究成果。女性主义视角将女性-男性关系作为分析中心，而家庭暴力视角并不认为攻击是某个性别特有的问题（Kurz，1993）。相反，在家庭中，男女使用暴力的频率是基本相同的，当然，暴力会给妇女带来更加严重的后果。男女配偶之间的暴力是家庭成员之间暴力模式的一个组成部分。两个视角都认为，妇女的屈从地位是导致暴力的一个因素，当然，女性主义认为，与其他因素相比，妇女的屈从地位是核心因素（Kurz，1993）。卡尔森的评论文章（Carlson，1991，1992）能帮助我们厘清家庭暴力研究中男女之间暴力的性质，即认为女性更容易遭受来自自己配偶的虐待。

　　上述观点对实务的启发取决于研究者到底采用哪个视角。因此，在对社会工作服务受虐妇女的文献回顾中，古铁雷斯（Cutiérrez，1987）发现，"心理学视角的作者会倾向于进行个人层面的干预，社会学视角的作者会建议进行个人或社区层面的干预，而女性主义视角的作者则会建议进行社区或者社会层面的干预"（p. 43）。女性主义干预的一个很好的例子是"加拿大反对针对妇女暴力专家组"提出的建议（1993），该建议旨在实现妇女平等，通过社会主要部门采取措施来消除针对妇女的暴力。

最重要的措施是为妇女和儿童建立庇护所，在他们决定离开暴力关系后，给他们提供安全保障（Tutty, 1993）。女性主义者有一个长期的担忧（Prieur, 1995；Davis & Hagen, 1992），就是针对妇女的暴力已经被重构为"受虐妇女"的概念，这就使暴力问题变成了专业的精神疾病问题或者咨询问题（Zetlin, 1989），取代了应从政治的角度来分析的男性对女性的暴力问题。巴克豪斯（Backhouse, 1992）也表达了同样的担忧：专业的社会服务侵入了政治话题，弱化了其政治性。

不管怎样，专业的社会工作者还在提供女性主义导向的服务，包括时限性的、安全的个案工作和小组工作（Cantin & Rinfret – Raynor, 1993；Davis & Hagen, 1992；Mancoske, Standifer, & Cauley, 1994；Shepard, 1991）。帕克特-迪伊、林弗雷特-雷诺和拉鲁什（Pâquet – Deehy, Rinfret – Raynor, & Larouche, 1992, p. 5）描述了一个女性主义模式，包括以下几个部分：初期的访谈，以降低心理压力，支持妇女回到配偶身边或者解除关系；短期的治疗，提升妇女的自尊和自主性；中长期的干预，通过果断性训练减少受害者的行为问题，学习表达愤怒、表达情感，获取有关暴力的信息，改善社会环境；参与小组活动，打破其孤立感。这一模式通过很多方式来鼓励妇女成长，帮助其获得能量，与自己的配偶重新协商关系。这个干预模式吸收了结构性、心理社会和社会行为范式，采用了几项社会行为和认知技术，并且强调"有必要谴责性别歧视的社会化和暴力行为"（p. 7）。

1980 年代还出现了很多针对男性施暴者的服务项目，这些项目主要关注的是愤怒管理，基本上与配偶没什么关系（Carlson, 1991；National Clearinghouse, 1994）。小组是帮助男性施暴者的主要载体（Kaufman, 1992；Russell, 1995），女性主义、认知行为和心理教育视角都是常用的手法（National Clearinghouse, 1994）。小组方法似乎是改变某些男性施暴者行为的最具希望的方法（Dutton, 1995）。

处理殴打女性问题的专业服务中的最具争议的内容是婚姻和家庭咨询或治疗。大量文献从多个视角记录了与发生家庭暴力的家庭开展服务的情况（Hansen & Harway, 1993；Lupton & Gillespie, 1994；Pressman, Cameron, & Rothery, 1989）。自 1980 年代以来，传统的婚姻和家庭治疗方法已经受到了女性主义劈头盖脸的批判。女性主义批评的要旨是，各种形式的家庭治疗都不承认虐妻或配偶虐待的存在，他们忽视了家庭内部的权力动态关系，也看不到一方配偶如何获取了其他社会资源。因此，妇女常常被认为是她们自己促成了暴力事件的发生（Avis, 1992）。

戈尔登和弗兰克（Golden & Frank, 1994）指出，夫妻咨询、家庭系统咨询和调解以及其他方式，都不能揭示家庭内部男女之间的权力差异。从他们的视角来看，帮助男性最好的方式就是逮捕和"强有力的、对质性的教育咨询，将男性与他们的配偶隔离开，分析虐待光谱，要让施暴者对自己的施暴行为负全责"(p. 637)。建立在互相照顾系统之上的涉及很多资源、保护和服务的综合性统一模式(Dwyer，Smokowski，Bricourt，& Wodarski，1995；Pennell，1995；Pressman，1989)，似乎是一种理想的服务模式。

精神健康

上述问题领域以及其他的问题都可以被放在妇女精神健康这把伞下面来考虑。我们见证了《加拿大社区精神健康杂志》的专刊《妇女与精神健康》(*Women and Mental*)的主要内容(McCannell，1986)。同样，加拿大精神健康协会于 1989 年和 1991 年先后在班夫召开过两次大的学术研讨会，第二次会议的参与者超过 1 000 人，涉及专业人士、非专业人士、服务使用者和服务提供者，共同讨论了很多形式的针对妇女的暴力、传统服务带来的伤害以及女性主义视角的本质等问题。

女性主义实务还关注不同形式的、传统上被定义为精神疾病的问题。例如，抑郁症是妇女需要面对的一个严重的问题(Jensen，1993)。另外，妇女面临的其他问题还有长期照顾生病的亲属(Scheyett，1990)，以及精神疾病的分类(Wetzel，1991)。女性主义实务文献也特别关注医疗模式的问题(Penfold & Walker，1986)。

健康

米尔纳和韦德曼(Milner & Widerman，1994)阐述了如何将女性主义视角运用到妇女健康问题上。他们发现，在 1985—1992 年之间发表在专业杂志上的 36 篇文章中，有将近一半的文章涉及生殖健康和性问题，包括怀孕、计划生育、流产、孕期的药物滥用和胎儿保护政策等。另一半文章涉及医疗诊断问题，包括艾滋病病毒/艾滋病和性病、癌症、老龄化相关疾病、经前综合征、特纳氏综合征和慢性疲劳综合征等。米尔纳和韦德曼指出，实际上有很多严重疾病没有得到检查，这些文章的内容表明，妇女基本上关注的还是她们的生殖和性功能。他们认为，总体文章数量确有不足，大部分文章关注的还是在个人或小组层面的干预，而不是家庭、社区和社会层面的干预。只有四分之一的文章采用了女性主义视角，这些文章都发表在《妇女与社会工作杂志》上。

这个领域令人兴奋的一项发展是《健康照顾社会工作》(*Social Work in Health Care*)杂志出版的一期题为《妇女健康与社会工作：女性主义的视角》(*Women's Health and Social Work：Feminist Perspectives*)的特刊(Olson，1994)。在广义的妇女健康标题下，新的生育技术越来越得到人们的关注(Carter，1992；CRIAVV，1989；Moss，1988；Walther & Young，1992)，此外，还有药物滥用问题(Turner，1992；Nelson-Zlupko，Kauffman & Dore，1995)和残疾问题(Quinn，1994)。

其他问题领域

很多其他领域也开始引入女性主义社会工作实务视角，例如儿童福利(Costin，

1985)、性问题（Keystone，1994；Valentich & Gripton，1992）、少女（O'Haene，1995)、青少年单亲母亲（Freeman, Logan, & Gowdy，1992）、老年妇女的不同次群体（Browne，1995；Butler & Weatherley，1992；Carlton-LaNey，1992；Perkins，1992）、女同性恋（Morrow，1993；Swigonski，1995）、《史密斯学院社会工作研究》（Smith College Studies in Social Work）特刊（Laird，1993）以及《妇女与治疗》（Rothblum，1988）；以及无家可归的妇女（Brown & Ziefert，1990）。

行政性培训因素

女性主义实务教学

对女性主义社会工作实务工作者的培养已经成熟到可以接受评估检查了。一方面，布里克-詹金斯及其同事（Bricker-Jenlins et al.，1991）表达了这样一个立场，即他们知道，没人能够从社会工作学院中学习到女性主义实务，因为女性主义实务不是学术成果或学术产品：

> 值得注意的是，这个新的视角源于女性主义社会工作者的努力，以将自己的女性主义视角与自己在大学中学习到的规范性理论和方法进行协调和整合（p. 6）。

沃克（Walker，1990）持类似的态度，她认为女性主义咨询是一种视角，而不是一项可以在工作坊中习得的技术：

> 它反映了一种存在、信仰和理解，它们来自不同的渠道，但彼此交融、互相滋养。这是一种视角，鼓励流动性，赞美互相依存，激励不断探索（p. 73）。

课程开发
另一方面，在学术界内部，人们提出了很多问题，也采取了很多行动来推动女性主义实务能力的提升。首先，人们提出了这样一个问题：社会工作学院如何更好地回应评估机构的要求，在课程中增加妇女有关的内容。可喜的是，自从1980年代中期以来，各高校社会工作项目的评估还是非常顺利的。当然，人们还是对知识基础有所顾虑：尼克尔斯-卡斯博尔特及其同事（Nichols-Casebolt et al.，1994）发现，讨论妇女问题的论文在1991年之前的十年中，占当时论文发表总数的不到十分之一。此外，学生和实务工作者怎样才能对自己所掌握的有关妇女问题的知识进行更好的整合运用（Marshall, Valentich, & Gripton，1991）？

其次，有关妇女的课程内容到底该放在单独的课程中还是该贯穿于整个课程体系始终？文顿（Vinton，1992）对 70 名社会工作本科生的知识和态度的研究发现，这些学生中，学习过单独课程的学生，会拥有更多的有关女性生物过程及影响妇女发展的历史因素的知识。弗里曼（Freeman，1990）研究了社会工作教育者对妇女问题的看法，结果发现，女性主义理论的确给人们提供过一副看待妇女问题的有色眼镜，课程中"妇女问题"的内容，不能与女性主义理论的内容相提并论。

还有一些课程开发重视将与妇女相关的知识融入课程体系中。亚利桑那州立大学社会工作学院的女教师提出了一项全面的计划，将妇女问题整合进了社会工作硕士课程大纲中（Carter et al.，1994）。此外，彭内尔、弗莱厄蒂、格拉韦尔、米利肯和纽曼（Pennell，Flaherty，Gravel，Milliker，& Neuman，1993）报告了他们对为三个白人学生班、一个加拿大本地学生班和移民学生班教授女性主义理论课程的研究结果。

人们还开始关注女性主义和相关视角在实习环节应该如何处理（Rogers，1995；Lazzari，1991）以及如何开展研究教育（Krane，1991）的问题。阿维斯（Avis，1989a）建议将性别整合到家庭治疗的课程中，提出要特别关注课程格式、教学的组织和过程、性别培训对学生的影响以及男性和女性不同的生命历程等。

女性主义教学法

人们很有兴趣讨论在社会工作实务教学中采用的女性主义教学法（Dore，1994）、社会工作小组实务（Cramer，1995）、女性主义实务（Bartlett，Tebb & Chadha，1995）、女性主义咨询技巧（Russell，1986）、女性主义认同（Parnell & Andrews，1994），以及在社会工作沟通和学习过程中男女两性所采用的不同方式（De Lange，1995）。

社会工作实务工作者在多大程度上为女性主义实务做好了准备？现在回答这个问题还为时过早，但是在大多数社会工作研讨会和社会工作学院中还是出现了很多新的发展和机会，不断对实务进行更新。有关女性主义实务的选修课程、研讨会的分论坛和工作坊常常很受追捧，尽管这些课程和研讨会的数量不多。1996 年，女性主义学堂已经开始面向三年级的学生开设了。

督导

存在一些针对女性主义实务督导性质的评论（Ault-Riché，1988；Chemesky，1986）。人们发现，获取有关女性的知识的过程，以及认同妇女事业，是需要情感投入的，有时也是非常令人疲惫的（Kirst-Ashman，1992）。当然，有的场景会创造机会提高人们对妇女问题的认同感，但有的场景会限制社会工作者为女性代言、倡导、游说，以及与案主和其他实务工作者一起采取社会行动（Pâquet-Deehy et al.，1992）。因此，这个过程需要督导。很多女性主义实务工作者选择在私人机构执业，此时，传统的督导形式便难以实现，有时会出现实务工作者建立咨询小组或咨询关系的情形。

伦理问题

女性主义会带来一些实务现实问题，例如尊重文化多元性，当案主拥有"自决"的父权制思想时如何体现女性主义价值，社会工作者如何在自己的家庭和工作场所处理性别歧视问题等（Glassman，1992）。在某些场合讨论这些问题时，如果没有层次化组织的监督，实务工作者会很开心，特别是那些刚刚开始职业生涯的新人实务工作者。

由于实务中存在女性主义两难处境，包括双重关系（Gripton & Valentich，1991；Kagle & Giebelhausen，1994；Valentich & Gripton，1992，1994），因此，解决这些伦理问题成为培训教育的一项重要内容。正如玛戈里斯（Margolies，1990）所述，女性主义实务工作者曾经在传统的治疗规则范围内经历了一个艰难的实务发展历程，经过了反复实验，还涉及时间设限、费用安排和接触专业外关系等因素。想要审视女性主义实务的复杂性，有两个杰出的资源可供参考，一个是莱尔曼和波特（Lerman & Porter，1990）的《心理治疗中的女性主义伦理》（*Feminist Ethics in Psychotherapy*），另一个就是拉夫和拉森（Rave & Larsen，1995）的《治疗中的伦理决策：女性主义视角》（*Ethical Decision Making in Therapy：Feminist Perspectives*）。

要想解决伦理困境，我们建议，实务工作者应将决定和行动全部记录下来（Valentich & Gripton，1994）。作为一个重要的行政管理要求，记录在女性主义实务文献中常常是被人忽视的。毫无疑问，实务工作者必须首先遵循自己机构对报告制度的基本规定。当然，也要小心报告可能会出现的标签化倾向及其潜在的有害后果。此外，自草根性女性主义组织诞生以来，女性主义实务工作者格外注意对案主的服务记录进行保密，他们采取了很多措施，包括运用"梗概"方式来记录，特别是当法庭希望获取案主的性经历和其他历史资料时，他们会十分谨慎。

实务的实证基础

卡拉夫茨（Kravetz，1986）在回顾妇女和精神健康时发现，"出丁家庭治疗的出现和发展相对较晚，我们非常缺乏这类治疗的过程和结果的实证资料"（p.117）。她回顾了仅有的几项研究，发现研究结果的确表明家庭治疗还是有好处的。现在，我们还不能说女性主义社会工作实务依然处在初始阶段，但是实证基础研究的发展规模确定不大，即使其运用领域出现了很多研究导向的文献。我们应从女性主义研究批评的角度来理解这个状况，特别是对实证主义研究的批评。因此，戴维斯和斯里尼瓦桑（Davis & Srinivasan，1995）

注意到了学界对受虐妇女服务研究的缺乏，他们指出：

> 大部分在学术和专业杂志上发表的研究都是父权制的，以男性为中心的（参见 Davis，1986；Eichler，1988；and Reinharz，1992），研究关注的是旨在维护现存性别角色关系的干预模式，充分体现了这种偏见。同时，我们还可以看出研究方法的选择中表现出来的偏见（p. 50）。

艾克勒（Eichler，1988）等人发现的性别歧视问题，包括男性中心、过度概括化、性别不敏感、双重标准和家庭主义等，都可以被克服，特别是女性主义研究者发展出的研究设计，旨在赋权研究的参与者。这样的研究可以是合作性的或者参与性的，还可以加入一些行动的要素（Richardson & Taylor，1993）。

在临床实务的实证研究中，特别是单一个案设计或小组研究方法中，都是可以运用女性主义视角的（Ivanoff，Robinson & Blythe，1987）。此外，两本教科书《种族、性别和阶级》（Davis & Proctor，1989）以及《治疗中的女性主义视角》（*Feminist Perspectives in Therapy*，Worell & Remer，1992）都用研究来支持自己的实务模式。研究中偶尔也会运用比较治疗小组设计（Mancoske，Standifer，& Cauley，1994），得出的结果保证了未来的研究可以针对更大的样本来进行。无论如何，由于人们怀疑"男性主导"的研究方法，女性主义实务的实证基础还是比较单薄。这个局面会逐步得到改善，因为女性主义实务工作者在不断转向质性研究方法，和/或其他的设计和方法论，不断邀请参与者参与到研究过程中，使得研究参与各方共同受益。

使用说明

1980 年代中期发展起来的女性主义社会工作实务的发展历程表明，女性主义视角会对所有社会工作实务工作者和案主产生重要影响。这些视角有望解决实务中出现的某些分歧，例如，微观与宏观实务之间的分歧或者主流机构实务与非主流机构实务之间的分歧等。女性主义推动了女性表达自己多元的个人和职业经历，人们期望这会带来个人和机构的改变，同时也会在社会工作教育和实务领域带来新的变化。

社会工作不是唯一一个关注女性主义视角的助人性职业（Gilbert & Osipow，1992；Marecek & Hare-Mustin，1991）。这种力量的积蓄意味着女性主义理论和实务的发展会不断积淀、强大。当然，女性主义实务蓬勃发展的国家的政治氛围不断趋向保守，因此，争取男女平等，终结基于肤色、种族、阶级、地区、年龄和健康水平的压迫的道路上充满了艰辛和挫折。简言之，女性主义社会工作实务工作者要与志同道合者团结携手，直面阻力和挑战，不断追求个人和集体改变，最终获得自我实现和解放。

参考文献

Adams, C.J. (1991). Ecofeminism: Anima, animus, animal. In L. Richardson & V. Taylor (Eds.), *Feminist frontiers III* (pp. 522–524). New York: McGraw-Hill.

Adamson, N., Briskin, L., & McPhail, M. (1988). *Feminist organizing for change: The contemporary women's movement in Canada.* Toronto: Oxford University Press.

Alexander, P., Neimeyer, R., Follette, V., Moore, M., & Harter, S. (1989). A comparison of group treatments of women sexually abused as children. *Journal of Consulting and Clinical Psychology, 57* (4), 479–483.

Almeida, R.V. (Ed.) (1994). *Expansions of feminist family theory through diversity.* Binghamton, NY: Haworth Press.

Anderson G., Yasenik, L., & Ross, C. (1993). Dissociative experiences and disorders among women who identify themselves as sexual abuse survivors. *Child Abuse and Neglect, 17*(5), 677–686.

Anderson, S.C. (1994). A critical analysis of the concept of codependency. *Social Work, 39*(6), 677–685.

Ault-Riché, M. (1986). *Women and family therapy.* Rockville, MD: Aspen Systems.

Ault-Riché, M. (1988). Teaching an integrated model of family therapy: Women as students, women as supervisors. In L. Braverman (Ed.). *Women, feminism and family therapy.* Binghamton, NY: Haworth Press.

Avis, J.M. (1982). Current trends in feminist thought and therapy: Perspectives on sexual abuse and violence within families in North America. *Journal of Feminist Family Therapy, 4*(3/4), 87–99.

Avis, J.M. (1989a). Integrating gender into the family therapy curriculum. *Journal of Feminist Family Therapy, 1*(2), 3–26.

Avis, J.M. (1989b). Reference guide to feminism and family therapy. *Journal of Feminist Family Therapy, 1*(1), 93–100.

Avis, J.M. (1992). Where are all the family therapists? Abuse and violence within families and family therapy's response. *Journal of Marital and Family Therapy, 18*(3), 225–232.

Backhouse, C. (1992). The contemporary women's movements in Canada and the United States: An introduction. In C. Backhouse & D.H. Flaherty (Eds.). *Challenging times: The women's movement in Canada and the United States* (pp. 3–15). Montreal & Kingston: McGill-Queen's University Press.

Backhouse, C., & Flaherty, D.H. (Eds.). (1992). *Challenging times: The women's movement in Canada and the United States* (pp. 3–15). Montreal & Kingston: McGill-Queen's University Press.

Bagley, C. (in press). A typology of child sexual abuse: Addressing the paradox of interlocking emotional, and physical and sexual abuse as cause of adult psychiatric sequels in women. *The Canadian Journal of Human Sexuality.*

Bagley, C., & King, K. (1990). *Child sexual abuse: The search for healing.* London: Tavistock/Routledge.

Bagley, C., & Ramsay, R. (1986). Sexual abuse in childhood: Psychosocial outcomes and implications for social work practice. In J. Gripton & M. Valentich (Eds.). *Social work practice in sexual problems* (pp. 33–47). New York: Haworth Press.

Baines, C.T., Evans, P.M., & Neysmith, S.M. (Eds.). (1991). *Women's caring: Feminist perspectives on social welfare.* Toronto: McClelland & Stewart.

Baines, C.T., Evans, P.M., & Neysmith. S.M. (1992). Confronting women's caring: Challenges for practice and policy. *Affilia, 7*(1), 21–44.

Bartlett, M., Tebb, S., & Chadha, J. (1995). Teaching feminist practice: Support, transition, change. *Affilia 10*(4), 442–457.

Basham, K. (1992). Resistance and couple therapy. *Smith College Studies in Social Work, 62*(3), 245–264.

Belenky, M.F., Clinchy, B.M., Goldberger, N.R., & Tarule, J.M. (1986). *Women's ways of knowing: The development of self, voice, and mind.* New York: Basic Books.

Berg, K.C. (1995). *Issues surrounding female genital mutilation and immigrant and refugee women in Canada.* Unpublished manuscript.

Bergman, L. (1992). Dating violence among high school students. *Social Work, 37*(1), 20–27.

Bernard, W.T., Lucas-White, L., & Moore, D.E. (1993). Triple jeopardy: Assessing life experiences of Black Nova Scotian women from a social work perspective. In M. Valentich, M. Russell, & G. Martin (Eds.), Women and social work: Celebrating our progress [Special Issue]. *Canadian Social Work Review, 10*(2), 256–274.

Berzoff, J. (1989). From separation to connection: Shifts in understanding women's development. *Affilia, 4*(1), 45–58.

Braverman, L. (Ed.). (1988a). *A guide to feminist family therapy.* New York: Harrington Park Press.

Braverman, L. (Ed.). (1988b). *Women, feminism and family therapy.* Binghamton, NY: Haworth Press.

Breton, M. (1994). On the meaning of empowerment and empowerment-oriented social work practice. *Social Work with Groups, 17*(3), 23–37.

Bricker-Jenkins, M. (1991). The propositions and assumptions of feminist social work practice. In M. Bricker-Jenkins, N.R. Hooyman, & N. Gottlieb (Eds.), *Feminist social work practice in clinical settings* (pp. 271–303). Newbury Park, CA: Sage.

Bricker-Jenkins, M., & Hooyman, N.R. (Eds.). (1986). *Not for women only: Social work practice for a feminist future.* Silver Spring, MD: National Association of Social Workers.

Bricker-Jenkins, M., Hooyman, N.R., & Gottlieb, N. (Eds.). (1991). *Feminist social work practice in clinical settings.* Newbury Park, CA: Sage.

Brown, C. (1994) Feminist postmodernism and the challenge of diversity. In A.S. Chambon & A. Irving (Eds.), *Essays on postmodernism and social work* (pp. 33–46). Toronto: Canadian Scholars Press.

Brown, K.S., & Ziefert, M. (1990). A feminist approach to working with homeless women. *Affilia, 5*(1), 6–20.

Browne, C.V. (1995). Empowerment in social work practice with older women. *Social Work, 40*(3), 358–364.

Buechler, S.M. (1990). *Women's movements in the United States.* New Brunswick, NJ: Rutgers.

Bunch, C. (1993). Women's subordination worldwide: Global feminism. In A.M. Jaggar & P.S. Rothenberg (Eds.). *Feminist Frameworks* (3rd ed). New York: McGraw-Hill.

Burgess, A.W. (Ed.). (1991). *Rape and sexual assault III.* New York: Garland Press.

Butler, S.S., & Weatherley, R.A. (1992). Poor women at midlife and categories of neglect. *Social Work, 37*(6), 510–515.

Butler, S., & Wintram, C. (1991). *Feminist groupwork.* Newbury Park, CA: Sage.

Canadian Panel on Violence Against Women. (1993). *Changing the landscape: Ending violence–achieving equality.* Ottawa: Minister of Supply and Services Canada.

Cantin, S., & Rinfret-Raynor, M. (1993). Battered women using social services: Factors associated with dropouts. In M. Valentich, M. Russell, & M. Martin (Eds.). Women and social work: Celebrating our progress [Special issue]. *Canadian Social Work Review, 10*(2), 202–219.

Caputi, J., & Russell, D.E.H. (1993). In L. Richardson & V. Taylor (Eds.), *Feminist frontiers III* (pp. 424–431). New York: McGraw-Hill.

Carlson, B.E. (1991). Domestic Violence. In A. Gitterman. *Handbook of social work practice with vulnerable populations* (pp. 471–502). New York: Columbia University Press.

Carlson, B.E. (1992). Questioning the party line on family violence. *Affilia, 7*(2), 94–110.

Carlton-LaNey, I. (1992). Elderly black farm women: a population at risk. *Social Work, 37*(6), 517–523.

Carter, B. (1992). The evolution of feminist family therapy in the United States. *Journal of Feminist Family Therapy, 4*(3/4), 53–58.

Carter, C., Coudrouglou, A., Figueira-McDonough, J., Lie, G.Y., MacEachron, A.E., Netting, F.E., Nichols-Casebolt, A., Nichols, A.W., & Risley-Curtiss, C. (1994). Integrating women's issues in the social work curriculum: A proposal. *Journal of the Council on Social Work Education, 30*(2), 200–216.

Chambon, A.S., & Irving, A. (Eds.). (1994). *Essays on postmodernism and social work.* Toronto: Canadian Scholars' Press.

Chaney, S.E., & Piercy, F.P. (1988). A feminist family therapist behaviour checklist. *American Journal of Family Therapy, 16*(4), 305–318.

Charter, N. (1991). Unexamined history repeats itself: Race and class in the Canadian reproductive rights movement. *Fireweed, 33,* 44–59.

Chernesky, R.H. (1986). A new model of supervision. In N. Van Den Bergh & L.B. Cooper (Eds.), *feminist visions for social work* (pp. 128–148). Silver Spring, MD: National Association of Social Workers.

Cole, E., & Rothblum, E.D. (Eds.). (1991). Jewish women in therapy: Seen but not heard. [Special issue]. *Women & Therapy, 10*(4).

Collins, B.G. (1986). Defining feminist social work. *Social Work, 31*(3), 214–219.

Collins, B.G. (1993). Reconstructing codependency using self-in-relation theory: A feminist perspective. *Social Work, 38*(4), 470–476.

Collins, D. (1992). Thoughts of a male counsellor attempting a feminist approach. *Journal of Child and Youth Care, 7*(2), 69–74.

Comas-Diaz, L. (1987). Feminist therapy with mainland Puerto Rican women. *Psychology of Women Quarterly, 11*(4), 461–474.

Costin, L.B. (Ed.). (1985). Toward a feminist approach to child welfare [Special edition]. *Child Welfare, LXIV*(3).

Cramer, E.P. (1995). Feminist pedagogy and teaching social work practice with groups: A case study. *Journal of Teaching in Social Work, 11*(1/2), 192–215.

CRIAW/ICREF Working Group on Reproductive Technologies. (Eds.). (1989, October). *Reproductive technologies and women: A research tool.* Ottawa: CRIAW/CREF.

Davis, L. (1986). A feminist approach to social work research. *Affilia, 1*(1), 32–47.

Davis, L. (1993). Feminism and constructivism: Teaching social work practice with women. In J. Laird (Ed.), *Revisionary social work education: A social constructionist approach* (pp. 147–163). New York: Haworth Press.

Davis, L., & Hagen, J.L. (1992). The problem of wife abuse: The interrelationship of social policy and social work practice. *Social Work, 37*(1), 15–20.

Davis, L., & Proctor, E.K. (1989). *Race, gender and class: Guidelines for practice with individuals, families and groups.* Englewood Cliffs, NJ: Prentice Hall.

Davis, L.V., & Srinivasan M. (1995). Listening to the voices of battered women: What helps them escape violence. *Affilia, 10*(1), 49–69.

De Lange, J. (1995). Gender and communication in social work education: A cross-cultural perspective. *Journal of Social Work Education, 31*(1), 75–81.

D'Haene, M.T. (1995). Evaluation of feminist-based adolescent group therapy. *Smith College Studies in Social Work, 56*(2), 153–166.

Dobash, R.E., & Dobash, R. (1979). *Violence against wives.* New York: Free Press.

Dominelli, L., & McLeod, E. (1989). *Feminist social work.* Chicago: Lyceum.

Dore, M.M. (1994). Feminist pedagogy and the teaching of social work practice. *Journal of Social Work Education, 30*(1), 97–106.

Dutton, D.G. (1988). *The domestic assault of women: Psychological and criminal justice perspectives.* Newton, MA: Allyn & Bacon.

Dutton, D.G. (1995). *The batterer: A psychological profile.* New York: Basic Books.

Dwyer, D.C., Smokowski, P.R., Bricout, J.C., & Wodarski, J.S. (1995). Domestic violence research: Theoretical and practice implications for social work. *Clinical Social Work Journal, 23*(2), 185–198.

Eichler, M. (1988). *Nonsexist research methods: A practical guide.* Winchester, MA: Allen & Unwin.

Ellman, B., Rampage, C., & Goodrich, T.J. (1989). A feminist family therapy approach towards "A standard pair." *Journal of Feminist Family Therapy, 1*(1), 45–60.

Enns, C.Z. (1988). Dilemmas of power and equality in marital and family counseling: Proposals for a feminist perspective. *Journal of Counseling and Development, 67*(4), 242–248.

Everstine, D.S., & Everstine, L. (1989). *Sexual trauma in children and adolescents.* New York: Brunner/Mazel.

Ferree, M.M. (1993). Beyond separate spheres: Feminism and family research. In L. Richardson, & V. Taylor (Eds.), *Feminist frontiers III* (pp. 237–257). New York: McGraw-Hill.

Frank, P.B., & Golden, G.K. (1992). Blaming by naming: Battered women and the epidemic of co-dependence. *Social Work, 37*(1), 5–6.

Freedberg, S. (1993). The feminine ethic of care and the professionalization of social work. *Social Work, 38*(5), 535–540.

Freeman, E.M., Logan, S.L., & Gowdy, E.A. (1992). Empowering single mothers. *Affilia, 7*(2), 123–141.

Freeman, M.L. (1990). Beyond women's issues: Feminism and social work. *Affilia, 5*(2), 72–89.

Fulani, L. (Ed.). (1987). The politics of race and gender in therapy [Special issue]. *Women & Therapy, 6*(4).

F.Y.I. (1986). Association for women in social work. *Affilia, 1*(4), 64.

Garvin, C.D., & Reed, B.G. (Eds.). (1983). Groupwork with women/groupwork with men [Special Issue]. *Journal of Social Work with Groups, 6*(3/4).

Garvin, C.D., & Reed, B.G. (1995). Sources and visions for feminist group works: Reflective processes, social justice, diversity, and connection, in N. Van den Bergh (Ed.), *Feminist practice in the 21st century* (pp. 41–43). Washington, DC. NASW Press.

Gavey, N., Florence, J., Pezaro, S., & Tan, J. (1990). Mother-blaming, the perfect alibi: Family therapy and the mothers of incest survivors. *Journal of Feminist Family Therapy, 2*(1), 1–26.

Gelles, R.J., & Conte, J.R. (1990). Domestic violence and sexual abuse of children: A review of research in the eighties. *Journal of Marriage and the Family, 52*(4), 1045–1058.

Getzel, G.S. (1988). Violence: Prevention and treatment in groups [Special issue]. *Social Work with Groups, 11*(3).

Gilbert, L.A., & Osipow, S.H. (1991). Feminist contributions to counseling psychology. *Psychology of Women Quarterly, 15*(4), 537–547.

Gillespie, D. (1992). [Review of the book *Women's growth in connection*]. *Affilia, 7*(3), 113–114.

Gilligan, C. (1982). *In a different voice.* Cambridge: Harvard University Press.

Glassman, C. (1992). Feminist dilemmas in practice. *Affilia, 7*(2), 160–166.

Gold, K., & Anderson, L. (1994). On feminism in action: Developing resources for incest survivors through a training project for service providers. *Affilia, 9*(2), 190–199.

Gold, N. (1993). On diversity, Jewish women, and social work. In M. Valentich, M. Russell, & M. Martin (Eds.), Women and social work: Celebrating our progress [Special issue]. *Canadian Social Work Review, 10*(2), 240–255.

Golden, G.K., & Frank, P.B. (1994). When 50-50 isn't fair: The case against couple counseling in domestic abuse. *Social Work, 39*(6), 636–637.

Goldner, V.I. (1992). Current trends in feminist thought and therapy: U.S.A. *Journal of Feminist Family Therapy, 4*(3/4), 73–80.

Goodrich, T.J., Rampage, C., Ellman, B., & Halstead, K. (1988). *Feminism and family therapy: A case book.* New York: W.W. Norton.

Gorman, J. (1993). Postmodernism and the conduct of inquiry in social work: *Affilia, 8*(3), 247–264.

Gould, K.H. (1987a). Feminist principles and minority concerns: Contributions, problems, and solutions. *Affilia, 2*(3), 6–19.

Gould, K.H. (1987b). Life models versus conflict models: A feminist perspective. *Social Work, 32*(4), 346–351.

Gould, K.H. (1988). Old wine in new bottles: A feminist perspective on Gilligan's theory. *Social Work, 33*(5), 411–415.

Grimwood, C., & Popplestone, R. (1993). *Women, management and care.* London: Macmillan.

Gripton, J., & Valentich, M. (1991). Sexual exploitation of clients by counsellors: The Canadian scene. *SIECANN Journal, 6*(4), 33–38.

Gutiérrez, L.M. (1987). Social work theories and practice with battered women: A conflict-of-values analysis. *Affilia, 2*(2), 36–52.

Gutiérrez, L.M. (1991). Empowering women of color: A feminist model. In M. Bricker-Jenkins, N. Hooyman, & N. Gottlieb (Eds.), *Feminist social work in clinical settings* (pp. 199–214). Newbury Park, CA: Sage.

Haaken, J. (1993). From Al-Anon to ACOA: Codependence and the reconstruction of caregiving. *Signs, 18*(2), 321–345.

Handy, L.C., Valentich, M., Cammaert, L.P., & Gripton, J. (1985). Feminist issue in sex therapy. In M. Valentich & J. Gripton (Eds.), *Feminist perspectives on social work and human sexuality* (pp. 69–80). New York: Haworth Press.

Hanmer, J., & Statham, D. (1989). *Women and social work: Towards a woman-centered practice.* Chicago: Lyceum Books.

Hansen, M., & Harway, M. (Eds.). (1993). *Battering and family therapy: A feminist perspective.* Newbury Park, CA: Sage.

Hare-Mustin, R.T. (1978). A feminist approach to family therapy. *Family Process, 17*(2), 181–194.

Hartman, A. (1992). In search of subjugated knowledge. *Social Work, 37*(6), 483–484.

Hartman, A. (1993). The professional is political. *Social Work, 38*(4), 365–366, 504.

Ho, C.K. (1990). An analysis of domestic violence in Asian American communities: A multicultural approach to counseling. *Women & Therapy, 9*(1–2), 129–150.

Home, A.M. (1993). (Review of the book *Feminist groupwork*]. *Social Work with Groups, 16*(4), 125–128.

Hudson, W.W. (1982). *The clinical measurement package: A field manual.* Chicago: Dorsey Press.

Hutchinson, C.H., & McDaniel, S.A. (1987). The social reconstruction of sexual assault by women victims: A comparison of therapeutic experiences. *Canadian Journal of Community Mental Health, 5*(2), 17–33.

Ignagni, E., Parent, D., Perreault, Y., & Willats, A. (1988, Winter/Spring). Around the kitchen table. *Fireweed, 26, 69–81.*

Isely, P. (1991). Adult male sexual assault in the community: A literature review and group treatment model. In A. Burgess (Ed.), *Rape and sexual assault III* (pp. 161–193). New York: Garland Press.

Jagger, A.M., & Rothenberg, P.S. (Eds.). (1993). *Feminist frameworks*. New York: McGraw-Hill.

James, K. (1984). Breaking the chains of gender. *Australian Journal of Family therapy, 5*(4), 241–248.

James, K. (1992). Why feminists have become interested in psychoanalysis–Or "la plus ça change . . ." *Journal of Feminist Family Therapy, 4*(3/4), 81–85.

Ivanoff, A., Robinson, E.A.R., & Blythe, B.J. (1987). Empirical clinical practice from a feminist perspective. *Social Work, 32*(5), 417–423.

James, K., & MacKinnon, L. (1990). The "incestuous family" revisited: A critical analysis of family therapy myths. *Journal of Marital and Family Therapy, 16*(1), 71–88.

James, K., & McIntyre, D. (1983). The reproduction of families: The social role of family therapy? *Journal of Marital and Family Therapy, 9*(2), 119–129.

James, K., & McIntyre, D. (1989). "A momentary gleam of enlightenment": Towards a model of feminist family therapy. *Journal of Feminist Family Therapy, 1*(3), 3–24.

Jehu, D. (1988). *Beyond sexual abuse: Therapy with women who were childhood victims*. Chichester, UK: John Wiley.

Jehu, D., Klassen, C., & Gazan, M. (1986). Cognitive restructuring of distorted beliefs associated with childhood sexual abuse. In J. Gripton & M. Valentich (Eds.), *Social work practice in sexual problems* (pp. 49–69). New York: Haworth Press.

Jensen, C.C. (1993). Treating major depression. *Affilia, 8*(2), 213–222.

Jimenez, M.A., & Rice, S. (1990). Popular advice to women: A feminist perspective. *Affilia, 5*(3), 8–26.

Jordan, J.V., Kaplan, A.G., Miller, J.B., Stiver, I.P., & Surrey, J.L. (1991). *Women's growth in connection*. New York: Guilford Press.

Kagle, J.D., & Giebelhausen, P.N. (1994). Dual relationships and professional boundaries. *Social Work, 39*(2), 213–220.

Kaplan, S.J. (1991). Consequences of sexual harassment in the workplace. *Affilia, 6*(3), 50–65.

Katzenstein, M.F., & Mueller, C.M. (Eds.). (1987). *The women's movements of the United States and western Europe*. Philadelphia: Temple University Press.

Kaufman, Jr. G. (1992). The mysterious disappearance of battered women in family therapists' offices: Male privilege colluding with male violence. *Journal of Marital and Family Therapy, 18*(3), 233–243.

Kelly, R., & Lusk, R. (1992). Theories of pedophilia. In W. Donohue & J. Geer (Eds.), *The sexual abuse of children: Theory and results* (Vol. 1) (pp. 168–203). Hillsdale, NJ: Lawrence Erlbaum Associates.

Keystone, M. (1994). A feminist approach to couple and sex therapy. *Canadian Journal of Human Sexuality, 3*(4), 321–326.

Kilpatrick, A. (1992). *Long-range effects of child and adolescent sexual experiences: Myths, mores and menaces*. Hillsdale, NJ: Lawrence Erlbaum Associates.

Kirst-Ashman, K.K. (1992). Feminist values and social work: A model for educating nonfeminists. *Areté, 17*(1), 13–25.

Krane, J. (1991). Teaching social work research. *Affilia, 6*(4), 53–70.

Kravetz, D. (1986). Women and mental health. In N. Van Den Bergh & L. Cooper (Eds.), *feminist visions for social work* (pp. 100–127), Silver Spring, MD: National Association of Social Workers.

Kurz, D. (1993). Social science perspectives on wife abuse: Current debates and future directions. In P.B. Bart, & E.G. Moran (Eds.). *Violence against women: The bloody footprints* (pp. 252–269). Newbury Park, CA: Sage.

Laidlaw, T., Malmo, C., & associates. (1990). *Healing voices: Feminist approaches to therapy with women*. San Francisco: Jossey-Bass.

Laird, J. (Ed.). (1993). Lesbians and lesbian families: Multiple reflections [Special issue].

Smith College Studies in Social Work, 63(3).

Laird, J. (1995). Family-centered practice: Feminist, constructionist, and cultural perspectives. In N. Van Den Bergh (Ed.), *Feminist practice in the 21st century* (pp. 30–39). Washington, DC: NASW Press.

Land, H. (1995). Feminist social work in the 21st century. In N. Van Den Bergh, (Ed.), *Feminist practice in the 21st century* (pp. 3–19). Washington, DC: NASW Press.

Laszlo, A.T., Burgess, A., & Grant, C.A. (1991). HIV counseling issues and victims of sexual assault. In A.W. Burgess (Ed.), *Rape and sexual assault III* (pp. 221–232). New York: Garland Press.

Lazzari, M.M. (1991). Feminism, empowerment, and field education. *Affilia, 6*(4), 71–87.

Ledray, L.E. (1991). Sexual assault and sexually transmitted disease: The issues and concerns. In A.W. Burgess (Ed.). *Rape and sexual assault III* (pp. 181–193). New York: Garland Press.

Lerman, H. (1986). From Freud to feminist personality theory: Getting here from there. *Psychology of Women Quarterly, 10*(1), 1–18.

Lerman, H., & Porter, N. (Eds.). (1990). *Feminist ethics in psychotherapy.* New York: Springer.

Leslie, L.A., & Clossick, M.L. (1992). Changing set: teaching family therapy from a feminist perspective. *Family Relations, 41*(3), 256–263.

Lewin, M., & Wild, C.L. (1991). The impact of the feminist critique on tests, assessment, and methodology. *Psychology of Women Quarterly, 15*(4), 581–596.

Lewis, E. (1992). Regaining promise: Feminist perspectives for social group work practice [Special issue, Group work reaching out: People, places, and power]. *Social Work with Groups, 15*(2–3), 271–284.

Lundy, M. (1993). Explicitness: The unspoken mandate of feminist social work. *Affilia, 8*(2), 184–199.

Lupton, C., & Gillespie, T. (Eds.). (1994). *Working with violence.* London: Macmillan.

MacKinnon, L. (1993). Systems in settings: The therapist as power broker. *Australia and New Zealand Journal of Family Therapy, 14*(3), 117–122.

MacKinnon, L., & Miller, D. (1985). The sexual component in family therapy: A feminist critique. In M. Valentich & J. Gripton (Eds.), *Feminist perspectives in social work and human sexuality* (pp. 81–101), New York: Haworth Press.

MacKinnon, L., & Miller, D. (1987). The new epistemology and the Milan approach: Feminist and socio-political considerations. *Journal of Marital and Family Therapy, 13*(2), 139–155.

Maddock, J.W., & Larson, N.R. (1995). *Incestuous families: An ecological approach to understanding and treatment.* Dunmore, PA: Norton Professional Books.

Malette, L., & Chalouh, M. (Eds.). (1991). *The Montreal massacre.* Charlottetown, PEI: Gynergy Books.

Mancoske, R.J., Standifer, D., & Cauley, C. (1994). The effectiveness of brief counseling services for battered women. *Research on Social Work Practice, 4*(1), 53–63.

Marecek, J., & Hare-Mustin, R.T. (1991). A short history of the future: Feminism and clinical psychology. *Psychology of Women Quarterly, 15*(4), 521–536.

Margolies, L. (1990). Cracks in the frame: Feminism and the boundaries of therapy. *Women & Therapy, 9*(4), 19–35.

Marshall, C., Valentich, M., & Gripton, J. (1991). Development of a "knowledge about women" scale. *Canadian Social Work Review 8*(1), 28–39.

McCannell, K. (Ed.). (1986). Women and mental health [Special issue]. *Canadian Journal of Community Mental Health, 5*(2).

McShane, C. (1993). Satanic sexual abuse: A paradigm. *Affilia, 8*(2), 200–212.

McWhirter, E.H. (1991), Empowerment in counseling. *Journal of Counseling and Develop-*

ment, 69(3), 222–227.

Mennen, F.E. (1990). Dilemmas and demands: Working with adult survivors of sexual abuse. *Affilia, 5*(4), 72–86.

Miles, M., & Shiva, V. (1993). *Ecofeminism.* London: Zed Books.

Miller, J.B. (1986). *Toward a new psychology of women* (2nd ed.). Boston: Beacon.

Milner, L., & Wilderman, E. (1994). Women's health issues: A review of the current literature in the social work journals, 1985–1992. *In Women's Health and Social Work: Feminist Perspectives* (pp. 145–172). New York: Haworth Press.

Moeller, T., Bachmann, G., & Moeller, J. (1993). The combined effects of physical, sexual and emotional abuse during childhood: long-term mental-health consequences for women. *Child Abuse and Neglect, 17*(5), 623–640.

Morrow, D.F. (1993). Social work with gay and lesbian adolescents. *Social Work, 38*(6), 655–660.

Moss, K.E. (1988). New reproductive technologies: Concerns of feminists and researchers. *Affilia, 3*(4), 38–50.

Muzychka, M. (1995). *Women matter: Gender, development and policy.* St. John's, NF: Provincial Advisory Council on the Status of Women, Newfoundland and Labrador.

NASW forming women's issues section (1995, January). *Connection. The Association for Women in Social Work Newsletters,* p. 5.

National Clearinghouse on Family Violence. (1994). *Canada's treatment programs for men who abuse their partners.* Ottawa: National Clearinghouse on Family Violence, Family Violence Prevention Division, Health Canada.

Nelson-Gardell, D. (1995). Feminism and family social work. *Journal of Family Social Work, 1*(1), 77–95.

Nelson-Zlupko, L., Kauffman, E., & Dore M.M. (1995). Gender differences in drug addiction and treatment: Implications for social work intervention with substance-abusing women. *Social Work, 40*(1), 45–54.

Nichols-Casebolt, A., Krysik, J., & Hamilton, B. (1994). Coverage of women's issues in social work journals: Are we building an adequate knowledge base? *Journal of Social Work Education, 30*(3), 348–362.

Olson, M.M. (Ed.). (1994). Women's health and social work: Feminist perspectives [Special issue]. *Social Work in Health Care, 19*(3/4).

Pâquet-Deehy, A., Rinfret-Raynor, M., & Larouche G. (1992). *Training social workers in a feminist approach to conjugal violence.* Ottawa: National Clearinghouse on Family Violence, Health and Welfare Canada.

Pardeck, J.T., Murphy, J.W., & Choi, J.M. (1994). Some implications of postmodernism for social work practice. *Social Work, 39*(4), 343–346.

Parnell, S., & Andrews, J. (1994). Complementary principles of social work and feminism: A teaching guide. *Areté, 19*(2), 60–64.

Paterson, R., & Trathen, S. (1994). Feminist in(ter)ventions in family therapy. *Australia and New Zealand Journal of Family Therapy, 15*(2), 91–98.

Penfold, S.P., & Walker, G.A. (1986). The psychiatric paradox and women. In K. McCannell (Ed.), Women and mental health [Special issue]. *Canadian Journal of Community Mental Health 5,*(2), 9–15.

Pennell, J. (1995). Encountering or countering women abuse. In P. Taylor & C. Daly, *Gender dilemmas in social work: Issues affecting women in the profession* (pp. 89–106). Toronto: Canadian Scholars' Press.

Pennell, J., Flaherty, M., Gravel, N., Milliken, E., & Neuman, M. (1993). Feminist social work education in mainstream and nonmainstream classrooms. *Affilia, 8*(3), 317–338.

Perkins, K. (1992). Psychosocial implications of women and retirement. *Social Work, 37*(6), 526–532.

Piercy, F.P., & Sprenkle, D.H. (1990). Marriage and family therapy: A decade review. *Journal of Marriage and the Family Therapy, 52*(4), 1116–1126.

Pozatek, E. (1994). The problem of certainty: Clinical social work in the postmodern era. *Social Work, 39*(4), 396–403.

Pressman, B. (1989). Wife-abused couples: The need for comprehensive theoretical perspectives and integrated treatment models. *Journal of Feminist Family Therapy, 1*(1), 23–44.

Pressman, B., Cameron, G., & Rothery, M. (Eds.). (1989). *Intervening with assaulted women: Current theory, research and practice.* Hillsdale, NJ: Lawrence Erlbaum Associates.

Prieur, D. (1995). Wife assault: Reclaiming the feminist agenda. *Vis-à-vis, 12*(4), 1, 4.

Quinn, P. (1994). America's disability policy: Another double standard? *Affilia, 9*(1), 45–59.

Rathbone-McCuan, E., Tebb, S., & Harbert, T.L. (1991). Feminist social work with older women caregivers in a DVA setting. In M. Bricker-Jenkins, N.R. Hooyman, & N. Gottleib (Eds.), *Feminist social work practice in clinical settings* (pp. 35–57). Newbury Park, CA: Sage.

Rave, E.J., & Larsen, C.C. (Eds.). (1995). *Ethical decision making in therapy: Feminist perspectives.* New York: Guilford Press.

Reinharz, S. (1992): *Feminist methods in social research.* New York: Oxford University Press.

Richardson, L., & Taylor, V. (Eds.). (1993). *Feminist frontiers III.* New York: McGraw-Hill.

Richardson, S.A., Donald, K.M., & O'Malley, K.M. (1985/86). Right brain approaches to counseling: Tapping your "Feminine" Side. *Women & Therapy, 4*(4), 9–21.

Richmond-Abbott, M. (1992). *Masculine and feminine: Gender roles over the lifecycle.* New York: McGraw-Hill.

Rogers, G. (1995). Practice teaching guidelines for learning ethnically sensitive, antidiscriminatory practice: A Canadian application. *British Journal of Social Work, 25*(4), 441–457.

Ross, C. (1995). *Satanic ritual abuse: Principles of treatment.* Toronto: University of Toronto Press.

Rothblum, E.D. (Ed.) (1988). Lesbianism: Affirming nontraditional roles [Special issue]. *Women & Therapy, 8*(1/2).

Rubenstein, H., & Lawler, S.K. (1990). Toward the psychosocial empowerment of women. *Affilia, 5*(3), 27–38.

Russell, M. (1984). *Skills in counseling women—The feminist approach.* Springfield, IL: Charles C Thomas.

Russell, M. (1986). Teaching feminist counselling skills: An evaluation. *Counselor-Education-and-Supervision, 25*(4), 320–331.

Russell, M. (1995). *Confronting abusive beliefs.* Thousand Oaks, CA: Sage.

Ryan, B. (1989). Ideological purity and feminism: The U.S. women's movement from 1966 to 1975. *Gender and Society, 3*(2), 239–257.

Sancier, B. (Ed.). (1987). Women, men and Affilia. *Affilia, 2*(4), 3–6.

Sancier, B. (Ed.). (1990). Feminist paradoxes and the need for new agendas. *Affilia, 5*(2), 5–7.

Sands, R.G., & Nuccio, K. (1992). Postmodern feminist theory and social work. *Social Work, 37*(6), 489–494.

Scheyett, A. (1990). The oppression of caring: Women caregivers of relatives with mental illness. *Affilia, 5*(1), 32–48.

Sheinberg, M., & Penn, P. (1991). Gender dilemmas, gender questions, and the gender mantra. *Journal of Marital and Family Therapy, 17*(1), 33–44.

Shepard, M. (1991). feminist principles for social work intervention in wife abuse. *Affilia, 6*(2), 87–93.

Sieber, J.A., & Cairns, K.V. (1991). Feminist therapy with ethnic minority women. *Canadian Journal of Counselling, 25*(4), 567–580.

Simon, B.L. (1988). Social work responds to the women's movement. *Affilia, 3*(4), 60–68.

Skodra, E.E. (1992). Ethnic/immigrant women and psychotherapy: The issue of empowerment. *Women & Therapy, 13*(4), 81–97.

Sohng, S., Porterfield, S., Langston, S., Kehle, L., Cramer, L., Chang, V.N., Bryson, B.J., & Bricker-Jenkins, M. (in press). FemSchool: A work in progress. *Affilia.*

Stanley, L. & Wise, S. (1983). *Breaking out: Feminist consciousness and feminist research.* London: Routledge & Kegan Paul.

Stanley, L. & Wise, S. (1990). Method, methodology and epistemology in feminist research process. In L. Stanley (Ed.), *Feminist praxis: Research, theory, and epistemology in feminist sociology* (pp. 20–60). Boston: Routledge & Kegan Paul.

Straus, M.A., & Gelles, R.J. (1990). *Physical violence in American families.* New Brunswick, NJ: Transaction.

Straus, M.A., Gelles, R.J., & Steinmetz, S.K. (1980). *Behind closed doors: Violence in the American family.* New York: Doubleday/Anchor.

Surrey, J.L. (1985). *Self-in-relation: A theory of women's development* (Work in Progress Series, No. 13). Wellesley, MA: Wellesley College, Stone Center for Developmental Services and Studies.

Swigonski, M.E. (1994). The logic of feminist standpoint theory for social work research. *Social Work, 39*(4), 387–393.

Swigonski, M.E. (1995). Claiming a lesbian identity as an act of empowerment. *Affilia, 10*(4), 413–425.

Taylor, P., & Daly, C. (1985). Women's status, global issues and social work. In P. Taylor & C. Daly (Eds.), *Gender dilemmas in social work: Issues affecting women in the profession* (pp. 141–148). Toronto: Canadian Scholars' Press.

Taylor, V., & Whittier, N. (1993). The new feminist movement. In L. Richardson & V. Taylor (Eds.), (1993). *Feminist frontiers III* (pp. 533–548). New York: McGraw-Hill.

Thompson, N. (1995). Men and anti-sexism. *British Journal of Social Work, 25*(4), 459–475.

Tolman, R.M., Mowry, D.D., Jones, L.E., & Brekke, J. (1986). Developing a profeminist commitment among men in social work. In N. Van Den Bergh & L.B. Cooper (Eds.). *feminist visions for social work* (pp. 61–79). Silver Spring, MD: National Association of Social Workers.

Trepper, T.S., & Barrett, M.J. (1989). *Systemic treatment of incest: A therapeutic handbook.* New York: Brunner/Mazel.

Turner, S. (1992). Alcoholism and depression in women. *Affilia, 7*(3), 8–22.

Tutty, L.M. (1993). After the shelter: Critical issues for women who leave assaultive relationships. In M. Valentich, M. Russell, & G. Martin (Eds.), Women and social work: Celebrating our progress [Special issue]. *Canadian Social Work Review, 10*(2), 183–201.

Valentich, M. (1986). Feminism and social work practice. In F.J. Turner (Ed.), *Social work treatment: Interlocking theoretical approaches* (3rd ed.) (pp. 564–589). New York: Free Press.

Valentich, M. (1992). Toward gender-sensitive clinical social work practice. *Areté, 17*(1), 1–12.

Valentich, M. (1994). Rape revisited: Sexual violence against women in the former Yugoslavia. *Canadian Journal of Human Sexuality 3*(1), 53–64.

Valentich, M., & Anderson, C. (1989). The rights of individuals in family treatment of child sexual abuse. *Journal of Feminist Family Therapy, 1*(5), 51–66.

Valentich, M., & Gripton, J. (1984). Ideological perspectives on the sexual assault of women. *Social Service Review, 58*(3), 448–461.

Valentich, M., & Gripton, J. (1985). A periodic case strategy for helping people with sexual problems. *Journal of Sex Education and therapy, 11*(2), 24–29.

Valentich, M., & Gripton, J. (1992a). Dual relationships: Dilemmas and doubts. *Canadian Journal of Human Sexuality, 1*(3), 153–166.

Valentich, M., & Gripton, J. (1992b). Gender-sensitive practice in sexual problems. *Canadian*

Journal of Human Sexuality, 1(1), 11–18.

Valentich, M., & Gripton, J. (1994, October). Making decisions about dual relationships. Paper presented at the Conference on Sexual Exploitation by Health Professionals and Clergy, Toronto, Ontario, Canada.

Valentine, D. (1986). Family violence: An expanded perspective. *Affilia, 1*(3), 6–16.

Van Den Bergh, N. (Ed.). (1995). *Feminist practice in the 21st century.* Washington, DC: NASW Press.

Van Den Bergh, N., & Cooper, L.B. (Eds.) (1986). *feminist visions for social work.* Silver Spring, MD: National Association of Social Workers.

Vinton, L. (1992). Women's content in social work curricula: Separate but equal? *Affilia, 7*(1), 74–89.

Walker, M. (1990). *Women in therapy and counseling: Out of the shadows.* Milton Keynes, England: Open University Press.

Walter, M., Carter, B., Papp, P., & Silverstein, O. (1988). *The invisible web: Gender patterns in family relationships.* New York: Guilford Press.

Walther, V.N., & Young A.T. (1992). Costs and benefits of reproductive technologies. *Affilia, 7*(2), 111–122.

Warren, R., Gripton, J., Francis R., & Green, M. (1994). Transformative treatment of adult sex offenders. *Canadian Journal of Human Sexuality, 3*(4), 349–358.

Weil, M. (1986). Women, community, and organizing. In N. Van Den Bergh & L. Cooper (Eds.), *Feminist visions for social work.* Silver Spring, MD: National Association of Social Workers.

Westerland, E. (1992). *Women's sexuality after incest.* New York: W.W. Norton.

Wetzel, J.W. (1991). Universal mental health classification systems: Reclaiming women's experience. *Affilia, 6*(3), 8–31.

White, V. (1995). Commonality and diversity in feminist social work. *British Journal of Social Work, 25*(2), 143–156.

Wood, G.G., & Middleman, R.R. (1992). Groups to empower battered women. *Affilia, 7*(4), 82–95.

Worell J., & Remer, P. (1992). *Feminist perspectives in therapy: An empowerment model for women.* New York: John Wiley & Sons.

Yegidis, B.L. (1988). Wife abuse and marital rape among women who seek help. *Affilia, 3*(1), 62–68.

Zetlin, P.A. (1989). A proposal for a new diagnostic category: Abuse disorder. *Journal of Feminist Family Therapy, 1*(4), 67–84.

Zippay, A. (1995). The politics of empowerment. *Social Work, 40*(2), 263–267.

第十三章

功能理论和社会工作实务

凯瑟琳·M. 邓拉普

引言

功能理论原则是由德国精神分析学家奥托·兰克（Otto Rank）创造的，他是弗洛伊
德的学生。功能理论是由杰西·塔夫脱及宾夕法尼亚大学社会工作学院的教师引入社会工
作实务中的。尽管赞同这个方法的社会工作学院和机构数量不多，但在美国东海岸，功能
理论的方法还是被广泛运用在个案、小组、社区实务中，包括督导、行政管理研究和社会
工作教育。

功能社会工作是一种治疗方法，它源于精神分析理论。功能社会工作具有三大特点，
这三大特点使其与弗洛伊德或诊断学派明显区分开，而弗洛伊德学派提出的方法在 1920
年代初期算得上是唯一明确格式化了的方法，功能主义也在那个时代逐渐发展了起来
（Smalley，1971）。第一，功能理论建立在发展心理学基础之上，它用助人的概念取代了
治疗的概念。第二，功能理论假定服务机构的结构决定了服务的重点、方向、内容和服务
时长。第三，功能理论强调过程的概念。通过建立治疗性关系，临床工作者可以与案主合
作，探索如何实现助人目标。

功能理论对当代社会工作产生了重要的影响，当然，很多教育者和实务工作者对很多
方法的功能理论渊源知之甚少。本章将概括介绍功能学派产生的历史背景和主要原则，回
顾功能方法的运用，并探讨这个方法未来的发展趋势。

按照耶拉加（Yelaja，1986）的思路，"理论"一词的含义比较宽泛，被不那么科学地
界定为"一种基于一套确定原则的实务计划，这些原则彼此关联，并源于某个相关领域的

共同知识基础"。

历史渊源

　　在动荡的 1920 年代和 1930 年代，在美国，功能理论开始融入社会工作实务中，但是，其历史根源可以追溯到三大先驱：20 世纪头十年出现的精神病学，伴随而来的科学思维的变化以及奥托·兰克的影响，他在第一次世界大战前一直在德国与弗洛伊德一起工作。下面我们来总结一下弗洛伊德的贡献，回顾这些年的科学发展，同时追索一下兰克的生活和工作情况。

精神分析理论

　　西格蒙德·弗洛伊德创造了第一个系统、科学的人格理论，从而彻底改变了人类行为研究。今天，弗洛伊德的贡献依然闻名全球。但是，当弗洛伊德首次提出精神分析理论时，人们一致认为这个理论比较激进，很有争议。尽管弗洛伊德的方法受到某些人的排斥和反对，但是，他的理论为那些期望通过更加有效的方法来帮助有问题的人群的专业人士带来了无限希望。

　　弗洛伊德的研究基本上依据科学决定论的原则。他和他的众弟子认为，要想理解今日的行为的意义，需要对过去事件进行研究分析。为了获得意义，他们更加关注自我的内在世界：思想、感受、冲动和幻想。

　　弗洛伊德及其学生通过个案研究的方法，进入了一个诊断过程。他们最初的目标是解释人们所面临的问题的根源。他们假定，如果能够消除根源，症状也就迎刃而解了，就像医生治病一样。

　　弗洛伊德人格结构的核心原则之一是"无意识"概念，他宣称自己是在催眠实验和对梦的研究中发现了这个概念。为了在非催眠状态下制造"无意识"，弗洛伊德发明了"自由联想"技术。为了获得资料，分析师需要保持一种动态的被动性态度。弗洛伊德认为，这些技术使分析师能够发现促使行为产生的潜在的动机。在通过解释的方式证实试探性的假设的过程中，分析师要通过"仔细考量证据，并进行批判性比较"获得顿悟（Aptekar，1955，p. 9）。通过分析采用这些新方法的人们的治疗情况，弗洛伊德发现了一些可预测的回应模式，包括阻抗和移情等。精神分析的目标是理解，而非改变。

　　弗洛伊德理论的很多内容得到了广泛认可，包括性心理发展的表现遗传过程，采用人格的三种结构来控制知识、情感和行为，创造和维持自我防御机制，追求快乐和死亡的本能驱使等。后文中我们会提到这些理论被社会工作诊断学派接受并加以应用。

一场科学革命

在 20 世纪头十年中，随着弗洛伊德理论不断走向成熟，整个科学界也经历了被库恩 （Kuhn，1970）称为范式转换的时代。德鲁克（Deucker，1959）解释道，当时出现了"从笛卡尔的机械宇宙观转向了新的模式、目的和过程的宇宙观"（p. XI）。科学家放弃了对不可逆转的原因的确定性探索，因为他们认识到，唯一可预测的就是不可预测性本身。不同领域的研究人员开始探索成长的概念，这是一个具有普遍可识别性的、目的明确的、有序的过程（Corner，1944；Sinnott，1950）。耶拉加（Yelaja，1986）总结了这个阶段最早得到阐述的四个假设：（1）一个目标导向的有机体的整体超越了其部分的总和；（2）尽管有普遍模式，但是每个部分的存在都是独特的；（3）观察者回应被观察者；（4）意愿和自由是独立存在的，并会影响个体成长。这些假设具有深远的影响，对服务领域的理论家具有特别的指导意义（Mead，1936）。

奥托·兰克的创新

弗洛伊德周围聚集了很多好奇的、敬业的门徒，他们跟随弗洛伊德不断完善和深化精神分析理论。精神分析理论是这个新理论的名称。其中，最敬业、出色的是兰克，他提出的一些概念，形成了功能社会工作的基础。由于兰克不那么出名，这里我们将花些篇幅来介绍他的生活和研究。

奥托·兰克原名奥托·罗森菲尔德（Otto Rosenfeld），1884 年出生于一个酒鬼钟表匠家庭，排行第三。按照路德尼茨基（Rudnytsky，1991）的说法，这个家庭经济困难，情感贫乏。兰克的大哥接受了学术训练，获得了法律学位，但他自己被迫上了一所贸易学校，在一个机械厂工作，每天工作时间很长。但是，他还是挤出时间去看戏，如饥似渴地读书学习（Taft，1958）。兰克通过日记和流水账记录自己的学术进展，包括语录、参考文献、涂鸦、个人笔记和理论等。他希望过上充实的、富有创造性的生活（Lieberman，1985）。

在兰克 21 岁那年，阿尔弗莱德·阿德勒把他介绍给了弗洛伊德。对兰克来讲，这是梦想成真（Rudnytsky，1984）。弗洛伊德爽快地收他为徒，因为兰克通过自己对历史和文化的敏锐的理解力，让弗洛伊德的医疗小组队伍得到了壮大。弗洛伊德将兰克变成了小组的中心人物，让他担任小组秘书，多年来，兰克一直为维也纳精神分析学会的每周一会做会议纪要（Klein，1981）。

弗洛伊德发现了兰克的创造性才能，1907 年帮助他出版了第一本著作《艺术家》[Der Künstler（The Artist）]。弗洛伊德还资助他去维也纳大学读书，他于 1912 年获得了博士学位，博士论文研究的是罗恩格林传奇。兰克是第一个将精神分析方法运用到博士论文中的人，也是第一个在心理动力学文学研究中揭示死亡的象征意义，并将其与出生的象征意义关联起来的学者（Lieberman，1985）。

322   这个时期是兰克的高产时期。在将近 20 年的时间中，在弗洛伊德的指导和支持下，兰克开始投身理论研究，编辑杂志、撰写专著、组织精神分析运动，并且开展精神分析实务（Progoff，1956）。然而，随着精神分析开始变成一套确定的标准化程序时，兰克开始重新评价弗洛伊德的很多概念，并提出了不同意见，对自己的新的想法进行实验研究（Karpf，1953）。

1924 年，他出版了《出生创伤》（*Trauma of Birth*）一书，招来了很多争议。尽管这本书是献给弗洛伊德的，但它提出了很多新的概念和想法，受到了弗洛伊德及其追随者的非议。

来自维也纳学派的批判尖锐、激烈。随后，他启程前往巴黎，逐步与精神分析学派断绝了来往，继续研究和发展自己的理论和方法。在与弗洛伊德彻底决裂之后，兰克移居美国。他们之间的理论分歧最后变成了延续至今的世仇（Menaker，1982）。弗洛伊德与兰克最后一次见面是在 1926 年 4 月，他们互道再见。当时兰克 42 岁，弗洛伊德接近70 岁。

兰克在 1932 年撰写的《艺术与艺术家》（*Art and Artist*）一书中解释了他对人类社会的看法。他不是一个女性主义者，但是，他尊重妇女的自由选择，他承认母亲-子女的联结中存在着重要的力量（Sward，1980—1981）。兰克认为"生命是贷款，而死亡是还贷"，运用这样的比喻，兰克把生命呈现为一系列分离，分离始于充满痛苦的降生。他十分重视在生命的开始和结束之间的有限时间中活得充实的重要性——富有创造性、幽默和欢乐。

兰克认为，人一方面需要与他人共融成更大的实体，另一方面又希望分离，人的一生就在共融与分离之间摇摆。要实现独特的认同，过上富足的生活，人们必须锻炼个人意志（Menaker，1984）。

意志的概念在兰克 1928 年写的《意志治疗》（*Will Therapy*）和 1929 年写的《真相与现实》（*Truth and Reality*）中得到了详细阐述，这两本书在 1936 年由杰西·塔夫脱翻译成了英文。兰克把意志解释为一个复杂的、组织性的元素，能够勾勒出人的全部人格，包括创造性思维、感受和行动能量。意志源于反意愿，或是"不愿意"的对立面，这种状态在童年时期就能被观察到。尽管有人认为行为可以被还原为一种主因，但兰克坚持认为，人们会恰当地运用意志来适应外部环境，以满足自己独特的需求。这种外部环境可能是外在的，例如一个不开心的童年；也可能是内在的，例如一个事与愿违的态度。无论如何，个性化是通过积极接纳来实现的。

作为一个分析师，兰克把治疗过程中的每小时都当成了生命的缩影，都有始有终。在治疗过程中，他强调当下，而不是过去和未来。他鼓励病人去"体验"治疗过程带来的思维、感受和行为，而不是去分析这些思维、感受和行为。他重视的是循环出现的互动和模式，而不是孤立的事件（Taft，1958）。

兰克最著名的是提出了设定时间限制的方法。他运用这个方法帮助案主，解决他们在选择继续治疗还是终止治疗方面的困扰。在这个背景中，有意识地运用意志成为一种治疗剂。例如，兰克指出，人们必须有意识地选择接受一个行动，即使看上去没有别的选择。通过将矛盾明确化，兰克使案主能够调动自己的意志。在他的最后一本书《超越心理学》（*Beyond Psychology*，1941）的序言中，兰克解释道："人生来便超越了心理学，死时亦是如此。但只有当他亲身体验自身，才可以说他在有生之年超越于心理学之外了。"（p.16）

在意志治疗过程中，关系是一项关键性因素。兰克反对采取动态的被动立场。在他看来，助人关系的形成标准是互惠，犹如教与学相长一样，而不是友谊中的互换关系。治疗师首先要建立一个环境，让案主发现并运用自己的脆弱性中萌发出的优势。然后，治疗师就成为一个工具，协助案主探索和发展自己的意志。最后，治疗师会通过设限来终止治疗关系，这样案主可以获得自主性，避免依赖。

兰克认为心理治疗既是一门艺术，又是一门科学。由于每个人都是不同的，治疗师遇到的每一种情形也是不同的。治疗同盟的特点就是自发性和创造性并存，因为分析师必须在每次会谈时制造条件让案主成长。只有通过这样密集的、充满情感的过程，才能创造改变。

兰克在美国四处讲学。尽管他小心翼翼地保守着自己案主的身份的秘密不被他人发现，但现在看来，他向很多名人提供过治疗，包括亨利·米勒（Henry Miller）和阿耐斯·宁（Anäis Nin）。他在宾夕法尼亚大学社会工作学院、纽约社会工作学院和犹太社会工作研究生院上课（Lieberman，1985）。直到1939年，56岁的他去世时，他都不断在发展和修改自己的人类社会理论。

尽管他对人格理论和心理治疗理论产生了重要影响，但他出版的著作并不多，也没有广为传播。出现这种情况有几个原因。第一，他的某些书主要是用德语写的，没能翻译成英语；还有些是用英语写的，没能翻译成德语。第二，兰克的复杂的德语写作风格使得后人很难将其翻译成英文。第三，他的表述精确度不够，让很多学者茫然不解。

两个学派的诞生

在心理学中，1920年代出现的两个重要的标杆是精神分析和行为主义（Lieberman，1985）。社会工作的主要焦点是关注个人的内在问题（Kadushin，1959）。这个时代的特点是对社会改革和社会问题漠不关心（Meyer，1970）。在当时，社会工作是不太关注行为主义的，相反，社会工作专业会更多地采用医疗模式，这里面也包含了精神分析理论。社会工作专业在走向专业化的道路上沿着两个方向发展：诊断学派和功能学派。它们都认同并采用了精神分析的方法。

诊断学派

与早期的奥托·兰克一样，美国的很多社会工作者都迷恋弗洛伊德的理论。随着新的理论不断进入社会工作专业，社会工作专业的分支还是吸收了弗洛伊德的方法（Hollis，

1970）。这个分支一开始被称为诊断学派，后来被称为社会工作的社会心理学派，它从弗洛伊德理论中发现了"历史上第一个伟人的时机，可以突破对隐藏的神秘现象的理解"（Bartlett，1970）。

此后，诊断学派就不断发展壮大了起来（Hollis & Woods，1981），但在其早期，诊断社会工作以科学决定论为基础，或假设人是其过去的产物，这里的重点是过去。这个学派的支持者认为，只有理解和接受了过去的经历，才能实现解脱。治疗的目标是克服障碍，将无意识想法带到意识层面，最终实现正常的、健康的功能性（Hamilton，1937a，b）。研究要通过对案例材料的细致深入的分析来进行（Hollis，1939）。

这个方法为社会工作者和案主确定了明确的角色。假定案主有心理问题，需要接受服务，那么，社工的责任就是通过社会历史来收集信息，诊断病情并提供治疗。一般来讲，案主表现出来的问题是一个更深层次的、普遍存在的心理问题的症状（Hamilton，1936）。

社工对案主的治疗需要经历一个不确定的时间段，这时，他们需要承担实现治疗目标和方向的责任。正如汉密尔顿（Hamilton，1940）的解释，"不是每个人都有能力实现自助，我们所做的一切正好与他们能为自己做的一切相对应"（p.171）。

为了避免反移情，社工要从动态的被动性立场开展工作。要鼓励案主表达深藏的情感，工作者随后还应对其做出解释。汉密尔顿（Hamilton，1940）解释道，要把过去经历的影响当成不可逆转的结果，因此，治疗的目标不是改变过去，而是要调节或者减缓"被剥夺或者病理性经历的有害后果"（p.168）。她进一步指出："个案工作不太能够帮助案主从失能中解放出来，倒不如通过社会补偿来帮助案主与失能共生。"（p.168）

在那个时代，治疗很少能够走到结案阶段。汉密尔顿（Hamilton，1940）回忆道："当进行社会研究时，个案工作者做了大量的调查工作，以至于他们很少有机会真正实施治疗。在1920年代，个案工作者对案主问题的产生原因有着浓厚的兴趣，因此，他们的主要工作是开展长期的历史研究，而没有时间和精力来进行治疗，他们让自己深陷诊断的泥潭中难以自拔。"（p.141）

大分裂

长期以来，诊断学派和功能学派一直在争夺霸主地位（Hamilton，1941）。每个学派都用传播福音的热情来捍卫自己的地位，都认为自己找到了解决人们的精神痛苦和心理疾病的良方。这场论战是公开的，也是非常痛苦的，对于社会工作者和其他专业人士而言，个案工作的主体变得很有争议了（Kasius，1950；Murphy，1933）。

325 为了整合这两个不同的学派，阿普特卡尔（Aptekar，1955）对两个学派的基本原则进行了对比：

作为总结，我们可以说弗洛伊德学派提出的主要概念中，长期以来广为流传并为个案工作者所使用的概念如下：

(1) 无意识思维是行为的决定因素。

(2) 感受和态度之间的矛盾。

(3) 过去经历决定当下行为。

(4) 移情对于治疗而言不可或缺。

(5) 阻抗是助人过程中需要处理的一项因素。

功能学派坚持的兰克思想的核心概念替代了弗洛伊德思想，主要包括：

(1) 意志是人格的组织力量。

(2) 反意愿是个人需要区别于他人的一种表现。

(3) 当下的经验是治疗取得进展的源泉。

(4) 分离的重要性。

(5) 人具有内在的创造性（Aptekar，1955，p. 35）。

关于功能社会工作的基本原则和假设，我们将在下文中进行阐释。

进入社会工作的路径

当大部分社会工作者都在信奉弗洛伊德理论时，少数社会工作者接受了奥托·兰克的理论和方法。以杰西·塔夫脱和宾夕法尼亚大学大学社会工作学院的教师为首，这个小组被称为兰克派或者功能主义学派，这个词是由塔夫脱杜撰的，用来描述机构功能形式所带来的控制影响力（这里的功能一词与社会学的功能学派毫无关系）。

作为一个接受了专业训练的儿童心理学家，塔夫脱于 1913 年在芝加哥大学获得了博士学位。她曾担任宾夕法尼亚儿童援助协会寄养家庭部的督导，正是在这里，她遇到了兰克。他们的首次碰面是在 1924 年 6 月 3 日，在美国精神分析学会的会议上，兰克讨论了自己在《出生创伤》一书中的一些观点。两年后，经过很多书信往来之后，塔夫脱开始在纽约与兰克一起工作（Robinson，1962）。

起初，塔夫脱对兰克与弗洛伊德的不和还不知情，但是，很快她就发现，自己必须"正视与弗洛伊德的差异，尽管非常痛苦，不仅是因为兰克，也是因为我自己的思考、阅读和对治疗关系的运用"（Robinson，1962，p. 126）。在翻译《意志治疗》和《真相与现实》（1964）时，塔夫脱完全沉浸在兰克的哲学思想之中了，全盘接受了他的思想和方法。除了在机构就业外，她专心于精神分析实务，研究新的理论，督导新人，同时还在宾夕法尼亚大学的社会工作学院教书。正是通过这些活动，塔夫脱将兰克的思想介绍进了社会工作领域。

功能理论的演变

兰克是一个催化剂。他与成熟的精神分析界分道扬镳之后，就一直在宾夕法尼亚大学的社会工作学院教书，但是，他从来没有将自己的理论与社会工作联系起来。在他生命的最后几年中，他甚至都没有接受"功能"一词（Smalley，1971）。很显然，将兰克的理论演变成为功能社会工作的过程是由他人完成的。

弗吉尼亚·罗宾森是其中的领头羊之一。作为塔夫脱的终身同事和伙伴，罗宾森在1927年就参与了兰克的治疗。在那时，罗宾森是宾夕法尼亚大学社会工作学院个案工作系的系主任。她被塔夫脱的实务经验深深打动了，与塔夫脱一样，她也接受了兰克的思想。

塔夫脱和罗宾森的同事以及追随他们的人接受了兰克的思想，这些人包括阿普特卡尔、道利、德·施威尼茨、法阿茨、吉尔平-威尔斯、霍夫斯坦、菲利普斯、普雷、刘易斯、斯莫里和韦赛尔，他们开始阐释并传播兰克的概念，并将它们演变为功能社会工作（Smalley，1970）。塔夫脱（Taft，1937）增加了机构功能相关的核心概念。

虽然说功能理论是建立在兰克哲学思想之上的，但这个理论还整合了一些其他学者的思想，例如乔治·赫伯特·米德（George Herbert Mead）、W. I. 托马斯（W. I. Thomas）、詹姆斯·塔夫茨（James Tufts）和约翰·杜威，这些都是塔夫脱和罗宾森在芝加哥遇到的名人大家（Robinson，1978）。功能主义接受了当时的科学变化，吸收了科纳（Corner，1944）和辛诺特（Sinnot，1950）等人提出的假设，也就是说，"人类成长表达了目的，建构了一个过程"（Smalley，1970，p. 86）。

粗略浏览了一下《奥托·兰克协会杂志》（*Journal of Otto Rank Society*），我们发现，功能主义在很多学科中得到了传播，包括哲学、教育、科学、艺术和文学等。根据斯莫利（Smalley，1967）的报告，功能主义的很多假设源于心理学。人有自主性，有推论能力，在一个自由社会中有能力做出选择，这些说法来自戈登·奥尔波特（Gorden Allport，1955）。库尔特·勒温（Kurt Lewin，1935）提供了对变化的动态特点和环境的重要性的看法，埃里克·埃里克森（Erik Erikson，1940）的贡献在于提出了一些概念，预测了人类生命周期的外在演变过程，这个过程充满了心理危机、挑战以及复苏的机遇。海伦·迈乐尔·林德（Helen Merrel Lynd，1961）提出了一种富足心理学来取代她所认为的经济稀缺心理学。

此外，马斯洛（Maslov，1937）描述了自我实现的概念，卡伦·霍妮（Karen Horney，1939）把焦虑和内心斗争当作个人不断走向成熟的标记。莫斯塔卡斯（Moustakas）在《自我：个人成长探索》（*The Self：Exploration in Personal Growth*，1956）一书中总结了莱基（Lecky）、安格亚尔、戈尔茨坦、兰克等人的成就。所有这些理论家都围绕这样一些主题进行研究和探索：人类积极成长和改变的能力、个体的独特性、人们改变命运的能力等。

327

功能学派的基本假设

由于逐渐对弗洛伊德的限制性、悲观的人性观感到不满，早期的功能学派迫切提出这样的假设，即人是目的性的、变化导向的，能够主宰自己的命运。在兰克的思想中，生物和环境因素也是非常重要的，但是它们处在次要地位。

乐观主义的基础

罗宾森在其划时代著作《社会个案工作中不断变化的心理学》（*A Changing Psychology in Social Casework*，1930）中向社会工作界系统介绍了兰克的哲学思想。罗宾森呈现了一个积极的、充满希望的人性观，在她看来，人可以创造性地运用内在和外在经验和资源来决定自己的生活。功能主义者用人类成长的概念取代了心理学疾病一说，他们还用授权服务取代了治疗责任（Lewis，1966）。

宾夕法尼亚大学社会工作学院院长露丝·斯莫利（Ruth Smalley，1970）是这样总结功能方法的乐观主义基础的：

> 功能学派把美好生活、健康和自我实现当成了人类的基本追求，认为人类有能力通过自己的努力来改变自己和环境，同时还能根据自己所处的环境和自己的能力、机会的限制，来不断调整自己的目标（p.90）。

这段话的核心是个体是生命过程中的"主导的、积极的人物"（Faatz，1953，p.47）。功能主义个案工作者坚持认为，人类的基本特征是性本善。结果，在一项革命性举动中，他们放弃了"鼓励或者谴责某个行为的评价标准"（Faatz，1953，p.22）。个案工作者相信，人的改变不仅是可以发生的，而且是不可避免的，因为每个个体都有天生的追求心理成长的动机和需要，以实现更加充实的、更加完整的自我。正如斯莫利（Smalley，1960）所述，功能主义认为人"不仅要对自己未来的发展负责，而且完全有能力推动未来发展"（p.107）。

意志的作用

功能理论的基本要旨是兰克提出的革命性的概念：意志以及自我决定。这一新的概念成为这个理论中所有其他原则的基础。塔夫脱（Taft，1932）是这样解释的：

> 焦虑的家长、愤怒的小学教师、绝望的妻子或者丈夫，都必须承担责任，解决自己的问题。如果他们需要我的帮助，我可以从他们的角度为他们提供服务。我无法对一个调皮捣蛋的孩子、不专心的学生或者不忠的配偶施魔法，因为他们希望魔法师按照自己的愿望来做事。这里，我们要拯救的是一个可爱的孩子，要维护的是家庭的团结，要启迪的是一名重要的教师。面对这些问题时，个人的声誉、个人乐此不疲地运

328

用专业技巧以及个人对痛苦的真实感受可能都会充满了痛苦，人们必须接受自己最终的局限，尊重他人的权利，这些是非常必要的，人们也可以拒绝他人的帮助，或以自己的方式接受帮助，而不是以治疗师、朋友或者社会期望的那种方式。我的知识和技巧如果得不到他人的赏识和接受，就是一文不值（p. 369）。

个案工作者意识到，改变是有代价的，需要牺牲确定性和安全性。因此，功能主义者认为，尽管改变会带来成长，人们还是会抵制改变。塔夫脱（Taft，1950）解释道："只有面临成长危机时，当进一步发展的压力超过了对改变和破坏的恐慌时，普通人才会感到有必要促进自己来之不易的全面发展。"（p. 5）

功能主义价值基础

如上面的引语所示，个案工作需要一种双方互惠的并行关系。此外，功能主义者坚持认为，人不能改变他人，因为他人有自己的意志。早期的学者没有具体涉及社会文化或种族敏感性，因为他们认为每个人都是一个独特的个体，有自己明确的需求，都会为个案工作经历带来独特的贡献。

普奇（Putsch，1966）通过自己在佐治亚州参与民权运动的经历，佐证了这个哲学理念。她工作的机构努力营造能够让不同肤色和不同信念的人们团结协作的氛围，以创造一个更加令人满意的、人人和谐共处的环境。普奇反思道："我的经验告诉自己，当我们知道什么是对与错时，我们会无法容忍差异性，无法考虑不同的观点，从而会丧失获得更加全面的认识和理解的机会。"（p. 95）

勒温（Lewin，1951）认为要充分考虑重要他人和环境资源，也就是说，这些因素成为个人生活空间的地形学的重要因素。如果这些因素抑制了个人成长，那么，它们就变成了问题；如果它们鼓励改变，就成为解决问题的重要出路。尽管功能主义者接受了这样一个普遍性命题，即人们需要遵循自然的物理法则行事，但与此同时，他们对人类成长的信念表明，与自然和谐相处是可能的，也是可取的。要鼓励人们利用可获取的自然资源，但同时也要强调个人的责任感。

功能主义者总是关注当下。事实上，这种导向是功能主义理论的标志性特征。对过去的探索仅限于它如何影响当下问题。对未来的探索只是对当下问题的指导。人们意识到，未来总是充满了不确定性，个案工作者要帮助人们学习活在当下，最大限度地运用自己周围一切可利用的资源为自己谋福祉。

个案工作的最终目标是在责任感的调节下行使自由意志。无论如何，功能主义个案工作者从不会猜测预期或期望的变化类型到底是怎样的，因为设定改变的目标是案主的特权。个案工作者的角色是协助案主运用那些能够影响未来的工具。由于现实情境中充满了限制，只有案主才能够决定未来可能会是怎样的，以及应该是怎样的。

329

功能社会工作实务主要概念

斯莫利（Smalley，1970）总结了三个基本假设，综合了自决的概念，完整地描述了功能社会工作实务。这三个概念基本出自兰克的方法，但经过了修改和延伸，下面我们将对这些概念进行介绍。这些概念适用于私营机构和公立机构的服务。

理解人性本质
功能学派立足于成长心理学，关注关系情境。改变的中心在案主身上，而非社工。社工要充分考虑社会和文化因素，帮助案主，通过得到了信任的工作关系的影响力激发案主的选择潜能，从而使其获得成长。功能主义者通常运用"助人"一词而非"治疗"一词来描述自己的工作方法。

理解社会个案工作的目标
机构会为社工的实务提供焦点、方向和具体工作内容。这样，机构既可以保护社工，又可以保护案主。个案工作从来都不是心理社会治疗的一种表现形式，而是一种提供具体服务的方式。

理解社会个案工作中的过程概念
个案工作是一个可以提供代理服务的助人性过程。社工要主导启动、维持和终结整个过程的每个阶段，当然，他们在进入工作关系时，是不能对案主进行分类的，也不能开出治疗的处方，更不能对预期结果负责。相反，社工与案主要通过助人过程来共同探究要实现什么样的目标（pp. 79-81）。

采取功能社会工作方法的治疗

功能社会工作是一种顿悟导向的治疗。尽管它的主要方法是谈话，但其倡导者还是聚焦于个案工作关系，这就为人们摒弃旧模式、采用新的方法来促进个人成长提供了机会。除了上述基本假设之外，斯莫利（Smalley，1967）提出了下列五个通用性原则，抓住了功能学派成熟的信条：

（1）诊断必须与使用机构的服务紧密联系起来。双方必须合作，必要时需要对诊断进行修改，还要与案主分享。

（2）社会工作过程中的各个时间阶段（开始、中间和结束阶段）必须充分利用起来，为案主所用。

（3）机构的功能在于为社会工作过程提供焦点、服务内容和方向，确保社会问责，要

330

全程吸引案主的参与,在过程中体现部分性、具体性和差异性。

(4) 有意识地运用结构会显著提高社会工作过程的有效性,在这个过程中要运用到很多要素,包括申请表格、机构政策以及界定和提供服务的物理空间等。

(5) 所有有效的社会工作过程都离不开关系情境。这种关系的目的在于协助案主做出合适的选择。

功能主义的治疗方法都直接源于这些主要原则。因为它们在助人过程中发挥了重要作用,下面我们将一一做详细介绍。

诊断

功能主义者从来都不会把诊断当作一个资料收集的结果 (Austin, 1938)。诊断是第一个环节,也是非常重要的一个环节,因为对情境进行命名能够有效帮助案主改变这个情境。同样,历史只有在与当下连接在一起时,才会显示出其重要性。案主与个案工作者必须达成共识,当早期儿童时代的经历对当下的问题有影响时,需要对儿童时代的经历进行深入分析。这个需求评估过程需要双方的共同努力 (Dawley, 1937),这是治疗过程的第一个阶段。

关系与改变过程

功能主义者不关注诊断,但是非常重视关系和改变过程。关系与变化过程是密不可分的,因为改变发生在关系背景中。提供帮助和接受帮助是会随着时间的变化而不断发生动态变化的过程 (Hofstein, 1964)。此外,这个过程"从未停滞不前,从来没有尽头,其重要性表现在其内在质量和变化对参与者的意义上,而非表现在其外在形式、状态或某个时段的产出上"(Pray, 1949, p. 238)。

由于每个人都是独特的,每个人都会发展出自己特有的应对困难经验的模式。这种模式始于出生初期与母体的分离,兰克称之为出生创伤,这种模式会在后来的成长过程中不断得到强化。与他人关系的性质决定了人们的经历会促进成长还是限制成长。例如,如果我们早年与母亲的关系非常积极正面,具有建设性,那么,我们就能学会接受未来不可避免的各种生离死别,学会接受现实生活中的各种限制。如果早年与母亲的关系非常负面,具有破坏性,那么,我们就会发展出一种拒绝接受各种生离死别的模式。这样的人会不断进行徒劳的努力,通过关系中的他人来完成自我。

331　　意志、反意愿和阻抗等概念都是功能主义的概念,这些都是变化过程中不可或缺的因素,也是非常重要的概念,而变化这个概念在功能主义中意味着改变或成长。在个人成长中,不可避免会出现冲突,因为个体的希望和需要会与他人和社会的希望和需要发生冲突。反意愿或者意志的负面内容会与他人的意志相违背,与社会现实相抵触。反意愿带有负疚的意味。阻抗是人们保持自己的自然表现,在个案工作早期是不可避免的。不要把阻抗当成问题或缺陷,它实际上是面对新的成长而表现出来的一种优势。

我们在功能主义文献中很少看到"移情"一词。塔夫脱 (Taft, 1933/1962) 是这样解释的："移情和阻抗一样是可以接受的，因为它一定会出现，也是成长过程中的一个阶段，在成长过程中把个人意志转化为自我。"（p. 97）个案工作者认为，如果案主想让自己被了解，唯一的方法就是将自己的欲望、担心和冲突投射到社工身上（Robinson，1942）。一个称职的社工应该保持高度的敏感性，能够发现并抓住这些投射行为（Aptekar，1941）。在治疗过程中，个案工作者要与案主建立关系，但同时保持适当的分离，这样，才既不会让自己困惑，也不会让他人感到不适。社工要善于发现服务机构的功能，这样才能保持这种自己与案主之间的必要的分离。

无论过去的经历是多么的负面，人们都有机会获得成长，在个案工作关系中激发成长的潜能。这个治疗过程包括开始阶段、中间阶段和结束阶段。在开始阶段，社工需要表现出持续的、一致性的对案主的尊重，以及对案主可以发生改变的信心。社工还要营造一个让案主感到安全的氛围，从而让案主自如地做回自己。社工要表现出真诚和对案主的接纳，给案主创造出"一个安全的环境，让他们感到不必进行自我防御，这样，他们会放下自己的担心、喜好和妒忌，自由地表达自己"（Robinson，1962，p. 113）。

在中间阶段，随着案主不断对自己的行动负起责任，变化就开始出现了。个案工作者要提供一些新东西，可能是对案主处境的新看法，或者是对新变化的进一步学习（Lewis，1966），随着个案工作者不断培育案主的优势，他们与案主之间的关系也在不断增强。案主会不断与个案工作者一起练习新行为，通过不断演练，案主会获得日益增强的成就感和力量感。

结束阶段会充满了担心和喜悦，因为它们既包含了失落的空虚感，同时也充满了成就感和自豪感。在结束阶段，案主与治疗师需要重新概括一下治疗目标，评估一下变化，总结一下收获。如果治疗非常成功，那么结束就意味着案主的重生，他们会充满了勇气和自信，有能力与他人建立健康的关系。当然，结束还意味着为案主带来新生活的一个强有力的联盟关系的结束。因此，结束阶段既悲伤又欢乐，既空虚又充实，既安全又充满了挑战。

有时结束需要根据机构的功能来进行，例如病人出院。当然，更多的情况是个案工作者要提前安排好结案，帮助案主巩固他们的收获，培育他们独立前行的能力。设定时间界限技术成为功能主义方法的标志性技术。

时间的运用

在功能主义个案工作中，时间是一个非常重要的因素，因为它是唯一一个能够向案主提供帮助，并让他们接受帮助的媒介。法阿茨（Faatz，1953）曾经发表了很多有关个案工作的论文，他特别强调了运用当下——此地此刻——这一概念的重要性，因为这是变化真正出现的唯一的背景。因此，法阿茨提出了系统理论，注意到在治疗过程中经历的情感和事件会对案主产生重要影响，并会改变案主以后的生活。

正如塔夫脱（Taft，1932）所述，"时间这个概念淋漓尽致地反映了很多内容，远远超过了其他必须接受现实限制以及无力改变现实限制的范畴，它代表了生命中出现的所有问题"（p. 375）。塔夫脱用治疗中的很多例子来详细阐释了自己的这句格言。她解释道，提前到达的人是在对自己和他人负责，总是迟到的人则是一个想要放弃责任的人。为了在治疗时间处理这些问题，治疗师要让案主充分利用一个小时的治疗时间，以此帮助案主了解时间的真谛。

治疗时间的长短没有一定的规定，也没有所谓理想的治疗时长。有些人可能经过几次治疗就能解决问题，而有些人可能需要更长的时间。功能主义治疗师常常会设定时间界限，以推动案主的变化，这个技术常常被人误解。时间设限的概念来源于自然的时间节点，例如学校的学年，或者一个季节。设限可能出于机构的要求，或者出于治疗的需要。无论哪种原因，合适的设限都不是一成不变的或任意确定的，它们都需要根据具体情况来确定。合适的时间限制是更加高效、明智地运用当下的一个重要因素。

机构功能和有意识地运用结构

在助人过程中，运用机构功能和结构可能与社会工作的关系最为紧密。是塔夫脱（Taft，1937），而不是兰克首先提出了机构功能的重要性。塔夫脱把治疗当成了一个虚幻的方法，同时也是一个真实的公共救济的方法。机构功能这个概念使得个案工作者在"纯粹治疗和公共治疗"之间找到了一个建设性空间（p.11）。塔夫脱把机构功能当成了社会工作实务中的一个一体化的主题，使其成为功能派社会工作的一个绰号。

机构功能的原则非常简单：创造性地、积极地接受机构提出的各种要求，会让个案工作者和案主共同获得哲学和心理上的利益（Taft，1937）。有意识地决定在某个特定机构内开展工作，社工需要接受一系列服务领域的规定和限制。个案工作者的职责会受到机构允许做什么、不允许做什么的限制。社工的态度尤为重要。个案工作者不能动辄辞职，对各种限制大发雷霆、反感，或者私下漠视规则。一旦个案工作者能够认识、接受并运用这些限制，机构功能就成为自己开展工作的最有价值的工具了。

机构功能也能成为案主的有效工具，当案主选择接受机构的限制时，便意味着他们认同了机构的社会目标。个人的危险因素就降到了最低，因为案主不需要委屈自己来重建个性。相反，他们还可以就某些问题求助，他们知道，自己的请求会得到尊重和重视。通过自己与个案工作者的关系，案主会学会如何运用限制来承担责任，处理现实问题，实现个人目标。

服务提供的结构和形式需要根据机构功能来确定。机构的政策是决定各种服务形式和结构的主要权威性文件。如上所述，我们需要有目的地运用时间。所有的形式和结构都需要有目的地进行设计，以最大限度地提升社会工作过程的有效性。每个内容——从接案程序、申请表格、评估工具到结案流程——都需要事先计划好（Bellet，1938）。即使是服务背景——场地的规划——也是界定机构功能的重要因素。鉴于变化是持久性的，需要定期对服务的形式和结构进行重新评估，以确保它们与服务内容保持一致。

案主的自由选择与机构功能之间的关系是非常清楚的，案主可以自愿申请接受机构服务，也可以自由选择接受还是拒绝机构提供的帮助，当然，当案主是非自愿接受机构服务时，这个关系就变得不清楚了。普雷（Pray，1949）最初在矫正机构工作时，写了很多文章来讨论这种困境，他认为自由和权威未必是互相排斥的。普雷发现在权威性机构中，有两种情况会让案主与机构之间的关系变得顺畅。第一,权威机构必须代表社会意志,而非个人意志;第二,在机构内部,被迫接受服务的案主必须可以选择拒绝服务。只有拥有选择服务的权利,案主才能在有限的范围内选择接受某些服务,并找到自己的实现感(Yelaja,1971)。

功能社会工作的主要应用领域

功能主义的方法最早被运用在与个人的工作中。事实上,宾夕法尼亚大学社会工作学院早在 1940 年代就聘请了第一个小组工作者海伦·菲利普斯(Helen Phillps),当时,个案工作和小组工作是完全不同的两个领域(Robinson,1960)。随着时间的推移,它们之间的相似性越来越明显,而差异性越来越不明显(Phillips,1957)。第二次世界大战之后,小组工作方法得到超前的发展(Eisen,1960)。

斯莫利(Smalley,1967)在其最后的总结中指出,功能方法在很多小组中非常有效,可以处理很多问题。斯莫利引用了一份犹太社区中心组织的成年妇女娱乐小组的材料,以及一份精神病院的慢性精神病男性治疗小组的材料,来证明自己的观点。尽管她承认在将功能方法运用到小组中时还需要一些专业知识和技术,她还是把这些案例与社区组织的个案记录整合在了一起,提出了上文中提到的五大通用原则。

艾森(Eisen,1960)重申了小组工作与个案工作之间的共同点,提出小组工作者必须掌握有关小组过程对个人影响的知识,还应该掌握运用小组互动技术的方法。艾森强调了功能性小组适用的系列服务领域,特别提出了在精神病院中至少可以开设四种小组:具体目标小组,例如新病人导入小组;病房病人管理小组;同伴支持和业余活动小组;社区为本的服务;等等。

功能方法在小组和社区中的重要性与在个案中的一样(Smalley,1967)。对每个方法的运用都重视过程,都努力完成自我实现,或者达到自己的目标。无论这个目标是个人适应层面的还是社会鼓动层面的,社工都要通过助人性关系来推动改变过程的出现,尽管这种关系受到了机构的控制和影响。正如艾森(Eisen,1960)解释的那样:"我们的服务就是要帮助病人克服自己的身心障碍,提升他们参与小组的能力,提升他们的自我方向感。如果实现这个目标,小组过程就变成一个个人经验了。"(p.114)

早年的文献强调家庭的重要性(Taft,1930),关注亲子互动,特别是与儿童虐待、忽视和父母不尽责有关的问题(Mayer,1956)。尽管这样,直到 1960 年代早期,功能主义的原则还是没能被系统地运用到家庭中。后来才出现了所谓的家庭个案工作。

拉帕波特(Rappaport,1960)是最早提倡家庭为本服务的人。她意识到家庭问题的根源在于社会问题,因此,她呼吁要"用更加具有活力的和有效的方式"来帮助家庭解决各种问题,她还建议在家庭服务中采用社会行动和资源协调的方法,将功能主义原则运用到家庭中(p.86)。

伯尔(Berl,1964)格外关注家庭与社会之间的关系,也注意到家庭个案工作面临的

334

主要挑战是，要处理好成功运作所必需的要素之间的动态平衡，要处理好知识和实践的整合，要系统地推动身心健康与个人的成长。他建议将功能主义方法运用到预防和危机干预中，运用到治疗机构和教育性机构中，还可以运用到整个社会环境中。家庭个案工作的发展非常缓慢，尽管斯莫利在1967年提出了功能主义个案工作、小组工作和社区组织的原则，但是，她没有提及家庭工作。

无论是与个体、夫妻、家庭、小组还是社区开展工作，功能社会工作都是最适合用来帮助案主系统地解决自己的问题的。功能主义个案工作在帮助个人成长方面特别有效，它为儿童和成人提供了一个洞察力导向的过程（Taft，1930）。正规教育和高智商都不是先决条件，案主即使存在认知限制，只要他们具备反思能力，仍可以从中受益。要从这个方法受益的唯一条件就是案主要有意愿和能力参与到整个变化过程中。

由于社工会与案主一起参与到变化过程中，功能主义的方法特别适用于帮助那些具有相同背景或完全不同背景的人群。社工的第一个任务是与他们建立信任关系，从案主的角度获得对他们处境的丰富的认识。通过这样的探索，社工会欣赏和尊重他们的传统、背景、习俗和经验的相同点和不同点。对差异性的认识和尊重，会通过督导过程得到强化，督导过程会审视案主与社工之间的差异性，这样社工会保持合适的立场，将自己的需求和目标与案主的需求和目标有效区别开。

功能主义的支持者认为这个方法没有什么限制或矛盾，但是，功能主义方法在面对那些需要医学治疗或药物干预的案主时，所能提供的帮助是远远不够的。将功能主义实践运用到那些有精神障碍、失智症，或反社会人格、偏执、精神分裂症、边缘型人格障碍的群体身上时，效果通常不佳。面对某些特定的人群和问题，功能主义方法还有待社工的进一步调整和修正（Smalley，1970）。

由于案主接受功能主义社会工作服务是完全出于自愿的，因此不存在什么风险。如果案主的问题超出了机构功能，社工就有责任将案主转介给其他机构，以便给案主提供更加合适的服务。

将这个方法运用到更加复杂的问题中也会非常有效，例如心理社会危机和内省性问题，人际冲突、环境问题和社会冲突等。

管理和培训因素

在塔夫脱的领导下，宾夕法尼亚大学社会工作学院在1934年前后开办了第一个硕士学位课程（Robinson，1960）。此后，个案工作者如果想一毕业就为案主提供治疗，他们就必须获得硕士学位。教育者们相信，这些专业的社会工作者会在自己就业的机构中成为行业的领导者和管理者（Pray，1938），但是除了将功能主义学派的知识和技术作为必要条件之外，没有其他的要求。

督导是训练学生和考察有经验的社工这一过程的重要组成部分（Faith，1960），因为社工在帮助他人之前，必须意识到并能够管理好自己的行为，处理好外在的冲突。内心感受和个案内容都是督导需要留意的内容（Robinson，1936）。

督导关系是治疗关系中的一个特别派生出来的关系，因为它包含了对治疗联盟的控制，且需要第三方系统的加入。有时第三方是机构，有时第三方是案主（Robinson，1949）。无论第三方是谁，有效的督导都是必不可少的，因为它会将人与机构有机连接在一起。同时，它还能有效预防职业"懈怠"的出现。

休斯（Hughes，1938）承认，并非所有机构的雇员都接受过专业的训练。在功能主义服务机构，半专业社工和志愿者都需要进一步提升对功能主义原则的学习和把握。正如休斯所解释的："缺乏理解如何有效地运用功能方法的技巧，会给机构带来时间和金钱上的浪费，还会造成人类悲剧。"（p.73）

实证基础

很显然，功能性原则源于扎实的科学基础（Marcus，1966），个案工作学生持续接受系统的研究方法训练（Smalley，1962，1967）。尽管这样，这个方法的实证基础还是非常 *336* 有限的。

德·施威尼茨（De Schweinitz，1960）敦促大学学术共同体与实务工作者联合起来。刘易斯（Lewis，1962）告诫机构要把研究分析的功能增加到机构服务中。刘易斯和斯莫利（Lewis & Smalley，1967）提出，正如曼彻尔（Mencher，1959）所建议的那样，应当邀请研究专家加入机构中。斯普拉夫金（Sprafkin，1964）承认这是一个挑战，但是，他认为这只是一个过程，并不是结果。

有学者运用机构的档案开展了单一的个案研究，但这类研究只包含了具有特殊性的过程记录。这样的调研更多关注的是过程，而非结果，因为从定义上来讲，目标是由案主提出的，在治疗过程中是可以进行修改的。这些研究很少提及功能性方法的总体有效性。

使用说明

本章描述了20世纪前半叶喋喋不休、不断影响社会工作实务的争论。在其顶峰时期，功能社会工作进入了实务领域，也进入了很多大学课堂，例如宾夕法尼亚大学、北卡罗来纳大学、南加州大学、犹太社会工作研究生院，以及纽约社会工作学院等（Robinson，1978）。第十六版《社会工作大百科全书》用了12页的版面来系统介绍功能主义方法（Smalley，1971），第十七版分配了11页给这个方法（Smalley & Bloom，1977）。

今天，一些历史学家和精神分析师重新发现了奥托·兰克（Lieberman，1985；

Menaker，1982；Rudnytsky，1991），但是，在最新出版的百科全书中，功能社会工作仅出现在了几篇参考文献中。美国的社会工作研究生院不再把功能方法当成一个统一的方法，也没人再去探讨这个传统的历史根源了。

事实上，功能学派中导致争论的革命性概念已经得到了不断的修正和改编，最终融入了当今社会工作的主要理论流派中。理论家整合了过去被认为是异端的概念，例如自由选择、自决、人类改变的潜能、把时间当成治疗因素等，他们不再关注这些概念在功能学派方面的有争议的起源了。例如，自助小组借助"探底"和互相依赖的概念，重视个人选择和责任，而对当下的重视被"活在当下"这样的口号所取代。现实治疗师常常会推动机构的功能性限制，而新出现的赋权运动则是建立在社区背景下案主的优势和改变能力的基础之上。无论如何，很少有人会探究这些技术的功能主义历史渊源了。

随着 20 世纪即将结束，经济和政治环境与 1920 年代和 1930 年代非常近似。因此，对经济的需求迫使机构要在预算许可的范围内保持自己的服务质量。社区希望能够减少痛苦，特别是儿童的不幸，但是，它们还是希望能够维护稀有资源。为实现这个目标，民选的官员就需要评估自己的工作，对资源分配设限，提倡个人责任。因此，要理解并有目的地运用机构功能来确保对社会的问责，实现社会工作的目标（Smalley，1967）。深入理解历史的前因能够帮助社会工作专业满足不断变化的环境的需要，实现其更大的效能和有效性。

致 谢

本章献给我的老师和导师艾伦·凯斯-卢卡斯博士（Dr. Alan Keith-Lucas，1995 年 8 月 5 日—2010 年 2 月 5 日）。他毕业于西储大学，就读的是诊断传统专业，凯斯-卢卡斯博士后来加入了北卡罗来纳大学，人们期望他可以"消除功能学派的不良影响"。相反，他与功能学派打成了一片，差不多在后来的 50 年中，他的思想和影响了极大地改变了北卡罗来纳及东南部的社会工作服务和小组儿童照顾领域。

参考文献

Allport, G.W. (1955). *Becoming.* New Haven: Yale University Press.

Aptekar, H.H. (1941). *Basic Concepts in Social Case Work.* Chapel Hill: University of North Carolina Press.

Aptekar, H.H. (1955). *The Dynamics of Casework and Counseling.* Boston: Houghton Mifflin.

Austin, L.N. (1938). Evolution of our case-work concepts. *Proceedings of the National Conference of Social Work.* Chicago: University of Chicago Press, 99–111.

Barlett, H.M., with Saunders, B.N. (1970). *The Common Base of Social Work Practice*. Washington, DC: National Association of Social Workers.

Bellet, I.S. (1938). The Application Desk. *Journal of Social Work Process* 2(1) Philadelphia: University of Pennsylvania Press, pp. 32–43.

Berl, F. (1964). Family casework— Dialectics of problem, process, and task. *Journal of Social Work Process 14,* 55–76.

Corner, G.W. (1944). *Ourselves Unborn*. New Haven: Yale University Press.

Dawley, A. (1937). Diagnosis—The dynamic of effective treatment. *Journal of Social Work Process, 1*(1), 19–31.

De Schweinitz, K. (1960). The past as a guide to the function and pattern of social work. In W.W. Weaver (ed.), *Frontiers for Social Work: A Colloquium on the Fiftieth Anniversary of the School of Social Work of the University of Pennsylvania*. Philadelphia: University of Pennsylvania Press, 59–94.

Drucker, P. (1959). *Landmarks of Tomorrow*. New York: Harper & Row.

Eisen, A. (1960). Utilization of the group work method in the social service department of a mental hospital. *Journal of Social Process 11,* 106–114.

Erikson, E.H. (1940). Problems of infancy and early childhood. *Cyclopedia of Medicine*. Philadelphia: Davis, 714–30.

Faatz, A.J. (1953). *The Nature of Choice in Casework Process*. Chapel Hill: University of North Carolina Press.

Faith, G.B. (1960). Facing current questions in relation to supervision—How shall we value the uses of supervision. *Journal of Social Work Process*. 11, 122–129.

Hamilton, G. (1936). *Social Case Recording*. New York: Columbia University Press.

Hamilton, G. (1937a). Basic concepts in social case work. *The Family 43*(5), 147–156.

Hamilton, G. (1937b). Basic concepts in social case work. *Proceedings of the National Conference of Social Work*. Chicago: University of Chicago Press, 138–49.

Hamilton, G. (1940). *Theory and Practice of Social Case Work*. New York: Columbia University Press.

Hamilton, G. (1941). The underlying philosophy of social case work. *The Family 22*(5), 139–147.

Hofstein, S. (1964). The nature of process: Its implication for social work. *Journal of Social Process 14,* 13–53.

Hollis, F. (1939). *Social Case Work in Practice: Six Case Studies*. New York: Family Welfare Association of America.

Hollis, F. (1970). The psychosocial approach to the practice of casework. In R.W. Roberts & R.H. Nee (eds.), *Theories of Social Casework*. Chicago: University of Chicago Press, 33–75.

Hollis, F., & Woods, M.E. (1981). *Casework: A Psychosocial Therapy* (3rd. ed.). New York: Random House.

Horney, K. (1939). *New Ways in Psychoanalysis*. New York: W.W. Norton.

Hughes, S.S. (1938). Interpreting function to the visitor. *Journal of Social Work Process 2*(1), 61–73.

Kadushin, A. (1959). The knowledge base of social work. In A.J. Kahn (ed.), *Issues in American Social Work*. New York: Columbia University Press.

Karpf, F.B. (1953). *The Psychology and Psychotherapy of Otto Rank: An Historical and Comparative Introduction*. Westport, CT: Greenwood Press, 1970.

Kasius, C. (ed.). (1950). *A Comparison of Diagnostic and Functional Casework Concepts*. New York: Family Service Association of America.

Klein, D.B. (1981). *Jewish Origins of the Psychoanalytic Movement*. New York: Praeger.

Kuhn, T.S. (1970). *The Structure of Scientific Revolutions* (2nd ed.). Chicago: University of Chicago Press.

Lewin, K. (1935). *A Dynamic Theory of Personality* (D.K. Adams and K.E. Zener, trans.). New York: McGraw-Hill.

Lewin, K. (1951). *Field Theory in Social Science* (D. Cartwright, Ed.). New York: Harper & Row.

Lewis, H. (1962). Research analysis as an agency function. *Journal of Social Work Process 13*, 71–85.

Lewis, H. (1966). The functional approach to social work practice—A restatement of assumptions and principles. *Journal of Social Work Process 15*, 115–133.

Lieberman, E.J. (1985). *Act of Will: The Life and Work of Otto Rank*. New York: Free Press.

Lynd, H.M. (1961). *On Shame and the Search for Identity*. New York: Harcourt, Brace and World.

Marcus, G. (1966). The search for social work knowledge. *Journal of Social Work Process 15*, 17–33.

Maslow, A.H. (1937). Personality and patterns of culture. In R. Stagner, *Psychology of Personality*. New York: McGraw-Hill, 408–428.

Mayer, E.R. (1956). Some aspects of casework help to young retarded adults and their families. *Journal of Social Work Process 7*, 29–48.

Mead, G.H. (1936). *Movements of Thought in the Nineteenth Century*. Chicago: University of Chicago Press.

Menaker, E. (1982). *Otto Rank: a Rediscovered Legacy*. New York: Columbia University Press.

Menaker, E. (1984). The ethical and the empathic in the thinking of Otto Rank. *American Imago 41*(4), 343–351.

Mencher, S. (1959). *The Research Method in Social Work Education*. A Project Report of the Curriculum Study, Vol. 9. New York: Council on Social Work Education.

Meyer, C.H. (1970). *Social Work Practice: A Response to the Urban Crisis*. New York: Free Press.

Moustakas, C.E. (Ed.). (1956). *The Self-Explorations in Personal Growth*. New York: Harper & Row.

Murphy, J.P. (1933). Certain philosophical contributions to children's case work. *Proceedings of the National Conference of Social Work*. Chicago: University of Chicago Press, 75–90.

Phillips, H.U. (1957). *Essentials of Social Group Work Skill*. New York: Association Press.

Pray, K.L.M. (1938). New emphasis in education for public social work. *The Journal of Social Work Process 2*(1), 88–100.

Pray, K.L.M. (1949). *Social Work in a Revolutionary Age*. Philadelphia: University of Pennsylvania Press.

Progoff, I. (1956). *The Death & Rebirth of Psychology: An Integrative Evaluation of Freud, Adler, Jung and Rank and the Impact of Their Insights on Modern Man*. New York: McGraw-Hill.

Putsch, L. (1966). The impact of racial demonstrations on a social agency in the deep south. *Journal of Social Process 15*, 81–100.

Rank, O. (1924). *The Trauma of Birth*. New York: Harper & Row, 1973.

Rank, O. (1925). *Der Künstler (The Artist)*. (4th Ed.). (E. Salomon and E.J. Lieberman, trans.). *Journal of the Otto Rank Association 15*(1), 1–63.

Rank, O. (1928). *Will Therapy* (J.J. Taft, trans.). New York: Alfred A. Knopf, 1964.

Rank, O. (1930). *Literary Autobiography*. *Journal of the Otto Rank Society 16*(1–2), 1–38.

Rank, O. (1932). *Art and Artist: Creative Urge and Personality Development*. (C.F. Atkinson, trans.). New York: Agathon Press.

Rank, O. (1936). *Truth and Reality* (J.J. Taft, trans.). New York: Alfred A. Knopf, 1964.

Rank, O. (1941). *Beyond Psychology*. Philadelphia: Privately published. (Printed by Haddon Craftsmen, Camden, NJ).

Rappaport, M.F. (1960). Clarifying the service to families with many problems. *Journal of Social Work Process 11*, 77–87.

Roberts, R.W., & Nee, Robert H. (eds.). (1970). *Theories of Social Casework.* Chicago: University of Chicago Press.

Robinson, V.P. (1930). *A Changing Psychology in Social Casework.* Chapel Hill: University of North Carolina Press.

Robinson, V.P. (1936). *Supervision in Social Case Work.* Chapel Hill: University of North Carolina Press.

Robinson, V.P. (1942). The meaning of skill. *Journal of Social Work Process 4*, 7–31.

Robinson, V.P. (1949). *The Dynamics of Supervision under Functional Controls: a Professional Process in Social Casework.* Philadelphia: University of Pennsylvania Press.

Robinson, V.P. (1960). University of Pennsylvania School of Social Work in Perspective: 1909–1959. *Journal of Social Work Process 11*, 10–29.

Robinson, V.P. (ed.). (1962). *Jessie Taft: Therapist and Social Work Educator.* Philadelphia: University of Pennsylvania Press.

Robinson, V.P. (1978). *The Development of a Professional Self: Teaching and Learning in Professional Helping Processes. Selected Writings, 1930–1968.* New York: AMS Press.

Robinson, V.P. (1978). The influence of Rank in social work. A journey into a past. In V.P. Robinson (ed), *The Development of a Professional Self: Teaching and Learning in Professional Helping Processes. Selected Writings, 1930–1968.* New York: AMS Press, 3–30.

Rudnytsky, P.L. (ed.). (1984). Otto Rank: A Centennial Tribute. *American Imago 41*(4).

Rudnytsky, P.L. (1991). *Rank, Winnicott, and the Legacy of Freud.* New Haven: Yale University Press.

Sinnott, E.W. (1950). *Cell and Psyene.* New York: Harper & Row.

Smalley, R.E. (1960). Today's frontiers in social work education. In W.W. Weaver (ed.), *Frontiers for Social Work: A Colloquium on the Fiftieth Anniversary of the School of Social Work of the University of Pennsylvania.* Philadelphia: University of Pennsylvania Press, 95–125.

Smalley, R.E. (1962). The advanced curriculum in the University of Pennsylvania School of Social Work. *Journal of Social Work Process, 7* 1–16.

Smalley, R.E. (1967). *Theory for Social Work Practice.* New York: Columbia University Press.

Smalley, R.E. (1970). The functional approach to casework. In R.W. Roberts and R.H. Nee (eds.), *Theories of Social Casework.* Chicago: University of Chicago Press, 77–128.

Smalley, R.E. (1971). Social casework: The functional approach. In R.E. Morris (ed.), *Encyclopedia of Social Work* (16th ed.). Vol. 2. New York: National Association of Social Workers, 1195–1206.

Smalley, R.E., & Bloom, R. (1977). Social casework: The functional approach. In J.B. Turner (ed.), *Encyclopedia of Social Work* (17th ed.) Vol. 2. Washington, DC: National Association of Social Workers, 1280–1290.

Sprafkin, B.R. (1964). Introducing research into a family service agency. *Journal of Social Work Process 14*, 117–132.

Sward, K. (1980–81). Self-actualization and women: Rank and Freud contrasted. *Journal of the Otto Rank Association 15*(2), 49–63.

Taft, J.J. (1930). The "catch" in praise. *Child Study 7*(8), 133–135, 150.

Taft, J.J. (1932). The time element in mental hygiene therapy as applied to social case work. *Proceedings of the National Conference of Social Work.* Chicago: University of Chicago Press, 368–381.

Taft, J.J. (1933). *The Dynamics of Therapy in a Controlled Relationship.* New York: Macmillan.

Taft, J.J. (1937). The relation of function to process in social case work. *The Journal of Social Work Process 1*(1) 1–18.

Taft, J.J. (1962). *The Dynamics of Therapy in a Controlled Relationship*. New York: Dover. (Original work published in 1933)

Taft, J.J. (1950). A conception of the growth process underlying social casework practice. *Social Casework 31*(8), 311–318.

Taft, J.J. (1958). *Otto Rank: A Biographical Study Based on Notebooks, Letters, Collected Writings, Therapeutic Achievements and Personal Associations*. New York: Julian Press.

Yelaja, S.A. (1971). *Authority and Social Work: Concept and Use*. Toronto: University of Toronto Press.

Yelaja, S.A. (1986). Functional theory for social work practice. In F.J. Turner (ed.), *Social Work Treatment: Interlocking Theoretical Approaches* (3rd ed.). New York: Free Press, 46–67.

第十四章

格式塔理论和社会工作治疗

伊莱恩·P. 康格莱斯

绪论

理论概览

尽管很多人都认为格式塔理论基本上是一个诸多技术的综合体，但实际上，这个模式深深扎根于存在主义哲学中（Perls，1992）。格式塔一词源于德语，意为整体，指的是人类经验的整体性特质。一个完全形态超过了其各部分的总和。尽管格式塔理论关注"图形"，即个体在当前处境中的经验，但是它同时也关注现在和过去的"背景"，以及个人的背景。它既强调此时此地，也关注过去的经验和关系，从而可以帮助案主获得对自己当前处境的深入理解和认识。

历史起源

格式塔理论是在 1940 年代后期产生的，它为精神分析理论认识人格本质、人类发展和治疗提供了一个新的视角。格式塔理论和治疗的创始人及主要的支持者是弗雷德里克（弗里茨）·珀里斯，他反对弗洛伊德学派的线性方法，反对他们只关注过去经验，关注个人的由恋母情结冲突导致的个人异常行为，还反对在治疗中对治疗师的过分依赖。在其早期出版的著作《自我、饥饿和攻击性：对弗洛伊德理论和方法的修正》（*Ego，Hunger，and Aggression：A Revision of Freud's Theory and Method*，Perls，1947）中，珀里斯提出了最初的格式塔理论。

尽管珀里斯不同意传统的精神分析理论，但是，他接受了存在主义哲学和格式塔心理学。珀里斯深受存在主义哲学思想的影响，特别重视个人对自己的责任，重视当前的经验。格式塔治疗关系与布伯（Buber，1958）描述的我与你的关系非常接近，在这个关系中，治疗师要无条件地接受案主的独特个性。在我与你的关系中，自我与他人之间的障碍被减至最小，每个人都站在人类的立场上与他人连接。从格式塔心理学中珀里斯发展出了自己的全人观，即个体全人大于自己各部分之和。精神分析理论把性和攻击性当成了人类最原始的冲动，与此不同的是，格式塔理论认为人类的基本冲动就是自我实现的冲动。

格式塔治疗在 1960 年代非常盛行，珀里斯主持了很多的工作坊和研讨会，借此来宣传自己的理论。他认为，格式塔治疗关注的是此时此地的经验性方法，因此，它与 1960 年代出现的激进革命性的时代特点非常匹配（Miller，1989）。当然，格式塔治疗不仅仅是诸多过时的能够促进快速的个性改变的技术的集合体，它还代表了一种哲学世界观和治疗方法，对 1990 年代产生了直接的影响。

一般性文献范围

在一开始，弗雷德里克·珀里斯是格式塔理论文献最主要的作者。他在出版的重要著作中概述了这个模式的理论和治疗性概念，这些著作包括：《格式塔治疗宝典》（*Gestalt Therapy Verbatim*，1969）、《垃圾桶内外》（*In and Out of the Garbage Pail*，1969）、《格式塔方法和治疗的见证》（*The Gestalt Approach and Eye Witness to Therapy*，1973），以及与 R. F. 赫弗林（R. F. Hefferline）和 P. 古德曼（P. Goodman）合著的《格式塔治疗》（*Gestalt Therapy*，1951）。其他研究格式塔治疗的学者还包括波尔斯特（Polster，1992），波尔斯特、波尔斯特和史密斯（Polster, Polster, & Smith，1990），哈曼（Harman，1990），科尔伯、格雷尔和范·德·里特（Korb, Gorrell, & VanDeRiet，1989），克拉克森（Clarkson，1989），史密斯（Smith，1992），以及尼维斯（Nevis，1992）。格式塔治疗在杨特夫（Yontef，1987）的著作中与精神分析模式有机结合在一起，在古尔丁（Goulding，1989）的著作中与交互分析进行了整合，在布莱西戈尔德和扎姆（Breshgold & Zahm，1992）的著作中与自我心理学进行了结合，在斯坎隆（Scanlon，1980）的著作中与顿悟导向治疗方法结合了起来。《格式塔杂志》（*Gestalt Journal*）也刊登了很多关于格式塔理论和实践的论文。

进入社会工作的路径

尽管格式塔理论最早是由精神病学家珀里斯及其妻子心理学家劳拉·珀里斯共同创立的，但是，后期的很多文献都是由心理学家撰写的，里面有很多要素都与社会工作视角一脉相承。格式塔和社会工作都认为治疗和干预要从案主的处境入手。格式塔治疗师描述的所谓图形/背景与社会工作关注的人在情境中的生态视角有着异曲同工之妙。社会工作关注的是人的全面性，包括生理的、认知的、行为的、情感的、语言与非语言的，这与格式塔治疗重视全人的观点高度一致。格式塔治疗师和社会工作者都强调要提升案主和治疗师的自我意识，以及要积极地运用自我概念（Lammert，1986）。

社会工作文献范围

社会工作领域内关于格式塔理论的文献非常有限，根据对从 1977 年到 1995 年的《社会工作摘要》（*Social Work Abstracts*）中收录的杂志文章的回顾，在社会工作杂志中只有五篇相关的文章出现。列文森（Levenson，1979）分析了格式塔治疗与精神分析、心理治疗之间的差异性。其他的社会工作学者关注的是将格式塔治疗运用到社会工作临床实践中（Lammert & Dolan，1983），或者是将格式塔治疗运用到治疗慢性精神分裂的小组中（Potocky，1993）、婚姻辅导中（Hale，1978），以及格式塔治疗方法培训小组中（Napoli & Walk，1989）。在本书的前几版中，布鲁格曼（Blugerman，1986）讨论了格式塔理论对社会工作实务和研究的价值。

基本假设

主要概念

格式塔理论假设相信人类经验的整体性，以及每个人拥有的价值。格式塔治疗中有六个主要概念，它们是：整体性、意识、连接、图形/背景、自律和此时此地（Smith，1992）。具体描述如下：

整体性

格式塔理论强调人的整体性，大脑与身体、思维、情感和行动之间不存在分离。案主表现出来的问题或症状都是他们经验中的不可或缺的组成部分。

意识

格式塔治疗师希望帮助案主更加清楚地意识到自己内在的情感和过程，以及外部环境中的他人的情感和过程。与儿童一样，所有的人都有能力获得这种意识，得到成长，但是在其过往经历中，他们往往被要求弱化这种思想和行为，并认为这些思想和行为是不合适的。例如，一个年轻的姑娘从小受到的教育是，姑娘不能过分自信，而应该服从并接纳他人。等到她成年之后，当老板对她提出了非分要求时，她的内心就会产生冲突。格式塔治疗师会帮助这个姑娘意识到自己的愤怒情绪是怎样的，而愤怒是她在儿童时期无法表达的情绪。随着她逐步明确自己儿童时期的内在和外在的经验之后，作为一个成年人，她现在可以在此地此刻发展出更加自信的行为，来充分地表达自己。

连接

格式塔治疗的焦点之一是扩大个人内在自我和外在自我与外部环境之间连接的范围和程度，同时还要增加案主与环境之间的互动。格式塔治疗师把移情当作一种连接界限的变形，因此，治疗的任务就是帮助案主提升意识，认识到这种扭曲现象的存在（Frew，1990）。

图形/背景

这个概念源于格式塔心理学，暗指人与环境的关系（Peris，Hefferline，& Goodman，1951）。格式塔治疗师会帮助案主提高对图形的认识，借此形成人与内在和外在世界连接时的完整人格。尽管背景非常重要，但是，在某个经验时点上，背景不是关注点。

自律

鉴于存在主义关注个人责任，格式塔治疗师相信，每个人都有能力约束自己的行为。与弗洛伊德的攻击和性冲动观点不同的是，格式塔治疗师认为人类可以约束自己的需求，可以做到自立和自我实现。当案主在与外界连接的节点上提升了自我意识，他们就能以更加统一的方式来看待自己。

此时此地

格式塔治疗师关注此时此地，这一点是与精神分析理论之间的最主要的区别。格式塔治疗师主要关注案主在与外界环境连接的当前节点上的自我意识，他们认为，过去的确会对案主当下的经验产生重要影响。当然，格式塔治疗师不会过分关注过去的经验，相反，他们会运用一些练习来帮助案主在此时此地的背景中理解过去的经验。当案主能够获得新的角色，或者梳理清楚过去纠结的情绪，案主就会明白过去的经验到底是怎样影响到此时此地的，从而处理过去的"未竟事宜"。

个性的本质

格式塔治疗将个性界定为"个人在相同的情境中，以相对稳定或者可预测的方式做出的区别于他人的行为表现"（Wheeler，1992，p.115）。这个有关个性的理论与精神分析理论对个性的看法有着天壤之别，精神分析认为人们是按照某种明确的发展阶段来按部就班地发展的。格式塔个性观强调的是个体个性的多元性。格式塔理论与弗洛伊德观点还有一个不同之处，格式塔治疗师强调统一性，即个性的彻底完形性。弗洛伊德学派关注的是个性的结构理论，心理动态学聚焦于帮助案主从结构的不同部分获得顿悟，让自我处在主导地位。而珀里斯在自己的早期格式塔著作中也谈到了自我、超我和本我，在《格式塔治疗宝典》一书中，他甚至提出了一个"后我"的概念，一般来讲，格式塔治疗师都不关注个性结构的分类，但是重视个性的不同部分的整体性。

改变的本质和过程

与大多数心理治疗不同的是，格式塔理论的焦点不是直接推动案主的改变，而是不断促进其意识的提升。格式塔治疗与存在主义方法非常相似，治疗师把案主当作一个统一的整体，不会对其做出判断或批评（Cole，1994）。治疗师并不会根据之前对案主做出的问题评估或病理性评估来改变案主。治疗性改变指的是提升案主意识，使其明白要使内在自我和外在自我成为一个完整的整体。案主有能力改变、成长和自我实现，而治疗师的任务就是推进这个改变的过程。

重要他人的重要性

格式塔治疗师弱化了重要他人在推动案主改变和自我实现过程中的作用。事实上，格式塔的名言是："我尽己责，你司你责，我此生并非为了满足你的期望而活，你也非为了满足我的期望而生。"珀里斯在《格式塔治疗宝典》的导言中引用了这句话，他想强调个体不要受制于他人的支持或者阻碍。当然，还是有一些格式塔治疗师认可重要他人的价值的。格式塔技术还可以被运用到婚姻辅导中（Hale，1978）。在格式塔婚姻治疗中，鼓励夫妻建立基本的对对方的意识，以及对对方如何影响自己对此时此地的自我定义的意识。

资源的重要性

与其他心理学理论相似的是，格式塔理论主要关注案主个人，而不是案主周围的环境资源是否充足。尽管格式塔治疗可能不聚焦于案主环境中的资源情况，也不教案主如何获取这些资源，但是，格式塔治疗师还是很重视案主经验的完整性，这包括环境资源以及心理资源等。

理论的价值基础

价值取向

格式塔理论的焦点在于关注当下，关注此时此地。当然，格式塔治疗师也承认过去的经验常常会影响案主当前的感知和行为。过去的重要他人，特别是父母的形象常常会重现，这些形象会帮助案主深入理解自己与父母的关系是如何被感知的，或者如何受到扭曲并对此时此地产生影响的。弗洛伊德的决定论观点认为，过去会不可避免地影响当下，与此不同的是，格式塔治疗师相信，案主可以不断重访过去以重塑现在和未来。未来和过去在格式塔治疗中都不是重点内容。格式塔治疗不是目标导向的治疗。当下存在的状态才是最重要的经历，案主不断通过增强自我意识来感受世界的经验才是最重要的。从案主或治疗师的角度确定的未来目标是未知的，其重要性远不如格式塔治疗过程。

人类本质

346　　格式塔理论反映了对人类本质的乐观态度。每个人都有能力完成自我实现，每个人都能提升自我意识。每个人都有能力使自己成为一个统一的整体。格式塔理论家们从来不相信人性本恶。因此，他们会弱化社会问题或心理变态等方面的内容。

关系

治疗师与案主之间的治疗关系是格式塔理论中的一个重要的关系。这个关系与布伯提出的我-你关系非常接近，不存在权力差异。在个人的此时此地的处境中的其他正面关系都是遵循了类似的原则的。格式塔治疗活动的本质在于情绪性体验，而不是行为改变。其治疗目标是协助案主理解他/她的完形，而不是行为改变。格式塔理论认为人与自然和谐相处，而不是与自然相冲突，两者之间不存在主导关系。通过提升个人的自我意识，人们会逐步认识到自然对个体完形本质的影响。

社会、文化和种族敏感性

珀里斯和其他格式塔理论家的著作都没有涉及对文化和种族差异性的关注。大部分早期格式塔的案主是白人、中产阶级、美国人或欧洲人。格式塔治疗成为培育美国个人主义思想的重要手段（Saner，1989）。当然，格式塔治疗中的自我实现、接纳多元视角和关注人的整体性的观点，适合为种族和文化多元性群体服务。有人认为，格式塔对情感经验的关注可能并不适用于某些文化背景多元的案主（Corey，1991）。

治疗

主要的治疗目标

尽管格式塔治疗师尽量不与案主一起制定特别具体的治疗目标，但是，下列一般性目

标都是格式塔治疗需要实现的:

(1) 增加案主行为类型。案主的行为类型通常是数量有限且一成不变的,格式塔治疗会鼓励他们采取不同的行为。

(2) 鼓励案主为自己的生命负责。尽管案主最初都会因为自己的生活处境而自责,但是,格式塔治疗会帮助他们接受自己的角色,并建构自己的完形。

(3) 最大限度地进行体验式学习。格式塔治疗师鼓励案主不仅依靠认知,而且还要将思维与情感整合起来。

(4) 完成过去的未尽事宜,将这些经验整合到当下的完形中。案主过去有着纠结的经历,这些经历会不可避免地影响他们当下的功能发挥。因此,要鼓励他们将这些经历带入此时此地中,通过重新体验和处理这些经验,案主会更加乐于接受新的生活经历。

(5) 为案主提供感受自己内心的强大和能力的提升的机会,增加其自立的经验,以更加有效的方式来行动,做出有意识和负责任的选择,从而促进良性互动(Korb, Gorrell, & VanDeRiet, 1989, p. 95)。

主要的治疗概念

上述治疗目标需要通过明确治疗关系的性质并借助格式塔治疗师采用的各种技术来实现。在格式塔治疗中,治疗的焦点是案主。人们认为,案主应获得各种能够带来个人变化的技术和工具(Korb, Gorrell, & VanDeRiet, 1989, p. 69)。治疗师是一个协调者,帮助案主发现自己目前在做什么、如何做,从而发现影响他们行为的深层次的东西。治疗师要帮助案主对自己的行为负责,而不是对自己的困境或者他人的行为负责。治疗师要推动案主学习探索,并学会对自己的行为负责。

治疗关系的本质

在格式塔治疗中,治疗关系的本质十分关键。格式塔治疗师应该具备的最重要的品质就是真诚,也就是说要拥有良好的自我意识,对案主开放、坦诚。治疗师要能够走进案主的世界中。格式塔治疗师要能与案主建立一种紧密的私人关系,而不是进行"冷漠的、有距离感的,或者完全客观的"互动(Korb, Gorrell, & VanDeRiet, 1989, p. 110)。格式塔治疗师要弱化与案主之间的权力差异,要避免在治疗师与案主之间建立一种独裁关系,治疗师不能摆出一副我做什么都是为你好的姿态,而要尊重案主改变的意愿,同时也要尊重他们维持现状的意愿(Cole, 1994)。要把案主的现状当作关注的重点,在治疗师的协助下,案主要拥有实现改变和成长的能力。这种治疗性关系与布伯提出的我-你对话是非常类似的,意味着要完全接纳和尊重对方。

移情的作用和重要性

与精神分析方法不同的是，格式塔治疗师不主张与案主建立移情关系。当然，格式塔治疗师承认案主进入治疗时是带着期望的，即认为治疗师会与自己建立一种类似儿童时期经历过的关系。治疗师所持的我-你的态度"会一点点地消除案主对自己在关系中经历的创伤的预期"（Cole，1994，p. 84）。格式塔治疗师会把自己变成慈父或慈母，从而推动案主的成长和改变。在格式塔治疗中，移情是实现目标的手段，而不是像精神分析治疗那样把移情作为最终目标。

知觉和历史的重要性

尽管格式塔治疗的主要关注点是此时此地，但如果说格式塔治疗忽视历史和过去，也是错误的。个人的过去和历史是非常重要的，因为过去的未竟事宜会出现在人们的此时此地（Huckabay，1992）。精神分析模式鼓励案主谈论自己过去的经验，与此不同的是，格式塔治疗师会采用练习的方式来帮助案主在此时此地再现过去的事件和各种关系。

知觉和需求评估的重要性

格式塔治疗师对案主的需求评估与社会工作者的社会心理模式需求评估之间有着很大的差距。格式塔治疗师在对案主开展需求评估时，既不讨论案主的生理、心理、智力、认知和情绪层面的特点，也不分析他们的家庭、社会和环境资源。从诊断的角度来看，格式塔治疗师根本不关注病理学的东西。格式塔治疗师在对案主进行"需求评估"时绝不会采用 DSM-Ⅳ 手册内容，也不会描述症状、防御机制或者案主的"问题"到底是什么（Yontef，1987）。他们避免使用"这是一个躁狂性抑郁症、单亲家长或者福利救济对象"这样的表述。精神分析师们把抵制性的防御机制当作一种负面力量加以治疗和消除，而格式塔治疗师认为有必要"激活人们对意识的抵制，从而为他们赋予新的灵活性，使他们真正接触到自己的现实和社会生活"（Cole，1994，p. 72）。

虽然格式塔治疗不愿采用精神分析师和精神病学家的 DSM-Ⅳ 手册或者社会工作的社会心理模式进行需求评估，但是，在与案主的互动过程中，他们还是会发现案主身上出现的问题，如功能失调性边界扰动、合流、内摄、投射和转向自身等，这些问题成为他们治疗的焦点。在格式塔治疗师看来，"互动"一词仍具有强烈的评价色彩，所以，有人认为"过程"一词更加合适（Swanson，1988）。

特定的治疗词汇

下列概念说明了人与环境之间常常会出现的四种互动（过程）。

第一种互动是"合流"，指的是对差异的否认，是对相似性的不切实际的关注。它与精神分析中的包容和普遍化比较接近。例如，如果我们把手放在墙上，首先会感受到墙面温度和结构的差异，但时间一长，这些差异很快就模糊不清了。同样，在某些婚姻关系中，夫妻之间会否认彼此的差异，继而产生一种虚假的归属和凝聚感。格式塔治疗会帮助夫妻重新审视彼此的好恶感受、各种"必须和应该"，以及对夫妻关系的期望（Hale，1978）。夫妻会慢慢明白，在他们的合流性夫妻关系之外，他们都还有着各自的需求。

第二中互动是"内摄"，指的是从他人处不合适地获取信息，特别是那些重要的历史性人物。通常来说，案主会将父母传递的信息内在化，其结果就是案主深受这样的指令的困扰，例如"我必须""我应该""我不得不"。当案主深受内摄困扰时，格式塔治疗师可以鼓励案主假设一个远离内摄的父母的声音，在此时此地与其进行对话。这个练习的目的是帮助案主将自己与父母的内摄剥离开。精神分析师会把内摄当成自我应对焦虑的防御表现，但是，格式塔治疗师会把内摄当成个体与环境之间的一种互动，它完全可以在此时此地得到治疗和纠正。

第三种互动是"投射"，指的是否定自己身上的某个部分，然后将这些部分投射到他人身上。自我心理学家会把这个现象当作防御机制的组成部分，人们否认自己个性中不好的部分，并将其归因于他人。这种防御机制被当作一种低层次的自我防御，它常出现在严重精神疾病患者身上。格式塔治疗师不认为运用投射的案主有精神疾病，而是认为这样的案主丧失了自我中最重要的部分。这个行为将自己最强大的部分带走了，从而使得环境对自己产生更大的控制和影响。格式塔治疗师要帮助案主重新找回丢失的自我。例如，案主说所有男人都对自己发怒，在这种情况下，就要协助她发现并澄清她对过去和现在生活中的重要男性的愤怒情绪。

第四种互动是"转向自身"，指的是在这个过程中，个体对自己做了他们想对别人做的事，或者让别人对他们做的事。这种行为有时是一种非常健康的反应，比如一个生气的母亲非常积极地打扫厨房，而不是虐待孩子，或者一个被男朋友拒绝的女人给自己买了一套新衣服（Polster & Polster，1973）。有时人们会过度使用转向自身的方法，导致他们在此时此地出现功能失调。这是因为过去的力量过于强大，会对他们的此时此地产生影响。例如，案主在儿童时期常常受到父母的否定，成年后则会很难向他人求助，而更多地依靠自己的力量来解决问题。格式塔治疗师在与案主开展工作时，会帮助他们认识到不再需要什么事情都要自己扛着，他们可以在现有的环境中与他人互动，得到外界的支持。

在治疗初期，需要对与案主初次接触的互动进行评估。需求评估并不是治疗的先决条件。在一开始就将需求评估和治疗整合起来，能使格式塔治疗师与案主之间尽快产生凝聚力，从而避免因为正式的诊断性需求评估过程而产生专业距离感。

专门的技术和策略

350 　　格式塔治疗师会采用多种多样的策略或技术为案主服务。他们遵循的主要原则是尊重案主的人格和灵活性，这些原则决定了在为不同案主服务时应采用哪些技术。技术的选择还取决于案主的健康水平以及他们是否已经准备就绪。治疗可能会使案主进入安全应急状态，因此要告诉案主他们可以发怒，可以兴高采烈，也可以不开心（Stevens，1975）。治疗师常常可以通过一个实验来将安全应急状态转变为行动（Polster & Polster，1973）。格式塔实验常常被描述为"试图将个人行动系统带入现场，从而打破僵局"（Polster & Polster，1973，p. 234）。一般来讲，实验会帮助案主将问题和情感通过行动外在化，从而更好地理解自己，而不是仅仅通过语言表达情感。对于格式塔治疗师而言，他们在治疗中的一个重要角色就是协调者，治疗师们在介绍实验和进行实验的过程中，常常就是这样介绍自己所扮演的角色的。下面将介绍一些格式塔治疗中的经典实验（Korb，Gorrell，& VanDeRiet，1989）：

　　● 对话：格式塔治疗技术中最有名的技术是空椅子技术。尽管这项技术总是受到批评，批评者认为它过度戏剧化，但是，需要提醒的是，这个方法最早是用于教授格式塔治疗方法的，同时还用于协助案主的个人成长（Blugerman，1986）。当案主在过去或者现在与他人产生冲突，或者与自己个性中的某个部分发生冲突时，格式塔治疗师都会让案主想象这个人或者自己个性中的某个部分坐在椅子上，通过这样的方法，案主能够更加深刻地理解冲突的范围，并对此获得新的顿悟和感受。例如，案主非常挑剔，对自己的表现要求非常高，可以让他想象自己的父亲坐在椅子上，与其"交谈"，讨论父亲对自己的各种要求，这样，案主才能获得释然，并有所感悟。

　　● 梦境实现：这项技术能让案主对自己身上存在的问题和冲突有清醒的认识。心理分析理论家常常会鼓励案主讨论自己的梦境，以帮助他们理解无意识层面的内容，而格式塔治疗师则把梦境当成了关于案主当前生活中现状的"存在主义的信息"（Latner，1992，p. 51）。精神分析学家把梦的解析作为一项重要的任务，格式塔治疗师却鼓励案主将梦境表现出来，并将其作为自己当前完形的表现形式。

　　● 夸张：夸张技术指的是治疗师要求案主将自己的动作或表达方式以夸张的方法表现出来。这个练习可以帮助案主与自己过去无意识的情感和感受进行直接的接触。例如，格式塔治疗师注意到，有一个案主在谈到自己的公婆即将来拜访自己时，皱起了眉头。治疗师让她夸张地再次皱眉，这时她突然意识到了自己对公婆来访所产生的负面情绪。

　　● 倒转：指的是建议案主将自己说的话反转过来再说一遍。人们的经验往往容易出现351 两极分化的情况，让案主从反面来表达，可能会增强他们的意识，帮助他们接受自己对重要他人的完整的感受。例如，一位母亲很难与自己发育迟缓的儿子分离，她说她不想让儿子参加夏令营，因为他年龄太小了，无法照顾自己。当治疗师要求这位母亲将自己的表述反转过来时，她开始意识到，其实自己内心是希望这个孩子能够独立自主的。

● 预演：这项技术帮助案主做好迎接任何新的改变的准备。案主往往缺乏自我支持系统，他们担心尝试新的改变可能需要承担可怕的后果。提前练习这些话语，能够让案主有信心应对新的处境。例如，有一名案主害怕向老板提出升职的要求，如果能在治疗师的帮助下进行预演，他可能就可以做到成功地向老板表达自己的意愿。需要指出的是，很多认知治疗师也会运用预演这项技术。

● 绕圈子：这是一项格式塔小组工作技术，指的是为案主提供预演机会，并使其从其他小组组员那里获得反馈。案主要向其他组员清楚介绍自己的处境，在其他组员的帮助下，进一步了解自己的经历。例如，有一名组员纠结于是否要与妻子分居，治疗师要求这名组员将自己的决定在组内反复预演，以听取组员的反馈。

● 显性揭示：这项技术指的是格式塔治疗师要跟进案主的最初表达和活动，而这些表达和活动是最能反映他们更深层变化的重要指标。社会工作者对这项技术非常熟悉，他们会运用它来跟进案主的语言和非语言沟通行为。例如，在格式塔治疗中，治疗师会指出，自从案主进入会谈后，就在不断地打哈欠。

● 定向性意识实验：这项技术可以帮助案主与自己不同的内在和外在经历建立关联。格式塔治疗师运用这些技术来帮助案主获得一个更加清晰的感观画面，同时也获得一个内在的身体感受。

在《心理治疗的创造性过程》（*Creative Process in Psychotherapy*）一书中，辛克尔（Zinker）提出了格式塔治疗过程中的几个步骤：

（1）奠定工作基础。

（2）在案主与治疗师之间达成共识。

（3）分等级（评估实验具有挑战性，但是不会令人沮丧）。

（4）表面化案主的意识。

（5）定位案主的能量。

（6）为案主和治疗师建立自我支持。

（7）发展一个主题。

（8）通过共同讨论选择一个实验。

（9）开展实验。

（10）获得感悟并结束。

在做完每一个格式塔实验后，要进行重新定位（Heikkinen，1989）。

对治疗时长的感知

与其他治疗方法一样，格式塔治疗也有四个阶段：（1）建立关系；（2）深入发现问题；（3）决定案主需要采取的步骤；（4）为案主提供支持，鼓励其成长（Egan，1986）。

格式塔治疗师相信：对某些案主而言，可能在第一次会谈中这四个阶段都会出现；而对另一些案主而言，这四个阶段会持续若干年。一般来讲，大部分案主会处在上述两种情况之间（Korb，Gorrell，& VanDeRiet，1989）。治疗时间上的灵活性是符合格式塔理论的，该理论认为应该在治疗中保持案主中心原则。治疗持续的时间应该由案主来决定，而非治疗师说了算。让案主来决定治疗的长短，似乎与传统的精神分析模式相矛盾，后者强调长期治疗，与现在流行的精要治疗中的管理性照顾模式也有不同。

当然，一般来讲，格式塔治疗不算是一个长期治疗模式。因为其重点在于尊重每名案主的灵活性，接纳每一名案主，因此，格式塔治疗通常都是短期的。这个特点使得它可以在管理型医疗保健机构中得到广泛运用。

具体方法的重要性

与个体和小组工作

格式塔治疗的创始者弗里茨·珀里斯原来是一名个体治疗师。尽管他也开设小组，但主要是做个体治疗，与小组中的其他组员之间互动很少（Nevis，1992）。似乎小组会提供最佳良机来展现格式塔理论，并成为实践的场所。早期的珀里斯小组会将个体组员放在"热座"上，让其他组员作为观察员来讨论某个特定话题。例如，要求其他组员以结构式的方式来讨论坐在"热座"上的案主，案主一般都会坐在"热座"上10～30分钟，在一个2～3小时的小组活动中，2～4个组员轮流坐在"热座"上（Korb，Gorrell，& VanDeRiet，1989）。

目前得到广泛运用的格式塔小组治疗模式是格式塔小组过程模式（Zinker，1977；Huckabay，1992）。按照这个模式，治疗师一直扮演着实验主导者的角色，当然，他们要不断回应并接纳其他组员的干预和反应（Korb，Gorrell，& VanDeRiet，1989）。要不断鼓励小组互动，培育小组凝聚力。在这个模式中，当一名组员表达出对某个主题的看法时，就要让他与其他组员一起分享。小组领导需要带领小组开展与这个主题相关的活动。

尽管格式塔治疗模式是个体性质的，但是，格式塔模式所具备的四个特点同样适用于小组：自律、接触和接触界限、意识、关注此时此地（Frew，1988）。小组与个体一样，会表现出自己的自律趋势，并追求完整性。小组过程中融合了不同组员、不同的次小组以及组员与组长之间的接触的可能性。在小组工作中，意识或者注意力的重要性远远超过了个案工作。关注此时此地在小组工作中是至高无上的。这个关注点使得格式塔治疗成为一种短期治疗方法，而这种短期治疗在管理型医疗保健机构中颇具优势。

与夫妻工作

除了个案工作和小组工作外，格式塔治疗还可以被运用在夫妻工作中。夫妻治疗对于格式塔治疗师而言可能比较困难，因为格式塔治疗师接受的训练是关注个体，以及他们与外部环境之间的界限（Zinker，1992）。当夫妻与外部世界相关联时，格式塔治疗师会把夫妻当成一个系统或一个完形，并会明确夫妻之间的界限。夫妻治疗包括给夫妻设计一些练习，帮助他们提升彼此的意识，增加彼此之间的互动（Hale，1978；Zinker，1992）。

与家庭工作

尽管格式塔理论并不是一种家庭治疗模式，但是，这个理论还是被运用到了家庭治疗领域。格式塔家庭治疗师坎普拉在他的著作中将格式塔理论和技术运用到了有问题的家庭中（Kempler，1974）。其他家庭治疗师，如萨提尔，在与家庭工作时采用了实验的、存在主义的方法，并开发了类似于格式塔的家庭治疗技术，例如家庭姿态和家庭雕塑等（Satir，1983）。

与社区工作

起初，建立格式塔治疗方法的宗旨是发展个案工作和微观实务，以及其他小系统服务，例如夫妻、小组和家庭。尽管没有关注到社区层面的变革，但是当代格式塔治疗师史密斯这样写道："影响社会变革的力量蕴藏于我自身之中，通过与他人的接触，我会对他人产生影响"（Smith，1992，p.294）。很多学者认为格式塔治疗更关注社会和社区，与美国的个人主义形成了鲜明的对比（Brown，Lichtenberg，Lukensmeyer，& Miller，1993）。人们运用格式塔治疗来处理宏观的机构模式（Critchley & Casey，1989），在不同的机构背景中开展服务，例如精神病院、教养院、日间治疗中心和庇护所的工作坊。

在社会工作实务中的运用

实务运用——适用领域

格式塔治疗最初是用来治疗抑郁症、恐惧症和强迫症患者的，帮助他们调整神经失调问题。案主基本上都是白人中产阶级背景。当然，格式塔治疗中的存在主义取向强调的是每个案主的独特性，强调尊重他们经验的重要性，这些内容似乎特别适用于社会工作实务中的不同经济、社会、文化和种族背景的案主。

格式塔治疗最初的服务人群基本上都是青年人和中年人，但后来人们渐渐发现，将其运用于儿童（Oaklander，1992）和老人群体（Crouse，1990）时，治疗效果也很显著。

354

还有一些人群在接受格式塔治疗时，效果也很令人满意，例如受虐妇女（Little，1990）、受虐儿童（Sluckin，Weller，& Highton，1989）、截肢人士（Grossman，1990）、艾滋病患者（Klepner，1992；Siemens，1993）、自杀者的亲属（Bengesser & Sokoloff，1989），以及酗酒者（Shore，1978；Carlock，O'Halloran，Glaus，& Shaw，1992）。

已知风险

人们一般以为，格式塔治疗不适用于严重人格分裂或者精神病案主（Shepard，1970）。案主如果不能清楚地区分现实与想象，便可能在接触到格式塔治疗中的引导性想象技术时，变得更加混乱，失去方向感。因此，有学者建议对格式塔治疗进行修正，这样才可以使其适用于边缘人群（Greenberg，1989）、被诊断为慢性精神分裂症的人组成的小组（Potocky，1993），以及因为精神疾病住院治疗的人（Harris，1992）。把格式塔治疗运用到那些缺乏现实感和自我意识的群体时存在着一个巨大的风险，即他们无法立刻从想象回归现实世界。

已知的限制

格式塔治疗对那些患有严重精神疾病的案主而言存在着高风险，它同样不太适用于那些特别需要环境倡导和获得资源保障的贫穷案主。格式塔治疗最适合深受精神或适应不良问题困扰的中产阶级或工人阶级案主，它与个案管理不同，个案管理是一种现实治疗，常用来处理慢性精神疾病。格式塔治疗与那些需要治疗师来确保和协调社区资源的治疗方法也截然不同。

管理和培训

督导的重要性

社会工作研究生教育或心理学研究生教育中通常会简单涉及格式塔治疗，大部分格式塔治疗师是在大城市的研究生培训中心接受专业训练的。尽管目前还缺少标准的培训内容大纲，但是大部分格式塔治疗的培训者都认为，在格式塔培训中，以下三个方面的内容是必不可少的：（1）理论基础；（2）深度的个人完形工作；（3）延伸的督导（Korb，Gorrell，& VanDeRiet，1989）。培训者们相信，初入门的学生需要深入学习格式塔治疗的理论基础，这样才能深入理解这个方法的精髓，而不是把它简单当作技术的集合体。在格式塔治疗过程中，治疗关系非常重要，因此，治疗师必须通过自己的格式塔治疗过程来彻底理解自我、探索自我。最后，持续的督导对学习这个治疗方法的学生来讲，也是非常重要的。

记录的重要性和作用

格式塔治疗师要记录下访谈中的语言和非语言过程，这与社会工作专业学生的过程记录非常类似。在格式塔记录中我们常常看不到诊断、历史询问和社会心理评估，因为这些内容不是在格式塔治疗师与案主一起工作时产生的。相反，格式塔有关实务的文献常常关注的是最初的意识以及与案主接触的过程，重点关注治疗师与案主之间的互动过程。

背景的作用

尽管机构背景是案主个人完形的其中一个组成部分，但是，格式塔治疗师会不断弱化机构背景的作用。大部分的格式塔治疗都是在格式塔培训机构或者私人开业的机构中进行的，当然，在很多精神健康机构中，专业人士也会采用格式塔技术为案主提供服务。

案例片段

下面的案例片段展现了格式塔治疗师与一名患有抑郁症的案主的会谈以及与一组 HIV 阳性组员一起进行的会谈。

苏珊（Susan）是一名 25 岁的已婚妇女，她因为不断出现抑郁症症状而被转介给格式塔治疗师。她的表现是低自尊，常常出现不明原因的哭泣。治疗师向大家介绍自己名叫简·史密斯（Jane Smith）。很快，治疗师注意到苏珊瘫坐在椅子上一言不发，直到被点名才做出一点回应。在第一次会谈时，治疗师请苏珊描述一下自己的感受，苏珊的回答是"糟透了"，但是她不知道自己为什么会有这样的感受，她的丈夫非常支持她，她有一份很好的工作，家庭氛围温暖幸福。治疗师非常小心地抓住了她表达出的最初的感受，并要求她详细说一说"糟透了"的具体内容是什么。在治疗师的再三鼓励下，苏珊说她感到自己是一个废物。治疗师继续问苏珊废物是一种怎样的感受。苏珊说感到自己很脏、被人讨厌。她记得在青少年时期，有一次她在做晚饭，母亲却说她做的饭像垃圾一样难吃，母亲还说，她的房间简直就是个垃圾堆。很显然，苏珊对母亲的这种指责非常愤怒，而这种愤怒一直被压制在心底。作为格式塔治疗师，简发现，苏珊深受转向自

356　身之苦，在这个过程中，她把原本要对别人表达的东西放回到了自己身上。于是，治疗师决定采用空椅子技术来帮助苏珊接触自己的内心，将过去无法表达的对母亲的愤怒情绪重新用语言表达出来。需要注意的是，格式塔治疗并不忽视过去，但需要将过去带到现在。当苏珊能够表达对母亲的愤怒情绪（想象让母亲坐在空椅子上）之后，她说感觉比过去好了很多。

　　第二个案例片段有关一个格式塔小组工作，组员是最近被诊断出 HIV 阳性的人。这个小组采用的是格式塔小组过程模式，而不是原来的珀里斯的个人在小组中的模式。

　　这个小组由六名男同性恋者组成，年纪在 20～35 岁之间，他们刚刚在上个月得知自己 HIV 阳性。治疗师要求每名组员介绍自己，并说出自己对小组的期望。大部分组员都对自己的病持否定态度，几个人只字不提自己的 HIV 阳性，一名组员说他一定是误诊，还有一名说自己有一个很好的治疗方案。格式塔治疗小组的组长非常接纳和支持组员的处境和想法。当一名组员提及自己感到无助和无望时，组长能够立刻支持组员的这种感受。治疗的焦点在于组员此时此地的感受，而非他们过去到底经历了什么。

　　一开始，组长会一对一地回应每一名组员的感受，并给予他们支持和鼓励，特别是当一名组员说自己得知诊断结果后感到非常无力和无奈时。他说上一次经历这种无力感是在他 16 岁时，那年他母亲去世了。说到这里，这名组员开始哭泣，其他组员则表现出了关怀和支持，组长也非常理解和关心他。组长希望促进这种互动，便问其他组员是否也经历过丧亲之痛。在此刻此地再现丧亲是一个非常重要的经验，因为它能帮助案主处理此前一直没有处理好的丧亲之痛。这样的互动还有助于提升小组的凝聚力，因为组员会相互伸出援手，而之前他们都是各自为战、孤立无援的。另外这种丧亲之痛会引发大家对眼前的不幸、健康问题和可能带来的残疾、对未来的不幸（即死亡）的担忧的深度讨论。这种行为也反映了格式塔治疗师对案主全人的关注，即案主不仅仅是一个 HIV 阳性的人，他还有自己的历史。在当前每个人的完形中，HIV 阳性只是一个组成部分。

　　当每个组员都有机会表达自己的感受时，小组最初的凝聚力开始产生，小组组长就可以开始介绍格式塔实验活动了。治疗师会要求组员想象自己有一个珠宝盒，可以把自己最宝贵的东西储存在里面。一个组员说自己会把自己的淋巴细胞储存在里面，这样有朝一日他会用这些淋巴细胞来治病。另一个组员表示很担心自己的弟弟，因此，他想把弟弟放在珠宝盒中，这样他就不会受到伤害了。还有个组员会把自己一生中最辉煌的成功事件储存
357　起来，例如他在大学毕业时被选中作为毕业生代表在毕业典礼上致辞，还被任命为单位的部门经理等。还有组员说会储存日落和立春。这个练习能帮助这些男性彼此建立连接，同时还能帮助他们面对现实，接受自己得病的状况。

实证基础

研究基础的范围：已知的总体有效性

由于格式塔理论关注的是治疗的体验特点而不是实证特点，因此，单一个案研究成为格式塔治疗研究的主要形式。很多案主报告格式塔治疗方法帮助他们解决了很多问题，从事这类研究的学者主要有哈曼（Harman，1989）、史密斯（Smith，1992）和尼维斯（Nevis，1992）。也有一些格式塔方法的临床研究（Clarke & Greenberg，1988）表明，所谓"心理治疗中的美好时刻"如额外治疗、行为改变、接纳问题和整体福祉改善等，都与具体的格式塔治疗方法或多或少有关联（Mahrer，White，Howard，& Gagnon，1992）。对格式塔治疗的研究表明，它在解决决策性冲突方面效果显著（Greenberg & Webstar，1982），在小组中也非常有效（O'Leary & Page，1990；Anderson，1978），在教学中也卓有成效（Napoli & Walk，1989）。

对研究的态度以及知识与研究中的空白点

一般来讲，对格式塔治疗的实证研究是非常有限的，作为一种治疗方法，格式塔治疗要想继续发挥作用，还需要通过更多的研究来证明自己的有效性。当然，对体验性的、高度个别化的治疗方法进行实证研究的难度很大，大部分格式塔治疗师会尽量不做这样的研究。

使用说明

现状和对目前实务的影响

在珀里斯发展格式塔治疗模式的 1960 年代，政治和社会氛围与现在完全不同，现在，格式塔疗法的知名度明显在下降（Miller，1989）。当然，美国各地依然存在很多格式塔治疗机构，《格式塔杂志》也还在继续出版，对此兴趣的格式塔治疗师还在不断发表论文。

尽管格式塔疗法不断因过分依赖技术而受到批评，但是当代格式塔治疗师们坚持认为格式塔疗法更关注哲学层面的内容，而不是技术层面的内容（Peris，1992），格式塔治疗师的看家本领是创造性而不是技术（Zinker，1991）。另外，格式塔治疗小组多年来也与时俱进，治疗师关注的焦点也从关注小组中的个人转向提高组员彼此之间的互动（Harman，1989；Frew，1988）。

对社会工作专业的贡献

358　　格式塔治疗中的很多内容对社会工作专业尤其具有指导意义。首先，格式塔关注人与环境之间的互动，这就意味着社会工作要关注情境中的个人。同时，格式塔的图形/背景概念与社会工作专业中对系统视角的运用是相关的。格式塔治疗强调我-你关系，社会工作重视与案主建立共情式助人关系。其次，格式塔治疗师和社会工作专业人士都重视提升自我意识和运用自我概念。格式塔治疗师和社会工作者都重视案主的优势。再次，格式塔治疗师和社会工作者都相信自我实现是基本的治疗目标。最后，格式塔治疗关注人的完形，这一点与社会工作者全人概念的关注基本一致，包括人的生理的、认知的、行为的、情感的、语言和非语言的因素。

对实务的启发

目前的社会工作实务工作者接触的案主来自不同的社会、经济、文化背景。格式塔治疗的出发点是接纳案主和他们的完形，这使得这个方法有助于社会工作者与不同背景的案主开展工作。

当然，格式塔治疗并非一项适合所有社会工作者使用的方法，也不适用于所有的机构背景。针对严重精神疾病患者或经历严重社会经济问题的案主开展服务时，这项方法就会有些不太合适。还有，格式塔治疗师与案主之间的我-你关系对于那些将自己定位为专家的社会工作者来讲，也是难以接受的。此外，格式塔治疗师不关注案主的历史，不重视诊断、社会心理评估和目标设定，这对于那些接受了心理动力学培训或者社会心理培训的社会工作者和机构来讲，也是难以接受的。

与其他模式的关联

从治疗模式的角度来看，格式塔治疗强调的是此时此地，与精要治疗模式、问题解决和危机干预模式非常相似，这些方法都是社会工作者经常使用的方法。同时，大部分格式塔治疗是短期的，在管理型医疗照顾机构中展现出了非常好的治疗效果，因为这类机构往往会采用一些有时间限制的治疗方法。

社会工作专业的理论未来发展

目前，很多社会工作者都参与了格式塔训练机构的培训活动。社会工作者在自己的大学本科教育中很少涉及格式塔治疗模式的训练，如果希望在这个领域有所造诣，他们会在研究生阶段选择参加格式塔治疗训练。对那些对格式塔治疗模式感兴趣的社会工作者来说，格式塔治疗将继续作为社会工作治疗的一个重要的实践方法。

格式塔治疗在过去、现在和将来都重视并接受人在环境中这一观点，格式塔治疗将成为社会工作治疗中的一个极具价值的方法。我们的案主正在朝着多元化方向发展，而这个方法适用于来自不同的文化和社会经济背景的案主，这一点表明，社会工作者可以最大限度地运用格式塔理论和方法来满足案主的需求。

参 考 文 献

American Psychiatric Association (1994). *Diagnostic and statistical manual of mental disorders* (4th ed.) Washington, DC: APA Press.

Anderson, J. (1978). Growth groups and alienation: A comparative study of Rogerian encounter, self-directed encounter, and Gestalt. *Group and Organization Studies, 3*(1), 85–107.

Bengesser, G., & Sokoloff, S. (1989). After suicide—postvention. *European Journal of Psychiatry, 3*(2), 116–118.

Blugerman, M. (1986). Contributions of Gestalt theory to social work treatment. In Francis Turner (Ed.), *Social work treatment* (3rd ed.) (pp. 69–90). New York: Free Press.

Breshgold, E. (1989). Resistance in Gestalt therapy: An historical theoretical perspective. *Gestalt Journal, 12*(2), 73–102.

Breshgold, E., & Zahm, S. (1992). A case for the integration of self psychology developmental theory into the practice of Gestalt therapy. *Gestalt Journal, 15*(1), 61–93.

Brown, J., Lichtenberg, P., Lukensmeyer, C., & Miller M. (1993) The implications of Gestalt therapy for social and political change. *Gestalt Journal, 16*(1), 7–54.

Buber, M. (1958), *I and thou* (2nd ed.). New York: Scribner and Sons.

Carlock, J., O'Halloran, Glaus, K., & Shaw, K. (1992). The alcoholic: A Gestalt view. In Edwin Nevis (Ed.), *Gestalt therapy: Perspectives and applications* (pp. 191–237). New York: Gardner Press.

Clarke, K., & Greenberg, L. (1988). Clinical research on Gestalt methods. In Fraser N. Watts. (Ed.), *New developments in clinical psychology* (pp. 5–19). New York: John Wiley and Sons.

Clarkson, P. (1989). *Gestalt counselling in action*. London: Sage Publications.

Cole, P. (1994). Resistance to awareness: A Gestalt therapy perspective. *Gestalt Journal, 17*(1), 71–94.

Corey, G. (1991). *Theory and practice of counseling and psychotherapy* (4th ed.). Pacific Grove, CA: Brooks/Cole.

Critchley, B., & Casey, D. (1989). Organizations get stuck too. *Leadership and Organization Development Journal, 10*(4), 3–12.

Crouse, R. (1990). Reviewing the past in the here and now: Using Gestalt therapy techniques with life review. *Journal of Mental Health Counseling, 12*(3), 279–287.

Egan, G. (1986). *The skilled helper* (3rd ed.) Pacific Grove, CA: Brooks/Cole.

Frew, J. (1988). The practice of Gestalt therapy in groups. *Gestalt Journal, 11*(1), 77–96.

Frew, J. (1990). Analysis of transference in Gestalt group psychotherapy *International Journal of Group Psychotherapy, 40*(2), 189–202.

Frew, J. (1992). From the perspective of the environment. *Gestalt Journal, 15*(1), 39–60.

Goulding, R. (1989). Teaching transactional analysis and redecision therapy. *Journal of Independent Social Work, 3*(4), 71–86.

Greenberg, E. (1989). Healing the borderline. *Gestalt Journal, 12*(2), 11–55.

Greenberg, L., & Webster, M. (1982). Resolving decisional conflict by Gestalt two-chair dialogues relating process to outcome. *Journal of Counseling Psychology, 29*(5), 468–477.

Grossman, E. (1990). The Gestalt approach to people with amputations. *Journal of Applied Rehabilitation Counseling, 21*(1), 16–19.

Hale, B. (1978). Gestalt techniques in marriage counseling. *Social Casework, 59*(7), 428–433.

Harman, R. (1989). *Gestalt therapy with groups, couples, sexually dysfunctional men, and dreams.* Springfield, IL: Charles C Thomas.

Harman, R. (1990). *Gestalt therapy: Discussions with the masters.* Springfield, IL: Charles C Thomas.

Harris, C. (1992). Group work with psychotics. In E. Nevis (Ed.), *Gestalt therapy* (pp. 239–261). New York: Gardner Press.

Heikkinen, C. (1989). Reorientation from altered states: Please, move carefully. *Journal of Counseling and Development, 67*(9), 520–521.

Huckabay, M. (1992). An overview of the theory and practice of Gestalt group process. In E. Nevis (Ed.), *Gestalt therapy* (pp. 303–330). New York: Gardner Press.

Jacobs, L. (1992). Insights from psychoanalytic self-psychology and intersubjectivity theory for Gestalt therapists. *Gestalt Journal, 15*(2), 25–60.

Kempler, W. (1974). *Principles of Gestalt family therapy.* Costa Mesa, CA: The Kempler Institute.

Klepner, P. (1992). AIDS/HIV and Gestalt therapy. *Gestalt Journal, 15*(2), 5–24.

Korb, M., Gorrell, J., & VanDeRiet, V. (1989). *Gestalt therapy: Practice and theory.* New York: Pergamon Press.

Lammert, M. (1986). Experience as knowing: Utilizing therapist self-awareness. *Social Casework, 23*(1), 369–376.

Lammert, M. & Dolan, M. (1983). Active intervention in clinical practice: Contribution of Gestalt therapy. *Adolescence, 18*(69), 43–50.

Latner, J. (1992). Theory of Gestalt therapy. In E. Nevis (ed.), *Gestalt therapy* (pp. 13–56). New York: Gardner Press.

Levenson, J. (1979). A comparison of Robert Lang's psychoanalytic psychotherapy and Erving Polster's Gestalt therapy. *Smith College Studies in Social Work, 49*(2), 146–157.

Little, L. (1990). Gestalt therapy with females involved in intimate violence. In S. Smith, M. Williams, & K. Rosen (Eds.), *Violence hits home: Comprehensive approaches to domestic violence* (pp. 47–65). New York: Springer Publishing Company.

Mahrer, A., White, M., Howard, T., & Gagnon, R. (1992). How to bring some very good moments in psychotherapy sessions. *Psychotherapy Research, 2*(4), 252–265.

Meyer, L. (1991). Using Gestalt therapy in the treatment of anorexia nervosa. *British Review of Bulimia and Anorexia Nervosa, 5(1),* 7–16.

Miller, M. (1989). Introduction to Gestalt therapy verbatim. *Gestalt Journal, 12*(1), 5–24.

Napoli, D., & Walk, C. (1989). Circular learning: Teaching and learning Gestalt therapy in groups. *Journal of Independent Social Work, 27*(1), 57–70.

Nevis, E. (Ed.). (1992). *Gestalt therapy.* New York: Gardner Press.

Oaklander, V. (1992). Gestalt work with children: Working with anger and introjects. In E. Nevis (Ed.), *Gestalt therapy* (pp. 263–284). New York: Gardner Press.

O'Leary, E., & Page, R. (1990). An evaluation of a person-centered Gestalt group using the semantic differential. *Counseling Psychology Quarterly, 3*(1), 13–20.

Perls, F. (1947). *Ego, hunger, and aggression: A revision of Freud's theory and method.* London: Allen & Unwin.

Perls, F. (1969a). *Gestalt therapy verbatim.* Moab, UT: Real Person Press.

Perls, F. (1969b). *In and out of the garbage pail.* Moab, UT: Real Person Press.

Perls, F. (1973). *The gestalt approach and eye witness to therapy.* Palo Alto, CA: Science and Behavior Books.

Perls, F.S., Hefferline, R.F., & Goodman, P. (1951). *Gestalt therapy.* New York: Julian Press.

Perls, L. (1992). Concepts and misconceptions of Gestalt therapy. *Journal of Humanistic Psychology, 32*(3), 50–56.

Polster, E, (1992). The self in action: A Gestalt outlook. In J. Zeig (Ed.), *The evolution of psychotherapy: The second conference* (pp. 143–154). New York: Brunner/Mazel.

Polster, E., & Polster, M. (1973). *Gestalt therapy integrated: Contours of theory and practice.* New York: Brunner/Mazel.

Polster, E., Polster, M., & Smith, E. (1990). Gestalt approaches. In J. Zeig & M. Munion, (Eds.), *What is psychotherapy?: Contemporary perspectives* (pp. 103–111). San Francisco: Jossey-Bass Publishers.

Potocky, M. (1993). An art therapy group for clients with chronic schizophrenia. *Social Work with Groups, 16*(3), 73–82.

Saner, R. (1989). Culture bias of Gestalt therapy: Made in USA. *Gestalt Journal, 12*(2), 57–71.

Satir, V. (1983). *Conjoint family therapy.* Palo Alto, CA: Science and Behavioral Books.

Scanlon, P. (1980). A Gestalt approach to insight-oriented treatment. *Social Casework, 61*(7), 407–415.

Shepard, I. (1970). Limitations and cautions in Gestalt approach. In J. Fagan & I. Shepard (Eds.), *Gestalt therapy now.* Palo Alto, CA: Science and Behavioral Books.

Shore, J. (1978). The use of self-identity workshop with recovering alcoholics. *Social Work with Groups, 1*(3), 299–307.

Siemens, H. (1993). A Gestalt approach in the care of persons with HIV. *Gestalt Journal, 16*(1), 91–104.

Sluckin, A., Weller, A., & Highton, J. (1989). Recovering from trauma: Gestalt therapy with an abused child. *Maladjustment and Therapeutic Education, 7*(3), 147–157.

Smith, E. (1992a). *Gestalt voices.* Norwood, NJ: Ablex Publishing Company.

Smith, E. (1992b). Personal growth and social influence. In *Gestalt voices* (pp. 294–295). Norwood, NJ: Ablex Publishing Company.

Stevens, J. (1975). *Gestalt is.* Moab, UT: Real People Press.

Swanson, J. (1988). Boundary processes and boundary states: A proposed revision of the Gestalt theory of boundary disturbances. *Gestalt Journal, 11*(2), 5–24.

Wheeler, G. (1992). Gestalt ethics. In E. Nevis, (Ed.), *Gestalt therapy* (pp. 113–128). New York: Gardner Press.

Yontef, G. (1987). Gestalt therapy 1986: A polemic. *Gestalt Journal, 10* (1), 41–68.

Zinker, J. (1977). *Creative process in Gestalt therapy.* New York: Vintage Books.

Zinker, J. (1991). Creative process in Gestalt therapy: The therapist as artist. *Gestalt Journal 14*(2), 71–88.

Zinker, J. (1992). The Gestalt approach to couple therapy. In Edwin Nevis (Ed.), *Gestalt therapy* (pp. 285–302). New York: Gardner Press.

第十五章

社会工作实务中催眠术的运用

威廉·钮金特

　　催眠术历史悠久，但充满了争议。自远古以来，人类就开始运用催眠术及一些暗示性的程序来开展魔术、宗教等活动。从 1700 年代开始，人们把催眠术当成了一种治疗方法（Shor，1979）。近年来，美国的全国健康研究所成立了一个独立的委员会，正式将催眠术列为治疗疾病的方法之一。这个委员会还建议社会工作者运用催眠术开展服务，尽管有很多人不同意这个观点，参见库诺耶（Cournoyer，1996）以及笔者的回应（Nugent，1996），这个委员会认为社会工作者运用这个方法的成本远远低于内科医生和心理学家。

　　我们最好把催眠当作一种干预，或者用费舍尔（Fischer，1978）的术语来说，催眠是一种干预模式，一种与因果发展模式完全不同的模式。因此，社会工作者可以从任何理论视角出发，在自己的实务过程中运用催眠程序。例如，社会工作者在运用传统的心理动力模式或者行为模式开展实务时，都可以将催眠整合到自己的实务中（Coe，1980）。催眠有很多不同的理论流派（例如，参见 Hilgard，1979；Fromm，1979），而对于催眠的本质到底是什么，至今还存在争议（Coe，1980；Cournoyer，1996）。笔者不想纠结于催眠的理论基础，在本章中，笔者希望聚焦于向读者介绍一种催眠治疗的模式，这样社会工作者就可以在自己的实务中运用这个模式——这个模式就是米尔顿·埃里克森（Milton Erickson）和欧内斯特·罗西（Ernest Rossi）提出的运用模式。本章的第一部分将简单介绍一些历史背景，帮助大家理解埃里克森和罗西模式的产生背景，接下来介绍他们的模式，并简要回顾间接暗示的表现形式，这些形式是该模式的关键组成部分。然后会介绍一个个案，以及一些对催眠的干预程序的研究，重点放在这个方法的有效性和潜在的危害上。最后的结尾中，我们将讨论是否需要对运用催眠术进行培训和督导。

催眠简史

弗朗茨·安东·梅斯梅尔（Franz Anton Mesmer）是 18 世纪末的一名医士，他首次 对催眠和暗示现象进行了科学研究。尽管梅斯梅尔的催眠理论中包含了占星术和神秘论的 概念，但他在自己的学术中发展了两个重要的物理学概念：电学力和磁力。在梅斯梅尔看 来，健康包括大脑和身体中生命力或流体的平衡，这种生命力或流体与磁力类似，这些物 体充斥着整个宇宙。这种生命体中的流体效果就是所谓的"动物磁力"，患上疾病是因为 生命力出现了失衡。梅斯梅尔认为这种流体受人类意志控制，因此，他的理论中，治愈疾 病的关键一步是促使人们把自己身上存储的某些生命流体注入病人体内，从而导致更大的 失衡。这种不断加重的失衡会给病人带来危机，造成疾病的突然发作。这个突然发作会使 生命力恢复平衡，病人就此重返健康。他的技术包括按手礼、驱邪和磁力。他会把磁力传 递到病人体内，或者让病人坐在一个四周堆满了磁铁条的水桶中。他还发现，即使不使用 磁力，也可以达到治疗效果。梅斯梅尔的这种方法后来被称为"催眠术"（Shor，1979； Coe，1980；Lankton & Lankton，1983）。

梅斯梅尔的工作还是非常有争议的。1784 年，法国科学院派了一个小组来调查催眠 术。这个小组中有本杰明·富兰克林（Benjamin Franklin）、化学家安东尼-劳伦·拉瓦锡 （Antoine-Laurent Lavosier）和来自法国科学院的约瑟夫·吉约坦（Joseph Guillotin，断 头台的发明者）。他们调查的结果是否认了动物磁力的存在，认为梅斯梅尔的研究是欺骗 性的。同年，阿尔芒·查斯特尼特（Armand Chastenet）、德普赛古尔侯爵（Marquis de Puysegur）宣称他们发现了所谓的"人为梦游症"，即一个诱发性的睡眠状态，在这个状 态下，人们可以说话、睁开眼睛、四处游走，按照催眠师的指示行事，醒来之后对睡眠期 间的各种行为毫无记忆。很多在催眠领域工作的人都观察到了这些现象，但是都认为这些 现象无关紧要。催眠传统的重点是产生抽搐，这是重新恢复健康的关键环节（Shor， 1979）。

德普赛古尔的发现促进了催眠理论的新发展。新的理论概念化包含动物磁力的概念和 外部生活流体的概念。这些新的理论中还出现了高度个人化的意志力的概念。德普赛古尔 及其同行们假定有一种源于催眠师大脑的治疗性流体，可以回应他们自己的意志力。这种 流体的传递取决于催眠师是否相信自己有能力主宰病人的信心和意愿。催眠是一种现象，某 种程度上体现了催眠师对自己案主的主宰和控制（Shor，1979；Coe，1980）。

通过对催眠和催眠术的调查，人们发现了很多现象。这些现象包括我们今天所说的 "经典催眠现象"——健忘症、麻醉和痛觉缺失，积极幻觉和消极幻觉，催眠后现象，以 及个体在催眠反应中的差异等。人们还发现了其他一些现象，包括预言未来、灵媒力量、魔力和超心理学现象等。有些人将这些现象与魔鬼和邪恶联系在一起。1820 年代，法国科学院的研究人员对这些超心理学现象再次进行了深入研究。由于没有观察到这些超心理现象，法国科学院再次否定了催眠的科学性。与此同时，菲尼亚斯·昆比（Phineas Quimby）来到了缅因州的波特兰，把自己标榜为"精神医士"，后来，他把催眠与灵性世界有机结合了起来。昆比把催眠术与灵性结合起来，再次挫败了人们要对催眠现象开展科学研究的热情（Alexander & Selisnick，1966；Shor，1979）。

尽管在这段时间发生了这么多的事情，很多实务工作者还是在继续运用催眠方法开展实务，理论家们则继续对催眠进行系统探究。詹姆斯·布雷德（James Braid）根据生理学概念，创建了一套催眠理论。他的理论指出，长时间地盯住某个物体容易造成眼睑疲劳，从而造成某种筋疲力尽。这种筋疲力尽会造成某种特殊的睡眠状态，在这种状态下，中枢神经系统的活动性会降低（Braid，1843）。布雷德把这种状态称为"神经性催眠""神经性睡眠"或者"催眠"。布雷德后来又对自己的模式进行了修改，更加关注心理因素，而非仅关注生理因素。按照这个新的模式，布雷德把"神经性睡眠"当成了一个更加基础性的心理原则，他称其为"一神论"（Braid，1847）。这项研究非常重要，因为它将对催眠的研究重新带回了科学研究领域。大约与布雷德同时代的詹姆斯·埃斯代尔（James Esdaile）采取与布雷德类似的技术在印度的加尔各答开展研究，成功地将催眠作为麻醉剂，运用到了 100 多个外科手术中，包括截肢手术，病人在手术过程中根本没有疼痛感。他还报告说，在这些病人中，休克造成的死亡率被大大降低了（Shor，1979；Coe，1980；Edmonston，1981；Lankton & Lankton，1983）。

安布鲁伊斯·奥古斯特·利贝尔特（Ambroise Auguste Liebeault）也发展出了一个催眠的心理学模式（Liebeault，1866）。希波吕忒·玛丽·博恩海姆（Hippolyte Marie Bernheim）非常支持这个模式，尤其关注语言暗示在治疗过程中的有效性。催眠被解释为通过暗示让人们把注意力放在睡眠的想法上，从而止痛。在这种催眠性睡眠中，被催眠的人需要与催眠师建立信任关系。此时，智力、判断力暂时被忽略了，于是，人会不断地服从催眠师的暗示和引导。被催眠的人不得不像个机器人一样服从催眠师的指示和要求。这种催眠治疗是由以下部分组成的：首先，催眠师用一种极具权威性且充满自信的语调进行语言暗示，然后，被催眠者被诱导进入催眠性睡眠。这种催眠方法被称为"权威性方法"（Shor，1979；Rossi，1989a）。

1889 年，西格蒙德·弗洛伊德在访问利贝尔托和博恩海姆在法国的诊所时观察到，在催眠过程中给出的暗示，虽然在醒来时被遗忘，但通常是在催眠后执行的。弗洛伊德（Freud，1925）表示，这是他第一次意识到无意识过程的可能性。弗洛伊德和约瑟夫·布罗伊尔（Josef Breuer）做了一个试验：用催眠术治疗歇斯底里症，尽管弗洛伊德比较排斥催眠术，他更喜欢自由联想和梦的解析。此后，他开始发展自己的精神分析理论（Lankton & Lankton，1983）。

弗洛伊德的研究重新激发了人们对催眠术的兴趣。世界各地的人们开展了很多关于催眠术的研究，包括俄国的巴甫洛夫（Pavlov）、法国的皮埃尔·让内（Piere Janet）以及美国的莫顿·普林斯（Morton Prince）（Lankton & Lankton，1983；Edmonston，1981）。威斯康星大学的医学预科生米尔顿·埃里克森针对催眠术开展了一系列的研究，1923 年，他应美国行为学家克拉克·L. 赫尔（Clark L. Hull）之邀，就自己的研究举办了一场研究生讲座。埃里克森的研究为他后来成为一名职业的催眠治疗师奠定了基础（Erickson，1964a，1967；Rossi，1989a），并且对赫尔推动催眠术的发展产生了影响（Shor，1979；Edmonston，1981）。

埃里克森被称为当代催眠治疗师中最具有影响力和创新性的人物（Zeig，1982）。我们将在本章中介绍埃里克森发展的模式（Erickson & Rossi，1979）。埃里克森的方法与过去的实务工作者和研究人员发展出来的命令式的方法是截然不同的。埃里克森的方法充分利用了案主目前的问题和行为，向案主提出了间接的建议，而非直接指导。按照这个方法，案主对催眠治疗师暗示的反应，主要出自案主内在的能力、希望和生活经验。荡然无存（远么）是案主对命令式催眠治疗师暗示反应的共同想法。相反，催眠治疗师应当只为案主创造条件，让他们有机会获取自己的内在资源，从而解决自己的问题。埃里克森被后人称为"干预界的爱因斯坦"，还有人说他的影响力可以与弗洛伊德相媲美（Lankton & Lankton，1983）。

这段历史尽管简短，可能还遗漏了很多对催眠术理论和方法的演进发挥了重要作用的重要人物，然而，还是可以让读者了解催眠术发展的历史背景。若想了解更多知识，读者可以参阅布拉姆威尔（Bramwell，1956），希尔加德（Hilgard，1965），萨宾和科埃（Sarbin & Coe，1972），肖尔（Shor，1979）和埃德蒙斯通（Edmonston，1981）等人的著述。

模式假设

如上所述，埃里克森和罗西（Erickson & Rossi，1979）的模式更多的是一种干预模式。这一模式呈现了如何针对案主的不同问题开展催眠治疗干预。笔者从没发现埃里克森和罗西（Erickson & Rossi，1979）对自己的模式假设做过明确的表述，但是，兰克通和兰克通（Lankton & Lankton，1983）罗列了若干个他们称之为"治疗原则"的要素。我们可以从中发现埃里克森和罗西（Erickson & Rossi，1979）模式中蕴含着这样一些假设：

(1) 无意识思维过程存在于人类身上。

(2) 人类的信息沟通可以通过无意识的方式来进行。

(3) 这些无意识过程可以激发个人的创造性改变，而个人却没有意识到究竟发生了什么。

(4) 人类出现的问题与习得性限制有关。

(5) 所有人类的经验都包含了可以转化为问题解决优势的内容。我们可以将人类经验历史中的这些优势性成分从原始的情境中提取出来，将其运用到新的问题性情境中。

有研究支持了假设（1）到假设（3）的有效性。还有研究表明，人类真的可以在无意识状态下接收和处理信息（MacLeod，Mathews，& Tata，1986；Derryberry & Rothbart，1984；Mandler & Shebo，1983；Mandler，Nakamura，& Van Zandt，1987；Barlow，1988）。此外，还有证据表明，认知可以在不经历自觉意识过程的情况下发生改变（Horton & Kjeldergaard，1961；Nisbett & Wilson，1977；Foa & Kozack，1991）。还有研究发现，人类大脑在受到质疑时，会在无意识层面对整个记忆系统进行无穷无尽的搜索，直到在意识层面找到一个令人满意的答案为止（Sternberg，1975）。

行为模式部分建立在假设（4）之上，但略有一些变化，行为研究也证明了这个假设的有效性（参见，例如 Bandura，1969；Nay，1976；Kanfer & Goldstein，1980）。最后一个假设的有效性需要从埃里克森自己做的有趣的个案研究和其他研究中推理出来（参见 Rossi，1989a，b，c，d）。这些研究包含了很多临床案例，从这些案例中，埃里克森大概将案主的问题行为、认知和情感内容都转化为解决个人问题的资源了。在埃里克森的著作中，我们可以看到很多这样的"自然主义"或者"运用模式"的例子（Erickson，1959；Erickson & Rossi，1979，Chapter 3；Rossi，1989a，b，c，d）。

催眠治疗的运用模式

埃里克森和罗西（Erickson & Rossi，1979）将催眠治疗概念化为三个阶段：（1）准备阶段；（2）治疗性催眠状态阶段，激活和运用案主的认知和情感技巧以及他们的生活经验；（3）发现、评估和确认治疗改变阶段。我们将对这三个阶段进行描述和讨论。

准备

在这个阶段，社会工作者首先需要与案主建立治疗关系或信任关系。社会工作者可以运用便利式沟通方法（例如积极倾听和开放式问题等）与案主沟通，避免使用非便利式沟通方式（Hepworth & Larson，1986）。最近的研究都在强调区分便利式和非便利式沟通方式的重要性（Nugent，1992）。在埃里克森和罗西（Erickson & Rossi，1979）的模式中，社会工作者与案主之间的信任关系可以成为治疗的参照框架，这个框架可以推动案主的治疗反应的出现。

在干预前与案主的访谈中，社会工作者应收集的信息不仅要涉及案主的问题，还要涉及案主的生活经历和学识，这些都可以被运用到治疗中。要尽可能多地了解案主的个人生活历史、问题、平时的业余爱好、工作领域、人际技巧、心理状态、心理动力、脾气秉性等。简言之，要尽己所能了解案主。收集到的信息有助于社会工作者了解案主的生活经历、能力以及认知模型（从社会工作者的角度和案主的角度进行概括），所有这些都将成为改变案主问题的资源和优势。这是埃里克森和罗西（Erickson & Rossi，1979）模式的重要组成部分，案主储存的社会经历和技巧，包括缺陷和问题，都可以被重新界定（在社会工作者和案主的头脑中）为积极问题解决的要素，成为问题解决的重要组成部分。

例如，假定某个案主表现出来的问题是焦虑症。社会工作者在需求评估阶段得知，案主喜爱音乐，听音乐时会非常放松。案主对音乐的欣赏，他/她在听音乐时表现出来的放松状态，都可以作为案主的重要资源，社会工作者至少可以从两个方面来运用这个资源。第一，听想象的音乐可以被当作催眠状态诱导（参见，例如 Erickson & Rossi，1979，case 5）。第二，在听音乐时案主经历的放松可以在催眠状态中实现，在某种程度上要将放松的经历从听音乐情境转移到案主经历的焦虑生活情境中。同样，假定案主向社会工作者表达自己坚信自己做不到被催眠，也就是不能经历治疗性催眠状态，此时，社会工作者需要运用案主的思想来表达这个怀疑，以此作为进入催眠状态的诱导手段（参见，例如 Erickson，1959）。埃里克森和罗西（Erickson & Rossi，1979）模式的这一点与社会工作专业对案主优势的关注是不谋而合的。

准备阶段还应建立一个治疗参照系统。社会工作者要有目的地与案主建立信任关系，明确采用哪种催眠治疗方法，并将这些内容纳入治疗情境中，同时，还要努力向案主灌输对治疗结果的预期。例如，社会工作者可以告诉案主，过去面临同样问题的其他案主在接受治疗之后经历了怎样的积极改变。社会工作者在这个阶段给案主讲逸闻趣事时，可以加入一些间接的暗示（参见下文）。施内克（Schneck，1970，1975）清楚地描述了在案主进入治疗催眠状态诱导期之前该如何表达，以提高案主对催眠暗示的反应。埃里克森和罗西（Erickson & Rossi，1979）认为案主对治疗结果的期望能够帮助案主中断那些导致自己出现问题的习得性限制和负面的生活经验。换言之，建立对治疗效果的预期，是社会工作者主动建立治疗参照系统的重要组成部分。中断怀疑和对积极治疗结果的高预期与很多自发的暗示和改变密切相关，而这些是安慰剂效应的结果（Erickson & Rossi，1979，1981；Coe，1980）。事实上，有意识地利用安慰剂可以说是埃里克森和罗西（Erickson & Rossi，1979）模式的重要组成部分。

治疗性催眠状态

埃里克森和罗西（Erickson & Rossi，1979）对治疗性催眠状态做了定义：

> ……指的是这样一种状态：人的限制性常规参照系统和信仰暂时得到改变，这样，人们才可以接纳其他有助于问题解决的联想模式和心理功能模式（p.3）。

催眠状态就处于这样一个模式中，案主可以接纳新的参照系统，从而创造性地解决问题。埃里克森和罗西（Erickson & Rossi，1979）将催眠状态诱导机制和催眠暗示概念化为一个包含五个阶段的过程，详见表 15-1。

表 15-1　埃里克森和罗西的五阶段模式

催眠状态诱导阶段	每阶段社会工作者采用的方法
1. 聚焦和集中注意力	运用案主的信念、思想和行为来将注意力聚焦内心
2. 打断案主惯性思维参照系统和信仰系统	采用那些可以中断案主惯性思维框架的方法，例如震惊、怀疑、惊讶、分神、混淆或者厌烦等。
3. 开始无意识过程	采用间接的催眠暗示
4. 启动无意识思维过程	通过阶段 1 至 3，来刺激案主的个人联想、自动认知和情感过程
5. 案主的自动回应－催眠反应	把案主经历过的情感性、行为性和认知过程表达为自动发生的过程

资料来源：根据埃里克森和罗西（Erickson & Rossi，1979，p.4）的图 1 改编。

1. 注意力固定

固定案主的注意力长期以来一直是启动催眠状态的经典方法。从传统上来看，"催眠师"会让对方盯着一块手表、护身符、墙上的点或者其他能够吸引案主注意力的物体。当然，案主自己的身体感觉和内在的认知和情感经历是更加有效的关注点。鼓励案主关注自己的身体感觉（例如舒适）、正在体验的认知经历（例如自己的内心对话），或者内在的意象（例如有意识地建立一些视觉影像），这些会促使案主更加有效地关注内在的自我，而不是外在的物品。

埃里克森和罗西（Erickson & Rossi，1979）将"正式"催眠状态与"非正式"催眠状态有机地区别开了。在正式催眠状态中，社会工作者会要求案主将自己的注意力放在内在的现实状态上，例如身体不同部位的感受。渐进性的放松练习就是一个很好的让案主关注自己身体感受的例子，通过放松练习，人们可以区分身体的紧张状态与放松状态。在正式诱导过程中，社会工作者可以打断案主持续性的互动，要求他们关注自己眼下经历的内在部分，从而实现启动催眠状态的目的。

与之相反的就是非正式催眠状态。非正式催眠状态指的是社会工作者使用一个有趣的事实、故事，或者逸闻趣事来吸引案主的注意力。埃里克森和罗西（Erickson & Rossi，1979，p.5）指出，"任何东西只要能够吸引、引诱或抓住人们注意力，都可以被认为具有催眠效应"。混淆和厌烦也是非常有效的进入催眠状态的工具（Erickson，1964b；Rossi，1989a）。埃里克森和罗西（Erickson & Rossi，1979）提出，个人在面对有趣的故事、逸闻趣事、寓言、混淆和厌烦时，都会出现全神贯注的现象，这些都是"常见的日常催眠状态"。这些常见的日常催眠状态指的是这样的状态：在日常生活中，每个人都会被自己的内在经验深深吸引并沉浸其中，这样，他们会暂时忘却外部环境。将这种常见的日常催眠状态运用到埃里克森和罗西的模型中，能够像正式催眠状态一样发挥重要作用，实现治疗目标（Erickson & Rossi，1979）。

根据埃里克森和罗西的模型，无论是正式催眠还是非正式催眠，最有效的聚焦和固定注意力的方法都是承认案主目前的经历。恰当地发现并承认案主目前的经历和现实，能够有效地固定他们的注意力，提高他们对社会工作者做出的暗示的接受程度。能够说明这个过程的一个例子是我们下面将要讨论的依情况而定的暗示。另一个例子是埃里克森和罗西（Erickson & Rossi，1979）提出的"肯定回答的积累效应"。将案主的目前的行为和经验作为催眠诱导的手段，成为被埃里克森和罗西（Erickson & Rossi，1979）称为"催眠诱导的运用模式"的基础。

370

2. 打断习惯性框架和信仰系统

在埃里克森和罗西（Erickson & Rossi，1979）的模式中，固定案主注意力的最有效的心理学效应就是它能够打断、消除案主的习惯性思维定式，并协助其组织自己生活经历的参照系统。在这个短暂的打断习惯性心理运作的阶段，案主拥有了感受潜在的联想和感知-感觉功能的机会。这些潜在的经验模式可能会以催眠的方式得到呈现。消除案主的常态功能模式意味着他们固有的习得性限制会得以废除，案主会更加开放地接受新的体验和学习。这种对新事物和新经验的开放态度，以及对问题解决办法的开放态度，成为治疗性催眠状态的关键所在（Erickson, Rossi, & Rossi，1976）。在埃里克森和罗西（Erickson & Rossi，1979）看来，

> 心理问题之所以会出现，是因为人们不允许生活中自然变化的状态打断自己陈旧的、不再发挥作用的联想和经验，只有促进这种打断，才会找到解决问题的办法，改变人们的态度（p.7）。

无论是正式的还是非正式的治疗性催眠状态，其目的都是促使案主找到自身内在的参照系统，从而使得自己能够找到解决问题的办法。

3. 开始无意识追寻过程

在埃里克森和罗西（Erickson & Rossi，1979）的模式中，固定案主的注意力，打断他们常规的认知参照系统，会激发出无意识的追寻，这涉及无意识思维过程、寻找新的参照系统、经验和解决问题的办法。一开始，这些无意识过程会给案主带来一个建设性时期，他们可以对自己的生活经验进行必要的重组。在他们的模式中，埃里克森和罗西发现了若干个"间接暗示形式"，可以用来推动心理联想和无意识过程。社会工作者在使用埃里克森和罗西的模式时，可以采用这些语言和非语言沟通方式来激发案主的无意识追寻过程，从而鼓励他们做出必要的改变，找到问题解决的办法。我们将在后文中详细讨论间接暗示形式。

4 和 5. 开始无意识过程和催眠反应

案主体验的催眠反应是固定注意力、削弱习惯性参照系统、运用间接暗示后产生的无意

371 识追寻过程的一个自然结果。在这个模式中，催眠反应似乎是自动、自然出现的，不是案主有意识、自愿做出的。当出现这种反应时，案主会对自己的催眠反应表现出惊讶。埃里克森和罗西指出，惊讶可以看作这种反应的真实性和自发性的表现（Erickson & Rossi，1979）。

确认治疗改变

埃里克森和罗西的模式的第三个阶段就是确认治疗会带来改变。在这个阶段，社会工作者要协助案主发现并接受自己正在经历的改变。埃里克森和罗西（Erickson & Rossi，1979）认为这个阶段是整个治疗中最微妙也最重要的阶段。在催眠状态出现之后，社会工作者要协助案主发现这些催眠经验。借助这个方式，案主的旧的负面的参照系统和态度才无法发挥作用，从而无法打断案主在催眠阶段获得的无意识追寻过程产生的治疗性体验和改变。

埃里克森和罗西（Erickson & Rossi，1979）发现了几项催眠状态的行为性指标。表
372 15-2 中罗列了这些指标中的一部分，社会工作者可以借助这些指标来确定案主是否真正体验了催眠状态，在催眠诱导过程中以及确认治疗效果时，可以将这些体验告知案主。

表 15-2　需要关注的一些可以表明案主体验了催眠状态的行为性指标

1. 案主有自动的内在认知和情感过程的体验。
2. 僵硬状态（肌肉僵直、身体不动、缺乏对外部环境的感觉、缺乏对外部刺激的反应）。
3. 在催眠状态结束后，案主能适应身体状况，或者报告自己感觉"不错"。
4. 案主的声音改变了（例如声音变得平和）。
5. 在心神集中之后，案主报告感到舒适和放松。
6. 案主表现出缓慢的、不平稳的但明显自动的肌肉运动，例如手掌和手臂的上下移动。
7. 案主似乎开始"念念不忘社会工作者说的每一个词"（也就是说，表现出敏锐的反应和专注）。
8. 案主的瞳孔放大，并固定在这个状态，闭眼、凝视时会注意力集中，一动不动。
9. 案主的面部表情平静、放松。
10. 案主有种游离或者疏离的感觉。
11. 案主可以如实回答问题。
12. 案主表现为眨眼、吞咽和/或惊吓反射丧失或迟缓。
13. 案主经历了感觉性、肌肉性和身体性的改变，脉搏和呼吸减慢。
14. 案主同时会出现经典的催眠现象，例如健忘、麻木、痛觉缺失、身体错觉、知觉幻觉、僵硬症和时间颠倒。
15. 案主接受暗示和回应暗示之间会出现时间差。

资料来源：根据埃里克森和罗西的表 1 改编（Erickson & Rossi，1979，p.11）。

暗示的间接方式

"间接暗示"是埃里克森和罗西（Erickson & Rossi，1979）模式中的一个核心概念。

埃里克森和罗西（Erickson & Rossi，1989，p.455）是这样界定间接暗示的："……能够帮助被试激发无意识追寻，促进他们的无意识过程，当他们发现自己会对这些无意识过程做出反应时，会感到惊讶。"埃里克森和罗西（Erickson & Rossi，1979，1989）还界定并描述了不同形式的间接暗示方式，为便于读者深入了解这些内容，我们提供了一些资料。下面来看看几种主要的方式。

运用众所周知的"意念动作性"过程

这种形式的间接暗示指的是简单说明案主无法否认的、经常体验的行为事实（Erickson & Rossi，1979，p.22）。例如，在与案主讨论某些心理或精神过程时，尽量让对方感到是在讨论一些简单事实。这就是运用意念动作性过程的例子。埃里克森和罗西（Erickson & Rossi，1979）声称，用语言来描述这些过程就是一种间接暗示，要从案主谈及的联想和生活经历中找到意念动作性过程。例如，下面就是向一位患有失忆症的案主提供间接暗示的例子。

> 人人都会有健忘的时候。我曾经有过这样的经历：我想起来办公室还有重要的事情要做，于是收拾停当从家里出发；开车到了办公室，又突然发现自己忘了来办公室到底要做什么。其他人也会有这样的经历，例如走到某个地方见到了一个熟人，但是不记得对方的名字。人总会有忘事的时候。

下面的例子则说明了如何运用间接暗示来帮助案主无意识地解决问题：

> 每个人都可以在无意识的状态下创造性地解决问题。有一个研究苯分子结构的学者，他一直试图想出一个能够包含长长的分子结构链的结构，但一直没有成功。有一天，在经过了大量努力之后，他非常沮丧，昏昏入睡，并且做了一个梦。在梦中，他看见这些分子结构链变成了环形，在他眼前舞动。他惊醒了，突然意识到环形结构可能是解决问题的关键。他成功地为这些分子找到了一个环形结构，并获得了诺贝尔奖。（读者请注意，这是一个真实的故事。）

373

将意念动作性过程用语言表达出来，例如记忆、健忘、对身体某些部位失去感觉、身体发热等，都属于间接暗示，都能激发一系列的联想，来引导案主体验意念动作性过程（Erickson & Rossi，1979）。

不知，不为

当我们放松时，副交感神经系统会预先设置我们"不会做什么"，而不是"试图做些什么"。这时无意识过程就出现了，而我们自己对这种无意识过程的出现是毫无意识的。这种不知不为的态度可以推动催眠反应的出现，特别是在催眠状态诱导初期（Erickson & Rossi，1979）。因此，下面一段表述说明了不知不为是如何促使催眠反应出现的：

> 你坐在那里，不要动，也不要说话。你可以放松，不去想你的肌肉如何放松，也不去想自己处在怎样的放松状态。你也不要刻意听我说话，你可以遵从你的无意识状态，不去想你在听我说话。

穿插

在一段长长的语言表述中运用词语和短语，可以作为一种提出间接暗示的方法。在说出这些词语和短语时，我们可以使用不同的声音的抑扬顿挫和语调，这样可以帮助听者在无意识层面特别关注某些词语，这个过程就是"相似性标记"（Bandler & Grinder，1975）。这个在长长的表述中嵌入暗示的过程被埃里克森和罗西（Erickson & Rossi，1979）称为"穿插性方法"。下面我们就来展示这个技术。假定我们要给案主讲个故事，那么，就可以用这样的方式开始。你可以注意一下，有些词语和短语用了黑体字，这些词语和短语就是穿插性暗示，要在语调和语速上与其他语句有所区别。

> 我曾去上过网球课，除了如何打球之外，我还学到了很多东西。我第一次打球时非常紧张；我告诉我自己，我需要做的第一件事就是**放松**。如果我放松了，我就可以**放下**对上网球课的恐惧。我的教练一开始就相信能在百忙中把我教好。他教我如何握住球拍，他说："要这样抓住球拍，用你的手指**舒适**地环绕球拍的柄。"他教我如何挥拍。他在挥拍时**感觉如此舒适**，非常自然。

如果我们把黑体的词语和短语挑出来，就可以这样读出这些词：

> 放松……放下……舒适……感觉如此舒适。

埃里克森和罗西（Erickson & Rossi，1979）以及其他理论家（例如 Lankton & Lankton，1983；Bandler & Grinder，1975）认为，在通过不同的语调和语气做出这些穿插性暗示时，案主的无意识思维会脱离故事的语境来解释这些暗示，并对这些暗示做出反应。这样，案主的无意识就会在听到这些故事的同时听到这些暗示：

> 放松……放下……舒适……感觉如此舒适。

因此，案主会开始放松，并感觉到舒适。伴随着其他暗示，案主会对这些穿插性暗示做出反应，并开始进入治疗性催眠状态。与上述包涵了穿插性暗示的故事类似的故事，可能会成为一个非正式的诱导催眠状态的载体（Erickson & Rossi，1979；Lankton & Lankton，1983）。埃里克森（Erickson，1966）曾描述了一个完整的控制疼痛的治疗方法，这个方法基本上就是运用穿插性暗示的方法来提出间接暗示。我们鼓励读者去阅读埃里克森的原著，该书对这个方法做出了全面、完美的描述。

提问

如上所述，最新的研究表明，当我们被他人质疑时，我们的大脑会无意识地对我们的记忆系统进行详尽的搜索，以寻求一个意识层面可以接受的答案（Sternberg，1975）。提问的方式可以是有效的间接暗示，也可以是很多其他形式。例如，在催眠状态诱导阶段，可以采取间接暗示的方式进行提问：

你继续坐在那里，调整自己的呼吸，听我说话时，你会变得多舒服？

你的双手是否感到越来越沉，或者一只手比另外一只手轻，又或者两只手都感到越来越轻？

也可以通过治疗性无意识搜寻的方式来提问：

之后如果你再次见到一条狗，你过去哪些舒适的经历可以让你无意识地用来让自己感到舒适？

在众人面前慢慢地或快速地讲话时，你会感到越来越自在吗？你是否能感觉到有什么不同？或者说，在你还没能有意识地感觉到自己可以自由应对时，在众人面前多次讲话会让你感到自在吗？

埃里克森和罗西（Erickson & Rossi，1979，chapter 2）系统介绍了如何运用上面的问题来建立完整的催眠状态诱导阶段。

隐含

隐含是一种间接的暗示形式，社会工作者希望案主听到的信息不是直接说出来的，而是案主经过内在搜索过程和推论得出的。隐含的例子就是通过"如果……，那么……"的方式得出暗示，例如：

如果你继续坐在那里，做深呼吸，那么，你就能够坦然地说出到底是什么事情让你感到困扰。

按照埃里克森和罗西（Erickson & Rossi，1979）的模式，案主遵循这个暗示继续坐在那里，并做深呼吸，就会得到这样的信息：他会自如地说出到底是什么事情让自己感到困扰。

埃里克森和罗西（Erickson & Rossi，1979）所称的隐含性指令是隐含的一种特殊形式。隐含性指令有三个要素：

A. 一个时效性介绍

B. 案主获得了一个隐含的暗示

C. 有一个行为反应，能告诉社会工作者隐含性暗示何时得以完成

例如，看看下面这段话：

> 一旦你的无意识发觉你下次接受皮下注射时会保持清醒和警觉，那么，你的右手就会无意识地抬起来。

短语"一旦……"就是一个时效性的介绍，它从时间上界定了需要做出的反应。短语"……你的无意识发觉你下次接受皮下注射时会保持清醒和警觉"包涵了社会工作者暗示的内在的回应。最后，短语"你的右手就会无意识地抬起来"是行为标记，它告诉社会工作者预期的内在反应已经完成了。

或有性暗示

376　　　或有性暗示指的是将暗示置于一个进行中的或不可避免的行为性序列之中的一种语言形式。如前所述，埃里克森和罗西（Erickson & Rossi，1979）模式的一个基本概念就是运用。运用的一个重要的例子就是通过认可案主目前的体验，将案主的关注点内在化。而或有性暗示就是实现这个目标的手段之一。或有性暗示的例子是这样的：

> 每次呼吸时，你可以感受到自己身体的不同部位……然后，你会感到舒适。

正在进行中的行为是案主在呼吸，置于这个行为之上的暗示是"……你可以感受到自己身体的不同部位……然后，你会感到舒适"。

另一个例子是这样的：

> 你现在继续在脑子里面想着这些想法……你的无意识思想就会找到一个让你离开房间的方法，你会受到你自己的感受，主要是舒适的感受的支配。

正在进行的行为就是案主目前的思想。与这个行为联系在一起的或有性暗示就是"……你的无意识思想就会找到一个让你离开房间的方法，你会受到你自己的感受，主要是舒适的感受的支配"。

或有性暗示会产生一个完整的催眠状态诱导阶段。社会工作者应该用语言表述案主表现出来的行为，并在语言中加入一系列暗示，从而加深案主的舒适感，激发案主的无意识心理过程。将这种或有性暗示的系列运用到案主正在进行的行为上的例子如下。读者可能会发现在这个系列中，那些辨识案主正在进行的行为的或有性暗示部分用了下划线，而附加的暗示用了黑体字。

> 当你坐在那边的椅子上时，**你会感到自己的手上和腿上有某种感觉。**当你去感受

你目前的感觉时，你会**惊讶地发现你现在感到非常舒适。**并且，当你继续呼气吸气时，你的无意识会找到办法**让你越来越放松，**你其实还不知道你是怎样放松的，**现在在你呼吸的时候，你感到越来越放松了，**你没有必要关注我，因为你的无意识已经出现了，并且可以听到我们说话。

意识–无意识的双重约束

根据埃里克森和罗西的观点（Erickson & Rossi，1979），间接暗示也被称为意识–无意识双重约束，之所以这样称呼它，是基于这样的事实，即如果人们不能主动控制自己的无意识过程，那么，他们就会有意识地获取那些能够激发无意识过程的信息：

> 意识–无意识双重约束是用来有意回避我们的意识理解和能力的限制的，这样，我们的行为才能受到内在的、隐藏在自发层面的潜能的影响和约束（p. 45）。

我们可以运用这种形式的暗示来降低意识层面的介入，同时激发无意识层面的介入。下面的意识–无意识双重约束的例子可以被用在治疗性催眠状态诱导阶段：

> 你是否在有意识地听我说话并不重要，因为你的无意识一直存在，它能够听到我说的话，并很好地理解我的意思。

这种间接暗示意味着，案主是否在有意识地听社会工作者说话并不重要。它还意味着，案主的无意识行为是非常重要的。例如，我们假定社会工作者与一位害怕皮下注射的案主开展工作，其表现是一打针就晕倒，那么，意识–无意识双重约束可以被用在催眠后确定变化阶段：

> 如果你的无意识发现，从现在开始，你在打针时会保持清醒，那么，你的无意识会在你意识到之前把你的左手抬起来。如果你的无意识发现你在打针前需要保持清醒，并且需要干点别的事，那么，它在你意识到之前，会把你的右手抬起来。

这个暗示还意味着，意识的介入并不重要，重要的还是案主的无意识行为。它更关注案主在考虑如何回应时对自己的内心的审视。案主会对两只手自发的意念运动感到非常惊讶。无论他们抬起了哪只手，我们都可以运用这种"惊讶"进一步提升案主的治疗期望值。如果案主的左手自动抬起来了，我们就可以用这个现象来提升他们对改变的期望值。如果右手自动抬起来了，那么，我们就可以认定他们的无意识参与了进来，这样可以进一步发展出一个治疗的参照体系，并将此作为治疗性催眠状态的新起点，因为这样的自发性反应预测了催眠状态的发展进程（Erickson & Rossi，1979）。

其他形式的间接暗示

378   埃里克森和罗西（Erickson & Rossi，1979，1989）还描述了其他几种形式的间接暗示。这些沟通方式成为埃里克森和罗西（Erickson & Rossi，1979）模式的核心要素。社会工作者希望将催眠治疗方法纳入自己的干预技巧中，他们需要自如掌握这些不同形式的间接暗示，并能熟练运用它们。

运用

运用是埃里克森和罗西（Erickson & Rossi，1979）的模式中的另一个重要概念。运用指的是社会工作者从治疗的角度出发有目的地使用案主的重要行为和他们的性格特点。从某种重要性上来讲，社会工作者要运用案主的优势来帮助他们解决自己的问题，或者将问题的某些方面转化为问题解决的方案。埃里克森和罗西（Erickson & Rossi，1979）概念化出来的运用案主行为和性格特点的方法可以被用在治疗性催眠状态诱导阶段：

> 在运用这个方法的过程中，病人的注意力集中在自己的个性和行为的某些特定方面，心神集中，我们称之为治疗性催眠状态。病人的习惯性行为会或多或少地被弱化，这样就激发了他们的无意识寻找和过程，这种无意识可以协助病人做出回应（p. 53）。

通过我几年前经历过的一个案例，我们来展示一下运用案主的行为进行催眠状态诱导的机制。案主当时担心的问题是肠胃胀气，他是一名大学生，抱怨自己无法控制的肠胃胀气会给他的社交活动带来很多不便和焦虑。他去做了体检，但是医生没有发现他有任何生理问题，因此，他被转介到我工作的精神健康中心。这个青年人知道我会催眠术，于是要求我用催眠术来处理他的问题。但他很担心会因为自己的问题而无法进入催眠状态。最后我们决定利用他的核心问题来进行心神集中。我问他在进入办公室之后是否还有肠胃胀气的问题，他回答"有"。然后，我要求他将心神集中在他腹部的感受上，这是他的问题的一部分。接着我又问了几个关于他的感受的问题。我告诉他，他对自己腹部感受的认知越明确，越会感到舒适。这个青年人继续集中心神，集中在自己的腹部上。我不停地要求他关注这些感受，并不断放松，他很快就表现出了一些进入催眠状态的典型行为（见表 15 - 2）。埃里克森和罗西（Erickson & Rossi，1979，Chapter 3）、埃里克森（Erickson，1959），以及罗西（Rossi，1989a，c）都以详细的案例说明了如何运用案主的行为进行催眠状态诱导。

379   案主的行为、性格特征和生活经历都可以成为解决问题的要素。例如，假定某个案主表现出来需解决的问题是害怕皮下注射针头，其表现是一打针就会晕倒。我们再假定这个问题出现在案主 11 岁那年，之前案主打针从来没有出现过问题。那么，这个案主可以利用的一个资源就是他在 11 岁之前进行皮下注射的经验。打针不晕的能力就蕴藏在案主的全部的行为之中。这种能力能够被获取，并用于解决问题。埃里克森和罗西（Erickson & Rossi，1979）通过几个例子详细地说明了这个过程（例如，参见案例 1）。罗西（Rossi，1989，d）也提供了几个案例。

 典型案例

埃里克森和罗西（Erickson & Rossi，1979）在第六章中提供了详细的案例来展示在临床上如何运用自己的三阶段模式（特别参见案例 5）。下面是一个来自笔者临床实务和研究的典型案例。

皮下注射恐惧症

这个案例中有一个 23 岁的大学高年级学生，她对任何与注射针有关的事物感到极度恐惧，例如打针和抽血。无论她是站着、坐着还是躺着，只要她看到针头进入自己的手臂就会晕倒。根据案主的自述，她从 11 岁就开始为此晕倒了。自从她看见爷爷"身上插满了针头"死在医院里之后，这种反应就具有了持续性，没有任何例外。当她看到别人打针时，也会恶心、头晕，甚至晕倒。案主 17 岁的姐姐也证实了案主在 12 岁时的问题的细节。

案主大学的专业是健康专业，并且得到了来自一家医院的工作机会。她害怕这个工作需要给别人抽血和打针，同时还怕会看到别人打针。在来见我之前的一个月，她还去做了体检，在抽血时又晕倒了。

干预

对这名妇女的干预遵循了埃里克森和罗西（Erickson & Rossi，1979）的准备—治疗性催眠状态—确认改变的三阶段过程。下面我们分别对这三个阶段进行描述。

准备

首先，进行催眠前要与案主就无意识过程进行讨论。在这个讨论中，我采用了运用意识动作性过程方法。例如，我们讨论了在没有意识的情况下，如何运用无意识思维有效解决问题。我们举了很多例子来说明这一点。

第一个例子是关于一个人试图记住某人的名字。这个人曾经见过某人，记得他的名字，但是在街上再次遇见某人时，却忽然记不起对方的名字了。这个人在跟对方寒暄时努力地回想对方的名字，但还是想不起来。当他与对方分开后，继续在街上行走，脑子里开始思考其他事情，暂时忘记了回想对方的名字这件事。在思考其他事情时，对方的名字突然进入了意识层面。这说明，当他的意识开始完成其他任务时，他的无意识还在继续搜寻对方的名字。

第二个例子是"带着问题睡觉"。人们在遇到一个无法解决的问题时，会决定"带着问题睡觉"，因为他们知道，自己的无意识思维会在自己睡觉时继续寻找答案。当他们第二天早上醒来时，他们会找出解决问题的办法。

第三个例子涉及对意念动作性过程方法的运用。有人可能会有用自己的无意识思维来创造性地解决问题的经历。有这么一个人，他绞尽脑汁想要理解苯分子的化学结构，一直试图想出一个能够包含长长的分子链的结构，但屡次失败。有一天，在经过努力思考却得不出结论之后，他非常沮丧，只好睡觉，在睡觉时做了一个梦。在梦中，他看到这些分子按照环形排列，在他眼前跳舞。他醒来后意识到，环形可能就是问题的答案。他成功地发现了苯分子的环形结构，并因此获得了诺贝尔奖。

我告诉案主，我会用催眠术帮助她克服皮下注射恐惧，我还告诉她，她的无意识思维会在她自己毫无意识的情况下帮助她解决这个问题。我也给她举了几个例子，说明别人如何解决问题。举这些例子的目的是帮她建立一个改变的期望值，为治疗提供一个参照。

治疗性催眠状态

在准备阶段结束时，我以下列方法进行了一个正式的催眠状态诱导。

我告诉这名妇女，我准备通过催眠诱导来帮助她解决问题。我要求她将注意力集中在正在播放的一段音乐上。我让她在脑中想象音乐中描述的事件。案主按照我的指引闭上了眼睛。然后，我告诉她我会与她的无意识思维对话，她的意识思维不需要关注我所说的话，而要集中在音乐上，或者脑中的其他事情上，只需让她的无意识思维来听笔者说话（这就是一个意识-无意识双重约束）。我继续与她讨论，要求她集中注意力关注音乐，并想象音乐中描述的场景。接着，我换了一种声调，穿插了一些暗示，让案主放松，并感到舒适自如。同样，穿插的例子就是她的无意识思维在自己没有意识的状态下如何来思考并解决问题。

这名案主很快就表现出了几种行为，按照埃里克森和罗西（Erickson & Rossi, 1979）的定义，这几种行为符合催眠状态的指标。她呼吸平缓，脉搏（可以从她的颈部看到）也平缓，她对意想不到的、内在的杂音和外在的杂音，以及房间里的杂音不再有惊讶的反应了。她停止了吞咽反应和眨眼反应，看上去身体完全不动。这时，我向案主进行了下列治疗性暗示（又一个关于隐含性指令的例子）：

> 现在你的无意识思维开始在必要的时候发挥作用，从而充分满足你作为人的各种需要，以确保你在将来打针时能够保持清醒，一旦你的无意识发现你在打针时能够做到保持清醒，它就会提示你把右手从椅子上抬起来。

在给出这个暗示之后，我暗示她把注意力放在音乐上，并进行冥想，同时，我继续穿插一些暗示来引导她感到舒适和放松。几分钟之后，她的右手开始颤抖，并痉挛性地向上抽搐。我对她说我将倒数20个数，从20数到1，然后，她会在这个过程中逐渐醒来。然后，我开始慢慢地从20数到1。当我读出1后，过了几秒钟，案主睁开了眼睛。她伸了伸手臂，双臂互相摩擦了一下，并调整了坐姿。她主动说还以为自己睡着了，不记得刚才发生了什么。她还说，自己感到非常放松，精神焕发。我把这些表达解释为经历催眠状态的指标，她在醒来后立即调整了坐姿，在催眠后感到精神焕发，且明显表现出对催眠的遗忘（见表 15－2）。

确认改变

我问她，她是否知道自己的皮下注射恐惧已经得到了改变。她回答说，她自己对此毫不知情，但是据她所知，下次打针时，她还会晕倒，跟过去一样。我回应道，当然，这都是她意识层面的东西，但是，她应当意识道，她的无意识层面已经出现了改变（这是另一个有关意识–无意识双重约束的例子）。我问她是否想弄清自己的无意识到底知道些什么，她说当然想知道。于是，我给了她以下指令：

> 我要问你的无意识一个问题，而这个问题只有你的无意识才知道答案。我问这个问题时，你的意识思维中可能会出现一个答案，但这个答案未必与你无意识思维中的答案一致。你的无意识思维回答"是"，会举起你的左手，回答"否"，会举起你的右手；回答"不知道"或"我不想回答"，会举起你的双手。我问完这个问题后，我要求你的意识聚焦于双手的感受，等待你的无意识回答这个问题。我要问的问题是：未来当你再次遇到打针的情境时，你会像现在这样一直保持舒适和清醒状态吗？

这名妇女立即做出回答，说觉得什么都没有改变，以后打针时一定还会晕倒的。笔者回应道：

> 是的，这就是你意识层面的信念，你的意识思维不知道无意识思维到底知道多少事情。放松，闭上眼睛，将注意力集中在双手上。让我们看看你的无意识思维该如何回答这个问题。

这名妇女闭上眼睛，双手放在自己坐的椅子上。她的呼吸变缓，身体不动，看上去非常放松。几分钟后，她的吞咽速度变慢并逐渐停止了，也停止了眨眼。所有这些行为都表明，她再次进入了催眠状态。根据埃里克森和罗西（Erickson & Rossi，1979）的模式，提出问题可以激发无意识搜寻过程，并再次激发催眠状态行为的出现。我让这名妇女放松，等待自己的无意识来回答这个问题。几分钟之后，她的左手开始颤抖，同时痉挛着离开椅子 1 英寸[①]左右，然后又回到椅子上。按照埃里克森和罗西（Erickson & Rossi，1979）的模式，在向妇女的无意识思维提问与她做出运动反应（抬起左手）之间，她手的颤抖、痉挛，都与她真正的无意识回应高度保持一致。我让她做一个深呼吸，然后睁开眼睛。几秒钟之后，她做了一个深呼吸，并睁开了眼睛。

我问她是否知道她的无意识是如何回答的。她回应说，她感到自己的左手抬了起

---

①　1 英寸约合 2.54 厘米。

383 来，她"猜"下次自己打针时不会再晕倒了。她告诉我她不相信。我是这样回答的："没关系。你的意识可以继续不相信这是真的，但是，你的无意识知道你已经发生改变了。"

至此，我们的催眠治疗阶段结束了。

结果

这次的单次催眠治疗差不多持续了半个小时，大概两个月之后，在入职体检时，案主经历了皮下注射和验血，她说自己在打针和抽血时都保持着清醒状态，没有晕倒。她告诉我，她在打针和抽血前有点紧张，以为自己会晕倒，但实际上却一直保持清醒。她说，当针头进入自己的手臂时，她感到自己心跳加快，此外没有别的不适感，也没有晕倒，对此她表示非常意外。在后来的五年中，我一直与她保持零星的联络，她一直告诉我，每次遇到打针相关的情境时，都不会晕针。她还说，现在自己能坦然地看别人打针了。

研究

目前的研究证据表明，催眠干预方法可以带来积极的影响，但同时还存在几个问题（参见 Wodden & Atherton，1982，以及 Bowers & LeBaron 等人的评论，1986）。有证据证明催眠干预有助于控制与医学问题相关的疼痛（Hilgard & Hilgard，1975；Kroger & Fezler，1976；Kroger，1977）。还有研究表明催眠治疗可以帮助病人有效地止痛（Schafer，1975；Wakeman & Kaplan，1978）。有证据证明催眠治疗可以治疗头痛（Anderson，Basker & Dalton，1975）。实验研究表明，在某些情况下，催眠的镇痛效果可能会超过吗啡（Stembach，1982；Spiegal & Albert，1983；Bowers & LeBaron，1986）。还有证据表明，催眠治疗可以有效地治疗哮喘和身心症（Wooden & Atherton，1982；DePiano & Salzberg，1979）。迪阿布勒、费德尔、迪伦克菲尔和埃德（Deabler，Fidel，Dillenkoffer，& Elder，1973）以及弗里德曼和陶布（Friedman & Taub，1977，1978）的研究结果表明，催眠有助于治疗高血压。催眠还可以有效治疗失眠（Borkovec & Fowles，1973；Barabasz，1976）。

笔者也就埃里克森和罗西（Erickson & Rossi，1979）的模式开展了几项临床研究（Nugent，1989，1990，1993）。研究结果表明，埃里克森和罗西（Erickson & Rossi，1979）的模式在处理下列问题时非常有帮助：广场恐惧症（Nugent，1993）、家庭关系问题（Nugent，1990）、工作焦虑、幽闭恐惧症、皮下注射恐惧症、睡眠障碍以及运动能力问题等（Nugent，1989）。

384

有证据表明，孩子比成年人更加容易接受催眠治疗（Bowers & LeBaron, 1986）。还有证据表明一些人比较容易接受催眠暗示，另一些人不容易接受催眠暗示，这些特征会影响具体个人接受催眠干预的效果。这还说明，那些在催眠敏感性测量中得分较高的人，更容易接受催眠治疗并取得积极效果（Wooden & Atherton, 1982；Bowers & LeBaron, 1986）。这是一个比较有争议的领域。埃里克森和罗西（Erickson & Rossi, 1979）坚持认为，所有人都可以被催眠，因为治疗性催眠状态诱导只不过是日常生活中的诱导的一个特例，人们在日常生活中天天都会碰到这种诱导。他们的模式中出现的问题不是人是否可以被催眠，而是"催眠师如何接近案主，利用他们表现出来的行为来协助案主体验治疗性诱导"。

研究结果还表明，催眠治疗并非可以解决一切问题的灵丹妙药。有证据表明催眠治疗无法帮助人们戒烟或减肥，或者治疗成瘾问题（Wooden & Atherton, 1982）。

有人担心催眠治疗可能会给案主带来伤害。有人担心催眠治疗会被用来强迫个人参与反社会的犯罪活动（Coe, 1980）。还但有研究表明这种担心是多余的（Erickson, 1939；Ome, 1962；Coe, Kobayashi, & Howard, 1973）。有人还担心催眠结束后个人会受到一些负面影响。同样有研究表明，个人在经历了催眠程序后，与没有经历催眠程序的对照组相比，并没有受到任何负面影响（Faw, Sellers, & Wilcox, 1968；Hilgard, 1974；Coe, 1980）。事实上，有研究表明人们在经历了催眠治疗后会获得一些积极的成果，而在对照组中，却没有发现这些积极的成果（Coe, 1980）。

研究发现，在某个领域，催眠会为给案主带来伤害。研究指出，催眠不能用在恢复记忆的辅助治疗中，例如治疗目击证人。有证据表明，在记忆恢复中，催眠程序可能会产生不准确的，甚至是错误的记忆（Kihlstrom & Barnhardt, 1993）。这种不准确和错误的记忆恢复可能会给案主带来负面的后果（Spiegal, 1980；Smith, 1983；Scheflin & Shapiro, 1989；Yapko, 1990, 1993a, b；Loftus & Ketcham, 1994）。

培训和督导

催眠是一种干预性程序，需要与其他的干预方法同时使用。当然，想要恰如其分地、熟练地使用这个方法，需要经过长期的培训和实践。有人认为，最好把催眠当作一种"高级的"社会心理干预方法（David Patterson, 个人沟通, 1996 年 1 月）。尽管单独使用催眠时，或者将催眠与其他方法并用时催眠是一种有效的干预程序，但是，笔者还是建议对这个方法感兴趣的社会工作者在接受了适当的培训之后再使用这个方法。那些有兴趣学习由埃里克森发展的催眠方法的人，可以与下列机构取得联系：米尔顿·H.埃里克森基金会（地址：1935 East Aurelius Avenue, Phoenix, Arizona 85020）。埃里克森基金会可以帮助对此感兴趣的社会工作者在自己周围找到合适的培训机构。社会工作者还可以联系其他机构获取培训信息，例如美国临床催眠治疗协会（地址：800 Washington Avenue S. E.，Minneapolis，Minnesota 55414），以及临床和实验催眠治疗协会（地址：140 West End Avenue，New York，New York 10023）。

笔者还建议社会工作者初次在实务中使用催眠治疗时接受合适的督导。

催眠治疗在社会工作实务中的未来发展

我们很难预测催眠治疗在社会工作实务中未来的发展趋势。催眠治疗历史悠久，其发展也经历了起起落落，一会儿是一个一致公认的良方，一会儿又变成了江湖骗术。至少在不远的将来，根据全国健康研究所最近的通告，催眠治疗会被当作一种具有潜力的有效的干预方法。笔者认为，未来人们对催眠治疗的接受度，及其在社会工作实务中的运用，取决于将来会有多少证明其在处理某些问题中的有效性的研究。开展一项可信的研究的基础就是催眠治疗的有效性，基于它才能总结出一个说明什么样的案主最适合运用催眠治疗的指南。当然，想要让催眠治疗成为社会工作实务中被广泛接受、普遍使用的干预方法，还有很长的路要走。

参考文献

Alexander, F., & Selisnick, S. (1966). *The history of psychiatry: An evaluation of psychiatric thought from prehistoric times to the present.* New York: Harper & Row.

Anderson, J., Basker, M., & Dalton, R. (1975). Migraine and hypnotherapy. *International Journal of Clinical and Experimental Hypnosis, 23,* 48–58.

Bandler, R., & Grinder, J. (1975). *Patterns of the hypnotic techniques of Milton H. Erickson, M.D.* (Vol. 1). Cupertino, CA: Meta Publications.

Bandura, A. (1969). *Principles of behavior modification.* New York: Holt, Rinehart, and Winston.

Barabasz, A. (1976). Treatment of insomnia in depressed patients by hypnosis and cerebral electrotherapy. *American Journal of Clinical Hypnosis, 19,* 120–122.

Barlow, D. (1988). *Anxiety and its disorders: The nature and treatment of anxiety and panic.* New York: Guilford Press.

Borkovec, T., & Fowles, D. (1973). Controlled investigation of the effects of progressive and hypnotic relaxation on insomnia. *Journal of Abnormal Psychology, 82,* 153–158.

Bowers, K., & LeBaron, S. (1986). Hypnosis and hypnotizability: Implications for clinical intervention. *Hospital & Community Psychiatry, 37,* 457–467.

Braid, J. (1843). *Neurypnology or, the rationale of nervous sleep considered in relation with animal magnetism*. London: John Churchill. Reprinted New York: Arno Press, 1976.

Braid, J. (1847). Facts and observations as to the relative value of mesmeric and hypnotic coma, and ethereal narcotism, for the mitigation or entire prevention of pain during surgical operations. *Medical Times, 15,* 381–382.

Bramwell, J. (1956). *Hypnotism: Its history, practice, and theory*. New York: Julian Press.

Coe, W. (1980). Expectations, hypnosis, and suggestion in behavior change. In F. Kanfer & A. Goldstein (Eds.), *Helping people change: A textbook of methods* (pp. 423–4690). New York: Pergamon Press.

Coe, W., Kobayashi, K., & Howard, M. (1973). Experimental and ethical problems in evaluating the influence of hypnosis in antisocial conduct. *Journal of Abnormal Psychology, 82,* 476–482.

Cournoyer, B. (1996). Should social workers support the use of "hypnosis?" No. In B. Thyer (Ed.), *Controversial issues in social work practice*. Boston: Allyn & Bacon.

Deabler, H., Fidel, E., Dillenkoffer, R., & Elder, S. (1973). The use of relaxation and hypnosis in lowering high blood pressure. *American Journal of Clinical Hypnosis, 16,* 75–83.

Derryberry, D., & Rothbart, M. (1984). Emotion, attention, and temperament. In C.E. Izard, J. Kagan, & R. Zajonc (Eds.), *Emotions, cognition, and behavior*. New York: Cambridge University Press.

DiPiano, F., & Salzberg, H. (1979). Clinical applications of hypnosis to three psychosomatic conditions. *Psychological Bulletin, 86,* 1223–1235.

Edmonston, Jr. (1981). *Hypnosis and relaxation: Modern verification of an old equation*. New York: John Wiley & Sons.

Erickson, M. (1939). An experimental investigation of the possible antisocial use of hypnosis. *Psychiatry, 2,* 391–414.

Erickson, M. (1950). Naturalistic techniques of hypnosis. *American Journal of Clinical Hypnosis, 1,* 3–8.

Erickson, M. (1959). Further clinical techniques of hypnosis: Utilization techniques. *American Journal of Clinical Hypnosis, 2,* 3–21.

Erickson, M. (1964a). Initial experiments investigating the nature of hypnosis. *American Journal of Clinical Hypnosis, 7,* 152–162.

Erickson, M. (1964b). The confusion technique in hypnosis. *American Journal of Clinical Hypnosis, 6,* 183–207.

Erickson, M. (1966). The interspersal hypnotic technique for symptom correction and pain control. *American Journal of Clinical Hypnosis, 8,* 198–209.

Erickson, M. (1967). Further experimental investigation of hypnosis: Hypnotic and nonhypnotic realities. *American Journal of Clinical Hypnosis, 10,* 87–135.

Erickson, M., & Rossi, E. (1979). *Hypnotherapy: An exploratory casebook*. New York: Irvington.

Erickson, M., & Rossi, E. (1981). *Experiencing hypnosis: Therapeutic approaches to altered states*. New York: Irvington.

Erickson, M., & Rossi, E. (1989). The indirect forms of suggestion. In E. Rossi (Ed.), *The nature of hypnosis and suggestion: The collected papers of Milton H. Erickson on hypnosis* (Vol. 1) (pp. 452–477). New York: Irvington.

Erickson, M., Rossi, E., & Rossi, S. (1976). *Hypnotic realities*. New York: Irvington.

Faw, V., Sellers, D.J., and Wilcox, W.W. (1968). Psychopathological effects of hypnosis. *International Journal of Clinical and Experimental Hypnosis, 16,* 26–37.

Fischer, J. (1978). *Effective casework practice: An eclectic approach*. New York: McGraw-Hill.

Foa, E., & Kozak, M. (1991). Emotional processing: Theory, research, and clinical implications for anxiety disorders. In J. Safran & L. Greenberg (Eds.), *Emotion, psychotherapy, and change* (pp. 21–49). New York: Guilford Press.

Freud, S. (1925). *An autobiographical study*. Authorized translation for the 2nd edition by J.

Strachey, 1946, New York: W.W. Norton, 1952.

Friedman, H., & Taub, H. (1977). The use of hypnosis and biofeedback procedures for essential hypertension. *International Journal of Clinical and Experimental Hypnosis, 25,* 335–347.

Friedman, H., & Taub, H. (1978). A six-month follow-up of the use of hypnosis and biofeedback procedures in essential hypertension. *American Journal of Clinical Hypnosis, 20,* 184–188.

Fromm, E. (1979). The nature of hypnosis and other altered states of consciousness: An ego-psychological theory. In E. Fromm & R. Shor (Eds.), *Hypnosis: Developments in research and new perspectives* (2nd ed.) (pp. 81–104). New York: Aldine.

Hepworth, D., & Larsen, J. (1986). *Direct social work practice: Theory and skills* (2nd ed.). Chicago: Dorsey.

Hilgard, E. (1965). *Hypnotic susceptibility.* New York: Harcourt, Brace, and World.

Hilgard, E. (1979). Divided consciousness in hypnosis: The implications of the hidden observer. In E. Fromm & R. Shor (Eds.) *Hypnosis: Developments in research and new perspectives* (2nd ed.) (pp. 45–80). New York: Aldine.

Hilgard, E., & Hilgard, J. (1975). *Hypnosis in the relief of pain.* Los Altos, CA: Kaufmann.

Hilgard, J. (1974). Sequelae to hypnosis. *International Journal of Clinical and Experimental Hypnosis, 22,* 281–298.

Horton, D., & Kjeldergaard, P. (1961). An experimental analysis of associative factors in mediated generalizations. *Psychological Monographs, 75,* 515.

Kanfer, F., & Goldstein, A. (Eds.) (1980). *Helping people change.* New York: Pergamon Press.

Kihlstrom, J., & Barnhardt, T. (1993). The self-regulation of memory: For better and for worse, with and without hypnosis. In D. Wegnerand & J. Pennebaker (Eds.), *Handbook of mental control* (pp. 88–125). Englewood Cliffs, NJ: Prentice-Hall.

Kroger, W. (1977). *Clinical and experimental hypnosis* (2nd ed.). Philadelphia: J.B. Lippincott.

Kroger, W., & Fezler, W. (1976). *Hypnosis and behavior modification: Imagery conditioning.* Philadelphia: J.B. Lippincott.

Lankton, S., & Lankton, C. (1983). *The answer within: A clinical framework of Ericksonian hypnotherapy.* New York: Brunner/Mazel.

Liebeault, A. (1866). *Du sommeil et des états analogues considérés surtout au point de vue de l'action moral sur le physique (Of sleep and related states, conceived of from the viewpoint of the action of the psyche upon the soma).* Paris: V. Masson.

Loftus, E., & Ketcham, K. (1994). *The myth of repressed memory.* New York: St. Martin's Press.

MacLeod, C., Mathews, A., & Tata, P. (1986). Attentional bias in emotional disorders. *Journal of Abnormal Psychology, 95,* 15–20.

Mandler, G., Nakamura, Y., & Van Zandt, B. (1987). Nonspecific effects of exposure on stimuli that cannot be recognized. *Journal of Experimental Psychology: Learning, Memory, and Cognition, 13,* 646–648.

Mandler, G., & Shebo, B. (1983). Knowing and liking. *Motivation and Emotion, 7,* 125–144.

Nay, W. (1976). *Behavioral intervention: Contemporary strategies.* New York: Gardner Press.

Nisbett, R., & Wilson, T. (1977). Telling more than we know: Verbal reports on mental processes. *Psychological Review, 84,* 231–279.

Nugent, W. (1989). Evidence concerning the causal effect of an Ericksonian hypnotic intervention. *Ericksonian Monographs, 5,* 35–53.

Nugent, W. (1990). An experimental and qualitative evaluation of an Ericksonian hypnotic intervention for family relationship problems. *Ericksonian Monographs, 7,* 51–68.

Nugent, W. (1992). The affective impact of a clinical social worker's interviewing style: A series of single-case experiments. *Research on Social Work Practice, 2,* 6–27.

Nugent, W. (1993). A series of single case design clinical evaluations of an Ericksonian hyp-
notic intervention used with clinical anxiety. *Journal of Social Service Research, 17,*
41–69.

Nugent, W. (1996). Should social workers support the use of "hypnosis?" Yes. In B. Thyer
(Ed.), *Controversial issues in social work practice.* Boston: Allyn & Bacon.

Orne, M. (1959). The nature of hypnosis: Artifact and essence. *Journal of Abnormal and So-
cial Psychology, 58,* 277–299.

Orne, M.T. (1962). Anti-social behavior and hypnosis. In G.H. Estabrooks (Ed.), *Hypnosis:
Current problems.* New York: Harper & Row.

Rossi, E. (Ed.) (1989a). *The nature of hypnosis and suggestion: The collected papers of Mil-
ton H. Erickson on hypnosis* (Vol. 1). New York: Irvington.

Rossi, E. (Ed.) (1989b). *Hypnotic alteration of sensory, perceptual, and psychophysiological
processes: The collected papers of Milton H. Erickson on hypnosis* (Vol. 2). New York:
Irvington.

Rossi, E. (Ed.) (1989c). *Hypnotic investigation of psychodynamic processes: The collected pa-
pers of Milton H. Erickson on hypnosis* (Vol. 3). New York: Irvington.

Rossi, E. (Ed.) (1989d). *Innovative hypnotherapy: The collected papers of Milton H. Erickson
on hypnosis* (Vol. 4). New York: Irvington.

Sarbin, T., & Coe, W. (1972). *Hypnosis: A social psychological analysis of influence.* New
York: Holt, Rinehart, and Winston.

Schafer, D. (1975). Hypnosis use on a burn unit. *International Journal of Clinical and Exper-
imental Hypnosis, 23,* 1–14.

Scheflin, A., & Shapiro, J. (1989). *Trance on trial.* New York: Guilford Press.

Schneck, J. (1970). Prehypnotic suggestions. *Perceptual and Motor Skills, 30,* 826.

Schneck, J. (1975). Prehypnotic suggestions in psychotherapy. *American Journal of Clinical
Hypnosis, 17,* 158–159.

Shor, R. (1979). The fundamental problem in hypnosis research as viewed from historic per-
spectives. In E. Fromm & R. Shor (Eds.) *Hypnosis: Developments in research and new
perspectives* (2nd ed.) (pp. 15–41). New York: Aldine.

Smith, M. (1983). Hypnotic memory enhancement of witnesses: Does it work? *Psychological
Bulletin, 94,* 387–407.

Spiegal, H. (1980). Hypnosis and evidence: Help or hindrance? *Annals of the New York Acad-
emy of Science, 347,* 73–85.

Spiegal, D., & Albert, L. (1983). Naloxone fails to reverse hypnotic alleviation of chronic pain.
Psychopharmacology, 81, 140–143.

Sternbach, R. (1982). On strategies for identifying neurochemical correlates of hypnotic anal-
gesia. *International Journal of Clinical and Experimental Hypnosis, 30,* 251–256.

Sternberg, S. (1975). Memory scanning: New findings and current controversies. *Quarterly
Journal of Experimental Psychology, 22,* 1–32.

Wakeman, R., & Kaplan, J. (1978). An experimental study of hypnosis in painful burns. *Amer-
ican Journal of Clinical Hypnosis, 21,* 3–11.

Wooden, T., & Atherton, C. (1982). The clinical use of hypnosis. *Psychological Bulletin, 91,*
215–243.

Yapko, M. (1990). *Trancework: An introduction to the practice of clinical hypnosis* (2nd ed.).
New York: Brunner/Mazel.

Yapko, M. (1993a). The seductions of memory. *Family Therapy Networker, 17,* 30–37.

Yapko, M. (1993b). Are we uncovering traumas or creating them? Hypnosis, regression, and
suggestions of abuse. In L. Vandecreek, S. Knapp, & T. Jackson (Eds.), *Innovations in
clinical practice* (Vol. 12) (pp. 519–527). Sarasota, FL: Professional Resource Press.

Zeig, J. (ed.) (1982). *Ericksonian approaches to hypnosis and psychotherapy.* New York:
Brunner/Mazel.

第十六章

生活模式在社会工作实务中的发展

亚历克斯·吉特曼

生活模式自问世起仅有 20 余年的历史（Gitterman & Germain，1976）。在这段相对较短的历史中，我们的社会和社会工作专业都发生了翻天覆地的变化。今日的社会工作者十分关注弱势群体，在面对他们苦苦挣扎应付因为贫困和歧视而出现的经济和心理压力时，常常感到力不从心。实务工作者常常要处理艾滋病、无家可归、药物滥用、慢性精神疾病、儿童虐待、家庭和社区暴力等问题带来的严重后果。显然，1990 年代以来出现的社会不幸和苦难与 1940—1980 年代相比在程度和内容上都有明显的区别。随着对"安全网"资源的抨击的出现，对于很多人而言，生存问题已危如累卵。

面对这些残酷的现实，社会工作者希望能够在短期内运用不断减少的资源来做更多的事情。勇气、愿景、坚持不懈、创造力以及不断丰富专业方法和扩大运用技巧的领域，成为当代社会工作实务的核心要素。一个处于不断完善和扩充过程中的生活模式[1]出现了，它试图通过以下四个方面的改革和完善来回应普遍的社会变革（Germain & Gitterman，1996）。

第一个完善：社会工作者要想回应压迫的问题，就必须提升社区、机构和立法的影响力，推动变革，提高间接实务能力。同时，还要反复地将生活模式的方法和技巧具体化，使得这些方法既可以用来帮助个人、家庭、小组，也可以影响社区、机构和立法组织。

第二个完善：为了有效地回应人们的不同需要，社会工作者必须有能力在不同的个体情境中开展工作，同时能够处理不同情境带来的后果。得到扩展和修正的生活模式可以概念化和展示适用于不同情境的方法和技巧，同时还能阐明和具体化社会工作实务的普遍基础。

第三个完善：人们会用不同的方式应对压迫和寻找替罪羊。实务工作者必须提高警惕，不能因为受压迫者面临困境而指责他们。人们的应对模式、优势和抗逆力需要得到理解和支持。在早期的论文中，我们提出了"活生生的问题"这个概念，指的是一些与专业评估和干预相关的概念。这个说法在不经意中隐含了个人和集体具有某些缺陷的意思。在现在的论文中，我们使用了一个更加中立的概念："压力源-压力应对范式"。

第四个完善：社会工作者必须对人们的多元背景保持高度敏感。人类发展阶段模式认为，社会和情感性的发展有着固定的、有序的和普遍性的步骤。在我们现在的表述中，"生命过程"这一人类发展的概念取代了传统的"生命周期"模式。

人类生态学

根据完善后的生活模式，生态学的暗喻依然为人们提供了一个分析人与环境互动的视角。作为一门生物科学，生态学研究的是生物体与社会和物理环境所有元素之间的关系。生物体如何以及为何获得，或者无法获得与周围环境之间的适应性平衡，是生态学研究需要回答的主要问题。生态学理论具有革命性、适应性的视角，它为生活模式实务提供了扎实的理论基础（Germain，1981；Germain & Gitterman，1986，1987，1995，1996）。[2]

人-环境的匹配

在一生的生命周期中，人们不断抗争，以不断提高自己与环境的匹配度。当我们对自己的能力感到有信心时，我们会充满希望，能够不断满足自己的需要和实现自己的抱负；当我们觉得自己周围的环境资源非常丰富，有求必应时，我们与周围环境之间的关系就达到了一种互惠性、可持续的"适应状态"。对于适应性良好的人，环境能够与其互相提供支持，从而激发彼此的发展潜能。

但是，如果可感知的环境和个人限制受到了压迫性社会和物理环境的刺激和维持（例如种族歧视、性别歧视、同性恋恐惧、年龄歧视、失业和环境污染等），随之而来的后果是艰苦卓绝的适应，或者功能性受损、寄生性剥削，以及个人和集体性的分裂。为了应对不良的环境，有些人会调动自己的内在优势和抗逆力来武装自己，与恶劣环境抗争，成为幸存者而非牺牲者。还有人会将压迫内在化，通过自我破坏行为，例如药物滥用和不安全性行为等，来伤害自己。另外，还有人会将压迫外在化，他们会反击，采取诸如暴力、犯罪、损坏财产等行为，向那些比自己地位更低的人泄愤。现成的、适合发泄的目标人群包括家庭成员、邻居和社区居民。不正常的人与环境的互动会相互阻碍和破坏人类和环境的发展潜能。

在回应环境要求时，人们要评估环境和个人资源的充足性。当人们感受到环境要求与个人内在和外在能力之间的不平衡时，压力就出现了。想要缓解压力处境，必须先改善人-环境的匹配度。为了做到这一点，我们要积极促进改变，要么改变个人的认知和行为，要么改变环境的回应，要么提高人与环境之间的互动质量。[3]

环境

人与环境的互动过程是动态的，而非一成不变的。生态理论强调的是人与环境互动中的互惠性，借此，随着时间的推移，人与环境会互相影响，互相制约。人们需要从环境中获取资源，以获得自身的发展和存在。同样，环境也需要从人类处获得关爱，以促进自己的进化。

环境的构成包括社会和物理两个层面（Germain，1983）。社会层面包括人们的社会生活世界，从亲密的社会网络到官僚机构。物理层面包括人类继承的自然世界，以及人类社会构建的世界，这个空间支持、容纳或者组成了社会结构，以及环境和人类生物性的时间性节奏、波动起伏和周期性（Germain，1976，1978）。

复杂的官僚组织是社会环境的突出特征，也是当代生活中最重要的一支力量。健康、教育和社会服务机构对大部分人类的生活产生着深远的影响。为了履行其社会任务，一个组织需要建立自己的使命，不断改进自己的结构（例如劳动分工、命令链、政策和程序），以确保其运作。机构的使命和结构是提供服务的关键要素，它们同时还会为专业人士和服务接受者带来张力和冲突（Banner & Gagne，1994；Hasenfeld，1992；Schmidt，1992；Weissman，Epstein，& Savage，1983）。例如，一个机构的劳动分工整合了不同的角色，将重复劳动降到最低，同时还保持问责性。与此同时，这些不同角色都创造了既得利益，保护自己的领地，庇护各自的不作为。为了保护各自的私利，机构和案主的需求被绑架了，成为获取私利的筹码。

机构的使命和结构受到了政治、经济和文化因素的影响和制约（Orfield，1991）。经济、社会和官僚的力量会合力阻挠弱势群体和受压迫群体获取高质量的服务。政治家们会把公共援助的接受者的经济失败归因于行为和个性缺陷。提供资金的人会期望精神健康机构对这些社区居民进行诊断，并将他们作为患者来进行治疗，而不会把社区居民遭遇的经济困难看作生活压力的体验。

"社会网络"也是社会环境中的一项重要的要素，它是由亲属、朋友、邻居、同事和熟人构成的。支持性关系提供了重要的工具性支持（产品和服务）、表达性支持（同理心、鼓励）和信息性支持（建议和反馈）（Gottlieb，1988；Thoits，1986）。它们成为抗击生活压力及压力源的过程中的重要缓冲区。

很多人不愿意，或者不能够充分利用这些社会支持。有些人轻视、否定或者否认自己的困境，矢口否认自己需要帮助。还有些人虽然明白自己面临着生活压力，但无法寻求帮助。自尊问题以及源于社会性攀比的羞耻感都会导致他们不愿接受或寻求社会援助。还有一些人出于保护个人隐私的原因拒绝接受帮助。

并非所有的网络都能够或者愿意提供必要的社会支持。松散的网络可能无法意识到成员的困境。如果网络成员之间缺乏紧密的交往，某些成员的困境便无法被他人发现。某些网络缺乏足够的资源来满足成员的不同需求，它们的资源会被过度使用，从而导致额外的工具性负担。此外，还有人会出于自私和惧怕惩罚等原因将可用资源扣留起来。

某些网络会提供资源，但也会给接受帮助者带来很多负面影响（Coyne，Wortman，& Lehman，1988；Schilling，1987；Veiel，1993）。某些网络会支持功能失调行为，破坏正常的应对行为，以此来强化越轨行为，例如吸毒和黑帮（Duncan-Ricks，1992；Hawkins & Fraser，1985）。网络还会把接受帮助者变成替罪羊，强化他们的负面自尊，剥削性和寄生性行为会逐步破坏人们的幸福感。

生命事件例如生老病死、工作流动和失业、婚姻分居和离婚等，都会破坏个体与重要他人之间的联系。社会性孤立和情感性鼓励都是毁灭性的经历（Camasso & Camasso，1986）。由于缺乏重要的网络，穷人们被剥夺了维持生活的工具性支持和表达性支持。那些失去了由妻子维持的社会联系的鳏夫们、长期受到慢性精神疾病折磨的人们，都会饱受穷困潦倒的网络之苦（Hamilton，Ponzoha，Cutler，& Weigel，1989）。

运用生态学中的生境和生态位的概念来理解环境对我们产生的影响，是非常有用的（Germain & Gitterman，1995）。生境指的是有机物所处的场所，例如领土和栖息地。人们的空间行为受到所处地域、性别、年龄、性取向、文化、经济地位和生活经历的影响。人与生境之间的互动会发生在个人空间、半固定空间和固定空间的情境中。

个人空间指的是无形的空间边界，我们会将此处作为应对不必要的物理和社会联系的缓冲区，保护我们的隐私。由于这个边界是无形的，两个或者两个以上的人会互相讨价还价，形成一个彼此舒适的距离。如果彼此之间的距离小于期望的距离，我们就会产生拥挤和被闯入的感觉，做出某种身体姿态或者明显的退让，甚至攻击性行为。如果彼此之间的距离大于期望的距离，我们会产生不愉快的分离感，于是便会退缩，或者追求更多的亲密感。鉴于人们期望的空间规模会受到各种个人和社会性因素的影响，因此，它会带来很多的错觉、误解和压力。

半固定空间指的是可移动的物体和它们在空间中的布局。家具、地板、窗帘、油漆、装饰雕像、油画和灯光都具有空间性意义和边界。人们根据环境道具（门、锁、大门、栅栏和标志）来调控自己与他人的互动，保护自己的居住领地不受外部世界的干扰。例如，在家庭中，家庭成员会生活在同一个有限的空间中，遵循同样的人际沟通规则，接受结构性隐私的限制，所有这些都会带来压力。过度亲密、社会性超载和空间限制都会成为人际冲突的潜在原因。

固定空间指的是不可移动物体和它们在空间中的布局，会对生活质量产生重要影响。高密度的结构（例如有限的空间中居住了很多人）和高层低收入住房的设计等，都会带来不可预见和无法防卫的空间。在一些个人难以控制的公共空间中，例如电梯、走廊和大堂等，常常会出现对生命的威胁，人们很容易产生退缩、疏远和不满的感受。

生境还包括自然世界中的气候、地形、水资源、空气质量、动物和植物。自然界为所有物种提供了重要的生存资源。然而，忽视对自然界的保护，冷漠地、破坏性地滥用自然资源，最后都会危及我们的生活。主流群体拥有的剥削性权力会通过空气、水、土壤和食物的公司和政府机构来制造技术性污染，而处于弱势的居民、工作场所和学校不得不忍受有毒物质。

除了为物种提供生存资源，自然界还赋予我们的日常生活以特殊意义。生物学家杜博斯（Dubos，1972）认为人类出于进化传统需要与自然建立亲密关系。这种亲密关系的表现是我们喜爱动物和植物，我们喜欢在公园里散步，也喜欢在大海中畅游。例如，宠物有很多功能，它们可以陪伴我们、保护我们。

在生态学中，生态位指的是个体和群体在社会结构中所处的位置。鉴于社会主流群体会根据个人或集体的特征对其施以区别对待，例如肤色、性别、性取向、社会经济地位、生理或精神状态等，很多人被迫拥有了一些生态位，这些生态位极大地限制了他们的机会、权力和期望。主流群体会强制性地使用权力来压迫并剥夺弱势群体，制造并维持某些社会性污染，例如贫困、长期失业、基本保障性住房的缺乏、健康保险和教育不足、制度化的种族歧视和性别歧视、恐惧同性恋、人为制造障碍阻挠生理或精神残障人士参与社区。生活社区的居民被置于边缘化、碎片化、污名化和破坏性的生态位，他们被贴上了诸如"福利母亲""前上瘾者""有前科者""下层阶级""无家可归者""边缘人"等标签。

个人、家庭和群体

纵观人的生命周期，个人、家庭和群体都会经历独特的发展历程。[4]丰富多彩的人生经历造就了明显不同的变化过程，这些过程可能会反复出现在生命周期的某个节点上。这些发展过程都离不开特定的历史、社会和个人的时间情境。同时代出生的人们，会拥有相同的经历，这些经历会对他们未来的机会和期望产生深远的影响。因为特定时代出生的人们都会经历一段特定的历史时期，感受到特定的社会因素的影响，因此，他们成长、成熟和衰老的经历也与另一个时代出生的人们有明显的不同（Riley，1985）。例如，1930年代的大萧条、1960年代的民权运动和反贫困运动、1970年代的越南战争、1980和1990年代的经济快速发展，都以不同的方式塑造了各自出生年龄组的青少年和年轻人的经历和期望。每个特定时代出生的人都会受到那个时代发生的重要事件的影响。

个人的生理-心理-社会性发展也会受到家庭、群体或社区中发生的集体生活事件的影响，这就是我们说的社会时代。例如，在当代社会，难以预测的时间表一直在影响我们的出生、完成学业、离家、单身或结婚、生子、创业、退休等。同样，家庭结构会给男性和女性设定不同的个人发展时间表和期望。这些集体经验在生命周期中会影响人们的经历。

在历史和社会时代情境中，人们会建构自己生活经历的意义。个人的建构或叙述、个体时间也会对个人的发展产生深远影响。从本质上来讲，生活周期观点强调的是理解历史、社会和个人视角的重要性，并对人类发展的差异性保持高度敏感。

在生命周期中，个人、家庭和群体需要应对来自外部的生活压力源以及由此而生的需要（Lazurus & Folkman，1984）。生活压力源（例如换工作或失业、分居和离婚、死亡或濒临死亡、慢性病和重病、人际冲突等）给个体及其集体提出了很多要求。当我们发现压力源非常强大，大到我们的外部和内部资源已经无法应对时，我们便开始感受到压力（会在生理和情绪等方面表现出来）。压力大的表现和感受包括不开心、不安甚至寸步难行。压力的强度受到真实的压力源的维度的影响，也受到个人和集体如何看待压力意义的影响，还受到周围是否有环境性支持的影响。

当面对生活压力源时，首先会进入一个有意识或无意识的"初级评估"过程，我们会问自己："到底发生了什么？""我是否可以应对？""我可以自己面对这项挑战吗？或者这是一个当前的威胁还是未来的威胁？会带来严重伤害吗？"（Lazarus，1980）如果我们相信我们有足够的个人和环境资源来控制生活压力源，那么我们会把压力源当成一项挑战，而不是威胁。尽管感知到威胁本身可能就会使人承受很大压力，但是激动的情绪能够让人的肾上腺素涌动，接着就能出现对局面掌控的预期。相反，如果对压力源的评估是它会带来伤害，那么，人就会产生脆弱感和危机感。某人面临的威胁可能对另一个人来讲是挑战。文化、环境和个人等因素以及过去的经历会互相交织在一起，影响我们的初级评估。

当生命压力源被当作一种威胁时，我们会进入二级评估阶段。我们会这样问自己："针对这一情境，我们可以做什么？"这时我们会调动所有努力来应对压力源。应对措施主要包括努力控制自己的情绪，或者运用自己的个人和环境资源来控制压力源。个人资源包括问题解决技巧、灵活性、动机、信仰系统、坚强的意志、乐观主义和自尊。环境资源包括非正式社会支持，例如家庭、朋友、邻居，公共/私立社会机构和各种不同的机构等，以及物理环境的形态和自然面向。[5]

如果我们的应对产生了效果，我们会感到如释重负；如果努力付之东流，我们会感到心理和情绪压力倍增，继而出现病急乱投医、束手无策或者不正常的生理、情绪和社会性反应。不正常的反应又会制造更多的压力源，让局面呈螺旋式下降的态势，朝着恶化和崩溃的方向发展。为了应对被抛弃感和无望感，人们可能用酗酒的方式麻痹内心的疼痛。酒精依赖又会造成工作表现不佳，形成新的压力源，同时破坏其他的人际关系。

生活模式

专业功能

直接实务层面

生活模式所定义的专业功能是改善人（个人、家庭、群体、社区）的感知性需求、能力、期望与他们的环境支持和资源之间的匹配水平。通过双向评估，社工与服务接受者共同确定实务焦点，选择以下目标：

（1）通过更加有效的个人和情境性评估以及行为技巧，改善个人（集体）管理压力源的能力；

（2）促使社会和物理环境更好地满足个人（集体）的需求；

（3）改善人与环境的交流质量。

帮助人们改变自己的感知，可以使他们的认知、感受或行为以及管理压力源的能力得到提高和改进，压力源带来的负面影响也会得到降低。如果可以有效地影响对环境的回应能力，我们就可以获取期望的支持和资源，从而对自己的生活拥有更大的控制权。最终，通过改进人与环境之间的交流质量，人与环境可以主动地适应彼此的需求。环境还可以提供更多的机会，来持续改善人与环境之间的匹配度。

社区、机构和政治层面

社会工作者在当今的实务中需要为弱势群体提供服务，因为弱势群体每天需要应对的不良处境和困难会让他们感到鞭长莫及、无能为力。在每天的实务中，社会工作者接触到的都是案主经历的毁灭性遭遇，他们的权力受到侵犯，却得不到应有的服务。穷人（特别是有色人种穷人）、病人、儿童和移民都会因为自己深陷困境而受到批评和指责，为社会中富人的过度消费买单。如果我们预期到未来会充满了苦难，我们便会放任残暴肆虐，感到世界上充满了不公平，那么，愤怒、惊恐和失望之情就会不断加深。

社团和其他特殊利益群体的游说，会导致贫富差距越来越大，穷人越来越穷，富人越来越富。支持持枪者和环境污染者将会占据社会主导地位；有影响力的投票选区会得到政府的补贴；原本用来缓解和缓冲各种经济力量的"安全网"，也会被野蛮地削弱。马丁·路德·金敏锐地发现，我们的社会对富人讲社会主义，对穷人讲个人主义。

当社区和家庭的支持不断被削弱时，社会堕落就会提高个人堕落的风险，为弱势群体和受压迫群体提供直接服务的任务就越来越难以完成了。在这样的社会背景中，我们的专业功能必须包括推动社区参与、组织参与和政治参与。在生活模式实务中，社会工作的专业功能包括：动员社区资源改善社区生活；影响社区组织制定回应性政策和提供回应性服务；从政治层面影响地方、州和联邦立法及规制。

这样，过去常用的将目标和功能对立起来的观点（Lee，1929）就会被当前将目标和功能融合起来的观点取代，成为生活模式实务的重要组成部分（Schwartz，1969）。从历史的角度来看，社会工作专业经历了两个不同人群之间的人际和意识形态上的冲突：一群人强调的是代表社会公正来推动社会变革，即所谓的将此"目标"作为社会工作的基本特征；另一群人则强调"功能"是社会工作实务的核心特征，即实务工作者要使用相关技术来推动个人改变。在现实中，一个目标的实现需要由一项功能（技术，为个人、家庭和小组提供的服务和项目）来落实。而一项具体、深奥的技术（组织和政治倡导）对于成功实现某个目标而言是必不可少的。很显然，如果社会工作想做好迎接新世纪的挑战的准备，那么，目标和功能都将成为实务和教育的重要的标志性要素。

问题界定（人−环境交换）

如何界定一个问题，决定了我们应采取何种方式来解决问题。例如，如果痛苦的生活事件源于人的内心，并被界定为心理问题，那么，社会工作的干预就要采取心理学取向的疾病模式，干预的目标是通过获得心理顿悟来推动内心的改变。

例如，比利（Billy）在学校时，心思没有放在学习上，学校威胁要把他转到一个特殊学校学习。功能性残疾的问题被排除后，这个生活事件就会被界定为情绪困扰。这个定义强调了精神病理学，于是人们就需要从线性的、两分法的角度来看待这个孩子和他所处的环境。他经历了内心的混乱，需要接受心理学的"切除术"。他和他的母亲之间被认为出现了母子分离共生性困难，因此，治疗计划中需要加上母亲。他们需要接受不同的治疗师的治疗。干预的重点要放在心理过程上，而不需要关注学校的学业、社会网络和邻里环境等可能会造成生活压力源的因素。

如果生活事件被界定为"植根于社会病理学中"，那么，干预工作就要运用社会机构性术语来进行，要采取社会行为［或者采用冲突模式（Gould，1987）］。干预的目标要指向外部改变，并采用个案或者阶级倡导的方法。在应用冲突模式时，比利将会获得留在学校中继续学业的权利，他可以继续在这所学校读书，但是，生活事件的压力使得他无法专心学习的问题依然存在。因此，在生活模式实务中，社会病理学的定义并不排除对比利及其母亲的关注，也不排除使用倡导行动的可能性。

如果生活压力源被界定为不和谐的个人与环境之间的交流，那么，干预就需要针对改善个人需要与集体需要之间、集体资源与环境资源之间的匹配水平来进行。干预的目标应该是在可能的情况下减少或者消除生活压力，提高个体的应对技巧，增加环境资源。

397

心理治疗导向的技术要用来支持个性中的正能量，促进正能量的发展。这些技术包括感觉-知觉能力、正面情绪、积极死亡和问题解决能力等。要充分动员和利用来自组织、网络和地域环境的支持。必要的话，要提高机构的积极回应能力，从而影响案主，此处的机构甚至包括社工所在的工作单位。

在比利的案例中，根据压力的不同来源，我们可以采取以下方法，作为单独的或者联合的切入点，进入人-环境的领域，为他提供有效的帮助：

（1）如果压力源自比利在人生转型时期不能适应一个滋养性的学校环境，那么，就要通过个人或者小组工作（加上其他与他处境相同的男孩）的方法，帮助他改进自己的应对方法。

（2）如果压力源自家庭的不良模式，那么，就要帮助其家庭改正不良模式，也可以帮助其他有类似问题的家庭改变不良模式。

（3）如果压力源自比利与家庭和学校之间的不良沟通，那么，就要帮助个人、家庭和小组共同消除沟通中的障碍，鼓励双向的问题解决。

（4）如果压力源自社会结构和比利班级的氛围，社工和老师需要召开班级会议。召开这样的会议的目的在于帮助学生（和老师）学会如何表达自己的感受和对大家共同经历的看法。这种方法不仅能帮助比利，从预防的角度出发，还可以让班上其他同学和老师受益，因为它可以减少孩子们之间的迁怒、有偏见的回应、老师的不现实的期望以及其他的不良互动。

（5）如果压力源自学校资源的缺乏，社工要设法为班级争取到资金支持，开启特殊的服务计划。

（6）如果压力源自比利对过于拥挤的教室、不安全的学校卫生间的担心，或者害怕独自走过贩毒者猖獗的区域、在放学路上遇到高年级同学的欺凌等，那么，就要帮助他的父母和其他关注邻里和学校安全问题的父母，与学校、警察和地方立法者共同商讨对策，改善学校条件，创造一条安全的上学之路。

我们有意将分析过程简化，目的是强调在关注人-环境互动的过程中社工有不同的实务选择。在现实中，比利的压力可能是多方因素造成的。有的时候，有效处理一个压力源，能够促进其他压力源的有效处理；有时还可以针对两个或者两个以上的压力源同时开展工作（后面我们会讨论相关的实务指导原则）。

社会工作者在运用生态概念性视角时，很可能会采用多元切入点，进入一个复杂的情境中，而不太可能将案主限制在一个狭窄的理论构想中。我们的理论和实务要回应人们的需要，回应他们的处境的需要，而不是将他们的生活事件拿来迎合我们的理论和实务假设，验证我们的偏见。同样，社工在个人、家庭、小组或社区实务方面的专长，不能成为决定提供什么样的服务的依据，究竟应该为案主提供什么样的服务，必须根据他们的需求和喜好来决定。

生活压力源模式

在人的生命周期中，人们需要应对三种互相依赖的生活压力：艰难的人生转型和创伤性生活事件、环境性压力、功能失调的人际过程。尽管这些生活压力源相互交织在一起，但是，它们还是分别有着各自的影响力和规模，给我们开展个人、家庭、小组、社区和政治工作提供了不同的重点。

1. 艰难的人生转型和创伤性生活事件

人生转型包括生理性的改变和社会性的改变。生理性的改变包括婴儿期、儿童期、青春期、青少年期、成年期和高龄期等不同人生阶段之间的变化，这些都是普遍存在的，但是社会期望以及与这些改变密切相关的模式，在不同的文化背景中有不同的表现形式。例如，青春期的重点是生理状态，青少年期则是社会地位[b]。对于与青春期相关的一些生理变化，家庭、学校老师和朋辈们需要对其做出回应，以满足青春期的改变的需要。

在感受新的经历、进入一段新关系、离开熟悉的关系时，人们都会感受到压力。重新开始（进入）任何事件都会生成压力。搬进一个新社区、进入一所新学校、建立一段新关系、找到一份新工作、生孩子、被确诊疾病等，这些事件中充满了很多不确定性，有新的角色期望，也面临着很多挑战。离开（结束）的压力甚至比开始的压力还要大。因分居或者死亡而结束一段婚姻关系、辞职、离开学校、与子女或父母分离等，都被人们视为一种痛失和改变。意外的生命转换就更加充满了压力。同样，生活的进进出出在生命周期中来得过早或者过晚，都是一种压力。例如，一对年轻的青少年当上了父母，而一名年迈的父亲还要照顾自己年幼的子女，他们会发现这些经历出现在了错误的时间，并为他们带来了额外的负担和压力。

创伤性生活事件的突发性、严重性和即时性会导致个人危机，带来长期的持续性痛苦。意外死亡和疾病、被强暴、自然灾害造成的流离失所、失去珍爱的家庭或者工作都能将人打倒，这种伤害是毁灭性的。

2. 环境性压力

社会和地域环境为人们的日常生活任务提供了重要的工具性资源和支持，但也会带来巨大的麻烦和痛苦。对于某些个体和群体而言，他们拥有机构和非正式网络的资源，但他们无法获取这些资源，或者无法使用这些资源。在他们看来，这些机构和网络的结构和功能无法回应他们的个人需要。对其他人而言，他们缺乏重要的机构和网络资源，基本生活需求都无法得到满足。同样，地域环境中的自然和建构资源是客观存在的，但是有些人无法使用这些资源。而对另一些人来讲，现有的地域资源能满足自己的需要。还有些人所拥有的自然和建构的资源非常有限。

3. 功能失调的人际过程[7]

为了回应生活人生转型和环境性压力，家庭和小组成为重要资源和缓冲地带。然而，如果家庭内部或小组关系中出现了问题，沟通会无限放大现存的压力，并且可能成为人们生活中另一个痛苦的压力源。功能失调的家庭或小组过程的表现主要有指责替罪羊、严格的结盟、逃避和敌意。成员和群体之间关系的功能性失调的表现是，他们的行为会保持一种正常的假象，以维护群体的存在。例如，指责替罪羊会让家庭和小组避免解体，但要以牺牲成员的利益为代价。这些行为会逐步固化，阻断了大家互相帮助的可能性。

同样的功能失调过程还可能源于社会工作者与案主之间的不同期望、误解、价值冲突和背景差异等（Gitterman & Schaeffer，1972；Gitterman，1983，1989b，1992a）。这些过程与助人过程交织在一起，为案主带来了额外的压力。

生活压力源往往会催生其他相关压力源的出现。如果不能很好地处理或解决这些压力，还会激发额外的压力（这就是所谓的扩散现象）。下面是一个例子。

玛西亚（Marcia）是一名23岁的非裔美国人，单亲，有一个2个月大的女儿丹妮丝（Denise）。她是由单亲母亲宿舍经理诺森女士（Ms. Northern）转介到家庭服务中心来的。玛西亚已经在单亲母亲宿舍住了6个月，她得以住在这里的条件是接受转介服务。在第一次会谈中，她对诺森女士逼她来家庭服务中心接受服务深表愤怒，并认为单亲母亲宿舍里所有的争执和纠纷都是她从中挑唆的结果。与此同时，玛西亚希望社工帮助她应对她生活中的压力，特别是她作为一名单亲母亲，需要扮演母亲这样一个新角色。她不断地说快招架不住了，丹妮丝"这么磨人"，让她非常愤怒。我们一致同意关注这样两个相互关联的压力源：（1）她转变成了一个单亲母亲；（2）她与住宿经理和其他住客之间的环境性交往关系，以及如何确保她能长期住下去。第三个压力源来自我们的工作，也就是说，她对我的不信任和探试（探试我的反应）。

各种人生转型性压力集中在玛西亚成为一名母亲的起点处，她是孩子的主要照顾者，要不断回应婴儿无穷无尽的需求。玛西亚的过去使得她对单亲母亲身份及相关角色充满了不确定感。她在7岁时被送进了寄养照顾中心，不断从一家寄养照顾中心搬到另一家，最后，在13岁时彻底与自己的母亲失去了联系。她对母亲狠心抛弃她的行为感到极度愤怒（"也许有一天我会原谅我母亲，但现在我想杀了她，尽管她已经死了"），她试图原谅母亲，因为她发现母亲也是"制度的受害者"。在生下孩子后，玛西亚开始找工作并寻求儿童照顾服务，但是都没有成功。她说："我感到陷入了困境，孤立无援，我觉得我没有自己的生活了……没有工作就没有福利保障，没有工作就不能享受儿童照顾，仅依靠政府补贴付不起儿童照顾的费用。"玛西亚感到自己陷入了一个恶性循环，这让她时时刻刻想要"抛开所有的责任"。

玛西亚的矛盾心理显然源于她的犹豫，她不断质问社工丹妮丝的要求是否超出了自己的能力范围，同时又不断声称如果需要的话，自己会通过出卖身体来确保丹妮丝的幸福、安全、吃穿，与自己生活在一起。当玛西亚发现自己是一个有能力的母亲时，她会对孩子负责的。但是，当丹妮丝迫切需要满足的需求与玛西亚自己的需求发生冲突时，她就开始挺不住了，无法满足自己的需求。这样，玛西亚的痛苦不断积蓄，直到自己无法忍受。与此同时，她会带着怒气和不耐烦冲动地满足丹妮丝的需求。在经过几次会谈之后，社工观察到了几件能够体现出她面临的人生转型压力的事件：

1月11日：丹妮丝开始有点烦躁。对此，玛西亚的回应是不停地、重复性地与她交谈。丹妮丝试图跟上母亲的不稳定的暗示，但是，她看上去很无助，也很困惑。她依旧在哭闹，于是，玛西亚往她嘴里塞了一个奶瓶，紧接着，奶瓶里的牛奶漏了一地。玛西亚开始诅咒，她的火气越来越大。丹妮丝开始呛奶，玛西亚试图努力控制自己的愤怒，把丹妮丝放在自己的腿上，用力拍她的背。丹妮丝开始吐奶时，玛西亚大声地骂她。玛西亚看上去怒不可遏，但同时还在不断地用各种各样的昵称来叫丹妮丝，并告诉她自己多么爱她，借此来平息自己的怒火。

1月25日：在会谈结束时，玛西亚对着丹妮丝大吼："搞什么鬼？你到底在干什么？你猜怎么着，自作聪明的家伙，我又带了一套衣服！"玛西亚不断骂着，火气越来越大，简直要发疯了，因为丹妮丝弄湿了裤子。接着，玛西亚又开始不停跟丹妮丝说话，最后玛西亚叫了起来："你那个该死的爹！"她一边跟丹妮丝说话，一边帮她换裤子，同时还在说："臭！臭！臭死人了！"

玛西亚觉得丹妮丝与世界上的其他人一样，都是来占自己的便宜的。她觉得自己被家庭和丹妮丝的父亲抛弃了，自己被迫当上了单亲母亲（我累了……我饿了……我几乎都没时间洗脸），这种情绪一直没有得到处理，再加上周围的环境性支持和资源严重不足，玛西亚无法预测丹妮丝的举动，更不能与丹妮丝保持一致。在自己的需求没有得到满足的情况下，玛西亚很难把丹妮丝当成一个有不同于自己的需要的独立的人。

玛西亚在经历人生转型困难的过程中，还遇到了几个环境性压力，使她的处境更加雪上加霜。玛西亚生活在贫困线以下，接受对有供养子女家庭的资助（AFDC）、医疗补助计划和食品券。她认为自己无家可归，已经在单亲母亲宿舍住满了最高限度的六个月，接下来她必须搬出去。她后来还说，诺森女士"一直说她分分钟能把我赶走"，她略带夸张地补充道："我还是活下来了，我不会跟任何人扯上关系。"此处的"任何人"包括诺森女士和宿舍中的其他女孩。由于没有收入，也没有必要的儿童照顾福利来支撑自己和孩子，玛西亚对自己不能再享受住在宿舍里的福利感到非常无助。与自己过去的寄养家庭父母之间的关系成为玛西亚生命中唯一的、最长久的关系。她是这样描述自己的寄养父母的："当我有需要的时候，他们就是我的朋友。"除了她的寄养父母之外，她几乎没有其他的社会网络关系了。她抱怨自己没有朋友，却完全没有意识到自己把身边的人都得罪光了。最后，她切断了与生母家庭、邻居们的所有联系，因为"我无法原谅他们在我母亲坐牢的时候，抛弃了我和我的弟弟妹妹们"。

玛西亚的生活环境中也充满了限制：长期的种族歧视和偏见、缺乏好的住房条件、有限的就业机会、缺乏儿童照顾服务、丹妮丝的父亲吸毒且同时与多个女性同居并生下了若干个孩子、被要求遵守宿舍规章制度、有限的社会网络，以及不断出现的、挑战性的作为婴儿唯一照顾者而需要承担的责任等。这些环境性压力源互相交织在一起，不断削弱了玛西亚对母亲身份的容忍度和应对能力，所有这些彻底改变了她的生活。她周围的社会环境只会加速玛西亚的情感和社会性忽视，强化了她的失落感和无能感，而这些感受是她自孩童时代就一直感到困惑和挣扎其中的。

在与她一起开展工作时，玛西亚和社工之间的关系也会使她产生人际压力。玛西亚一直在摇摆不定，不知到底该把社工当成一个支持性的倾听者和顾问，还是该把社工当成一个与诺森女士一样的权威人士，对她来说，诺森女士是一个"坐下来不断审判"她的角色。在第二次会谈时，她评论道："我需要做点政治方面的事情，这就是我来这里的原因，我明白了。"因为接受强制性服务本身就是一种障碍，玛西亚与社工之间有着不同的种族、社会阶层和教育水平，这都为他们的沟通带来了阻力。

需求评估

通过助人过程，社会工作者要就这样的问题做出决定：进入人-环境领域的切入点、目标和任务、实务模式、方法、时间安排以及重点生活压力源。在任何情况下，都要做出这样的专业判断：深挖（追寻、调查）什么样的信息，什么时候通过信息和建议做出回应，什么时候指出语言沟通和非语言沟通之间的自相矛盾的地方。同样，在每次会谈之间和结束之后，社会工作者还要就如何聚焦和下一步该怎样走做出决定。这些专业的判断要建立在学科的推论和推断基础之上，其前提是要对差异性保持高度敏感，特别是价值观、信仰的差异，还有因为不同的社会阶层、种族、民族、宗教、性别、性取向、年龄、生理和精神状态等因素而产生的不同的感知。

有效和可靠的决定是建立在以下三大需求评估任务之上的：收集信息、组织信息和解释信息。首先也是最重要的一点就是，专业的评价要建立在数据收集之上。要帮助个人、家庭或群体来处理生活压力源，社会工作者和案主都要仔细研究现有的重要信息。重要信息包括：生活压力源的本质和严重程度、案主为感知和应对压力源付出的努力、案主对家庭角色、网络、组织、物理环境在缓解和激发压力源中发挥的作用的感知，以及他们对机构和社会工作者的期望。在定义压力源和收集相关数据的过程中需要体现相互性，这就要求案主与社会工作者一起找到共同的焦点和方向。这些数据的收集需要根据案主的语言陈述、社工对非语言回应的观察、重要他人的语言和非语言回应（在知会同意的条件下获取这些资料），以及文字报告（同样要获得案主的知会同意才能获取）。

很多案主深受难以应付的生活压力源的困扰。实务工作者也同样会深受艰难的环境现实、复杂的压力源和由此产生的痛苦的困扰。实务工作者需要用一个模式来协助自己组织资料。生活压力公式（也就是说艰难的生活转型和创伤性生活事件、环境性压力、功能失调的人际过程）是一种能够用来组织数据并将它们分类的很好的工具（详见上面的玛西亚案例分析）。

生活压力模型还为实务工作者提供了实时需求评估的指南。例如，在第三次会谈初期，玛西亚抱怨自己非常孤单。在这个时候，社会工作者必须评估她是否需要接受相应的帮助来揭示她在面临发展性转型和失去孩子父亲支持时产生的悲伤，或者她是否意识到了自己缺乏社会交往，需要向外救助，建立各种关系和社会网络。或者在这个特定时期，她是否间接表达了自己对社工的工作方式和节奏的不满。在每个关键节点，社工都要与玛西亚一起来做评估，以确定她在面临的生活转型、环境压力、人际压力方面是否需要他人的帮助。玛西亚会时刻转变自己的焦点，因此，社会工作者要熟练地把握她释放出来的各种暗示和信号。

最后一个专业需求评估的任务是解释已收集来的、组织好的数据。为做到高效，我们做出的专业推论要建立在学科的演绎和归纳之上，而不能建立在个人价值观和偏见之上。社会工作者要运用归纳法，要与案主一起对他们与环境之间的互动进行模式化，并发展出几个假设，特别是个人优势和受环境限制的支持与阻碍之间是否匹配。演绎推理是一个更加专业的过程，不太需要双方的共同参与。社会工作者要将相关的理论和研究发现运用到案主的生活处境中。例如，有关创伤后应急障碍的知识会帮助我们更好地理解案主对某个意外压力事件的回应方式。

大部分的实务过程都会涉及这样的内容：收集相关信息的评估任务、系统组织信息和分析信息。但是，在生活模式中，还是有几个独特的信念的：

（1）要邀请案主参与评估过程，双方要建立相互理解。

（2）要理解人-环境之间互动的本质，个人需求和环境资源之间的匹配度是评估任务的核心所在。

（3）运用生活压力模式来组织和评估资料。

（4）强调实时评估。

干预（模型、方法和技术）

在帮助人们处理生活压力时，社会工作者可能随时需要在个人、家庭、群体、社区、社会网络、组织、物理环境或政治层面提供干预服务。社会工作者必须有能力运用多种模式开展工作，并要做到自如应对，随着环境改变选择不同的模式。在生活模式实务中，要在生活压力和人-环境匹配度的层面开展相互评估，以决定到底该运用哪种工作模式提供服务，而不能根据我们自己的专业特长和喜好来做出选择。

很多专业方法和技术在不同的模式中都是通用的，基于这样的信念，生活模式强调在实务中采取整合视角。一些模式有助于使用一些常用的方法和技术。生活模式实务与生活原型一样，是有阶段性的。它的过程是由三个阶段组成的：初始阶段、进行阶段和结束阶段。这些阶段为我们概念化和展示通用的专业方法和技术提供了一个结构。当然，在实务中，这些阶段不一定明显，它们有时会出现，有时会省略，有时会重合。例如，在简单和断断续续的干预中，时空限制会削弱这些阶段性。同样，所有的初始阶段都会受到过去的结束阶段的影响。

在开始阶段，到底应采用哪些专业方法和技术取决于服务的赞助来源，而不是服务模式。因此，人们的选择程度（是自愿选择服务、接受服务还是被强制要求接受）自然就会整合不同的服务模式。例如，在接受服务的情况下，社会工作者首先需要明确自己机构的赞助方、角色，然后才可以提供服务，当然还需要考虑接受服务的人们的感知，定义他们的需求。提供服务的技巧其实在所有的工作模式中都是相通的。同样，生活压力支持计划就是一种整合性的实务，包括了对生活转换、环境问题和人际问题等的需求评估和干预。

一方面，生活模式强调了社会工作的一般性需求评估和干预，另一方面，它也会认真反思每个实务模式中的方法和技术。例如在提供小组服务时，实务工作者必须具备足够的知识和技术，知道该如何建立小组。组建小组的过程中，需要维持结构性的平衡，做出合适的时间安排，特别是小组聚会的次数、频率和时间长度等，决定小组的规模，同时还要确定机构性约束和支持。具体的知识和技术都与每个模式相对应。

尽管生活模式有自己的实务原则、方法和技术，既能开展整合性实务，也拥有具体的模式，但是，它绝不是指定性的、一成不变的，因为实务工作者的创造性和风格是必不可少的。机械性的"专业主义"只会表现出中立性和非人性化，这在社会工作专业服务中有害无利。专业技术的使用必须与人性化、同情心和自发性整合起来，共同发挥作用。社会工作者发自内心的同理心、献身精神、对参与案主生活的意愿，远比那些"正确的"身体姿势、说"正确的"话、得出"恰如其分的"姿态更有说服力。好的实务工作者的特点是"非常值得信赖"，而不是"严格保持一致性"（Rogers，1961，p.50）。

当特纳教授邀请热尔曼教授和我为本书的第四版撰文时，我们刚刚完成了《生活模式》（Life Model）第二版的修订工作。热尔曼教授开始着手制订新的写作计划，但由于身体状况不佳，最终还是拒绝了这个邀请。1995年8月，她不幸去世。本章就是为了纪念她而撰写的。她对我以及很多人的学术生涯的发展产生了深远的影响。作为一位卓越的兼具创造性和知识性的探索者和发现者，她在思想的世界中自由漫步，并将思想世界与她深爱的专业有机结合起来。她从未满足于自己已有的学术地位，而是不断在未知的理论领域笔耕不辍，从生态学、心理学、人类学和社会学领域中不断发现新的概念，并把这些概念留给了我们。她的思想和语言贯穿了本章始终。

注释

[1] "生活模式"一词最早是由班德勒提出的，他指出实务应该以生活本身为模式（Bandler，1936）。

[2] 生态思想也为下列领域的社会工作实务提供了框架：家庭和儿童（Hartman，1979；Hess & Howard，1981；Howard & Johnson，1985；Laird，1979；Videka-Sherman，1991），老年学（Berman-Rossi，1991；Berman-Rossi & Gitterman，1992；Freeman，1984；Germain，1984b；Tonti & Kossberg，1983），健康（Black & Weiss，1991；Coulton，1981；Germain，1984a；Getzel，1991），精神健康（Goldstein，1983，Libass i & Maluccio，1982；Wetzel，1978），学校（Clancy，1995；Germain，1988；Winters & Easton，1983），药物滥用（Hanson，1991）；还有处理社会问题的实务领域例如家庭暴力（Carlson，1984，1991），弱势群体（Gitterman，1991）；以及离散行为干预服务（Germain，1982，1985；Gitterman，1982，1983，1988a，b，1989a，b，1992a，b，1994；Gitterman & Germain，1981；Gitterman & Miller，1989；Gitterman & Schaeffer，1972；Gitterman & Shulman，1994；Kelley，McKay & Nelson，1985）。

[3] 生态理论认为"适应性和适应过程"既是行动导向的过程，也是改变导向的过程。这两个概念都不回避自然世界和人类世界中一直存在的权力、剥削和冲突等问题。适应性和适应过程不能与被动的"调适"混为一谈。（参见 Germain & Gitterman，1987b；Gould，1987。）

[4] 在生活模式中，"生命历程"一词取代了传统的人类发展的"生命周期"阶段性模式。人类并没有经历普遍固定的、连续的发展阶段。种族、民族、文化、宗教、性别、性取向、社会阶级和历史环境都会对个人和集体发展产生深远的影响。

[5] 问题解决和情绪控制这两个相关的应对功能彼此之间是一种互反关系。在很多对压力性的人-环境遭遇的反应中，这两个功能可能会同时出现。但是，在早期，特别是非常严重的压力突然出现时，发挥问题解决的功能会比较困难，等到密集性的负面情绪得到某种程度的控制之后，才会进入问题解决阶段。否则，情绪会对问题解决功能产生阻碍，导致其无法发挥作用。但是，这样的情绪往往比较难以控制，只有等到启动问题解决功能的初期，人们开始感受到某种程度的变化之后，问题解决功能才能得到正常发挥。想要化解这个看似悖论的处境，就需要有能力来应对压力源，要无意识地将负面情绪控制住，只有这样才能让问题解决功能部分发挥作用。这就是常见的当人们遭遇剧烈丧亲或痛苦打击时出现的无意识否定（防御）。

[6] 在我们社会中的某些群体或阶层中，一个完全独立的成年人可能直到 20 岁时才

能得到认可。另外，青少年期在所有社会都不被认可。在某些文化中，青春期标志着进入成年人状态，可以享受成人的权利、责任和义务，两者之间没有过渡期。

〔7〕为了保证概念的清晰性和连续性，人际过程只适用于家庭/小组或者子系统。例如，如果社会工作者与一位受虐妇女开展工作，不是与其配偶开展工作，其工作重点就要放在生活转换性问题（例如分居、悲伤）或环境性问题（例如与社区资源链接、与配偶谈判、获得法庭的人身保护令等）上。相反，如果需要把重点放在人际过程不良上，那么就需要与夫妻双方以及孩子一起开展工作。

参考文献

Bandler, B. (1963). The concept of ego-supportive psychotherapy. In H. Parad & R. Miller (Eds.), *Ego-oriented casework: Problems and perspectives* (pp. 27–44). New York: Family Service Association of America.

Banner, D., & Gagne, E. (1994). *Designing effective organizations*. Newbury Park, CA: Sage Publications.

Berman-Rossi, T. (1991). Elderly in need of long-term care. In A. Gitterman (Ed.), *Handbook of social work practice with vulnerable populations* (pp. 503–548). New York: Columbia University Press.

Berman-Rossi, T. & Gitterman, A. (1992). A group for relatives and friends of institutionalized aged. In C. LeCroy (Ed.), *Case studies in social work practice* (pp. 186–197). Belmont, CA: Wadsworth.

Black, R., & Weiss, J. (1991). Chronic physical illness and disability. In A. Gitterman (Ed.), *Handbook of social work practice with vulnerable populations* (pp. 137–164). New York: Columbia University Press.

Camasso, M.J., & Camasso, A. (1986). Social supports, undesirable life events, and psychological distress in a disadvantaged population. *Social Service Review, 60,* 381–394.

Carlson, B.E. (1984). Causes and maintenance of domestic violence: An ecological analysis. *Social Service Review, 58* (December), 569–587.

Carlson, B.E. (1991). Domestic Violence. In A. Gitterman (ed.), *Handbook of social work practice with vulnerable populations* (pp. 471–502) New York: Columbia University Press.

Clancy, J. (1995). Ecological school social work: The reality and the vision. *Social Work in Education, 17*(1), 49–47.

Cohen, C., Teresi, J., & Holmes, D. (1986). Assessment of stress-buffering effects of social networks in psychological symptoms in an inner-city elderly population. *American Journal of Community Psychology, 14,* 75–92.

Coulton, C.J. (1981). Person-environment fit as the focus in health care. *Social Work, 26* (January), 26–35.

Coyne, J., Wortman, C., & Lehman, D. (1988). The other side of support: Emotional over involvement and miscarried helping. In B. Gottlieb (Ed.), *Marshaling social support* (pp. 305–330). Newbury Park, Ca.: Sage Publications.

Dubos, R. (1972). *A God within.* New York: Scribners.

Duncan-Ricks, E.N. (1992). Adolescent sexuality and peer pressure. *Child and Adolescent Social Work Journal, 9*(4), 319–327.

Freeman, E. (1984). Multiple losses in the elderly: An ecological approach. *Social Casework, 65*(5), 287–296.

Germain, C.B. (1976). Time: An ecological variable in social work practice. *Social Casework, 57* (July), 419–426.

Germain, C.B. (1978). Space, an ecological variable in social work practice. *Social Casework, 59* (November), 15–22.

Germain, C.B. (1981). The ecological approach to people:environment transactions. *Social Casework, 62* (June), 323–331.

Germain, C.B. (1982). Teaching primary prevention in social work: An ecological perspective. *Journal of Education for Social Work, 18* (Winter), 20–28.

Germain, C.B. (1983). Using social and physical environments. In A. Rosenblatt & D. Waldfogel (Eds.), *Handbook of clinical social work* (pp. 110–134). San Francisco: Jossey-Bass.

Germain, C.B. (1984a). Social work practice in health care. New York: Free Press.

Germain, C.B. (1984b). The elderly and the ecology of death: Issues of time and space. In M. Tallmer et al. (Eds.), *The life-threatened elderly* (pp. 195–207). New York: Columbia University Press.

Germain, C.B. (1985). The place of community within an ecological approach to social work. In S. Taylor & R. Roberts (Eds.), *Theories and practice of community social work* (pp. 30–55). New York: Columbia University Press.

Germain, C.B. (1988). School as a living environment within the community. *Social Work in Education, 10*(4), 260–276.

Germain, C.B. & Gitterman, A. (1986). Ecological social work research in the United States. In *Brennpunkta Sozalier Arbeit* (pp. 60–76). Frankfurt: Diesterweg.

Germain, C.B., & Gitterman, A. (1987a). Ecological perspective. In *Encyclopedia of Social Work* (18th ed.) (pp. 488–499). Silver Spring, MD: National Association of Social Workers Press.

Germain, C.B., & Gitterman, A. (1987b). Life Model versus conflict model. *Social Work, 32* (Nov.–Dec.), 552–553 (Letter to Editor).

Germain, C.B., & Gitterman, A. (1995). Ecological perspective. In *Encyclopedia of Social Work* (19th ed.) (pp. 816–824). Silver Spring, MD: National Association of Social Workers Press.

Germain, C.B., & Gitterman, A. (1996). *The Life Model of social work practice: Advances in theory and practice.* New York: Columbia University Press.

Getzel, G. (1991). AIDS. In A. Gitterman (Ed.), *Handbook of social work practice with vulnerable populations* (pp. 3564). New York: Columbia University Press.

Gitterman, A. (1982). The uses of groups in health settings. In A. Lurie, G. Rosenberg, & S. Pinskey (Eds.), *Social work with groups in health settings* (pp. 6–21). New York: Prodist.

Gitterman, A. (1983). Uses of Resistance: A transactional view. *Social Work, 28* (March/April) 127–131.

Gitterman, A. (1988a). The social worker as educator. In *Health care practice today: The social worker as educator* (pp. 13–22). New York: Columbia University School of Social Work.

Gitterman, A. (1988b). Teaching students to connect theory and practice. *Social Work with Groups, 11*(1/2), 33–42.

Gitterman, A. (1989a). Building mutual support in groups. *Social Work in Groups, 12*(2), 5–22.

Gitterman, A. (1989b). Testing professional authority and boundaries. *Social Casework, 70* (March), 165–171.

Gitterman, A. (1991). Introduction to social work practice with vulnerable populations. In A. Gitterman (Ed.), *Handbook of social work practice with vulnerable populations* (pp. 1–34) New York: Columbia University Press.

Gitterman, A. (1992a). Creative connections between theory and practice. In M. Weil, K. Chau, & D. Southerland (Eds.), *Theory, practice and education* (pp. 13–27). New York: Haworth Press.

Gitterman, A. (1992b). Working with Differences: White teacher and African-American students. *Journal of Teaching Social Work, 5*(2), 65–80.

Gitterman, A. (1994). Developing a new group service. In A. Gitterman & L. Shulman (Eds.), *Mutual aid groups, vulnerable populations and the life cycle* (pp. 59–77). New York: Columbia University Press.

Gitterman, A., & Germain, C.B. (1976). Social work practice: A Life Model. *Social Service Review, 50* (December), 601–610.

Gitterman, A., & Germain, C.B. (1981). Teaching about the environment and social work practice. *Journal of Social Work Education, 17* (Fall), 44–51.

Gitterman, A., & Miller, I. (1989). The influence of the organization on clinical practice. *Clinical Social Work Journal, 17* (Summer), 151–164.

Gitterman, A., & Schaeffer, A. (1972). The white worker and the black client. *Social Casework, 53* (May), 280–291.

Gitterman, A., & Shulman, L. (Eds.) (1994). *Mutual aid groups, vulnerable populations, and the life cycle.* New York: Columbia University Press.

Goldstein, E.G. (1983). Clinical and ecological approaches to the borderline client. *Social Casework, 64* (June) 353–362.

Gottlieb, B. (1988). Marshalling social supports: The state of the art in research and practice. In B. Gottlieb, (Ed.), *Marshalling social support: Formats, processes, and effects.* Newbury Park, CA: Sage Publications.

Gould, K. (1987). Life Model vs. conflict model: A feminist perspective. *Social Work, 32* (July-August), 345–352.

Hamilton, N., Ponzoha, C., Cutler, D., & Weigel, R. (1989). Social networks and negative versus positive symptoms of schizophrenia. *Schizophrenia Bulletin, 15*(4), 625–633.

Hanson, M. (1991). Alcoholism and other drug addictions. In A. Gitterman (Ed.), *Handbook of social work practice with vulnerable populations* (pp. 65–100) New York: Columbia University Press.

Hartman, A. (1979). *Finding families: An ecological approach to family assessment in adoption.* Beverly Hills, CA: Sage Publications.

Hasenfeld, Y. (1992). *Human services as complex organizations.* Newbury Park, CA: Sage Publications.

Hawkins, J., & Fraser, M. (1985). The social networks of street drug users. *Social Work Research and Abstracts, 21*(1), 3–12.

Hess, P., & Howard, T. (1981). An ecological model for assessing psychosocial difficulties in children. *Child Welfare, 60*(8), 499–518.

Howard, T., & Johnson, F.C. (1985) An ecological approach to practice with single-parent families. *Social Casework, 66* (October) 482–489.

Kelley, M.L., McKay, S. & Nelson, C.H. (1985). Indian agency development: An ecological approach. *Social Casework, 66* (December), 594–602.

Laird, J. (1979). An ecological approach to child welfare: Issues of family identity and continuity. In C. Germain (Ed.), *Social work practice: People and environments* (pp. 174–212). New York: Columbia University Press.

Lazarus, R. (1980). The stress and coping paradigm. In L. bond & J. Rosen (Eds.), *Competence and coping during adulthood* (pp. 28–74). Hanover, NH: University Press of New England.

Lazurus, R., & Folkman, S. (1984). *Stress, appraisal and coping,* New York: Springer.

Lee, P. (1929). Social work: Cause and function. *Proceedings, National Conference of Social Work* (pp. 3–20). New York: Columbia University Press.

Libassi, M.F., & Maluccio, A.N. (1982). Teaching the use of ecological perspective in community mental health. *Journal of Education for Social Work, 18* (Fall), 94–100.

Orfield, G. (1991). Cutback policies, declining opportunities, and the role of social service providers. *Social Service Review, 65*(4), 516–530.

Riley, M. W. (1985). Women, men, and the lengthening of the life course. In A. S. Rossi (Ed.), *Aging and the life course* (pp. 333–347) New York: Aldine.

Rogers, C. (1961). The characteristics of a helping relationship. In C. Rogers (Ed.), *On becoming a person* (pp. 33–58). Boston: Houghton Mifflin.

Schilling, R. (1987). Limitations of social support. *Social Service Review, 61* (March), 19–31.

Schmidt, H. (1992). Relationships between decentralized authority and other structural properties in human service organizations: Implications for service effectiveness. *Administration in Social Work, 16*(1), 25–39.

Schwartz, W. (1969). Private troubles and public issues: One job or two? In *Social welfare forum, proceedings of the national conference on social work* (pp. 22–43). New York: Columbia University Press.

Thoits, V. (1986). Social support as coping assistance. *Journal of Consulting and Clinical Psychology, 54*(4), 416–423.

Tonti, M., & Kossberg, J. (1983). A transactional model for work with the frail elderly. In M. Dinerman (Ed.), *Social work in a turbulent world* (pp. 156–166). Silver Spring, MD: National Association of Social Workers Press.

Veiel, H.O.F. (1993). Detrimental effects of kin support networks on the course of depression. *Journal of Abnormal Psychology, 102* (August), 419–429.

Videka-Sherman, L. (1991). Child abuse and neglect. In A. Gitterman (Ed.), *Handbook of social work practice with vulnerable populations* (pp. 345–381). New York: Columbia University Press.

Von Bulow, B. (1991). Eating problems. In A. Gitterman (Ed.), *Handbook of social work practice with vulnerable populations* (pp. 205–233). New York: Columbia University Press.

Weissman, H., Epstein, I., & Savage, A. (1983). *Agency-based social work.* Philadelphia: Temple University Press.

Wetzel, J. (1978). Depression and dependence upon sustaining environments. *Clinical Social Work Journal, 6,* 75–89.

Winters, W., & Easton, F. (1983). *The practice of social work in the schools: An ecological perspective.* New York: Free Press.

第十七章

社会工作理论和实务的唯物主义框架

史蒂夫·伯格哈特

1934 年，琼·普莱斯（Joan Price），一名刚刚毕业的教育学专业大学生，在一个新成立的公共救济办公室谋到了一份工作，这个办公室坐落在纽约市下东区的一个破旧的仓库中。她的第一个办公桌是一个大木箱子，还需要与另外两个人共用。她在附近社区做调查的时间是每周 20 个小时，然后还需要做 14 小时的文书工作。她没有社会工作专业硕士学位，工作条件非常艰苦，这使得当时一些激进的俱乐部在建立工会、改善工作条件方面的呼声听起来格外令人振奋。她的工资是一年 1 300 美元，差不多比她的督导少三分之一。而联邦政府一年要在救济上花费 40 亿美元。

1984 年，琼·普莱斯的孙女刚刚获得了社会工作专业硕士学位，在一家大医院的社会服务部找到了一份工作，主要处理病人的出院计划。她有自己的办公室，但由于最近的经费削减，她失去了原来的秘书的帮助。由于她要完成很多功能性工作，基本上没有时间去病房与患者见面，更不用说去社区拜访了。另外，她的案主分散在城市的各个角落。

她的所有表格都要一式三份，工作效率需要根据每月打印出来的表格进行评估，这迫使她与同事们需要一直马不停蹄地工作。有人提到了工会化，但是她担心这种做法会与专业价值观相冲突。

她的工资是 17 300 美元一年，但是已经有两年没有涨工资了。工资不涨让她很受伤害，因为她需要参加高级临床培训，培训费用已经涨起来了。州政府在福利方面的投入已经达到了一年 4 689 亿美元，每八年就会增加 120%。

这两个小片段都来自真实的社会工作行业，它们呈现了北美社会工作在过去几十年间的发展变化。但是，为什么变化这样大？为什么在过去这些年中，政府的福利水平一直在提高，而社会工作者与案主之间的距离却越来越远？为什么在 1930 年代社会工作私人执业闻所未闻，而现在在每家社会工作学院的走廊上都能听到私人执业者的声音？琼·普莱斯的孙女获得了社会工作专业硕士学位，拥有自己的办公室，但为什么与没有获得注册的前辈相比，专业自主性却更少？

这些问题看上去相互矛盾、令人不解，如果缺乏一个扎根于社会工作现状的清晰的分析框架，不能清楚准确地探索社会工作日常实务的迂回曲折路径的话，是根本无法回答上述问题的。如果看不清福利国家规模和方向性变化如何影响社会工作实务的话，实务工作者在特定的个人问题一直无法解决时，就常会有这样的担心："我做得还不够。"同样，如果不能看到个人的实务经验如何影响社会力量的话，社会工作者就会相信"社会变革"只要通过社区组织就可以实现。

我相信，马克思主义理论透彻地将社会工作条件的变革置于这样的一个分析框架中，社会工作通过很多方法（个案、小组和社会工作等方法）为社会工作持续性的政治化活动提供了各种可能性。当然，撰写马克思主义理论如何影响社会工作的相关文章是非常令人生畏的。毕竟，马克思主义不仅仅指的是马克思个人的理论。的确，马克思主义的流派非常之多，甚至马克思自己也曾表示，自己可能不是马克思主义者。[1]

如果有人想阅读（或者撰写！）综合性的马克思主义理论，他们会发现这样一个令人望而却步的现实——马克思主义在全世界的影响竟然如此深远和广泛。[2]从来没有一个独立的思想系统能够影响这么多的行动方向和这么多的话语体系；当然，除了《圣经》之外，也没有一部著作能像马克思的《资本论》（Das Kapital）一样激发这么多的争论，产生这么多的启迪。正如罗伯特·海尔布罗纳（Robert Heilbroner）所述，《资本论》提出的洞见依然在激发着不同观点，对当代生活产生着久远的影响，连亚当·斯密（Adam Smith）的《国富论》（The Wealth of Nations）也望尘莫及。《资本论》之所以会产生如此深刻影响，是因为这本书的目标的重要性：它不仅要求理解资本主义本身，还要求系统探究那些隐藏在日常生活表象之下的社会存在的过程。[3]

在我看来，正是上述问题逐渐成了社会工作的核心，尽管探索这些问题的答案的方式各不相同。

需要指出的是，撰写这样一部著作，必须对它能做什么和不能做什么做出大量限制。它无法解释马克思主义理论针对某个主题所出现的各种变化，无论是政治经济学、异化和阶级意识，还是阶级斗争的本质和方向等。同时，它也不可能是对我自己马克思主义信仰的单一表述，毫无疑问，无论我从哪个角度来尝试对马克思主义理论进行综合，都存在特定的偏见。我所能做的是，从一开始就明确我的方法、假设和目标。

第一，我假设本章的大部分读者都对马克思主义理论了解甚少，并对此心存不安。这意味着我从一开始就要对人们普遍认同的马克思主义思想的基本概貌进行解释，以澄清误解。第二，我相信，无论是左派还是右派，特别是在美国，他们对马克思主义经典作品都存在可怕的无知和忽视。因此，我要试图澄清在与我们对马克思主义的理解或马克思主义对社会工作本身的影响密切相关的主题方面，马克思和恩格斯到底说过什么，这样才能将他们的著作与其他人的著作明确区别开。第三①，马克思是个天才，恩格斯也非常出色，但是我们不应该因为他们撰写出了无与伦比的真理，就把他们两个当成出类拔萃的神。他们是生活在 19 世纪的两名欧洲男士，在过去的 100 多年间，世界已经发生了巨大变化，当然也会揭示他们的局限和优势。在那个时代，除了马克思主义，还有女性主义、黑人民族主义者，（当然！）弗洛伊德派也出版并修订了很多杰出的著作。[4] 在福利国家的发展研究，以及弗洛伊德和其他临床理论家（包括许多女性主义者的工作）的思想研究领域，尤其如此。我计划在本章中讨论这些不足。最后，我的初衷并不是要立刻将读者变成马克思主义者，就像我想象的那样。本章只是为了向读者呈现这样一个观点：作为一种思想和行动的方法，马克思主义在社会工作实务发展中是一个非常宝贵的工具，它可以将社会工作者从很多自我感知的角色中解放出来，例如社会控制的联合代理人，与此同时，它也能够促进社会工作者与案主同行，成为更加有效的活动家，共同推动社会变革。

我计划讨论本章开头呈现的那两个案例片段，以便更好地解释马克思主义对个体的社会工作者而言到底意味着什么。随着逐步深入地阅读本章内容，读者可能会发现，马克思主义理论对社会工作实务的启发，最终都会体现在对这两个案例片段的分析中。例如，读者会发现，在 20 世纪后半叶资本主义危机四伏的经济状况下，导致社会工作的私人执业的推力，与导致福利国家朝着更加中立、更加缺乏灵活性的方向发展的拉力是直接联系在一起的。当然，借助这种意识，我们可以用更清晰、更具有政治意识的方式来行动。

马克思主义理论的简单概览

马克思主义与其他理论流派最大的区别在于，它不断尝试将理论洞见与潜在的政治变化联系起来。北美很多当代社会科学简单地将"思想"与"行动"两分对立起来。然而，马克思在其早期著作中，总是相信思想和行动之间存在着必然的联系。将明显对立的两者联系起来，就形成了马克思主义理论四个独特要素中的第一个要素："将辩证法运用到知识和实践中。"②

412 大多数人在听到辩证法一词时，要么茫然，要么麻木，要么茫然加上麻木。我知道，是因为我原来也是这样的，把辩证法看成是一种"不祥的"、日耳曼式的深奥推理，目的是阻碍活动家们来理解辩证法。但是，马克思在其早期的关于费尔巴哈的著作中，一直在

---

① 在撰写本章时，我深受哈尔·德雷珀（Hal Draper）和罗伯特·海尔布罗纳的著作的影响，作为马克思主义者，他们的著作对我和其他寻求启蒙者而言非常有价值，他们最重要的、启蒙性的著作在章后参考文献中有体现。

② 在此我要再次感谢海尔布罗纳，他提出的一个宏观框架有效地帮助我抓住了更具体的重点。

探寻隐藏在事物表象背后的本质，他把这种本质描述为动态的，充满冲突，其中必然包含着矛盾要素，随着时间的推移，一定会带来变革。后文中我会详细介绍这个概念，结合社会工作实务来进行阐释。

马克思主义的第二个统一性要素是历史唯物主义的视角。这个视角强调的是（但并非面面俱到）在历史上的某个特定时期发挥中坚作用的是生产（经济）力。后面我们会提到，唯物主义视角关注的是阶级和社会斗争，即生产力生产出了什么（可能是谷物，或者是资本主义的汽车，但更重要的是剩余价值），并认为这种斗争是社会变革的基本动力。后面我们会提到，社会工作作为一个职业，是与这种唯物主义分析紧密联系在一起的。

马克思主义的第三个要素是对资本主义的批判。这也许是马克思主义思想中最容易理解的部分。人人都能发现，马克思分析并谴责了资本主义到底是什么，几乎所有的马克思主义者在自己著作中都将马克思提出的概念作为探讨资本主义的基础。同时，近年来马克思主义的著作都试图解释资本主义体制下的福利国家是如何动态变化并发挥作用的，它并不像左派主张的那样与渐进性社会变革毫无关联。

最后，第四个要素当然就是马克思主义对社会主义的承诺。也许大家很容易发现马克思主义思想中这个部分的内容，但是，关于如何实现社会主义，以及社会主义到底是什么的争论，不同的人有不同的理解。例如，很多社会主义者并不是马克思主义者，很多自认为正宗的马克思主义者谴责一些国家实践中的共产主义，很多西欧共产主义者被其他的马克思主义者当成了修正主义者。当然，这个话题并非本章的主题，这里我们想要表达的是，马克思主义的复杂性和重要性与其他学说是一样的。

马克思主义唯物史观：对专业主义的启发

人们在自己生活的社会生产中发生一定的、必然的、不以他们的意志为转移的关系，即同他们的物质生产力的一定发展阶段相适合的生产关系。这些生产关系的总和构成社会的经济结构，即有法律的和政治的上层建筑竖立其上并有一定的社会意识形式与之相适应的现实基础。物质生活的生产方式制约着整个社会生活、政治生活和精神生活的过程。不是人们的意识决定人们的存在，相反，是人们的社会存在决定人们的意识。[5]

马克思的这段论述成为无数马克思主义者研究历史的主导原则。对我们而言，这里涉及的核心要素是"生产力"、社会"关系生产"，以及"上层建筑"。简言之，在人类历史的某个阶段，社会中的人们都具备某种程度的生产能力，例如，资本主义社会的生产能力超过了封建社会。生产力指的是人们的知识和技能、科学技术和地理环境。随着时间的推移，在生产力发展过程中，人们会发展出新的经济能力，产生新的个人欲望，让世界变得更好。这种有目的的活动，正如格利所强调的那样[6]，成了推动经济生活和社会生活变革和发展的动力。

例如，封建社会中人们的思想、价值观、期望等都与资本主义社会的完全不同，资本主义社会的生产水平更高。庄园主们关心的是军事征服和精神救赎，他们是技艺高超的战士，但几乎目不识丁。资本家关心的是自己的公司和贸易的利润，因此，对他们来讲，拥有一定的文化水平和商业头脑更为重要，而非军事战略。这些变化不仅仅是技术变革导致的。它们出现是因为人们在发展新技术的同时改变了价值观念、技能和目标。

因此，唯物主义的分析始于这样一种认识：生产力创造了生产的社会关系，生产关系是与目标和服务的生产、交换及交付方式相关的制度和实践；也就是说，包括财产关系，劳动力的招募和发展，用于提取和分配剩余产品的方法，最常见的是利润，但也有利益和其他公共需求。[7]换言之，社会关系的生产就是工作过程中出现的阶级关系的生产。

由于生产力一直处在变化之中，最终，生产力的新形式会与主导的阶级关系产生冲突。这种不断增长的不相容性会让新的主流社会群体与旧的主流社会群体之间产生矛盾（如男爵与资本家），同时也会产生新的生产形态之中的不同群体之间的矛盾（资本家与产业工人），这些冲突和斗争是不可避免的，因为每个群体都要奋起坚持或者强化自己对生产力的要求。尽管这样的斗争很少会演变为社会革命，但却会成为经济社会生活的重要组成部分。

414　　　在生产形态发展过程中出现的不同阶级之间的斗争，成为唯物主义历史观的一个固定概念，马克思把阶级斗争的概念作为自己最独特的见解。[8]这个概念把人当作社会变革中具有主观能动性的积极主体，而变革的动力则源于当时生产力提供的特定环境。同样，马克思主义者认为上层建筑深受这些力量的影响。上层建筑包括社会的各种机构（学校、教堂、法庭等），这些机构反映了主流社会关系。经济基础发生了变化，支持经济基础的上层建筑也要相应发生变化。例如，资本主义社会中教会的力量远远小于封建社会中教会的力量，但资本主义社会中学校的影响力更大。这反映了两个不同形态社会中阶级和思想的巨大差异。在封建社会，密切的政教关系强化了庄园贵族的忠诚；在资本主义社会，人们希望学校能够培养更多的劳动力，并让他们拥有更多的技能，因为这样会带来更高的生产效率、更多的工作场所。

社会变革中经济力量的卓越地位

对于马克思主义者而言，历史学并非一门关于某些伟大思想或者某些伟人的学科，而是研究经济生产力发展的学科。物质变革可以解释思想的形成过程。在这个问题上，马克思主义做出了很多贡献，可以帮助社会工作来理解自身，因为作为一个专业，要想实现专业化，就需要有独特的思想体系、专业行为和与其他人有所区别的专业价值观。[9]稍后我会谈到工匠的问题，但现在我要关注那种认为从事社会工作是"从慈善驱使到专业临床人士"的想法。大多数社会工作历史要追溯到从 1600 年代开始直到当代的济贫法。这种历史追溯视角是马克思主义所说的"唯心主义"的核心，即它把人们的行为主要呈现为主体性的流动。有时，我们也会注意到，在北美殖民地时期，社区都会"关照"自己社区中的穷人，这就是说，非常具有讽刺意义的是，这样真诚的关怀居然发生在经济贫瘠时代，而当今的富人社群对穷人却如此冷漠。尽管历史进程中充满了曲折，但是历史的发展也源于社区不断出现的创新动力，而不仅是生产模式的改变，或者不同阶级之间的力量转变，后者的改变需要社区（最后就是政府）采用新的干预方法来完成。

我们再回到 1930 年代的琼·普莱斯的个案中。她在资本主义经济大危机也就是著名的大萧条之后找到了工作，当时，在没有政府干预的情况下，经济问题非常严重。经济危机导致利润大幅下降，大批工人失业，所有这些都导致统治阶级与工人阶级之间出现了前所未有的阶级关系的变化。1920 年代沉寂的阶级对立，随着富有战斗精神的工人阶级在北美成立了工会和社区组织，而变得日益尖锐。接着出现的国家干预（上层建筑必定要做出相应的改变）在公共领域创造了社会工作岗位，这些做法是过去从来没有出现过的。大批失业的大学生们让社会工作岗位门庭若市，带来了一个压力：如何定义社会工作、社会工作可以发挥怎样的功能等问题的答案越来越模糊了。琼·普莱斯和她的同事们的工作环境与私人企业相比非常简陋，于是，大家便萌发了成立工会的想法，以此争取自己的权利，而这些都是上一代社会工作者闻所未闻的。

这个例子的价值在于提出了这样一个视角：在社会变革过程中，什么因素在发挥根本性作用，什么因素在发挥次要作用。同样，这也从另一个角度阐释了社会工作作为职业发展的路径。社会工作只有在经济得到一定发展的条件下才能出现。在 20 世纪中叶之前，如果没有新出现的工业资本主义模式迫使成千上万的工人因为生产劳动而背井离乡，而这种生产模式产生了社会剩余价值，并发挥了社区范围内的慈善功能，我们今天所了解的"社会工作"就不可能出现，甚至有可能倒退到封建社会流行的农业价值观。社会工作领域的发展就是这些特殊经济的发展的产物，绝非独立于这些发展之外的自发的结果。

社会工作作为资本主义的一部分：对专业主义的启发

我们刚刚提出的观点看起来有点耸人听闻：难道社会工作属于资本主义？是资本主义的工具？目前我们已经出版了很多讨论专业价值观、职业伦理和专业发展的专著和论文，都表明了这个专业的独特性和重要性，这些都没有价值吗？难道这个专业在马克思主义者看来是被误导了吗？这些问题的答案是很明确的"是"或者"否"。虽然答案并不是模棱两可的，但是，从唯物主义的角度来看，矛盾的两面是辩证存在的，它们会同时存在并随时间而发生变化。回答"是"，是因为社会工作根植于资本主义生产模式，成为资本主义的一部分，不可能独立于时代之外存在。如果不是因为 20 世纪上半叶资本主义的经济危机，琼·普莱斯不可能找到一个社会工作的岗位。人们期望社会工作扮演社会控制的角色。回答"否"也有道理，因为社会工作者尽管不能独立于大的社会阶级之外而存在，但他们还是能够选择用何种方式开展工作，从而形成自己的伦理，提供自尊、自决和助人性服务。琼·普莱斯仍然有足够的职业自主性来开展工作，每周还有 20 个小时的田野工作时间，她可以在合适的时候自由决定该如何运用自己所掌握的技术来开展工作。

个人拥有自由选择的权利，但是，对田野工作的限制是由生产力决定的。对于专业的社会工作者而言，这也给他们提供了足够的空间，在必要的时候积极参与更多的工作。人们不会因为没有完成分内的工作而有负罪感，因为在那个时候，其他社会群体还无法替代社会工作。在马克思主义者看来，一个社会工作者想要终结贫困，与一个钢铁工人想要让钢铁厂倒闭一样是不可能的。具有讽刺意味的是，社会工作者的阶级地位是建立在物质而非道德的基础上的，这给了个人更大的自由，使其能够以一种有原则的方式行事，而不是为以结束无家可归、儿童虐待和饥饿为主要责任的道德困境所羁绊，导致一事无成。显然，庇护所无法解决穷人的住处不是社会工作者的错，但是，如果社会工作者对自己提供的服务质量漠不关心的话，责任就在社会工作者身上了。[11] 马克思主义唯物主义观点减轻了社会工作者的负罪感，但也给他们带来了更多的责任感，具有讽刺意味的是，这种状况源于社会工作者所处的社会阶级地位，以及这个地位所拥有的各种选择。[12]

后文中我们会谈到技术层面的问题，但在这里我们需要强调的是，社会工作者是某个特定的知识分子群体，他们拥有自己的物质利益要求，例如工资增长和更好的工作环境。与其他行业一样，如果这些阶级利益得不到满足的话，也需要通过有组织的集体行动来争取。这种阶级分析（唯物主义特有的方法）还意味着在福利国家中，不同的社会工作者会拥有不同的阶级利益，在大型的人力资源管理部门，前线工作者面临着在不断提高的生产率下收入不断下降，他们与那些拥有社会工作硕士学位、处在管理层的负责提高生产率的社会工作者是完全不同的两个阶级。这种差异性促使马克思主义者开始在很多社会工作案主（特别是工人阶级和工人阶级穷人）以及前线社会工作者之间寻找阶级相同性。

历史唯物主义解释了为什么社会工作者在争取改善自己的工作条件和增加工资时不会有负罪感。这也解释了为什么现在有这么多的社会工作者会选择私人执业，这样做并非是一种符合伦理的逃避，而是通过个别化的、有效的途径来实现对自己工作环境和生活标准的某种控制（有关私人执业的事情，我们将在后文中详细讨论）。同时，唯物主义的分析强调的是经济因素，因此必然会把专业化当作资产阶级关系的具体表现形式，而没有把专业化当成某个自主阶级有能力通过自己的伦理价值和技术基础来确保自己的独特性的表现。如果专业化真的是资产阶级关系的具体表现，那么，在不同的跨机构领域就应该都可以看到这样的专业行为和判断，正如钢铁工人（或者钢铁厂业主）在任何地方的钢铁厂都会做同样的工作一样。事实上，正如凯拉·康拉德和欧文·爱泼斯坦（Kayla Conrad &

Irwin Epstein）在文献回顾中发现的那样，在社会工作领域，我们无法使用统一标准对社会工作者的表现进行考察。[12]

相反，为了确保在具体化过程（将上层建筑因素错误地提升到和经济力量相同地位的过程）中保持一致性，他们还是发现了一些仪式性行动和正式的专业团体行动的存在，这些仪式和行动看起来具有高度的专业自主性（举办学术会议、执照制度、专业团体制裁等）。这种具体化的外表掩盖了专业团体内部真正的阶级差异，比如，尽管社会工作领域是女性主导的、非行政性的，但是，专业的领导权还是由男性掌握，并且非常具有行政性。[13]

那些运用历史唯物主义做分析的人希望更多地关注社会工作者作为普通劳动者的需要，而对社会工作的专业利益轻描淡写。同时，过多地关注经济，只解释阶级关系，正如1930年代美国出现的普通会员俱乐部运动一样，实际上忽视了专业思想、技能和实务干预对个体社会工作者产生的真正影响。[14]很多马克思主义者否认讨论思想、关注地位和职业发展的价值，而这些思想、地位和职业发展问题一直存在于社会工作领域，并且始终会影响人们的专业活动和行为。

他们都忽视了琼·普莱斯及其孙女在工作过程中对自我实现的兴趣：在真实权力面前的主观处境。推动人们走向私人执业的力量就是人们在面对不断提高的生产率要求时，希望做有意义的工作的一个反应，而要求高生产率的后果就是工作的自主性降低，工作越来越琐碎，而这一切琼·普莱斯从来没有遇到过。专业化的具体化意味着一个专业要足够强大，才可以抵制来自外部的政治、经济方面的压力，但是很不幸的是，社会工作专业用"新实务中新的干预模式"掩盖了这种对职业自主性和创造性的兴趣。一些所谓的左派常常忽视这两个领域之间的动态关系：改善工作条件（对社会工作专业领导者而言是一个威胁）与作为熟练工的社会工作者不断发展的需求之间的关系。相反，他们把私人执业称为"出卖专业"，这直接威胁到了私人执业的实务工作者，否则，他们会对该领域不断变化的工作条件进行更加深入的分析。这个话题需要深入探讨。

417

马克思主义及其对资本主义的批判

众所周知，马克思对资本主义做出了深刻而敏锐的批判。大家可能还不知道，他的谴责来自对资本主义制度下产生的人与人之间的社会关系的深刻的心理洞察。在《资本论》第一卷的第一节中（这一节是最难理解的），马克思探索了资本主义大规模生产的产品——商品的发展。他探索了商品的发展过程，目的是要使商品的外表看起来像"一件东西"，并揭示隐藏在其中的人与人之间的关系。他把这种关系称为"商品拜物教"，这种关系在资本主义制度下定义了人类自身之间社会关系，假设了物与物之间的奇妙关系[15]，正如海尔布罗纳所述：

> 在马克思所有的著作中，只有"商品拜物教"的见解十分引人瞩目，这在社会科学中也是非常少见的。他提出了商品具有交换价值属性，因为它们蕴含了抽象形式的劳动，而这种抽象劳动证明了一种特定的生产方式的社会关系和技术关系。他还提出，**商品承载并储存了资本主义的社会历史**——所有这些都是惊人的发现。（黑体标识为编者所加）[16]

这里需要研究的问题很多，足以让人投入几辈子的工作（有些人已经投入了），但如果有人经历一周令人疲惫的工作，只是为了购买一顶新帽子或者一双手套，那么，他们就可以开始明白马克思的用意所在。在封建制度下，人们很少在工作、自身、家庭、亲属的直接关系上感到抑郁。他们的生活水平很低，连新帽子和手套都没有，更别说买了。如果需要帽子，他们会自己手工制作，而不是购买，它们的使用价值和交换价值，就像做帽子的工人付出的劳动一样，是等值的。社会关系和经济关系紧密地结合在一起，但却是非生产性的，生产者、劳动过程和商品之间的关系是明确的。

在资本主义制度下，表层社会结构和深层社会结构之间的差异越来越大，越来越难以捉摸。人们生产了更多的商品，不是供自己使用，而是用于市场交换。这种大规模生产所必需的社会关系是非常差异化和非家庭化的，社会（人与人之间的）关系变成了物质关系，物品之间的物质关系变成了社会关系。人们之间的相互交流仅限于商品交换，包括他们自己的劳动商品。

或许最重要的是，人类的劳动具有创造性和想象力，因此它具有任何生成力都不具备的灵活性，为了生产越来越多的产品，生产力不断得到抽象、量化和细化。从抽象的意义上说，劳动本身就是一种商品，在资本主义生产方式中，它被用来交换维持生活的最低工资。从本质上讲，劳动力（生产商品所消耗的体力和脑力的实际支出）通过资本转化为特定的交换价值（工资），资本不是以"物"的形式表现出来的，而是以资本主义的人格化形式表现出来的。劳动和生产的人际关系现在被抽象为一场关于工资、价格和利润的斗争。

然而，这种斗争隐藏在表面平静的资本家的权力之下，基于他对私有财产和技术的所有权，他要求通过保持尽可能低的劳动力成本来获得一定的"投资"回报率。资本家权力的具象化掩盖了这一事实：资本——技术、工具等——不是资本家权力的表现，资本是一种"死劳动"，是由过去工人的劳动所制造的生产工具。工人的工资交换价值非常之低，这使得资本家获得了更大的额外价值；反过来，资本家给这些过去的工人支付的交换价值非常低，这样便可以获得更大的剩余价值，投资和维护资本，以及购买更多的财产。这些权利保证了资本家获得更具爆炸性的生产能力，并进一步铲除了一个又一个社区中旧的社会关系。[17]

毫无疑问，这一过程提高了资本家和挣工资者的物质生活质量，尽管两者在方式上几乎没有相同之处。如果这就是经济生活的全部内容，那么马克思的批判就只不过是对一件好事过分吹毛求疵，而社会工作还没开始就已经是多余的了。但是如果神秘化会使一个人无法完全意识到他所经历的实际关系，就会滋生异化。同样，被称为"剥削"[18]的劳动力的进一步扩张会导致劳动者身心俱疲，遭遇家庭破裂和其他问题（如污染），从而造成越来越严重的不和谐。马克思指出，物质生活的发展会相应地弱化精神生活。

资本主义的活力和福利国家的兴起

在经济日益富裕的同时，人与人之间的关系却在不断恶化，这种无休止的对立是所有阶级斗争的导火索，也是促进所谓福利国家发展的不可避免的原因。因为正如马克思所预言的那样，资本主义为了扩大其财富，将变得越来越集中和集权，从而使越来越多的工人无家可归，使他们的社会困境进一步恶化。[19]这就是琼·普莱斯在世时发生的事情。有时，这意味着阶级斗争将从个人的、原子化的日常反抗的火花发展为彻底的反抗，并最终发展为社会革命。这意味着资本主义制度下工人的斗争将比在封建制度下的更漫长、范围更广、更具威胁性。[20]同样，如今资本的流动性和不断扩大的市场交换而带来的具体需要，也需要一些保护。

马克思像一名优秀的社会工作者一样，总是意识到经济关系中蕴含的心理和社会动力。在伟大的革命激情迸发（1848 年和 1871 年）和经济大扩张的时代，马克思选择把重点放在他认为最重要的经济领域。他对商品的洞察有助于我们理解现代国家以及其中的福利国家必然发生演变的经济和社会原因。从那以后，关于国家角色的争论数不胜数，主要集中在统治阶级的自治程度上。[21]我非常同意简·高夫（Jan Gough）的观点，他这样写道：

> 马克思主义理论的不同之处在于，它不认为某一特定阶级控制着国家机构（尽管这是一种正常且公平的状态），而是认为，**无论谁占据了这些位置，都受到资本积累过程必要性的约束**。但与此同时，国家的相对自治权允许进行大量改革，但绝不能成为某一个阶级的消极工具。我们在这里既反对多元主义的国家观，即国家是社会中相互竞争的群体之间的中立仲裁者，也反对粗略的计量经济学的观点，即国家只是社会中占主导地位的阶级的工具。（黑体标识为编者所加）[22]

这一观点与 1960 年代将国家视为社会控制代理人的激进派观点截然不同，它对福利国家的实际运作方式具有重要意义。此外，它加深了我们对社会工作者在福利国家中所能发挥的作用的理解。[23]根据詹姆斯·奥康纳（James O'Connor）和高夫的著作，福利国家既不是善意和善行的多元宝库，也不是经济学家认为的由社会控制代理人组成的阴谋集团。他们认为，考虑到资本持续的流动性与积累性、劳动剥削和阶级斗争，国家必须发挥两个互为矛盾的功能：积累和合法化。这两个功能会支持更大规模的资本形成，在适当的

420　条件下，也会反映工人利益的明显增长，维持生计的工资和社区服务（这就是后面我们将会谈到的"社会工资"）。

正如奥康纳所写的那样，"国家必须努力创造或维持条件，使有利可图的资本积累成为可能"。然而，国家也试图创造或维持社会和谐的条件。[24] 所有国家职能，包括福利国家的职能，也都具备这两种职能。然而，这些功能要么创造社会资本（通过提高劳动生产率或降低劳动力的再生产成本），要么创造社会费用（维持社会和谐）。社会资本支出对于资本而言具有间接生产性；在其他条件相同的情况下，它们提高了社会的利润率和积累率。[25] 社会支出甚至不会间接产生资本效益。它们是一种必要的，但不会产生效益的支出。正如奥康纳和高夫所指出的，在福利国家活动的大多数领域，都将包含合法积累（或者，如果你愿意，也可以说是社会资本和社会支出）的元素。

例如，一些教育支出通过提高生产力的技能水平来增加社会投资，一些通过使年轻人社会化和融入社会来促进再生产/消费过程，还有一些通过阻止怀有敌意的年轻人上街闹事来实现合法性功能。社会政策就到底要关注哪一种因素（生产、消费或和谐）产生了冲突，这在很大程度上反映了社会中阶级斗争的力量和方向。尽管由于资本对越来越多的积累的迫切需要必然会受到一些限制，但工人及其盟友在这场阶级斗争中所创造的社会工资的定义不可能一成不变。因此，为了在福利国家争取政策和实践方面的改革，只要这些改革被放置在一个更广泛的、旨在解决资本主义制度下国家干预不足等问题的计划中，这样的改革对社会服务工作者而言，就是具有进步意义的工作。

马克思主义帮助社会工作者认识到社会福利（以及福利国家本身）是改革的积极组成部分，社会福利并没有站在现有的阶级和社会力量之外。工人有巨大的潜力，他们绝不是社会控制的简单代理人，而是作为可以充分利用国家的相互矛盾的职能的个人，能够为自己及其家庭争取潜在的利益。

然而，这里需要重申的是，在奥康纳和高夫之前，许多马克思主义者和激进社会工作者仍然认为福利国家只是一个受资本家控制的专制机器。尽管有新的、复杂的理由不断涌现，但现存的某些关于国家的理论视角继续持这种观点。[26] 然而，社会工作者在面对奥康纳和高夫所分析的双重的、矛盾的功能时，可以发现许多新的理论见解和实践灵活性。

辩证法和批判意识实践的发展

421　历史唯物主义有助于建立社会工作者作为工人的实际阶级关系。马克思主义对资本主义的分析揭示了大规模商品生产关系转变所带来的特有的经济剥削和心理异化。它有助于解释现代福利国家的发展如何既包含不可避免的变化限制，又包含非常现实的机会。马克思辩证法的运用，已经在前面几节中被含蓄地整合在一起，将揭示如何运用矛盾使实务工作者更好地参与到自己的工作中去。

辩证法与"正题-反题-综合……辩证法的概念太线性，没有意义"这样的理解无关。[27]在这种抽象的形式下，马克思主义失去了它的物质核心，而物质核心是马克思主义的基础。正如马克思在《资本论》中所重申的，马克思辩证法关注的是生产方式的不同发展形式之间潜在的社会关系，并分析这些关系随时间的变化而变化的轨迹。因此，马克思从生产方式和生产关系的角度研究了商品生产的特定形式（封建主义到资本主义），这些形式的变化必然导致社会关系的变化。反过来，随着时间的推移，这些不同阶级之间的变化影响了未来资本主义发展的方式、速度和方向。[28]对马克思主义者来说，矛盾不是简单的"否定之否定"，而是一种理解社会有机体随时间变化的运作方式的工具。通过寻找与基本过程相关联的对立元素，一个人给社会带来的"诊断"会更加丰富和清晰。奥康纳对国家的合法化和积累功能的考察是一个现代政治经济学的例子。

当然，有许多自称为马克思主义者的人，用"矛盾"这个词来重复晦涩的咒语。（我自己也曾被各种各样的组织迷得神魂颠倒，在那里，一切似乎都是矛盾的！）这种不幸的趋势来自对辩证法的混淆不清的认识，同时也出于许多演说家慷慨激昂的说辞，他们希望通过一种更高级形式的阶级斗争来解决这些"矛盾"，且最好是工人和其他受压迫人民获胜。马克思、恩格斯热切地希望工人解放自己，但他们的辩证法并不能精准预设未来的实际事件。基于资本家对利润的追求和工人对提高最低工资的追求之间的矛盾，他们确实预测了资本主义制度下危机的深化和加剧，这种预测在经验上也并没有被证明是错误的，历史证明出错的是各种事件的节奏和政治预期，而不是动态关系。

辩证法和对实务的启发：社区组织

在社会工作中，社区组织者也许是最常将辩证法运用到自己工作中的人群。[29]鉴于马克思对广泛的经济和社会问题的强调，以及他所描述的社会/历史力量常常在阶级范围内或国家范围内得到分析的事实，辩证法的运用也不可避免地得到了广泛传播。大量运用他的方法的政治组织只对大规模组织感兴趣，对临床问题不感兴趣。今天依然如此。

例如，辩证法通过指出无家可归者的增加和庇护所的缺乏是未来的动员的战略前沿，帮助战略家们认识到了罗纳德·里根（Ronald Reagan）削减住房补贴行为的局限性。最近的一名马克思主义者对无家可归的研究指出了这一点，里根对更大的资本积累的支持大幅削弱了国家的合法化功能，因为提供给避难所的资金远远不能满足不断增长的需求。[30]通过降低私人成本来争取更大利润的努力，与越来越多无家可归、失业的人缺乏足够的住房和服务造成的社会成本飞涨形成了对比。从这种辩证分析中可得出的策略是通过向穷人施加更多的"拉力"来"加剧矛盾"——这种拉力随着时间的推移会破坏资本积累的"推力"。此外，这种矛盾的分析还暴露了当时占主导地位的社会群体的局限性，从而为社会活动家的长期工作提供了准备。在不否定统治阶级在当前社会关系中的支配地位的情况下，辩证地选择战略的方法绝非屈服于宿命论。通过将社会问题内在联系的动力集中起来，社会变革的机会依然存在。辩证地探究这些问题，即使在最保守的时代，也有助于推动社区组织扎根发展。

小组工作

辩证法最近也通过小组工作过程得到了探索性应用。像威廉·施瓦茨这样的著名学者在他们的小组中有意识地运用了"辩证法"，但他们将辩证动态关系扎根在"主观能动性"和"工作者"及其小组之间。[31]通过这种方法抓住辩证法的动态张力的同时，威廉·施瓦茨的这部著作并没有采用唯物主义的解释，它把"主观能动性"的上层结构元素替换成了一种具体化的、更持久的状态。它忽略了政治经济中发生的更大范围的"生产层面"问题，这些问题经常对主观能动性和小组实践产生影响。

另一个更具有唯物主义特点并被运用到辩证的小组实践中的方法已被确定为小组实务的干预主义模式。[32]根据妇女运动从对意识提升小组的运用中吸取的教训，我们可以在更大的社会历史中找到小组存在的动力根源，因为宏大的社会历史背景可以改变其成员的社会功能性。简言之，在社会上出现大规模进步力量的时代，社会工作小组往往在完成任务方面表现出更加团结的趋势，并通过以任务为导向的活动来获得更多的支持。为了保持辩证法的张力，社工介入后，必然会将焦点放在满足组员的个人和情感需求上。在保守时期，小组的动力关系和实践干预的焦点将发生改变。实务工作者的重点将转移到提高认识，清楚地了解每个组员的个人问题中嵌入了怎样的政治和社会因素。这种辩证的探究要求社工和案主一方面要认识到，任何实务解决方案都不可避免地有其局限性；另一方面，要关注到每个时期可能发生的变化。持续保持这样的意识，为坚持参与的行动主义带来了希望，当然，这样做既不会助长幻想，也不会损害案主的自我实现——这些目标与马克思主义的长期社会变革框架是完全一致的。

个案工作：马克思主义探究中的新发展

如果说上述实践就是马克思主义在实践中提供给社会工作的全部内容，则是远远不够的。北美的大多数社会工作者通常曾在临床环境中开展过个案工作，并将继续开展个案工作。毫无疑问，马克思主义研究对个人的研究和干预涉及最少。这在一定程度上是因为马克思和恩格斯强调政治经济学，几乎排除了个人关系，恩格斯那本经常被引用的著作《家庭、私有制和国家的起源》是最显著的例外。[33]之所以会这样，一部分原因是许多马克思主义者和社会主义者认为，社会主义的出现能够解决个人问题，这就是苏联对北美和西欧精神分析运动曾经非常排斥的原因。另一部分原因是许多马克思主义思想家和活动家害怕或者不愿意探索临床问题，可能是出于个人问题的考虑，或者是他们误以为基于个人的临床干预与更大的政治经济领域中发生的斗争必然是对立的。[34]

像赫伯特·马尔库塞（Herbert Marcuse）[35]和早期的威廉·里奇（Wilhelm Reich）[36]这样的马克思主义作家，在探索资本主义的动力关系、个人情感的发展以及马克思主义精神分析的回应等方面，都做出了创造性、原创的工作。然而，毫无疑问，在探索个体心理、情感生活和社会关系方面最重要的突破并非来自马克思主义，而是来自女性主义。[37]在这里不可能对女性主义者和马克思主义者之间的争论做出一个谁对谁错的判断，这个具有巨大的生命力的讨论导致了一个新兴学科的合成，它既继续运用马克思主义辩证法有关生产力之间的矛盾和社会关系的学说，同时又扩大了这个理论框架，吸收了社会关系生产和再生产过程中性别的核心作用。

简言之，理论家们所关注的"社会主义-女性主义"的联系主要集中于他们对家庭和个人生活的分析，而这一点对社会工作者而言是非常有价值的。例如，所有这些作者都从不同的侧重点分析、界定了女性问题的复杂而又相互关联的结构：性行为、生殖（主要在家庭中起作用）、社会化（主要在社会中起作用）、生产（主要是经济上的）。通过跟踪从封建主义到资本主义的历史发展过程，回顾核心家庭脱离经济生产的历程，以及性别歧视主义的强化，这些作者开始向其他学者解释如何以及为什么"个人生活"在西方主导了人们的思想和行为，包括人们只关注个人的性行为、高度强调女性的角色、明确个人行为和聚焦个体的治疗性干预等。

他们试图在不牺牲经济领域重要性的情况下做到这一点。与此同时，这些研究也使人们更加深刻地认识到了社会再生产过程在经济和个人生活的各个领域中所起的作用，这一理论建构对从事临床和团体实践的社会工作者来说具有重大价值。安德烈·高兹（Andre Gorz）几年前写道：

> 资本主义作为一种复杂的社会形态，并不以其目前的形式存在于某种巨大而静止的现实中，**而是在不断更新自身状况，从而在社会生活的各个方面得以继续存在**。社会再生产的概念解释道，如果工人们每天都要回到工厂或工作场所，他们不仅要吃饱住好，还要保持健康……而且（他们还需要）有自己的"思想"和态度，这些思想和态度最终将他们维持在社会等级制度之内，使他们屈从于资本主义统治下的日常生活。（黑体标识为编者所加）[38]

换句话说，资本主义并不是简单地"告诉"工人在工作时要卑躬屈膝。资本主义体制下的社会组织——家庭、学校、宗教团体和服务组织——都发展了自己的特定过程（在价值观、行为标准、制裁等方面），以强化关于"世界是怎样的"的观念。这就是那么多马克思主义者拒绝临床治疗方法的一部分原因。临床干预的个人对个人的互动形式，加上它

424

对情感动力的强调，在马克思主义者看来，意味着它只关注个性化需求，因此是属于修正主义范畴的。这些学者错误地把治疗关系中潜在的本质当成了治疗的形式；而事实上，只要治疗内容合适，并能有意识地对治疗过程加以利用，就有可能做到逐步破坏社会再生产的核心过程，并用一种具有解放性质的过程来取代它。[39]

一些社会工作者已开始根据自己对经济和社会关系之间的矛盾以及这些关系内的社会再生产过程的认识，发展出一种具有社会责任感的实务方法。这一点在女性主义实践观点中表现得尤为明显[40]，但将同样的做法运用到种族、民族和其他阶级及社会群体中似乎也是合理的。

克里斯多夫·拉什（Christopher Lasch）、斯科特·雅各比（Scott Jacoby）等人开始注意到社会再生产的力量，他们开始重新审视实践，重新探索精神分析的历史。[41]也许令人惊讶的是，他们的新马克思主义著作与早期的弗洛伊德和后来的马克思主义弗洛伊德学派如马尔库塞的著作更为一致，却与早期的德意志帝国和法兰克福学派的著作兼容性不强。他们对自我心理学家（如海因茨·哈特曼、埃里克·埃里克森和埃里希·弗洛姆）那些不那么激进、更温和的著作抱有敌意，认为后者的著作淡化了个体需求与社会压力之间的冲突，破坏了个体与社会之间存在的激进的动力关系。雅各比认为，奋斗的个体和压制性社会之间存在着一种矛盾的动力关系，这种动力关系会导致无意识过程的出现，而现在这种动力关系已经被自我奋斗取代，并被错误地贴上了个体"优势"的标签。因此，这些个体的特殊局限与其说是一个社会问题，不如说是一个人自身的问题，或者至多是个人优势最终成为在临床治疗中解决个人问题的万金油。这些新弗洛伊德/马克思主义者认为，后一种自我心理视角剥夺了个体对社会秩序给自己带来的各种限制的深刻理解，而这种社会秩序将需要更多的集体性的方式来确保正常运转。

通过他们的分析我们可以看到，主要基于个人优势的自我心理学重现了一些基于个体的失败和改革的思想，这些思想对社会的威胁较小。新弗洛伊德/马克思主义者主张一种更为辩证的模式，在其实践框架内包含这样一种观点：资本主义将助长对某些个人驱动（尤其是性和社会驱动）的压制，而这种压制必然会以任何个人都无法克服的方式削弱人类的增长和发展。① 这种方法继续对个人进行临床干预，但逐步掩盖了社会再生产的主导假设，而这种假设对案主和社工而言都具有重要的政治意义。

社会再生产动力关系在个案中的运用

对案主而言，这种新弗洛伊德/马克思主义辩证法使他无须对自己的处境承担全部责任。当特定的个人动力关系需要巨大的个人努力来改变时，这种唯物主义的方法也将在社

---

① 这种动力关系会出现在所有社会形态中，只不过表现形式不同。这就是苏联一直非常敌视弗洛伊德主义的原因，我们希望在未来，某些社会可以减弱这个过程中表现出来的破坏性。

会环境中找到某些个人问题的根源，而这些问题的解决则需要集体性的社会变革。例如，厌食症和贪食症可能主要是"女性"问题，因为女性必须付出巨大的情感努力才可以保住自己的工作，但这些问题的存在在很大程度上是因为20世纪后期资本主义的发展带来的性别歧视，这种性别歧视不断强化女性的身材瘦小、消费力强、性欲旺盛、经济依赖、社会无能的形象。如果我们只关注饮食障碍和用案主内在的"自我适应能力"来克服这样的问题，就会损害辩证法中所蕴含的批判意识：辩证法既能注意到个人的优势，也能注意到社会决定的局限性。如果我们不以集体的方式来反对社会的性别歧视，迫使社会组织做出改变，并改变社会再生产的观念，那么，女性作为一个社会群体，将继续以代代相传的方式，在其生命周期中继续遭受这些歧视的困扰。这种将个人的困惑与集体的困惑结合在一起的做法，对案主来讲具有解放性，因为他学会了承担情感成长的责任，并开始要求整个社会做出其他形式的改变。虽然新弗洛伊德主义和其他唯物主义方法需要深化自己对实践方法论的检验，但这种努力为未来带来了很多希望。

社工也从对案主负全部责任中解放出来了。人们的精神健康大都来自充分就业、工作满意，以及种族主义、性别歧视和年龄歧视的终结。通过心甘情愿地与案主一起探索这些动态关系，实务工作者不断深刻地认识到社会再生产过程是多么的强大，它们无处不在，甚至在实务工作者自己身上也能感受到社会再生产过程的影响。你的上司认为你对种族主义的关注是一种"注意力分散"吗？正如安东尼奥·葛兰西（Antonio Gramsci）所指出的，机构内部和部门之间出现这样的看法是毫不令人意外的，因为一个社会的机构（上层建筑）是统治阶级在社会上不断再生产有关"世界是怎样的"的思想的工具。[42]与其他任何组织相比，依赖于基金会拨款和政府资助（两者都有监督责任）的大型社会福利机构都不太可能置身于这种社会再生产过程之外。这就是为什么当你试图通过探索社会对人类成长和发展的约束（以及对个人优势的培育）来培养案主的自我决定能力时，你就是在从事一种高度政治化的实践。

因此，对于处理生产和社会再生产之间矛盾动力关系的个案工作者来说，他们完全有机会将日常实践政治化，而不屈服于空洞的政治辞令或情绪化的主观主义。这种对临床工作的投入无疑也会影响到社工对其工作生活的看法。托马斯·基夫描述了一种更加唯物主义的同理心，社会工作者和案主都会从这种同理心中受益：

> 同理心（基于识别案主和社工所面临的经济限制）是个人成长的助推器。当社工将同理心有效地传达给案主时，他或她可能会得到帮助，发泄绝望，并努力以建设性的方式表达愤怒。对案主和社工所面临的经济现实的了解，能够增强他们感知案主的沮丧和愤怒的能力。社工的角色是经纪人、调解人和倡导者……这要求他们掌握同理心技能，从而敏锐地感受案主及其问题的基础结构性原因。[43]

从社工自身的生产率维度来考察这一点，可能会出现这种状况：社会工作者会将提高生产率的需求视为社会对无产阶级化工作经验的需求的一部分。当这种无产阶级化被理解为可以在整个生产方式中发生时，它就为社会工作者通过集体行动来解决自己在工作场所遇到的问题提供了便利。在社会再生产的维度上，从事临床实践的工作者会知道，失去工作自主性和创造性，会导致社会再生产的过程更加激烈，从而进一步使案主感到格格不入，挫伤案主的积极性。例如，如果将短期治疗计划作为机构的主要实践模式，将会剥夺案主探索长期性的社会和个人问题的机会，而这些问题是无法快速解决的。人们期望案主以比大部分人更快的速度发生"变化"，如果他们做不到，就是他们自己的过错。我们注意到了这些实践的转变。社会工作者都知道，生产方式的变化造成了劳动力的分层，而分层又向实务提出了更多的对重复性行为的需求，使新劳动力更符合这个不断加剧的社会分层，新劳动力更加服从、更愿意相信宿命论，"愿意接受更少的工资"等，这些都是上述行为的结果。

同样重要的是，正是这些实践形式，再加上各机构不断提高的生产力需求，推动了私人执业的发展。私人执业不仅仅是一种"逃避"，琼·普莱斯的孙女不再有她祖母那个时代的社工拥有的自治和工作满意度，她需要每周在附近社区工作 20 小时。与此同时，潜藏在私人执业中的矛盾——更多的工作自主权但社区参与更少、工作创造力增加但工作物化加剧、薪酬提高但更容易受到长期市场力量的影响，所有这些都是威胁社会工作作为一门技艺的核心合法性的问题。[44]如果置之不理，私人执业的激增会造成社工行业资金来源的紧张。保险公司和银行的盈利能力取决于通过控制成本获得足够高的回报率，随着越来越多的人找不到临床服务，他们会寻求私人执业服务，这样成本就会飞涨。

个案工作者既要关心上述问题，又要关心与社会再生产过程有关的问题。马克思主义辩证法意识定能丰富我们的实践。无论是在政治上还是在个人生活上，与私有化的浪潮和工作场所中工人经济地位的下降相抗争，都有利于社会工作者自身的物质利益，也有利于更广泛的集体行动。在社会再生产的层面上，人们也可以通过个人临床工作做很多事情。在实践中，人们可以注意到并抵制某些类型的行为，包括上文中提到的服从和自责，因为服从和自责会强化人的态度，迫使人们接受薪资最低的职位（少数族裔、女性和老年人所占比例过高），相信阶级特权的假设（包括专业精英主义的思想和所有决策中对权力集中的需要），不断降低自己的期望。不同收入水平的人学会了"接受更低"，因为相比之下，那些处于经济困境的人面临着绝望的处境。如果社会工作者以有意识地消除上述思想的方式进行实践，那么他们就是在通过一种高度政治化的实践从事赋权案主和推动案主自决的工作。虽然人们认识到，这种个人的方法本身并不足以影响政治经济，但人们对辩证法的运用使人们有可能参与一种进程，这种进程使人们在以后的生活中能够更直接地面对政治经济。

对社会工作实务未来的启发

马克思曾说，社会主义只有在资本主义及其生产力（以及更复杂的社会关系）充分发展的情况下才能发生。否则，社会主义的规划只能建立在配给的基础之上，而不是充足的剩余价值分配基础之上。第一场社会主义革命（在俄国）作为所有其他革命的榜样，其思想被传播到更工业化的国家，例如德国。列宁知道[45]，如果不这样做，苏维埃政权将面临严重的经济和社会问题，从而破坏民主原则。

并且，每一场社会主义革命都遭遇过敌对的政治和经济力量的反对，这些力量曾迫使社会采取更军事化、更严格有序的措施，进一步侵蚀政治自由，阻碍更富有成效的经济发展（1980 年代中期，我们就看到过尼加拉瓜今天面临的问题）。简言之，无论是经济还是国际政治表面上似乎都无法创造出马克思所预见的（以及工业化国家的人们所期望的）社会主义要素。面对来自美国和西欧的殖民主义和帝国主义，这些国家的人民仍在努力斗争，为自己争取更好的东西，摆脱过去的苦难。在一些地方，人们的成功喜忧参半；而在另一些地方，人们的成功却少之又少。从精英主义的"先锋派"到种族主义和性别歧视，这些政治错误由于各自面临的经济边缘化而被不断放大。

实现社会主义的经济条件在北美确实存在，这里有先进的工业生产方式、可以在任何社区使用的技术、高水平的通信和交通。不像前资本主义社会那样实行经济和政治配给，而是进行有序的规划，在客观上是可行的。

但政治上的可行性是另一回事。马克思曾预测，由于资本主义的矛盾仍然没有解决，异化和剥削只会继续加剧。这种异化和剥削的加剧将导致工人们与其他政治力量联合起来为社会主义而战，因为他们必须这么做，而不是因为他们想这么做。[46]社会主义讲究的是集体决策、民主组织和计划，因为在资本主义制度下，个别化的解决方案是不可能适用于所有人的。为工人阶级解决住房短缺、就业不足等问题，对马克思主义者来说，必须通过社会主义的道路。用一句经常被引用的短语来说，解决问题的替代方案是"社会主义或野蛮主义"。

这种朴实的选择反映了马克思所看到的工人们在资本主义制度演变下所面临的最大胆的选择。如此清晰地阐述政治方向并没有本质上的错误，当然，也出现了两个不小的问题。第一个问题是，工业资本主义国家的工人没有在政治上长期反对资本主义。造成这种情况的原因有很多，可能是国家对工人阶级和社会主义团体的镇压，也可能是阶级内部的种族主义。[47]需要深入探究这些原因才能找到答案。但不可忽视的是，劳动者总体上对资本主义保持了合作，尚未与寻求最终推翻资本主义的政治活动人士结盟。

第二个问题与其说是工人阶级的问题，不如说是领导社会主义斗争的各个精英阶层的问题。罗伯特·米歇尔（Robert Michel）的《寡头政治铁律》（*Iron Law of Oligarchy*）[48]一书过于悲观，忽视了世纪之交资本主义国家对社会主义团体的镇压这一因素，但他对持续发展的精英阶层的描述，反映了在整个 20 世纪激进组织中持续存在的困扰。从 20 世纪初的德国社会民主党到今天的社会工作者，很多现代福利国家的专业人员为了维护自己的权力地位，枉顾人们普遍持有的关于大众自决的特殊信仰，放弃了集体目标。[49]

马克思主义者并不缺乏解释这些问题的理由，但他们常常会纠结于某些固有的政治缺陷。他们声称，如果政治路线或纲领改变了，精英主义就会消失。然而，今天这种情况的产生，例如与欧洲社会民主主义、第三世界社会主义和北美自由主义等完全不同的群体有关的情况，在一定程度上是出于社会心理原因。正如社会工作者所知道的那样，当人类对自我实现和不那么疏离的生活的需求受到社会现实的局限性的阻碍时，如果这些需求得不到一致的理解和回应的话，心理上的需求就会被转移到其他地方，变成个人性的心理需求组织性的心理需求。

这种对自我实现驱动力的认识，以及这种驱动力被取代的方式，是社会工作专业性的一个基本组成部分。然而，将社会工作技能运用到个人和小组的动力关系中时，如果是将其置于一个马克思主义框架中，运用辩证的、历史唯物主义的方法来主导社会工作实务，就能够做出很多贡献。在不否认资本主义制度下社会工作所面临的矛盾的情况下，社会工作者的技能比过去任何时候都更加重要。因为今天的社会工作正处在一个十字路口：要么是更严重的私有化和个别化（与今天的资本主义需求相一致的过程）；要么是考虑到整个福利国家的社会工作者日益增长的集体和物质需求，更具动员性和社会意识的专业人士选择采取行动来影响他们自己的历史。当然，这两种选择都展示了社会工作领域的政治色彩。社会工作者既目睹了社区内发生的贫困现象，又亲历了他们自己的资源稀缺，他们可能会发现，在"社会主义或野蛮主义"之间做出选择，也许并不像人们曾经认为的那样不真实。

注释

[1] Marx's reply to Ed. Bd. Sachs, *Marx-Engels Works*. Vol. 22（New York：International Publishers，1969），p. 69.

[2] 罗伯特·海尔布罗纳在《马克思主义：支持派与反对派》一书中讨论了同样的争论，参见：Robert Heilbroner, *Marxism：For and Against*（New York：Norton，1980）。他最后用尤金·卡门卡（Eugene Kamenka）的一段话结束了这本书："分析马克思主义或社会主义思想的唯一严肃的方法，很可能是放弃马克思主义是一种连贯学说的观念。"转

引自：Daniel Bell，"The Once and Future Marx"，*American Journal of sociology*，Vol. 9（July 1977），p. 196。这样的引用似乎过于苛刻，例如极少数人会说，的确存在一种连贯的行为主义实证主义学说。

[3] 罗伯特·海尔布罗纳《马克思主义：支持派与反对派》第 17 页。还可参见：Hal Draper，*Marl Marx's Theory of Revolution*，Vol. Ⅰ，*The State and Bureaucracy*，Vol. Ⅱ，*The Politics of Social Classes*（New York：Monthly Review Press，1977，1978）。

[4] 关于福利国家，参见：James J. O'Connor，*The Fiscal Crisis of the State*（New York：St. Martin's Press，1974）；Ian Gough，*The Political Economy of Social Welfare*（London：Macmillan，1981）。关于美国社会福利政策史，参见：Frances Fox Piven and Richard Cloward，*Regulating the Poor*（New York：Pantheon，1971）。关于女性主义、社会主义和政治生活、临床问题，参见：Nancy Chodoraw，*The Reproduction of Mothering：Psychoanalysis and the Sociology of Gender*（Berkeley：University of California Press，1978）；Sheila Rowbotham，*Women's Consciousness*（Baltimore：Penguin Books，1973）；Eli Zaretsky，*Capitalism, the Family and Personal Life*（New York：Harper Colophon，1976）。

[5] 马克思恩格斯全集：第 31 卷. 北京：人民出版社，1998：9.

[6] Gurley，"The Materialist Conception of History," in Richard Edwards，Michael Reich，and Thomas Weisskopf（eds.），*The Capitalist System*（Englewood Cliffs, N. J.：Prentice-Hall，1978），p. 45.

[7] 想要了解有关阶级关系的精彩讨论，参见：*Marl Marx's Theory of Revolution*，Vol. Ⅱ。

[8] Robert C. Tucker，*TheMarx-Engels Reader*（New York：Hawthorne Press，1978），p. 220.

[9] Ernest Greenwood，"Attributes of Profession," *Social Work*，Vol. 2，No. 3（Summer 1957），pp. 45-55；Henry Meyer，"The Profession of Social Work：Contemporary Characteristics," in *Encyclopedia of Social Work*（New York：NASW，1971），pp. 959-972.

[10]《城市和社会变革评论》非常详细地探讨了无家可归者的动力关系。虽然所有的文章都不是马克思主义取向的，但它们还是提出了改进的方法。参见：*The Urban and Social Change Review*，Vol. 17，No. 1（Winter 1984）。

[11] 在马克思主义和社会民主主义的圈子里，有一场围绕着一个可能出现的专业-管理阶级展开的重要辩论。在资本主义晚期，这个阶级可能（也可能没有）拥有与统治阶级和工人阶级同等的社会地位。想要深入了解这场辩论，参见：Pat Walker（eds.），*Between Labor and Capital*（Boston：South Bend Press，1981）。

[12] Irwin Epstein andKayla Conrad，"Limits of Social Work Professionalization,"

inRosemary C. Sarri and Zeke Hasenfeld（eds.），*The Management of Human Service*（New York：Columbia University Press，1977），pp. 163-172.

[13] Ruth Brandwein，"Descriptive Attributes of Social Work Agency Management and the Continuation of Sexism," *Social Work*，Vol. 14，No. 3（June 1981）.

[14] 想要看一些有趣的讨论，了解大众对普通民众运动的动员漠不关心而产生的后果，可参见：Rick Spano，*The Rank and File Movement*（New York：University Press，1983）。要想全面了解 20 世纪工艺的变化，可参见：Harry Braveman，*Labor and Monopoly Capital*（New York：Monthly Review Press，1978）。

[15] Marx，*Capital*，*Vol. I*. p. 165.

[16] Robert Heilbroner，*Marxism：For and Against*（New York：Norton，1980），p. 103.

[17]《资本论：第 1 卷》后面的几节生动地描述了 17 世纪至 19 世纪时生产关系和阶级关系的变化。想要分析这些与社区组织有关的动力关系，可参见：Steve Burghardt，"The Strategic Crisis of Grass Roots Organizing," in Steve Burghardt，*Against the Current*，Vol. IV，No. 4。

[18] 剥削是一个带有社会意义的经济术语。从最一般的意义上讲，它是指一个阶级通过生产过程从另一个阶级身上榨取劳动力。在资本主义制度下，剥削发生在一个人生产了商品却得不到相应的工资或福利回报时。它是资本主义阶级斗争的经济基础。正如恩格斯在《家庭、私有财产和国家的起源》（Origin of Family，Private Property，and the State）中所写的那样："由于文明时代的基础是一个阶级对另一个阶级的剥削，所以它的全部发展都是在经常的矛盾中进行的。生产的每一进步，同时也就是被压迫阶级即大多数人的生活状况的一个退步。"（马克思恩格斯选集：第 4 卷. 北京：人民出版社，1997：173.）

[19] 关于这一现象，马克思有无数极具说服力的例子。例如，在一封批评蒲鲁东（Proudhon）的信中，他写道："蒲鲁东先生混淆了思想和事物。人们永远不会放弃他们已经获得的东西，然而这并不是说，他们永远不会放弃他们在其中获得一定生产力的那种社会形式。恰恰相反。为了不致丧失已经取得的成果，为了不致失掉文明的果实，人们在他们的交往方式不再适合于既得的生产力时，就不得不改变他们继承下来的一切社会形式……例如：各种特权、行会和公会的制度、中世纪的全部规则，曾是唯一适合于既得的生产力和产生这些制度的先前存在的社会状况的社会关系。在行会制度及其规则的保护下逐渐积累了资本，发展了海上贸易，建立了殖民地，而人们如果想把这些果实赖以成熟起来的那些形式保存下去，他们就会失去这一切果实。所以就爆发了两次霹雳般的震动，即 1640 年和 1688 年的革命。一切旧的经济形式、一切和它们相适应的社会关系、曾经是旧的市民社会的正式表现的政治国家，当时在英国都被破坏了。可见，人们借以进行生产、消费和交换的经济形式是暂时的和历史性的形式。随着新的生产力的获得，人们便改变自

己的生产方式，而随着生产方式的改变，他们便改变所有不过是这一特定生产方式的必然关系的经济关系。"（马克思恩格斯全集：第 27 卷. 北京：人民出版社，1972：478-479.）这种矛盾的动态，也反映了奥康纳和高夫在解释国家的合法化和积累功能方面的研究方向。

[20] 德雷珀阐述了马克思和恩格斯关于工人阶级发展的思想，认为工人阶级及其阶级意识日益向激进、集体活动发展的原因是一种绝妙的综合。参见他的著作第二卷的第一部分"无产阶级和无产阶级革命"（The Proletariatand Proletarian Revolution），载于：Hal Draper, *The State and Bureaucracy, Vol.* II（New York：Monthly Review Press，1977，1978），pp. 17-168。

[21] Ian Gough, *The Political Economy of Social Welfare*（London：Macmillan，1981），p. 186.

[22] Ian Gough, *The Political Economy of Social Welfare*（London：Macmillan，1981），pp. 43-44.

[23] 我试图在《组织的另一面》（Cambridge, Mass.：Schenkman，1982）一书中为实务工作者发展出一个新的辩证法框架下的动力关系。

[24] James J. O'Connor, *The Fiscal Crisis of the State*（New York：St. Martin's Press，1974），pp. 7.

[25] Ian Gough, *The Political Economy of Social Welfare*（London：Macmillan，1981）. 该书第三章非常详细地回顾了这些动力关系。

[26] 例如，参见：N. Poulantzas, *Political Power and Social Class*（London：New Left Books，1973）；R. Milliband, *The State in Capitalist Society*（London：Weidenfeld and Nicholson，1969）。想要了解对奥康纳的批评，可参见：Jared Epstein，"The Fiscal Crisis of the State Revisited"，in *Against the Current*，Vol. 4. No. 2。

[27] 正如海尔布罗纳所述，我们把这个朗朗上口的短语归功于约翰·费希特（Johann Fichte）。参见：Robert Heilbroner, *Marxism：For and Against*（New York：Norton，1980），p. 42。

[28] 见注释 [21]。

[29] Rick Spano, *The Rank and File Movement*（New York：University Press，1983），关于普通民众运用策略，特别是第二章到第三章；Steve Burghardt, *Against the Current*，Vol. IV，No. 4，特别是第一章到第二章；Steve Burghardt, *Organizing for Community Action*（Beverly Hills, Calif.：1982）。同时，想要了解有影响力的社区组织策略家如索尔·阿林斯基等反马克思主义的人，可参见：Saul Alinsky, *Rules for Radicals*（Boston：Beacon Press，1969）。

[30] Michael Fabricant，"The Industrialization of Social Work Practice,"*Social Work*，Vol. 30，No. 5（1985），pp. 389-395；Harvey Brenner, *Unemployment and Men-*

tal Illness（Cambridge, Mass.：Harvard University Press，1976），它探索了私人成本与社会成本之间的动态关系。

[31] William Schwartz, "Social Group Work：The Interaction Approach," in *Encyclopedia of Social Work*, Vol. 2（New York：National Association of Social Welfare，1971），pp. 1257-1262.

[32] Burghardt，*The Other Side of Organizing*，特别是第 7-8 章。

[33] Engels，*Origin of the Family*.

[34] 然而，我并不是说马克思主义者和左翼人士比其他群体有更多的个人问题。我认为，左翼人士的姿态使他们往往比其他人更少进行内省，就像我发现临床医生的新疗法风格过于内省一样。这个问题在我的《组织的另一面》（*The Other Side of Organizing*）中有更详细的探讨。此外，某些临床干预确实会让情感发展与政治活动相对立，有些人对此不屑一顾。占主导地位的临床方法这样做，并不意味着个人工作也必须这样做。

[35] 参见：Herbert Marcuse, *Eros and Civilization*（Boston：Beacon Press，1968）。本书在这一方面做出了突出贡献。

[36] 参见：Bertell Ollman（eds.），*Sex-Pol*, *The Writings of Wilhelm Reich*（New York：Dell Books，1971）。

[37] 在这一方面出现了很多重要的著作。除了注释 [4] 中提到的著作外，还可参见：SusanSchechter, *Women and Male Violence*（Boston：South End Press，1982）。这本书对这些问题进行了深入讨论，还提供了丰富的参考文献。

[38] Andrew Gorz, *Strategy for Labor*（Boston：Beacon Press，1967），p. 108. 当然，马克思在 100 年前就在《资本论》中讨论过这个问题，但对其的重视程度远不如今天的马克思主义者、社会主义者和女性主义者那么高。

[39] Paulo Freire, *Pedagogy of the Oppressed*（New York；Seabury Press，1972）. 这本书从方法论的角度，对这些动力关系做出了精彩的研究。

[40] Nancy Chodoraw, *The Reproduction of Mothering*：*Psychoanalysis and the Sociology of Gender*（Berkeley：University of California Press，1978）.

[41] Christopher Lasch, *Haven in a Heartless World*（New York：Praeger，1981）；Scott Jacoby, *Social Amnesia*（New York：Dalton，1981）.

[42] 安东尼奥·葛兰西围绕"意识形态霸权"的概念发展了这些思想，这是一个关于统治阶级如何继续通过军事或经济力量以外的手段进行统治的绝妙构想。参见：Antonio Gramsci, *Prison Notebooks*（New York：International Publishers，1977）。

[43] Thomas Keefe, "Empathy Skills and Critical Consciousness," *Social Casework*, Vol. 61，No. 7（September 1980），pp. 307-313；Peter Leonard, "Toward a Paradigm for Radical Practice," in Ray Bailey and Mike Brake（eds.），*Radical Social work*（New York：Pantheon，1975），pp. 46-61.

〔44〕Michael Fabricant，"The Industrialization of Social Work Practice," *Social Work*，Vol. 30，No. 5 (1985)，pp. 389－395.

〔45〕Tony Cliff，*Lenin.* Vols. Ⅰ－Ⅳ (London：Pluto Press，1976，1977，1979，1980)；Michel Liebman，*Leninism Under Lenin* (London：Macmillan，1975)。

〔46〕Hal Draper，*The State and Bureaucracy*，Vol. Ⅱ (New York：Monthly Review Press，1977，1978).

〔47〕最全面的介绍美国劳工历史的例子是：Philip Foner，*The History of the Labor Moveent in the United States*，Vols. Ⅰ－Ⅳ (New York：International Press，1947－1980)。另一部重要的著作是他最近出版的作品：Philip Foner，*The Black Working Class and the U. S. Labor Movement* (Philadelphia：Temple University Press，1982).

〔48〕Robert Michels，*Political Parties* (New York：Collier Books，1962).

〔49〕Frances Fox Piven and Richard Cloward，*Regulating the Poor* (New York：Pantheon，1971)；Frances Fox Piven and Richard Cloward，*The New Class War* (New York：Pantheon，1983).

主要参考文献

Bailey, Ray, and Mike Brake (eds.). Radical Social Work. New York：Pantheon，1975. 本书包含了一组文章，检视当前社会工作目标与实际影响的内在矛盾。

Burghardt, Steve. "The Strategic Crises of Grass Roots Organizing," in Steve Burghardt, Against the Current, Vol. 4, No. 4. 本文从当代的角度分析了生产和阶级关系的动态及其对社区组织的影响。

Burghardt, Steve. The Other Side of Organizing. Cambridge, Mass. ：Schenkman，1982. 本书用辩证法分析社会事件和情况的方法，是非常有用的介绍。

Fabricant, Michael. "The Industrialization of Social Work Practice," Social Work, Vol. 30, No. 5 (1985). 本文从经济力量的角度，讨论了当今实务中出现的新趋势。

Karl Marx and Frederick Engels ' Collected Works. New York：New World Paperbacks，1968. 本书是一部有价值的、极其重要的介绍这两名主要思想家的著作。

Keefe, Thomas. "Empathy Skills and Critical Consciousness," Social Casework, Vol. 61, No. (September 1980), pp. 307－313. 这篇文章强调了需要从案主和社工的经济情况出发，来了解案主的现实的需要，以及我们需要用专业的努力来改变社会和案主。

第十八章

冥想和社会工作治疗

托马斯·基夫

434   冥想是一门古老的学科，它源于多元文化，与心理哲学体系密切相关。例如，美国印第安人，中亚伊斯兰教的苏菲派、印度教，中国道教，广为传播的佛教以及其他基督教传统教派都建立了各自的冥想方式，借此来促进灵性和个人成长。在过去三十年中，冥想开始与西方科学的理性-实证传统结合。最近，人们开始运用科学手段来检测、客观化冥想过程，逐步剥去了其神秘化的外衣，用不同的实证证据来充实冥想。

尽管对冥想的研究还在进行中，假以时日人们也会逐渐接受这种方法，但是，有些心理治疗和社会工作实务工作者已经承认并将冥想运用到自己的实务中了。冥想作为一种方法，可以对社会工作干预发挥辅助作用。它实际上是一种自我调节和自我探索的机制。它可以通过有效降低压力来帮助人们应对压力。在处理某些特殊问题、面对某些人群的时候，冥想是非常有效的，这一点也得到了人们的认可。另外，为来自不同文化背景的人提供服务时，冥想也特别有价值。然而，冥想作为一种方法，需要从很多社会工作治疗理论的全面描述和解释中获得支持，可能也会遇到挑战。

描述和解释：心灵要敞开

冥想是由一组行为构成的。冥想的一些结果是可以直观看到的，一些则需要间接推论。在本章的写作中，我们没有将冥想定义为在不涉及思绪的幻象中飘荡，或者大脑沿着一条严密的逻辑线努力寻找解决方案。与上述常见概念不同的是，冥想是一种既不虚幻也不具有逻辑的精神状态。当然，冥想的表现形式非常多样，但它们还是拥有一些共同特征的。

435   从本质上讲，冥想是一个发现或者发展独立于视觉和语言符号思维的意识的过程，会受到人们想要通过冥想实现什么目标的影响。它会有意地培养一种有益于直觉的心理状态。冥想通常会将身体的放松与注意力的集中结合起来。简单描述冥想的过程将有助于我们理解冥想的方法。

方法论

人们在冥想的时候会将身体放松，将注意力集中于关注某个具体事物。注意力的焦点可能是一种声音（引导语），一种设计（曼荼罗）（Kapleanu，1967）、一个物体、一个身体部位、一种心理意象，或者是一段祷告。这种表面看起来简单的技巧是无法瞬间掌握的。噪音、身体刺激、内心对话、独白、图像和情绪会不断地打断冥想过程和人的注意力。想要完成冥想过程，第一，要持续关注或者一直留意任何能够分心的事物；第二，要明白或能够说出注意力丧失的情形，例如"思考""感受""记忆"等；第三，要放下任何由此产生的联想链，回到冥想的焦点。对于初学者来讲，要学会释放对分心事物的注意力，重新集中注意力，培养一种不参与分心联想的态度。我特别喜欢这样的比喻：心灵要敞开，不再执着，不再拒绝。

一些理论家和实务工作者将冥想分成了两种形式。一种是浓缩式的冥想，冥想者的注意力与冥想的物体合二为一，排除了其他刺激物。反之，另一种形式的冥想是顿悟或者正念冥想，这就是本章要系统介绍的冥想，它强调的是对随机发生的大脑过程的内容进行反思和检查，通常每一种内容都有一个名称，例如记忆、幻觉、害怕等。这两种不同形式的冥想，还有很多不同的变化形式。非常有趣的是，对这两种冥想的脑电图变化的研究发现，大脑活动的变化与正在进行的冥想是一致的（Anand，Cchhina，& Singh，1984；Kasamatsu & Hirai，1984）。对于高级冥想者而言，如果他们采取了一种从精神层面"放手"的态度，轻而易举地关注冥想物有助于他们反思和检查随机出现的刺激物，无论是内在的还是外在的。

体验

很多冥想者在刚开始学习冥想技术时，会发现很容易被自己的思绪分散注意力。干扰思绪似乎以其对冥想者个人的重要性的等级来表现。首先出现的干扰性思绪似乎都是最近发生的最能引起焦虑或愤怒的事件。随之而来的是记忆或对减少忧虑的预期。思想、图像和感觉会涌上心头，暂时分散冥想者的注意力，如果不集中注意力，任其分心，就会耗尽冥想者的精力。当将干扰与身体的放松状态相结合时，就会出现重新聚焦于冥想对象的愉悦，即一种全局脱敏状态（Goleman，1976），于是，思想和想象得到了宣泄。增加平静和客观性，能够使冥想者拥有一种观察构成象征性自我及其组成部分的思想态度。

在通过集中注意力进行的冥想中，冥想者可以意识到什么时候注意力被打断了，有时还可以指出打断的性质，例如"思考""感受""记忆"等，从而有意识地重新集中注意力，所有这些都是不同形式的"辨别学习"（Hendricks，1975）。知觉、思想和感觉与冥想的焦点是不同的。慢慢地，就会增强将想法和感觉与注意力焦点区分开来的能力，冥想者会将记忆、期待、恐惧和内疚与直接的注意力焦点有效区分开，培养"当下中心"的意识。在研究中，这些意识会被操作化为"时间管理能力"，成为自我实现的重要组成部分（Brown & Robinson，1993）。当这种区分意识成分或意识内容的学习变得越来越容易时，观察者自我，也称为看守人自我（Deatherage，1975）或者见证者（Goleman & Schwartz，1976），就开始出现了。观察者自我在很多领域都可以发挥重要作用。

我们需要清楚地认识到，观察者自我并非是异己的、去个性化的，或者神经质的自我，由思想和情感的分离或抑制过程维持。相反，观察者自我具有安全的主体性，在最精细的层次上，允许完整的经验的存在，而不需要任何判断、防御和阐述。在冥想的观察者自我的培养中，还需要一些有益的能力，关于这些能力，我们将在下文中进行讨论，并在我们研究冥想作为一种人格改变的技巧时做进一步阐述。

冥想中习得的能力

对于我们这些参与社会工作治疗的人来说，反思冥想练习到冥想者的心理社会功能学习的转化，是很有价值的。从冥想中获得的学习可以被界定为"各种能力"，下面我们来看看这些能力具体包括哪些内容。

聚焦与内心定向

将注意力集中在某个事情或者某个任务上的能力，是可以通过学习提高的。在某些文化传统中，可以将其称为"心的一境性"。如果能够把这项能力带入日常生活中，在这种心理状态下完成任务，就能够避免走神，做到事半功倍。佛教徒把这个状态称为"正念"（Burt，1955）。

例如，滑雪者需要全神贯注。随着速度的加快，斜坡越来越陡，地形越来越复杂，滑雪者便越来越需要全神贯注。如果滑雪者突然全神贯注于远处下降的山坡，或注意自己的外表和表现，又或者因突然害怕摔倒而分散注意力，摔倒的可能性就会增加。紧张的运动员、难为情的演讲者、深陷案情中的律师、过度认同的社会工作者都容易发生注意力分散，这种情况就是所谓的丧失内在控制。布朗和罗宾森（Brown & Robinson，1993）研究了冥想、练习和自我实现措施之间的关系后发现，那些只做冥想，或者做冥想并配合练习的人，与那些只做练习的人相比，其内在方向感会明显提高。

分辨

辨别内部刺激如记忆、恐惧、愤怒等的能力，成为测量不断增强的自我意识的重要手段，同时，也可以帮助我们在社会环境中狄得同理心和沟通能力。与对当下的聚焦结合起来，这项能力可以帮助我们更加客观地、不带执念地观察自己的内在过程，这样，我们在面对复杂情境时，会处理得更好。

包容性感知

通过冥想还可以培养出一种感知改变的能力。在这种感知的被动接受的阶段中，人们会让世界刺激自己的感官，延迟认知结构，使得被感知到的事物能够为自己发声，这样，人的感知就得到了强化。心理学家西尼·朱拉德（Sidney Jourad，1966）和亚伯拉罕·马斯洛（Goble，1970）把这种形式的感知描述为对更加积极的、结构化的和需求导向的感知的补充。向智尊者（Nyanaponika Thera）把佛教对这种源于冥想的感知模式称为"全然关注"。向智尊者（Thera，1970）是这样解释的：

> 它确保关注对象不受个体的偏见和激情的影响，使其不受外来附加物的影响，也不受与之最相关的观点的影响，它通过减缓感知或认知过程中从接受阶段到活跃阶段的转变，牢牢地将自身置于智慧之眼之前，从而大大增加了进行密切且冷静的关注的机会（pp. 34-35）。

总之，我们认为，冥想行为的结果包含了全球性经验，也包含了很多能力，例如放松、潜在的刺激物的脱敏技术、注意力集中、内向性、以当下为中心的意向、不断提高的分辨能力、自我意识和增强的感知模式等。很多研究也证明了上述主观感受和在理论上成立的能力是实际存在的。

上述每一种能力都会对个人和人际功能的发挥产生重要影响，因此，冥想常常可以用来处理案主的症状性或问题性的具体反应或行为。后面我们将要讨论到，很多研究证明，这些症状性或问题性行为包括明显的焦虑症和压力、某些形式的抑郁症、药物滥用、恐惧性反应以及人际交往问题等。由于不受人类行为中的健康和疾病观念影响，冥想已经成为普通人和特定宗教修行者的个人成长和意识发展的重要手段。冥想作为一种工具，可以发掘实务工作者的潜力，它不仅仅具有激发人类正常功能性发挥的可能性，它还会真正激发人类健康的功能性发挥。因此，在社会工作干预中，冥想有不同的表现形式。冥想对社会工作从业者而言有很大的发挥空间，对案主而言也有潜在的运用价值。尽管有很多实证结论说明了哪些情况可以运用冥想而哪些情况不可以，但在使用冥想时都不需要进行预先诊断。它可以被运用在个人、家庭、小组和社区中。

进入社会工作干预的起源和路径

如上所述，冥想产生于各式各样的文化和传统中。无论它的来源是怎样的，无论它有多少种不同的表现形式，冥想都起源于人类共同的直观思维模式。例如，佛教的打坐源于公元前约 544 年的佛祖乔达摩·悉达多①的直觉启迪（Burt，1955）。据说悉达多曾经过着富足而放纵的生活，但他在寻找世界苦难的根源的过程中，过着苦行主义的生活。在放弃这些极端的自我关注之后，他找到了答案，获得了启迪。他的四圣谛和八正道，成为传播他智慧的工具。佛教的八正道把冥想作为摆脱痛苦的一条途径（Beck，1967）。因此，尽管每个分支传统都有其各自的特点，但冥想是佛教所有分支共同的核心内容。佛教被认为是公元 520 年由菩提达摩从印度北部的悉达多传到中国的（Kennett，1972）。这样，印度的禅定就变成了中文的禅。受中国道教的影响，冥想被传到了中世纪的日本，变成了"禅"（Zen），其字面意思就是冥想。之后，禅通过几个不同的渠道进入了西方，在铃木大拙（D. T. Suzuki，1964）、艾伦·瓦茨（Allen Watts，1961）以及其他人的推动下日益流传开来。

但是，禅只是少数具有古代传统和多样文化来源的冥想的一种表现形式，事实上，冥想在世界上主要的宗教中都是非常重要的组成部分，如印度教、道教、佛教、犹太教、伊斯兰教和基督教等。

很多世纪以来，印度佛教的口头传教都会教授冥想。在公元前 300 年之前，帕坦伽利的瑜伽经中就有关于冥想的记载（Wood，1959）。冥想也被运用在瑜伽中，例如唱诵、想象、调息及关注身体的不同姿势或部位。瑜伽冥想的目的是统一身心，让个体成为一个整体的、功能正常的阿特曼（灵魂自我）——一个神一样的高我（Prabhupada，1972），最终实现与梵天或神的结合。薄伽梵歌（公元前 200）指出，冥想是摆脱因果报应或脱离因果世界的三个主要方法之一（Prabhupada，1972）。

在中国，孔子将冥想作为个人成长的重要组成部分。后来，它成为陆九渊新儒学的核心要素。与此同时，道家也运用冥想来实现与道的神秘的和谐（Welwood，1977）。

某些犹太神秘主义教派吸取了冥想的成分，提出了形而上学学说。亚历山大的斐洛（Philo of Alexandria，公元前 15—公元 50）和中世纪的一些犹太学者都曾经使用过这种形式的冥想（*Encyclopaedia Britannica*，1974）。

自 20 世纪以来，民间流行的伊斯兰教派苏菲派积极推广不同形式的冥想，以及其他技术，例如利用物体摇摆来诱导催眠。冥想成为对上帝的重要的纪念方式。它还被用来促进对个体真实内心的感知（Al-Ghazzali，1971）。

---

① 即释迦牟尼。——译者注

从早期的基督教诺斯替派到中世纪的修道院，再到 18 世纪的希腊东正教，基督教运用冥想的传统就更加丰富了，使用了很多不同形式的冥想技术。基督教还编撰了一些培训手册，包括希腊东正教的哲人和阿维拉的圣·特蕾莎（St. Theresa）所著的《全德之路》（*The Way of Perfection*）（Jourard，1966）。近年来，西方各种形式的冥想都可以从早期基督教中找到根源和痕迹，包括在 17 世纪时冥想作为一种西方传统的衰退（Schopen & Freeman，1992）。德里斯基尔（Driskill，1989）发现，基督教传统曾经大肆赞扬冥想的治疗价值和宗教价值。

形式服从于哲学

非常有趣的是，瑜伽修行者和佛教徒的哲学思想反映在他们截然不同的冥想行为中。例如，大多数瑜伽冥想者似乎对冥想的对象培养了一种习惯效应（Ornstein，1977），并经历了对冥想对象的感知丧失或与之"融合"。这种主观的习惯体验与大脑在放松意识的同时产生的电磁波是相对应的。这些瑜伽的冥想者们会降低对外部刺激物的意识，从而止息杂念，心神平情，这种感觉又称为"定"（即三摩地，英文为"samadhi"）。对于瑜伽而言，定（三摩地）是自我超越意识的最高境界，它是一种与神性或宇宙意识的联系，要通过严格和专一的奉献来获得。

高级禅修者也会经历这种习惯效益，并会记录下不断增强的阿尔法波。但是，当冥想者受到外部刺激时，有证据表明，他们会以敏锐的、短暂的注意力做出回应，类似于贝塔波的短暂爆发。这些冥想者似乎可以不断回应外部的刺激，但是不会对外部刺激上瘾。心理学家罗伯特·奥恩斯坦（Robert Ornstein，1977）指出，他们会持续回应，但是不会针对入侵式刺激建立起视觉模型或者进行言语标记，但是，他们每次都能清楚地感知这些刺激。对于佛教徒来说，涅槃的状态与三摩地是一样的，这种状态是可以进入的，但是对于那些尘缘未了的佛教徒而言，他们是难以达到这个境界的。涅槃是要进入一种智慧状态，要承担着普度众生的使命（或者是激发大众意识）。非常有趣的是，冥想者的内在回应与他们的传统教义是高度一致的。由于这种保持高度一致的情形在其他传统中也会出现，因此，冥想成为西方治疗传统中的重要组成部分也就是顺理成章的了。冥想与社会工作之间的互相影响会让人感到兴奋不已。

对社会工作的影响

尽管冥想通过不同的渠道进入了西方，但是，它还是没能完全渗透到西方工业文明的方方面面。专业的社会工作作为工业化市场系统的一个副产品，在人类发展历史中相对比较年轻。对于社会工作而言，冥想也是一个新生事物。它进入社会工作是因为社会工作奉行的是多元化、多样性和折中主义等规范。社会经济发展带来的不稳定性、矛盾和压力促使人们追求相关的治疗模式，冥想也就成为更加有效的干预服务中的一种技术手段。

社会工作专业对冥想技术感兴趣，其根本原因在于当代人经历着相同的压力：由于经济体制的矛盾和不稳定，我们生活在一个充满了焦虑的时代。冥想可以填补我们的个人和职业心理中象征性的和实际的空缺。为了面对我们生活中的碎片化和矛盾，寻找一个安全、安静的地方，一个可以用来回忆、整理、放松的地方，成为一种天然的慰藉。此外，如果冥想不仅是一种临床辅助技术，而且是一个社会工作其他技术的推动者和行动的先驱，那么，冥想就会与社会工作专业产生紧密的相关性。

很多心理学家和精神病学家运用并研究了冥想方法。恩格勒指出，在精神病学治疗中，人们采用了很多源于冥想传统的技术（Engler，1984）。使用生物反馈仪的心理学家自然地被冥想技术吸引，他们的实务也对社会工作者产生了一定的影响。心理学家对冥想做了大量的研究工作（Shapiro & Walsh，1984）。

从临床的角度，冥想给心理治疗师们提供了极大的帮助（Keefe，1975），同时，还推动了心理学家发展同理技术（Keefe，1979），这一点得到了大家的普遍认可（Sweet & Johnson，1990），很多研究发现证明了这一点（Pearl & Carlozzi，1994）。临床社会工作者和社会工作教育者都对冥想技术产生了极大的兴趣。还有很多实务工作者采用了冥想技术，特别是超觉冥想技术（Bloomfield & Kory，1977），他们将冥想融入了自己的工作中。尽管缺乏能够确定它的使用范围的研究，但是，人们还是可以做出这样的假定：随着更多的研究结果的出现，社会工作专业对冥想的兴趣将会越来越大。

交叉渗透和多样性

正如在回顾冥想的历史起源时所指出的那样，在某些文化传统中，冥想的技术已经被
441 提炼出来，用于促进个人成长和积极行为的改变（例如，Shapiro，1994）。在每一种文化传统中，冥想都与某些概念化联系在一起，这些概念化能够帮助实务工作者解释冥想的主观感受，以及可带来的行为和心理结果。每一种文化都将冥想置于自己特定的文化背景之中。把冥想作为心理治疗和社会工作干预的一个辅助手段，也是将其置于一个理性的、技术性的和文化背景之中。这样，我们便可以不断完善和扩展冥想技术，同时，还可以丰富我们自己的传统。

由于冥想本身源于多元文化，因此天然就带有多元性的特征。按照笔者的经验，印第安人和亚裔案主及其实务工作者发现冥想中沉思的内容与他们的价值观和自我发展观高度一致；基督教徒根据自己的特殊背景，对冥想的接受程度会从非常容易接受到非常谨慎不等。尽管上述发现源于非常有限的临床和教学经验，但是，一个合理的概括是，来自不同的重视沉思和思维方式的文化背景和次文化背景的人，比较容易将冥想当成一种治疗技术。

冥想、个性和受约束的自我

与人格形成有关的冥想的经验和结果，扩展了西方心理动力学的概念化。它们修正或者扩大了心理动力学和认知导向的社会工作干预。

在传统的弗洛伊德理论中，发展自我或象征自我的概念，是基于人们有必要在意识中象征性地再现那些可以满足我们真是需要的物体。我们所具有的象征化的能力使得我们在与社会现实保持一致的过程中，可以实现"延迟满足"。因此，符号的形成被认为是意义创造和社会互动的必要条件。冥想体验并不排斥上述观点，但是，它的确挑战了上述观点背后的假设。

自我观察

符号的自我或自我意识的体现，是通过一个与情感或生理反应相联系的语言和视觉符号网络来实现的。然而，如上所述，冥想者可以培养一种能力，让自己可以冷静地观察象征性的自我。在冥想过程中，情感、内在的语言表达和视觉化能够得到认可、体验和标记化，但是，它们并没有成为一种自我延续的思想流，而这种思想流被视为我们的基本经验和意识的基本要素。

如上所述，高级冥想者可以将在冥想中习得的能力迁移到日常生活中。这些能力包括：（1）区分记忆、幻想、忧虑，以及伴随其而来的情感内容和对当下的感知；（2）在某种程度上决定哪些认知或情感反应会成为对进一步反应的刺激，哪些不会。在学习这两种能力的过程中，冥想者会培养自己的观察者自我。心理学家盖理·迪赛里奇（Gary Deatherage, 1975）在阐述将禅的一种呼吸冥想方式运用到心理治疗中时，是这样说的： *442*

> 如果我们在相当长的一段时间中教病人关注呼吸观察中的中断现象，并用中性词来表述这些中断现象，例如"记忆""神秘化""听见""想到"或者"接触"，他很快就会发现一个相当复杂但又令人感到安慰的情况，即他的精神层面非常平静，心理层面非常强大，他可以观察、标注精神"自我"，还可以看到其他层面的自我经历了太多的耸人听闻的事件，沉浸在过去的痛苦回忆中，或对未来充满了美丽的、逃避现实的幻想。
>
> 通过帮助病人发现一个强大的、中立的"守望者自我"，也就是帮助病人发展自己的优势，增强动机和能力，从而全身心地参与到各种形式的心理治疗中，并从中获益（p.136）。

对于冥想者而言，自我意识或者符号自我并非其生命经历的基本轨迹。实际上，还存在着一个观察者自我，或者用迪赛里奇的话来讲，是一个守望者自我，观察者自我会产生一种一致性的、无条件的意识，并在此基础上做出符号和心理反应，就像在镜子面前演戏一样。

在更多的相关研究出现之前，人们都是这样来描述冥想的过程的。冥想的过程占据了人格的理性、线性和语言功能的注意力，与此同时，一个扩散状的、非线性的意识会以观察者自我的身份出现。这样，冥想者会体验到他或她象征性地构建的自我与过去、现在和未来世界之间更广泛的联系。这种"更大的自我"的体验一次又一次被描述为是无法言说、无法传达的。这是因为我们的语言逻辑自我必须专注于单一的组成部分，这是一幅感知和经验的全景图，在时间上（过去、现在和将来）和空间上（这里、那里等）是没有区别的。因为只有我们分散的、直觉的（通常是右脑叶）意识的一部分可以成为我们集中注意力的狭窄光束的焦点，所以只有我们更大的意识的一部分可以立即进入我们的语言逻辑、语言意识的自我。这个更大的自我与我们所说的有意识的自我分离的概念引起了人们更多的兴趣。

在《冥想与无意识：一个新的视角》（Meditation and the Unconscious：A New Perspective）一文中，约翰·维尔伍德（John Welwood，1977）提出了这样的假设：传统的弗洛伊德和荣格理论中的"无意识"限制了我们对人类功能性的理解。从本质上来讲，维尔伍德假设的是，被定义为无意识的现象——遗忘、口误、大笑、习惯、神经性症状和梦魇——都是证明我们在日常焦点注意力之外发挥日常功能的简单的证据。他没有假定一个内在的、不可知的、本能的精神区域，相反，他提出，我们可以设想一种集中性的注意力，它能够在普遍的感知和意识的基础上定义图形。在维尔伍德看来，这个基础不仅仅是一个内在的结构。相反，这个基础是由感知到的意义、个人意义模式、有机体适应宇宙模式和趋势的方式以及当下的状态组成的。

人格改变

尽管维尔伍德对背景的特别定义与传统的无意识概念截然不同，但是，这种概念化方式描述了冥想者是如何体验那些在传统精神动力术语中没有被标记为有意识的意识的。在冥想过程中，自我意识或者符号自我并没有消失。冥想者并没有进入"无我"状态。

相反，冥想能够促使自我认识到自己受到社会制约的本性。每个人都会有一段深受自己所处世界中的人际环境影响的历史，每个人在一个特定的时间内只会注意或意识到自己的一小部分社交程序，而冥想成为帮助人们发现除受社会影响的个人潜能之外的其余个人潜能的方式。这些都说明冥想可以促进人格改变。

因此，根据冥想理论，人格并不是由稳定的意识-无意识要素构成的。相反，它是由一些互相交织在一起的符号意义网络构成的，每一种网络都与日新月异的社会世界紧密相连。自我犹如溪流中的小漩涡，从某种意义上讲，自我甚至可以说是虚无缥缈的。

意识控制

为了培育观察者自我，冥想者需要抓住由符号建构的自我的虚幻本质。这个符号自我会不断经历各种冲突、被焦虑激发出的思想以及反复出现的强制力。从观察者优势角度来看，它们的影响力和对回应的控制变得缺乏预见性。这是因为高级冥想者能够辨别问题的根源，并以一定程度的中立性来决定替代性的行动方针。在冥想的放松状态下，与某个具体事件或情境相关的焦虑或愤怒会得到缓解，变得不敏感，随着对行为和反应进行有意识决策的能力的增强，这些不良情绪的权力和控制力会减弱。这些反应都会增强治疗的效果。正如迪赛里奇（Deatherage，1975）所述："随着人们意识到自己的意识过程，他们可以拦截并消除有害的语言或行为，阻止它们进入自己的行为，很多病人发现这样做是非常有意义的，因为它能够让自己在意识层面控制和约束自己的行为。"（p. 136）冥想是探索和治疗以及行为自我控制发展领域的一个组成部分也就不足为奇了（Shapiro，1994）。因此，上述冥想经验和结果扩展并修改了传统心理动力学和认知理论，特别是其中那些涉及无意识本质和功能的内容。

冥想的传统文化环境普遍加入了自己的神话，用以解释社会心理自我到底是由什么构成的。传播学、自我心理学、符号互动主义、社会学和其他西方科学填补了传统的过程观的空白，这些过程实际上制约了自我。但是，即使是西方心理学家和治疗师们采用了冥想方法，并对其开展了深入研究，他们在定义人际交往背景的参照时，还是会回归哲学思考。有些人会使用神秘主义的语言，谈论更大的自我或者宇宙性意识，每个小我都与之相连，每个人都是小我的显现。这种语言是全球性的，对社会现实的更精确和更具批判性的看法不应被社会现实的神秘化抛弃。因此，我们不能轻视这种观点中的潜能和智慧，也不应该通过对它的滥用来粉饰社会现实。的确，关注灵性发展的人，往往是那些首先承认社会条件会约束灵性发展的人。

社会工作格外关注人类行为和社会环境，因此，它为我们理解自我的社会环境做出了重要贡献。社会工作者承认，在很大程度上，社会环境会与个人心理产生互动，并决定了个人心理的特征、前景和意识程度。唯物主义者简单地扩展了这个特点，指出属于社会条件范畴的经济组织或结构决定或塑造了社会及其意识形态生活。需要注意的是，对神秘主义传统的表述并不能取代对冥想经验的批判性分析，因为这些经验是可以延续到日常运作的行为中的，会对冥想者的人格和社会功能产生积极作用。

个性和具体应用

自我意识、身体放松、减压、焦虑思维脱敏、对问题行为包括药物滥用的自我调节、辨别其他刺激和自我探索，以及控制中度抑郁等都是将冥想运用到问题治疗中的具体实例。

自我意识

第一，通过学习具备更强的自我意识，意识到自己的感受和动机，从而明白自己是如何回应人际关系的。后面我们会讨论，冥想的自我意识能够帮助我们感受自己对他人的回应，并将这种回应向他人表达出来，这样做本身有助于培养自己的同理心。伯纳德·格鲁克和查尔斯·施特勒贝尔（Bernard Glueck & Charles Stroebel，1975）在研究运用冥想在心理治疗中治疗病人的效果和反馈时，详细记载了病人在冥想过程中出现的生理性变化。他们发现，超验冥想在大脑中产生了可记录的脑电波变化，这种变化后的波形与放松时的脑电波波形平行。他们认为，不断重复的声音和咒语会成为放松的载体，最终到达大脑的主导和非主导半球。这种反应是对自我理解和心理治疗的功能性反应，通过允许"压抑"的材料更快地进入意识来完成。这种做法有可能使病人的康复速度快于标准治疗。

放松和压力

445

第二，通过冥想来学习放松有助于处理与焦虑相关的问题。例如，迪恩·夏皮罗（Deane Shapiro，1976）发现，将禅修与行为自控技术相结合，可以有效地减少患者的广泛性焦虑和被外部力量控制的感觉所带来的焦虑和压力。最近的几项研究表明，单独使用冥想或将其作为一种补充方法来减少性格和状态焦虑以及压力的生理表现，都有着显著的效果（例如，Alexander, Swanson, Rainforth, & Carlisle，1993；DeBerry, Davis, & Reinhard，1989；Kabat-Zinn, Massion, Kristeller, & Peterson，1992；Pearl & Carlozzi，1994；Snaith, Owens, & Kennedy，1992；Sudsuang, Chentanez, & Veluvan，1991）。在治疗失眠患者时，沃夫尔克、卡尔卡夫善、麦克纳尔蒂和莱勒（Woolfolk, Carr-Kaffashan, McNulty, & Lehrer，1976）发现，冥想中的注意力聚焦技术能够有效地为患者带来渐进性放松，从而缓解失眠。一项为期六个月的跟进研究发现，冥想和放松都能有效地改善患者的睡眠（Woolfolk et al.，1976）。

第三，近年来，传统的焦虑治疗已经被广泛扩展到了一般性压力治疗领域。作为一个研究领域，人们认为压力能够提高我们的能力，但要避免产生严重的疾病和精神障碍。当人们认为外部和/或内部的需求超出了自己的适应或应对能力时，压力就成了一个人的生理和心理社会反应（Fried，1982）。当然，某些压力会引发人们的挑战或兴趣。但是，过度的压力是当今工业社会普遍存在的一个问题。

人们研究了冥想和各种形式的放松训练在减少压力对身体的影响以及帮助人们在与压力有关的行为或意识方面进行自我调节的潜力。在1970年代初期，罗伯特·华莱士、赫伯特·班森和阿奇·威尔逊（Robert Wallace, Herbert Benson, & Archie Wilson，1971）

等人的研究表明，冥想会带来独特的生理和其他方面的改变。后来，其他学者的研究也表明，不同形式的放松策略和催眠术与冥想有着类似的功效（Beary & Benson，1974；Fenwick，Donaldson，Gillis，Bushman，Fenton，Perry，Tilsley，& Serafinovicz，1984；Morse，Martin，Furst，& Dubin，1984；Walrath & Hamilton，1984）。有些研究清楚地指出，冥想至少与放松策略一样有助于缓解压力和降低压力的自主性指标（Goleman & Schwartz，1984；Marlatt，Pagano，Rose，& Marques，1984）。例如，在他们的研究中，沃夫尔克、莱勒、麦卡恩和鲁尼（Woolfolk，Lehrer，McCann，& Rooney，1982）对冥想、渐进性放松和自我监控等治疗压力的技术进行了比较。随着时间的推移，冥想和渐进性放松能够明显地降低压力表征。当然，这个领域，我们还需要开展更多的研究来证明冥想和放松技术的功效。我在这里想要指出的是，在所有的比较性研究中，某个特定技术所表现出来的"晕轮"效应看起来都是有效的，或者需要做出"控制"，但是，它们都有改进的空间。

应对和药物滥用

作为治疗策略，冥想在处理案主认知层面的压力方面有明显优势。压力很大程度上源于人们对某个事件或处境的感知。被视为威胁的事件会比那些被视为成长中的挑战的事件带来更大的压力。冥想能够帮助个体发现事件引发的象征意义、微妙的恐惧和其他内在刺激。人们可以在心理层面认识到自己的应对策略、合适的时机、冷静的决定以及成功应对的经验等，并有意识地将这些内容纳入应对策略中。此外，个案研究和某些理论家都支持上述观点，即冥想行为可以被迁移到生活的方方面面，并且能够被有意识地调动起来，以应对未来的压力事件（Shapiro & Zifferblatt，1976；Woolfolk，1984）。当人们的压力反应方式对承受压力的人造成的问题多于为其带来的帮助时，就会产生适应不良应对。冥想可以帮助人们预防这些适应不良反应，例如药物滥用，药物滥用虽然可以暂时性地缓解压力，但是，却会带来永久性生理、心理甚至人际问题。

的确有一些证据表明，冥想有助于治疗这些适应性不良问题。最近还有几项实证研究表明，冥想或者以冥想为辅助手段的治疗在药物滥用康复和制止复发中有着很不错的效果（Denney & Baugh，1992；Gelderloos，Walton，Orme-Johnson，& Alexander，1991；Royer，1994；Taub，Steiner，Weingarten，& Walton，1994）。

第四，将自我意识和有意识的放松结合起来，能让人们将从冥想中习得的行为迁移到生活的其他方面，特别是当压力或过度刺激妨碍了人们客观或理性地发挥自我功能时。有研究显示，冥想可能也有助于戒酒和戒毒，因为它可以降低焦虑水平，分辨那些激发问题习惯的刺激，培育一种"内在的控制力"（Benson & Wallace，1984；Ferguson，1978；Marlatt et al.，1984）。人们可能会质疑，如果焦虑引发的刺激在冥想过程中得到了确认和脱敏，它就不太可能在符号系统中永久存在。例如，有些人会把对即将发生的事情的担忧与这些事情的积极结果联系起来。如果这些担忧会不断得到奖励，它们就会一直存在，伴随着幻想的负面结果、焦虑和全神贯注（Challman，1975）。冥想能够帮助人们分辨担忧性幻想，及其对人的身体和功能所产生的影响。脱敏和一个安全的观察者自我能够帮助人们意识到这些担忧，将其所带来的影响减至最小，允许忧虑的想法存在但使其不产生消极的后果。随着不断培育观察者自我，现代西方人的正常意识状态，包括分散的注意力、担心、专注和焦虑，可以被强化为一种正念，在这种状态下，注意力自动地集中在当下的行动上。专注于自己和自己的表现，可以减少对结果的担心和游离的注意力等对你决定去完成的任务的干扰。从某种意义上说，象征的自我在上述活动中迷失了。

第五，观察并分辨冥想中的思想使冥想者能够把这些思想和图像作为工具来再现现实，与现实沟通，并对行动进行指导，而不是作为真实环境的虚幻和无意义的替代品。符号和认知建构会更少地干扰对当下的感知。

抑郁

作为一种分辨性训练，冥想可能会成为帮助人们控制抑郁的重要手段。在《习得性无助》（Learnsd Helplessness）一文中，社会工作者卡罗尔·胡克（Carol Hooker，1976）进行了文献综述，提出反应性抑郁在动态上类似于实验动物的习得性无助状态。马丁·塞利格曼（Martin Seligman，1974，1975）以及其他学者都认为，事实上，当一个人反复遭受无法控制的有害环境的影响时，他可能会学着不去学习。在这种情况下，人们知道无法逃避也没有解决方案，只能进行迟钝的退缩，几乎不会采取任何行动、进行目光接触，或做出正常的满足需求的行为。胡克借助贝克的著作（Beck，1967），发现这种习得性无助是人类认知的组成部分，是所有已知的掌握和解决方法都曾被尝试或排练过，但没有效果的一种状态。任何行为和努力都不会改变这个状态。对个体行动的有效性的信念会导致抑郁。例如失去挚爱是一个难以化解的悲剧。在某些情况下，不断重复让人产生负罪感的想法、自我贬低以及认为没有生死就没有未来的信念，可能会让抑郁症持续很长一段时间。

冥想可以帮助抑郁的人重新获得脱离困境的自我意识，这种自我意识在符号系统中得以部分维持。与该事件相关的创伤性思想被脱敏后，一个人将学会逐渐掌握那些使自己持续抑郁的东西。最后，要建立新任务和获得新机会，掌握和不断练习新角色的想法得到了有意识的强化和维持，并成为行动的指南。最近一项基于冥想的减压效果的实证研究发现，在为期三个月的随访中，患者的焦虑和恐慌症状不仅得到了缓解，抑郁症状也得到了缓解（Kabat-Zinn et al.，1992）。

关于如何在谨慎、亲近、可靠的督导下使用类似的方法，下文将做详细阐述。这类方法可能对思维障碍患者具有治疗作用。换句话说，对思考的观察不是建立在联想的基础上，而是"迷失在思考中"，这是冥想的目的所在，是为了增强辨别力。

总之，研究表明冥想是治疗各种潜在问题的有效辅助手段。夏皮罗（Shapiro，1994）

通过对冥想在自我调节和自我探索中的研究进行总结，发现冥想已被剥离了原有的文化和宗教语境，这种做法避免了两难困境和分歧。他用一个强有力的理由来重新介绍冥想的背景：它符合社会工作的视角，重视文化多样性，并从全人视角与案主一起工作。基于这样的想法，我们必须认识到，一些案主和社会工作者还是认为冥想是一种陌生的方法，即使它已经远离了冥想原来的文化背景。此外，有些问题是不能用冥想解决的，除非有善于冥想的工作人员的密切督导。虽然明确的研究表明，冥想可能带来的可怕的禁忌症数量很少，但人们还是在努力制定一些指导方针来指导如何正确使用冥想。

448

注意事项和禁忌症

有些人发现冥想会更适合他们的性格、文化或信仰。同时，某些严重的失调会使得正确的冥想练习变得困难或不可能完成。

态度

焦虑但有条理的人似乎能够快速进入冥想状态。放松和学习控制注意力的技术是非常有益的，而且其作用是立竿见影的。然而，对于非常焦虑且有紧迫感的人来说，还是要谨慎使用冥想技术。禅修需要持续地聚焦于呼吸或其他吸引注意力的对象，那些对姿势和注意力有着严格规定的瑜伽，可以成为这些人不屈不挠的奋斗目标。有些人可能会错误地认为在冥想过程中要被迫压抑思想和情感，或者他们可能会以一种不自然的方式强迫自己呼吸，而不是遵循自然的呼吸节奏。这种反应通常与他们的生活方式类似，他们会不断地强迫自己去表现或遵从，而不去关注自己的欲望和生理需求。清醒意识的态度被误解为过分强调注意力，在他们完全感知之前，所有的干扰都被排除在外。有时他们的身体并不放松，保持着僵硬和紧张。对于这样的人，有一点必须明确，他们要放下干扰自己的各种想法，而不是把它们推开或强迫自己追寻这些想法。要把头脑比喻成一只张开的手，既不需要推开什么，也不需要抓住什么，这样做有助于解释正确的心理态度。在任何情况下，社会工作者-治疗师都必须确保案主在冥想，而不是放大焦虑、构建引发焦虑的图像，或着迷于假想的、破坏性的人际事件或结果的不太可能出现的关联链。

严重问题

有两位学者讨论了在几个被诊断出精神病或者精神分裂病的病人身上运用冥想的情况。迪赛里奇（Deatherage，1975）在讨论佛教正念冥想在心理治疗中的应用局限性时告诚道："虽然这种精神治疗方法在治疗有抑郁、焦虑和神经质症状的患者时非常有效，但对于出现幻觉、妄想、思维障碍和严重脱瘾等精神症状的患者，应谨慎使用。"（p. 142）他还指出，这种用于自我观察的特殊冥想技巧需要"一种完整的、功能性的理性思维，患者也需要具有足够的动机，以努力进行观察"（p. 142）。阿诺德·拉扎鲁斯（Arnold Lazarus，1976）在讨论可能由超验冥想引发的精神问题时警告道，他的临床观察促使他提出了这样的假设：超验冥想对歇斯底里反应或重度抑郁反应的人似乎没有效果。他推测："一些精神分裂症患者可能会经历不断增强的去人格化和自我关注状态。"（pp. 601-602）

文化和身份认同因素

作为一种源自宗教传统的活动，冥想与自我超越的概念有关。对于案主来说，这种背景可能与自己的文化背景是一致的，也可能是完全不同的。当仅仅因为文化原因引入冥想技巧时，良好的判断力和对案主文化的敏感性就变得非常重要。

从冷静中立的角度观察有条件的自我，可能会与一些问题行为相混淆。例如恩格勒提醒道，患有边缘型人格障碍的人和其他没有完善自我的人会被冥想吸引。另外，处于发展阶段的人可能会发现，冥想是能够帮助他们处理发展任务或发现"他们是谁"的一种不幸的替代品（Engler，1984）。如果一个人的身份认同非常脆弱，有去人格化的相关症状，且自我发展不充分，那么，如果没有密切的督导，他就不适合使用冥想方法。在后续的研究中，研究人员发现冥想者更容易遇到"感觉存在"的现象。普辛格提醒说，对于那些自我概念脆弱的亚群体，如有边缘型人格、分裂型人格或分离型人格障碍的人，冥想是禁忌的（Persinger，1992）。简单地说，"要实现无我，必须先有为"（Engler，1984）。

小结与研究

因此，一般来说，患者和他们的自我概念会比较脆弱，对于严重的精神障碍患者来说，他们的现实判断、感知和逻辑思维都无法支撑其全面理解冥想，也无法在督导下进行真正的冥想，因此不适于应用这种治疗。如焦虑的患者容易被唤起焦虑的联想，或者抑郁的患者可能会沉溺于无效和绝望而不是真正的冥想，有严重的思维障碍和现实判断问题的患者可能会用幻觉、错觉、退缩、人格解体和紧张性反应来代替冥想，从而加剧他们的问题。

但是，格鲁克和施特勒贝尔（Glueck & Stroebel，1975）发现，超验冥想是一种有效的辅助治疗方法。他们的研究对象是 96 名精神病患者，他们本以为会遇到上文中的困难。初步调查显示，患者的精神病理水平越高，产生阿尔法波的难度越大。格鲁克和施特勒贝尔测试了超验冥想与自生放松和脑波生物反馈训练（EEG），对比发现超验冥想是三种实验条件中患者能够持续练习的唯一一种。因此，作者将他们的冥想样本与对照组进行了匹配，发现冥想的患者在康复水平上比他们对照组的"孪生兄弟"和普通患者人群都更高。

尽管有了这些发现，重度抑郁症和精神病患者的治疗与冥想还是实验性的，缺乏密切督导和冥想后禁忌症检查，需要进一步的研究结果。

社会心理历史和诊断

在冥想过程中，冥想者的脑中会不断出现某些事件的片段，这些片段会打断冥想过程。这是冥想中非常常见的一种情况。冥想者使用禅宗和类似的专注技巧时，通常在他们放松头脑之前，脑中会出现重大和使人感到紧张的事件的心理画面。我们讨论过使这些记忆脱敏的技术。但是在有意识地使用冥想时，个人社会心理历史中的重要事件被激发出来的可能性是很大的。出于后续治疗和建构完整社会心理历史的原因要求患者在冥想后记录这些记忆，可能对那些心理动力导向和精神分析导向以及帮助案主处理原生家庭问题的实务工作者来讲非常有帮助。

我们之前讨论过的冥想的诊断价值，在于可以处理案主在准确地进行冥想时所遇到的困难。另外，作者已经讨论了建立在来自东方的概念化基础之上的冥想的社会心理功能性的问题（Keefe，1978）。简言之，一个人在不受不相干的想法和忧虑的干扰的情况下参加一项活动的能力，表明了一种积极的功能水平。冥想会唤起回忆和担忧，从而阻碍冥想任务的完成。不断出现的焦虑和负罪感等想法，对于冥想者、实务工作者或治疗师而言，都是阻碍案主正常发挥功能的冲突领域和"未竟事业"。反复出现的自我破坏性形象意味着角色排练受到了干扰，或者患者出现了抑郁。在推动或驱动自我的过程中产生的冲突会通过冥想过程中的强迫呼吸或缺乏放松显现出来。

治疗关系

从冥想中学习到的行为，理论上有助于提高运用冥想技术的社工的共情功能。一些初步研究表明，这一观点还有待进一步探讨（Keefe，1979）。

第一，学习不断提高对自己的注意力的自主性控制，能够使人从关注案主的各种语言和非语言交流，转向关注自己对案主做出的情绪反应。这种时刻感知自己情绪反应的能力，有助于社工感知和表达与案主类似的感受。当然，准确地向患者反映这些感受，是治疗共情的一个重要组成部分（Rogers，1975），这是一种有助于案主做出积极行为改变的工作技能。

第二，学习在冥想中区分内在/认知刺激与知觉刺激。学着获得对认知过程的自主性控制，可以以另一种方式提高自己的共情能力。工作人员可以暂停自己复杂的认知加工，让自己了解案主的真实情况，而不需要过早地进行诊断或其他认知加工，因为这样会影响自己对案主真实情况的了解和关注。这种故意放缓的知觉过程使得案主有机会为自己说话，也表明社会工作者关注当下，关注所感受到的情绪，与案主同行，为改变目标行为共同努力。

第三，运用冥想开展工作的实务工作者很可能已培养了一种强烈的中心意识或观察者自我，不容易被压力或强烈的情感互动困扰。因此，正如卡尔·罗杰斯（Care Rogers，1975）所描述的那样，在内心深处与案主交流变得更加容易。此外，因为这样的实务工作者对自己的反应有自己的看法，工作过程中出现的反移情反应可能更容易得到处理。

督导包括分享冥想经验以帮助实务工作者重新聚焦。杜宾（Dubin，1991）建议道，将冥想技术运用到心理治疗的督导中，可以帮助我们更好地学习理论、个案管理，学会如何处理反移情。冥想可以帮助实务工作者处理反移情或其他有问题的依恋行为。

冥想作为治疗的一种辅助技术，其功效与其他所有的深刻而共同的经验是非常相似的。这种经验是可以通过实务工作者来传授和分享的，可以作为沟通、信任和彼此探索的基础，而其他关系的基础则没有那么有效。从这个意义上说，冥想可以成为患者与社工进行相互体验的共同基础，有助于加强治疗关系。

传授冥想：一种技术

有几种可以作为治疗的辅助手段的冥想技术。其中比较突出的是瑜伽咒语、本森的放松技术（Glueck & Stroebel，1975，p. 314）、超验冥想（Bloomfield & Kory，1977）和禅修。接下来将简要描述的技术是禅宗的一种形式，我们很容易在各种教材中找到对这项技术的一般说明。建议那些考虑将冥想作为技能增加到他们的技巧库中的工作者，接受专业指导并进行一段适当的冥想练习。

我们可以要求案主每天在一个安静且不被打扰的地方冥想半小时，并要求案主每天在日志中简要记录她的冥想经历，以便以后与工作人员讨论。卡普劳（Kapleau，1967）建议的冥想姿势是这样的：

（1）采取背部挺直的坐姿。

（2）盘腿坐在垫子上是一些人的理想选择。

（3）如果感到不舒服，在椅子上坐直，不要让背部靠在椅背上。

（4）双手应交叉放在大腿上。

（5）眼睛可以睁开，也可以闭上；如果睁开眼睛，眼睛不要专注于任何特定的事物。

（6）为了舒适起见，背部必须挺直，因为驼背会引起痉挛。

（7）建议着腰部宽松的衣服。

　　要指导案主专注于腹部的鼓胀和凹陷进行呼吸，以呼气十次为一个阶段，然后再重新开始计算。此后，在每一次练习过程中，案主都可以简单地跟随自然的、非强迫的、不受控制的呼吸。注意力应集中在肚脐下约一英寸的腹部中心位置（即丹田）。

　　要告诉案主，在集中注意力的过程中，思想、感情、声音和身体反应会频繁地受到干扰。对于这些问题应做出的反应是，在任何情况下，都要意识到注意力已经分散，因此有必要重新将注意力集中到呼吸上。放松眼睛、舌头和喉咙周围的肌肉有助于释放视觉和语言思维。

　　被压抑的事物通常会以被洞察的形式出现。洞察往往与放松状态同步出现。应告知案主，如果冥想让自己感到不安或沮丧，就应该停下来，第二天再继续，或等到与治疗师下一次见面时再继续。上面列举了针对特殊案主的特别注意事项。一般来说，如果案主觉得这种体验不愉快且无效，可能说明案主在迫使思想流动，而非将其作为一种自然的结果。

开展冥想干预的背景和层次

　　冥想是一种世界性的现象。它被广泛应用于各种场合，如日本的公司办公室、世界各地安静的修道院、市中心的公寓和精神健康中心。大多数社会工作者开展工作的环境都适合冥想。虽然每个服务机构都有自己的主要理论导向或多种理论导向，但在深思熟虑和系统地了解冥想之后，很少有机构会拒绝把冥想作为一种合适的技术。虽然心理动力学导向的社会工作者在定义和描述冥想行为和结果时，一定与行为主义者或存在主义者有所区别，但是，冥想技术是不受单一系统或文化束缚的。因此，机构的接受更多地取决于对创新的包容、对研究的兴趣和对新想法的开放态度。冥想作为一种社会工作技巧，在几年前被认为是远离主流且深奥的，但目前已经在相关学科中得到了广泛接受，并有望成为一种更常见的工作技巧，被运用到个人、家庭和小组工作中。

　　因为冥想是一种个人活动，所以它自然被认为仅适用于个人治疗。然而，冥想对某些群体而言也是有效的，包括家庭。

　　小组冥想可以增强小组过程。在小组的开始和结束阶段运用冥想技术，可以增强小组成员的集体意识，缓和紧张情绪，有助于他们进行分享、分析和讨论。集体冥想为建设性的互动创造了氛围。在小组活动结束时使用冥想技术能够产生类似的效果，它可以促进小组内的团结和认同。

　　几年前，接受冥想技术的人主要是年轻人和宗教或灵性导向的人。但多年来，各种形式的冥想，特别是超验冥想，已经跨越了阶级和年龄的障碍，被更多的人接受和实践（Bloomfield & Kory，1977）。冥想越来越多地被引入与各种各样的人一起开展的小组工作中。笔者在主持大学生的治疗小组，以及针对年龄在 22 岁至 45 岁之间的已婚人士的性别角色意识提升治疗小组时，都会用冥想来开启小组工作，用小组合唱来结束小组工作。在家庭治疗中采用冥想技术有助于减少冲突，为家庭创造一个积极的、共同的经验，以此促进分享和讨论。

上述提到的利用冥想促进对原生家庭历史的探索，可以成为实际家庭治疗会话的一部分。有时，冲突和个人觉醒的程度会阻碍治疗过程中的建设性沟通，20 分钟的冥想能让大家都平静下来，提高沟通水平。除了幼儿和已经讨论过的禁忌外，家庭成员无论年龄大小，都可以从冥想中受益。沉迷于某样事物的家庭成员，或在家庭之外没有安全感、非常依赖他人的成年家庭成员，都可以通过冥想得到帮助。在家庭功能紊乱的家庭中，或者在成年人极度缺乏安全感而严重依赖他人的情况下，冥想也能发挥重要作用。就像对待个体案主一样，社会工作者在对每个家庭成员运用冥想技术时，要保持高度的接纳，对每个成员的不同经历保持敏感，这一点非常重要。冥想虽然不能替代其他的治疗方法，但它可以作为家庭治疗的辅助手段，通过系统的使用和评估充分发挥它的价值。

有人指出，在指定的社区中，对特定比例人口使用冥想方法，能够提高社区和谐度，降低犯罪率（Bloomfield & Kory，1977，pp.238-284）。根据笔者的判断，这些研究发现还须进一步严格评估。但是，很显然，冥想如果有助于提高个人功能，那么也可以改善社区生活的某些方面。

但是，要确定各种形式的冥想对个人、团体、家庭和社区的长期影响，还需要进行大量的研究。如果社会秩序从根本上具有剥削性和矛盾性，那么最佳的个人和群体功能并不会直接促成更和谐的社区生活。就像许多治疗技术一样，我们对冥想的认识还存在很多空白，无论对何种层次的干预而言，冥想都是治疗的辅助手段，大量的相关研究仍在进行中。

对研究的启发

冥想是一种被广泛研究的行为。尽管这样，我们对冥想的认识还是非常片面的。作为一种治疗技术，它的应用范围非常广泛。关于冥想的适当形式、禁忌症、冥想和其他放松技巧相比的价值，甚至冥想对压力和焦虑、药物滥用的恢复和预防，冥想对抑郁、神经系统、心理和社会生活的影响，我们都有了越来越多的认识。

虽然有大量的临床证据和直观的探索，对冥想现象内部子系统技术的研究还是比较缺乏的，包括前面提及过的脱敏、辨别和观察者自我等。临床医生必须针对特定类型的病人和特定类型的问题改进冥想的使用方式，使其更加适合具体现状。我们还要与研究人员合作，推断出它在哪些方面有帮助，在哪些方面没有帮助。在小组和家庭中使用冥想还需要更多的研究来支持。研究人员也有很多的机会来跟踪研究冥想对各种临床问题和各种性格的案主的不同影响。

454

冥想作为一种对社会工作有潜在巨大价值的技术，必须继续得到实证研究的检验。特别希望在经历了批评性评价之后，它能够被社会工作专业"全盘接受"并纳入实践。如果没有批评性评价，冥想就会像其他技术一样，成为一种短暂的幻想，很快就被抛弃，取而代之的是新的方法。冥想也不应被认为是外来文化和古老文化的深奥产物。尽管存在着将其他文化和其他地区的智慧排除在我们的考虑之外的障碍，但我们需要对治疗领域的多样性进行重视。我们必须尝试、检验并将冥想作为治疗的辅助手段，使我们的案主、我们的实践和我们自己从中受益。

总 结

当然，冥想不仅仅是社会工作治疗的辅助手段。冥想方法及其潜能可以帮助我们更好地了解自己，推动功能的正常化。冥想除了可以推动社会工作专业实践的发展，还可以在我们的文化中得到蓬勃发展。如果我们这些从事社会工作和其他相关行业的人发现它是一种强有力的辅助治疗手段，就不应该试图把它据为己有。事实上，夏皮罗（Shapiro，1994）用一个强有力的例子重新介绍了适合使用冥想技术的文化语境。这样的努力将丰富冥想治疗的文化和哲学基础的多样性。它甚至可以帮助我们接触一些来自具有强大的冥想传统的特定文化背景的案主。它为我们提供了自我发展的新视角，扩大了我们对主观经验的理解，提供了关于什么构成了最佳心理社会功能的洞见，并提供了一个有实证支持的工具来处理压力焦虑和适应不良，如药物滥用。

冥想既是意识的载体，也是发掘个人潜能的入口。我们可以用它来解放、扩展个人的功能性，从而推动符合民主利益的社会变革。当然，冥想也可以用来迷惑人，转移人们对与自己个人问题相关的社会问题的注意力。社会工作将如何运用这一技术，关系到我们在未来深刻的社会变革中的职业良知、智慧和地位。

本章从一开始就把冥想定义为一套行为。当然，冥想是一个更大的对自我、应对和改变的理论的体现。出于这个原因，它已经开始通过非常有趣的路径进入社会工作领域。它是压力管理领域的一部分，在压力管理的文献中经常被提及（例如 Nucho，1988），但它也自然地与主流社会工作文献联系在一起（Smith，1995；Carroll，1993；Cowley，1993）。作为社会工作者，应公开讨论"全人"或案主体验的精神层面的要素，并通过熟悉与冥想有关的现象，如整体脱敏和观察者自我，提高对该体验的理解。这个观点不需要站在神学立场，也不需要将宗教作为治疗的一个组成部分。它确实有帮助我们更全面地了解我们的案主的潜力。只要社会工作的目标是帮助人们获得安全感和做出正确的选择，冥想及其相关理论就应该发挥作用。最后，冥想的核心内容是一种作为同情和社会行动的根源的顿悟：帮助别人就是帮助自己。无论是临床医生、社会活动家，还是两者兼而有之，这都是每个社会工作者应接收到的信息。

 ### 简单案例：运用冥想来治疗功能性肠病

案主是一名36岁的已婚妇女，住在加利福尼亚，是三个孩子的母亲，三个孩子分别为3岁、7岁、12岁。她是由她的医生转介来的。她有严重的腹痛，尽管她自述最近在压力下疼痛加剧，但全面的身体检查和测试都是阴性的。她想知道为什么会有这些问题，以及该如何控制它们。

在过去的一年里，她的疼痛加剧了。她进行了特殊的节食，咨询了几位医疗保健专家，还服用了许多的药物，但她的腹痛没有任何好转，这种痛苦甚至变得难以忍受。她说，随着症状的持续，她变得越来越抑郁、焦虑和过度自责，看不到改善这些症状的希望。在接案之初，她在初步评估中完成的心理测试证实，她确实患有严重的抑郁症，精力极差。她的疼痛似乎带有感情色彩。

病人很快同意接受每周一次的短期门诊治疗。治疗的目标包括了解她的情绪、生活中的压力、应对技巧和困难，以及学习各种放松技巧。治疗师和病人还达成了这样的共识：在第三次会谈时，由治疗师同她一起全面评估心理测试的结果。此外，她还解决了早年间一些与父母离婚和第一任丈夫去世有关的未解决的情绪问题。她也检视了自己如何运用过去的应对技巧来解决目前的困难。

456　　　目前案主的丈夫正在给他们自己的新家盖房子，他们经历了许多压力和不稳定的生活条件，这使得他们过去一直借住在不同朋友的家里。她的丈夫一直致力于建造一个他们梦想中的家，但没有让她参与其中。他参加了一次门诊会谈，以增加夫妻之间的交流，并恢复到前一年的积极互动水平。

在第二次治疗过程中，治疗师教给案主一种被动的、经过改良的催眠放松技巧，并制作了录音磁带供她在家里日常使用。她对自己能立即放松下来感到很满意，腹痛也明显减轻了。治疗师要求她每天听四次关于放松的录音，并将每次的回答记录在"放松日志"中，每次会谈时都要把日志带给治疗师。

接下来的一周，病人连着好几天没有感受到任何疼痛，她甚至因为感觉"太好了"而忘记继续练习冥想技术。患者通过每天听磁带录音来继续练习这些被动的、在治疗师指导之下的放松技巧。社工对这项技术非常熟练。慢慢地，社工鼓励这位案主在不听录音的情况下自己尝试放松。她很快就能做到这一点。

在第四次治疗结束后，社工向病人介绍了一项新的技术，旨在帮助她自行放松，让自己的身体更舒适，并学习如何在比基础上继续帮助自己缓解不适。这是一种新的应对技巧，她可以在治疗结束后继续使用。由于案主现在感觉好了很多，她渴望提高自己在这方面的技能。因此，她得到了关于冥想的口头和书面指示。社工要求她把这些指示带回家仔细阅读，并试着在日常生活中不断练习。起初，她很难完全适应这种方法，所以需要继续每天听一次放松磁带。

然而，当她通过冥想来提高自己的放松能力时，她发现自己不太需要依赖录音了。一周后，案主发现自己可以完全放松了，就像听录音时一样。而且，她对自己能独立完成这件事感到很自豪。到最后一节课时，她可以完全不依赖于磁带放松下来。她发现，如果自己每天冥想一次，就不会感到疼痛，而且所有由短暂的放松技巧引起的压力都减轻了。那时她已经三个星期没有感到疼痛了。

治疗结束后一个月对案主的跟进接触显示，她继续每天做冥想，没有再感到疼痛，对自己的能力和应对技巧也非常有信心，她觉得所有的心理治疗，包括放松、冥想等，都对她十分有益。她认识到了继续运用所学知识不断练习的好处，她的家人也非常支持她。

参考文献

Alexander, C.N., Swanson, G., Rainforth, M., Carlisle, T., et al. (1993). Effects of the transcendental meditation program on stress reduction, health, and employee development: A prospective study in two occupational settings. *Anxiety, Stress and Coping: An International Journal, 6*(3), 245–262.

Al-Ghazzali (B. Behari, Trans.) (1971). *The revival of religious sciences.* Farnham, Surrey, Eng.: Sufi.

Anand, B.K., Cchhina, G.S., & Singh, B. (1984). Some aspects of electroencephalographic studies in yogis. In D.H. Shapiro & R.N. Walsh (Eds.), *Meditation: Classic and contemporary perspectives* (pp. 475–479). New York: Aldine.

Beary, J.F., & Benson, H. (1974). A simple psychophysiologic technique which elicits the hypometabolic changes of the relaxation response. *Psychosomatic Medicine, 36,* 115–120.

Beck, A.T. (1967). *Depression: Clinical experimental and theoretical aspects.* New York: Harper & Row.

Benson, H., & Wallace, K., with technical assistance of E.C. Dahl and D.F. Cooke. (1984). Decreased drug abuse with transcendental meditation—A study of 1,862 subjects. In D.H. Shapiro & R.N. Walsh (Eds.), *Meditation: Classic and contemporary perspectives* (pp. 97–104). New York: Aldine.

Bloomfield, H.H., & Kory, R.B. (1977). *Happiness.* New York: Pocket Books.

Brown, L., & Robinson, S. (1993). The relationship between meditation and/or exercise and three measures of self-actualization. *Journal of Mental Health Counseling, 15*(1), 85–93.

Burt, E.A. (Ed.). (1955). *The teachings of the compassionate Buddha.* New York: New American Library.

Carroll, M. (1993). Spiritual growth of recovering alcoholic adult children of alcoholics. Unpublished doctoral dissertation, University of Maryland, College Park.

Challman, A. (1975). The self-inflicted suffering of worry, cited in "Newsline." *Psychology Today, 8*(8), 94.

Chang, J. (1991). Using relaxation strategies in child and youth care practice. *Child and Youth Care Forum, 20*(3), 155–169.

Cowley, A.D. (1993). Transpersonal social work: A theory for the 1990's. *Social Work, 38*(5), 527–534.

Deatherage, G. (1975). The clinical use of "mindfulness" meditation techniques in short-term psychotherapy. *Journal of Transpersonal Psychology, 7*(2), 133–143.

DeBerry, S., Davis, S., & Reinhard, K. (1989). A comparison of meditation-relaxation and cognitive/behavioral techniques for reducing anxiety and depression in a geriatric population. *Journal of Geriatric Psychiatry, 22*(2), 231–247.

Denney, M., & Baugh, J. (1992). Symptom reduction and sobriety in the male alcoholic. *International Journal of the Addictions, 27*(11), 1293–1300.

Driskill, J.D. (1989). Meditation as a therapeutic technique. *Pastoral Psychology, 38*(2), 83–103.

Dubin, W. (1991). The use of meditative techniques in psychotherapy supervision. *Journal of Transpersonal Psychology, 23*(1), 65–80.

Encyclopaedia Britannica (1974), Macropoedia (Vol. 10) (p. 183). London: Benton.

Engler, J. (1984). Therapeutic aims in psychotherapy and meditation: Developmental stages in the representation of self. *Journal of Transpersonal Psychology, 16*(1), 25–61.

Fenwick, P.B.C., Donaldson, S., Gillis, L., Bushman, J., Fenton, G.W., Perry, I., Tilsley, C., & Serafinovicz, H. (1984). Metabolic and EEG changes during transcendental meditation: An explanation. In D.H. Shapiro and R.N. Walsh (Eds.), *Meditation: Classic and contemporary perspectives* (pp. 447–464). New York: Aldine.

Ferguson, M. (Ed.). (1978, February 20). Valuable adjuncts to therapy: Meditation, relaxation help alcoholics cope. *Brain-Minded Bulletin, 7*, 2.

Fried, M. (1982). Endemic stress: The psychology of resignation and the politics of scarcity. *American Journal of Orthopsychiatry, 52*, 4–16.

Fromm, E., Suzuki, D.T., & DeMartino, R. (1970). *Zen Buddhism and psychoanalysis.* New York: Harper & Row.

Gelderloos, P., Walton, K., Orme-Johnson, D., & Alexander, C. (1991). Effectiveness of the transcendental meditation program in preventing and treating substance misuse: A review. *International Journal of the Addictions, 26*(3), 293–325.

Glueck, B.C., & Stroebel, C.F. (1975). Biofeedback and meditation in the treatment of psychiatric illness. *Comprehensive Psychiatry, 16*(4), 303–321.

Goble, F. (1970). *The third force.* New York: Pocket Books

Goleman, D. (1975). Mental health in classical Buddhist psychology. *Journal of Transpersonal Psychology, 7*(2), 176–183.

Goleman, D. (1976). Meditation and consciousness: An Asian approach to mental health. *American Journal of Psychotherapy, 30*(1), 41–54.

Goleman, D., & Schwartz, G.E. (1984). Meditation as an intervention in stress reactivity. In D.H. Shapiro and R.N. Walsh (Eds.), *Meditation: Classic and contemporary perspectives* (pp. 77–88). New York: Aldine.

Hendricks, C.G. (1975). Meditation as discrimination training: A theoretical note. *Journal of Transpersonal Psychology, 7*(2), 144–146.

Hooker, C.E. (1976). Learned helplessness. *Social Work, 21*(3), 194–198.

Jourard, S. (1966). Psychology of transcendent perception. In H. Otto (Ed.), *Exploration in human potential.* Springfield, IL: Charles C Thomas.

Kabat-Zinn, J., Massion, A., Kristeller, J., Peterson, L., et al. (1992). Effectiveness of meditation-based stress reduction program in the treatment of anxiety disorders. *American Journal of Psychiatry, 149*(7), 936–943.

Kapleau, P. (1967). *Three pillars of Zen.* Boston: Beacon Press.

Kasamatsu, A., & Hirai, T. (1984). An electroencephalographic study of the Zen meditation (Zagen). In D.H. Shapiro & R.N. Walsh (Eds.), *Meditation: Classic and contemporary perspectives* (pp. 480–492). New York: Aldine.

Keefe, T.W. (1975, March). A Zen perspective on social casework. *Social Casework, 56*(3).

140–144.

Keefe, T.W. (1975, April). Meditation and the psychotherapist. *American Journal of Orthopsychiatry, 45*(3), 484–489.

Keefe, T.W. (1976). Empathy: The critical skill. *Social Work, 21*(1), 10–15.

Keefe, T.W. (1978). Optimal functioning: The Eastern ideal in psychotherapy. *Journal of Contemporary Psychotherapy, 10*(1), 16–24.

Keefe, T.W. (1979). The development of empathic skill: A study. *Journal of Education for Social Work, 15*(2), 30–37.

Kennett, J. (1972). *Selling water by the river: A manual of Zen training* (p. 302). New York: Vintage Books.

Kohr, R.L. (1977). Dimensionality in meditative experience: A replication. *Journal of Transpersonal Psychology, 9*, 193–203.

Lazarus, A.A. (1976). Psychiatric problems precipitated by transcendental meditation. *Psychological Reports, 39*, 601–602.

LeShan, L. (1975, February 22). The case of meditation. *Saturday Review, 2*(11), 25–27.

Linden, W. (1973). Practicing of meditation by school children and their levels of field dependence-independence, test anxiety, and reading achievement. *Journal of Consulting and Clinical Psychology, 11*(1), 139–143.

Linden, W. (1984). Practicing of meditation by school children and their levels of field dependence-independence, test anxiety, and reading achievement. In D.H. Shapiro and R.N. Walsh (Eds.), *Meditation: Classic and contemporary perspectives* (pp. 89–93). New York: Aldine.

Marlatt, A.C., Pagano, R.R., Rose, R., & Marques, J.K. (1984). Effects of meditation and relaxation training upon alcohol use in male social drinkers. In D.H. Shapiro and R.N. Walsh (Eds.), *Meditation: Classic and contemporary perspectives* (pp. 105–120). New York: Aldine.

Marx, K. (1966). Preface to Contribution to the critique of political economy. In E. Allen (Ed.), *From Plato to Nietzsche* (p. 159). New York: Fawcett.

Miller, W.R., & Seligman, M.E. (1973). Depression and the perception of reinforcement. *Journal of Abnormal Psychology, 82*, 62–73.

Morse, D.R., Martin, J.S., Furst, M.I., & Dublin, L.L. (1984). A physiological and subjective evaluation of meditation, hypnosis and relaxation. In D.H. Shaprio & R.N. Walsh (Eds.), *Meditation: Classic and contemporary perspectives* (pp. 645–665). New York: Aldine.

Nucho, A. (1988). *Stress management* (chapter 8). Springfield, IL: Charles C Thomas.

Ornstein, R.E. (1977). *The psychology of consciousness* (2nd ed.). New York: Harcourt, Brace Jovanovich.

Pearl, J.H., & Carlozzi, A. (1994). Effect of meditation on empathy and anxiety. *Perceptual and Motor Skills, 78*(1), 297–298.

Persinger, M.A. (1992). Enhanced incidence of "the sensed presence" in people who have learned to meditate: Support for the right hemispheric intrusion hypothesis. *Perceptual and Motor Skills, 75*(3, pt. 2), 1308–1310.

Prabhupada, Swami A.C.B. (1972). *Bhagavad Gita as it is.* New York: Bhaktivedanta Book Trust.

Rogers, C.R. (1975). The necessary and sufficient conditions for therapeutic personality change. *Journal of Consulting Psychology, 21*(2), 95–103.

Royer, A. (1994). The role of the transcendental meditation technique in promoting smoking cessation: A longitudinal study. *Alcoholism Treatment Quarterly, 11*(1–2), 221–239.

Schopen, A., & Freeman, B. (1992). Meditation: The forgotten Western tradition. *Counseling and Values, 36*(2), 123–134.

Seligman, M.E.P. (1974). Depression and learned helplessness. In R.J. Friedman & M.M. Katz

(Eds.), *The psychology of depression: Contemporary theory and research* (pp. 83–107). New York: Halstead Press.

Seligman, M.E.P. (1975). *Helplessness: On depression, development and death.* San Francisco: Freeman.

Shapiro, D.H. (1976). Zen meditation and behavioral self-control strategies applied to a case of generalized anxiety. *Psychologia: An International Journal of Psychology in the Orient, 19*(3), 134–138.

Shapiro, D.H. (1994). Examining the content and context of meditation: A challenge for psychology in the areas of stress management, psychotherapy, and religion/values. *Journal of Humanistic Psychology, 34*(4), 101–135.

Shapiro, D.H., & Walsh, R.N. (Eds.). (1984). *Meditation: Classic and contemporary perspectives.* New York: Aldine.

Shapiro, D.H., & Zifferblatt, S.M. (1976). Zen meditation and behavioral self-control: Similarities, differences, and clinical applications. *American Psychologist, 31*(7), 519–532.

Smith, E.D. (1995). Addressing the psycho-spiritual distress of death as reality: A transpersonal approach. *Social Work, 40*(3), 402–413.

Snaith, P.R., Owens, D., & Kennedy, E. (1992). An outcome study of a brief anxiety management programme: Anxiety control training. *Irish Journal of Psychological Medicine, 9*(2), 111–114.

Sudsuang, R., Chentanez, V., & Veluvan, K. (1991). Effect of Buddhist meditation on serum cortisol and total protein levels, blood pressure, pulse rate, lung volume and reaction time. *Physiology and Behavior, 50*(3), 543–548.

Suzuki, D.T. (1964). *An introduction to Zen Buddhism.* New York: Grove Press.

Sweet, M., & Johnson, C. (1990). Enhancing empathy: The interpersonal implications of a Buddhist meditation technique. *Psychotherapy, 27*(1), 19–29.

Taub, E., Steiner, S., Weingarten, E., & Walton, K. (1994). Effectiveness of broad spectrum approaches to relapse prevention in severe alcoholism: A long term, randomized, controlled trial of transcendental meditation, EMG biofeedback and electronic neurotherapy. *Alcoholism Treatment Quarterly, 11*(1–2), 187–220.

Thera, N. (1970). *The heart of Buddhist meditation.* New York: Weiser.

Wallace, R.K., Benson, H., & Wilson, A.F. (1971). A wakeful hypometabolic state. *American Journal of Physiology, 221*(3), 795–799.

Walrath, L.C., & Hamilton, D.W. (1984). Autonomic correlates of meditation and hypnosis. In D.H. Shapiro & R.N. Walsh (Eds.), *Meditation: Classic and contemporary perspectives* (pp. 645–665). New York: Aldine.

Walsh, R. (1977). Initial meditative experiences: Part I. *Journal of Transpersonal Psychology, 9*(2), 161.

Watts, A. (1961). *Psychotherapy East and West.* New York: Ballantine.

Welwood, J. (1977). Meditation and the unconscious: A new perspective. *Journal of Tranpersonal Psychology, 9*(1), 1–26.

Wood, E. (1959). *Yoga.* Baltimore: Penguin.

Woolfolk, R.L. (1984). Self-control meditation and the treatment of chronic anger. In D.H. Shapiro & R.N. Walsh (Eds.), *Meditation: Classic and contemporary perspectives* (pp. 550–554). New York: Aldine.

Woolfolk, R.L., Car-Kaffashan, L, McNulty, T., & Lehrer, P. (1976). Meditation as a training for insomnia. *Behavior Therapy, 7*(3), 359–365.

Woolfolk, R.L., Lehrer, P.M., McCann, B.S., & Rooney, A.J. (1982). Effects of progressive relaxation and meditation on cognitive and somatic manifestations of daily stress. *Behavior Research and Therapy, 20*(5), 461–467.

Yu, L.K. (1972). *The secrets of Chinese meditation* (Charles Luk, Trans.). New York: Weiser.

第十九章

叙事理论和社会工作治疗

帕特里夏·凯利

叙事治疗是 1990 年代的一大趋势。在《新闻周刊》（*Newsweek*）推出一篇关于叙事
治疗的专题报道（Cowley & Springen，1995）后，它开始进入了大众媒体的视线。叙事
治疗在专业文献中也有突出的地位，尤其是在社会工作、婚姻和家庭治疗期刊中。什么是
叙事治疗？它的理论基础是什么？它应如何与现有的社会工作实践理论相适应？如何融入
社会工作价值框架？在本章中我们将会讨论这些问题，此外，我们还将评估叙述治疗与其
他方法之间的关系。

概述

本章对叙事方法的描述和讨论将主要以怀特和爱普斯顿（White & Epston，1990）的著
作为基础，他们是澳大利亚和新西兰的家庭治疗师（怀特最初接受的是社会工作的培训）。
他们在 1980 年代发展了这种方法，1990 年他们的书《达到治疗目的的叙事手段》（*Narrative
Means to Therapeutic Ends*）在北美大陆出版后，这种方法开始在北美流行起来。虽然他们的
一些方法在当时是相当独特的，但他们的观点是在北美和欧洲的理论及实践发展基础上产生
并与其共同发展的。他们的研究方法属于"结构主义治疗"的一般范畴，其中的几种模式几
乎是同时出现的，且都与跨多个学科的后现代文化相关（参见第七章对结构主义的讨论）。
1980 年代，美国得克萨斯州的安德森和古勒施恩（Anderson & Goolishian，1988）、意大利
米兰的博斯克洛和凯金（Boscolo & Checcin）、美国的佩恩和霍夫曼（Boscolo，Checchin，
Hoffman，& Penn，1987）曾与米兰学派合作，加拿大阿尔伯塔省的汤姆（Tomm，1987）曾
在米兰学派学习过，这些学者都写过关于新的结构主义方法的文章。

462 很显然，治疗领域，尤其是家庭治疗领域，正在酝酿一些新的东西。霍夫曼是一名社会工作者，同时作为一位杰出的家庭治疗师描述了家庭治疗师早期的转变，即从强调对心理的关注转向强调人际过程和行为的系统，现在又回到强调想法、信仰、感觉和神话（Hoffman，1985）。虽然系统论方法是基于控制论的，霍夫曼（Hoffman，1985）宣称的机械论控制理论已经失去了它的效用，但是，结构主义治疗是基于二阶控制论的，它主张观察要依赖于观察者。系统理论，与同一时期出现的行为和认知方法一样，是建立在客观性、合理性和通过观察来认识事物的现代主义观点的基础上的。而且，从艺术、文学到社会科学，许多学科的学者都接受后现代主义的观点，因为它承认许多共存的现实和真理，认为现实由社会建构而不是先赋的（Neimeyer，1993）。

与其他理论的关系

后现代理论对一些人来说是一种批判形式，而对另一些人来说则是一种当代体验（Lowe，1991）。叙事方法借用了文学批评领域的结构主义者的理论，他们对叙事进行分解，并分析其意义。叙事方法还借用了社会心理学领域的社会结构主义者的理论，他们把社会现实当成是个人与他人和社会信仰之间互动并共同建构的产物。内梅耶将结构主义定义为"强调人类认知的自组织和主动特征的元理论"（Neimeyer，1993，p. 221），并将人类视为"意义制造者"（p. 222）。结构主义疗法的根源可以追溯到很多方面，尤其是乔治·凯利的个人建构理论，该理论在 1950 年代被首次提出（Kelly，1955）。凯利自己引用了语义学家柯伊布斯基（Korzybski，1933）的研究，柯伊布斯基受到了认知治疗师（Ellis，1962）和系统治疗师（Watzlawick，Weakland，& Jackson，1967）的启发，还受到了莫雷诺（Moreno，1937）的研究的影响，从而发展了心理剧治疗方法。将结构主义治疗方法与认知疗法（Neimeyer，1993）和系统方法（Kelley，1994，1995）进行比较，就会发现它更强调意义，因此，它与存在主义方法更加接近（参见 Krill，Chapter 11）。怀特和爱普斯顿（White & Epston，1990）宣称，在发展叙事治疗的过程中，他们深受法国哲学家和历史学家米歇尔·福柯（Michel Foucault，1980）的影响，同时还受到了杰罗姆·布鲁纳（Jerome Bruner，1986）和格雷戈里·贝特森（Gregory Bateson，1972）的影响。有趣的是，系统论思想家们也大量借鉴了贝特森的观点。叙事治疗在一些方面似乎是观察人类变化的一种新范式，但在另一些方面，它可以被看作对现有实践理论的演变和发展。

对于社会工作者来说，后现代主义的叙事实践方法是有用的，正如斯科特（Scott，1989）所指出的，社会工作者会寻找事件和行为的意义，以此作为行动的先决条件。我们在当今实务过程中，需要与不同的案主一起开展工作，这时，强调理解和意义是有用的。

463 一些社会工作学者讨论过后现代主义对社会工作实践的影响（Gorman，1993；Pardeck，Murphy，& Choi，1994；Pozatek，1994；Saleebey，1994；Sands & Nuccio，1992），在多元文化实务中，这些方法也被证明是非常有效的（Holland & Kilpatrick，1993；Kelley，

1994；Waldegrave, 1990)，例如，面对逆境的个体（Borden, 1992）、家庭暴力罪犯（Jenkins, 1991)、陷入多重困境的家庭（Kelley, 1993)。虽然魏恩、希尔兹和瑟金（Wynne, Shield, & Sirkin, 1992）都不是社会工作者，他们都讨论了这些方法在卫生保健机构中的实用性，凯利和克利福德（Kelley & Clifford, 1995)将这一方法应用于卫生保健机构中。

基本假设

知识就是力量，而自我认识可以赋予人力量。怀特和爱普斯顿（White & Epston, 1990）相信我们都在"讲述"自己的生活，并为它们赋予意义。我们无法记住所有的生活经历，生活中有太多的彼此无关的资料和经验，我们无法保留这些经历，所以我们的叙事结构是一个选择性的过程。我们把我们的生活安排成序列和主导故事线，以发展出一种连贯性，并给我们的生活赋予意义。当我们发展我们的主导故事线时，我们会记住支持它的事件，然后忘记（怀特和爱普斯顿说"压制"）不符合主导故事线的其他生活经历。某些事件可能是想象出来的，也可能是为了填补故事的空白而被夸大的。怀特和爱普斯顿的"被压制的知识"概念与心理动力概念"无意识"非常相似，都是指被遗忘的材料。然而，它们又是不同的，因为"被压制的知识"指的是由于不符合主导故事而被遗忘的生活经历，而心理动力学的无意识指的是由于痛苦而被压抑的记忆。

叙事治疗与后现代文学批评比较相似，即通过对情节、人物和时间线的重新评价来解构故事情节，获取意义。很多时候，案主表现出来的问题属于主导故事线，于是案主经常会把他们的生活描写成一地鸡毛的故事。这些故事会使案主对自己和他人的看法具有局限性，并使他们无法采取行动。他们一地鸡毛的故事是与周围的人共同构建的，通常是家庭成员、雇主、社会服务工作者和其他专业人士。例如，帮助有多种需要的家庭的社会服务机构常常会越俎代庖（Imber-Black, 1988)，向接受服务的家庭传递一种他们很无能的信息，此时主导故事线就变成了他们是一个有着"多重问题"或"功能失调的"家庭。同样，韦恩、希尔兹和瑟金（Wynne, Shields, & Sirkin, 1992）讨论过，对于慢性病患者来说，随着家庭和专业帮助者逐渐与患者建立更多的联系，疾病可能成为主导故事线，他们共同构建的现实是患者就是疾病，而不是被疾病折磨的人。叙事治疗的一个目标是帮助案主看到更多的现实，这会为他们提供更多的选择。正如内梅耶（Neimeyer, 1993）所指出的，这种疗法更富创造性，而非矫正性；更富反思性和精确性，而非说服力或教育性。

社会工作者/治疗师的角色

叙事治疗通过帮助案主看到其他事实和对事件的其他可能解释，来重新塑造他们的生活，治疗师的角色是倾听、思考和提出反思性的问题的人。要邀请案主评估其他现实，这些现实不一定更真实，但也是真实的。对于人多数叙事治疗师来说，许多案主的生活中都充满了残酷现实，如贫困、种族主义或暴力，治疗师要做的不仅仅是否认这种思维建构，而是要对这些负面事件的力量以及它们对患者生活的控制发出挑战。治疗师提出的一些问题可以帮助案主找到其他看待问题的角度，分析不同的含义，并发现他们生活的其他方面，包括案主的优势。按照这种后现代主义的观点，治疗师不是一个外在的客观观察者，而是变化系统的一部分，案主和临床医生之间存在着相互影响。因此，治疗师不仅要倾听案主的故事，还要和案主一起创作，以期和病人共同创作出新的故事。历史不是对应记住的事实的总结，而是从讲述中创造出来的。与心理动力治疗师或系统治疗师相比，叙事治疗师的角色是非等级性的。治疗师不是某个问题或案主生活的专家，案主才是自己生活的专家。治疗师应采取"一无所知"的立场（Anderson & Goolishian，1988），**邀请案主开展更多的探索。**

文化敏感性

叙事疗法是极具文化敏感性的，它不预设某一种存在方式，而是旨在了解案主的生活现实，治疗师则应倾听案主的深受不同性别、文化、社会和经济背景等因素影响的世界观。从这个意义上来讲，"一无所知"的立场（Anderson & Goolishian，1988）是非常重要的，因为治疗师需要向案主学习。瓦尔德格莱夫（Waldegrave，1990）讨论了种族敏感的结构主义治疗，正如罗威（Lowe，1991）所指出的那样，这些治疗性话语能够激励大家讨论诸如社会公正、贫困、性别和权力等问题。在新西兰的家庭中心，瓦尔德格莱夫及其同事们发明了"公平治疗"（意即社会公平）法，这个方法需要治疗师和案主一起"编织意义之网"（Waldegrave，1990，p. 10），在这个过程中关注政治和临床的需要，另外，治疗团队中还需要有跨文化顾问。

人类本质观

这种方法背后的人性观点是，人类是复杂的，是多方面的。不能简单地对隐藏在背后的病理现象做出假定。社会工作者不能仅仅靠耳朵来倾听背后的"驱动原因"，而是要倾听人的潜在的优势，这些优势可以被调动起来，寻找问题"例外"的迹象或信号（de Shazer，1991），而这些"例外"经常被忽视，或被人们当成了"独特的结果"（White & Epston，1990），我们无法用案主的故事来解释这些被忽视的优势，更不能用事情进展顺利的时间段来解释。在这里，我们发现了与英素·伯格和斯蒂夫·德·沙泽尔（Insoo Berg & Steve de Shazer，1991）发展的问题解决中心疗法相似的东西。波登（Borden，1992）讨论了帮助案主评估过去、体验现在和预测未来的重要性，因为具体的生活经验应被纳入正在进行的生活故事中。当注意力被集中在过去时，我们的重点是帮助案主不要停留在过去，而是发展一个进步的、前瞻性的叙述。

　　叙事治疗师在将其作为文化整体的一部分的语境中看待来访者，在这种语境中，对自我和世界的看法是在文化和社会规范的相互作用中被共同建构的。我们邀请案主评估他们所假设的事实，并挑战那些没有用的观点。通过这种方式，他们可以实现自我赋权，为自己或为社会变革而努力奋斗。此外，实务工作者在与案主一起评估需求时，可以帮助案主了解可用的资源，在需要时，实务工作者可能会建议进行转介。然而，列出转介名单来解决问题并不是叙事治疗方法的一部分。

　　从某种意义上说，案主应成为他们自己的个案管理者，评估他们自己的需求，并监督他们接受的服务。从这个观点来看，我们并不否认一些疾病的生物学基础，也不否认精神类药物对某些人的潜在影响。然而，对身体状况的诊断和治疗并不属于社会工作治疗的范畴，我们鼓励案主与医生讨论这些问题，还鼓励服用精神类药物的案主与处方医生建立伙伴关系，共同努力抗击疾病的影响，而不是被动地接受治疗。

社会工作治疗

　　在社会工作实践中，叙事性治疗方法的目标是让案主首先了解自己是如何围绕自己的生活建构故事的，然后扩展和改变他们的生活故事。这种治疗可能包括帮助案主挑战这样的信念：自己亲手建构的、问题重重的故事是唯一的真相。日常生活的其他方面也可能是真实存在的。发现更多的现实和真相可以让案主看到更多的选择，找到走出僵局的方法。它还可以帮助案主认识到自己的优势，并调动自己已有的和正在使用的优势，案主在过度关注自己的问题时可能会忽略这些优势。

　　通过社工与案主之间的对话，这些问题重重的故事逐渐被解构，因为社工提出的问题挑战了案主对自己的现实的狭隘理解，或者引出了案主生活中那些曾经被忽略的方面。一些结构主义和结构主义的方法为社会工作者或案主提供的指导很少，对过程的结构化程度也很低。来自新西兰和澳大利亚的"本土"治疗师们（Jenkins，1991；Waldegrave，1990；White & Epston，1990）为叙事治疗提供了更多的结构，与许多北美同行相比，他们更能挑战无用的故事。并非所有的故事都同样有用。

　　怀特和爱普斯顿（White & Epston，1990）提出的叙事模式对教学和实践都很有帮助，因为它命名了具体的实务过程，并概述了实务过程的各个阶段，而没有太具指定性或由技术驱动。结构主义治疗师一般不区分实践的"评估"和"治疗"阶段，因为他们认为评估是一个持续和不断变化的过程，所有的面谈都应是治疗性的。然而，所有的临床工作者都知道，在助人过程中，一些元素会在早期阶段发挥作用，而一些元素在后期阶

466

段更有用。因此，怀特和爱普斯顿（White & Epston，1990）将自己的叙事方法分成了"解构"和"重建"两个阶段。

解构阶段

在解构阶段，临床工作者要倾听案主的故事，并解构他们的故事。解构阶段也是可以被分为不同的时期的，但很重要的一点是，不要过早地解构案主的故事。大多数人在涉及其他问题之前，总是希望有人能够倾听自己的故事。临床工作者首先要认真倾听案主的故事：案主是如何界定自己当前遇到的问题的？是如何体验这些问题的？赋予了它们什么意义？如何从历史事件的角度来看待这些问题？通过提问来引出完整的意思是很重要的，如这个问题还涉及谁？过去发生的哪些事件促进了这个问题的发展？随着时间的推移，这个问题是如何演变的？为了对抗这个问题的影响，案主做了哪些努力？这个问题如何影响案主生活的其他方面？在任何有效的治疗中，培养同理心都是非常重要的。这种同理心对于培养信任非常重要，对于帮助临床工作者更全面地了解案主的真实情况也很重要。虽然叙事治疗所使用的仔细倾听和反思与大多数治疗方法类似，但叙事治疗有自己独特的对问题的措辞。

将问题外化是叙事治疗的一个关键理念，它始于双方投入阶段，并贯穿整个治疗过程。外化的目的是把人从问题中分离出来，把问题看作不是人所固有的，而是干扰了人的生活、需要被挑战的东西。因此，在初期，临床工作者要倾听并理解案主的故事，接着提出一些反思问题，旨在逐渐将注意力转移到问题本身。"你是什么时候第一次注意到抑郁开始影响你的工作的？""安迪的脾气越来越大，占据了他生活的大部分时间，这是怎么发生的？""谁是第一个注意到问题的人？""谁受影响最大？"要对承担责任和把问题看成不是人固有的进行区别。我们要鼓励案主对解决问题的后果和自己的行为负责。

想要了解身体疾病的影响是如何外化的，可以询问患者疾病对他们的生活带来了什么影响，以及生活的其他方面产生了怎样的影响，包括各种人际关系。当案主能够把自己与问题分离时，案主的问题就变得更易于管理，治疗要改变的是问题，而不是人。案主应与治疗师一起对抗问题的影响。在这个早期阶段，甚至在解构问题之前，临床工作者就会仔细倾听案主对问题的定义，并开始通过隐喻、总结和反思问题的性质来客观地呈现问题。

多年来，许多理论家和治疗师都深入讨论过语言在塑造意义方面的重要性（Anderson & Goolishian，1988；Bateson，1972；Ellis，1962；Grinder & Bandler，1976；Watzlawick，Weakland，& Jackson，1967），包括叙事治疗的支持者。问题的措辞是学者们的讨论重点之一。怀特（White，1989）描述了自己如何帮助一个家庭"摆脱麻烦"，这个家庭有一个有行为问题的 12 岁的儿子。他要求家庭成员描述约翰的问题是如何"折磨"他的生活和"影响"他们的生活的。怀特还询问了他的父母是如何应对约翰的麻烦的，以及他是如何与他们相处的。

叙事治疗师与其他几个学派的治疗师不同。他们不像一些心理动力学治疗师那样假设案主自己"需要"这个问题，或者认为它象征着一个更深层次的问题；也不像一些系统性支持者那样，认为问题对家庭单位"有作用"。叙事治疗假设案主希望问题得到解决或补救，但却无法找到解决问题的方法。因此，使用像"没有动力的"或"抵抗的"这样的词，在叙事治疗师看来是没有用的。叙事治疗相信，案主和他们所说的话需要得到尊重，这一点是符合社会工作的价值观的。虽然叙事治疗不假定客户需要问题，但还是认为案主及其家人和朋友可能有意无意地维护了问题的存在，可能在试图帮助解决问题的过程中反而让问题变本加厉了。因此，提出影响性问题有助于就该问题进行讨论。例如，家庭成员可能会被问到他们是如何卷入案主的问题中，并受到影响的。

在解构阶段的第一部分，即倾听、理解和认可案主的观点之后，治疗师会通过不断的总结和提问，逐渐帮助案主解构自己的主导性故事。这里需要注意的是，这个故事不具有争议性，也不能认为其不真实，因为这样做是不尊重案主的，案主也会感到不被认可。相反，要充分讨论故事内容，并分析其意义，同时也可以评估其他的解释和其他的意义，带出其他的真实事实也是有意义的。在这一点上，问题对个人或家庭的"相对影响"需要通过跨时间和跨领域的方式来进行描绘。这个问题在过去、现在和未来对案主的智力、个人、人际和社会领域有何影响？

例如，在上面提到的怀特帮助一个家庭"摆脱困境"的案例中，通过讨论可以清楚地看出约翰的"困境"已经干扰了他在学校的生活、学业表现和与同学之间的关系，也影响了和父母的关系。此外，这些问题已经"潜入"他父母的生活，影响了他们之间的关系以及他们自己的工作效率。治疗师与这个家庭讨论了这些"麻烦"是如何让约翰感到内疚，以及让他的父母感到无助。治疗师向约翰提出问题，问他如果继续"屈服"于麻烦，会发生什么，还问他的父母，如果他们继续卷入这个问题，可能会产生什么后果。他们是应该接受约翰的邀请，卷入他的麻烦之中，还是应该放弃它，逃避它？如果条件需要，就要对这个问题在生活各个方面产生的影响进行仔细剖析，并对未来可能发生的情况进行评估，这将推动家庭寻找解决这个问题的新方法。案主现在可以与临床工作者一起探讨如何保护自己免受问题的影响，并在必要时与问题抗争。由于问题被外化了，案主不需要在临床工作者面前为自己辩护，而是可以与临床工作者一起寻找方法来对抗这个干扰自己生活的问题。

随着问题故事通过案主和临床工作者之间的对话被逐渐解构，临床工作者会了解问题的完整历史。案主会讨论他们所认为的导致问题形成的事件。不仅要评估这些事件，而且要评估围绕事件而产生的思想、信念和社会互动，以了解它们对案主生活的过去、现在和将来可能产生怎样的影响。还要要求案主思考，其他人会如何看待同样的事件，或者思考如果案主没有参与其中，他们又会如何看待这些事件。例如，童年受过虐待的受害者可能会责备自己，但现在他们开始意识到，作为一个孩子，他们所处的无助的境地可能对这种情况产生了一些影响。还可以讨论未来可能的状态：如果情况已经不同，未来会是怎样

468

的？谁会做些什么？谁会首先注意到这种差异？一个更好的未来会是什么样的？这里我们要注意到的是，这一点与德·沙泽尔（de Shazer, 1991）的解决方案为本的治疗非常相似。这种对理想未来的"愿景"能够帮助案主开始思考如何才能实现这一目标。

重建阶段

在第二阶段，即重建阶段，我们发现了其他的真相，它们也是真实存在的，但可能因为不符合案主故事的主旋律而被压制了。因此，这个过程是一种扩展知识的体验，而不是改变知识的体验。当案主讲述自己的故事时，治疗师要仔细倾听，找到"独特的结果"，这样才能了解究竟哪些事件被压制了（White & Epston, 1990）。这些事件或结果无法用主导故事来解释。例如，一个男人把他的问题描述为恃强凌弱，说他自己一直很刻薄，而且在生活中脾气很差。接下来治疗师与他讨论了这个问题在他的童年和成年时期是如何影响他与同龄人和同事之间的关系的，它如何导致了他的婚姻破裂（这是一个突然出现的问题），以及它是如何影响他与孩子之间的关系的。他们还回顾了这种状况如何伤害了案主自己，引起了负罪感，降低了自尊心。展望未来，如果这个问题继续主导他的生活，他预见到将会成为孤独的存在。重要的是要了解他对这种情况的看法，而不是假设这是一种不好的行为（即使是），他希望停止（他可能不希望停止）。帮助他把自己与问题区分开的目的不是让他逃避对自己行为的责任，而是帮助他评估自己的问题对自我和他人的影响，然后他要对自己到底想怎么改变这个问题做出决定，最后找到方法来管理和控制这个问题。

469　事实上，当治疗师问及案主这种坏脾气如何控制他的生活，以及他是如何让这种情况发生的时候，责任就隐含在其中了。

这时，治疗师一开始会很难发现独特的结果，但仔细倾听下去会帮助他逐渐发现一些。如果案主是一个"硬汉"，那他是从哪里找到温柔之心去探望他住在养老院的奶奶呢？他怎么能把狗狗照顾得这么好？这里，我们又看到了与德·沙泽尔（de Shazer, 1991）的解决方案为本治疗的相似之处了，但治疗师不会询问"例外"是什么，因为案主自己也不清楚到底哪些是例外，治疗师要像侦探一样仔细梳理谈话内容，寻找证据。正如治疗师要解构案主的主导故事，以找出谁参与了硬汉身份的构建一样，治疗师应当要求案主思考谁可能帮助他发展出了更温和的一面。渐渐地，他们开始讨论案主与慈爱的祖父之间的关系，同时也想起了一位温和而有男子气概的老师。此外，媒体所传播的只有坚强起来才能成为一个男人的文化信息，也被拿来与受尊敬的绅士善待妇女儿童的矛盾的社会信息进行对比。了解他的另一面可以帮助案主找到消除强硬的一面（他的问题导致的行为）对自己的影响的方法，但允许他保留强硬的一面，同时探索和发展自己的其他方面，如温柔的一面。

在另一个个案中，社区其他成员和案主自己都认为这个家庭是一个贫穷和"失控"的家庭，儿子则是一个有"暴力"倾向的青春期男孩，在治疗过程中，这种对家庭的狭隘定义受到了挑战。他们开始意识到，他们也是一个足智多谋的家庭，已经解决了贫困问题：他们找到了一种方法，母亲白天在家照顾年幼的孩子，让青春期的男孩放学后帮母亲照看孩子，母亲则去做一份工作来赚钱补贴家用。这一讨论也挑战了"暴力男孩"的观念，尽管男孩在学校时的确有暴力行为，这一点大家都没有忘记。看到自己生活的其他方面，确实帮助他们看到自己有其他选择，比如他们想要在什么情况下发展自己的哪些方面。在这里，社工没有告诉孩子必须做什么，而是帮助他看到了选择。家庭和学校都报告说，这一学年孩子的暴力行为明显减少。

　　还有一个典型案例，案例中的社会工作者在一个针对慢性疼痛病人的应对技能小组中，帮助病人找到应对疾病的方式，并帮助他们发现他们能够战胜疾病，这样病痛就不那么严重了。起初，大多数病人认为疼痛是一直存在的，他们完全无能为力。通过仔细倾听工作人员和彼此的分享之后，他们发现有时情况会好转，他们都找到了自己的应对方法（Kelley & Clifford，1995）。社会工作者问他们："如果这种病是你的家庭成员，你会怎么治疗？"通过这种提问，问题被外化了。小组成员开始饶有兴趣地讨论这个问题。一些人找到了对抗疾病的方法但拒绝使用这些方法，而另一些人则说，既然得病了，他们就会寻找适应它的方法，并学会忍受它。社工没有教他们如何应对，而是通过仔细倾听确定了案主已经开始着手应对的时间，挑战了他们完全无助的观点。

470

　　在重建阶段，治疗师要帮助案主重新构建对现实的看法，使其更加广阔，而不是完全不同。有位患抑郁症的妇女回忆说，她在童年被剥夺了母亲的抚爱，因为她的母亲在她还是个孩子的时候就得了重病，在她 11 岁的时候去世了，治疗师问她是否记得当母亲有时间、有力气的时候拥抱过她。这位案主记得她的母亲每天给她梳头，并感觉这段回忆很美好。母亲一直病重，只能最低限度地扮演一个慈母，这个不幸遭遇不能被忽视，治疗师需要帮助案主回忆起她童年生活中的其他片段。她说，她感到欣慰的是，当她沮丧的时候，她可以想想母亲给她梳头的感觉有多好。多兰（Dolan，1991）在其有关性虐待幸存者的研究中指出，如果在让案主一次又一次地讲述自己的故事的过程中没有加入修正性经验，就会让她们受到二次伤害。帮助案主拓宽自己的人生故事，而不是不断"打磨"自己问题重重的故事，就是一个修正性经验。

治疗时长

　　由于结构主义治疗方法的哲学本质，人们通常认为治疗是一个长期过程，于是，人们提出了这样一个质疑，即长期的治疗过程如何适用于当今社会工作实践。怀特和爱普斯顿（White & Epston，1990）的叙事治疗的一个非常有趣的方面是，他们的面谈次数比较少，通常只有六到七次，当然，也没有一个固定的要求。在每次面谈结束时，治疗师都会询问案主他们是否希望下次再来与治疗师见面，如果对下次面谈有所期待，隔多长时间比较合适。与结构主义治疗师不同的是，叙事治疗师们会要求案主在两次面谈期间开展一些活动。例如，在上文帮助家庭和儿子"摆脱麻烦"的案例中，怀特（White，1989）鼓励家庭制订一个摆脱麻烦的会议计划，让所有家庭成员共同回顾计划的进度。每次会议都是有正式结构的，且每次都会有纪要。

尽管面谈的次数不多，但是，这些面谈的安排还是会持续较长的一段时间，不会仅仅是一个星期这么短，因为需要给家庭充足的时间来思考和尝试新的东西。在与家庭一起开展工作时，需要采用一些顽皮的想法和隐喻来激发他们尝试新事物。在两次面谈之间除了要求家庭成员尝试不同的方法之外，怀特还运用不同的写作方式来扩大每次面谈的影响力。他经常让治疗师给案主写"治疗性书信"，信中总结了他记录的案主对自己的问题的描述，还记录了在面谈中案主获得的解决问题的知识等内容。治疗师要求案主就这些书信内容进行修正、删减和增补，让信里的表述更加准确。案主报告说，每封信的价值都超过了四次面谈的内容（White，1992）。尽管人们可能会质疑治疗师在这个过程中投入的时间，但是，这些信也可以作为案例笔记。怀特还发现在面谈时记笔记对治疗效果非常有帮助，笔记不会转移大家的注意力，他还会把这些笔记读给案主听，让他们检查这些笔记的准确性。还有一些其他形式的写作也会对面谈有非凡的价值，例如案主给自己写信，或者给治疗师写信，制作一件艺术品，写一首诗，画一个图标，或者列一个清单（Kelley，1990）。怀特和爱普斯顿喜欢利用证书或者文件，例如"逃脱罪责证明"（White & Epston，1990，p. 199）或者"专业知识证书"（p. 201），这些方法对孩子特别管用。

怀特（White，1992）还报告了自己运用的其他能够减少面谈次数但同时扩大面谈影响力的策略。除了写信和做文件记录之外，他还采用了"重新定义的仪式"（例如，给孩子们组织派对），在这些仪式上庆祝战胜了问题，或者他还会鼓励家庭利用"顾问"，即那些在他们的生活中有影响的人，他们常常会从顾问处寻求解决问题的办法。他还报告说，自己还运用了"反思性团队"来扩大每次面谈的影响，关于这种方法，我们将在培训一节中详细讨论。

在社会工作实务中的基本运用

从上面的讨论中我们发现，叙事治疗的主要运用领域是家庭治疗和家庭社会工作领域。与系统理论方法一样，关注人与人之间的互动使得叙事治疗在与家庭和夫妻的工作中能够很好地发挥作用。当然，这个方法还适用于与个人开展工作，近年来人们还发现其在小组工作中的成效也很显著（Kelley & Clifford，1995）。尽管在文献中不太常见，但在社区中运用叙事治疗似乎也得到了人们的认可。事实上，在新西兰的奥克兰家庭治疗中心，社区工作和社会行动密切配合，与家庭治疗一起构成了瓦尔德格莱夫的"公正治疗"（Waldegrave，1990），瓦尔德格莱夫并不是社会工作者，但是他关注社会公正，这与社会工作的传统有异曲同工之处。

潜在问题和禁忌症

虽然叙事方法在社会工作中得到了广泛的应用，但有人对其在特定人群中的使用提出了一些问题。有人担心这个方法不强调"现实"，不关注问题故事，这些会将案主的问题弱化，特别是在家庭暴力个案或者性虐待个案中。社会工作者太早解构案主的故事，或者否认案主的现实，的确是有问题的。但如果社会工作者能够积极倾听案主，并给予其足够的关注，就不存在问题了。出于同样的担心，有人可能认为叙事治疗方法比较肤浅，因为它不涉及"根本"原因，或者没有深挖深受困惑的人的病理学原因。因为这些想法不属于后现代理论的范畴，叙事治疗师认为这些担忧是毫不相关的。也有社会工作者担心，外化过程可能会降低施暴者对自己的暴力行为或其他犯罪行为的责任。怀特和爱普斯顿（White & Epston，1990，p.65）直接回应了这个问题，他们指出，帮助人们将自己与问题区分开，客观地进行评价，就能帮助人们对自己的行为担负起更大的责任。社会工作者和其他专业人士认为，仅仅与案主谈话是不够的，为了改善案主面临的问题，需要提供更具体的服务，甚至可能需要药物治疗。叙事治疗师同意并且相信他们的方法可以给补充性服务提供更多的便利。最后，还有些现实性的担忧，即如果不采用标签，跨学科的讨论可能会受到阻碍，服务费用的保险报销也可能会遇到一些麻烦。这些都是需要考虑的问题，且并不是完全可以解决的。在某些情况下，还是需要采用某些标签，但是需要关注这些标签中所隐藏的影响力。

鉴于叙事治疗是一种比较新的方法，相关的研究很少，因此，很难确定哪个群体的人比较适合或者不适合采用这个方法。尽管叙事治疗师进行了很多个案研究，涉及不同类型的案主，以证明治疗效果非常成功，但是，未来还是需要进一步研究叙事方法最适用于哪些人群。我们需要进一步研究施暴者以及药物滥用者使用叙事治疗的有效性。此外，还要关注经历了严重情绪问题的人的外化问题，因为他们可能难以将自己和外在的力量有效地区分开。

管理和培训因素

叙事治疗的主要使用者是有研究生学位的临床社会工作者、家庭治疗师和心理学家。这种方法不只是讲故事，它还涉及通过以特定的方式进行精心倾听和技巧性提问来改变故事，这些技术通常需要通过本科毕业后的培训来学习。心理动力取向的社会工作者经常讨论的"有意识地运用自我"以及移情和反移情问题，在叙事治疗师眼中同样是非常重要的问题，当然，他们可能不会使用同样的术语。叙事导向的社会工作者需要清楚自己的问题、观点和经验，要将这些问题与案主的问题明确区分开。由于案主的历史和现实是通过与治疗师的对话建构的，因此，社会工作者不可能只是一个站在一旁的观察者，他们通过与案主的相互影响，成为案主改变系统的一部分。社会工作者必须非常小心地倾听和理解案主的真实情况，个别化对待每一名案主。因此，不存在固定的技术或者处方，每名案主都是独特的，需要根据他们的具体情况提供适合他们的治疗方法。以这种方式工作需要社会工作者具有扎实的自我意识，并愿意抛开自己世界观。

尽管叙事方法已融入了社会工作的课程中（Kelley，1995），但是，大部分的叙事治疗培训还是由家庭治疗中心或者某些社会工作机构提供的。按照叙事治疗的要求，培训和督导都需要由一个反思性团队来进行，这也是治疗的重要组成部分。挪威的安德森（Anderson，1987）首次提出了建立反思性小组的想法，整个过程是这样的：小组成员待在单面镜后面，在访谈的某个时刻与家庭成员"交换位置"，然后讨论自己所听到的家庭成员的发言内容，彼此反思各自的想法。这种由外人提出的反思能够鼓励家庭成员深入讨论自己的问题。通过担任督导团队成员，每个受训者能够学会如何倾听，并且学会如何探索独特的结果。如果受训者无法准确地理解案主的意思，那么，案主就会主动指出这一点。在家庭成员听完整个小组成员的反思讨论之后，双方再次交换位置，由家庭成员站在督导小组成员的角度来讨论自己到底说了些什么。受训者可以通过站在单面镜前面和后面来学习体会看问题的不同角度，在每次会谈结束后，通过一系列的讨论，教师也可以从两个角度来进行教学。怀特（White，1992）报告说，他的大部分案主都认为这些反思性小组减少了治疗会谈的次数，提高了会谈的作用和影响力。当然，家庭成员要同意小组来观察自己，他们可能会要求在会谈之前与反思性小组见面。尽管这些反思性小组减少了案主所需的治疗次数，但治疗师需要的治疗数量通常意味着，只有在有培训人员的情况下才能采用这种团队督导的方式。下面的这个案例是由一个社区精神健康中心的家庭治疗培训单位的反思性小组成员撰写的，他们采用了反思性小组的方法。在本章中，我们反复使用了他们的案例，下面的案例是用来展示如何将反思性小组运用在治疗和培训过程中的。

案例：史密斯一家

本案例由艾奥瓦州艾奥瓦城的东中部艾奥瓦社区精神健康中心的社会工作硕士、注册社工帕特里夏·凯利和社会工作硕士、注册社工斯蒂芬·特雷夫兹（Stephen Trefz）撰写。

史密斯太太（Ms. Smith）给社区精神健康中心打电话，希望中心能够帮助她一家人重归于好。她有两个女儿，12岁的雷切尔（Rachel）和10岁的贝蒂（Betty）。雷切尔现在住在寄养中心。史密斯太太与这两个女儿的有暴力行为的父亲离婚了，她说，雷切尔之所以从家中被带走，是因为雷切尔对贝蒂和她使用了暴力。史密斯太太说，她和贝蒂都特别害怕雷切尔，雷切尔长期以来一直在接受治疗，曾经七次离家治疗她的暴力行为和抑郁症状。因此，治疗的最初目标是要了解更多的情况，弄清到底是什么让这个家庭如此"闹腾"，同时弄清家庭内部的亲密关系究竟是怎样的。

　　这个家庭得到了与中心的家庭治疗小组一起工作的机会。治疗师们向这个家庭说明要与一组治疗师一起在单面镜观察室中工作，并采用反思性小组。这个家庭接受了这种治疗方式。在接案阶段，这个家庭与小组见面，同时去观察室看了一下。这个小组共有五个人，两名治疗师主要负责与家庭一起工作，另外三名受训者会待在单面镜后面，他们都是反思性小组的成员。

　　第一步是由家庭成员谈论自己的担心，谈了40～50分钟后他们稍微休息了一下，然后倾听反思性小组组员的回应。这时，反思小组的成员会走进来，他们会相互讨论家庭的问题，治疗师和家庭成员共同倾听他们的讨论。接着，小组会再次回到单面镜观察室，治疗师会与家庭成员一起讨论小组的反思，这个过程大约用了15分钟。 474

　　与家庭的前两次会谈的主要任务是找出孩子们与母亲之间存在的激烈的语言和身体冲突。遏制这两个女孩的攻击性行为变得至关重要。有关暴力和冲突的故事开始出现了，包括家庭暴力、语言暴力、姐妹之间的打斗、失控的孩子们，以及一位不堪重负的母亲在与虐待她的丈夫离婚后重新开始自己的生活。还有一些谈话主题涉及乖孩子和坏孩子的观念，把雷切尔与她暴力的父亲相提并论，雷切尔不断为自己的父亲辩护等。治疗师开始向家庭提问，以了解家庭到底是如何经历这些问题的，以及她们到底给这些问题赋予了什么样的意义。治疗师还通过问一些问题，来解释和澄清这个家庭中的很多事实。故事的主线包括害怕、暴力、缺乏尊重、批评、无助、屈从于失控的生活等。治疗师们提出各种问题的目的是希望了解以下内容：

　　（1）还有谁参与了这些故事的建构？例如：爸爸是怎么适应这一切的？谁会同意？谁会反对？当我们谈论家庭时，还需要包括谁？

　　（2）哪些事件促进了问题的发展？玛莎（史密斯太太）的离婚对家庭产生了哪些影响？

　　（3）随着时间的推移，这个故事是如何发展的？以前是什么样子的？家庭成员经常打架吗？什么时候没有打架？在预约了治疗师之后，家里发生了哪些事？

　　（4）这个故事对她们自己和她们的家庭产生了怎样的影响？

　　例子

　　在家中，你是如何忍受这些暴力的？你是如何抵制暴力的诱惑，不对他人使用暴力的？（注意将暴力外化）问这些问题旨在探讨其他可能的意义，并为非主导故事主题的出现寻找空间。在经过了第二次乱哄哄的面谈之后，反思小组做出了以下的评论：

　　组员1：我在思考这个女孩的行为到底意味着什么。

　　组员2：我也在想这个问题。我在思考她们到底想要表达什么。难道她们在表达一些在这个家庭中不被允许说出的事情吗？我在思考对于这个家庭而言到底什么能说，什么不能说。

组员3：到底是什么这么难以表达，难道就不可以用语言来表达吗？我在想谁会首先试图用语言来表达，而不用伤人的行为。

组员2：这个家庭如果没有打斗和吵闹会是怎样的？会很无聊吗？难道打斗比不说话更好吗？

组员1：我看到雷切尔表现出了很多不同的情绪，其中一种是悲伤。你认为她为什么悲伤？

组员3：我从玛莎那里听到了很多关于雷切尔父亲的情况，有些描述听起来非常粗暴。我在想雷切尔听到这样的描述会做何反应。我特别有兴趣听到对父亲的不同观点，我们需要做些什么才能让大家都能听到不同的描述呢？

组员2：是的，我也在思考玛莎对雷切尔与她父亲所做的比较，他们之间除了在骂人和打人上非常相似之外，是否还有别的地方也特别相似呢？

组员1：你是说"雷切尔是否从父亲那里遗传了一些好的品质，例如忠诚、保护家庭不受外人伤害吗"？

组员2：是的，没错。

这个家庭后来的反思也表明，雷切尔的父亲虽然是个酒鬼，并殴打史密斯太太，但他也非常顾家，是一个非常慈祥的父亲。治疗师鼓励史密斯太太关注雷切尔身上的一些源于父亲的优秀品质。同时，他们还鼓励全家人共同关注大家能够共同控制暴力行为，不让暴力行为控制彼此的互动的时刻。

在寻找家庭没有陷入混乱时的状态与混乱状态有哪些不同，以及这种平静会出现在什么时候的过程中，这个家庭报告说，当外公在场时，她们更平静，也更尊重对方。母亲说，当外公出现时，自己会感到比较有信心、有能力，女儿们也很规矩。治疗小组对这个情况非常感兴趣，希望能够更多地了解外公到底给这个家庭带来了什么。为了能够亲身感受一下这种差异，他们询问这个家庭下次面谈时是否可以带着外公一起参加，她们同意了。

接下来的这次面谈时情况非常不同，外公陪着自己的女儿和外孙女们一起参加了面谈。史密斯太太和女儿们都梳妆打扮了一番，比前几次隆重多了。面谈过程中，大家彼此之间很少发生语言冲撞，也很少粗鲁地打断彼此的对话。在这次面谈中，治疗师获得了有关早逝的外婆的信息，她们还谈到了外公如何把史密斯太太抚养成人。外公得到了描述自己的女儿小的时候是怎样的，以及自己眼中的外孙女们是怎样的的机会。女儿们也回忆起外婆的情况，史密斯太太也回忆了自己儿童时代与兄弟们之间的打斗。雷切尔和贝蒂的破坏性行为没有得到任何控制。

反思2

组员1：我觉得这家人在谈论过去的家庭生活时，似乎在参加一个家庭聚会。我听到外公和玛莎在说她小时候如何跟兄弟们打斗，我在思考他们当时是如何解决这些冲突的。

组员2：我在思考玛莎和她的女儿们今天的感受到底是怎样的。当外公出现的时候，她们之间的互动方式与之前完全不同。帕特和斯蒂芬（治疗师）是否也感受到了这种差别？

组员3：外公今天看起来非常活跃。他总是不断地夸奖每一个人。你认为他的话语对今天家庭成员之间的沟通产生了什么影响？

组员1：每个人都在回忆过去的好时光，每个人都很开心。我觉得今天的面谈与上次截然不同。我不知道它是否会对这个家庭产生影响。

组员3：雷切尔在谈到外婆时眉飞色舞。

组员2：在谈到外婆时，雷切尔还流泪了。

组员3：在别人谈论伤心事的时候，雷切尔表现出了温柔的一面了。你觉得别人是否注意到了她温柔的一面？你们认为我们应该如何增强这个家庭温柔的一面？表现出温柔的一面在这个家庭中是否可以被接受？

反思后的讨论

家庭成员都认为这次面谈非常冷静，让人非常高兴。他们也不知道到底为什么会这样。家庭成员和治疗师们提出了很多可能性和预设。最后，大家达成了一个共识，今天的面谈之所以让所有人都感到很高兴，是因为外公带来了对每个人的尊重和肯定。玛莎和女儿们都认为自己要寻找一些方法，让自己在家中像外公一样表现出对他人的尊重。

跟进

在后来的六个月中，这个家庭又与治疗师见了五次面。虽然雷切尔还在接受治疗，家庭成员还需要通过进一步开展工作才能真正团聚（需要与其他社会机构进行合作）。现在在家中，争斗越来越少了，大家彼此之间可以进行更多的开放式讨论了。在讨论过程中，父亲的某些好品质也得到了肯定，同时，妈妈不愿意维持婚姻的原因也得到了深入的讨论。

实证基础

有关叙事方法有效性的实证研究不太多。后现代主义明显否定客观的可能性，而这一点正是实证主义的核心所在。因此，后现代主义方法受到的批评是，它让社会工作远离了科学领域，而社会工作原本是属于科学领域的（Epstein，1995）。结构主义者对于大多数统计程序所需的变量之间的线性关系的假设感到不舒服，心理学家内梅耶（Neimeyer，1993）曾指出，还是有几种适合评估结构主义心理治疗结果的研究方法。他举了几个例子，包括使用凯利方格、发展水平的转写分析、变化事件的任务分析、随机建模和时间序列研究等。像其他人一样，他还指出，人们还需要探索更多通过对话探究和理解个人意义的方法。他强调道，有必要发展更多的研究方法，以此深入理解个人的意义。很多学者认为，民族志定性研究方法和转写分析在研究结构主义方法时是有用的（Kelley & Clifford，1995；Rigazio-DiGilio & Ivey，1991），怀特和爱普斯顿（White & Epston，1990）以及其他学者运用个案研究方法来评估干预结果，发现案主的症状得到了非常明显的消除。未来的研究方向包括找到测量叙事治疗结构的新方法，以及针对这些新方法开展进一步的研究等。

使用说明

社会治疗的后现代方法在家庭治疗中占据着重要地位，社会工作者非常清楚这一点，他们也在实务中不断采用这些方法。由于这个理论具有跨学科性，这些方法也适用于很多案主，这种趋势越来越明显。需要开展更多的研究，并采用新的方式开展研究，这样，叙事治疗的方法才能得到社会工作专业的广泛接受。社会工作者和家庭治疗师霍夫曼（Hoffman，1990）殷切地希望这项运动能够推动叙事治疗回归为一种对话艺术，而非伪科学行为。她还表示，自己坚信在我们与案主开展合作的过程中，美学隐喻比生物或机器隐喻"更贴近家庭"，她希望这些隐喻也能创造一种"解放对话"（p. 11），从而从社会性和政治性的角度敏锐地回应案主的需要。的确，叙事性方法的目的是在他或她的社会背景中理解和个性化每个案主，并强调调动优势这项社会工作专业的最佳传统。

参考文献

Andersen, T.C. (1987). The reflecting team: Dialogue and metadialogue in clinical work. *Family Process, 26,* 415–428.

Anderson, H., & Goolishian, H.A. (1988). Human systems as linguistic systems: Preliminary and evolving ideas about the implications for clinical theory. *Family Process, 27,* 371–393.

Bateson, G. (1972). *Steps to an ecology of mind.* New York: Ballantine.

Borden, W. (1992). Narrative perspectives in psychological intervention following adverse life events. *Social Work, 37*(2), 135–141.

Boscolo, L., Cecchin, G., Hoffman, L., & Penn, P. (1987). *Milan systemic family therapy.* New York: Basic Books.

Bruner, J. (1986). *Actual minds, possible worlds.* Cambridge, MA: Harvard University Press.

Cowley, G., & Springen, K. (1995, April 17). Rewriting life stories. *Newsweek,* 70–74.

de Shazer, S. (1991). *Putting difference to work.* New York: W.W. Norton.

Dolan, Y.M. (1991). *Resolving sexual abuse: Solution focused therapy and Ericksonian hypnosis for adult survivors.* New York: W.W. Norton.

Ellis, A. (1962). *Reason and emotion in psychotherapy.* New York: Stuart Press.

Epstein, W.M. (1995). Social work in the university. *Journal of Social Work Education, 31*(2) 281–293.

Foucault, M. (1980). *Power/knowledge: Selected interviews and other writings.* New York: Pantheon Books.

Gorman, J. (1993). Postmodernism and the conduct of inquiry in social work. *Affilia, 8*(3), 247–264.

Grinder, J., & Bandler, R. (1976). *The structure of magic II.* Palo Alto, CA: Science and Behavior Books.

Hoffman, L. (1985). Beyond power and control: Toward a "second-order" family systems therapy. *Family Systems Medicine, 3,* 381–396.

Hoffman, L. (1990). Constructing realities: An art of lenses. *Family Process, 29,* 1–12.

Holland, T., & Kilpatrick, A. (1993). Using narrative techniques to enhance multicultural practice. *Journal of Social Work Education, 29*(3), 302–308.

Imber-Black, I. (1988). *Families and larger systems.* New York: Guilford Press.

Jenkins, A. (1991). *Invitation to responsibility: The therapeutic engagement of men who are violent and abusive.* Adelaide, S.A.: Dulwich Centre Publishing.

Kelley, P. (Ed.) (1990). *Uses of writing in psychotherapy.* New York: Haworth Press.

Kelley, P. (1993). Constructivist therapy: Getting beyond the victim stance. In *Empowering families* (juried papers from 6th Annual Conference) (pp. 173–180). Cedar Rapids IA: National Association for Family Based Services.

Kelley, P. (1994). Integrating systemic and post systemic approaches in social work with refugee families. *Families in Society, 75*(9), 541–549.

Kelley, P. (1995). Integrating narrative approaches into clinical curriculum: Addressing diversity through understanding. *Journal of Social Work Education, 31,* 3.

Kelley, P., & Clifford, P. (1995). Coping with chronic pain: Assessing narrative approaches. Paper delivered at The First International Conference on Social Work in Health and Mental Health, Hebrew University, Jerusalem, Israel, Jan. 25, 1995.

Kelly, G. A. (1955). *The psychology of personal constructs* (Vols. 1&2). New York: W.W. Norton.

Korzybski, A. (1933). *Science and sanity* (4th ed.). Lakeville, CT: The International Non-Aristotelian Library Publishing Company.

Lowe, R. (1991). Postmodern themes and therapeutic practices. *Dulwich Centre Newsletter, 3,* 41–52. Adelaide, S.A.: Dulwich Centre Publishing.

Moreno, J.L. (1937). Inter-personal therapy and the psychopathology of interpersonal relationships. *Sociometry, 1,* 9–76.

Neimeyer, R.A. (1993). An appraisal of constructivist psychotherapies. *Journal of Consulting and Clinical Psychology, 61*(2), 221–234.

Pardeck, J.T., Murphy, J.W., & Choi, J.M. (1994). Some implications of postmodernism for social work practice. *Social Work, 39*(4), 343–346.

Pozatek, E. (1994). The problem of certainty: Clinical social work in the postmodern era. *Social Work, 39*(4), 396–401.

Rigazio-DiGilio, S.A., & Ivey, A.E. (1991). Developmental counseling and therapy: A framework for individual and family treatment. *Counseling and Human Development, 24,* 1–20.

Saleebey, D. (1994). Culture, theory, and narrative: The intersection of meanings in practice. *Social Work, 39*(4), 351–359.

Sands, R. & Nuccio, K. (1992). Postmodern feminist theory and social work. *Social Work, 37*(6), 489–494.

Scott, D. (1989). Meaning construction and social work practice. *Social Service Review, 63,* 39–51.

Tomm, K. (1987). Interventive interviewing: Part II, Reflective question as a means to enable self healing. *Family Process, 26,* 167–184.

Waldegrave, C. (1990). Social justice and family therapy. *Dulwich Centre Newsletter, 1,* 6–46. Adelaide, S.A.: Dulwich Centre Publishing.

Watzlawick, P., Weakland, J.H., & Jackson, D.D. (1967). *Pragmatics of human communication.* New York: W.W. Norton.

White, M. (1989). Family escape from trouble. *Selected Papers, 1*(1), 59–63. Adelaide, S.A.: Dulwich Centre Publishing.

White, M. (1992). The re-authoring of lives and relationships. A workshop presentation, Iowa City, IA, Oct. 5–6, 1992.

White, M., & Epston, D. (1990). *Narrative means to therapeutic ends.* New York: W.W. Norton.

Wynne, L.C., Shields, C.G., & Sirkin, M.I. (1992). Illness, family theory, and family therapy: Conceptual issues. *Family Process, 31*(1), 3–18.

第二十章

神经语言程序理论和社会工作治疗

G. 布伦特·安杰尔

概 论

理论概要

神经语言程序理论是一种现代咨询和心理治疗理论，它强调通过沟通来理解并改变人
类行为。对于社会工作者而言，神经语言程序理论提供了一个独特的、由意义建构的理解
助人过程的方式，特别适用于需求评估、信任关系建立和协助案主成长。神经语言程序重
视个体的主观体验，通过帮助案主接收、解释和传递感官刺激的方式构建人类行为。神经
语言程序理论通常被描述为一个模式，而不是一个实践理论，它关注的是情感和行为的语
言和非语言交流。

神经语言程序是一种适应治疗实务，而非适应实务理论的方法。在这一点上，它与很
多实务理论截然不同，很多实务理论关注的是理解人类情感和行为背后的原因。神经语言
程序的活力在于，社会工作者既可以把它当成一种独立的实务方法，也可以将它与其他方
法整合起来同时使用（Field，1990；House，1994；Ignoffo，1994；Mercier & Johnson，
1984）。从本质上讲，神经语言程序是互锁理论视角的缩影。

历史起源

自 1970 年代初班德勒和格林德等人（Bandler & Grinder et al.）提出神经语言程序的

481　概念以来，神经语言程序经历了一次转型（Dilts，1976；Lankton，1980）。神经语言程序最初被认为是一种可以单独使用或与其他实践方法结合使用的实践模型，但在 1980 年代后期，它似乎就过时了。神经语言程序阵营内部的困难、老牌精神治疗精英的怀疑论保守主义，以及培训的费用和严格程度，都对将这种方法作为一种可接受的主流实践模式加以推广形成了阻碍（Clancy & Yorkshire，1989）。然而，该模式的支持者所做的"快速修复"承诺使神经语言程序的余烬在精神治疗的壁炉中继续发光。事实上，神经语言程序独特的理解人类行为的框架和有效的干预技术，使来自不同领域的从业者继续提倡。经验表明，神经语言程序有助于处理临床治疗中的各种心理和人际问题（Andreas，1992；Field，1990；House，1994）。神经语言程序的许多概念和技术已经与其他方法结合，这些方法的爱好者致力于使用有时间限制的、性价比高的、效率高的、能够赋权案主的、由技术驱动的方法（Ignoffo，1994）。

　　神经语言程序关注的是案主此时此地的意识和变化。神经语言程序精通心理学、哲学、转换语法和控制论，对其他助人性职业、教育和商业产生了广泛的影响。神经语言程序的发起者详细地研究了著名的精神治疗派的沟通模式，他们关注的是他们所做的工作，而不是理论本身。

　　班德勒和格林德在发展神经语言程序时，深受他们自己对乔姆斯基（Chomsky，1957）的转换语法解释语言形成的研究的影响（Bradley & Biedermann，1985）。此外，埃德蒙德·胡塞尔的现象学的概念化和人类经验及与其相似的心理学家威廉·冯特（Wilhelm Wundt）提出的与深入、隐匿的无意识水平相对应的有意识的"心灵的产物"的概念，引起了班德勒和格林德的兴趣，他们开始关注主观经验的重要性，因为它会被人们感知并转换为沟通。

　　在此背景下，班德勒和格林德开始系统地分析著名的实务工作者的著作，例如经验主义家庭治疗师弗吉尼亚·萨提尔，格式塔治疗师弗里茨·珀里斯，隐喻为本的催眠大师米尔顿·埃里克森，以及控制论人类学家格雷戈里·贝特森。他们的努力成功推动了班德勒和格林德及其同辈人在心理治疗中从新的角度理解人类沟通的复杂性。反过来，他们将这些知识综合成一种以技术为基础的实践方法，即通过对沟通的修改实现快速而深刻的行为改变。

进入社会工作的路径

　　神经语言程序综合了心理治疗、催眠、语言学和积极思维，已经成为从业者从跨学科角度寻求理解和提供治疗的新方法，神经语言程序对社会工作者具有很大的吸引力，因为它的原则与社会工作专业价值观高度契合，包括知识和技能的传播、欣赏差异和案主赋权。这种模式的吸引力还在于，它是一种以精要解决方案为本的方法。今天流行的减少案

482　主联系时间的框架与神经语言程序为服务消费者和提供者提供服务的框架契合。此外，神经语言程序注重的是沟通而不是病理，适用于所有的人际交往实务。

　　从社会工作的角度来看，班德勒和格林德以及他们的团队吸收了很多现代心理治疗的关

键参与者，这吸引了许多人来关注这种方法。特别是神经语言程序与社会工作者和家庭治疗师弗吉尼亚·萨提尔的关联，引起了人们对这个模式极大的关注。当然，神经语言程序经久不衰的一个原因似乎是它与代表不同专业和学科的许多现有实践理论的兼容性密切相关。

马克林（MacLean，1986），扎斯特罗（Zastrow，1995），扎斯特罗、多特森和科赫（Zastrow，Dotson & Koch，1987），扎斯特罗和基斯特（Zastrow & Kirst，1994）格外关注神经语言程序在社会工作实践中的应用，给这个模式及其使用策略提供了很多重要的信息。其中最为重要的是给实习前或实习期间的社会工作实习生提供"技巧实验室"训练。例如，艾维（Ivey，1994）有关目的性访谈和咨询的著作就吸收了很多神经语言程序的干预框架，并将其当成了基本技巧，运用到跨学科（包括社会工作）领域，在一些方法培训教材中也对其进行了充分利用。艾维的基本前提是从系统研究在治疗过程中"到底什么在发挥作用"这样的角度来提升实务工作者在需求评估、干预和效果方面的能力。很显然，艾维深受神经语言程序的影响，特别是神经语言程序会从多元文化的角度开展技巧培训。同样，社会工作教育者库尔诺叶（Cournoyer，1996）编写了一本被广泛运用的技巧培训手册，其中收录了艾维、班德勒和格林德（Ivey，Bandler，& Grinder，1979，1982）等人的著作，并建立了自己的概念性框架。这本手册为社会工作者提供了一个扎实的开启实务之旅的基础，里面也包含了很多神经语言程序的基础性概念。它强调技能培训，借用了一些来自神经语言程序的概念和方法，从而确保初入行的社会工作者总是会接触到这种模式的一些主要原则。

总之，神经语言程序凭借灵活性赢得了社会工作者的喜爱。这个模式的包容性和对其他治疗方法的兼容性使其充满了魅力。

基本假设

神经语言程序的假设

神经语言程序是建立在理解人类接收和发送信息的三个阶段的过程基础之上的，这个过程就是沟通。首先，通过视觉、听觉、感觉、味觉和嗅觉，人们可以从环境中获得经验，然后由个体（神经）进行处理。其次，感官信息被解释、分类，并转换成有意义的和可交流的格式（语言）。最后，在传递之前，语言和非语言交流是由个人组织的，以确保在首选目的（编程）方面取得最大成功（Zastrow，1995）。

内部资源

神经语言程序体现了"从案主的角度出发"的实践公理，从案主的世界观角度对治疗关系进行概念化。这个模式认为，个人对经验的看法比其他人（包括参加活动的社会工作者）更重要。从优势的角度来看，神经语言程序假设案主已经或能够创建满足其需求所需的内部资源（Yapko，1984）。从案主的角度来看，可能存在的问题是，过去能够充分满足需求的某些行为或策略，在应对当前的挑战时可能是不够的。在这些情况下，案主面临的特殊困难被界定为个人只有有限的选择来实现他或她的目标，而不是"指责受害者"和证明个人存在缺陷。因此，社会工作者运用神经语言程序的目的旨在协助案主发现或者发展内在资源，从而使其能够获得更多的选择，提高其获得预期行为结果的可能性（Ivey，1994；MacLean，1986；Pesut，1991）。

对差异性的敏感

从本质上讲，这种方法对个人交流的主观关注是具有个体敏感性的，因此，对文化差异也是敏感的。语言变异是个体个性和文化差异的核心，它通过关注案主对体验的独特解读和交流在神经语言程序中得到了解释。目光接触、语调、肢体语言和口音只是文化群体之间和文化群体内部差异的几个例子。通过这种方式，社会工作者可以关注到个体和文化层面的差异。在这样做的过程中，他们与案主一路同行，以一种文化意图的方式寻找一系列可能的替代方案、选项和选择，而不是寻找神话般的"正确"回应（Ivey，1994；Ivey，et al.，1993；Sandhu et al.，1993）。

深层结构和表面结构

神经语言程序认为人格是一种语言转换，它是对个体的语言、行为和习惯的综合，源自主观经验、想象和记忆的混合。每个人都从经验中自然地收集了一系列基于传感器的数据，并在无意识的层面上，将自己经验的"深层结构"带入其中。对于有意识的自我或"表面结构"来说，将这些传感数据进行净化是很有价值的。情境和需求会使得个体通过扭曲、删除和泛化深层结构信息等方式把他或她的经验编辑成模式化的反应，使其符合他或她表层结构的需要（Bandler & Grinder.1975）。

神经语言程序将扭曲定义为现实的再现形式，其中，原始含义的深层结构已经发生了改变，以适应表层结构的需要。删除被定义为删除深层结构的片段，使其无法作用于表层结构。概括地说，即可以用一个特定的深层结构事件来再现表层的一整类现象。变形、删除和泛化被认为是经验意义分配中正常的和必要的过程。个人潜意识深层结构的"权利和义务"的任务将不愉快从有意识的表层结构中去除。这些被压抑的经验的深层结构残余既可以阻碍改革，也可以促进变革。和矿井一样，深层结构储存着经验和应对策略，表层结构需要这些内部资源来创造意义，建构交流和行为模式。一些模式有效地满足了案主的需求，而另一些模式则受到限制，并限制他人。

治疗

主要治疗目标

神经语言程序关注的是沟通发生在此时此地的错综复杂性。它是具体的，不是抽象的。该模式的中心治疗目标是改变个体在可传达的语言和非语言模式及策略中赋予经验的意义。使用神经语言程序的社会工作者接受以下假设，认为这些假设是治疗过程中成功引起变化的基础：

- 要提高案主改变的动机。无论是自愿还是被迫，案主都希望能够获得帮助。即使是被法庭命令来寻求帮助的案主也会选择接受治疗，而不是蹲监狱。
- 案主拥有改变所需的内在资源。我们面临的挑战是如何获取这些内在资源来满足案主的需要。
- 案主会把社会工作者当成改变的催化剂。通过示范和引导，社会工作者要带领案主探索新的选择，找到具体的目标。

治疗概念和策略

首选的表征系统

人们的经验性表面结构和深层结构是由通过"表征系统"传递的数据构建的，这些系统包括视觉、听觉、触觉、嗅觉和味觉。这些知觉为本的表征系统决定了人类体验世界、回应世界的方法。每个人都会以独特的、综合性的方式收集并解码来自经验的信息。案主与社会工作者之间的信任关系有助于社会工作者开展有效的需求评估和干预，这种信任关系的基础是社会工作者可以准确地辨识案主个人首选的表征系统。通过识别案主使用的判断词（副词、形容词和动词），社会工作者可以将自己的沟通风格与案主首选的表征系统相匹配。

最常用的判断词与视觉、听觉和动觉表征系统有关。表 20-1 列出了一些常用的视觉、听觉和动觉判断词。选择使用神经语言程序的社会工作者需要熟练地理解和使用首选的表征系统判断词，因为它们对于建立融洽关系和治疗干预至关重要。

表 20-1　表征系统判断词

视觉	听觉	动觉
显得	震耳欲聋	拥抱
明亮	极响的	感受

续表

视觉	听觉	动觉
清晰	和谐	处理
乌云密布	听见	艰难
看似	合拍	打击
想象	倾听	抓住
观察	听	糊状的
显示	大声的	轻拍
模糊	嘈杂的	锋利的
查看	讲出来的	柔和的
看得见的	耳熟	轻抚
形象化	听起来	触摸

不存在可以用来衡量案主使用的首选表征系统和相应的判断词的超级文化标准。使用这些概念和技术的实务工作者必须记住，文化之间和文化内部存在差异。治疗是一个有意识的过程，这个过程始于社会工作者决定要积极参与、主动利用案主所呈现的独特的感觉表征系统，并在其中扮演重要角色。

为了让读者了解判断词匹配是如何产生的，下面我们用一个例子来说明案主与工作者之间是如何交流的。第一个例子说明的是视觉判断词匹配。

案主：我**想象**不出做这件事能够带来什么改变。我**不知道**该怎么办。

工作员：在我**看来**，你**预见**到自己很难**想象**该采取什么行动。让我们**看看**我是否能帮你从另一个角度**看待**这个问题，这样你就能看得**更清楚**些。

下面的例子则说明了听觉判断词匹配。

案主：好像每次我**说话**的时候，我都会因为**陈述**自己的观点而**被骂**。

工作员：当我**听**你说话时，我**听到**你明显感到不快。**听起来**你希望别人能够和你更**合拍**一些。你想被**倾听**。

下面的例子展示的是动觉判断词匹配。

案主：我再也不能**忍受**了。**他惹我生气**。我**绞尽脑汁**想要**弄清楚**他为什么会有这种**感觉**。可是，每次我一走近他，我就感到**浑身发冷**，身体**垮掉**。

工作员：我**理解**你的感受。我有一种**感觉**，鉴于他对你的态度，你对他一直有所**退让**。我希望你能够**认真考虑**一下如何**坚守阵地**，找到解决问题的方案，而不是**觉得**自己**被逼到墙角**毫无退路。你觉得你能**站稳脚跟，牢牢控制局面**吗？

在很多情况下，社会工作者无法辨识出案主首选的表征系统，这时就需要采用重叠的方法。重叠能够确保工作者掌握案主使用的可能的判断词的范围，了解案主喜欢的沟通模式（Ivey，1994；Lankton，1980）。下面的例子说明了工作员在与案主对话中是如何运用重叠的判断词的。

　　案主：我不喜欢这种**感觉**。你**听到**她说的话了。我可以**看到**的是，我还是需要做决定，但是我**感觉被卡住了**。

　　工作员：我觉得你**很难听到**她**说**的话。当然，从别人的**角度看**问题是需要努力学习的。当你**面对**自己的**感受**时，要给自己一个**考虑**一些不同的选择的机会。

眼球转动的线索（暗示）

　　识别案主的表征系统的捷径是注意案主的眼球运动，如图 20-1 所示。通过观察案主在被问及非特定感官问题时的面部表情，社会工作者可以获得了解案主个人首选表征系统的线索。含有感觉词的短语会让案主进入他或她喜欢的表征系统，社会工作者可以以此快速识别出案主首选表征系统，例如：

　　想想你会用不同的方式做什么。

　　考虑一下你想要记住关于那次经历的什么。

　　关注你最亲密的经历。

　　如果案主的目光向上并向左或向右，那么他首选视觉表征系统。向左、向右或向下向左看，表示首选听觉表征系统。向右下方看的案主偏爱动觉表征系统。

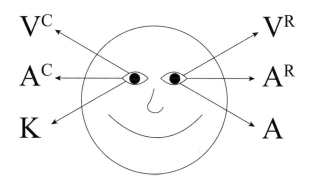

图 20-1　惯用右手的人的视觉线索

注：V^c　视觉构建的图像　　　　　　　　V^r　视觉记住的（逼真）图像
　　　　（即使眼睛不聚焦且静止不动也表示视觉系统在获取信息）
　　A^c　听觉构建的声音或单词　　　　A^r　听觉记住的声音或单词
　　K　动觉感受（还有嗅觉和味觉）　　A　听觉声音或单词
资料来源：理查德·班德勒和约翰·格林德的《青蛙变王子》（*Frog into Princes*）。

　　眼睛不聚焦和凝视都表示案主是以视觉方式感知信息。例外情况是对于左撇子的案主，他们下视的运动感觉和听觉的方向是相反的。

四元组

四元组是一种表示案主的表征系统（从最偏好到最不偏好）的方式。因此，这个构建给社会工作者提供了一种有用的记录方式，可以了解案主如何根据感官和它们的位置来构建自己的经验。视觉（V）、听觉（A）、动觉（K）和嗅觉/味觉（O）分别被分配了一个位置，要么是内在的$^{(i)}$，要么是外在的$^{(e)}$，位置的分配取决于它们是如何产生的。内在指的是记忆中的形象，外在指的是当下的经历。例如，一个只有内在的四元组轨迹的人会非常专注于自己的内心，他或她常常会忘记外部世界正在发生什么。他或她的四元组将被描述为 V^i、A^i、K^i、O^i。如果一个人只表现出一种外在的轨迹，那么他或她的内心感受就会显得与他或她无关，而更愿意感性地关注他或她所处的环境。这个个体的四元组可以表示为 V^e、A^e、K^e、O^e。事实上，大多数人会表现出对过去的记忆和对现在的体验的混合，他们获取线索的四元组序列可能以 A^e、K^e、V^e、O^e 的形式出现。

隐喻

隐喻在神经语言程序中被广泛使用，它以一种有效地减少与模型的直接解决问题方法相关的阻力的方式，向案主传达所需的沟通和行为变化。通过使用与已确定的问题相对应的隐喻故事，社会工作者可以向案主说明事情是如何变成现在的样子的，以及通过案主自己的资源找到替代性解决方案后，事情会发生哪些不同。通常根据案主自身的经验展开的叙述会通过重新引导案主寻找新的认识和做事的方式，成为案主改变的催化剂。社会工作者要善于创造出以解决方案为重点的类比，满足案主（无论出于何种原因，这些案主都不愿意接受指导性的咨询）对其他沟通和行为模式的需求。

例如，我的同事詹姆斯·卡瓦诺（James Cavanaugh）向我分享过一个隐喻的例示，他在一个药物依赖治疗中心工作时，曾经用这个隐喻与即将出院的病人进行出院访谈：第一次坐过山车后，他发誓再也不坐过山车了。但就在十分钟后，他的一个朋友为了找人搭伴一起坐过山车，提供了一张免费票，他的发誓马上就失效了。他描述了再次被抛上山顶、扔下山谷的痛苦，尖叫着"让我下车"，这显然不是关于防止病情复发的问题，至少在表层结构上是这样。

锚定

视觉、听觉、触觉、嗅觉和味觉不断地刺激感觉器官。为了处理这些信息，个体会根据过去的经验给新刺激赋值，从而进行解码和编码。这个过程被称为锚定，它创建了一系列的模板，包括正面和负面的模板，这些模板被个人用来理解新的体验和赋予其意义。当积极的锚被加强时，个体会感到被认可和被赋权。相反，当消极的锚被加强时，个体会感到得不到认可，无能为力。社会工作者往往会发现，案主当前的主观体验与之前形成的锚之间的联系常常是不一致的。在这种情况下，当试图对沟通和行为进行解释时，个人可能会发现自己的情感偏离了轨道。随着时间的推移和反复的体验，消极的锚会被加强到一定程度，这样，个人对特定情况的其他反应会受到严重限制。因此，锚定是一个过程，通过这个过程，从案主过去的积极经验中提炼出的其他更令人满意的行为，可以被推广到当前已感知到的限制上。于是，为了产生积极的可供选择的表层结构和策略，人们会通过将具有新含义的类似经历合并在一起，对这些内容进行编辑，以适应当前环境的变化。

锚定，通常与身体接触有关，如手臂或肩膀的接触，它为社会工作者提供了固定体验和促进改变的机会。锚定可以覆盖每一个表征系统，并且通常与特定的可识别的情境相关，从而可以激发某些特定的意义。

除了触觉（动觉）外，声音（听觉）的曲折和定向，或注视和远离案主（视觉），都可以作为定位点。气味和味道并不是治疗过程的一部分。与锚相关或分配给锚的含义可能会根据个人和环境的不同而具有不同的含义。例如，社会工作者的办公室，作为表达有问题的情感和行为以及找到解决方案的地方，可以成为一个同时带有消极或积极的内涵的背景。

当案主叙述一种感觉或行为时，某些感觉锚也会受到刺激，并得到传达。通过承认并将这些记忆重新锚定在此时此地，社会工作者赋予了它们当下的意义。在下文一段简短的案主与社会工作者的交流中，视觉、听觉和动觉锚被用来改变个人体验的情感内容。第一个例子展示了一个消极的锚定：

> 社工：那么，你为什么今天要来见我？
> 案主（眼睛向下看并向右方看）：我今天很难受，因为我奶奶过世了。
> 社工（使用关切的语调，眼睛看着案主，用手扶着对方的肩膀）：我对亲人的去世感到很遗憾。（温柔地把手放下来，眼睛看向别处）节哀顺变。
> 案主继续看着地面，左右摇头，开始哭泣。

接下来的对话略有不同，反映了积极的锚定：

> 社工：那么，你为什么今天要来见我？
> 案主（眼睛向下看并向右方看）：我今天很难受，因为我奶奶过世了。
> 社工（语调柔和，眼睛向下看，远离案主）：我对亲人的去世感到很遗憾。（眼睛看向案主，更加坚定地触摸他或她的肩膀，用一种令人信服的、令人放心的声音说道）节哀顺变。
> 案主点点头并微笑了。

改变个人历史

生活就像一段永无止境的旅程。为旅行做准备时，第一件事就是打包行李。总是有一大堆其他人，包括家人和朋友，"帮助"你准备好东西。旅行的时候，你总会发现有些东西是非常有用的，你甚至比别人更依赖它们，但也有一些东西无疑会成为负担。所以你试着在人生的高速公路上重新打包行李，却发现你需要的东西和你不想要的东西混在了一起。你那漂亮整洁的行李箱已经胀得要破裂了，看起来一点也不整齐。你开始希望改变，重新开始，而不是在旅途中被这些多余的行李拖累。

我们人类的个人经历与此大同小异。在人生旅途中，我们每个人都背负着过去经历的包袱。在我们与自己的内部交往和与他人的外部交往中，我们会使用到其中一些经历。但我们随身携带的其他"包袱"似乎没有任何作用，它们除了让我们感到沉重，还会妨碍我们的旅行。如果你能在运输过程中重新打包行李，那会是什么样子？这将让我们得以把个人的局限重构为新的行为的可能性。多么令人兴奋的想法！神经语言程序提出的改变个人历史的概念可以让人改变自己的过去。

改变个人历史是一种治疗技术，可以用来修正过去、现在和未来。通过对过去的再次想象，个体可以对自己的个人历史进行修改。该方法包括根据过去对刺激的超负荷反应来限制心理社会行为方式，并通过改变历史情境将过去的心理行为方式转化为与当前情境相适应的行为方式。该技术的核心是可视化、暗示和锚定的概念。改变个人历史的过程中，社会工作者需要完成以下工作。

（1）要求案主识别并找出他或她经历过的令人不愉快的感觉或行为模式。让案主感性地想象与体验相关的感觉、景象、声音、气味和味道。寻找一个表明案主已经感受到了自己的体验的行为暗示（如点头、身体姿势、肌肉张力、呼吸模式、眼球颤动等）。在案主的手臂或肩膀上轻轻一碰，就能很好地把令人感到不愉快的模式固定下来。释放锚定并将案主重新定位到当下。

（2）将锚定的不愉快模式作为一种媒介，要求案主回溯往事，找到能够使他或她产生这种感觉的其他实例，并依次识别出特定的模式。然后，让案主感性地回忆每一次经历的感受。对于每个模式，都要识别行为提示，锚定模式，释放锚定，并重新定位案主。这样的过程重复三到四次就足够了。

（3）询问案主他或她是如何一个一个地处理过去的经历的，从积极的行为资源的角度，重新构建他或她处理每种经历的方式。当每一种应对资源被呈现出来时，让案主感性地重温这些经验，并寻找一种相应的行为反应，这意味着这些资源实际上帮助案主处理了这种模式的经历。完成此操作后，锚定、释放并重新定位案主。如果找不到应对资源，就要协助案主创建必要的资源，来帮助他或她处理不愉快的模式。记住要通过观察行为反应来验证资源，并随后进行锚定、释放和重新定向案主。

（4）结合回应锚，让案主重新回顾每个已确定的过去经历，并使用新增资源修正自己过去的经历的个人历史。在进行下一个模式之前，锚定每个改变，并让案主确认他或她对修改个人历史感到满意。

（5）为了确保已经完成了预期的改变，要让案主在锚点就位之前回忆每次体验，同时观察案主的行为反应。如果他或她似乎仍然被必要的模式所困扰，那么，就要创建额外的资源并重复前面的步骤。

（6）让案主想象下一次发生与过去类似的情况时该怎么办。建议案主先拥有所需的资源，然后不使用锚点，观察案主的行为反应。如果所期望的改变已经发生，那么这些改变是能够看得见的，并可以用语言表达的。如果不能证明这些改变普遍存在的话，那么，就需要重复步骤（4）、（5）和（6）（Bandler & Grinder，1979）。

改变个人历史是帮助案主处理痛苦的个人历史的有效方法。重要的是，它不要求案主用语言描述他或她的不愉快的经历，而仅仅通过心理意象来重新体验这些经历。同样，深层结构的资源被用来创造一个对个体更有吸引力的替代表层结构的叙事方式。这不仅加快了案主的康复，而且减少了案主受到的侵扰，保护了案主的隐私，并提高了个人对治疗过程的控制感。

重构

任何事件的重要性都取决于它被赋予的意义，或者它是如何构成的。当参照系改变时，意义和重要性也会改变。在神经语言程序中，将不良的思想、感觉和行为转化为满足案主需求的理想资源的治疗技术被称为重构。

神经语言程序假设所有的行为，无论是否有问题，都建立在积极的意图之上。一个行为对个体没有回报，就表明行为的意图和结果之间的联系是有缺陷的。重构可以产生替代性结果，通过使用现有的资源或创建的资源，将案主的积极意图与积极结果联系起来。

因此，这个技巧的目的是通过改变意义来改变反应和结果行为，促进自我冲突的解决。这样，案主的消极行为就转变为了与他或她的积极意图相一致的积极行为。这种技巧所蕴含的力量在于它可以通过使用隐喻、逸事、幽默和叙事意象来帮助案主创建资源。

将不需要的情感、思想和行为模式重构为功能性资源，允许案主将深层结构意图与表层结构结果联系起来。在神经语言程序中，重构的方法是非常多的（Bandler & Grinder，1982）。

重构常常被运用于治疗性访谈的自然过程中，它的主要功能是协助案主区分积极的意图和消极的行为。一旦实现了这一点，社会工作者就可以帮助案主将积极的意图和与其更一致的积极的行为结合起来。在所有的重构方法中，都需要严格区分个体的内部一致性和外部一致性问题。

例如，与内部不协调相关的问题，可以通过重构案主的沟通和行为表现的内容来解决。这种类型的重构要求社会工作者处理案主的意图与他或她表现形式之间的不和谐。外部一致性则被标记为与情境相关。通过重构情境，社会工作者可以处理案主的意图与其他人看待他或她的沟通或行为方式之间的差异性问题。

系统地帮助案主进行所需内容和情境的改变，涉及一个六步重构模式。以下是开展重构干预所涉及的基本步骤的摘要。

（1）让案主找到他或她想要改变的沟通或行为模式。让案主为模式起一个"代码名"、选择一个字母或颜色，借此来降低模式的敏感度（对于本例，模式将被称为"Z"）。

（2）与出现模式 Z 的案主"部分"建立沟通链接。让案主闭上眼睛有助于加快这个过程。让案主问他或她的潜意识这样一个问题："出现 Z 的部分会在意识中与我交流吗？"寻找案主对问题的语言或非语言的回答。根据案主的回答建立是/否信号。为了更好地帮助案主，我们建议将模式中基于感觉的亮度、体积或强度的增加标示为"是"，减少则标示为"否"。

（3）区分模式和结果。将案主的行为模式 Z 从出现 Z 的那部分积极意图中分离出来。请记住，不受欢迎的行为是为了实现某种积极的结果而出现的。不幸的是，Z 没有帮助到案主，反而给案主带来了问题。让案主问控制 Z 的部分这样的问题："你愿意在意识中让我知道你想通过提供模式 Z 为我做些什么吗？"如果你得到的回答是肯定的，就要求对方继续说下去，并表达自己的意图。如果没有回应，就克制自己，保持积极的态度。让案主确认运行 Z 的那部分积极意图。让案主问运行 Z 的那部分这样的问题："如果有办法实现你的积极功能，而且效果会和 Z 一样好，甚至更好，你有兴趣试试吗？"

（4）与案主一起创造实现结果的替代方法。访问案主具有创造性的那部分，并建立新的行为来完成积极的功能。帮助案主获得创造性的体验，并将其固定下来，或者问案主："你是否意识到了自己具有充满创造性的一面？"让运行 Z 的案主将其积极的功能传达给创造性部分。允许创造性部分生成更多的选项来完成该功能，并让运行 Z 的部分选择至少与Z 一样好或更好的三个选项。

（5）与案主的某个部分进行沟通时，要询问案主："你愿意承担使用这三种新的替代方案的责任吗？你愿意在适当的情境中这样做吗？"这种提问为该角色提供了一个基于未来的约定。此外，还可以要求案主从潜意识的层面识别出触发新选择的感官线索，并充分体验这些感官线索自动带来的对新选择的不同的感受。

（6）生态检查。让案主保持冷静，放空自己或保持安静。现在问下面的问题，并报告所有出现的变化："你是否反对这三种新选择中的任何一种？"如果回答是肯定的，请重复步骤（2）。如果没有，感谢案主，再次要求案主保持冷静、空白或安静（Bandler & Grinder，1982）。

重构并不是一个新概念，分离和整合"人的不同部分"也是其他治疗方法（如格式塔和体验式家庭治疗）的重要工具，但神经语言程序所呈现的这个方法的有效性是非常具有新意的。系统地使用这一技术，可以让社会工作者帮助案主通过创造性的替代反应来重新定义个人体验。

治疗中的运用

对夫妻和家庭的干预

尽管神经语言程序常常被运用在个人治疗中，但是，长期以来，它还是一直被广泛运用到了各种各样的案主服务系统中。特别是从其问世以来，神经语言程序一直被运用在夫妻治疗和家庭治疗之中（Davis & Davis，1983；Grinder & Bandler，1976）。作为一种个人治疗方法，这个模式的概念和技术是可以成为个人实务的基础，还可以与其他治疗理论配合使用的。例如，弗吉尼亚·萨提尔发展的经验式治疗方法就辩证地与神经语言程序结合了起来，并采用了神经语言程序模式的很多概念和技术（Andreas，1991；Bandler et al.，1976；Nichois & Schwartz，1995）。神经语言程序的概念和治疗技术有力地提升了社会工作者的能力，使得他们可以从案主的处境出发来建构一个氛围，促使案主积极改变。神经语言程序所采用的策略能够使得社会工作者明确地辨识并弥补那些导致案主不良沟通、阻碍他们成长的内在矛盾和人际关系中的不一致性。特别是神经语言程序可以有效地解决夫妻或家庭成员之间的内心主观体验、不适感、挫败感和因为沟通不畅而产生的积极意图被误解导致的距离感等，帮助他们建立个人一致性。

将这个方法运用到夫妻会家庭治疗中时，其目标是改变而非建立系统内恒。改变包括帮助系统成员在个人的内心主观体验与呈现给外部世界的沟通模式和行为之间建立个人一致性。重视并接纳个体差异，并将其正常化，从而促使夫妻和其他家庭成员关注每个人的独特性，借此来实现个人和系统改变的目标。因此，其目标是帮助成员意识到，个人的改变会带来系统的改变。为了实现这个目标，夫妻和其他家庭成员需要理解那些折磨个人的感受和行为的模式也会耗尽整个系统的能量。同样，赋权个人的资源会滋润和丰富整个系统。

将神经语言程序运用到夫妻和家庭治疗中，需要社会工作者亲自示范期望的行为和沟通模式，借此来推动案主的改变。社会工作者要聚焦此地此刻，而不用强调现状是怎样的和应该是怎样的，社会工作者要运用系统成员的资源来建立新的互动和沟通模式，旨在推动预期的个人改变和系统成员的共同改变。

社会工作者在与夫妻和家庭开展工作时的切入点是发现系统成员是如何看待自己、如何向公众呈现自己的。在神经语言程序方法中，这个自我探索的过程是建立在确定每个人喜好的自我表现体系和交际范畴基础之上的。如上所述，个人首选表征系统是建立在语言和非语言的感知基础之上的一种途径，个人可以通过这种途径来吸收、赋予意义并传递从经验中收集的信息。此外，个人的沟通类型是由个人在压力下通过语言将其行为角色极端化表现出来的。

在神经语言程序中，沟通类型由四个基本的角色组成，这些角色与个人如何表现和被感知有关。第一个类型是讨好型。这类人的人格化特点是不惜一切代价被奴役。他们会忽视自身的需求，总是试图通过取悦他人或者姑息他人来做正确的事情。第二类是指责型。这类人专注于以他人为代价获取并维持权力。指责型的人通常会忽视他人的需求，不服管束，专制，只关注自我，这使得他们认为别人都很无能，经常出错。第三个类型的人是计算机型。计算机型的特点是非常通情达理，这类人似乎对自己和他人毫无影响，他们只根据环境和知识正确性的要求来行事。第四个类型是干扰型。干扰型的人的形象就是不顾自己、他人或当前处境的无政府主义者。他们的特点是任性和自发性，追求不敬和不相干性（Bandler et al.，1976；Grinder & Bandler，1976）。

理解系统成员的首选表征系统和沟通类型，可以帮助社会工作者理解个体如何运用扭曲、删除和概括化来界定和限制自己的主观经验以及对夫妻中的另一方和其他家庭成员的看法。毫不夸张地说，面临个体和集体压力的系统成员在从一个表征系统向另一个表征系统转换时，会遇到麻烦，于是他们就会定型为某个特定的沟通类型。这种依赖单一首选表征系统的方式，会限制个体与他人建立信任关系的能力，特别是那些与自己的沟通基础完全不同的人，当然，他们更加无法保持与他人的信任关系。实际上，系统成员之间在讲着完全不同的语言。

由于信息一致性对积极的人际关系至关重要，神经语言程序把注意力放在了理解和改变语言和非语言沟通的内部含义和外部意图上。要做到这一点，社会工作者会认为个人会运用以经验为基础的资源和相关的锚点创造一种不可取代的模式。这种理解会帮助社会工作者以角色示范和干预的方式来设置适当的模式和相关的积极锚点，借此来重构案主的意义和意图。

通过确定问题反应的基础，加上运用重构技术，能够加速夫妻和家庭的改变。在神经语言程序中，到底要重构什么问题，需要根据这些问题到底是内容性问题还是情境性问题来重新进行确定。

内容性重构指的是社会工作者要与案主一起工作，为某个外在行为赋予积极的意图。在一次夫妻辅导会谈中，不开心的妻子潸然泪下，因为丈夫处处给自己挑刺，这时，我们要将沟通模式重构为丈夫极度担心妻子，所以才会吹毛求疵。要把丈夫的负面行为重构为正面的意图，社会工作者要为妻子将消极情绪转化为积极的反应创造条件。

情境性重构所要处理的是改变案主对其他家庭成员外在行为的负面的内在回应方式。在家庭场景中，想想父亲在试图抑制儿子的不服从行为时会有多么沮丧。在这种情况下，父亲可能会因为训斥儿子的不服从而受到表扬，因为这种行为会帮助儿子在需要的时候独立。这种情景性重构迫使父亲在确认儿子行为的同时，还要考虑对儿子行为的其他解释，从而导致两人重新定义他们的关系，并探索新的沟通方式。

类似于社会工作者在个人治疗中使用神经语言程序的方式，夫妻和家庭治疗重点要求实务工作者与表达不同需求的多个成员同时使用自己的技能。当然，成功干预的结果会成倍地增加实务工作者学习新知识的可能性。可以想象的是，神经语言程序在夫妻和家庭服务中是一个强有力的模式，它见证了社会工作者引导家庭成员为自己的改变承担起应有的责任。

小组和社区干预

小组和社区工作者完全可以将神经语言程序的概念和技术整合到自己的实务过程中，做到事半功倍。神经语言程序固有的信任建立技巧，以及它对表征系统、谓词匹配、锚定和重构的理解,可以打开有效的沟通之门。

例如,在小组工作中,人们发现神经语言程序对很多实务方法是非常有效的补充,它能提高组员之间的信任度,并将这种信任保持在小组的各个阶段中(Chiders & Saltmarsh,1986)。此外,针对患有焦虑症和恐惧症的案主进行的特定群体的小组干预也取得了显著的成功(Shelden & Shelden,1989)。

小组和社区工作者如果想寻找一个能够提升自己领导力,增强自己影响案主改变过程的能力的实务模式,神经语言程序就是一个很不错的选择,它将成为专业实践中的一个重要的资本。从初步迹象来看,神经语言程序似乎是一种有效的小组和社区工作方法,然而,这个模式的全部内容是否适用于小组和社区工作所有的实务情境,目前尚不清楚。

在社会工作实务中的主要应用

尽管神经语言程序在推动案主发展中颇具指导性,但它还是保护个体的自决权力的。当然,神经语言程序是一个赋权案主的模式,它对个体和小组的差异性保持高度敏感。从案主的处境出发开展工作使得神经语言程序成为社会工作者最重要的模式。是否在实务中运用神经语言程序是根据具体情境来确定的,这使得这一模式成为一种强有力的、环环相扣的治疗方法(Dilts,1983)。

人们发现神经语言程序在治疗药物依赖中特别有效。几名学者指出,神经语言程序在促进理解和与药物依赖者及其家人开展工作中,会产生积极效果(Davis,1990;Doom,1990;Hennman & Hennman,1990;Isaacson,1990;Sterman,1990a,b,c,d,e;Tiemey,1990)。

神经语言程序还是一个有效的家庭治疗方法,特别是针对酗酒者和与他们互相依赖的重要他人(Davis,1990)。这个模式提供了一个让家庭成员开始处理自己不协调的沟通模式的重要途径。在前禁酒阶段,神经语言程序能够帮助家庭成员与酗酒者分离,使得每个个体都有机会发展自己的沟通技巧。在后禁酒阶段,神经语言程序强调互相依赖的家庭成员的积极意图,鼓励他们建立更加多样的沟通路径,以帮助家庭减少对过去的不良沟通模式和行为的使用。

神经语言程序策略也能有效帮助那些被诊断出创伤后应激障碍的人们(Gregory,1984)。通过将几种不同的治疗策略整合起来,工作者可以有效地帮助案主脱敏,并逐步缓解症状。帮助创伤后应激障碍案主常用的技术包括视觉动觉的分离、改变个人历史、重建和锚定。

研究发现,选择案主喜欢的表达系统,以建立信任,建构一个积极的生活实践,运用剪贴簿等技术，能有效地降低案主的焦虑和抑郁水平（Hossach & Standidge，1983）。此外，神经语言程序还能有效地治疗一系列明显问题：可预见的丧亲、恐惧症、对权威人物的恐惧等（Bandler，1984；Einspruch & Forman，1988）。

神经语言程序还可以用来对那些在孩童时代遭受过性侵犯的成年人进行需求评估和治疗（Shelden & Shelden，1989）。建立信任的技术可以有效地帮助案主坦露早年经历的创伤，这种创伤会导致成年后的社会心理问题。

与其他实务模式一样，神经语言程序也有其局限性，特别是这个模式强调认知和知觉性沟通路径，这些都会导致其对那些服用精神病药物或者依赖药物的案主的治疗效果非常有限。此外，以过去为导向来理解自己的感觉和行为的案主，以及不喜欢使用直接影响案主的指导性方法的实务工作者，也会对神经语言程序的技术感到不满。但无论如何，案主和社会工作者都会发现神经语言程序的概念性框架在帮助自己准确把握个人和人际沟通模式和行为方面，表现出了很大的优势。

管理和培训因素

神经语言程序在很多领域都是非常有效的。尽管神经语言程序的很多原则都是易于掌握的意义建构实务原则，但是，想要更好地掌握这一技术，确实需要接受专门的培训。一般来讲，神经语言程序的培训是可以通过地区性工作坊或者接受过复杂指导的同事来获得的。神经语言程序的培训是建立在经验之上的，对初学者而言，学习曲线是动态的。一旦接受了训练，无论是将神经语言程序作为自己的主要实践模式，还是将其与另一种治疗理论相结合，实务工作者都不需要太多的直接督导。然而经验表明，持续的同伴咨询或者小组咨询有助于人们微调这个方法的概念性和技术性内容。社会工作者需要记住的是，神经语言程序是在访谈室而非教室中不断得到演变升华的。

 案例片段

个人治疗

一名 32 岁的妇女最近被诊断出了多发性硬化症，于是她接受了治疗，希望有人能帮助自己减轻对疾病的担忧，她很担心自己会失能。目前她的病情正在得到缓解，她对自己所经历的感官和运动障碍感到沮丧，并担心认知能力和行为能力衰退的风险会进一步增加。由于目前还没有治疗多发性硬化症的方法，这位女士希望心理疗法至少能帮助她冷静下来，面对与这种疾病共存的挑战。

关于多发性硬化症，我们所知道的是，患者所经历的压力和焦虑的程度，与他或她疾病复发的可能性之间似乎存在相关性。然而，心灵和躯体之间的确切联系仍是未知的。因此，治疗的目的是通过降低疾病的压力和焦虑水平来降低疾病复发的可能性。

信任关系是通过用案主首选的表征系统和关联谓词反映她的行为举止和映射她的沟通来建立的。在深入讨论疾病的病因时，工作人员使用了一系列的语言和视觉锚，将客户对她自己的积极愿望与她和多发性硬化症症状相关的消极行为区分开来。

然后社会工作者与她共同决定，改变个人历史的模式将被用来为案主创造其他的可能性，除她的疾病所提供的可能性以外的可能性。在干预结束时，对患者进行评估，以确定案主所经历的改变是否为她的未来发展提供了足够的空间。可以确定的是，案主很难想象自己可以通过所需资源用不同的方式来处理自己预期的情况。 *498*

在这种情况下，有迹象表明案主从意图与结果的不一致中获得了一些附带的好处。当被问及其他人如何看待她的病情时，案主证实了这一点。她大声说，她的家人和朋友对她给予了极大的关注，而且她非常喜欢他们对她健康的关注。于是，社会工作者开始使用六步重构。

社会工作者在为案主提供了多次重复的安抚后（所有的安抚都被锚定了），采用了六步重构技术，并进行了生态检查。一年后，案主的自我报告表明，她不再感到沮丧或焦虑，其他症状也都消失了。她把自己症状的消失归因于她学到了管理压力的新方法。

夫妻治疗

一位丈夫和他的妻子一起来寻求咨询服务，希望缓和他们的不良夫妻关系。他们把自己的婚姻关系描述为"无法进行沟通"。事实上，他们沟通得非常好，只是方法不同，双方都无法明白对方的意思。

丈夫对妻子"拒绝"满足他的性需求感到沮丧。作为回应，他说，一开始，他想通过酗酒以摆脱她，但当他喝醉时，他发现自己更想找她，希望她能改变主意，和他热络起来。妻子完全不理会她的丈夫。她觉得她不可能和一个不能或不愿与她交谈的人亲近。事实上，他总是在喝酒的时候对她进行性挑逗，而这只会让她更加反感，他酒后含糊不清的话语只会让事情变得更糟。关于这件事，她没有什么可说的了。

这对夫妇的困难与他们对类似的消极外在行为的消极内在反应有关。两人都在歪曲、删除和概括自己的共同经历，以至于完全误解了对方的意思。他们所承受的压力导致他们各自都回归到只使用一种表征系统。然而，他们都拥有同样的意图，即实现更有效的沟通。问题是他们不知道如何重新启动这个过程，真正做到有效沟通。

夫妇都表达了双方共同的目的，于是，社会工作者在干预初期就向丈夫和妻子示范如何识别对方的首选表征系统，此外，社会工作者还采用了情境重建技术来改变夫妻对对方外在行为所做出的消极内在反应。将他们共同的愿望作为有效沟通的渠道，社会工作者重构了丈夫和妻子温柔地回应对方的方法，并将此作为引导双方积极关注对方的起点。社会工作者确定了工作应针对夫妻感知层面的改变，而"家庭作业"则表明，他们发现了三种 *499*

新的表达对伴侣的关心的方式，使用的是对方的首选表征系统。社会工作者要求夫妻双方都要考虑在未来会以何种不同方式行动，然后对预期的变化进行了锚定。在与案主工作的早期，第二次会议被用来评估治疗干预。妻子表示情况好多了，因为她丈夫的酒瘾似乎得到了控制，她对他的求爱有更积极的反应了。这位丈夫评论说，在他看来，他和妻子之间的沟通显著增加了。

实证基础

神经语言程序有清晰简洁的概念和干预模式，非常适合于实证研究。然而，神经语言程序的理论家和实践者认为科学探究与自己倡导的主观系统、以案主为中心的观点是相冲突的。尽管如此，关于神经语言程序的效能的研究已经广泛开展了。然而，关于神经语言程序有效性的研究结果是混杂的、非结论性的，关于神经语言程序治疗长期性效果的研究还没有启动。

目前存在的大部分研究都是关于该方法的基本假设，包括优选的表征系统、谓词匹配和眼动访问线索等方面。神经语言程序的批评者指出，与该模式基本理论概念相关的技术可能缺乏支持（Elich et al., 1985; Fromme & Daniell, 1984; Gumm et al., 1982; Krugman et al., 1985; Sharpley, 1984, 1987）。其他人的结论正好相反，他们发现神经语言程序的概念和策略在理解和处理案主问题方面非常有效（Davis, 1990; Dilts, 1983; Einspruch & Forman, 1988; Graunke & Roberts, 1985; Gregory, 1984; Hossach & Standidge, 1983; Shelden & Shelden, 1989）。当然，神经语言程序的很多原理和原则还是需要得到进一步的检验（Zastrow, 1995）。

需要特别指出的是，人们对神经语言程序设计（NLP）声称的治疗变革建立在从案主的处境出发，并引导其朝向心理治疗变革的主张提出了批评。例如，扎斯特罗（Zastrow, 1995）认为，神经语言程序重视人际信任的建立和指导，把重点放在可观察到的事物上，忽视了与情绪和行为障碍密切相关的思维模式。然而，对帮助过程的研究表明，建立关系和指导案主是有效治疗中最基本的品质（*Consumer Reports*, 1995; Goldstein, 1990; Meredith, 1986; Turner, 1986）。

总而言之，神经语言程序设计为社会工作者提供了一个有意识的治疗模型，其目标是实现可辨识的结果，而不是凭运气。在缺乏科学验证的情况下，神经语言程序设计的支持者强调，由于该模型不是科学，因此无法进行充分的测试。他们的态度是"如果它有效，那就有效"。

使用说明

尽管许多学者、培训师和实务工作者花费了大量的精力来将该方法的概念和技术神秘化和复杂化，神经语言程序仍然在用一种用户友好的方式来理解和指导治疗。神秘化和复杂化似乎违背了该模式创始人的初衷，即综合和简化治疗过程中起作用的东西。尽管如此，在帮助社会工作者理解案主并与案主一起开展工作方面，神经语言程序确实做出了重要贡献。

神经语言程序的框架建立在一个多样化的理论和实践基础上，并与各种相关的专业相联系，包括精神病学、心理学、护理学、教育学和各种咨询领域。正是由于有着广泛的概念和实践基础，神经语言程序仍然是一种流行的主要实务模式，并对其他理论观点做出了很好的补充。

参考文献

Andreas, S. (1991). *Virginia Satir: The Patterns of Her Magic.* Palo Alto, CA: Science and Behavior Books.

Andreas, S. (1992). *Neuro-linguistic Programming.* New York: Guilford Press.

Bandler, R. (1984). *Magic in Action.* Cupertino, CA: Meta Publications.

Bandler, R., & Grinder, J. (1975). *The Structure of Magic.* Vol. 1. Palo Alto, CA: Science & Behavior Books.

Bandler, R., & Grinder, J. (1979). *Frogs into Princes: Neurolinguistic Programming.* Moab, UT: Real People Press.

Bandler, R., & Grinder, J. (1982). *Reframing: Neuro-linguistic Programming and the Transformation of Meaning.* Moab, UT: Real People Press.

Bandler, R., Grinder, J., & Satir, V. (1976). *Changing with Families.* Santa Clara, CA: Science and Behavior Books.

Bradley, E.J., & Biedermann, H.J. (1985). Bandler and Grinder's NLP: Its historical context and contribution. *Psychotherapy* 22(1), 59–62.

Chiders, J.H., & Saltmarsh, R.E. (1986). Neurolinguistic programming in the context of group counseling. *Journal for Specialists in Group Work* 11(4), 221–227.

Chomsky, N. (1957). *Syntactic Structures.* The Hague-Paris: Mouton.

Clancy, F., & Yorkshire, H. (1989). The Bandler method. *Mother Jones,* February/March, 23–64.

Does therapy help? (1995). *Consumer Reports,* November, 784–789.

Cournoyer, B. (1996). *The Social Work Skills Workbook* (2nd ed.). Pacific Grove, CA: Brooks/Cole.

Davis, D.I. (1990). Neuro-linguistic programming and the family in alcoholism treatment. In C.M. Sterman (ed.), *Neuro-linguistic Programming in Alcoholism Treatment* (pp. 63–77). Binghamton, NY: Hawthorn Press.

Davis, S.L.R., & Davis, D.I. (1983). Neuro-linguistic programming and family therapy. *Journal of Marital and Family Therapy* 9(3), 283–291.

Dilts, R. (1976). *Roots of Neurolinguistic Programming.* Cupertino, CA: Meta Publications.

Dilts, R. (1983). *Applications of Neurolinguistic Programming.* Cupertino, CA: Meta Publications.

Doorn, J.M. (1990). An application of hypnotic communication to the treatment of addictions. In C.M. Sterman (ed.), *Neuro-linguistic Programming in Alcoholism Treatment* (pp. 79–89). Binghamton, NY: Hawthorn Press.

Einspruch, E.L., & Forman, B.D. (1988). Neuro-linguistic programming in the treatment of phobias. *Psychotherapy in Private Practice 6*(1), 91–100.

Elich, M., Thompson, W., & Miller, L. (1985). Mental imagery as revealed by eye movements and spoken predicates: A test of neurolinguistic programming. *Journal of Counseling Psychology 32*(4), 622–625.

Field, E.S. (1990). Neurolinguistic programming as an adjunct to other psychotherapeutic/hypnotherapeutic interventions. *American Journal of Clinical Hypnosis 32* (3), 174–182.

Fromme, D.K., & Daniell, J. (1984). Neurolinguistic programming examined: Imagery, sensory mode, and communication. *Journal of Counseling Psychology 31*(3), 387–390.

Goldstein, H. (1990). The knowledge base of social work practice: Theory, wisdom, analogue, or art? *Families in Society: The Journal of Contemporary Human Services 71*(1), 32–43.

Graunke, B., & Roberts, T.K. (1985). Neurolinguistic programming: The impact of imagery tasks on sensory predicate usage. *Journal of Counseling Psychology 32*(4), 525–530.

Gregory, P.B. (1984). Treating symptoms of post-traumatic stress disorder with neuro-linguistic programming. In R. Bandler, *Magic in Action.* Cupertino, CA: Meta Publications.

Grinder, J., & Bandler, R., (1976). *The Structure of Magic.* Vol. 2. Palo Alto, CA: Science & Behavior Books.

Gumm, W.B., Walker, M.K., & Day, H.D. (1982). Neurolinguistics programming: Method or myth? *Journal of Counseling Psychology 29*(3) 327–330.

Hennman, J.O., & Hennman, S.M. (1990). Cognitive-perceptual reconstruction in the treatment of alcoholism. In C.M. Sterman (ed.), *Neuro-linguistic Programming in Alcoholism Treatment* (pp. 105–123). Binghamton, NY: Hawthorn Press.

Hossach, A., & Standidge, K. (1983). Using an imaginary scrapbook for neurolinguistic programming in the aftermath of a clinical depression: A case history. *The Gerontologist 33*(2), 265–268.

House, S. (1994). Blending neurolinguistic programming representational systems with the RT counseling environment. *Journal of Reality Therapy 14*(1), 61–65.

Ignoffo, M. (1994). Two compatible methods of empowerment: Neurolinguistic hypnosis and reality therapy. *Journal of Reality Therapy 13*(2), 20–25.

Isaacson, E.B. (1990). Neuro-linguistic programming: A model for behavioral change in alcohol and other drug addiction. In C.M. Sterman (ed.), *Neuro-linguistic Programming in Alcoholism Treatment* (pp. 22–47). Binghamton, NY: Hawthorn Press.

Ivey, A.E. (1994). *Intentional Interviewing and Counseling: Facilitating Client Development in a Multicultural Society* (3rd ed.). Pacific Grove, CA: Brooks/Cole.

Ivey, A.E., Ivey, M.B., & Simek-Morgan, L. (1993). *Counseling and Psychotherapy: A Multicultural Perspective* (3rd ed.) Needham Heights, MA: Allyn & Bacon.

Krugman, M., Kirsch, I., Wichless, C., Milling, L., Golicz, H., & Toth, A. (1985). Neurolinguistic programming treatment for anxiety: Magic or myth? *Journal of Counseling Psychology 53*(4), 526–530.

Lankton, S. (1980). *Practical Magic: A Translation of Basic Neuro-linguistic Programming into Clinical Psychothearpy.* Cupertino, CA: Meta Publications.

MacLean, M. (1986). The neurolinguistic programming model. In F.J. Turner (ed.), *Social Work Treatment.* New York: Free Press

Mercier, M.A., & Johnson, M. (1984). "Representational system predicate use and convergence in counseling: Gloria revisited." *Journal of Counseling Psychology, 31*(2), 161–169.

Meredith, N. (1986). Testing the talking cure. *Science* 7(5), 30–37.

Nichols, M.P., & Schwartz, R.C. (1995). *Family Therapy: Concepts and Methods* (3rd ed.). Boston: Allyn & Bacon.

Pesut, D.J. (1991). The art, science, and techniques of reframing in psychiatric mental health nursing. *Issues in Mental Health Nursing* 12(1), 9–18.

Sandhu, D.S., Reeves, T.G., & Portes, P.R. (1993). Cross-cultural counseling and neurolinguistic mirroring with Native American adolescents. *Journal of Multicultural Counseling and Development* 21(2), 106–118.

Sharpley, C.F. (1984). Predicate matching in neurolinguistic programming: A review of research on the preferred representational system. *Journal of Counseling Psychology* 31(2), 338–348.

Sharpley, C.F. (1987). Research findings on neurolinguistic programming: Nonsupportive data or an untestable theory? *Journal of Counseling Psychology* 34(2), 103–107.

Shelden, V.E., & Shelden, R.G. (1989). Sexual abuse of males by females: The problem, treatment modality, and case example. *Family Therapy* 16(3), 249–258.

Sterman, D.M. (1990a). A specific neuro-linguistic programming technique effective in the treatment of alcoholism. In C.M. Sterman (ed.), *Neuro-linguistic Programming in Alcoholism Treatment* (pp. 91–103). Binghamton, NY: Hawthorn Press.

Sterman, C.M. (1990b). Are you the product of my misunderstanding? or The role of sorting mechanisms and basic human programs in the treatment of alcoholism. In C.M. Sterman (ed.), *Neuro-linguistic Programming in Alcoholism Treatment* (pp. 125–140). Binghamton, NY: Hawthorn Press.

Sterman, C.M. (1990c). Neuro-linguistic programming as a conceptual base for the treatment of alcoholism. In C.M. Sterman (ed.), *Neuro-linguistic Programming in Alcoholism Treatment* (pp. 11–25). Binghamton, NY: Hawthorn Press.

Sterman, C.M. (1990d). Neuro-linguistic programming rapport skills and alcoholism treatment. In C.M. Sterman (ed.), *Neuro-linguistic Programming in Alcoholism Treatment* (pp. 49–61). Binghamton, NY: Hawthorn Press.

Sterman, C.M. (1990e). Neuro-linguistic programming as psychotherapeutic treatment in working with alcohol and other drug addicted families. *Journal of Chemical Dependency* 4(1), 73–85.

Tierney, M.J. (1990). Neuro-linguistics as a treatment modality for alcoholism and substance abuse. In C.M. Sterman (ed.), *Neuro-linguistic Programming in Alcoholism Treatment* (pp. 141–154). Binghamton, NY: Hawthorn Press.

Turner, P. (1986). The shrinking of George. *Science* 7(5), 38–44.

Yapko, M.D. (1984). Implications of the Ericksonian and neurolinguistic programming approaches for responsibility of therapeutic outcomes. *American Journal of Clinical Hypnosis* 27(2), 137–143.

Zastrow, C. (1995). *The Practice of Social Work* (5th ed.). Pacific Grove, CA: Brooks/Cole.

Zastrow, C., Dotson, V., & Koch, M., (1987). The neuro-linguistic programming treatment Approach. *Journal of Independent Social Work* 1(1), 29–38.

Zastrow, C., & Kirst, K.K. (1994). *Understanding Human Behavior and the Social Environment* (3rd ed.). Chicago: Nelson Hall Publishers.

第二十一章

问题解决模式和社会工作治疗

乔安妮·C. 特纳，罗丝·玛丽·哈科

预览

作为当代社会工作实践的重要模式之一的问题解决模式独树一帜。它的重要性表现在两个方面：第一，它是由社会工作者创立并发展的模式。它可以被称为社会工作专业自己的理论。第二，它也是一个影响到了其他理论的发展和很多社会工作者的实践工作的理论，即使这些社会工作者也许没有意识到问题解决模式对他们的实践工作有如此大的影响。问题解决模式最初由芝加哥大学的海伦·哈里斯·珀尔曼在 1950 年代创立并发展起来，随后被其他学者和工作者不断改进。关于这一点，我们将在后面进行进一步讨论。珀尔曼自己常说，如其他理论一样，解决问题模式是建立在很多学者的理论基础之上的，但是它很独特，足以以自己的特点而独树一帜。珀尔曼的主要著作《社会个案工作：一个解决问题的过程》（*Social Casework：A Problem Solving Process*）发表于 1957 年，为社会工作理论的不断演化做出了卓越的贡献。

与诊断学派错误的观点（它刻板地认为，问题治疗的过程应该建立在一个正式的诊断和治疗的计划之上）相反，问题解决模式最初是想尝试让社会工作实践在此时此地变得更加务实。在问题解决模式创立之初，它曾经被看作是一个"个案"理论。而现在，它被认为可以适用于所有的社会工作实践方法。

解决问题的定义

解决问题可以被定义为一个"旨在把一个问题从原始状态改变到目标状态的认知行

为"（Mayer，1994，p.600），或者，更具体地说，是"一个系统的、一步步的思考和行为过程，这个过程涉及从一个毫无希望的状态转化为一个充满期待的状态"（Gelfand，1988，p.1）。对人类而言，解决问题就像是人的呼吸一样平常而又重要。它表现出人们具有一种利用自己的逻辑分析的认知力量达到想要的目标的自然能力。这种能力随着人从婴儿期发展到成年期而日渐复杂化。这种能力使得人类能够从自己的坏境中获取信息，并利用这些信息以各种方式满足自己的生理、心理、文化和社会需要（Flavell et al.，1993）。

504

解决问题的能力对人类的存在是如此重要。它最初出现在生命的开始阶段，然后不断地发展演变，以保持人类生命的平衡。为什么如此？很显然，因为人类要生活下去。这个最基本的事实使得人类要不断地运用他们的解决问题的能力来解决他们所面对的大大小小的矛盾。珀尔曼把生活下去看作一个解决问题的过程。她把生命描述为"一个持续不断的改变和运动，在此过程中，人类让自己适应外部的事物，或让外部的事物适应自己，以达到最大的满足。对于每一个人米说，这都是一项从出生那一刻持续到死亡的工程"（Perlman，1957，p.53）。

问题解决和社会工作

因为社会工作专业的很多方面与人性的这一主要特征紧密相关，问题解决在社会工作领域占据了中心位置。然而，做这个比较时我们必须小心谨慎。威艾尔（Woehle）警告道，从生态系统视角来看，合理地解决问题是对社会工作过程的一个合理的比喻，但是"理性地说，它像是社会工作的过程，而不是这个过程的根本'真理'"（1994，p.76）。就像我们可能会说，人类大脑的运行过程像一台计算机，但我们知道它根本就不是一台计算机。

既然我们认识到了这个比较的局限性，那么：第一，我们就可以来审视一下社会工作本身的目的。就像其他专业一样，社会工作被社会赋予了在人类和社会关注的某一个特殊领域中解决问题的功能。对社会工作专业而言，这个关注涉及两个层面：使得人类在与社会的互动中满足他们的心理和社会的需要，创造一个帮助人类完成自我实现的社会（Boehm，1959）。

第二，作为一个直接服务于个人、夫妻、家庭和小组的实践模式，问题解决为工作者和案主描绘了一个概念性的图景，指引社会工作者和案主在设计好的变化过程中经历各个步骤和阶段，帮助他们从问题阶段走向解决方案（Compton & Galaway，1994）。

第三，对社会工作者和其他涉及社会计划和政策的专业工作者而言，问题解决模式为评估社会问题、权衡解决问题的各项可能性选择，以及制订改善问题的计划提供了一个逻辑过程。问题解决与社会工作的过程如此一致，以至于问题解决被一些理论学者称为通用实践的基础（Compton & Galaway，1994，p. 49；也可参见 Kirst-Ashman & Hull，1993，p. 25），也被麦克马洪称为"社会工作实践的通用方法"（McMahon，1990，pp. 20—22）。麦克马洪的社会工作实践的整体概念化根植于生态理论框架下的解决问题的各种技巧。这个框架也包括社会工作专业的价值体系和知识基础，可以和人际助人方法一起使用（1990，pp. 20—22）。

历史根源

505　　　问题解决模式触及人们必须利用自己的力量来思考和计划以满足他们的需求这个根本性的冲动，这引起了社会工作者们的重视。评估案主自身的能量以达到他们的目标，是每个阶段的助人过程的重要一环。珀尔曼通过把个案工作理论化，将专业化引入了问题解决模式的概念和定义中。对她来说，这个方法包括了案主"对内在的欲望和需求、外在的现实，以及对两者的调停，对各种选择和方法的思量，对结果以及成本和回报的期望的所有认知"。她假设，这些认知过程并不是被完全保存在思维领域，感情也被注入了其中（1986，p. 247）。

珀尔曼意识到，案主为满足自己的需求而付出的自然而然的努力与致力于强化案主自我功能的技巧的专业助人过程之间存在很明显的相似之处。由此，珀尔曼构建了使问题解决模式进入社会工作领域的通道。"因此，作为一个运用处理问题能力的过程的问题解决模式就成了一个个案工作过程。"（Perlman，1970，p. 134）对她而言，作为一种积极的助人方法，问题解决模式融合了认知理论的观点和精神分析理论中对情感的认同。这种助人的方法与人类内在的努力奋斗的天性是紧密相连的。她这样总结了这个概念：

> 被某一问题困扰的人要从这个问题出现的地方寻找帮助……而一个专业社会工作者恰恰能提供这样的帮助。在帮助的过程中，社会工作者激发和提高此人自己解决问题的能力，同时也为此人提供补充性的资源（Perlman，1970，p. 136）。

珀尔曼后来又补充了另外两个要素：与案主一起经历整个过程的专业工作人员，和专业名词"供给"，它指的是物质、机会、关系资源及社会支持（Perlman，1986，p. 254）。

在描述自己如何总结出这个模式的时候，珀尔曼说道，她非常反对那种绝对性的观点，那种观点认为接受服务的对象是丧失功能的人，他们在能够开始处理自己的问题之前就已经被过去所经历的一切压垮了。珀尔曼希望能找到一种测量人们内在的能力和优势的方法，这样他们便无须回顾冗长的过去，在社会工作者的帮助下就能有效地解决他们当前的问题（Perlman，1986，p. 248）。

埃里克森的关于社会角色和生活阶段任务的观点，还有怀特的关于人可以有意识地做出努力以掌控自己的世界的观点对珀尔曼都有启发，她把这些启发和上述解决问题的顺序融合在了一起。她的方法结合了社会工作实践的功能理论的基础概念，这些概念包括：关注此时此地，利用专业关系激励案主，存在于所有助人过程中的开始-中间-结束的规律，以及要对问题中最有可能推动改变的某一方面保持重点关注的必要性（Perlman，1986，pp. 249-251）。

506

社会工作文献

尽管珀尔曼在早期的杂志文章中尝试发表她的一些观点，但是问题解决理论正式被珀尔曼引入社会工作专业的第一部作品——著名的绿皮书《社会个案工作：一个解决问题的过程》，却发表于 1957 年。这本书后来被一再重印，成为很多国家社会工作学院学生个案工作的主要教材，也是社会工作专业最著名的方法论教材之一。随后，珀尔曼又出版了介绍此理论的其他文章。她最新的一篇文章就被收编在本书的最新版本中。珀尔曼的一部经常被阅览的著作是《人格面具：社会角色和人物特征》（*Persona*：*Social Role and Personality*）。这本著作尽管着重讲述的是角色理论，但事实上也代表了珀尔曼对问题解决理论的进一步思考。

随着这些著作的出版，珀尔曼的理论很快被其他学者采用，比如大卫·霍劳维茨（David Hollowitz），他把问题解决的概念延伸到家庭社会工作中。同样，在 1976 年出版的著作《调整问题解决方法：研究和介入的指导手册》（*The Problem Solving Approach to Adjustment*：*A Guide to Research and Intervention*）中，杰伊·哈利、斯皮策（Spitzer）和威尔士（Welsh）也进一步发展了问题解决理论的普遍适用性。

戈尔茨坦指出，虽然珀尔曼很努力地构建了一个模式，以期为存在于精神分析理论基础上的诊断方法和根植于行为科学的功能性理论之间的鸿沟架起一座桥梁。但她的努力并没有取得完全的成功，因为珀尔曼对问题解决模式的诠释在一种不可接受的程度上最小化了依附于以上两个理论的价值体系（Goldstein，1984，pp. 31-32）。例如，在 1970 年，尽管珀尔曼的著作已经面世十几年了，但是在巴特莱特（Bartlett）对社会工作者采用的共同价值、知识和介入技巧进行的分析中，"问题解决"这个术语根本没有被显现出来。巴特利特对在那个时代社会工作实践中被共同采用的介入方法的分析显然是缺乏特殊性的，这一点可以被问题解决理论概念的引入充分抵消。同样，有趣的是，尽管珀尔曼的著作的影响力仍然存在，但是问题解决理论并没有作为一个明晰的实践性理论被收录在最新两版的《社会工作百科全书》里。

然而，就在巴特利特的观点发表几年后，1975 年史坡林（Siporin）指出"当前主流的对社会工作实践的定义是它是一个目标导向的解决问题的过程"（Siporin，1975，p. 51）。他进一步指出，这个模式适用于所有的实践方法、社会工作行政及政策策划。史坡林督促社会工作者们选用工作理论时要多元化和不拘一格，他指出问题解决模式是社会工作者可能会选用的六个介入模式之一（Siporin，1975，pp. 155-156）。1973 年，平卡斯和米尼汉（Pincus & Minihan）也把问题解决模式与他们的生态系统方法结合起来运用到实践中。同年，布里尔（Brill）在对社会工作助人模式的全面分析中也结合了问题解决模式。接下来的二十多年里，里德和他的合作者们合著了一系列的关于任务中心社会工作实践的著作。这个系列的著作原本是研究在 1960 年代被践行的社会工作治疗方法，但是它们在很大层面上也借用了珀尔曼的问题解决模式中的逻辑性（Reid，1992，p. 12）。

不断发展的视角

如上文中讨论的那样，一些作者，尤其在为本科生准备的通用性社会工作实务的著作中，把问题解决理论着重理解为一种框架，所有助人活动及其活动延伸出的任何内容都被包含在这个框架里（McMahon，1990）。布鲁姆为通用的问题解决理论备注了一个非常活泼的解释，这个解释可以提炼为"准备""上线""出发"（McMahon，1990，pp. 104-109）。在"准备"阶段，社会工作者要调动与问题、社区资源和可能有用的介入方法等相关的知识以备提供帮助。而在"上线"阶段，社会工作者要在精神上做好接纳案主的准备，并且把助人过程中需要的价值观集合起来备用。最后，在"出发"阶段，社会工作者把与人际助人技巧和感知相关联的解决问题的步骤运用到文化和性别问题中。自然而然地，问题解决理论因融合了新视角而不断发展演变。最初的问题解决过程已经接纳了更多的启发，比如，过渡为一个由杜波伊斯和麦利执行的国际性的赋权案主的操作过程（Dubois & Miley，1996，pp. 214-215；Johnson，1995，pp. 65-79）。

在社会工作文献中，问题解决过程与社会工作的认知理论基础非常密切地融合在了一起，以至于即使干预方法本身主要倾向于心理动力研究，但在很多干预方法中，问题解决过程仍然被认为是一种基石。然而很明显，问题解决是中心概念，问题解决的实践方法是围绕着这个概念组织在一起的，或者片面地说，这个概念是以任务中心社会工作方法、危机介入、有计划的短期治疗和生活模式理论的明确的基础。问题解决理论的原则并没有违背社会工作专业价值体系，反而支持了专业价值体系的发展，这个理论在赋权案主有效地管理他们生活中的问题方面更是说明了这一点（Germain & Gitterman，1980，p. 101）。在文化和性别敏感的社会工作实务中，可以有效地运用问题解决方法。因为文化和性别问题把人们分门别类地区别对待，而问题解决模式却可以自然地保持一种中立的态度。而且，它被有效地引入特纳（Turner，1986）倡导的理论多样化的概念里，在其中，它为社会工作者和案主提供了一个可遵守的结构性框架，而它本身并不是一种干预方法。这为社会工作者和案主留下了寻找与问题的本质和可获取资源相契合的发生改变的方式的自由空间，并且社会工作者和案主可以在新的治疗理论出现时，自由地将问题解决模式与这些新视角结合，运用到工作实务中。

目前的理论现状

我们已经从问题解决理论发展的历史方面对它进行了理论根源综述，下面我们将从一个不同的视角进行审视。尽管特纳把问题解决理论收入最新版的《社会工作治疗理论》一书里，但他指出，自己并不认为珀尔曼对问题解决的概念化是一个完整的理论。他认为，这个概念化只是"一系列主张和想法，而这些主张只是发展假设和建立理论的基础罢了"（Turner，1986，p.7）。康普顿和加拉威（Compton & Galaway）也把问题解决理解为一个过程或者一种模式，而不是一个理论。他们把它叙述为"由某个目的指引并为达到一个共同认可的目标，而发生在案主系统和社会工作者之间的一系列互动，包括对情感、思考和行为的整合"（Compton & Galaway，1994，p.43）。基于特纳在本书第一章对实务理论的定义，我们的观点是，问题解决很明显可以被视为一种社会工作理论。如果我们同意这一点，那么我们可以了解它的哪些概念性框架呢？

主要概念

解决问题是一个理性的过程，人们使用这个过程与极其复杂但有时未知和不可测的现实世界不断地交涉协商。因此，人们不可能总可以遵循已经设定好的路线选择一条最快到达期望目标的路径。德鲁斯（DeRoos）在回顾这种复杂性时指出：

> 一个人为解决问题而做出的理性决定代表了对客观世界的一个主观的不完整理解。这个不完整的理解就是我们对客观现实的表达，是客观现实的一个简单化模式。因而，我们的行为依据这个模式而产生，而不是完全对应客观现实（DeRoos，1990，p.278）。

常识和经验似乎预示人们永远不能拥有为做一个"完美"决定而需要的所有知识，因此他们倾向于做出"足够好"的决定。然而，为了取得即使是温和的成功，人们需要收集和处理信息，为此，他们使用一种称为"启发式"的心智模型。在逻辑学中，启发性方法是指"通过试错而习得的知识或经验法则"（McPeck，1981，p.17）。当思考计量需要大量信息、处理功能、时间消耗的时候，启发性方法为解决问题的人们提供了一个决策的模板（DeRoos，1990，p.278），而思考计量是确保解决问题的程序（Gilhooly，1988，p.22），而且它在数学和科学领域的使用显然比在研究人类行为的领域要频繁。

温萨特（Wimsatt）指出，启发性方法的某些特点限制了它作为工具的有用性。尽管与思考计量方法（假设在某种特殊的人类状态下可以使用这个方法）相比较，启发性方法节约了大量的时间、金钱和劳动，但它却不能保证提供一个正确的解决问题的对策，相反却导致了失败和错误的系统性模式的产生（DeRoos，1990，p. 278）。然而，尽管有这些局限，人们却并不像在问题解决过程中那样受到限制，而是可以"通过对多种启发性方法的融会贯通的使用，来增加获得一个期望性目标的可能性"（DeRoos，p. 280）。启发性方法和现实世界的对应也许不完美，但它却充分地和现实融合在了一起，使得人们可以充分地发挥自己的功能（p. 281）。

现在看来，"启发性问题解决方法注重的是在某一特定环境下的与解决方案最相关的变量（从解决问题者的角度），而忽视了其他变量。通过这种方式，无论多复杂的过程都能够应付"（Osmo & Rosen，1994，p. 123）。除了使用启发性方法，人们还需要拥有关于世界和他们的具体问题的知识信息，以及在解决问题过程中使用这种知识信息的能力（DeRoos，1990，p. 278）。

基本假设

1975 年，康普顿和加拉威对珀尔曼二十年前第一次提出的基本模式进行了阐述和进一步延伸，并将他们的观点写成社会工作专业教材。两位作者指出，他们对珀尔曼模式的扩展和延深致使"问题解决过程触及群组、机构和社区，并且通过我们的扩展模式，你们可以发现更多珀尔曼著作中所没有的、关于其他社会系统中的交换和变化的要点"（Compton & Galaway，1994，p. 49）。

随着康普顿和加拉威从理论上探讨了问题解决模式的运作过程，从他们的研究中引申出了很多资料（Compton & Galaway，1994）。这两位作者指出，从人类发展和人类与社会环境互动而延伸出的五个理论是他们所有假设的基础。这五个理论包括系统理论、信息理论、角色理论、自我心理学和人类多样性的概念（Compton & Galaway，1994，p. 57）。其中的一个假设是，生活中遇到的问题并不能代表一个人的弱点和失败，相反，它们是人类成长和变化的自然过程的结果（Compton & Galaway，1994，p. 44）。如果问题是生活中必然存在的一个部分，那么人们也是拥有解决问题的能力的。但因为人们缺少解决问题的知识，没有足够的资源，或者被对问题的情绪化反应削弱了解决问题的能力，所以解决问题的过程也许并不顺畅。然而，作为问题解决方法的一部分，社会工作者有意识地建立了一种合作关系，以促进和支持案主认真地思考和感受自己的问题。

实践模式中的案主和社会工作者的关系是问题解决过程中的鼓励和创造性思考的源

头。正如康普顿和加拉威所说：

> 关系是情绪和态度的媒介，它使得社会工作者和案主在问题解决过程中一起朝着某个目标努力。因此……问题解决过程可以被认为是建立在一方与另一方联系和沟通能力的合作关系上的实务操作（Compton & Galaway，1994，p. 43）。

510

很显然，这个假设认为，案主和社会工作者能够对问题、目标、资源、计划和执行等进行沟通交流。但是，两位作者强调，"理性的脑力劳动其实依赖的是社会工作者的付出，而不是案主"。因此，尽管案主能够从问题解决过程中受益，但也不期望他们一定会把习得的知识带入助人的互动中。问题解决理论的一些作者认为，事实上，案主之所以会在生活中遭遇某些问题，是因为他们缺乏解决问题的技巧。比如，赫普沃斯和拉尔森用一个章节阐述了一种教授案主问题解决技巧的方法，并使得他们可以把这种方法运用到日常交往互动中（Hepworth & Larsen，1990，pp. 415-424）。

在教授问题解决技巧时，赫普沃斯和拉尔森做了如下假设：

(1) 人们愿意掌控自己的生活，而且感到自己有能力熟练地掌控自己认为重要的事务；

(2) 改变的动机以整合一个系统目标与期望舒适之间的不平衡为基础；

(3) 社会工作者总是试图与系统进行互动或是在系统之中进行交流；

(4) 系统是开放的，超越系统边界的输入是系统发展和变化的关键；

(5) 虽然为了行使功能，系统必须保持稳定的状态，但它在不断地波动；

(6) 所有的人类系统都是有目的性的，是为了寻找目标而存在的（Hepworth & Larsen，1990，p. 57）。

利用问题解决模式来实现变革

康普顿和加拉威认为，即使对问题解决模式的描述本质上是线性的，这个模式在现实生活中的运用却仍是循环状的。如果改变是必需的，那么处于模式中的任何阶段的社会工作者或案主都可以回到之前的阶段或前进到未来的阶段。这个过程本身很灵活，在现实中有相当的自由度。下面是一个简短的对问题解决模式的总结。较长的版本也包括了以下基本的步骤，但对每个步骤都有详细的讲解。

解决问题模式

1. 联络阶段

(1) 确定问题——如案主、其他人和社会工作者认识到的、需要确认和解决的问题。

（2）确认目标——明确短期和长期目标。案主想要或需要什么？可获取哪些资源？

511

（3）签订契约——主要包括对机构资源的明确和承诺，进一步了解问题。

（4）探索——案主的改变动机、机遇和能力。

2. 契约阶段

（1）估评与测评。

问题是如何与案主的需要相关联的？

什么因素导致了问题的产生，什么因素促使问题持续下来？

案主有哪些资源和优势？

可以运用什么样的社会工作实践知识和原则？

这些信息如何在某一理论框架下被最好地组织起来，以达到解决问题的目的？

（2）制订行动计划。

制定可达到的目标

检测备用的计划及可能的结果

确定合适的服务方法

确认改变工作的重点

明确工作者和案主的角色

（3）预测。

工作者希望达到什么样的结果？

3. 行动阶段

（1）执行计划。

明确干预的重点和布置工作任务

确认可用的资源和服务

指定什么人在什么时候可以做什么

（2）结案。

与案主系统一起评估完成的工作及其意义

与案主一起研究没有达到目标的原因

讨论维持已取得的成功的方法

结束关系的处理

回顾自然网络中的支持

（3）评估。

从联络阶段开始的一个连续过程

目的达到了吗？

是不是选用了合适的方法来促进改变？

案主学到了什么，可以用于以后解决问题的过程？

工作者学到了什么，可以帮助他们处理类似的案例？

问题解决模式的运用困难

把问题解决模式运用到现实生活中的困难之一是，处理各个阶段所需要的所有信息几乎是一个不可能完成的挑战（Osmo & Rosen，1994，123），因此，人们往往会选择最令他们满意的解决方案，尽管这个方案远不是最佳的答案。约翰逊夫妇（Johnson & Johnson）在一次具体的分析实例中明确指出了在小组中有效运用问题解决模式所存在的困扰。但是，通过某些调整，他们提出的问题其实与人类在任何情境下的问题解决模式运用都有关联（Johnson & Johnson，1975，pp. 269-270）。下面是他们提出的困扰：

（1）在陈述问题时不够清晰：这个步骤需要时间。如果人们试图解决的是一个错误的问题，或者这个问题只是被片面地定义理解，那么这个过程就会失败。

（2）没有提供所需要的信息：信息量不足会导致无法对问题进行明晰的确认，寥寥无几的备选解决方案，会造成不准确的预测结果。

（3）整个过程的所有参与方之间的低质量的沟通交流：从确认问题到任务分配，沟通是整个模式的中心，因此，清晰和全面必须是沟通交流的目标。

（4）尚不成熟的选择或对备选方案的过早的测试：如果解决问题的过程中没有产生创新性的思考和自由的表达，那么人们就可能会选择一个没有经过充分讨论的解决方案。

（5）做决定的环境非常关键，或者说这个环境需要一致性：这种状况其实违反了社会工作自我决定的价值观，也会让整个过程变得不堪一击。

（6）缺乏解决问题的技巧：可以训练人们在现有问题的情境下使用这个模式。

（7）缺乏解决问题的驱动力：人们必须有对他们的状况进行改变的需求，并且希望这种状况可以被改变。改变的动力也许来自很多方面，但参与这个过程的经历会激发人们对改变的期望。

治疗：主要的理论概念

在早期概念化这个模式的时候，珀尔曼设想，问题解决模式是她对"社会个案工作应该是什么"这个问题的一个贡献。在概念化这个模式时，它很显然被认为是一个过程，而不是一个目标，而且要更多地考虑如何使这个过程进行下去。对她来说，这个过程需要案主对问题有积极主动的认知，并且承认自己是问题的主角。珀尔曼深受约翰·杜威的影响，而杜威坚信学习就是解决问题的过程（Perlman，1957，p. 247）。这个观点和珀尔曼自己的信念非常一致。珀尔曼认为，社会工作实践必须抛弃对案主问题病理分析的过分强调，而应承认案主所拥有的积极的优势。这也与她的早期观点相一致。在她的早期观点中，案主的问题并不是来自案主心理内部，而是源于案主在日常生活中已经达到的满意水平的降低。因此，问题解决过程是解决每日生活历程中产生的问题（Bunston，1985），并且降低人们在日常活动中满意水平的一个工具。

　　正如我们前面提到的，问题解决过程发展出来的最初的几个治疗概念源自功能学派，尤其是杰西·塔夫脱和弗吉尼亚·罗宾森的著作。只有当案主感到存在危机时，他们才会寻求帮助。这个观念强调的是此时此地，而且珀尔曼也坚信，只有当案主有动机寻求帮助的时候，改变的可能性才最大（Perlman，1986，p. 249）。她强调，也正如理论家霍利斯（Hollis，1964）在她的社会心理模式中所强调的，问题的解决必须从案主所处的情境开始。但是珀尔曼又把自己的观点和社会心理学派区分开来。她认为，社会心理学派把研究和诊断看作治疗的前提。而对珀尔曼来说，一个人总是处于现在和将要到来的成长过程中。所以，应该把更多的关注放在案主现在的状况上，而不是过去所发生的事情对案主的影响。

　　在早期的问题解决方案中，探索了地点（即机构本身）的重要性的概念，特别是案主对机构期望和机构对案主期望的先入之见的重要性。珀尔曼认为，案主的认知和对机构的期望必须契合机构的服务要求，而这通常决定了治疗干预的性质。因为有了对机构重要性的早期理论建树，一种在各种不同机构环境中都适用的、更正式的社会工作者和案主之间契约关系也就形成了。

　　时间的重要性是一个与解决问题过程相关的被广泛接受的理论概念。我们需要意识到每个干预过程都分为开始、中间、结束阶段。珀尔曼认为，意识到这一点非常重要，但经常被忽视。弗洛伦斯·霍利斯，玛丽·伍兹和弗朗西斯·J. 特纳也持有同样的观点。

　　在不断发展的阶段中，得到了更多关注的是帮助过程中的开始和结束阶段。尽管最近，中间阶段被认为是干预过程中非常关键的一部分，是案主和治疗师所做的工作最有意义的一部分，但大家普遍承认，人们对中间阶段的了解和认识远远不够。问题解决过程的结束阶段一开始被看作是一个用来回顾的时间段，细查之前所做的工作，并且决定治疗是否终止或转移到案主指出的其他问题上。一个确定的时间段有利于完成任务，这个概念被证明对社会工作治疗师非常有用。事实上，威廉·里德在他的计划性的短期治疗中对这个概念进行了更详尽的扩展，之后在与劳拉·爱泼斯坦合作的关于任务中心实务的著作中也做了进一步的发展阐述（Reid & Epstein，1977）。

　　部分化概念是解决问题理论的另一个贡献。这个概念是从个案工作中发展出来的，后来转移到了其他的干预方法中。这个概念是关于把一个或一组复杂问题分解成小快的、更容易处理的小问题，以此在治疗情境中明确找出问题解决的焦点。社会工作者们发现这个方法在与多问题家庭或危机为导向的案主打交道时尤其有用。它减轻了案主的焦虑，也推动案主把精力放在大问题中某一个方面。进一步的进展是，当人们意识到在一个更大问题群集中的某一领域取得的小小改进，通常会激励案主将这种初步的解决问题能力转移到其他更大，更复杂的困难领域。

珀尔曼把问题解决模式看作一种干预方法。通过"把问题解决过程、知识、价值观和技巧融入有效的实践中"，其他的实务模式把问题解决过程与它们的理论方法结合了起来（Bunston，1985，p. 225）。干预的最初焦点是缺乏动机和机会导致的案主对解决问题的能力的缺乏。这个方法的基本假设是，人们生活中所有的事都可以看作问题解决过程，而且人们会通过解决问题获得愉悦和满足，而不是挫折和惩罚。与早年自己的老师戈登·汉密尔顿一样，珀尔曼也认为教育和治疗之间有很强的关联性。在提升案主的自信和提升案主对自己拥有运用问题解决方法的能力而产生的满足感两方面尤其如此。而教育主要针对的是激发动力和改变方向的智力和治疗，这一点已经被大家认识到了，因此，个案工作被看作是正处于教育和治疗之间（Perlman，1957）。 514

问题解决理论是一个以现时为中心，以现实为基础的实务模式。它关注的是案主在需要和寻求帮助时身处何处。它期望人们既有能力解决他们的问题，又有能力运用自己的力量带来新的体验，而就增强解决日常生活中的问题的能力而言，这种新的体验能给案主带来回报和满足感。这个模式还承认，要等待时机将这个驱动力纳入一种更有效的处理现时困境的方式中。总之，这个概念后来在热尔曼和吉特曼强调的人与环境间不间断的互动和解的生命发展模式中进一步得到了扩展（Germain & Gitterman，1980）。

助人关系中一个主要的部分就是聚焦现时，并且承认治疗的力量，激励案主处理已确认的问题。问题解决理论和心理动力学有一个共同的原则，那就是强调建立一种同情、关怀、支持和共同进步的关系的必要性。而且它指出，和那些可信赖、能够对热情做出回应，并且能够在需要时寻求帮助的案主们一起工作时，这个方法尤其有效。问题解决方法也能够让那些抵抗的案主和非自愿的案主参与进来，并在他们出现负面情绪或者因没有完全达到期望而产生模棱两可的行为时，做出适当的回应。在关系建立过程中，珀尔曼经常将第一个需要解决的问题，描述为从案主那里引出负面态度和情感，以展示工作者作为治疗师接受和处理被投射的愤怒或怀疑的能力。（Perlman，1957，pp. 154-155）。

以现时为中心的助人关系的本质最大限度地减轻了移情的重要性和无意识的影响，像存在主义的方法一样，这个理论强调社会工作者与案主建立一种真实关系，而不是建立一种早期关系。这一点可以从移情的角度来理解。

对珀尔曼来说，她对测评或诊断的理解与诊断学派有着明显的不同。起初她将这个过程称为诊断，但后来她开始使用"诊断性测评"这个术语。在解释社会心理学派的作用时，珀尔曼并没有把这个过程看作治疗的前奏，反而将其作为贯穿整个案例过程的一部分。它的重点是评估案主的动机和怎样让这样的动机融入整个过程，尽快与现有的机会结 515

合起来。这个过程被称为 M-C-O。M 代表动机，C 代表能量，O 代表机会。这个公式后来被莉莲·瑞波（Lillian Ripple）和她的同事用在他们的研究中。珀尔曼的引述如下："案主对个案服务的使用取决于他的动机、他的能量，还有他所处环境和他寻求帮助的机构提供给他的机会"（Perlman，1986，p. 252）。

"诊断性测评"这个术语被保留了下来，它被更多地看作一个现在式的，而且在不断演变的过程。在这个过程中，一个人利用任何可利用的能量来解决问题的技能得到了评估。所以，这个理论中，诊断着重于确认问题的自然本质、案主所期待的结果，以及案主为这个结果而付出努力的能力。

在问题解决理论中，社会历史这个概念主要关注的是案主是谁。社会历史是一个不断发展的过程，是用来帮助案主理解自己所处环境的过程。珀尔曼认为，只有当过去的事件直接影响到现状，才有必要去审视这些事件，比如抑郁和酗酒等与代际性疾病相关的问题。

在问题解决理论的发展早期，它主要关注的是治疗的初始阶段。这样做的原因如下。首先，意识到了新案主从服务申请者的角色转变为服务参与者的过程的重要性。其次，这个理论强调把问题分解处理的必要性，认为这样才会使得问题的每个部分都得到深刻的分析和研究。这个原因来源于一个更基础性的概念，即干预过程中最关键的几个要素，尤其是案主参与其中的几个要素都是在案主和社会工作者开始工作的最初几个小时内被挖掘出来，并得以了解的。最后，这个理论认为，具有动机和能量的案主能够最大限度地利用问题解决模式所提供的帮助。因此，对于其他类型的案主，这个过程也许更缓慢一些，一些步骤也需要重复多几遍，但是珀尔曼强调过程的关键点是相同的：

> 对感觉的回应，对它的接纳，以及伴随而来的想要改变它的期望；对影响问题的行为的思考与反省带来的刺激，对可能的替代性方案的检测和为它们"支付"的预期，以及做出某些决定或选择的行为，尽管可能只是关于谁做了什么，以及如何做出了这样的很小的决定或选择（Perlman，1986，p. 259）。

在社会工作实践中的原则性运用

正如在这一章开头所讨论的，问题解决方法使得社会工作者和案主们可以根据问题的本质及可获得的资源自如地匹配适当的方法，把改变引入案主系统。解决问题时，作为人类，我们会根据我们的取向或客观现实模型做出主观决定或给出解释。而事实上，我们使用的解决方案是成功的。随着时间的推移，这个事实表明，我们的解决方法虽然是主观的，但却是基于现实的，与现实世界的客观现实相关联。在社会工作实践中，大多数的专业干预基础通常被描述为"实践的智慧",即我们的知识基础、我们积累的经验和我们的专业判断的结合,这些智慧融入了我们所执行的每一个干预中。

在一项对实践智慧这个概念的研究中(DeRoos,1990,p.282),德鲁斯介绍了出现在唐纳德·舍恩(Donald Schon,1983)著作中的两个相关概念。第一个概念是"在行动中获知",描述的是一个熟练的社会工作者的实践行为,它反映的是社会工作者的自发行为,而这种行为并不是早先智力认知学习的结果。德鲁斯引述舍恩的研究如下:

> 专业知识包括常识,但并不意味着行动里包含了专业知识……虽然我们有时会在行动之前思考,而且在熟练实践的自发行为中也是如此,但是我们发现了一种不是通过先前智力产生的知识(DeRoos,1990,pp.50-61)。

比如,在与案主第一次见面的时候,一个有经验的社会工作者可能可以在最开始的几分钟内判断出这个案主是否会对他本人或他人构成危险,继而立即采取适当的干预行动,即使社会工作者在此之前从没有见过这个案主。

舍恩的第二个解决问题的概念是"在行动中反思"(pp.54-59)。行动中反思涉及在行动过程中有意识地开展评估。这与在行动中获知是不同的。在行动中获知指的是我们已经发展并内化了各种认知和解决问题的行为习惯。而在行动中反思是"对行动的回顾和行动隐含意义的反思"(Schon引述DeRoos,1990,p.283)。如我们所知,有经验的社会工作者可以有效地在行动中反思,并且获得期望的结果,因为行动评估和反复试验行动之间会发生互动。但是,在某些情况下,这种表现的水平不足以使人取得令人满意的结果,因此合格的社会工作者应对行动进行反思。在这种认识水平上,社会工作者不断评估可能会出现的意外结果,以提高运作的有效性,即使我们知道某一模式并不完美也并不完整(DeRoos,1990,pp.283-284)。在行动中反思让人们能够修改或扩展他们的实践模式,使得这个模式可以更有效地适应实践过程。多年以来,后继的社会工作专业的学生和工作者都一直希望找到一个这样的实践模式:一个基本上稳定持恒的,但也可以灵活地适应它的实践条件的模式。很多人失望地发现,这些简单的术语并不能解释实践中的知识。直到后来,他们才意识到,某一特定模式的有效性以及社会工作者自己的实践智慧的有效性只能被这个模式和实践智慧在实践中的应用结果证明。正如德鲁斯指出的那样(DeRoos,1990,p.281),如果在一段时间内实践干预模式是成功的,那么就实际目的而言,该模式是有效的。当在实践模型的基础上实施操作的社会工作者能够发现实践中常见和独特的东西,并找到了能够解决那些预先并没有解决方案的问题的适当方案时,实践智慧的重要性才会得到体现。最后,当社会工作专业的学生和社会工作者每天都在努力地寻找更正式的、形式化的学习和解决问题的方法时,实践智慧可以被看作是一种比这些正式和形式化的方法更基本的过程。正如德鲁斯所指出的那样,"这是一个在行动中发现的过程,与一个人有效地生活在世界上有关。这一过程在社会工作实践领域的延伸,使得工作者成为一名高效的实践者,并获取了所谓的实践智慧"(DeRoos,1990,p.285)。实践智慧和问题解决的实践模式之间关系的性质对各种类型的案主系统都具有重要意义。

随着时间的推移，问题解决模式扩展到了包括小组和家庭在内的实践应用中。在讨论在各种类型的小组中使用问题解决模式的重要性时，约翰逊和约翰逊指出，"小组的主要关注点是对小组问题解决模式的充分运用"，接着他们还描述了解决问题的操作步骤在小组中所面临的特殊挑战。他们指出，小组成员对同一问题有不同的解读方法，所以大家在选择一个最合适的解决方案时会面临特殊的挑战（Johnson & Johnson，1975，p. 257）。谢弗、霍热希和霍热希的研究提供了小组在不可避免的不同观点之间找到共同点的方法（Sheafor，Horejsi，& Horejsi，1988，pp. 472-482）。

在家庭的背景下，系统理论与问题解决理论相结合会产生一个对家庭的各个成员的多种需求都能做出回应的过程，但这个过程同时也意识到了把家庭系统看作一个整体共同发展成长的必要性。哈利的著作（Haley，1976）创造性地把满足个人和家庭需求融入同一个问题解决的实践过程中。爱泼斯坦和毕夏普也总结概述了这种方法，他们将他们的干预过程描述为家庭成员参与"制定有效的解决问题的方法，而且这些方法也可以用于解决未来出现的困难"的过程。这个问题解决过程包括澄清沟通技巧和有效的家庭角色表现等七个步骤（Epstain & Bishop，1981，pp. 444-482）。

实证基础

问题解决模式为社会工作提供了必要的基础，使我们可以用案主系统科学地分析某种特定的干预方法。布鲁姆和费希尔（Bloom & Fischer）详细描述了如何使用单一主题设计方法来评估社会工作干预，评估时机或其他因素是否带来变化（Bloom & Fischer，1982）。他们提议所有社会工作者采用系统的方法来监测他们与案主合作的过程和结果，以便应对其服务的社会责任和专业有效性的质询压力。麦克马洪（McMahon，1990，pp. 245-293）、科斯特-阿什曼和赫尔（Kirst-Ashman & Hull，pp. 268-291）也提出了对实践服务进行评估的类似倡议。他们将特定案例中的进展或回归的测量与社会工作者遵循怎样的解决问题的顺序关联了起来。这个解决问题的顺序明确指出了要达到的目标，因此可以一目了然地判断出是否解决了问题。

与问题解决方法相关的研究问题比比皆是。在分析社会工作者如何在实践中运用知识时，阿什福德和利克罗伊（Ashford & LeCroy）指出，知识运用有三种基本模型：研究和开发模型，在此模型中，基础研究带来实际应用；解决问题模型，在此模型中，对问题的确认识别可以促进对问题的研究，进而解决问题；互动式模型，在此模型中，研究者和工作者保持互动，持续合作（Ashford & LeCroy，1991，p. 307）。两人还发现了关于问题解决方法的文献中的一个主要空白点，即工作者如何在日常的问题解决过程中利用信息

（p. 309），以及他们如何表述他们期待解决的问题。而这是探求知识的第一步（p. 315）。

马鲁乔（Maluccio）提出，应该把更多的重点放在对在自然条件下解决问题的研究上（Maluccio，1983），即在正常的生活环境中人们是如何解决问题的。奥斯莫和罗森（Osmo & Rosen）的研究也表明了这一点的重要性。他们的研究指出："在尝试解决日常生活中的人际问题时，人们并不遵循某一恒定的策略。而究竟会使用什么样的策略解决问题，某种程度上取决于问题的特殊性。"（Osmo & Rosen，1994，p. 135）他们建议，在"评估案主在应对各种问题时是否具有灵活性，或是表现得僵化教条"方面要进行更多的研究。同时，更多的研究还应关注下面的问题，即根据自己掌握的案主问题的特殊或非特殊的信息的不同，对案主需求的判断会产生差异，"社会工作者在工作中应该在多大程度上遵守规范性标准"（Osmo & Rosen，1994，p. 136）。最后，赫普纳（Heppner）提出了一个研究问题，即如何有效地向客户传授解决问题的方法，这种传授方法非常重要，几乎可以说是一种考证有效性的法宝（Heppner，1978，p. 372）。他接着指出，其他关于问题解决模式的研究可能侧重于使客观和主观实体更加一致、提供可转移的技能方面的培训，以及个人在做出决定时所关注的线索（Heppner，1978，p. 372）。

局限

北美当代社会工作相当大一部分的实践活动是与为复杂的日常生活中的问题所困的人打交道，这一点是很明显的。但这些并不是在实践工作中会遇到的唯一的情况。因此，与所有理论一样，问题解决模式的适用性也存在局限性。当我们在与被严重困扰的案主打交道，需要使用不同的干预技巧并为案主设立不同的目标时，第一个局限性就显而易见了。当然，问题解决模式可以运用在一些受困案主的案例中。然而，在其他情况下，治疗的重点并不是相同的。例如，在与有自杀倾向的客户打交道时，重点就会是如何使用更舒缓的方式与案主接触。

还有一个问题是，这个理论模式是否适用于所有种族和文化群体。由于它具有高度认知和行动导向的基本价值，这可能与那些对帮助过程有不同期望的案主的世界观不符合。这些案主可能更关注应对日常生活中的即时问题，而非纯粹的认知和行动方面。对于那些有一定能力，而且通常是为了处理过去没有解决的问题而来向我们求助的案主来说，这个理论模式似乎不太适用。对于这些案主来说，需要做更多长期的探索性的工作。这对于处在结婚、分居或死亡等强过渡期的案主也是如此，在这里，治疗任务通常与问题解决模式中的治疗任务有相当大的不同。当然，问题这个概念甚至可以被延伸到一个人愿意改变的欲望。然而，这似乎并不是珀尔曼和后来她的理论继承者们所想要的。

519

远景

问题解决理论一般并不被认为是"目前占主导地位的实践概念"，正如史坡林在 1975 年提到的那样（p.51）。相反，它似乎被完全融入了大部分的社会工作思维和过程中，以至于除了作为一个通用方法之外，它还成了大部分实践工作中重要的基本方法。问题解决理论在社会工作实践中的融入是渐进式的，这一点并没有被人们广泛知晓。然而，在许多实践理论中，无论人类行为或计划要做出的改变的概念是什么，从问题转向解决方案这一系列阶段的逻辑顺序是显而易见的。

也许问题解决理论模式打消了赫恩在 1979 年提出的顾虑，他当时指出，社会工作专业需要挖掘一个"从整体上研究这个专业的方法"，因为有关特殊方法的理论并未涉及社会工作专业的基本目的和它的基本程序。"这种特殊方法的社会工作理论缺陷的严重后果在于，它会导致我们的社会工作者在工作实践中成为某些领域的专家而不是社会工作专业领域的多面手，并且会导致支持专业领域发展的通用基础的缺失。"（p.350）问题解决理论与人类思维的逻辑过程的互相对应使得这个理论模式既实用又直观，所以关于社会工作者如何以更精确的方式更有效地利用问题解决方法，还需要进行大量研究。

参考文献

Armstrong, M.C. (1981). Toward a marital contract: A model for marital counseling. *Journal of Contemporary Social Work 62*(9), 520–528.

Ashford, J.B., & LeCroy, C.W. (1991). Problem solving in social work practice: Implications for knowledge utilization. *Research on Social Work Practice*. Vol. 1. 301–319. Beverly Hills, CA: Sage, 306–309.

Bartlett, H.M. (1970). *The Common Base of Social Work*. Washington, DC: National Association of Social Workers.

Bently, K.J., Rosenson, M.K., & Zito, J.M. (1990). *Promoting Medication Compliance: Strategies for Working With Families of Mentally Ill People*. Washington, DC: National Association of Social Workers, 274–277.

Bloom, M. (1990). *Introduction to the Drama of Social Work,* Itasca, IL: Peacock Press.

Bloom, M., & Fischer, J. (1982). *Evaluating Practice: Guidelines for the Accountable Professional.* Englewood Cliffs, NJ: Prentice-Hall.

Boehm, W. (1959). *Objectives of the Social Work Curriculum of the Future.* Vol. 1. New York: Council on Social Work Education.

Brill, N. (1985). *Working With People: The Helping Process,* 2nd ed. Philadelphia: Lippincott. 1st edition 1973.

Bruckner, D.F., & Johnson, P.E. (1987). Treatment for adult male victims of childhood sexual abuse. *Journal of Contemporary Social Work, 68*(2), 81–87.

Bunston, T. (1985). Mapping practice: Problem solving in clinical social work. *Journal of Contemporary Social Work* (April).

Compton, B., & Galaway, B. (eds.) (1994). *Social Work Processes* (5th ed.). Pacific Grove, CA: Brooks/Cole.

Davis, S. (1988). *"Soft" Versus "Hard" Social Work.* Washington, DC: National Association of Social Workers, 373–374.

DeRoos, Y.S. (1990). The development of practice wisdom through human problem-solving processes. *Social Service Review* (June), 277–287.

Dewey, J. (1933). *How We Think* (rev. ed.). New York: Heath.

Dubois, B., & Miley, K.K. (1996). *Social Work: An Empowering Profession* (2nd ed.). Boston: Allyn & Bacon.

D'Zurilla, T.J., & Goldfried, M.R. (1971). Problem solving and behavior modification. *Journal of Abnormal Psychology 78,* 107–126.

Epstein, N.B., & Bishop, D.B. (1981). Problem-centred systems therapy of the family. In A.S. Gurman and D.P. Kniskern (eds.), *Handbook of Family Therapy.* New York: Brunner/Mazel.

Erikson, E. (1959). *Identity and the life cycle.* New York: W.W. Norton.

Flavell, J.H., Miller, P.H., & Miller, S.A. (1993). *Cognitive Development* (3rd ed.). Englewood Cliffs, NJ: Prentice-Hall.

Gammon, E.A., & Rose, S.D. (1991). The coping skills training program for parents of children with developmental disabilities: An experimental evaluation. *Research on Social Work Practice, 1*(3), 244–256.

Gelfand, B. (1988). *The Creative Practitioner: Creative Theory and Method for the Helping Services.* New York: Haworth Press.

Germain, C., & Gitterman, A. (1980). *The Life Model of Social Work Practice.* New York: Columbia University Press.

Gilhooly, K.J. (1988). *Thinking, Directed, Undirected and Creative.* London: Academic Press.

Goldberg, D., & Szyndler, J. (1994). Debating solutions: A model for teaching about psychosocial issues. *Journal of Family Therapy. 16,* 209–217.

Goldstein, E.G. (1984). *Ego Psychology and Social Work Practice.* New York: Free Press.

Gurman, A.S., & Kniskern, D.P. (eds). (1981). *Handbook of Family Therapy.* New York: Brunner/Mazel.

Haley, J. (1976). *Problem-Solving Therapy.* San Francisco: Jossey-Bass.

Hartman, A. (1978). Diagrammatic assessment of family relationships. *Social Casework 59*(8), 375–387.

Hearn, G. (1979). General systems theory and social work. In F.J. Turner (ed.), *Social Work Treatment: Interlocking Theoretical Approaches.* New York: Free Press.

Heppner, P.P. (1978). A review of the problem-solving literature and its relationship to the counseling process. *Journal of Counseling Psychology 25*(5).

Hepworth, D.H., & Larsen, J.A. (1990). *Direct Social Work Practice: Theory and Skills.* Belmont, CA: Wadsworth.

Hollis, F. (1964). *Casework: A Psychosocial Therapy.* New York: Random House.

Johnson, D.W., & Johnson, F.P. (1975). *Joining Together: Group Theory and Group Skills.* Englewood Cliffs, NJ: Prentice-Hall.

Johnson, L.C. (1995). *Social Work Practice: A Generalist Approach* (5th ed.). Boston: Allyn & Bacon.

Kirst-Ashman, K.K., & Hull, Jr., G.H. *Understanding Generalist Practice.* Chicago: Nelson Hall Publishers, 1993.

Mackey, R.A., Burek, M., & Charkoudian, S. (1987). The relationship of theory to clinical practice. *Clinical Social Work Journal 15*(4).

Maluccio, A.N. (1983). Planned use of life experiences. In A. Rosenblatt and D. Waldfogel (eds.), *Handbook of Clinical Social Work.* San Francisco: Jossey-Bass, 134–154.

Martella, R., Marchand-Martella, N.E., & Agran, M. (1993). Using a problem-solving strategy to teach adaptability skills to individuals with mental retardation. *Journal of Rehabilitation* (July, August, September), 55–60.

Mayer, R.E., (1994). Problem Solving. *Encyclopedia of Human Behavior.* Vol. 3. San Diego: Academic Press, 599–602.

McGoldrick, M. (1982). Ethnicity and family therapy: An overview. In M. McGoldrick, J.J. Pearce, and J. Giordano (eds.), *Ethnicity and Family Therapy.* New York: Guilford Press, 3–29.

McMahon, M.O. (1990). *The General Method of Social Work Practice: A Problem-Solving Approach* (2nd ed.). Englewood Cliffs, NJ: Prentice-Hall.

McPeck, J. (1981). *Critical Thinking and Education.* Oxford: Martin Robertson.

Osmo, R., & Rosen, A. (1994). Problem specificity and use of problem-solving strategies. *Journal of Social Service Research 20*(1/2).

Perlman, H. (1957). *Social Casework: A Problem-solving Process.* Chicago: University of Chicago Press.

Perlman, H. (1968). *Persona: (Social Role and Personality).* Chicago: University of Chicago Press.

Perlman, H. (1970). The problem-solving model in social case work. In R. Roberts and R. Nee (eds.), *Theories of Social Casework.* Chicago: University of Chicago Press.

Perlman, H. (1986). The problem-solving model. In F.J. Turner (ed.), *Social Work Treatment* (3rd ed.). New York: Free Press.

Pincus, A., & Minihan, A. (1973). *Social Work Practice: Model and Method.* Itasca, IL: Peacock Press.

Reid, W.J. (1992). *Task Strategies: An Empirical Approach to Clinical Social Work.* New York: Columbia University Press.

Reid, W.J. (1985). *Family Problem Solving.* New York: Columbia University Press.

Reid, W.J., & Epstein, L. (1977). *Task Centered Practice.* New York: Columbia University Press.

Roberts, R.W, & Nee, R.H. (1970). The problem-solving model in social casework. In R.W. Roberts & R.H. Nee (eds.), *Theories of Social Casework.* Chicago: University of Chicago Press.

Schon, D. (1983). *Reflective Practitioner: How Professionals Think in Action.* New York: Basic Books.

Segalman, R. (1970). A problem-solving model for professional practice: A social worker's view. *Professional Psychology 1*(5), 453–454.

Sheafor, B.W., Horejsi, C.R., & Horejsi, G.A. (1988). *Techniques and Guidelines for Social Work Practice.* Boston: Allyn & Bacon.

Siporin, M. (1975). *Introduction to Social Work Practice.* New York: Macmillan.

Smiley, C.W. (1982). Managing agreement: The Abilene paradox. *Community Development Journal 17*(1), 54–59.

Spivack, G., Platt, J., & Shire, M. (1976). *The Problem-Solving Approach to Adjustment: A Guide to Research and Intervention.* San Francisco: Jossey-Bass.

Stanton, D.M. (1981). An integrated structural strategic approach to family therapy. *Journal of Marital and Family Therapy 7,* 427–439.

Taylor, J.W. (1984). Structured conjoint therapy for spouse abuse cases. *Journal of Contemporary Social Work 65*(1), 11–18.

Turner, F.J. (1986). The problem-solving model. In F.J. Turner (ed.), *Social Work Treatment: Interlocking Theoretical Approaches.* New York: Free Press, 247–266.

Weingarten, H., & Leas, S. (1987). Levels of marital conflict model: A guide to assessment and intervention in troubled marriages. *American Journal of Orthopsychiatry 5*(3), 407–417.

White, R.W. (1959). Motivation reconsidered: The concept of competence. *Psychological Review 66.*

Wimsatt, W.G. (1981). Robustness, reliability, and overdetermination. In M.B. Brewer and B.E. Collins (eds.), *Scientific Inquiry and the Social Sciences.* San Francisco: Jossey-Bass.

Woehle, R. (1994). Variations on a theme: Implications for the problem-solving model. In B. Compton and B. Galaway (eds.), *Social Work Processes* (5th ed.). Pacific Grove, CA: Brooks/Cole.

第二十二章

精神分析理论和社会工作治疗

赫伯特·S. 斯特林

在过去的二十年中，精神分析作为一种人格理论、一种心理治疗形式和一种研究工具，经历了几次修改。虽然弗洛伊德的概念仍然是许多精神分析理论和实践的基础，但对这个理论的几次修改为其增加了很多自我心理学、自体心理学、客体关系理论以及其他取向的内容。

在本章中，我们将回顾主流的弗洛伊德精神分析的一些主要概念和结构，并讨论其他视角带来的一些重要贡献。我们在本章的重点是展示精神分析对人类人格的定位、精神分析的治疗方法及其研究重点如何对社会工作者产生了深远的影响，因为社会工作者希望能够帮助个人、夫妻、家庭和小组进行调整，并增强其心理社会功能性。

精神分析：一种人格理论

精神分析理论的主要假设之一是精神决定论原则。这一原则认为，在精神功能中，没有任何事情是偶然发生的。一个人的感觉、思维、幻想、梦想和所做的一切都有其心理动机。个人如何谋生、选择和谁结婚、给予和接受什么样的爱、如何与孩子互动、从工作和爱情中获得多少快乐，这些都是由内在的无意识力量驱动的（Fine，1979；Freud，1939）。

尽管外部因素总是不断地冲击人类，精神决定论和无意识的观念依然会帮助社会工作者认识到个人、夫妻、小组和组织的行为不仅仅是对情境的反应，例如家人、朋友、邻居，而且也会受到无意识的愿望、无意识的幻想、无意识的防御和无意识的伦理要求的塑造。

无意识的概念对社会工作者有着巨大的帮助，它可以帮助社会工作者更好地理解案主 524
提出的问题。例如，精神分析实务工作者和理论家们已经能够证明，每一个长期的对婚姻
的抱怨都是抱怨者无意识的愿望。一个经常抱怨妻子冷漠、反应迟钝的丈夫，无意识地想
拥有一个这样的妻子，而一个温柔、反应敏捷的妻子会吓到他——这就是为什么他总是和
那个他经常抱怨的女人结婚。同样，那些不断抱怨孩子太咄咄逼人、精力过剩、太假小子
或太娘娘腔的父母，也会在不知不觉中激发并维持孩子的这种行为。仔细观察父母与孩子
之间的互动，会不可避免地发现，父母会因为孩子有意识地否认自己的行为而微妙地奖励
他们（Hamilton，1958；Strean，1994）。

社会工作者将无意识的概念运用在自己的需求评估和治疗计划中。他们开始关注一个
经常觉得被自己的雇主不断否定的案主的处境，理解为什么这个案主无意识地被雇主否
定，而雇主在羞辱她的时候，被她当成了父母的角色。他们看到了运用无意识的概念来与
考试总不及格的学生一起探索的价值，学生可能从考试不及格中得到了满足，获得了支
持。他们最终意识到，那些对自己的单身或婚姻状况感到非常沮丧的案主，可能会无意识
地渴望那种状态。为了帮助性无能的男性，他们可能会问自己："这个案主从阳痿中得到
了什么样的无意识的保护和无意识的满足？"

当社会工作者在工作中运用无意识的概念时，他们开始意识到夫妻之间的激烈斗争、
家庭或团体中的疏远和分裂、组织或社区中的纷争等，都包含着无意识，在提供治疗前必
须理解这些无意识。

弗洛伊德从结构、地形学、遗传学、动力关系、经济学、人际关系和文化等几个截然
不同但又相互交织的角度来看待人的个性。这些观点合称元心理学方法，它们都是全面理
解人类人格功能所必需的。

精神分析所使用的元心理学方法是现有的最完整的心理学体系。它既考虑个人的内在
经历，也考虑个人的外在行为，既考虑他们的现在和过去，也考虑他们的个人处境和社会
环境。精神分析方法的完整性常常被各种各样的误解所掩盖，这些误解在专业文献和通俗
文献中都能找到（Fine，1973，1979）。

许多学者认为，在社会科学中，精神分析代表了 20 世纪最伟大的革命。它通过无意
识及其相关因素的概念为人类提供了一个新的研究工具，它阐明了在前几个世纪盛行的哲
学中的幸福的可能性，为研究人类所有的心理和社会功能性提供了坚实的基础（Allan， 525
1974；Auden，1947；Hale，1971；Jones，1953；Parsons，1951）。

结构观

精神分析理论为社会工作者提供的最有帮助的取向之一是结构观。这一观点指出，人
类心理的许多方面是相互影响和相互依赖的。本我是大脑中最原始、完全无意识的部分，
是内在驱动力的储存库，与满足有关。由经验和理性发展而来的自我是人格的执行者，它

在本我驱动的内在世界、超我命令和外部世界的需求之间进行调解。自我的一些功能是判断、检验现实、挫折耐受和建立与他人的关系，自我也能建立起对焦虑的防御。通过评估案主的自我优势和劣势，社会工作者可以确定她的适应能力，因为案主所受的干扰越严重，自我的作用就越小，反之亦然。

超我是心灵的法官或审查者，本质上是人际经验的产物。它分为良知和自我理想两部分。良知是超我的一部分，它的作用是禁止和告诫——"你不应该！"——而自我理想是价值的宝库，关注的是伦理准则和道德。它以"你应该"的形式命令个体。

社会工作者有时会忽视这样一个事实，即具有惩罚性和超越性自我的案主通常有强烈的本我愿望，这是一种谋杀性质的强烈本我愿望，会引起极大的焦虑。对于拥有无法接受的本我愿望的个体而言，与其总是生活在无法忍受的焦虑之中，不如安排超我不断地告诫自己——例如，"你不应该享受快乐！"通过远离可能令人愉悦的情境，个体不必面对与超我命令相冲突的杀戮和悲伤幻想。想要理解人类现象，社会工作临床工作者必须获知大脑和身体是如何运作的，并明确驱动力是什么、防御是什么、什么样的伦理因素相互对立，又是什么因素共同起作用。这种本我、自我和超我的互动，有助于理解和帮助案主了解社会工作实践中仍然被忽视的领域，即案主的性生活和他们的性幻想。

之所以这么说，是因为在社会工作实践中，几乎没有一本社会工作教材仔细审视过案主生活中的性维度，其中包括对不可避免的性移情和在案主与临床工作互动中出现的性反移情的讨论。直到今天，典型的社会工作者对案主说"你好像在生我的气"似乎比说"你好像想和我上床"要容易得多。

结构观会引导我们发现这样的事实，即案主的性压抑和性冲突的根源是他们对难以接受的孩子气的本能愿望的焦虑。如果社会工作者可以让自己在治疗过程中以一个和蔼的超我形象出现，并鼓励案主探索，将本我的吞噬、侮辱、恋母情结的竞争或同性恋引诱等意愿用语言表达出来，那么，案主便可以降低焦虑值，让自我变得更强大，强大到足以去享受一个更成熟的与异性的性关系。

当然，将人类视为复杂有机体的结构观点并不是大多数性治疗师所使用的观点。他们中的许多人错误地认为，性本质上是一种身体体验，他们忽视了要想成功地、愉快地制造爱，必须减少仇恨，必须控制婴儿时期的愿望——超我必须变得不那么压抑，自尊必须变得足够强大。

任何从治疗角度与人类开展工作的专业人士，都应该了解本我、自我和超我是如何运作的。例如，在工作或恋爱中不断失败的求助者通常会有着未解决的"婴儿期本我愿望"，为此他一直在忙着惩罚自己。在治疗过程中，必须讨论这些本我愿望，使案主亲眼看到，在一个非惩罚性帮助者的陪伴下，他们是如何以及为什么一直在安排自己一步步走向失败的。临床社会工作者在解决个体带来的问题，如亲子冲突、婚姻不和、家庭异常、犯罪、吸毒甚至贫困时，除了要考虑重要的环境因素外，还应根据个体独特的本我意愿、超我使命和自我功能来开展评估。

自我与防御

当以精神分析为导向的临床工作者以更高的精确度观察他们的案主时，他们开始概念化自我，不仅将其作为中介，而且将其视为一种具有自主性和自身力量的心理结构（Erikson，1950；A. Freud，1946；Hartmann，1951，1964）。后来，更为深入的精神分析研究显示，自我的力量主要来自"二级过程"的发展：运动、认知、记忆、感知，以及理性的思想和行动。

一旦自我被认为不仅仅是一个中介，拥有精神分析知识的临床工作者就会更加关注案主的优点以及他们的神经性问题。在诊断评估中，他们会试图确定什么带给了案主成熟的快乐，心理的哪些部分不涉及冲突，以及人格的哪些方面不需要改变。例如，精神分析导向的社会工作者会问这样一些问题："自我意识是否被过度发展了？""案主的社会状况是否使得这些防御措施是作为对坏境的必要适应——例如，一个破旧的贫民区？"（Stream，1994）。

精神分析导向的临床医生最重视的自我功能之一是案主对焦虑的抵御焦虑。当一种冲动，如性欲或攻击欲被激活，而案主觉得进一步承认这种冲动会与道德命令或其他超我命令相冲突时，自我意识到了冲动的行为，甚至只是感觉它会带来危险，就会产生焦虑。焦虑是迫在眉睫的危险的信号，它反对出现不可接受的冲动。这种行动被称为防御（Freud，1946）。

自我采取的防御包括压抑、反向形成、孤立、保护、对抗自我、倒退和抵消（Freud，1946）。压抑将本我冲动从意识中排除，而本我冲动制造焦虑，因此在个体的意识生活中，被禁止的愿望并不存在。反向形成是一种机制，在这种机制下，一对矛盾的态度中的一个被过分强调会导致另一个被忽视。一个人可能会发现自己会对某些仇恨情绪感到不适，因此，他将过分强调爱。孤立是一种防御手段，用来保护个人不受与特定思想相关联的特定情感的伤害。为了不让愤怒情绪控制自己，一个人可能会有意识地体验愤怒的想法，但不允许自己感觉到愤怒的强度，或者她可能会感受到伴随愤怒而产生的生理现象，如心跳加速，但她还是可以不带有任何愤怒的想法来清醒地处理这一切。

在投射中，个人会把一些不可接受的愿望归咎于他人，比如，"你对我有同性恋幻想，我对你却没有"。当一个人对另一个人产生了某种情绪，但发现这些情绪是禁忌时，他可能会使用防御机制来对抗自我。例如，人们不会对另一个人感到愤怒，尤其是对一个被尊重、被爱或被畏惧的人，相反，他们会虐待和贬低自己。

如果个体出现了适应困难，或者感到现实中存在危险，可以使用倒退的防御机制，回归到一种不太成熟的心理功能形式。例如，一个三四岁的孩子，在面对小妹妹的到来而无法控制自己的愤怒情绪时，即使他已经接受了一段时间的上厕所训练，但还是可能会出现在床上拉屎和尿床这类行为倒退的现象。抵消是一种行为，如果个人有意识地感觉到性欲或攻击欲，抵消行为就会出现，其目的是证明自己无意识想象的危险是不存在的。

所有的防御机制，总是体现着一种试图拒绝冲动的企图。面对本我说"是"时，自我会为自己辩护说"不"，从而避免受抑制的冲动带来的危险进入意识层面。自我可以也确实会利用任何它能利用的防御手段，来减少因不受欢迎的本能冲动而产生的危险（Bren-ner，1955）。

每一个好的心理社会评估都应该包括对案主的主要防御机制、其他自我功能和功能障碍、主要超我任务和可怕的本我愿望的描述，重要的是，要注意这些精神器官的不同部分是如何相互作用的。

自我心理学

自我心理学作为精神分析学的一个分支，以其独特的概念不断发展。它涵盖了学习、研究、理论构建和临床应用等领域，这些领域都强调将自我作为人格的优势来呈现。早期的精神分析主要关注本我（或驱动力）心理学，对人格、自我或自我防卫等自我的关注却十分有限，与之相反，自我心理学能够帮助临床工作者更充分地认识到个体自我的全面性。在许多方面，自我心理学可以被认为合并了安娜·弗洛伊德（Anna Freud，1946）有关防御机制的研究、哈特曼（Hartmann，1951）对自我适应深入细致的研究，整合了内部和外部世界的埃里克森（Erikson，1950）有关心理社会任务的研究。所有这些观点都得到了在不同机构、不同专业开展临床实务的社会工作者们的热情支持。

自我心理学为精神分析学提供了一个观点，即精神分析不仅是对神经症和精神病的研究，而且是对心智的一般心理学，涵盖了"正常"和"异常"状态。

自体心理学

精神分析理论最受欢迎的一个理论修正来自海因茨·科胡特，他在 1970 年代创立了自体心理学。自体心理学认为，作为人类心理学最基本的本质，个体需要将自己的心理组织为一个有凝聚力的结构——自我，并在这个自我与其周边环境之间建立自我维系关系。自我努力保持着与各部分之间的一致性、活力和平衡的和谐（Kohut，1971）。

自我心理学的一个主要概念是"自我客体"。自我客体是在一个关系中，个体对另一个给自我提供维持功能的人产生的主观体验，这个人通过自己的出现或活动，来唤起和维持个体的自我，例如一个慈爱的母亲（Kohut，1971，1978）。虽然这一术语适用于研究个体社会轨道上的各种参与者，但它主要用于描述自我与他人之间各种关系的内在心理体验。

自体心理学也普及了各种形式的移情状态。其中包括：自我客体移情，即将患者对反应性自我客体矩阵的需求转移到治疗师身上；镜像移情，指在治疗情境中，通过自我客体矩阵对自我进行接受、认同和确认的愿望的再现，以修复受损的雄心，当理想化或与一个强大而明智的自我对象合并的愿望被重建，以改善受损的思想时，这种理想化的移情就出现了（Kohut，1971，1978）。

里彭（Reppen，1985）在《超越弗洛伊德》（*Beyond Freud*）一书中指出，科胡特对同理心的强调，是对精神分析理论和实务的最重要的贡献。

客体关系理论

尽管客体关系理论一直被视为后弗洛伊德时代的产物，但是弗洛伊德（Freud，1938，1939）也多次以不同的方式使用了这个术语。根据弗洛伊德的理论，客体可以是一个真实的、实在的、有形的人或物，有别于一个物体。它也可以是另一个人或事物的心理形象。客体还可以指一个理论建构，它既不同于一个真实的人或物，又隐含着某种持久的组织结构（Moore & Fine，1990）。

"客体关系"和"客体人际关系"这两个术语经常交替使用，表示某人对他或她的客体的态度和行为。为了明确区别什么是外部和内部的客体，精神分析学家使用"客体人际关系"这个术语来描述一个主体与另一个实际人之间的交互，于是便使用术语"客体关系"来描述与心理对象相关的心理现象，即存在于心智中的表象。

客体关系理论是一种心理解释系统，其基本假设是心智由从外界吸收进来的元素组成，主要是其他人的功能方面。其基本假设是心智由从外界吸收进来的元素组成（Moore & Fine，1990）。

客体关系理论涉及关系的动机、从婴儿期到成年生活中更复杂的人际关系发展，以及个体特征中持久而独特的关系模式的结构化方面。

虽然杰出的对象关系理论家有很多，但我们将简要介绍其中两位杰出理论家：梅勒妮·克莱因和唐纳德·温尼科特。

通过对儿童的研究，梅勒妮·克莱因确信，超我在婴儿时期就形成了，这与弗洛伊德的观点相反，弗洛伊德认为超我是"俄狄浦斯情结的继承人"，并在大约 3 岁时显现出来。克莱因认为，幼童体验到的超我，实际上是幼童身体内的各种形象。内部形象原本曾经是外部形象，它们后来被幼童内化了。

在研究超我的过程中克莱因发现，补偿在精神生活中发挥着重要作用，她认为，补偿包括各种各样的过程，通过这些过程，自我消除了幻想带来的伤害，恢复、保存了客体，并让其复活（Klein & Riviere，1937；Lindon，1966）。

在她对孩子们的分析中，克莱因看到了内省和投射在不断地发挥作用。她断言内化和投射功能从出生后的一开始就存在。心力内投意味着外部世界在被体验到后逐渐进入自我，成为婴儿内在生活的一部分。投射是婴儿将自己内在的情感归因于他人的一个过程。这两个过程会持续存在于人的一生中（Klein & Riviere，1937；Lindon，1966；

Segal，1964）。

克莱因认为，婴儿时期大脑的另一种活动是"分离"，即倾向于把冲动和客体分成不同的方面，好的和坏的，破损的和完好的。这个过程也会贯穿整个生命历程。

与分离相关联的是投影识别，是指将一个人的意识中那些被认为危险的特质剥离出来，投射到另一个人身上，然后认同这个人（Segal，1964）。

530
另一位客体关系理论家是唐纳德·温尼克特，他的主要贡献是为许多临床工作者特别是社会工作者所使用的精神分析提供了一些概念。"一个足够好的母亲"（每个孩子都需要这样的母亲才能长大成人）为完全依赖她的婴儿提供了"一个抱持性的环境"，为他们的成长提供了最佳的稳定性和舒适感（Winnicott，1971）。

"抱持"是母亲特有的、给婴儿成长提供所需的便利性环境的状态，指的是一个足够好的母亲所具备的自然养育技能和持久不变的关爱（Winnicott，1971）。很多社会工作者会概念化自己的工作，借此在治疗环境中做一个足够好的母亲，给案主提供"抱持性环境"。

"真正的自我"（Winnicott，1965）是构成孩子"核心"的遗传潜能。它的持续发展和建立得益于一位足够好的母亲，她能够为幼儿的感觉运动和心态自我提供健康的环境和有意义的回应。

"虚假自我"（Winnicott，1965）表明真实自我的缺失，通常在精神分裂型个体中出现。如果母亲不能很好地照顾婴儿的"本我"，把自己和自己的需要强加给孩子，就会出现虚假自我。

地形学的观点

地形学方法是指有意识的、前意识的和无意识的思维状态。意识是我们在任何时候都能完全感受到的精神活动的一部分；前意识是指可以很容易地进入意识的思想和感觉；无意识是指我们没有意识到但却对我们所有人产生强大影响的思想、情感和欲望。无意识不仅包括防御和超我指令，还包括对被压抑的事件和态度的记忆。只有在幻想、梦境或神经症状中被释放时，无意识才会为人所知。否则，它会无声无息地完全超越观察者的意识（Freud，1938，1939）。

无意识的主要特征之一是它是一个初始过程，记录了与理性思维截然不同的精神功能的轨迹。初始过程最容易在梦境中被观察到，梦境往往是不合逻辑的、原始的、不符合现实规律的。与初始过程相对应的是控制有意识思维的次级过程，次级过程是理性的、合乎逻辑的，并且遵守所有的现实规律。

正如本章前面所指出的，精神分析的一个基本原则是，在所有的行为中，无意识总是起作用的，无论是适应行为还是适应不良行为。它能够解释人为什么会深爱或者憎恨他人。无意识的愿望、无意识的决心和无意识的超我指令在性选择、性压抑或性节制方面发挥着重要作用。它们在很多方面决定了一个人在工作中获得满足感还是不满足感。地形学的观点认为，理解和帮助案主，无论是个人还是小组，都应该很好地理解案主行为的无意识含义。精神分析取向的医生总是想了解疼痛症状学中的无意识目的。例如，医生会问自己这样的问题：这名案主从溃疡病或偏头痛那里得到了什么无意识的保护和无意识的满足？这个妻子从来自她配偶的不断的批评中得到了什么无意识的保护和满足？

由于无意识的愿望、防御和记忆强烈地影响着个体间的行为以及个体案主的自我形象和自尊，因此，无意识似乎是诊断和治疗中不可或缺的概念。

遗传观

遗传或发展的观点是精神分析理论的一个对临床医生有用的观点。根据遗传观，所有的人都在当下重演他们的过去。讨厌老板的人经常是在和他的父亲打旧仗。和丈夫在一起时会感到不适的女人可能是在报复她的父母之一或双方。无法应对孩子的依赖性、性行为或攻击性的父母，很可能无法满足自己孩子气的愿望。

在评估适应不良行为时，理解案主的性心理发展成为制订治疗计划的关键所在。例如，琼斯先生的酗酒成瘾，一方面可能反映的是严重的信任-不信任问题，或者是口头表达的问题，他可能更喜欢整天嘬着威士忌酒瓶，而不屑于接受来自他所鄙视和不信任的另一个人的爱。另一方面，酗酒的史密斯先生可能有各种各样的性焦虑，因此酗酒可以被解释为对他来说比性更安全的一种行为。对这两名男子的治疗必须有所不同。以琼斯先生为例，他可能需要一种使他能够表达他经历的语言虐待和对母亲形象的不信任，包括对治疗师的不信任的治疗经验。然而，如果史密斯的酗酒作为一种倒退，能够在恋母情结的层面上保护他免受性焦虑的困扰，那么，治疗任务可以是帮助他接受自己此前无法接受的乱伦愿望和可怕的阴茎虐待，并感到舒适。

在孩子生命的最初五六年里，他们经历了一系列动态分化的阶段，这些阶段对个性的形成极为重要。在口腔期（从出生到大约 18 个月大），口腔是动态活动的主要焦点；在肛门期（大约 18 个月到 3 岁），孩子把兴趣转向排便；在性器期（3 到 6 岁），孩子形成了基本的性别认同；在潜伏期（7 到 11 岁），性欲和对性欲的兴趣是静止的；在青春期，生理冲动会再次出现，尤其是性器期出现的恋母情结。对父母和其他权威人物产生的矛盾情绪也是青春期的特征（A. Freud，1946）。

根据安娜·弗洛伊德的理论，儿童属多相变态，也就是说，他们可以从身体活动中获得快乐。从 3 岁到 5 岁，孩子会进行广泛的性探索，并试图找出婴儿是从哪里来的。孩子通常认为人会通过吃东西怀孕，并且婴儿是通过直肠出生的。孩子通常认为性交是一种施虐行为。对孩子来说，性从来都不是他们漠不关心的话题，即使他们对性问题一无所知，也会产生性幻想。

在精神分析理论中，一个在性器期发生的中心复杂阶段是俄狄浦斯情结。大多数社会中，儿童所经历的家庭生活使他产生一种想要取代同性父母，并与异性父母进行身体接触的愿望。恋母情结冲突的后果之一是男性的阉割焦虑和女性的阴茎嫉妒。男孩对阉割的期望是对他自己残忍的弑父想法的报复；而女孩会嫉妒阴茎，因为它似乎是一件价值不菲的财产。阴茎对女孩来说很有价值，因为它是她所珍爱的父亲的一部分，也因为所有的孩子都想拥有他们看到的、但又不属于自己的一切（Freud，1938）。

尽管弗洛伊德认为，阴茎嫉妒是日常生活中的一个生物学事实，但大多数当代学者认为，这是一种文化现象，因为女孩经常受到要把男孩和男人理想化的教育。大量的临床数据表明，女孩在游戏治疗中的玩耍行为，以及女性在密集性心理治疗中产生的来自梦境和幻想的联想，都明确表明，阴茎嫉妒源自与家庭成员的人际交往。

针对许多人对阴茎嫉妒表现出的强烈否认，鲁本·法恩（Reuben Fine）表示："应该强调的是，阴茎嫉妒是对女性感受的临床观察，而不是对女性的贬低。精神分析学坚决支持妇女的解放，应该把它看作主张妇女解放的主要行动之一。"（Fine，1973，p. 13）

在精神分析运动的历史中常被忽视的是，弗洛伊德在非常努力地将女性带入这个职业。他的许多杰出同事，如海伦·多伊奇（Helene Deutsch）、玛丽·波拿巴（Marie Bonaparte）、卢·安德列斯-萨洛梅（Lou Andreas-Salome）、希尔达·杜利特尔（Hidda Doolittle）、露丝·马克·布伦瑞克（Ruth Mack Brunswick）和琼·里维尔（Joan Riviere），都曾描述过精神分析如何比其他职业更能帮助女性在职业上实现自我（Freeman & Strean，1981）。

如前所述，埃里克森极大地发展了弗洛伊德关于本能发展的遗传阶段的理论，他将发展置于社会和文化矩阵中（Erikson，1950）。他强调说，自我掌握的任务呈现在每个成熟阶段。他的八个核心冲突或发展危机——信任与不信任、自主性与羞耻和怀疑、主动性与罪恶感、勤奋与自卑、身份与角色扩散、亲密与孤立、创造力与停滞、自制力与绝望——与弗洛伊德的口腔期、肛门期、性器期和青春期等一一对应。

埃里克森认为，人类的一生不仅是按照预先设定的生物阶段展开的，而且不能脱离所处的社会环境来看待人类的成熟和成长。例如，如果不考虑婴儿与母亲的互动情况，就无法评估婴儿在口腔期是如何发挥正常功能的。如果婴儿和母亲能互相满足彼此的基本需求，例如喂养、玩耍等，孩子将学会"信任"自己的环境，而不是"不信任"。同样，如果在上厕所的训练（肛门期）中，帮助孩子放弃某些乐趣，并经历一些挫折，他就会发展出一种"自主性"，而不是感到"羞耻和怀疑"。如果父母能让孩子对自己的性兴趣和性冲动感到满意，孩子就更容易创造性地、建设性地参与人际关系，变得"勤奋"而不是"自卑"。

"固着"是弗洛伊德理论中的一个重要概念。术语"固着"用来描述某些个体在心理社会发展中从未超越某个点，并在许多方面无法进一步成熟的情况。个体可能在任何发展阶段上出现固着，如口腔期、肛门期、性器期等。作为诊断评估的一部分，治疗师必须确定案主被固定在了哪里。她是否学会了信任？她是否建立了足够的自主性？或者，也许她从不知道如何完成成熟过程中的任务，与他人建立亲密关系。

　　确定某一特定症状或人际关系困难是退化或固着的表现绝非易事。为了确定这一点，治疗师必须考虑到案主目前的功能性、病史和对治疗师的移情反应等多方面的因素。

　　治疗师不仅要快速确定案主的冲突处于哪个发展阶段，或许更重要的是，他还需要知道其他人在特定的发展阶段对案主的这一需求会产生多大的反应。一个酒精中毒的案主和一个有毒瘾的案主可能都在试图应对口腔期带来的焦虑。在一种情况下，案主可能吃得不够多；而在另一种情况下，又可能吃得太多，被惯坏了。一方面，如果案主已经被过度喂养，其需要的治疗经验是学会承受一些挫折，学会自我控制和延迟满足，也就是说需要断奶。另一方面，如果她营养不良，治疗师就要试着创造这样一种让案主可以表达自己具有攻击性的欲望和口腹之欲的氛围，帮助案主接受自己的攻击性欲望和口腹之欲。

　　如上所述，了解案主的成熟缺陷不仅有助于临床工作者更准确地理解案主的不适应行为，而且也能为治疗提供指导。同性恋者是在抵抗恋母情结的冲突吗？或者，他是通过喂养自己的性伴侣来寻找一个名义上的母亲，借此来间接地满足自己在口腔期体验过的饥饿感？赌徒是在幻想中储存"黄金"（这可能意味着肛门期问题），还是在不遗余力地努力成为一名"帝王"，这是否是一种由早期口腔期婴儿想要成为自恋国王的想法演变而来的冲突？瘾君子是在用阴茎扎自己，还是在用口交来满足自己？这些都是精神分析学专业的临床工作者会问的关键问题，因为他们秉承这一概念：每个案主的过去都参与并塑造了当前的功能运作。

动态观

　　动态观是指弗洛伊德的本能理论，它与性欲和攻击性有关。在人类发展中，要认识到自然与教养的相互作用，驱力或本能代表了"自然"的一面。（Rapaport，1951）。本能有四个特征：根源、目标、对象和动力。根源是一种身体状况或需要，例如饥饿、性或攻击性。目标是永远寻求获得满足感。对象包括需求所关注的事物，例如，食品以及所有保障食品安全的必要活动——放进冰箱、食用、咀嚼等。本能的动力是它的力量，而这种力量是由潜在需求的力量或强度决定的，例如饥饿、性需求、侵略性的愿望——这些需求在不同的个体或同一个体的不同时期在数量上会有所不同。

　　在进行诊断评估时，临床工作者首先要确定案主的本能是否得到了满足。他得到了足够的食物并可以享受食物吗？如果没有，为什么没有？他是真的被剥夺了权力，还是有意让自己感到被剥夺了权力？满足饥饿的本能是否会给案主带来焦虑，这是他不想吃太多的原因吗？对于案主的性生活和排便习惯，也可以提出类似的问题。这些问题的答案有助于治疗师精确定位冲突、制订干预计划、评估案主的动机，并确定他是否有能力与治疗师建立工作关系。

经济观

经济观强调心理功能的量化。根据这一原则，所有的行为都是由个体需要的心理能量来调节的。能量通过"导管"释放，也就是说，要给一个人或一个物体注入心理能量。如果某人或某物对一个人来说在情感上是重要的，那么某人或某物就会被宣泄出来。

弗洛伊德认为，能量是心理结构的燃料，他认为这种能量源于性冲动。后来，海因茨·哈特曼（Heinz Hartmann，1964）总结道，自我是可以与"去攻击性"和"去性化"的能量结合，并一起工作的，他称这种能量为"中性"能量。应该指出的是，能量这个概念是该领域中最具争议性的概念之一，许多理论家认为可以摒弃它（Fine，1973）。

人际关系、文化和价值基础

根据精神分析理论，一个人与他人的关系本质上取决于其与家人面对面的经历。人际关系的变化在很大程度上取决于个人家庭结构的变迁。虽然移情的概念在心理治疗中得到了广泛应用，但它仍然是人类的普遍特征。人们往往会追求那些能给家庭带来满足感的经历，回避那些让人感到沮丧的经历。成人生活中的大多数关系都反映了其在自己的核心家庭中所经历的满足和挫折。

弗洛伊德认为，孩子会从只关心自己的自恋阶段，到依赖他人的情感依附阶段，最后到客体之爱的阶段（Freud，1933）。在客体之爱中，一个人会与另一个人产生相互关系，这种爱是对异性的柔情与情爱的综合。哈特曼（Hartmann，1964）提出了一种亲密关系的运动，即从"需要-满足"关系发展为天人合一和天长地久式的关系。法恩（Fine，1975）曾建议，恋爱关系通常从位于婴儿期的"依恋"，到"爱慕"（对父母）、"性关系"，再到"亲密关系"，最后到"奉献"。根据法恩的研究，所有的爱情关系都包含了人际关系中这些成熟阶段。

在他的早期作品，尤其是《图腾与禁忌》（*Totem and Taboo*，1913）中，弗洛伊德声称，在所有的文化中都能找到相同的心理机制。虽然在所有的人类和所有的文化中都存在着同样的性欲和侵略性冲动，但它们是在不同的社会中以不同的方式塑造的。

最早尝试将精神分析和文化研究结合起来的著名学者之一是卡丁纳（Kardiner，1945）。他创造了"基本人格结构"一词，特指特定文化模式下个体的一组性格特征。这一概念是对"国民性"一词的改进。例如，人们以为美国人的性格特征就是"雄心勃勃"。

关于精神分析是否具有内在价值观，人们一直争论不休。弗洛伊德没有过多地谈论价值观，但他认为成熟的人是一个既会爱也会工作的人。法恩（Fine，1981）试图扩展弗洛伊德关于爱和工作的形象，并认为心理治疗是第一个能让人感到快乐的科学尝试。他的

"分析性理想"包括追求愉悦、积极的情绪释放、消除仇恨和其他负面情绪、享受性爱、获得一个有意义的家庭角色、获得社会认同感、从事令人满意的工作、进行某种创造性活动、能够与别人交流等。

精神病学的精神分析观

根据精神分析理论，每当一个人出现新症状，如痴迷、恐惧或心身疾病时，一定也会出现心理矛盾。个体的防御机制，例如投射、否认，这些机制被用来保护他免受无法忍受和引起焦虑的思想、观念或记忆的影响，已经崩溃。正如前面提到的，焦虑的出现是在警告人们一些不可接受的想法或行为即将达到意识层面（Freud，1923）。如果驱动力太强或防御太弱，焦虑就会出现，人就会表现出神经质的症状。症状同时表现了个人的冲动以及自己对冲动的恐惧。例如，在害怕出门的恐惧症中，事实上有两个变量在工作，担忧出门这个处境，以及出门会让人感到兴奋。这种刺激会引起焦虑，因为这种兴奋来自不可接受的性幻想。这种症状通常被称为"妥协形成"，因为它是案主的愿望、焦虑、防御和恐惧的综合体现。

鲍勃（Bob）是一名18岁的大一新生，他告诉自己的社会工作者自己被偏执的想法和强迫困扰。这种强迫性想法的表现形式是不断地想要在课堂上说出："去死吧，去死吧！"这些想法引起了他的焦虑，干扰了他的注意力。此外，当鲍勃离开宿舍时，他不得不不断确认门已经锁上了。即使检查了很多次，他还是必须回去确认门是锁上了的。

当社工和鲍勃回顾案主的历史时，他们发现，鲍勃对他有生以来第一次离开家感到非常生气。在家庭和社区里，鲍勃受到了所有人的爱戴，感到自己很重要，但在大学里，他只是一个默默无闻的学生。这种情况让他的自恋受到了冲击，激起了他对大学同学和学校的愤怒。然而，鲍勃因为想念家和上大学而产生的愤怒是他无法接受的。他否认了他的依恋情绪（否认），并压抑了他的愤怒。尽管如此，他的驱动力仍非常强烈，他的防御力还不足以抵消它们。因此，在极度困扰中，他的愤怒爆发了："去死吧，去死吧！"

不知不觉中，鲍勃希望他的父母和朋友们能来学校看望自己，给自己一个惊喜。不知不觉中，他想让他的门保持开启状态，这样他们就可以走进去，当他下课回来的时候，他们就在那里。

当鲍勃能够和他的社工分享他幻想再次成为一个小男孩亲吻和拥抱父母时，他的症状减轻了。由于他能够承认自己的愤怒和依赖，特别是希望母亲给他洗澡、喂饭，希望父亲拥抱他，他便不需要用那么多的精力来自我防御了，功能也得到了改善。

弗洛伊德一直坚持这样的观点：精神性神经症的根源在于童年时期对性欲生活的忧虑。然而，他很快意识到，案主父母告诉他的童年时被性诱惑的故事实际上是幻想，而不是真实的记忆，尽管案主自己也相信这些故事是真实的。虽然这一发现一开始对弗洛伊德是一个打击，但他向前迈出了一步，他认识到，诱惑、性兴趣和活动等异常的、创伤性的事件，远不局限于童年时代，从婴儿时期起它们就是人类精神疾病生活的正常组成部分（Brenner，1955）。

537   弗洛伊德的结论是，很多案主幻想自己受到性诱惑，但实际上并非如此，但这一结论受到了挑战。马森（Masson，1984）在他的著作《袭击真相：弗洛伊德对性诱惑理论的压制》（*The Assault on Truth：Suppression of the Seduction Theory*）中认为，弗洛伊德认为儿童受到性诱惑的想法是有偏差的，弗洛伊德更改了事实。根据马森的说法，弗洛伊德的许多案主都遭受过性虐待，但弗洛伊德在自己的著作中拒绝承认这一点。通过仔细审查弗洛伊德的著作，可以发现尽管他可能"掩盖"了一些真相，但他确实指出父母实际上会公开引诱，比如他自己在"小汉斯"案例中的情况。

在他对精神性神经症症状的研究中，弗洛伊德将神经症症状与梦进行了比较，然后发现，两者都是一种或多种受压抑的即时冲动的妥协形式，两者都反映了人格力量，阻止了被抑制的即时冲动进入意识思维和行为。弗洛伊德能够证明神经症状就像梦的要素一样具有自己的意义。神经症的症状，像梦一样，可以被证明是无意识幻想的伪装和扭曲的表达。

允许以精神性神经症症状的方式，让本我愿意以伪装的方式部分地出现，例如鲍勃痴迷于表达"去死吧！"，自我能够避免表现出焦虑。允许伪装或扭曲冲动（就像在梦中一样），自我可以避免体验极度焦虑带来的不快。通过对自己不可接受的想法的痴迷，鲍勃能够避开他的杀人欲望、焦虑和罪恶感。这就是我们所知的神经症的主要收获，也就是说，它能阻止来自意识的危险冲动，减少焦虑和罪恶感。

次要收获指的是自我努力利用神经症症状获得一些令人满意的可能后果。例如，当一个孩子引起了父母对他的学校恐惧症的注意时，他会享受到过度的保护和关心。同样，患有溃疡等心身疾病的成年人在抱怨严重的胃痛时，可能会得到更大的关爱。

有必要指出的是，一个正常的"个体"和一个神经质的人之间的功能差异只在于程度高低。所有人都有本我冲动，大多数人都有自己无法接受的虐待、受虐、乱伦或杀人的愿望。当所有个体都在使用的防御措施不足以应付本我意愿时，焦虑就会爆发，相应的症状就会出现。

法恩（Fine，1973）指出：

    从一开始，精神分析导向的治疗和理论就应该与时俱进，共同发展。这种同步发展的意义在于，精神分析理论的每一步都要经过实证检验。在科学史的早期，很明显，"案主"和"非案主"的不同或"神经病"和"正常人"的不同只是程度上的不同。此外，精神分析发展的方法是建立在严重依赖于对每个人的深入研究的基础之上的。因此，这种过去和现在都在实践的治疗方法本身就是一种研究（pp. 6—7）。

精神分析：一种治疗方法

治疗干预的精神分析理论中的元心理学取向与人格功能是非常相似的。正如人类行为
的精神分析理论认为，如果不能揭示本我愿望、自我防御、超我警告和历史的意义，就无
法完全理解个人对生活的适应，治疗中也需要类似的视角。精神分析声称，案主只有意识
到某些本我意愿，面对持续不断的超我警告，认识到他们是如何扭曲现在并将其视为童年
的一部分，否则便无法得到实质性的帮助。想要显著改变神经质和其他功能障碍行为，案
主必须敏锐地意识到自己是如何无意识地安排自己的大部分痛苦的。

自由联想和基本规则

为了帮助案主意识到自己如何无意识地安排和扭曲他们的爱情和工作关系，以至于无
法获得自己有意识地渴望的幸福，治疗师要求他们观察一个"基本规则"（Freud，1904）。
这条规则规定，案主应该说出所有出现在自己脑海里的东西：感受、思想、记忆、梦想和
幻想。在精神分析中，案主通常会在治疗中进行"自由联想"，而且每周会做好几次。"自
由联想"规则与社会工作实践有很大的相关性。许多社会工作临床工作者都没有意识到，
他们能给案主提供的最有帮助的经验之一，就是静静地倾听他们的意见，而用任何疑问、
支持性的评论或解释打断他们。社会工作者经常觉得，"为了谋生"，他们必须说话。在很
多情况下，他们说话是为了平息自己的焦虑，并不能真正帮助案主成长。

当案主把自己的感受和想法告诉一个不具侵入性和充满同理心的倾听者时，案主开始
看到自己如何撰写自己的生活剧本，以及如何安排自己的成功和失败。如果她不受打扰地
说话，她会听到自己口头表达出与战斗有关的幻想，挑衅的愿望，诱惑的欲望，对互动的
恐惧以及被虐待的冲动。

如果社会工作者采取中立立场，在案主谈论自己的婚姻冲突或与雇主或家庭成员的关
系令人不快时不站在支持或反对的任何一方，案主的自尊心通常会得到提升。案主会觉得
自己很像一个孩子，向一个理解他、同情他的父母坦白了自己的错误，而父母却没有因为
他所说的事情而责备他。通常，这种经历会减少焦虑，增强自信，因为与治疗师相处的经
验对于案主而言，就是一个良性的超我。

当治疗师协助案主在没有被询问、建议或支持的情况下说话时，案主会开始找回那些
影响他现在功能的记忆。他开始意识到，他与同事之间的争斗是他与兄弟姐妹之间尚未解

决的问题的一部分，或者他对妻子的要求过于敏感，可能是因为他想让她继续像他过去经常做的那样去惩罚自己的母亲。

539　　　由于不会因为自己的表现而受到评判、指责或批评，案主就会变得不那么可恶，反而更有爱心。当别人不同意自己的观点时，她不会贬低对方，而是试着去做她的治疗师对她所做的事情——理解和同情。由于她对亲戚、朋友和同事不再那么挑剔，他们会更欣赏她。

抗拒

　　尽管大多数案主都乐意说出自己心中所想，而且通常在治疗的早期阶段感觉更好，但最终治疗常常会变得痛苦并使人产生焦虑。当案主发现自己被压抑、需要面对性冲动和攻击性冲动，以及恢复了尴尬记忆时，他们会开始感到内疚和羞愧。然后他们可能会变得沉默、逃避，或想要完全退出治疗。或者，案主可能会提及他们过去经历过或当前正在经历的某些事件，然后因治疗师没有安慰、表扬或告诫自己而感到愤怒。

　　我们将案主停止任何行动并停止自我反省的行为称为抗拒。抗拒指的是案主阻碍治疗工作进程的所有行动或态度。由于每个案主在某种程度上都无意识地想要维持现状，所以在面对阻力时，所有的治疗都必须立即结束（Strean，1983）。

　　案主日常生活中那些被称为防御的东西，例如投射、否认、压抑等，都体现了对治疗的抗拒。例如，如果一个案主有把他的愤怒投射到他的配偶和其他人身上的倾向，他便会在治疗过程中尽量避免检查自己愤怒的想法和感受，转而指责他的妻子、朋友和亲戚是如何对他怀有敌意的。他还会不时地指责治疗师对他不屑一顾。

　　治疗方法本身不会导致抗拒。治疗情境激发了焦虑，而案主则使用习惯性机制来反对治疗师和治疗（Greenson，1967）。从治疗的开始到结束，都或多或少存在着抗拒（Freud，1912）。

　　精神分析法的特点是对抗拒进行彻底和系统的检查。治疗师试图揭示案主是如何抗拒的，她在抗拒什么，以及她为什么这样做。通常，抗拒的目的是避免内疚或羞愧等痛苦的情绪，而内疚或羞愧往往是由一种不可接受的本我冲动引起的（A. Freud，1946）。

　　很多形式的治疗通过暗示、表扬、惩罚、药物、电击或说服来逃避或试图克服抗拒，与此相反的是，精神分析取向的治疗寻求揭示抗拒的原因、目的、模式和历史（Knight，1952）。

　　抗拒的表现形式很多。为了避免焦虑，案主可以通过治疗迟到、完全缺席、变得非常沉默、拒绝支付费用或各种直接和间接的方式来抵抗治疗。精神分析学专业的治疗师认

540 为，行为本身并不能告诉我们很多东西。像约会迟到这样的抗拒对不同的案主而言可能有着不同的含义。对一位案主来说，这是一种避开与亲密感相关的焦虑的方法；对另一个案主来说，这可能是对治疗师表示蔑视的一种方式；而对第三位案主来说，这可能是一种试探，看看治疗师是否足够关心他，以及治疗师是否会就迟到提出问题。

　　有一点非常重要，治疗师要倾听案主对自己抗拒行为的解释和说明。通常，治疗师需

要很长时间才能完全确定案主的抗拒行为到底是什么。此外，正如兰斯（Langs，1976）所指出的，我们必须始终考虑到，治疗师可能会导致案主形成抗拒行为。治疗师的行为是否会让案主想迟到、不合作或放弃治疗？

　　在社会工作实践中，一个经常被忽视的情况是，案主会把自己的处境当成一种抗拒。人们经常向社会工作者求助，因为他们遇到了一些情境问题，例如糟糕的婚姻、矛盾激烈的亲子关系、令人不满的工作等。尽管案主的配偶、父母、雇主或老师可能并不能总是及时准确地回应案主的各种需要，但是，非常重要的是，要认识到案主对重要他人强加给自己的一些问题的关注通常是抗拒的标志。大多数人宁愿相信，他们不幸福的婚姻、不满意的工作或缺乏激情的人际关系是由外部因素造成的。通常情况下，案主希望（有时也要求）社会工作者处理自己的环境，改变配偶、雇主或老师。然而，对这些人最有帮助的做法是通过多种方式帮助他们发现自己是如何决定自己的命运，撰写自己的生活剧本的。通常，社会工作者将案主面临的困境都归因于后者的处境的做法是过分认同案主，不想看到案主也要对自己的困境负责。

　　总而言之，当一个人进入治疗关系时，他的一部分会无意识地阻碍改变。所有的案主，无论他们多么有意识地希望自己的生活与众不同，无论他们遭受了多少痛苦，都会害怕改变。抗拒是治疗生活的事实，案主和治疗师必须理解其独特表达中的无意识。案主抗拒治疗的原因有很多，他们担心自己会因侵犯他人而受到惩罚，因自己的性欲望而陷入圈套，因自己的依赖性而受到贬低，因自己的幼稚而受到嘲笑。案主和治疗师需要大量的工作来解决抗拒的问题。

移情

　　也许精神分析理论最有价值的贡献是提出了"移情"的概念。任何致力于帮助他人改变生活的人都会认识到，面对所有的逻辑和理性，案主往往会表现得固执己见。治疗进展总是受到案主的抗拒和移情（各种感受、愿望、害怕和防御）的阻碍，所有这些都会影响案主对治疗师的看法。移情反应是指案主无意识地诱使治疗师再现她过去与重要他人经历的人际交往。每个案主对治疗师的体验不仅体现在她客观的一面，还体现在她希望治疗师成为什么样的人，以及她害怕治疗师可能成为什么样的人（Freud，1912）。

　　如果治疗师不了解案主是如何体验自己的，就很难为案主带来帮助。每位案主都要根据自己对治疗师的移情方式，来对问题、澄清、解释、指导或环境操作做出回应。如果布朗女士爱上了自己的治疗师，她会倾向于接受并建设性地利用他的治疗干预，如果她讨厌治疗师，即使治疗师提出了最中性的问题，例如"你感觉如何？"，她也会怀疑对方的用意。最后，如果她对治疗师有复杂的感情，她对几乎所有的干预都会产生矛盾性的反应。

　　精神分析取向的临床医生的主要任务之一，就是帮助案主看清自己以何种方式和为何会有对治疗师的特定体验。为什么案主表现得像一个听话的孩子，接受治疗师所说的一切？或者，为什么每次治疗师说话时她都要和他争论？为什么治疗师的沉默会被一个案主视为拒绝，而被另一个案主视为爱？

帮助案主体验和理解他们的移情反应，单靠说教是远远不够的。由于案主发现，自己对治疗师的看法和反应与他们对其他重要他人的看法和反应相似，于是，他们开始对自己的角色有了新的看法和理解，同时，也开始检讨自己为什么会出现人际关系紧张的问题。

尽管移情反应总是可以追溯到童年时期，但过去和现在之间并不存在简单的一对一的对应关系，尽管有时会有直接的重复，比如，当案主坚信治疗师与他的父亲、母亲或兄弟姐妹几乎完全一模一样时。在其他情况下，可能会用一种补偿幻想来弥补童年时期的缺失（Fine，1982）。

如果治疗师认识到案主每次与临床工作者见面时都会出现移情，他就能更客观地看待自己的治疗结果。如果案主想让治疗师成为自己可以依靠的全能家长，那么，他就不会抗拒那些能够帮助他变得更加自主的干预措施。如果案主希望治疗师成为兄弟姐妹的竞争对手，那么，他就会使用治疗师的干预手段，来继续与兄弟姐妹战斗。因为案主会通过移情的视角来看待治疗师的所有干预，所以，治疗师应该与案主一起探索为什么他想以这样的方式来看待治疗师。

移情存在于所有的人际关系中。我们会把父母和兄弟姐妹的内心形象、不可接受的本我愿望、超我命令、自我理想和许多其他无意识的因素投射到他人身上。所有的案主都会产生"移情"，任何案主都躲不过移情这个环节。临床工作者只有和案主一起把移情作为治疗生活的一个事实，并不断研究案主的移情反应，他们才可能全面理解案主内在冲突的性质，理解在他过去的生命历史中到底是什么因素导致他产生功能失调行为（Menninger，1958）。

反移情

反移情与移情一样，也是一种动态现象，只不过它指的是治疗师无意识的愿望和防御，这些都是他对案主的感知和治疗的一部分。通常情况下，案主会把治疗师具象化为一个过去的对象，并将过去的情感和愿望投射到这个对象上。

在过去的二十年中，精神分析理论和实践的一个主要进展是不断扩大对反移情概念的理解和使用。弗洛伊德（Freud，1912）一开始认为反移情作用产生于案主对分析师的无意识的感情的影响，因此，它应该被迅速克服；当前的从业者倾向于认为反移情作用包括"所有工作中的情绪反应"（Abend，1989，p.374）。如今，反移情不再是一个需要克服的障碍，而是被大多数临床工作者视为"分析师对患者的所有反应，这些反应可能有助于治疗，也可能会阻碍治疗"（Skalter，1987，p.3）。

越来越多的关于反移情的反思和讨论使得大多数治疗师认识到，治疗过程始终是一个互动的过程。当代精神分析学家博伊斯基（Boesky，1990）说："我认为，理论分析治疗中出现的所有抗拒性都源于案主，而所谓的纯洁的治疗的说法都是虚构的。如果治疗师没

有以他意想不到的方式或早或晚地投入感情，治疗是不会成功的。"(p. 573)

从对反移情的更广泛和更深入的研究中发展出来的另一个具有启发性的见解是，反移情是治疗师治疗程序的一个核心组成部分。治疗师如何以及何时保持沉默、提出问题、面对、澄清或解释，都基于他或她在干预时的反移情（Jacobs，1986）。反移情意识通常是回溯性的，在此之前需要存在一个反移情设定（Renik，1993）。

社会工作学校和社会服务机构对反移情反应的重视还很不够；然而，这可能是案主退出治疗的最重要的变量之一。例如，如果社会工作者自己有与攻击性有关的未解决的问题，他可能需要安抚或迎合他的案主。因此，案主无法发生改变，因为向治疗师表达攻击性是不安全的，她可能不得不通过放弃治疗来表达无法言表的仇恨。同样，如果治疗师自己受到无意识的同性恋感受的威胁，他可能无法在案主的材料中发现同性恋暗示，或者可能在它们不存在的地方察觉到它们。由于感觉不被理解，案主可能会沮丧地离开治疗现场。

当临床工作者喜欢案主时，治疗通常会进行得很好。如果临床工作者并不真正关心她治疗的人，这种不关心将反映在她的干预过程中，案主会感觉到的。虽然积极的反移情积极的移情一样是一种可取的态度，但必须仔细研究它（Fine，1982）。

对许多社会工作者来说，他们可能会过于爱他们的案主。当这种情况发生时，案主便无法得到准确的感知或客观的对待。在过度认可的过程中，社会工作者往往会帮助案主对抗真实或幻想中的对手，而不是帮助他们理解自己的人际冲突。在处理亲子冲突和婚姻冲突时，社会工作者往往会与夫妻或亲子关系中的一方形成一种爱与被爱的关系，并暗中或公开支持案主与其他家庭成员对抗。

治疗师也是活生生的人，与他们的案主更相似而非不同（Sullivan，1953）。由于治疗师有自己的愿望、防御和焦虑，他们的弱点在治疗情境中不可避免地会被激活，他们会对那些他们想要帮助的人产生敌意。社会工作者通常很难承认自己对案主的敌意，因为在他们的职业生涯中，愤怒的情绪被认为是一种负担。敌意常常被否认和压抑，因此它们常以伪装和微妙的形式出现。伪装敌意的两种常见表现是使用诊断标签和改变治疗方案（Fine，1982）。

当案主受到临床工作者怀疑时，他们会躲开临床工作者、爽约、不愿透露自己的信息，这时，治疗师就会灰心丧气，质疑自己的能力，并对没有任何改进的案主感到相当愤怒，这是完全可以理解的。在愤怒时，治疗师会给案主贴上一个诊断标签，这通常意味着严重的病理和不良预后。例如，"基线"这个标签很少被善意地使用。人们在使用像精神病患者、反社会者、难以接触、动机不佳、活动型精神分裂症、假性神经性精神分裂症、表演型人格障碍或自恋型人格障碍这样的社会工作类别时，基本上不会心怀同情、温暖和关爱。在玛丽·里士满的时代，社会工作者会诚实而简单地说："案主不合作，结案了！"今天，结束语可能是这样的："案主的动机很差，他的客体关系质量不高，他的自我支离破碎，他的超我有很多缺陷，他的移情是消极的。多次帮助他成熟起来的尝试都遭到了强烈的抗拒。结案。"

不仅带有贬义的诊断标签通常表示消极的反移情，治疗方式的不断变化也可能也是对案主具有敌意的表现。例如当多名案主被安排在一个小组中时，治疗师就可以巧妙地鼓励小组成员攻击小组中的一些案主。家庭治疗也以这种方式被滥用。有时，为了拒绝案主，治疗师会采用短期治疗。通常，药物、休克疗法和反向隔离会被用来处理未被承认的消极反移情。就像移情一样，积极和消极的反移情是普遍存在的，我们都应该理解这一点。

精神分析心理治疗中的技术性程序

案主在谈论自己的想法时，会遇到来自他自己独特的心理动力的抗拒和移情反应。精神分析导向的治疗师会努力帮助案主理解治疗师自己独特的移情反应和案主独特的抗拒。治疗师可以通过哪些具体的活动帮助案主解决冲突呢？

精神分析导向治疗师的主要任务之一是倾听。当案主提供材料时，主题就会出现，治疗师则提出问题，对每个主题进行进一步的阐述。当治疗师确认了某些抗拒和其他不良行为时，她就会与案主进行对质，也就是说，她要引起案主对某一特定现象的注意，例如经常性的约会迟到，并试图帮助他认识到他一直在逃避什么，同时加深对这些问题的进一步理解。对质之后，治疗师会运用澄清技术，旨在将案主所面对的心理现象（这也是案主现在更愿意考虑的内容）清晰地呈现出来。澄清过程涉及"挖掘"过去的重要细节，而这些细节导致了案主问题行为的产生。解释案主的思想、情感和幻想的心理动力意义，特别是从其心理成因的角度，是精神分析治疗的标志，其目标是洞察：帮助案主实现更多的自我理解。突破指的是通过重复、深化和扩展对抗拒和移情的理解而达到理解的统一。最后，案主可以通过找到一种适当的生活方式来将焦虑降到最低，并从生活中获得快乐，从而综合这些见解（Fine，1982；Greenson，1967）。

正如我们已经提到的，临床工作者的有效倾听可以减少案主的焦虑和内疚，提高自尊，释放能量，以更有建设性地解决问题。一个细心的倾听者必须能够抓住案主故事的要点。这通常是通过问一些相关的问题来完成的，这些问题能真正吸引案主，澄清模棱两可之处，并全面描述案主的外部压力和内部压力（Kadushin，1972）。

为了帮助案主意识到导致他产生问题的无意识力量，治疗师必须用一些他没有意识到的行为来与案主对质，比如在对治疗师表达出温暖的感觉后，案主缺席了下一次的会谈。非常重要的是，当与案主对质时，治疗师要有足够的证据来支持这种对质，并确保这种对质对案主有意义。通常，当案主对治疗师提出的问题有一定的信心时，对质是最有意义的。

仅仅让案主意识到无意识的冲动、愿望或想法是不够的，同样重要的是，他要明白他为什么要寻求冲动或愿望的满足，以及这些冲动会对他的生活产生什么影响。

西德尼先生意识到，由于对治疗师怀有敌意，他在会谈中迟到了，因此他需要得到治疗师的帮助，以弄清自己抱有的敌意的影响因素。通过研究他对治疗师的移情反应，他慢慢意识到自己害怕"爱上年长的男人"。西德尼先生几次谈到了自己对父亲的记忆片段，孩童时代的他一直非常渴望得到父亲的关爱，治疗师帮助西德尼先生澄清了他是在避免承认自己是多么想念自己的父亲，私底下自己是多么渴望得到他的拥抱、亲吻和爱抚。

目前，"解释"一词在精神分析学中被用来代指很多种活动（Sandler，1973）：

（1）治疗师对案主的无意识意义、沟通和行为的推论和结论。

（2）治疗师将他的推论和结论传达给案主。

（3）治疗师提出各种意见、解释、问题等。

（4）语言干预的目的是通过洞察力带来动态的变化。

为了区别解释和其他治疗活动，如抗拒和澄清，解释可以被认为是将无意识意义、来源、历史、模式或一个特定的精神事件的产生原因带入意识层面的活动。解释有三种主要类型：揭示性解释、连接性解释和综合性解释（Finc，1982）。

揭示性解释是把一些被压抑的愿望带到意识中。有时这些愿望是通过案主的联想表达的，有时是从案主提供的信息材料中推断出来的。推断过程不能太脱离案主的联想，否则对案主而言没有什么意义。

在连接性解释中，现在和过去是紧密相连的，这样，案主就可以看到他如何通过发动旧的战争来扭曲现在，且仍然在寻求幼稚的满足。

综合性解释包括从各种不同来源收集材料。综合性解释可以帮助案主从一个更加充分的角度来看待自己的问题和生活情况，这个角度应不同于案主之前的角度。与其他几种形式的解释一样，综合性解释必须重复很多次，直到案主能够用自己的语言表达一个观点。在治疗师的帮助下，当案主把自己的过去和现在联系在一起，并开始反思自己的幻想、梦想、防御和人际关系时，案主就获得了洞察。

洞察是心理治疗的一部分，但一直被误解。许多图书、电影和戏剧似乎都暗示，洞察可以治愈神经症。这是完全错误的。我们必须对洞察进行"处理"，即进行详述、反思和重新考虑，这样，洞察才有可能对案主的功能产生真正的影响。

为了提高效能，改变功能性，洞察力需要消除压抑，恢复失去的记忆，感受被压抑的情感，并需要重新理解事件的意义和相互关系。对往事的回忆对案主而言，具有他们迄今尚未意识到的意义。正如弗洛伊德指出的那样，在明白了回忆往事的意义之后，案主会说："事实上，我一直都知道是这样的，但是我从来没有这样想过。"（Freud，1939）

洞察要想发挥作用，就必须始终能对案主产生真实的影响，案主要真实地感受到她以何种方式扭曲了自己的看法。通常情况下，案主会用语言表达自己的见解，而她的功能并没有发生变化，她会一直防御和抵抗自己的回忆，压抑自己的幻想或想法，或拒绝去体验某些情感。

一旦案主拥有了洞察，例如她明白她工作的失败是她与父亲之间斗争的一部分，在解决冲突之前，同样的解释通常就必须由案主和治疗师反复回顾。这就是"深度探索"的意思。格林森（Greenson，1967）将"深度探索"描述为"主要指重复、渐进和详尽地探索阻碍洞察力引导变化的抵抗力……通过'深度探索'引发了循环过程，其中洞察力、记忆和行为变化相互影响"。(p. 42)

如果案主最终产生了洞察，就会发生持续的改变。案主会丢掉症状和适应不良的防御。然而，就像任何学习过程一样，"深度探索"要整合新的看世界的态度、思想和人际行为的方法，这个过程需要时间。案主典型的表现是前进两步，后退一步。同样的问题、恐惧和决定通常需要反复"深度探索"多次，直到案主能够吸收它们并将其变为自己的一部分。当案主找到了一种适当的生活方式，可以将焦虑保持在最低水平，从现实的冒险中获得最大的乐趣时，案主的心理合成便已经完成，并做好了享受工作和爱情的准备。

将精神分析方法运用到家庭和小组中

随着社会工作实践和理论中诊断和治疗重点的单位发生了变化，从个人到夫妻，再到家庭和小组，临床工作者对精神分析的依赖越来越少，而更多地依赖于角色理论、系统理论和其他理论。由于精神分析理论主要集中于个人，这样的发展趋势是自然的和不可避免的。

547
尽管精神分析主要关注个人，社会工作者在与更大的群体工作时，还是借用了几个精神分析的概念和实践原则。在与夫妻工作中，社会工作者已经采用了弗洛伊德（Freud，1914）的几个概念，包括坠入爱河的非理性因素，以及成年后的孩子在婚姻冲突中总是受到指责等。大多数社会工作者认识到，在婚姻冲突中，无意识总是在起作用（Fine，1982），而长期的婚姻冲突几乎都是无意识愿望的表现（Strean，1985）。几位精神分析学者帮助社会工作者认识到，婚姻互动中存在着无意识的共谋，即婚姻伴侣维系并强化了他们各自的神经症（Dickes，1967；Eisenstein，1956）。劳埃德和保罗森（Lloyd & Paulson，1972）指出在冲突的婚姻中，每一方都"维持着得到对方支持的内心世界。通过确认彼此的投射，他们共同维持着一个封闭的内部系统，以避免到受现实的影响"(p. 410)。

精神分析学对社会工作中婚姻咨询的主要贡献之一，是认识到婚姻冲突是未解决的夫妻发展问题的症状。配偶会把对方变成惩罚性的超我、未实现的自我理想、贬低的自我形象等（Meissner，1978）。

在帮助夫妻解决他们的冲突时，需要用到移情和抗拒的概念。然而，以精神分析为导向的实务工作者最感兴趣的是确定丈夫和妻子如何相互转化对彼此的投射，以及他们如何作为夫妻来共同抗拒治疗。

1940年代，在精神分析理论的指导下，儿童辅导工作者开始意识到，孩子对父母具有无意识的意义，父母自身的焦虑和幻想会影响孩子的成长和发展。专业人士了解到，儿童行为障碍或神经症往往（如果不总是）是由父母无意识地诱发和维持的，而孩子行为中的治疗性改变，无论多么积极，都会对父母的平衡产生负面影响（Strean，1994）。

精神分析导向的治疗师认识到，当父母描述孩子时，父母的无意识愿望、焦虑和防御经常会扭曲孩子身上出现的问题的表现方式。此外，一种儿童病理学的精神分析观点认为，如果一个孩子的情绪受到了干扰，那么父母中的一方，甚至可能双方都有自己尚未解决的成熟阶段的冲突，而这些冲突又被孩子重新激活了（Feldman，1958；A. Freud，1965）。

到 1950 年代末，随着整个家庭开始成为社会工作关注的主要单位，一些精神分析的视角也被运用到了家庭治疗中。阿克曼（Ackerman，1958）指出，所有的家庭成员都在进行无意识的沟通，他们串通一气忽视某些现实（如父母酗酒），并通过选择一个成员作为替罪羊来表现他们的共同病态行为。

精神分析学家指出，因为一个家庭的所有成员都无意识地彼此联系在一起，所以当一个或多个成员寻求社会机构服务时，这个事件对每个人都有意义，他们都会无意识地参与其中。精神分析学家彼得·纽鲍尔（Peter Neubauer）早在 1953 年就指出： 548

> 一个家庭成员向前迈步可能会打扰到其他几个家庭成员，因此可能会造成额外的混乱……在提出建议时，以家庭为导向的服务机构必须了解治疗方法会对整个家庭带来怎样的影响。有时可能会排除一些只对某个家庭成员有帮助的治疗程序，如果这对整个家庭来说是不可取的（p. 115）。

虽然大多数人恰如其分地把精神分析看作一种关于个体的理论，但它从来没有忽视过个体的人际关系。1922 年弗洛伊德说道：

> 在个人的精神生活中，总有其他人参与其中，作为榜样，作为客体，作为帮手，作为对手，所以从一开始，个人心理学同时也是社会心理学——从这个词被延伸开去但完全合理的意义上来说（pp. 1-2）。

在上述引语的出处，即《小组心理学与自我分析》（*Group Psychology and the Analysis of the Ego*）一书中，弗洛伊德阐述了一些群体现象。他指出，个体与他的父母和他的兄弟姐妹、他的爱人、他的医生等人之间的关系，是迄今为止的精神分析研究的主题，这些关系概括了个体的各种群体行为。弗洛伊德指出，在一个群体中会观察到"行为倒退的特征"。在小组中，通常情绪会加剧，智力会受到抑制。弗洛伊德指出，小组是靠组员对彼此产生的性爱感受维系的，当一个人放弃自己在小组中的特殊性，让自己受其他组员影响时，"他之所以这样做，是因为他觉得在小组中，自己需要与他人和谐相处，而不是与他们格格不入"（Freud，1922，p. 40）。

弗洛伊德认为团队领导者的角色至关重要，因为他扮演了一个有经验的父亲的形象，会引导成员放弃大部分自恋。小组组员之所以使领导者成为他们的自我理想并认同他，是因为领导关心组员，只有与领导形成了情感纽带，小组中的个体才能彼此认同。弗洛伊德将一个小组定义为"一些个体，他们把同一个客体放在他们自我理想的位置，并因此在自我中彼此认同"（Freud，1922，p. 61）。

治疗经验扩展了小组过程的精神分析观。精神分析团体疗法的创始人斯拉夫森

(S. R. Slavson, 1964) 指出："已经证明，小组发挥了家庭的功能。领导者通常代表象征性的父亲形象，而整个小组则发挥了母亲的互补性" (p. 27)。舍德林格 (Scheidlinger, 1976) 在《论"母亲群体"的概念》(On the Concept of the "Mother Group") 一文中认为，小组的主要动力之一是成员无意识地希望与母亲恢复一种早期的无冲突的结合状态。舍德林格认为，每个成员身上都有一种后退的拉力，促使他们与母亲建立一种必要的、令人满意的关系。

精神分析导向的治疗师们深入研究了小组现象，他们已经能够确定那些危及小组凝聚力的变量，如不羁的表达性和/或激进的驱动力、突出的自我中心的组员、极端的竞争和嫉妒、过度的负面的移情反应，以及源于小组领导和小组规范的过度的挫折感等 (Rosenthal，1977)。

像个体治疗和所有其他治疗一样，移情也会出现在小组中。在一个小组中，它们是多重的：某一个组员可以被一个组员当成母亲，被另一个组员视为父亲，又被第三组员视为兄弟姐妹。同样，这个组员经常能在小组中"找到"自己的父母和兄弟姐妹。通常情况下，领导者都会被视为父母。当组员看到他们如何扭曲小组中的认知时，他们开始意识到他们是如何误解其他人际关系的。

从精神分析的角度来看，在社会工作实践中，小组工作方法似乎最适合那些在社会和人际关系中遇到困难的案主。在一个小组中，他们可以反思自己与同伴的互动，并找出导致冲突关系的互动形式。运用自己的知识、历史、幻想和心理结构，组长可以帮助组员激发新的互动方式，消除神经质的扭曲，处理未解决的移情。

精神分析和研究

精神分析导向的心理治疗方法经历了很多评估和评价。文献中的经典研究报告说，在关于终止治疗的病人的研究中，有50％到70％的案主的病情明显得到了改善。第一项研究由菲尼切尔 (Fenichel, 1930) 发表，他回顾了柏林精神分析研究所从 1920 年到 1930 年的工作。1936 年，琼斯报告了伦敦精神分析研究所的工作，与菲尼切尔的结论非常相似。她发现数百名接受了精神分析治疗的患者中，约60％的病人永久性康复了，他们的自我功能和人际关系也得到了进一步改善。

1937 年，亚历山大 (Alexander) 回顾了芝加哥精神分析研究所 1932 年到 1937 年的工作，他发现，接受精神分析治疗的病人中，约65％的人的功能得到了改善，适应不良的性格特征和神经症状都消失了。

1940 年代以来，奈特 (Knight, 1952)、费伦齐 (Ferenczi, 1955)、菲尔德曼 (Feldman, 1968) 和斯特鲁普 (Strupp, 1972) 等人的研究都表明，精神分析治疗可以改善个人的功能性，降低焦虑，提升自尊水平，并明显改善人际功能。

精神分析在科学上是不可检验的，这是一个古老的说法，那些提出这一说法的人显然忽视了一些证据。费舍尔和格林伯格（Fisher & Greenberg, 1977）在他们的著作《弗洛伊德理论和治疗的科学可信度》（*The Scientific Credibility of Freud's Theories and Therapy*）中，描述了所有与精神分析有关的实验报告。他们的结论是，弗洛伊德的思想可以被简化为可测试的思想，此外，它们也一直在被后人不断检验，这一点得到了"充分的验证"。他们表示，关于精神分析思想的实验研究数据的数量"大大超过"大多数人格理论。费舍尔和格林伯格表示，无意识动机的存在得到了如此多的科学研究的支持，这一点是毫无疑问的。总的来说，他们非常惊讶的一点是，这些研究结果往往与弗洛伊德的预期非常相符。

在最近出版的一本书《作为一门科学的精神分析》（*Psychoanalysis as a Science*, 1993）中，利奥波德·贝利亚克（Leopold Beliak）证明了一个事实，即许多精神分析假设可以通过实验验证、公开论证，且是可重复的。书中，他展示了如何通过实验控制研究来证明投射等概念的有效性，以及如何在精神分析治疗中测量治疗进展。贝利亚克的主要贡献是将人格和治疗概念操作化，以便从实证的角度来衡量它们。

对人类进行大量研究的困难在于，它必须充分考虑内省性数据。如果一个人问另一个人一个问题，答案是可变的。这取决于问题本身以及提问者和被提问者之间的关系。除了精神分析理论外，很少有理论会考虑到对人类进行研究的内在动机。很少有人认识到，一个被试告诉实验者的东西取决于许多移情和反移情因素、抗拒和反抗拒，以及许多其他非意识层面的变量。

虽然精神分析学和所有人格理论和治疗理论一样，并非完美无缺，而且一些研究已经证明了积极的成果，但已经清楚的是，在许多情况下，精神分析学作为心理疗法是有效的。尽管大多数人只有在绝望的时候才会去见心理治疗师，但有证据表明，接受精神分析治疗的人正朝着法恩（Fine, 1981）所说的"分析理想"迈进：他们可以更真诚地去爱；寻求快乐；获得性满足；对生活要有感情，但又要有理智；在家庭中发挥作用；有认同感；有创造力；努力工作；在社会秩序中发挥作用；善于沟通；摆脱所有不良症状。

使用说明

精神分析作为一种人格和精神病理学的理论，其治疗方法和研究手段收到了来自精神卫生专业人士和广大公众的贬褒不一的评价，有喜爱的也有厌恶的。社会工作与精神分析的关系就反映了这种矛盾心理。直到 1950 年代，许多社会工作理论和实践都还是建立在精神分析的概念和实践原则之上的。随着其他社会科学和心理学观点的出现，情况才发生了改变。正如精神分析在社会中的地位已经逐渐下降一样，其在社会工作中的影响力也在下降。

尽管弗洛伊德被誉为"心灵的达尔文"，是现代精神病学、心理学、社会工作、儿童教养、教育和性学的奠基者，但他也被贴上了"教条主义者""阳具中心主义者"和"背叛妇女者"的标签。在社会工作中，精神分析的概念一直被理想化，并受到了嘲笑。目前社会工作对话中似乎缺乏一种客观的、坦率的评价，来判断精神分析能给社会工作治疗提供什么支持，不能提供什么支持。

从笔者的角度来看，精神分析可以帮助社会工作者更好地了解案主的问题和无意识行为的意义，关注案主的历史如何在当下被重现，发现案主应对焦虑的方式，以及他或她如何保护自己免受内在和外在危险的伤害。此外，社会工作从业者应该去了解，案主如何无意识地体验治疗师（移情）和治疗师如何主观地体验案主（反移情）。社会工作者都应该了解案主如何抗拒帮助、为什么抗拒帮助，以及如何解决这些抗拒。

由于精神分析极大地激活了情感领域的研究，它的基本原则在最近几十年的社会工作领域中没有得到很好的检验。在许多情况下，精神分析被忽视了。随着人们越来越关注案主需求为中心的导向，很多教科书，例如本书，逐步成为社会工作者知识基础的重要组成部分，因此，我们相信，在未来几年中，精神分析将会被越来越多地、更好地运用到社会工作治疗中。我们必须承认，所有的案主都拥有影响他们日常行为和互动的无意识。我们必须接受的是，案主的历史会不断地再现。移情、反移情、抗拒和反抗拒等概念将作为强有力的工具，在社会工作者的治疗干预中得到广泛运用，弗洛伊德将被人们认为是"相对更人性化的学者"（Sullivan，1953）。

参考文献

Abend, S. (1989). Countertransference and Psychoanalytic Technique. *Psychoanalytic Quarterly, 30.*

Ackerman, N. (1958). *The psychodynamics of family life.* New York: Basic Books.

Alexander, F. (1937). *Five-year report of the Chicago Institute for Psychoanalysis.* Chicago: Chicago Institute for Psychoanalysis.

Allan, E. (1974). Psychoanalytic theory. In F. J. Turner (Ed.), *Social work treatment.* New York: Free Press.

Auden, W. (1947). *The age of anxiety.* New York: Random House.

Bellak, L. (1993). *Psychoanalysis as a science.* Boston: Allyn & Bacon.

Boesky, D. (1990). The psychoanalytic process and its components. *Psychoanalytic Quarterly, 54.*

Brenner, C. (1955). *An elementary textbook of psychoanalysis.* New York: International Universities Press.

Dickes, H. (1967). *Marital tensions.* New York: Basic Books.

Eisenstein, V. (1956). *Neurotic interaction in marriage.* New York: Basic Books.

Erikson, E. (1950). *Childhood and society.* New York: W.W. Norton.

Feldman, F. (1968). Results of psychoanalysis in clinic case assignments. *Journal of the American Psychoanalytic Association, 16.*

Feldman, Y. (1958). A casework approach toward understanding parents of emotionally disturbed children. *Social Work, 3,* 23–29.

Fenichel, O. (1930). *Zehn Jahre Berliner Psychoanalytisches Institute.* Berlin: Berlin Psychoanalytic Institute.

Ferenczi, S. (1955). The problem of the termination of the analysis. In *Final contributions to the problems and methods of psychoanalysis.* New York: Basic Books.

Fine, R. (1973). Psychoanalysis. In R. Corsini (Ed.), *Current psychotherapies.* Itasca, IL: F. E. Peacock Publishers.

Fine, R. (1975). *Psychoanalytic psychology.* New York: Jason Aronson.

Fine, R. (1979). *The history of psychoanalysis.* New York: Columbia University Press.

Fine, R. (1981). *The psychoanalytic vision.* New York: Free Press.

Fine, R. (1982). *Healing of the mind* (2nd ed.). New York: Free Press.

Fisher, S., and Greenberg, R. (1977). *The scientific credibility of Freud's theories and therapy.* New York: Basic Books.

Freeman, L., & Strean, H. (1981). *Freud and women.* New York: Ungar.

Freud, A. (1946). *The ego and the mechanisms of defense.* New York: International Universities Press.

Freud, A. (1951). Observations of child development. In *The psychoanalytic study of the child* (Vol. 6). New York: International Universities Press.

Freud, A. (1965). *Normality and pathology in childhood.* New York: International Universities Press.

Freud, S. (1904). *Freud's psychoanalytic procedure,* Vol. 7, *Standard edition.* London: Hogarth Press.

Freud, S. (1912). *The dynamics of transference,* Vol. 12, *Standard edition.* London: Hogarth Press.

Freud, S. (1913). *Totem and taboo,* Vol. 12, *Standard edition.* London: Hogarth Press.

Freud, S. (1914). *Introduction to narcissism,* Vol. 12, *Standard edition.* London: Hogarth Press.

Freud, S. (1922). *Group psychology and the analysis of the ego.* Vol. 19, *Standard edition.* London: Hogarth Press.

Freud, S. (1923). *The ego and the id,* Vol. 19, *Standard edition.* London: Hogarth Press.

Freud, S. (1933). *New introductory lectures on psychoanalysis,* Vol. 22, *Standard edition.* London: Hogarth Press.

Freud, S. (1938). *The basic writings of Sigmund Freud.* New York: Random House (Modern Library).

Freud, S. (1939). *An outline of psychoanalysis,* Vol. 23, *Standard edition.* London: Hogarth Press.

Greenson, R. (1967). *The technique and practice of psychoanalysis.* New York: International Universities Press.

Hale, N. (1971). *Freud and the Americans.* New York: Oxford University Press.

Hamilton, G. (1958). A theory of personality. Freud's contribution to social work. In H. J. Parad (Ed.), *Ego psychology and dynamic casework.* New York: Family Service Association of America.

Hartmann, H. (1951). *Ego psychology and the problem of adaptation.* New York: International Universities Press.

Hartmann, H. (1964). *Essays on ego psychology.* New York: International Universities Press.

Jacobs, T. (1986). On countertransference enactment. *Journal of the American Psychoanalytic Association, 43.*

Jones, E. (1936). *Decennial report of the London Clinic of Psychoanalysis.* London: London Clinic of Psychoanalysis.

Jones, E. (1953). *The life and work of Sigmund Freud* (Vol. 1). New York: Basic Books.

Kadushin, A. (1972). *The social work interview.* New York: Columbia University Press.

Kardiner, A. (1939). *The individual and his society.* New York: Columbia University Press.

Kardiner, A. (1945). *The psychological frontiers of society.* New York: Columbia University Press.

Klein, M., & Riviere, J. (1937). *Love, hate and reparation.* London: Woolf and Hogarth Press.

Knight, R. (1949). A critique of the present status of the psychotherapies. *Bulletin of the New York Academy of Medicine, 25,* 100–114.

Knight, R. (1952). An evaluation of psychotherapeutic techniques. In R. Knight & C. Friedman (Eds.), *Psychoanalytic psychiatry and psychology.* New York: International Universities Press.

Kohut, H. (1971). *The analysis of self.* New York: International Universities Press.

Kohut, H. (1977). *The restoration of the self.* New York: International Universities Press.

Kohut, H. (1978). *The search for the self.* New York: International Universities Press.

Langs, R. (1976). *The bipersonal field.* New York: Jason Aronson.

Langs, R. (1981). *Resistances and interventions.* New York: Jason Aronson.

Lindon, J. (1966). "Melanie Klein—Her view of the unconscious. In F. Alexander, S. Eisenstein, & M. Grotjahn (Eds.), *Psychoanalytic pioneers.* New York: Basic Books.

Lloyd, R., & Paulson, I. (1972). Projective identification in the marital relationship as a resistance in psychotherapy. *Archives of General Psychiatry, 27,* 410–413.

Masson, J. (1984). *The assault on truth: Suppression of the seduction theory.* New York: Farrar, Straus & Giroux.

Meltzoff, J., & Kornreich, M. (1970). *Research in psychotherapy.* New York: Atherton Press.

Menninger, K. (1958). *Theory of psychoanalytic technique.* New York: Basic Books.

Meissner, William (1978). "The Conceptualization of Marriage and Family Dynamics from a Psychoanalytic Perspective." In T. Paolino and B. McCrady (Eds.), *Marriage and marital theory.* New York: Brunner/Mazel.

Moore, B., & Fine, B. (1990). *Psychoanalytic terms and concepts.* New Haven: Yale University Press.

Parsons, T. (1951). *The social system.* Glencoe, IL: Free Press.

Rapaport, D. (1951). *The organization and pathology of thought.* New York: Columbia University Press.

Neubauer, Peter. (1953). "The Psychoanalyst's Contribution to the Family Agency." In M. Heiman (Ed.), *Psychoanalysis and social work.* New York: International Universities Press.

Renik, O. (1993). Analytic interaction. Conceptualizing technique in light of the analyst's irreducible subjectivity. *Psychoanalytic Quarterly, 62.*

Reppen, J. (1985). *Beyond Freud: A study of modern psychoanalytic theorists.* Hillsdale, NJ: Analytic Press.

Rosenthal, Leslie. (1977). "Qualifications and Tasks of the Therapist in Group Therapy with Children," in *Clinical Social Work. 5 (3).*

Sandler, J. (1973). *The patient and the analyst.* New York: International Universities Press.

Schafer, R. (1977). The interpretations of transference and the conditions for loving. *Journal of the American Psychoanalytic Association, 25.*

Scheidlinger, S. (1976). "On the Concept of the Mother Group." In M. Kissen (Ed.), *From Group Dynamics to Group Psychoanalysis.* New York: Halsted Press.

Segal, H. (1964). *Introduction to the work of Melanie Klein.* New York: Basic Books.

Skalter, E. (1987). *Countertransference.* Northvale, NJ: Jason Aronson.

Slavson, Samuel. (1964). *A textbook in analytic group psychotherapy.* New York: International Universities Press.

Strean, H. (1979). *Psychoanalytic theory and social work practice.* New York: Free Press.

Strean, H. (1983a). *Resolving resistances in psychotherapy.* New York: Wiley.

Strean, H. (1983b). *The sexual dimension.* New York: Free Press.

Strean, H. (1985). *Resolving marital conflicts.* New York: Wiley.

Strean, H. (1994). *Essentials of psychoanalysis.* New York: Brunner/Mazel.

Strupp, H. (1972). Ferment in Psychoanalysis and Psychotherapy. In B. Wolman (Ed.), *Success and failure in psychoanalysis and psychotherapy.* New York: Macmillan.

Sullivan, H. (1953). *The interpersonal theory of psychiatry.* New York: W. W. Norton.

Winnicott, D. (1965). *The maturational processes and the facilitating environment.* New York: International Universities Press.

Winnicott, D. (1971). *Therapeutic consultations in child psychiatry.* New York: Basic Books.

带注解的主要参考文献

Fine，R. (1982). *The healing of the mind*（2nd ed.）. New York：Free Press. 本书清晰、准确地描述了精神分析治疗的过程，书中有很多案例，描述了治疗的蜜月阶段、最初的治疗危机、解决抵抗和移情文化，以及结案。

Freud，A. (1946). *The ego and the mechanisms of defense.* New York：International Universities Press. 本书是理解个人如何保护自己远离焦虑的重要的基础专著，非常完美、清晰地描述了主要的防御表现和功能。

Freud，S. (1950). *Collected papers.* London：Hogarth Press. 共有24册，由詹姆斯·斯特雷奇主编，收集了弗洛伊德提出的概念，包括性心理发展、移情、抵抗、小组心理学、无意识等，还展现了很多有趣的案例。

Strean, H. S. (1994). *Essentials of psychoanalysis.* New York：Brunner/Mazel. 本书对弗洛伊德的主要概念进行了深入回顾，专门讨论了所有对精神分析理论进行的修订和完善，描述了精神分析治疗过程，并对精神分析研究进行了回顾。

第二十三章

心理社会理论和社会工作实务

玛丽·伍兹和霍华德·罗宾森

引言和概述

555 　　从很多方面来看，从古至今，所有社会工作实务都是建立在心理社会理论之上的。自20世纪早期以来，无论社会工作的关注点是个人还是家庭，是大的社会群体还是机构，是多种社会问题还是社会变革，社会工作永远是以减轻人们的痛苦和提高人们的生活品质为目的。

　　特别需要指出的是，社会工作中的心理社会方法源于（但不仅限于）人们努力支持个人及家庭，帮助他们重建社会支持系统和人际网络，特别是在他们经历社会剥削和灾难的时候给予援助。尽管多年来人们关注的重点在转移，但是，心理社会方法还是坚持关注生理因素、心理与情绪过程、外部社会和物理环境的影响，以及各种因素的交叉作用。心理社会工作者（现被称作临床社会工作者）致力于帮助个人、家庭和更大的群体，减少他们因与环境之间的失衡而产生的问题。心理社会方法最基本的步骤是先研究个人与家庭，再研究对他们产生直接影响的环境，最后研究"人在环境中的完形"，这样才能形成有意义的评估和诊断。案主的处境不可避免地由许多相互作用的系统组成，社工和案主为了对如何入手开展工作做出决定，可能需要研究其中的几个系统。

　　干预计划的制订要基于社工与案主对问题及其根源的相互理解、案主的目标和动机，以及各种影响力量之间的平衡。重要的是，心理社会治疗往往不是针对所谓的"病理"或
556 "功能失调"方面的格式塔治疗，相反，干预措施是为解决那些最易触及和最可能改变的问题而量身定做的。因此，治疗策略取决于对有关影响力量或系统的详细分析，以确定

哪些力量或系统是可以调整的。改善案主的环境可能会导致其个性或家庭制度永久性地发生变化，同样，人们在面对外界攻击时所采取的新方法或创造性的适应能力，对于改变他们的生活环境甚至是更大的环境都是至关重要的。有时，力量平衡过程中的一个微小的变动就能使环境发生显著的改变，例如，一个人拒绝在工作中忍受骚扰，可能会引发其他人的类似抗议，从而迫使工作场所发生早该发生的变化。

心理社会工作者的目标是与案主合作，恢复、加强和调动其优势及应对能力，寻找资源并找到人在社会和物质环境中的最佳位置。改变人的个性、家庭或更大的社会系统中的一个部分，必然会带来系统其他部分的变化。正如一个身体虚弱或膝盖受伤的人可以通过增强小腿和大腿的肌肉力量来进行康复，社会工作者的案主也可以通过支持互动系统的某一个方面来协助另一个人。当父母的婚姻系统得到改善时，孩子的症状可能会很快得到缓解。当一个人改变了他或她的严厉的超我，或获得了自尊时，一直存在的阻碍性的人格系统可能会得到足够的释放，从而能找到创造性的方法来解决当前的危机、挑战或困难。冷漠的父亲如能在家庭中发挥更大的领导作用，就会缓和其他家庭成员之间的紧张关系，即使他并没有直接面对这些关系。不管下岗多么不公平，让下岗工人接受培训或考虑新的工作，通常都比等待更大范围的经济或政治体系发生变化更有效。

研究和"实践智慧"表明，案主与社会工作者的关系是心理社会治疗成功的关键，也是最强大的工具之一。社会工作者要努力地向案主表达热情、关心、非评判的接纳、真诚的同理，坚决尊重案主的自我导向以及对改变的现实乐观态度。要做到这一点，社会工作者需要持续地做到客观，"以他人为中心"，并在"使用自我"时一丝不苟、严守规则。当然，态度的传达方式需要根据案主的需要和目标而定。心理社会治疗的科学和艺术通常涉及混合的治疗程序、社会工作者与案主的交流，以及提供具体的服务。一般来说，案主对社工越信任，越会投入治疗过程中，改变的愿望越强烈，那么，他们掌控改变的能力和自主性就越大，持续时间也会越长。

正如我们将在本章后文中讨论的那样，心理社会方法是一个开放的、灵活的思想体系，其来源是非常多元的。随着新信息和思想在社会工作实务领域和相关领域不断出现，我们对于个性、社会力量以及它们之间的相互作用的理解逐渐加深。近几十年来，系统和生态系统概念对于我们不断加深对人-情境完形的认识发挥了重要作用。

几个世纪以来，社会上不断出现经济和政治的不公平、贫穷、歧视以及这样或那样的令人不能容忍的状况。虽然时间和地点不同，在社会工作开始的初期，有害的社会力量都深深地影响了许多人的生活。目前，与以往一样，心理社会工作者致力于尽其所能，在每一个可能的层面上与各种形式的社会虐待和压迫做斗争。基于种族或民族、阶级、性别、性取向、年龄或残疾而产生的剥夺、不平等、仇恨或疏远，是心理社会方法的倡导者们长期以来一直反对的。认同这一观点的社会工作者必须把重点放在帮助个人或家庭上，但是，他们一直把关注更加广泛的社会问题作为自己思考和行动的重点。

历史起源和早年发展

鉴于我们认为人们和他们所生活的环境密不可分，因此，社会工作者一直会受到当时的社会条件及需求因素的影响，这并不稀奇。在一些时期，社会经济力量会受到更多的关注，而在另一些时期，人们对理解个性发展和功能性更加感兴趣。有必要指出的是，尽管在 20 世纪出现了一些积极的变化，社会工作者，包括个案工作者也从未忽视社会环境或者心理社会因素给人们生活及其困境带来的影响。而且，随着理论和知识基础不断趋于成熟，忽略社会环境或心理因素的趋势变得越来越弱。

在过去几十年中，为了回应难以解决的问题和困扰，出现了一批才华横溢的社会工作者。他们致力于社会变革，消除个人痛苦，他们的实践对心理社会个案工作的演变产生了深远的影响。

记住玛丽·里士满

虽然美国社会工作起源于 19 世纪北美洲和英国的社会慈善组织运动（Woodroofe，1962），但现代个案工作理论和实践的基础，是敏锐而勤奋的玛丽·里士满通过她的教学过程和她的著作奠定的。她的第一本书《贫民中的友好访问：慈善工作者手册》（*Friendly Visiting Among the Poor：A Handbook for Chartity Workers*）发表于 1899 年，随后，她开始了漫长而艰苦的制定和评估实践概念和技术的探索。此后二十多年中，她的很多著作表明，她和她的同事不断检验他们的实务理论，随着新证据不断出现，他们不断修改和阐述这些理论，总是试图回应越来越多的社会工作者提出的问题和担忧。简单回顾一下她的主要观点和研究结果就可以发现，今天的心理社会个案工作依然受到了她最初提出的一些原则的指导。

第一，很显然，与早期的观点相比，"善行""好心"和"友好访问"这样的用词是不够好的，"性格缺陷"或"软弱"无法解释案主面临的普遍性贫困或其他可怕的情况。只关注个人并不总能解决问题。社会关系和环境——过去和现在——是塑造人格的主要力量。通过反思自己的经历以及当时社会的发展，里士满开始相信，为了促进个人与环境之间更好的适应，必须关注外部影响。按照这一思路，里士满预言了几十年后迅速发展起来的家庭治疗运动，她建议，如果可能的话，应该将个人置于家庭背景中，置于家庭环境中。我们仍然同意明智的里士满小姐的观点，她写道，父亲应该出现在家庭中，在整个诊断期乃至诊断后期，都要把家庭放在心上。如果没有家庭观念，"我们就会发现个人治疗的良好效果荡然无存"（Richmond，1917，pp. 134-159）。此外，"群体改善和个人改善是相互依存的"，"社会改革和社会个案工作必须共同进步"（p. 25）。只有这样，才能减轻压力，增加机会，改善社会关系。因此，里士满对人及其环境的双重关注，标志着当今心理社会实践的人在情境中取向的开始。

第二，同样重要的是，里士满提出了这样一种观点，即社会工作者的实际经验应该经得起批判性分析，他们的工作必须用现有的最佳标准来衡量。在从不同的背景中对案例材料进行详细和系统的检查之后，她——以及其他与她一起工作的同事或者她教过的学生们——努力描述和编辑了很多概念，这些概念得以代代相传。在《社会诊断》（1917）和后来的著作中，她概述了收集"社会证据"的具体方法，根据推理的方法，逐步走向社会研究、诊断和治疗策划，这些过程仍然是当今心理社会工作者工作的基础。在里士满的领导下，一个真正的职业诞生了，它建立在从实务经验中收集数据，并受实务数据指导的基础之上，社会工作的科学性终于为人们所了解。个案工作不再由友好、慈善、富有的志愿者来代表，这些志愿者通常访问那些不幸的人，并教导他们要自我控制。相反，这些服务机构的工作人员都是训练有素、受到督导、拿薪水、负责任的员工。

第三，里士满从历史案例研究中发现，分析社会证据必定会带来不同的诊断和不同的治疗方案。换句话说，治疗必须是个性化的。用她自己的话来讲，她非常小心地避免泛化和刻板印象。比如，当年轻夫妻们想要寻找物质帮助时，每对夫妻的情况都不同，因此，必须进行一对一的评估。她指出"逃兵"和"醉汉"们之间也会有很大的不同。"更重要的是理解他们生活中的主要变化，而不是引起我们注意的某一件事。"（Richmond，1917，p. 146）像其他许多"社交障碍"一样，这些障碍"不是独立的实体，而是个体个人和社交生活更亲密方面的延伸"。她敦促我们"把这些'表现症状'推到更早的病因综合系统"（p. 158）。一个特定的问题不能通过确定其中的一个影响因素来解决，而必须作为整体的一部分来理解。直到今天，我们才明白，根据案主的背景（种族、性取向等）、他们呈现给社会工作的具体问题（成瘾、儿童虐待等）或者他们的临床诊断（边界、消极攻击等）来对案主做出假设，一方面是非常吸引人的，但另一方面又是灾难性的。玛丽·里士满是这样提醒我们：每个人和每个家庭都是独特的，必须分别研究和倾听，要考虑到所有相关的细节。

第四，根据案例的实证基础，里士满得以识别和评估治疗策略。她告诫读者："个案记录常常先展示一个精心策划的调查和计划的制订，然后是执行，但在它们之间却找不到任何联系。"（Richmond，1917，p. 348）她强调，在匆忙进入行动计划之前，需要有条理地对这些研究结果进行回顾，以发现矛盾和差距。我们发现，这个建议至今还在发挥作用。第一个重要发现就是里士满创造了一种被称为间接治疗的方法，她希望借此来寻求定义干预案主环境的程序，定位资源，并整合所有对案主有帮助的资源。第二个重要发现是里士满发展的"心灵对心灵"的方法，也可称作直接治疗，它强调社会工作者要与案主建立互相信任的专业关系，这样社会工作者温和的劝说才能被案主接受。从某种程度上来看，她还强调重视案主的看法，社会工作者要与案主一起参与决策过程，尽管这些观点后来没有得到进一步发展。简言之，里士满成为标准化并定义个案工作程序的先驱，尽管这样，正如我们后来所见，这些内容都还需要在未来的发展中得到进一步的完善（Richmond，1922，1930）。

心理社会工作者深受里士满的独创性和洞察力的影响，她对心理社会工作实践有着前瞻性的影响。我们之所以在这里强调她的贡献，是因为这些贡献给我们的印象是，周期性的钟摆摆动有时变得不必要，仅仅是因为人们忽视或误解了先前的知识基础。因此，为了保持连续性，我们借此机会强调要保持里士满在历史上的地位，她为实践理论的不断发展奠定了坚实的基础。

心理学和精神病学在社会工作领域的蓬勃发展

虽然里士满和她那个时代的社会工作者的贡献可能还不足以被人们熟知，但是新的心理学和精神病学的理论所产生的引人注目的印象是众所周知的。第一次世界大战后到1920年代，个案研究的社会学基础被人格发展的新思想和情感生活的重要性所掩盖，包括童年经验对人的深远影响。许多新的心理学理论引起了人们的注意。毫无疑问，出于帮助案主的热情，人们开始比里士满更深入地理解人的个性的复杂性，这样，相关研究进入了一段疯狂的时期，知识往往以一种随意的方式被攫取。结果，出现了一些对知识的不恰当的使用，而人们对于这些新的——有时是冲突的——思想是如何启发案例工作实践的，却几乎没有系统的了解。

很快，弗洛伊德的思想强烈地影响了社会工作的思想和实践，尽管阿德勒、兰克和荣格也得到了很多人的追随。当社会工作人员运用精神分析理论时，他们利用他们的知识来更好地理解案主的内心生活：潜在的（经常是无意识的）驱动力、力量和冲突，这些都可以用来解释他们的行为、情感态度和个性发展。在一些社会工作领域，心理学被认为是最有声望的。社会工作者常常要接受心理医生的训练和指导，从而干预贫困线之上的案主，试图帮助他们解决内在的挣扎和痛苦。

有时，当前家庭或社会经济的影响被淡化了。反思当时的个人主义哲学，人们会采用一种与之前不同的方式来指责内在的"弱点"，把源于社会因素的苦难和危机归咎于个人的内在弱点。不幸的是，甚至到了大萧条的初期，人们还是认为，个人的心理缺陷是导致贫困和依赖的原因。社会工作史的一些学生提出，如果当时的社会工作者全面掌握了里士满的知识和思想基础，把精神分析的概念整合进社会工作实务的工作，将会更加循序渐进，更加有序，而不太可能出现严重忽视《社会诊断》中提到的对社会性的强调以及其他基本原则。

在1930年代，社会工作者之间时常出现激烈甚至痛苦的争论。在杰西·塔夫脱和弗吉尼亚·罗宾森的领导下，新形成的"功能性"宾夕法尼亚学派或兰克的方法（Robinson，1930；Taft，1937）对"诊断""差异"或弗洛伊德学派提出了挑战。

功能主义者依据兰克的《意志治疗》(1936)的部分思想，忽视了对案主的历史调查和诊断探究。相反，治疗更多地受到机构功能的决策，包括时间限制和程序限制。他们相信，需要刺激案主积极的和消极的意愿，因为是否或如何使用服务是由案主决定的。无论是现在还是未来，案主找到解决办法并采取行动的能力都是需要培育的。诊断学派则致力于对案主进行系统的历史调查，把个人诊断作为制订治疗计划的指南。戈登·汉密尔顿是诊断方法的主要倡导者，她在影响广泛的教材《社会个案工作的理论和实务》(1940)中采用了"心理社会"一词，这个词是汉金斯（Hankins，1930）创造的。其他学者也对诊断和心理社会方法做出了重要贡献，他们是弗伦斯·霍利斯、安妮特·加勒特、弗洛伦斯·戴、露西尔·奥斯丁以及贝莎·雷诺兹。

直到 1950 年代，社会工作思想家们还在为这些不同的观点争论不休，但毫无疑问，当时盛行一时的心理社会或诊断方法吸收了功能主义者的一些观点，因为这些观点是与经验相结合的。具体地说，即对社会历史的了解变得不那么广泛，收集的信息也更有选择性，而且，随着时间的推移，人们越米越认识到这样一个事实：治疗是立即开始的，而不是在所有的证据出现之后才开始的。此外，随着社会氛围普遍变得不那么专制，随着关于自我决定的想法得到普及，说服性技术和指导技术让位于帮助案主更多地为自己思考、定义自己的目标、使用自己的判断，并得出自己的解决方案。由于里士满的许多概念仍然适用，包括弗洛伊德的一些思想在得到修改完善之后，不断补充并丰富了心理社会框架。1940 年代，社会工作者开始挑战如何对精神分析概念进行定义，使其能更好地为个案工作者所用，以及如何区分个案工作者和精神分析学家。然而，可以肯定地说，尽管社会工作者取得了明确的成就，但他们可能更多地听从精神病医生的意见，有时甚至贬低了自己独特的知识和专业技能。事实上，这种趋势的实例至今仍随处可见。

自我心理学开阔了我们的眼界

自我心理学理论的引入，尤其在 1950 年代，对心理社会个案研究有一定的启示。在心理学分析理论的基础上，自我心理学在某些重要方面与弗洛伊德早期的概念背道而驰。自我的功能被视为自主的，因此不受无意识性欲和攻击性冲动（木我）的支配。自我的各种能力可以直接发挥作用，以抵抗在压力下的性冲动，减轻或支撑良心或超我的期望，创造性地适应或响应外部的现实。因此，治疗可以聚焦于自我，而不是专注于社会工作者。解释的无意识的力量有时会被误解，即使缺乏直接分析无意识的材料，也是可以开展重要的心理内部工作的。个人不是被动地被过去的事件、压抑的冲突或环境侵害塑造；自我被认为是一种积极而有力的改变资源。更具体地说，自我支持治疗——有时被误解为简单的温暖或安慰——旨在支持、保护和/或恢复自我功能。必要的防御、能力、智力过程、现实测试和判断、冲动调节和主动性等素质都能得到培养。应从本我的相对自主性和对外界需求较少的反应性出发，允许个体发展自我理解和策略以创造性地应对生活环境，而不是完全被它们控制。

安娜·弗洛伊德对自我防御的解释（A. Freud，1946）、哈特曼对自主自我功能的识别（Hartmann，1939）、怀特的效能感与能力驱动理论（White，1959），以及埃里克森的心理社会发展阶段（Erickson，1950，1959）成为心理社会工作者非常感兴趣的观点。然而，社会工作者并不是在盲目地运用这些观点，他们接纳这些观点，并采用一个可测量的方式来指导自己的实践（Parad，1958；Parad & Miller，1963）。珀尔曼经久不衰的经典著作《社会个案工作：一个解决问题的过程》，不仅试图整合诊断性和功能性学派，而且强调协助案主培养思考问题和掌控自己生活的能力是非常重要的，这一点在今天看来都是非常"有前瞻性的"。精要治疗、任务中心治疗和危机导向治疗，以及若干年后出现的认知治疗和其他治疗方法，都体现出社会工作者欣赏自我角色以及这个理论的潜在优势，他们将其运用到实践中，得到了很多积极的治疗结果，因为这可以帮助案主应对生活中不可避免的困境，不断寻求解决办法，并不断实现自我。霍妮和苏利文（Horney & Sullivan）的人际理论，以及和罗杰斯的案主中心治疗方法都被认为很好地整合了自我功能的重要性。

来自社会科学的知识

当弗洛伦斯·霍利斯在 1964 年出版第一版《个案工作：心理社会疗法》（*Casework：A Psychosocial Therapy*，以下简称《个案工作》）时，心理社会框架中已经有了令人印象深刻的来自社会科学的知识，这些知识逐步有选择性地融入了这个框架中，因为事实证明这很有帮助。我们只能选择几个例子来说明。在 1930 年代，人类学家鲁思·本尼迪克特（Ruth Benidict）和玛格丽特·米德（Margaret Mead）的研究引起了社会工作者和大众的注意，他们描述了文化习惯之间的巨大差异，特别是抚养孩子、婚姻、性行为和角色、对待老人等方面（Benedict，1934；Mead，1935）。艾布拉姆·卡丁纳（Abram Kardiner）对文化和行为的研究引起了人们的注意（Kardiner，1939）。个案工作者越来越关注文化对案主的个性和态度的影响。对经济大萧条时期经济困难对个人和家庭的破坏性影响的研究（Angell，1936；Cavan & Ranck，1938；Komarovsky，1940）也被社会工作者广泛阅读。

在 1940 年代和 1950 年代，尽管二战后社会风气保守，社会工作倾向于专注于精神分析，但有关婚姻和家庭的社会学研究却迅速发展。阿克曼和其他受社会科学影响的人发起了现代家庭治疗运动。与此同时，有说服力的证据显示，精神健康专业人员在诊断和治疗贫困和少数族裔患者时存在负面偏见。就连总是倡导平等权利的个案工作者也认识到，他们自己的临床判断可能受到了社会经济因素的影响。在这一时期，人们越来越认识到了社工与案主之间的文化差异会影响他们的工作，因此建议在治疗过程中，双方要就这些问题开展公开的、相互的讨论。对封闭的机会结构和社会偏差之间关系的研究（Cloward，1959），以及关于大部分人口的政治无权状态和权力被剥夺的新信息，对社会工作者了解时代有着巨大的意义。关于角色行为和沟通的新知识预示着这些领域在未来会有进一步的发展。

1960 年代，各种重要的社会抗议活动开始出现，各方面的知识都在滚雪球般增长，许多新的治疗重点也开始出现。幸运的是，霍利斯在《个案工作》（1964）中清楚地阐明了心理社会个案工作所依据的基本原则和理论框架。从此以后，人们不断评估新的观点，如果它们看起来可能是合理的和有用的，在不威胁到心理社会方法本身的基本完整性的情况下，都会被整合进来。由于霍利斯对个人和家庭功能的心理动力和社会成分的不可分离性有着明确认识，因此避免了从一个极端到另一个极端的剧烈摇摆。其他一些社会工作方法与心理社会观点不一致，必须更加努力地在个人和社会视角之间、在对个人和环境的关注之间找到平衡。《个案工作》后来修订的几个版本，包括最新的版本（1990），都展示了如何扩展原来的框架，将许多新思想和方法与心理社会理论整合起来，同时又不抛弃长期以来坚持下来的原来的思想和方法。与此类似，由于霍利斯和她的追随者们奠定了良好的基础，当心理社会框架引入了熟悉的、可靠的观点，并被贴上新的标签和使用新的语言时，心理社会工作者的关注点也并没有被分散。

心理社会治疗背后的原则和假设

心理社会工作者认为，各个年龄段的人都有能力成长、学习、适应，至少在一定程度上改变他们的社会和物理环境。事实上，当人们与他们所爱的人和社会工作者建立起共情的人际关系时，往往会释放出力量、创造和适应的未开发源泉。我们对这种人类驱动的以成长为导向的关系的欣赏是由客体关系理论支持的（Mahler，1968；Mahler et al.，1975；Winnicott，1965），还有研究证明了依恋、分离和丧失的深远影响（Ainsworth，1973；Bowlby，1969）。正如我们后面会进一步讨论的，社工的积极的、非控制的、同情的态度，可能会触发人格系统的内在变化，这种变化在案主与社工分离后会持续很长时间。随着案主发现应对生活挑战的新方法，他们便可以避免未来出现严重的适应性问题。

正如我们所指出的，自我心理学改变了弗洛伊德理论的某些决定性因素的说法，并提出了一种积极的取向，即在整个生活周期中实现不断改变，这一立场完全为心理社会方法所支持。然而，弗洛伊德关于人格系统结构和发展的理论继续帮助我们理解个体功能性。具体而言，我们认为：

（1）重要的情感和思想存在于意识之外。

（2）人格是影响行为的一种流动的和动态的力量系统；即使是细微的内部变化也会在整个人格中回荡，常常随着时间的推移改变思维、感觉和行为。

（3）防御既可实现正面目的，也可实现负面目的。

（4）症状是寻求揭示和解决内部冲突的适应性尝试。

（5）正如前弗洛伊德主义理论家所假设的那样，"神经症"实际上起源于社会，根植于个人在关系经历中的体验，而不是弱点的表现。

然而，心理系统并不是孤立的，而是不断地与生物和社会系统发生相互作用。例如，衰老的过程或健康的变化会影响个性，反之，人格的稳定性或不稳定性会影响健康或衰老过程。生物性疾病，如精神分裂症、地方性抑郁症、注意缺陷多动障碍，以及普遍的发育迟缓，都在与情感系统不断交互。在更广泛的层面上，我们知道情境条件会影响生物性疾病的表现，环境因素，从童年的营养不良到工作场所的有毒化学物质，都影响着我们所有人的生物状态。当人们因疾病而致残时，压力就会出现在其他家庭成员或者家庭成员的支持者和维护者身上。家庭中所有的成员都会感觉到他们在做一份吃力不讨好的工作，并且经常需要得到关注和支持，以感受对他们付出的努力的价值的认可。因此，心理社会工作者会处理影响个人状况的所有相关系统因素，包括生物系统、社会系统和心理系统。

心理社会的方法根植于这样的观点，即人们的行为是在许多开放的系统的互相作用下形成的。人类的适应基于人与环境之间的动态相互作用，并在其中不断建立新的和不断变化的平衡，以使个体与环境资源更好地契合。任何一个系统的改变都不可避免地会造成其他系统的变化。当父母被解雇时，压力会集中到整个家庭，而孩子在压力之下的表现就是在学校出现不当行为。配偶戒酒成功，会改变婚姻系统，这样的改变通常需要对婚姻关系进行重新定义。因此，心理社会实践基于对适应和变化中的系统的理解。这种认识对于预防是至关重要的：干预不仅仅是为治疗功能紊乱而设计的。

在许多情况下，家庭系统为个性的成长和发展提供了最重要的背景。家庭成员之间经常存在的问题是：父母与子女、丈夫与妻子、兄弟姐妹和兄弟姐妹之间的问题都是相互的，"无过错"的互动在某种程度上是可以缓和矛盾的。我们不断看到家庭系统中的支持模式的转变，有时非常小的转变都会给家庭成员带来一次"矫正性"的经验。社工-案主的联盟所产生的积极结果有时是非常可观的。通过直接滋养家庭关系，我们常常能够提供最好和最持久的治疗！

565　　正如我们所知，家庭也承受着压力，有时这些压力来自更大的系统，包括贫穷、种族主义和非人性化的官僚机构。我们许多案主的日常生活都被这些压力占据了。理想情况下，社区和社会资源为家庭提供了一个"支持环境"，类似于家庭为个人成员提供最好的支持。当一个系统不支持另一个系统的健康运作时，不健康的后果会出现在系统的各个层面上。社区通常很少提供日托服务和就业机会，这会导致被忽视和受压迫的几代人持续感到疏离。一个家庭内的紧张关系，可能会影响到孩子们在家庭中的关系建立和健康成长。如果较大的社会系统不能立即发生改变，家庭单元就会去寻求创造性的解决方案，帮助自己离开困境。当家庭功能得到增强时，成员们可以一起工作以促进家庭环境的恢复，从而巩固他们抵抗外部攻击的能力。心理社会工作者知道，他们无法改变大量案主所面临的非人性化的经历，然而，他们知道，他们在不同层次和角度上提供的帮助，对许多家庭和个人来说都能带来非常明显的改变。

心理社会工作者敏锐地意识到人们会为事件和情境赋予个人和集体意义。基于一生的家庭和社会经历，每个人都代表一个主观的感知世界。人们如何看待和解释他们的生活，如何发现自我，如何定义他们的目标，都会受到文化的影响（McGoldrick et al.，1982）。尽管如此，心理社会工作者的民族敏感性仍是不够的。事实上，必须注意避免滥用普遍化或者误用普遍化的情况，或者在不属于它们的地方应用概括。最终，只有参与其中的个人——当然，通常是在训练有素的听众的帮助下——才能对自己的生活和愿景建立看法并进行评估。

心理社会框架具有折中性和选择性的特点，它一直建立在多个知识体系之上，包括精神病学、心理学、社会学、人类学以及社会工作学科。心理社会工作者可以尽可能多地使用各种各样的理论，如科胡特（Kohut，1971，1977）和肯伯格的理论（Kernberg，1975，1984）、社会角色的人际概念（Biddle & Thomas，1966；Davis，1986）、家庭沟通研究（Nelsen，1980；Satir，1967）和宏观观点（Bertalanffy，1968；Bronfenbrenner，1989），去全面了解案主的内心、人际和环境方面的因素。经验告诉我们，对个人、人际和组织化等不同层次的有效干预需要多种概念，面对一个有着很多层面的问题和困境的案主时，社会工作者不能采用个单一的想法或实践技术来解决案主的困境。

价值基础

基本价值观指导着心理社会理论和实践的各个方面。根据定义，心理社会框架中没有收入那些与这些价值不相容的想法或治疗方法。这一方法的支持者普遍认为，没有任何一种权宜之计足以让这些标准妥协。

社会工作者秉承的一个基本和持久的价值是对每个人固有价值的持久尊重，并由此产生了对个人福利的深切关注和承诺。长期以来，社会工作者普遍认为，只要不过度侵犯他人的权利，每个人都有权选择自己的生活方式，无论这种生活方式对其他人来说有多么独特或不恰当。政治或制度上的限制不能阻止我们尽一切努力帮助人们克服实现自我的障碍，获得促进他们的潜力和抱负的机会。例如，我们机构的反对工会运动的董事会成员，不应阻止我们为那些希望在自己的工作场所组织员工成立工会的案主提供帮助。

谴责同性恋或堕胎的宗教团体的成员完全有权利按照他们认为合适的方式生活，但他们不能阻碍我们帮助在这些问题上做出不同选择的人们。显然，对那些企图把自己的观点强加于人的人进行报复式的斗争不符合任何人的利益。相反，在可能的情况下，我们接受的训练和经验会指导我们寻找调解和教育的方法，以促成一种气氛，在这种气氛中，分歧不必导致任何一方采取胁迫或恐吓的策略。我们自己对有争议的问题的看法并不重要，我们对人们有权决定他们自己要走哪条路的持久信念，是影响我们工作方式的基本价值。

心理社会工作者对待求助者的态度的两个基本特征来自这些价值观：第一，接纳；第二，尊重案主自我指导的权利，即自己做决定，这个概念有时被称为案主自决。

所谓接纳，指的是不管案主的态度和行为是否吸引我们，我们都要保持一种热情友好的态度。要想有所帮助，接纳必须超越客观、宽容或对一个人的行为或困境的理性理解。同理心是指一种能够进入他人内心并掌握他人的内心感受或主观状态的能力，是接纳的关键组成部分。在大多数情况下，只有当社工能够真正对案主产生同理心时，案主才会开始感到被理解，而不是被评判。我们越是能够"感受到"案主的痛苦（理解案主源于失望、被剥夺、偏执、虐待、暴力和被拒绝等经历而产生的绝望、愤怒、无望的感受），越有可能将他们带入一个建设性的伙伴关系中。

个人自我指导的权利，正如已经指出的那样，是心理社会观点的核心。案主能够更多地自己做决定，更好地主导自己的生活，社会工作者则应较少地承担案主的责任或指导他们的行动或选择。当然，许多案主在生理或情感上有障碍，或者受社会经济环境的限制，他们的选择似乎很少。我们应竭尽全力帮助他们：第一，以最大限度地干预环境，将机会最大化；第二，支持那些由于各种原因不愿意或不能自己做出决定的人，或者代表他们在可能的范围内采取行动。我们从经验中了解到，即使是小的自主行动的机会（例如允许疗养院病人从菜单中选择或规划他们房间里的家具布置）也能帮助人们感到不那么绝望且更有能力和独立性。同样，我们应谦逊且尊重案主，向他们传达他们是生活中的专家，他们的独特品质和世界观是重要且需要被理解的。

案主的保密权符合已提及的价值。在除了危及生命或几乎危及生命的情况下，或有时涉及未成年人的情况下，案主有权拒绝与他人共享关于他们的任何信息。通常，向案主直接解释为什么与他人交谈或联合会谈有助于目标实现时，是容易得到他们的理解的。但是，在当今强制性汇报和官僚主义侵扰工作人员与案主关系的日子里，对案主隐私权的细致关注比以往任何时候都更加必要。

社工－案主关系

多年的经验和研究表明，成功的个案工作取决于案主和个案工作者之间的关系的质量。贝克和琼斯（Beck & Jones，1973）发现，在家庭机构中，与其他案主或服务特征相比，良好的社工－案主关系与积极的治疗结果显著相关。

积极的治疗关系源自工作人员表现出非控制性的温暖、关心、真诚、准确的同理心和非评判的接纳，以及工作人员表达出的乐观和职业能力。当然，案主必须调动一些勇气、希望和动力来与工作人员合作，信任工作人员有能力帮助自己。因此，工作人员和案主都为双方的联盟贡献了重要的成分。

毋庸置疑，许多障碍都会阻碍有效的社工－案主合作的开展。寻求帮助的人通常会感到焦虑，有时会因未解决的困难而感到羞愧，有挫败感。害怕依赖他人则会让他们产生恐惧感。个人感知到的年龄、性别、种族、民族背景或阶级的差异会加重案主的担心，害怕社工无法真正理解其环境或需求。当案主像我们的许多案主一样，成为种族主义和社会压迫的受害者时，对权力差异的感知会助长案主的不信任和谨慎（Pinderhughes，1989）。这种关系经常受到周围的转介环境的影响：许多案主被配偶催促接受治疗，青少年和儿童有时被父母或学校系统强迫接受服务，还有案主被法院强制接受服务。

外部权威系统可能会指导案主进行治疗，但是其接受服务的意愿可能会因此受到阻碍。通常，非自愿的案主会怀疑工作人员的忠诚度，质疑工作人员对自己的关注和需求的承诺。然而，通过训练、经验和自律，心理社会工作者会变得适应现实和不现实的消极案主的反应，并善于将导致防御态度的各种生活史联系起来（Woods & Hollis，1990）。工作人员需学会对潜在的需求和感觉做出反应，而不是对看似敌对或拒绝的行为做出反应。当然，工作人员的责任是努力使出现的分歧或负面反应公开化，从而进行讨论和处理，这样，障碍可以被转化为增进信任、相互理解和合作的机会。

为了提高效率，社会工作者必须非常熟悉他们自己的反应模式，以及可能使他们产生反应从而产生反治疗作用的情感触发因素。我们相信，个人心理治疗是必要的，因为它可以防止工作人员从自己过去的经历或当前关注的问题中产生未经处理的情绪反应，从而破坏治疗关系。当社工了解并信任他们的主观感受时，他们不仅可以避免许多反移情陷阱，而且可以将这些反应作为人格问题的信号和干预的指导（Scheunemann & French，1974）。在帮助社工确定哪些个人情感得到了表达，哪些没有得到表达时，自我意识也是必不可少的，从社会心理学的角度来看，一定要慎用自我表露（Goldstein，1994；Woods & Hollis，1990）。

社工-案主关系可以作为一种矫正性情感体验，不同于与最初的照顾者的互动模式。例如，当一名社工鼓励曾经被控制型照顾者控制的案主独立自主时，这种新的人际交往体验可以促进案主的成长。相比之下，其他被忽视或较少接受指导的案主，可能需要一名社工来设定明确但却充满关怀的界限，帮助他们控制焦虑或发泄，自尊可以因此得到培养。还有一些人可能需要一位既不喜欢评判也不喜欢惩罚的社工反复证明自己的可靠性和同理心。这些新的人际经验可以帮助案主巩固发展性任务，通过修复一些过去的空白点、延迟或阻碍健康成熟的创伤性经历，理想情况下，更良性的关系模型得以内在化。

各种干预方法

心理社会研究

收集事实与解释事实

在心理社会个案工作中，首要的重点是试图理解案主的困境以及导致他们境况的原因。我们将这种理解过程称为心理社会研究，这种研究需要社会工作者观察和收集准确的事实，然后以有序的方式排列它们。通常，但不一定总是，大部分数据是从早期访谈中获得的，然而，有选择的事实收集通常会在与案主的整个接触过程中持续存在，随着新的理解的加深，治疗重点就出现了。虽然收集事实和治疗可以同时进行，但是，心理社会研究与诊断理解还是需要分开的，诊断理解代表了社会工作者对事实的思考。要尽可能将事实和解释分开，这有助于引导社会工作者不要为了适应理论而歪曲事实。

首次面谈

事实收集开始于社会工作者从案主那里了解他们对问题的看法、导致问题的原因、他们如何补救它、他们认为现在可能存在的帮助资源，包括人、机构或更大的系统。社会工作者的询问不仅能够帮助案主感受到被理解，而且强调了他们参与讨论当前困难的重要性。此外，当案主重述他们的困难和可能的解决办法时，这个步骤可以培育他们以新的眼光看待自己的困难。同时，用系统的术语来讲，社会工作者会探究到底什么原因导致了案主的问题。用弗洛伦斯·霍利斯（Florence Hollis，1970）的话来说，"人与情境互动"是"关注的最小单元"（pp. 46-47），因为一组互动力量总是一起发挥作用，不管它是个人的人格系统、父母-子女系统、婚姻或家庭系统，还是健康或工作系统。例如，一个人报告自己感到疲劳、对生活不感兴趣或产生绝望感时，可能涉及多种系统，如对抑郁症的遗传易感性、在家中与青春期孩子未解决的紧张关系、婚姻关系的裂痕、冠心病、预期寿命、就业压力、长期的资金短缺、偏执等。生物心理社会研究阐明了案主困难的系统性和互动性背景，会使得案主和社会工作者发现造成眼前困难的一组连锁因素，通过重新认识这些因素，他们将能够找到干预的突破点。

信息的其他来源

虽然案主自己的陈述和反思为心理社会研究提供了重要的基础，但是其他的信息来源，包括对案主的非语言行为和举止以及社工-案主关系的动态观察，通常也被证明是有用的信息。事实收集而非解释是最初的目标。身体姿势、眼神接触和手势都可能提供案主对社会工作者的感觉状态或态度的线索，但是想要准确解码这些信息，要求社会工作者对文化模式和案主赋予的个人含义保持高度敏感。当然，案主是最好的信息来源，非语言信息也是重要的信息。此外，如果获得了许可，并且案主已清楚地理解了许可的原因，那么与旁系亲属的接触就会揭示出案主不知道或由于某种原因忽略了的事实。

联合面谈能够为社会工作者提供内部人际事务的信息，这些信息是很难从案主报告中单独获取的。丈夫可能抱怨妻子疏远而冷漠，但是，当看到夫妻在一起互动时，社会工作者可能会发现丈夫也在推开妻子，从而减少了保持亲密的机会。父母与子女之间的动力关系在全家人都参加的会谈中会表现得更加明显，这时就需要开放式地观察他们的沟通方式、关系模式、情感反应、知觉的扭曲和差异，并进行公开讨论。在一个探索性的家庭会议中，当妻子开始哭泣时，丈夫可能会感到焦虑和愤怒，儿子感到被责怪时，就会逃避。对家庭成员分别进行的调查表明，丈夫解释妻子的哭泣是因为他不能满足妻子，妻子认为丈夫的愤怒是对她的一种令人痛苦的疏远，儿子认为自己应该为父母的不安而受到责备。显然，在与任何一个家庭成员的个人会晤中，都很难获得这些信息。当然，社会工作者解释了为什么需要召开全家人参与的联合会议后，具体邀请谁来参与最终必须由案主来决定。

儿童心理社会研究表明，父母、教师通常要帮助专业人员获取信息；儿童世界中有影响力的参与者往往会成为重要的心理社会信息的主要来源。由于儿童往往对周围环境特别敏感，直接观察亲子关系或子女家庭关系（有时在家庭中进行）可以揭示出家庭成员之间与儿童状况相关的动态信息。在学校进行观察可以获得孩子与其他孩子和学校人员互动的情景。

早年生活历史和对生命阶段因素的探索

如何探索广泛而深入的早期生命史取决于案主指出的关注点。由于心理社会个案工作侧重于有意识的和前意识的材料，与精神分析相反，发现被压抑的早期感觉或记忆不是关注的焦点。然而，似乎直接与社工-案主有关的家庭问题和早期发展信息往往需要得到处理或澄清。这样的探索自然会遵循一个主题，即这些探索是在讨论困难的起源的过程中逐步展开的。案主自己经常想要知道或注意到当前的行为模式是如何与童年时期的关系或早期发展阶段相关联的。一位女性可能会宣称："当我 12 岁，父亲离开家的时候，一切都变了，那时我正进入青春期，我从一个外向、自信的孩子变成了一个对异性有着致命恐惧的内向少年。"我们将在治疗的讨论中看到，这些信息可以成为反思影响目前问题的反应模式的动态关系及发展性事件的基础。

生活中的许多问题都出现在个人和家庭生命周期的发展阶段，想要解决这些问题，需要在个人调整和家庭平衡方面做出改变。例如，一个孩子的成长进入青春期，随之而来的是青少年、家庭和社区的任务、挑战和焦虑。关注家庭生活的预期阶段和转变——舍茨称之为"规范性危机"（Scherz，1971）——拓宽了研究的重点，同时将案主标记为异常或病态的情况正常化。焦虑常常伴随着父母角色和任务的转变。例如，限制与初学走路的孩子的关系是对母亲的挑战，因为这对于母乳喂养来说是无法做到的，应对叛逆的青少年需要掌握谈判技巧，而这些技巧通常不同于与年幼的孩子沟通所需要的技巧，照顾年老体弱的父母有时意味着需要进入与几年前截然相反的角色。当案主意识到他们的困惑或沮丧与许多处于相同处境的人非常相似时，他们常常会感到宽慰。社会工作者的一个简单评论，例如"当然，你感到的这些变化的压力，几乎每个人都会有同样的感受"会让案主在得到宽慰后，能重新定义问题和寻求新的解决方案。

生命阶段转变的影响——结婚、为人父母、离婚、退休——需要被仔细审视（Carter & McGoldrick，1989；Golan 1981）。毫无疑问，父母在子女五岁时死亡与在子女五十五岁时死亡会产生非常不同的影响。人们进入新生活阶段的期望，会影响他们应对和做出调整的能力。例如，当年迈的祖父母突然成为三个因艾滋病成为孤儿的孙辈的监护人时，我们需要理解这种角色转换对他们意味着什么。他们的休闲梦想（终于）破灭了吗？他们的新角色会让他们感到难以承受吗？承担的责任是否符合文化期望，并被社会认为是正当的责任？或者，让孩子待在家里会让祖父母精力充沛，给他们的生活带来新的目标感吗？当我们仔细倾听案主的话，听他们详细解释这些意义的时候，心理社会研究的目的就达到了。这一点在作者对一位案主的初步采访中得到了清晰的体现，这位案主的丈夫几年前在一场悲剧中丧生，面对社工的悲伤的表情，妻子回答："是的，太可怕了。可是，要是我真的爱上了他，那该有多糟呀！"

心理社会评估和干预

评估人在情境中

开展心理社会评估，首先要对从心理社会研究中收集的事实进行批判性思考。现在，社工的任务是概念化在人-情境配置中起作用的多个系统是如何相互作用的。在大多数情况下，即使只有短暂的接触，社工也会分析情境压力、生活事件、人格功能、家庭环境和其他相关因素是如何共同作用，造成案主所面临的特定困境的。

更具体地说，评估同时处理和形成两个主要问题假设：（1）问题如何以及为什么存在；（2）人-情境完形中的谁和什么可以被改变。只有确定在哪里可以进入多个系统，以及哪个系统最容易被改变后，才能设计出有效的治疗策略。因此，评估必须确定突破口，并评估个人、家庭、社会网络和社区改变的能力、动机和机会（Ripple et al.，1964）。社工普遍会考虑的问题是：什么样的个人优势是可以被挖掘出来的？哪一名家庭成员是最容易接近或是最有改变的动力的？可以动用或动员什么样的社区制度和资源？例如，如果一个丈夫寻求婚姻咨询以挽救他的婚姻，但他的妻子坚持离婚，那么无论如何干预也不能让他们破镜重圆。然而，离婚的夫妇可以签订合同，以团队的形式养育孩子，而不是让孩子陷入他们之间的愤怒交火中。社工所了解的为离异家庭的孩子提供帮助的互助小组，可能会使年轻人有机会在困境中感到不那么孤独。在另一种案例下，社会工作者可能无法为因火灾而无家可归的家庭提供住房，但是可能动员大家庭和/或社区网络来提供紧急救济。甚至在面对晚期疾病时，案主似乎几乎无能为力，但可以寻求临终关怀服务，例如帮助家庭照顾者得到支持、病人参与决策或与亲人分享感情。

现在应该清楚的是，从心理社会学的角度来看，个人的个性功能是评估的一部分而不是全部。当然，评估案主自我功能的优势和局限性很重要，但"个人"的表现总是受到环境因素的限制。众所周知，相同的人在不同的环境中的感觉和行为都是非常不同。例如，一方面，一名女性在工作中受到了重视，获得了成功，她可能会感到舒适、愉快和产生效能感。另一方面，在家里，作为一个单身母亲，她和一个好战的十几岁的儿子生活在一起时，可能会感到绝望、沮丧和失败。

心理社会工作者认为精神病学的描述范畴是状况，而不是人本身。因此，具有边缘型人格障碍特征的人不是"边缘型"。我们关心的是状况——精神疾病或其他状况——如何影响案主所期望的目标的实现。而最重要的是评估个人的能力、支持系统和社会资源是如何被调动以克服障碍的。

案例片段

约瑟夫（Joseph），一个 16 岁的爱尔兰-意大利混血男孩，来自一个蓝领中下层阶级家庭，被他的母亲转介来接受个案治疗。母亲抱怨他"在家里大发雷霆"，频繁和激烈地与同龄人争斗，并语言虐待他的弟弟。然而，这个家庭的社会心理学研究表明整个家庭系统处于危机之中。父亲多年前被诊断出患有多发性硬化症，变得越来越虚弱，害怕失去工作和健康福利保险，他郁郁寡欢，与家人争论不休，并经常批评约瑟夫。母亲过分担心并承担起了整个家庭的责任，除了安抚父亲，也对儿子提出了苛刻的要求。她提到，她害怕未来，她也承认自己试图在家中"控制一切"。约瑟夫和他的父母之间的冲突加剧了，因为这个男孩需要独立和从家庭中解放出来。然而，父母认为在他们的文化伦理中，孩子必须尊崇"爱与服从"，这使约瑟夫陷入了困境。他感到自己被束缚，不能顺利开展下一步的计划和个人发展——做出适合年龄的决定，追求自己的利益。"他们从不允许我离开他们的视线"，他抱怨道。此外，这个男孩还在生活中渴望成为一个健壮的男人，社会工作者推测，这个孩子似乎无法对他那身体虚弱、尽管强势但很唠叨的父亲表示尊重。

结果，第一次家庭会议之后，约瑟夫向社会工作者宣布他不会再来了，他已经向社会工作者解释了父母对他所做的事，他说"现在该由他们来改变了"。在社会工作者的支持下，看起来充满自我意识和最应积极参与的家庭成员——母亲，决定继续治疗，她认为有必要改变自己的行为。她自然而然地把她对失去家人的恐惧联系到了她的家族失去家人的历史。不久，她鼓励她不情愿的丈夫第一次和她一起参加会谈，他们公开谈论了未来，以及丈夫的病对他们所有人的影响。据透露，之前被描述为"容易相处"的小儿子变得越来越孤僻。在社会工作者的帮助下，父母与孩子的老师一起参加了会谈。夫妻双方都看到了在这样一个被悲伤和恐惧压得喘不过气来的家庭中，约瑟夫是如何变成替罪羊的。最重要的是，父母本身不再彼此争论，也不与孩子们争论。在相互支持下，危机中的每个人的愤怒感都降低了。社会工作者给父母介绍了一个名为"焦点时间"的组织，它为夫妻提供治疗小组。这个组织还指导父亲寻求医疗保险和福利方面的顾问的帮助，也包括理疗项目。在终止服务之前，在父母的催促下，男孩们同意参加家庭会谈。家庭中的紧张局势已经大大地缓和了。父母们公开谈论困难问题，互相倾听新改变，让男孩子们不再为阴郁、愤怒和焦虑的家庭气氛所缠累。既然可以讨论父亲的疾病问题，而且约瑟夫也不再受到父母的批评和控制，他就可以和父亲分享自己对父亲疾病的哀伤，以及自己过去的一些行为。

在这个例子中，在评估造成家庭危机的各种因素时，可以看到母亲的可及性有助于治疗家庭内部力量的平衡，为每个成员带来更大的帮助。如果社工试图向不情愿的约瑟夫施压，要求他帮忙，或者社工坚持为生病的父亲单独开展工作，这次的治疗肯定会失败。母亲对改变自己的情绪反应和行为的意愿，最终导致了整个系统平衡的转变。

心理社会干预

574

如实例所示，心理社会治疗通常采用个体、夫妻、家庭和环境模式的混合模式。当评估结果出来之后，与其他重要他人的会谈和小组工作实践的范围都扩大了。在与有症状的孩子的工作中，家庭成员是最重要的改变资源。塞尔玛·弗莱伯格和他的同事（Selma Fraiberg，1975）发现，父母的干预会直接影响"处于危险中的儿童"未来的健康和发展。谢蒂克（Chethik，1989）呼吁通过多种方法转变阻碍家庭健康发展的功能失调的家庭互动。范·弗利特（Van Fleet，1994）在一项名为"子女疗法"的治疗中，指导父母改善他们之间的"契合度"。在家庭的背景下治疗儿童和青少年是心理社会工作的一个既定部分，这种治疗可以帮助年轻人和老年人加强家庭关系（Arnold，1978；Combrinck-Graham，1989；Minuchin，1974；Satir，1967；Wachtel，1994）。利用多家庭小组会议和家庭心理教育可以帮助住院的青少年和青年重新进入他们的社区，照顾患有精神分裂症的亲人的家庭成员得到了这些干预措施的支持（MacFarlane，1983）。

无论是安排一名家庭健康护理人员协助案主患病的父母，还是主张案主有权获得住房补贴，社工和案主的共同评估表明，心理社会工作者可以直接干预案主的社会和社区环境。霍利斯（Woods & Hollis，1990）对环境程序进行了分类，其中包括社工作为资源提供者和定位者的角色、有担保的解释者和调解者的角色，以及积极的干预者（或委托人）的角色，所有这些都是定义心理社会实践的人与情境双重焦点的组成部分。特纳增加了中介人的角色，当社会工作者发挥作用时，他就是"案主涉及的各种服务和资源的协调者和管理者"（Turner，1986，p. 496）。正如特纳所指出的，社会工作者是"社会服务的管理者"，在我们日益增长的"多服务环境"中，是非常需要的。

心理社会工作者经常会与治疗小组或社区工作队的其他助人性专业人员开展合作。对处于危险中的幼儿的评估几乎都需要专门知识，而这些知识只有团队方法才能提供。与此同时，社工经常带头与其他服务提供者开会，为利用多种服务的家庭制订协调的治疗计划，如果没有这样的合作，家庭和个人可能会陷入困境，最终无法获得需要的服务或者完全得不到任何服务。

工作者-案主沟通的类型

弗洛伦斯·霍利斯和同事根据对数百个案例记录的系统研究，将已成为所有直接心理社会实践模式基础的社工与案主之间的沟通进行了分类（Hollis，1968；Woods & Hollis，1990）。社工使用的治疗过程的六大类别是非常不同的——在不同的时间，用不同的方式，服务双方确定的目标实现，建立融洽的关系，提供建议，帮助案主释放压抑的情绪，收集信息，并鼓励反思案主的现状和他们自己的行为模式，以及早期生活经历对他们目前的态度和行为的影响。有时，社工在这些沟通中非常主动，在其他情况下，案主会主导探索和思考。以下是这些程序的简要总结。

（1）支持是指那些激发兴趣、接纳、同理性理解、安慰和鼓励的语言和非语言交流。一个理解的点头或微笑，诸如"这些感觉是自然的"或"多说一点"这样的陈述有助于减少案主的焦虑，鼓励他们信任社工，分享他们的担忧。

（2）直接影响包括不同程度的仔细考量过的建议或者提议，如"这样有帮助吗？""也许_____会更好"，或者"我认为你可以_____"。针对父母的指导和危机干预可能需要采用直接影响的方法，社工有时会表达强烈的意见，甚至敦促案主采取特定的行动。当然，最好是让案主通过他们自己的思维方式得出结论，但有时思考方向应被清楚地指示出来。

（3）探索、描述和排解描述了案主和社工之间的沟通，这些沟通会使社工对案主所经历的事实有所了解，并连带与此相关的感受。例如，社工可能会说："请多告诉我一些工作中的问题"，或者"你和你的同事聚在一起时会发生什么？"当感觉被排解时，案主经常会体验到即时的情绪缓解。

（4）人-情境配置的反思帮助案主进一步了解自己对当前环境和与他人互动的感知、想法和感受。一个父亲会被一个不听话的女儿搞得非常生气而又困惑不解，这时社工可能会问："你现在能想到是什么让你的女儿心烦意乱、如此肆无忌惮吗？"以及"是什么让她变得如此难以相处？"邀请大家来讨论社工-案主关系也是人-情境反思的一部分："我想知道你是否认为我太吹毛求疵了（或者太冷漠、太生气）。"

（5）动态性反思有助于识别案主的行为倾向或导致案主采取特定行动及对某一事件的思考的思维和感觉模式。可以这样厘清行为模式："你认为你倾向于寻求与那些没有时间的人的亲密关系吗？"或者"你觉得你会和那些没有时间的人争论吗？""你觉得当你对丈夫感到厌烦时，就会跟儿子吵架吗？"这些问题可以鼓励案主探索他们的内在功能，如："你注意到你批评自己和贬低自己的想法了吗？"或者"我想知道你是否希望别人会照顾你，就像你照顾他们那样。"

（6）发展性反思促使案主考虑原生家庭或早期生活经历，这些经历对当前的个性和功能有直接影响。"你以前有过这样的感受吗？"这个问题可以帮助人们把现在的感觉和过去的情况联系起来。有时，一个这样的问题会促使案主认识到特定的早期经历和眼前行为或态度之间的关系，帮助青春期孩子的父母们反思他们自己的早期经历："青春期对于你们来说是什么样的？"使用疑问句可以提升案主的洞察力："你认为你在逃避你的老板吗？指望他向你父亲那样来批评你吗？"有时提问比解释的效果更好，案主可以自由地表达不同意见，或者纠正社工的意见。

案例说明

一位案主抱怨与妻子关系紧张（排解），且仔细观察社工是否有不赞成的迹象。社工点点头，好像在说"我明白"（支持），并鼓励他："多告诉我一些情况，这样我才能真正理解你的婚姻对你来说是什么样的。"社工不带评判并关心他人的态度有助于引导案主进一步了解情况（支持和探索）。当案主给出更多细节时表达了自我怀疑，但是社工的评论使他放下心来："亲密关系经常是混乱的，充满了强烈的感情。"（支持）这种安慰引导案主描述了频繁的"口头辱骂"，他感到羞耻和悔恨（排解）。在了解案主感受的同时，社工鼓励他详细讨论到底发生了什么（支持和探索）。当案主继续发言时，这位社工温柔地问道："当你发现你在给你的妻子打电话时，你会有什么感觉？"在社工的帮助下，当妻子把他推开时，当事人诉说了他的愤怒（人-情境的反应）。当社工问被推走对他来说意味着什么时，案主回答说："我总是觉得有人离开我也没关系。"（模式-动态反应）在日常会话中，案主发起了关于童年的评论——父亲经常缺席，母亲专心于长期患病的妹妹。在这一点上，在社工的少量帮助下，他看到了自己对妻子的强烈渴望和他多年前所拥有的感情（发展反应）之间的联系。

评估和干预技术支持

将心理社会信息组织成视觉图表有助于理解人-情境完形的立场（Meyer，1993，Chapter 6）。这些辅助技术可以成为一种干预形式，使社工和案主协同工作获取信息，从而揭示案主当前和过去的特殊情境。生态地图（Hartmann，1978）有助于识别社会资源、支持网络，以及个人或家庭生态系统中的压力区域。家谱图（Bowen，1978；Guerin & Pendagast，1976；McGoldrick & Gerson，1985）以图形的方式展示了几代人的家族信息、模式以及家族关系的金矿，从中可以得出关于当前所关注的问题如何与家族历史相关的假设。由维吉兰特和麦里克（Vigilante & Mailick，1988）开发的发展评估之轮直观地捕捉了心理社会评估的广度，提醒我们在评估人们的生活问题时要涵盖文化、社会、物质、发展、精神和历史因素。

577

心理社会实务环境

心理社会工作者使用的许多实践模式包括个体治疗、婚姻治疗、家庭治疗、团体治疗以及与相关人员和环境的合作，这些实践模式可以在很多场合应用。同样，长期治疗和短期治疗、危机干预、预防性治疗、攻击性外展和创伤治疗都被广泛使用，包括学校、社区机构、店面、工作场所、医院、铁路车站、案主住宅、私人办公室和灾难现场。在一些地区，家庭保护计划为案主、家庭提供二十四小时的密集服务。毋庸置疑，提供最需要的服务的能力，取决于在公共和私营部门有影响力的人的一时兴起。财政削减、对某些案主群体持负面态度以及官僚干预或冷漠，可能导致关于如何以及在哪里提供服务之类问题的重要决策，这些决策往往是不人道的。

新视角和既定原则的整合

历史上，心理社会工作者通过实证案例研究评估了他们的实践（Woods & Hollis，1990）。定性研究方法，如参与者-观察者研究、自然主义探究、民族志研究、叙事和结构主义方法，符合心理社会实践的个案研究传统，也符合作为该方法的基础的人本主义的价值观。随着现代主义科学不断受到攻击（Heineman，1981；Pieper，1989），社会工作更加清晰地表达了"默契"和"实践智慧"的概念（Imre，1984，1985），我们可能会越来越多地和定性研究合作，研究对心理社会实践更重要的东西。事实上，定量方法可能无法充分衡量我们需要知道的一切。谢尔曼和里德指出了定性研究和心理社会实践之间的联系："我们有理由认为，玛丽·里士满（Mary Richmond，1917）在《社会诊断》一书中描述的个案研究方法是一种合理的定性研究方法。"（Sherman & Reid，1994，p. 1）然而，无论选择定性还是定量方法，我们都主张系统地评估与我们所从事的关系导向工作相关的实践和程序，并与我们所持的以案主为中心的价值观保持一致。

心理从业者比以往任何时候都需要进行全面评估，并采取多种干预措施。复杂实践问题包括艾滋病、无家可归、失业和机构种族主义，以及许多其他社会问题，至少涉及个体、家庭、社区和整个国家。泰勒-布朗（Taylor-Brown，1995）在其对艾滋病病毒/艾滋病人群的直接审查充分说明，在人类系统各层面提供服务对我们的工作至关重要。

自玛丽·里士满于 1917 年首次出版《社会诊断》以来，我们已经取得了长足的进步。这本具有里程碑意义的著作确立了心理社会实践的核心原则。使社会心理学方法保持重要和平衡的是其实践者区分趋势和原则的能力。作为一个开放的思想体系，这个框架只有在新理论和新知识符合既定概念的情况下才接纳它们。这样，心理社会治疗可以在不影响其独特身份的情况下得到扩展。不坚持基本价值的新治疗理念和模型是不被接受的。准确的研究、评估和不同的治疗计划在实践中至关重要，即使有时间限制也是如此。无论时间因素、治疗方式、案主的目标选择或社会和政治压力是怎样的，相互关系、案主的自我指导和保密的价值观永远不能妥协。在丰富的奉献和经验的指导下，心理社会工作者将继续扩大他们的视野，以回应当前的需求和迎接新的挑战。

参考文献

Ainsworth, M. (1973). The development of mother-infant attachment. In B. Caldwell & H. Ricciuti (eds.), *Review of Child Development Research* 3:1–94. Chicago: University of Chicago Press.

Angell, R. (1936). *The Family Encounters the Depression*. New York: Scribner.

Arnold, L. (1978). *Helping Parents Help Their Children*. New York: Brunner/Mazel.

Beck, D., & Jones, M. (1973). *Progress in Family Problems*. New York: Family Service Association of America.

Benedict, R. (1934). *Patterns of Culture*. New York: Houghton Mifflin.

Bertalanffy, L. (1968). *General Systems Theory: Foundations, Development Application*. New York: Braziller.

Biddle, J., & Thomas, E. (eds.). (1966). *Role Theory: Concepts and Research*. New York: Wiley.

Bowen, M. (1978). *Family Therapy in Clinical Practice*. New York: Jason Aronson.

Bowlby, J. (1969). *Attachment and Loss*. Vol. I: *Attachment*. New York: Basic Books.

——— (1973). *Attachment and Loss*. Vol. II: *Separation Anxiety and Anger*. New York: Basic Books.

Bronfenbrenner, U. (1989). Ecological systems theory. *Annals of Child Development*, 6: 187–249.

Carter, B., & McGoldrick, M. (eds.). (1989). *The Changing Family Life-Cycle: A Framework for Family Therapy* (2nd ed.). Boston: Allyn & Bacon.

Cavan, R., & Ranck, K. (1938). *The Family and the Depression*. Chicago: University of Chicago Press.

Chethik, M. (1989). *Techniques of Child Therapy: Psychodynamic Strategies*. New York: Guilford Press.

Cloward, R. (1959). Illegitimate means, anomie and deviant behavior. *American Sociological Review*, 24:164–176.

Combrinck-Graham, L. (ed.). (1989). *Children in Family Contexts: Perspectives on Treatment*. New York: Guilford Press.

Davis, L. (1986). Role theory. In Francis J. Turner (ed.), *Social Work Treatment: Interlocking Theoretical Approaches* (3rd ed.) (pp.541–563). New York: Free Press.

Erikson, E. (1950). *Childhood and Society*. New York: W.W. Norton.

———. (1959). *Identity and the Life Cycle*. New York: International Universities Press.

Fraiberg, S., Adelson, E., & Shapiro, V. (1975). Ghosts in the nursery. A psychoanalytic approach to the problems of impaired infant-mother relationships. *Journal of the American Academy of Child Psychiatry 14*(3), 387–421.

Freud, A. (1946). *The Ego and the Mechanisms of Defense*. New York: International Universities Press.

Golan, N. (1981). *Passing Through Transitions: A Guide for Practitioners*. New York: Free Press.

Goldstein, E. (1994). Self-disclosure in treatment: What therapists do and don't talk about. *Clinical Social Work Journal 22*(4), 417–433.

Guerin Jr., P., & Pendagast, E. (1976). Evaluation of family system and genogram. In Philip Guerin, Jr. (ed.), *Family Therapy* (pp. 450–464). New York: Gardner Press.

Hamilton, G. (1940). *Theory and Practice of Casework*. New York: Columbia University Press.

Hankins, F. (1930). Contributions of sociology to social work. *Proceedings of the National Conference of Social Work*. Chicago: University of Chicago Press.

Hartman, A. (1978). Diagrammatic assessment of family relationships. *Social Casework*, 59:465–476.

Hartmann, H. (1939). *Ego Psychology and the Problem of Adaptation*. New York: International Universities Press.

Heineman [Pieper], M. (1981). The obsolete scientific imperative in social work research. *Social Service Review*, 55 (September): 371–97.

Hollis, F. (1964). *Casework: A Psychosocial Therapy* (1st ed.). New York: Random House.

———. (1968). *A Typology of Casework Treatment*. New York: Family Service Association of America.

———. (1970). The psychosocial approach to the practice of casework. In R. Roberts & R. Nee (eds.), *Theories of Social Casework* (pp. 33–75). Chicago: University of Chicago Press.

Imre, R. (1984). The nature of knowledge in social work. *Social Work 29*(1), 41–45.

———. (1985). Tacit knowledge in social work research and practice. *Smith College Studies in Social Work 55*(2), 137–149.

Kardiner, A. (1939). *The Individual and His Society*. New York: Columbia University Press.

Kernberg, O. (1975). *Borderline Conditions and Pathological Narcissism*. New York: Jason Aronson.

———. (1984). *Severe Personality Disorders*. New Haven: Yale University Press.

Kohut, H. (1971). *The Analysis of the Self*. New York: International Universities Press.

———. (1977). *The Restoration of the Self*. New York: International Universities Press.

Komarovsky, M. (1940). *The Unemployed Man and His Family*. New York: Dryden Press.

Mahler, M. (1968). *On Human Symbiosis and the Vicissitudes of Individuation*. New York: International Universities Press.

———, Pine, F., & Bergman, A. (1975). *The Psychological Birth of the Human Infant*. New York: Basic Books.

McFarlane, W. (ed.). (1983). *Family Therapy in Schizophrenia*. New York: Guilford Press.

McGoldrick, M., & Gerson, R. (1985). *Genograms in Family Assessment*. New York: W.W. Norton.

McGoldrick, M., Pearce, J. K., & Giordano, J. (eds.). (1982). *Ethnicity and Family Therapy*. New York: Guilford Press.

Mead, M. (1935). *Sex and Temperament in Three Primitive Societies*. New York: William Morrow.

Meyer, C. (1993). *Assessment in Social Work Practice*. New York: Columbia University Press.

Minuchin, S. (1974). *Families and Family Therapy*. Cambridge: Harvard University Press.

Nelsen, J. (1980). *Communication Theory and Social Work Practice*. Chicago: University of Chicago Press.

Parad, H. (ed.). (1958). *Ego Psychology and Dynamic Casework*. New York: Family Service Association of America.

Parad, H., & Miller, R. (eds.). (1963). *Ego-oriented Casework: Problems and Perspectives*. New York: Family Service Association of America.

Perlman, H. (1957). *Social Casework: A Problem-solving Process*. Chicago: University of Chicago Press.

Pieper, M. (1989). The heuristic paradigm: A unifying and comprehensive approach to social work research. *Smith College Studies in Social Work*, 60:8–34.

Pinderhughes, E. (1989). *Understanding Race, Ethnicity, and Power: The Key to Efficacy in Clinical Practice*. New York: Free Press.

Rank, O. (1936). *Will Therapy*. New York: Knopf.

Richmond, M. (1899). *Friendly Visiting Among The poor: A Handbook for Charity Workers*. New York: Macmillan.

————. (1917). *Social Diagnosis*. New York: Russell Sage Foundation.

————. (1922). *What Is Social Casework?* New York: Russell Sage Foundation.

————. (1930). *The Long View*. New York: Russell Sage Foundation.

Ripple, L., Alexander, E., & Polemis, B. (1964). *Motivation, Capacity and Opportunity*. Chicago: University of Chicago Press.

Robinson, V. (1930). *A Changing Psychology in Social Case Work*. Chapel Hill: University of North Carolina Press.

Satir, V. (1967). *Conjoint Family Therapy*. Palo Alto, CA: Science and Behavior Books.

Scherz, F. (1971). Maturational crises and parent-child interaction. *Social Casework* 52: 301–311.

Scheunemann, S., & French, B. (1974). Diagnosis as the foundation of professional service. *Social Casework*, 55 (March), 135–141.

Sherman, E., & Reid, W. (eds.). (1994). *Qualitative Research in Social Work*. New York: Columbia University Press.

Taft, J. (1937). The relation of function to process in social casework. *Journal of Social Work Process*, 1:1–18.

Taylor-Brown, S. (1995). HIV/AIDS: Direct practice. In *Encyclopedia of Social Work* (19th ed.). Vol. 2 (pp. 1291–1305). Washington, DC: NASW Press.

Turner, F. J. (1978). *Psychosocial Therapy: A Social Work Perspective*. New York: Free Press.

————. (1986). Psychosocial theory. In F.J. Turner (ed.), *Social Work Treatment: Interlocking Theoretical Approaches* (3rd ed.) (pp. 484–513). New York: Free Press.

Van Fleet, R. (1994). *Filial Therapy: Strengthening Parent-Child Relationships Through Play*. Sarasota, FL: Professional Resource Press.

Vigilante, F., & Mailick, M. (1988). Needs-resource evaluation in the assessment process. *Social Work*, 33:101–104.

Wachtel, E. (1994). *Treating Troubled Children and Their Families*. New York: Guilford Press.

White, R. (1959). Motivation reconsidered: The concept of competence. *Psychological Review*, 66:297–333.

Winnicott, D.W. (1965). *Maturational Processes and the Facilitating Environment*. New York: International Universities Press.

Woodroofe, K. (1962). *From Charity to Social Work in England and in the United States*. Toronto: University of Toronto Press.

Woods, M., & Hollis, F. (1990). *Casework: A Psychosocial Therapy* (4th ed.). New York: McGraw-Hill.

第二十四章

角色理论和社会工作治疗

利安娜·维达·戴维斯

在社会工作领域中可能是最广泛地被引用的角色理论书籍中，布鲁斯·比德尔（Bruce Riddle）和坎德温·托马斯在近二十年前就觉察到"角色理论是一个新的探究领域。的确，除了支离破碎的评论之外，角色理论派的学者还没有定义、阐述和分析角色理论的构成要素，即研究领域，研究视角，使用语言，及知识体系、理论和探究方法"（6[①]，p. 3）。

大约十五年后，比德尔发现，角色理论的学者们仍未能创造一个完整的综合性理论，这导致这个理论的核心概念假设和研究领域有相当大的歧义（5）。也许，正如马文·萧（Mae-vin Shaw）和菲利普·科斯坦佐（Phillip Costanzo）所暗示的那样，角色理论之所以未能产生一个综合的理论陈述，是因为它根本不是一个理论。对于他们来说，"角色理论是由一些知识和原则构成的一个体系，是在同一时间指向一个方向，松散地与假设命题的网络相联系的一组理论，它是对某种社会背景中人类的社会功能的孤立的臆想，是几乎每个社会学家都会使用的词汇表中的一个语言系统"（51，p. 295）。

尽管角色理论的研究领域仍存有争议，但毫无疑问的是，"角色理论的框架有非常丰富的实践性的定义分类，并且它还提供了许多其他理论所没有的社会行为的分析方法"（14，p. 244）。此外，角色理论试图解释社会环境直接或间接地影响个人行为的方式，这与社会工作长期以来一直强调人与环境互动的观点是相一致的。而且角色理论还能系统地为这个社会工作观点提供理论和实证支持。正如赫伯特·斯特林在本书的早期版本中所描述的那样，"角色在社会工作中具有相当大的意义，因为它代表着一种个人表达方式及其社会行为的维度"（54，p. 387）。

历史起源

角色理论源于学术和非学术两个领域。而角色这个概念来自戏剧，并且传承了几个世

---

① 本章这种括注中前半部分的数字对应 575～577 页"注释"部分的序号。

纪，用以描述人们在与他人的有规律的互动中的可观察到的行为（p.46）。角色理论的核心观点，即我们在生活中扮演很多角色，尽管基本脚本由其他人提供的，但我们的扮演方式却是独一无二的。

角色理论的其他框架与社会科学领域的许多学科都有渊源。对人类行为持跨学科视角是这个理论的主要优势（2，5，44，46）。这里我们只能提及几个具有历史性建树的人物，这几个人物对角色理论的贡献对我们这些社会工作者的实践方式产生了重大影响。社会学家乔治·赫伯特·米德引入了"角色扮演"的概念，并着重强调这个概念在个人自我概念发展中的重要性（33），即通过认同我们生活中的重要人物发展自我认同感，将他们的态度内化为我们自己的态度，并从他们眼里看我们自己。约瑟夫·莫雷诺把角色扮演转化为一种治疗技巧，用以学习新的行为和增强案主理解他人的能力（38）。人类学家拉夫尔·林顿（Ralph Linton）和社会学家罗伯特·K.莫顿（Robert K. Merton）更关注社会制度结构本身与人们履行社会指定的义务的方法之间的关系（27，36）。林顿把角色行为的静态方面和动态方面区分开来，即被社会系统指定的角色行为的位置或状态，和已处于这种位置和状态的行为者所期望和表现出来的规律性的行为或角色。林顿认为，即使每个人都会有很多身份，但却扮演着同一个角色。莫顿认为，人们实际上有一系列不同的角色，即角色集，与人们的每个身份都有潜在的关联。总之，他们的贡献使我们意识到，在与他人的互动中，我们有多种方式履行我们的角色行为，而这些方式会受到我们在社会中所处位置的影响，而且会随着我们与不同的人的互动的变化而变化。

角色理论：它是什么

到目前为止，我尚不能确定角色理论的主题，而这并不是我的疏忽。在某种程度上，已经可以证明，没有接受过正规教育的人也可以理解这个理论中的很多概念。这对其理论发展和应用来说既是优势也是弱势。一方面，这可以使得非专业人士和专业人士广泛应用其核心概念。另一方面，理论学家们创建的核心理论框架中包含的可精心操作化的概念，却没有在这种广泛应用中得到重视。这种随意地或者不精确性地把角色理论概念框架应用于普通大众的过程，其实是由理论学者们自己提供的多样化的定义和使用方法造成的。

角色理论研究领域难以被界定的主要原因之一，是它的不同特性在很大程度上取决于理论家们不同的专业领域。例如，心理学家定义的角色理论与社会学家定义的角色理论就有所不同。社会心理学家主要关注的是社会规定的角色对人的行为的影响。他们的关注点主要集中在以下问题上：个体被社会化后履行角色行为的过程；履行多重角色的必要性对个体施加的压力；违反规范性角色行为而受到的制裁对个体造成的影响；人与人之间的互动方式，而这种互动是由对对方和自己产生角色期望的互补立场构成的；个人的自我感受方式受到其所担任的各种职位以及所扮演角色的有效性的影响。最近，对社会心理学中的角色的关注一直集中在人们的公共自我——他们的公共角色行为——和他们的私人自我彼此分离的无数种方式，以及这种差异的原因和后果上（51）。

社会学家们更关注角色行为系统如何有助于维护社会结构本身的宏观问题。由于个人制定规范性角色行为的范围程度部分性地决定了社会结构的稳定性，因此社会学家们关注的焦点集中在以下几个问题上：确保与社会性规范行为保持一致的机制，越轨行为带来的影响，处于社会控制地位的人与受控制者之间的关系，以及个人在日常互动中的行为体现出来的社会能量而不是心理能量的五花八门的方式。

核心术语

如前所述，造成学习角色理论的学生的困惑的主要原因之一，是这个理论的核心术语曾被人们用无数的方法定义。在选择核心术语时，我选择最实用的定义，强调一些可以体现质变的差别的实例。

"社会位置"和"社会地位"两个词在文献中经常被互换使用，指的是"被社会认可的某一类别的行为者"（56，p. 439）。虽然"地位"似乎比"位置"更经常被使用，但我更倾向使用"位置"，因为这个术语的价值观依附成分更少一些。位置是对人的分类（6），常见位置包括教师、社会工作者、妇女、儿童、父亲。而对于这个术语，文献中最主要的模糊不清的地方是，位置到底是仅仅指身份，还是带有其他意义。一些文献把相关的行为期望包括在位置的定义中（46），还有些文献把它归于社会结构内部（50）。

"先赋位置"是不依赖于个人素质品质的，取决于其出生、社会经历或身体发展成熟状态等的事件。常见的先赋位置是女人、男人、孩子、成人、黑人、残障人士。金斯利·戴维斯（Kingsley Davis）意识到，先赋位置优先于那些后天获取的位置，因为归属位置通常基于出生时存在的特征，为后续的社会化奠定了基础（13）。

"自置位置"是通过技能或努力获得的位置。常见的自置位置如社会工作者、音乐家、政治家。许多学者已经注意到，先赋位置和自置位置之间的区别在现实中并不像理论描述中那样清晰（5，13）。一个人通过把先赋和自置进行组合而进入大多数位置。努力工作和智慧无疑是成为大学教授的必要条件。然而，毫无疑问的是，出生于一个富有并高度认可教育价值的白人家庭，会更有利于某人获得大学教授的职位。如果人们知道存在一种能够帮助他们改变自己的社会位置的机制，他们就会被激励着向着自己的社会最终目标努力（13）。

"地位"是指位置的定值（5）。用于确定地位的常见标准包括声望、财富和权威。如果一个职位的占有者拥有更高的声望，更富有，并且能够掌握权威，那么这个职位的地位就更高。

男女所处的不同社会地位可以很好地说明地位与位置之间的关系。大约二十年前，金斯利·戴维斯就说过，在每个社会中，性别差异都是在不同社会地位之间分配资源和给予垄断权的一种方式，而这反过来会造成一个性别比另一种性别获得更多的社会地位，从而导致这些性别之间的紧张关系。

"角色"是指由处于某种社会地位的人制定的特征行为。角色是"在交互情境中，由人执行的习得行为或模式的图案化序列（46，p. 225）。角色的概念就像一个比喻，它表达了"依附于特定'构件'或地位状况的行为，而不是背诵或朗读其'构件'的表演者"（45，p. 101）。角色是行为的分类类别（6）。它们不是孤立存在的，而是旨在"融入关系伴侣的互惠功能之中"（30，p. 9）。

"角色伙伴"的概念是为了捕捉角色行为的社会互动性、互惠性和其本质而被引入的（51）。母亲的角色是针对儿童的角色或父亲的角色而相应地表现出来的，社会工作者的角色是针对客户的角色或心理学工作者的角色而相应地表现出来的。

"角色集"指的是可能与任何单个社会位置相关的各种各样的角色的集合。例如，社会工作者与他们的案主有一套行为规范，与他们的上司会有另一套行为规范，与他们所属机构行政工作人员和他们的工作同行们也各有一套行为规范。

"角色期望"是某一特定个人或普通人对某人或某一社会位置占有人的行为的期望的集合。由于角色是在与另一个人的互动中实现的，因此既对行为者抱有角色期望（也被称为自我），也对另一方持有互惠的角色期望（也称为另一个）。期望包括"权利和义务"（36，46）。一般来说，对某个人"必须"和"应该"的期望都来自对其角色的期望。

角色期望一般因人而异。有些角色期望是社会持有的整体性期望，有些是针对特定群体的期望，而有些则更具有其特殊性。例如，社会对母亲抱有某种特定的角色期望，但是，这种期望也会因为种族和社会经济阶层而存在不同。因此，某个孩子可能会对自己母亲的行为表现出自己的期望。

585   "角色互补"出现于人际系统中某人的角色行为和角色期望和谐一致的时候。"角色互补的原则……指的是，人们的角色定义、角色期望和主动行为应该融合在一起，并相互满足彼此的需要"（52，p. 106）。缺乏互补性可能是由于缺乏对角色系统的了解，角色合作伙伴的目标不一致，对其中一个合作伙伴担任角色的权利存在分歧，缺乏适当的资源来促进角色扮演（30）。角色互补会形成令人满意的角色关系，缺乏角色互补会导致不尽人意的角色关系以及个人和人际压力。

规范就是角色期望，它用于规定处于既定社会位置的人应该表现的行为。"要是通过……（规范）……这样，（人的）行为就会受到规范，并与同伴的行为融为一体。"（12，p. 110）

虽然规范和期望在文献中经常被互换使用，但肖和科斯坦佐认为，社会规定的角色期望保留使用"规范"一词，这会更有用（51）。更具特殊性的是，其他期望会帮助我们对他人履行的角色有了预判。虽然整体来说，这些期望对于社会不是必需的，但它们促进了人际间的行为，因为这些期望使人们能够预测那些与他们经常互动的人们的行为。父亲在经济上支撑家庭是一种常态，虽然尚未形成规范，但是越来越多的父亲也参与到了广泛的儿童养育活动中。因此，某位母亲可能会期望父亲为自己的孩子洗澡、喂食、穿衣和从事其他儿童照顾活动。

社会认同是一种自我意识，即我们从自己所处的地位以及我们和其他重要他人对自己的角色表现的判断是否恰当中获得的认同感。正是通过与他人的互惠互动，我们得以对我们是谁这个概念进行不断演练，从而发展和内化我们的社会认同（45）。在同一时间，我们可能在孩子面前是母亲，在学生面前是老师，在老师面前又是学生。我们的社会认同反映了这些角色关系的复杂性。此外，社会认同的概念也意味着自我认同的某一部分会随着我们履行的角色的变化而变化。

描述角色相关问题的几个概念

在角色文献中有许多建构是描述角色情境的，这些情境可能会导致个人内在压力和/或人际关系困难。如果社会工作者有意于准确使用角色理论的术语来理解是什么阻碍了有效的角色扮演，有意于使用术语进行干预以促进有效角色扮演，那么这些建构就会尤其有用。

角色冲突通常被一些理论家用来描述人们在履行其角色时遇到的困难。更准确地说，当一个人在履行其指定角色并遇到不兼容的角色要求时，就会发生角色冲突。角色冲突可能只是个人内心的体验，也可能是人际间的表现（52）。文献中记载了两种角色冲突的亚类型：

"角色间或职位间冲突"。当个人处于不同职位，而这些职位的角色期望之间不相容时，就会发生角色间或职位间冲突（51，57）。例如，当代社会中的许多女性在试图充分履行其作为工作者的角色和作为妻子和母亲的角色时，就会遇到角色间冲突。

"角色内或职位内冲突"。当对某一个职位的不同期望之间彼此不相容时，就会发生角色内或职位内冲突（51，57）。当对角色的期望不能达成共识时，也可能会发生这种情况。例如，当一个女性的母亲、她的丈夫，以及她自己对母亲的角色期望彼此不一致的时候，这位女性就可能会遇到角色内冲突。

"角色模糊"。当对某个特定职位的角色扮演的期望不明确或不完整时，就会引起角色模糊（5，57）。它也被用来指那些"在社会系统中没有设定位置"的角色（42，p.151）。许多人在进入角色职位时需要学习与之相适宜的角色期望，也就是社会化过程。角色本身并不存在角色模糊，只有当没有明确地对角色期望做出定义时才会这样。当新角色正在被发掘或旧角色正在被重新定义时，就会出现角色模糊。例如，对于那些尝试非传统夫妻关系的人，包括平等婚姻和同性恋伴侣，就可能遭遇很多角色模糊。

"角色超载"。当一个人面临一组过于复杂的角色时，就会发生角色超载。一个人可以应对的角色数量与其所经历的角色曾超载的数量之间的关系并不简单。有些人即使承担多重角色，也会茁壮成长；而有些人即使只承担几个角色，也会倍感压力（5）。例如，一些女性能够很好地平衡家庭和工作的责任义务，而其他女性却承受了相当大的压力。

"角色中断"是指对个人在生命周期的不同阶段或在连续的时间点所扮演的角色之间缺乏相似性。这个术语最初由鲁思·本尼迪克特引入，后来被用于解释一个人所经历的压力，及其从一个熟悉的角色过渡到全新角色所需的支持系统（5）。比如，角色中断常见于下面这些状况：从工人到退休人员，从已婚人士到单身人士，从酗酒到戒酒治疗恢复期。

非传统角色和变异角色

社会创造行为规范，主要是为了规范和整合人们的行为，从而确保稳定的社会结构。虽然对于越轨行为的起因、非传统身份的发展演变，以及随后的对非传统角色的规范等话题还存在相当大的分歧，但对于那些被认为离经叛道的社会角色，人们却有实质性的一致意见（20，47，48）。较常见的非传统角色有精神病人、酗酒者、囚犯、违法者、同性恋者。此外，人们都认同，那些从事不正常行为的人都会被社会系统性地"惩罚"，以迫使他们遵守和/或保证与他人角色的连续一致性。

一些人学习如何通过模仿来扮演非传统角色，比如酗酒者；而一些人扮演非传统角色，是因为这些角色已经被剥夺了获得规范性角色的权利，例如违法者（11，45），或者因为社会不能容忍不同的行为，人们就扮演了这些非传统角色，例如同性恋者。但无论如何，非传统角色受到的污名化，也造成了这样的后果，扮演这些角色的人可能会将社会赋予他们的羞辱性身份慢慢接受下来（45）。

角色理论及其与其他理论的关系

由于角色理论的跨学科性，社会科学家普遍性地使用了角色这个词，某些时候，角色理论似乎既吸收其他理论观点，也被其他理论观点所引用，而且几乎没有发生重大矛盾冲突。只是各个理论注重不同的理论观点而已。

例如，在很多方面，角色理论确实与精神分析理论有很大不同，包括角色理论强调行为的社会决定因素，强调角色期望和角色扮演之间同期发生的冲突是心理压力的主要诱因，并强调社会关系的自觉意识。

因为角色行为是通过诸如模仿、识别和强化等过程来学习的，它直接借鉴了解释人类行为和社会工作干预的社会学习理论，因此，角色理论与这个方法是一致的。然而，从所学内容的整体性来看，它与社会学习理论又有不同之处。角色理论不太关心人们在扮演多种角色时是如何学习角色的特定行为的，而更关注人们是如何学习和执行"角色行为的整体的性质、目标和动机"的（51，p. 300）。

在这个意义上，它类似于行为理论，侧重于认知对行为和感受的组织影响（22，29，34，35）。它也与社会学中的象征互动主义观点一致，侧重于研究与他人互动的过程中产生的行为与思维方式（4）。

社会工作领域中的角色理论

由于社会工作素来强调人与环境之间关系的配置，角色理论中的概念在社会工作领域里如鱼得水。弗洛伦斯·霍利斯在个案工作的社会心理方法中强调，诊断可以用来解释人们的性别、年龄和阶级是如何决定对他们的角色期望的，也有助于确定案主在"哪些方面承担了很强的外部压力，以及个人是以怎样不健康的方式做出反应的"（25，p. 187）。与后来的许多社会工作理论家一样，她也使用角色理论来概念化案主与社会工作者的关系，以及案主对社会工作者最初的角色期望如何影响后续治疗过程。

社会工作实践文献中，可能没有比海伦·哈里斯·珀尔曼的《人格面具：社会角色和人物特征》一书更能体现广泛的角色理论视角。"persona"是个拉丁词语，指的是希腊戏剧中的面具。它是指我们在与其他人交往互动时通过佩戴不同的面具来了解他人。珀尔曼在本书中的主要论点是，个人与其环境之间的互动在很大程度上是"由社会认同的职位及其职能所制约和统一的（罗杰斯语）"（42，p. 3）。

她强调，事实上社会只为角色行为提供基本的框架，人们在这个框架里不断互动，慢慢调整各自的角色行为。

珀尔曼认为，成年期的变化是通过我们扮演的各种角色表现出来的。她的这一理论观点完美地体现了角色理论的重要性。

> 成年期的变化，无论是大的或小的变化，还是一个或多个维度的变化，都可以通过人们在成年期所扮演的角色的行为体验来推动、巩固、引导或塑造所发生的一切。

在角色关系中人们之间的互动所产生的紧张，对双方的互存互利或冲突的情感投入，对自我的期待，比如在努力实现自我满足感和回报过程中的焦虑、希望、恐惧和欲望，在"做"某个角色时释放的压力，他人给予的反馈，都能证明自己具有的能力和"获得回报"。所有这些动力都对积极有效扮演角色起着重要作用（42，p.36）。

珀尔曼也理解角色期望的价值：它促进了人与人之间的日常交流，为生活中更重要的决定释放能量。同时，她也着重指出，角色理论概念在理解案主和工作者的早期工作关系中作用非凡（42，p.166）。

角色理论在当代社会工作中的应用

当代社会工作教材大量地引用了角色理论。角色理论的概念与社会工作素来强调的人与环境之间互动的观点相一致。因此，它们既可以描述人们在和他们的环境不和谐时所经历的痛苦，还可以解释社会工作者用来恢复人与环境之间平衡关系的许多干预措施。

589　社会工作实践的应用可以被分为三个主要方面：接案及服务介绍；案主问题评估和诊断；工作干预策略和各个工作阶段的工作技巧。

角色理论概念在接案过程中的运用

有充分的证据表明，案主和工作者对"好的"案主和"好的"社会工作者的期望有所不同（30，32，40）。许多寻求社会工作干预的案主们在正式接受社会工作服务之前，与社会工作者几乎没有直接接触的经历。他们对社会工作者的了解几乎都是从被媒体长期传递的不准确的刻板印象中获得的，或者是从那些虽然有着社会工作者的标签但并没有受过专业教育的人那里获得的。鉴于此，我们就可以理解为什么人们对案主和社会工作者的角色行为缺乏清晰的认识。

对案主和社会工作者角色的误解对社会工作治疗过程有很多影响。例如，有证据表明，对案主和社会工作者各自的角色缺乏一致性的认同是导致提前终止治疗的一个重要因素（9，30，40）。此外，还有充分的证据表明，如果与案主初步接触的目标是致力于构建案主和工作者相互包容的角色期望时，那么就"可以增强治疗的持续性，或者使治疗得到积极的结果"（15，p.140）。因此，从这个角度来看，通过培养案主做出"友善的案主行为"（17，p.73），可以提高社会工作实践的有效性。

如前所述，社会工作者历来都承认在治疗初始阶段澄清角色期望的重要性（19，33）。在最近的社会工作实践相关文献中，明确一套社会工作实践技巧这一议题得到了很大的关注。这一套工作实践技巧也称角色归纳程序，可以有效地实现主要教育功能。

角色归纳始于"案主所在的位置"，并探索案主在进入社会工作机构时所持有的期望。正如迪恩·赫普沃斯（Dean Hepworth）和乔安·拉尔森（Joann Larsen）指出的那样，有时案主能够在社会工作者没有给出提示的情况下表达他们的期望："一位女士将她不愿见社工的丈夫拖到家庭服务机构进行婚姻治疗。她在初次见面就告诉我：'我很沮丧，因为他不会听我的。我希望你能告诉他该如何做。除我外的任何人给他建议，他都会听从并改变。'"（24，p.272）

只有在帮助案主说出他们对社会工作者角色和案主角色的期望之后，社会工作者才可以帮助案主发展更恰当的角色行为，从而更好地实现案主的目标，同时社会工作的基本价值观也得到了尊重。与案主建立正式合同关系被认为是一种可以确保案主和社会工作者对各自的角色期望达成一致的方法（15，24，31，49）。

无论案主或社会工作者的工作方向如何变化，毫无疑问的是，在治疗过程的早期就澄清社会工作者和案主的角色能够大大地提高有效治疗的可能性，从而增加案主和社会工作者对治疗结果的满意度之间的相互兼容性。

590

评估

在评估过程中，角色理论在以下几个方面都体现出了重要性：（1）案主遭遇问题，是由于在日常生活中，当他们扮演多种被期望的角色时，不能完整并充分地社会化这些角色；（2）案主面对的困难源于他们被期望扮演的角色没有得到足够的、即时的支持；（3）案主个人认为，许多问题具有内在的互动性。因为角色理论强调人类行为和人类互动的社会性决定因素，所以，角色理论嵌入了对人的评估，以及案主在持续的人际关系和社会环境中经历的问题。

卡雷尔·热尔曼和亚历克斯·吉特曼的生态系统理论实践方法很容易就结合了角色理论的语言，以确认社会地位和角色是如何影响社会工作实践和案主所经历的问题的（19）。

角色的概念也有助于我们注意到社会位置、地位以及获取资源和权力之间的关系。但如果我们这个专业对某个人（或多个人）的问题治疗投入了太多关注，我们就很容易忽略案主问题到底处于何种状态。比如，案主因其出生时的社会地位而无法获得其他人所拥有的资源，或根本无法自由选择。角色理论可以使我们远离对个体精神病理学的过度关注，并引导我们理解这种行为的社会决定因素。以下案例很好地阐述了角色超载、角色冲突和角色模糊等角色概念对于全面理解案主问题的重要性。

34 岁的单身母亲贝丝（Beth）向一家家庭服务机构求助。她几乎一直不停地谈论她的前夫和他富裕的女友，并不断地抱怨在他们过着轻松生活的时候，自己的经济状况是多么的困窘。在最初的会谈中，她并没有提到自己刚被判犯有挪用公款罪，并在几周内面临法院判决。但她确实提起自己在过去的婚姻中长期受到虐待，也谈到在刚结婚时，自己曾经被前夫送进精神病院。她很容易哭，认为自己完全无法照顾自己和两个孩子，毫无顾忌地说需要一个男人帮助自己渡过难关。

591

在评估的早期，社会工作者很容易只关注她的"依赖性格"和"习得性无助"，而错过问题的重点。她刚刚成为单身母亲，孩子的经济来源突然被切断。她有工作，虽然低薪，但也使她不能享受无业时拥有的社会福利服务。而且，对于法院强制执行的赡养费，她的丈夫并没有规律地支付。因此，她在扮演生活中的多个角色时几乎没有得到任何支援。

角色理论有助于工作者识别并确认社会对人们的地位和角色的要求，而这些可能是人们承担压力的主要原因。鉴于目前发生的很多社会变化都会影响角色行为，理解这一点尤为重要。因此，对于寻求社会工作帮助的案主个人、夫妻和家庭而言，角色理论提供了一个有助于理解他们今天所经历的压力和问题的视角。

个人评估

在个人层面，因婚姻破裂导致的角色变化而承担压力和痛苦的人数显著增加。妻子变成了单身人士和单亲母亲，她们无法像以前那样通过扮演一名事业有成的丈夫的配偶而获得较高的地位，并因此降低了自我认同感。丈夫变成了单身人士、兼职父亲，或者不再是孩子的父亲。

越来越多的人选择公开接纳被他人认为不正常的、被污名化的角色。例如，随着男性和女性公开地扮演男女同性恋的角色，他们可能会在家庭服务机构中寻求帮助，以应对家庭迫使他们扮演常规角色的压力。

政策性的改变也会使那些处于不正常角色的人与更广泛的社会建立更多联系。在过去的二十年间，各种去机构化的政策提高了大众对精神病患者、智力残障人士和肢体残疾人士的认知，但是，社会对他们的不正常身份的态度并没有同时受到显著影响，需要通过社会工作干预来缓和社会污名化的负面冲击。

夫妻评估

在夫妻层面，社会工作者越来越多地面对这样的案主：他们虽然在理智上致力于以非传统的方式扮演夫妻角色，但他们往往会发现自己找不到相关的支援，因此他们在扮演角色时会经历心理上的抵触（43）。这在年轻夫妻中十分常见，但越来越多的中年夫妻也会经历类似的问题。比如当妻子决定重新进入劳动力市场时，夫妻二人会寻求社会工作者的帮助，以重新适应新的角色。同性恋伴侣虽然仍然是一个相对较小的群体，但是他们也开始寻求社会工作者的帮助以解决他们的婚姻关系问题，因为他们的婚姻关系中没有现成的榜样，需要自己在这种关系中创造新的角色。

家庭评估

在家庭层面，大量各式各样的非传统家庭折射出了社会的变化。按照 1950 年代或 1960 年代的标准，目前不正常的家庭类型比正常的家庭类型要多得多，有双职双薪家庭，有单亲家庭，有重组家庭，还有同性恋家庭。每一种家庭都要求家庭成员去学习新的角色行为，习惯并消化新的角色期望，并需要新的社会支持。很自然地，社会工作者经常成为家庭在寻求帮助时的资源。 592

角色理论提供了一种非病理的视角，用这个视角来评估案主和他们面对的问题。在评估过程中，它引导我们思考了以下几个问题：第一，促进或抑制案主学习和表现出那些被他人期望的角色行为的条件；第二，在最广泛的意义上，角色冲突对人的内在压力和人际压力造成的影响。例如，对被转介给虐待儿童热线的单亲家长进行评估时，使用角色理论的社会工作者会关注以下内容：（1）支持家长的有效育儿行为的社会资源的可用性和可获得性（日托、能够提供支持的其他成年人、经济资源）；（2）单亲家长学习有效育儿行为的机会（也就是说，谁会是他们的榜样，以及这样的榜样在养育子女的过程中效果如何？）；（3）案主在履行父母角色、职业角色和社会角色时可能存在的冲突。在评估这种情况下的个人能力时，角色理论视角会根据这些个人能力对学习和/或表现出角色行为所造成的影响来审视案主的个人能力。例如，某种特殊的残疾状况是如何影响案主学习和/或表现育儿行为的？当案主不能有效地建立亲密关系时，这个挑战是如何干扰她有效地展现她的育儿能力的？

整个评估过程传达出的信息是，问题并不在于个人，而是存在于个人和社会之间的互动中。在某些情况下，由于各种原因，个人可能无法充分扮演社会所期待的角色；而在其他情况下，个人可能会选择扮演被社会认为离经叛道的角色。干预措施可能包括为案主学习新的角色行为提供适当的角色榜样，为支持案主顺利地扮演某一角色的社会服务摇旗呐喊，为那些公开选择离经叛道角色行为的案主提供支持，以及为被社会污名化的人进行反歧视立法的呼吁。

对社会工作治疗的意义

个人治疗

前文中的讨论可以直接引出角色理论在个人治疗中的运用。许多人不论是自己到社会工作者那里寻求帮助，还是被推荐到社会工作者那里接受帮助，都是因为他们难以扮演好他们"应该"扮演的各种角色。年轻人可能难以扮演社会期望他们扮演的角色，比如学生、男朋友或女朋友，甚至父母。成年人可能难以扮演工人、父母、配偶、子女的角色。正如之前我们已经讨论过的那样，许多社会工作干预措施旨在提供一种促进案主扮演好他们的角色的环境。这可能指的是在学校中为某个青少年提供支持，也可能指的是在当地的社会服务部门呼吁为某个少女母亲提供服务。然而，有的时候，无法扮演好预期的角色是因为案主对角色期望缺乏认知，且缺乏做出预期的角色行为的技能。在这种情况下，可以直接在个体或群体治疗中传授给案主适当的角色行为以进行社会工作干预。

虽然可以通过许多方法来学习适当的角色行为，但最被看好的现代方法却涉及各种认知行为技巧。认知行为理论告诉了我们将教学内容分解为各种可教授的组成部分的重要性。例如，有大量的培训模型用于传授人们果断表达的技巧，这对于案主履行各种角色至关重要。近日，理查德·巴斯（Richard Barth）和斯蒂文·申克（Steven Schinke）将这个方法延伸到教授青少年父母一系列的技巧以提高他们使用社会服务的能力上，比如教授他们如何主动和他人联系、向他人求助，以及如何寻求适当的帮助（3，p. 531）。他们的训练项目是近年来被广泛使用的典范。项目通过一些方法教授案主各种人际技巧和认知技巧，比如，解释什么是人际和认知技巧，通过案例演示如何在角色扮演中使用这些技巧，并通过角色扮演来练习这些技巧，并为案主的表现提供反馈。虽然培训计划本身可能看起来非常具体化，但它的整体工作方法确实认可了这些技巧对于人们在生活中扮演各种角色的重要性。

在帮助那些面临角色挑战的案主时，个体治疗不只发挥了教育功能。许多人寻求咨询的帮助是因为他们在自己没有以一种合适的方式来扮演所预期角色时，产生了内疚感（或其他负面情绪）。当然，适宜的社会工作干预是在探索案主在无法扮演好自己的角色时产生的感受，并帮助他们更真实地评价自己的角色表现。

> 我们之前遇到过的案主贝丝觉得自己是一个失败的母亲。她的前夫每次探视孩子时都出手阔绰，虽然他并不经常看望他们。由于自己无法为孩子提供前夫能够给予他们的物质条件，她认真地思考自己是否应该放弃孩子的抚养权，将他们转交给他们的父亲。作为母亲，她觉得自己无法满足孩子们的需求。因此，社会工作咨询的重点是帮助她理解怎样做一个好母亲（这也是她自己在童年时期缺乏的东西），以及重新评估自己作为母亲的能力。

对于人们在成年期所经历的可预测性变化这个研究主题，目前已出现了很多文献。这些文献评估了人们在生活中扮演各种重要角色时的表现（26，59）。许多人在经历这些变化时没有感受到太多焦虑，但另外一些人却因为对生活发生变化的方式极度不满而无法设想变化的可能性，从而向社会工作者求助。当他们前来咨询时，他们的自尊心可能已经被严重地打击了，并出现抑郁的临床症状。如下面的案例所示。

　　保罗（Paul）是一名公务员，他在还有六个月就要过五十岁生日时来到社会工作服务机构寻求帮助。他表示，他在工作中感到非常不开心，而且因未能实现父母（和他自己）的期望而产生了无价值感。他强烈希望做一些更有意义的事情，却完全看不到任何可行的选择。经过评估，保罗的身上确实存在一些可能妨碍事业进步的人格特质，但他是一个非常聪明和有能力的人，只是他的能力未被职业发展体制充分利用，他的工作成绩往往未能得到奖励。治疗方案需要多管齐下：（1）他被转介到生涯咨询中心，以探讨其他职业选择；（2）突出保罗的其他社会角色，因为在扮演这些角色时他获得了更多积极的评价，并且也很有成就感，这些角色可能会对他重新定义自己的社会身份和自我价值起到重要作用；（3）他学会在工作中少投入一些精力，也不要在工作角色中过分强调自尊；（4）治疗方案还包括妻子对保罗的支持，她可以帮助保罗逐渐减少对工作角色价值的强调，并大大凸显他的配偶角色对其价值感的作用。

　　我们在生活中扮演的许多角色都是我们被要求必须扮演的角色。人们前来寻求咨询服务，是因为他们发现自己陷于应该扮演的角色和想要扮演的角色之间的矛盾。通常来讲，由于案主早期的社会化太过强大，以至于案主看不到做出其他选择的可能性，或者害怕承认自己确实看到了这些可能性，又或者害怕向生活中其他重要他人承认他们看到的可能性。个人咨询服务可以为案主提供一个安全和支持性的环境，而案主可以在这样的环境里评估生活中所经历的重大决定。

　　唐纳德（Donald）在大学时学习表现不佳。他寻求社会工作咨询服务，以期探讨参军的可能性。因为当时越战已经结束，他决定放弃目前高价值的社会身份——即将成为一名专业人士的大学生，而选择一个正在贬值的社会身份——军人，对于这个决定，他几乎没有得到任何支持。与社会工作者建立的治疗关系为唐纳德提供了一个支持性、非评判性的氛围，最终他决定退学并参军。

小组治疗

　　一般来说，存在角色问题的案主能在一个小组里得到最好的干预治疗。特别当案主问题的产生原因是他们的角色行为缺乏社会支持时，这种小组治疗尤其有效。以角色为主题组成的自助小组的受欢迎程度和小组形式的多样化，证明了小组对于解决各种角色问题的重要性。一些小组针对的是角色转换：父母分居和离异小组、中风患者协会、心脏病患者小组、再婚家庭团队、父亲平等权利协会、恢复单身的父母小组。另一些小组则为具有非传统社会身份的人提供支持：酗酒者匿名协会、嗜赌者匿名小组、单亲父母小组、酗酒者的成年孩子互助小组、精神疾病患者康复小组。

　　在为处于角色转换过程中的案主提供专业性的支持小组这方面，社会工作者素来被认为能够发挥很大的作用。家庭服务机构为分居和离婚人士、退休人员和单亲父母开展不间断的团体小组活动的情况并不少见。虽然对于那些因扮演非传统或非常规社会角色而承担社会压力的案主而言，由于社会认可度较低，针对他们的支持小组并不常见，但是仍然有专业性的支持团体存在。

社会小组工作对于帮助人们重新融入规范性角色行为非常有用。查尔斯·加文指出，对那些"尚未确定自己是否愿意扮演无社会偏差并被社会认可的角色，以及那些自愿扮演新角色"的案主，社会小组工作都非常有用。因此，社会小组工作既发挥着社会控制的功能，又具有社会教育功能（18，p.49）。

用于传授新角色行为的其中一项重要的小组技巧是角色扮演。罗纳德·托斯兰(Ronald Toseland)和罗伯特·里瓦斯（Robert Rivas）已经列出了九个结构化和非结构化的角色扮演过程（58）。

"自我角色"：在这个过程中，小组成员根据自己的生活经验扮演主角，而其他小组成员则扮演其生活中的配角。这对于评估一个人的人际交往能力和帮助一个人学习新角色行为都很有用。

"角色互换"：在此种情景下，一个小组成员会扮演另一个人的角色。这使她能够从另一个角度审视问题，从而增强同理心。

"独角扮演"（独角戏和"空椅子"）：在这个过程中，一个小组成员会从一把椅子转移到另一把椅子，扮演多个角色。这些角色代表了他看待自己的不同方式。这种角色扮演能够帮助案主了解生活中的多个角色间的相互关系。

"编剧"（雕塑和编舞）：在这个过程中，小组成员会利用自己的小组编排一场戏剧，以重演她生活中的真实或象征性情境。参与者在这个过程中的情感投入对评估案主所经历的矛盾冲突和发展审视这些矛盾冲突的新视角非常有用。

托斯兰和里瓦斯还列出了另外五个过程，用以补充上述讨论，它们是"现场采访""独白""双角色""反像"和"分享"。

家庭治疗

由于家庭治疗侧重于人类功能障碍的性能特点，因此，它尽管有自己的术语，却采用了角色理论的一些提法。例如，家庭治疗师很少关注案主在其家庭中扮演的既定的社会角色——母亲、父亲、女儿、儿子，他们更关注"非理性的角色任务分配"。这些角色被明确或暗示性地分配给家庭成员，反映了为解决在早期家庭生活中出现的冲突而做出的无意识的尝试（16，p.274）。

家庭治疗师关注的经典角色包括"替罪羊"（"疯狂的人""病人"）的角色。这个角色扮演着一个安全阀，可化解破坏性家庭中潜在的不和谐因素（1，21）。关于家庭系统的一个更详细的描述是"戏剧化的三角形"，其中不同的家庭成员交替扮演迫害者、受害者和救世主的角色。

家庭治疗师认为，有必要打破功能失调的家庭系统中各个家庭角色关系的稳定性，这种稳定是通过牺牲个体家庭成员来实现的。

社区实践

社区实践的核心目标之一是提高社会福利机构的服务的有效性。个案工作者为案主个人提供服务倡导，而社区工作者关注的是机构体制本身的变化或机构体制与社会服务接受者之间互动的变化。因此可以说，角色理论的概念特别适合帮助社区工作者理解和评估案主个人与社会结构之间的关系。因为这些概念，工作人员注意到了"服务机构和机构体制系统中的各个行为扮演者的角色关系——案主、机构工作人员、政策制定者和社区相关群体"（7，p.30）。

角色理论的概念对于理解社区工作者促成这些变化的方式也很有用。社会规划者、草根组织工作者、协调各机构的政策制定者、机构行政人员、项目负责人、社会改革者、社会工程师以及更普通的社区组织者都被定义为相关的社区工作者（7，52）。社会规划者可以孵化社会政策，或开发和改进现有服务机构向案主提供服务的方式。社区组织者可以帮助社区成员与社区小组建立联系，以促进社会融合，进一步确认和发展社区内必要的社会服务。

社会工作者经常需要承担这些角色的职责，因为社区内没有其他人来做这些工作。有时，为了完成某项任务，社会工作者必须扮演某种角色；有时，社会工作者则要教导社区成员扮演社区所需的角色，这样可能会更有效。乔治·布拉格尔（George Brager）和哈利·施佩希特（Harry Specht）认为，社会工作者在社区中的独特贡献在于他对"社区内必须具有的角色的了解以及他在帮助社区居民扮演这些角色时所使用的技巧"（7，p.85）。

在社会工作领域的研究意义

正如本章所述，角色理论视角为社会工作研究者提供了许多研究领域。但尽管如此，几乎没有新的研究文献借鉴了这个视角。就如何将角色理论应用于社会工作研究，我们提出以下几个建议。

许多接受社会工作服务的案主都经历了角色转变带来的压力。检验不同治疗方式对这种角色转变所带来的压力的不同影响，对案主和社会工作者而言肯定是有帮助的。在怎样的条件下，小组团体治疗能够比个人治疗更有效地促进角色转变？对什么类型的案主和什

597

么类型的角色转变更有效？既然许多角色转变是发生在家庭内部的，那么家庭治疗什么时候可以成为干预治疗的首选模式？

接受社会工作服务的案主往往扮演着非传统和/或被污名化的社会角色。虽然已经有了针对施虐父母再社会化的干预治疗模型的研究文献（8），但是还需要继续进行类似的干预模型研究，以防止功能失调的父母角色行为的社会化。

社会工作者长久以来普遍关注犯罪预防这个主题。犯罪预防干预项目最近的趋势是广泛采用声东击西策略，旨在防止表现出犯罪迹象的人进一步学习犯罪行为并导致接踵而来的犯罪自我身份的固定化。针对运用声东击西策略的干预项目在防止青少年受到社会污名化方面的有效性（10），以及预防犯罪的不成熟理论与这种项目使用的干预策略之间的微弱关系（23），目前已经有了一些质疑。而社会工作研究者可以利用角色理论视角来促进这种干预项目的发展和评估。

结 论

尽管社会工作文献中有很多关于角色的内容，但它们还处在我们的知识体系发展的外围。具有讽刺意味的是，角色理论的中心原则与社会工作强调人与环境的互动的原则具有一致性。

角色理论提供了一个帮助社会工作者从过度关注案主的"思想内部"中解放出来的视角，将社会工作者的注意力转移到案主的行为如何被当时的人际关系和社会影响上，在这个社会中，案主的角色行为被明确定义，并强制案主遵守这种行为。

作为社会工作者，我们也必须一直清醒地意识到，我们大多数人处于一个多数人的社会中。在这个社会中，我们内化了它的价值观，而它也对各种角色行为进行了规范。海伦·哈里斯·珀尔曼在著作中反映了这种对文化差异的敏感性：

> 在社会角色提供的思想行动视角中，没有任何规定可以将助人者的价值规范强加于受助者，也不会将受助者强制禁锢在由助人者规定的更标准化的中间或其他阶层中。所有角色理论概念都没有显示出一成不变的、僵化或绝对的权威主义……案主的角色功能和他们的想法才是开展干预工作时被重点考量的因素，而非助人者的想法。案主的角色需求和对他们角色的规定自然地存在于他们的现实生活里，存在于他们和他人的互动中，而不是由助人者预先强制设定的（42, pp. 223-224）。

因此，从角色理论的角度来看，社会工作既可以解释社会制度结构对案主的影响，也可以捍卫案主自由选择自己角色行为的权利。

参考文献

Ackerman, Nathan. "Prejudicial Scapegoating and Neutralizing Forces in the Family Group, with Special Reference to the Role of 'Family Healer,'" in J. Howells (ed.), *Theory and Practice of Family Psychiatry.* New York: Brunner/Mazel, 1968.

————. *The Psychodynamics of Family Life.* New York: Basic Books, 1954.

Barth, Richard P., and Steven P. Schinke. "Enhancing the Social Supports of Teenage Mothers," *Social Casework,* Vol. 65 (1984), pp. 523–531.

Berger, Peter L., and Thomas Luckmann. *The Social Construction of Reality.* New York: Anchor Doubleday, 1967.

Biddle, Bruce J. *Role Theory: Expectations, Identities, and Behaviors.* New York: Academic Press, 1979.

————, and Edwin Thomas (eds.). *Role Theory: Concepts and Research.* New York: Wiley, 1966.

Brager, George, and Harry Specht. *Community Organizing.* New York: Columbia University Press, 1973.

Breton, Margot. "Resocialization of Abusive Parents," *Social Work,* Vol. 26 (1981), pp. 119–122.

Briar, Scott. "Family Services," in H.S. Maas (ed.), *Five Fields of Social Service: Reviews of Research.* New York: National Association of Social Workers, 1966.

Bullington, Bruce, James Sprowls, Daniel Katkin, and Mark Phillips. "A Critique of Diversionary Juvenile Justice," *Crime and Delinquency,* Vol. 24 (1978), pp. 59–71.

Cloward, Richard, and Lloyd Ohlin. *Delinquency and Opportunity: A Theory of Delinquent Gangs.* New York: Free Press, 1960.

Davis, Kingsley. "Social Norms," in Bruce J. Biddle and Edwin Thomas (eds.), *Role Theory: Concepts and Research.* New York: Wiley, 1966.

————. "Status and Related Concepts," in Bruce J. Biddle and Edwin Thomas (eds.), *Role Theory: Concepts and Research.* New York: Wiley, 1966.

Deutsch, Morton, and Robert H. Krauss. *Theories in Social Psychology.* New York: Basic Books, 1965.

Fischer, Joel. *Effective Casework Practice: An Eclectic Approach.* New York: McGraw-Hill, 1978.

Framo, James L. "Symptoms from a Family Transactional Viewpoint," in C.J. Sager and H.S. Kaplan (eds.), *Progress in Group and Family Therapy.* New York: Brunner/Mazel, 1972.

Gambrill, Eileen. *Casework: A Competency-Based Approach.* Englewood Cliffs, N.J.: Prentice-Hall, 1983.

Garvin, Charles. *Contemporary Group Work.* Englewood Cliffs, N.J.: Prentice-Hall, 1981.

Germain, Carel B., and Alex Gitterman. *The Life Model of Social Work Practice.* New York: Columbia University Press, 1980.

Gove, Walter R. *The Labeling of Deviance: Evaluating a Perspective.* New York: Wiley, 1975.

Haley, Jay. *Strategies of Psychotherapy.* New York: Grune and Stratton, 1963.

Harris, Ben, and John Harvey. "Attribution Theory: From Phenomenological Causality to the Intuitive Social Scientist and Beyond," in Charles Antaki (ed.), *The Psychology of Ordinary Explanations of Social Behaviour.* London: Academic Press, 1981.

Hawkins, J. David, and Mark W. Fraser, "Theory and Practice in Delinquency Prevention," *Social Work Research and Abstracts,* vol. 7 (1981), pp. 3–13.

Hepworth, Dean H., and JoAnn Larsen. *Direct Social Work Practice.* Homewood, Ill.: Dorsey Press, 1982.

Hollis, Florence. *Casework: A Psychosocial Therapy.* New York: Random House, 1964.

Levinson, Daniel J. *The Seasons of a Man's Life.* New York: Ballantine, 1979.

Linton, Ralph. *The Study of Man.* New York: Appleton-Century, 1936.

Loewenstein, Sophie Freud. "Inner and Outer Space in Social Casework," *Social Casework,* Vol. 59 (1979), pp. 19–28.

Mahoney, Michael J. *Cognition and Behavior Modification.* Cambridge, Mass.: Ballinger, 1974.

Maluccio, Anthony N. *Learning from Clients.* New York: Free Press, 1979.

————, and Wilma D. Marlow. "The Case for the Contract," *Social Casework,* Vol. 19 (1974), pp. 28–36.

Mayer, John E., and Noel Timm. *The Client Speaks: Working Class Impressions of Casework.* London: Routledge, 1969.

Mead, George Herbert. *Mind, Self and Society.* Edited by Charles W. Morris. Chicago: University of Chicago Press, 1934.

Meichenbaum, Donald. *Cognitive-Behavior Modification.* New York: Plenum Press, 1977.

Merluzzi, Thomas V., Thomas E. Rudy, and Carol R. Glass. "The Information-Processing Paradigm: Implications for Clinical Science," in Thomas V. Merluzzi, Carol R. Glass, and M. Genest (eds.), *Cognitive Assessment.* New York: Guilford Press, 1981.

Merton, Robert K. *Social Theory and Social Structure.* Glencoe, Ill.: Free Press, 1957.

Minuchin, Salvador. *Families and Family Therapy.* Cambridge, Mass.: Harvard University Press, 1974.

Moreno, Joseph L. *Who Shall Survive?* Washington, D.C.: Nervous and Mental Diseases Publishing Co., 1934.

Nisbett, Richard, and Lee Ross. *Human Inference: Strategies and Shortcomings of Social Judgment.* Englewood Cliffs, N.J.: Prentice-Hall, 1980.

Overall, Betty, and Harriet Aronson. "Expectations of Psychotherapy in Patients of Lower Socioeconomic Class," *American Journal of Orthopsychiatry,* Vol. 31 (1963), pp. 421–430.

Parsons, Talcott. *The Social System.* New York: Free Press, 1951.

Perlman, Helen Harris. *Persona: Social Role and Personality.* Chicago: University of Chicago Press, 1968.

Rice, David G. *Dual-Career Marriage: Conflict and Treatment.* New York: Free Press, 1979.

Rommetveit, R. *Social Norms and Roles.* Minneapolis: University of Minnesota Press, 1954.

Sarbin, Theodore R. "Notes on the Transformation of Social Identity," in L.M. Roberts, N.S. Greenfield, and M.H. Miller (eds.), *Comprehensive Mental Health: The Challenge of Evaluation.* Madison: University of Wisconsin Press, 1968.

————. "Role Theory," in G. Lindzey (ed.), *Handbook of Social Psychology, Vol. 1,* Cambridge, Mass.: Addison-Wesley, 1954, pp. 223–258.

Schur, Edwin M. *Interpreting Deviance.* New York: Harper and Row, 1979.

————. *Labeling Deviant Behavior.* New York: Harper and Row, 1971.

Seabury, Brett A. "The Contract: Uses, Abuses, and Limitations," *Social Work,* Vol. 21 (1976), pp. 16–23.

Secord, Paul, and Carl Backman. "Personality Theory and the Problem of Stability and Change in Individual Behavior," *Psychological Review,* Vol. 68 (1961), pp. 21–32.

Shaw, Marvin R., and Phillip R. Costanzo. *Theories of Social Psychology,* 2nd edition. New York: McGraw-Hill, 1982.

Siporin, Max. *Introduction to Social Work Practice.* New York: Macmillan, 1975.

Stierlin, Helm. *Psychoanalysis and Family Therapy.* New York: Aronson, 1977.

Strean, Herbert S. "Role Theory," in Francis J. Turner (ed.), *Social Work Treatment,* 2nd edition. New York: Free Press, 1979.

——. "The Application of Role Theory to Social Casework," in Herbert Strean (ed.), *Social Casework: Theories in Action.* Metuchen, N.J.: Scarecrow Press, 1971.

Stryker, Sheldon. "Symbolic Interaction as an Approach to Family Research," in J.G. Manis and B.N. Meltzer (eds.), *Symbolic Interaction: A Reader in Social Psychology,* 2nd edition. Boston: Allyn and Bacon, 1972.

Thomas, Edwin J., Ronald A. Feldman, with Jane Kamm. "Concepts of Role Theory," in Edwin J. Thomas (ed.), *Behavioral Science for Social Workers.* New York: Free Press, 1967.

Toseland, Ronald W., and Robert F. Rivas. *An Introduction to Group Work Practice.* New York: Macmillan, 1984.

Vaillant, George. *Adaptation to Life.* Boston: Little Brown, 1977.

Watzlawick, Paul, John Weakland, and Richard Fisch. *Change: Principles of Problem Formation and Problem Resolution.* New York: Norton, 1974.

Weeks, Gerald R., and Luciano L'Abate. *Paradoxical Psychotherapy: Theory and Practice with Individuals, Couples, and Families.* New York: Brunner/Mazel, 1982.

带注解的主要参考文献

Biddle，Bruce J. *Role Theory：Expectations，Identities，and Behaviors*. New York：Academic Press，1979. 在这本书中，比德尔采用了一个整合性理论方法来讨论角色理论。这本书提供了一个清晰的方法来操作化主要角色的术语，对社会工作研究者而言，这是非常有帮助的。

Biddle，Bruce J.，and Edwin Thomas（eds.）. *Role Theory：Concepts and Research*. New York：Wiley，1966. 对社会工作读者而言，这本书依然是一个非常全面的介绍角色理论的专著，它提供了很多章节来用角色理论概念解决社会工作者关心的问题。

Perlman，Helen Harris. *Persona：Social Role and Personality*. Chicago：University of Chicago Press，1968. 这本书提供了很多优秀案例，运用角色理论富有成效地解决了很多社会工作案主面临的个人和家庭问题。

Rice，David. *Dual-Career Marriage：Conflict and Treatment*. New York：Free Press，1979. 这本书聚焦社会规范的改变导致的婚姻中男人与女人面临的角色冲突，独到之处在于作者将角色冲突与婚姻辅导有机结合起来了。

第二十五章

系统理论和社会工作治疗

丹·安德里亚

601 　　本章的目的是说明一般系统理论与社会工作实践之间的相关性和在实践中的适用性，以及社会工作者在与单个案主、配偶或相恋的情侣、家庭、小组、组织和社区合作时，一般系统理论能够对社会工作实践发挥怎样的作用。理解了一般系统理论的各种构成要素，以及它的历史、哲学基础、理论原则和实践技术，社会工作者就能在各种环境中使用它。本章的第一部分将概述一般系统理论的相关概念，第二部分将阐述在家庭系统和人际互动中如何使用这个理论。

　　为促进案主改变和促进最佳功能，社会工作者可以自由使用各种治疗模式，包括精神分析为导向的治疗干预、行为治疗模式、以案主为中心的治疗技术，或短期治疗程序等其他模式。无论选择何种特殊方法或者将多种模式结合使用，社会工作者都要深刻理解个体与各种环境之间的关系以及每个个体与其他个体之间的互动协同关系。在环境中对人的功能进行全面解读，这一点彰显出社会工作实践的特殊性，也使得它与大多数助人职业不同，因为后者倾向于采用更以个体为中心的视角来进行干预治疗。社会工作者接受的训练使他们认识到任何系统的各个组成部分之间都是相关的、相互交织的、相互依赖的，因此，在提供干预治疗的时候，必须考虑到各种系统和子系统对案主功能的影响。

定义

　　在社会工作者使用的所有理论范式中，一般系统理论最为清楚地阐明了自己的定义。
602 在弗兰西斯·J. 特纳博士主编的《社会工作治疗：互锁的理论方法》中，戈登·赫恩把一般系统理论定义为"有关从原子粒子到原子、分子、晶体、病毒、细胞、器官、个体、小组、社会、植物、太阳系和星系等各个层系统的一系列相关的定义、假设和臆想"。系统行为理论是这一理论的一个分支，涉及从微生物到社会的各个生活系统。而生活系统最显著的特点可能就是它们是对重要信息的输入和输出保持开放。适用于它们的法则与适用于相对封闭的系统的法则是不同的。[1]

一般系统理论旨在详细阐述一般意义上属于"各系统"共同特征的属性、原则和规律，无论它们是否属于某种特殊类别，它们的构成要素的性质是什么，或者各个系统之间的关系或"力量"如何。一个系统也可以被定义为相互作用的多种元素的复合体，而这些相互作用处于有序（非随机）的状态。由于关注的是被称为系统的各个形式特征或实体，一般系统理论是一门跨学科的模式。也就是说，在科学研究中，针对属于不同传统学科分支的研究对象开展研究时都可以运用一般系统理论。它不仅适用于物质系统，也适用于任何由相互关联的各个部分构成的"整体"系统。各种数学语言和通俗语言都可以用来开发一般系统理论，它也可以被计算机化。[2]根据系统理论，一个"集合"和一个"系统"之间的区别在于，在集合中各个部分保持不变，无论这些部分是孤立的还是集合在一起的，它们只是各个部分的总和。而在一个系统中，当这些部分组合在一起时，必然会变得强于简单相加后的总和。系统不是静态的，而是动态的，并且处于不断变化的状态中。不仅系统本身在不断运动，而且系统和系统之间的互交边界也在不断变化。[3]

一般系统理论的历史背景

一般系统理论是一种理解世界的方法论视角。从最早在古典天文学中得到运用，到在康德和黑格尔的形而上学中被形式化，系统理论的效用已经在达尔文、弗洛伊德、韦伯，特别是爱因斯坦的理论研究中被屡屡证实。自 19 世纪后期以来，为了克服某些学科的强烈质疑，系统理论方法在物理学中得到了广泛应用。而这些学科是建立在简单的单因因果理论的不成熟的概念基础之上的。在启蒙运动早期，哲学家大卫·休姆（David Hume）证明，只是因为"A"和"B"在时间和空间上彼此接近就假设"A"导致了"B"，是错误的。他认为，没有任何逻辑或实验方法可以证明各变量因子之间的假设关系不是伪证（我们有限的推理能力的一个结果）。[4]

当然，在系统理论之前，人类对世界的理解是机械的和简化的。人们把复杂现象分解成各个独立的部分，以对这些复杂现象进行解释，即对越来越小的个体单元进行考察，以试图了解更大事件的成因。在这个简单的、机械的物理世界观中，用线性因果关系考察现象是合理的：A 导致 B，而 B 作用于 C，又导致了 D。格雷戈里·贝特森是一位受过培训的文化人类学家，但他对控制论（有关系统内反馈控制方法的研究）有着浓厚的兴趣。他为系统理论在人际关系中的应用提供了许多理论基础。他将这种刺激反应的范式称为台球模型——描述一个物体只在一个方向上移动并影响其路径中的其他物体的模型。他提醒人们要关注这个不断行进的过程，并同时注意发展出一种崭新的沟通体系，以描述各部分之间的关系以及它们对彼此的影响。因此，根据贝特森的观点，A 可能会促进 B 的产生，但B 也会引起 A 的转变。转变到一个强调循环因果关系的视角有助于概念化。例如，对于一个正处于过渡阶段的家庭，在这个循环网络中，每个家庭成员的行为都会影响家庭中其他人的行为。人们相互影响，不需要特定的行为事件来触发。[5]

实际上，一个系统（例如一个家庭）对自我调节的维持是通过不断交换反馈到系统中的信息来实现的。这些信息会自动引起必然发生的变化，以保持系统的正常运行。系统理论中，在运行反馈循环（信息回流到系统中的循环）的过程中，信息同时在系统中被处理。反馈循环的概念是由数学家和控制论领域的先驱者诺伯特·韦纳（Norbert Weiner）发展出来的。他将反馈定义为一种通过重新将信息移入过去行为所造成的结果中的控制系统的方法。换句话说，关于系统如何运行的信息是从输出到输入的回流（反馈），以此修改后续的输入信息。反馈循环是循环机制，其目的是将系统输出的信息重新输入，以便改变、纠正或控制系统的功能。[6]因此，社会工作者需要分析了解各种重复性循环链接，这些重复性循环链接把循环固定在某个位置（也因而保持了互相损伤的互动模式），使得构成这个系统的个体或单元不能进行更富有成效的活动。

系统理论的重要性最初由路德维希·冯·贝塔朗菲（Ludwig Von Bertalanffy，1901—1972）捕捉到的。他被认为是系统理论的创始人，他在职业生涯早期就理解了这种系统中的有机连接。他认识到一个系统，无论是原子、细胞、整体模式还是符号的综合体，都具有整体性的特性，这些特性在部分中找不到。但是，当这些部分在形成整体的过程中产生联系时，整体性就随之出现了。在 1920 年代末期，他在"有机生物学"这个标题下强调了将生物体视为"有组织系统"的必要性，并将生物学的基本任务定义为"在所有组织水平上发现生物系统的规律"。这促使冯·贝塔朗菲在 1930 年代和 1940 年代发展出了一般系统理论的概念，对他来说，系统代表了各个组成部分的综合或相互作用的要素集合而成的一个实体。这种全新的理解自然世界的综合方法可以被定义为"一个跨学科的学说，这个学说阐述了在一般情况下适用于系统的原则和模型，不管这些系统是否具有特定的种类、构成元素和动力"。因此，冯·贝塔朗菲的目标是得到一个通用的视角，一个连贯一致的观点，"世界是一个巨大的组织系统"，是一个可以在其中解释所有学科的框架。然而，他也认识到，如果这个世界观没有提供一种理解最复杂的人类系统的方式，并没有把这个系统置于其所处的环境中去理解，那么这种世界观就是不完整的。[7]

从历史上看，一般系统理论之前的行为科学主要关注个体功能，如精神分析理论、经典行为主义和新行为主义、学习理论等方法。虽然这些心理范式都在本质上有所区别，但它们确实具有某些共性。比如，它们都假设有机体的心理是被动的，也就是说，行为被看作一种对刺激的反应，可以是先天获得的，也可以是后天习得的。从这个角度来看，当前的所有行为都可以被认为是一系列外部力量的结果。这些力量一个接一个积累起来，最终产生了问题行为。

对于精神分析学家来说，这种力量可能是儿童早期经历的结果。对于行为导向的学科来说，更有可能是在过去和现在的习得经历的强化过程中形成的。而从生物学角度来看，行为是由遗传基因决定的。然而，因为只关注个人，这些观点都不能帮助我们检测当前行为发生的环境以及过程。对个人所处的系统中发生的事情的复杂性，这些观点也不能提供全面的解释。相比之下，系统观点更加全面，也与对人际关系的理解更合拍，同时它也指出了人与人之间行为的互惠性。循环因果关系强调，力量并不是简单地向一个方向运动，前一个事件会引起下一个事件，每个事件都会受到另一个事件的影响，这个过程构成了因果链。

此外，在将心理生物学的行为现象的研究目标定义为重建一个躁动的均衡（动态平衡）时，线性因果关系的机制原理就显得非常重要了。这个均衡也可以被理解为弗洛伊德假设的由个体不满意引起的紧张关系，或心理学家赫尔描述的需求的愉悦，或斯金纳假设的操作条件反射。需求、驱动力和紧张情绪是生物学的，人类中看似更高层次的过程被认为是次要的，并最终可以简化为饥饿、性和生存等主要生物因素。出于各种原因，许多理论学者和社会工作者们对这种把人看作自动机器的观点感到不满意。在 20 世纪初，寻求对人类及其环境问题的理解的其他理论观点开始出现。人们对科学和数学的各个分支学科中的机械或分析性的解释越来越不满意，而这些分支学科对心理学和社会工作有着重大影响。在行为科学中，从线性因果关系的范式偏离的代表性概念体现在发展心理学中，如皮亚杰的遗传认识论，以及新弗洛伊德主义的发展，如卡尔·罗杰斯的案主中心疗法、亚伯拉罕·马斯洛的自我实现心理学、默里·奥尔波特的人格理论以及现象学和存在主义方法。所有这些新兴的替代理论的共同点是，它们没有将人类看作对刺激有反应的机器人，而是将其作为具有主动性的人格系统，并且认识到这些系统能够应对动态变化和发展，而非遵循早期讨论中的固定平稳模型。[10]

今天，作为专业助人者的社会工作者，已经能够将以上理论模式合并引入他们的干预策略和技术框架之中。事实证明，因为社会工作者承认理解人与环境的相关性以及人与情境互动的重要性，所以，这些新方法与社会工作实践相得益彰。一般系统理论为社会工作者提供了一个概念框架，它使得干预研究的重点从成对变量之间的因果关系（是环境导致人产生了某种方式的行为表现，还是人以某种方式影响了环境？）转向了认为人和环境是一个整体且二者之间会发生互动。比如，生活环境是一个整体系统，人只是生活环境中的一部分。每个部分都在与其他部分以一种错综复杂的方式相互联系，而每一部分既可能是因也可能是果。这些动态的互动、交往和组织构成模式对个体和环境发挥正常功能都至关重要，而这些也只有在研究整体系统时才能被观察到。在试图解释一个社会功能的问题时，社会工作者如果只是简单地把单个个体相加，以此评估个人和环境，那他就无法解释和真正理解问题。相反，社会工作者必须对案主和各个层面的社会、心理系统之间的复杂互动，以及案主赋予每一个互动的意义等有全面理解。[11]

家庭系统

对于推动一般系统理论的进一步发展，社会工作的一项主要贡献在家庭系统和家庭动态领域。传统上，家庭被定义为两个或两个以上的人通过血缘、婚姻或领养组合并且生活在一起（Nye & Bernardo, 1973）。[12]然而，在 1990 年塞利格曼（Seligman, 1992）的一项调查中，当随机参加调查的 1 200 名成年人对家庭这个词语进行定义时，只有 22% 的人选择了这个传统定义。近四分之三接受调查的人选择了一个更广泛的定义——他们将家庭定义为"一群彼此相爱和关心的人"[13]。在社会工作者的工作对象中，有许多人处在双人关系中，并通常生活在家庭单元里。即使目前独自生活，每个案主最初都是在一个复杂的家庭结构中成长的，并且他们的周边环境也会对他们产生很大的影响。

606 近几十年来，家庭的构成发生了重大变化，目前存在许多不同的家庭形式：由父母和未婚子女组成的核心家庭；由一个父亲或母亲和一个或多个孩子组成的单亲家庭；没有法律上的婚姻关系的一个男人和一个女人组成的同居家庭，这个家庭中也许有孩子，也许没有；重组家庭，包括丈夫和妻子，以及来自配偶中任一方之前婚姻的子女；混合家庭，包括不一定存在婚姻关系的丈夫和妻子，以及来自一个或多个婚姻中的子女；一个大家庭，其中不仅包括父母和未婚子女，还包括其他成员，例如祖父母、已婚子女或居住在同一住所中的其他亲属；血缘关系家庭，这种家庭组成结构强调的是父母和孩子或兄弟姐妹的血缘关系，而不是丈夫和妻子的婚姻关系；夫妻家庭，主要强调夫妻关系而不是血缘关系；同性伴侣家庭，由同性别的两个人组成的家庭。

家庭无论以何种形式存在，都为家庭成员提供了一定的工具性和表现性功能，包括为家庭成员提供社交、安全感、一定的资源、护理和保护，并且在大多数情况下也是生殖和繁衍的场所。家庭系统也代表了更大社区的子系统，我们可以做出以下假设：

（1）整体大于其各部分的总和。

（2）系统中某一部分的变化将导致系统其他部分发生变化。

（3）随着时间的推移，家庭逐渐更有组织性，变得更兴盛发达。家庭总是在不断变化。家庭成员在其一生中也将扮演不同的角色。

（4）通常来讲，家庭是开放系统，家庭成员接收并相互交换信息，也与家庭以外的人互换信息。家庭的开放程度和成员数量各有不同，而且可能随时间与环境的变化而变化。

（5）个体功能障碍通常反映了一个活跃的情绪系统。某一家庭成员表现出来的一个症状通常是一种对系统的偏离，也因此代表了一种家庭关系问题。[15]

安道尔非（Andolfi, 1979）[16]指出，对家庭成员的研究不能仅关注他们内在的个人特征，还要关注每个成员之间的互动。家庭不仅仅是每个家庭成员为整体所做的贡献之和，更重要的是家庭成员之间的持续关系以及他们之间的相互影响，社会工作者需要特别关注这些现象。从系统的角度来看，家庭中的每个事件都是由在该家庭系统内运行的各种力量共同决定的。这种全局性观点的研究对象不是系统中的个体，而是系统本身。因此，这个观点提出要对家庭既定的行为规律和模式进行考察研究。随着时间的推移，家庭形成了代表性的模式，这种随着时间推移形成的规律模式才是家庭系统的本质（Segel & Ben，1983）。[17]正如康斯坦丁（Constantine，1988）指出的那样，在研究到底哪一种系统理论最适用的时候，家庭就是一个能够说明系统复杂性的好例子。

家庭系统包含四个主要的子系统：（1）广泛意义上的夫妻；（2）父母和孩子；（3）兄弟姐妹；（4）个体家庭成员，即最小的子系统。[19]

环境影响

个人以及家庭的所有成员都在不同的环境中共同生活，这些环境包括工作单位、学校、教会、政府机构等。就社会工作实践而言，"环境"可以被定义为"一个连续体，在这个连续体里，人们在特定的时间段，在特定地理和社会建构空间中，通过个人生活、家庭生活以及社会和文化系统的生活而互动和交往"（Germain[20]，Pincus & Minihan[21]，Siporin[22]）。因此，环境就是我们，我们就是环境。从人出生那一刻起，环境就成为每个人的人生中密不可分的一部分，并为人们打造自己的生活提供了素材，人们在此做出选择，并在应对各种机会和匮乏时进行社会互动。这意味着，在分层社会中，受家庭的社会地位、收入水平、教育、地理位置和资源获取等因素影响，有些人将获得比其他人更好的生活机会。

社会环境涉及多个层面，包括个人、群体、家庭、社区、机构、阶级和文化各个层面。除了具有各种分层系统的社会环境之外，环境还包括更大的分类，比如物理环境。而物理环境又可以被进一步划分为自然物理环境（即气候）和人类建造的物理环境，例如保护人们抵御各种自然现象和各种不可预见的自然气候事件的建筑物。环境是有时效性的，包括时间和空间。因为人类的生命是有限的，并且人生活在某种特定的空间中，所以时间和空间是关键的环境维度。个人的空间可以分为两个子分类：通用的和个人的。大多数人搭建房屋的目的是保护自己免受环境影响，但在此过程中，人们还构建了个人和/或家庭空间，以获得一定的隐私。虽然构建公共住房和私人空间的方式可能因文化而异，但在所有文化中，人们都会尽力地把公共空间和私人空间分隔开。大多数加拿大人在搭建房屋时会考虑时间和空间两个方面。房屋应该可以使人们方便地抵达工作和学习的场所。在私人空间里，还需要符合其他标准，例如配备某些电器、暖气，或者空调，以及取决于个人偏好的其他物质条件。在对我们的私人空间进行评估时，我们能够创造一种需求（通过金钱或其他资源），然后这个创造需求的过程会与个人对自己的感受交织在一起。[23]

对个人和家庭来说，有四个关键的环境互动领域，包括情境、微观、中观和宏观层面。"情境"是个人在特定时刻感知到的环境的一部分。情境发挥了重要作用，因为"我们在实际情境中遭遇问题，在其中形成了自己的世界观，并发展出特定行为模式来处理这些问题"。为建立合理的外部世界观，情境为个人提供信息，并提供了必要的反馈。了解个人遇到的实际问题，以及涉及的物理、社会和文化宏观环境，有助于社会工作者了解案主在不同发展阶段的行为模式。[24]

马格努森和艾伦（Magnusson & Allen）将微观层面的环境定义为"在一定时期内，个人在日常生活中接触到的并可与之直接互动的整个物质和社会环境的一部分"[25]。这一层面的环境包括个人在其家庭中的经历，以及在学校、在工作中、在其他社交场合或在闲暇时间的经历，而他人不能以类似的方式体验这种环境。微观环境在个人发展中非常重要，它决定了个人将遇到何种情境。

中观层面的环境"以某种方式影响并决定微观层面环境的特征和功能"（Magnusson & Allen，1983）[26]。它包括与个人日常生活有关的主要群体、组织和机构之间的关系，如学校、工作、教堂、娱乐和社区资源中心。

宏观层面的环境对于生活在其中的大多数群体成员来说是共同的，它涉及个人所处的更宏观的社会中的物质、社会、文化、经济和政治结构，包括技术、语言、住房、法律、习俗和规范。所有层面的环境以互动方式相互影响，整体反映或包含在每个部分中，而每个部分都是对整体的补充。因此，整体是不可分割的，而同时无须丢弃它的本质和它所处的环境。例如，人体可以被划分成不同的器官系统，但不会失去其独特的本质。

例如，语言是宏观系统中的一个元素，但也是单个系统的关键部分。宏观环境是个体系统的一部分。社会工作者通常很容易忽视宏观系统对较小系统的意义和影响。环境中的一些因素在各个层面都有效。最重要的是，环境在多大程度上限制了个人的行为，或在多大程度上为个人的发展提供了机会。现实的环境确实会对个人行为和发展产生一定的影响，但个人对环境的感知及个人与环境的互动影响力更大。社会工作者应该注意的三个环境是现实环境、案主感知的环境和社会工作者感知的环境。[27]

家庭的规则和作用

对于社会工作者来说，认识到家庭系统也受规则的约束至关重要，而这些规则通常会在一段时间内通过反复试验和试错来被制定和修改。这些规则（例如，谁有权对谁说什么、对男性和女性的期望、成人与孩子的角色）决定了家庭内被允许的内容和禁止的内容，反过来，也起到了针对每个家庭成员对他人的行为的规范作用。这些规则源于多年来家庭成员之间或直接或间接的磋商谈判。规则本身常常会发生一些细微的调整，以使所有家庭成员都能自然而然地接受它。只有当某个家庭成员（在许多情况下是处于青春期早期的成员）试图改变某些长期存在的家庭规则时，人们才会注意到这些规则。[28]

每个家庭成员都在家庭系统中扮演不同的角色，这些角色可以根据家庭动态、即时需求和外部环境的变化而发生变化。角色被定义为"与他人互动的现实模式"[29]。社会工作者应该注意的几个关键角色概念包括：

（1）角色衔接，A 对 A 的行为期望与 B 对 A 的行为期望是否相同。

（2）角色能力，某人是否具备满足他/她或其他人对该角色的期望的技能和知识（例如成为父母）。

（3）角色模糊，角色期望是否明确——人们是否清楚地了解对这个角色的期望应该是怎样的（例如，新的继父或继母的角色）？

（4）角色冲突，一个人扮演某个角色，对这个角色有着某种期望，而此人可能同时扮演了承担着不同期望的另一个角色。有时，这些角色期望彼此冲突（例如，作为一名母亲和作为一名全日制学生）。[30]

开放和封闭系统

家庭系统是开放的还是封闭的，取决于家庭系统的组织程度以及与外部环境有着怎样的相互作用。开放式系统会从周围环境中接收物质、能量和信息等，并将产品释放到环境中。[31]从理论上讲，封闭系统是很少见的，如果有的话，它也是完全与外界隔离的。如果家庭处于一个封闭的系统中的话，它的所有外部交往和通信活动都不得不消失，而这几乎是不可能的。[32]如前所述，所有层级的系统的开放性和封闭性似乎都随时会发生变化。需要接受社会工作者治疗的家庭系统往往过于开放或过于封闭，不利于自己或他人的福祉利益。家庭系统会根据它从不断变化的环境中感受到的潜在安全或潜在威胁，经历开放和关闭的循环过程。很大一部分的社会工作致力于帮助案主达到当前条件下最理想的开放状态，以及提升他们随着条件变化而改变这种状态的能力。

如牛顿热力学第二定律所述，封闭系统的运作可以用牛顿热力学第二定律来描述，该定律认为系统内的一种称为熵或无序程度的特定数量趋向于增加到最大值，直到过程最终达到稳定平衡状态。熵存在于所有系统之中，但在开放系统中也存在相反的过程，这被一般系统理论家称为负熵。发生这种情况是因为开放系统可以获得组织和构建系统运行的自由能。当系统保持开放的时候，不仅仅意味着它们具有与环境相互交换能量的性质，还意味着这种性质是系统的可行性、繁殖发展能力、连续性及变革能力的基础。自然封闭系统针对某个环境事件的侵扰而做出的典型反应是组织机构的损耗，或者意味着朝着系统解散

610

的方向发生变化（然而，根据侵扰的性质和强度，系统有时候可能会进入一个新的平衡水平）。开放系统对环境侵扰的典型反应是将其组织结构细化或转化到一个更高或更复杂的水平。开放和封闭系统都保持静止状态。封闭系统会呈现一种平衡或放松的状态；而开放系统，根据心理学家库尔特·勒温的理论，会表现出一种动态的各种力量的相互作用，外观看上去是放松的，但实际上处于一种稳态或准静态均衡。[33]

接受社会工作者服务的一些家庭，例如新移民家庭，他们是相对孤立的岛屿族群的成员，只在内部相互交流，怀疑外人，这促进了家庭成员对家庭的依赖。家庭内的儿童被教育只信任家庭成员而不信任其他人。某些文化群体在不同程度上参与了所谓的群体的制度完备建设发展，因此，即使不是全部，他们的大部分工具性和社会情感表达需求也可以在他们自己的同伴群体系统中得到满足。正如康斯坦丁（Constantine，1986）所描述的那样[34]，这样的家庭主要通过衰减（负）反馈循环的偏差来调节自己的状态，以维持过去的传统和惯例，避免发生改变。根据索伯（Sauber，1983）[35]的描述，这种家庭对谁应该被允许成为家庭成员保持严格的禁忌，还限制新闻和某些类型的音乐的流入，并筛选谁可以成为客人。新信息和新意见被视为对封闭系统的现状的威胁。正如坎特和莱尔（Kantor & Lehr，1975）[36]所描述的那样，封闭的家庭强制执行严格的规则和分层制度，通常是父权制，这会导致个体成员的利益需要从属于群体的利益。家庭忠诚至关重要，规则要绝对服从，传统必须遵守，一个人的行为偏差就能导致混乱。在怀特（White，1978）描述的封闭式家庭系统中，父母要求门要随时上锁，家庭成员阅读的材料和电视节目要经过筛选，孩子们应该严格报告他们的进出活动，尽可能严格遵守每日时间表。这种家庭通过维持传统来保持家庭结构的稳定。[37]

开放系统既可以使用负（衰减）反馈循环，又可以使用正（放大）反馈循环。它们被认为是基于等终性的系统原理运作，这意味着可以从多种不同的起点达到相同的最终状态。相反，封闭系统不具有等终性，其最终状态主要取决于其初始状态。在开放系统中，不仅不同的初始条件可以产生相同的结果，而且相同的初始状态也可以产生不同的结果。这里的主要观点是，要了解家庭功能，社会工作者必须研究家庭系统的组织、群体的互动过程，而不是寻找这些互动的起源或结果。在开放系统中，各种输入都是可能的，家庭的反馈过程是其运作方式的首要决定因素。由于许多途径通往同一目的地，因此家庭抚养孩子或保持良好的关系没有简单或正确的方式。不确定开始并不一定意味着关系会失败，随着关系的发展，通过引入校正反馈可以补偿开始的不稳定。出于同样的原因，一个有良好开始的关系可能之后会被破坏。前面讨论过因果关系的概念，即 A 不可避免地导致 B，但这种线性描述忽略了家庭互动过程所起的核心作用。等终性的概念意味着社会工作者可以利用任何一种治疗技术在任何一个家庭开展干预，以获得相同的期望结果。

在开放系统中，成员可以自由地与大家庭成员（例如祖父母，阿姨，叔叔或堂、表兄弟姐妹）或家庭外系统互动（例如学校、教堂、邻居或教师）。与严格保持一致性和遵循传统的相对封闭的家庭系统相反，开放式家庭系统更强调对陌生情况的适应性，特别是如果这种适应性能够帮助这个家庭实现成员们认为值得为之努力的目标。因为在家庭内部和外部所进行的公开坦诚的对话常常是受到鼓励的，所以分歧或异议也很常见，并不会被视为对家庭这个单元的持续生存的威胁。谈判、沟通、角色转换的灵活性、相互依存性和真实性是开放系统的特征。[38]如前所述，在系统理论中，开放系统被认为具有负熵能力，因为它们的组织形式使得它们乐于适应新事物，接受新的经验，并能够对那些不适合当前情况的模式进行修正。通过与自己的边界之外的系统进行交换，开放系统变得更具高度组织性和拥有更丰富的发展性资源的机会大大增加，从而在修复细微或暂时性的系统效率方面的故障方面发挥更大作用（Nichols & Everett，1986）。[39]

封闭系统缺乏社会交流，这会降低封闭系统应对压力的能力。与家人以外的人的有限接触或可能根本不存在与外界的接触，会导致家庭成员做出恐惧、困惑和无效的反应。在僵硬系统和/或持续的压力的极端情况下，家庭中可能会出现混乱和无秩序状态。[40]

边界

每个家庭系统都有边界。边界可以被定义为将家庭与外部非家庭环境分开的无形的分界线。[41]在将整个系统定义为一个功能单元或实体的时候，边界是一个非常有用的隐喻，或者可以说是很随意的隐喻。它们存在于家庭周围，存在于其子系统周围，存在于个别家庭成员周围。如果没有边界，个体或单独的子系统中的功能就不会逐步分化，因此，就会如安巴格（Umbarger，1983）[42]所说的那样，失去系统的复杂性。没有这样的复杂性，家庭在社会中创造和维持适应性形态的能力就会受到破坏。如果系统想要避免熵和最终衰变，家庭的适应性是必不可少的。一个家庭的所有成员会同时参与几个子系统，而且每个子系统又与其他子系统保持着动态关系，这些子系统都既影响且又接受其他人和子系统的影响。每个具有自己的动态边界的子系统的组织都应便于执行整个家庭的必要功能，使其顺利有效地完成任务。

边界限制并保护了系统的完整性，从而确定了哪些要素可以被划在系统内部，而哪些必须保持在系统之外。在家庭内，边界区分子系统，并且有助于实现和定义整个系统中的独立子单元。正如萨尔瓦多·米纽钦（Salvador Minuchin，1974）[43]所指出的那样，这些子系统必须进行充分的定义划分，这样才能使得子系统成员在没有不当干扰的情况下执行其功能。同时，它们又必须足够开放，以允许子系统的成员与其他成员联系。相比由谁执行什么功能的认知，子系统边界的清晰度更重要。[44]

边界也可以包括非物理分隔线，它们可以将一个系统与另一个系统（家庭与家庭）或将系统的一部分与另一部分（一个家庭成员与另一个成员）分隔开。它们可以代表物理边界，例如将一个住宅与另一个住宅分隔开的墙壁，或者房间之间的隔墙。房屋周围的墙壁可以用来描绘领土、现实、空间和隐私。[45]

当然，边界也可能是情绪和心理。子系统边界的偏离可以通过两种方式发生：连接或脱离。在连接中，边界很容易被渗透，因此家庭成员会过度参与并与彼此的生活交织在一起。在脱离中，存在过于严格的界限，家庭成员共享房屋但又是单独的单元，几乎不会相互作用、交换感情或彼此之间产生联系感。在脱离接触的家庭中，成员会减少对家庭的忠诚，也很少关注这一点。在这种极端情况下，陷入困境的家庭冒着通过将家庭成员的行为视为背叛来降低分离的风险，因此几乎不可能实现自治。因此，脱离家庭，其成员仍然不知道他们的行为对彼此的影响，可能因此阻止他们的成员彼此发展关怀关系（Goldenberg & Goldenberg, p. 52）。[46] 杰出的多伦多社会工作者和理论家伊娃·菲利普（Eva Philipp）博士说："家庭可能同时不同程度地陷入困境和脱离。例如，父母可能与孩子是共生关系，但却拒绝并忘记了孩子的需要。因此，这不是互相排斥的问题。两者可以在同一个家庭单元中共存。"[47]

稳定和变化

无论是家庭动态系统还是其他动态系统，都必须在承受变化的同时保持连续性。演化是每个系统（包括家庭系统）的整个生命周期中正常且必要的部分。但是，正如尼克尔斯和埃佛雷特（Nichols & Everett, 1981）[48] 所注意到的那样，所有系统面临的关键问题都是系统可以承受多大的变化，而且在承受变化时，系统仍然能够生存。系统理论家使用"形态稳定"和"形态发生"两个术语来分别描述系统在变化时保持稳定的能力，以及在稳定的情况下保持变化的能力。为了保持一种健康的平衡，这两个过程都是必需的。对于任何系统，寻求稳定和维持现状的力量与要求变革的反力量之间的张力必然同时存在。形态稳定要求系统强调消极或有偏差的衰减反馈的相互作用，它是指系统趋于稳定或处于动态平衡状态的趋势。形态发生则需要积极或有偏差的放大反馈，以鼓励系统成长、创新和变革[49]。

丸山（Maruyana, 1968）和霍夫曼（Hoffman, 1981）[50] 等系统理论家指出，任何系统的生存都依赖于这两个关键过程的相互作用。与维持某一系统内稳定的体内平衡不同，形态稳定是维持系统结构恒定的机制。然而，形态发生机制是努力将系统推向新的功能水平，使其适应不断变化的情况。

安巴格（Umberger, 1983）[51] 也进一步证明了这一观点，他强调，稳定和变化对于有效的家庭功能而言是必需的。也就是说，稳定和变化对于任何家庭或系统的持续性都是必要的。有趣的是，家庭稳定源于变化。一个家庭必须保持足够的规律性和平衡性，以维持其适应性并保持家庭的秩序感和一致性。同时，它又必须巧妙地推动家庭成员和整个家庭系统的变化和成长。

萨尔瓦多·米钮钦（Salvador Minuchin, 1974）[52] 着重强调家庭结构的各个组成部分，他指出，"家庭成员的地位会不断变化，使得他们能够在家庭系统保持连续性的同时获得成长"。米钮钦认为，家庭功能障碍是当家庭面对压力时，其僵硬的交易互动模式和边界以及在寻找替代解决方案时遇到的相应阻力导致的。米钮钦断言，功能良好的家庭既可以保持家庭持续性，同时又可以根据需要促进家庭重组，以适应生活中不可避免的压力。然而，我们必须认识到，没有一个家庭在所有情况下的任何阶段都能发挥最佳功能。家庭的应对能力波动很大。实际上，根据所讨论的问题的不同，家庭可能既有有效功能，也可能存在功能障碍。

小结

总之，一般系统理论为社会工作者理解加拿大社会中个人、团体、家庭、组织和社区的复杂功能提供了一个独特而深刻的视角。这个视角有助于理解各种关系的动态网络和相互连接。通过了解系统的各个部分的相互关联，社会工作者可以预料到，变化可以在任何系统的任何层次发生。我们也认识到，如果只有单个案主接受治疗干预，那么直接接触其他家庭成员或系统也许是不可能的。然而，当社会工作者意识到了对案主来说重要的系统和子系统的存在时，他们就可以提供更全面和有效的评估和治疗计划。实际上，我们还需要进行进一步的研究，来测试和扩展现有的系统概念框架，而这些研究无疑将在未来进一步丰富这个理论方法。一般系统理论本身，或将它与其他方法论结合使用，可以极大地提高社会工作者在所有实践领域中的功能，他们将会在几个相互关联的系统层面上创造更好的人类和社会环境。

注释

［1］Turner，F. J. (1974). *Social work treatment：Interlocking theoretical approaches*. New York：Free Ptess，p. 343.

［2］Von Bertalanffy，L. (1981). *A systems view of men*. P. A. La Violette. Ed. Boulder，CO：Westview Press，p. 109.

［3］Ibid.，p. ix.

［4］Jenson，A. F.，with Metcalfe，H. C. (1971). *Sociology：Concepts and concerns*. Chicago：Rand McNally，p. 132.

［5］Goldenberg，H.，& Goldenberg I. (1994). *Counselling today's families* (2nd Ed.). Pacific Grove，CA：Brooks/Cole Publishing Company，p. 40.

［6］Ibid.，p. 41.

［7］Von Bertalanffy，L. *A systems view of men*，p. xv.

［8］ Ibid. , p. 110.

［9］ Ibid. , p. 109.

［10］ Ibid, p. 110.

［11］ Compton B. R. , & Galway, B. (1989). *Social work processes*. Belmont, CA: Westworth Publishing Company, p. 123.

［12］ Nye & Bernardo (1993) in *Basic sociology. A Canadian introduction* (4th Ed.). J. J. Teevan, Ed. Scarborough, Ontario: Prentice-Hall Canada, p. 259.

［13］ Seligman, J. (1993) in *Social problems in Canada. Issues and challenges*. E. P. Nelson, & A. Fleuras, Eds. Scarborough, Ontario: Prentice-Hall Canada, p. 289.

［14］ Teevan, J. J. , Ed. *Basic sociology. A Canadian introduction* (4th Ed.). Scarborough, Ontario: Prentice-Hall Canada, p. 259.

［15］ Notes from Social Work lectures at McMaster University transcribed by Jennifer Krawczyk, February 1995.

［16］ Andolfi, M. (1994) in Goldenberg & Goldenberg, p. 39.

［17］ Segel & Ben (1994) in Goldenberg & Goldenberg, p. 39.

［18］ Constantine (1994) in Goldenberg & Goldenberg, p. 39.

［19］ Notes from Social Work lectures at McMaster University transcribed by Jennifer Krawczyk, February 1995.

［20］ Germain (1989) in Compton & Galway, p. 201.

［21］ Pincus & Minihan (1989) in Compton& Galway, p. 201.

［22］ Siporin (1989) in Compton & Galway, p. 201.

［23］ Ibid. , p. 101.

［24］ Ibid. , p. 103.

［25］ Magnusson & Allen (1989) in Compton & Galway, p. 104.

［26］ Ibid. , p. 104.

［27］ Ibid.

［28］ Goldenberg & Goldenberg, p. 51.

［29］ Tepperman, L. , & Rosenbere. M. (1995). *Macro/micro. A brief introduction to sociology* (2nd Ed.). Scarborough, Ontario: Prentice-Hall Canada, p. 15.

［30］ Notes for Social Work lectures at McMaster University transcribed by Jennifer Krawczyk, February 1995.

［31］ Goldenberg & Goldenberg, p. 43.

［32］ Ibid. , p. 44,

［33］ Turner, p. 347.

［34］ Constantine (1994) in Goldenberg & Goldenberg, p. 44.

［35］Sarber（1994）in Goldenberg & Goldenberg，p. 44.

［36］Kantor & Lehr（1994）in Goldenberg & Goldenberg，p. 44.

［37］White（1994）in Goldenberg & Goldenberg，p. 44.

［38］Goldenberg & Goldenberg，p. 44.

［39］Nichols and Everett（1994）in Goldenberg & Goldenberg，p. 46.

［40］Ibid.. p. 46.

［41］Ibid. , p. 50.

［42］Umberger（1994）in Goldenberg & Goldenberg，p. 51.

［43］Minuchin（1994）in Goldenberg & Goldenberg，p. 51.

［44］Ibid.

［45］Notes from social work lectures at McMaster University transcribed by Jennifer Krawczyk，February 1996.

［46］Goldenberg & Goldenberg，p. 52.

［47］Interview with Toronto social work psychotherapist Dr. Eva Philipp，April 1996.

［48］Nichols and Everett（1994）in Goldenberg & Goldenberg，p. 51.

［49］Ibid. , p. 52.

［50］Maruyana and Hoffman（1994）in Goldenberg & Goldenberg，p. 53.

［51］Umberger（1994）in Goldenberg & Goldenberg，p. 53.

［52］Minuchin（1994）in Goldenberg & Goldenberg，p. 53.

参考文献

Andolfi, M. (1994) in *Counselling today's families* (2nd Ed.). H. Goldenberg, and I. Goldenberg, Eds. Pacific Grove, CA: Brooks/Cole Publishing.

Bernardo, F.M. (1993) in *Basic sociology: A Canadian introduction* (4th Ed.). J.J. Teevan, Ed. Scarbourough, Ont. Prentice-Hall Canada.

Compton, B.R., & Galaway, B. (1989). *Social work processes.* Belmont, CA: Westworth Publishing Company.

Constantine, L.L. (1994) in *Counselling today's families* (2nd Ed.). H. Goldenberg, and I. Goldenberg, Eds. Pacific Grove, CA: Brooks/Cole Publishing.

Germain, C. (1994) in *Counselling today's families* (2nd Ed.). H. Goldenberg, and I. Goldenberg, Eds. Pacific Grove, CA: Brooks/Cole Publishing.

Goldenberg, H., & Goldenberg, I. (1994). *Counselling today's families* (2nd Ed.). Pacific Grove, CA: Brooks/Cole Publishing Company.

Hagendorn, R., Ed. (1981). *Essentials of sociology.* Toronto, Ont.: Holt, Rinehart and Winston of Canada.

Jenson, A.F., with Metcalf, H.C. (1971). *Sociology: Concepts and concerns.* Chicago: Rand McNally.

Interview with Toronto social work psychotherapist Eva Philipp, April 1996.

Kantor, D. & W. Lehr. (1994) in *Counselling today's families* (2nd Ed.) H. Goldenberg, and I. Goldenberg, Eds. Pacific Grove, CA: Brooks/Cole Publishing.

Kuhn, A. (1974). *The logic of social systems.* San Francisco: Jossey-Bass.

Loomis, C.P. (1960). *Social systems. The Van Nostrand Series in Sociology.* Toronto, Ont.: D. Van Nostrand Company (Canada).

Magnusson, D. & V.L. Allen. (1989) in *Social work processes.* B. Compton and B. Galaway, Eds. Belmont CA: Westworth Publishing.

Maruyama, M. & L. Hoffman. (1994) in *Counselling today's families* (2nd Ed.). H. Goldenberg, and I. Goldenberg, Eds. Pacific Grove, CA: Brooks/Cole Publishing.

Minuchin, S., (1994) in *Counselling today's families* (2nd Ed.). H. Goldenberg, and I. Goldenberg, Eds. Pacific Grove, CA: Brooks/Cole Publishing.

Nelson, E.D., & Fleuras, A. (1993). *Social problems in Canada. Issues and challenges.* Scarborough, Ont.: Prentice-Hall Canada.

Nichols, W.C. & C.A. Everett. (1994) in *Counselling today's families,* (2nd Ed.). H. Goldenberg and I. Goldenberg, Eds. Pacific Grove, CA: Brooks/Cole Publishing.

Notes from social work lectures at McMaster University transcribed by Jennifer Krawczyk, February 1995.

Pincus, A. & A. Minahan (1989) in *Social work processes.* B. Compton, and B. Galaway, Eds. Belmont CA: Westworth Publishing.

Sauber, S.R. (1994) in *Counselling today's families* (2nd ed.) H. Goldenberg, and I. Goldenberg, Eds. Pacific Grove, CA: Brooks/Cole Publishing.

Segel, L., & J.B. Bavelas (1994) in *Counselling today's families* (2nd Ed.). H. Goldenberg, and I. Goldenberg, Eds. Pacific Grove, CA: Brooks/Cole Publishing.

Seligman, J. (1993) in *Social problems in Canada. Issues and challenges.* E.P. Nelson, A. Fleuras, Eds. Scarborough, Ont.: Prentice-Hall Canada.

Siporin, M. (1989) in *Social work processes,* B. Compton, and B. Galaway, Eds. Belmont, CA: Westworth Publishing.

Teevan, J.J., Ed. (1993). *Basic sociology. A Canadian introduction* (4th Ed.). Scarborough, Ont.: Prentice-Hall Canada.

Tepperman, L., & Rosenberg, M. (1995). *Macro/micro. A brief introduction to sociology* (2nd Ed.). Scarborough, Ont.: Prentice-Hall Canada.

Turner, F.J. (1974). *Social work treatment: interlocking theoretical approaches.* New York: Free Press.

Umbarger, C.C. in *Counselling today's families* (2nd Ed.). H. Goldenberg, and I. Goldenberg, Eds. Pacific Grove, CA: Brooks/Cole Publishing.

Von Bertalanffy, L. (1981). *A systems view of men.* P.A. La Violette, Ed. Boulder, CO: Westview Press.

White, (1994) in *Counselling today's families* (2nd Ed.) H. Goldenberg, and I. Goldenberg, Eds. Pacific Grove, CA: Brooks/Cole Publishing.

第二十六章

任务中心社会工作

威廉·J. 里德

概　论

　　任务中心社会工作是从 1960 年代中期经过检验的个案工作理论演变而来的（Reid &
Shyne，1969）。检验结果表明，与社会心理治疗的常规和长期的实务形式相比，简洁的社
会心理个案工作能够提供更有效的帮助有家庭关系问题的个人和家庭的方法。本章作者与
劳拉·爱泼斯坦合作，试图以这种简洁的服务方法为起点，建立一个更全面、系统和有效
的短期治疗模型（Reid & Epstein，1972）。在最初的构想中，任务中心的方法利用了短期
社会心理个案工作的限时结构和技术，以此为手段帮助案主设计行动计划和执行任务，以
减轻他们的问题。珀尔曼（Perlman，1957）将个案工作视为解决问题的过程，而斯图特
（Studt，1968）将案主的任务视为服务重点。这些观点在任务中心理论的最初构想中尤其
具有影响力。

　　任务中心理论自形成以来，就一直在不断发展和变化。实际上，我们的意图是创建一
种实务方法，这种方法可以不断地演化，以回应不断发展的研究工作以及与其基本原理相
对应的知识和技术的发展。该方法被设计为一个开放的、多元的实务系统，以便能够整合
不同的理论和技术支持。为了与其预设的特征保持一致，该方法并没有与任何其他人类功
能性的理论或任何已形成的干预方法相结合。相反，它提供了价值观预设、理论和方法的
核心内容，而这些价值观、理论和方法可以以兼容的方式得到扩展。该核心内容包含许多
不断演变的基本原则。下面是一个摘要。

任务中心模式：基本特征和原理

以经验为导向

618　　优先选择接受经验研究检验和支持的方法和理论；有关案主系统的假设和概念必须以案例数据为基础；要避免针对案主的问题和行为的投机性理论；在每一个案例里，都要系统地收集数据进行评估，并对过程和结果进行监测；一个可持续的发展研究计划有利于改善此模式。

综合立场

利用兼容的方式，该模式有选择地借鉴了以经验为基础的理论和方法（例如问题解决、认知行为、认知和家庭结构等理论）。

关注案主认可的问题

被案主确认的那些对他们造成困扰的特殊问题是服务的重点。

系统和环境

案主问题是在多系统环境中发生的；为了解决问题或防止问题再次发生，可能需要改变它的环境；反过来，问题的解决可能会对它的环境产生积极影响。

计划性的简洁

干预服务通常被设计为短期计划（在 4 个月的时间内进行 6～12 周次的会谈）。

协作关系

社会工作者与案主之间的关系既有关怀又有合作；社会工作者之间共享评估信息；避免不可告人的目的和计划；案主在制定治疗干预策略中的贡献不仅有助于设计出更有效的干预措施，还可以提高案主解决问题的能力。

结构框架

干预计划（包括每一个治疗时段）构成了一个框架，明确设计了每一个干预活动的顺序。

解决问题的行动（任务）

案主在治疗时段之内和之外采取的解决问题的行动（任务）带来了问题的改变。尤其要注意的是动员案主在自己的环境中采取行动。治疗时段的主要功能是为此类行动奠定基础。而且，社会工作者的任务也包括提供一种影响环境变化的手段，而这种变化应符合案主的利益。

在过去的二十年中，这个模式的演变发展过程的特点是在理论和方法方面进行发展，以及为适应各种特定环境和人群而做出调整。整个模式发展的主要来源是学习和认知理论，以及问题解决、行为、认知行为和结构性家庭治疗方法。该模式的各种不同形式是为小组社会工作（Beilenberg，1991；Fortune，1985；Garvin，1974，1985；Kilgore，1995；Pomeroy，Rubin，& Walker，1995；Raushi，1994；Rooney，1977）和家庭社会工作设计的（Reid，1985，1987；Reid & Donovan，1990）。这些形式包括个案管理方法（Bailey-Dempsey，1993）、机构管理系统（Parihar，1983，1994）、临床监督模式（Caspi，1995），以及社区工作方法（Ramakrishnan，Balgopal，& Pettys，1994）。在演变过程中，该模式一直保持与社会工作重心的一致性，并且关注社会工作专业的独特功能和发展需求。

社会工作者工作的主要实践环境包括儿童福利机构（Rooney，1981；Rzepnicki，1985；Salmon，1977）、公共社会服务机构（Rooney，1988；Rooney & Wanless，1985）、学校（Bailey-Dempsey，1993；Epstein，1977；Reid & Bailey-Dempsey，1995；Reid，Epstein，Brown，Tolson，& Rooney，1980）、矫正机构（Bass，1977；Hofstad，1977；Larsen & Mitchell，1980）、医疗单位（Wexler，1977；Abramson，1992）、工业单位（Taylor，1977；Weissman，1977）、老年医学单位（Cormican，1977；Dierking，Brown，& Fortune，1980；Naleppa，1995；Rathbone-McCuan，1985）、家庭服务机构（Beneishty，1988；Hari，1977；Wise，1977），以及心理健康机构（Brown，1980；Ewalt，1977；Newcome，1985）。该模式的基本原理和方法在 1970 年代初以来出现的一系列著作中都有阐述（Doel & Marsh，1993；Epstein，1980，1988，1992；Fortune，1985；Goldberg，Gibbons，& Sinclair，1985；Parihar，1983；Rooney，1992；Reid，1978，1985，1992；Reid & Epstein，1972，1977；Folsom，Reid，& Garvin，1994）。

在本章中，我们将回顾任务中心临床实务系统，即任务中心方法在个人、家庭和团体工作中的运用。回顾将涵盖几个主要的理论框架，比如为实务模式铺垫基础的框架，任务中心模式本身（即用以指导与案主合作的策略和方法），该模式的适用范围，以及有关模式有效性的研究证据。最后，本章将以一个示例性案例作为结尾。

基本假设

我们最初的理论和后续的理论工作基于这样一个前提：任务中心实务的基本功能是帮助案主定义他们希望得到解决的社会心理问题，然后帮助案主朝着制定解决方案努力。变化的主要动因不是社会工作者，而是案主。社会工作者的作用是帮助案主实现他们自己希望发生并愿意为之努力的改变。

该模式的理论基础主要由有关社会心理问题的性质、起源和动态的表述组成。问题根据类型和范围进行了分类，被认为是该模式的干预目标，包括家庭和人际关系问题、承担社会角色的问题、进行决策时面临的问题、在对环境因素做出反应时的资源保障和情绪困扰等问题。同时，目标问题是案主所处的大环境的一部分，必须始终予以重视。问题所发生的环境通常可以被认为是与问题相互作用的各个因素的组合。这个环境包括解决问题的障碍，以及可用于解决该问题的资源。这些障碍和资源反过来可以折射出案主所处的多重系统的几乎各个层面。

我们假定，问题通常反映的是在处理问题时遇到的暂时性障碍，这些障碍又激发了变革的动力。这些动力包括案主自己主动解决问题的动力和他们所处环境中的资源。这些动力在大多数情况下可以迅速发挥作用，将问题的严重程度降低到可以容忍的层面，从而降低案主进一步改变的可能性。如果是这样，那么我们就可以预测，案主从短期治疗中的受益和他们从更长的服务期中的受益同样多。通过发动案主和社会工作者共同努力，设置服务的时间限制就可以提高服务的有效性。集中精力解决已界定的问题，实务工作者可以帮助案主制订和执行解决问题的计划，从而更进一步提高服务的有效性。

然后，该模式的简洁性基于以下假设：人际关系治疗的有效性相对来说是短暂的，也就是说，案主从这种治疗中获得的最大收益是在相对少数的几次治疗会谈和相对较短的时间段中获得的。大量研究证据支持这一假设。这些研究证据表明：（1）接受短暂、限时治疗的案主与接受长期、开放性治疗的案主的问题显示出相同的持续性改善（Gurman & Kniskem, 1981; Johnson & Gelso, 1982; Luborsky, Singer, & Luborsky, 1975; Reid & Shyne, 1969; Koss & Butcher, 1986）；（2）与长期治疗有关的大多数改善都是在治疗开始后不久发生的（Meltzoff & Komreich, 1970; Strupp, Fox, & Lessler, 1969; Orlinsky & Howard, 1986）；（3）无论预期的疗程是长是短，大多数自愿治疗的实际疗程都相对简短，绝大多数此类疗程可能持续不超过十二次会谈或三个月，这说明大多数案主可能很快就获得了治疗所能提供的所有益处（Beck, Fahs, & Jones, 1973; Garfield, 1994）。

作为干预目标的社会心理问题的表现始终是案主想要却没有的东西，问题最终是由案主的自我觉察的动力来定义的，而不是由实务工作者的主观构想来确定的。如果一个人想获得他想要的东西，最常见和最有效的方法是采取行动获得它。案主是人，因此他们的行为是被他们对自己和他们所处的世界的复杂信念指导的，这些信念帮助案主制订并实施计划，指导他们应该做什么和应该如何做。由于他们的问题是社会心理问题，因此他们的计划和行动通常会涉及其他人，如构成他们的社会系统的个人、团体和组织。反过来，这些系统会对案主行为做出回应，而对这些回应的评估又会修正案主的行为。该理论不讨论问题的历史渊源，相反，它的重点是当前阻碍案主解决问题的困难，或有助于解决问题的资源。

相比其他指导社会工作实务的理论，这些概念更加强调案主自主解决问题的能力，即他们主动发起和采取有智谋的计划行动以获取所需资源的能力（Goldman，1970）。根据这种观点，案主的行为不再被看作无意识的结果，也不受环境突发事件控制，而精神分析理论和行为理论有助于理解他们的行为。相反，案主被认为具有自己的思想和意志，这些思想和意志会对内部和外部势力的影响做出回应，但绝不屈从于这些势力。我们认为，案主解决问题的能力很复杂，也很有创造性，最主要的是也很有效。因此，从主动解决问题中得到的收益也应该比他们从助人理论框架下得到的收益更多。

治疗

我们将讨论任务中心理论模式的基本策略和方法，因为它们通常被用于针对单个案主的工作。然后，我们将探讨其与家庭和小组的实务工作以及在个案管理情境下的实务工作之间的差异。

策略

在上述理论的指导下，社会工作者可以帮助案主发现那些因未实现的欲望而产生的特殊问题，以及那些因即将改变的特定条件而产生的问题。实践工作是在合同形式下展开的。在合同中，案主的问题、服务目标，及服务的性质和持续的时间都有明确的说明，而且实务工作者和案主都对此表示认同。对问题进行分析后，实务工作者会对为解决问题而需采取的行动进行认真考量，这有助于分析影响这些行动的因素以及阻碍这些行动的障碍。改变主要是通过案主和实务工作者在面谈之后采取的解决问题的行动或任务来实现的。实务工作者会帮助案主挑选他们的任务。通过协助案主制订完成任务的计划，并帮助案主明确他们执行计划的动机，实务工作者可以推动案主更好地完成任务。实务工作者还可以帮助案主反复执行他们的任务，并帮助他们分析在实现目标的过程中遇到的障碍，然后，对案主从每项任务中取得的成果进行回顾审议，这样就可以为案主行为提供反馈以指导他们修正自己的行为，并为制定新任务打下基础。

为了强化案主为解决问题付出的努力，社会工作者可以在案主的社会系统内开展工作。这些工作任务通常旨在帮助其他人执行既定的任务或保障案主拥有自己无法轻易获得的系统资源。尽管案主的问题完全可以通过社会工作者的工作任务来解决，但是很显然，系统的理论和方法针对的问题是那些至少能够体现出案主的某些主动性的问题，并且在与这样的问题存在争议的时候，系统理论和方法才有最大的价值。

本系统的核心和独特的策略就是它对将任务作为解决问题的手段的依赖。案主和社会工作者的工作主要致力于制定任务、执行任务和回顾审查任务的实施情况。这些任务的成功很大程度上决定了该理论模式的应用会带来哪些益处。

任务的重点是案主在应对困难时要采取的建设性行动所需的足够强大的能力。实际上，我们已按照大多数案主解决大多数问题的方式构建了我们的干预策略。

可以肯定的是，引起社会工作者注意的问题通常不会为案主解决问题的计划让步。尽管如此，我们仍然假设案主解决问题的能力是存在的。因此，社会工作者的职责就是帮助案主把能力发挥出来。

我们倡导的策略导向发展出了一种简约的干预形式，尊重案主管理自己事务的权利。如果案主非常清楚是什么在困扰他们，并有了一个合理的解决问题的计划，那么社会工作者的作用可能会仅限于鼓励和支持案主为解决问题所做的努力，和为他们的任务提供规划。如果案主需要社会工作者提供更多服务，社会工作者当然可以提供更多，直到帮助案主解决困难。即使社会工作者可以提供很多的服务，很大程度上参与到案主解决问题的过程中，但社会工作者参与的目的仍是发展和增强案主自己采取行动的能力。因此，社会工作者可能需要帮助案主确定他们想要什么，并且在此过程中社会工作者可能要帮助案主认真审视那些无法实现的欲望。社会工作者需要帮助案主明确和改变造成问题的行为和互动行为，提供对其行为的纠正意见反馈，向他们传授必要技能，与他们共同努力以改变那些干扰问题解决的执念，为案主的社会系统带来变化，并从中获取资源，社会工作者甚至可以为案主应该施行的特定任务提供建议。但是，无论采取什么措施，都要与案主合作，并必须得到案主的同意。在大多数情况下，起着决定性作用的行动都是案主以自己的方式和代表自己而采取的行动。

使案主能够为自己的利益采取建设性和负责任的行动，关于这一点，有一个重要的已被证明的推论：案主采取的行动很可能是其持续解决问题的策略的一部分。由于案主参与了计划的制订，并理解此计划的合理性，愿意执行该计划，最终执行了该计划，并回顾反思计划执行的结果，因此我们就可以假设，案主的行为更有可能是他们生活的一部分，如果成功的话，他们更有可能在各种不同情况下再次采取这样的行为，而不只是简单地遵循社会工作者的指示或有意无意地听从他人的临时安排。

实务工作者和案主的关系

在任务中心方法中，实务工作者和案主之间的关系提供了一种激励和推进解决问题行 *623*
为的手段。他们的面谈并没有直接产生改变的基本要素，但是，它推进了初始行动，并指
导随后的行动实现改变。可以假设，当案主感到自己处在一种被接受、被尊重、被喜爱、
被理解的关系中时，就可以促进改变的发生。尽管还很难定义和测量这种关系应该具有
什么样的特点，但在任务中心及大多数人际关系实务中，这种关系都被看作是工作的
基础。

珀尔曼（Perlman，1957）曾经试图定义这种关系。他描述了一种既包含支持又包含
美好期望的良性治疗关系。在社会工作实务理论中，这种关系的支持性要素可能被赋予了
重大的意义。在任务中心系统中，实务工作者传递给案主的期望被认为至少与治疗效力同
样重要。实务工作者期望案主为达成共识的问题和任务付出努力，并将这些期望或明确或
隐晦地传达给案主。实务工作者会尊重案主拒绝帮助的决定；但是一旦签订了合约，案主
就有责任执行。这些观点并非前后矛盾：它们代表了一种承诺，即案主是可以做出负责任
的决定的人。如果期望能被清楚地传达出来，它们会对案主的应对行为造成影响，因为案
主很可能将实务工作者视为可以信赖的权威，是能够维护自己利益的专家，得到他们的肯
定是很重要的。案主努力解决他们的问题，相比对问题无动于衷，更有可能得到实务工作
者的认可和肯定。实务工作者的这种反应进一步强化了这些期望的效力。如果实务工作者
和案主的关系完全为案主的利益服务，那就应当如此。但是，如果只是为了帮助案主解决
问题，那么这种关系所包含的特质必须与特殊的问题解决方法融合在一起。这种关系只是
一种原材料，而不是一种成品。

情境变化

该模式的直接目的是通过提高案主自己策划和执行必要行动的能力来帮助他们解决问
题。我们通过对问题所处的情境产生积极影响的方式帮助案主缓解目标问题。尽管环境的
重大变化并非在所有案例中都是一个既定的目标，但它通常被认为是一种促进问题解决的
手段，一种防止问题重复发生和防止解决方案产生副作用的手段，以及一种增强案主解决
问题能力的手段。情境变化本质上是由目标问题的性质来定义和限制的。它并不是指任何
可以帮助到案主的变化。实务工作者从目标问题开始逐步向外扩展，与当前存在的问题
最直接相关的情境变化会被优先考量。下面就是已经确定了实现这种变化的两种主要
方法。

首先，解决目标问题的直接结果是导致情境变化。目标问题的改变可能会产生"涟漪 *624*
效应"。比如，凯文成绩的提高可能会导致他的老师对他的态度发生积极的改变，这反过
来可能导致他在课堂中做出更配合的行为。

其次，在消除那些解决目标问题的障碍的过程中也可能会发生情境变化。例如，为了
帮助退学的青少年结交朋友，实务工作者可能首先需要处理他们被贬抑的自我形象。与某

些方法不同，在这种角度下，显示出来的问题并没有被看作是隐藏的"真正问题"的切入点。尽管问题仍然是被关注的焦点，但要解决该问题可能需要对其情境进行重大更改。

该治疗策略的指导原则是把案主自己解决问题的潜能最大化。我们一般认为，如果为案主提供有序的、有促进性的框架结构，在这种框架下他们能够解决比较紧迫的问题并提升他们解决问题的能力，并且实务工作者在这个框架中只扮演指导和顾问的角色，那么就可以说案主得到了最优质的帮助。

尽管案主的局限性在现实中确实会被预测到，但干预的重点仍在于发现他们的优点、能力和资源上。因此，在实务工作者的协助下，案主可以自己设计解决问题的方案。如果案主的这些努力受到了阻碍，则应该更加注意可能造成这些障碍的情境因素。实务工作者将承担更多的主导工作，并根据需要促进推动更大的环境变化以帮助案主克服解决问题的障碍。这些指导原则将有助于把多种治疗方法的优点综合起来。

案主和实务工作者的活动计划

实务工作者和案主以合作的方式进行的一系列活动会影响到该模式的中心策略。尽管在此过程中，特殊的工作技巧（例如鼓励、建议、角色扮演和探索分析）很重要，但关注的重点仍然是实务工作者和案主的共同解决问题的活动计划。主要活动概述如下。

问题探索及其界定；评估

社会工作者和案主在初次面谈中会探讨和界定问题。如我们前面讨论过的，干预的重点在于案主的需求，而不是实务工作者认为案主需要什么。然而，实务工作者可以指出案主没有意识到的问题，或者这些问题没有引起注意可能造成的后果。换句话说，目标问题并不一定是案主最初表达的意思，而是在实务工作者提供自己的知识和观点后，案主在经过深思熟虑后认定的。带来的结果可能是案主改变了对问题的看法，或者"非自愿案主"意识到了那些他们希望解决的问题。但是，在此过程结束时，通常在第一次或第二次面谈结束时，实务工作者和案主必须针对需要解决的问题签署明确的协议。这些问题被定义为互不连接、可编号的实体，并且在已发生改变的特定环境中被界定。问题通常会被概括为一个句子（问题陈述），然后加以说明。

例如，在 N 太太的案例中，照顾她两岁的女儿安（Ann）的困难就被定义为问题，以下是问题陈述和说明：

问题 1

N 太太经常对安发脾气，对她大喊大叫，并打她耳光，抽打或摇晃她。每当安不遵守规矩时，N 太太很快就会被激怒。如果安固执地不停止这些行为并且啼哭，N 太太通常会开始对她大喊大叫，然后抽打或摇晃她。在过去的一周中，N 太太大约每天对安发五六次脾气，每天至少打她一次。

如上面的案例所示，问题被用具体的词汇和案主可以理解的语言表达了出来。在特定的时间段内，预估问题的发生频率使问题描述更加精确，并为测量问题的变化提供了一条基线。尽管通常不止一个问题被界定和干预，但是案主最关心的问题一般会成为治疗的重点。

对问题背景的探讨主要集中在确认造成问题的可操纵原因或有助于解决问题的资源上。实务工作者和案主可以为哪些存在于案主的信念、行为或环境中的直接问题成因而努力？我们对因果分析感兴趣，把它作为一种找寻解决方案的手段。对问题的探索也可能涉及问题的来历和一般的环境因素，包括案主的健康、家庭、工作、学校和他们所处环境的其他相关方面。

问题探究是评估活动收集数据的工具，包括理解问题的动态及背景特征，以及描述问题发生的频率和严重性。评估在很大程度上是认知过程，由实务工作者带领，但也应让案主参与。虽然实务工作者提供专业知识，但案主对自己的问题及其背景有独特的个人理解。本质上来说，评估应以问题为焦点。它从要处理的问题开始，并合并任何与这些问题相关的案主信息，例如问题历史、案主性格。

在探索和评估问题时，实务工作者可以根据最适宜当前问题的方式使用不同的诊断理论。在任务中心理论模式中，案主可以凭借过去对自己曾面临过的困难的看法总结出问题是什么，同时，他们与实务工作者的不断沟通也使得这些问题被进一步明确化。实务工作者并不是在使用理论格式化问题，而是从对问题进行描述开始（"N 太太对孩子发脾气"），仔细查览包括理论在内的相关知识体系，以找到可能的解释。

对这种理论的使用有以下指导原则：（1）不论选择哪种假设来解释问题，都应通过案例数据对这种假设进行评估，包括分析证据以确定这个假设在特殊案例中存在的可能性；（2）优先考虑经过经验研究检验的理论；（3）实务工作者不应固定使用单一理论来解释问题，而应在寻找能够最恰当地解释当前问题和案例的理论的时候，考虑各种理论解释。

制定合约

实务工作者和案主需签订口头或书面合约，在合约里，针对一个或多个被明确解释和得到共识的问题，案主同意与工作者开展合作。合约中可能还包括一个与该问题有关的对案主目标的说明，即他或她想要什么样的问题解决方案？案主不需过分积极主动地解决他们的问题，但必须同意为解决问题而做出努力。合约一旦形成，双方就要努力遵守其条款。我们试图避免这种做法：案主同意为解决某一种问题和社会工作者合作，但社会工作者却暗中试图为他们解决另一种问题。

合约里至少说明了实务工作者和案主即将合作解决的问题。合约还包括对治疗期限的预估，通常以疗程数的和时间长度来表示。我们一般将治疗期限制在 1～3 个月内，每周

626

一次或每周两次，总计 8~12 次面谈。该合约随时可以重新商讨，如增加新问题或延长服务期限。

任务计划

一旦达成关于治疗目标和治疗期限的协议，就要与案主合作，制定和选择任务，并计划如何执行这些任务。任务定义了案主为缓解自己的问题而要做的事情。这样的任务可以比较笼统，只给案主提供了一个行动的方向，但没有为其提供具体可遵循的行为计划。我们称这些任务为常规任务。例如，C 先生和 C 太太将制订一项照顾智障女儿的计划。有的任务则非常具体，或者我们称之为"可操作"。可操作的任务要求案主采取特定的行动。例如，A 先生将在下周内前往 X 职业介绍所求职，或者约翰尼自愿在周一的课堂上背诵课文。任务中心模式是要推动任务的具体化。因此，我们应努力做的是，根据特定的可操作性任务来阐明被泛泛定义的任务。为了使拟定的行动方案被看作一项任务，案主必须同意努力执行这个方案。案主对完成任务的明确承诺至关重要。

627 　　在某些情况下，问题的性质和案主所处的环境状况可能会指向某个特定的行动方案，这个方案可以被进一步具体化。在另一些情况下，则需要考虑和评估替代方案。如果实务工作者和案主都可以自如地对替代方案提出自己的意见，而无须从一开始就过于担心它们的适用性，那么这个干预过程就能发挥最佳作用。问题解决干预模式的研究表明，这种"头脑风暴"是设计解决方案的有效手段，因为它可以激发人们对各种各样的解决方法的想象（Osborn，1963），这样最佳的替代方案就会被挑选出来，得到更认真严肃的研究。除了提出替代方案，实务工作者还会尽力鼓励案主发展自己的解决办法。在此阶段，对于案主提出的建议，实务工作者要尽可能做到不指手画脚。

　　一般来说，实务工作者是替代方案的主要发起者。案主可能无法独立地对方案做出很大贡献。而且，实务工作者可能具备解决特殊问题的专门知识。迄今为止，我们的研究并未表明，提出任务构想与完成任务之间存在关系。实务工作者最初提出的任务往往与案主提出的任务的进度大致相同。但是，实务工作者提出任务后要与案主讨论。案主做出的贡献通常会成为任务的一部分。实务工作者也不会将任务"分配"给案主。

　　实务工作者和案主就案主的任务（即他或她需要做什么）达成的协议，可能是在梳理各种替代方案并选择出最佳方案后才完成的。此时协议的重点通常是案主提出的建议的泛泛的概括，暂不会涉及细节。在某些情况下，实务工作者可能更倾向于在与案主达成协议之前，先深入地研究某个备选方案的执行策略和方法。社会工作者可能需要对某一备选方案进行深入详细的策划，然后才能判断此方案是否有效。无论如何，在确定了采取什么样的方案之后，任务的最终协议才能在策划阶段的后期达成一致。

　　无论备选的案主行动方案处于哪个阶段，该过程都会继续进行下去，直到制订出一个完整的计划，而案主可以在下次访问社会工作者之前就开始执行这个计划。该计划主要包括一项总任务（寻租一套公寓）以及在完成这个总任务前的一项或多项可操作的分任务（联系某租房公司）。或者这个计划主要是由一项或多项可操作的任务组成的。但计划始终至少包含一项可操作的任务。另外，计划还通常包括可操作任务的一些指导执行的准则。

为了使计划生效，案主应非常清楚地知道自己要做什么。为此，实务工作者和案主通常在面谈结束时以总结的方式仔细检查计划的制订过程，通过对计划制订过程中各个部分的小结，推动对整个计划的最终总结概括。对该计划进行总结概括使实务工作者有机会向案主传达一种预期，即计划会被执行，且案主的努力会得到评估。"那么您试着做……下次我们再面谈时看看效果会如何。"

相同的原则也适用于实务工作者在面谈之后所制订的行动计划，这个行动计划的目的是为案主的社会系统带来预期的改变。尽管实务工作者可能不需要和案主一起制订他们的行为计划的细节，但把这些行为看作任务，不仅可以帮助案主理解实务工作者的干预措施，还可以帮助改善实务工作者的干预环境，而且实务工作者（像案主一样）也会对任务绩效负责。

建立激励机制及其合理性

如果任务尚不明确，社会工作者和案主会为执行任务找到一个合理性或目的性。实务工作者和案主都可能会首先考虑从完成任务中获得潜在利益。这样做有什么好处？实务工作者强化了案主对现实利益的看法，或指出了案主可能没有意识到的积极后果。

预期的障碍

任务计划中，实务工作者的一个重要作用是帮助案主确认任务执行中的潜在障碍，并修改计划，从而避免或最小化这些障碍所带来的阻力。当实务工作者推动任务计划具体化时，这个作用就表现出来了。随着如何完成任务的具体细节的形成，潜在的障碍就会被识别出来并得到处理。一个更明确的方法是要求案主考虑到任务可能会以哪种方式失败（Birchler & Spinks，1981）。如果出现实质性障碍，则可以使用情景分析的技巧（如下），或者修改任务，又或者重新制订新的计划。

模拟与引导训练

实务工作者可以对要发生的任务行为进行模拟，或要求案主提前练习他们将要说的话或将要做的事情。在适当的时候，可以通过角色扮演来进行模拟或演练。例如，如果案主的任务是在小组中发言，那么实务工作者可以扮演小组负责人的角色，而案主可以演练自己被点名发言时该说什么。角色也可以互换，实务工作者可以模拟案主可能要说的话。引导训练是案主在面谈中实际的（相对于模拟的）表现的任务行为，因此，在实务工作者的训练和教导下，孩子可以练习阅读，夫妻可以练习更具建设性的沟通方式。引导训练也可以扩展到现实生活中。例如，实务工作者可以陪伴（害怕看医生的）案主去诊所。

问题和任务的回顾评估

每次面谈开始时，实务工作者和案主都会常规性地回顾检查案主在问题和任务上的进度。回顾检查的内容包括问题的演化，以及案主在解决该问题上已完成和尚未完成的工作。实务工作者的任务也会以类似的方式被回顾检查。实务工作者的下一步工作取决于回顾检查的结果。如果任务已经基本完成了，则实务工作者和案主就会针对相同的问题或不同的问题制定另外一个任务。如果任务尚未完成或仅是部分被完成，则实务工作者和案主可能会讨论是什么阻碍了任务的完成，并制订一个不同的计划以完成任务，或采取其他行动。任务可能被重新修改，或者被另一任务取代，又或者问题本身可能被重新定义。

情境分析

在回顾检查问题和任务的过程中，通常会遇到问题改变和任务完成上的障碍。目标问题和障碍之间的本质区别在于，目标问题是案主和实务工作者约定需要克服的困难，而障碍则是在解决目标问题的过程中遇到的困难。

障碍阻碍了问题的解决，但资源却可以促进它。每个案主的优点和能力通常就是解决问题的资源，这些资源与维持家庭的忠诚度和建立情感纽带联系在一起，这些资源还会存在于外部系统提供的无形和有形支持中。但是，一个给定的特征既可能是一个障碍，也可能是一个资源，这取决于这个特征在问题解决过程中的作用。

在情境分析中，实务工作者帮助案主识别和解决遇到的障碍，也帮助案主找到和利用资源。实务工作者通过有针对性地探索问题、解释问题以及其他方法提高案主对问题的理解，来推进对问题的讨论。障碍和资源出现并被探索和研究，这个过程可能会与问题和任务的回顾检查过程交织重叠。实务工作者可以帮助案主修正扭曲的看法或不切实际的期望。案主的行为或相互交往中的功能障碍模式也会被指出来。来自外部系统的障碍也会被理清，例如儿童与学校工作人员，或与顽固不化的福利官僚机构的工作人员的互动。或者在这些系统内也可以寻找解决问题的资源。

终止

当设定治疗的持续时间时，终止过程的初始阶段就开始了。在最后的回顾检查中，实务工作者要和案主一起评估问题解决的进度。实务工作者帮助案主规划该如何继续执行任务或策划自己可以承担的新任务。要特别强调案主已取得的成就。如果案主要求更多的服务，合约就会被延长，超出约定的时间限制，增加若干次面谈。这种延长仅在极少的案例中出现过。

家庭和小组的干预工作

针对单个案主的治疗策略经过修改后可被应用到小组中。针对以下两种类型的小组，已经发展出经过特定的改编的治疗策略：家庭（或在一起生活的个体）和以帮助成员解决个人问题为目标的小组。

从一开始，任务中心方法就作为一种帮助家庭的方法得到了运用。早期的工作重点是家庭二元组、婚姻关系和亲子关系，最近则更多地转向了针对大家庭的干预治疗（Fortune，1985；Reid，1985，1987；Tolson，Reid，& Garvin，1994）。

家庭

像对待单个案主一样，针对以家庭为单位的案主时，干预重点在于案主认可的特殊问题的解决方案及相关的情境改变。问题被认为是在多重系统环境中发生的，在多重系统环境中，家庭是一个主要的系统，但并不一定是最关键的系统。在理解问题及其所处情境的过程中，关于家庭互动的研究和理论，以及家庭疗法中的行为、结构、战略和传播等学派的成果都会发挥作用。

在大多数情况下，家庭成员应一起参加干预活动，并且在可能的情况下，问题是用互动术语定义的。除了一般模式中由单个家庭成员和实务工作者执行的任务之外，家庭成员在面谈期间或在家中也承担着任务。面谈中的任务（面谈任务）通常是要求家庭成员参与到由实务工作者安排的面对面解决问题的工作中，实务工作者还可以帮助家庭成员提高解决问题的沟通技巧。其他类型的面谈任务还包括角色扮演和家庭互动的现场表演。家庭成员在面谈过程中发展出来的备选解决方案将会成为在家中执行的任务的基础。

在这些家庭任务中，合作努力仍然是主旋律。家庭成员一起完成的共享任务为继续在家中完成面谈中的解决问题任务和沟通任务提供了一种手段，使家庭成员能够为完成生活中的任务而共同努力，这些生活中的任务可能会影响到家庭成员间的关系，如家庭装修。

互惠任务利用互惠原则安排家庭成员之间的往来。成员间的往来可能包括可比行为和报酬（或不遵守规定的处罚）。互惠任务通常出现在不平等的关系中，比如父母和孩子。

不论形式如何，互惠任务都要求参与者具有合作的意愿，并要求参与者认为他们之间的往来是公平合理的。尽管在面谈中，成员间往来的细节很重要，但对于确保参与者做好接受合理的近似或相同的预期行为的准备，而不是严守条款，并且确保意料之外的情况发生时参与者愿意相应地调整他们的期望而言，"合作组合"（Jacobson & Margolin，1979）的存在非常必要。所有这些都表明，在面谈时，围绕特定问题和问题冲突所做的讨论协商为在家中进行的互惠任务提前打下了基础。如果在面谈结束时，虽然没有完成足够的准备工作，但互惠任务已经被"确定"了下来，那么它们很可能会失败。

面谈任务和家庭任务的目标是带来情境的改变。通常，这样的改变是为了清除家庭互动的障碍，这种障碍会阻碍问题的解决。例如，母亲和儿子之间的联盟可能会削弱父亲在管教儿子方面所做的努力。此时，面谈任务和家庭任务可以被设计为削弱母子联盟、加强父母联盟。通过这种方式以及结合其他方式，该模式充分利用了系统性的家庭治疗理论，尤其是结构性家庭治疗理论的策略。

然而，这个模式的基本原理主要是通过相对简单明了的任务来解决目标问题。这些任务可能会顺带影响情境的变化，但第一要务是目标问题。一般不考虑结构性功能障碍、潜藏的问题成因等，除非这些要素变成了问题解决的障碍。从某种程度上讲，如果它们确实成了问题解决的障碍，实务工作者可以转向更针对情境变化的任务，包括各种矛盾的变体。而这些情境任务的目的是对系统结构进行改造。从简单到不再那么简单的提升刚好符合社会工作者的需求。他们要与从正常家庭到有严重问题的家庭的各种家庭打交道，工作涉及各种各样的问题和环境，而且这些实务工作者也许并不是家庭治疗专家。许多家庭不希望改变家庭结构，许多问题也不需要家庭成员去改变家庭结构，许多实务工作者也缺乏影响改变的技巧。

家庭治疗的变量被视为任务中心实务的整体系统中的一部分。尽管在目标问题是家庭关系问题时，以家庭为单位的干预方法通常会被选为合适的治疗方法，但是当目标问题还包括成员在家庭环境之外的行为时，就必须将这种治疗方法与其他方法进行对比，重新评估其适应性，例如孩子在学校遇到的问题。尽管家庭治疗表明家庭过程会对问题产生影响，家庭也可以成为解决问题的资源，但针对个体案主的干预方法以及关注案主问题发生的情境的干预方法被证明更有效。通过把个体案主的干预方法、以家庭为单位的干预方法、以环境为主的干预方法结合起来形成一个工作框架，问题解决模式可以发展出更灵活、更综合的方法来帮助案主系统解决问题。

小组

我们前面讨论的综合治疗的原则适用于把小组成员之间的互动作为目标问题的任何情况，此处的小组是指在干预治疗之外还继续存在的群体。在一个已形成的小组里，处理案主的个人问题的时候，就适用一些稍有不同的干预原则。这个小组是为了帮助案主解决自己的问题而创建的。衡量成功的最终的问题改变目标不是小组成员在面谈外的互动，而是每个小组成员各自的问题的解决方案。在任务中心模式的框架内，"小组治疗"这个术语被用于描述这种干预形式。任务中心小组治疗的策略和方法在很多著作中都有详细介绍（Fortune，1985；Garvin，1985；Kilgore，1995；Raushi，1995；Rooney，1977；Tolson，Reid，& Garvin，1994）。

在任务中心小组治疗中，小组过程被用于进一步推进该模式的基本干预活动。小组成员在小组工作者的指导下互相帮助，以厘清问题、策划任务、练习预期行为、研究分析完成任务过程中的障碍、回顾检查任务完成进度等。领导者的任务是通过协调他或她自己的干预措施和小组成员的贡献，来有效地利用这一过程。

就解决目标问题而言，为最大限度地利用小组成员的贡献，小组成员应具有相当的同质性。例如，围绕学业问题或者出院后适应问题建立小组，小组成员对小组中其他人正在经历的问题有亲身体验，这样，他们就可以很好地为他人提供支持和建议。而且，小组成员可以更容易地将从他人的问题解决任务中学到的经验教训应用于自己的问题解决中。

虽然小组干预模式并不欢迎那种持续地把工作重点集中在一对一治疗中的单个案主的问题和任务，但是它具有某些明显的优势。总体而言，小组成员可能比小组工作者更了解目标问题的复杂性。有了这个经验性的知识基础，小组成员通常可以提出工作者或正接受帮助的小组成员未曾想到的备选任务方案。获得小组的认可可以激励任务的完成，这种激励在个体干预模式是不存在的；特别是，某个成功完成任务的小组成员可以成为小组其他成员的榜样。但是，小组干预的这些优势并非总是能在实务中得到体现。小组成员可能会在治疗过程中变得不专心；成员之间的关系可能不和谐；成员之间可能会互相竞争，且对别人过于挑剔；某些成员可能成为小组敌视的对象，即众所周知的替罪羊现象。为了激发小组的优势潜力并避免受到负面影响，小组工作者需要努力增强小组动力。小组的总体目标是帮助小组成员解决目标问题，这个目标需要被点出来并使成员时刻对其保持关注。小组成员之间的沟通必须与这个目标相关。

小组成员对其他小组成员的看法以及他们关于该小组中什么是适当行为的看法会影响该小组的社交关系测量结构和规范结构。小组工作者应尽力鼓励对实现小组目标有利的信念：例如，每个小组成员都应该获得帮助，以解决他们的问题；每个小组成员都必须找到适合他们自己的解决方案；每个小组成员都有权得到小组工作者和小组其他成员同等的关注和帮助。在小组成员间达成一致的、关于小组应该如何运作的共同理念成为控制小组成员行为的基础。小组工作者应尽力提升自己控制小组的能力，以保持对目标问题和任务的关注。这种能力还将有助于共享相关信息（但不鼓励窥探与小组成员的问题无关的日常生活信息），因为它强调对任务成功所做出的积极反应，而不重视对任务失败的消极反应。

小组内部的领导力是一个需要被额外关注的要素，需要被建设性地利用起来。尽管小组工作者通常在任务中心小组中担任主要领导角色，但他们也可以为了某特定的目的让某个小组成员成为共同领导者。某个成员可能格外关注如何缓解小组成员间的紧张气氛，而另一个成员的任务可能是让小组专注于当前的任务。

虽然小组的形成和小组的运作的程序有所不同，但下面这样的形式是很典型的。与预选小组成员进行初步的个人访谈，以此确定该预选成员是否至少有一个小组预期关注的问题，并且初步的个人访谈也能帮助该预选成员理解小组治疗模式的总体结构和目的。在最初的小组会议中，每个成员都被要求说明他们希望解决的问题，小组成员要在问题探索和问题具体化方面互相帮助，并在小组的目的及持续时间（即个体干预治疗中的短期疗程）上达成一致。在随后的面谈中，每个成员依次在小组工作者和其他小组成员的帮助下确定计划、实践方法和复查的任务。此外，小组工作者可以代表单个小组成员或整个小组在面谈之余执行任务，小组成员也可以在面谈结束后互相帮助，解决他们的问题。

个案管理

当某个个案要求多个服务机构参与其中时，对问题进行协调就是一个必需的步骤。通常来讲，社会工作者只是为同一案主服务的多名实务工作者之一。例如，为问题儿童及其家庭服务的实务工作者可能会包括一名学校社会工作者、一名或多名教师、一名学校心理咨询师、一名学校护士、一名假释监狱官以及来自县儿童保护部门的个案工作者。在精神卫生方面，某一案例中的"角色扮演者"可能包括社会工作者、精神科医生、临床心理学家、精神卫生助理、庇护所主管、职业治疗师和小组主任。

在这种"多个服务机构参与"的案例中，任务中心个案管理结构为监督和促进各个参与者之间的工作协调提供了一个有效的工具（Bailey-Dempsey，1993；Reid & Bailey-Dempsey，1994）。在任务中心个案管理中，社会工作者充当着个案管理者或协调员的角色。通常，个案管理小组会议会将参与者聚集在一起，包括案主。在会议中，涉及参与者协调合作以解决案主问题的各个方面的事务都会得到讨论，会议还会为包括案主在内的相关参与者制定任务。除了制定任务之外，社会工作者还应将任务以书面形式记录下来。如有可能，应复制这张任务工作表并分发给所有参与者。社会工作者可以负责监督和记录任务进度，并充当促进者和协调者的角色，例如提醒参与者留意自己的任务。社会工作者还可以在随后的会议上进行任务复查。除了承担个案管理的职责外，根据需要，实务工作者通常还会使用案主个人或家庭导向的任务中心方法直接与案主开展合作。

应用范围

634

关于治疗系统的问题不可避免地也会出现，即使问题的形式可能不同。"该系统适用于哪种案例，不适用于哪种案例？"在回答此问题时，重要的是要区分该治疗系统是被作为一套整体系统使用，还是被用作任务计划、任务实施和任务复查的干预活动。当然，与前者相比，后者的应用范围要广泛得多。实际上，任务中心干预活动的顺序几乎可以用在任何形式的治疗干预中，以使案主能够定义并按照特定的活动步骤执行任务。因此，实务工作者可能会在长期的社会心理治疗过程中使用任务中心方法，以帮助案主将对自己的问题的某些见解转化为行动。

当任务中心系统模式被定义为唯一或主要的治疗方法时，其应用范围虽然较窄，但仍然足够作为一线的社会工作者服务大多数案主时的基本方法，但是需要注意的是，此处针对的是大多数案主，而不是所有的案主。社会工作者需要甄别哪些类型的案主在将该模式作为唯一的治疗方法时无法得到最佳的服务。这类案主包括：（1）不愿意采取行动来解决自己生活中的特定问题，而是希望在探索存在的问题时得到帮助的案主（例如对生活目标或身份的忧虑），或那些希望和一位接纳自己并善解人意的人讨论自己的经历的案主，比如讨论自己正在经历的失去亲人的痛苦；（2）不愿意使用或无法使用该模式的固定结构的案主，例如喜欢更随意且非正式的帮助模式的案主，或日常生活处于高度动荡状态的案主，对于后者，在这种情况下区分出他们的具体问题并跟进这些问题是不可能的；（3）希望改变自身状况的案主，例如某些特定的心理问题和身体机能困难，使得实务工作者无法确定案主能够执行什么样的任务，（4）不希望得到帮助但可能出于"防范性原因"需要与实务工作者面谈的案主。

尽管所有案主类别都值得详细阐述，但最后一个需要额外的解释说明，因为人们常常会对该模式在非自愿案主个案中的使用产生误解。任务中心方法可以用于许多没有主动寻求社会工作者帮助的案主或者可能最初不愿接受这个模式的案主的案例中，因为就如前面讨论过的那样，社会工作者确实有机会影响案主对问题的看法。很多这样的案例涉及"强制性"问题，这些问题本质上不是由案主定义的，而是由社区及其代表（包括社会工作者）定义的。实际上，社会工作者需要在一开始就向案主说明这些强制性问题的总体概况（Rooney，1992）。如鲁尼（Rooney，1992）和热普尼次基（Rzepnicki，1985）所建议的那样，下一个合理的任务是与案主和相关社区机构合作，努力协商和界定各方都接受的问题。根据我们的经验，对这样的问题的界定一般都可以达成一致。在某些案例中，最诚实且可实施的问题表述是，实务工作者和机构在案主生活中的强制性存在本身就是一个问题，但案主和实务工作者可以通过合作消除这种入侵。

任务中心方法的有效性

个人、家庭和小组形式的任务中心模式在减少案主生活中的特定问题方面的有效性已在许多对照组实验中得到了证实（Gibbons et al.，1978；Larsen & Mitchell，1980；Newcom，1985；Reid，1975，1978；Reid et al.，1980；Reid & Bailey-Dempsey，1995）。这些研究的结果也得到了很多单例实验研究的支持（Kilgore，1995；Rzepnicki，1985；Thibault，1984；Tolson，1977；Wodarski，Saffir，& Fraser，1982）。被研究的群体包括精神病患者、婚姻出现问题的夫妻、患病的老年人、试图从寄养机构中将子女接回自己身边的家庭、出现学习和行为问题的孩子、性犯罪者以及在押罪犯。其他未使用对照组的研究也进一步证明了该模式在以上群体和其他案主人群中的有效性（例如，参见 Fortune，1985；Goldberg，Gibbons，& Sinclair，1984；Naleppa，1995；Rauschi，1994；Reid & Epstein，1977；Reid，1994）。事实上，据我所知，目前还没有针对任务中心模式的负面结果的研究，无论是引入了对照组还是没有引入对照组的研究。

但是，减少问题不是解决问题，这一点非常重要。通常，该模式的效果可能仅限于解决案主的困难或使他们能够更好地应对这些困难。此外，关于该模式的有效性，仍然存在许多未解决的问题。除了直接目标问题之外，人们对该模式能够产生的影响的理解仍然非常有限。对这种方法的持久性的研究也有着不同的结论。例如，在对有自杀倾向的案主人群的研究中，吉本斯等人发表了有关该模式的长期影响的研究结果（Gibbons et al.，1978）。而里德和贝利-登普西（Reid & Bailey-Dempsey，1995）发现，针对有失学风险的初中女生群体使用任务中心个案管理模式时，所获得的成果并没有持续到第二年。该模式的效用的持久性很可能会随着案主类型的变化或受到干预的问题的变化而变化。这个问题是未来研究中要解决的众多问题之一。

案例

以下案例说明了该模式的基本特征以及在家庭作为案主的个案中的应用：

因为16岁的女儿南希遇到了一些问题，并因此引发了家庭矛盾，约翰逊太太联系了一家家庭服务机构。在机构工作者对约翰逊夫妇、南希和她14岁的弟弟马克的初访中，每个家庭成员都表达了他们对问题的看法。会谈是以父亲约翰逊先生对南希的一系列抱怨开始的，他抱怨南希对他和他的妻子的"敌对态度"，南希不接受他所持的信念或标准，任何尝试与她交流的努力都是徒劳的。然后，他才转向促使他们与该机构取得联系的问题：南希坚持要求父母允许她的男友麦克（19岁）来他们家过周末。

自从六个月前南希怀孕和堕胎以来，约翰逊先生一直反对南希和麦克交往，但由于南希无论如何都要和麦克交往，所以约翰逊先生也只好接受。约翰逊先生甚至容忍麦克来他们家，但不愿意他整个周末都待在他们家（麦克会在周五和周六晚上待在家里的一个空置房间里）。约翰逊先生将麦克视为一个不受欢迎的入侵者，他认为麦克的出现侵犯了自己的隐私。

约翰逊太太也加入进来，抱怨南希缠着她让她同意南希做一些她父亲可能不允许她做的事情。如果约翰逊太太拒绝，南希就会变得气势汹汹而具有攻击性。最重要的是，约翰逊太太常常需要修补南希和她父亲之间的关系。南希表达得很少，但对她的父母试图破坏她与麦克的关系表示很苦恼。当工作者询问马克对这个问题的看法时，马克以一种有点超脱的方式评价说，他母亲和南希之间的矛盾是最主要的问题。

从家庭中每个人对问题的介绍以及他们在会议中的互动中，工作者发现，父亲缺乏真正的控制权，而南希会通过夹在中间的母亲来获得自己想要的东西。经过进一步探讨，母亲的"调和"角色和她对这种角色的满腹牢骚显现了出来。工作者认为这是需要考虑的另一个问题。

在对提出的问题进行排序时，一家人一致认为，最应优先考虑的问题是与麦克到访有关的冲突。他们同意工作者指出的"母亲夹在中间"是第二个需要考虑的问题。

一家人接下来共参加了七次面谈。主要干预措施围绕在面谈和家庭中解决问题的任务上。这些任务旨在就麦克的到访达成一个折中方案，并在此过程中致力于解决被家庭确认失效的家庭互动模式的问题。一开始，这些任务的目的是促使南希和她的父亲进行更直接的交流，并促进父母之间进行更多的合作。但是很明显，他们的互动模式比想象中要复杂得多。约翰逊太太不是唯一的调和人。约翰逊先生也经常在南希和她的母亲之间扮演调和角色。然后他们两人又互相把对方从与南希的冲突中解救出来，而他们却没有独自或共同承担处理南希问题行为的责任。在随后的任务中，父母双方都同意承担消除他们自己和南希的分歧的责任，而不再试图把对方从矛盾中解救出来。同时，工作者鼓励他们两人要共同制定规则，在他们分别与南希打交道时，对这些规则的执行要一致。

在治疗的中间阶段，针对南希和麦克的关系，一家人达成了一个协议。麦克每周可以在约翰逊家住一晚，但周末不会去。有趣的是，提出了这个解决方案的是马克，而他此前在家庭问题的讨论中始终处于观望状态。也许令所有人惊讶的是，此计划被顺利实施并保持了下来。

案例有了一个积极的结果。眼前的问题已经解决了，家庭成员在评价治疗时指出：他们家庭的整体情况变好了。约翰逊太太在服务调查表中评论道，这种经历是"解决问题的一个很好的经验"。

该案例说明了该模式的几个特征。模式干预的重点是家庭最想解决的特定问题。家庭成员以自己的方式努力寻求解决方案，这是制定主要的干预策略的基础。同时，应与家庭成员一起明确地识别出隐藏在该问题和其他问题之中的失效互动模式，或将其作为问题解决的一部分。并非所有案例都能拥有这样在解决家庭问题环境中实现环境改变的机会。但在这个案例里，这样的机会出现了，并被案主家庭和工作者很好地利用了。

总结

任务中心治疗模式是一个简短的、有时间限制的实务系统，该系统强调通过可分离的案主和社会工作者的行动或任务来帮助案主解决自己选择的特定问题。服务访谈的主要目的是识别和说明问题，确定和策划适当的任务，然后在干预期间执行任务。尽管其应用范围有一定的限制，但这个模式是一线的社会工作者为大多数案主提供的一项基本服务。该模式的核心方法可以在大多数实务框架中使用，在帮助案主设计和实施解决问题任务的活动时尤其突出。

参考文献

Abramson, J. (1992). Health-related problems. In W.J. Reid (Ed.), *Task strategies: An empirical approach to social work practice*. New York: Columbia University Press. 1992 (225–249).

Bailey-Dempsey, C. (1993). A test of a task-centered case management approach to resolve school failure. Doctoral dissertation, University of New York at Albany, 1993.

Bass, M. (1977). Toward a model of treatment for runaway girls in detention. In W.J. Reid & L. Epstein (Eds.), *Task-centered practice*. New York: Columbia University Press.

Beck, D.F., & Jones, M.A. (1973). *Progress on family problems: A nationwide study of clients' and counselors' views on family agency services*. New York: Family Service Agency of America.

Beilenberg, L.T. (1991). A task-centered preventive group approach to create cohesion in the new stepfamily. *Research on Social Work Practice, 1*, 416–433.

Benbenishty, R. (1988). Assessment of task-centered interventions with families in Israel. *Journal of Social Service Research, 11*, 19–43.

Birchler, G.R., & Spinks, S.H. (1981). Behavioral-systems marital and family therapy: Integration and clinical application. *American Journal of Family Therapy, 8*, 6–28.

Brown, L.B. (1980). Client problem solving learning in task-centered social treatment. Dissertation, University of Chicago.

Caspi, J. (1995). Task-centered model for social work field instruction. Doctoral dissertation proposal, University of New York at Albany, 1995.

Cormican, E.J. (1977). Task-centered model for work with the aged. *Social Casework, 58*, 490–494.

Dierking, B., Brown, M., & Fortune, A.E. (1980). Task-centered treatment in a residential facility for the elderly: A clinical trial. *Journal of Gerontological Social Work, 2*, 225–240.

Doel, M., & Marsh, P. (1993). *Task-centered social work*. London: Wildwood House.

Epstein, L. (1977). A project in school social work. In W.J. Reid & L. Epstein (Eds.), *Task-centered practice*. New York: Columbia University Press.

Epstein, L. (1980). *Helping people: The task-centered approach*. St. Louis: C. V. Mosby Co.

Epstein, L. (1988). *Helping people: The task centered approach*. Columbus, OH: Merrill Publishing Company.

Epstein, L. (1992). *Brief treatment and a new look at the task-centered approach* (3rd ed.). New York: Macmillan.

Ewalt, P.L. (1977). A psychoanalytically oriented child guidance setting. In W.J. Reid & L. Epstein (Eds.), *Task-centered practice*. New York: Columbia University Press.

Fortune, A.E. (1985). *Task-centered practice with families and groups*. New York: Springer.

Garfield, S.L. (1994). Research on client variables in psychotherapy. In A.E. Bergin & S.L. Garfield (Eds.), *Handbook of psychotherapy and behavior change* (4th ed.) (pp. 190–228). New York: Wiley.

Garvin, C.D. (1974). Task-centered group work. *Social Service Review, 48*, 494–507.

Garvin, C.D. (1985). Practice with task-centered groups. In A.E. Fortune (Ed.), *Task-centered practice with families and groups*. New York: Springer.

Gibbons, J.S., Butler, J., Urwin, P., & Gibbons, J.L. (1978). Evaluation of a social work service for self-poisoning parents. *British Journal of Psychiatry, 133*, 111–118.

Goldberg, E.M., Gibbons, J., & Sinclair, I. (1984). *Problems, tasks and outcomes.* Winchester, MA: Allen and Unwin.

Goldman, A.I. (1970). *A theory of human action.* Englewood Cliffs, NJ: Prentice-Hall.

Gurman, A.S., & Kniskern, D. (1981). Family therapy outcome research: Knowns and unknowns. In A.S. Gurman & D.P. Kniskern (Eds.), *Handbook of family therapy.* New York: Brunner/Mazel.

Hari, V. (1977). Instituting short-term casework in a "long-term" agency. In W.J. Reid & L. Epstein (Eds.), *Task-centered practice.* New York: Columbia University Press.

Hofstad, M.O. (1977). Treatment in a juvenile court setting. In W.J. Reid & L. Epstein (Eds.), *Task-centered practice.* New York: Columbia University Press.

Jacobson, N.S., & Margolin, G. (1979). *Marital therapy: Strategies based on social learning and behavior exchange principles.* New York: Brunner/Mazel.

Johnson, D.H., & Gelso, C.J. (1982). The effectiveness of time limits in counseling and psychotherapy: A critical review. *Counseling Psychologist, 9,* 70–83.

Kilgore, D. K. (1995). Task-centered group treatment of sex offenders. Doctoral dissertation, University of New York at Albany.

Koss, M., Butcher, J.N. (1986). Research on brief psychotherapy. In S.L. Garfield and A.E. Bergin (Eds.), *Handbook of psychotherapy and behavior change.* New York: John Wiley & Sons.

Larsen, J., & Mitchell, C. (1980). Task-centered strength oriented group work with delinquents. *Social Casework, 61,* 154–163.

Luborsky, L., Singer, S., & Luborsky, L. (1975). Comparative studies of psychotherapy. *Archives of General Psychiatry, 32,* 995–1008.

Meltzoff, J., & Kornreich, M. (1970). *Research in psychotherapy.* New York: Atherton Press.

Mitchell, K.M., Bozarth, J.D., & Krauft, C.C. (1977). A reappraisal of the therapeutic effectiveness of accurate empathy, nonpossessive warmth and genuineness. In A.S. Gurman & A.M. Razin (Eds.), *Effective psychotherapy: A handbook of research.* New York: Pergamon Press.

Naleppa, M. (1995). Task-centered case management for community living elderly. Doctoral dissertation proposal, University of New York at Albany.

Newcome, K. (1985). Task-centered group work with the chronic mentally ill in day treatment. In A.E. Fortune (Ed.), *Task-centered practice with families and groups.* New York: Springer.

Orlinsky, D.E., & Howard, K.I. (1986). Process outcome in psychotherapy. In S.L. Garfield & A.E. Bergin (Eds.), *Handbook of psychotherapy and behavior change.* New York: John Wiley and Sons.

Osborn, A.F. (1963). *Applied imagination: Principles and procedures of creative problem solving* (3rd ed.). New York: Scribner's.

Parihar, B. (1983). *Task-centered management in human services.* Springfield, IL: Charles C Thomas.

Parihar, B. (1994). Task-centered work in human service organizations. In E.R. Tolson, W.J. Reid, & C.D. Garvin (Eds.), *Generalist practice: A task-centered approach.* New York: Columbia University Press.

Perlman, H.H. (1957). *Social casework: A problem-solving process.* Chicago: University of Chicago Press.

Pomeroy, E., Rubin, A., & R. Walker (1995). Effectiveness of a psychoeducational and task-centered group intervention for family members of people with AIDS. *Social Work Research, 19,* 142–152.

Ramakrishnan, K.R., Balgopal, P.R., & Pettys, G.L. (1994). Task-centered work with communities. In E.R. Tolson, W.J. Reid, & C.D. Garvin (Eds.), *Generalist practice: A task-*

centered approach. New York: Columbia University Press.

Rathbone-McCuan, E. (1985). Intergenerational family practice with older families. In A.E. Fortune (Ed.), *Task-centered practice with families and groups.* New York: Springer.

Raushi, T.M. (1994). Task-centered model for group work with single mothers in the college setting. Doctoral dissertation, University of New York at Albany.

Reid, W.J. (1975). A test of a task-centered approach. *Social Work, 20,* 3–9.

Reid, W.J. (1978). *The task-centered system.* New York: Columbia University Press.

Reid, W.J. (1985). *Family problem solving.* New York: Columbia University Press.

Reid, W.J. (1987). The family problem solving sequence. *American Journal of Family Therapy, 14,* 135–146.

Reid, W.J. (1992). *Task strategies: An empirical approach to social work practice.* New York: Columbia University Press.

Reid, W.J. (1994). Field testing and evaluating innovative practice interventions: The development process. In J. Rothman & E.J. Thomas (Eds.), *Integrative perspective on intervention research.* New York: Haworth Press.

Reid, W.J., & Bailey-Dempsey, C. (1994). Content analysis in developmental research. *Journal of Research on Social Work Practice, 4,* 101–112.

Reid, W.J., & Donovan, T. (1990). Treating sibling violence. *Family Therapy, 71,* 49–59.

Reid, W.J. & Epstein, L. (1972). *Task-centered casework.* New York: Columbia University Press.

Reid, W.JH., & Epstein, L. (Eds.) (1977). *Task-centered practice.* New York: Columbia University Press.

Reid, W.J., Epstein, L., Brown, L.B., Tolson, E., & Rooney, R.H. (1980). Task-centered school social work. *Social Work in Education, 2,* 7–24.

Reid, W.J., & Shyne, A. (1969). *Brief and extended casework.* New York: Columbia University Press.

Rooney, R.H. (1977). Adolescent groups in public schools. In W.J. Reid & L. Epstein (Eds.), *Task-centered practice.* New York: Columbia University Press.

Rooney, R.H. (1981). Task centered reunification model for foster care. In A.A. Malluccio & P. Sinanoglue (Eds.), *Working with biological parents of children in foster care.* New York: Child Welfare League of America.

Rooney, R.H. (1988). Measuring task-centered training effects on practice: Results of an audiotape study in a public agency. *Journal of Continuing Social Work Education, 4,* 2–7.

Rooney, R.H. (1992). *Strategies for Work with Involuntary Clients.* New York: Columbia University Press.

Rooney, R.H., & Wanless, M. (1985). A model for caseload management based on task-centered casework. In A E. Fortune (Ed.), *Task-centered practice with families and groups.* New York: Springer.

Rzepnicki, T.L. (1985). Centered intervention in foster care services: Working with families who have children in placement. In A.E. Fortune (Ed.), *Task-centered practice with families and groups.* New York: Springer.

Salmon, W. (1977). A service program in a state public welfare agency. In W.J. Reid & L. Epstein (Eds.), *Task-centered practice.* New York: Columbia University Press.

Strupp, H.H., Fox, R.E., & Lessler, K. (1969). *Patients view their psychotherapy.* Baltimore: Johns Hopkins Press.

Studt, E. (1968). Social work theory and implication for the practice of methods, *Social Work Education Reporter, 16,* 22–46.

Taylor, C. (1977). Counseling in a service industry. In W.J. Reid & L. Epstein (Eds.), *Task-centered practice.* New York: Columbia University Press.

Thibault, J.M. (1984). The analysis and treatment of indirect self-destructive behaviors of elderly patients. Dissertation, University of Chicago.

Tolson, E. (1977). Alleviating marital communication problems. In W.J. Reid & L. Epstein (Eds.), *Task-centered practice.* New York: Columbia University Press.

Tolson, E.R., Reid, W.J., & Garvin, C.D. (1994). *Generalist practice: A task-centered approach.* New York: Columbia University Press.

Weissman, A. (1977). In the steel industry. In W.J. Reid & L. Epstein (Eds.), *Task-centered practice.* New York: Columbia University Press.

Wexler, P. (1977). A case from a medical setting. In W.J. Reid & L. Epstein (Eds.), *Task-centered practice.* New York: Columbia University Press.

Wise, F. (1977). Conjoint marital treatment. In W.J. Reid & L. Epstein (Eds.), *Task-centered practice.* New York: Columbia University Press.

Wodarski, J.S., Saffir, M., & Frazer, M. (1982). Using research to evaluate the effectiveness of task-centered casework. *Journal of Applied Social Sciences, 7,* 70–82.

第二十七章

交互分析理论和社会工作治疗

马琳·库珀，桑德拉·特纳

基于人们可以而且应该为自己的命运负责的信念，以及接受适当的支持、鼓励和指导，人们可以过上充实而有意义的生活，交互分析是一种乐观的治疗方法，非常适合社会工作专业。它也是一种个性发展理论，为探索人际交往提供了独特的视角。由于其灵活性，交互分析已被广泛应用于各种场合，包括医院、监狱、学校、机构和工作场所。作为一种人格理论和治疗方法，它可以用于理解和描述心理动力学系统以及人际动力学。它可有效地应用于个人、夫妻、家庭和小组干预。

交互分析理论是由医学博士埃里克·伯恩（Eric Berne）在 20 世纪 50 年代创立的。伯恩生于 1910 年，卒于 1970 年。在 20 世纪 50 年代早期，他从医学院毕业后成为一名医生，当时精神分析是治疗情绪问题的主要方法。他的老师是尤金·卡恩（Eugene Kahn）和保罗·费登（Paul Federn），他们是西格蒙德·弗洛伊德的学生。伯恩也深受卡尔·荣格、威廉·里奇、查尔斯·达尔文（Charles Darwin）和埃里克·埃里克森的影响。交互分析与阿德勒疗法有关。

在医学院读书期间，伯恩开始对大脑和身体之间的关系产生兴趣，尤其对人类直觉感兴趣。他转向精神分析，对他的研究有深远影响的埃里克·埃里克森是他的分析师。伯恩的人格结构的概念化背离了弗洛伊德。在弗洛伊德理论中，自我、本我和超我是假想出来的概念，而伯恩的比较自我状态（父母、成人和儿童）是可观察到的现象（Berne,
1961）。伯恩并没有低估潜意识的力量，但他对案主生活中实际发生的事情更感兴趣：与无意识过程相比，这些事件可以被重新回忆。他认为无意识是一种可以被有意识的思想所理解的情感和经历的备忘录（Dusay, 1972）。这是他第二次背离弗洛伊德理论。

1958 年，伯恩创办了旧金山社会精神病学研讨会，这是一个非营利的教育机构。最初，它是由一小群心理健康专家和学生组成的，他们讨论了各种心理治疗方法，包括伯恩当时正在创建的交互分析理论。这些研讨会的规模和范围不断扩大，并获得了合法身份，最后，为了纪念自己的创始人，该机构的名字被改为旧金山的埃里克·伯恩研讨会。自成立以来，交互分析一直是具有多元文化性的，国际交互分析协会成立于1965年，这个组织拥有6 000多名成员，其中三分之一是社会工作者，具有一定的国际影响力。交互分析在东欧和东南亚非常流行，它是得到了印度官方认可的一种治疗方法，在日本也备受推崇。

交互分析方法拥有一个正式的培训和认证系统，建议那些希望开展交互分析实务的同仁获得专业认证。要想获得认证，申请人必须参加一个为期两年的培训项目，然后还需要协助交互分析小组提供一年的服务，通过笔试，并向口试评审委员会提供三个小时的临床工作汇报。

理论基础

伯恩提出的交互分析是一种人格理论，后来扩展为一种社会干预或心理治疗系统。交互分析的基本假设是，人格由三种自我状态构成：父母、成人和儿童。伯恩观察到他的病人中有一部分像儿童一样，也有一部分像成人一样成熟，于是，他将自我概念化为上述三类。他相信他可以直接与自我的不同部分对话，病人可以在当下重新体验自己作为儿童时的感觉，也可以回忆能够触发这些感觉的事件。

交互分析的另一个理论是伯恩所说的社会交往。这种情况发生在人与人之间，通常以"安抚"的形式出现。安抚可以是身体或语言的接触，暗示着对他人存在的承认。以安抚的形式开展的交流构成了一种交互关系，它是社会交往的基本单位。

伯恩认为，社交活动中充满了游戏。游戏非常重要，伯恩在1964年写了一本专门介绍游戏的书，这就是他的畅销书《人间游戏》（*Games People Play*）。有些游戏是积极的，有些是消极的。但是，尽管游戏带来了许多困难，但有某种形式的社交总比没有好。在老鼠身上进行的研究表明，温和的触摸和痛苦的电击在促进健康方面同样有效（Levine，1957）。接下来我们还会讨论有关安抚和游戏的内容。

三大理论假设

交互分析中有三大重要的理论假设：

（1）"我好，你也好。"交互分析的基本前提是人们都很好，或者处于健康状态。父母建构的家庭环境要么促进儿童的健康和成长，要么妨碍儿童的发展。

（2）人们有能力在解决自己问题的过程中成为积极的参与者，治疗师应该让他们的案主成为工作中的积极伙伴。

（3）交互分析假设人们基本上是善良的，有能力过上健康和令人满意的生活，不会干扰他人的生活。治疗的目标是找到一种"治愈方法"。"当问题似乎无法解决时，人们会将其归咎于缺乏知识或无法找到解决方案。"

总而言之，交互分析假设人们能够并且应该为他们自己的命运（人生脚本）负责，并且给予其适当的支持和指导（积极的安抚），使他们可以过上充实而有意义的生活（把消极的人生脚本变成积极的人生脚本）。

四种生活态度

交互分析认为，一个人可能对自己和他人采取四种生活态度。哈里斯（Harris，1967）在他的开创性著作《我好，你也好》（*I'm OK-You're OK*）中对此进行了详尽的描述。这四种生活态度指的是：

（1）我不好，你好。

（2）我不好，你也不好。

（3）我好，你不好。

（4）我好，你也好。

前三种生活态度是在人们生命早期做出的无意识决定。"我不好，你好"是人们做出的第一个决定。正在成长的儿童完全由他的照顾者支配。当被抚育或"安抚"时，他们会发展出健康的自尊感和幸福感。如果没有得到安抚，或者安抚缺乏一致性，"不好"的感觉就会日益积累。

我不好，你好

在第一种态度中，成年后，"不好"的人往往会出现人家关系问题。这些不健康的表现会出现在心理健康连续体的两端。在一端，即使是成年人，仍然期望别人会给自己安抚，即使这种期望不是天天会有。因此，为了得到安抚，他们可能会不断地从他人那里寻求肯定和认可。最终，他们可能会得出这样的结论：不管他们做什么，他们都还是不好。他们会通过一种"生活脚本"来确定自己的生活态度，这种"生活脚本"确认了他们不好，因此他们会逃避亲密关系，因为与他人接触是痛苦的，或者他们会通过幻想来获得安抚，因为幻想会比现实更加让自己感到愉悦。在另一端，一个人的"生活脚本"可能是通过挑衅行为寻求"负面的安抚"。这种最终解决方案意味着彻底放弃。这一端的集中表现是，人们会从精神健康连续体转向精神病理学，这一点是从严重精神疾病的极端退化或者有自杀倾向者的绝望行为中发现的。

我不好，你也不好

在第二种态度中，我不好，你也不好，这个人认为我不好，那么，你也不好。如果得不到安抚，就会出现人际关系问题。结论是，不仅是"我"这个人有问题，"别人"或"你"也有问题。这些成年人在亲密关系、接受别人的关爱和给予别人爱、分享以及最终感受快乐方面存在问题。当一个人为了获得自己童年时代所缺少的安抚而出现行为倒退时，一种绝望的人生观就会主导他们的生活，或者会导致他们出现严重的精神障碍。

我好，你不好

这些成年人是儿童虐待的受害者。他们通过自我安抚从父母的残暴中幸存下来：他们学会了自我安慰。作为成年人，这些"我好"的自我可能无法为自己的行为负责。他们可能认为别人总是错的。我们发现处于这种状态的成年人总是把责任推给别人，似乎没有自我意识。或者，犯罪行为成为那些没有良心的反社会人格的必然结果。"我好，你不好"的终极表达就是杀人。

我好，你也好

这是第四种态度。它是一个有意识的、口头的决定，这种生活态度的确基于思想、反思和行动，而不是基于感觉。人们通过暴露前三种生活态度背后隐藏的儿童时期的感觉，通过反思自己的哪些行为维持了前三种生活态度，通过有意识地做出改变的决定，才获得了"我好，你也好"的生活态度。

关键概念

下列概念构成了交互分析理论的关键概念。

自我状态

伯恩认为自我状态是一种"伴随一系列相关行为模式的感觉系统"（Berne，1968，p. 23）。人格由三种自我状态构成——父母自我状态、成人自我状态和儿童自我状态。父母自我状态与分析理论中的超我相似。它是关于一个人应该如何生活的一套严格的规则和规定。这些规则和规定大多是批评性的，实际上来自父母或父母的形象。诸如"你工作不够努力""你没有尽最大努力""试试更努力地去取悦他人"之类的信息，都是非常具有评价性的，成为父母自我状态的重要组成部分（Berne，1964）。

成人自我状态在精神分析学术语中与弗洛伊德的自我最为相似，是人格中现实导向的那一部分。它具有逻辑的、理性的特点，有点像一台计算机，因为它可以接收、存储和处理关于自身和环境的信息。交互分析的实务工作者在实践中更多需要处理的是病人的成人自我状态，而不是儿童或父母自我状态。伯恩（Berne，1968）认为，每个人或多或少需要面对成人自我状态，但有时需要在他人的帮助下激活它。

从精神分析的角度来说，儿童自我状态类似于本我，不管到了多大年龄，一个人在这种自我状态下的言行实际上都像是一个儿童。这种状态包含自然的感觉、行为和欲望，可能在出生时就存在。它也包括生理解剖学的内容。在许多方面，儿童自我状态是人格中最有价值和最令人向往的部分。它是快乐、自由和创造力的源泉。它成为社会存在的中心（Coburn，1986）。儿童要么是自然地、自由地活动，要么是被消极的父母指令控制。这些指令干扰了"纯粹的"儿童自我状态，并可能导致自我认同混乱和对自己的不良感觉（Coburn，1987）。

人最佳的运作方式是能够在合适的时候进入适当的自我状态。例如，如果他需要自发性和乐趣，那么儿童自我状态将是最合适的，但如果需要做出重要的决定并采取行动，那么成人自我状态将是最有效的。这三种自我状态由三个不同的圆圈代表，分别代表父母（P）、成人（A）、儿童（C）（见图 27-1）。一个人可以通过观察行为和行为引发的反应来确定当前的自我状态。例如，一个总是举手发言的女人处于儿童自我状态，一个男人使用他母亲经常使用的表达方式（尤其是消极的），很可能处于父母自我状态（Berne，1968）。

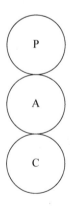

图 27-1 自我状态

人际交流

伯恩（Berne，1961）认为，交流是发生在两个人自我状态之间的社会交往。交流既发生在公开的社会层面，也发生在隐蔽的心理层面。实际上，在任何特定的时间里，都有六种不同层次的交往发生，因为每个人都有三种不同的自我状态，它们可能与另一个人的三种自我状态相互作用。父母自我状态可能在任何时候都与另一个父母自我状态、儿童自我状态或成人自我状态有关。一个成人与成人的自我状态的沟通可以表现为两个人一起解决一个问题，亲子沟通则是一个人"骂"另一个人。

安抚

这是交互分析的核心概念。人类对社会认可或"安抚"有着持续的需求。"安抚是描 _646_ 述亲密身体接触的通用术语，而在社交和交互分析术语中，它意味着识别他人存在的行为。"（Berne，1968）例如，一个积极的安抚是告诉别人他或她是一个特殊的人，是有价值的（即他或她是"好的"），这样的积极的安抚是人们一生都需要的。交互分析治疗师接受的培训是，在案主请求帮助时，从一开始就要向他们表达积极的安抚，这样就可以支持他们做出寻求专业帮助的决定。其他的非语言的安抚会传达一种治疗师的接纳态度和氛围、温暖以及对促使案主改变的乐观态度（Coburn，1986）。

脚本

脚本是一个人在生命早期就已定好的人生计划或生存的"路线图"。一般来说，儿童们 _647_ 在五岁的时候就已经写好了自己的脚本，这些脚本告诉他们，他们要么基本上是"我好"，属于主流；要么是"我不好"，处于社会和情感生活的边缘（Finnegan，1990）。交互分析实务工作者认为，消极脚本可以转换为积极的脚本，因为每个人都可以生存下去或变得更好。

扭曲

这是童年遗留下来的长期的坏感觉。就像游戏一样，它们从我们的意识中消失了。当真实情感的表达无法被接受时，扭曲提供了一种获得认可的方式。扭曲的例子包括愤怒、沮丧、焦虑和困惑。扭曲的作用在于支持脚本，它由三个部分组成：脚本信念和感情、扭曲表现，以及加强记忆。如果一场干预让脚本停止了，为思考和感受带来了新的选择，那么扭曲系统的功能就会停止。例如，一个害羞的退休女性有一个"不要太重要"的脚本，她的不自信行为会让脚本保持活跃。面对她的行为，分析她的意图和结果，就可以帮助她改变。她可能会尝试友好、外向的行为，因为这能给别人带来积极的安抚，让她放开脚本。分析游戏、扭曲和脚本会让案主产生"你不好"的感觉（Coburn，1986）。

游戏

伯恩是这样定义游戏的：

> 心理游戏是一连串包含着很多不可告人的暧昧的交流，通常会导致隐秘却又必然的结局。从描述上看，它是一套反复出现的交流，通常是不断重复的，表面上看似合理，但背后隐藏着动机，或者更通俗地说，是一系列带有陷阱或花招的动作（Berne，1964，p. 48）。

哈里斯（Harris，1967）认为游戏起源于童年的"我比你好的游戏"。这个游戏的目的是让孩子们从这种感觉中解脱出来：他们觉得自己又弱小又无助，觉得父母又强大又有权威，觉得我不好而你好。其目的是通过殴打弟弟、踢猫、找玩具多的人玩等手段来缓解这种不公平的状况。成年人则会沉迷于成人版本的游戏，即积累财产或比他们的邻居"占上风"。

伯恩给游戏起了一些有趣的名字。例如，"踢我""现在我抓住你了，你这个坏蛋""来呀来呀，抓住我"和"那是你老爸"等。所有的游戏最终都会带来痛苦，但总比与他人没有任何关系要好。至少在不幸中，与他人的关系通过这种方式得到了维持。哈里斯（Harris，1967，pp. 148-149）节选了与一位年轻的职业女性简（Jane）以及她的朋友的一段对话来解释游戏的本质，他们玩的游戏名为"你为什么不去做……是的，但是"：

> 简：我很平凡，也很乏味，从来没人跟我约会。
>
> 朋友：你为什么不去找个好的理发店，给自己做个漂亮的发型？
>
> 简：是的，但是那会花很多钱。
>
> 朋友：好吧，你为什么不去买本时尚杂志看看如何打扮一下自己？
>
> 简：是的，但是我试过了——我的头发太细了，无法保持定型。如果我把它盘成一个髻，至少看起来很整洁。
>
> 朋友：那么，用化妆品来突出你的优点怎么样？
>
> 简：是的，但是我的皮肤对化妆品过敏。我试过一次，我的皮肤变得很粗糙，还出了问题。
>
> 朋友：现在有很多防过敏的新款化妆品，非常好用，你为什么不去看看皮肤科医生？
>
> 简：是的，但是我知道他们会说什么。他会说我吃得不对。我知道我吃了太多的垃圾食品，饮食也不均衡。一个人住就是这样。哦，好吧，美貌是肤浅的。
>
> 朋友：嗯，这倒是。如果你上一些成人教育课程，比如关于艺术或时事的，或许

会有所帮助。你知道，这有助于让你变得健谈一点。

简：是的，但是这样的课程都在晚上，下班后，我都累得不行啦。

朋友：那可以上一些函授课。

简：是的，但是我甚至真的没有时间给家人写信，哪里还有时间去上函授课？

朋友：如果你觉得有必要的话，你一定会挤出时间的。

简：是的，但是你是站着说话不腰疼，你的精力多么旺盛呀，我天天都累得要死要活的。

朋友：那你为什么晚上不早点睡觉呢？你不管有多累，都每晚看电视看到半夜。

简：是的，但是我得给自己找点乐子，如果你跟我一样，你也会这么做的。

简试图通过说服她的朋友来为自己不好的处境找补，证明她确实没有希望了。简这样做的好处是，如果她继续玩这个游戏，她就不必改变，因为自己什么都做不了。哈里斯指出，案主和专业人士之间经常玩这种游戏。案主会寻找种种理由来挫败治疗师，以维持现状。

使用图形符号可以更好地理解游戏的概念，伯恩和其他学者发明了一些代表交互分析基本概念的视图（圆圈代表自我状态，箭头显示它们之间的沟通）。由于两个人的自我状态之间的交流会发生在公开的（社会的）和隐蔽的（心理的）两个层面，所以当这两个层面上的交流同时发生时，游戏就出现了。一般来说，这些隐藏的沟通也可以被认为是游戏，是很消极的，参与其中的人会对这样的交流产生不好的感觉（见图27-2）。

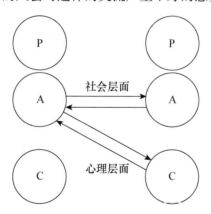

图27-2　隐蔽的交互

自我状态图

自我状态图是一个柱状图，代表了每个自我状态的能量值。自我状态图与上图中三个圆圈的不同之处在于，三个圆圈显示了处于三种自我状态中的哪一种，而自我状态图显示了在任何特定的时间内，在不同的自我状态中投入了多少能量。自我状态图上的列越高，在自我状态中消耗的能量就越多。自我状态是相互关联的，所以当更多的能量进入一个自我状态时，另一个自我状态就会失去能量。

杜萨伊（Dusay，1972）发明了自我状态图，概念化了五种功能性的自我状态（见图 27 - 3）。P（父母）分为 CP（评判性父母）和 NP（滋养性父母）。A（成人）不分开；C（儿童）分为 FC（自由的儿童）和 AC（顺从的儿童）。一个抑郁或有自杀倾向的人的自我状态图（ego-gram）在评判性父母（CP）、成人（A）和顺从的儿童（AC）这些列上得分会非常高，而在滋养性父母（NP）和自由的儿童（FC）这些列上得分则会较低。因为每个人的个性都是独一无二的，这五种心理力量在每个人身上的排列方式有所不同。

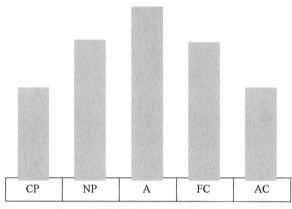

"铃状"自我状态图

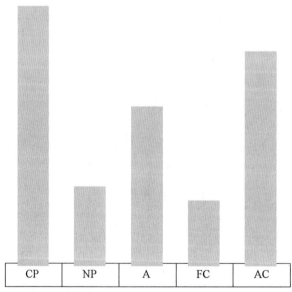

"抑郁或有自杀倾向者"的自我状态图
(Dusay & Dusay，1989，p.410)

图 27 - 3 自我状态图

交互分析

沟通是由刺激和回应组成的。刺激会从一个人的自我状态传递到另一个人的自我状态。如果对刺激的回应来自预期的自我状态，则称为互补沟通。当回应来自意外的自我状态时，就会发生交错沟通。这时，沟通就会停止，当一方或双方都改变了自我状态时，沟通才能继续。隐秘沟通是在心理和社会层面上传递信息。心理层面是隐藏的，而沟通的规则是对潜在心理信息的回应（Berne，1972）。

关于三种不同类型的沟通哈里斯（Harris，1967）提供了以下案例。父母和儿童之间的互补沟通可以采取以下形式：丈夫（扮演了儿童角色）发烧了，想引起妻子的注意。妻子（扮演了父母角色）知道他病了，愿意照顾他。只要她愿意继续扮演他的母亲，就可以无限期地令双方感到满意。很多幸福婚姻之所以得到维持，就是因为夫妻之间扮演了这种父母和子女的角色，而双方都不愿改变角色。如果角色被打乱，平衡就会动摇，麻烦就开始了（p. 102）。

哈里斯（Harris，p. 106）引用的伯恩经典的有关交错沟通的例子就发生在丈夫和妻子之间。丈夫问："亲爱的，我的袖扣呢？"（成人的刺激，寻找信息）妻子的互补性回答是"在你的五斗橱左上方抽屉里"或者"我不知道，但我会帮你找到的"。然而，如果妻子经历了艰难的一天，攒了一大堆"好痛"和"麻烦事"，她会尖叫道："在哪里？在你丢掉它的地方。"这就是一个交错沟通。刺激者是成人，但妻子在回应时将自己转变成了父母。此时沟通已经停止，丈夫和妻子不能再谈论袖扣；他们首先要讨论为什么他从来不把他的东西放好。

交互分析的目的是发现每个人的哪一部分——父母、成人或儿童角色——成了每个刺激和反应的来源。对此，我们可以在语言表达和肢体语言中找到线索。哈里斯讨论了如何帮助病人分析这些沟通的线索。父母角色的线索包括一些典型的父母的肢体语言，比如皱眉或噘嘴。语言表达的例子是"我再也不会让你做这样那样的事了"或"我总是要提醒你"。从评价性的语言中很容易判断出这种父母式的角色，从各种"必须"和"应该"中也可以判断。

儿童角色的身体线索包括噘嘴、翻白眼、耸肩、咬指甲。语言表达线索包括"我不知道""我希望""我想要"等短语。

成人角色的线索非常直接，成人的词汇包括"为什么""什么""什么时候""在哪里""如何""多少"。"我认为""我明白了""在我看来"等表达方式表明成人正在处理数据。

社会情境为每种类型的沟通提供了众多的例子。交互分析治疗师的作用是通过帮助患者了解父母、儿童信号和沟通方式来增强成人的力量。情绪亢奋是儿童被"控制住"的线索。有了自我意识，患者就可以从被外化的自己不是"好孩子"的感觉中解放出来，并会采取具

体的行动。对父母和儿童角色的了解有助于病人将自我状态中的这些部分与成人角色区分
开。要做到这一点，一种方法是监控自己的内心对话。当一个人感到悲伤或沮丧时，他可以
问："为什么我的父母角色要攻击我的儿童角色？"当一个人能识别出自己的哪些行为属于
"我的父母角色"，哪些行为属于"我的儿童角色"时，提问的行为就转换到了成人的状态。

交互分析鼓励案主对自己的儿童角色敏感一些，这使案主有机会对他人身上的儿童角
色同样敏感。哈里斯认为，使一个人成为强大的成人的基本行为模块是：学会识别脆弱、
恐惧的儿童角色，并表达这些情感；学习认识父母角色的指令、固定的姿态和表达方式；
对他人的儿童角色变得敏感——安抚他，保护他；必要时从一数到十，以便让成人角色有
时间处理来自电脑的数据，在现实中可以将父母角色和儿童角色区分出来；制定一套价值
体系，以便在道德框架内做出决策。最后，哈里斯告诉病人："当产生疑问时，不要理睬
它。你不会因为没说过什么而受到攻击。"（Harris，1967，p. 122）

时间构造

在交互分析中，有六种类型的经验，包括了所有沟通类型。它们是独处、仪式、活
动、消遣、游戏和亲密关系。独处虽然不是一种与他人沟通的形式，但可以发生在社会环
境中。在无聊的谈话中，人们会陷入幻想。仪式对时间的社会性程序化使用，是所有人都
认可做同一件事情。它给个人提供安全感和可预见性。仪式的种类既包括宗教仪式，也包
括鸡尾酒会仪式。与隐退一样，宗教仪式也会使人们产生隔阂，因为它会使人们与社会保
持距离。

按照伯恩的定义，活动是一个普遍的、方便的、舒适的和功利主义的时间构造方法，
它通过设计一个项目来处理外部现实的物质内容（Berne，1961，p. 85）。常见的活动有阅
读、整理房间、工作。这些活动本身就能让人感到满足，或者让人对自己的工作感到满
意，从而得到安抚。消遣被定义为"一种交往过程直截了当的参与方式"，"它们可能会因
为自身的价值而被人们所追捧，并带来乐趣"（p. 98）。对于神经症患者，它们可能是一种
"打发"或安排时间的方式。等到对人有了更多的了解，等到假期来临，等到治疗方法被
认为是神经质的消遣。伯恩给消遣取了一些有趣的名字，包括："闲聊""机车"（与小汽
车做比较），"你知道（某某）吗？""这个多少钱？"（好人老乔）怎么样了？""来杯马提
尼？"（我知道一个更好的方法）。消遣会带来安抚，但也会使我们避免进入亲密行为。

游戏帮助我们用一些安抚来构造时间，但是，就像消遣一样，也会使我们避免进入亲
密关系。那些认为自己不好的人，由于无法与他人建立关系，可以从游戏中得到一些东
西，这比完全与他人没有接触的孤立状态要好得多。

两个人之间的亲密关系与之前谈到的五种时间构造完全不同。它基于双方相互接受的

"我好，你也好"的立场。它是建立在一种给予和分享的基本关系中的，在这种关系中，双方的成人角色都处于控制之中，并允许儿童角色得到自发性发展。亲密关系能够给予我们温暖、安全和无条件的安抚。

建立治疗关系

交互分析的工作目标是发展案主的自主功能，治疗模式是短期的，治疗中不鼓励案主对治疗师产生依赖。

在向案主解释交互分析的概念时，常常会采用圆形、条形图和箭头等方式。这样做是为了让案主进一步了解治疗师的观点和工作方法。它有助于揭开治疗的神秘面纱，并使案主和治疗师之间建立起伙伴关系或协作关系。

交互分析的重点在于实现治疗合同中约定的改变。合同应该是一种成人与成人之间的互动，案主和治疗师之间要就治疗目标和治疗方法达成共识。合同包含了新行为的明确目标，比如"我要花更多的时间和我女儿在一起""我要每周跑三英里""我要为找新工作投简历"。这份合同应该是灵活的，可以随时协商变更。

交互分析相信患者和治疗师之间的关系是一种伙伴关系。这种假设类似于社会工作的原则，即与案主同行而不是针对案主开展工作，"从案主所在的位置开始"（Shulman，1992）。治疗关系的协作性质使改变的过程变得更有赋权性，在这一过程中，案主会从他们自身找到资源，激发自己的潜能，过上更好的生活。

交互分析治疗师帮助案主创造一种氛围，滋养案主的儿童自我状态，帮助案主尽可能感到舒适，整个治疗环境是非正式的。

一种适用于各种人群的治疗方法

交互分析能够提升自尊，改善人际沟通、提高成就感和维护心理健康，适用于广泛的人群，对处于生命周期的各个阶段的案主都有帮助。虽然我们没有关于这种方法的普遍性数据，但可以推测，由于其具有非常人性化的基础，对交互分析的应用可以超越不同的文化和种族。下面是一些在不同人群中运用交互分析的案例。

儿童

交互分析有助于改善儿童的应对行为和增强他们的自我意识（Pardeck & Pardeck，1981）。

老人

米尔斯（Mills，1986）在短期认知组治疗中使用了交互分析技术，帮助老年患者提高生活满意度，降低焦虑和抑郁水平。

病人

交互分析被有效地用于治疗那些在儿童时代被扭曲的精神疾病患者，因为他们因这种扭曲而放弃了孩子般的好奇心和创造力。允许他们以自己的方式生活，允许他们思考，允许他们感受，会极大地改善他们的病情。培育他们的这些能力成为治疗的重点内容（Coburn，1986）。在哮喘的治疗中，交互分析技术有助于减少儿童时代最初触发或激化儿童哮喘症状的发育因素（Lammers，1990）。交互分析治疗师在治疗过程中，使用了温暖、幽默和积极的安抚等技术。这些安抚式的沟通主要通过赞扬案主主动求助的行为，同时承认案主所面临的困难导致了他们目前的处境不佳，从而加强了案主的自主性。微笑、积极倾听、接纳、理解、支持性安抚都是治疗师传达积极的安抚的具体表现，总是对病人改变的能力持乐观态度，并表达对病人的关心和呵护，都会有效促进病人的改变（Coburn，1986）。

在建立治疗性伙伴关系时，运用交互分析框架开展工作特别需要注意的一点是要尽量减少移情反应。治疗师还要提出一些规则，以帮助案主感到安全和备受保护。来见治疗师时，案主必须保持头脑清醒（不能有任何的物质依赖），这样他们就能认真思考正在接受的治疗的进展。尊重保密原则也是至关重要的。不能出现任何身体或性出格行为，也不能有自我毁灭或其他破坏性的行为。通过自己的道德和成熟的行为，治疗师为案主提供了一个学习的榜样。

交互分析治疗师不仅必须了解案主的脚本，还必须了解他们自己的脚本，就像临床医生需要了解移情和反移情问题一样。当患者试图让治疗师按照他或她的脚本进行治疗时，治疗师就需要评估患者的儿童自我状态的发展水平。

交互分析中的抵抗是治疗过程中的主要障碍，治疗师要帮助案主从一开始就发现什么是正确的方法。伯恩乐观地认为只要治疗师与案主之间能够通力合作，就可以解决很多问题，他还认为，需求解决方案是一个充满激情的发现之旅。

价值基础

因为交互分析培育乐观、良好的感觉，鼓励自我决定和自治，它与社会工作职业的道德和价值观是高度一致的。治疗师在建立治疗关系时所采取的关怀立场在实践中得到了广泛运用。交互分析认为人们理应感觉幸福，有权对自己的生活方向做出自己的决定，正是这种观念让交互分析具有了内在的赋权性。交互分析强调抗逆力，重视人性中"善良"的一面，这与 20 世纪 50 年代占主导地位的精神分析模式截然不同，后者侧重于病理学。交互分析中蕴含的优势视角是社会工作实践的核心所在。

重做决定疗法

　　古尔丁（Goulding，1989，1990）利用交互分析的基本原理发展了他的重做决定疗法的概念。这种方法是对伯恩最初提出的"做出认知决定以改变人生剧本"概念的一种改进。伯恩认为，童年时写下的脚本可能会在成年后发生改变。古尔丁的重做决定疗法是一个精要治疗方法，它既关注儿童自我状态，也关注成人自我状态。在治疗师的帮助下，患者可以回到他们儿时做出最初决定时，然后治疗师鼓励他们对自己成年后的生活脚本进行重新决定。重做决定疗法将接受或拒绝父母指示的责任放在个人身上。在重做决定疗法中，通过综合运用交互分析、格式塔技术和行为技术、讨论和/或小组互动等不同方法，治疗师会将案主熟悉的不良感觉、行为和诸如内疚、愤怒、扭曲、残忍和依赖等感受带入意识层面。

　　古尔丁（Goulding，1982）举了一个运用重做决定疗法帮助一个有自杀倾向的病人生动例子。病人是精神科医生，被称为 X 医生。他参加了一个为期一个月的培训课程工作坊，在那里他谈到了自己的自杀念头。古尔丁问他是否可以约束自己不要在工作坊期间自杀，他就向治疗师保证他不会在那个月自杀。治疗师说自己对这样的承诺不感兴趣。"这个承诺不是给我的，是给你自己的。"X 医生回答说："我明白。我不会在这个月自杀。"这个回答像是向治疗师保证他愿意听从治疗师的建议。

　　古尔丁让 X 医生想象他母亲坐在他对面的椅子上，并对她说："我不会自杀的。"X 博士回答说，他以前试着做过好几次这样的练习，但仍然没有什么用。他仍然很害怕，如果自己的状态变得太糟，他会再次尝试自杀，并可能成功。古尔丁回答："你会成为那个过去没有让你自杀的你吗？那个没有吃足够多药的你吗？那个让你被发现的你吗？那个让你在心脏停止跳动后幸存下来的你吗？你把你的另一半放到另一把椅子上，跟剩下的这一半谈谈好吗？"X 博士用响亮而令人信服的声音说："我不会让你杀了我。我想要活着，并且一直活着。我不会让你杀了我。"古尔丁问他是否愿意回到另一半的自己身上，X 博士说："我听到了，你真的想活下去，不是吗？"接着，他在第二把椅子上大声哭着说："我不会杀你的。我不会杀我自己。"然后他坐在第一把椅子上，不由自主地说："我是我身上最强大的部分，我不会让任何会让我丧命的事情发生在我身上！"十年后，根据古尔丁的说法，这个人仍然活着，且不再抑郁了（Goulding，1982，p. 333）。

这个小片段说明了重做决定疗法的技术和假设。古尔丁认为，从成人自我状态出发做出决定是不够的。只有从自由的儿童自我状态来重新做出的决定，才会是永久的。

实务应用

社会工作者可以将交互分析理论运用到直接实践、教育和管理中。一般来说，所有关心改善沟通以及社会和人际关系变化的人都能从它的方法和理论中获益。适合使用交互分析的环境包括医院、监狱、学校、机构和工作场所。作为一种人格理论和治疗方法，交互分析有助于理解和描述人际动力学和心理动力学系统。

由于它的多功能性，交互分析适合于小组、个人、夫妻和家庭的工作。下面是一些例子。

小组中的应用

在小组中，个体经常为了得到他们想要的东西而改变某些行为。组员为解决特定的问题而与治疗师签订合同，并经常在小组环境中一对一地与治疗师接触，而其他小组成员则处理脚本和重做决定。观察治疗师如何与其他组员一起工作来处理他们的生活脚本和重做决定，常常有助于小组成员发现大家都有类似的改变能力。

个体治疗中的应用

在个体治疗中，交互分析帮助案主释放可能在童年被父母阻碍的自发性，并重新获得个人控制和选择。诸如"脚本分析"之类的概念为重新构建过去的经验提供了一种简单的方法（Coburn，1987）。那些在儿童时期就被扭曲的案主，能够获得他们一直得不到的安抚。治疗关系通过提供一个安全的、培养的、支持的体验来促进案主的成长。

夫妻治疗中的应用

在夫妻治疗中，经历了不良的沟通或破坏性行为的夫妻可以改变他们的自我状态动力关系，以获得更多的个人自主和独立。例如，丈夫可能表现出依赖和幼稚，而妻子则承担起父母的角色。双方的地位可能会发生变化，从而形成竞争，以获得儿童地位。这种共生的对抗有助于打破僵局，并进一步改变各自的自我状态。

家庭治疗中的应用

在家庭环境中，接受过交互分析训练的父母和孩子学会意识到自己的感受并对自己的感受负责，做出决策，并改变当前功能失调的模式，实现更多的自主性，改善沟通的目标，亲密感和愉悦感都得到了进一步的发展。

在发展性障碍人群中的应用

在针对发展性障碍人群的服务中，交互分析已被用于教给他们问题解决技巧，学习扮演成人角色（Laterza，1979）。研究表明，交互分析教学提高了有学习障碍的学生的自尊（Golub & Guerriero，1981）。

员工服务中的应用

交互分析非常适合工作场所，因为它教授的沟通技巧可以提高一个人的工作生活质量（Nykodym，Longenecker，Clinton，& Ruud，1991）。它已经广泛运用在学校中，帮助学生学会相信自己、独立思考、独自做决定，以及改善师生之间的互动（Champney & Schultz，1983；Burton & Dimbleby，1988）。

少数族群和其他受压迫群体中的应用

交互分析可以作为一种有效的改变媒介，用于有色人种和其他受压迫群体。它可以提升社会意识，促进个人自由，增强自尊。郎维和巴松（Hiongwane & Basson，1990）在文献中发现，交互分析适度支持改善美国黑人青少年自我概念。莫霍克（Mohawk，1985）描述了对印第安人进行自我状态分析后产生的很多积极后果，这些印第安人长期受到非人性化对待，他们觉得自己就像面对爱评判的父母的孩子。交互分析适用于儿童期遭受性虐待的女性幸存者（Apolinsky & Wilcoxan，1991），同时也是配偶暴力干预的一个治疗模式（Steinfeld，1989）。

与其他治疗模式的相同之处

认知治疗

认知治疗由贝克（Beck，1972）发展而来，融合了许多交互分析的原则。交互分析和认知治疗都强调改变自我形象的重要性。然而，认知治疗不像交互分析那样使用相同的口语化术语或符号表征。认知治疗和交互分析都以改变案主的意识为治疗目标，使案主的感知和思想更真实，更能满足案主的需求。在交互分析中，扭曲是对现实的否定。游戏以自我、他人或情境的"扭曲"为起点。对这种非现实性系统的认识有助于案主在生活中前进，并达到预期的目标。要鼓励案主意识到孩子气的恐惧会干扰逻辑思维。认知治疗更强调帮助人们了解他们的思维方式，以及构成他们思维过程基础的信念和假设，而交互分析则更侧重于社会交往。

认知治疗和交互分析都以一种协同模式为基础，治疗师和案主要对变化过程中所要实现的目标达成一致。这两种疗法的一个主要区别在于，认知治疗不适用于那些被认为精神错乱或患有妄想症的患者，而交互分析则可以用于所有诊断类别的精神疾病。哈里斯（Harris，1967）描述了将交互分析运用到由精神疾病患者和具有较强现实检验能力的人组成的小组中。他的研究小组目睹了一些处在活跃期的产生了幻觉的病人描述父母与孩子之间的对话，病人认为这种对话源自自身之外。哈里斯声称，小组中那些摆脱束缚的成年人不会被这些他称之为"短暂的精神困扰"的各种表现困扰，他们倾向于具有支持性，更愿意表达安抚。

格式塔治疗

格式塔治疗（Peris，1969）也与交互分析类似，但格式塔治疗较少强调认知，更多强调通过情绪来体验变化。这些情绪通常通过治疗技术表现出来，比如"空椅子"。在这种练习中，案主要想象一个重要的人坐在椅子上，比如父母，自己要和坐在椅子上的人对话，就好像他或她真的在场一样。这两种治疗方法都包括使用小组和鼓励表达感情。

交友小组

交友小组与交互分析有许多共同之处，这两种方法差不多是同时期产生的。两种治疗方法都主要采用小组模式，治疗中有时也会采用马拉松工作坊的方式。交互分析治疗师在使用技术时更有选择性，将技术与自我状态相匹配。例如，在格式塔治疗中经常使用的敲打枕头等技术，并不适用于交互分析中所有的自我状态。

659

药物依赖治疗

当前的药物依赖康复运动很大程度上归功于交互分析。许多针对"内在自我"的工作（参见 Bradshaw，1988）基于这样的概念：把自发的孩子从内化的限制性父母的约束中解放出来。事实上，开展"内在自我"的工作是非常接近交互分析的方法的，最近流行的温迪·柯米纳的小说（Wendy Kaminer，1992）揭示了康复运动的一些内幕，并讽刺伯恩的理论，小说的名字就是《我不正常，你也不正常》（*I'm Dysfunctional*，*You're Dysfunctional*）。在与所有类型的成瘾康复的案主一起工作时，分析他们的游戏，可以使我们意识到自己与重要他人的显式和隐式交流模式的微妙之处。通过使用这种方法，工作者可以帮助酗酒者和他们的重要他人了解他们不正常的交流的自我状态和隐藏的游戏（Gitterman，1991）。

交互分析的局限性

交互分析的局限性还没有得到深入的研究。虽然寇本（Coburn，1986）认为，由于这种治疗的认知方面存在一些问题，使得精神错乱、妄想或对现实缺乏坚定把握的患者不会从中受益，但古尔丁（Goulding，1982）的看法不同。

这种方法在临床中成功与否，似乎取决于案主与治疗师的关系的积极程度如何，这可能会给某些案主带来一些限制。然而，目前还没有明确的证据支持这一假设（Coburn，1986）。

交互分析的研究：结果研究

米勒和卡普齐（Miller & Capuzzi，1984）回顾了交互分析作为一种改善人际沟通技能和促进精神健康的方法的有效性。他们的论文报告说，危机干预志愿者注意到，在交互分析培训之后，他们增加了志愿服务的时间和数量，参与度也提高了（Brown，1974）。杰斯尼斯（Jesness，1975）注意到青少年对犯罪的态度有了更大的改善。与遭遇小组经验的影响做比较时，人们发现，交互分析在某些情况下是有益的，但积极的影响似乎与治疗师和案主的特征有关，而与治疗方法无关（Lieberman et al.，1973）。这种情况常常出现在很多治疗模式中。

在教育领域，交互分析研究表现出重要的影响力。阿蒙森（Amundson，1975）和萨瓦茨基（Sawatsky，1976）发现，在对小学儿童进行交互分析指导后，他们的自尊心会增强，对他人的接纳也会增强。在一组针对社会适应不良的高中生的研究中，交互分析培训与学习成绩的提高、出勤率的提高和个人能力的提高都密切相关（Erskine & Maisenbacherf，1975）。人们发现，无论在初中还是大学，学生在接受训练后都表现出了更强的内在控制力（把事件归因于自己的努力和能力而不是外部力量的能力）（Amundson，1975；Peyton，

Morris & Beale，1979）。在接受了交互分析训练后，中学生的问题行为得到了改善（San-saver，1975），高中学生的出勤率有所提高，不良行为出现的频率也有所降低（Smith，1981）。[①]

社会工作的案主曾表示，他们个人对交互分析感到很满意，并指出自己的收获包括自我意识的增强、沟通技巧的提高，以及整体幸福感的提升。未来的研究中可以利用案例，采用单一个案设计方法，更好地确定交互分析作为治疗模式的有效性，并确保社会工作实践中的问责制得到落实。

交互分析和社会工作实务的前景

随着我们进入了一个成本控制和支配国家卫生政策的时代，可以预见的是，社会工作者将比以往任何时候都更严重地依赖于精要的干预治疗模式。交互分析强调解决问题的策略，非常适合短期工作。交互分析治疗方法的灵活性使其可以应用于广泛的案主问题和人群，并且可以很容易地适应各种社会工作环境。基于这些原因，我们预测，交互分析将在未来的社会工作实践中扮演重要的角色。目前，掌握了交互分析方法的社会工作者人数偏少。由于对不同实践领域的兴趣往往是在课堂上培养的，我们鼓励社会工作学校在其课程中包含交互分析的内容，以便学生了解其价值和在未来十年的管理式医疗氛围中的适用性。

参考文献

Amundson, N. (1975). Transactional Analysis with elementary school children: A pilot study. *Transactional Analysis Journal, 5,* 250–251.

Amundson, N.L., & Sawatsky, D. (1976). An educational program and Transactional Analysis. *Transactional Analysis Journal 6,* 217–220.

Apolinsky. S., & Wilcoxon, S. (1991). Adult survivors of childhood sexual victimization: A group procedure for women. *Family Therapy, 18*(1), 37–45.

Beck, A. (1972). *Depression: Causes and treatment.* Philadelphia, PA: University of Pennsylvania Press.

Berne, E. (1961). *Transactional analysis in psychotherapy.* New York: Grove Press.

Berne, E. (1968). *Games people play.* London, England: Penguin.

Berne, E. (1972). *What do you say after you say hello?* New York: Grove Press.

[①] 要详细了解交互分析的研究成果报告，参见 Cooper & Turner, *Encyclopedia of Social Work*, 1995。

Bradshaw, J. (1988). *Bradshaw on: The family.* Deerfield Beach, FL: Health Communications.

Brown, M. (1974). Transactional Analysis and community consultation. *Transactional Analysis Journal, 4,* 20–21.

Burton, G., & Dimbleby, R. (1988). *Between ourselves: An introduction to interpersonal communication.* London, England: Edward Arnold, Publisher.

Champney, T.F., & Schultz, F.M. (1983). A reassessment of the efficacy of psychotherapy. Paper presented at the fifty-fifth annual meeting of Midwestern Psychological Association, Chicago, IL, May 5–7.

Coburn, D.C. (1986). Transactional analysis: A social work treatment model. In F.J. Turner (Ed.). *Social work treatment: Interlocking theoretical approaches* (pp. 454–481). New York: Free Press.

Coburn, D.C. (1987). Transactional Analysis. In *Encyclopedia of social work* (18th ed.) (pp. 770–777). Silver Spring, MD: National Association of Social Work.

Cooper, M., & Turner, S. (1995). Transactional Analysis. In *Encyclopedia of social work* (19th ed.). Silver Spring, MD: National Association of Social Work.

Dusay, J. (1972). Egograms and the constancy hypotheses *Transactional Analysis Journal, 2*(3), 37–41.

Dusay, J., & Dusay, K.M. (1989) Transactional Analysis. In R.J. Corsini (Ed.), *Current psychotherapies.* Itasca, IL: Peacock Publishers.

Erskine, R.L., & Maisenbacherf, J. (1975). The effects of a Transactional Analysis class on socially maladjusted high school students. *Transactional Analysis Journal, 5,* 252–254.

Finnegan, W. (1990). Drug dealing in New Haven, part I. *New Yorker,* September, 60–90.

Gitterman, A. (1991). *Handbook of social work practice with vulnerable populations.* New York: Columbia University Press.

Golub, S., & Guerriero, I. (1981). The effects of a Transactional Analysis training program on self-esteem in learning disabled boys. *Transactional Analysis Journal, 2,*(13), 1.

Goulding, M.M. (1990). Getting the important work done fast: Contract plus redecision. In J.K. Zeig & S.G. Gilligan (Eds.), *Brief therapy: Myths, methods and metaphors.* New York: Brunner/Mazel. (pp. 303–317).

Goulding, R.L. (1982). Transactional Analysis/Gestalt, redecision therapy. In G.M. Gazda (Ed.), *Basic approaches to group psychotherapy and group counseling* (pp. 319–351). Springfield, IL: Charles C Thomas.

Goulding, R. (1989). Teaching transactional and redecision therapy. *Journal of Independent Social Work, 3*(4), 71–86.

Harris, T. (1967). *I'm OK—You're OK.* New York: Avon.

Hlongwane, M.M., & Basson, C.J. (1990). Self-concept enhancement of black adolescents using Transactional Analysis in a group context. *School Psychology International, 11*(2), 99–108.

Jesness, C. (1975). Comparative effectiveness of behavior modification and Transactional Analysis program for delinquents. *Journal of Consulting and Clinical Psychology, 43,* 59–79.

Kaminer, W. (1992). *I'm dysfunctional, you're dysfunctional.* New York: Addison-Wesley.

Lammers, W. (1990). From cure to care: Transactional Analysis treatment of adult asthma. *Transactional Analysis Journal, 20*(4), 245–252.

Laterza, P. (1979). An eclectic approach to group work with the mentally retarded. *Social Work with Groups, 2*(3), 235–245.

Lieberman, M., Yalom, I., & Miles, M. (1973) *Encounter groups: First facts.* New York: Basic Books.

Levine, S. (1957). Infantile experience and resistance to physiological stress. *Science, 126,* 405.

Miller, C.A., & Capuzzi, D. (1984). A review of Transactional Analysis outcome studies. *American Mental Health Counselors Association Journal, 6*(1), 30–41.

Mills, R. (1986). *Short term cognitive group therapy with elderly clients: Training manual for mental health professionals* (Vol. 1692) (pp. 132–136). Denver University, Colorado Seminary. Washington, DC: Department of Health and Human Services.

Mohawk, J. (1985). In search of humanistic anthropology. *Dialectical Anthropology, 9*(1–4), 165–169.

National Association of Social Work (1987). *Encyclopedia of social work* (18th ed.) Silver Spring, MD: National Association of Social Work.

Nykodym, W., Longenecker, C., Clinton, O., & Ruud, W.N. (1991). Improving quality of work life with Transactional Analysis as an intervention change strategy. *Applied Psychology: An International Review, 40*(4), 395–404.

Pardeck, J.A., & Pardeck, J.T. (1981). Transactional Analysis as an approach to increased rational behavior and self-awareness in children. *Family Therapy, 8*(2), 113–120.

Perls, F. (1969). *Gestalt therapy verbatim.* New York: Bantam.

Peyton, O., Morris, R., & Beale, A. (1979). Effects of Transactional Analysis on empathy, self-esteem, and locus of control *Transactional Analysis Journal, 9,* 200–203.

Sansaver, H. (1975). Behavior modification paired with Transactional Analysis. *Transactional Analysis Journal, 5,* 137–138.

Shulman, L. (1992). *The skills of helping.* Itasca, IL: Peacock Publishers.

Smith, R. (1981). GEM: A goal setting, experiential, motivational program for high school students. *Transactional Analysis Journal, 11,* 256–259.

Steinfeld, G. (1989). Spouse abuse: An integrative interactional model. *Journal of Family Violence, 4*(1), 1–23.

Turner, F.J. (Ed.) (1986). *Social work treatment: Interlocking theoretical approaches.* New York: Free Press.

第二十八章

超个人社会工作

奥迪恩·S. 考利

概览

    临床社会工作起源于慈善事业、睦邻运动、社区服务组织和慈善事业，其在 20 世纪初提出的"人在情境中"的方法深受医学模式和精神分析理论的影响。1929 年，社会工作开始在助人性职业中占据特殊的地位，米尔福德会议确认了一种独特的方法，这种方法被称为"通用性社会个案工作"。在 20 世纪 30 年代早期，社会工作干预的重点转向了社会心理导向，开始强调内部和环境因素的共同作用（Dorfman，1988）。随着社会工作职业的范围不断扩大，诊断（临床）和功能（环境）方法之间出现了一种分裂，这种分裂持续了大约 25 年。在 20 世纪 50 年代末，珀尔曼的《社会个案工作》（*Social Casework*）试图通过提出问题解决方法来弥合这种分裂（Dorfman，1988）。在社会工作发展过程中，任务中心、案主中心和其他心理学观点反过来影响了社会工作实务的发展。日前，就临床社会工作实践的角色定位，该职业中出现了哲学上的分歧。有些人会把社会工作的合法领域限制在为社会正义而奋斗，为弱势群体服务上（Specht，1994）。另一些则扩大社会工作的关注范围，使其为有能力支付私人开业实务工作者服务费用的个体提供服务。超个人社会工作实务支持的是后一种观点。

    在 20 世纪 90 年代，社会工作临床实务进入了多元化发展阶段。直接社会工作实践需要跨越多个系统的广泛的评估（Hepworth & Larsen，1993）。然而，即使社会工作实践已经变得越来越综合，并向个人内部和环境系统的多维评估迈进，案主系统的精神维度却常常被忽视和忽略。早在 1967 年，所罗门在《社会个案工作》（*Social Casework*）上发表

663

的一篇文章就指出，社会工作者需要加深对案主的道德和精神的理解。多年来，社会工作文献不断呼吁将精神维度纳入临床社会工作实践（Spencer，1957；Stroup，1962；Cox，1985；Vincentia，1987；Canda，1988a，b，1989；Denton，1990）。当然，社会工作专业人士还无法充分处理好与宗教和灵性有关的问题。尽管实务工作者受到他们案主的推动，将价值冲突和精神关怀考虑在内，但很少有社会工作者将专门针对精神维度的理论——超个人理论——纳入他们的实践中。因此，实务工作者可能完全没有准备好处理心灵性突发事件（Grof & Grof，1989）、恶魔崇拜（Wheeler et al.，1989），或其他的心灵性的挑战。

超个人理论产生的历史背景

由于社会工作的临床理论在很大程度上受到各种心理学理论历史发展的影响，将超个人理论置于历史语境中可能会有所帮助。在心理治疗的发展过程中，很多理论和工作模式都能够回应当时的社会弊病，发挥了社会指标的作用（London，1974，1986）。由于每一个相继出现的理论在历史上都有其独特的地位，它扩展了人们对人类生长和发展的理解，为临床实践提供模式和干预方案。尽管伦敦（London）在他最初的文章中，把心理治疗描述为一种反应性职业，只描述了心理治疗的三个"阶段"或"步骤"，但他当时表达的观点适用于现在所说的心理四大流派的演变。

第一流派

在20世纪之交，弗洛伊德的精神分析理论诞生于一个压抑的时代，一个充满罪恶感、内心有主见的人所经历的时代（London，1974）。从一开始，精神分析本质上就是一种关于心灵功能的理论（Pine，1985，p.11）。第一流派（动力理论）基于牛顿/笛卡尔世界观的决定论科学，解释了人类行为，并将人类行为带出了神秘学领域。它还非常清楚地表明，当时未被发现的非理智的驱动和冲动可能会破坏有意识的欲望。尽管弗洛伊德写的是"灵魂塑造"（Bettelheim，1983），但他的著作显然聚焦于人性的基础。例如，弗洛伊德全部著作的索引中有400多条提到了神经症，但没有一条提到健康（Walsh & Shapiro，1983，p.5）。

弗洛伊德把人看作一个寻求从紧张中解脱出来的有机体，其被迫在本能、理性和社会之间进行妥协，这使得即使是最成功的谈判者也会陷入贫困的境地，就其本身而言，就像诊断手册中的其他疾病一样，成为一种病态（Walsh & Shapiro，1983，

p. 38）。

因为第一势力理论在历史上主要集中在病理学上，它认为治疗是一个过程，病人通过学习如何在日常的不快乐中生活来解决神经质的冲突，这本质上是悲观的（Brown，1988）。

在佩恩（Pine，1985）看来，第一流派包含的若干个理论是在三次浪潮中发展起来的。弗洛伊德的内驱力心理学是第一次浪潮。以自我为中心，研究自我的发展及其功能的自我心理学，是第二次浪潮。第三次浪潮是客体关系理论，它加深了人们对早期客体关系的重要性、儿童早期发育缺陷和防御机制作用的理解。客体关系关注的是儿童观察和自我与他人的逐步分化，催生了一系列关于自尊和自我心理学的文献。

总的来说，所有的动态理论模式的杰出贡献在于解释病理学是如何形成的，而在为特定的临床干预提供指导方面做得并不出色。由于发现了被压抑的心理数据，许多实务工作者不清楚该如何处理这些数据。这种神秘的、无意识的力量怎么可能被驯服呢？此外，随着时间的推移，另一个问题限制了这种方法的使用：它的概念无法通过研究来进行检验。

第二流派

随着时间的推移，对弗洛伊德理论过于简单化和过于带有威慑性的批评，促使人们寻求更为实用和精确的概念化。在自由恋爱、性革命和价值缺失的时代，与压抑相关的精神分析并不适合当时的症状（Schnall，1981）。在这个焦虑的时代，在治疗受人支配的人们所经历的应力和应变方面（London，1974），第二流派的行为理论脱颖而出。行为方法强调社会学习和社会化过程的重要性，寻求从混乱中创造秩序。它表明，人类的许多生存能力都可以通过适当的强化来进行客观化、操作化、测试和塑造。理解人类行为的特殊性和具体性不仅为行为症状提供了可记录的缓解，而且还提供了可量化的概念和干预措施。结构疗法、策略疗法和认知疗法带来了可观察的结果，很多证据证明它们是有效的。这种更为实证性的关注，为处于问责时代的那些具有科学头脑的研究人员/实务工作者带来了信心。

第三流派

在 20 世纪 40 年代中后期，随着社会环境的变化，人们对行为主义的机械论方法的不满不断积累。治疗师和案主渴望彼此之间能有更多的关怀和个人层面的联系，从而更好地治愈案主，此类呼声越来越高，并激发了新的方法的出现。弗吉尼亚·萨提尔是这样描述的：

> 第二次世界大战结束时，我们都松了一口气，希望建立一个更加公正的世界。联合国成为这一梦想的体现。这些希望也被转化为一种新的心理结构——人类潜能运动。1946 年，我们听到了亚伯拉罕·马斯洛、罗洛·梅、卡尔·罗杰斯及其他学者

的声音，他们相信人类不仅仅是在用自己的行为让我们信服。我们开始了一段新的旅程，去发现人类身上还有哪些尚未被发现和评估的东西（Satir，1987，p. 60）。

这种发现之旅产生于一个无聊的时代，服务于寻求自我实现的心理人（London，1974），它导致了三种第三流派理论的发展：（1）人本主义理论，帮助个体走向更充分的人性和自我实现；（2）体验论，找回感受、感觉和现象学意识；（3）存在主义理论，处理生命在失去意义和目标时经历的危机。人类成长和潜能运动大胆地指出，人不需要生病也能变得更强大。这种接受治疗不是为了治病而是为了成长的观点，清晰地代表了时代的巨大变化。

> 到目前为止，心理治疗主要是回应不好的感受，也就是对症状的反应。现在它是对没有产生好的感受的反应——也就是说，对有缺陷的生活方式的反应……男人想要拥有健康、金钱和智慧。如果每一个都得到了，下次就会提出更多的要求（London，1974，p. 68）。因此，当一个富裕社会的个体变得更加健康时，很多当代的疾病就会开始表现出与生存空间有关的症状，并需要本质上具有经验性和哲学性的治疗（London，1974，p. 48）。

第三流派心理学反映了一种从牛顿-笛卡尔世界观向广义文化转变的开端。一些探索者脱离了西方传统心理学的主流，开始探索东方的冥想实践和心理学传统。当一些理论家开始把超理性的传统，例如超感官数据包含进来时，其他人的反应有的是震惊，也有为之欢呼的。然而，这两种反应都没有改变第三流派先驱者拓展心理学，使其超越可观察和可测量的界限的决心（Grof，1985）。最终，像亚伯拉罕·马斯洛这样的知识分子鼓起勇气，单枪匹马挑战主流心理学研究，探索人类本质的更深层内容（Maslow，1971）。

667

> 亚伯拉罕·马斯洛相信，人类的价值生活是有生物学根源的。在他看来，似乎存在着一种所有物种的共同需要（类似于对基本食物元素和维生素的需要），即他所谓的"B"（存在）价值的需要，如真、善、美、整体性、正义、趣味性、意义等。这些价值观是生物意义上的必需品，它们可以消除疾病，实现人的全部潜能。对这些价值的剥夺，会导致精神疾病的流行（"元病理学"），出现社会反常、异化、无意义感、失去对生活的激情、绝望、无聊、价值论的萧条等症状（Clinebell，1995，p. 92）。

马斯洛的早期工作从根本上颠覆了我们对人类物种的认识，并创造了一张人类可能性的大幅扩展的地图（Leonard，1983）。在他后期的作品中，马斯洛关于人类潜能的观点不断扩展，他对人类潜能的探索描绘出了三组最健康的人：自我实现者、超越者和超越自我实现者。最终，马斯洛开始相信，即使是他对超越自我实现者的定义，也不足以涵盖人类潜能的最高层次。

> 马斯洛发现，实现了的自我仍然被孤立在一个陌生的世界里。马斯洛以埃里希·弗洛姆的理论为基础（也与他之前的卡尔·荣格和威廉·詹姆斯产生了共鸣），他的假设是我们渴望摆脱孤独，最终属于宇宙。即使我们的每一个世俗的需要都得到了满

足，对超越的渴望也没有得到满足。从实现到超越，从高原体验到"宇宙连接"，这是一个很短的过程（Bradshaw，1988，p. 228）。

马斯洛博览东方文学，被认为是人本主义和超个人主义理论的哲学之父。在生命的尽头，马斯洛仍然在孜孜不倦地追求。他还呼吁这一种第四流派心理学：

> 超越个人，超越人类，以宇宙为中心而不是以人类的需求和利益为中心，超越人性、身份、自我实现，诸如此类（Wittine，1987，p. 53）。

到 1969 年，第四流派心理学不仅建立了一些共同的参数，还创办了一本专业期刊。

第四流派

超个人的方法是在一种特定的文化背景下产生的，这种文化背景不仅因为存在的真空而恶化，还因为精神的真空而恶化。它服务于在一个缺乏传统价值观的时代下生活的沮丧的男人/女人（Schnall，1981）。在荣格、阿萨吉奥利、马斯洛、罗杰斯、威尔伯（Wilber）、格罗夫、布尔斯坦、塔特、沃尔什、沃恩、威尔伍德、沃什伯恩和其他许多人的研究基础上，第四流派的超个人理论特别适合于在一个吸毒成瘾的、暴力的社会中治疗后现代疾病。当时的一个常见症状（常被误解为临床抑郁症）是一种道德败坏或者士气低落的感觉（Bugental & Bugental，1984）。布拉德肖（Bradshaw，1988）把它描述为灵魂上的空洞，他的话打动了很多人。戈德伯格是这样描述当今人们灵魂中的不适的：

668

> 总而言之，我们生活在这样一个时代：人们发现，为自己的行为及其带来的痛苦和空洞承担责任是件很沉重的事情……我们的大部分痛苦都在灵魂里（Goldberg，1980，p. 1）。

由此看来，如果我们的大部分痛苦都存在于灵魂之中，那么寻求解脱的实践者就必须像弗洛伊德一样，参与到灵魂形成的过程中（Bettelheim，1983）。然而，随着现代科学和与问责相关的问题越来越多地迫使社会工作者放弃自己的职业道德和宗教根源，"灵魂塑造"这样的概念似乎已经失宠（Reid & Popple，1992）。

在"新时代"，人们提出了如何使日益世俗化的职业环境重新正常化的问题。恢复广大的社会环境的活力，已经成为第四流派理论的任务之一。超个人主义文献对一个动荡社会中的精神空虚做出了反应，并不断积累。一些学者，如威尔伯（Wilber，1977，1981，1983a，b）、福勒（Fowler，1981）、梅兹勒（Metzner，1986）和沃什伯恩（Washburn，1988），撰写了很多关于人类进化的文章，提出了人类生长和行为模式，把精神维度和超个人水平的发展考虑进去。另一些人则更广泛地涉及了人类幸福的特殊状态、对上帝的无意识探索和超个人的问题：弗兰克尔（Frankl，1975），凯斯（Keyes，1975），沃尔什和沃恩（Walsh & Vaughn，1980a，b），布尔斯坦（Boorstein，1980），梅（May，1982），沃尔什和夏皮罗（Walsh & Shapiro，1983），贝特海姆（Bettelheim，1983），沃尔什（Walsh，1984），塔特（Tart，1986），维德曼（Wiedemann，1986），伦敦（London，1986），安东尼、埃克和威尔伯（Anthony，Ecker，& Wilber，1987），休斯敦（Houston，1987，1988），格罗夫（Grof，1988），朱卡夫（Zukav，1989），考利（Cowly，1993），考利和德莱佐茨（Cowly & Derezotes，1994）等，还有很多其他人。

临床实务工作者感兴趣的是那些讨论过如何将超个人理论应用于实践的学者，这些著作涉及精神层面的问题，比如死亡和垂死、上瘾，以及对精神成长的渴望。这些学者包括：阿萨吉奥利（Assagioli，1965），塔特（Tart，1975），斯莫尔（Small，1982），可汗（Khan，1982），拉温格（Lovinger，1982），亨德里克斯和温霍尔德（Hendricks & Weinhold，1982），拉温格（Lovinger，1984），威尔伍德（Welwood，1986），布尔斯坦（Boorstein，1986），威尔伯、恩格勒和布朗（Wilber，Engler，& Brown，1986），格罗夫和格罗夫（Grof & Grof，1987，1989），布朗（Brown，1988），梅（May，1988），休斯敦（Houston，1988），温霍尔德（Weinhold，1989），沃恩（Vaughn，1991），惠特摩尔（Whitmore，1991），尼尔森（Nelson，1994），史密斯（Smith，1995），德莱佐茨（Drezotes，1995）等。这些超个人主义理论家挑战了那些专注于前三大流派理论的临床思维，将他们的思维扩展到传统边界之外，包括现象学、直觉和超理性。

由于经验主义在我们的文化和学术中都得到了重视，因此，一种注重精神发展和扩大心理理解，包括意识的非常态的心理学，直到 90 年代之前一直都被主流社会工作文献所忽视，也就不足为奇了。当社会工作教育协会将宗教纳入其多元性指导方针时，教育者和实践者就要被迫正视他们一直回避的空白点了。

669　　超个人主义的方法不应该与新时代的实践相混淆，这些实践是"薄片化的"（Bodian，1988），或试图诱导人们依赖外部邪教权威的精神骗子。正如任何理论都可以被使用或滥用一样，灵性实践、概念和理论也可以以合适的方式被应用，或以不健康的方式被应用（Keen，1983）。在一个我们的许多案主都在"精神变态超市"中购物的世界里，社会工作者需要了解什么构成了通往内在转变的真实路径，而不是打着更高发展的幌子被伪装起来的肤浅的伪精神病理学（Anthony，Ecker，& Wilber，1987）。

灵性庸医非常荒谬，具有很大的危险性。有些广告甚至提供研讨会或各种类型的磁带和灵性技术，声称能"立即"将消费者的意识层面提升到更高，与多年献身灵性实践才能偶然达到的水平相媲美。这类虚假信息以弱势群体为猎物，并可能引发"灵性危机"（Grof & Grof，1989）。改变意识状态的实验可能会破坏脆弱的自我结构。亢达里尼能量（Kundalini Energy）的自发上升、自我中心主义、自我膨胀，以及在"超自然烟雾"中四处游荡（Ferrucci，1982）等说法，只是文献中提到的一些可能的负面结果，这些结果可能是为那些毫无防备或毫无准备的灵性追寻者们准备的。那些人将自己暴露在各种各样的"灵性实践"中，而没有发展自我力量来平衡它们，这些人会进入行为倒退状态，有时甚至会出现需要住院治疗的显性的精神疾病（Crittenden，1980；Aurobindo，1971）。

表 28-1 总结了四大心理学流派中出现的各个主题维度。

670

表 28-1　四大流派理论主题领域总结

主题	动力学	行为	休验	超个人
主要关注	性压抑	焦虑	异化	灵性范畴
病理概念	本能冲突：停留在意识之外的早期性欲冲动和愿望，即无意识	习得习惯：受环境强化的缺陷行为	存在性绝望：人类丧失各种可能性，自我的碎片化，缺乏与自我体验的一致性	自我依恋：与幻觉的认同，精神层面的不适，"灵魂的空洞"，沮丧，病态
健康概念	解决隐藏的冲突：自我战胜本我，即自我优势	症状消除：具体症状消失，或者焦虑水平下降	潜能实现：自我成长、真诚，自发性	自我超越：完整、平衡、和谐、发展（超越自我），个体化
改变模式	深度洞察力：理解早年经历，即智力-情感知识	直接倾听：按当下方式行为，即行动或表现	直接体验：及时的感受和感觉，即自发表达体验	自愈：否定认同、灵性修持、全像性、呼吸练习、想象
时间方法和焦点	历史性的：主观过去	非历史性的：客观当下	与历史无关：现象学的时刻	超时间，非本地：统一的意识
治疗类型	长期，密集	短期，不密集	短期，密集	生命周期中的演变性、转换性
治疗师的任务	理解无意识心理内容及其历史和隐含意义	设计、奖励、抑制或形成对产生焦虑的刺激性的特定行为的反应	在相互接受的氛围中相互作用，以唤起自我减压（从躯体到精神）	使探索者能够挖掘内在的真理/超越理性的资源
主要工具技术	解释：自由联想，分析移情，抗拒，逃脱和梦境	条件作用：系统强化，正强化和负强化，塑造	交友：共同的对话、经验游戏、戏剧化或出于感情的游戏	精神/冥想练习：冥想、想象、自我肯定、瑜伽
治疗模式	医疗模式：医患或亲子（专制型），即治疗联盟	教育模式：教师-学生或父母-孩子（专制型），即学习联盟	存在主义模式：人类的同伴-人类同伴或成年人（平等主义），即人类联盟	超越个人：灵魂对灵魂（不是折中的，而是综合的），所有理论和模型
治疗关系的本质	迁移性的，主要为了治疗：不真实的关系	真实，但次要目标为治疗：没有关系	真实，主要为了治疗：真实关系	真实，主要为了治疗：互惠、无条件关爱和互相同情
治疗师的角色和立场	解释者-反思者：间接，不带感情的或者沮丧的	塑造者-顾问：直接，解决问题，实务导向	互动者-接纳者：互相宽容或者感恩	服务者，向导、召唤者、助产士或者共同创造者

资料来源：（1）前三个流派：Karasu, R. B., & L. Beliak,（Eds.）（1980）. *Specialized Techniques in Individual Psychotherapy*, New York：Brunner/Mazel.

（2）第四个流派：Cowley, Au-Deane S.,（1992）. Class Handout for Advanced Practice with Individuals, Graduate School of Social Work, University of Utah.

超个人术语

心理学一词的词根来源于希腊语"psukhe"，意为精神、灵魂、生命和呼吸，另一个部分来源于希腊语"logis"，意为单词、言语、理性。因此，心理学最初是指精神或灵魂的词或语言。超个人中"超"的意思是"超越/通过"，而"个人"的意思是"面具"（Wittine，1987，p.52）。因此，在心理学中，超个人的方法专注于精神（生命的呼吸），以及理解"超越"个人或自我层面的存在的精神或神圣维度的语言和发展。休斯敦称之为与"与心灵深处"的接触，德日进神父称之为参与再生或走向欧米伽点的运动，斯里·奥罗宾多将其视为通往完美的旅程。超越个人，超越自我，获得成长，这个过程在历史不同时期，被描述为不同的内容：启蒙、拯救、个性化、灵知、解放、觉醒、一心、三摩地、奥罗宾多的超级思维等。

无论使用何种术语，所涉及的进化过程都是动态的，以实现编码在我们每个人身上的可能性模式（内在目的性）（Houston，1988）。协同性，或所有生物通过达到更高层次的组织、和谐和秩序来完善自身的内在动力（Szent-Gyoergyi，1974），是另一个术语，适用于所有有机生命走向越来越复杂的组织和潜力的旅程。每个灵魂都有一种内在的冲动，那就是成为它所能成为的一切，然后与统一的意识（或者与个体自我之外的某个更大的存在）相结合，这是一种面向整体和自我超越的普遍冲动。这种双重的冲动，首先是朝向个体化，然后是朝向宇宙的联结，荣格把它称为宗教本能。威尔伯假定：

> 进化最好被认为是一种能动的精神，是一种创造中的上帝，在进化的每一步中，精神都能展现出它自己，从而在每一次进化中展现出更多的精神自我，实现更多的精神自我（Wilber，1996，p.10）。

在超个人理论中，术语"精神""精神的"和"精神层面"与任何神学术语都是完全区分开的，当然也不会与"宗教"一词混淆——灵性可能与教会教友身份或出席教会活动无关。至关重要的是，社会工作的教育者和实务工作者要让学生和案主明白，谈论灵性和超个人理论（其中包含了对东方哲学和冥想实践的参考）并不意味着要将其解读为对他们宗教信仰体系的艺术创造。

> 超越传统并不意味着贬低传统；它确实意味着承认灵性学说的相对性质，因为自有记录的历史以来，它们就在每一种文化中代代相传。每一种传统都为那些想要逃离自由的人提供了安慰性的幻想，也为那些选择追随它的人提供了通往解放的路线图（Vaughn，1995，p.49）。

　　根据超个人理论对灵性的定义，一个人可以在任何种族、性别、宗教传统或性取向中发展更高的意识。的确，一个人本主义者或一个无神论者可以有一个深刻的精神生活（Bloomfield，1980，p. 124）。

　　　　精神维度，弗兰克尔称之为心灵，包含了这些人类特有的属性并赋予它们意义，例如我们的意愿、我们的目标取向、我们的想象力、我们的创造力、我们的直觉、我们的信仰、我们对自己未来的愿景、我们超越了生理和心理的爱的能力、我们倾听超越了超我要求的意识的能力，还有我们的幽默感。它还包含我们的自我超脱或走出自我审视的能力，以及我们的自我超越或联系我们所爱的人和我们所信仰的事业的能力。在精神领域，我们不被他人驱使；我们自己就是驱动力，我们是决策者（Fabry，1980，p. 81）。

　　在最近发表的一篇文章中，沃恩是这样定义灵性的：

　　　　灵性是一种存在于每个人身上的、与生俱来的能力，它不能被限制在任何一套教条或实践中。从心理学的角度来看，灵性是一种普遍的经验，而不是一种普遍的神学（Vaughn，1995，p. 52）。

672

　　在《超个人心理学杂志》（*Journal of Transpersonal Psychology*）第一期的封面上，安东尼·萨蒂奇创造了历史，他是这样介绍并定义超个人心理学领域的：

　　　　特别关注终极价值、统一意识、高峰体验、狂喜、神秘体验、敬畏、自我超越、精神、合一、宇宙意识，以及与此相关的概念、体验和活动（Sutich，1969）。

　　自 1969 年以来，超个人方法发展过程中的一个显著的特征是它包含了灵性维度。超个人视角的实务工作者希望帮助案主扩展他们的意识，处理生活中的意义和目的问题，并使他们接受自己的超个人（超理性）体验。超个人的方法并不试图取代其他心理学方法，而是补充和扩展它们（Vaughn，1986，p. 148）。超个人理论也建立在学界普遍接受的发展理论的基础上，因为它们追溯了意识在生命历程中的进化过程。

精神展开的过程

　　通过将东方冥想实践的智慧与传统的西方心理学结合，超个人方法将人类的旅程"展开"视为一种进化过程，这个过程具有等级性。人类的成长有时被称为去中心化过程，从一开始就被描述为"无差异矩阵"。要想成为一个完整的人，第一步是要摆脱混乱，建立自我结构和秩序，摆脱非代谢的影响因素、个人形象和前个人经历的影响。只有当一个人成功地经历了与分离和个性化相关的阶段，并获得了最初的个人认同感（或自我的强烈结构化）之后，自我实现和更高的意识状态的发展才成为可能。

去中心化的过程贯穿于人类意识全光谱过程的方方面面，这就意味着这是一个生理-心理-社会和灵性的旅程，在这个旅程中，个人被要求处在一个连续体中，连续体的一端是以自我为中心的个人立场，认为"我就是宇宙"，另一端就是逐渐向超越自我的立场发展，从而个人有可能体验到统一意识和与一切存在融为一体的经历。当个人参与一个从简单到复杂的进化过程时，一系列层次分明、一成不变的阶段就会展现出来，每个阶段都有一个"更高层次"的结构，或者是一种更能适应现实世界的认知和生存方式。

> 每一个新出现的阶段都构成了对已有的认识世界的方式的转变，并为个体提供了一种不同性质的、更充分地认识世界的方式。每个阶段的发展为个人提供了更广阔的视角，帮助个人在更大范围内更有效地解决问题，并从前一阶段的约束中解放出来（Rosen，1988，p. 318）。

这种关于人的潜能的观点需要得到进一步的扩展，从而超越西方心理学传统上认为的人类成长的最佳可能性，并成为人类全面发展的诱因。

> 通常来说，我们文化中的旅程会随着成年而停止。一旦强烈的自我意识和强烈的现实感形成，这个旅程就结束了。从这个角度看，没有必要再做进一步的旅行了。超个人的观点是，当一个人关注超越自我认同时，就会遇到生命的终极意义的问题（Keen，1983，pp. 7-8）。

超个人的理论并不是一个理论，它只是将自我与自我意识进行了分离，但很具有矛盾意味的是，它也认识到了走向个性化的每一个步骤，最终导致个人回到与整体的连接：每个去中心化的过程会让个人逐步从个人自我的认同，走向对个人作为一个整体的认同（Bee，1986，p. 341）。

虽然超个人心理学认为自我或个人身份层次是进一步发展存在的必要前提，但威尔伯提醒大家要小心避免陷入对与存在的任何层次进行排他性认同所固有的危险中。"病态保存"是一个等同于发展停滞或弗洛伊德的"痴迷"的术语，用来描述自我不愿意为了达到下一个层次而放弃一个层次的成长（Wilber et al.，1986，p. 82）。在个人层面上的病态保存是一个过程，在这个过程中，自我变成了一个"工具"，从而从最初的保护性结构转变为监禁性结构。然而，对"超越自我"的呼吁并不能被解释为对自我的侵犯：

> 试图通过攻击自我结构来诱导改变，是各种精神和治疗方法都会犯的常见错误。有时这种"治疗性侵入"是相当明显的……有时这种侵入采取了更微妙的说服和对抗方式，这意味着这种方式会让人们相信，如果一个人的言行举止不同于他现在的样子，他会是一个更好的人。不幸的是，这种对人格结构的攻击迫使人们放弃了自己原本需要实现的目标。这会让他们处于一种无助和依附状态（Welwood，1986，p. 132）。

　　超个人方法并不是鼓励或诱导人们产生依赖性，而是将其身-心-灵方法视为一种试图赋予人们力量，并帮助他们变得越来越有自觉性的方法。当一个人将超个人主义实践的六种常见元素的成果整合起来，他们就会进入更高意识状态，获得更高层次的品格，这六种元素是：（1）伦理训练；（2）专注；（3）情感转化；（4）动机的重新定向；（5）意识的细化；（6）智慧的培养（Walsh & Vaughan，1993）。寻求个人最大潜能的过程，就是一个人迈向整体、扩展和精炼自我意识的终生过程。

674

　　　　灵性治疗是一个让人变得完整或神圣的过程。更具体地说，我把它定义为一个持续的过程，在这个过程中，人会变得越来越有意识（Peck，1987，p.33）。

　　长期以来，社会工作一直关注如何在一个良性运转的社会中培养好人。超个人理论的重点是发展个体意识的高级状态，最终形成高度的社会关联性和社会责任感，这是一个与社会工作职业使命和目的相一致的目标。

意识的本质

　　关于觉悟和提高觉悟的讨论并不是从新时代或妇女解放运动开始的。罗伯特·奥恩斯坦（Robert Drnstein，1972）注意到，心理学主要是而且一直是一门意识科学。布根塔尔（Bugental，1978）对奥恩斯坦的定义进行了扩展，称心理治疗是研究意识本质，以及如何减少或促进意识的形成的艺术、科学和实践。无论我们称之为使无意识变成有意识（第一流派）、对我们的生活采取有效控制（第二流派）、变成更加完整的人（第三流派），还是超越自我（第四流派），心理学理论都试图帮助案主系统变得更加成熟，拥有更好的技术以完成人生中重要的爱和工作的任务。

　　在西方，弗洛伊德的理论促进了意识的发展（或增强自我结构的发展）。然而，根据贝特尔海姆的观点，弗洛伊德作品中的关键概念被误译了，有时甚至完全被误解了。具体来说，弗洛伊德将意识结构分为三部分时使用的术语被错误地贴上了标签：弗洛伊德写的是混沌，不是本能；我，不是自我；超越我，不是超我（Bettelheim，1983）。

　　荣格是最早使人们注意到人类发展中意识的普遍性的人之一。与弗洛伊德一样，荣格对意识的不同方面进行概念化的方法也有三层，包括影子、自我和自己（Campbell，1971）。与弗洛伊德同时代的意大利人罗伯托·阿萨吉奥利（Roberto Assagioli，1965）也以类似的方式，将意识划分为三个不同的层次或结构，分别称之为"低意识""中意识"和"超意识"。当将弗洛伊德、荣格和阿萨吉奥利的范式与肯·威尔伯的超个人全光谱模式所提出的意识的三个一般层次进行比较时，我们就会发现他们之间的相似性是显而易见的（Wilber et al.，1986）。表28-2所示的四种观点中的每一个都将意识描述为从一个无差别的矩阵中进化出来的，并带着一种边界感走向一种人格或个人身份。在这四种观点中，提出了发展超越个体自我的意识层次的可能性。

表 28 - 2　意识的三个层次

弗洛伊德	荣格	阿萨吉奥利	威尔伯
超越我，不是超我	自己	超级意识	超越个人
我，不是自我	自我	中级意识	个人层面
混沌，不是本能	影子	低级意识	前人格层面

　　弗洛伊德、荣格和阿萨吉奥利承认意识的各种层次都可以超越自我，只有威尔伯的超个人方法提出了一种理论，为实务工作者解释了更高层次的意识是什么样的，在更高层次的意识中存在哪些病态，还进一步指出，什么干预在不同层次的意识中最有效。

　　需要指出的是，超个人理论不是单维的，而是由许多内容组成的。与之前的第一、第二、第三流派理论一样，在第四流派的超个人理论的大框架下，产生了几种临床实践模式。每一种模式都对人类潜能及其作为完整的人的意义提出了自己的看法，并对促进人类在存在阶梯上的发展所涉及的任务或补救措施提出了独特的看法。这些超个人模式中的一些例证，特别注意到了超个人社会工作实践中提出的第四流派模式，本章的其余部分将进行详细介绍。

超个人理论模式

　　一些理论家，如荣格、格罗夫、沃什伯恩和莱文，设想超个人处在"内心深处"或"动态地带"（Washburn，1994），而另一些人，如阿萨吉奥利斯莫尔、威尔伯和考利，则认为超个人状态是在存在的阶梯上"向上"的更高意识状态。因此，表 28 - 3 采用诗意的破格方式来强调其重要性，因为每个超越个人的模式的不同层次的表现都是一个范例，它使得我们可以在模式之间进行一般性比较。需要说明的是，并不是所有的模式中都包含了这种识别超个人模式的因素。我压根就没有想过要纳入明德尔过程导向的模式（1985），或其他不具有等级性或发展性内容的模式，因此不适合将这些不同的模式进行比较。

心理整合学

　　尽管荣格的著作有时被认为具有超个人的特质，因为他考虑了超理性或心灵层面的存在，但可能第一个以精神发展为主要焦点的临床模型是罗伯托·阿萨吉奥利的心理整合模型（Roberto Assagioli，1965）。1910 年，阿萨吉奥利开始在意大利发展他的思想。

表 28-3 超个人模式

精神分析	自我创造	全息呼吸法	全光谱模式	超个人实务
阿萨吉奥利（Assagioli, 1965）	斯莫尔（Small, 1982）	格罗夫（Grof, 1985）	威尔伯（Wilber, 1986）	考利（Cowley, 1996）
超意识	自我掌控 基本推动力：整体性 直觉/利他主义 基本推动力：同情	超个人领域 生与死	超个人层面 因果 微妙 内心	灵性成熟 道德成熟
中级意识	理解/真诚 基本推动力：理解 协调差异 基本推动力：觉醒，和谐	个人意识	个人层面 存在主义 正式的-反思性的 规则/角色	心理-社会成熟 认知成熟
低级意识	自我定义 基本推动力：追寻认同 自我愉悦 基本推动力：热情 自我保留 基本推动力：害怕	感觉层面	前个人层面 再现大脑 幻想的-情绪的 生理的-知觉的	情感成熟 生理成熟

他努力寻找医学、教育和宗教的共同边界，并试图修正人类心理学的观点，以平衡弗洛伊德对病理学的强调。他认为，精神分析不是一种错误的方法，但它是不完整的（Kramer，1995，p.22）。心理整合的过程是一个主观的过程，它平衡、协调和整合人类经验的各个方面。

> 在心理整合学中，没有"挂在墙上"的图表可以告诉咨询师一个自我实现的人应该是什么样的。没有终极的真理，没有可以遵循的秘诀，只有展现自我的难以置信的智慧和它对生命意义和目的的渴望（Whitmore，1991，p.Ⅸ）。

阿萨吉奥利引入了"亚人格"的观点，并将一个人所有部分的整合视为达到精神整体目标的必要过程。他引入了"否定认同"练习，旨在帮助人们公正地看待自我，放弃错误的认同、扭曲的态度和站不住脚的信念。阿萨吉奥利希望帮助人们接触到核心（或真正的）自我。以心灵自我实现的内在推动力为基本前提，心理整合学将价值、意义、高峰体验以及人类生命不可量化、不可描述的本质视为咨询过程中不可或缺的元素（Whitmore，1991）。阿萨吉奥利可能是第一个指出"并非所有严重的心理障碍都可以被理解为病理症状，但相当大的一部分可以被理解为灵性觉醒的危机"（Washburn，1988，p.2）。

自我创造

杰奎琳·斯莫尔（Jacquelyn Small，1982）在她关于上瘾和康复的 12 个步骤的著作中，发展了一个具有七个层次的超个人模式。在这个超个人模型中，治疗师作为指导者，在促进内在化和个人进化的过程中发挥作用。通过呼吸练习、个体业力平衡、种子思维、意象、冥想、定心、加工处理、培养观察者自我、情感转化、解除认同、自我修炼以及其他技术和练习，帮助个体通过自我创造的过程重新定义灵魂。斯莫尔认为，变革者（未来的治疗师）的工作是提醒我们关注我们的本质，关注在我们迷失方向之前的自我。

全息呼吸法

1985 年，斯坦尼斯拉夫·格罗夫创造了一个全息呼吸法模式。术语"holotropic"（全息性）来源于希腊词"holos"（整体）和"trepein"（瞄准或朝着）。全息性在字面上是指以整体为目标，或以整体为方向。这种方法的一个基本前提是，治疗结果来自帮助一个人克服内心分裂和与世界隔离的体验（Grof & Grof，1987）。按照格罗夫（1985）的内在空间制图学的观念，他提出了人类心理的四个不同层次或领域：（1）感觉障碍；（2）个体意识（或传记领域）；（3）出生和死亡水平（包括四种围生期基本矩阵的围生期状态）；（4）超个人域（会从传统定义的个人意识范围之外的领域挖潜信息来源）。斯坦尼斯拉夫·格罗夫和克里斯蒂娜·格罗夫也讨论过灵性紧急事件（Grof & Grof，1989）和强烈地寻找自我之旅（Grof，1990）。

全光谱模式

威尔伯的全光谱模式（Wilber et al.，1986）是一种以临床为导向的模式，完全符合西方发展理论中有关个人发展水平的内容。威尔伯将东方的冥想实践融入了有关超个人或灵性领域的理论。基于东西方的这种融合，威尔伯发展出了他称之为九种最核心、功能上占主导地位的意识结构的主模板。根据威尔伯的模式，意识从一个未分化的矩阵中产生，分化为三个前人格层面（感觉身体、幻觉-情绪、心理），三个层次（规则-角色、形式-反思、存在），和三个超个人层面（通灵、微妙、因果）。

威尔伯的全光谱模式是一个发展的、结构化的、有层次的、以系统为导向的模式。他的结论是，心灵可以被视为一系列的连续状态或特定阶段的意识水平。这些状态不是离散的，而是无限地相互交错。一个人并不局限于一个层面，而是通常具有一种支配模式，在现实生活的大部分时间中都生活在一个非常狭窄的范围内。威尔伯认为，自我结构化的整体水平（或意识的主导水平）决定了个体所表现出的特定类型的需求、动机、认知、客体关系、防御机制和病理（Wilber et. al，1986）。

威尔伯的图表代表了意识的等级性层次，但并不意味着"更高"或"更深"的意识层次就"更好"。一个关键的概念是，一个人越成熟，就越有可能有更多的选择自由，因为一个人越有自觉性，能力就越强。换句话说，更高层次的意识包含更低层次的意识，也超越了更低层次的意识（Wilber et al.，1986）。相反，一个人在第一层或前人格的层次上运作，就无法进入"更高"的意识状态。每一层次或每一波段的意识都表现出某阶段特定的挑战，需要不同的干预。

> 在威尔伯看来，心理治疗和心理学派的多样性反映了针对同一组的问题或方法的差异，但并没有表现出不同的解释和观点，而真正的差异则在于不同学派选择了不同层次的意识光谱来解释自己的理论和观点。这些学派所犯的一个主要错误在于，它们都倾向于概括自己的方法，并将其应用于整个光谱中，但显然，它们只适用了特定的层次。因此，西方心理治疗的每一种主要方法在处理自己层面的问题时，或多或少都是"正确的"，而在被不恰当地应用于其他层面时，则是严重扭曲的。一个真正包罗万象的未来心理学和综合心理学将会合理利用每一个心理学流派所提供的互补的洞察力（Grof，1985，p. 132）。

威尔伯的模式为临床医生提供了一个与精神问题相关的以 DSM-Ⅳ 命名的理论基础。它还提供了指导方针，以帮助实务工作者在坚持一致的理论指导的同时，从众多的干预措施中进行系统选择。与马斯洛的"元病理学"不同，威尔伯指出病态存在于意识的各个层面，而那些发生在超个人层面的病态可以是"严重的"或"持久性的"（Wilber et al.，1986）。他的观点与客体关系理论相一致，即缺陷、病变或阻滞发生得越早，病理结果就越严重。

679

某些干预在某些意识发展层面上是非常合适和有效的，但是被运用到另一个发展层面或处理不同结构水平的问题时，可能就会是无效的或者被禁止的，因此，准确的诊断和有效的干预取决于医生拥有对整个光谱模式的完整的理解和认识。例如，在研究前人格精神病时，威尔伯提出了以药物或安抚为导向的干预措施：对于前个人阶段的精神病患者，治疗重点在于结构的构建；对于精神神经症，建议使用揭露技巧；在个人或自我层面，通过剧本分析改善剧本病理学；对于带有内省的身份神经症，可采用存在病理学和存在疗法；对于超个人领域的病态，推荐使用冥想练习。威尔伯建议的超个人层面的治疗方法使用了一些术语和过程，这些术语和过程不容易被大多数心理健康从业者理解和使用，比如"瑜伽修行者、圣人和圣人之路"。尽管威尔伯相信他的意识结构是真正跨文化的和具有普世性的，但本着发展他的模式的精神，我们认为，有必要将他使用的一些术语翻译成更文化友好的术语。威尔伯还提出了以下警告：

> 不用说，在使用这种先进的病理模式时，应牢记标准的注意事项和资格，即没有单纯的病例，只有受到文化差异、遗传易感性、遗传和创伤性打击等事件影响的混合

性病例（Wilber et al.，1986，pp. 107−108）。

1986 年，威尔伯在他的《意识全光谱模式》（*Full Spectrum Model*）一书中首次尝试阐述一个全面、包容、综合的理论，但显然没有得到很多一线社会工作者的支持。即使十年后，我相信可以肯定地说，全光谱模式在任何视角上都没有被纳入社会工作教育和临床实践。显然，人们对于任何被描述为灵性的事情，都仍然存在着一些怀疑和恐惧。因此，一些实务工作者对任何试图涉及灵性层面并公开处理跨理性体验的第四流派理论，采取的都是矛盾性的（甚至是轻蔑的）态度。然而，威尔伯的包容性全光谱模式满足了拉扎鲁斯（Lazarus，1987）提出的许多标准，他写道："心理治疗迫切需要更广泛的综合理论基础。"（Lazarus，1987，p. 166）拉扎鲁斯也指出：

> 我们需要一个临床宝库，它能够将在对客观身体的实际操作过程中的患者−治疗师之间的互动进行相互对照，使其适用于很多不同的情况。我们需要操作化和具体化治疗师的决策过程……最终，可能会出现一种超级组织理论，在它的保护下，当今的差异可以得到包容并被重新连接（Lazarus，1987，p. 166）。

680　　由于威尔伯的全光谱模式不是折中的，而是综合的，因此它可能就是那把保护差异性的大伞。它并不试图取代其他传统的治疗方法，而是假设这四大流派理论中的每一种，都适用于在意识光谱的不同层次上出现的生命问题和疾病。威尔伯认为，这四大流派理论是相互补充而不是相互竞争的（Ingram，1987）。

超个人实践

本文作者提出的超个人实践模式建立在威尔伯的意识全光谱模式（Wilber et al.，1986）的基础上。它有五个主要的前提：（1）所有的心理学理论都是在特定的文化背景下产生的，用来治疗当时的社会弊病；（2）我们这个时代所特有的社会弊病本质上是与灵性有关的，它的改善需要第四流派的超个人理论，因为它本身就包含了超个人维度；（3）彻底的临床评估需要多维度；（4）除了发展理论的其他知识外，实务工作者还需要了解所评估的维度中的发展线；（5）超个人实践提供了一个必要的全面、包容的第四流派模式，以帮助社会工作实务工作者决定运用哪些理论、模式和干预措施来个性化地服务于每一个案主体系。

超个人的实践要求实务工作者要与案主系统意识光谱上的每一个层次一起工作。环境问题、症状缓解、结构构建、行为改变、关系问题、虐待、成瘾、个人成长等都包含在它的领域中。超个人实践模式所开拓的独特附加目标与灵性追求有关，它帮助那些经历存在性和灵性不安的案主，达到灵性健康的境地，获得内在整合或完整感、心灵的平静，以及与更大整体的联系感，赋予生命目标和意义。

这种方法的核心是了解案主在每个基本维度中的发展水平，这将有助于治疗师更有效地选择适当的干预措施：

在我看来，心理学是应用发展心理学。治疗师利用他或她的关于正常发育的知识，得出一些关于病人功能障碍的原因的结论，以及一个人如何进入个人螺旋式发展，借此来促进或者重新开始一个更有效的，至少是破坏性更小的发展过程（Basch，1988，p. 29）。

像其他几人流派模式一样，超个人的实践关心意识的发展，但是，从典型的社会工作方式的角度来看，这个模式不仅关注内心的结构发展（内在力量），也考虑了影响较大的、将个人纳入其中的社会背景（外在力量）。从理论上讲，超个人实践借鉴了"内在力量"的结构主义-发展性范式（Kegan，1982；Rosen，1988）和"外在力量"的生态系统范式（Meyer，1988）（见图 28-1）。 *681*

682

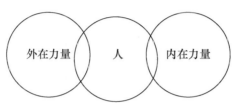

情境性变量（人在情境中）　　　　多面向发展
- 家庭/关系　　　　　　　　　　　- 物理/生物
- 社会组织　　　　　　　　　　　- 情感/情绪
- 物理环境　　　　　　　　　　　- 认知/精神
- 种族文化因素　　　　　　　　　- 社会/关系
- 性别问题　　　　　　　　　　　- 道德
- 经济状态　　　　　　　　　　　- 灵性
- 历史因素
- 宏观系统因素

关键性概念　　　　　　　　　　　关键性概念
关联性：系统/子系统是互相依赖的　- 两股力量将我们从生引向死：
　　　　　　　　　　　　　　　　　保守＝同化
　　　　　　　　　　　　　　　　　激进＝适应

　　　　　个人层面　　　　　　　- 有一个最大限度发挥潜能的内在的动机
- 界限　　　　　　　　　　　　　　人的发展经历了一系列分层和不变的阶段
- 习惯性模式化行为　　　　　　　- 心理或行为问题被视为"发展滞后"
- 非线性的（没有因果关系）　　　- 去中心是分化和整合的过程，从自我中心的观点走向自
- 殊途同归（多模式）　　　　　　　我掌握和产生感
- 适应（而非治愈）

图 28-1　理解生命周期中人类行为与社会环境的生态系统/结构主义-发展性
注：生态系统和结构主义发展范式都认为，人类的成长是通过一种平衡过程发生的：适应或重组和一种更高形式的理解。矛盾引起不平衡，而不平衡最终归于平衡。

在超个人的实践模式中，人类意识被看作是多方面的，包括至少六种不同的发展路线或维度：身体、情感/情绪、认知、社会心理（社会-行为-人际）、道德和灵性。实际上，自我心理学家不再从全球意义上的发展阶段来思考问题，而是从不同的心理功能的不同"发展路线"来思考，他们更多关注的是发展路线与心理功能之间如何建立关联，从而造就人类灵魂（Wilber et al.，1986，p.26）。

通过强调案主在六个维度评估的每一条发展线上的位置，超个人的实务工作者能够获得对个人在当下处境中的更准确的看法。在接下来的 1987 年的描述中（尽管他使用了"单位"或"系统"的说法，而不是"维度"），威尔伯格提出了一个强有力的理由，来解释为什么临床干预的多维方法是必不可少的：

> 系统论视角认为，精神病理学的任何单位都不是孤立存在的，而是相互关联的单位集合的一部分。这些系统包括相互作用的生化系统、神经生理学系统、发育调节系统、心灵内系统、人际系统和灵性哲学系统，这些系统决定了一个人如何思考、感受和行为……（对案主系统）最直接的帮助就是通过诊断并针对最重要的系统领域进行治疗（Wolberg，1987，p.256）。

通过评估案主在每个存在维度上的发展优势和不足，超个人实务工作者可以针对案主日常生活问题中最突出的发展路线进行干预。通过这种方式，超个人的实务工作者"尊重成长中的人的自主性，同时提供这样一种视野，即'为了最大限度发挥功能，应该怎么做'（Rosen，1988，p.317）。表 28-4 描绘了存在的六个维度的发展轨迹。

表 28-4　发展的不同面向

克鲁格 (Krueger, 1989)	巴史克 (Basch, 1988)	艾维 (Ivey, 1986)	埃里克森 (Erikson, 1950)	科尔伯格/沃尔夫 (Kohlberg/Woolf, 1981/1984)	威尔伯 (Wilber, 1986)
生理发展	情感发展	认知发展	心理社会发展	道德发展	灵性发展
6. 自我-同理心 自我安慰 自我掌控	5. 协调	6. 解构矛盾	8. 自我整合 vs. 失望累积的 力量=智慧	6. 宇宙意识 和谐 一致性	9. 因果层面 8. 微妙层面 7. 精神层面
—		5. 辩证法/反题 综合			6. 想象-逻辑
—	4. 共情 理解超越自 我指涉	—	7. 富有创造力 vs. 停滞不前/自 我吸收累积的 力量=关爱	5. 有原则的 "法之精神" 互惠	

续表

克鲁格 (Krueger, 1989)	巴史克 (Basch, 1988)	艾维 (Ivey, 1986)	埃里克森 (Erikson, 1950)	科尔伯格/沃尔夫 (Kohlberg/Woolf, 1981/1984)	威尔伯 (Wilber, 1986)
生理发展	情感发展	认知发展	心理社会发展	道德发展	灵性发展
—	—	4. 正式甄别模式 (12岁—?)	6. 紧密 vs. 疏远 累积的力量=爱		5. 规范性-反思性
5. 自我作为一个整体整合思想/身体 (36个月~6岁)	—	3. 对实在的客体产生具体的同理心 (7~12岁)	5. 身份认同 vs. 认同扩散累积的力量=尽责 (12岁)	4. 法律导向 关注自己、他人、环境、"法律条文"	4. 规则/角色思维
—	3. 情绪 情感状态进入我们的体验 (24个月—?)	—	4. 勤勉 vs. 自卑 累积的力量=能力 (6~12岁)	3. 取悦者 关注自己、他人	
4. 身心 身体的心理表征 (18~36个月)	2. 感受 感觉开始抽象化、具体化 (18~24个月)	2. 前操作化神奇的、非理性的、无效的思维 (2~7岁)	3. 主动 vs. 内疚 累积的力量=目标 (3~6岁)	—	3. 具象思维
3. 身体自我 身体界限 (15~18个月)	—	1. 感觉-运动 包含在自己对世界的感觉性建构中 (18~24个月)	2. 自主 vs. 羞耻及怀疑累积的力量=意愿 (1~3岁)	2. 自我中心 关注自己	2. 幻想-情感 (形象思维)
2. 共生 (1~15个月)	1. 情感 无意识自动回应 (0~18个月)	—	1. 信任 vs. 不信任累积的力量=希望 (0~1岁)	1. 前道德 不知道如何关注	1. 感觉-身体
1. 未分化 (0~1个月)	—	—	—	—	—

多维需求评估

人类的功能表现非常复杂。一个人的一生中，在任何一个特定的时刻，都会受到许多因素的影响：遗传和生化因素、错误的学习、各种机会的缺乏、各种风险和创伤、社会文化和环境因素等。指导多维需求评估需要一个综合性模式，而做到这一点，我们可能会遇到下列挑战：

685

> 我们需要一个连贯的人类功能模式，它能提出有效益也有效率的治疗策略，一个既能考虑整个人，又能提供精确而又不牺牲全面性的模式（Gazda，1989，p. 403）。

在做最初的评估时，超个人实务工作者要寻找一些线索，帮助确定案主生活空间中哪些维度表现出了最大的痛苦。要在建立关系和谈判目标及合同的过程中，不断对这些维度进行评估。虽然出于教育培训和评估的目的，这些不同的维度常常是被分开描述的，但是，它们与身-心-灵系统在经验上是密不可分的，它们都与多肽类属于同一个信息系统，成为神经系统、内分泌系统和免疫系统之间的信使，使几大系统共同发挥作用（Rossi，1987）。正如卡普拉提醒我们的那样，区别并不等同于分离（Capra，1990）。

生理评估和成熟度

身体提供了许多容易被评估的表面线索：外表、健康状况、药物使用、与身体/健康有关的信仰体系、营养、锻炼等。由于肉体是人类生命体验的工具，所以物质感觉是我们存在的第一感觉。生理症状贯穿人的一生，为我们了解器官机能与其各部分之间的关系提供重要线索。作为人类九大基本感知之一，早期的感觉被认为是"主要的先天生物激励机制"（Tomkins，1981），而对肢体语言的观察能够帮助我们准确理解案主想传递的意义。在很多情况下，社会工作者常常忽视身体的全面评估，从而错过了评估由生物物理问题导致的内心功能受损的重要线索，例如脑组织损伤、神经系统疾病、甲状腺素或血糖失衡、与衰老有关的循环系统疾病、摄入有毒物质、营养不良、其他形式的化学失衡等（Lantz，1978）。

用克鲁格的发展路线的思路来说，评估案主所处的位置同样重要，因为"形成一个健康的身体自我是进一步扩展和整合总体自我体验的先决条件"（Krueger，1989，p. 15）。克鲁格的物理维度发展路线包括五个层次：（1）一种无差别或共生的感觉；（2）对物理边界的感知或对身体自我的感知（"我"的概念）；（3）对不存在的事物/人形成心理形象或表征的能力；（4）一种进行心理表征，但仍致力于治疗身心分裂的能力。第五层次表示物理维度的最佳成熟度。在这个身体发展水平之上，人治愈了身心分裂，发展了自我同理、自我安慰和自我控制的能力。

686

情感评估和成熟度

情感被视为主要的先天生物激励机制（Tomkins，1981）：

> 它给了经验以质感，给了动力以紧迫感，给了关系以满足，给了未来设想的目标

以动力。情感系统和驱动系统是截然不同、相互关联的激励因素。它们赋予行为和人格以力量和指导，但驱动力必须从情感中借用力量（Kaufman，1989，p.61）。

通常情况下，个案中的主要因素是情感发展中的困扰（Basch，1988）。情绪困扰或疾病可以通过多种方式表现出来：抑郁；狂躁；不舒服的感觉；不恰当或不稳定的情绪；过于情绪化或情绪低落；无法将感觉与情境或经历联系起来，甚至无法理解自我或他人的感受。因此，评估情感或情感维度的一个重要部分是确定个体在发展线上的位置。一些一岁以上的案主似乎仍在无意识和自动反应的原始水平上进行着操作："如果你很想做，那么，你就去做吧……"因此，治疗师的主要工作任务是教这些案主如何获得情感性成熟，主要的工作包括：（1）接触感情和情绪；（2）准确表达自己的情绪；（3）学习如何将情感和情绪与激发它们的经历联系起来。"情感赋予我们的思想和行为以意义或力量感。"（Basch，1988，p.66）巴史克的这一观察强调了了解案主情感状态的重要性。

> 弗洛伊德承认情感生活对心理治疗的重要性，他认为防御感是针对情感。也就是说，病人在治疗中遇到的任何困难，本质上都是一种他或她无法有效应对的情感体验。弗洛伊德强调，如果与案主面临的问题相关的情感没有在治疗中得到处理并产生效果，那么，患者对其问题的认识再多，也没有什么用处，而动态精神病学至今仍遵循这一原则（Basch，1988，pp.65-66）。

帮助一个人获得情感性成熟往往是治疗面临的真正挑战。最佳的成熟状态（高智商）不仅可以使人接触到自己的情感，而且能够与他人的情感状态保持一致。

认知评估和成熟度

认知一直被视为幸福的一个重要方面，也就是术语说的"心理健康"。佛陀认为说所有的痛苦都来自错误的信仰。认知治疗师会同意这一点。描述精神健康或智力能力需要考虑除智商之外的各种因素。态度和信仰系统在个人如何定义个人和人际快乐或痛苦中起着不可或缺的作用。影响生活质量的另一个重要的认知方面是发展性。简单地说，有些人就是从来没有学会如何在成熟和复杂的层次上思考。

皮亚杰的研究有助于证明认知能力的发展发生在这样一些可预见的阶段：感觉运动阶段、前运算阶段、具体运算阶段和形式运算阶段。知道如何识别特定案主的认知水平或思维方式很重要，因为实务工作者要选择合适的干预方法，以"匹配"（因此可以理解）案主处理其世界的主要模式。艾维（Ivey）在他的"风格转换"的《发展性治疗》（*Development Therapy*，1986）中，不仅通过建议治疗师询问"转化性问题"来帮助别人以更加复杂和成熟的方式进行思考，还提出了两个额外的水平或者更复杂的认知阶段，这两个阶段与超个人理论密切相关，这就是辩证法和解构。

如果案主没有能力处理自己分裂和混乱的思维，无法在具体的操作层面处理经验，那么，重大的临床进展是不可能得到推进的。如果个体没有学会如何在能够感知行为模式的层面上进行临床治疗的方法，那么，他们也不可能发生实质性的变化。在案主能够清楚地认识到他或她参与了创造恶性循环或重复反应的事实之前，实务工作者是无法介入并打断案主的无效或破坏性行为循环的。认知成熟的人可以接触到整个认知范围，包括艾维提出的更复杂的层次。因此，他/她既能看到正题，又能看到反题，既能处理悖论，又能不过度强调解构。

在艾维看来，通过有效对质来扰动案主系统的思维模式是推进发展性转型的核心方法（Ivey，1986，p. 204）。巴史克还将对质或扰动过程视为推动案主成长的重要途径：

> 心理治疗可以被定义为一种有效扰动的艺术——明智、准确、及时地面对案主的差异和矛盾行为。有效对质案主行为是新知识和技能的成长、发展和整合的重要前提（Basch，1988，pp. 191–192）。

有些案主能够达到认知的各个层面，有些案主则需要通过临床医生的指导和示范提高认知发展水平，成为更成熟或更复杂的思考者。

社会心理评估和成熟度

688 如果不从心理社会维度来确定案主的各个阶段如何平衡发展，以及他们如何处理生活中的社交、人际关系和行为方面的问题，就无法做出完整的评估。如果一个人在信任与不信任之间纠结，那么工作人员就必须以评估他的信任和不信任度为起点。如果一个人缺乏自主性的自我力量，他们就不太可能在没有自卑感的情况下主动为自己争取任何事情。在一个人发展出一种坚定的认同感和随之而来的个人界限之前，他或她在心理上还无法做到忠诚、亲密。当一个人无法确定自己的身份认同，或者与家人的亲密关系的话，一定会出现自我专注和停滞。没有了再生力，人在进入老年之后就会陷入绝望，而不会拥有智慧。我们常常会发现，案主系统中一直存在的问题常常受到案主生命发展过渡阶段的影响，但是他们并没有意识到这一点。学者们将生命周期中一些短暂的成长不适重新定义为发展性的"章节"（Sheehy，1976）、"转换"（Gould，1978）。"必要的损失"（Viorst，1986），或者是"对生活的适应"（Vaillant，1977），这些表述不仅能让案主放心，而且对整个干预过程也很有帮助。

生活问题和宏观系统的影响是超个人实践的一个组成部分。生态系统视角为评估环境和水平性压力提供了一个概念性的分析框架。因此，超个人实务工作者做了一种"环境影响"研究，以找出可能影响案主幸福感的因素。这些问题可能涉及很多方面，从家里或办公室的油漆颜色，到国家或全球性事件对个人、小组、夫妻、家庭、组织和社会功能的影响。

在心理社会成熟方面，自我整合所需要的自我优势，会随着个人在生命周期中不断平稳成长的发展任务而得到累积。社会心理学评估的一个重要部分是准确地指出哪些发展危机似乎是没有得到平衡的或"卡在"一种不适应的模式中的。这些信息使临床医生能够作为发展伙伴（Krueger，1989）为案主提供专业的结构建设性经验。

道德评估和成熟度

科尔伯格/沃尔夫（Woolf，1984）关于道德发展的观点为理解道德发展的水平提供了一个范式。科尔伯格理论最核心的内容是，如果案主的道德发展受到了阻碍，那么，实务工作者就需要建立指导性原则，来帮助案主发展更多亲社会行为，建立更加原则性的关系。在道德上，一些案主仍然处在"前道德"或"非道德"层面上，因为他们从未学会关心自己、他人或社会环境。再往上一层，以自我为中心的工作，对实务工作者而言，是一种很有挑战性的工作，因为在这些案主身上，包容他人或社会环境的能力是不存在的或非常有限的。在道德发展的愉悦层次上，一个人虽然知道如何关心他人和社会环境，但常常会以牺牲自我为代价去"关心"他人。法律导向的案主能够关心自己、他人和社会环境，但他们可能会以严格遵守"法律条文"的心态行事，缺乏灵活性会使他们自己和他人的生活变得困难。达到道德发展的原则性水平的人有能力按照"法之精神"行事，即以富有同情心、公平、关怀和分享的方式来做人做事。有时，道德成熟、思维全面的人会出现在我们中间，显示出调和者/调解者的道德魅力。

灵性评估和成熟度

通过区分道德发展和灵性发展，治疗师能够从一个更为专业的角度，来选择更加合适的干预措施。然而，评估案主与灵性的联系并不总是社会工作干预的一个突出重点。显然，在人对食物、住所、归属感、自尊和自我实现的基本需求得到满足之前，自我超越不是一个必要的关注点。的确，有人可能会问，社会工作是否应该关注与"该做什么"，而不是"不该做什么"有关的理论。当病人正经历灵性上的不适或感觉缺乏非物质资源及渴望加强灵性能力时，灵性状态的评估和成熟就成了干预的焦点。在治疗过程中，至关重要的是实务工作者要有一个用来确定个人在灵性发展方面处境的概念框架，这样工作者才能采取措施来支持案主的灵性成熟的过程。

威尔伯提出的意识全光谱模式开始尝试描述灵性或超个人发展的三个层次，在这些层次中，平静、同情和无条件的爱等品质得到了积极的培育。在精神病学层面上，一个人开始显示自己的超理性意识，便会在微妙的因果层面开始超越自我，体验统一的状态。当评估这些超个人层面的灵性维度时，实务工作者会进入不可言说的、不可名状的和神秘的层面。这里没有"事实"，也没有任何预测的可能性。在本土和东方实践的引领下，超个人理论从一种后现代视角出发，更关注直觉（内在视觉）和其他非线性的认知方式。最理想的灵性成熟指的是"内心"，也就是说，这种内心期望在行动中被印证（或"外在"），并有益于建立各种人际关系、家庭系统、组织、地方社区、国家、地球大家庭和地球生态健康。

理想的情况是，在一个美丽的、充满多样性的地球村里，所有的临床社会工作者都应该同样精通上述四大流派理论。否则，当出现特殊情况时，当与灵性维度相关的问题将超个人主义方法的介入时，就需要将案主转介给那些精通超个人理论和实务的实务工作者了。本章所介绍的超个人的实践模式是建立在威尔伯的全光谱模式基础上的。通过为人类发展提供更强的专业性，它的干预必然要针对每个案主系统的特点。通过更准确地确定在何时何地进行结构构建，重新激活最能激发最佳潜能发展的模式，才能帮助案主在存在的每个维度中走向成熟。将尼尔森富有洞察力的观察纳入考虑："只有当人们积极参与到针对其意识水平的治疗时，他们才能获得成长。"（Nelson，1994，p. 375）

超个人实践模式的核心是这样一个概念：想要健康（全方位健康），一个人必须在个人生活的方方面面和各个维度上完成自我实现，平衡各种关系，走向成熟。因此，超个人意义上的健康并不是一个适应社会的过程，因为社会本身可能是病态的。健康也不仅仅是由市场上的竞争、生产力、地位或纯粹的个人利益的价值观来定义的。超个人主义方法关注的是发展完整人格和地球公民所需的精神价值观，如合作、接受、互惠和利他。在追求这些价值所引导的目标的同时，每个个体/系统的独特成长模式也得到了尊重。

四大流派理论

就像威尔伯的全光谱模式一样，超个人实践假定，当对在意识光谱的不同层次上出现的生活困难和病理问题实施干预时，可以适当地利用四大流派的理论。在确定了发展缺陷发生的维度之后，超个人的实务工作者能够设计针对个人的、多模态的干预措施，有选择地和整合性地利用四大流派中的任何一种理论、模式和技能/技巧。由于这四大流派理论的每一类都有不同的侧重点，在对病理学的看法、健康的构成、治疗过程和帮助关系的性质等方面都是不同的，因此可以确定不同理论所使用的各种模式和所青睐的干预措施、技能/技巧也不尽相同。在对哪些模式"适合"哪个理论，以及哪些临床技能或干预措施"适合"所选择的模式和理论进行概念区分时，我们需要记住的是，每个理论都做出了完全不同的假设。拉扎鲁斯明确区分了选择一个理论（或多个理论）来指导治疗过程和选择特定的干预措施或技术来在治疗过程中实现指定的目标之间的区别。拉扎鲁斯指出，一个人必须在理论上是"纯洁的"，同时也要承认，一个人在技术上可以是"折中的"（Lazarus，1987，p. 166）。

通过强调技术折中主义的优点和理论折中主义的危险，我希望铺平一条道路，来真诚地欣赏科学方法、重视方法的广度与深度，并将独特性置于至高无上的地位（Lazarus，1987，p. 165）。

在治疗过程中，当实务工作者针对某个案主系统的独特性，特意选择理论、模式和干预作为最好的"匹配"十掭，他/她便可以回答戈登·保罗（Gorden Paul）在1967年提出的经典问题了：什么样的治疗？由谁开展最有效的治疗来解决某些个人的特定问题？在什么情况下？干预是如何进行的？表28-5尝试为四大流派每一个流派的临床宝库（理论、模式、干预等）进行操作化。希望这样的表能够对学生和新入行的实务工作者有所帮助，因为它们试图从可供使用的大量理论、模式和技能中找出一些道理和规律。

691

表 28-5 四大流派

692

理论	动力	行为	人本 经验 存在	超个人
焦点	动力关系/过去	具体行为	意识 人类经验 自我责任	灵性面向 超越 新陈代谢共存
个别化程度 聚焦	"它" 前个人	"我" 个人	"我" 个人	超越"我" 超个人 "超越"自我
病理学观念	本能的冲突 混乱的"它" 分离 重复 强制 变异的缺失	错误的学习 失调行为 期望模式 依赖状态	减弱的潜能 与感受分离 意义减小	自我依恋 缺乏目标 利己主义 暗夜之灵
健康观	自我大于本能 个人化的自我 清楚的界限	症状消除 改变行为 纠正错误学习	激发潜能 真诚 生活有目标 向善	全人 一心一意 不依恋
治疗过程	长期的，密集的 让无意识进入意识 结构建设 重建个性	教育 学习新行为 短期，结构性 自我管理 诊断检测	折中 运用关系 关注此时此地 向善 消除成长障碍 建立意义	自我治愈 否定的认同 整合 平衡意识、无意识和超意识 治愈等于走向完整

续表

理论	动力	行为	人本 经验 存在	超个人
助 人 关 系 本质	纵向的 医疗模式 客观的	纵向的 教育性的 直接教导 可测量目标	横向的 人-对-人 过程导向 现象学的 消除成长障碍 协作者	双向的 服务者/同行者 互相性 向导 促成者 唤醒者
模式	精神分析 荣格学派 客体关系 阿德勒学派 埃里克森学派 自身心理学 自我心理学 交互分析	行为模式 认知行为模式 理性情绪治疗 现实治疗 任务中心 个案工作	人本主义 以人为本 经验式 格式塔 存在分析治疗	所有的理论和模式 荣格 心理整合 各种治疗方法 全息呼吸 全光谱 过程导向 自我创造 超个人实践
干预（技术 与技巧）	讲述历史 自由联想 写句干 梦的解析 宣泄 移情 抵抗 倒退 解释 洞察力 突破 夸大 痛快表达 往事回忆 脚本分析 自我图 自我状态分析 结构建设 揭示 游戏治疗 个性分析 自我重塑	锚定 自我监督 思维终止 认知重建 强化 脱敏 示范/模仿 重塑 积极自我谈话 替代 练习/角色扮演 重做决定疗法 生物反馈 放松训练 压力管理 自我效能训练 技巧训练 行为签约 家庭作业 行动任务 对质 说服性争论 内在对话 厌恶治疗 性治疗 阅读疗法	治疗性爱 可视化 创造性想象 空椅子 成功者与失败者 优点轰炸 格式塔梦想 意识流 积极自我谈话 空想 体验式意识练习 减压 再体验 对质 情感性工作 在场 编舞 心理剧 观察 寻找模式和主题 偏转 哲学思维	否定的认同 冥想/瑜伽 可视化 积极想象 遗觉像 隐喻 自相矛盾 想象/记忆治愈 自我肯定 梦工场 播种 听从内心圣人的教导 直觉（内在愿景） 独立的观察者 积极解释 消极解释 苏格拉底对话 唤醒性音乐 日记/日志 呼吸技术 影子工作 智慧圈 社区营造

693

假设的重要性

后人用"马斯洛的隐喻"来简洁地表达马斯洛的大前提。弗洛伊德为我们提供了心理学中病态的一半，我们现在必须来填补心理学中健康的一半了（Wittine，1987，p. 54）。马斯洛假设我们必须研究人性的更深层，这一点有多重要？采用哪些假设来指导我们的实践会有什么不同？我认为这两个问题的答案都"极其重要"。个人或社会意识的进化是否会在未来几年发生，在很大程度上取决于塑造和指导我们个人和专业行为的信念体系。那些从事助人性职业的人对有关人类以及特殊的健康和福祉边界的各种假设，将会决定我们作为一个物种的未来发展趋势。正如奥尔波特所言：

> 心理学家根据他们自己的人性理论，有能力褒扬或贬低同样的人性。贬低人性的假设会贬低人类，宽宏大量的假设则会赞扬人类（Walsh & Shapiro，1983，p. 31）。

我们关于人类潜能的假设塑造了我们的感知并影响了我们的研究领域，因此，这些假设是以自我验证的方式来发挥作用的（Walsh & Vaughn，1980a，p. 17）。

> 如果我们主流的文化和心理模式低估了我们的本来面目和我们的能力，那么我们也许已经做出了一个自我实现的预言。在这种情况下，探索极端心理健康，并将这种知识渗透到心理学和更广泛的文化中，就成为一项格外重要的任务。事实上，改变我们的自我概念可能是对个人和文化转型最具战略性的干预之一。对于可能发生的事情的设想，可能成为一个引人注目的愿景和吸引力（Walsh & Shapiro，1983，p. 10）。

传统的西方心理学（前三个流派）在处理精神上的忧虑和症状时受到了挑战，人们发现它们有很多的不足和缺失。我们正处在一个"在提升意识和预防灾难之间寻求平衡"的时代，传统理论显然已经无法激发出时代迫切需要的东西（Walsh & Vaughn，1993，p. 134）。

做出范式改变

令人欣慰的是，在意识进化的背后有一个日益占主导地位的本体论。然而不幸的是，对那些主要受前三大心理学流派教育的社会工作者来说，他们需要通过范式转换将超个人主义方法所提出的理论和模式应用到社会工作实践中。旧的模式很难消失，即便我们知道现有的治疗方法是不充分的（或不完整的），但建立新的方法来取代它们仍是一个完全不同的问题。格罗夫提醒我们，一个理论一旦得到成为范式的地位，在可行的替代方案产生之前，就不会被宣告无效，自动退出历史舞台（Grof，1985）。既然第四流派理论已然产生，下一步的任务就是要将其融入社会工作教育和实践中。传统的心理治疗可以用来加强自我，"这样才能经受住人类成熟所需的逐渐摆脱不真实状态的考验"（Boorstein，1980，p. 4）。因此，超个人主义理论可以为实务工作者提供明确的指南，指导他们陪伴那些追求最优存在状态的个人实现人格完善，在某些情况下走向自我超越。

694

治疗分裂

超个人的实践模式再现了社会工作的精神哲学价值，这就是社会工作的初心。它有可能通过找回社会工作的灵魂来挽救这个职业（Canda，1995），借此机会让我们重新将社会工作与慈善、神学和道德主义的起源联系起来（Weick，1992）。由于超个人主义会把灵性层面考虑在内，它也能给一个被人为地从源头分离出来的世俗社会带来希望。据欧内斯特·罗西说：

> 我们可以把心理治疗的整个历史看作一系列努力治愈人类天性中的人为分裂的问题……最基本的问题总是需要弥合分歧或分裂（Rossi，1987，p. 370）。

超个人理论作为一种理论方法仍然处于起步阶段（Washburn，1988），这就要求我们从研究角度建立一种宇宙观（Peile，1993），它的吸引力以及社会工作实践的承诺能力部分源于其有能力成为处理个人层面的治疗分裂的催化剂，在临床实践中它有能力处理好"治疗战争"（Saltzman & Norcross，1990）。通过承认所有主要心理学理论的重要贡献，通过考虑和确认精神维度的跨理性本质，临床实践中的人为分裂和疏漏可以被治愈或修复。超越个人的实践是否适用于小组、夫妻、家庭、管理和社区实践，仍有待进一步探索。

威尔伯认为他的意识全光谱模式"以显示极大的可能性，而不是最终的结论"（Wilber et al.，1986）。在将超个人实践作为第四流派模式的前提下，我只能附和威尔伯的观点：

> 鉴于我们已有的知识状况，提出任何一种不全面的模式对人类来说似乎都是不恰当的，我的意思是，如果这些模式既不涉及人类成长和发展的传统领域也不涉及沉思层面，就更加不恰当了（Wilber et al.，1986，p. 159）。

参考文献

Anthony, D., Ecker, B., & Wilber, K. (1987). *Spiritual choices: The problem of recognizing authentic paths to inner transformation.* New York: Paragon House.

Assagioli, R. (1965). *Psychosynthesis.* New York: Viking Press.

Aurobindo. S. (1971). *Letters on yoga.* Pondicherry, India: Sri Aurobindo International University Center.

Basch, M. (1988). *Understanding psychotherapy: The science behind the art.* New York: Basic Books.

Bee, N. (1986, Fall). Psychology's journey toward spirituality. *American Theosophist, 74*(9) 338–342.

Bettelheim, B. (1983). *Freud and man's soul.* New York: Alfred A. Knopf.

Bloomfield, H. (1980). Transcendental meditation as an adjunct to therapy. In S. Boorstein (Ed.). *Transpersonal psychology.* (pp 123–140). Palo Alto, CA.: Science and Behavior Books.

Bodian, S. (1988, July/August). Critiquing the New Age with Ken Wilber and David Spangler *Yoga Journal*, 45–118.

Boorstein, S. (Ed.) (1980). *Transpersonal psychotherapy.* Palo Alto, CA: Science and Behavior Books.

Boorstein, S. (1986). Transpersonal context, interpretation and psycho-therapeutic technique *Journal of Transpersonal Psychology, 18*(2), 124–129.

Bradshaw, J. (1988). *Bradshaw on: The family.* Deerbeach, FL: Health Communications.

Brown, D. (1988, Spring). The transformation of consciousness in meditation. *Noetic Sciences Review* (6), 14.

Bugental, J. (1978). *Psychotherapy and process.* Reading, MA: Addison-Wesley.

Bugental, J., & Bugental, I. (1984, Winter). Dispiritedness: A new perspective on a familiar state. *Journal of Humanistic Psychology, 24*(1), 49–67.

Campbell, J. (1971). *The portable Jung.* New York: Viking Press.

Canda, E. (1988a). Conceptualizing spirituality for social work: Insights from diverse perspectives. *Social Thought. 13*(1), 30–46.

Canda, E. (1988b). Spirituality, religious diversity, and social work practice. *Social Casework, 69*(4), 238–247.

Canda, E. (1989, Winter). Religious content in social work education: A comparative approach. *Journal of Social Work Education, 25*(2), 36–45.

Canda, E. (1995, Fall). Retrieving the soul of social work. *Society for Spirituality and Social Work Newsletter, 2*(2), 5–8.

Capra, F. (1990, Summer). Life as mental process. *Quest, 3*(2), 7–11.

Clinebell, H. (1995). *Counseling for spiritually empowered wholeness: A hope-centered approach.* New York: Haworth Press.

Cowley, A. (1993, September). Transpersonal social work: A theory for the 1990s. *Social Work, 38*(5), 527–534.

Cowley, A., & Derezotes, D. (In 1994 winter). Transpersonal psychology and social work education. *Journal of Social Work Education.*

Cox, D. (1985). The missing dimension in social work practice. *Australian Social Work, 38*(4), 5–11.

Crittenden, E. (1980). A Jungian view of transpersonal events in psychotherapy. In S. Boorstein (Ed.). *Transpersonal psychotherapy* (pp. 57–78). Palo Alto, CA: Science and Behavior Books.

Denton, R. (1990, Winter). The religiously fundamentalist family: Training for assessment and treatment. *Journal of Social Work Education. 26*(1), 6–14.

Derezotes, D. (1995). Spiritual and religious factors in practice: Empirically-based recommendations for social work education. *Arete, 20*(1), 1–15.

Dorfman, R. (1988). The development of a discipline. In Dorfman R. (Ed.), *Paradigms of clinical social work* (pp. 3–24). New York: Brunner/Mazel.

Erikson, E. (1950). *Childhood and society.* New York: W.W. Norton.

Fabry, J. (1980). Use of the transpersonal in logotherapy. In Seymour Boorstein (Ed.), *Transpersonal psychotherapy.* Palo Alto, CA: Science and Behavior Books.

Ferrucci, P. (1982). *What we may be.* Los Angeles: J.P. Tarcher.

Fowler, J. (1981). *Stages of faith: The psychology of human development and the quest for meaning.* San Francisco: Harper & Row.

Frankl, V. (1975). *The unconscious god.* New York: Simon & Schuster.

Gazda, G. (1989). *Group counseling: A developmental approach.* New York: Simon & Schuster.

Goldberg, D. (1980). *In defense of narcissism.* New York: Gardner Press.

Gould, R. (1978). *Transformation: Growth and change in adult life.* New York: Simon & Schuster.

Grof, C. (1990). *The stormy search for the self.* Los Angeles; J.P. Tarcher.

Grof, S. (1985). *Beyond the brain.* Albany: State University of New York Press.

Grof, S. (Ed.) (1988). *Human survival and consciousness evolution.* Albany: State University of New York Press.

Grof, S., & Grof, C. (1987, March/April). Holotropic therapy: A strategy for achieving inner transformation. *New Realities, 7*(4), 7–12.

Grof, S., & Grof, C. (Eds.). (1989). *Spiritual emergency: When personal transformation becomes a crisis.* Los Angeles: J.P. Tarcher.

Hendricks, G., & Weinhold, B. (1982). *Transpersonal approaches to counseling and psychotherapy.* Denver: Love Publishing Co.

Hepworth, D., & Larsen, J. (1993). *Direct social work practice: Theory and skills.* Pacific Grove, CA: Brooks/Cole Publishing Company.

Houston, J. (1987). *The search for the beloved: Journeys in sacred psychology.* Los Angeles: J.P. Tarcher.

Houston, J. (1988, March/April). Sacred psychology: An introduction to the nature of the quest. *New Realities,* 41–45.

Ingram, C. (1987), September/October). Ken Wilber: The pundit of transpersonal psychology. *Yoga Journal,* 40–49.

Ivey, A. (1986). *Developmental therapy.* San Francisco: Jossey-Bass.

Kaufman, G. (1989). *The psychology of shame: Theory and treatment of shamed-based syndromes.* New York: Springer.

Keen, S. (1983). Uses and abuses of "spiritual technology" in therapy. *Common Boundary. 1*(5), 7–8.

Kegan, R. (1982). *The evolving self: Problem and process in human development.* Cambridge, MA: Harvard University Press.

Keyes, K. (1975). *Handbook to higher consciousness.* Marina del Rey, CA: DeVorss.

Khan, P.V.I. (1982). *Introducing spirituality into counseling and therapy.* Santa Fe, NM: Omega Press.

Kohlberg, L. (1981). *The philosophy of moral development.* San Francisco: Harper & Row.

Kramer, S. (1995). *Transforming the inner and outer family: Humanistic and spiritual approaches to mind-body systems therapy.* New York: Haworth Press.

Krueger, D. (1989). *Body self and psychological self.* New York: Brunner/Mazel.

Lantz, J. (1978). Cognitive theory and social casework. *Social Work, 23,* 361–366.

Lazarus, A. (1987). The need for technical eclecticism: Science, breadth, depth, and specificity. In J. Zeig (Ed.), *The evolution of psychotherapy.* New York: Brunner/Mazel.

Leonard, G. (1983, December). Abraham Maslow and the new self. *Esquire,* p. 326.

Levin, D. (Ed.). (1987). *Pathologies of the modern self: Postmodern studies on narcissism, schizophrenia, and depression.* New York: New York University Press.

London, P. (1974, June). From the long couch for the sick to the push button for the bored. *Psychology Today. 8*(1), 63–68.

London, P. (1986). *The modes and morals of psychotherapy.* New York: Hemisphere Publishing Corporation.

Lovinger, R. (1984). *Working with religious issues in therapy.* New York: Jason Aronson.

Maslow, A. (1971a). *Toward a psychology of being.* Princeton: Van Nostrand.

Maslow, A. (1971b). *The farther reaches of human nature.* New York: Viking/Compass.

May, R. (1982). *Physicians of the soul: The psychologies of the world's great spiritual teachers.* New York: Crossroad

May, G. (1988). *Addiction and grace: Love and spirituality in the healing of addictions.* San Francisco: Harper.

Meyer, C. (1988). The eco-systems perspective. In R. Dorfman (Ed.), *Paradigms of clinical social work.* New York: Brunner/Mazel.

Metzner, R. (1986). *Opening to inner light: The transformation of human nature and consciousness.* Los Angeles: J.P. Tarcher.

Mindell, A. (1985). *Working with the dreaming body.* New York: Arkana, Viking Penguin.

Nelson, J. (1994). *Healing the split: Integrating spirit into our understanding of the mentally ill.* New York: State University of New York Press.

Ornstein, R. (1972). *The psychology of consciousness.* New York: Penguin Books.

Paul, G. (1967). Strategy of outcome research in psychotherapy. *Journal of Consulting Psychology. 31,* 109–118.

Peck, M.S. (1987, May/June). A new American revolution. *New Age Journal,* 32–37, 50–51.

Peile, C. (1993, March). Determinism versus creativity: Which way for social work? *Social Work, 38*(2), 127–134.

Pine, F. (1985). *Developmental theory and clinical practice.* New Haven, CT: Yale University Press.

Reid, P., & Popple, P. (1992). *The moral purposes of social work: The character and intention of a profession.* Chicago: Nelson-Hall.

Rosen, H. (1988). The constructivist-developmental paradigm. In R. Dorfman (Ed.), *Paradigms of clinical social work.* New York: Brunner/Mazel.

Rossi, E. (1987). Mind/body communication and the new language of human facilitation. In J. Zeig (Ed.), *The evolution of psychotherapy* (pp. 369–387). New York: Brunner/Mazel.

Saltzman, N., & Norcross, J. (Eds.) (1990). *Therapy wars: Contention and convergence in differing clinical approaches.* San Francisco: Jossey-Bass.

Satir, V. (1987). Going beyond the obvious: The psychotherapeutic journey. In J. Zeig (Ed.), *The evolution of psychotherapy.* New York: Brunner/Mazel.

Schnall, M. (1981). *Limits: A search for new values.* New York: Crown.

Sheehy, G. (1976). *Passages: Predictable crises of adult life.* New York: Dutton.

Small, J. (1982). *Transformers: The therapists of the future.* Marina del Rey, CA: De Vores & Co.

Smith, E. (1995, May). Addressing the psychospiritual distress of death as reality: a transpersonal approach. *Social Work, 40*(3), 402–413.

Solomon, E. (1967). Humanistic values and social casework. *Social Casework, 48*(1), 26–32.

Specht, H. (1994). *Unfaithful angels.* New York: Free Press.

Spencer, S. (1957). Religious and spiritual values in social casework practice. *Social Casework, 38*(10), 519–525.

Stroup, H. (1962, March/April). The common predicament of religion and social work. *Social Work. 7*(2), 89–93.

Sutich, A. (1969). Some considerations regarding transpersonal psychology. *Journal of Transpersonal Psychology, 1*(1), 11–20.

Szent-Gyoergyi, A. (1974). Drive in living matter to perfect itself. *Synthesis I, 1*(1), 14–26.

Tart, C. (Ed.) (1975). *Transpersonal psychologies.* London: Routledge & Kegan Paul.

Tart, C. (1986). *Waking up: Overcoming the obstacles to human potential.* Boston: New Science Library/Shambhala.

Tomkins, S. (1981). The quest for primary motives: Biography and autobiography of an idea. *Journal of Personality and Social Psychology, 41,* 306–329.

Vaillant, G. (1977). *Adaptation to life.* Boston: Little, Brown.

Vaughn, F. (1986, Spring). Transforming consciousness in psychotherapy: A transpersonal approach. *American Theosophist,* 147–155.

Vaughn, F. (1991). Spiritual issues in psychotherapy. *Journal of Transpersonal Psychology, 23*(2), 105–120.

Vaughn, F. (1995, Winter). Spiritual freedom. *Quest, 8*(4), 48–55.

Vincentia, J. (1987, Winter). The religious and spiritual aspects of clinical practice: A neglected dimension of social work. *Social Thought,* 12–23.

Viorst, J. (1986). *Necessary losses: The loves, illusions, dependencies and impossible expectation that all of us have to give up in order to grow.* New York: Simon & Schuster.

Walsh, R. (1984). *Staying alive: The psychology of human survival.* Boulder, CO: Shambhala/New Science Library.

Walsh, R., & Shapiro, E. (Eds.). (1983). *Beyond health and normality: Explorations of exceptional psychological well-being.* New York: Van Nostrand Reinhold.

Walsh, R., & Vaughn, F. (Eds.) (1980a). *Beyond ego: Transpersonal dimensions in psychology.* Los Angeles: J.P. Tarcher.

Walsh, R., & Vaughn, F. (1980b). Comparative modes of psychotherapy. In S. Boorstein (Ed.), *Transpersonal psychotherapy.* Palo Alto, CA: Science and Behavior Books.

Walsh, R., & Vaughn, F. (1993). The transpersonal movement: A history and state of the art. *Journal of Transpersonal Psychology, 25*(2), 123–139.

Washburn, M. (1988). *The ego and the dynamic ground: A transpersonal theory of human development.* Albany: State University of New York Press.

Washburn, M. (1994). *Transpersonal psychology in psychoanalytic perspective.* Albany: State University of New York Press.

Weick, A. (1992, Spring/Summer). Publishing and perishing in social work education. *Journal of Social Work Education, 28*(2), 129–130.

Weinhold, B. (1989). Transpersonal theories in family treatment. In D. Fenell & B. Weinhold (Eds.), *Counseling families.* Denver, CO: Love Publishing Co.

Welwood, J. (1986). Personality structure: Path or pathology? *Journal of Transpersonal Psychology. 18*(2) 131–142.

Wheeler, B., Wood. S., & Hatch, S. (1989). Assessment and intervention with adolescents involved in Satanism. *Social Work, 33,* 547–550.

Whitmore, D. (1991). *Psychosynthesis counselling in action.* Newbury Park, CA: Sage Publications.

Wiedemann, F. (1986). *Between two worlds: the riddle of wholeness.* Wheaton, IL: Theosophical Publishing House.

Wilber, K. (1977). *The spectrum of consciousness.* Wheaton, IL: Quest Publications.

Wilber, K. (1981). *Up from Eden: A transpersonal view of human evolution.* New York: Anchor Press/Doubleday.

Wilber, K. (1983a). The evolution of consciousness. In R. Walsh & D. Shapiro (Eds.), *Beyond health and normality: Explorations of exceptional psychological well-being.* New York: Van Nostrand Reinhold.

Wilber, K. (1983b). Where it was, there I shall become: Human potential and the boundaries of the soul. In R. Walsh & D. Shapiro (Eds.), *Beyond health and normality: Explorations of exceptional psychological well-being.* New York: Van Nostrand Reinhold.

Wilber, K. (1996). *A brief history of everything.* Boston: Shambhala.

Wilber, K., Engler, J., & Brown, D. (1986). *Transformations of consciousness.* Boston: New Science Library/Shambhala.

Wittine, B. (1987, September/October). Beyond ego. *Yoga Journal,* 51–57.

Wolberg, L. (1987). The evolution of psychotherapy: Future trends. In J. Zeig (Ed.), *The evolutions of psychotherapy.* New York: Brunner/Mazel.

Woolf, V. (1984). The good life seminars. Lecture series presented in Provo, Utah.

Zukav, G. (1989). *The seat of the soul.* New York: Simon & Schuster.

第二十九章

社会工作治疗中环环相扣的视角

弗朗西斯·J. 特纳

概览

我们的理论探索航程即将结束，在此期间，我们提出了 27 种社会工作理论模式，每种模式对当代实践都很重要。和之前的三个版本一样，我需要退一步问，我们从这次理论探索的航程中学到了什么？

与我在大约 25 年前第一次开始编写本书时的预期不同，新的实践理论一直在不断出现，其势头没有减弱过。那时我们有 14 个理论系统，现在我们有 27 个了。有人对此表示诘难，但我对此表示欢欣鼓舞！因为这种理论多样性的扩展再次提醒我们，当我们在一个高度多样化和不断变化的多元文化世界中开展社会工作实践时，我们的领域是多么复杂。这一现实也提醒我们，当我们试图将社会工作纳入任何单一的理论框架时，我们是多么天真无知。此外，这一发展有助于我们对新的思想、概念、战略、方法、技术和技术持更加开放的态度，所有这些都丰富了我们的实践。

没有任何迹象表明，社会工作领域会出现一个巨型理论，将这些丰富的概念和实践联系起来；尽管如考利博士在第二十八章中讨论的那样，理论发展中第四流派的产生有力地预测了这种可能性（Curnock & Hardicker, 1979）。

现在对新理论的赶时髦追捧比以前少多了，尽管有些理论仍然有时尚的趋势。同时，理论和理论家之间对不同观点和分歧的包容度也越来越大。人们越来越多地接受这样一种观点，即不会出现一种通用的灵丹妙药，也不会出现一项重大的理论突破，使一切都变得清晰而精确。这种意识反过来又使我们更加谨慎、谦虚，更带批判性、开放性，并对建立理论的过程和理论出现时的使用充满了好奇（Caspi，1992）。

同样，人们对比较各种理论并检查它们的概念基础越来越感兴趣，也从中感到安慰——不是以一种争论性的、自我确认的方式，而是以一种探索性的方式寻求视野的扩大。这些被称为传统理论的作者们在各自的章节中论证了这一点，然而在我们这个行业中，仍然存在一种偏好新而不偏好旧的倾向。尽管这样，还是有很多东西值得我们学习。本书中有关功能性、心理社会性和解决问题的理论的章节是证明这一点的好例子。

我们对多重理论的需求与日俱增。与之相伴的是这样一种理解：当一些理论系统寻求并与其他相互关联的理论系统实现整合时，它们得到的是帮助，而不是威胁。随着越来越多的人认识到每个理论系统都有一些值得大家学习的东西，早年的理论流派之间的"圣战"几乎已经消失。显而易见的是，我们越来越相信，一个强有力的理论基础可以促进社会工作实践，但这个信念也并未被人们普遍接受。因此，人们迫切需要将这些挑战明确地呈现出来。

这种以合作的方式从理论的角度审视彼此的做法越来越令人欣慰，同时也使人们认识到不仅要研究理论之间的差异，还要研究理论之间的相似之处。自始至终，人们都认为，这些理论虽然存在不同之处，但还是有一条共同的主线，使得不同的理论形成一个完整的理论体系。每一种理论，即使是从社会工作以外的其他来源和其他学科改编而来，也确实是一种社会工作理论，因为它适应我们的需要，每一种理论都解决了"人在情境中"的现实问题，这是社会工作职业的基石。本着这种精神，本书所有的章节都是由社会工作者撰写的，他们每个人都研究了一项特定理论系统的原则，并证明了它与社会工作实践理论的相关性和实用性。

创新之处是什么

但是刚刚所说的大部分内容都在这本书的第三版中有所体现。我们讨论的理论多元性是否发生了明显的变化？毫无疑问，自上一版问世以来的十年里，我们增加了六个新的理论，这标志着复杂性的增强。此外，正如上面所提到的，还发生了一个明显的转变，即概念间的交错和相互影响趋势越来越明显。几乎所有的章节都指出了各理论系统在哪些方面与其他系统有着联系和共同点——比以前的范围要大得多。作为其中的一部分，各种理论的内容以及该理论在实践中的地位已经得到很大的扩展和提升（Mishne，1993）。这反映出人们对理论的不同应用越来越感兴趣，并越来越致力于通过实践或更正式的研究来探索每种理论的具体应用。

如前所述，熟悉和适应理论之间的交错视角的好处之一，或者更确切地说是意外收获之一，就是它有助于扩展曾经被认为在定义和应用上是精确的的一些概念。无意识的问题就是一个很好的例子。在上一版中，有人指出，人们对实践中无意识的相对重要性有了更广泛的认识。这一点在这一版中仍然存在，人们普遍认为在所有人格结构中都存在无意识成分，无论是什么理论取向，不同理论之间的区别在于不同理论赋予无意识的重要性程度不同。然而，我们现在已经超越了这一点，扩展了对无意识的理解，以及对它是如何表现出来的的理解。一些关于冥想和认知思维的讨论在这个方面做出了突出的贡献。

另一个扩大和丰富感知的例子是对"人在情境中"的"情境"部分的关注。在这方面，我们正在不断提升意识，不断认识到了解案主、了解社会现实的复杂性和重要性。因此，我们正在创造一些方法，从治疗的角度不断扩大这种意识。

助人性关系的概念已经得到了相当大的扩展和丰富，就是又一个得到扩展的概念。人们对案主与社会工作者之间的关系的认识涉及权力、移情和价值观等多样化的内容，同时也意识到这种助人性关系可能会以各种各样的方式出现。

在这些章节中，我们注意到，人们对作为主要干预手段的病理学的关注有所减弱。相反，我们发现，所有作者都在努力推动这样一个趋势——根据案主的优势、可用资源，以及他们的目标和期望，来进行需求评估，制订干预计划。这样，我们会从一个更加宏观的视角来不断加深对案主的社会现实以及他们对自己生存状态的感知的理解和关注。我们并不否定病理学的作用，也没有将病理学从临床社会工作者视野中剔除，相反，我们是以一种更全面的方式来看待病理学视角，因此当病理学症状出现时，一定要将其放在特定的情境中分析，并且将其当成案主生活现实的其中一个部分，而非全部。

诊断责任仍然是我们实务的重点。这个术语的含义是多种多样的。无论如何定义，它都关系到我们必须对自己的行为负责，在实务中，要知道什么是合适的、什么是不合适的。本书的每位作者都指出了她或他所论述的理论体系在应用中的局限性和适应范围。这意味着我们需要了解这些局限性，以及它对我们遇到的每个案主意味着什么，这才是诊断的真正功能所在。

随着理论系统及其应用之间的可渗透性不断增强，人们越来越意识到需要更好地理解案主现实生活中的物理和生物成分，尽管这种意识的发展不如理论与应用之间的可渗透性发展那么突出。人类的生物状况会使我们对心理社会功能影响的认识日益增长，同时也迫使我们承担更大的责任，更多地关注案主的生物、心理和社会方面的因素。格式塔理论以及它对我们的身体及其功能的认识，就传递了有关我们的心理状态、冥想对身体与精神的关联的兴趣等方面的信息。神经语言学专注于沟通的神经学基础，使我们更清楚地认识到了神经学基础与我们的实践的相关性，有关超个人的社会工作的一章也是按照这样的逻辑展开的。

也许，本书中出现的最重要的新主题是对以下事实的扩展理解和欣赏：理论是一种开放的、动态的系统，随着它们的成长、变化和发展，它们与其他理论系统相互作用，并被实务工作者广泛应用。在社会工作专业早期，人们倾向于认为各种理论实际上是封闭的系统，它们建立了保护壁垒，以防止其他理论系统的污染和攻击；现在这种趋势已经消失了。从这个角度看，与本书的早期版本相比，各种理论系统的表现方式有了很大的变化。一方面，邓拉普博士早年在讨论诊断功能分裂时，给出了一个很好的例子，描述了两个理论系统之间的早期严重隔离。另一方面，埃尔（Ell）博士关于危机理论的讨论中，有一个关于理论的发展及其与新材料的结合的很好的例子。在这个例子中，我们看到了有关危机的重要但狭隘的观点发展为了一些概念的合并，例如临界压力反应和创伤后应激反应等。

随着理论的不断发展和壮大，每个系统的研究基础的扩展，使得人们逐渐远离了迷信理论和教条主义，也越来越接受理论不断发展的状态。随着对每种理论的各种用途和结果的研究越来越多，大量的研究结果明显继续证明了每种理论系统在各种情况下的有效性，因此人们越来越不需要通过说教的方式来争取理论的皈依者了（Rubin，1985；Thomlison，1984）。随着大数据的出现，人们以探索和实验的方式来对理论进行改变和调整，这逐渐取代了原有的模式。随着人们对研究的投入不断扩大，研究的参数和技术也得到了丰富。

无论理论发展的历程如何，贯穿始终的还是对案主当前现实的强调：持续促进成长、健康和力量；重视推理能力的培育，要对自我改变和环境改变负起应有的责任，要有自我调整的能力，要有对现在和未来的生活进行反思和规划的能力，要有对我们所生活的现实负责的能力。这个主题并不是天真地认为案主可以全方位地改变自己的生活现实。我们需要深刻理解贫穷、种族主义、政治压迫和缺乏基本生活必需品为人们生活带来的毁灭性影响，并对此进行谴责。但这里面有一个主题，即对案主改变程度的看法没有以前那么悲观了。毫无疑问，在理论范围内和众多理论光谱中，案主现实的各个组成部分的权重是不同的。此外，人们对个人和群体变化潜力的看法也有所不同，但在对环境的重要组成部分及其相互融合的重要性的认识方面，人们的共识多于分歧。这里的内在主题是更多地把案主看作一个平等的人，一个寻找意义的人类同胞，而不是一个有趣的研究对象。

还需要推进什么

如上所述，我们确实取得了很大的进展。但是，为了案主的利益，我们在寻找最佳的方法来利用这种理论多样性方面，还有很长的路要走。当我一遍又一遍地阅读这些理论贡献时，我注意到了一些领域的共性，我认为在我们继续进行理论探索的过程中，需要针对这些共性继续努力。

显然，我们在将多元方法的概念应用于实践方面已经取得了很大的进展。本书中所有的理论都谈到了它们在个人、家庭和小组工作中的应用，这是至关重要的，因为我们正在努力摆脱每个实践者都需要高举某个特定方法论的旗帜的观点。然而，仍然存在一些不平衡，这种不平衡尤其体现在两个方面。第一个不平衡与二人组工作有关，这是我们实践的一个重要方面，这样的二人组可能是已婚夫妻、两个兄弟姐妹、一对夫妻有持续关系的、两个朋友、两个有特定兴趣爱好的人、或者两个陌生人。在这方面，理论利用的不足似乎普遍存在；此外，在我们的许多介绍方法的书籍中，这是一个很少涉及的主题。

与二人组开展工作是一种干预形式，如果使用得当，它可以成为一种有力的助人媒介；如果使用不当，则会造成极大的伤害。在本书中提出的每一种理论中都有关于这种干预形式的应用，希望随着研究的不断进步，我们今后会更多地关注这种实践模式。解决这一问题尤为重要，因为在权力、移情、联盟、替羊、手足之争等问题上，三人组的关系会为这个问题带来有趣的挑战。

所有理论面临的深刻的方法论挑战涉及实践的宏观内容。特别是在北美，我们在消除长期存在的家庭内部的微观和宏观紧张关系方面还有很长的路要走。笔者长期以来一直希望，随着我们越来越熟悉理论和方法上的多元性，我们离解决这一分歧就越来越近了。如第一章所述，一个理论要与社会工作相关，就必须与"情境中的人"范式对话，并要说明包括"情境"在内的"情境"范式的每个要素是如何发生变化的。因此，即使是最个人主义的基于治疗的理论，要成为真正的社会工作理论，也必须理解和处理影响案主生活的更大的宏观系统。这与他们自身的制度和情况有关，也与他们对个人、伴侣、家庭和小组的潜在影响有关。

因此，我们的每一种理论都需要检查自己对社区工作的潜在影响力和相关性。有趣的是，一开始人们认为冥想与宏观实践的距离非常之远，这一点是可以想象到的，但实际上它确实运用自己的方法，对社区生活和社会变化产生了潜在影响。存在主义也谈到了实践的这一部分的内容。希望我们可以在理论边界的开放和交叉中取得进展，这样才能更多地关注所有理论在宏观系统实践中的应用。

和以前的版本一样，这本书里所有的文章都是北美人写的。每一个版本都强调了它在多大程度上适用于来自多元文化背景的案主，后一个版本这方面的内容都比前一个版本丰富得多。我们是否已经充分研究了每个理论系统在世界范围内的应用，这是一个有待解决的问题。随着社会工作这份职业变得越来越全球化，其价值观、知识优势和技能也变得越来越普遍，需要做大量的工作，来研究每个理论系统与实践文化之间的相对有效性。到目前为止，这本书已经产生了相当大的国际影响。在未来的版本中，我们希望能有更国际化的作者参与本书的撰写，更有针对性地反映不同理论的普遍应用或缺乏应用的状况。

先前在第三版中提到的两个领域仍然需要得到关注和深入研究。第一个问题涉及现代技术在治疗中的作用。尽管它在文献中还不是一个非常引人注目的问题，但人们已开始意识到，现代技术是一个新兴的社会变量，我们需要开始将其纳入我们的理论实践视角。案主正以无数种方式受到社会科学技术发展的影响，当然这些影响并不全是负面的。的确，科学技术为社会带来了可观的信息、满足感、社区意识、娱乐和学习。我们需要做两件事：第一，培育我们的兴趣和敏感性，关注科学技术对案主的方方面面的影响；第二，更详细地考察如何运用科学技术来辅助我们的干预活动。

理论差异性还涉及服务背景的性质及其所处的社会政治气候之间可能存在的关系，以及这些关系对从业人员理论取向的影响。例如，在经济不景气、社会中的大部分人对社会需求持有强烈负面看法的时期，强调案主责任和自主性的理论可能会受到追捧。当然，我们北美正处于一个"短期问题解决"成为"管理盛行模式"的时期，尽管这可能不是所有案主的最佳选择。

令人欣慰的是，我们大多数理论的研究基础都得到了扩展。所有的参考书目都比以前更加丰富，不仅从更新的角度来看超过上一个版本，而且也反映出人们开展了大量的研究来测试某个理论的方方面面，或者将某个理论运用到一个特定的背景中来解决某个特定问题，或者服务某个特定的案主群体。

当然，我们仍然需要做更多的工作，把重点放在在类似情况下对不同理论的不同应用上。也就是说，在相似的情况下使用不同理论时，我们能证明它们会产生不同的结果吗？

虽然这些问题从概念的角度来看是很有趣的，但更重要的也许是要明确我们有责任继续扩大我们的知识，更好地了解某一特定理论的使用会在何时遇到禁忌。随着前面提到的人们对理论变化的认识开放程度的提高，人们越来越愿意接受这样一个事实：所有的理论在任何时候都不会对所有的案主有用。本书各个章节的作者都很好地解决了这个问题。关于理论运用的禁忌的论述往往是推测性的，来源于对特定理论的丰富应用经验的总结。我们现在需要做的是通过严格的检测来扩展我们的知识，以了解什么时候使用特定的理论会遇到禁忌。这一点特别重要，因为北美人有崇尚时尚的倾向，因此在不同的时期和不同的情况下，某些理论会比其他理论更加时尚一些。

未来我们还需要有更多的反思，因为不同专业领域之间的互相渗透会越来越明显，这就是跨学科的影响。最近几个月，我发现有迹象表明，其他行业的同事也开始对交织性理论这个概念感兴趣了。如果我们确实能够把这扇门开得更大一些，预计会出现更多的、规模更大的、有益的合作活动，希望能够显著减少仍然存在的、看似无穷无尽的、不同专业之间的地盘"冲突"。

研究面临的挑战

随着我们继续沿着增强理论多样性的道路前进，并伴随着对问责制的承诺，很明显，我们需要而且将会在研究中投入更多的精力。正如我们在理论和方法上鼓励人们悦纳多元化，我们也可以观察到人们开始悦纳研究方法上的多样性（Thyer，1993）。在上一版和这一版之间的这段时间里，我们很高兴地看到，定量研究和定性研究的支持者之间的另一场非此即彼的战斗似乎已经结束了。大多数研究人员认为，不同的研究方法是获取知识的不同策略，因此，所有的方法都具有同等的价值。只有运用恰当，某种研究方法才能比另一种更好地回应我们面临的挑战（Berlin，1983）。

从理论和社会工作实践的角度来看，我们还面临着一些根本性的研究挑战。其中一个研究挑战的重要组成部分与上述提到的理论的时尚问题有关（Shulman，1993）。为什么有些理论在不同的时间和地点在某些领域更受欢迎，这个问题很有趣。除了来自社会学的影响之外，还需要反思这些理论发展的波动起伏对实践的影响。与此相关的一个问题是，为什么有些理论系统已经成为主流，而有些却仍然处于实践的边缘。如果有证据表明理论是否能够成为主流与其具体运用有关，那么，这个问题就不再那么重要了。但我们还没有找到这样的数据。人们似乎还没有确定关键的变量到底是什么。有些理论比其他理论更时尚，这一现实情况意味着基于一些与案主目前需求无关的原因，一些案主被剥夺了使用多种治疗方法的权利。这会使案主受到伤害，也使得这个问题成为一个伦理问题。

我们面临的第二个研究挑战涉及理论在实践中的关键重要性。正如我们在第一章中讨论的，本书的一个基本前提，也是社会工作专业的一个主要原则，就是负责任的实践需要建立在扎实的理论基础上。我们早就标榜了这一点，而且长期以来一直是这样做的。我们现在面临的任务是证明坚持是正确的。我对这个问题特别感兴趣，因为我在过去几年里与几位非常资深的临床实务同事进行过深入讨论，他们在这个问题上对我提出了非常尖锐的批评和质疑。我所指的这些人被业内同行们公认为实务界的领军人物，但他们对理论的看法与我大相径庭。他们会争辩说，理论妨碍了他们的实践，限制了他们的自发性。在他们看来，想要使干预有效，就必须对案主做出高度反应，具有同理心、理解力和一致性以回应案主需求。他们会说他们的实务没有理论，他们也会建议自己督导和教导的年轻同事们也这么做。

我的观点是，这些人确实有丰富的理论，这一点在他们讨论案主问题时可以得到证明。然而，我相信，理论对他们来说已经变成了他们直觉的一部分，因此，他们很难详细说明理论与实务之间的界限。作为一名研究人员，我不得不说他们可能是正确的，我的解释可能只是一种合理化，我借此来解释我在这方面遇到的挑战。

我深入思考了这个问题和与之相关的问题，并认真考虑了如何测试这两种假设，即干预结果的质量是否与理论的可靠性或同理心的技能运用有关。

这个难题引发了一系列潜在的问题：

- 人们认为什么理论推动了他们的实践？
- 人们对自己所使用的理论了解多少？也就是说，一个人是必须拥有强大的理论基础，还是只要信任某种理论就足够了？
- 人们声称将某些理论使用在不同人群身上时，有可能观察到实务的差异性吗？
- 如果是这样，我们能看到使用不同理论基础的情况下干预结果的不同吗？

当然，这些都是非常普遍的问题，每一个都可能会成为不同的具体研究项目。在我们着手解决理论与实践之间的关系这一基本问题之前，我们需要谦和地接受这样一个事实：

我们的很多实务工作，都有赖于实践智慧的积累和伦理承诺，对此我们并不是非常清楚，但这却是现实。无论任务多么艰巨，我们都不应畏惧。有充分的证据表明，我们所做的是一项助人性工作。我们对案主进行干预，我们有能力帮助他们理解自己的处境，并改变他们的处境，案主的状况会因之得到明显改善。但我们需要做更多的工作，才能更准确地回答肯德尔和布彻（Kendell & Butcher）几年前提出的一个更深入的问题："怎样的治疗师面对怎样的案主进行什么样的干预，以解决什么样的社会心理障碍，会产生什么样的效果？"（Kendall & Butcher，1982）

正如我们已经说过的，这些挑战的答案并非来自一两个突破性的研究，而是人们通过无数小的、精心设计的、精心实施的项目，以循序渐进的方式，建立这个需要进一步检验的知识体系。

不同理论的比较

对不同理论进行比较的前提之一是比现在付出更多的努力，以不同的方式运用各种理论。也就是说，我们需要努力使理论与案主的问题相匹配，而不是使理论与治疗师相匹配。既然理论有不同的价值基础，对于助人性要素是什么也有不同的看法，当然，案主也有不同的价值立场和需求。通过从案主的角度来分析我们的一系列理论，我们很可能会更加努力地将案主情况与理论相匹配，从而形成一种"案主友好"的助人性策略（Souflee，1993）。

然而，对我们理论多样性的治疗应用感兴趣的人面临的挑战之一是如何找到一种对那些看起来如此不同的理论进行比较的方法。如果我们真的希望提出一种环环相扣的视角，就需要找到一种方法，帮助我们发现这些理论在哪里相似、在哪里不同（Corey，1995）。这是我长期以来一直在努力解决的问题，在此过程中我得出了一系列结论。

很明显，每一个对当代社会工作实践产生过重大影响的理论系统，都在试图寻找一种方法，以帮助个人、二人组、小组、家庭和系统变得更加充实，并以符合其价值观和世界观的方式更好地实现其作为人类的潜力。这一总目标可以在下列一系列声明中得到精准陈述：

（1）每一种理论都必须从其历史渊源和进入社会工作的途径来进行分析。

（2）每一种理论都必须从其理论基础的优势角度来进行分析。

（3）每一种理论都必须从其特殊性或普遍适用性的角度来进行分析。

（4）每一种理论都必须处理个人的本质和对人的价值假设。

（5）每一种理论都必须在人格的性质和结构、人格的决定因素以及理性的重要性或力量等方面确立自己的立场。

（6）每一种理论都必须就行为的本质、变化、变化的决定因素、内部和外部因素对人的影响的不同重要性提出自己的立场。

（7）每一种理论都必须确定助人过程的特征，包括变化的推动者的类型、范围和性质。

（8）每一种理论都需要确定其适用性和局限性的范围。

（9）每一个系统都需要明确规定治疗师所需的知识和技能。

通过各种草案和重新概念化，这一系列描述已被证明是比较各种理论的有效基础。正如在上一版中所提到的，我们运用随后确定的区分因素聚类建立了一个大表（见表 29-1），该表比较了 21 个理论，采用了 33 个变量，细分了 6 个标题，然后进行了确认。这个表对学生、老师和同事都很有用。在不久的将来我们还将会进一步修改这个表。希望这样做能够包含比以前更多的理论，并涵盖上述所有项目。①

表 29-1　从基本人类活动角度将社会工作实务理论进行分类

确定的重点领域	相关理论
人及其属性特征	
人作为生物性存在	神经语言程序理论
人作为心理性存在	功能性精神分析
人作为学习者	行为理论
人作为思考者	认知理论
	结构主义
	叙事理论
人对属性特征的运用	
人作为静观者	冥想
	存在主义
人作为体验性存在	格式塔理论
	催眠
人作为沟通者	沟通理论
	赋权理论
人作为行动者	问题解决
	任务中心
人与社会	
人作为个体	自我心理学
	案主中心
	危机理论

---

① 我们与几位同事讨论过一种将这个表纳入计算机程序的方法，这种方法使我们能够找到案主与理论之间的最佳匹配。我计划将此作为下一个项目。

续表

确定的重点领域	相关理论
人作为集体性存在	女性主义理论
	交互分析理论
人作为社会性存在	角色理论
	原住民理论
人与宇宙的关系	生活模式
	系统理论

资料来源：《社会工作治疗（第三版）》第 15 页。

注：作为社会工作理论，每个理论系统都需要应对人的生理-心理-社会现实光谱中的每个环节。不同理论之间的差异性就在于，它们关注了人类生活状况中独立的方方面面。

本表是在 1985 年 2 月 25 日哥伦比亚大学社会工作学院召开的一个教师研讨会上首次发表的。

对实务的启发

　　如上所述，我相信，各种理论之间存在着高度的一致性，更重要的是理论学家之间以及构成实践理论的因素之间也存在着高度的一致性。我们为每一个理论的构成要素赋予特殊性时，就会使每个理论之间出现差异。如果我们接受这一前提，即不同思想体系之间的共识程度比我们通常认为的要高，那么就会出现一些重要的问题，需要我们从理论交错的角度来探讨实践的本质。也许最重要的一个问题是，一个实务工作者能够并且应该在多大程度上了解并熟悉这里介绍的各种理论系统，以及未来还会出现哪些新的理论系统？在本章中，我们曾多次探讨过实践与理论之间的联系有多紧密的问题，并坚定地认为实践与理论之间的联系确实非常紧密。但这在很大程度上只是一种猜测。如果认为这些理论对实践没有影响，那就太愤世嫉俗了。但我认为，如果暗示实务工作者有意识地、谨慎地、始终如一地基于特定的理论概念基础来制定干预策略，也未免太天真了（Reid, 1984）。

　　我们坚信，所有这些不同的理论都是重要的，因此，我们有责任了解每一种理论，努力理解每一种理论，并在适当的时候有意地尝试将每一个理论系统的各个方面运用到实务中（Hawkins & Fraser, 1981）。

　　我仍然坚定地秉承这一观点，但我也意识到这种方法会面临怎样的挑战。长期以来，我们一直有这样一种印象，即对一种实践方法的坚持，一定会将其他方法排除在外；这里面有某种不忠诚的成分，或是某种马基雅维利式的操纵，试图根据形势、环境、资源、人员或要求，从一种理论导向转向另一种导向。坚持理论方法应该单一这一观点的人们，会坚持认为各种理论之间是相互排斥和相互矛盾的。如果一个人坚信理论的构成要素之间存在着相互联系和相互影响，那么，理论单一性的观点似乎就不那么正确了（Meyer,

1983）。当然，由于目前人们对通用方法有着浓厚的兴趣，单一理论方法的概念也在逐步受到弱化。这一方法似乎有各种各样的构想，但似乎确实也隐含了理论会受其他理论影响的可能性。在这一点上，很难确定这个观点本身是否属于一个建立在强大的解决问题传统之上的新的理论系统。

我的学生和实务工作者经常问我，我们是否真的需要掌握本书中涉及的所有理论。我仔细考虑了这个问题，得出的结论是，这是肯定的。我们至少需要了解每一种方法的基本参数，最重要的是，要了解它们在哪些领域有益、在哪些领域有害。在生活的方方面面，我们都面临着高度的多元性。我们能够从生活的许多话题中获取大量信息。理论也是如此。因此，我们需要以一种明智和负责任的方式处理这种多元性。

如上所述，既然每一种理论都涉及同样的问题，一旦我们了解了每一种理论的概况及其如何处理具体问题，我们就可以把许多理论的要素纳入我们的干预方法的资源大全之中。其他学科的同事可以处理更加复杂的多元性，我们当然也可以做到。我并不是说我们需要完全精通每一个理论系统，但我们确实需要知道每个理论系统的范围、潜力和局限性。如果做不到这一点，如上所述，我们就可能会剥夺案主获得某种形式的帮助的机会，而这种帮助可能会让案主受益，因为这一特定理论与案主之间的契合度会更好（Smid & Van Kreeken，1984）。

710

我们需要了解所有理论系统，因为案主在寻求帮助时希望我们能成为他们的资源。例如，一个案主可能正在考虑接受一种特殊类型的治疗，而实际上这种治疗并不适合他/她。我们需要尊重案主的决定，我们也知道，在案主看来，我们的观点是无所不知和无所不能的，因此，我们对特定理论系统的看法对他们来说是相当重要的（Siporin，1975）。

对教学的启发

对于实务工作者来说，多样性固然重要，但理论上的多元性问题对教学具有很强的挑战性和启发性。"我们该教什么呢？"这是海伦·哈里斯·珀尔曼几年前给我们提出的一个问题。随着社会工作行业知识库的巨大扩展，解决理论多样性问题确实是一个巨大的挑战。

"你当然不希望毕业生掌握书中全部 27 个理论，对吗？"这是我经常被问到的一个问题，当然，未来还会有人向我提出同样的问题。这是一个我以前觉得令人生畏的问题，并试图在回答这个问题时闪烁其词。但现在我不再这样了！我认为，今天的每一位研究生首先必须意识到这个宏大的理论光谱的存在，其次，必须至少大致了解每个理论系统的优点和局限性。只要我们能够教育学生了解实践理论的性质及其在实践中的作用，这项任务看起来就不是那么艰巨了。与此同时，在教学中，至少需要深入细致地教他们三到四个理论系统，培育他们运用这些理论系统开展实践，同样重要的是，要向他们提供额外的理论概念工具，帮助他们开展实践，这样他们才能逐步发现自己已经准备好了，或者有必要扩展自己的理论储备（Saleebez，1993）。

对于到底应该教哪三到四种核心理论，人们可能还没有完全达成共识。我尝试了几种方法，目前我的意见是，每个研究生至少应该有以下理论积淀：一种与生物心理社会基础有关的理论，一种与认知基础有关的理论，一种短期干预理论，一种以危机和压力为导向的理论。但最重要的是，我认为，今天的学生必须具备对理论的理解和接受的能力，尊重其多元性，并坚持一种交错和相互影响的观点，这一点至关重要。

未来的发展

从理论的多元性角度来看，我们很难确切地预测我们这个职业的发展方向。很明显，我们已经超出了需要倡导的范围了。理论的发展不再是一个看起来"离奇古怪"的概念了。相反，对于这一现实所带来的巨大而令人兴奋的挑战，人们有一种欣赏和惊叹（Timms，1970）。与此同时，人们开始认识并接受这样的观点，即要把这些信念转化为证据材料。这将是一个漫长而缓慢的过程，但也是一个值得我们为之奋斗的目标。

毫无疑问，新的理论将会出现。来自世界各地的观点、想法和主张会丰富我们的知识体系和理论系统（Imre-Wells，1984）。随着长期以来一直秉承的信念受到挑战，我们也会遇到麻烦。在整个过程中，我们将继续怀着好奇和谦卑的心情，不断探索人类家庭的复杂性，发掘其潜力（Lewis，1982）。 *711*

我们可以而且应该朝多个方向前进。这本书是以爱丽丝的话开篇的，我们同样以她的话来结尾："爱丽丝问，'请问，你能告诉我我该走哪条路吗？''这在很大程度上取决于你想去哪儿'，柴郡猫答道。"

参考文献

Berlin, S.B. (1983). Single case evaluation: Another version. *Social Work Research and Abstracts, 19*(1 Spring), 3–11.

Carroll, L. (1871). *Through the looking glass.* London: Collier-Macmillan, 1963.

Caspi, Y. (1992). A continuum theory for social work knowledge. *Journal of Sociology and Social Welfare, 19*(3), 105–120.

Corey, G. (1995). *Theory and practice of group counseling* (4th Ed.) Pacific Grove, CA: Brooks Cole Publishing.

Curnock, K., & P. Hardicker (1979). *Towards practice theory.* London: Routledge and Keagan Paul.

Hawkins, J.D., & Fraser, M.W. (1981). Theory and practice in delinquency prevention. *Social Work Research and Abstracts, 17*(4), 3–13.

Imre-Wells, R. (1984). The nature of knowledge in social work. *Social Work, 29*(1), 51–56.

Kendall, P.C., & Butcher, J.N. (Eds.). (1982). *Handbook of research methods in clinical psychology.* New York: J Wiley.

Lewis, H. (1982). *The intellectual base of social work practice.* New York: Haworth Press.

Meyer, C.M. (1983). Selecting appropriate practice models. In A. Rosenblatt & D. Waldfogel (Eds.), *Handbook of clinical social work* (pp. 731–749.). San Francisco: Jossey Bass.

Mishne, J.M. (1993). *The evolution and application of clinical theory.* New York: Free Press.

Reid, W.J. (1984). Treatment of choice or choice of treatments; an essay review. *Social Work Research and Abstracts, 20*(2) 33–38.

Rubin, A. (1985). Practice effectiveness: More grounds for optimism. *Social Work, 30,* 469–476.

Saleebez, D. (1993). Theory and the generation and subversion of knowledge. *Journal of Sociology and Social Welfare, 20*(1) 5–25.

Shulman, L. (1993). Developing and testing a practice theory: An interactional perspective. *Social Work, 38*(1, Jan.), 91–93.

Siporin, M. (1975). Introduction to social work practice. In *Introduction to social work practice* (Chapters 4 and 5). New York: Macmillan.

Smid, G., & Van Kreeken, R. (1984). Notes on theory and practice of social work: A comparative view. *British Journal of Social Work, 14*(1) 11–22.

Souflee, J.F. (1993). A metatheoretical framework for social work practice. *Social Work, 38*(3, May), 317–333.

Thomlison, R.J. (1984). Something works: Evidence from practice effectiveness studies. *Social Work, 29*(Jan.-Feb), 51–56.

Thyer, B.A. (1993). Social work theory and practice research: The approach of logical positivism. *Social Work and Social Science Review, 4*(1), 5–26.

Timms, N. (1970). *Social work* (pp. 56–57). London: Routledge.

索 引

　　《社会工作治疗理论》是中国人民大学出版社出版的"社会工作经典译丛"中一本重要著作，我和我的团队前后花了近 6 年的时间翻译，现在终于完工了。我们希望本书的出版能够丰富国内社会工作实务理论方面的知识，让更多的专业人士系统了解社会工作实务理论，推动中国社会工作专业发展。

　　本书是目前我们看到的介绍社会工作实务理论的专著中极为全面的一本，主编弗朗西斯·J. 特纳教授是加拿大著名的学者，曾在劳里埃大学、纽芬兰纪念大学、劳伦森大学和约克大学任教，是劳里埃大学社会工作学院名誉教授。他的研究领域主要是儿童福利、家庭咨询和精神健康服务，出版了很多具有影响力的专著，包括《加拿大社会福利》《社会工作临床技术》《当代实务中的社会工作诊断》，以及《社会工作治疗理论》等，在国际社会工作界享有重要的学术影响力。

　　本书 1974 年首次出版，当时只讨论了 14 个理论，到了第四版，增加到了 27 个理论，这个变化说明高度多元化和快速变化的社会导致了社会工作实务的快速发展，推动了新的理论的出现和发展，丰富和完善了社会工作知识体系。27 个理论中有一些源于心理学等其他学科，之所以称其为社会工作理论，是因为它们可以解决"人在情境中"出现的各种问题和状况，这是社会工作的基石所在。

　　本书一共有 29 章，全面描述了 27 个社会工作理论，作者都是来自不同国家的社会工作教育者和实务工作者。正如本书主编 J. 特纳在第二十九章中所指出的那样，本书收集的 27 个理论所关注的话题是环环相扣的，很多理论的发展是与其他理论彼此交织在一起的，在实务中的运用也是彼此交织在一起的，因此，社会工作实务也会呈现出环环相扣的特征。理论本身就是开放的、动态的系统，随着成长、变化和发展，理论之间会相互借鉴、相互作用，并被实务工作者广泛应用。

　　作者们在书中基本上是依据这样一个框架来系统阐述理论的：理论发展的历史、基本概念、进入社会工作的路径、实证基础、教育和培训、理论运用说明等，全面分析了当代社会工作实践的日益复杂的问题、意识形态和价值观，每一种方法都聚焦人类状况的不同方面。这个框架能帮助读者更好地理解理论发展的脉络，了解每个理论的优势和限制，避免关注点过于狭隘，并可以对不同的理论进行比较。在某些章节中，作者还特别提出一些理论方法需要高级的、专业的培训，并提供了相应的培训和督导信息。每一章都为那些有兴趣阅读原始资料的人提供了各类很全面的参考书目。因此，本书作为教科书也非常合适。它的读者群既可以是在校的社会工作本科生和研究生，也可以是社会工作实务工作者、社会工作专业教师以及研究人员。

本书的书名没有按照原文直译为《社会工作治疗：环环相扣的理论视角》。我们考虑到本书是一部以理论为导向的著作，应该突出其理论性，同时，作为书名也需要简洁明了，因此将其译成了《社会工作治疗理论》。

本书的译者除了我之外，冯杰和张小欧也参与了部分章节的翻译工作，她们两位分别在美国和加拿大获得了社会工作专业硕士学位。冯杰承担了第二十一、二十四、二十五章的翻译，张小欧承担了第二十三章的翻译，其余章节由我翻译并统一校稿。

本书在翻译过程中得到了我的同事朱凯、钱昕、王彦芳、张静和张小红的协助，她们在资料查找等方面提供了很多支持和帮助。我要特别感谢浙江师范大学的校领导、法政学院的同仁们，给我提供了一个平和、宽松的学术环境，让我可以专心投入翻译工作。我还要感谢中国人民大学出版社人文分社社长潘宇的大力支持和策划编辑盛杰的高效工作，她们的努力使本书能够尽快出版。

最后，我要感谢我的先生徐起起、女儿徐梦加、女婿胡亮羿，以及外孙胡景之，普通的他们给了我不普通的动力，让我在平凡的工作中找到了不平凡的意义。

刘　梦

2020 年 6 月

于浙江师范大学丽泽花园

图书在版编目（CIP）数据

社会工作治疗理论：第四版／（加）弗朗西斯·J.
特纳（Francis J. Turner）主编；刘梦等译. --北京：
中国人民大学出版社，2023.8
　（社会工作经典译丛）
　ISBN 978-7-300-31709-0

　Ⅰ. ①社… Ⅱ. ①弗… ②刘… Ⅲ. ①社会工作-心
理干预-研究 Ⅳ. ①C916②R493

中国国家版本馆 CIP 数据核字（2023）第 091399 号

"十五"国家重点图书出版规划项目
社会工作经典译丛
主编　隋玉杰　副主编　范燕宁

社会工作治疗理论（第四版）
[加拿大] 弗朗西斯·J. 特纳（Francis J. Turner）　主编
刘　梦　等　译
Shehui Gongzuo Zhiliao Lilun

出版发行	中国人民大学出版社			
社　　址	北京中关村大街 31 号	**邮政编码**	100080	
电　　话	010 - 62511242（总编室）	010 - 62511770（质管部）		
	010 - 82501766（邮购部）	010 - 62514148（门市部）		
	010 - 62515195（发行公司）	010 - 62515275（盗版举报）		
网　　址	http://www.crup.com.cn			
经　　销	新华书店			
印　　刷	涿州市星河印刷有限公司			
开　　本	787 mm×1092 mm　1/16	**版　　次**	2023 年 8 月第 1 版	
印　　张	46.25 插页 2	**印　　次**	2023 年 8 月第 1 次印刷	
字　　数	991 000	**定　　价**	199.00 元	